засу́чи|вать (1), ⟨**~ть**⟩ (16) aufkrempeln, hochkrempeln; → ***рука́в*** **каю́к** P → ***капу́т***	Pfeil verweist auf Stichwörter, unter denen weitere Übersetzungen zu finden sind, bzw. auf Synonyme
возвы|ша́ть (1), ⟨**~́сить**⟩ (15) erhöhen; befördern; *Stimme* erheben; **-ся** ansteigen, emporsteigen; *impf*. sich erheben; **~ше́ние** *n* (12) Erhöhung *f*, Anhöhe *f*; Hebung *f*, Erhebung *f*; Aufstieg *m*; Podium; **~́шенность** *f* (8) Höhe, Anhöhe; *fig*. Erhabenheit; **~́шенный** (14*K*.) erhöht, hochgelegen, höhergelegen; *fig*. erhaben	Wortteil *vor* dem senkrechten Strich ist allen nachfolgenden Stichwörtern des Nestes gemeinsam Wortteil durch Tilde ersetzt; ein Betonungswechsel wird angegeben.
возл|ага́ть (1), ⟨**~ожи́ть**⟩ (16) niederlegen; auferlegen, übertragen (***на*** B *j-m*); *Auftrag* erteilen; *Schuld* zuweisen; *impf*. *Hoffnungen* setzen	Stützwörter helfen bei der Wahl der treffenden Übersetzung
вы́сш|ий [-ʃʃ-] (17) → ***высо́кий***; höchste(r), oberste(r); höhere(r); Ober-; *Jur*. Höchst-; *fig*. Höhe-; vornehmst; ***~ая ме́ра*** *f* ***наказа́ния*** Todesstrafe	Aussprachehilfe in Internationaler Lautschrift
высыпа́ть (1), ⟨**´~**⟩ (2) **1.** *v/t* ausschütten; **2.** *v/i* F hinausströmen, herausströmen; übersät sein (***на*** П/И *N* mit *D*); *Med*. ausschlagen; **-ся** herausfallen; F herausrennen	transitives Verb intransitives Verb
вы́па|д *m* (1) *Sp*., *fig*. Ausfall, Auslage *f*; **~да́ть** (1), ⟨**~сть**⟩ (25) herausfallen; ausfallen; *fig*. zuteil werden, zufallen; *Met*. niedergehen; *Chem*., F *fig*. ausscheiden	Hinweis auf übertragene Bedeutung
восто́к *m* (1) Osten (***на*** B/П nach/im; ***с*** P aus *D*); ***к ~у*** *od*. ***на ~ от*** (P) östlich von (*D*); **°~** der Osten, Orient, Morgenland *n*; ***ме́жду °~ом и За́падом*** Ost-West-	Die Tilde mit Kreis zeigt den Wechsel von Groß- zur Kleinschreibung bzw. umgekehrt an
внутрь 1. *Adv*. nach innen; intern; **2.** *Prp*. (P) in (hinein), ins Innere **во 1.** *Prp*. → ***в***; **2.** *Part*. P → ***вот***; ja, eben; prima!	Angabe der Wortart

Langenscheidts Taschenwörterbuch
Russisch

Карманный словарь русского языка
Langenscheidt

Карманный словарь русского языка Langenscheidt

Часть I

русско-немецкая

Составил

проф. д-р Эрвин Ведель

Полностью переработанное издание 1994 г.

LANGENSCHEIDT

БЕРЛИН · МЮНХЕН · ВЕНА

ЦЮРИХ · НЬЮ-ЙОРК

Inhaltsverzeichnis
Оглавление

Vorwort

Für die vorliegende völlige Neubearbeitung des russisch-deutschen Taschenwörterbuchs wurde der gesamte Inhalt von Grund auf neu erarbeitet. Aber auch die typographische Gestaltung des Wörterbuchs wurde verändert: Durch die neuen Schriftarten ist das Taschenwörterbuch noch übersichtlicher und damit auch benutzerfreundlicher geworden.

Trotz eines erweiterten Inhalts ist das Taschenwörterbuch handlich geblieben. Rund 45 000 Stichwörter und Wendungen bieten nicht nur den allgemeinen Wortschatz der modernen russischen Sprache. Darüber hinaus wurden viele wichtige Begriffe aus den Bereichen Kultur, Wissenschaft, Technik, Wirtschaft, Politik und Sport berücksichtigt. Neben zahlreichen Neologismen wurden auch eine große Anzahl von Wörtern und Wendungen aus der Umgangssprache sowie Vulgarismen aufgenommen.

Die Wahl der treffenden Übersetzung wird durch verschiedene lexikologische Mittel erleichtert. Eine Erklärung dieser Hilfen findet sich in den Benutzerhinweisen vor Beginn des Wörterverzeichnisses. Wichtige russische Abkürzungen, geographische Namen, die gebräuchlichsten Vornamen sowie eine Aufstellung der Zahlwörter findet der Benutzer am Ende des Wörterbuchs.

Die vorliegende Neubearbeitung ist das Ergebnis langjähriger Tätigkeit des Verfassers als Dozent an einem Dolmetscherinstitut, Übersetzer, Universitätslektor und Hochschullehrer.

BEARBEITER UND VERLAG

Предисловие

В настоящем полностью переработанном издании русско-немецкого карманного словаря совершенно заново составлено всё его содержание. Но и типографическое оформление словаря подверглось изменениям: благодаря применению новых типов шрифта, пользование карманным словарём стало ещё более доступным, что поможет читателю лучше и быстрее ориентироваться в нём.

Несмотря на расширенный объём карманного словаря, сохранился его удобный формат. Словник, насчитывающий около 45 000 заглавных слов и оборотов речи, охватывает не только общую лексику современного русского языка. В нём представлено также множество употребительных актуальных терминов из сфер культуры, науки, техники, экономики и спорта. Наряду с многочисленными неологизмами в словаре отражена также в немалом масштабе просторечная и даже вульгарная лексика.

Выбору правильных соответствий при переводе способствует ряд лексикологических помет, объяснение которых подаётся в разделе Как пользоваться словарём, помещённом перед словником. Списки важных русских сокращений, географических названий и часто употребляемых личных имён, а также перечень числительных приводятся в конце словаря.

Настоящее переиздание словаря является плодом многолетней деятельности автора в качестве доцента института иностранных языков, переводчика, университетского преподавателя и профессора.

СОСТАВИТЕЛЬ И ИЗДАТЕЛЬСТВО

Hinweise für den Benutzer

1. Wörterverzeichnis. Das Wörterverzeichnis ist alphabetisch angeordnet. Aufgenommen wurden darin auch die wichtigsten Völkernamen und Kurzwörter (z. B. вуз, колхóз). Russische Abkürzungen (z. B. СНГ, ФРГ) sowie geographische Bezeichnungen erscheinen jeweils in einem eigenen Anhang.

Aus Platzgründen wurden folgende Wortformen weggelassen:

a) eine Anzahl Verben, die mit **по-** u. a. Präfixen zusammengesetzt sind. Ihre Grundbedeutung läßt sich durch Nachschlagen beim Ausgangsverb leicht erschließen;

b) viele Verbalsubstantive auf **-áние, -я́ние, -тие,** die im Deutschen entweder durch Substantive auf -ung oder substantivierten Infinitiv wiedergegeben werden; von Adjektiven abgeleitete Substantive auf **-ость** (-heit, -keit);

c) zahlreiche Internationalismen auf **-и́зм**/-ismus, **-и́ст**/-ist; Substantive auf **-ция**/-tion; manche Verben auf **-и́ровáть**/-ieren;

d) viele Diminutivbildungen auf **-ец, -ик, -чик**/-chen, -lein;

e) leicht abzuleitende Adjektive auf **-ный, -ский**.

2. Wortnester. Zusammensetzungen und Ableitungen wurden oft zu Wortnestern vereinigt, wobei der vor dem senkrechten Strich (|) des ersten Stichworts stehende Wortteil allen nachfolgenden Stichwörtern des Nests gemeinsam ist und durch die Tilde (~) als Wiederholungszeichen gekennzeichnet wird:

зре́лищ|е *n* (11) …; **~ный** (14) … = зре́лищный

Die Tilde wie auch der in den grammatischen Hinweisen verwendete Bindestrich kann im Wortnest für das ganze Stichwort oder eine endungslose abgeleitete Form stehen. Ein Wechsel von Klein- zu Großschreibung und umgekehrt wird durch die Kreistilde (♀) angezeigt.

3. Betonung. Bei mehrsilbigen Stichwörtern trägt der zu betonende Vokal das Betonungszeichen (´). Mehrsilbige Präpositionen werden in Verbindung mit einem nachfolgenden Wort oft nicht betont. Sie erscheinen deshalb in den Rektionshinweisen ohne Betonungszeichen (***перед*** T). Mit zwei, ganz selten drei Betonungszeichen versehene Wörter weisen zwei bzw. drei gleichwertige Betonungsmöglichkeiten auf.
Bleibt die vor dem Trennungsstrich des ersten Stichworts eines Wortnests angegebene Betonung in nachfolgenden Stichwörtern gleich, so erscheint davor jeweils die Tilde ohne Betonungszeichen. Weicht sie jedoch ab, so gilt folgende Regel:

a) Akzent vor der Tilde (´~) = erste Wortsilbe betont;

b) Akzent auf der Tilde (~́) = zweite Silbe betont;

c) Akzent nach der Tilde (~´) = dritte Silbe vom Wortanfang betont.

Hat eine betonte Silbe im Bereich der Tilde den Lautwert -ë- [-(j)ɔ-], so wird sie durch das Trema über der Tilde angezeigt: ~̈. Der Wechsel von -ë- zu unbetontem oder auch betontem -e- wird mit (~̈) angezeigt, ein Betonungswechsel wird gesondert markiert:

озёр|ный …; ´(~̈)**о** *n* = óзеро

4. Aussprache. Da das Russische bei Kenntnis bestimmter Ausspracheregeln (s. S. 14 ff.) korrekt gesprochen werden kann, wurde auf die durchgehende Angabe der Aussprache bei den Stichwörtern verzichtet. In bestimmten Fällen jedoch, so bei Vereinfachung der Konsonantengruppen **-здн-, -стн-** zu [-zn-], [-sn-] usw., werden Aussprachehilfen gegeben, die nach dem Stichwort in eckigen Klammern stehen und den Richtlinien der Internationalen Lautschrift (IPA) folgen.

5. Angaben zur Grammatik.

Verben. Die Verben werden grundsätzlich unter ihrer imperfektiven Infinitivform dargestellt, wobei nach dem Stichwort und dem grammatischen Hinweis in spitzen Klammern ⟨ ⟩ die perfektive Verbform angegeben ist. An der alphabetischen Stelle der perfektiven Verbform erscheint ein Verweis auf das imperfektive Verb. Nur perfektiv vorkommende Verben sind mit *pf.* bezeichnet, solche, die nur imperfektiv gebraucht werden, bleiben hingegen unmarkiert. Die Ziffer in runden Klammern verweist auf das Konjugationsmuster im Anhang.

Rektion. Im Übersetzungsteil werden bei den Verben sowie bei den entsprechenden Substantiven und Adjektiven in der Regel die Unterschiede im Gebrauch der dazugehörigen Präpositionen und in der Rektion angeführt:

пя́тница *f* (5) Freitag *m* (***в*** B an *D*) = в пя́тницу am Freitag

Substantive. Bei den russischen Substantiven wird das grammatische Geschlecht durchgehend angegeben (*m*, *f*, *n*), bei den deutschen Entsprechungen nur dann, wenn es von dem der russischen Stichwörter abweicht. Dasselbe gilt für die Angaben *koll.*, *pl.*, *sg.* (s. Abkürzungsverzeichnis). Die Ziffern in runden Klammern verweisen auf das Deklinationsmuster im Anhang.
Bei den Substantiven werden in runden Klammern noch folgende Besonderheiten verzeichnet:

Maskulina:

a) im Genitiv Singular **-а, -у** bzw. **-я, -ю**: neben der regelmäßigen Endung auf -а/-я kommt bei partitivem Gebrauch auch -у/-ю vor: **са́хар** *m* (1; -а/-у) – кусо́к са́хару; **чай** *m* (3; ча́я/-ю) – стака́н ча́ю;

b) im Präpositiv Singular mit den Ortspräpositionen в oder на betontes **-у́, -ю́: лес** *m* (1; в -у́) = в лесу́; **край** *m* (3; на -ю́) = на краю́;

c) mit Stammauslaut auf -ий im Präpositiv Singular die Endung **-и: ге́ний** *m* (3; -и) = о ге́нии;

d) mit Stammauslaut auf -ж, -ч, -ш, -щ die vom Deklinationsmuster abweichende Endung **-ей** im Genitiv Plural: **това́рищ** *m* (1; -ей) = това́рищей; **нож** *m* (1e.; -е́й) = ноже́й.

Feminina:

a) auf endbetontes -а́, -я́: im Akkusativ Singular stammbetontes **-у, -ю: вода́** *f* (5; ´-у) = во́ду; **земля́** *f* (6; ´-ю) = зе́млю;

b) auf -я mit vorausgehendem Konsonanten: im Genitiv Plural abweichender nichterweichter Auslaut: **ба́шня** *f* (6; -шен) = ба́шен.

Adjektive. Bei einfach durch Weglassen der Endungen -ый, -ий, -а(я), -я(я), -о(е), -е(е) gebildeten Kurzformen von Adjektiven steht in runden Klammern nach dem Verweis auf das Deklinationsmuster ein *K.*: **а́лый** (14 *K.*) = ал, а́ла, а́ло; а́лы. Bei Adjektiven, die in bestimmten Wortverbindungen nur in der sog. Vollform verwendet werden, ist dies mit (*o. K.*) = ohne Kurzform angegeben.
Bei Substantiven und Adjektiven wird in runden Klammern auch auf das Wegfallen bzw. Hinzutreten des sog. Schaltvokals -о-, -е- hingewiesen:

глот|о́к *m* (1; -ка́) = глотка́
прия́тн|ый (14; -тен, -а) = прия́тен, прия́тна

In Stichwörtern ohne Trennungsstriche bzw. Tildenmarkierung erfolgt dieser Hinweis so:

невероя́тный (14; -тен, -тна) = невероя́тен, невероя́тна

6. Bedeutung und Übersetzung. Ein Stichwort mit verschiedenen Deklinations-, Konjugations- oder Aspektformen und unterschiedlichen Bedeutungen wird entsprechend untergliedert, was durch arabische Ziffern angezeigt ist. Stichwörter mit gleicher Schreibung, aber verschiedener Herkunft und Bedeutung werden durch hochgestellte Ziffern (¹, ² usw.) gekennzeichnet. Im Übersetzungsteil sind stärker voneinander abweichende Bedeutungen durch Semikolon getrennt, während bei Synonymen ein Komma gesetzt wird.

Mehr oder weniger frei zusammensetzbare Verbindungen aus Adjektiv oder Verb und Substantiv werden im Übersetzungsteil nicht eigens aufgeführt, sondern die einzelnen deutschen Entsprechungen sind nur beim jeweiligen Stichwort zu finden. Sie lassen sich in Kenntnis der jeweiligen Bedeutungen leicht zu den betreffenden Verbindungen zusammenfügen. Neben Abkürzungen wie *Arch.*, *Bio.* usw. (s. S. 21 ff) werden kursiv gesetzte Stützwörter verwendet. Stützwörter in Subjektfunktion stehen mit Doppelpunkt: **изменя́ть** (28) ... *Kräfte*: versagen.

Bei Verben mit der Reflexivform **-ся** werden die beim nichtreflexiven Verb genannten deutschen Entsprechungen nicht mit „sich" wiederholt, sondern es werden nur solche Übersetzungen angegeben, die neue Bedeutungen oder Bedeutungsnuancen aufweisen.

Как пользоваться словарём

1. Словник расположен в алфавитном порядке. В него включены также наиболее важные названия народов и сложносокращённые слова типа **вуз** или **колхо́з**. Аббревиатуры типа **СНГ, ФРГ,** как и географические названия поданы в особых приложениях.

Целый ряд глаголов с приставкой **по-** и др. не могли быть включены в словник ввиду ограниченного объёма словаря. Их основной смысл и, соответственно, значение немецкого эквивалента можно легко раскрыть, отыскав исходный глагол (т. е. опустив приставку).

Недостатком места обусловлено также опущение сравнительно легко раскрываемых словоформ, в частности:

а) многих отглагольных существительных на **-а́ние, -я́ние** или на **-ние, -тие**, передача которых немецкими соответствиями с помощью исходного русского глагола либо отглагольными существительными на -ung, либо субстантивированным инфинитивом представляется простой операцией; то же относится к существительным на **-ость**, образованных от прилагательных (ср. нем. -heit, -keit);

б) многочисленных т. наз. интернациональных слов, как, напр., на **-и́зм**/-ismus или **-и́ст**/-ist, а также существительных на **-ция**/-tion или глаголов на **-и́рова́ть**/-ieren;

в) многих уменьшительных форм на **-ец, -ик, -чик,** имеющих, как правило, немецкие соответствия с суффиксами -chen, -lein;

г) прилагательных на **-ный** и **-ский**, немецкие переводы которых можно легко образовать от соответствующих существительных суффиксами -ig, -lich и т.п.

2. Словарные гнёзда. Следующие непосредственно друг за другом заглавные слова, образованные с одной и той же основой, т. е. имеющие тождественные начальные слоги или же представляющие собой сложные слова с одинаковым первым членом, объединены в словарные гнёзда, причём часть слова, стоящая в первом заглавном слове перед вертикальной чертой (|), является общей для всех последующих заглавных слов и обозначается в них тильдой (~), т. е. знаком повторения:

зре́лищ|е *n* (11) ...; **~ный** (14) ... = зре́лищный

Тильда, как и употребляемая вместо неё в грамматических пометах чёрточка, может также замещать в гнезде целое заглавное слово или производную форму без окончания. Смена написания слова с маленькой буквы написанием с заглавной буквы внутри гнезда – и наоборот – помечается тильдой с кружочком (~̥).

3. Ударение. В двухсложных и многосложных словах над ударным гласным ставится акцент (´). Ряд слов, помеченных двумя, очень редко тремя акцентами, имеют два или три равноценных ударения. Если акцент первого заглавного слова гнезда в последующих словах меняется, то это обозначается согласно твёрдому правилу так:

а) акцент перед тильдой (´~) = ударение на первом слоге;

б) акцент над тильдой (~́) = ударение на втором слоге;

в) акцент после тильдой (~´) = ударение на третьем слоге.

Применение тремы с тильдой (~̈) в словах с буквой е означает, что в данном ударном слоге этот гласный соответствует звуку -ё- [-(j)ɔ-], причём замена такого -ё- безударным -е- или ударным -é- помечается скобками при треме, а перемена ударения указана дополнительно:

озёр|ный ...; '(:)**о** *n* = óзеро

4. Произношение. Определённые отклонения от общих правил русского литературного произношения обозначены знаками Международной фонетической ассоциации (IPA).

5. Грамматический аппарат

Глаголы подаются, как правило, в форме несовершенного вида с последующим указанием, в ломаных скобках ⟨ ⟩, соответствующей формы совершенного вида. Цифры в скобках указывают на образцы спряжения в конце словаря.

Управление. В переводной части словарных статей при глаголах, а также соответствующих существительных и прилагательных, как правило, помечены (в скобках, с помощью сокращённых обозначений падежей) расхождения в употреблении относящихся к ним русских/немецких предлогов и/или в грамматическом управлении знаменательных слов обоих языков:

пя́тница *f* (5) Freitag *m* (***в*** B an *D*) = в пя́тницу am Freitag

Существительные в заглавных словах помечаются обозначениями рода *m*, *f*, *n*, немецкие же соответствия в переводной части статьи имеют такие пометы – а также *koll.*, *pl.*, *sg.* (см. список сокращений) – только в случаях отклонений в роде или числе.

6. Значение и перевод. Заглавные слова с разными формами склонения, спряжения или глагольными видами и различными значениями подразделены соответственно, причём отдельные части помечены цифрами (¹, ² и т. д.). В переводной части статьи более отличающиеся по значению слова или группы слов разделены точкой с запятой, тогда как синонимы образуют ряды с запятыми между ними.

В переводной части не цитируются более или менее свободно комбинируемые сочетания прилагательных (или глаголов) с существительными. В таких случаях отдельные немецкие эквиваленты приводятся только при соответствующем заглавном слове. Эти формы, исходя из их значений, легко можно объединить в требуемые словосочетания.

У глаголов с возвратной формой указанные перед частицей -ся немецкие соответствия не повторяются с sich, а добавляются только глаголы с новыми значениями или оттенками значений. В таких случаях определённые глаголы, стоящие перед возвратной частицей, могут употребляться, соответственно их контексту, также с sich. Впрочем, следует иметь в виду, что возвратная форма русских глаголов часто переводится немецким пассивом, напр. **продава́ться** = sich verkaufen/verkauft werden.

Приставочные глаголы переданы в переводе с их полными значениями; при их включении в контекст с предлогами префиксы, в отличие от русского узуса, часто не употребляются, напр.:

вкле́ивать hineinkleben: вкле́ивать в альбо́м ins Album kleben.

Aussprache der russischen Buchstaben und ihre Lautschrift

I. Vokale

1. In betonter Stellung werden alle Vokale halblang, d. h. länger als die deutschen kurzen, jedoch kürzer als unsere langen Vokale, gesprochen.
2. In unbetonter Stellung sind die Vokale kurz zu sprechen, wobei diese Kürze in nachtonigen Silben (d. h. solchen, die nach der betonten folgen) sowie in vortonigen ab der zweiten vor dem Ton besonders ausgeprägt ist; der Vokal in unmittelbar vortoniger Silbe ist vergleichsweise etwas länger und wird klarer artikuliert. Außerdem verändern einige Vokale in unbetonter Stellung ihren Klangwert, s. in der nachstehenden Tabelle besonders bei o und e.
3. In der hier benutzten Lautschrift wird das Akzentzeichen vor der betonten Silbe gesetzt.

Russ. Buchstabe		Ausspracheerklärung	Lautschrift
a	betont	= **a** in k**a**nn: мáма ['mamə] *Mama*	a
	unbetont	1. = **a** in k**a**nn, aber kürzer; unmittelbar vor der betonten Silbe: кармáн [kar'man] *Tasche*	a
		2. = **a** in k**a**nn, aber flüchtig (vgl. Liebe, engl. ⟨**a**bout⟩); nach der betonten Silbe oder nicht unmittelbar vor ihr: атáка [a'takə] *Angriff* карандáш [kəran'daʃ] *Bleistift*	ə
		3. = **i** in b**i**tte; nach ч, щ unmittelbar vor der betonten Silbe: часы́ [t̡ʃ̡ɪ'sɨ] *Uhr* щади́ть [ʃ̡t̡ʃ̡ɪ'd̡it̡] *schonen*	ɪ
e	Der vorangehende Konsonant (außer ж, ш, ц) ist erweicht.		
	betont	1. = **jä** in **jä**mmerlich; am Wortende oder vor hartem (nichtpalatalem) Konsonant, wobei der dem **e** vorangehende erweichte (palatalisierte) Konsonant in der Umschrift mit einem Häkchen versehen wird: бытиé [bɨt̡i'jɛ] *Dasein* ел [jɛɫ] (*ich*) *aß* нет [n̡ɛt] *nein*	jɛ/ɛ
		2. = **ä** in **Ä**rger; nach ж, ш, ц (die stets hart sind) am Wortende oder vor hartem Konsonant: на лицé [nal̡i'tsɛ] *im Gesicht* шест [ʃɛst] *Stange*	ɛ

Russ. Buchstabe		Ausspracheerklärung	Lautschrift
		3. = **je** in **je**ner; vor weichem (palatalem) Konsonant: ель [jel̦] *Tanne* петь [p̦eț] *singen*	je/e
	unbetont	1. = **i** in b**i**tte; am Wortanfang bzw. nach Vokal mit j-Vorschlag und nach palatalem Konsonant: ещё [jɪ'ʃ̦țʃ̦ɔ] *noch* знáет ['znajɪt] (*er*) *weiß* рекá [r̦ɪ'ka] *Fluß* Anm.: Am Wortende wird meist (j)ɛ statt (j)ɪ gesprochen: пóле ['pɔl̦ɛ] statt ['pɔl̦ɪ] *Feld*	jɪ/ɪ
		2. = ähnlich **ü** in d**ünn** (s. ы), nach ж, ш, ц: женá [ʒɨ'na] (*Ehe-*)*Frau* ценá [tsɨ'na] *Preis*	ɨ
ё	Der vorangehende Konsonant (außer ж, ш) ist erweicht.		
	nur betont	= **jo** in **Jo**rdan: ёлка ['jɔłkə] *Tannenbaum* даёт [da'jɔt] (*er*) *gibt* лёд [l̦ɔt] *Eis*	jɔ/ɔ
и	Der vorangehende Konsonant (außer ж, ш, ц) ist erweicht.		
	1. betont	= **i** in M**i**nute; in den mit и anlautenden obliquen Kasus von он, онó, они́ kann das и auch jotiert werden: и́ва ['ivə] *Weide* юри́ст [ju'r̦ist] *Jurist* их [ix] od. [jix] *ihrer* (Gpl.)	i/ji
	2. unbetont	= **i** in M**i**nute; unmittelbar vor der betonten Silbe: минýта [m̦i'nutə] *Minute*	i
		= **i** in b**i**tte; nach der betonten Silbe: хóдит ['xɔd̦ɪt] (*er*) *geht*	ɪ
	3. betont und unbetont	= ähnlich **ü** in d**ü**nn (s. ы); nach ж, ш, ц: ши́на ['ʃinə] *Reifen* цили́ндр [tsɨ'l̦indr] *Zylinder*	ɨ
о	betont	= **o** in N**o**rden: том [tɔm] *der Band*	ɔ
	unbetont	1. = **o** in **o**bzwar; am Wortende von Fremdwörtern: какáо [ka'kaɔ] *Kakao*	ɔ
		2. = **a** in k**a**nn, aber kürzer; unmittelbar vor der betonten Silbe: Москвá [mas'kva] *Moskau*	a

Russ. Buchstabe	Ausspracheerklärung	Lautschrift
	3. = **a** in k**a**nn, aber flüchtig; nach der betonten Silbe oder nicht unmittelbar vor ihr: со́рок ['sɔrək] *vierzig* огоро́д [əga'rɔt] (*Gemüse-*)*Garten*	ə
у	betont und unbetont = **u** in K**u**rier: бу́ду ['budu] (*ich*) *werde sein*	u
ы	betont und unbetont = ähnlich **ü** in d**ü**nn, wobei das **ü** nicht mit gerundeten, sondern gespreizten Lippen zu sprechen ist: вы [vi] *ihr*, *Sie*	ɨ
э	betont und unbetont 1. = **ä** in **Ä**rger: э́то ['ɛtə] *dies*(*es*) эско́рт [ɛs'kɔrt] *Eskorte*	ɛ
	2. = **e** in r**e**gieren; vor weichem Konsonant: э́ти ['eţı] *diese* (pl.)	e
ю	Der vorangehende Konsonant ist erweicht.	
	betont und unbetont = **ju** in **Ju**welier: ю́мор ['jumər] *Humor* рабо́таю [ra'bɔtəju] (*ich*) *arbeite* сюда́ [şu'da] *hierher*	ju/u
я	Der vorangehende Konsonant ist erweicht.	
	betont 1. = **ja** in **Ja**mmer; am Wortanfang, nach einem Vokal sowie vor harten Konsonanten: я́ма ['jamə] *Grube* моя́ [ma'ja] *meine* мя́со ['m̡asə] *Fleisch*	ja/a
	2. = **æ** (ein vorn gebildetes a mit leichter ε-Färbung); zwischen weichen Konsonanten: пять [p̡æţ] *fünf*	æ
	unbetont 1. = **ja** in **ja**panisch, aber flüchtig; am Wortende: со́я ['sɔjə] *Sojabohne* неде́ля [ņı'd̡eļə] *Woche*	jə/ə
	2. = **i** in b**i**tte; am Wortanfang und nach Vokal mit j-Vorschlag: язы́к [jı'zɨk] *Zunge*; *Sprache* та́ять ['tajıţ] *tauen* мясни́к [m̡ış'ņik] *Fleischer*	jı/ı

Russ. Buchstabe		Ausspracheerklärung	Lautschrift
		II. Halbvokal, Diphthonge	
й		1. = **j** in **J**od; am Wortanfang und nach Vokal in Fremdwörtern: йод [jɔt] *Jod* майóр [ma'jɔr] *Major*	j
		2. = zur Bildung von (fallenden) Diphthongen, als deren zweiter Bestandteil:	j
ай		= **ai** in M**ai**: май [maj] *Mai*	aj
ой	betont	= **eu** in H**eu**: бой [bɔj] *Kampf*	ɔj
	unbetont	= **ai** in M**ai**: войнá [vaj'na] *Krieg*	aj
уй		= **ui** in pf**ui**: бýйвол ['bujvəł] *Büffel*	uj
ый		= ähnlich **ü** in d**ü**nn, mit flüchtig nachklingendem i/j: вы́йти ['vɨjţɪ] *hinausgehen* крáсный ['krasnɨj] *rot*	ɨj
ий		= **i** in M**i**nute, mit flüchtig nachklingendem i/j:	ij ɪj
	betont	австри́йка [af'sţŗijkə] *Österreicherin*	
	unbetont	си́ний ['şiņɪj] *blau*	
ей	betont	= **je** in **je**ner oder **e** in r**e**gieren, mit flüchtig nachklingendem i/j: ей [jej] *ihr* лéйка ['ļejkə] *Gießkanne*	jej/ej
	unbetont	= **i** in b**i**tte, mit flüchtig nachklingendem i/j: сейчáс [şɪ(j)'ţʃas] *jetzt*	ɪj
юй		= **ju** in **Ju**welier mit flüchtig nachklingendem i/j: малю́й! [ma'ļuj] *male!*	juj/uj
яй	betont	= **jai** in **Jai**la(-Gebirge) (s. я): я́йца ['jæjtsə] *Eier* лентя́й [ļɪn'ţæj] *Faulenzer*	jæj/æj
	unbetont	= **ji** in **ji**ddisch: яйцó [jɪ(j)'tsɔ] *Ei*	jɪ
ау		= **au** in R**au**ch; nur in Fremdwörtern: каучýк [kau'ţʃuk] *Kautschuk*	au
		Anm.: In russischen Wörtern werden beide Vokale getrennt (**a-u**) gesprochen: наýка [na-'ukə] *Wissenschaft*	a-u

III. Konsonanten

1. Die meisten russischen Konsonanten können hart (nichtpalatal, „normal") oder weich (palatal) ausgesprochen werden. In der Schrift wird die Palatalität der Konsonanten a) in Verbindung mit nachfolgenden Vokalen durch е, ё, и, ю, я bezeichnet (nach harten Konsonanten stehen entsprechend а, о, у, ы), b) am Wortende oder im Wortinnern vor Konsonant durch das Weichheitszeichen ь. In der Lautschrift markiert ein Häkchen rechts unter dem Konsonanten dessen Weichheit, während der nachfolgende Vokalbuchstabe nichtjotiert erscheint, z. B.: тётя ['t̡ot̡ə] *Tante*; vgl. hierzu noch IV, 2.
2. Ein harter Konsonant wird vor einem weichen in der Regel nicht erweicht, möglich ist eine solche Angleichung (Assimilation) jedoch bei з, с vor palatalem д, т, з, с, н; z. B.: пéсня ['p̡ɛs̡n̡ə] *Lied.*
3. Stets hart sind ж, ш, ц; stets weich ч, щ.
4. Die stimmhaften Konsonanten б, в, г, д, ж, з werden am Wortende – wie im Deutschen – stimmlos gesprochen, also wie п, ф, к, т, ш, с; es sind dies demnach 12 paarige Konsonanten.
5. Stimmhafte paarige Konsonanten werden vor stimmlosen – ebenfalls wie im Deutschen – stimmlos gesprochen, d. h. angeglichen; z. B. зáвтра ['zaftrə] *morgen*; umgekehrt werden im Russischen aber auch stimmlose vor stimmhaften Konsonanten stimmhaft artikuliert: тáкже ['tagʒɛ] *auch.* Eine Ausnahme bildet hier в, vor dem keine solche Angleichung stattfindet: свет [s̡v̡ɛt] *Licht*; *Welt.*
6. Doppelkonsonanten werden durch gedehnte Verdoppelung gesprochen: кáсса ['kassə] *Kasse.*

Russ. Buchstabe		Ausspracheerklärung	Lautschrift
б	hart	= **b** in **B**ruder: брат [brat] *Bruder*	b
	weich	= etwa wie **bi** in ra**bi**at: бéлка ['b̡ɛłkə] *Eichhörnchen*	b̡
в	hart	= **w** in **W**asser: водá [va'da] *Wasser*	v
	weich	= etwa wie **wj** in **Wj**atka: вéна ['v̡ɛnə] *Vene*	v̡
г	hart	= **g** in **G**as: газ [gas] *Gas*	g
	weich	= etwa wie **gi** in Re**gi**on: гимн [g̡imn] *Hymne*	g̡
	ferner:	= **w** in den Endungen -ого, -его: больнóго [bal̡'nɔvə] *des Kranken* сúнего ['s̡in̡ıvə] *des blauen* vgl. auch ничегó n̡ıtʃ̡ı'vɔ] *nichts*	v
		= **ch** in Бог *Gott* und in den Verbindungen -гк-, -гч-: мя́гкий ['m̡axk̡ıj] *weich* мя́гче ['m̡axtʃ̡ɛ] *weicher*	x
д	hart	= **d** in **D**ame: дáма ['damə] *Dame*	d

Russ. Buchstabe			Ausspracheerklärung	Lautschrift
	weich		= etwa wie **di** in Ra**di**o: дю́на ['d̦unə] *Düne* In der Verbindung -здн- wird das -д- nicht gesprochen: по́здно ['pɔznə] *spät*	d̦
ж	nur hart		= (auch vor e und и; vgl. e betont 2, и betont und unbetont); **j** in **J**ournal: жа́жда ['ʒaʒdə] *Durst*	ʒ
		жч	= щ (etwa schtsch): мужчи́на [mu'ʃ̦țʃ̦inə] *Mann*	ʃ̦țʃ̦
з	hart		= **s** in **s**au̯**s**en: зако́н [za'kɔn] *Gesetz*	z
	weich		= etwa wie **si** in Inva**si**on: зелёный [z̦ɪ'l̦ɔnij] *grün*	z̦
		зж	= hartes od. weiches doppeltes ж: по́зже ['pɔʒʒɛ] od. ['pɔʒ̦ʒ̦ɛ] *später*	ʒʒ/ʒ̦ʒ̦
		зч	= щ (etwa schtsch): изво́зчик [iz'vɔʃ̦țʃ̦ɪk] *Kutscher*	ʃ̦țʃ̦
к	hart		= **k** in **k**ann (nicht aspiriert): как [kak] *wie*	k
	weich		= etwa wie **ki** in Ban**ki**er: ке́пка ['k̦ɛpkə] *Schirmmütze*	k̦
л	hart		= **l** härter als in **L**ampe (vgl. amerikan. Aussprache in ⟨lamp⟩): ла́мпа ['łampə] *Lampe*	ł
	weich		= etwa wie **li** in Li**li**e, etwas weicher: ли́лия ['l̦il̦ijə] *Lilie*	l̦
м	hart		= **m** in **m**an: мать [maț] *Mutter*	m
	weich		= etwa wie **mi** in Mu**mi**e: метр [m̦ɛtr] *Meter*	m̦
н	hart		= **n** in **n**un: нос [nɔs] *Nase*	n
	weich		= etwa wie **nj** in **Nj**emen od. **gn** in Ko**gn**ak: не́бо ['n̦ɛbə] *Himmel*	n̦
п	hart		= **p** in Pa**p**a (nicht aspiriert): па́па ['papə] *Papa*	p
	weich		= **pi** in Olym**pi**ade: пить [p̦iț] *trinken*	p̦
р	hart		= Zungenspitzen-r: рот [rɔt] *Mund*	r
	weich		= etwa wie **ri** in O**ri**ent: ряд [r̦at] *Reihe*	r̦
с	hart		= **ß** in bei**ß**en: сорт [sɔrt] *Sorte*	s
	weich		= etwa wie **ssi** in Pa**ssi**on: си́ла ['șiłə] *Kraft*	ș
		сч	= щ (etwa schtsch): сча́стье ['ʃ̦țʃ̦æșțjɛ] *Glück*	ʃ̦țʃ̦
т	hart		= **t** in **T**at (nicht aspiriert): такт [takt] *Takt*	t
	weich		= etwa wie **tj** in An**tj**e: тепе́рь [țɪ'p̦ɛr̦] *jetzt* In den Verbindungen -стн-, -стл- wird das -т- nicht gesprochen: изве́стно [iz'v̦ɛsnə] *bekannt* счастли́вый [ʃ̦țʃ̦ɪș'l̦ivɨj] *glücklich*	ț

Russ. Buchstabe		Ausspracheerklärung	Lautschrift
ф	hart	= **f** in **F**orm: фóрма ['fɔrmə] *Form*	f
	weich	= etwa wie **fj** in **Fj**ord: фи́рма ['f̡irmə] *Firma*	f̡
х	hart	= **ch** in Ba**ch**: ах! [ax] *ach!*	x
	weich	= etwa wie **ch** in i**ch**: хи́мик ['x̡im̡ɪk] *Chemiker*	x̡
ц	nur hart	= (auch vor е und и; vgl. е betont 2, и betont und unbetont): **z** in **Z**ar: царь [tsar̡] *Zar*	ts
ч	nur weich	= etwa **tsch** in **Tsch**eche: час [t̡ʃ̡as] *Stunde*	t̡ʃ̡
ш	nur hart	= (auch vor е und и; vgl. е betont 2, и betont und unbetont): **sch** in **Sch**atz: шар [ʃar] *Kugel*	ʃ
щ	nur weich	= etwa weiches **schtsch** od. **schsch**: щи [ʃ̡t̡ʃ̡i] od. [ʃ̡ʃ̡i] *Kohlsuppe*	ʃ̡t̡ʃ̡ od. ʃ̡ʃ̡

IV. Hilfszeichen

ъ	„hartes Zeichen"	= steht zwischen nichterweichtem Konsonant und jotiertem Vokal an der Fuge Vorsilbe/Wurzel, z. B. отъéзд [at'jɛst] *Abreise* Anm.: Vor 1918 auch nach nichterweichtem Konsonant am Wortende gebraucht.	
ь	„Weichheitszeichen"	1. = bezeichnet in der Schrift am Wortende oder im Wortinnern vor Konsonant die Palatalität (Weichheit) des davorstehenden Konsonanten, z. B.: день [d̡en̡] *Tag* тóньше ['tɔn̡ʃɛ] *dünner*; vgl. auch: брат [brat] *Bruder*, aber брать [brat̡] *nehmen*	
		2. = **j**; zwischen erweichtem Konsonant und nachfolgendem jotiertem Vokal: семья́ [s̡im̡'ja] *Familie* (vgl. сéмя ['s̡em̡ə] *Samen*). Vgl. noch in Fremdwörtern (ohne Jotierung des Vokals): батальóн [bəta'l̡ɔn] *Bataillon*	

Erklärung der im Wörterbuch verwendeten Abkürzungen und Zeichen

Объяснение употребляемых в словаре сокращений и знаков

A	Akkusativ вини́тельный паде́ж
a.	auch та́кже
Abk.	Abkürzung сокраще́ние
Adj.	Adjektiv прилага́тельное
Adm.	Verwaltung администра́ция
Adv.	Adverb наре́чие
Advp.	Adverbialpartizip дееприча́стие
Agr.	Landwirtschaft се́льское хозя́йство
Akt.	Aktiv действи́тельный зало́г
Anat.	Anatomie анато́мия
Arch.	Baukunst архитекту́ра
Astr.	Astronomie астроно́мия
Bgb.	Bergbau го́рное де́ло
Bibl.	Bibliothekswesen библиоте́чное де́ло
bibl.	biblisch библе́йское
Bio.	Biologie биоло́гия
Bot.	Botanik бота́ника
bsd.	besonders осо́бенно
Chem.	Chemie хи́мия
Comp.	Computertechnik компью́терная те́хника
D	Dativ да́тельный паде́ж
desgl.	desgleichen то же
dim.	Diminutiv уменьши́тельная фо́рма
dt.	deutsch неме́цкое, по-неме́цки
e.	endbetont ударе́ние на оконча́нии (-ниях)
ehm.	ehemals пре́жде
einm.	einmalig = momentane Aktionsart однокра́тный (под)ви́д
El.	Elektrotechnik электроте́хника
e-m, e-n	einem, einen (одному́, одного́)
e-r, e-s	einer, eines (одно́й, одного́)
Esb.	Eisenbahn желе́зная доро́га
et.	etwas что́-либо
F	umgangssprachlich, salopp разгово́рная речь, обихо́дное сло́во и́ли выраже́ние
f	feminin же́нского рода
fig.	übertragen, figurativ в перено́сном значе́нии
Fin.	Finanzen, Bankwesen фина́нсы, ба́нковское де́ло
Flgw.	Flugwesen авиа́ция, аэрона́втика
Fmw.	Fernmeldewesen систе́ма свя́зи
Folkl.	Volkskunde фолькло́р
Fot.	Fotografie фотогра́фия
Fut.	Futur бу́дущее вре́мя
G	Genitiv роди́тельный паде́ж
Geogr.	Geographie геогра́фия
Geol.	Geologie геоло́гия
Gr.	Grammatik грамма́тика
Hdl.	Handel торго́вля
hist.	historisch, alt истори́ческое
Hydr.	Hydrotechnik гидроте́хника
Imp.	Imperativ повели́тельное наклоне́ние
impf.	imperfektives Verb глаго́л несоверше́нного ви́да
im(pf.)	imperfektives und perfektives Verb глаго́л несоверше́нного и соверше́нного ви́дов
Ind.	Indikativ изъяви́тельное наклоне́ние
Inf.	Infinitiv неопределённая фо́рма глаго́ла
Info.	Informatik информа́тика
Int.	Interjektion междоме́тие
iron.	ironisch ирони́чески
Iter.	Iterativum, iterative Aktionsart многокра́тный (под)ви́д
j-d	jemand кто́-либо

j-m, *j-n*, *j-s* jemandem, jemanden, jemandes кому́-либо, кого́-либо, кого́-либо
JSpr. Jägersprache охо́тничий жарго́н
Jur. Jurisprudenz пра́во

K. Kurzform кра́ткая фо́рма
Kernphys. Kernphysik я́дерная фи́зика
Kfz. Kraftfahrzeugwesen автомобили́зм
Kj. Konjunktion сою́з
Kochk. Kochkunst кулина́рия
koll. kollektiv собира́тельно
Komp. Komparativ сравни́тельная сте́пень
Konj. Konjunktiv сослага́тельное наклоне́ние
KSp. Kartenspiel игра́ в ка́рты

Ling. Linguistik языкозна́ние
Lit. Literaturwissenschaft литературове́дение

m maskulin мужско́го ро́да
m. mit с
Mar. Schiffahrt морепла́вание
Math. Mathematik матема́тика
Med. Medizin медици́на
Met. Meteorologie метеороло́гия
m/f Substantiv beiderlei Geschlechts существи́тельное о́бщего ро́да
Mil. Militärwesen вое́нное де́ло
Min. Mineralogie минерало́гия
mst meist(ens) бо́льшей ча́стью
Mus. Musik му́зыка

n neutral сре́днего ро́да
N Nominativ имени́тельный паде́ж

o. ohne без
od. oder и́ли

P volkstümlich просторе́чие, грубова́тое сло́во и́ли выраже́ние
P Präpositiv предло́жный паде́ж
Part. Partikel части́ца
Pass. Passiv страда́тельный зало́г
Pers. Person лицо́
pf. perfektives Verb глаго́л соверше́нного ви́да
Philos. Philosophie филосо́фия
Phys. Physik фи́зика
pl. Plural мно́жественное число́; Pluraletantum
Plusqpf. Plusquamperfekt давнопроше́дшее вре́мя
poet. poetisch поэти́чески
Pol. Politik поли́тика
Poss. Possessivum притяжа́тельное
präd. prädikativ предикати́вно
Präs. Präsens настоя́щее вре́мя
Prät. Präteritum проше́дшее вре́мя
Pron. Pronomen местоиме́ние
Prp. Präposition предло́г
Psych. Psychologie психоло́гия
Ptp. Partizip прича́стие

Raumf. Raumfahrt космона́втика
Rdf. Rundfunk, Fernsehen ра́дио, телеви́дение
refl. reflexive Form возвра́тная фо́рма
Rel. Religion рели́гия
Rhet. Rhetorik рито́рика
russ. russisch ру́сское, по-ру́сски

S. Seite страни́ца
scherz. scherzhaft шутли́во
s-e seine его́
sg. Singular еди́нственное число́; Singularetantum
s-m, s-n seinem, seinen его́
sog. sogenannt так называ́емый
Sp. Sport спорт
Spr. Sprichwort, sprichwörtliche Redensart посло́вица, погово́рка
s-r, s-s seiner, seines его́
st. stammbetont ударе́ние на осно́ве
st. statt вме́сто
su. substantiviert субстантиви́рованное
Su. Substantiv существи́тельное
SU ehem. Sowjetunion бы́вш. Сове́тский Сою́з
Sup. Superlativ превосхо́дная сте́пень

Tech. Technik те́хника

Text.	Textilien тексти́ль	*V*	Vokativ зва́тельный паде́ж
Thea.	Theater теа́тр	*v.*	von от
Typ.	Buchdruck книгопеча́тание	*Vb. fin.*	Verbum finitum ли́чная фо́рма глаго́ла
u.	und и	*verä.*	verächtlich презри́тельно
ungbr.	ungebräuchlich неупотреби́тельно	*vgl.*	vergleiche сравни́(те)
unpers.	unpersönlich безли́чное употребле́ние	*v/i*	intransitives Verb непереxо́дный глаго́л
unübers.	unübersetzt не перево́дится	*v/t*	transitives Verb перехо́дный глаго́л
unv.	unveränderlich неизменя́емое сло́во	*z. B.*	zum Beispiel наприме́р
usw.	und so weiter и так да́лее	*Zool.*	Zoologie зооло́гия
V	vulgär вульга́рное выраже́ние	*Zssg(n)*	Zusammensetzung(en) сло́жное сло́во (-ые -ва́)

Russische Abkürzungen — Русские сокращения

И имени́тельный паде́ж	Nominativ	В вини́тельный паде́ж	Akkusativ
Р роди́тельный паде́ж	Genitiv	Т твори́тельный паде́ж	Instrumental
Д да́тельный паде́ж	Dativ	П предло́жный паде́ж	Präpositiv

Zeichen — Знаки

→ s(iehe) см(отри́)
/ oder, alternativ и́ли, альтернати́вно
† veraltet устаре́лое

Das russische Alphabet

Druckschrift	Schreibschrift	Namen		Druckschrift	Schreibschrift	Namen	
А а	*А а*	а	a	**П п**	*П п*	пэ	pɛ
Б б	*Б б*	бэ	bɛ	**Р р**	*Р р*	эр	ɛr
В в	*В в*	вэ	vɛ	**С с**	*С с*	эс	ɛs
Г г	*Г г*	гэ	gɛ	**Т т**	*Т т*	тэ	tɛ
Д д	*Д д*	дэ	dɛ	**У у**	*У у*	у	u
Е е	*Е е*	е	jɛ	**Ф ф**	*Ф ф*	эф	ɛf
Ё ё	*Ё ё*	ё	jɔ	**Х х**	*Х х*	ха	xa
Ж ж	*Ж ж*	жэ	ʒɛ	**Ц ц**	*Ц ц*	цэ	tsɛ
З з	*З з*	зэ	zɛ	**Ч ч**	*Ч ч*	че	tʃe
И и	*И и*	и	i	**Ш ш**	*Ш ш*	ша	ʃa
Й й	*Й й*	и[1])		**Щ щ**	*Щ щ*	ща	ʃtʃa
К к	*К к*	ка	ka	**Ъ ъ**	– *ъ*	[2])	
Л л	*Л л*	эл	ɛɫ	**Ы ы**	– *ы*	ы[3])	ɨ
М м	*М м*	эм	ɛm	**Ь ь**	– *ь*	[4])	
Н н	*Н н*	эн	ɛn	**Э э**	*Э э*	э[5])	ɛ
О о	*О о*	о	ɔ	**Ю ю**	*Ю ю*	ю	iu
				Я я	*Я я*	я	ia

[1]) и кра́ткое „kurzes i"
[2]) твёрдый знак „hartes Zeichen"
[3]) *oder* еры́
[4]) мя́гкий знак „weiches Zeichen, Weichheitszeichen"
[5]) э оборо́тное „umgekehrtes e"

Russisch-deutsches Wörterverzeichnis

Русско-немецкий словник

А

а 1. *Kj.* und; aber, (je)doch, dagegen; sondern; ***а*** (***не***) ***то*** F sonst, andernfalls; F tatsächlich; ***а что?*** wieso?; was denn?; **2.** *Int.* ach! ach!, ha (ha)!; **3.** *Part.* wie?; he!

абажу́р *m* (1) Lampenschirm

аббревиату́ра *f* (5) Kurzwort *n*; Abkürzung

абоне|ме́нт *m* (1) Abonnement *n*; *Bibl.* Ausleihe *f*; **~́нт** *m* (1) Abonnent; Fernsprechteilnehmer; *Bibl.* Benutzer; **~́нтный** (14) Teilnehmer-; Lese(r)-; *Post*: Schließ-

аборда́ж *m* (1) Entern *n*; ***брать на ~*** entern

або́рт *m* (1) Fehlgeburt *f*; Abtreibung *f*

абрико́с *m* (1) Aprikose *f*; **~овый** (14) Aprikosen-; aprikosenfarben

абсолю́тный (14; -тен, -тна) absolut; unumschränkt; unbedingt; *Adv.* völlig, ganz

абстра́ктный (14; -тен, -тна) abstrakt

абсу́рд *m* (1) Unsinn; Absurdität *f*; ***до ~а*** ad absurdum; **~ный** (14; -ден, -дна) absurd, widersinnig

абха́з|ец *m* (1; -ца), **~ка** *f* (5; -ок) Abchase(-sin *f*); **~ский** (16) abchasisch

аван|га́рд *m* (1) Avantgarde *f*, Vorhut *f*; **~́с** *m* (1) Vorschuß; **~́сом** F im voraus (*fig.* F); **~сце́на** *f* (5) Vorbühne

авантю́р|а *f* (5) Abenteuer *n*; **~и́зм** *m* (1) Abenteurertum *n*; **~и́ст** *m* (1) Abenteurer, Hochstapler; **~ный** (14; -ен, -на) abenteuerlich; Abenteuer-

авари́|йность *f* (8) Unfallhäufigkeit *f*; *Tech.* Störanfälligkeit; **~йный** (14) Not-, Alarm-; Abschlepp-; **~́я** *f* (7) Unfall *m*; Panne; *Flgw.*, *Mar.* Havarie; *Tech.* Betriebsstörung

а́вгуст *m* (1 *e.*) August; → ***май***; **~овский** (16) August-

авиа|бага́ж *m* (1) Fluggepäck *n*; **~ба́за** *f* (5) Fliegerhorst *m*; Luftwaffenstützpunkt *m*; **~биле́т** *m* (1) Flugticket *n*, Flugschein; **~деса́нт** *m* (1) Luftlandung *f*; Luftlandetruppen *f/pl.*; **~диспе́тчер** *m* (1) Fluglotse; **~заво́д** *m* (1) Flugzeugfabrik *f*; **~компа́ния** *f* (7) Luftverkehrsgesellschaft; **~ли́ния** *f* (7) Fluglinie, Flugroute; **~метеослу́жба** *f* (5) Flugwetterdienst *m*; **~но́сец** *m* (1; -сца) Flugzeugträger; **~пассажи́р** *m* (1) Fluggast; **~письмо́** *n* (9; *pl. st.*; -пи́сем) Luftpostbrief *m*; **~по́чта** *f* (5) Luftpost; **~промы́шленность** *f* (8) Flugzeugindustrie; **~разве́дка** *f* (5; -док) Luftaufklärung; **~свя́зь** *f* (8) Flugverbindung; Luftverkehr *m*; **~строе́ние** *n* (12) Flugzeugbau *m*; **~съёмка** *f* (5; -мок) Luftaufnahme; **~тра́нспорт** *m* (1) Lufttransportwesen *n*; Flugverkehr; **~тра́сса** *f* (5) Flugroute; **~цио́нный** (14) Flug(zeug)-, Flieger-, Luft-; **~́ция** *f* (7) Flugwesen *n*; Luftfahrt; *Mil.* Luftwaffe; **~ча́сть** *f* (8; *ab Gpl. e.*) Fliegerverband *m*, Luftwaffeneinheit *f*; **~шко́ла** *f* (5) Fliegerschule

аво́сь P vielleicht; ***на ~*** F auf gut Glück; **~ка** F (5; -сек) Einkaufsnetz *n*

авра́л *m* (1) *Mar.* Großalarm; F Feuerwehreinsatz; **~!** alle Mann an Deck!

австрали́|ец *m* (1; -йца), **~йка** *f* (5; -ек) Australier(in *f*); **~йский** (16) australisch

австри́|ец *m* (1; -йца), **~йка** *f* (5; -ек) Österreicher(in *f*); **~йский** (16) österreichisch

авто|ба́за *f* (5) Autohof *m*; **~биографи́ческий** (16) autobiographisch; **~биогра́фия** *f* (7) Autobiographie; Lebenslauf *m*; **~́бус** *m* (1) Autobus, Omnibus; → ***по́езд***; **~вокза́л** *m* (1) Busbahnhof; **~ге́нный** (14) autogen; Gasbrenn-; **~го́нки** *pl.* (5; *G* -нок) Autorennen *n*; **~́граф** *m* (1) Autogramm *n*; **~да́ча** *f* (5) Wohnanhänger *m*; **~дро́м** *m* (1) Teststrecke *f*, Rennstrecke *f*; **~заво́д** *m* (1) Autofabrik *f*; **~́л** *m* (1) Motoröl *n*; **~люби́тель** *m* (4) Autofahrer; F Autofan; **~магистра́ль** *f* (8) Schnellstraße; Autobahn

автома́т *m* (1) Automat; *Mil.* Maschinenpistole *f*; F Telefonzelle *f*; **~иза́ция** *f* (7) Automatisierung; **~изи́ровать** *im(pf.)* (7) automatisieren; **~и́ческий** (16) automatisch, selbsttätig; Selbst(lade)-; Dreh-; *Mil.* Maschinen-; **~и́чный** (14; -чен, -чна) mechanisch, unwillkürlich; automatisch; **~чик** *m* (1) Maschinenpistolenschütze

авто|маши́на *f* (5) Auto *n*; **~меха́ник** *m* (1) Kraftfahrzeugmechaniker

автомобил|естрое́ние *n* (12) Kraftfahrzeugbau *m*; **~и́зм** *m* (1) Autosport; **~и́ст** *m* (1) Autofahrer; Autosportler; **~ь** [-'bɪl] *m* (4) Auto(mobil *n*) *n*, Kraftfahrzeug *n*, Kraftwagen; **~ьный** [-'bɪ-] (14) Auto-, Kraftfahrzeug-

авто|мотоклу́б *m* (1) Motorsportklub; **~мотри́са** *f* (5) Triebwagen *m*; **~но́мный** (14; -мен, -мна) autonom; selbst-; **~отве́тчик** *m* (1) automatischer Anrufbeantworter; **~пансиона́т** *m* (1) Autobahnraststätte *f*; **~по́езд** *m* (1; *pl. e., N* -á) Lastzug; **~портре́т** *m* (1) Selbstbildnis *n*; **~прице́п** *m* (1) Autoanhänger; **~пробе́г** *m* (1) Autorennen *n*; **~промы́шленность** *f* (8) Auto(mobil)industrie; **~путеводи́тель** *m* (4) Autoführer

а́втор *m* (1) Autor(in *f*), Verfasser(in *f*); Urheber(in *f*); *Lit.* auktorial

авто|ра́лли *n* (*unv.*) Autorallye *f*; **~ремо́нтный** (14) Autoreparatur-

автори|зова́ть *im(pf.)* (7) autorisieren; **~та́рный** (14; -рен, -рна) autoritär; **~те́т** *m* (1) Autorität *f*; Ansehen *n*; **~те́тный** (14; -тен, -тна) maßgeblich; angesehen, kompetent; gebieterisch

а́вторс|кий (16) Autoren-; Urheber-; **~тво** *n* (9) Autorschaft *f*; → ***а́втор***

авто|ру́чка *f* (5; -чек) Füll(feder)halter *m*; **~са́ни** *pl.* (8; *ab G e.*) Motorschlitten *m*; **~спу́ск** *m* (1) Selbstauslöser; **~стра́да** *f* (5) Autobahn; **~тра́нспорт** *m* (1) Kraftverkehr; **~тури́зм** *m* (1) Autotourismus; Camping *n*; **~фурго́н** *m* (1) Lieferwagen; **~цисте́рна** *f* (5) Tankwagen *m*; **~ши́на** *f* (5) Autoreifen *m*; **~шко́ла** *f* (5) Fahrschule

ага́ [a'ha] aha!; P ja(wohl)

аге́нт *m* (1) Agent, Vertreter; *Chem.* Agens *n*; **~ство** *n* (9) Agentur *f*; Vertretung *f*; **~у́ра** *f* (5) Nachrichtendienst *m*; Agenten *m/pl.*, Spione *m/pl.*

агит|ацио́нный (14) agitatorisch, Agitations-, Aufklärungs-; **~а́ция** *f* (7) Agitation; Werbung; **~и́ровать** (7) **1.** agitieren; **2.** ⟨с-⟩ F überreden, *impf.* zu überreden suchen; **~́ка** F *f* (5; -ок) Agitationsschrift; Agitationsplakat *n*; *Thea.* Agitationsstück *n*; **~ма́ссовый** (14) Massenagitations-; **~пу́нкт** *m* (1) Aufklärungslokal *n*

агони|зи́ровать (7) im Sterben liegen; **~́я** *f* (7) Agonie, Todeskampf *m*

агра́рный (14) Agrar-, Boden-

агресси́|вный (14; -вен, -вна) aggressiv; ausfällig; Angriffs-; **~́я** *f* (7) Aggression

агроно́м *m* (1) Diplomlandwirt, Agronom; **~и́ческий** (16) Landwirtschafts-; **~и́я** *f* (7) Agrarwissenschaft

агроте́хник *m* (1) Anbautechniker

ад *m* (1; в -у́) Hölle *f*; *fig.* Inferno *n*

ада́мов: ***~о я́блоко*** *n* → ***кады́к***

ада́птер [-tɛr] *m* (1) Tonabnehmer

адвока́т *m* (1) Rechtsanwalt; Fürsprecher; **~у́ра** *f* (5) Rechtsanwaltschaft; Anwaltstätigkeit

адеква́тный [-dɛ-] (14; -тен, -тна) adäquat, angemessen

администр|ати́вный (14) Verwaltungs-; verwaltungsrechtlich; verwaltungstechnisch; Ordnungs-; **~а́тор** *m* (1) Verwalter; Empfangschef; **~а́ция** *f* (7) Verwaltung(sbehörde); Leitung

адмирал|те́йство *n* (9) Admiralität *f*; **~́ьский** (16) Admirals-

а́дрес *m* (1; *pl. e., N* -á) Adresse *f* (***в*** В, ***по*** Д an *A*), Anschrift *f*; Signatur *f*; **~а́т** *m* (1) Empfänger, Adressat; **~ный** (14) Adreß-; Einwohnermelde-; **~ова́ть** (7) *im(pf.)* adressieren; richten

а́дски|й (16) höllisch, Höllen-; F teuflisch, infernalisch; Mords-, Hunde-; *Adv.* F verteufelt, verdammt

ажиота́ж *m* (1) Börsenspekulation *f*; *fig.* Hektik *f*; Rummel

ажу́р F (1): ***в ~е*** im Lot; **~ный** (14) durchbrochen; Netz-; *fig.* kunstvoll, fein

аз *m* (1*e.*): **~ы́** *pl.* F Anfangsgründe; ***от***

~а́ до и́жицы von A bis Z; **с ~о́в** F von Grund auf, ganz von vorne; **ни ~а́ не знать** F keinen blassen Schimmer haben (**в** П von *D*)
аза́рт *m* (1) Eifer, Heftigkeit *f*; Jähzorn; **с ~ом → ~ный**; **войти́ в ~ → ~ничать** F (1) sich ereifern; **~ный** (14; -ен, -на) hitzig, heftig, leidenschaftlich; Hasard-, Glücks-
а́збу|ка *f* (5) Alphabet *n*, Fibel; **~чный** (14) alphabetisch, Abc-; *fig.* Binsen-
азербайджа́н|ец m (1; -ца), **~ка** *f* (5; -ок) Aserbaidschaner(in *f*); **~ский** (16) aserbaidschanisch
азиа́т *m* (1), **~ка** *f* (5; -ок) Asiat(in *f*); **~ский** (16) asiatisch
азо́т *m* (1) Stickstoff; **~истый** (14) stickstoffhaltig, salpet(e)rig; **~ный** (14) Stickstoff-; Salpeter-
а́ист *m* (1) Storch
ай (ай-а́й-а́й) ach! au!; wie schade!; **~ да**! ei! was *od.* was für . . .!
айва́ *f* (5) Quitte
айда́ P los!, auf!
акаде́м|ик *m* (1) Akademiemitglied *n*; **~и́ческий** (16) akademisch; Akademie-; **~ия** *f* (7) Akademie
а́ка|нье *n* (10) *a*-Aussprache *f* des unbetonten *o*; **~ть** (1) unbetontes *o* wie *a* aussprechen
аква|ла́нг *m* (1) Unterwasser-Atmungsgerät *n*; **~ре́ль** *f* (8) Aquarell *n*; Wasserfarbe(n *pl.*)
акклиматиз|а́ция *f* (7) Akklimatisierung; **~и́ровать** (7) *im*(*pf.*) eingewöhnen, akklimatisieren
аккомпан|еме́нт *m* (1) Begleitung *f* (**под** В mit *D*); **~и́ровать** (7), F ⟨с-⟩ *Mus.* begleiten
аккордеони́ст *m* (1) Akkordeonspieler
акко́рдный (14) Akkord-, Stücklohn-
аккредит|и́в *m* (1) Kreditbrief; **~ова́ть** (7) *im*(*pf.*) akkreditieren
аккумул|и́ровать (7) *im*(*pf.*) anhäufen, speichern; **~я́тор** *m* (1) Akku(mulator); *Kfz.* Batterie *f*
аккура́тн|ость *f* (8) Genauigkeit; Sorgfalt; **→ ~ый** (14; -тен, -а) pünktlich, genau; sorgfältig; sauber, ordentlich
акселера́тор *m* (1) *Kfz.* Gaspedal *n*
аксессуа́ры *m*/*pl.* (1) Zubehör *n*; Beiwerk *n*; Requisiten *n*/*pl.*
аксио́ма *f* (5) Axiom *n*
акт *m* (1) Akt; Tat *f*, Handlung *f*; Erlaß; Urkunde *f*; Protokoll *n*; Schrift(stück *n*) *f*; Aktbild *n*; Festakt *m*
актёр *m* (1) Schauspieler; *fig.* Komödiant; **~ский** (16) Schauspiel-; schauspielerisch, darstellerisch
акти́в *m* (1) *Pol.* Aktivisten *m*/*pl.*, Funktionärsgremium *n*; *Fin.* Aktiva *n*/*pl.*; Beirat; *fig.* Plus *n*; Erfolg (**в** В als); **име́ть в** *od.* **на ~е** guthaben; **~иза́ция** *f* (7) Aktivierung; **~изи́ровать** (7) *im*(*pf.*) aktivieren; **~ность** *f* (8) Aktivität, Tätigkeit; **~ный** (14; -вен, -вна) aktiv, tätig, tatkräftig; *Tech.* Aktiv-; Wirk-
а́ктовый (14) Akten-; **~ зал** *m* Aula *f*
актри́са *f* (5) Schauspielerin
актуа́льн|ость *f* (8) Aktualität; **~ый** (14; -лен, -а) aktuell; zeitbezogen
аку́ла *f* (5) Hai *m*
аку́сти|ка *f* (5) Akustik; **~ческий** (16) akustisch; Echo-
акуше́р *m* (1) Geburtshelfer; **~ка** *f* (5; -рок) Hebamme; **~ство** *n* (9) Geburtshilfe *f*
акценти́ровать (7) *im*(*pf.*) betonen
акцептова́ть (7) *im*(*pf.*) akzeptieren
акци|оне́рный (14) Aktien-; **~я** *f* (7) Aktie; *Pol.* Aktion
алба́н|ец *m* (1; -ца); **~ка** *f* (5; -ок) Albaner(in *f*); **~ский** (16) albanisch
алгебраи́ческий (16) algebraisch
але́ть (8) **1.** (*a.* **-ся**) rot leuchten; **2.** ⟨по-⟩ rot werden, sich röten
алжи́р|ец *m* (1; -ца); **~ка** *f* (5; -ок) Algerier(in *f*); **~ский** (16) algerisch
алиме́нты *pl.* (1) Alimente
алка́|ть *poet.* (1/3 *st.*), ⟨вз-⟩ dürsten, verlangen (P nach *D*); **~ш** P *m* (1*e.*; -е́й) Säufer
алкого́л|ик *m* (1) Alkoholiker; **~ьный** (14) alkoholisch; Alkohol-
Алла́х *m* (1) Allah; ♀ F **→ Бог**
аллего́рия *f* (7) Allegorie, Sinnbild *n*
алле́я *f* (6; -е́й) Allee
алло́ hallo!
аллю́р *m* (1) Allüre *f*, Gangart *f*
алма́з *m* (1) Diamant; Glasschneider; **~ный** (14) diamanten; Diamant(en)-
алоги́чный (14; -чен, -чна) unlogisch
алта́йский (16) altaisch
алта́рь *m* (4*e.*) Altar
алфави́т *m* (1) Alphabet *n*; **~ный** (14)

alphabetisch
алхи́мик *m* (1) Alchimist
а́лчн|ость *f* (8) Gier, Habsucht; **~ый** (14; -чен, -а) gierig (**к** Д, **до** Р nach *D*)
а́лый (14*K*.) hellrot, hochrot, rot
альбино́с *m* (1) Albino
альбо́м *m* (1) Album *n*; Bildband
алько́в *m* (1) Alkoven
альпи́|йский (16) alpin, Alpen-; alpenländisch; → **луг**; **~ни́зм** *m* (1) Bergsteigen *n*; **~ни́ст** *m* (1) Bergsteiger; Hochgebirgswanderer; **~ни́стский** (16) Hochgebirgs-; Bergsteiger-
альт *m* (1*e*.) Alt, Altstimme *f*; → **бас**; Bratsche *f*; **~и́ст** *m* (1) Bratschist
а́льф|а *f* (5): ***~а и оме́га*** das A und O; ***от ~ы до оме́ги*** von A bis Z
алюми́ни|евый (14) Aluminium-; **~й** *m* (3; -и) Aluminium *n*
аляпова́тый (14*K*.) plump, kitschig
амазо́нка *f* (5; -нок) Amazone; Reitkleid *n*
а́мба P: ~ es ist aus (Д mit *j-m*)
амба́р *m* (1) Speicher, Scheune *f*
амбици|о́зный (14; -зен, -зна) übertrieben ehrgeizig; hochnäsig; **~́я** *f* (7) übersteigertes Ehrgefühl *n*; Hochmut *m*; *mst. pl.* Abitionen; ***войти́ в ~ю*** F gekränkt *od.* verärgert sein
амбразу́ра *f* (5) Nische (*Fenster*, *Tür*); *Mil.* Schießscharte
амбулато́р|ия *f* (7) Ambulanz; Ambulatorium *n*; **~ный** (14) ambulant
амво́н *m* (1) Voraltar
америка́н|ец *m* (1; -ца), **~ка** *f* (5; -ок) Amerikaner(in *f*); **~ский** (16) amerikanisch
ами́нь amen; F → ***а́мба***
аммиа́к *m* (1) Ammoniak *n*
амнисти́|ровать (7) *im*(*pf*.) amnestieren, (В *D*) die Strafe erlassen; **~́я** *f* (7) Amnestie, Straferlaß *m*
амора́льный (14; -лен, -льна) unmoralisch; unsittlich, sittenwidrig
амортиз|а́тор *m* (1) Stoßdämpfer; **~а́ция** *f* (7) Amortisation, Tilgung; Abschreibung; *Tech.* Abfederung; **~и́ровать** (7) *im*(*pf*.) amortisieren; → ***~а́ция***
амперме́тр *m* (1) Strommesser
амплиту́да *f* (5) Amplitude; *fig.* Spannweite
амплуа́ *n* (*unv.*) Rollenfach
ампути́ровать (7) *im*(*pf*.) amputieren, abnehmen
амуни́ция *f* (7) Ausrüstung
амфи́бия *f* (7) Amphibie, Lurch *m*; Amphibienfahrzeug *n*
амфитеа́тр *m* (1) Amphitheater *n*; Parterre *n*
ан P aber, doch, jedoch
ана́ли|з *m* (1) Analyse *f*; Auswertung *f*; *Med.* Probe *f*; **~зи́ровать** (7) *im*(*pf*.), ⟨про-⟩ analysieren; auswerten; **~ти́ческий** (16) analytisch
аналоги́|ческий (16), **~чный** (14; -чен, -чна) analog, ähnlich; **~́я** *f* (7) Analogie; Vergleich *m*
анало́й *m* (3) Predigerpult *n*
анана́с *m* (1) Ananas *f*
анархи́|стский (16) anarchistisch; **~ческий** (16) anarchisch; **~́я** *f* (7) Anarchie
анатом|и́ческий (16) anatomisch; Anatomie-; **~и́я** *f* (7) Anatomie
ана́фем|а *f* (5) Bannfluch *m*; Kirchenbann *m*; P Schurke *m*, Luder *n*; **~ский** (16) P verflucht, teuflisch
анаш|а́ P *f* (5) Haschisch *n*; **~и́ст** P *m* (1) Haschischraucher, Kiffer
анга́р *m* (1) Hangar, Flugzeughalle *f*
а́нгел *m* (1) Engel; **~ьский** (16) Engels-, engelgleich
анги́на *f* (5) Angina, Mandelentzündung
англи́|йский (16) englisch; *Tech.* Sicherheits-; **~ча́нин** *m* (1; *pl.* -а́не, -а́н), **~ча́нка** *f* (5; -нок) Engländer(in *f*)
анекдо́т *m* (1) Anekdote *f*; F seltsame Geschichte *f od.* Sache *f*, etwas Komisches *n*; Fiktion *f*; **~и́ческий** (16), **~и́чный** (14; -чен, -чна) anekdotisch; F komisch; kaum glaubhaft
анеми́я *f* (7) Anämie, Blutarmut
анемо́н *m* (1) Windröschen *n*
анестези́|ровать [-nɛstɛ-] (7) *im*(*pf*.) anästhe(ti)sieren; **~рующий** (17) anästhetisch; **~я** *f* (7) Anästhesie; Schmerzunempfindlichkeit
анимали́ст *m* (1) Tiermaler
ани́сов|ка *f* (5) Anisschnaps *m*; **~ый** (14) Anis-
анке́т|а *f* (5) Fragebogen *m*; Umfrage; **~ный** (14) Frage-; ***~ные да́нные*** *pl.* Personalien *n*/*pl.*
аннекси́|ровать (7) *im*(*pf*.) annektie-

ren; **∴я** *f* (7) Annexion, Annektierung
аннот|а́ция *f* (7) Inhaltsausgabe, Kommentar *m*; **~и́ровать** (7) *im*(*pf.*), ⟨про-⟩ mit kurzer Inhaltsausgabe versehen
аннули́ровать (7) *im*(*pf.*) annulieren, für ungültig erkären; stornieren, rückgängig machen
ано́д *m* (1) Anode *f*
анома́льный (14; -лен, -льна) anomal, regelwidrig
анони́м|ка F *f* (5; -ок) anonymer Brief *m*; **~ный** (14; -ен, -на) anonym, ungenannt
ано́нс *m* (1) Ankündigung *f*, Anzeige *f*; **~и́ровать** (7) *im*(*pf.*) anzeigen, annoncieren
анорма́льный (14; -лен, -льна) unnormal, abnorm
анса́мбль *m* (4) *Mus.*, *Thea.* Ensemble *n*; Zusammenspiel *n*; *Arch.* in sich geschlossenes Ganzes *n*; Gesamtkomplex
анте́нна [-'tɛ-] *f* (5) Antenne
анти|био́тик *m* (1) Antibiotikum *n*; **~вещество́** *n* (9) Antistoff *m*; **~вое́нный** (14) Antikriegs-; **~госуда́рственный** (14) staatsfeindlich
антиква́р *m* (1) Antiquitätensammler; Antiquitätenhändler; **~иа́т** *m* (1) Antiquitäten *f/pl.*; **~ный** (14; -ен, -на) antiquarisch; wertvoll, alt; Antiquitäten-
анти|конституцио́нный (14) verfassungswidrig; **~коррозио́нный** (14) Rostschutz-; rostfrei; **~маркси́стский** (16) antimarxistisch; **~наро́дный** (14) volksfeindlich; **~нау́чный** (14; -чен, -чна) wissenschaftsfeindlich; **~обще́ственный** (14*K.* *od.* -енен, -нна) unsozial, gesellschaftsfeindlich; **~парти́йный** (14) parteifeindlich, parteischädigend; **~пати́чный** (14; -чен,-чна) unsympathisch; *präd.* zuwider; **~па́тия** *f* (7) Antipathie, Abneigung (**к** Д gegen *j-n*); **~прави́тельственный** (14) regierungsfeindlich; **~рабо́чий** (17) arbeiterfeindlich; **~религио́зный** (14; -зен, -зна) antireligiös; **~санита́рный** (14; -рен, -рна) unhygienisch; **~се́птика** [-'sɛ-] *f* (5) Antisepsis; Antiseptika *n/pl.*; **~сове́тский** (16) antisowjetisch, sowjetfeindlich; **~социа́льный** (14) → ***~обще́ственный***; **~спазмати́ческий** (16) krampflösend; **~те́за** [-'tɛ-] *f* (5) Antithese; **~тела́** *n/pl.* (9) Antikörper *m/pl.*; **~фаши́стский** (16) antifaschistisch; **~фри́з** *m* (1) *Kfz.* Frostschutzmittel *n*; **∴христ** *m* (1) Antichrist; P † Teufel; **~худо́жественный** (14*K.*) kunstfeindlich; **~цикло́н** *m* (1) Hochdruckgebiet *n*, Hoch *n*; **~части́ца** *f* (5) Antiteilchen *n*
анти́чн|ость *f* (8) Antike; Altertümlichkeit; **~ый** (14) antik, der Antike
антоло́гия *f* (7) Anthologie
анто́ним *m* (1) Antonym *n*
антр|а́кт *m* (1) *Thea.* Pause *f*; musikalisches Zwischenspiel *n*; **~еко́т** *m* (1) Rippenstück *n*; **~епренёр** *m* (1) *Thea.* Unternehmer; **~есо́ли** *pl.* (8) Zwischenstock *m*; Galerie *f*
антропо́л|ог *m* (1) Anthropologe; **~оги́ческий** (16) anthropologisch; **~о́гия** *f* (7) Anthropologie
ан|фа́с en face, von vorn; **~фила́да** *f* (5) Flucht (*Zimmer*)
анчо́ус *m* (1) Anschovis *f*, Sardelle *f*
аншла́г *m* (1) *Thea.* Aushang „Ausverkauft"; Schlagzeile(n *pl.*) *f*; ***с ~ом*** vor ausverkauftem Hause
аню́тин (19): ***~ы гла́зки*** *m/pl.* Stiefmütterchen *n/pl.*
ао́рта *f* (5) Hauptschlagader
апарта́ме́нт *m* (1) Appartement *n*, Gemach *n*
апати́|чный (14; -чен, -чна) apathisch, teilnahmslos; **∴я** *f* (7) Apathie
апелл|и́ровать (7) *im*(*pf.*) appellieren, sich wenden (**к** Д an *A*); *Jur.* anrufen; **~яцио́нный** (14) Berufungs-; **~я́ция** *f* (7) Berufung; Appell *m*
апельси́н *m* (1) Apfelsine *f*; **~ный**, **~овый** (14) Apfelsinen-
аплоди́|ровать (7) applaudieren, Beifall klatschen; **~сме́нты** *m/pl.* (1) Applaus *m*, Beifall *m*
апло́мб *m* (1) Selbstsicherheit *f*; Nachdruck
апоге́й *m* (3) Erdferne *f*; *fig.* Höhepunkt
апока́липсис *m* (1) Apokalypse *f*
аполити́чный (14; -чен, -чна) unpolitisch

апоплекси́|ческий (16) Gehirn-; **~я** *f* (7) Apoplexie, Schlaganfall *m*
апо́стол *m* (1) Apostel
апофео́з *m* (1) Apotheose *f*, Verherrlichung *f*
аппара́т *m* (1) Apparat (*a. fig.*), Gerät *n*; *Anat.* Organe *n/pl.*; *fig.* Hilfsquellen *f/pl.*; *Mil.* Rohr *n*; **~у́ра** *f* (5) Apparatur, Geräte *n/pl.*, Anlage; **~чик** *m* (1) Apparatschik, Funktionär (*SU*)
аппе́нди|кс *m* (1) *Anat.* Wurmfortsatz; **~ци́т** *m* (1) Blinddarmentzündung *f*
аппети́т *m* (1) Appetit; F Hunger; Lust *f*; **~ный** (14; -ен, -на) appetitlich (*a. fig.* F); *Adv.* mit Appetit
аппліка́ция *f* (7) Applikation; Aufnäharbeit
апре́ль *m* (4) April; → ***май***; **~ский** (16) April-
апси́да *f* (5) *Arch.* Apsis; *Astr.* Apside
апте́|ка *f* (5) Apotheke; ***как в ~ке*** F haargenau; **~карский** (16) Apotheker-; ***~карский магази́н*** *m* Drogerie *f*; **~карь** *m* (4) Apotheker; **~чка** *f* (5; -чек) Apotheke; Verbandkasten *m*; **~чный** (14) Apotheken-
ара́|б *m* (1), **~бка** *f* (5; -бок) Araber(in *f*); **~бский**, **~ви́йский** (16) arabisch
аракче́евщина *f* (5) Araktschejew-Regime *n*; *fig.* Gewaltherrschaft *f*
аранжиро́вка *f* (5; -вок) Bearbeitung
ара́п *m* (1) Mohr
ара́пник *m* (1) Hetzpeitsche *f*
ара́хис *m* (1) Erdnuß *f*
арба́ *f* (5; *pl. st.*) zweirädriger Karren *m*
арби́тр *m* (1) Schiedsrichter; *Sp.* Kampfrichter; **~а́ж** *m* (1; -ей) Schiedsspruch; Schiedsgericht *n*; **~а́жный** (14) Schieds-
арбу́з *m* (1) Wassermelone *f*
аргенти́н|ец *m* (1; -ца); **~ка** *f* (5; -ок) Argentinier(in *f*); **~ский** (16) argentinisch
арго́ *n* (*unv.*) Argot; ***воровско́е ~*** Rotwelsch
аргуме́нт *m* (1) Argument *n*, Beweis; **~а́ция** *f* (7) Beweisführung, Argumentation; **~и́ровать** (7) *im(pf.)* argumentieren, Beweisgründe anführen; *v/t pf.* untermauern
аре́на *f* (5) Arena (*fig.* ***на*** B in *A*); Schauplatz *m*; Wirkungsbereich *m*
аре́нд|а *f* (5) Pacht (***в*** B in); Pachtzins *m*; Miete; ***брать в ~у*** pachten; mieten; ***сдава́ть в ~у*** verpachten; vermieten; **~а́тор** *m* (1) Pächter; **~ный** (14) Pacht-; **~ова́ть** (7) *im(pf.)* pachten; mieten
аре́ст *m* (1) Verhaftung *f*; Haft *f* (***под*** B, T in; ***из-под*** P aus *D*); *Fin.* Sperrung *f*; ***наложи́ть ~*** beschlagnahmen (***на*** B *et.*); **~о́вывать** (1), ⟨**~ова́ть**⟩ (7) verhaften, festnehmen; beschlagnahmen
аристокр|ати́ческий (16) aristokratisch; **~а́тия** *f* (7) Aristokratie
арифме́т|ика *f* (5) Arithmetik; Rechnen *n*; **~и́ческий** (16) arithmetisch, Rechen-
а́рия *f* (7) Arie
а́рка *f* (5; а́рок) *Arch.* Bogen *m*; **~да** *f* (5) Arkade, Bogengang *m*
арка́н *m* (1) Fangschlinge *f*, Lasso *n*
аркти́ческий (16) arktisch, Polar-
арлеки́н *m* (1) Harlekin; Hanswurst
армату́ра *f* (5) Armatur(en *pl.*); Bewehrung; *ehm.* Rüstung; Harnisch *m*
арм|е́ец *m* (1; -е́йца) Soldat, Armeeangehörige(r); **~е́йский** (16) Armee-; **~ия** *f* (7) Armee
армя́к *m* (1*e.*) Bauernkittel
армян|и́н *m* (1; *pl.* -е, -), **~ка** *f* (5; -ок) Armenier(in *f*); **~ский** (16) armenisch
арома́т *m* (1) Aroma *n*, Duft; **~и́ческий** (16), **~(и́ч)ный** (14; -(и́ч)ен, -(и́ч)на) aromatisch, wohlriechend
арсена́л *m* (1) Arsenal *n*, Waffenlager *n*; *ehm.* Rüstkammer *f*; *fig.* Waffenschmiede *f*
арта́читься F (16) sich sträuben, bokken
артезиа́нский (16) artesisch, Bohr-
арте́ль *f* (8) Genossenschaft, Innung; P Gruppe; **~ный** (14) Genossenschafts-; P gemeinschaftlich; *fig.* gesellig
артери|а́льный (14) Arterien-; **~я** *f* (7) Arterie; Schlagader; Verkehrsader
артикуляцио́нный (14) Artikulations-
артиллери́|йский (16) Artillerie-, Geschütz-; **~я** *f* (7) Artillerie; *fig.* Geschütz *n*
арти́ст *m* (1) Künstler; Artist; Schauspieler; Sänger; Tänzer; F Meister; **~и́ческий** (16) künstlerisch, Künstler-; artistisch, Artisten-; meisterhaft

а́рф|а *f* (5) Harfe; **~и́стка** *f* (5; -ток) Harfenistin
архаи́|ческий (16), **~чный** (14; -чен, -чна) archaisch; alt
арха́нгел *m* (1) Erzengel
археóл|ог *m* (1) Archäologe; **~оги́ческий** (16) archäologisch; **~óгия** *f* (7) Archäologie
архи́в *m* (1) Archiv *n*; ***сдать в ~*** zu den Akten legen; F zum alten Eisen werfen; **~ный** (14) Archiv-, archivalisch; ***~ные дела́*** *n/pl.* Archivalien *f/pl.*
архи|епи́скоп *m* (1) Erzbischof; **~ере́й** *m* (3) Erzpriester; **~мандри́т** *m* (1) Klostervorsteher, Abt; **~пела́г** *m* (1) Archipel
архите́кт|ор *m* (1) Architekt, Baumeister; **~у́ра** *f* (5) Architektur, Baukunst; **~у́рный** (14) architektonisch, Bau-; für Architektur
арши́н *m* (1; *Gpl.* -) Arschin (*=0,71 m*); Arschinmaß *n*; Elle *f* (**на** B mit, nach *D*)
ары́к *m* (1) Bewässerungskanal
арьерга́рд *m* (1) Nachhut *f*
асбе́стовый (14) Asbest-
асе́пти|ка [-'sɛ-] *f* (5) Asepsis; **~ческий** (16) aseptisch, keimfrei
асимметри́|ческий (16), **~чный** (14; -чен, -чна) asymmetrisch
аскет|и́зм *m* (1) Askese *f*; **~и́ческий** (16) asketisch
аспе́кт *m* (1) Aspekt (**в** П unter *D*)
а́спид *m* (1) Natter *f*; *fig.* Natternbrut *f*; **~ный** (14) Schiefer-
аспира́нт *m* (1) Doktorand, Postgraduierte(r); **~у́ра** *f* (5) Postgraduiertenstudium *n*; Ausbildung des wissenschaftlichen Nachwuchses
ассамбле́я *f* (6; -ле́й) Versammlung
ассигнов|а́ние *n* (12) Zuweisung *f*; **~а́ть** (7) *im*(*pf.*) bewilligen, bereitstellen; **~́ка** *f* (5; -́ок) Geldanweisung
ассортиме́нт *m* (1) Sortiment *n*, Auswahl *f*
ассоциа́ция *f* (7) Verbindung; Vereinigung, Verband *m*; Zusammenhang *m* (**по** Д in *D*)
а́стма *f* (5) Asthma *n*, Atemnot
а́стра *f* (5) Aster
астрó|лог *m* (1) Astrologe; **~лóгия** *f* (7) Astrologie; **~на́вт** *m* (1) Astronaut, Raumfahrer; **~номи́ческий** (16) astronomisch; **~нóмия** *f* (7) Astronomie; **~фи́зика** *f* (5) Astrophysik
асфа́льтовый (14) Asphalt-
ась P he?, wie?, was?
ата́к|а *f* (5) Angriff *m* (**в** B zum); *Med.* Anfall *m*; **~ова́ть** (7) *im*(*pf.*) angreifen; attackieren; F *fig.* bestürmen
атама́н *m* (1) *hist.* Hetman; *fig.* Hauptmann, Anführer
ата́с P *m* (1) Alarm! → ***шу́хер***
атеи́зм [-tɛ] *m* (1) Atheismus
ателье́ [-tɛ-] *n* (*unv.*) Atelier; Werkstatt *f*; Studio; Stelle *f*, Betrieb *m*
а́тлас¹ *m* (1) *Geogr.* Atlas; ***~ автомоби́льных дорóг*** Autoatlas
атла́с² *m* (1) *Text.* Atlas; **~и́стый** (14 *K.*) seidig, samtweich; **~ный** (14) Atlas-
атле́ти|ка *f* (5) Athletik; **~́ческий** (16) athletisch
атмосфе́р|а *f* (5) Atmosphäre; **~ный** (14) atmosphärisch; Luft-; **~устóйчивый** (14*K.*) witterungsbeständig
а́том *m* (1) Atom *n*; **~а́рный** (14) Atom-, atomar; **~ник** *m* (1) Atomforscher; **~ный** (14) → ***~а́рный***; atombetrieben; ***испыта́ние n ~ного ору́жия*** Atomwaffentest *m*; → ***гóнка***; **~охóд** *m* (1) atombetriebenes Schiff *n*
аттест|а́т *m* (1) Attest *n*; Zeugnis *n*; ***экза́мен m на ~а́т зре́лости*** Reifeprüfung *f*; **~а́ция** *f* (7) Attestierung; Beurteilung; **~ова́ть** (7) *im*(*pf.*) beurteilen; ernennen (T zu *D*); zeigen, sich zeigen
ау́ juhu!; P aus!, futsch!
ауди|е́нция *f* (7) Audienz (**на** П in *D*); **~овизуа́льный** (14) audiovisuell; **~тóрия** *f* (7) Hörsaal *m*, Vortragssaal *m*; Zuhörer *m/pl.*, Auditorium *n*; **~фóн** *m* (1) Hörgerät *n*
ау́к|ать F (1), *einm.* ⟨~нуть⟩ (20), **-ся** juhu rufen; ***как ~нется, так и откли́кнется*** *Spr.* wie es in den Wald hineinschallt, so schallt es wieder heraus
аукциóн *m* (1) Auktion *f*, Versteigerung *f*; **~и́ст** *m* (1) Auktionator; **~ный** (14) Auktions-
аýл *m* (1) Dorf *n* (*Kaukasus*)
а́ут *m* (1) *Sp.* Aus *n*
аутенти́ч|еский [-tɛ-] (16), **~ный** (14; -ен, -на) authentisch

афга́н|ец *m* (1; -ца), **~ка** *f* (5; -ок) Afghane(-in *f*); **~ский** (16) afghanisch
афе́р|а *f* (5) dunkles Geschäft *n*; Schwindel *m*; **~и́ст** *m* (1) Spekulant; Schwindler; Hochstapler
афи́ш|а *f* (5) Anschlag *m*; Aushang *m*; *Thea.* Plakat *n*; Programm *n*; **~и́ровать** (7) *im(pf.)* zur Schau tragen
афори́зм *m* (1) Aphorismus
африка́н|ец *m* (1; -ца), **~ка** *f* (5; -ок) Afrikaner(in *f*); **~ский** (16) afrikanisch
аффе́кт *m* (1) Affekt, Erregung *f*; **~а́ция** *f* (7) Affektiertheit; **~и́рованный** (14*K.*) affektiert, geziert
ах ach!, ah!, oh!, ei!; **~́ать** F (1), *einm.* ⟨'~нуть⟩ (20) ächzen, seufzen; (ganz) weg sein (***от*** P vor *D*); P knallen
ахилле́сов (19): ***~а пята́*** *f* Achillesferse
ахине́я F *f* (6) Unsinn *m*, Quatsch *m*
а́х|нуть → ***~ать***; **~овый** P (14) mies; **~ти́** F: ***не ~ти́ как(о́й)*** *od.* ***ско́лько*** nicht besonders gut *od.* viel
аэра́ция *f* (7) Belüftung, Durchlüftung
аэро|вокза́л *m* (1) Flughafengebäude *n*; Abfertigungshalle *f*; **~динами́ческий** (16) aerodynamisch; Wind-; **~дро́м** *m* (1) Flugplatz; **~клу́б** *m* (1) Fliegerklub; **~метеослу́жба** *f* (5) Flugwetterdienst *m*; **~пла́н** *m* (1) Flugzeug *n*; **~по́рт** *m* (1; *a.* в -у́) Flughafen; **~са́ни** *pl.* (8; *ab G e.*) Propellerschlitten *m*; **~ста́т** *m* (1) Ballon; **~фотосъёмка** *f* (5; -мок) Luftbildaufnahme; **~хо́д** *m* (1) Luftkissenfahrzeug *n*; Tragflügelboot *n*

Б

б → ***бы***
б. *Abk.*: ***бы́вший***; ♀ ***Большо́й***
ба F pah!, ei (ei)!, da schau her!
ба́б|а *f* (5) Bauersfrau; Weib(sbild *n*) *n*; P Frau, Alte; Frauenzimmer *n*; F Memme, Oma; *Tech.* Rammbär *m*; Napfkuchen *m*; ***сне́жная ~а*** Schneemann *m*; **~а-яга́** (5/5) *f* Hexe; **~ий** (18) weibisch; Weiber-; *fig.* Altweiber-; Ammen-; **~ка** *f* (5; -ок) **1.** Großmutter; P Alte, Oma; **2.** Fessel, Fußknöchel *m*; *pl.* Knöchelspiel *n*; **~ник** P *m* (1) Schürzenjäger; **~очка** *f* (5; -чек) Schmetterling *m*, Falter *m*; *fig.* Fliege; **~ушка** *f* (5; -шек) Großmutter, Oma; F Alte; ***~ушка на́двое сказа́ла*** *Spr.* das wird sich noch zeigen!; ***вот тебе́, ~ушка, и Ю́рьев день!*** *Spr.* da haben wir die Bescherung!; **~ьё** P *n* (10) Weiber *n/pl.*
бава́р|ец *m* (1; -ца) **~ка** *f* (5; -ок) Bayer(in *f*); **~ский** (16) bay(e)risch
бага́ж *m* (1*e.*) Gepäck *n* (***в*** B als); Gut *n*; *fig.* Wissen *n*, Rüstzeug *n*; **~ник** *m* (1) Kofferraum; Gepäckträger; **~ный** (14) Gepäck-
баге́т *m* (1) Zierleiste *f*; → ***карни́з***
баго́р *m* (1; -гра́) Bootshaken
багр|ове́ть (8) **1.** glutrot *od.* purpurrot schimmern; **2.** ⟨по-⟩ glutrot werden; **~о́вый** (14*K.*) glutrot, purpurn; **~я́нец** *m* (1; -нца) Purpur, Purpurröte *f*; **~я́ный** → ***~о́вый***
бадминто́н *m* (1) Federballspiel *n*
бадья́ *f* (6; -де́й) Kübel *m*, Zuber *m*
ба́за *f* (5) Basis, Grundlage; *Mil.* Stützpunkt *m*; Depot *n*; Station; Herberge
база́р *m* (1) Markt; Basar; F Spektakel *n*; *Zool.* Berge *m/pl.*; **~ный** (14) Markt-; P grob
бази́|ровать (7) gründen, stützen (***на*** П auf *A*); **-ся** beruhen; stationiert sein; **~́с** *m* (1) Basis, Grundlage *f*; **~́сный** (14) Grundlagen-
ба́зовый (14) Stützpunkt-
ба́|иньки F in die Heia; **~й-~й** eia!, eiapopeia!
байба́к *m* (1*e.*) Siebenschläfer; F Faulenzer
байда́рка *f* (5; -рок) Paddelboot *n*, Kajak *m*
ба́йк|а *f* (5) Flausch *m*; **-овый** (14)

Fries-
бак *m* (1) Behälter, Tank; Boiler; Back *f*
бакале́|йный (14) → **~я** *f* (6) Nähr- und Genußmittel *n*/*pl*.; F Kolonialwarenhandlung †
ба́кен *m* (1) Bake *f*, Boje *f*
бакенба́рды *f*/*pl*. (5) Backenbart *m*
ба́ки *pl*. (5) Koteletten
бакла́га *f* (5) Feldflasche
баклажа́н *m* (1) Aubergine *f*
бакла́н *m* (1) Kormoran
баклу́ши: ***бить ~*** F die Zeit totschlagen; Däumchen drehen
бактери|о́лог *m* (1) Bakteriologe; **~оло́гия** *f* (7) Bakteriologie; **~я** *f* (7) Bakterie
бал *m* (1; на -у́; *pl*. *e*.) Ball; ***~-маскара́д*** *m* Maskenball; ***ко́нчен ~*** F aus der Traum!
балага́н *m* (1) Jahrmarktsbude *f*; Schaubude *f*; Posse *f*, Narretei *f*; **~ный** (14) Schaubuden-; F possenhaft; **~ить** P (13) Faxen machen
балагу́р F *m* (1) Spaßmacher, Possenreißer; **~ить** F (13) scherzen, Possen reißen
балала́йка *f* (5; -а́ек) Balalaika
баламу́т F *m* (1) Unruhestifter; **~ить** F (15), ⟨вз-⟩ verwirren, aufregen; trüben
бала́нс *m* (1) Gleichgewicht *n*; Bilanz *f*; Faserholz *n*; *Hydr*. Haushalt; **~ёр** *m* (1) Seiltänzer; **~и́р** *m* (1) Balancierstange *f*; Schwinghebel; *Tech*. Unruh *f*; **~и́ровать** (7) **1.** *v*/*i* balancieren; **2.** *v*/*t* ⟨с-⟩ ausgleichen; bilanzieren; **3.** ⟨от-⟩ auswuchten
балахо́н *m* (1) Kittel; F weites Gewand *n*
балбе́с P *m* (1) Lümmel; Tölpel
балд|а́ P *m*/*f* (5) Trottel; **~е́ть** P (8) berauscht werden; → ***обалде́лый***; den Verstand verlieren; → ***баклу́ши***
бале|ри́на *f* (5) Ballettänzerin, Ballerina; **~т** *m* (1) Ballett *n*; **~тме́йстер** *m* (1) Choreograph; **~тный** (14) Ballett-
ба́лка *f* (5; -лок) **1.** Balken *m*, Träger *m*; **2.** Hohlweg *m*
балка́нский (16) Balkan-, balkanisch
балко́н *m* (1) Balkon; *Thea*. erster Rang
балл *m* (1) Grad, Stärke *f*; Note *f*, Zensur *f*; *Sp*. Punkt
балла́да *f* (5) Ballade
балла́ст *m* (1) Ballast; *Esb*. Bettung *f*
балло́н *m* (1) Ballon; Flasche *f*, Bombe *f*; Ballonreifen; *El*. Kolben
баллоти́р|овать (7) abstimmen (В über *A*), zur Abstimmung bringen, vorschlagen; **-ся** kandidieren (***в*** И *pl*. als *N*); **~о́вка** *f* (5) Abstimmung
балов|а́ть (7) verwöhnen, verziehen, verhätscheln; P → **-ся** ungezogen sein, herumtoben; sich die Zeit vertreiben; **~ень** F *m* (4; -ня) Hätschelkind *n*, Liebling; F ***~ень судьбы́*** Glückspilz; → **~ни́к** *m* (1), **~ни́ца** *f* (5) Wildfang *m*, Range *f*; **~ство́** *n* (9) Verhätschelung *f*; Übermut *m*; Unfug *m*; Zeitvertreib *m*, Spielerei *f*
балти́йский (16) baltisch, Ostsee-
балы́к *m* (1*e*.) gedörrter Störrücken
бальза́м *m* (1) Balsam; **~и́ровать** (7) *im*(*pf*.), ⟨за-, на-⟩ einbalsamieren
ба́льный (14) Ball-; Gesellschafts-
балюстра́да *f* (5) Brüstung
баля́сы: ***точи́ть ~*** P quasseln
бамбу́к *m* (1) Bambus; **~овый** (14) Bambus-
ба́мпер *m* (1) *Kfz*. Stoßstange *f*
бана́льн|ость *f* (8) Banalität; → **~ый** (14; -лен, -а) banal, abgedroschen, platt
бана́н *m* (1) Banane *f*; **~овый** (14) Bananen-
ба́нда *f* (5) Bande, Horde
банда́ж *m* (1*e*.; -е́й) Bandage *f*, Binde *f*
бандеро́ль *f* (8) Streifband *n*; Drucksache (T als); Banderole
банди́т *m* (1) Bandit, Räuber; **~и́зм** *m* (1) Banditentum *n*; **~ский** (16) Räuber-, Banditen-
бандури́ст *m* (1) Banduraspieler
банк *m* (1) Bank *f* (***в*** П *a*. auf *D*)
ба́нка *f* (5; -нок) Dose, Büchse; Glas *n*; *Med*. Schröpfglas *n*; *Mar*. Ruderbank; Sandbank
банке́т *m* (1) Bankett *n*, Festessen *n*
банк|и́р *n* (1) Bankier; **~и́рский** (16) Bank-; **~но́т** *m* (1) Banknote *f*; **~овский** (16), **~овый** (14) Bank-; **~омёт** *m* (1) Bankhalter; **~ро́т** *m* (1) Bankrotteur; **~ро́тство** *n* (9) Bankrott *m*; *fig*. Fiasko, Pleite *f*
ба́нный (14) Bade-, Sauna-; ***приста́ть как ~ лист*** F sich wie eine Klette hängen (***к*** Д an *A*)

Б

бант *m* (1) Schleife *f*
бáн|щик *m* (1) Badewärter; **~я** *f* (6) Dampfbad *n*, Bad *n*; Badestube; F ***задáть ~ю*** (Д *j-m*) tüchtig einheizen
бар *m* (1) Bar *f*, Ausschank; *Phys*. Bar *n*; *Mar*. Barre *f*; *Bgb*. Ausleger
барабáн *m* (1) Trommel *f*; **~ить** (13) trommeln; F pauken, herumhacken; **~ный** (14) Trommel-, **~щик** *m* (1) Trommler
барáк *m* (1) Baracke *f*
барáн *m* (1) Hammel, Bock, Widder; **~ий** (18) Hammel-, Schaf-; ***согнýть в ~ий рог*** F kleinkriegen; **~ина** *f* (5) Hammelfleisch *n*
барáнка *f* (5; -нок) Brezel, Kringel *m*; P *Kfz*. Lenkrad *n*
барах|лúть P (13*e*.) stocken, stottern; **~лó** P *n* (9) Plunder *m*, Trödel *m*; Gelumpe, Mist *m*; Mistkerl *m*; **~óлка** P *f* (5; -лок) Trödelmarkt *m*
барáхтаться (1) zappeln, strampeln
барáш|ек *m* (1; -ка) Lamm *n*; Lammfell *n*; *Tech*. Flügelmutter *f*; *pl*. Schäfchenwolken *f/pl*.; Schaumwellen *f/pl*.; *Bot*. Lämmerschwänzchen *n/pl*.; **~ковый** (14) Lammfell-
барбарúс *m* (1) Berberitze *f*, Sauerdorn
барбóс *m* (1) Hofhund; F Grobian
барвúнок *m* (1; -нка) Immergrün
бардá *f* (5) Treber *pl*., Trester *pl*.
бардáк P *m* (1*e*.) Bordell *n*, Puff; Chaos *n*, Tohuwabohu *n*
бáржа *f* (5) Lastkahn *m*, Schleppkahn *m*
бáрий *m* (3; -и) Barium *n*
бáрин *m* (1; *pl*. господá, -óд, -дáм *od*. P ˘-ре/˘-ры, -) *ehm*. Gutsherr, Herr; gnädiger Herr; *iron*. großer Herr; ***жить ~ом*** F ein sorgloses Leben führen; ***сидéть ~ом*** F müßig sein
баритóн *m* (1) Bariton, Baritonstimme *f*; → ***бас***
бáрка *f* (5; -рок) Barke; **˘~с** *m* (1) Barkasse *f*
барóкко *n* (*unv*.) Barock *n*, *m*
барóметр *m* (1) Barometer *n*
барóчный (14) Barock-
баррикáд|а *f* (5) Barrikade; **~úровать** (7), ⟨за-⟩ verbarrikadieren
барс *m* (1) Schneeleopard
бáрс|кий (16) herrschaftlich, Herren-; herrisch, hochmütig; → ***ногá***; **~тво** *n* (9) *ehm*. Gutsherren *m/pl*., Adel *m*; Hochmut *m*; Herrenleben
барсýк *m* (1*e*.) Dachs
бархáн *m* (1) Wanderdüne *f*
бáрхат *m* (1) Samt; **~úстый** (14*K*.) samtig, samtweich; **~ный** (14; -ен, -на) Samt-, samten; → ***~úстый***
бар|чóнок *m* (2; *pl*. -чáта) *ehm*. (adliges) Kind *n*; Junker; **˘~щина** *f* (5) *ehm*. Fron, Frondienst *m* (***на*** П in *D*); **˘~ыня** *f* (6) *ehm*. Gutsherrin, Herrin; gnädige Frau; *iron*. große Dame
барыш F *m* (1*e*.; -éй) Gewinn, Vorteil
бáрышня *f* (6; -шень) *ehm*. Fräulein *n*; F gnädiges Fräulein; verwöhntes Ding *n*; ***кисéйная ~*** F Zierpuppe
барьéр *m* (1) Barriere *f*, Schranke *f*, Hürde *f*, Hindernis *n*; Planke *f*; Geländer *n*; *Flgw*. Mauer *f*; **~úст** *m* (1) Hürdenläufer; **~ный** (14) Hürden-
бас *m* (1; *pl*. *e*.) Baß, Baßstimme *f*; Baßgeige *f*; ***петь ˘~ом*** Baß singen; **~úстый** F (14*K*.) tief, Baß-; **~úть** F (15*e*.), ⟨про-⟩ mit Baßstimme sprechen *od*. singen
баск *m* (1), **~óнка** *f* (5; -нок) Baske(-kin); **~ский** (16) baskisch
баскетбóл *m* (1) Basketball
басн|опúсец *m* (1; -сца) Fabeldichter; **~ослóвный** (14; -вен, -вна) legendär; sagenhaft; Phantasie-; *Adv*. spott-; **˘~я** *f* (6; ˘-сен) Fabel; *fig*. F Märchen *n*
басóвый (14) Baß-
бассéйн *m* (1) Bassin *n*, Becken *n*; Freibad *n*; *Geol*. Revier *n*
баст|овáть (7) streiken; **~ýющий** *m* (17) Streikende(r)
басурмáн *m* (1) *ehm*. Muselman
батáльный (14) Schlachten-, Kriegs-
батальóн *m* (1) Bataillon *n*; Abteilung *f*
батарé|йка *f* (5; -ек) (kleine) Batterie; **~йный** (14) *Mil*. Batterie-; **~я** *f* (6; -й) *Mil*., *El*. Batterie
бáтенька F *m* (5) mein Bester
батúстовый (14) Batist-
батóн *m* (1) Baguette *f*; Riegel
батрá|к *m* (1*e*.) Knecht, Tagelöhner; **~цкий, ~ческий** (16) Knechts-; **~чество** *n* (9) Tagelöhnerarbeit *f*; **~чка** *f* (5; -чек) Magd, Tagelöhnerin
бáт|ька P *m* (5; -тек) Vater; **~юшка** *m* (5; -шек) Väterchen *n*; Pope; F mein

Bester; **как вас (звать) по ~юшке?** † wie ist Ihr Vatersname?; **~юшки (мой)!** F ach du meine Güte!
ба́ул *m* (1) länglicher Reisekoffer
бах bauz!, plauz!; → **бац, ба́цать**
бахва́л F *m* (1) Prahlhans; **~иться** F (13) prahlen, angeben; **~ьство** F *n* (9) Aufschneiderei *f*
бахром|а́ *f* (5) Franse; **~чатый** (14*K.*) fransig
бахч|а́ *f* (5; -е́й) Melonenfeld *n*; Kürbisfeld *n*; **~ево́дство** *n* (9) Melonenanbau *m*
бац peng!, bums!; F → **~ать** F (1), *einm.* ⟨**~нуть**⟩ (20) knallen, hauen
баци́лла *f* (5) Bazillus *m*
бачо́к *m* (1; -чка́) (kleiner) Behälter; Spülkasten; *Fot.* Dose *f*
ба́шенный (14) Turm-
башка́ P *f* (5) Schädel *m*, Birne, Rübe
башки́р *m* (1), **~ка** *f* (5; -ок) Baschkire(-rin *f*); **~ский** (16) baschkirisch
башлы́к *m* (1*e.*) Baschlik, Kapuze *f*
башма́к *m* (1*e.*) Schuh (*a. Tech.*); Pantoffel (*a. fig.*)
ба́шня *f* (6; -шен) Turm *m*
баю́|кать (1) ⟨у-⟩ in den Schlaf wiegen, singen; **~шки-баю́** eiapopeia!
бая́н *m* (1) Ziehharmonika *f*, Knopfharmonika *f*; **~и́ст** *m* (1) Harmonikaspieler
бд|е́ние *n* (12) Wache(n) *f*; **~и́тельный** (14; -лен, -льна) wachsam, achtsam
бе [bɛ]: **ни ~ ни ме** P *j-d* hat (vom Tuten u. Blasen) keine Ahnung
бег *m* (1; на -у́) Lauf; **~а́** *pl.* Rennen *n*; **~ на сто ме́тров** 100 m-Lauf; **на ~у́** im Laufen; **в ~а́х** unterwegs; **~анье** *n* (10) Herumlaufen; **~ать** (1) laufen, rennen; F schweifen, irren; fliehen, meiden (**от** P *j-n*); *fig.* nachlaufen (**за** T *D*)
бегемо́т *m* (1) Nilpferd *n*, Flußpferd *n*
бег|ле́ц *m* (1*e.*) Flüchtling; **~лый** (14*K.*) flüchtig, entlaufen; fließend, geläufig; *Mil.* Lauf-; **~ово́й** (14) Renn-; **~о́м** im Laufschritt, schnell; **~отня́** F *f* (6*e.*) Hin- u. Herlaufen *n*; Lauferei; **~ство** *n* (9) Flucht *f*; **~у́н** *m* (1*e.*) Läufer; † Traber
бед|а́ *f* (5; *pl. st.*) Not, Unheil *n*, Elend *n*; wehe (Д *D*); **не ~а́** F macht nichts; **что за ~а́?** F was schadet es?; F **что за ~а́!** *od.* **велика́ ~а́!** das ist halb so schlimm!; **вот так ~а́** F das ist ja schlimm!; **в то́м-то и ~а́** F das ist ja eben das Schlimme; **~а́ мне с ним** F ich habe meine liebe Not mit ihm; (**как**) **на -у́** F unglücklicherweise; **~а́** (**как**) P furchtbar, jede Menge; **пришла́ ~а́ – отворя́й ворота́** *Spr.* ein Unglück kommt selten allein; **~ненький** F (16) arm; bedauernswert; **~не́ть** (8) ⟨о-⟩ arm werden, verarmen; **~ность** *f* (8) Armut; → **~ный**; **~нота́** *f* (5) die Armen *pl.*; F → **~ность**; **~ный** (14; -ен, -на́) arm (*a. fig.*;T an *D*); *fig.* dürftig, armselig; **~ня́га** F *m*/*f* (5), **~ня́жка** F *m*/*f* (5; -жек) armer Kerl, Arme(r); **~ня́к** *m* (1*e.*) Kleinbauer; **~ня́цкий** (16) kleinbäuerlich; → **~ня́га**; **~о́вый** F (14) keck, verwegen, Mords-
бедла́м F *m* (1) Chaos *n*, Durcheinander *n*
бе́др|енный (14) Hüft-; **~о́** *n* (9; *pl. st.* ¨, ¨дер) Hüfte *f*; Oberschenkel *m*
бе́дств|енный (14*K.*) Not-, elend; **~ие** *n* (12) Unheil, Not *f*; Katastrophe *f*; **~овать** (7) Not leiden, darben
бе|жа́ть (4*e.*; -гу́, -жи́шь, -гу́т; -ги́!; -гу́щий) **1.** laufen, rennen, eilen; schnell fahren, fließen, rinnen; ziehen, sich dahinziehen; F überlaufen; → **побежа́ть**; **2.** *im*(*pf.*) fliehen (**от** P vor *D*); → **избега́ть**
бе́жевый (14) beige, beigefarben
бе́женец *m* (1; -нца) Flüchtling
без, ~о (P) ohne; in Abwesenheit; **~ че́тверти час** Viertel von eins; (**и**) **~ того́** ohnehin; **не ~ того́** wohl schon, ziemlich
без|авари́йный (14) unfallfrei, störungsfrei; **~ала́берный** F (14; -рен, -рна) nachlässig, liederlich; **~алкого́льный** (14) alkoholfrei; **~апелляцио́нный** (14; -о́нен, -нна) keine Berufung zulassend; *fig.* kategorisch; **~а́томный** (14) atomwaffenfrei; **~бе́дный** (14; -ден, -дна) auskömmlich, gesichert; **~биле́тник** F (1) Schwarzfahrer
безбо́ж|ие *n* (12) Gottlosigkeit *f*; **~ник** *m* (1) Gottlose(r); *fig.* Ruchlose(r); **~ный** (14; -ен, -на) gottlos; F unverschämt; furchtbar
без|боле́зненный (14*K.*) schmerz-

Б

los; *fig.* reibungslos; **~боро́дый** (14*K.*) bartlos; **~боя́зненный** (14*K.*) furchtlos; **~бра́чный** (14) unverheiratet; **~бре́жный** (14; -жен, -жна) uferlos; *fig.* grenzenlos; **~ве́рие** *n* (12) Unglaube *m*; **~ве́стный** [-sn-] (14; -тен, -тна) unbekannt; **~ве́трие** *n* (12) Windstille *f*

безвку́с|ица *f* (5) Geschmacklosigkeit, Kitsch *m*; **~ный** (14; -сен, -сна) geschmacklos

без|вла́стие *n* (12) Machtlosigkeit *f*; Anarchie *f*; **~во́дный** (14; -ден, -дна) wasserlos; **~во́дье** *n* (10) Wassermangel *m*; **~возвра́тный** (14; -тен, -тна) unwiederbringlich; nicht rückzahlbar; **~возду́шный** (14) luftleer; **~возме́здный** [-zn-] (14; -ден; -дна) unentgeltlich, entschädigungslos; **~во́лие** *n* (12) Willenlosigkeit *f*; **~воло́сый** (14*K.*) kahl; **~во́льный** (14; -лен, -льна) willenlos; **~вре́дный** (14; -ден, -дна) harmlos; **~вре́менный** (14; -енен, -нна) vorzeitig, früh; *Adv.* früh-; **~вре́менье** *n* (10) schlechte Zeiten *f/pl.*; **~вы́ездно** [-zn-] ständig, ununterbrochen

безвы́ходн|ость *f* Ausweglosigkeit; **~ый** (14; -ден, -дна) beständig; *Adv.* ohne ... zu verlassen; *fig.* ausweglos

без|гла́сный (14; -сен, -сна) stumm, schüchtern; **~голо́вый** (14*K.*) kopflos; F blöd; **~голо́сый** (14*K.*) ohne Stimme; schwach

безгра́мотн|ость *f* (8) Analphabetentum *n*; Ignoranz; **~ый** (14; -тен, -а) des Lesens und Schreibens unkundig; → ***малогра́мотный***; inkompetent; unwissend

без|грани́чный (14; -чен, -чна) grenzenlos, unbegrenzt; **~гре́шный** (14; -шен, -шна) sündenlos; unschuldig; **~да́рный** (14; -рен, -рна) unbegabt, talentlos; stümperhaft

безде́йств|енный (14*K.*) untätig, passiv; **~ие** *n* (12) Untätigkeit *f*; Stillstand *m*; **~овать** (7) untätig sein; *Tech.* stillstehen

безде́л|ица F *f* (5), **~у́шка** F *f* (5; -шек) Kleinigkeit, Bagatelle; *pl.* Nippes; **~ье** *n* (10) Nichtstun; **~ьник** F *m* (1) Nichtstuer; Taugenichts *m*; **~ьничать** (1) F nichts tun; faulenzen; **~ьный** F (14; -ен, -ьна) müßiggängerisch

безде́нежье *n* (10) Geldnot *f*

безде́тный (10; -тен, -тна) kinderlos

безде́ятельный (14; -лен, -льна) untätig

бе́здна [-zn-] *f* (5) Abgrund *m*; F Unmenge, Masse; Ausbund *m*

без|до́ждье *n* (10) Dürre *f*, Regenmangel *m*; **~доказа́тельный** (14; -лен, -льна) unbegründet, unbewiesen; **~до́мный** (14; -мен, -мна) obdachlos; herrenlos; **~до́нный** (14; -о́нен, -нна) bodenlos, abgrundtief; F ohne Boden; **~доро́жье** *n* (10) Unwegsamkeit *f*; **~дохо́дный** (14; -ден, -дна) unrentabel, ertraglos; **~ду́мный** (14; -мен, -мна) gedankenlos; **~ду́шный** (14; -шен, -шна) seelenlos, herzlos; **~дыха́нный** (14; -а́нен, -нна) leblos, tot; **~жа́лостный** [bɪʒʒ-sn-] (14; -тен, -тна) unbarmherzig, erbarmungslos; **~жи́зненный** [bɪʒʒ-] (14*K.*) leblos; ausdruckslos; **~забо́тный** (14; -тен, -тна) sorglos, unbeschwert; **~заве́тный** (14; -тен, -тна) selbstlos, grenzenlos; hingebungsvoll

беззако́н|ие *n* (12) Gesetzlosigkeit *f*; gesetzwidrige Handlung *f*; **~ный** (14; -о́нен, -нна) gesetzwidrig

без|засте́нчивый (14*K.*) unverschämt, unverfroren; rücksichtslos; **~защи́тный** (14; -тен, -тна) schutzlos, wehrlos; **~звёздный** [-zn-] (14; -ден, -дна) sternenlos; **~зву́чный** (14; -чен, -чна) lautlos

безземе́ль|е *n* (10) Landarmut *f*; **~ный** (14) ohne Land

без|зло́бный (14; -бен, -бна) gutmütig, gutartig; **~зу́бый** (14*K.*) zahnlos; *fig.* flau; **~ле́сный** (14; -сен, -сна) waldlos; **~ли́кий** (16*K.*) gesichtslos; **~ли́чный** (14; -чен, -чна) unpersönlich (*Gr. o. K.*); **~лю́дный** (14; -ден, -дна) menschenleer

безме́н *m* (1) Schnellwaage *f*

безме́рный (14; -рен, -рна) maßlos, unermeßlich

безмо́зглый F (14*K.*) blöd, hirnlos

безмо́лв|ие *n* (12) Schweigen, Stille *f*; **~ный** (14; -ен, -на) stumm, lautlos, stillschweigend; **~ствовать** (7) schweigen, stumm bleiben

без|мяте́жный (14; -жен, -жна) still,

friedlich; sorglos; **~надёжный** (14; -жен, -жна) hoffnungslos; **~надзо́рный** (14; -рен, -рна) unbeaufsichtigt; **~нака́занный** (14*K*.) ungestraft, straflos; **~нали́чный** (14) bargeldlos; **~но́гий** (16*K*.) ohne Bein(e); **~нра́вственный** (14*K*.) unsittlich, unmoralisch; **~оби́дный** (14; -ден, -дна) harmlos; **~о́блачный** (14; -чен, -чна) wolkenlos, unbewölkt; heiter

безобра́з|ие *n* (12) Häßlichkeit *f*; Unfug *m*; ***~ие!*** F Schweinerei! *f*; **~ить** (15), ⟨о-⟩ verunstalten; P *impf.* → **~ничать** F (1) sich flegelhaft benehmen, Unfug treiben; **~ный¹** (14; -ен, -на) häßlich, abscheulich; **~́ный²** (14; -́ен, -́на) vage, gestaltlos

без|огля́дный (14; -ден, -дна) bedenkenlos; **~огово́рочный** (14; -чен, -чна) vorbehaltlos, bedingungslos

безопа́сн|ость *f* (8) Sicherheit; **~ый** (14; -сен, -а) gefahrlos, sicher (***от*** P vor *D*); ***~ая бри́тва*** *f* Rasierapparat *m*

безо|ру́жный (14; -жен, -жна) unbewaffnet, wehrlos; **~снова́тельный** (14; -лен, -льна) unbegründet; **~стано́вочный** (14; -чен, -чна) ununterbrochen; Durchgangs-

безот|ве́тный (14; -тен, -тна) stumm; gefügig; unerwidert; **~ве́тственный** (14*K*.) verantwortungslos; **~вя́зный** F (14) aufdringlich; **~ка́зный** (14; -зен, -зна) störungsfrei; F stets willig; **~лага́тельный** (14; -лен, -льна) unaufschiebbar, unverzüglich; Sofort-; **~лу́чный** (14; -чен, -чна) ständig, ständig anwesend; **~носи́тельный** (14; -лен, -льна) absolut; *Adv.* unabhängig (***к*** Д von *D*); **~ра́дный** (14; -ден, -дна) trostlos; trübe; **~ры́вно** ununterbrochen; → ***отры́в***, ***отрыва́ться***; **~чётный** (14; -тен, -тна) unbewußt, unwillkürlich; ohne Rechenschaftslegung

безоши́бочный (14; -чен, -чна) fehlerfrei, fehlerlos; untrüglich

безрабо́т|ица *f* (5) Arbeitslosigkeit; **~ный** (14) arbeitslos; *Su.* Arbeitslose(r)

без|ра́достный [-sn-] (14; -тен, -тна) freudlos, trübsinnig; **~разде́льный** (14; -лен, -льна) ungeteilt

безразли́ч|ие *n* (12) Gleichgültigkeit *f*; **~ный** (14; -ен, -на) gleichgültig (***к*** Д gegen *A*); teilnahmslos; gleichmäßig; *Adv.* einerlei, egal

безрассу́д|ный (14; -ен, -на) unvernünftig, unüberlegt; Toll-; **~ство** *n* (9) Unvernunft *f*

без|результа́тный (14; -тен, -тна) ergebnislos, erfolglos; **~ро́дный** (14; -ден, -дна) alleinstehend, ohne Angehörige; heimatlos; nichtad(e)lig; **~ро́потный** (14; -тен, -тна) ergeben, demütig

безрук|а́вка *f* (5; -вок) ärmellose Jakke; **~́ий** (16*K*.) ohne Arm(e) *od.* Hand, Hände; *fig.* F linkisch

безры́бье *n* (10) Fischmangel *m*; ***на ~ и рак ры́ба*** *Spr.* in der Not frißt der Teufel Fliegen

без|уда́рный (14; -рен, -рна) unbetont; **~у́держный** (14; -жен, -жна) ungehemmt, zügellos; **~укори́зненный** (14*K*.) tadellos, einwandfrei

безу́м|ец *m* (1; -ца) Verrückte(r); Tor *m*; **~ие** *n* (12) Wahnsinn *m*; Torheit *f*; ***до ~ия*** → F ***~но*** irrsinnig; **~ный** (14; -ен, -на) wahnsinnig, verrückt; wahnwitzig, irre; F toll

безумо́лчный (14; -чен, -чна) unaufhörlich, nicht verstummend

безу́м|ство *n* (9) → ***~ие***; **~ствовать** (7) toben, wüten

без|упре́чный (14; -чен, -чна) untadelig, tadellos, einwandfrei; **~усло́вный** (14; -вен, -вна) unbedingt, absolut; unzweifelhaft; *Adv.* zweifellos; **~успе́шный** (14; -шен, -шна) erfolglos; **~уста́нный** (14; -а́нен, -нна) unaufhörlich, unermüdlich; **~у́сый** (14*K*.) bartlos; *fig.* sehr jung, unerfahren; **~уте́шный** (14; -шен, -шна) untröstlich; **~уча́стный** [-sn-] (14; -тен, -тна) teilnahmslos, apathisch (***к*** Д gegen *A*)

безъя́дерный (14) atomwaffenfrei

без|ыде́йный (14; -е́ен, -йна) ideenlos; **~ымя́нный** (14; -я́нен, -нна) namenlos, anonym; Ring-; **~ыску́сный** (14; -сен, -сна) kunstlos, einfach; **~ыску́сственный** (14*K*.) ungekünstelt, natürlich; **~ысхо́дный** (14; -ден, -дна) ausweglos, hoffnungslos

бек *m* (1) *Sp.* Verteidiger

бека́с *m* (1) Schnepfe *f*

белен|а́ *f* (5) Bilsenkraut *n*; ***~ы́***

объе́лся P *j-d* ist nicht recht bei Trost
бел|ёсый (14*K.*) weißlich, bläßlich; weißblond; **~е́ть** (8) **1.** (*a.* **-ся**) weiß schimmern; **2.** ⟨по-⟩ weiß werden
белиберда́ F *f* (5) Quatsch *m*
бели|зна́ *f* (5) Weiß(e) *n*; **~́ла** *pl.* (9) weiße Farbe *f od.* Schminke *f*, Weiß *n*; **~́льня** *f* (6; -лен) Bleicherei; **~́ть** (13/13*e.*; белённый) **1.** ⟨по-⟩ weißen, tünchen; **2.** ⟨вы́-, от-⟩ bleichen; **3.** ⟨на-⟩ weiß schminken
бе́л|ичий (18) Eichhörnchen-; Feh-; ***~ичий мех*** *m* Feh *n*, Grauwerk *n*; **~ка** *f* (5; -ок) Eichhörnchen *n*; ***как ~ка в колесе́*** *Spr.* ohne Rast und Ruh
беллетри́ст|ика *f* (5) Belletristik; **~и́ческий** (16) belletristisch
бело|боро́дый (14*K.*) weißbärtig; **~бры́сый** (14*K.*) weißblond; **~ва́тый** (14*K.*) weißlich; **~ви́к** *m* (1*e.*) Reinschrift *f*; **~во́й** (14) ins reine geschrieben; **~воло́сый** (14*K.*) weißhaarig; weißblond; **~гварде́ец** *m* (1; -е́йца) *hist.* Weißgardist; **~голо́вый** (14*K.*) weißköpfig, flachsköpfig
бело́к *m* (1; -лка́) das Weiße *n*; Eiweißstoff
бело|ка́менный (14) aus weißem Stein, mit weißen Mauern; **~коча́нный** (14) Weiß-; **~кро́вие** *n* (12) Leukämie *f*; **~ку́рый** (14*K.*) hellblond; **~ли́цый** (14*K.*) weißhäutig, mit weißem Gesicht; **~мо́рский** (16) Weißmeer-
белору́с *m* (1), **~ка** *f* (5; -ок) Weißrusse(-sin *f*); **~ский** (16) weißrussisch
бело|ру́чка F *m/f* (5; -чек) arbeitsscheuer Mensch *m*; **~ры́бица** *f* (5) Weißlachs *m*; **~сне́жный** (14; -жен, -жна) schneeweiß; **~шве́йка** *f* (5; -е́ек) Weißnäherin
белу́|га *f* (5) Hausen *m*; ***реве́ть ~гой*** P wie ein Schloßhund heulen; **~ха** *f* (5) Weißwal *m*
бе́л|ый (14; -, -á, -́о) weiß; hell; weit; Weiß-; *Lit.* Blank-; *Bot.* Stein-; *Zool.* Eis-; *Med.* Säufer-; *Rel.* Welt-; *Su.* Weiße(r); ***~ый та́нец*** *m* Damenwahl *f*; ***~ая кость*** *f* blaues Blut *n*; ***средь ~а дня*** F am hellichten Tag
бельги́|ец *m* (1; -йца), **~йка** *f* (5; -ек) Belgier(in *f*); **~йский** (16) belgisch
бель|ё *n* (10) Wäsche *f*; **~ево́й** (14) Wäsche-
бельме́с P: ***ни ~а*** nicht die Bohne
бельмо́ *n* (9; *pl. st.*) *Med.* weißer Star *m*; *pl.* P Glotzaugen; ***как ~ на глазу́*** F ein Dorn im Auge
бельэта́ж *m* (1; -ей) Hochparterre *n*, erster Stock; *Thea.* Rang
беля́к *m* (1*e.*) Schneehase
бенз|и́н *m* (1) Benzin *n*; **~и́новый** (14) Benzin-; **~оба́к** *m* (1) Benzintank; **~ово́з** *m* (1) Tankwagen; **~око-ло́нка** *f* (5; -нок) Tankstelle, Zapfsäule; **~оме́р** *m* (1) Kraftstoffanzeiger
бенуа́р *m* (1) Parkettlogen *f/pl.*
бе́рег *m* (1; на -у́; *pl. e.*, *N* -á) Ufer *n*, Land *n* (***на*** B, П an *A*, *D*); Küste *f*; Strand; **~ово́й** (14) Ufer-, Küsten-, Land-, Strand-; Rand-
береди́ть F (15*e.*), ⟨раз-⟩ reizen; *fig.* aufreißen
береж|ли́вый (14*K.*) sparsam; → **~́ный** (14; -́ен, -́на) behutsam, schonend, liebevoll
берёз|а *f* (5) Birke; **~ня́к** *m* (1*e.*) Birkenhain, Birkenwald; **~ovик** *m* (1) Birkenpilz; **~овый** (14) Birken-
бере́йтор *m* (1) Bereiter; Reitlehrer
бере́мен|еть (8), ⟨за-⟩ schwanger werden; **~ная** *f* (14; -на) schwanger; trächtig; *Su.* Schwangere; **~ность** *f* (8) Schwangerschaft
бере́т *m* (1) Barett *n*, Baskenmütze *f*
бере́|чь (26 г/ж; -гу́, -жёшь, -гу́т) hüten; beschützen; aufbewahren, aufheben; bewahren; sparen; schonen; ***копе́йка рубль ~жёт*** *Spr.* wer den Pfennig nicht ehrt, ist des Talers nicht wert; **-ся**, ⟨по-⟩ sich vorsehen *od.* in acht nehmen (P vor *D*), aufpassen; ***~гись!*** Vorsicht!; ***~гись автомоби́ля!*** Achtung, Ausfahrt!
бе́ркут *m* (1) Steinadler
берло́га *f* (5) Bärenhöhle; F Bude
берцо́в|ый (14): ***больша́я ~ая кость*** *f* Schienbein *n*; ***ма́лая ~ая кость*** *f* Wadenbein *n*
бес *m* (1) Teufel, Dämon; → ***чёрт***; F ***рассыпа́ться ме́лким ~́ом*** F schöntun (***перед*** T *j-m*), scharwenzeln; ***седина́ в бо́роду, а ~ в ребро́*** *Spr.* Alter schützt vor Torheit nicht
бесе́д|а *f* (5) Unterhaltung, Gespräch *n*; Besprechung; Vortrag *m*; Diskussion; **~ка** *f* (5; -ок) Laube; **~овать** (7) sich unterhalten, ein Gespräch führen

бес|ёнок *m* (2) kleiner Teufel; F Wildfang; F ***~еня́та*** *pl.* ***в глаза́х*** (***у*** P *j-m*) schaut der Schalk aus den Augen; **~и́ть** F (15) ⟨вз-⟩ (взбешённый) in Wut bringen, rasend machen; **-ся** in Wut geraten, rasend werden; rasen, toben, tollen; an Tollwut erkranken; ***с жи́ру ~и́тся*** (И) F *j-n* sticht der Hafer

бес|кла́ссовый (14) klassenlos; **~козы́рка** *f* (5; -рок) schirmlose Mütze; **~компроми́ссный** (14; -сен, -сна) kompromißlos

бесконе́чн|ость *f* (8) Unendlichkeit; ***до ~ости*** ad infinitum; ohne Ende; **~ый** (14; -чен, -а) unendlich, grenzenlos; F dauernd, endlos

бесконфли́ктный (14; -тен, -тна) konfliktlos

бескоры́ст|ие *n* (12) Uneigennützigkeit *f*; **~ный** [-sn-] (14; -тен, -тна) uneigennützig

бес|кро́вный (14; -вен, -вна) blutarm, bleich; unblutig; **~культу́рье** *n* (10) Kulturlosigkeit *f*, Unkultur *f*

бес|нова́ться (7) toben, rasen; **~о́вский** (16) teuflisch, dämonisch

беспа́мят|ный F (14; -ен, -на) vergeßlich; **~ство** *n* (9) Bewußtlosigkeit *f*; Raserei *f*

бес|пардо́нный F (14; -о́нен, -нна) rücksichtslos; **~парти́йный** (14; -и́ен, -йна) parteilos; *Su. m* Parteilose(r); **~перебо́йный** (14; -о́ен, -йна) störungsfrei, ununterbrochen; **~переса́дочный** (14) durchgehend, ohne Umsteigen; **~перспекти́вный** (14; -вен, -вна) aussichtslos; **~пе́чный** (14; -чен, -чна) sorglos, unbekümmert; **~пило́тный** (14) unbemannt; **~пла́новый** (14) planlos; **~пла́тный** (14; -тен, -тна) kostenlos; Gratis-, Frei-; *Adv.* umsonst, gratis; **~пло́дный** (14; -ден, -дна) unfruchtbar; fruchtlos, vergeblich; **~пло́тный** (14; -тен, -тна) körperlos; **~поворо́тный** (14; -тен, -тна) unabänderlich, unwiderruflich; **~подо́бный** F (14; -бен, -бна) unvergleichlich, einmalig; *Adv.* ohnegleichen; **~позвоно́чный** (14) wirbellos

беспоко́|ить (13) **1.** ⟨о-⟩ beunruhigen; **2.** ⟨по-⟩ stören, belästigen; **3.** *impf.* lästig sein, schmerzen; **-ся** besorgt sein, sich Sorgen machen (***о*** П um *A*); ***не ~йтесь!*** seien Sie unbesorgt!; bemühen Sie sich nicht!, machen Sie sich keine Umstände!; lassen Sie sich nicht stören!; **~йный** (14; -о́ен, -йна) unruhig, ruhelos; **~йство** *n* (9) Unruhe *f*; Störung *f*; Scherereien *f/pl.*, Unannehmlichkeiten *f/pl.*

бесполе́зн|ость *f* (8) Nutzlosigkeit; **~ый** (14; -зен, -а) nutzlos, unnütz; vergeblich

беспо́лый (14) geschlechtslos

беспо́мощн|ость *f* (8) Hilflosigkeit; **~ый** (14; -щен, -а) hilflos

беспоро́чный (14; -чен, -чна) makellos, tadelos

беспоря́до|к *m* (1; -дка) Unordnung *f*; Mißstand; *pl.* Unruhen *f/pl.*; **~чный** (14; -чен, -чна) unordentlich, liederlich; ungeordnet; unregelmäßig; *Adv.* durcheinander

бес|поса́дочный (14) Nonstop-; **~по́чвенный** (14*K.*) grundlos; **~по́шлинный** (14) zollfrei; **~поща́дный** (14; -ден, -дна) schonungslos, erbarmungslos; unnachsichtig (***к*** Д gegen *A*)

беспра́в|ие *n* (12) Gesetzlosigkeit *f*; Rechtlosigkeit *f*; **~ный** (14; -ен, -на) rechtlos, entrechtet; nicht gleichberechtigt

беспре|де́льный (14; -лен, -льна) grenzenlos, unermeßlich; **~дме́тный** (14; -тен, -тна) gegenstandslos; **~косло́вный** (14; -вен, -вна) unbedingt, widerspruchslos; **~пя́тственный** (14 *K.*) ungehindert, frei; **~ры́вный** (14; -вен, -вна), **~ста́нный** (14; -а́нен, -нна) ununterbrochen, fortwährend; **~цеде́нтный** (14; -тен, -тна) beispiellos, noch nicht dagewesen

беспри́|быльный (14; -лен, -льна) unrentabel; **~да́нница** *f* (5) Mitgiftlose; **~зо́рный** (14; -рен, -рна) verwahrlost, obdachlos; *Su.* → **~зо́рник** *m* (1) verwahrlostes Kind *n*; verwahrloste(r) Halbwüchsige(r); **~ме́рный** (14; -рен, -рна) beispiellos; **~нципный** (14; -пен, -пна) prinzipienlos

беспристра́ст|ие *n* (12) Unparteilichkeit *f*; **~ный** [-sn-] (14; -ен, -на) unparteiisch, unvoreingenommen, unbefangen

бес|причи́нный (14; -и́нен, -нна) grundlos, unbegründet; **~прию́тный** (14; -тен, -тна) obdachlos; unwirtlich; **~пробу́дный** (14; -ден, -дна) tief; F hemmungslos; **~про́волочный** (14) drahtlos; **~про́игрышный** (14; -шен, -шна) gewinnsicher; **~просве́тный** (14; -тен, -тна) (stock)-finster; *fig.* hoffnungslos; **~просы́пный** F → ***~пробу́дный***; **~проце́нтный** (14) zinslos, unverzinslich

беспу́т|ный (14; -ен, -на) unbekümmert, leichtfertig, locker; liederlich, ausschweifend; **~ство** F *n* (8) ausschweifender Lebenswandel *m*

бес|свя́зный (14; -зен, -зна) zusammenhanglos; **~семе́йный** (14) ohne Familie, alleinstehend; **~семя́нный** (14) samenlos; kernlos

бессерде́ч|ие *n* (12) Herzlosigkeit *f*, Hartherzigkeit *f*; **~ный** (14; -ен, -на) herzlos, gefühllos

беcси́л|ие *n* (12) Kraftlosigkeit *f*, Schwäche *f*; Unvermögen; ***полово́е ~ие*** Impotenz *f*; **~ьный** (14; -ен, -ьна) kraftlos, entkräftet; machtlos

бессисте́мный (14; -мен, -мна) systemlos, unsystematisch

бесcла́в|ие *n* (12) Schmach *f*; **~ить** (14), ⟨о-⟩ in Verruf bringen; **~ный** (14; -ен, -на) ruhmlos, unrühmlich; schmachvoll

бес|сле́дный (14; -ден, -дна) spurlos; **~слове́сный** (14; -сен, -сна) stumm; schweigsam, fügsam; **~сме́нный** (14; -е́нен, -нна) ständig

бессме́рт|ие *n* (12) Unsterblichkeit *f*; **~ник** *m* (1) Immortelle *f*, Strohblume *f*; **~ный** (14; -ен, -на) unsterblich

бессмы́сл|енный (14*K.*) sinnlos, unsinnig; stumpfsinnig; verständnislos; **~ие** *n* (12) Sinnlosigkeit *f*; Verständnislosigkeit *f*; **~ица** F *f* (5) Unsinn *m*, ungereimtes Zeug *n*; Sinnlosigkeit

бес|сне́жный (14) schneefrei; **~со́вестный** [-sn-] (14; -тен, -тна) gewissenlos; unverschämt; **~содержа́тельный** (14; -лен, -льна) inhaltlos; nichtssagend; **~созна́тельный** (14; -лен, -льна) unbewußt; (*o. K.*) bewußtlos, besinnungslos

бессо́нн|и́ца *f* (5) Schlaflosigkeit; **~ый** (14) schlaflos; nicht schlafend, munter

бес|спо́рный (14; -рен, -рна) unbestreitbar, unbestritten; *Adv.* zweifelsohne; **~сро́чный** (14; -чен, -чна) unbefristet, Dauer-; fristlos

бесстра́ст|ие *n* (12) Leidenschaftslosigkeit *f*; **~ный** [-sn-] (14; -ен, -на) leidenschaftslos, gleichmütig, gelassen

бесстра́ш|ие *n* (12) Furchtlosigkeit *f*; **~ный** (14; -ен, -на) furchtlos, unerschrocken, kühn

бесступе́нчатый (14) stufenlos

бессты́|дник F *m* (1), **~дница** F *f* (5) Schamlose(r); **~дничать** F (1) sich schamlos benehmen; **~дный** (14; -ден, -дна) schamlos, unverschämt; **~дство** *n* (9) Schamlosigkeit *f*; **~жий** P (17*K.*) → ***~дный***

бес|счётный [bɪˈʃtʃɔ-] (14) unzählig, zahllos; **~та́ктный** (14; -тен, -тна) taktlos; **~тала́нный** (14); -а́нен, -нна) talentlos, unbegabt; *Folkl.* unglückselig; ***~тала́нная голо́вушка*** *f* P Pechvogel *m*; **~теле́сный** (14; -сен, -сна) körperlos, unkörperlich

бе́стия P *f* (7) Bestie, Biest *n*; *fig.* Kunde *m*; ***то́нкая ~*** Schlaumeier *m*

бестол|ко́вщина F **1.** *f* (5) Durcheinander *n*, Wirrwarr *m*; **2.** *m*/*f* (5) Wirrkopf *m*; **~ко́вый** (14*K.*) unverständig, begriffsstutzig; unverständlich, ungereimt; wirr; **~очь** F *f* (8) → ***~ко́вщина***

бес|тре́петный (14; -тен, -тна) furchtlos, unerschrocken; **~фо́рменный** (14*K.*) formlos, unförmig; **~хара́ктерный** (14; -рен, -рна) charakterlos, charakterschwach; **~хи́тростный** [-sn-] (14; -тен, -тна) treuherzig, arglos

бесхо́з|(я́й)ный F (14; -ен, -на) herrenlos; **~я́йственность** *f* (8) Mißwirtschaft; **~я́йственный** (14*K.*) unwirtschaftlich, unpraktisch

бес|хребе́тный (14; -тен, -тна) ohne Rückgrat (*a. fig.* F); **~цве́тный** (14; -тен, -тна) farblos; *fig.* blaß, fade; **~це́льный** (14; -лен, -льна) ziellos, zwecklos; **~цензу́рный** (14) unzensiert

бесце́н|ный (14; -ен, -на) unschätzbar; *fig.* teuerste(r); **~ок** F: ***за ~ок*** spottbillig

бесцеремо́нный (14; -о́нен, -нна) ungeniert, unverfroren, rücksichtslos

бесчелове́чн|ый [bɪʃtʃɪ-] (14; -чен,

-a) unmenschlich, grausam, barbarisch
бесче́ст|ить [-ʃtʃ-] (15), ⟨о-⟩ entehren; in Verruf bringen; **~ный** [-sn-] (14; -ен, -на) ehrlos, unehrenhaft; **~ье** † *n* (10) Unehrenhaftigkeit *f*, Unehre *f*, Schmach *f*
бесчи́нство [-ʃtʃ-] *n* (9) Unfug *m*; Exzeß *m*; **~вать** (7) Unfug *od.* sein Unwesen treiben
бесчи́сленный [-ʃtʃ-] (14*K.*) zahllos, unzählig
бесчу́вств|енный [-ʃtʃ-] (14*K.*) gefühllos, gleichgültig; **~ие** *n* (12) Bewußtlosigkeit *f*; ***в ~ии*** bewußtlos
бесшаба́шн|ый [-ʃʃ-] F (14; -шен, -а) übermütig, ausgelassen; waghalsig; ***~ая голо́вушка*** *f* P Heißsporn *m*
бесшу́мный [-ʃʃ-] (14; -мен, -мна) lautlos, geräuschlos
бетон|и́ровать (7) *im(pf.)*, ⟨за-⟩ betonieren, zubetonieren; **~ка** F *f* (5; -нок) Start- u. Landebahn; Rollbahn; **~ный** (14) Beton-; **~омеша́лка** *f* (5; -лок) Betonmischer *m*
бечев|а́ *f* (5) Schlepptau *n*, Zugseil *n*; **~ка** *f* (5; -ок) Bindfaden *m*
бе́шен|ство *n* (9) Tollwut *f*; *fig.* Tobsucht *f*, Raserei *f*; **~ый** (14) tollwütig; *fig.* wütend, rasend; ungestüm; wild, stürmisch; F *fig.* Wahnsinns-; Heiden-
библе́йский (16) biblisch, Bibel-
библио́граф *m* (1) Bibliograph; **~и́ческий** (16) bibliographisch; Quellen-; **~ия** [-'ra-] *f* (7) Bibliographie
библиоте́|ка *f* (5) Bibliothek, Bücherei; ***~ка-чита́льня*** *f* Präsenzbibliothek; **~карша** F *f* (5), **~карь** *m* (4) Bibliothekar(in *f*); **~чный** (14) Bibliotheks-, bibliothekarisch
Би́блия *f* (7) Bibel
бив(у)а́к *m* (1) Biwak *n*, Feld(nacht)lager *n*; ***стоя́ть ~ом*** biwakieren; kampieren
би́вень *m* (4; -вня) Stoßzahn, Hauer
бидо́н *m* (1) Kanister, Kanne *f*
бие́ние *n* (12) Schlagen, Schlag *m*
би́кса V *f* (5) Hure, Nutte
биле́т *m* (1) Fahrkarte *f*; Eintrittskarte *f*; Karte *f*; *Flgw.* Ticket *n*; Schein; Ausweis; *Pol.* Buch *n*; *Fin.* Note *f*; Los; Zettel; **~ёр** *m* (1), **~ёрша** F *f* (5) Platzanweiser(in *f*); **~ный** (14) Fahrkarten-; Theater-
биллио́н *m* (1) Milliarde *f*; Billion *f*
би́ло *n* (9) Klopfbrett; Schläger *m*
билья́рд *m* (1) Billard *n*; **~ная** *f* (14) Billardzimmer *n*
бино́кль *m* (4) Fernglas *n*; Opernglas *n*; ***полево́й ~*** Feldstecher
бинт *m* (1*e.*) Binde *f*, Verband; **~ова́ть** (7), ⟨за-⟩ verbinden
био́граф *m* (1) Biograph; **~и́ческий** (16) biographisch; **~ия** *f* (7) Biographie, Lebensbeschreibung
био́лог *m* (1) Biologe; **~и́ческий** (16) biologisch; **~ия** *f* (7) Biologie
биохи́мия *f* (7) Biochemie
бипла́н *m* (1) Doppeldecker
би́рж|а *f* (5) Börse (***на*** П an *D*); ***~а труда́*** Arbeitsamt *n*; **~еви́к** *m* (1*e.*) Börsenspekulant; **~ево́й** (14) Börsen-
би́рка *f* (5; -рок) Anhänger *m*
бирма́н|ец *m* (1; -нца), **~ка** *f* (5; -ок) Burmese(-sin *f*); **~ский** (16) burmesisch
бирюз|а́ *f* (5) Türkis *m*; **~о́вый** (14) Türkis-; türkisfarben
бирю́к F *m* (1*e.*) *fig.* Griesgram; ***смотре́ть ~о́м*** F mürrisch dreinschauen
бирю́льки *f/pl.* (5; -лек) Stäbchenspiel *n*; ***игра́ть в ~*** *fig.* die Zeit vertrödeln
бис da capo!; ***на ~*** als Zugabe
би́сер *m* (1; -а/-у) *koll.* Glasperlen *f/pl.*, Stickperlen *f/pl.*; *fig.* Perlen *f/pl.* **~ный** (14) Glasperlen-; *fig.* fein, zierlich; Perl-
биси́ровать (7) *im(pf.)* s-n Auftritt *od.* s-e Nummer wiederholen
бисква́т *m* (1) Biskuit *n*, *m*; Keks; **~ный** (14) Biskuit-
би́тва *f* (5) Schlacht (***под*** T bei)
битко́м: ***~ наби́тый*** F vollgestopft, brechend voll
бито́к *m* (1*e.*; -тка́) Klops, Fleischkloß
бить (бью, бьёшь; бей!; бил, -а; би́тый) **1.** *v/t* schlagen, hauen; **2.** *v/t* ⟨по-⟩ verhauen, prügeln; besiegen; **3.** *v/t* ⟨раз-⟩ (разобью́, -бьёшь; разби́л) zerschlagen; **4.** *v/t* ⟨у-⟩ erschlagen; schießen; schlachten; **5.** *v/i* ⟨про-⟩ (про́бил, -о) *Uhr*: schlagen; ertönen; **6.** *v/i* sprudeln, quellen; *KSp.* stechen; *fig.* springen; sich davonmachen; ***~ в цель*** ins Schwarze treffen; ***жизнь бьёт ключо́м*** das Leben pulsiert; ***бьёт лихора́дка***

Б

(В *j-d*) hat Schüttelfrost; ***э́то бьёт по карма́ну*** F das reißt ins Geld; → ***ударя́ть, отбо́й***; **-ся** kämpfen; klopfen, schlagen; zerbrechen; sich hin u. her werfen; sich abmühen *od.* abplagen (***с/над*** T mit *D*); ***-ся голово́й о стéну*** *fig.* mit dem Kopf gegen die Wand rennen; ***-ся о закла́д*** F wetten; ***-ся как ры́ба об лёд*** *Spr.* wie der Fisch auf dem Trockenen sein; **~ё** *n* (10) *koll.* Prügel *m/pl.*; Zerschlagen

бифштéкс [-'tɛ-] *m* (1) Beefsteak *n*

бич¹ P *m* (1; -ей) Obdachlose(r); Schieber

бич² *m* (1*e.*; -éй) Peitsche *f*; *fig.* Geißel *f*, Plage *f*; **~ева́ть** (6 -у́-) (aus)peitschen; *fig.* geißeln, anprangern, brandmarken

бишь P doch gleich, eigentlich

бла́г|о **1.** *n* (9) Wohl (***на*** В, ***для*** Р zu *D*); *pl.* Güter; Segnungen *f/pl.*; ***всех ~!*** F alles Gute!; ***ни за каки́е ~а*** um nichts in der Welt; **2.** *präd.* **~о** (Д), ***что*** ... gut *od. j-s* Glück, daß ...; ***~о, что есть*** ... zum Glück gibt es ...; **3.** *Kj.* F zumal, da doch; wenn schon

благо|вéрная F *f* (14) bessere Hälfte *f*, Gespons *n*; **~вести́ть** (15) zum Gottesdienst läuten; **~ви́дный** (14; -ден, -дна) passend, schicklich; **~воли́ть** (13*e.*) **1.** wohlwollen; gewogen sein (***к*** Д *D*); **2.** † ⟨со-⟩ belieben

благово́нный (14; -о́нен, -нна) wohlriechend, duftend

благовоспи́танный (14*K.*) wohlerzogen, gesittet

благоговé|йный (14; -ен, -йна) ehrfürchtig; **~ние** *n* (12) Ehrfurcht *f*, Andacht *f*; **~ть** (8) Ehrfurcht empfinden (***перед*** T für *A*), (*A*) verehren

благодар|éние *n* (12) Dank *m*, Danksagung *f*; **~и́ть** (13*e.*), ⟨по-⟩ danken (В ***за*** В *j-m* für *et.*), sich bedanken (bei *D*); ***~ю́ вас!*** ich danke Ihnen!; **~́ность** *f* (8) Dankbarkeit; Dank *m*; ***не сто́ит ~́ности!*** keine Ursache!; **~́ный** (14; -́ен, -́на) dankbar; **~́ственный** (14) Dank(es)-; **~я́** (Д) dank (*G*, *D*); infolge (*G*), durch (*A*); ***~я́ тому́ что*** dadurch, daß ...

благода́т|ный (14; -ен, -на) wohltuend, segensreich, gesegnet; **~ь** *f* (8) Segen *m*; Überfluß *m*; F Wonne, Glückseligkeit

благодéнств|ие † *n* (12) Wohlstand *m*, Wohlergehen; **~овать** F (7) ein herrliches Leben führen

благодé|тель *m* (4) Wohltäter; **~тельный** (14; -лен, -льна) wohltuend; wohltätig; **~я́ние** *n* (12) Wohltat *f*

благоду́ш|ествовать (7) sorglos sein; **~ие** *n* (12) Seelenruhe *f*; Gutmütigkeit *f*; **~ный** (14; -ен, -на) heiter, seelenruhig; gutmütig, weichherzig

благожела́тель † *m* (4) Gönner; **~ность** *f* (8) Wohlwollen *n*; **~ный** (14; -лен, -на) wohlwollend (***к*** Д gegen *A*, gegenüber *A*); gutgemeint

благозву́ч|ие *n* (12) Wohlklang *m*; **~ный** (14; -ен, -на) wohlklingend

благ|о́й (14; -, -а́) gutgemeint; fromm; ***~и́м ма́том*** P wie am Spieß

благолéпие † *n* (12) Pracht *f*

благо|надёжный (14; -жен, -жна) zuverlässig, sicher; → **~намéренный** (14*K.*) *ehm.* regierungstreu, regimetreu; wohlmeinend, wohlgemeint

благонра́вный † (14; -вен, -вна) wohlgesittet, sittsam

благообра́зный (14; -зен, -зна) wohlgestaltet u. würdig *od.* ehrwürdig

благополу́ч|ие *n* (12) Wohlergehen, Glück; **~ный** (14; -ен, -на) glücklich, günstig; *Adv.* in Ordnung, zum Besten

благопристо́йный (14; -о́ен, -йна) wohlanständig

благоприя́т|ный (14; -ен, -на) günstig; **~ствование** *n* (12) *Hdl.* Begünstigung *f*; **~ствовать** (7) begünstigen (Д *A*); gewogen sein

благоразу́м|ие *n* (12) Vernunft *f*, Einsicht *f*; **~ный** (14; -ен, -на) vernünftig, einsichtig; wohlweislich

благоро́д|ие *n* (12) *ehm.* Wohlgeboren; **~ный** (14; -ен, -на) edel, edelmütig, vornehm; (*o. K.*) ad(e)lig; Edel-, *Su. m* Edelmann; **~ство** *n* (9) ad(e)lige Abstammung *f*, Adel *m*; Edelmut *m*; ***~ство оса́нки*** vornehme Haltung *f*; ***~ство сти́ля*** eleganter Stil *m*

благосклóнн|ость *f* (8) Wohlwollen *n*; **~ый** (14; -óнен, -а) wohlgeneigt, gewogen (***к*** Д *j-m*); wohlwollend

благослов|éние *n* (12) Segen *m* (***с*** Р mit *D*); **~éнный** (14*K.*) gesegnet;

~ля́ть (28), ⟨**~и́ть**⟩ (14*e.*) segnen, (В *j-m*) s-n Segen geben; dankbar sein (*D*); **-ся** (**у** P *j-s*) Segen erhalten; beten, sich bekreuzigen
благосостоя́ние *n* (12) Wohlstand *m*
благотвор|и́тель *m* (4) Wohltäter; **~и́тельный** (14) wohltätig, Wohltätigkeits-; **~́ный** (14; -ен, -на) wohltuend, heilsam, segensreich
благоустро́|енный (14*K.*) gut eingerichtet *od.* ausgestattet; komfortabel; wohlgeordnet; **~йство** *n* (9) Verschönerung *f*; Komfort *m*
благоуха́|ние *n* (12) Wohlgeruch *m*, Duft *m*; **~нный** (14; -нен, -нна) wohlriechend, duftend; **~ть** (1) duften (T nach *D*)
благочести́вый (14*K.*) gottesfürchtig, fromm
блаже́н|ный (14*K.*) glückselig, wonnevoll; (*o. K.*) F einfältig; *Su. m* Narr (in Christo); **~, кто ве́рует** wer's glaubt, wird selig; → **неве́дение**; **~ство** *n* (9) Glückseligkeit *f*, Wonne *f*; **на верху́ ~ства** im siebten Himmel; **~ствовать** (7) im Glück schwelgen
блаж|и́ть P (16*e.*) spinnen; Dummheiten machen; **~но́й** P (14) närrisch, launisch; **~ь** F *f* (8) Grille(n *pl.*), Spinnerei
бланк *m* (1) Formular *n*, Vordruck, Briefbogen; **~́овый** (14) Blanko-
блат *m* (1): **по ~́у** F durch Beziehungen, unter der Hand; → **~но́й** (14) Gauner-; *Su. m* Kriminelle(r); **~но́й язы́к** *m*, **~на́я му́зыка** *f* Rotwelsch *n*
блева́ть P (6) kotzen
бледн|е́ть (8) ⟨по-⟩ bleich werden, erblassen; *fig.* verblassen (**перед** T gegen *A*, gegenüber *D*); **~оли́цый** (14*K.*) mit blassem Gesicht, bleich; **~́ость** *f* (8) Blässe; *fig.* Blaßheit; **~́ый** (14; -ден, -á) blaß (*a. fig.*), bleich; *fig.* farblos; *Med.* Bleich-
блёк|лый (14*K.*) fahl, matt, welk, verblichen; **~нуть** (21), ⟨по-⟩ fahl *od.* matt werden; welken, verbleichen
блес|к *m* (1; -а/-у) Glanz (*a. fig.*), Schein; Blitz(en *n*); *fig.* Pracht *f*; *präd.* P toll; **до ~́ка** blitzblank; **~те́ть** (11*e.*/11), *einm.* ⟨**~ну́ть**⟩ (20) glänzen, schimmern; strahlen, funkeln; aufblitzen; **не бле́щет умо́м** *j-d* ist keine Leuchte; **~ну́ла мысль** (**у** P *j-m*) kam plötzlich der Gedanke; **не всё то зо́лото, что ~ти́т** *Spr.* es ist nicht alles Gold, was glänzt; **~́тки** [-skı] *f/pl.* (5; -ток) Pailletten; Flimmern *n*; *fig.* Funken *m/pl.*; **~́тки остроу́мия** Geistesblitze *m/pl.*; **~тя́щий** (17*K.*) glänzend (*a. fig.*), leuchtend; prächtig, brillant
бле́ять (27) blöken; meckern
ближ|а́йший (17) nächste(r), nähere(r); unmittelbar; engste(r); → **бли́зкий**; **~невосто́чный** (14) Nahost-; **~́ний** (15) nahe, nahegelegen; *Su. m* Nächste(r); **любо́вь** *f* **к ~́нему** Nächstenliebe
близ (P) nahe (an *D*), bei, neben (*D*); **~́иться** (15), ⟨при-⟩ sich nähern (**к** Д *D*) (*Zeit*: *nur impf.*); nahen, herannahen; **~́кий** (16; -ок, -ка́; бли́же; ближа́йший) nahe (**к** Д *D*); nahegelegen; eng; kurz; intim; baldig; *Su. pl.* nahe Verwandte *m/pl.*; **~́ко от** (P) nahe bei, unweit von; *Adv.* näher; **~лежа́щий** (17) nahegelegen
близнецы́ *m/pl.* (1*e.*) Zwillinge
близору́кий (16*K.*) kurzsichtig (*a. fig.*)
бли́зость *f* (8) Nähe; *fig.* Intimität
блик *m* (1) Lichtfleck, Lichtreflex
блин *m* (1*e.*) Plinse *f*, Fladen; → **~́чик**; **пе́рвый ~ ко́мом** *Spr.* aller Anfang ist schwer
блинда́ж *m* (1*e.*; -е́й) *Mil.* Unterstand
бли́нчик *m* (1) Pfannkuchen
блиста́т|ельный (14; -лен, -льна) glänzend; prachtvoll; → **блестя́щий**; **~ь** (1) glänzen; → **блесте́ть**
блок *m* (1) Block; *Tech.* Flaschenzug; **~а́да** *f* (5) Blockade, Sperre; **~и́ровать** (7) *im*(*pf.*) blockieren, sperren; e-e Blockade verhängen (В gegen *A*); **~иро́вка** *f* (5; -вок) Blockierung; Sperrung; *Esb.* Blockung
блокно́т *m* (1) Notizblock
блонди́н *m* (1) Blonde(r); **~ка** *f* (5; -ок) Blondine
блоха́ *f* (5; *Npl. st.*) Floh *m*
блуд † *m* (1) Unzucht *f*; **~и́ть** P (15) umherirren; herumhuren; **~ли́вый** F (14*K.*) unzüchtig; diebisch; **~ни́ца** † *f* (5) Buhlerin, Dirne; **~́ный** (14): **~́ный сын** *m* der verlorene Sohn
блужда́|ние *n* (12) Umherirren; → **~ть** (1) umherwandern, umherirren; tappen; schweifen lassen; **~ющий** (17) unstet, ausweichend; Irr-; *Med.*

Б

Wander-
блу́з|а *f* (5) Bluse; Kittel *m*; **~ка** *f* (5; -ок) Bluse
блю́д|ечко *n* (9; *pl.* -чки, -чек) Untertasse *f*; Schälchen; *fig.* → **~о** *n* (9) Schüssel *f*, Platte *f*; Gericht; Gang *m*; *fig.* → ***ладо́нь***; **~це** *n* (11; -ец) Untertasse *f*
блюсти́ (25), ⟨со-⟩ wahren; hüten; wahrnehmen; **~тель** *m* (4) Hüter
блядь V *f* (8) Hure, Nutte
бля́ха *f* (5) Blechschild *n*, Blechmarke
боб *m* (1*e*.) Bohne *f*; ***оста́ться на ~а́х*** F das Nachsehen haben
бобёр *m* (1; -бра́) Biberfell *n*; Biberkragen; Biberpelz; P Biber
боби́на *f* (5) Spule
бобо́вый (14) Bohnen-; *Su. pl.* Hülsenfrüchte *f/pl.*
бобр *m* (1*e*.) Biber; ***уби́ть ~а́*** F e-n Bock schießen
бо́брик *m* (1) Fries; **~ом** Bürsten-
бобро́вый (14) Biber-
бобы́л|ь F *m* (4*e*.) *fig.* alleinstehender Mann; ***~ём*** zurückgezogen
Бог [-ch; ˈbɔga/ˈbɔha] *m* (1; *V* Бо́же; *ab Gpl. e.*) Gott; ***от ~а*** gottbegnadet; ***~ зна́ет*** F weiß Gott; ***ви́дит ~!*** F bei Gott; ***Бо́же (мой)!*** mein Gott!; ***ра́ди ~а!*** F um Gottes willen!; ***с ~ом!*** † Gott befohlen!; ***не дай ~!*** Gott bewahre!; ***не ~ весть како́й*** F nicht besonders; ***побо́йся ~а!*** F ich bitte dich!; ***~ с ним*** F er kann mir gestohlen bleiben; **~аде́льня** *f* (6; -лен) *ehm.* Armenhaus *n*; F *iron.* Saftladen *m*
богат|е́ть (8), ⟨раз-⟩ reich werden; **~ство** *n* (9) Reichtum *m*; Pracht *f*, Luxus *m*; Fülle *f*; Vielfalt *f*; *pl.* Schätze *m/pl.*; **~ый** (14*K*.) reich (T an *D*); reichlich, reichhaltig; herrlich, prachtvoll; ***чем ~ы, тем и ра́ды*** nehmen Sie (mit *D*) vorlieb
богаты́р|ский (16) reckenhaft, hünenhaft; Riesen-; *Gesundheit*: eisern; *Schlaf*: tief; *Lit.* Helden-; **~ь** *m* (4*e*.) Recke, Hüne, Held
бога́ч *m* (1*e*.; -е́й) Reiche(r)
боге́м|а *f* (5) Boheme; **~ный** (14) bohemienhaft; **~ский** (16) böhmisch
боги́ня *f* (6) Göttin
бого|боя́зненный (14*K*.) gottesfürchtig; **~ма́з** F *m* (1) Ikonenmaler; **~ма́терь** *f* (8) Muttergottes; **~мо́льный** (14; -лен, -льна) fromm; **~ро́дица** *f* (5) → ***~ма́терь***
богосло́в *m* (1) Theologe; **~ие** *n* (12) Theologie *f*; **~ский** (16) theologisch
богослуже́|бный (14) liturgisch, Kirchen-; **~ние** *n* (12) Gottesdienst *m*
боготвори́ть (13*e*.) vergöttern
богоху́льство *n* (9) Gotteslästerung *f*
бод|а́ть (1), *einm.* ⟨~ну́ть⟩ (20) stoßen
бодр|и́ть (13*e*.) aufmuntern, ermuntern, beleben; **~ся** Mut fassen, sich Mut machen; **~ость** *f* (8) Munterkeit, Frische; → **~ый**; **~ствовать** (7) wach sein *od.* bleiben; **~ый** (14; -, -а́) munter, frisch; rüstig; **~я́ческий, ~я́цкий** F (16) gekünstelt optimistisch
боев|и́к *m* (1*e*.) Hit, Schlager; Kämpfer, Freischärler; **~о́й** (14) Kampf-, Schlacht-, Kriegs-; Waffen-; Spreng-; *fig.* streitbar; *Munition*: scharf; *Bursche*: schneidig; *Thema*: hochaktuell
бое|голо́вка *f* (5; -вок) Sprengkopf *m*; **~гото́вность** *f* (8) Gefechtsbereitschaft, Einsatzbereitschaft; **~припа́сы** *pl.* (1) Munition *f*; **~спосо́бный** (14; -бен, -бна) kampffähig, kampftüchtig
бое́ц *m* (1; бойца́) Kämpfer; Soldat
Бо́ж|е → ***Бог***; **~еский** (16) göttlich; F christlich; **~е́ственный** (14*K*.) F göttlich; † (*o. K*.) Kirchen-; **~ество́** *n* (9) Gottheit *f*; *fig.* Abgott *m*; **~ий** (18) Gottes-, Götter-; ***я́сно, как ~ий день*** sonnenklar; **~и́ться** (16*e*.), ⟨по-⟩ (bei Gott) schwören; **~о́к** *m* (1*e*.; ~ка́) Götze; Abgott; *fig.* → ***~ество́***
бой *m* (3; в бою́; *pl. e.*: бои́, боёв) Kampf (***с*** T *pl. a.* unter *D*), Gefecht *n*, Schlacht *f*; Gemenge *n*; Schlag; Schlagwerk *n*; F Schläge *m/pl.*; Schlachten *n*; Bruch, Scherben *f/pl.*; ***с бо́ю*** im Kampf; ***без бо́я*** kampflos
бо́й-ба́ба F *f* (*unv.*/5) resolutes Frauenzimmer *n*, Dragoner *m*
бо́йк|ий (16; бо́ек, -а́) flink, flott, forsch; munter, belebt; findig, schlagfertig; gewandt
бойни́ца *f* (5) Schießscharte
бо́йня *f* (6; бо́ен) Schlachthof *m*; Gemetzel *n*, Massaker *n*
бок *m* (1; -а/-у; на -у́; *pl. e.*, *N* -а́) Seite *f*; Flanke *f*; ***на́ ~*** zur Seite; ***на ~у́*** *fig.* auf der faulen Haut; ***по ~а́м*** auf bei-

den Seiten; ***с ~у на́ ~*** von einer Seite auf die andere; ***~ о́ ~*** dicht nebeneinander; ***под ~ом*** (direkt) nebenan
бока́л *m* (1) Pokal, Weinglas *n*
боко|во́й (14) Seiten-, Bei-; seitlich; → ***ка́чка***; **~м** seitwärts
бокс *m* (1) **1.** Boxen *n*; **2.** Box *f*, Abteil *n*; **3.** Fasson *f*, Fassonschnitt *f*; **~ёр** *m* (1) Boxer; **~ёрский** (16) Box-; **~и́ровать** (7) boxen
болва́н F *m* (1) Dummkopf, Blödian; **~ка** *f* (5; -ок) Hutform; *Tech.* Block *m*, Rohling *m*
болга́р|ин *m* (1; *pl.* -ы, -), **~ка** *f* (5; -ок) Bulgare(rin *f*); **~ский** (16) bulgarisch
болево́й (14) Schmerz-
бо́лее (→ ***бо́льше***) mehr (P *od.* чем als); ***~ дли́нный*** länger; ***не ~*** höchstens; ***~ всего́*** vor allem; ***~ того́*** mehr noch, ja; ***тем ~*** (***что***) umso mehr (als), zumal
боле́зн|енный (14*K.*) kränklich; krankhaft; Krankheits-; schmerzlich, schmerzhaft; Schmerzens-; **~етво́рный** (14; -рен, -рна) krankheitserregend; **~ь** *f* (8) Krankheit; ***по ~и*** krankheitshalber
боле́льщик F *m* (1) Fan; *fig.* Kiebitz
бол|е́ть 1. (8) krank sein, leiden (T an *D*); mitleiden (T mit *D*); besorgt sein (***за*** B, ***о*** П um *A*), sich *et.* zu Herzen nehmen; F *Sp.* die Daumen drücken (***за*** B *D*, für *A*); **2.** (9) schmerzen, wehtun; ***голова́ ~и́т*** (***у*** P *j-d*) hat Kopfschmerzen; ***что у вас ~и́т?*** was tut Ihnen weh?; ***душа́*** *od.* ***се́рдце ~и́т*** (***у*** P *j-m*) tut es in der Seele weh; **~еутоля́ющий** (17) schmerzstillend
боливи́|ец *m* (1; -йца), **~йка** *f* (5; -ек) Bolivianer(in *f*); **~йский** (16) bolivianisch
боло́нка *f* (5; -нок) Schoßhündchen *n*
боло́т|истый (14*K.*) sumpfig, morastig; **~ный** (14) Sumpf-, Moor-; **~о** *n* (9) Sumpf *m*, Moor, Morast *m*
болт *m* (1*e.*) Bolzen, Schraube *f*
болт|а́ть (1) **1.** ⟨вз-⟩ schütteln; **2.** baumeln (T mit *D*); F schaukeln; **3.** F *einm.* ⟨~ну́ть⟩ (20) schwatzen; plappern; sich verplappern; **~ся** F baumeln, hin u. her schaukeln; schlottern (***на*** П an *D*, um *A*); P herumlungern; **~ли́вый** (14*K.*) schwatzhaft, geschwätzig, redselig; **~овня́** F *f* (6) Plauderei, Gerede *n*, Geschwätz *n*; **~у́н** F *m* (1*e.*), **~у́нья** F *f* (5; -ий) Schwätzer(in *f*), Plappermaul *n*; Windei *n*; **~у́шка** *f* (5; -шек) Quirl *m*; Mehlsuppe; Rührei *n*
боль *f* (8) Schmerz(en *pl.*) *m*, Weh *n*; **~ни́ца** *f* (5) Krankenhaus *n*, Klinik; **~ни́чный** (14) Kranken(haus)-, Klinik-; **~но** schmerzhaft, empfindlich; P mächtig, schrecklich; ***мне ~но*** es tut mir weh; ***глаза́м ~но*** die Augen tun e-m weh; ***~но*** (Д + *Inf. j-n*) schmerzt es . . .; ***~но*** (Д/***за*** B *j-m*) tut es leid (um *A*); **~но́й** (14; -лен, -на́) krank, leidend (T an *D*); *fig.* wund; brennend; krankhaft, kränklich; *Su. m* Kranke(r)
бо́льше (→ ***бо́лее, большо́й, мно́го***) größer; mehr; über; F hauptsächlich; ***~ не*** nicht mehr; ***как мо́жно ~*** möglichst viel; ***ни ~ ни ме́ньше как*** genau, exakt; ***~ чем тре́буется*** ein übriges; ***чтоб э́того ~ не́ было!*** daß mir das nicht wieder vorkommt!; ***~ не бу́ду***! F ich tu's nicht wieder!; → ***весь, втро́е***; **~ви́стский** (16) bolschewistisch; **~гру́зный** (14) Großraum-, Schwerlast-
бо́льш|ий (17) größer; größt; ***~ей ча́стью*** *od.* ***по ~ей ча́сти*** größtenteils, meist(ens); **~инство́** *n* (9) Mehrheit *f* (T mit *D*), Mehrzahl *f*; die meisten; **~о́й** (16; вели́к, -ика́) groß, Groß-; erwachsen; *Geld*: viel; *Frist*: lang; *Gefühl*: stark; *Freund*: gut; *Gruß*: herzlich; *Spiel*: hoch; *Sp.* Leistungs-; *Geogr.* Land-; ***~о́й па́лец*** *m* Daumen; **~у́щий** F (17) riesig, enorm
боля́чка F *f* (5; -чек) eit(e)rige Wunde; Schorf *m*
бо́мб|а *f* (5) Bombe; **~ардирова́ть** (7) *im*(*pf.*) bombardieren; **~ардиро́вка** *f* (5; -вок) Beschuß *m*; Bombenangriff *m*; **~ардиро́вщик** *m* (1) Bombenflugzeug *n*, Bomber; **~ёжка** F *f* (5; -жек) → ***~ардиро́вка***; **~и́ть** F (14*e.*) bombardieren; **~ово́з** *m* (1) → ***~ардиро́вщик***; **~оубе́жище** *n* (10) Luftschutzraum *m*, Luftschutzkeller *m*
бонда́р|ный (14) Böttcher-; **~ня** *f* (6; -ен) Böttcherei; **~ь** *m* (4/4*e.*) Böttcher
бор *m* **1.** (1; в -у́; *pl. e.*) Kiefernwald; ***с ~у да с со́сенки*** F wahllos; **2.** (1) *Chem.* Bor *n*; *Tech.* Bohrer

бордáк → ***бардáк***
бордó (*unv.*); **~вый** (14) weinrot
бордю́р *m* (1) Bordüre *f*, Besatz; *Typ.* Einfassung *f*
борéц *m* (1; -рцá) Kämpfer; Ringer
борз|áя *f* (14) Windhund *m*; **~опи́сец** *m* (1; -сца) Vielschreiber; **~ый** (14; -, -á) † schnell; *poet.* feurig
бормот|áть (3) murmeln, brumme(l)n; **~у́н** F *m* (1*e.*) Brummer
бóрный (14) Bor-
бóров *m* **1.** (1) Eber; **2.** (1; *pl. e.*, *N* -á) Rauchzug, Fuchs
борови́к *m* (1*e.*) Edelpilz, Steinpilz
бородá *f* (5; ´-у; *pl.* ´-ы, ´-, -áм) Bart *m*
бородáв|ка *f* (5; -ок) Warze; **~чатый** (14*K.*) warzig
бород|áтый (14*K.*) bärtig; **~áч** F *m* (1*e.*; -éй) Bärtige(r); mit Rauschebart; **~ка** *f* (5; ´-док) Bärtchen *n*; *Schlüssel*: Bart *m*
борозд|á *f* (5; *a.* ´-у; *pl.* ´-ы, ´-, -áм) Furche, Rille; **~и́ть** (15*e.*) **1.** ⟨вз-⟩ furchen; durchfurchen; **2.** ⟨про-⟩ durchpflügen; **~чатый** (14*K.*) gefurcht, durchfurcht; gerillt
борон|á *f* (5; *a.* ´-у; *pl.* ´-ы, ´-, -áм) Egge; **~и́ть** (13*e.*), **~овáть** (7), ⟨вз-, за-⟩ eggen; **~ьбá** *f* (5) Eggen *n*
борóться (17; борясь) kämpfen (***за*** В für, um *A*), ankämpfen, *et.* bekämpfen (miteinander) ringen; → ***поборóть***
борт *m* (1; *a.* зá -, за -óм; на -у́; *pl. e.*, *N* -á) Bord (***нá*** В/***на*** П an; ***с*** Р von; ***за*** Т über); Borte *f*; *Kfz.* Seitenwand *f*; *Sp.* Bande *f*; Randstein; **~овóй** (14) Bord-; Rand-; *Mil.* Breit-; **~проводни́к** *m* (1*e.*), **~проводни́ца** *f* (5) Steward(eß)
борщ *m* (1*e.*; -á/-у́) Borschtsch, rote Rübensuppe *f*
борьбá *f* (5) Kampf *m* (***за*** В für, um *A*); *Sp.* Ringen *n*, Ringkampf *m*; ***~ с сорнякáми*** Unkrautbekämpfung
бос|икóм barfuß; **~óй** (14; -, -á) barfüßig; nackt, bloß; ***на ~у́ нóгу*** an die nackten Füße; **~онóгий** (16*K.*) barfüßig; **~онóжка** *f* (5; -жек) F Barfüßige(r); *pl.* Sandaletten; **~я́к** *m* (1*e.*) Barfüßler, Landstreicher, Vagabund
ботáни|к *m* (1) Botaniker; **~ка** *f* (5) Botanik; **~ческий** (16) botanisch
ботв|á *f* (5) Kraut *n*; **~и́нья** *f* (6; -ий) kalte Gemüsefischsuppe
бóт|ик *m* (1) Überschuh; **~и́нок** *m* (1; ´-нка; ´-нок) Schnürschuh, Schnürstiefel; **~фóрты** *m/pl.* (1) *ehm.* Kanonenstiefel; **~ы** *m/pl.* (1) → ***~ик***
боч|áр *m* (1*e.*) Böttcher; **~ечный** (14) Faß-; **~ка** *f* (5; ´-чек) Faß *n* (*a. ehm. Maß* = 490 *l*), Tonne; **~ковый** (14) Faß-; **~óнок** *m* (1; ´-нка) Fäßchen *n*
бояз|ли́вый (14*K.*) furchtsam, ängstlich, scheu; **~но:** Р ***~но*** (Д *j-d*) fürchtet sich; **~нь** *f* (8) Furcht, Angst (Р vor *D*)
боя́р|ин *m* (1; *pl.* -е, -) *hist.* Bojar; **~ский** (16) Bojaren-; **~ство** *n* (9) Bojarentum; **~ыня** *f* (6) Bojarin
боя́рышник *m* (1) Hagedorn, Weißdorn
боя́ться (боюсь, -и́шься; бóйся!; боя́сь) fürchten (Р *A*), sich fürchten, sich in acht nehmen, Angst haben (vor *D*); nicht vertragen; ***боюсь сказáть*** ich bin nicht sicher; ***~, как бы*** (+ *Prät.*) fürchten, *j-d* könnte (+ *Inf.*); ***дéло мáстера бои́тся*** *Spr.* das Werk lobt den Meister
бра *n* (*unv.*) Wandleuchter *m*
брáвый (14; брав) wacker, tapfer
брá|га *f* (5) *Art* Dünnbier *n*; **~жничать** † (1) *scherz.* zechen
брази́л|ец *m* (1; -ьца), **~ья́нка** *f* (5; -нок) Brasilianer(in *f*); **~ьский** (16) brasilianisch
брак[1] *m* (1) Ehe *f*, Ehestand *f* (Т in *D*); ***состоя́ть в ~е*** verheiratet sein; **~**[2] *m* (1; ´-а/-у) *koll.* Ausschuß, Ausschußware *f*; Fehler, Mangel; **~овáть** (7), ⟨за-⟩ beanstanden, als Ausschuß ausmustern; **~óвка** *f* (5; -вок) Ausmusterung; **~óвщик** *m* (1) Warenkontrolleur; **~одéл** *m* (1) Pfuscher
браконьéр *m* (1) Wilddieb
брако|развóдный (14) Ehescheidungs-; **~сочетáние** *n* (12) Eheschließung *f*, Trauung *f*
брандвáхта *f* (5) Wachschiff *n*
брандспóйт *m* (1) Feuerspritze *f*
бран|и́ть (13*e.*) ⟨вы́-⟩ schelten, schimpfen, ausschimpfen; *fig.* tadeln, kritisieren; **-ся 1.** ⟨по-⟩ sich zanken *od.* streiten; **2.** ⟨вы́-⟩ schimpfen, keifen; **~ный** (14) Schimpf-, Schelt-; *poet.* Kriegs-, Schlacht-; **~ч(л)и́вый** Р (14*K.*) zänkisch; **~ь** *f* (8) Geschimpfe

n; Tadel *m*, Schelte; *hist.*, *poet.* Krieg *m*, Schlacht
брасле́т *m* (1) Armband *n*
брасс *m* (1) Brustschwimmen *n*
брат *m* (1; *pl.* -ья, -ьев, -ьям) Bruder; F mein Lieber!; Person *f* (**на** B pro); ***ваш ~*** F euresgleichen; ***свой ~*** F seinesgleichen; → ***наш ~*** F unsereiner; ***с ~а*** F von jedem; ***зна́ем мы ва́шего ~а!*** F ich kenne meine Pappenheimer!; **~а́ние** *n* (12) Verbrüderung *f*; **~а́ться** (1), ⟨по-⟩ sich verbrüdern; **~ва́** P *f* (5) *koll.* Jungens *m/pl.*, Kameraden *m/pl.*; **~ец** *m* (1; -тца), **~и́шка** F *m* (5; -шек) Brüderchen *n*; Bruderherz *n*!, Freundchen *n*!; **~ия** *f* (7) *koll.* Klosterbruderschaft; F Zunft, Clique; **~нин** (19) des Bruders; **~оуби́йство** *n* (9) Brudermord *m*; **~ский** (16) brüderlich, Bruder-; Massen-; **~ство** *n* (9) Brüderlichkeit *f* (P zwischen *D*); Bruderschaft *f*; → **~а́ние**
брать (беру́, -рёшь; беря́; брал, -á; -бранный: -нá), ⟨взять⟩ (возьму́, -мёшь; взял, -á; взя́тый: -тá) **1.** *v/t* nehmen (T mit *D*); mitnehmen; übernehmen; entnehmen; (**у** P *j-m*) *Versprechen* abnehmen; borgen, leihen; ausleihen; mieten, pachten; lösen, kaufen; *Fin.* erheben; abheben; F *Preis* verlangen; *Sp.* erringen; F *Pilze* sammeln; *Mil.* nehmen, einnehmen, erobern; *Gefangene* machen; greifen, packen (*a. fig.*); *fig.* ergreifen; wüten; Wirkung haben; ***~ в плен*** gefangennehmen; zur Strecke bringen; **2.** *v/i* F sich halten; abbiegen; F s-n Ziel (T durch *A*) erreichen, die Oberhand gewinnen; kosten; *impf.* anbeißen; rasieren; F ***ничто́ не берёт*** (B *j-n*) kann nichts erschüttern; ***на́ша берёт!*** F wir siegen!; ***взять хоть ...*** nehmen wir etwa ...; ***с чего́ ты взял?*** F wie kommst du darauf?; ***взял да сказа́л*** F *j-d* sagte, ohne groß zu überlegen; ***..., а он возьми́ и приди́!*** ..., aber plötzlich war er dann doch da!; **-ся** (бра́лся, -ла́сь, -ло́сь), ⟨взя́ться⟩ (взя́лся, -ла́сь, -ло́сь) fassen (**за** B an *A*), greifen (*a.* zu *D*); übernehmen (*A*); F sich annehmen (*G*); wagen, sich heranwagen (an *A*); gehen, herangehen (an *A*), sich an (*A*) machen; anfangen, anpacken; → ***принима́ться***; *pf.* F anwachsen; anbrennen; sich überziehen; ***взя́ться за ум*** klüger werden; ***не беру́сь*** (+ *Inf.*) ich wage nicht zu ...; F ***отку́да берётся*** *od.* ***взя́лся ...?*** woher kommt *od.* hat ... (**у** P *j-d*)?; ***отку́да ни возьми́сь*** F unversehens, plötzlich; ***-ся доказа́ть*** den Beweis antreten (B für *A*)
бра́чный (14) Ehe-, Heirats-, Hochzeits-; ehelich
брев|е́нчатый (14) Balken-, Block-; **~но́** *n* (9; *pl. st.* -; -ен) Baumstamm *m*; Balken *m*; *Sp.* Schwebebalken *m*; F *fig.* Holzklotz *m*
бред *m* (1; в -у́) Fieberwahn, Delirium *n*; F *fig.* Quatsch; **~ить** (15) irrereden, faseln, phantasieren; *fig.* schwärmen (T für *A*, von *D*); **~ни** *pl.* (6; -ей) Gefasel *n*, Phantastereien *f/pl.*; **~ово́й,** F **~о́вый** (14) Fieber-, Wahn-, Phantasie-; F irre, schwachsinnig
бре́зг|ать (1), ⟨по-⟩ verschmähen (T *A*), Widerwillen empfinden (gegen *A*); ***не ~ает ниче́м*** (И *j-m*) sind alle Mittel recht; **~ли́вость** *f* (8) Widerwille *m*, Ekel *m*, Ekelgefühl *n*; **~ли́вый** (14*K.*) mäk(e)lig, Ekel empfindend; voller Widerwillen; **~овать** F (7), ⟨по-⟩ → ***~ать***
брезе́нт *m* (1) Segeltuch *n*, Plane *f*
бре́зжить(ся) [-ʒʒ-] (16) schimmern; dämmern
брело́к *m* (1) Berlocke *f*
бре́мя *n* (13; *o. pl.*) Last *f*, Bürde *f*
бренча́ть (4*e.*) klirren; klimpern
брести́ (25) sich schleppen; schlendern
брете́л|ь [-'tɛ-] *f* (8), **~ька** *f* (5; -ек) Träger *m* (**на** П *pl.* mit *D*); ***без ~ей*** trägerlos
брех|а́ть P (3), *einm.* ⟨~ну́ть⟩ (20) kläffen; flunkern, schwindeln; **~ня́** P *f* (6) Flunkerei, Gequassel *n*; **~у́н** P *m* (1*e.*) Lügner, Schwätzer
брешь *f* (8) Bresche, Lücke
бре́ющий (17) *Flgw.* Tief-
брига́д|а *f* (5) *Mil.* Brigade; Arbeitskolonne; Gruppe, Team *n*, Mannschaft; *Esb.* Personal *n*, Besatzung; **~и́р** *m* (1) Kolonnenführer, Leiter e-r Arbeitskolonne; *Mil. ehm.* Brigadier
бри́джи *pl.* (1; -ей) Breeches; Kniehose *f*
бриз *m* (1) Brise *f*

Б

бриллиа́нтовый (14) brillanten, Brillant-; *Hochzeit*: diamanten
брита́н|ец *m* (1; -ца), **~ка** *f* (5; -ок) Brite(-tin *f*); **~ский** (16) britisch
бри́т|ва *f* (5) Rasiermesser *n*; ***как ~ва*** *fig*. scharf; **~венный** (14) Rasier-; **~ь** (бре́ю, -ешь; брей!; бре́я; бри́тый), ⟨по-⟩ rasieren; **-ся** *a*. sich rasieren lassen; **~ьё** *n* (10; -ьём) Rasieren, Rasur *f*
бри́финг *m* (1) Pressegespräch *n*, Pressekonferenz *f* (***на*** П in *D*)
бри́чка *f* (5; -чек) Kalesche
бровь *f* (8; *ab Gpl. e.*) Braue; F ***и́ ~ю не повёл*** *od.* ***шевельну́л*** *j-d* verzog keine Miene; ***попа́сть не в ~, а в глаз*** *Spr.* den Nagel auf den Kopf treffen
брод *m* (1; -а/-у) Furt *f* (T über *A*)
броди́ть (15) **1.** schlendern, umherschlendern, wandern, schweifen; tappen; *Lächeln*: huschen (**на** П über *A*); *Gedanke*: spuken; **2.** ⟨вы́-⟩ gären
бродя́|га F *m* (5) Landstreicher, Vagabund; **~жничать** F (1) vagabundieren, stromern; sich herumtreiben; umherziehen; **~жничество** *n* (9) Landstreicherei *f*; Wanderdasein; **~чий** (17) wandernd, Wander-; unstet; Nomaden-; *Hund*: streunend
броже́ние *n* (12) Gärung *f*; *fig*. Erregung *f*, Unruhe *f*
бро́м|истый (14) bromhaltig; Brom-; **~овый** (14) Brom-
броне|бо́йный (14) Panzer-; **~ви́к** *m* (1*e.*) Panzerwagen; **~во́й** (14) gepanzert, Panzer-; **~жиле́т** *m* (1) kugelsichere Weste *f*; **~но́сец** *m* (1; -сца) Panzerkreuzer; **~носный** (14) Panzer-; **~по́езд** *m* (1; *pl. e., N* -а́) Panzerzug; **~стекло́** *n* (9) Panzerglas; **~транспортёр** *m* (1) Schützenpanzerwagen
бро́нз|а *f* (5) Bronze; **~овый** (14) bronzen; Bronze-; bronzefarben
брони́ров|ать¹ (7) *im*(*pf*.), ⟨за-⟩ reservieren *od.* reservieren lassen (***за*** T für *j-n*); sicherstellen, bereitstellen; **~а́ть²** (7) *im*(*pf*.), ⟨за-⟩ panzern
бро́нхи *m/pl.* (1) Bronchien *f/pl.*; **~т** *m* (1) Bronchitis *f*
бро́н|я¹ *f* (6; -ней) Reservierung (***на*** В/***за*** T *G* für *A*); **~я́²** *f* (6; -не́й) Harnisch *m*; *Mil.* Panzer *m*, Panzerung
брос|а́ть (1), ⟨**~**ить⟩ (15) **1.** *v/t* werfen (***в*** В nach *D*), schleudern; *fig*. hinwerfen, wegwerfen; fallen lassen; machen; einsetzen; herumschmeißen; verlassen, im Stich lassen; aufgeben, aufhören (*a.* mit *D*); ablassen (von *D*); *Los* entscheiden lassen; **2.** *v/i unpers.* werfen, schleudern; überkommen, überlaufen; ***~ило в пот*** (В *j-d*) geriet in Schweiß; ***брось!*** F laß das! **-ся** stürzen, sich stürzen, (***на*** В über *A*) herfallen; eilen (***на*** В zu *D*); *impf.* sich bewerfen; ***-ся бежа́ть*** losrennen, davonrennen; ***-ся в глаза́*** in die Augen springen, auffallen; ***-ся в го́лову*** zu Kopf schießen; ***-ся на ше́ю*** um den Hals fallen; **~кий** F (16; -сок, -ска́) auffallend; grell; **~овый** F (14) wertlos, minderwertig; Ramsch-; ***~овый э́кспорт*** *m* Dumping *n*; **~о́к** *m* (1; -ка́) *Sp*., *Mil.* Wurf; Sprung, Vorstoß
бро́ш|ка *f* (5; -шек), **~ь** *f* (8) Brosche
брошю́р|а [-'ʃu-] *f* (5) Broschüre, Heft *n*; Flugschrift; **~ова́ть** (7), ⟨с-⟩ broschieren, heften; **~о́вка** *f* (5) Broschieren *n*, Heften *n*
брус *m* (1; *pl.* -ья, -ьев) Balken, Träger, Bohle *f*; *Sp.* (*pl. a.* ***паралле́льные ~ья***) Barren *m*; **~ко́вый** (14) Stangen-
брусни́|ка *f* (5) *koll.* Preiselbeere(n *pl.*); **~чный** (14) Preiselbeer(en)-
брусо́к *m* (1; -ска́) Kantholz *n*; Stange *f*; Schleifstein; Riegel
брусча́тка [-ʃʃ-] *f* (5) Pflastersteine *m/pl.*); Pflaster *n*
бры́з|гать (1/3), *einm.* ⟨**~**нуть⟩ (20) spritzen, sprühen (*a.* **-ся**); besprengen, bespritzen (***на*** В *A*); sich ergießen; ***~гать слюно́й*** geifern; **~ги** *pl.* (5) Spritzer *m/pl.*; Gischt *f*; Funken *m/pl.*; Splitter *m/pl.*; **~гови́к** *m* (1*e.*) *Kfz.* Schutzblech *n*
брык|а́ть (1), *einm.* ⟨**~**ну́ть⟩ (20), **-ся** ausschlagen; strampeln; P störrisch sein, bocken
бры́нза *f* (5) Schafskäse *m*
брюзг|а́ F *m/f* (5) Nörgler(in *f*), Mekkerer *m*; **~ли́вый** F (14*K*.) mürrisch, brummig, griesgrämig
брю́згнуть (20), ⟨о-⟩ (21) krankhaft zunehmen, aufschwellen
брюзжа́ть F [-ʒʒ-] (4*e.*) brummen, murren, meckern
брю́ква *f* (5) Kohlrübe, Steckrübe

брю́ки *pl.* (5) Hose *f*
брюне́т *m* (1) braunhaariger Mann; **~ка** *f* (5; -ок) Brünette
брюссе́льский (16) *Bot.* Rosen-
брюх|а́(с)тый P (14*K.*) dickbäuchig; ***~а́тая*** *f* Schwangere; **~о** *n* (5) *Zool.* Bauch *m*; P Wanst *m*, Bauch *m*; → ***брюшко́***
брюш|и́на *f* (5) Bauchfell *n*; **~ко́** F *n* (9; *pl.* -ки́, -о́в) Bäuchlein; Schmerbauch *m*; **~но́й** (14) Bauch-, Unterleibs-
бряк F bums!; **~ать** (1), *einm.* ⟨**~нуть**⟩ (20) **1.** *v/i* klappern, klirren; **2.** *v/t* hauen, hinhauen; F herausplatzen; **-ся** aufschlagen, plumpsen, hinplumpsen
бряца́ть (1) klirren; klimpern; rasseln
бу́бен *m* (1; -бна) Schellentrommel *f*, Tamburin *n* (***в*** B *A*); **~е́ц** *m* (1; -нца́), *dim.* **~чик** *m* (1) Schelle *f*
бу́блик *m* (1) Kringel *f*, Brezel *f*
бубни́ть F (13*e.*) leiern, herunterleiern, tönen; brummeln
буб|но́вый (14) Karo-, Schellen-; **~ны** F *f/pl.* (5; -ён, -на́м) Karo *n*, Schellen
бугóр *m* (1; -гра́) Anhöhe *f*, Hügel; Erhebung *f*; → **~óк** *m* (1; -ка́) Knötchen *n*; Tuberkel *f*; **~чатый** (14*K.*) hügelig, uneben; → **бугри́стый** (14*K.*) voller Knötchen
бу́дет → ***быть***; *unpers.* genug; ***~ тебе́!*** F hör schon auf!; ***~ с тебя́*** F für dich wird's reichen
буди́|льник *m* (1) Wecker; **~ть** (15) **1.** ⟨раз-⟩ wecken, aufwecken; **2.** ⟨про-⟩ (пробуждённый) *fig.* wecken, erwecken, wachrufen; aufrütteln, wachrütteln
бу́дка *f* (5; -док) Wärterhäuschen, Wächterhäuschen; *Mil.* Schilderhäuschen *n*; *Fmw.* Zelle; *Thea.* Kasten
бу́дни *pl.* (1; -ней) Werktag(e) *m*, Wochentag(e) *m* (***по*** Д am, an); *fig.* Alltag *m*; **~й** (15) Werk-; **~чный** (14), F **~шний** (15) Werk-; Werktags-, Alltags-; *fig.* alltäglich, eintönig
будора́жить F (16), ⟨вз-⟩ aufregen, erregen; aufwühlen; in Unruhe versetzen; in Unordnung bringen
бу́дочник *m* (1) Bahnwärter; Wächter
бу́дто als ob, als wenn (*a.* ***как ~*** *od.* ***как ~ бы***); gleichsam; daß . . . angeblich; anscheinend
бу́дущ|ий (17) künftig, zukünftig, kommend, nächst; werdend; *Su.* *n* Zukunft *f*; ***~ее вре́мя*** *n* *Gr.* Futur; **~ность** *f* (8) Zukunft; künftige Karriere
будь: ***~ то*** sei es; → ***быть***
бу́ер *m* (1; *pl. e.*, *N* -á) Segelschlitten
буера́к *m* (1) Hohlweg, Mulde *f*
буз|а́ P *f* (5) Krawall *m*, Randale; **~и́ла** P *m/f* (5) Krakeeler(in *f*)
бузина́ *f* (5) Holunder *m*
буз|и́ть P (15*e.*) krakeelen, randalieren; **~отёр** P *m* (1) Radaubruder
бу́йвол *m* (1) Büffel
бу́й|ный (14; бу́ен, -на́) ungestüm, stürmisch; zügellos; üppig; P verwegen; Toll-; Tob-; **~ство** *n* (9) grober Unfug *m*, Exzesse *m/pl.*; **~ствовать** (7) toben, krakeelen
бук *m* (1) Buche *f*
бу́к|а F *m/f* (5) schwarzer Mann *m*; Griesgram *m*; ***смотре́ть ~ой*** finster dreinschauen
бука́шка *f* (5; -шек) Käferchen *n*
бу́кв|а *f* (5) Buchstabe *m* (T *pl.* in *D*); *Typ.* Letter, Schriftzeichen *n*; ***с большо́й ~ы*** groß; ***назва́ть по ~ам*** buchstabieren; ***~а в ~у*** buchstabengetreu; **~а́льный** (14; -лен, -льна) buchstäblich, wörtlich; **~а́рь** *m* (4*e.*) Fibel *f*; **~енный** (14) Buchstaben-; **~ое́д** *m* (1) Pedant; **~ое́дство** *n* (9) Haarspalterei *f*
буке́т *m* (1) Strauß; Blume *f*; Aroma *n*
букини́ст *m* (1) Antiquar; ***у ~а*** antiquarisch; **~и́ческий** (16) *Buch*: selten; ***~и́ческий магази́н*** *m* Antiquariat *n*
бу́ковый (14) Buchen-
бу́кса *f* (5) *Esb.* Buchse
букси́р *m* (1) Schleppdampfer, Schlepper; Zugmaschine *f*; Schlepptau *n* (***на*** B ins; ***на*** П im); *Kfz.* Abschleppseil *n*; **~ный** (14) Schlepp-, Schub-, Zug-; **~овать** (7) bugsieren, schleppen, abschleppen, ziehen; **~о́вка** *f* (5) Schleppen *n*, Abschleppen *n*; → ***~овать***
буксова́ть (7) durchdrehen
булава́ *f* (5) *hist.*, *Sp.* Keule; Stab *m*
була́в|ка *f* (5; -ок) Stecknadel; Nadel; **~очный** (14) Stecknadel-; *fig.* Nadel-
була́ный (14) *Pferd*: falb
була́т *m* (1) Damaszener Stahl *od.* Klinge *f*; **~ный** (14) Damaszener
бу́л|ка *f* (5; -ок) Brötchen *n*, Semmel; **~очная** [-ʃn-] *f* (14) Bäckerei; **~очник**

Б

[-ʃn-] *m* (1) Bäcker; **~очный** [-ʃn-] (14) Back-
булты́х F plumps!, p(l)atsch!; → **~а́ться** F (1), *einm.* ⟨~ну́ться⟩ (20) plumpsen, hineinplumpsen; planschen; geschüttelt werden
булы́жник *m* (1) Kopfstein
буль-бу́ль F gluck, gluck!
бульва́р *m* (1) Boulevard; **~ный** (14; -ен, -на) trivial; Boulevard-; *Lit.* Trivial-
бульдо́г *m* (1) Bulldogge *f*
бульдо́зер *m* (1) Planierraupe *f*
бу́льк F gluck!; → **~ать** (1), *einm.* ⟨~нуть⟩ gluckern, glucksen; F *pf.* plumpsen
бульо́н *m* (1) Bouillon *f*, Kraftbrühe *f*; **~ный** (14) Suppen-
бум *m* (1) *Hdl.* Boom; *Sp.* Schwebebalken; *Int.* bum!; ***ни ~-~*** P → ***бе***
бума́г|а *f* (5) Papier *n*; Schreiben *n*; Akte, Schriftstück *n*; ***на ~е*** schriftlich; ***быть на ~е*** nur auf dem Papier stehen
бумагомара́|ние F *n* (12) Schmiererei *f*; **~тель** *m* F (4) Schreiberling, Schmierer
бумаго|обраба́тывающий (17) papierverarbeitend; **~пряди́льный** (14) Baumwollspinn-
бума́ж|ка *f* (5; -ек) Zettel *m*, Fetzen *m* Papier; F *dim. v.* ***бума́га***; F Geldschein *m*; ***бара́шек в ~ке*** F Schmiergeld *n*; **~ник** *m* (1) Brieftasche *f*; **~ный** (14) Papier-; *fig.* bürokratisch; Schreiber-; **~о́нка** F *f* (5; -нок) Fetzen *m* Papier
бумазе́я *f* (6) Barchent *m*
бу́нкер *m* (1) Bunker; Behälter, Tank; **~ова́ть(ся)** (7) bunkern, einbunkern
бунт *m* **1.** (1) Empörung *f*, Aufruhr, Rebellion *f*; **2.** (1*e.*) Ballen, Rolle *f*, Bund; Stapel; **~а́рский** (16) rebellisch, aufrührerisch; **~а́рь** *m* (4*e.*) → ***~овщи́к***; **~ова́ть** (7) **1.** *v/i* rebellieren, meutern; *fig.* sich empören (**-ся** P); **2.** *v/t* ⟨вз-⟩ aufwiegeln; **~овско́й** (16) → ***~а́рский***; **~овщи́к** *m* (1*e.*) Aufrührer, Rebell, Meuterer
бура́в *m* (1*e.*) Bohrer; **~ить** (14), ⟨про-⟩ bohren, durchbohren; **~чик** *m* (1) Handbohrer
бура́н *m* (1) Schneesturm
бурда́ F *f* (5) Plempe, Plörre
бурдю́к *m* (1*e.*) Weinschlauch
буре|ве́стник [-sn-] *m* (1) Sturmvogel; Sturmzeichen *n*; **~ло́м** *m* (1) Windbruch
буре́ние *n* (12) Bohren, Bohrung *f*
буре́ть (8) **1.** graubraun schimmern; **2.** ⟨по-⟩ graubraun werden
буржу|ази́я *f* (7) Bürgertum *n*, Bourgeoisie; **~а́зный** (14; -зен, -зна) bürgerlich; **~́й** F *m* (3) *verä.* Bourgeois; **~́йка** *f* (5; -ек) Bürgersfrau; F (kleiner) Kanonenofen *m*
бури́|льный (14) Bohr-; **~льщик** *m* (1) Bohrarbeiter, Bohrer; **~ть** (13*e.*), ⟨про-⟩ bohren, durchbohren
бу́рк|ать F (1), *einm.* ⟨~нуть⟩ (20) brummen, knurren
бурла́|к *m* (1*e.*) *ehm.* Treidler; **~цкий** (16) Treidler-; **~чить** (16) treideln
бурли́|вый (14*K.*) stürmisch, brodelnd, tosend; **~ть** (13) brodeln, tosen, wallen; sieden
бурми́стр *m* (1) *ehm.* Gutsverwalter
бу́рный (14; -рен, -на́) stürmisch, ungestüm; reißend; hektisch; frenetisch
бурово́й (14) Bohr-
бу́рса *f* (5) *ehm.* geistliches Seminar *n od.* Internat *n*; **~́к** *m* (1*e.*) Zögling
бурт *m* (1*e.*; *sg. a. st.*) *Agr.* Miete *f*
буру́н *m* (1*e.*) Brandung *f*, Brecher
бурч|а́ть F (4*e.*), ⟨про-⟩ brummen, murmeln, grunzen; ***в живо́те ~и́т*** (***у*** P *j-m*) knurrt der Magen
бу́рый (14; бур, -а́) graubraun; Braun-
бурья́н *m* (1) Unkraut *n*
бу́ря *f* (6) Sturm *m*, Unwetter *n*
буря́т *m* (1), **~ка** *f* (5; -ок) Burjate(-tin *f*); **~ский** (16) burjatisch
бу́с|ин(к)а *f* (5; -нок) Glasperle; **~ы** *pl.* (5) Glasperlenkette *f*; Kette *f*
бутафо́р *m* (1) Requisiteur; **~ия** *f* (7) *koll.* Requisiten *n*/*pl.*; Attrappe(n *pl.*), Schaustück(e *pl.*) *n*; *fig.* Kulissenzauber *m*; **~ский** (16) Requisiten-; *fig.* unecht
бутербро́д [-tε-] *m* (1) belegtes Brot *n*
буто́н *m* (1) Knospe *f*
бу́тсы *f*/*pl.* (5) Fußballschuhe *m*/*pl.*
буту́з F *m* (1) Pummelchen *n*
буты́л|ка *f* (5; -ок) Flasche; ***лезть в ~ку*** *fig.* gleich auf die Palme klettern; **~очка** *f* (5; -чек) Fläschchen *n*; **~очный** (14) Flaschen-; flaschengrün; **~ь** *f* (8) große Flasche
буф *m* (1) Bausch, Puff

бу́фер *m* (1; *pl. e., N* -á) *Esb., fig.* Puffer; *Tech.* Dämpfer; **~ный** (14) Puffer-
буфе́т *m* (1) Büfett *n*, Anrichte *f*; Schanktisch; Imbißstube *f*, Erfrischungsraum; **~ный** (14) Büfett-; *Su. f* Anrichteraum *m*; **~чик** *m* (1) Büfettier; **~чица** *f* (5) Büfettfräulein *n*
буффо́н *m* (1) Possenreißer; Buffo; **~а́да** *f* (5) Posse; **~ить** (13) Possen reißen
бух bums!, plumps!; F → **~ать**
буха́нка *f* (5; -нок) Laib *m*
бу́х|ать F (1), *einm.* ⟨~нуть⟩ (21) **1.** *v/i* (F *a.* **-ся**) knallen, hinknallen, hinplumpsen, sich stürzen; **2.** *v/t* hauen, schmettern; *fig.* herausplatzen (B mit *D*)
бухга́лтер [bu'ha-] *m* (1) Buchhalter; ***~-ревизо́р*** *m* Bücherrevisor; **~ия** *f* (7) Buchhaltung, Buchführung; **~ский** (16) Buchhalter-; Geschäfts-
бу́х|нуть (21) **1.** → ***~ать***; **2.** ⟨раз-⟩ quellen, aufquellen
бу́хта *f* (5) Bucht
бу́хты-бара́хты F; ***с ~*** mir nichts, dir nichts, ruck zuck
бу́ча P *f* (5) Krach *m*, Krakeel *m*
бушева́ть (6; -у́-) tosen, brausen, wüten, rasen; F toben, krakeelen
бушла́т *m* (1) Matrosenjacke *f*
буя́н F (1) Radaubruder, Krakeeler; **~ить** F (13) randalieren, krakeelen
бы, б *Part.* (*mit Prät. od. Inf.*): **1.** *Wunsch*: ***я ~ предпочёл пойти́ в кино́*** ich würde lieber ins Kino gehen; ***поéхать ~ сейча́с в о́тпуск*** ich würde *od.* möchte jetzt gern in Urlaub fahren; **2.** *höfliche Aufforderung*: ***ты ~ поговори́л с ним*** du solltest (vielleicht) mit ihm sprechen; ***нам ~ домо́й е́хать*** wollen wir nicht nach Hause fahren?; **3.** *hypothetische Möglichkeit*: ***он ~ мог э́то сде́лать*** er könnte das tun; ***не быть ~ им там*** sie wären nicht dort; ***... ~*** (Д + *Inf.*) ... soll(te) *od.* könnte (*j-d* + *Inf.*); **4.** *Befürchtung* (*mit* ***не***): ***не опозда́ли ~ ...*** *od.* ***не опозда́ть ~*** hoffentlich kommen ... *od.* komme ich (*usw.*) nicht zu spät; **5.** *irrealer Bedingungssatz*: ***я ~ сказа́л, е́сли б знал*** ich würde es sagen, wenn ich es wüßte *od.* ich hätte es gesagt, wenn ich es gewußt hätte
быв|а́ло F früher; manchmal; öfters, pflegen zu ...; **~а́лый** (14) † vergangen, früher; F schon dagewesen; alltäglich, gewohnt; lebenserfahren, erfahren, routiniert; gewieft; **~а́ть** (1) vorkommen, geschehen; zu sein pflegen, sein; stattfinden; besuchen (***у*** P, ***в*** П *A*), verkehren; ***~а́ет*** es gibt; ***как ни в чём не ~а́ло*** F als ob nichts geschehen wäre; ***бо́ли как не ~а́ло*** F die Schmerzen waren wie weggewischt; ***с кем не ~а́ло?*** F das kann jedem passieren; **~ший** (17) ehemalig, einstig; Alt-, Ex-; gewesen
бы́дло P *n* (9) *fig.* Arbeitsvieh, Kuli(s *pl.*) *m*
бык *m* (1*e.*) Stier, Bulle; *Arch.* Pfeiler; ***здоро́в как ~*** kerngesund; ***взять ~а́ за рога́*** F den Stier bei den Hörnern packen
были́на *f* (5) *Folkl.* Heldenlied *n*
были́нка *f* (5; -нок) Grashalm *m*
бы́л|о *Part.* (*mit Prät.*) anfangs, eigentlich; hatte *od.* war bereits (+ *Ptp. Prät.*); ***чуть ~о не*** beinahe hätte *od.* wäre (+ *Ptp. Prät.*), wollte schon (+ *Inf.*); **~о́й** (14) früher, vergangen; *Su. n* Vergangene(s), vergangene Zeiten *f/pl.*; **~ь** *f* (8) wahre Geschichte *od.* Begebenheit
былье́: ***э́то ~м поросло́*** F darüber ist längst Gras gewachsen
быстрина́ *f* (5; *pl. st.* -́) → ***стре́жень***
быстро|де́йствующий (17) *Tech.* schnellwirkend; **~но́гий** (16*K.*) schnellfüßig, leichtfüßig; **~ре́жущий** (17) *Tech.* Schnell-, **~та́** *f* (5) Schnelligkeit, Geschwindigkeit; *fig.* Schärfe; → ***мо́лния***; **~теку́щий** (17), **~те́чный** † (14; -чен, -чна) schnell vergehend; kurz; **~хо́дный** (14; -ден, -дна) schnell; (*o.K.*) *Tech.* Schnell-
бы́стрый (14; -, -á) schnell, rasch, prompt; flink, F fix; *Verstand*: scharf; *Mil.* Schnell-
быт *m* (1; в -у́) Lebensart *f*, Lebensweise *f*; Leben *n*; Sitten *f/pl.*; Alltag; **~ие́** *n* (12) Dasein, Sein; ***Кни́га*** *f* ***2ия́*** Genesis; **~ность: *в ~ность*** während des Aufenthalts; **~ова́ть** (7) → ***быва́ть***; **~ово́й** (14) Lebens-; Alltags-; Sitten-; Sozial-; Genre-; Kommunal-; Dienstleistungs-; Haus-, Haushalts-; **~описа́тель** *m* (4) Sittenschilderer

быть (*3. Pers. sg. Präs.* есть, *pl.* суть²; *Fut.* бу́ду, -ешь; будь!; бу́дучи; *Prät.* был, -á; нé был(о), не -á) sein (→ ***бу́дет, быва́ть, бы́вший, бы́ло, есть²***), dasein; los sein; sich befinden; stattfinden; vorkommen; kommen; *fig.* stehen; haben (**у** P *j-d*); ***был*** (+ *Ptp. Prät. Pass.*) wurde; ***должно́ ~*** wahrscheinlich; ***мо́жет ~*** vielleicht; ***как*** (***же***) ***~?*** was nun?; ***как*** (***тут***) ***~?*** was ist (da) zu tun?; ***так и ~!*** meinetwegen!; ***~ грозе́*** es gibt bestimmt ein Gewitter; ***~ не при чём*** nichts damit zu tun haben; ***бы́ло*** *od.* ***бу́дет два́дцать лет*** (Д *j-d*) war *od.* wird 20 Jahre alt; ***была́ не была́!*** F frisch gewagt!; ***будь что бу́дет!*** F komme, was da wolle!; ***не будь*** (P) wäre *j-d* nicht gewesen; ***а вы кто бу́дете?*** F und wer sind Sie?; ***бу́дет*** (Д) ***за э́то*** F *j-d* wird sein Fett schon kriegen; ***на*** (П) ***был***(***á***) ***...*** *j-d* hatte ... an; ***и был тако́в*** F und weg war er; ***не то*** *od.* ***то ли ещё бу́дет***! F es wird noch ganz anders kommen!; ***чему́ ~, того́ не минова́ть*** *Spr.* was muß sein, da schick dich drein; **~ьё** † *n* (10) → ***быт, житьё***

быч|а́чий, ~ий (18) Stier-, Ochsen-; **~о́к** *m* (1; -кá) junger Stier, Bulle; Kaulkopf; P Kippe *f*

бюва́р *m* (1) Schreibmappe *f*

бюдже́т *m* (1) Haushalt, Budget *n*, Etat; **~ный** (14) Haushalts-

бюллете́н|ить F (13) krankgeschrieben sein; **~ь** *m* (4) Bulletin *n*; Bericht; Blatt *n*; Zettel; F Krankenschein

бюро́ *n* (*unv.*) Büro, Amt; Sekretär *m*; **~крати́ческий** (16) bürokratisch; **~кра́тия** *f* (7) Bürokratie

бюст *m* (1) Büste *f*; Busen; **~га́льтер** [-'haļtɛr] *m* (1) Büstenhalter

бя́зь *f* (8) Nesselstoff *m*

бя́ка *m*/*f* (5) *KinderSpr.*: bä, Dreck *m*

В

в, во 1. (В) in, (*D*) nach; an, (*D*) zu; durch; *Zeit*: in (*D*), während, binnen (*G*); *Wochentag*: am; *Uhrzeit, Tageszeit*: um; *Wetter*: bei (*D*); *Maße, Preise*: von, zu (*D*); im Wert von; *Beförderung*: zu (*D*); *Alter*: mit; *Ähnlichkeit*: wie; ***в два ра́за длинне́е*** doppelt so lang; ***в два ра́за ме́ньше*** halb so klein *od.* soviel; ***во мно́го раз*** um ein Vielfaches; ***в день*** pro *od.* am Tag; **2.** (П *D*) in; an, bei; voll(er) (*G*); *Brille*: mit; *See*: auf; ***~ Крыму́*** auf der Krim; ***в двух шага́х ...*** zwei Schritte ...; ***в пя́том часу́*** zwischen vier u. fünf Uhr; ***быть*** *od.* ***ходи́ть*** (***в*** П *et.*) anhaben, aufhaben, tragen

вавило́нск|ий (16): ***~ое столпотворе́ние*** *n* Turmbau *m* zu Babel; *fig.* babylonische Sprachverwirrung *f*; F → ***столпотворе́ние***

ваго́н *m* (1) Eisenbahnwagen, Waggon; F e-e Menge *f*; **~е́тка** *f* (5; -ток) Lore; *Bgb.* Wagen *m*; **~овожа́тый** *m* (14) Straßenbahnfahrer; **~оремо́нтный** (14) Wagenausbesserungs-; Eisenbahn-; **~острои́тельный** (14) Waggon-

ва́жн|ичанье *n* F (10) Wichtigtuerei *f*; **~ичать** F (1) wichtig tun, sich wichtig machen; **~ость** *f* (8) Bedeutung; → **~ый**; ***э́ка*** *od.* ***что за*** *od.* ***не велика́ ~ость*** F das hat nichts auf sich *od.* ist ganz unwichtig; **~ый** (14; -жен, -á) wichtig, bedeutend; F aufgeblasen; P erstklassig; ***~о*** (Д, ***для*** P *j-m*) liegt daran, es kommt *j-m* darauf an

ва́за *f* (5) Vase

вазели́н *m* (1) Vaseline *f*

ва́зочка *f* (5; -чек) kleine Vase; Schale, Becher *m*

вака́н|сия *f* (7) Vakanz; Studienplatz *m*; **~тный** (14; -тен, -тна) vakant, unbesetzt, frei

ва́кс|а *f* (5) Wichse; **~ить** P (15), ⟨на-⟩ wichsen

вакци́на *f* (5) Impfstoff *m*; **~ция** *f* (7)

Impfung

вал *m* (1; *pl. e.*) Wall; Woge *f*; *Tech.* Welle *f*, Walze *f*; Bruttoproduktion *f*

валáндаться P (1) herumtrödeln

валéжник *m* (1) Fallholz *n*, Windbruch

валёк *m* (1; -лькá) Wäschebleuel *m*; Schaft *m*; Ortscheit *n*; *Typ.* Walze *f*

вáленок *m* (1; -нка) Filzstiefel

валерья́н|а *f* (5) Baldrian *m*; **~ка** F *f* (5) Baldriantropfen *pl.*; **~овый** (14) Baldrian-

валéт *m* (1) *KSp.* Bube

вáлик *m* (1) Walze *f*; Welle *f*; Sofarolle *f*, Schlummerrolle *f*

вал|и́ть 1. (13), 〈с, по-〉 *v/t* werfen, stürzen, umwerfen, umstürzen; entwurzeln; fällen; *fig.* dahinraffen; *Schuld* abwälzen; ***~и́ть с ног*** F erschöpfen; **2.** (13*e.*; -и́т) *v/i Menge*: strömen, herbeiströmen, zusammenströmen; → ***~óм***; sich wälzen; F stapfen; *Rauch*: in dichten Schwaden aufsteigen; *Schnee*: in dichten Flocken fallen; ***~и́!*** P los!, nur zu!; **-ся** 〈по-, с-〉 fallen, umfallen, stürzen; einstürzen; *Mar.* krängen; ***-ся с ног*** F *fig.* kaputt sein; F ***всё из рук ~ится*** (***у*** P *j-m*) geht nichts von der Hand; **~ка** *f* (5) Fällen *n*; Walke(n *n*); **~кий** (16; -ок, -кá) wankend, schwankend, wakk(e)lig

валовóй (14) Brutto-, Roh-

валóм F haufenweise, in hellen Scharen

валоризáция *f* (7) Aufwertung

валтóрна *f* (5) Waldhorn *n*

валу́н *m* (1*e.*) Rollstein, Findling

вальпу́ргиева *f* (19) Walpurgis-

вальс *m* (1) Walzer; **~и́ровать** (7) Walzer tanzen, sich drehen

вальц|евáть (7) walzen; **~óвка** *f* (5) Walzen *n*; Walzmaschine; **~óвый** (14) Walz(en)-; **~ы́** *pl.* (1) Walzen *f/pl.*

валю́т|а *f* (5) Währung; Devisen *f/pl.*; **~ный** (14) Währungs-, Valuta-, Devisen-; **~чик** F *m* (1) Devisenschieber

валя́ль|ный (14) Walk-; **~ня** *f* (6; -лен) Walkerei, **~щик** *m* (1) Walker

валя́|ть (28) **1.** wälzen, umherwälzen; *Mar. unpers.* rollen, schlingern (B *N*); F herumschmeißen; P drauflosschreiben, drauflosspielen *usw.*; **2.** 〈об-〉 F panieren; **3.** 〈с-〉 walken; F zusammenhudeln; ***~й!*** P → ***вали́ и. ступáй!***; ***~ть дуракá*** F müßig herumsitzen *od.* herumstehen, herumlungern; sich dumm stellen; Possen reißen, Mätzchen machen; **-ся** sich wälzen; herumliegen; liegen

ванáдий *m* (3; -и) Vanadium *n*

вани́льный (14) Vanille-

вáнн|а *f* (5) Badewanne, Wanne; Wannenbad *n*, Bad *n*; **~ая** *f* (14) Badezimmer *n*, Bad *n*; **~ый** (14) Bade-

вáнька-встáнька *m* (5/5; -нек/-нек) Stehaufmännchen *n*

вар *m* (1) Pech *n*

вáрвар *m* (1) Barbar; **~ский** (16) barbarisch; **~ство** *n* (9) Barbarei *f*; Roheit *f*, Grausamkeit *f*

вáрево P *n* (9) dicke Suppe *f*

вáрежка *f* (5; -жек) Fausthandschuh *m*, Fäustling *m*

варéн|ие *n* (12) Kochen; **~ики** *m/pl.* (1) *Art* Maultaschen *f/pl.*; **~ый** (14) gekocht; **~ье** *n* (10) Eingemachte(s); Konfitüre *f*

вариáнт *m* (1) Variante *f*; Fassung *f*

вар|и́ть (13), 〈с-〉 kochen; sieden; brauen; verdauen; *Tech.* schmelzen; schweißen; P → ***котелóк***; **-ся** kochen; schmoren; **~ка** *f* (5) Kochen *n*; Schmelzen *n*

варя́г *m* (1) Waräger; F Aushelfer

васил|ёк *m* (1; -ькá) Kornblume *f*; **~ькóвый** (14) kornblumenblau

вáт|а *f* (5) Watte; ***на ~е*** wattiert

ватáга *f* F (5) Schar, Bande, Rotte

ватер|пáс [tɛ] *m* (1) Wasserwaage *f*; **~пóло** *n* (*unv.*) Wasserball *m*

вáтка *f* (5; -ток) Wattebausch *m*

вáтман *m* (1) (dickes) Zeichenpapier *n*

вáтн|ик *m* (1) wattierte Steppjacke *f od.* Weste *f*; **~ый** (14) Watte-, wattiert; Stepp-; *fig.* schlapp

ватру́шка *f* (5; -шек) Quarktasche

вáучер *m* (1) Voucher, Gutschein

вáф|ельница *f* (5) Waffeleisen *n*; **~ельный** (14) Waffel-; mit Waffelmuster; **~ля** *f* (6; -ель) Waffel

вахлáк P *m* (1*e.*) Tölpel

вáхт|а *f* (5) Wache; Schicht; *fig.* Wacht; Aufgebot *n*; **~енный** (14) Wach-; wachhabend; *Su. m* Wachhabende(r); **~ёр** *m* (1) Wächter, Pförtner

ваш *m*, **~а** *f*, **~е** *n*, **~и** *pl.* (25) euer, eure; Ihr(e); der (die, das) eur(ig)e, Ihr(ig)e,

die eur(ig)en *od.* Ihr(ig)en; ***лучше ~его*** besser als ihr *od.* Sie; ***как по-~ему***? wie denken Sie darüber?
вая́|ние *n* (12) Bildhauerkunst *f*; **~тель** *m* (4) Bildhauer; **~ть** (28), ⟨из-⟩ meißeln, aus Stein hauen
вбе|га́ть (1), ⟨~жа́ть⟩ (4; -гу́, -жи́шь, -гу́т) hereinlaufen, hineinlaufen; → ***бе́гать***
вби|ва́ть (1) ⟨~ть⟩ (вобью́, -бьёшь; вбе́й!; -тый) einschlagen, einrammen; F *fig.* einhämmern; setzen
вбира́ть (1), ⟨вобра́ть⟩ (вберу́, -рёшь; → ***собра́ть***); einsaugen, einziehen; aufsaugen, *fig.* in sich aufnehmen
вбить → ***вбива́ть***
вблизи́ 1. *Adv.* in *od.* aus der Nähe; **2.** *Prp.* (P) nahe, unweit
вбок zur Seite
вбра́сывать (1), ⟨вбро́сить⟩ (15) einwerfen
вброд: ***переходи́ть ~*** durchwaten
вва́ли|вать F (1), ⟨~ть⟩ (13) hineinfallen lassen; hineinschleppen; **-ся** hereinstürzen, hereinfallen, hereinplatzen; *Augen, Wangen*: einfallen
введе́ние *n* (12) Einführung *f*, Einleitung *f*
ввезти́ → ***ввози́ть***
ввек F → ***вове́к***
вверг|а́ть (1), ⟨~нуть⟩ (21/20) (***в*** B) versetzen, (zu *D*) treiben
вве́р|енный (14) anvertraut; **~ить** → ***~я́ть***
ввёр|тывать (1), ⟨~ну́ть⟩ (20; ~нутый) einschrauben, eindrehen; *fig.* F einflechten, einwerfen; **-ся** F hereinschneien
вверх nach oben, hinauf; aufwärts (→ ***вниз***); hoch!; ***~ дном*** F das Unterste zuoberst; (*a.* ***~ нога́ми***) auf den Kopf gestellt, total verkehrt *od.* durcheinander; **~у́ 1.** *Adv.* oben; **2.** *Prp.* (P) im oberen Teil, oben (an *D*)
ввер|я́ть (13), ⟨~ить⟩ (13) anvertrauen
ввести́ → ***вводи́ть***
ввиду́ (P) in Anbetracht, angesichts, wegen; ***~ того́ что*** da
вви́н|чивать (1), ⟨~ти́ть⟩ (15*e.*) einschrauben, eindrehen
ввод *m* (1) Einführung *f*; ***~ в де́йствие*** *od.* ***эксплуата́цию*** Inbetriebnahme *f*; *Mar.* Eindocken *n*; *Tech.* Anschluß; *Comp.* Eingabe *f*; **~и́ть** (15), ⟨ввести́⟩ (25) hereinführen, hineinführen; einführen (*a. fig.*); *fig.* führen; ausrufen, verhängen; *Tech.* nehmen; *Fin.* verursachen (***в*** B *A*); ***~и́ть в курс де́ла*** vom Stand der Dinge unterrichten; **~ный** (14) Einführungs-, einleitend; *Gr.* Schalt-
ввоз *m* (1) Einfuhr *f*, Import; **~и́ть** (15), ⟨ввезти́⟩ (24) fahren *v/t*, einfahren, hineinfahren; einführen, importieren; **~ный** (14) Einfuhr-, Import-
вво́лю F nach Herzenslust; in Hülle u. Fülle
вво́сьмеро achtmal, achtfach; → ***втрое́***; **~м** zu acht
в-восьмы́х achtens
ввысь in die Höhe, nach oben
ввя́з|ывать (1), ⟨~а́ть⟩ (3) einstrikken; *fig.* F hineinziehen; **-ся** F sich einmischen; sich einlassen *od.* verstricken
вгиба́ть (1), ⟨вогну́ть⟩ (20) einbiegen, hineinbiegen
вглубь in die Tiefe; ins Innere
вгля́д|ываться (1), ⟨~еться⟩ (11) genau *od.* genauer hinsehen, (***в*** B *A*) ansehen, betrachten, fixieren; starren
вгон|я́ть (28), ⟨вогна́ть⟩ (вгоню́, -ишь; → ***гнать***) hineintreiben, hineinjagen; F einschlagen; *fig.* bringen, treiben; einjagen
вда|ва́ться (5), ⟨~ться⟩ (-мся, -шься; → ***да́ть***[***ся***]) hineinragen; einschneiden; eindringen, eingehen (***в*** B auf *A*); sich einlassen (in) *od.* auslassen (über); sich hingeben, verfallen (*D*)
вда́в|ливать (1), ⟨~и́ть⟩ (14) eindrükken
вда́лбливать (1), ⟨вдолби́ть⟩ (14*e.*) einmeißeln; P einhämmern
вдал|еке́, ~и́ fern (***от*** P *G*, von *D*), weit entfernt, in der Ferne; **~ь** in die Ferne
вда́ться → ***вдава́ться***
вдви|га́ть (1), ⟨~нуть⟩ (20) hineinschieben, zuschieben
вдво́|е zweimal, zweifach, doppelt; das Doppelte; die Hälfte; → ***втрое́***; **~ём** zu zweit, zu zweien; zusammen mit; **~йне́** doppelt soviel, zweifach
вде|ва́ть (1) ⟨~ть⟩ (-ну, -нешь; -тый) einfädeln; einsetzen; durchziehen

вдéвятер|о neunmal, neunfach; **~óм** zu neun *od.* neunt
в-девя́тых neuntens
вдéл|ывать, ⟨**~ать**⟩ (1) einsetzen, einbauen; einlassen, einfassen
вдёр|гивать (1), ⟨**~нуть**⟩ (20) einziehen, durchziehen
вдéсятеро zehnmal; → ***вдéвятеро***
в-деся́тых zehntens
вдеть → ***вдевáть***
вдобáвок obendrein; zusätzlich
вдов|á *f* (5; *pl. st.*) Witwe; **~éть** (8) verwitwet sein; **~éц** *m* (1; -цá) Witwer; **~ий** (18) Witwen-
вдóволь F genug; reichlich
вдов|ствó *n* (9) Witwenstand *m*, Witwerstand *m*; **~ствовать** (7) Witwe, Witwer *od.* verwitwet sein; **~ый** (14*K.*) verwitwet
вдогóнку F hinterher, hinter ... her
вдолби́ть → ***вдáлбливать***
вдоль (P an *D*) entlang; längs, der Länge nach; ***~ и поперёк*** kreuz u. quer; in- und auswendig
вдóсталь P → ***вдóволь***
вдох *m* (1) Einatmen *n*, Atemzug
вдохнов|éние *n* (12) Eingebung *f*, Inspiration *f*; Begeisterung *f*; **~éнный** (14*K. od.* -éнен, -нна) inspiriert, begeistert; begeisternd; **~и́тель** *m* (4) Inspirator, Anstifter; **~ля́ть** (28), ⟨**~и́ть**⟩ (14*e.*); inspirieren , begeistern (***на*** B zu *et.*); **-ся** sich inspirieren lassen (T von *D*)
вдохнýть → ***вдыхáть***
вдрéбезги in tausend kleine Stücke, kurz u. klein; F alles, den *od.* bis auf den letzten Heller; ***напи́ться ~*** F sich volllaufen lassen
вдруг plötzlich, auf einmal; sofort, sogleich; F und wenn?, und was, wenn ...?
вдрызг P → ***вдрéбезги***; total
вду|вáть (1), ⟨**~ть**⟩ (18), *einm.* ⟨**~нуть**⟩ (20) hineinblasen
вдýм|чивый (14*K.*) nachdenklich, gedankenvoll; eindringlich, tiefschürfend; **~ываться**, ⟨**~аться**⟩ (1) sich hineindenken, sich vertiefen
вдý(ну)ть → ***вдувáть***
вдыхá|ние *n* (12) Einatmen; **~ть** (1), ⟨**вдохнýть**⟩ (20) einatmen; *fig.* einhauchen, einflößen
вегетариáн|ец *m* (1; -ца) Vegetarier; **~ский** (16) vegetarisch
вéд|ать (1) leiten (T *A*), zuständig sein (für *A*); † wissen, kennen; **~ение**[1] *n* (12) Zuständigkeit *f*, Zuständigkeitsbereich *m*, Befugnis *f*
ведéние[2] *n* (12) Führung *f*; Leitung *f*
ведёрко *n* (9; *pl.* -ки, -рок) Eimerchen
вéдом|о: ***без~а*** ohne Wissen; ***с~а*** mit Wissen; **~ость** *f* (8; *ab Gpl. e.*) Liste, Verzeichnis *n*, Nachweis *m*, Meldung; Bericht *m*, Berichtsheft *n*; *pl.* Mitteilungen; **~ственный** (14) Ressort-; behördlich, amtlich; **~ство** *n* (9) Behörde *f*, Amt, Ressort; ***~ство печáти*** Pressestelle *f*; **~ый**[1] (14*K.*) bekannt
ведóмый[2] (14) *Tech.* angetrieben; Lauf-; *Flgw.* gelenkt
ведр|ó[1] *n* (9; *pl. st.* ¨; ¨дер) Eimer *m* (*a. ehm. Maß = 12, 3 l*); ***льёт как из ~á*** es gießt in Strömen
вёдро[2] P *n* (9) heiteres Wetter
ведýщ|ий (17) führend, leitend; *Tech.* Trieb-, Antriebs-; *Flgw.* Führungs-; *fig.* Grund-, Leit-, Schwerpunkt-; *Su. m Rdf.* Ansager, Moderator
ведь doch, ja; nämlich; ***а ~*** dabei
вéдьма *f* (5) Hexe; Zauberin
вéер *m* (1; *pl. e., N* -á) Fächer; **~(ообрáз)ный** (14; -зен, -зна) fächerförmig, fächerartig; ***~ный*** Fächer-
вéжливый (14*K.*) höflich, artig
вездé überall; ***~ и всю́ду*** an allen Ekken u. Enden; **~сýщий** (17*K.*) allgegenwärtig; *präd.* F Hansdampf in allen Gassen; **~хóд** *m* (1) Geländefahrzeug *n*; **~хóдный** (14) geländegängig
вез|ти́ (24) **1.** *v/t* fahren, befördern; ziehen, schieben; bringen, holen; **2.** ⟨по-⟩ F *unpers.* (***не***) ***~ёт*** (Д *j-d*) hat (kein) Glück (***в*** П, ***на*** B mit *D*); ***вам во всём ~ёт*** Ihnen glückt alles; **~унéц** F *m* (1; -нцá), **~унóк** F *m* (1; -нкá), **~ýнчик** F *m* (1) Glückspilz; **~ýчий** F (17*K.*) erfolgreich; → ***~унéц***
век *m* (1; на -ý; *pl. e., N* -á) Jahrhundert *n*; Zeitalter *n*, Zeit *f*; Lebenszeit *f*), Leben *n*; Alter *n*; F e-e Ewigkeit (lang), ewig; ***на моём ~ý*** zeit meines Lebens; ***во ~и ~óв*** in alle Ewigkeit; ***на ~и вéчные*** auf ewig; ***от~а*** *od.* ***~óв*** seit jeher, von alters her; ***в кóи(-то) ~и*** F alle Jubeljahre einmal; ***~ живи́, ~ учи́сь*** *Spr.* zum Lernen ist man nie zu alt
вéко *n* (9; *Npl.* -и) Augenlid

В

веков|а́ть F (7) leben, existieren; **~е́чный** (14; -чен, -чна) ewig, immerwährend; **~о́й** (14) jahrhundertealt, jahrhundertelang, uralt; *Eiche*: hundertjährig
вексел|еда́тель *m* (4) Wechselaussteller; **~едержа́тель** *m* (4) Wechselinhaber; **~ьный** (14) Wechsel-
веле́невый (14) Velin-
веле́ние *n* (12) Geheiß, Befehl *m* (***по*** Д auf *A*)
велеречи́вый † (14*K.*) aufgeblasen; schwülstig; ***~ челове́к*** *m* Wortkrämer
веле́ть (9) *im*(*pf.*; *Prät. nur pf.*) befehlen, heißen, lassen; bitten, erlauben; ***не ~*** verbieten
велика́н *m* (1) Riese; **~ский** (16) Riesen-
вели́к|ий (16; -, -á; *Sup.* велича́йший) groß; Groß-; *präd.* sehr *od.* zu groß
великоду́ш|ие *n* (12) Großmut *m*, Großherzigkeit *f*; **~ничать** F (1) den Großmütigen spielen (***с*** T gegenüber *D*); **~ный** (14; -ен, -на) großmütig, großherzig
великоле́п|ие *n* (12) Pracht *f*, Herrlichkeit *f*; **~ный** (14; -ен, -на) großartig, herrlich, prächtig, prachtvoll
великосве́тский (16) aristokratisch, vornehm
велича́|вый (14*K.*) erhaben; majestätisch; **~йший** (17) → ***вели́кий***; **~ть** (1) † nennen, titulieren; P preisen; **-ся** P sich aufspielen
вели́честв|енный (14*K.*) majestätisch, erhaben; **~о** *n* (9) Majestät *f*
вели́чи|е *n* (12) Größe *f*, Erhabenheit *f*; Würde *f*; **~на́** *f* (5; *pl. st.* -) Größe; *Math.*, *Tech.* Wert *m*; ***~но́й в*** *od.* ***с*** (В) … groß; → ***рост***
вело|го́нки *f/pl.* (5; -нок) Radrennen *n*; **~доро́жка** *f* (5; -жек) Radfahrweg *m*; **~дро́м** *m* (1) Radrennbahn *f*; **~кро́сс** *m* (1) Querfeldeinfahrt *f*; **~пробе́г** *m* (1) → ***~го́нки***; **~сипе́д** *m* (1) Fahrrad *n*, Rad *n* (***на*** П *a. A*); **~сипеди́ст** *m* (1) Radfahrer; **~сипе́дный** (14) Rad(fahr)-; **~спо́рт** *m* (1) Radsport; **~тури́зм** *m* (1) Radwandern *n*; **~фигури́ст** *m* (1) Kunstradfahrer
вельмо́жа *m* (5) *ehm.* Würdenträger, Magnat; F Angeber
ве́на *f* (5) Vene, Blutader
венг|е́рка *f* (5; -рок) Ungarin; **~е́рский** (16) ungarisch; **~р** *m* (1) Ungar
вене́р|ик F *m* (1) Geschlechtskranke(r); **~и́ческий** (16) Geschlechts-; **~о́лог** *m* (1) Arzt für Geschlechtskrankheiten
венесуэ́л|ец *m* (1; -ьца), **~ка** *f* (5; -ок) Venezolaner(in *f*); **~ьский** (16) venezolanisch
вене́|ц *m* (1; -нца́) Kranz; Krone *f*; Krönung *f*; *Astr.* Korona *f*, Hof; *Ikone*: Heiligenschein; F Trauung *f*; ***идти́ под ~ц*** sich (kirchlich) trauen lassen; ***коне́ц – де́лу ~ц*** *Spr.* Ende gut, alles gut; **~чный** (14) Kranz-; Koronar-; *Anat.* Kron-
ве́нзел|ь *m* (4; *pl. e.*, *N* -я́) Monogramm *n*; ***писа́ть ~я́*** P torkeln
ве́ник *m* (1) Besen; Birkenrute *f*
вено́к *m* (1; -нка́) Kranz
ве́нский (16) Wiener, wienerisch
вентил|и́ровать (7), ⟨про-⟩ lüften, belüften; *Bgb.* bewettern; *fig.* F ventilieren; **~я́тор** *m* (1) Lüfter; **~я́ция** *f* (7) Lüftung; Lüftungsanlagesanlage
венча́|льный (14) Trau-, Trauungs-, Hochzeits-; **~ние** *n* (12) (kirchliche) Trauung *f*; *Pol.* Krönung *f*; **~ть** (1) **1.** ⟨у-⟩ bekränzen, schmücken; *fig.* krönen; **-ся** geschmückt sein; **2.** ⟨об-, по-⟩ trauen; **-ся** sich trauen lassen
ве́нчик *m* (1) Blumenkrone *f*
вепрь *m* (4) Wildschwein *n*, Eber
ве́р|а *f* (5) Glaube *m* (***в*** В an *A*), Vertrauen *n* (in *A*); ***на ~у*** auf Treu und Glauben
ве́рба *f* (5) Weide
вербе́на *f* (5) Eisenkraut *n*
верблю́|д *m* (1) Kamel *n*; **~дица** *f* (5) Kamelstute; **~жий** (18) Kamel-
вербов|а́ть (7) ⟨за-⟩ werben, anwerben (***на*** В für *A*); **~ка** *f* (5; -ок) Werbung, Anwerbung
верёв|ка *f* (5; -ок) Strick *m*, Leine; **~очка** *f* (5; -чек) Schnur; **~очный** (14) Strick-
вереди́ть P → ***береди́ть***
верени́ца *f* (5) Reihe, Zug *m*, Kette (T in *D*)
ве́реск *m* (1) Heidekraut *n*, Erika *f*
веретено́ *n* (9; *pl. st.* -ёна) Spindel *f*
верещ́ать (16*e.*) zirpen; F kreischen
верзи́ла F *m/f* (5) langer Lulatsch *m*, Bohnenstange *f*

вери́ги *f/pl.* (5) Ketten, Fesseln
вери́тельный (14) Beglaubigungs-
ве́рит|ь (13) ⟨по-⟩ glauben (**в** B an *A*), trauen, vertrauen; **-ся: (мне) не ~ся** man (ich) kann es kaum glauben
вермише́ль *f* (8) *koll.* Fadennudeln *f/pl.*
верно|по́дданный † *m* (14) treuer Untertan; **~сть** *f* (8) Treue (Д zu *D*); Richtigkeit; Sicherheit; → **ве́рный**
верну́ть(ся) → **возвраща́ть(ся)**
ве́рн|ый (14; -рен, -á) treu, ergeben; sicher; zuverlässig; richtig; getreu, wortgetreu, wahrheitsgetreu; **~ый до́лгу** pflichtgetreu; *Adv.* **~о** sicherlich; getreulich; wahrscheinlich, wohl; es ist wahr, stimmt; **~е́е** vielmehr, genauer gesagt
ве́ро|вание *n* (12) (*a. pl.*) Glaube *m*, Überzeugung(en *pl.*) *f*; **~вать** (7) glauben (**в** B an *A*); **~исповéдание** *n* (12) Glaubensbekenntnis, Konfession *f*; **~ло́мный** (14; -мен, -мна) treubrüchig, wortbrüchig, treulos; **~ло́мство** *n* (9) Treubruch *m*; Verrat *m*; **~отсту́пник** *m* (1) *Rel.* Abtrünnige(r); **~терпи́мость** *f* (8) *Rel.* Toleranz; **~уче́ние** *n* (12) Glaubenslehre *f*
вероя́тн|ость *f* (8) Wahrscheinlichkeit *f* (**по** Д *D* . . . nach); → **~ый** (14; -тен, -а) wahrscheinlich; glaubwürdig; *Adv.* wohl, anscheinend
верст|á *f* (5; *pl. st.* -ё-) Werst (= *1,067 km*); F → **верзи́ла**; **зá ~у** von weitem; → **~ово́й**
верстá|к *m* (1*e.*) Werkbank *f*; **~ть** (1), ⟨с-⟩ *Typ.* umbrechen
вёрстка *f* (5) *Typ.* Umbruch *m*; Fahne
верстово́й (14) Werst-; Kilometer-
ве́ртел *m* (1; *pl. e.*, *N* -á) Bratspieß
верте́п *m* (1) Räuberhöhle *f*, Spelunke *f*; *ehm.* Puppentheater *n*
верт|е́ть (11) **1.** drehen; hin- u. herdrehen; F (T *j-n*) um den kleinen Finger wickeln; **2.** ⟨с-, сверну́ть⟩ F *Zigarette* drehen; **3.** ⟨про-, проверну́ть⟩ F bohren; **как ни ~и́** F wie man's auch dreht u. wendet; **-ся** F sich herumtreiben; herumstehen, herumschleichen; auf den Beinen sein (→ **крути́ться** F); Ausflüchte machen; **-ся в голове́** F nicht draufkommen (**у** P *j-d*); F **-ся на языке́** (**у** P *j-m*) auf der Zunge liegen; F **-ся под нога́ми** (**у** P *j-m*) im Wege sein
вертикáл|ь *f* (8) Senkrechte; **по ~и** → **~ьный** (14; -ен, -ьна) senkrecht; Senkrecht-; *Fot.* Hoch-
верт|ихво́стка P *f* (5; -ток) Flittchen *n*; **~кий** F (16; -ок, -кá) wendig; flink; **~ля́вый** F (14*K.*) zapp(e)lig, unruhig; **~олёт** *m* (1) Hubschrauber; **~опрáх** F *m* (1) Windbeutel, Leichtfuß; **~ухáй** P *m* (3) Aufseher; **~у́шка** F *f* (5; -шек) Drehtür; *Tech.* Flügel *m*; flatterhaftes Ding *n*
ве́рующий *m* (17) Gläubige(r)
верфь *f* (8) Werft
верх *m* (1; -а/-у; на -у́; *pl. e.*) **1.** (*Npl.* -и́) oberer Teil, Oberteil *n*; oberes Stockwerk *n*; Gipfel; Wagenverdeck *n*; *pl. fig.* Oberfläche *f*, Oberflächenwissen *n*; **2.** (*Npl.* -á) Außenseite *f*, Oberseite *f*, rechte Seite *f*; *fig.* Höhepunkt, Spitze *f*; Oberhand *f*; *pl.* (*a.* -и́) *Mus.* hohe Töne; Oberschicht(en *pl.*) *f*; **встре́ча** *f* **в ~áх** Gipfeltreffen *n*; **на сáмом ~у́** ganz oben; → **наверху́**, **свéрху**; **~ний** (15) ober, Ober-; Über-; **~о́вный** (14) oberst; Ober-; **~ово́д** F *m* (1) Anführer; **~ово́дить** F (15) anführen (T *A*), den Ton angeben (unter *D*); **~ово́й** (14) Reit-; *Su. m* Reiter; **~овáя ездá** *f* Reiten *n*; **~о́вье** *n* (10; -вьев/-вий) Oberlauf *m* (**в** П *pl.* am); **~огля́дство** F *n* (9) Oberflächlichkeit *f*; **~о́м** zu Pferd; rittlings; **éхать ~о́м** reiten; **~у́шка** *f* (5; -шек) Gipfel *m*, Wipfel *m*; *Anat.* Spitze; *fig.* F Spitze(n *pl.*), Oberschicht
верче́ние *n* (12) Drehen
верши́н|а *f* (5) Gipfel *m* (*a. fig.*), Spitze; *Math.* Scheitelpunkt *m*; *fig.* Höhepunkt *m*; **~ный** (14) Gipfel-, Spitzen-
верши́т|ель *m* (4) *fig.* Lenker; **~ь** (16*e.*) entscheiden (B ,T über *A*), lösen; lenken; vollziehen, *Urteil* fällen; **-ся** geschehen, laufen
вершо́к *m* (1; -шкá) *ehm.* Werschok (= *4,445 cm*)
вес *m* (1) Gewicht *n* (T/**в** B mit *D*/von); *fig.* Ansehen *n*, Einfluß; **на ~** nach Gewicht; **на ~ зо́лота** Gold wert; **на ~у́** in der Schwebe
весел|е́ть (8), ⟨по-⟩ fröhlich werden; **~и́ть** (13), ⟨раз-⟩ erheitern, aufheitern, belustigen; **-ся** sich amüsieren *od.* vergnügen; **~ый** (14; -, -á) fröh-

lich, lustig, heiter, froh; **∼о** (Д *j-m*) ist froh zumute; **∼о** (+ *Inf.*) es macht Spaß …; **∼о** (**у** P) bei *j-m* geht's lustig zu; **∼ье** *n* (10) Fröhlichkeit *f*, Frohsinn *m*; Belustigung *f*, Vergnügen; **∼ьча́к** F *m* (1*e.*) Spaßvogel; **∼я́щий** (17) *Chem.* Lach-
весе́нний (15) Frühlings-, Frühjahrs-
ве́с|ить (15) wiegen; *fig.* Gewicht haben, bedeuten; **∼кий** (16; -ок, -ка) gewichtig, schwerwiegend, triftig
весло́ *n* (9; *pl. st.* -ё-; вёсел) Ruder
весн|а́ *f* (5; *pl. st.* -ё-, *G* вёсен) Frühling *m*, Frühjahr *n*, Lenz *m*; **∼о́й** im Frühling; **∼у́шка** *f* (5; -шек) Sommersprosse; **∼у́шчатый** (14*K.*) sommersprossig
весо|во́й (14) Gewichts-; Waage-; nach Gewicht; **∼вщи́к** *m* (1*e.*) Wiegemeister; **∼мый** (14*K.*) wägbar; *fig.* gewichtig
вести́ (25) **1.** ⟨по-⟩ *v/t* führen, steuern, lenken; leiten; betreuen; *fig.* unterhalten; *Handel* treiben; *Ursprung* nehmen; *Beobachtungen* anstellen; **2.** ⟨про-⟩ (Т/***по*** Д mit *D* über A) streichen, fahren *od.* (*et.* über) führen; **3.** ⟨при-⟩ *v/i* führen (*a. fig.*); **4.** ⟨по-⟩ F *unpers.* krümmen; **∼ *себя́*** sich benehmen; **∼сь** geführt *od.* durchgeführt werden; F üblich *od.* Brauch, Sitte sein; P † leben, gedeihen
вестибю́ль *m* (4) Vorhalle *f*; Halle *f*
ве́ст|ник [-sn-] *m* (1) Bote; wissenschaftliche Zeitschrift *f*, Mitteilungen *f/pl.*; **∼ово́й** *m* (14) Ordonnanz *f*; **∼ь¹** *f* (8; *ab Gpl. e.*) Nachricht, Kunde; F Gerücht *n*; **∼ь²** F → ***Бог***
весы́ *pl.* (1) Waage *f*
весь *m*, вся *f*, всё *n*, все *pl.* (31) all(e); ganz, gesamt, sämtlich; voll; ***всё!*** F Schluß!, aus!; ***лу́чше всего́*** am (aller)besten; ***бо́льше всего́*** am meisten, über alles; ***ча́ще всего́*** meist(ens); **∼ *в отца́*** ganz der Vater; ***при всём (э́)том*** bei alledem; ***всё равно́*** es ist gleichgültig *od.* egal; so oder so, sowieso; genauso; ***во всю*** F aus aller Kraft; ***всё и вся*** F rein alles; ***все и вся, все до одного́*** alle ohne Ausnahme; ***по всему́ ви́дно …*** aus allem ersieht man …; ***всего́ хоро́шего*** *od.* ***до́брого!*** alles Gute!; → ***всё*** *u.* ***всего́***
весьма́ sehr, überaus, höchst
ветв|и́стый (14*K.*) weitverzweigt; weitausgelegt; **∼и́ться** (14) **1.** Zweige treiben, sich verzweigen; **2.** ⟨раз-⟩ sich gabeln; **∼ь** *f* (8; *ab Gpl. e.*) Zweig *m* (*a. fig.*); Ast *m*; Ausläufer *m*
ве́т|ер *m* (1; -ра/-ру; на -у́) Wind (***под*** T im); F ***∼ер в голове́*** (***у*** P *j-d*) ist ein windiger Geselle; ***броса́ть слова́ на ∼ер*** in den Wind reden; ***броса́ть де́ньги на ∼ер*** das Geld zum Fenster hinauswerfen; ***держа́ть нос по ∼ру*** den Mantel nach dem Wind hängen; ***ищи́ ∼ра в по́ле*** eine Stecknadel im Heuhaufen suchen
ветерина́р *m* (1) Tierarzt; **∼ный** (14) tierärztlich; Tier-
ветер|о́к *m* (1; -ка́) Lüftchen *n*; ***с∼ко́м*** F flott
ве́тка *f* (5; -ток) Zweig *m*; Reis *n*; *Esb.* Nebenstrecke
ветла́ *f* (5; *pl. st.* -ё-, -тел) Silberweide
вето́ш|ка F *f* (5; -шек) alter Lappen *m*; **∼ник** † *m* (1) Lumpenhändler; **∼ь** *f* (8) *koll.* alte Kleider *n/pl.*, Lumpen *m/pl.*, Trödel *m*, Plunder *m*
ве́трен|ик F *m* (1) windiger Patron; **∼ость** *f* (8) Leichtsinn *m*; **∼ый** (14*K.*) windig; *fig.* leichtsinnig, flatterhaft
ветр|и́ло *n* (9) *poet.* Segel; **∼ово́й** (14) Wind(schutz)-; **∼оме́р** *m* (1) Windstärkemesser; **∼ула́вливатель** *m* (4) Windfang; **∼я́к** F *m* (1*e.*) Windmotor; Windmühle *f*; **∼я́нка** *f* (5; -нок) F Windpocken *pl.*; P → **∼я́к**; **∼яно́й** (14) Wind(kraft)-; **∼яный** (14) *Med.* Wind-
ве́тх|ий (16; -, -а́) alt; baufällig, abbruchreif; schäbig, abgenutzt; gebrechlich, hinfällig; **∼озаве́тный** (14; -тен, -тна) alttestamentlich; *fig.* überlebt, altmodisch; **∼ость** *f* (8) Baufälligkeit, Hinfälligkeit; Gebrechlichkeit; → ***∼ий***
ветчина́ *f* (5) Schinken *m*
ветша́ть (1), ⟨об-⟩ alt *od.* baufällig werden, verfallen
ве́ха *f* (5) Absteckpflock *m*; *Mar.* Bake; *fig.* (*mst. pl.*) Markstein *m*, Meilenstein *m*; Abschnitt *m*, Epoche
ве́че *n* (11) *hist.* Volksversammlung *f*
ве́чер *m* (1; *pl. e.*, *N* -а́) Abend (***в*** B an *D*); ***по ∼а́м*** abends; ***к ∼у*** *od.* ***под ∼*** gegen Abend; *Uhrzeit*: … ***∼а***

… abends; **~ па́мяти Пу́шкина** Puschkin-Feier *f od.* Gedenkfeier *f*; **~еть** (8), ⟨с-, по-, F за-⟩ Abend werden; **~и́нка** *f* (5; -нок) geselliger Abend; → **ве́чер**; **~ний** (15) abendlich, Abend-; **~ня** *f* (6; -ен) Abendgottesdienst *m*, Vesper; **~ом** am Abend, abends; **~я** *f* (6): **Та́йная ~я** das Heilige Abendmahl *n*

вечнозелёный (14) immergrün

ве́чн|ость *f* (8) Ewigkeit; **~ый** (14; -чен, -а) ewig; immerwährend, fortwährend, ständig; bleibend; lebenslang; Füll-

ве́ша|лка *f* (5; -лок) Kleiderhaken *m*, Kleiderständer *m*; Kleiderbügel *m*; Aufhänger *m*; F Garderobe; **~ть** (1) **1.** ⟨пове́сить⟩ (15) hängen, aufhängen (**на** В an *D*); *Schloß* vorhängen; *Hörer* einhängen; *fig. Kopf* hängen lassen; **-ся**: **-ся на ше́ю** F sich an den Hals werfen; **2.** ⟨с-⟩ wiegen, abwiegen

ве́шний (16) *poet.* Frühjahrs-

веща́ть (1) verkünden; *Rdf.* senden (**на** В in *A*); † prophezeien, weissagen

веще|во́й (14) Gepäck-, Sachwert-; **~во́й мешо́к** *m* Rucksack; **~ственный** (14) stofflich, substantiell, materiell; sachlich, Sach-; **~ственное доказа́тельство** *n* Beweisstück; **~ство́** *n* (9) Stoff *m*, Substanz *f*, Materie *f*

ве́щий (16) weise; prophetisch, seherisch; **~у́н** † *m* (1*e*.) Wahrsager

вещ|ь *f* (8; *ab Gpl. e.*) Sache, Ding *n*; Werk *n*; *pl. a.* Habseligkeiten, Gepäckstücke *n/pl.*, Gepäck *n*; **~ь ~и рознь** F das ist nicht dasselbe; **~ь в себе́** *Philos.* das Ding an sich

ве́я|лка *f* (5; -лок) Worfelmaschine, Kornschwinge; **~ние** *n* (12) Wehen; Hauch *m*; *Agr.* Worfeln; *fig.* Strömung *f*, Trend *m*; **~ние вре́мени** Zeichen *n/pl.*, Geist *m*; **~ть** (27) **1.** *v/i* wehen; flattern; schweben; (*unpers.* + T) in der Luft liegen; **2.** ⟨про-⟩ *v/t Agr.* worfeln, schwingen

вжи|ва́ться (1), ⟨~ться⟩ (-ву́сь, -вёшься; -лся, -ла́сь, -ло́сь) sich einleben *od.* hineinleben

вжима́ть (1), ⟨вжать⟩ (вожму́, -мёшь; → **жать**[1]) hineindrücken, hineinpressen

вжи́ться → **вжива́ться**

взад F: **~ и вперёд** auf u. ab, hin u. her; **ни ~ ни вперёд** weder vorwärts noch rückwärts

взаи́мн|ость *f* (8) Gegenseitigkeit; Gegenliebe; **отвеча́ть ~остью** *Liebe* erwidern; **без ~ости** unerwidert; **~ый** (14; -мен, -а) gegenseitig, wechselseitig, beiderseitig; *Gr.* reziprok; Gegen-; **~о** gleichfalls

взаимо|де́йствие *n* (12) Wechselwirkung *f*; Zusammenwirken; Wechselspiel; **~де́йствовать** (7) zusammenwirken; **~зави́симость** *f* (8) Interdependenz; **~заменя́емый** (14*K*.) austauschbar; **~обусло́вленность** *f* (8) wechselseitige Bedingtheit; **~отноше́ние** *n* (12) Wechselbeziehung *f*; *pl.* Beziehungen *f/pl.*, gegenseitiges Verhältnis *n*; **~по́мощь** *f* (8) gegenseitige Hilfe; **~понима́ние** *n* (12) gegenseitige Verständigung *f*, Einvernehmen; **~свя́зь** *f* (8) Wechselbeziehung

взаймы́ auf Borg *od.* F Pump; **брать ~** leihen (**у** P bei, von *j-m*); **дава́ть ~** leihen, verleihen (Д *a.* an *j-n*)

взаме́н **1.** *Adv.* statt dessen, dafür; **2.** *Prp.* (P) statt, anstatt

взаперти́ eingeschlossen, eingesperrt, hinter Schloß und Riegel

взапра́вду P wirklich, echt

вза́пуски F um die Wette

взасо́с F innig, leidenschaftlich; tief, gierig

взатя́жку F auf Lunge

взахлёб P gierig; übereifrig, hastig

вза́шей P hochkant

взб|а́дривать F (1), ⟨~одри́ть⟩ (13*e*.) aufmuntern, ermutigen

взба́лмошный F (14; -шен, -шна) launenhaft, unberechenbar; närrisch

взб|а́лтывать, ⟨~олта́ть⟩ (1) durchschütteln

взбе|га́ть (1), ⟨~жа́ть⟩ (4; -гу́, -жи́шь, -гу́т) hinauflaufen

взби|ва́ть (1), ⟨~ть⟩ (взобью́, -бьёшь; → **бить**) rühren; *Sahne* schlagen; *Kissen* aufschütteln; *Haare* aufkämmen; **-ся** hochrutschen

взбира́ться (1), ⟨взобра́ться⟩ (взберу́сь, -рёшься; → **собра́ться**) hinaufklettern; besteigen (**на** В *A*)

взбодри́ть → **взба́дривать**

взбр|а́сывать F (1), ⟨~о́сить⟩ (15) hinaufwerfen, emporwerfen

взбре|да́ть F (1), ⟨~сти́⟩ F (25):

~да́ть в го́лову *od.* **на ум** in den Sinn kommen, einfallen
взбро́сить → **взбра́сывать**
взбры́з|гивать F (1), ⟨~нуть⟩ (20) begießen, bespritzen
взбудора́жи|вать F (1), ⟨~ть⟩ (16) in Aufruhr bringen; **-ся** in Aufruhr geraten
взбунтова́ть(ся) → **бунтова́ть 1** (**2**)
взбух|а́ть (1), ⟨~нуть⟩ (21) schwellen, anschwellen
взбу́чка P *f* (5) Rüffel *m*, Abreibung
взва́ли|вать (1) ⟨~ть⟩ (13) (**на** B *j-m*) aufladen; F *fig.* aufbürden; → **свали́вать**; **-ся** F schwerfällig aufsitzen
взвести́ → **взводи́ть**
взве́|шивать (1), ⟨~сить⟩ (14) abwiegen; *fig.* abwägen, erwägen; **-ся** sich wiegen
взви|ва́ть (1), ⟨~ть⟩ (взовью́, -вьёшь; → **вить**) aufwirbeln, hochwehen; **-ся** sich emporschwingen; in die Höhe steigen; gehißt werden; F explodieren
взви́зг|ивать (1), ⟨~нуть⟩ (20) aufkreischen; winseln
взви́н|чивать (1), ⟨~ти́ть⟩ (15*e.*) hochschrauben; überreizen, aufpeitschen
взви́ть(ся) → **взвива́ть(ся)**
взви́хри|вать (1), ⟨~ть⟩ (13) aufwirbeln (**-ся** *v/i*)
взвод *m* (1) *Mil.* Zug; *Tech.* Rast *f*; **на ~е** F angeheitert; überreizt; **~и́ть** (15), ⟨взвести́⟩ (25) hinaufführen; aufrichten; *Hahn* spannen; *Anschuldigung* erheben (**на** B gegen *A*); **~но́й** (14) *Tech.* Aufzugs-; **~ный** (15) *Mil.* Zug-; *Su. m* Zugführer
взволно́ванный (14*K.*) aufgeregt
взвы|ва́ть (1), ⟨~ть⟩ (22) aufheulen; P losheulen
взгля|д *m* (1) Blick; Ansicht *f*, Meinung *f*; **на ~д** dem Anschein nach; **на мой ~д** meiner Ansicht nach; **с пе́рвого ~а** auf Anhieb, auf den ersten Blick; **~дывать** (1), ⟨~ну́ть⟩ (19) blicken, schauen; anblicken, anschauen (**на** B *A*); *fig. pf.* betrachten
взго́рье F *n* (10; -ий) Anhöhe *f*
взгреть P (8) *pf.* rüffeln
взгромо|жда́ть F (1), ⟨~зди́ть⟩ (15*e.*) hochhieven; **-ся** mit Mühe klettern
взгрустну́|ть [-sn-] F (20) *pf.* traurig werden; Sehnsucht bekommen; **-ся**: **~лось** *j-m* wurde weh ums Herz
вздёр|гивать (1), ⟨~нуть⟩ (2) F aufziehen, hinaufziehen; F aufknüpfen (**на** B an *D*); *fig. Nase* hochtragen; *Achseln* zucken (T mit *D*); **~нутый** (14) aufgestülpt; *Anat.* Stups-
вздор *m* (1) Unsinn, Quatsch; **~ить** F (13), ⟨по-⟩ zanken, sich verzanken; **~ный** (14; -ен, -на) unsinnig, absurd, albern; F streitsüchtig
вздорожа́|ние *n* (12) Verteuerung *f*, Preissteigerung *f*; **~ть** → **дорожа́ть**
вздох *m* (1) Seufzer; **испусти́ть после́дний ~** den Geist aufgeben; **о́хи да ~и** F ewiges Gejammer *n*; → **дых**; **~ну́ть** → **вздыха́ть**
вздр|а́гивать (1), ⟨~о́гнуть⟩ (20) auffahren, zusammenfahren; *impf.* zukken
вздремну́|ть F (20) *pf.* einnicken, schlummern; → **дрема́ть**; **-ся**: **~лось** (Д *j-d*) ist eingenickt
вздро́гнуть → **вздра́гивать**
взду|ва́ть (1), ⟨~ть⟩ (18) aufwirbeln; blähen, aufblähen; F *Preise* hochtreiben; P *pf.* durchprügeln; **~ло щёку** (**у** P *j-s*) Backe ist angeschwollen; **-ся** anschwellen; F *Preise*: übermäßig steigen
взду́м|ать F (1) *pf.* auf die Idee kommen; **не ~ай** (+ *Inf.*) daß du mir ja nicht (+ *Ind.*); **-ся**; einfallen, in den Sinn kommen
вздуть F → **вздува́ть** *u.* **дуть 4**
вздыма́ть (1) aufwirbeln; in die Höhe treiben; emporheben; **-ся** sich erheben; schwellen, anschwellen; steigen
взд|ыха́ть (1), *einm.* ⟨~охну́ть⟩ (20) *pf.* seufzen, aufseufzen; *impf.* sich sehnen (**по** Д/П *od.* **о** П nach *D*); F verliebt sein
взима́|ние *n* (12) Erhebung *f*; → **~ть** erheben (**с** P von *D*); einziehen
взира́ть (1) blicken; → **взгля́дывать**
взл|а́мывать, ⟨~ома́ть⟩ (1) aufbrechen; aufreißen; *Safe* knacken; *Mil.* durchbrechen
взлез|а́ть (1), ⟨~ть⟩ (24*st.*) hinaufklettern
взлеле́ять (27) *pf.* aufziehen, liebevoll aufziehen; → **леле́ять**
взлёт *m* (1) Auffliegen *n* (**на** П beim); *Flgw.* Start; *fig.* Aufschwung; **~а́ть**

(1), ⟨≈éть⟩ (11) auffliegen, aufsteigen; *Flgw.* starten; F *Treppe* hinaufrennen (***по*** Д *A*); ***~éть на вóздух*** F in die Luft fliegen; **≈ный** (14) *Flgw.* Start-
взли́зины F *f/pl.* (5) Geheimratsecken
взлом *m* (1) Einbruch; ***крáжа*** *f* ***со ≈ом*** Einbruchsdiebstahl *m*; **~áть** → ***взлáмывать***; **≈щик** *m* (1) Einbrecher
взлохмáчивать F (1) → ***лохмáтить***
взмах *m* (1) Schwung; Schwenken *n*; Schlag; **≈ивать** (1), ⟨~нýть⟩ (20) emporschwingen, schlagen; schwenken
взмёт *m* (1) *Agr.* Aufbruch; **~ывать** (1) **1.** ⟨≈нýть⟩ (20) aufwirbeln, emporschleudern, emporschwingen; schlagen; **-ся** emporschlagen; hochschnellen; **2.** ⟨≈áть⟩ (3) *Agr.* aufbrechen
взмоли́ться (13) *pf.* zu flehen beginnen (***о*** П um *A*)
взмóрье *n* (10; -ий) Strand *m* (***на*** В/П zu; an *D*), Küste *f*; Küstennähe *f*
взмости́ться F (15) *pf.* hinaufklettern
взмы́ленный (14*K.*) schaumbedeckt
взмыть (22) *pf.* emporsteigen, emporfliegen
взнос *m* (1) Zahlung *f*, Einzahlung *f*; Einlage *f*; Ratenzahlung *f*; Beitrag
взнýзд|ывать, ⟨~áть⟩ (1) aufzäumen, zügeln
взобрáться → ***взбирáться***
взойти́ → ***в(о)сходи́ть***
взор *m* (1) Blick
взорвáть(ся) → ***взрывáть(ся)***
взрá|щивать (1), ⟨~сти́ть⟩ (15*e.*) aufziehen, großziehen; ziehen
взревéть (-вý,-вёшь) *pf.* aufheulen, losbrüllen
взрез|áть, ≈ывать (1), ⟨≈ать⟩ (3) aufschneiden, aufschlitzen
взросл|éть (8), ⟨по-⟩ erwachsen werden; **≈ый** (14*K.*; *a.* -сел) erwachsen; ausgewachsen; *Su. m* Erwachsene(r)
взрыв *m* (1) Explosion *f*, Detonation *f*; Sprengung *f*; *fig.* Ausbruch, Sturm, Salve *f*; **~áтель** *m* (4) Zünder; **~áть**[1] (1), ⟨взорвáть⟩ (взорвý, -вёшь) sprengen; zünden; *fig.* F empören; **-ся** explodieren (F *a. fig.*), detonieren
взры|вáть[2] (1), ⟨~ть⟩ (22) aufgraben, aufwühlen
взрыв|нóй (14) Explosions-, Detonations-; Spreng-; *Ling.* Explosiv-, Verschluß-; **~чáтка** F *f* (5; -ток) Sprengstoff *m*; **≈чатый** (14) Spreng-; explosiv
взрыть → ***взрывáть***[2]
взрыхл|я́ть (28), ⟨~и́ть⟩ (13*e.*) umgraben, auflockern
взъе|зд *m* (1) Auffahrt *f*, Einfahrt *f*; **~зжáть** [-ʒʒ-] (1), ⟨≈хать⟩ (-ду, -дешь) hinauffahren
взъерóш|енный (14) zerzaust, zottig; **~ивать(ся)** (1) → ***ерóшить(ся)***
взывáть (1), ⟨воззвáть⟩ (воззовý, -вёшь) rufen, schreien; (***к*** Д/***о*** П *j-n* um *et.*) anrufen, anflehen; appellieren (an *A*)
взыск|áние *n* (12) Strafe *f*, Maßregelung *f*; Eintreibung *f*; **~áтельный** (14; -лен, -льна) anspruchsvoll; streng; **≈ивать** (1) ⟨~áть⟩ (3) eintreiben, beitreiben, einziehen (***с*** P von); zur Rechenschaft ziehen (***с*** P/***за*** B *j-n* wegen *G*); ***не взыщи́те!*** F nichts für ungut!
взя́т|ие *n* (12) *Mil.* Einnahme *f*, Eroberung *f*; *Pol.* Ergreifung *f*; *Med.* Entnahme *f*; ***~ие в плен*** Gefangennahme *f*; **~ка** *f* (5; -ок) Schmiergeld *n*; Bestechung; *KSp.* Stich *m*; ***давáть (брать) ~ку*** *od.* ***~ки*** (sich) bestechen (lassen); **~очник** *m* (1) bestechlicher Mensch; **~очничество** *n* (9) Bestechlichkeit *f*, Korruption *f*; **~ь(ся)** → ***брáть(ся)***
вибр|ациóнный (14) Vibrations-, Schwing(ungs)-; Rüttel-; **~и́ровать** (7) vibrieren, schwingen; *Tech.* flattern
вид *m* (1; -а/-у; *a.* в -ý) Aussehen *n*, Anblick, Äußere(s) *n*; Miene *f*; Sicht *f*, Ansicht *f*; Landschaft *f*; Aussicht *f*, Blick; Schein, Anschein; Art *f*; Form *f*, Gestalt *f*; Fassung *f*; Zustand, Auftreten *n*; *Gr.* Aspekt; *pl. fig.* Aussichten *f/pl.*; Absichten *f/pl.*; ***в ~ý (из ~у, из ≈а)*** in (außer) Sicht(weite *f*) *f*; ***для ≈а*** zum Schein; ***на ~ý (у*** P) vor *j-s* Augen; ***быть на ~ý*** F *fig.* im Rampenlicht stehen; ***на ~, с*** *od.* ***по ≈у*** dem Ansehen *od.* Anschein nach; ***под ≈ом*** unter dem Deckmantel; ***ни под каки́м ≈ом*** unter keinen Umständen; ***при ≈е*** beim Anblick; ***хорóший вид*** (***у*** P *j-d*) sieht gut aus; ***дéлать ~*** sich den Anschein geben (→ ***дéлать***); ***имéть в ~ý*** im Auge haben; ins Auge

fassen, im Auge behalten, in Betracht ziehen, sich merken; vorhaben; ***не подавáть*** *od.* ***покáзывать ~у*** sich nichts anmerken lassen; ***терять из ~у*** aus den Augen verlieren; ***скры́ться из ~у*** den Blicken entschwinden; ***постáвить на ~*** vorhalten, e-n Verweis erteilen

вид|áть F (1) **1.** ⟨по-⟩ sehen, treffen; erleiden; **2.** ⟨у-⟩ → ***~еть***; ***~áть*** P offenbar; ***~áть ~ы*** F viel erleben; ***где э́то ~ано****?* *od.* ***~анное ли э́то дéло****?* wo gibt's denn so was?, hat man so was schon erlebt?; **-ся** sich sehen; **~ение**[1] *n* (12) Sicht *f*; **~éние**[2] *n* (12) Erscheinung *f*, Vision *f*, Traumbild; Gespenst

видео|кассéта *f* (5) Videokassette; **~зáпись** *f* (8) Videoaufzeichnung; **~магнитофóн** *m* (1) Videorecorder; **~свя́зь** *f* (8) Bildfunkverbindung; **~телефóн** *m* (1) Bildtelefon *n*

ви́д|еть (11) ⟨у-⟩ sehen, blicken; einsehen, ansehen; erleben, durchmachen; *Traum* haben; *pf.* erblicken; ***~еть насквóзь*** durchschauen; ***~ите ли*** sehen Sie …; ***тóлько егó и ~ели*** F und weg war er; **-ся** ⟨у-, F с-⟩ *impf.* sich *od.* einander sehen, sich treffen; *pf.* sich wiedersehen; *unpers.* ***~елось*** (Д *j-d*) sah …; ⟨при-⟩ *j-m* träumte …; **~имо** offensichtlich; † sichtbar; **~имость** *f* (8) Sicht, Sichtweite; Schein *m* (***для*** P zum); P Äußere(s) *n*; ***по всей ~имости*** allem Anschein nach; **~имый** (14*K.*) sichtbar, sichtlich; ersichtlich, offensichtlich; scheinbar; ***~имое дéло*** *n* F das ist doch klar; ***~имо-неви́димо*** F eine Unmenge

видн|éться (8) sichtbar sein, zu sehen, zu erkennen sein, sich zeigen; **~ый 1.** (14; -ден, -днá) sichtbar; ansehnlich; hervorragend; **2.** (14) bedeutend, namhaft, hervorragend; ***~о*** → ***~éться***; F anscheinend, offenbar

видовóй (14) Art-; Ansichts-; Landschafts-; *Gr.* Aspekt-

видоизмен|éние *n* (12) Veränderung *f*, Abänderung *f*; Abart *f*, Spielart *f*; Variante *f*; **~я́ть** (1), ⟨~и́ть⟩ (13*e.*) abändern, verändern, modifizieren

видоискáтель *m* (4) *Fot.* Sucher

ви́за *f* (5) Visum *n*; Sichtvermerk *m*; ***~ на въезд*** Einreisevisum *n*; ***~ на вы́езд*** Ausreisevisum *n*

византи́|ец *m* (1; -йца), **~йка** *f* (5; -ек) Byzantiner(in *f*); **~йский** (16) byzantinisch

виз|г *m* (1) Gekreisch *n*, Gewinsel *n*; ***с ~гом*** kreischend; **~гли́вый** (14*K.*) kreischend, winselnd; quiekend; **~жáть** [-ʒʒ-] (4*e.*), *einm.* ⟨~гнуть⟩ (20) kreischen, winseln; quietschen, quieken

визи́рь *m* (4) Wesir

визи́т *m* (1) Besuch (***с*** T/***в*** B zu D/in *D*); **~ка** *f* (5; -ток) Cutaway *m*; F Visitenkarte; **~ный** (14) Visiten-

виктори́на *f* (5) Quiz *n*

ви́л|ка *f* (5; -ок) Gabel; *El.* Stecker *m*; **~ы** *pl.* (5) Heugabel *f*, Mistgabel *f*; ***э́то ещё ~ами на водé пи́сано*** F das steht noch in den Sternen

вил|я́ть (28), *einm.* ⟨~ьну́ть⟩ (20) wedeln, schwänzeln, wackeln; F sich hindurchschlängeln; *fig.* F Ausflüchte machen; ausweichen

вин|á *f* (5; *pl. st.*) Schuld, Verschulden *n* (***по*** Д durch *A*); ***по ~é*** wegen; ***~óю томý …*** schuld daran ist …; ***э́то не по моéй ~é*** das ist nicht meine Schuld

винегрéт *m* (1) Gemüsesalat; *fig.* F Mischmasch, Sammelsurium *n*

вини́т|ельный (14): ***~ельный падéж*** *m* Akkusativ; **~ь** (13*e.*) beschuldigen (В/***в*** П *od.* ***за*** В *j-n G od.* wegen *G*), *j-m* die Schuld (an *D*) geben; **-ся** F sich schuldig bekennen (***перед*** T *j-m* gegenüber)

ви́н|ный (14) Wein-; *Med.* Zahn-; ***~ная я́года*** *f* getrocknete Feige; **~ó** *n* (9; *pl. st.*) Wein *m*; P Wodka *m*

винов|áтый (14*K.*) schuldig (***перед*** T *j-m* gegenüber); schuld (***в*** П an *D*); schuldbewußt; ***~áт(а)****!* Verzeihung!; → ***кругóм***; **~ник** *m* (1) Urheber, Schuldige(r); *fig.* Mittelpunkt; **~ность** *f* (8) Schuld, Strafbarkeit; **~ный** (14; -ен, -на) schuldig (***в*** П *G*); schuld (an *D*); *Su. m* Beschuldigte(r)

виногрáд *m* (1) Weinrebe *f*, Weinstock; *koll.* Weintrauben *f/pl.*; **~арство** *n* (9) Weinbau *m*; **~арь** *m* (4) Winzer; **~ина** *f* (5) Weinbeere; **~ник** *m* (1) Weingarten, Weinberg; **~ный** (14) Wein-, Reben-, Reb-, Trauben-; der Weinlese

винодéл *m* (1) Winzer; **~ие** *n* (12)

Weinbereitung *f*; **~ьческий** (16) Wein-, Kelter-
виноку́р *m* (1) Branntweinbrenner; **~енный** (14) Branntwein-
виноторго́в|ец *m* (1; -ца) Weinhändler; **~ля** *f* (6) Weinhandel *m*, Weinhandlung
винт *m* (1*e*.) Schraube *f*; Spindel *f*; *KSp*. Wint; **~ик** *m* (1) Schräubchen *n*; F **~ика не хвата́ет** (**у** P bei *j-m*) ist eine Schraube locker; **~и́ть** F (15*e*./15) zuschrauben; losschrauben; **~о́вка** *f* (5; -вок) Gewehr *n*; **~ово́й** (14) *Tech*. Schraub(en)-; Spindel-; *Arch*. Wendel-; *Flgw*. Propeller-; **~о́вочный** (14) Gewehr-; **~оре́зный** (14) Gewindeschneid-
винье́тка *f* (5; -ток) Vignette
виолонче́ль (8) *f* Cello *n*
вира́ж *m* (1*e*.; -е́й) *Flgw*. Kurve *f*
ви́рши *pl*. (5; -ей) F Knittelverse *m*/*pl*.; *ehm*. syllabische Verse *m*/*pl*.
ви́с|елица *f* (5) Galgen *m*; **~ельник** *m* (1) Gehenkte(r); P *fig*. Galgenstrick, Halunke; ***ю́мор** m* **~ельника** Galgenhumor; **~е́ть** (11) hängen; herabhängen; *Kleidung*: schlottern; *fig*. schweben; **~лоу́хий** (16*K*.) schlappohrig; F dämlich; **~нуть** (21), ⟨по-⟩ herabhängen, herunterhängen; ***~нуть на ше́е*** (**у** P) sich an *j-n* hängen
висо́к *m* (1; -cка́) Schläfe *f*
високо́сный (14): ***~ год*** *m* Schaltjahr *n*
висо́чный (14) Schläfen-
викя́чий (17) hängend; Hänge-; ***~ замо́к*** *m* Vorhängeschloß *n*
витамино́зный (14) vitaminreich
вита́ть (1) schweben
витиева́тый (14*K*.) geschraubt, geziert, schwülstig
вит|о́й (14) geflochten, gewunden; *Kerze*: gedreht; *Arch*. Wendel-; ***~а́я бу́лка*** *f* Zopf *m*; **~о́к** *m* (1; -ка́) Windung *f*; ***~ок вокру́г Земли́*** *Raumf*. Erdumkreisung *f*
витр|а́ж *m* (1*e*.; -е́й) Buntglasfenster *n*; **~и́на** *f* (5) Schaufenster *n*, Auslage; Vitrine, Schaukasten *m*
ви|ть (вью, вьёшь; ве́й!; -л, -ла́; -тый: -та́), ⟨с-⟩ (совью́, -вьёшь) winden; flechten; *Strick* drehen; *Nest* bauen; *fig*. ***~ть верёвки*** (***из*** P mit *j-m*) alles machen; **-ся** (-ло́сь) sich winden *od*. schlängeln; *Haar*: sich kräuseln; *Staub*: aufwirbeln; *Vogel*: kreisen; F sich hängen (***вокруг*** P an *A*)
ви́тязь *m* (4) Recke
вих|о́р *m* (1; -ра́) Haarschopf, Zottel *f*; **~ра́стый** F (14*K*.) zott(el)ig
вихр|ево́й (14) Wirbel-; turbulent; **~и́ться** (13/13*e*.) wirbeln; **~ь** *m* (4) Wirbelwind; Sturm; Gestöber *n*; *fig*. Wirbel, Strudel; ***~рем*** wie ein Wirbelwind, mit Windeseile
вишн|ёвка *f* (5) Kirschlikör *m*; **~ёвый** (14) Kirsch-; kirschrot; **~я** *f* (6; -шен) Kirsche, Sauerkirsche; Kirschbaum *m*
вишь P sieh, sieh doch; siehst du; da sieh mal einer an; ***~ ты како́й!*** F du bist mir einer!; → ***ишь***
вка́лывать (1), ⟨вколо́ть⟩ (17) hineinstechen, hineinstecken; *impf*. schuften
вка́пывать, ⟨вкопа́ть⟩ (1) eingraben; ***как вко́панный*** F wie angewurzelt
вка́т|ывать (1), ⟨~и́ть⟩ (15) (**-ся** *v*/*i*) hineinrollen, hineinwälzen; hinaufrollen; P verpassen; aufbrummen; **-ся** F hereinplatzen
вклад *m* (1) *Fin*. Einlage *f*, Deposit(um) *n*; Sparguthaben *n*; *fig*. Beitrag (***в*** B zu *D*); ***~ в де́ло ми́ра*** Beitrag zum Frieden; **~ка** *f* (5; -ок) *Typ*. Einlage; **~но́й** (14) Einlage-; Spar-; **~чик** *m* (1) Sparer; **~ывать** (1), ⟨вложи́ть⟩ (16) **1.** (*impf*. *a*. влага́ть [1]) hineinlegen, hineinstecken; **2.** *Fin*. einlegen, anlegen, investieren; *fig*. weihen (***в*** B *D*); einsetzen, aufbieten; *pf*. beisteuern; **~ыш** *m* (1; -ей) Einlageblatt *n*, Einlage *f*; *Tech*. Einsatz; Schale *f*; *Med*. Implantat *n*
вкле́|ивать (1), ⟨~ить⟩ (13) einkleben; F einwerfen; **~йка** *f* (5; -ек) Einkleben *n*; *Typ*. Einlage; Tafel
вкли́ни|вать (1), ⟨~ть⟩ (13/13*e*.) einkeilen, hineinzwängen; F einwerfen; **-ся** eindringen, e-n Keil treiben
включ|а́ть (1), ⟨~и́ть⟩ (16*e*.) einschließen; einreihen, einbeziehen; aufnehmen; *El*. einschalten; anschließen; **~а́я** (B) einschließlich; → ***исключа́я***; **~е́ние** *n* (12) Einschluß *m* (***со*** T unter), Einbeziehung *f*; Aufnahme *f*; Schaltung *f*; Einschaltung *f*; **~и́тельно** einschließlich, (mit) inbegriffen
вкол|а́чивать F (1), ⟨~оти́ть⟩ (15) einschlagen, einrammen; P einbleuen

вколо́ть → ***вка́лывать***
вконе́ц F vollends, ganz u. gar
вкопа́ть → ***вка́пывать***
вкоре́н|я́ть (28), ⟨**~и́ть**⟩ (13*e.*) einwurzeln; ***~и́вшийся*** eingewurzelt
вкось schräg, schief
вкра́|дчивый (14*K.*) einschmeichelnd; **~дываться** (1), ⟨**~сться**⟩ (25; *Prät. st.*) sich einschleichen, sich einschmeicheln
вкра́п|ливать (1), **~ля́ть** (28), ⟨**~ить**⟩ (14*st.*) einsprengen; **~ле́ние** *n* (12) Einsprengsel
вкра́сться → ***вкра́дываться***
вкра́тце kurz, in (aller) Kürze
вкривь F krumm, schief; ***~ и вкось*** schief u. krumm, wie es gerade kommt
вкругову́ю F ringsum, im Kreis
вкруту́ю hart; hartgekocht
вкру́|чивать (1), ⟨**~ти́ть**⟩ (15) F einschrauben; P weismachen (wollen)
вку|с *m* (1) Geschmack; Appetit; Neigung *f* (***к*** Д zu *D*, für *A*); Stil; ***на ~с*** (P) nach *j-s* Geschmack; ***быть по ~су*** gefallen; ***со ~сом*** geschmackvoll; ***име́ть ~с*** schmecken (P nach); ***входи́ть во ~с*** Geschmack finden (P an *D*); ***о ~сах не спо́рят*** *Spr.* über Geschmack läßt sich nicht streiten; **~сный** (14; -сен, -сна́) schmackhaft, wohlschmeckend; genüßlich; *Adv.* mit Appetit; ***э́то ~сно*** das schmeckt gut; **~со́вой** (14) Geschmacks-; geschmacklich; **~ша́ть** (1), ⟨**~си́ть**⟩ (15) genießen; erfahren; † kosten
вла́га *f* (5) Feuchtigkeit, Nässe
влага́|лище *n* (11) *Anat.* Scheide; *Bot.* Blattscheide *f*; **~ть** (1) → ***вкла́дывать 1***
влагоме́р *m* (1) Feuchtigkeitsmesser
владе́|лец *m* (1; -льца) Besitzer, Eigentümer; Inhaber; **~ние** *n* (12) Besitz *m* (T von *D*); Besitztum; Gebiet; Beherrschung *f* (T *G*); **~тель** *m* (4) Herrscher; →**~лец**; **~ть** (8) besitzen (T *A*), herrschen (über *A*); (***собо́й*** sich) beherrschen; umgehen *od.* gebrauchen können; mächtig sein (*G*); ***~ть перо́м*** e-e gewandte Feder führen; ***~ть сердца́ми*** große Sympathien genießen (P bei *D*)
влады́|ка *m* (5; *V* -ко) **1.** **Չка** Metropolit, Erzbischof; **2.** → ***властели́н***; **~чество** *n* (9) Herrschaft *f*; **~чествовать** (7) herrschen (***над*** T über *A*); **~чица** *f* (5) Herrscherin, Herrin
влажн|е́ть (8), ⟨по-⟩ feucht werden; **~ость** *f* (8) Feuchtigkeit; **~ый** (14; -жен, -а́) feucht
вла́мываться (1), ⟨**вломи́ться**⟩ (14) mit Gewalt eindringen; *pf.* + ***в амби́цию*** F den Beleidigten spielen
вла́ст|вовать (7) herrschen (T, ***над*** T über *A*), regieren; *fig.* beherrschen; **~ели́н** *m* (1) Machthaber; Herr; → **~и́тель** † *m* (4) Herrscher (P über *A*), Gebieter, Herr; **~ный** [-sn-] (14; -тен, -тна́) **1.** herrisch, gebieterisch; **2.** *präd.* (*mst K.*) Macht *od.* Gewalt haben (***над*** T über *A*); (И) ***не ~ен*** (***в*** П *et.*) steht nicht in *j-s* Macht
властолю́б|ец *m* (1; -ца) Herrschsüchtige(r); **~ивый** (14*K.*) herrschsüchtig, machthungrig; **~ие** *n* (12) Herrschsucht *f*
власт|ь *f* (8; *ab Gpl. e.*) Macht; Gewalt; *pl.* Obrigkeit, Behörde(n *f*/*pl.*); ***во ~и*** *fig.* im Bann; ***ва́ша ~ь*** † wie es beliebt
влачи́ть (16*e.*) *poet.* → ***волочи́ть***; *Leben* führen, fristen
вле́во nach links; links
влез|а́ть (1), ⟨**~ть**⟩ (24*st.*) hineinklettern, hineinkriechen, hineinsteigen; hinaufklettern; F eindringen, hineinsteigen; sich hineindrängen, sich einschleichen (F ***в ду́шу*** [P *j-m*] ins Vertrauen); P hineinschlüpfen; hineingehen, Platz finden; hereinplatzen; ***~а́ть в долги́*** F sich in Schulden stürzen; ***ско́лько ~ет*** P soviel man will
влеп|ля́ть (28), ⟨**~и́ть**⟩ (14) einkleben; P kleben, verpassen; F → ***всади́ть***
влет|а́ть (1), ⟨**~е́ть**⟩ (11) hineinfliegen, hereinfliegen; F hereinstürzen; F ***~и́т*** (Д *j-d*) wird was abbekommen
влеч|е́ние *n* (12) Neigung *f* (***к*** Д für *j-n*/zu *et.*), Hang *m*, Trieb *m*; Zuneigung *f*; **~ь** (26) (***за собо́й*** nach sich) ziehen; schleppen; *fig.* anziehen
вли|ва́ние *n* (12) Infusion *f*; **~ва́ть** (1), ⟨**~ть**⟩ (волью́, -льёшь; → ***лить***) eingießen; *fig.* einflößen; eingliedern; zuführen; **-ся** (-ло́сь) hineinfließen, hereinfließen
влип|а́ть (1), ⟨**~нуть**⟩ (21) klebenbleiben; P hineingeraten, reinsausen

вли|той (14): ***как ~той*** wie angegossen; **~ь(ся)** → ***~вать(ся)***
влия|ние *n* (12) Einfluß *m*; Auswirkung *f*; **~тельный** (14; -лен, -льна) einflußreich; **~ть** (28), ⟨по-⟩ Einfluß haben, (***на*** B *A*) beeinflussen
влож|ение *n* (12) Einlage *f*, Anlage *f*, Investition *f*; **~ить** → ***вкладывать***
вломиться → ***вламываться***
влопаться P (1) *pf.* hineingeraten; reinsausen; sich verknallen
влюб|лённость *f* (8) Verliebtheit; **~лять** (28), ⟨**~ить**⟩ (14) verliebt machen; ***~ить в себя*** (B *j-m*) den Kopf verdrehen; **-ся** sich verlieben; sich begeistern (***в*** B für *A*); **~чивый** F (14*K*.) leicht verliebt *od.* entflammt
вмаз|ывать (1), ⟨**~ать**⟩ (3) einkitten, einsetzen; P eine reinhauen
вмен|яемый (14*K*.) zurechnungsfähig; **~ять** (28) ⟨**~ить**⟩ (13*e*.) anrechnen (***в*** B als); machen (zu *D*)
вместе zusammen, gemeinsam; zugleich; ***~ с тем*** zugleich, daneben; gleichwohl
вмести|лище *n* (11) Behälter *m*; **~мость** *f* (8) Fassungsvermögen *n*, Kapazität; Rauminhalt *m*; *Mar*. Tonnage; **~тельный** (14; -лен, -льна) geräumig; *Gefäß*: groß; mit großem Fassungsvermögen; **~ть(ся)** → ***вмещать(ся)***
вместо (P) statt, anstatt, anstelle (*G*); ***~ меня*** an meiner Stelle; ***~ того чтобы*** ... anstatt zu ...
вмеш|ательство *n* (9) Einmischung *f*, Eingreifen; *Med*. Eingriff *m*; **~ивать**, ⟨**~ать**⟩ (1) beimischen (***в*** B/B *D*/*A*); F hineinziehen; **-ся** sich einmischen (***в*** B unter *A*); einschreiten, intervenieren
вме|щать (1), ⟨**~стить**⟩ (15*e*.) fassen, aufnehmen; fassen *od.* aufnehmen können; unterbringen; **-ся** hineingehen, Platz haben *od.* finden
вмиг F im Nu, blitzschnell
вминать (1), ⟨вмять⟩ (вомну, -нёшь; вмятый) hineindrücken, einbeulen
вмуров|ывать (1), ⟨**~ать**⟩ (7) einmauern
вмят|ина *f* (5) Einbeulung, Beule, Delle; **~ь** → ***вминать***
вна|ём, ~ймы: ***брать ~ём*** *od.* ***~ймы*** mieten; ***отдавать(ся) ~ём*** *od.* ***~ймы*** (zu) vermieten (sein)
внакидку umgehängt
внакладе P im Nachteil
внакладку P: ***пить чай ~*** mit Zucker gesüßten Tee trinken; → ***вприкуску***
вначале anfangs, zuerst; zunächst
вне (P) außerhalb, außer; ***~ дома*** *a.* auswärts; ***~ всякого сомнения*** über alle Zweifel erhaben
вне|блоковый (14) blockfrei; **~брачный** (14) außerehelich, unehelich; **~временный** (14; -енен, -нна) nicht zeitbedingt, zeitlos
внедр|ение *n* (12) Einführung *f*, Einsatz *m*; Auswertung *f*; **~ять** (28), ⟨**~ить**⟩ (13*e*.) einführen, übernehmen; **-ся** sich einprägen; eindringen
внеевропейский (16) außereuropäisch
внезапн|ость *f* (8) F Überraschung; → **~ный** (14; -пен, -а) plötzlich, jäh
вне|земной (14) außerirdisch; **~классный** (14) außerschulisch, häuslich; **~маточный** (14) *Med*. Bauchhöhlen-; **~очередной** (14) außerordentlich; Sonder-; **~плановый** (14) außerplanmäßig
внесение *n* (12) Hineintragen, Hereintragen; Eintragung *f*, Einfügung *f*; Einzahlung *f*; → ***вносить***
внеслужебный (14) außerdienstlich
внести → ***вносить***
вне|судебный (14) außergerichtlich; **~школьный** (14) außerschulisch
внешне|политический (16) außenpolitisch; **~торговый** (14) Außenhandels-
внешн|ий (15) äußere(r); auswärtig; äußerlich; Auslands-; **~ость** *f* (8) Äußere(s) *n*, äußere Erscheinung
внештатный (14) außeretatmäßig
вниз nach unten, hinunter, hinab; abwärts; ***~ по реке*** *od.* ***течению*** flußabwärts, stromabwärts; **~у 1.** *Adv*. unten; **2.** *Prp*. (P) im unteren Teil, unten (an *D*)
вник|ать (1), ⟨**~нуть**⟩ (20/21) eindringen, (***в*** B *A*) ergründen, begreifen
внима|ние *n* (12) Aufmerksamkeit *f*, Augenmerk; Beachtung *f*, Erwägung *f*; ***~ние!*** Achtung!; ***без ~ния*** außer Betracht *od.* acht; ***принимая во ~ние*** mit Rücksicht (B auf *A*); **~тельность** *f* (8) Aufmerksamkeit; Zuvorkommenheit; **~тельный** (14; -пен,

-льна) aufmerksam; zuvorkommend, rücksichtsvoll; **~ть** (1 *od.* † внéмлю, -лешь; внéмли!), 〈внять〉 (*Fut. ungbr.*; внял, -á) *poet.* hören (Д auf *A*), vernehmen; *pf.* erhören (Д *A*)
вничью *Sp.* unentschieden; remis
вновь von neuem, wieder; neu
вносить (15), 〈внести〉 (25; -сý, -сёшь; внёс, внеслá) hineintragen, hereintragen, hereinbringen; einzahlen, entrichten; beisteuern; *Klarheit* schaffen; *Änderungen* vornehmen; *Vorschlag* einbringen; *Jur.* aufnehmen; beantragen; hervorrufen, bewirken
внук (1) *m* Enkel; → ***внучáта***
внýтренн|ий (15) inner, Innen-; intern; Binnen-, Inlands-; innerlich; → ***инострáнный***; **~ость** *f* (8) Innere(s) *n*; *pl.* innere Organe *n/pl.*, Eingeweide *n/pl.*; Innereien
внутри́ 1. *Adv.* innen, drin(nen); **2.** *Prp.* (P) im Innern, innerhalb; **~городскóй** (16) innerstädtisch; **~полити́ческий** (16) innenpolitisch
внутрь 1. *Adv.* nach innen; intern; **2.** *Prp.* (P) in (*A*), in . . . hinein, ins Innere
внуч|áта *pl.* (2) Enkelkinder *n/pl.*; **~áтный** (14) Groß-; **~ка** *f* (5; -чек) Enkelin
внуш|áть (1) 〈~и́ть〉 (16*e.*) einflößen, einschärfen, eingeben; **~éние** *n* (12) Eingebung *f*, Einflüsterung *f*; Anraten (***по*** Д auf *A*); Suggestion *f*; Verweis *m*; **~и́тельный** (14; -лен, -льна) eindrucksvoll, imposant, imponierend
внят|ный (14; -ен, -на) vernehmbar, deutlich; **~ь** → ***вниматъ***
во 1. *Prp.* → ***в***; **2.** *Part.* P → ***вот***; ja, eben; prima!
вóбла *f* (5) Plötze
вобрáть → ***вбирáть***
вовéк, ~и in Ewigkeit, auf ewig; ***~ не*** niemals
вовле|кáть (1), 〈~чь〉 (26) hineinziehen; heranziehen, einbeziehen (***в*** B *a.* zu *D*)
во|вне́ außerhalb; nach außen, draußen; **~внýтрь** P → ***внутрь***
вóвремя rechtzeitig, zur rechten Zeit, gelegen; ***не ~*** ungelegen
вóвсе F völlig; ***~ не*** *od.* ***нет*** überhaupt *od.* ganz u. gar nicht, keineswegs
вовсю́ F aus aller Kraft
во-вторы́х zweitens; zum anderen
вогнáть → ***вгоня́ть***
вóгну|тый (14*K.*) konkav, Hohl-; eingebogen, eingebeult; **~ть** → ***вгибáть***
вод|á *f* (5; **~у**; pl. st.) Wasser *n* (***пó*** B nach; ***на*** П *fig.* über); F leere Worte *n/pl.*; *pl.* Gewässer *n*; Wasser *n/pl.*, Wassermassen; Kurort *m*, Bad *n* (***на*** В/П in *A/D*); F Fruchtwasser *n*; ***~óй*** *od.* ***по ~é*** zu Wasser, auf dem Schiffsweg; ***с ви́ду и ~ы́ не замути́т*** F *j-d* sieht so aus, als könnte er kein Wässerchen trüben; ***с тех пор мнóго ~ы́ утеклó*** seitdem ist schon viel Wasser den Berg hinuntergeflossen; ***как ~ы́ в рот набрáл*** F *j-d* ist stumm wie ein Fisch; ***как в ~у опýщенный*** F traurig, bedrückt; F ***как ~óй смы́ло*** (B *j-d*) ist wie vom Erdboden verschwunden; ***в мýтной ~é ры́бу лови́ть*** im trüben fischen
водвор|я́ть (28), 〈~и́ть〉 (13*e.*) ansiedeln (***в*** B *od.* П in *D*); einquartieren; zurückstellen, zurücklegen; herstellen; wiederherstellen; **-ся** sich häuslich niederlassen, sich einrichten; einkehren, sich einstellen
водеви́ль [-dɛ-] *m* (4) Singspiel *n*
води́тель *m* (4) Fahrer; Führer; **~ский** (16) *Kfz.* Führer-; Armaturen-; **~ство** *n* (9) Führung *f*
води́т|ь (15) führen; → ***вести́***; hin- u. herbewegen; F unterhalten, pflegen; tanzen; P *Tiere* züchten, halten; ***~ь нóсом*** schnuppern; ***~ь зá нос*** an der Nase herumführen; **-ся** F vorkommen; üblich sein; ***~ся*** es gibt; (***за*** T) *Gewohnheit* haben; Umgang *od.* zu tun haben; aufpassen (***с*** T auf *A*); ***э́то за ним ~ся*** F er hat das so an sich; ***так ~ся на свéте*** *Spr.* so ist der Lauf der Welt
вóдк|а *f* (5) Wodka *m*, Branntwein *m*, Schnaps *m*; ***на ~у*** F Trinkgeld *n*
водн|олы́жный (14) Wasserski-; **~ый** (14) Wasser-; Schiffs-
водо|боя́знь *f* (8) Wasserscheu; Tollwut; **~вóзный** (14) Wasser-; **~ворóт** *m* (1) Wasserstrudel; **~ём** *m* (1) Wasserbehälter, Wasserreservoir *n*; *pl.* Gewässer; **~измещéние** *n* (12) Wasserverdrängung *f*; **~кáчка** *f* (5; -чек) Pumpenhaus *n*; **~лáз** *m* (1) Taucher; *Zool.* Neufundländer; **~лéй** *m* (3)

Wasserversorgungsschiff *n*; F Schwätzer; **~лече́ние** *n* (12) Wasserheilkunde *f*; Wasserheilkur *f*; **~ме́р** *m* (1) Wassermesser, Wasseruhr *f*; **~напо́рный** (14) Wasser-; **~непроница́емый** (14*K*.) wasserdicht; **~но́с** *m* (1) Wasserträger; **~па́д** *m* (1) Wasserfall; **~пла́вающий** (17) *Zool.* Wasser-; **~по́й** *m* (3) Tränke *f*; **~прово́д** *m* (1) Wasserleitung *f*; **~прово́дчик** *m* (1) Installateur; **~разбо́рный** (14) Wasserentnahme-; **~разде́л** *m* (1) Wasserscheide *f*; **~ро́д** *m* (1) Wasserstoff; **~́росль** *f* (8) Wasserpflanze, Tang *m*, Alge; **~сбо́р** *m* (1) Quellgebiet *n*; *Bot.* Akelei *f*; **~снабже́ние** *n* (2) Wasserversorgung *f*; **~сто́к** *m* (1) Wasserabfluß; **~храни́лище** *n* (11) Wasserspeicher *m*, Staubecken, Stausee *m*

во́дочный (14) Wodka-, Schnaps-

водру|жа́ть (1), ⟨**~зи́ть**⟩ (15*e*.) aufrichten, aufstellen, aufpflanzen

водян|и́стый (14*K*.) wäss(e)rig; *fig.* blaß; farblos, ausdruckslos; **~́ка** *f* (5) Wassersucht; **~о́й** (14) Wasser-; Warmwasser-; *Su.* Wassergeist *m*

воев|а́ть (6) Krieg führen; kämpfen, F (*c* T gegen *A*) ankämpfen; P sich zanken; **~о́да** *m* (5) *ehm.* Heerführer, Wojewode; Statthalter

воеди́но zusammen, in eins

воен|ача́льник *m* (1) Feldherr, Heerführer; **~вра́ч** *m* (1*e*; -е́й) Militärarzt, Truppenarzt

военизи|а́ция *f* (7) Militarisierung; → **~и́ровать** (7) *im*(*pf*.) militarisieren; auf Kriegsbedarf umstellen; zur Wehrhaftigkeit erziehen

воен|кома́т *m* (1) Wehrersatzamt *n* (*SU*); Kriegskommissariat *n* (*SU*); **~ко́р** *m* (1) Kriegsberichterstatter

военно|возду́шный (14) Luftstreit-; **~морско́й** (16) Marine-, Flotten-; **~обя́занный** *m* (14) Wehrdienstpflichtige(r); **~пле́нный** *m* (14) Kriegsgefangene(r); **~полево́й** (14) *Mil.*, *Jur.* Feld-, Stand-; **~слу́жащий** *m* (17) Armeeangehörige(r), Militärperson *f*; *pl.* Militär *n*

вое́н|ный (14) Kriegs-, Militär-, Wehr-; militärisch; Rüstungs-; Kampf-; Waffen-; *Jur.* Fahnen-; Ausnahme-; *Su.* → ***~нослу́жащий***; **~щина** *f* (5) Militärclique; Soldateska

вожа́|к *m* (1*e*.) Führer, Anführer; Leittier *n*; **~тый** *m* (14) → ***вагоновожа́тый***; Pionierleiter (*SU*); → **~к**

вожделе́н|ие *n* (12) Begierde *f*, Verlangen; **~ный** (14*K*.) heißersehnt, heißbegehrt

вожд|е́ние *n* (12) Fahren, Führen; **~ь** *m* (4*e*.) Führer; Feldherr; Häuptling

во́жжи *f*/*pl*. (5; *ab Gpl. e*.) Zügel *m*, Pferdeleine *f*

воз *m* (1; -́а/-́у; на -у́; *pl. e*.) Fuhre *f*, Fuhrwerk *n*, Wagen; Fuder *n*; F *fig.* Karren; Menge *f*; ***что с ~́а упа́ло, то пропа́ло*** *Spr.* das läßt sich nicht mehr ändern, hin ist hin

возбран|я́ть † (28), ⟨**~и́ть**⟩ (13*e*.) verwehren, verbieten, untersagen

возбу|ди́тель *m* (4) Erreger; **~жда́ть** (1), ⟨**~ди́ть**⟩ (15*e*.; -ждённый) erregen, anregen; wecken, erwecken, hervorrufen; aufreizen, aufwiegeln; *Frage* aufwerfen; *Gesuch* einreichen; *Prozeß* anstrengen; **~жда́ющий** (17) anregend; *Med.* stimulierend; **~жде́ние** *n* (12) Erregung *f*, Anregung *f*; → ***~жда́ть***; **~ждённый** (14*K*.) erregt, aufgeregt

возведе́ние *n* (12) Erhebung *f*; Errichtung *f*; → ***возводи́ть***

возвели́чи|вать (1), ⟨**~ть**⟩ (16) erheben; rühmen, lobpreisen

возвести́ → ***возводи́ть***

возве|ща́ть (1), ⟨**~сти́ть**⟩ (15*e*.) verkünden (В, ***о*** П *A*), bekanntgeben

возв|оди́ть (15), ⟨**~ести́**⟩ (25) hinaufführen; richten, erheben; errichten; befördern (***в*** И *pl.* zu *D*), den Titel e-s . . . verleihen; zurückführen (***к*** Д auf *A*); *Anschuldigung* vorbringen (***на*** В gegen *A*); ***~оди́ть клевету́*** (***на*** В *j-n*) verleumden

возвра́|т *m* (1) Rückgabe *f*, Rückerstattung *f*; Rückkehr *f*; *Med.* Rückfall; *Tech.* Rücklauf; ***без ~та*** unwiederbringlich; **~тный** (14) Rück-; Rückfall-; *Fin.* rückzahlbar; *Gr.* Reflexiv-, rückbezüglich; **~ща́ть** (1), ⟨**~ти́ть**⟩ (15*e*.; -т/щ-), ⟨**верну́ть**⟩ (20) zurückgeben, zurücksenden; zurückerstatten; zurückholen, zurückgewinnen; zurückversetzen; wiederbringen; wiederherstellen; **-ся** zurückkehren, zurückkommen (***к*** Д auf *A*); wieder-

kehren, heimkehren; **~щéние** *n* (12) Rückkehr *f*; Rückgabe *f*; Rückzahlung *f*
возвы|шáть (1), ⟨**~́сить**⟩ (15) erhöhen; befördern; *Stimme* erheben; **-ся** ansteigen, emporsteigen; *impf.* sich erheben; **~шéние** *n* (12) Erhöhung *f*, Anhöhe *f*; Hebung *f*, Erhebung *f*; Aufstieg *m*; Podium; **~́шенность** *f* (8) Höhe, Anhöhe; *fig.* Erhabenheit; **~́шенный** (14*K.*) erhöht, hochgelegen, höhergelegen; *fig.* erhaben
возглав|ля́ть (28), ⟨**~́ить**⟩ (14) an der Spitze stehen (В *G*); *pf.* an die Spitze treten, leiten, führen, anführen
вóзгла|с *m* (1) Ausruf; Zwischenruf; **~шáть** (1), ⟨**~сить**⟩ (15*e.*) laut verkünden, ausrufen
возгоня́ть (28) *Chem.* sublimieren
возгорди́ться (15*e.*) *pf.* stolz werden
возгорéться (9) *pf.* sich entzünden, entflammen (*fig.* T in *D*)
возда|вáть (5), ⟨**~́ть**⟩ (-́м, -́шь; → ***дать***) vergelten (T/***за*** B mit *D*/*A*); *Ehre* erweisen; *Gerechtigkeit* widerfahren lassen; ***~áть по заслу́гам*** nach Verdienst behandeln; → ***дóлжный, хвалá***; **~я́ние** *n* (12) Vergeltung *f*; Belohnung *f* (***в*** В zur)
воздвиг|áть (1) ⟨**~́нуть**⟩ (21) errichten, erbauen
воздéйств|ие *n* (12) Wirkung *f*, Einwirkung *f*, Einfluß *m*; *El.* Größe *f*; **~овать** (7) *im*(*pf.*) einwirken, (***на*** В *A*) beeinflussen
воздéл|ывание *n* (12) Anbau *m*; → **~ывать**, ⟨**~ать**⟩ (1) bebauen, bestellen; kultivieren
воздерж|áние *n* (12) Enthaltsamkeit *f*, Abstinenz *f*; **~́анный** (14*K.*) enthaltsam; **~́иваться** (1), ⟨**~áться**⟩ (4) sich enthalten (***от*** Р *G*); sich zurückhalten, an sich halten; F absagen; ***~áвшийся*** *m* Stimmenthaltung *f*
вóздух *m* (1) Luft *f* (***на*** В an *A*; ***с*** Р aus *D*); Atmosphäre *f* (*a. fig.*); ***~!*** *Mil.* Fliegeralarm!; ***на откры́том ~е*** im Freien; ***на свéжем ~е*** an der frischen Luft
воздухо|ду́вка *f* (5; -вок) *Tech.* Gebläse *n*; **~мéр** *m* (1) Luftmesser; **~плáвание** *n* (12) Luftfahrt *f*; **~плáватель** *m* (4) Luftschiffer
возду́шн|ый (14) **1.** Luft-; *El.* Frei-, Ober-; *Tech.* Hoch-; *Bot.* Puff-; ***~ый поцелу́й*** *m* Kußhand *f*; ***~ое пирóжное*** *n* Windbeutel *m*; **2.** *fig.* (-шен, -а) luftig, leicht, federleicht
воззвá|ние *n* (12) Aufruf *m*, Appell *m*; **~ть** → ***взывáть***
воззр|éние *n* (12) Ansicht *f* (***на*** В über *A*); **~и́ться** F (13*e.*) *pf.* (***на*** В *j-n*) unverwandt ansehen
воз|и́ть (15) → ***везти́***; F schleppen; fahren; P hauen; **-ся** sich zu schaffen machen, hantieren; ausgelassen sein; F sich abgeben; sich abrackern; herumfummeln, trödeln; **~́ка** F *f* (5) Fahren *n*, Transport *m*; Fuhre
возл|агáть (1), ⟨**~ожи́ть**⟩ (16) niederlegen; auferlegen, übertragen (***на*** В *j-m*); *Auftrag* erteilen; *Schuld* zuweisen; *impf. Hoffnungen* setzen
вóзле 1. *Prp.* (Р) neben, bei, an (*D*); **2.** *Adv.* daneben
возликовáть (7) *pf.* in Jubel ausbrechen
возлия́ние F *n* (12) Zecherei *f*
возлож|éние *n* (12) Niederlegung; Auferlegung *f*; **~и́ть** → ***возлагáть***
возлюб|и́ть (14) *pf.* liebgewinnen, ins Herz schließen; **~́ленный** (14) † heißgeliebt; *Su.* Geliebte(r) *m*
возмéздие *n* (12) Vergeltung *f*; Strafe *f*; Lohn *m*
возмести́ть → ***возмещáть***
возмечтáть † (1) *pf.* zu träumen beginnen; F ***~ о себé*** sich viel einbilden
возме|щáть (1), ⟨**~сти́ть**⟩ (15*e.*) ersetzen, wiedergutmachen, (В für *A*) aufkommen; ausgleichen; **~щéние** *n* (12) Ersatz *m*, Entschädigung *f*; Vergütung *f*, Erstattung *f*
возмóжн|о (es ist) möglich, (es) kann sein; vielleicht; ***~о скорéе*** möglichst schnell *od.* bald; **~ость** *f* (8) Möglichkeit; Gelegenheit; *pl.* Aussichten; ***по ~ости, по мéре ~ости*** nach Möglichkeit *od.* Kräften, möglichst; **~ый** (14; -жен, -а) möglich; etwaig, eventuell; ***всё ~ое*** *n* s-n Möglichstes
возмужáлый (14*K.*) mannbar; erwachsen
возму|ти́тельный (14; -лен, -льна) empörend; † aufrührerisch; **~щáть** (1), ⟨**~ти́ть**⟩ (15*e.*; -т/щ) empören, entrüsten; † aufwiegeln, aufhetzen; **-ся** *pf.* in Harnisch geraten; **~щéние** *n*

(12) Empörung *f*, Entrüstung *f*; † Aufwiegelung *f*; Aufruhr *n*; *Astr.* Abweichung *f*; *Tech.* Störung *f*
вознагра|жда́ть (1), ⟨**~ди́ть**⟩ (15*e*.; -ждённый) belohnen; (***себя́*** sich) entschädigen; **~жде́ние** *n* (12) Belohnung *f*, Lohn *m* (***в*** В zum); Prämie *f*; Bezahlung *f*; Gebühr *f*, Provision *f*
вознаме́ри|ваться (1), ⟨**~ться**⟩ (13) †, *iron.* sich vornehmen
вознегодова́ть (7) *pf.* in Zorn geraten (***на*** В über *A*)
возненави́деть (11) *pf.* Haß empfinden (В gegen *A*)
Вознесе́ние *n* (12) Christi Himmelfahrt *f*
вознести́(сь) → ***возноси́ть(ся)***
возник|а́ть (1), ⟨**~нуть**⟩ (21) entstehen, erstehen; aufkommen; *Zweifel*: kommen (***у*** Р *j-m*); *Gedanke*: einfallen; **~нове́ние** *n* (12) Entstehung *f*
возни́ца *m* (5) Kutscher, Fuhrmann
возн|оси́ть (15) ⟨**~ести́**⟩ (25) → ***нести́***; heben, erheben, emportragen; erhöhen; **-ся** ⟨-сь⟩ emporragen; *fig.* sich emporschwingen, sich aufschwingen; F stolz *od.* hochmütig werden
возня́ F *f* (6) Spektakel *m*, Gepolter *n*; Schererei(en *pl.*), Plackerei; Geschäftigkeit
возоблада́ть (1) *pf.* die Oberhand gewinnen; den Ausschlag geben
возобнов|ле́ние *n* (12) Wiederaufnahme *f*; → **~ля́ть** (28), ⟨**~и́ть**⟩ (14*e*.) wiederaufnehmen; wiederherstellen, erneuern, auffrischen; **-ся** wieder beginnen *od.* einsetzen
возо́к *m* (1*e*.; -зка́) Schlittenkutsche *f*
возомни́ть (13*e*.) *pf.*: ***~ себя́*** sich dünken (Т *A*); ***~ о себе́*** sich zu viel einbilden
возра|жа́ть (1), ⟨**~зи́ть**⟩ (15*e*.) erwidern, entgegnen, einwenden; widersprechen; ***не ~жа́ю*** ich habe nichts dagegen; **~же́ние** *n* (12) Einwand *m*, Einspruch *m*; Erwiderung *f*, Entgegnung *f*, Widerrede *f*; ***~же́ний нет?*** hat *j-d* etwas einzuwenden?
во́зраст *m* (1) Lebensalter *n*, Alter *n*; Jahre *n/pl.*; ***в ~е*** in reiferen Jahren; ***на ~е*** F erwachsen; ***не по ~у*** frühreif; ***одного́ ~а*** gleichaltrig; ***с ~ом*** mit zunehmendem Alter; ***с пятиле́тнего ~а*** mit fünf Jahren; **~а́ние** *n* (12) Zunahme *f*, Zuwachs *m*; Steigerung *f*; **~а́ть** (1), ⟨**~и́**⟩ (25; -у́, -ёшь; → ***расти́***) wachsen, anwachsen, zunehmen; steigen; † aufwachsen; **~но́й** [-sn-] (14) Alters-, altersmäßig
возро|жда́ть (1), ⟨**~ди́ть**⟩ (15*e*.; ~ждённый) wiederherstellen, wiedererstehen lassen, wiederbeleben; zurückrufen (***к*** Д in *A*); **-ся** wiedererstehen, wiederaufleben; **~жде́ние** *n* (12) Wiedergeburt *f*; Wiederaufbau *m*; ***Ⱶжде́ние*** *hist.* Renaissance *f*
возро́сший [-ʃʃ-] (17) gestiegen, gewachsen
во́зчик [-ʃtʃ-] *m* (1) Fuhrmann
возыме́ть (8) *pf.* bekommen, erlangen; *Absicht* haben; *Wirkung* zeigen, zeitigen; ***~ си́лу*** in Kraft treten
во́ин *m* (1) Krieger; Soldat; **~ский** (16) Militär-, Kriegs-, Wehr-; militärisch; Dienst-; Sold-; **~́ственный** (14*K*.) kriegerisch, kampflustig; **~ство** *n* (9) Heer; **~́ствующий** (17) militant, streitbar
вои́стину fürwahr, wahrhaftig, wirklich
вои́тель *m* (4) *poet.* Kämpfer, Krieger
вой *m* (3) Geheul *n*, Heulen *n*
во́йло|к *m* (1) Filz; **~чный** (14) Filz-
вой|на́ *f* (5; *pl. st.*) Krieg *m* (***на*** В/П in *A*/*D*); *fig.* Kampf *m*, Ringen *n*; ***в ~ну́*** im Krieg; **~́ско** *n* (9; *pl. e.*) Heer, Armee *f*; *pl.* Truppen *f/pl.*, Streitkräfte *f/pl.*; **~сково́й** (14) Truppen-; Kosaken-, Kosakenheer-
войти́ → ***входи́ть***
вока́льный (14) Vokal-, Gesang(s)-
вокза́л *m* (1) Bahnhof; *Mar.* Empfangsgebäude *n*; **~ьный** (14) Bahnhofs-
вокру́г **1.** *Prp.* (Р) um (*A*), um … herum, rings um; **2.** *Adv.* rings, ringsherum, ringsumher; ***~ да о́коло*** F *fig.* um den (heißen) Brei
вол *m* (1*e*.) Ochse; ***как ~*** wie ein Pferd
вола́н *m* (1) Falbel *f*; *Sp.* Federball
волды́рь *m* (4*e*.) Wasserblase *f*
воле|во́й (14) Willens-; willensstark, energisch; **~изъявле́ние** *n* (12) Willensbekundung *f*
волейбо́л *m* (1) Volleyball; **~и́ст** *m* (1) Volleyballspieler, Volleyballer
во́лей-нево́лей wohl oder übel
во́лжский (16) Wolga-

волк *m* (1; *ab Gpl. e.*) Wolf; **морско́й ~** *fig.* Seebär; **смотре́ть ~ом** F finster dreinschauen; **~ом выть** F sich bitter beklagen; **хоть ~ом вой**! F (es ist) zum Heulen!; **с ~а́ми жить – по-во́лчьи выть** *Spr.* mit den Wölfen muß man heulen; **~о́в боя́ться – в лес не ходи́ть** *Spr.* wer Honig schlekken will, darf die Bienen nicht scheuen; **~ода́в** *m* (1) Wolfshund
волн|а́ *f* (5; *Npl. st.*; -а́м) Welle, Woge (*a. fig.*); Schwall *m*; **~е́ние** *n* (12) Wallung *f*, Wogen; Seegang *m*; *fig.* Aufregung *f*, Erregung *f*; *pl.* Unruhen *f/pl.*; **~и́стый** (14*K.*) wellig, gewellt; Well(en)-; **~ова́ть** (7), ⟨вз-⟩ bewegen; *fig.* aufregen, erregen; † aufwiegeln; **-ся** wallen, wogen; *fig.* sich aufregen (**из-за** Р über *A*; **о** П wegen *G*); **~ово́й** (14) Wellen-; **~оло́м** *m* (1) Wellenbrecher; **~ообра́зный** (14; -зен, -зна) wellenförmig; **~оре́з** → **~оло́м**; **~у́ющий** (17) aufregend, aufwühlend
воло́вий (18) Ochsen-; *fig.* Stier-
волоки́т|а F *f* (5) **1.** Amtsschimmel *m*, Schlendrian *m*; **бума́жная ~а** Papierkrieg *m*; **2.** Schürzenjäger *m*; Schwerenöter *m*; **~чик** F *m* (1) Aktenkrämer, Bürokrat
волок|ни́стый (14*K.*) faserig, Faser-; **~но́** *n* (9; *pl.* -на, -он) Faser *f*
во́локом auf dem Boden schleifend
во́лос *m* (1; *pl.* -ы, -, -а́м) Haar *n*; **ни на́ ~** F kein bißchen; **~а́тый** (14*K.*) behaart, haarig; **~ик** *m* (1) Härchen *n*; **~и́стый** (14*K.*) haarig; *Min.* fas(e)rig; **~но́й** (14) Haar-; **~о́к** *m* (1; -ска́) → **~ик**; *Bot.* Flaumhärchen *n*; *El.* Glühfaden; *Tech.* Feder *f*; **на ~о́к, на ~ке́** um ein Haar, um Haaresbreite; am Rande; **висе́ть на ~ке́** an e-m Haar *od.* dünnen Faden hängen
во́лость *f* (8; *ab Gpl. e.*) *hist.* Amtsbezirk *m*; Gesamtgemeinde
волосяно́й (14) Haar-
волоч|е́ние *n* (12) *Tech.* Ziehen; **~и́льный** (14) Zieh-; Drahtzieh-; **~и́ть** (16) schleppen, schleifen; *Tech.* ziehen; **-ся** Р den Hof machen, nachlaufen (**за** Т *D*); **~ь** Р (26) → **~и́ть**
волхв *m* (1*e.*) Wahrsager; Zauberer
во́лч|ий (18) Wolfs-; wölfisch; F *fig.* Bären-; **~ья я́года** *f* Seidelbast *m*; **~и́ха** F, **~и́ца** *f* (5) Wölfin
волчо́к *m* (1; -чка́) Brummkreisel, Kreisel; F Guckloch *n*, Spion
волчо́нок *m* (2; *pl.* -а́та) Wolfsjunge(s) *n*
волше́б|ник *m* (1), **~ница** *f* (5) Zauberer(-berin *f*); **~ный** (14; -ен, -на) zauberhaft, wunderbar; Zauber-, Wunder-, Feen-; Wünschel-; **~ный фона́рь** *m* Laterna magica *f*; **~ство́** *n* (9) Zauberei *f* (**по** Д durch *A*)
волы́н|ить Р (13) herumtrödeln; **~ка** *f* (5; -ок) Dudelsack *m*; Р Trödelei, Schlendrian *m*; Schererei; **тяну́ть ~ку** Р → **~ить**; **~щик** *m* (1) Dudelsackpfeifer; Р Trödelfritze
вольго́тн|ый F (14; -тен, -а) frei, ungebunden; **~о** weitläufig
во́льн|ая *f* (14) *hist.* Freibrief *m*; **~ица** *f* (5) *ehm.* freies Kosakentum *n*; **~ичать** F (1) sich Freiheiten erlauben, eigenmächtig handeln; **~о́** Р: **~о́ тебе́ . . .** warum mußtest *od.* hast du . . .; **~о́ тебе́ говори́ть** du hast gut reden
вольно|ду́мец *m* (1; -мца) Freidenker, Freigeist; **~люби́вый** (14*K.*) freiheitsliebend; **~наёмный** (14) frei, frei eingestellt; *Su. m* Zivilbeschäftigte(r); **~определя́ющийся** *m* (17) *ehm.* Einjährig-Freiwillige(r) *m*; **~отпу́щенный** (14) *hist.* freigelassen; **~слу́шатель** *m* (4) Gasthörer
во́льн|ость *f* (8) Freiheit; plumpe Vertraulichkeit; *hist.* Privileg *n*; **~ый** (14; -лен, -а́) frei; zu *od.* allzu frei, plump vertraulich; willkürlich; F privat; Frei-; *Sp.* Freistil-; (И) **во́лен** (+ *Inf.*) es steht *j-m* frei, zu . . .; **~но!** *Mil.*, *Sp.* rührt euch!
вольтиж|ёр *m* (1) Kunstreiter, Kunstspringer; **~иро́вка** *f* (5) Kunstreiten *n*
во́л|я *f* (6) Wille *m*; Freiheit (**на** В/П in *A*/*D*); **на ~е** Р im Freien; **~я ва́ша** wie Sie wollen; **э́то в ва́шей ~е** es steht Ihnen frei; **по свое́й ~е** freiwillig; **~ею суде́б** durch Zufall; **брать ~ю** sich (viel) herausnehmen; **дать ~ю** freien Lauf lassen; **дать ~ю рука́м** F handgreiflich werden
вон F **1.** *Adv.* hinaus, raus, fort, weg; **пошёл ~!** pack dich!, hau ab!; **из ума́ ~** entfallen; **2.** *Part.* da, dort; da ist *od.* sind; **~ тот** der *od.* jener dort; **~ там**

da *od.* dort drüben; ~ **туда́** da hinüber; ~ (**оно́**) **что** *od.* **как!** das ist es also!, da sieh mal einer an!; → **вот**

вонз|а́ть (1), ⟨~и́ть⟩ (15*e.*) hineinstoßen; *Blick* bohren; **-ся** sich hineinbohren; eindringen

вон|ь *f* (8) Gestank *m*; **~ю́чий** F (17*K.*) stinkend, stinkig; **~ю́чка** *f* (5; -чек) Stinktier *n*; **~я́ть** (28) stinken (T nach *D*)

вообра|жа́емый (14*K.*) eingebildet, imaginär, vermeintlich; **~жа́ть** (1), ⟨~зи́ть⟩ (15*e.*) (*a.* **себе́**) sich vorstellen *od.* einbilden; denken, sich denken; (**о себе́** von sich) eingenommen sein; (**себя́** T sich als *N*) vorkommen; darstellen (B/T *A* als *N*); **~жа́ю** F das kann ich mir vorstellen; **~же́ние** *n* (12) Einbildungskraft *f*, Phantasie *f*; F Einbildung *f*; **~зи́мый** (14*K.*) denkbar, vorstellbar

вообще́ überhaupt; im allgemeinen; ~ **говоря́** eigentlich; insgesamt

воодушев|ле́ние *n* (12) Begeisterung *f*; Schwung *m*; **~ля́ть** (28), ⟨~и́ть⟩ (14*e.*) begeistern (**на** B für *A*); **-ся** sich begeistern (T für *A*)

вооруж|а́ть (1), ⟨~и́ть⟩ (16*e.*) bewaffnen, ausrüsten (T mit *D*); *fig.* sich wappnen; versehen; (gegen *j-n*) aufbringen; **-ся** aufrüsten; sich sträuben; **~е́ние** *n* (12) Bewaffnung *f*, Aufrüstung *f*; Ausrüstung *f*; Rüstung *f*; **брать на ~е́ние** *et.* als neue Waffe einführen; *fig.* als wirksames Mittel einsetzen; **~ённость** *f* (8) Ausrüstung, Ausstattung; **~ённый** (14*K.*) bewaffnet; Streit-

во́очию mit eigenen Augen; deutlich sichtbar

во-пе́рвых erstens; einmal, zum einen

вопи́|ть F (14*e.*) laut schreien *od.* heulen; wehklagen, jammern; **~ю́щий** (17) zum Himmel schreiend; **глас** *m* **~ю́щего в пусты́не** die Stimme e-s Predigers in der Wüste

вопло|ща́ть (1), ⟨~ти́ть⟩ (15*e.*; -т/щ-) verkörpern; gestalten; umsetzen; **-ся** sich verwirklichen, Gestalt gewinnen; **~ще́ние** *n* (12) Verkörperung *f*; Gestaltung *f*; Verwirklichung *f*; **~щённый** (14) leibhaftig, in Person

вопль *m* (4) Geschrei *n*, Klagegeschrei *n*, Schrei; Wehklagen *n*

вопреки́ (Д) entgegen, zuwider, trotz

вопро́с *m* (1) Frage *f* (**под** B in); Angelegenheit *f*, Sache *f* (**по** Д in *D*); ~ **в том . . .** das Problem liegt darin . . .; ~ **стои́т так** die Dinge liegen so; ~ **не в э́том** es geht nicht darum; **быть под** (**больши́м**) **~ом** (sehr) in Frage gestellt sein; **что за ~?** F natürlich!, klar!; **~и́тельный** (14; -лен, -льна) fragend; (*o. K.*) *Gr.* Frage-, Interrogativ-; **~ник** *m* (1) Frageliste *f*; **~ный** (14) Frage-

вопроша́ющий (17) fragend

вор *m* (1; *ab Gpl. e.*) Dieb; *hist.* Verbrecher; **на ~́е ша́пка гори́т** *Spr.* das Gesicht verrät den Wicht

ворва́ться → **врыва́ться**

воркова́ть (7) gurren, girren; turteln

воркот|ня́ F *f* (6) Brummen *n*, Knurren *n*; **~у́н** P *m* (1*e.*) → **ворчу́н**

вороб|е́й *m* (3; -ья́; -ьёв) Sperling, Spatz; **ста́рого ~ья́ на мяки́не не проведёшь** *Spr.* ein alter Fuchs geht nicht zum zweiten Mal in die Falle; **~ьи́ный** (14) Sperlings-, Spatzen-; **коро́че ~ьи́ного но́са** sehr kurz

ворова|́тый F (14*K.*) durchtrieben, spitzbübisch, schelmisch; schleichend; **~а́ть** (7) stehlen, klauen; **~́ка** *f* (5; -ок) Diebin; **~ски́** F auf diebische Art; verstohlen; betrügerisch; **~ско́й** (16) Dieb(e)s-; Gauner-; diebisch; **~ство́** *n* (9) Diebstahl *m*

ворож|ба́ *f* (5) Wahrsagerei; **~ея́** *f* (6; -е́й) Wahrsagerin; **~и́ть** (16*e.*) wahrsagen

во́рон *m* (1) Rabe; **чёрный ~** P grüne Minna *f*; **куда́ ~ косте́й не занесёт** *Spr.* wo sich die Füchse gute Nacht sagen; **~ ~у глаз не вы́клюет** *Spr.* keine Krähe hackt der anderen ein Auge aus; **~́а** *f* (5) Krähe; F Guckindieluft *m*; **бе́лая ~́а** weißer Rabe *m*; **~́ счита́ть** F Löcher in die Luft gukken; **пу́ганая ~́а куста́ бои́тся** *Spr.* gebranntes Kind scheut das Feuer; **~́ий** (18) Krähen-; **~́ий глаз** *m* Einbeere *f*

воро́нк|а *f* (5; -нок) Trichter *m*; **~ообра́зный** (14; -зен, -зна) trichterförmig

ворон|о́й (14) rabenschwarz; *Su.* Rappe *m*; **~ьё** *n* (10) *koll.* Rabenschwarm *m*; Krähenschwarm *m*; *fig.* F Aas-

geier *m*/*pl*
во́рот *m* (1) Kragen; *Tech.* Winde *f*
воро́т|а *pl.* (9) Tor *n*; Pforte *f*; *Arch.* Bogen *m*; *Flgw.* Schneise *f*; ***бросо́к*** *m* ***от ~*** *Sp.* Torabwurf; ***уда́р*** *m* ***по ~ам*** *Sp.* Torschuß; ***э́то ни в каки́е ~а не ле́зет*** *Spr.* das geht auf keine Kuhhaut; ***пришла́ беда́ – отворя́й ~а́*** *Spr.* ein Unglück kommt selten allein
вороти́ла F *m* (5) Geschäftemacher
вороти́т|ь (15) **1.** P ⟨по-⟩ wenden, abwenden; **2.** P ⟨с-⟩ wälzen, abwälzen; *impf.* → ***воро́чать***; *Nase* rümpfen; ***с души́ ~*** es widert *od.* ekelt *j-n* an; **3.** *pf.* F → ***возвраща́ть(ся)***
воротни́|к *m* (1*e.*) Kragen; **~чо́к** *m* (1; -чка́) (kleiner) Kragen, Hemdkragen
во́рох *m* (1; *pl. e.*, *N* -á) Haufen
воро́чать (1) schieben, rücken; rollen; F drehen, wenden, umwenden; mit Mühe bewegen; rackern; (T *A*) managen; *Geld* umsetzen; → ***вороти́ть***; **-ся** sich wälzen, sich hin u. her drehen; sich bewegen *od.* rühren
вороши́ть (16*e.*) wenden; bewegen; rühren, anrühren
ворс *m* (1) Strich (***по*** Д mit *D*), Haar *n*; **~и́стый** (14*K.*) haarig, wollig; **~ова́ть** (7), ⟨на-⟩ rauhen, anrauhen; **~овый** (14) wollig
ворч|а́ть (4*e.*) brummen, knurren; **~ли́вый** (14*K.*) brummig, knurrig; **~у́н** F *m* (1*e.*) Brummbär, Knurrhahn
восвоя́си F nach Hause, heim
восем|на́дцатый (14) achtzehnte(r); → ***пя́тый***; **~на́дцать** (35) achtzehn; **~ь** (35*e.*; восьми́; -ью) acht; **~ьдесят** (35; восьми́десяти) achtzig; → ***три́дцать***; **-ьсо́т** (36; восьмисо́т) achthundert; **~ью** achtmal
воск *m* (1) Wachs *n*
воскли|ца́ние *n* (12) Ausruf *m*, Zuruf *m*, Ruf *m*; **~ца́тельный** (14) Ausrufe-, Ausrufungs-; **~ца́ть** (1), ⟨~кнуть⟩ (20) ausrufen
воско́в|ка *f* (5; -ок) Wachsmatrize; **~о́й** (14) Wachs-; wächsern; *fig.* wachsbleich
воскре|са́ть (1), ⟨~снуть⟩ (21) auferstehen (***из*** P von *D*), erstehen; wiedererwachen, wiederaufleben; *Ostergruß*: ***Христо́с ~с(е)!*** Christus ist auferstanden!; *Antwort*: ***воистину ~с(е)!*** Er ist wahrhaftig auferstanden!; **Ꙇсе́ние** *n* (12) Auferstehung *f*; **~се́ние** Wiedergeburt *f*, Wiedererweckung *f*; **~се́нье** *n* (10) Sonntag *m* (***в*** B am); → ***вто́рник***; **~сник** *m* (1) Sonderschicht *f*, kollektiver Arbeitseinsatz *m* am Sonntag (*SU*); **~сный** (14) Sonn-; Sonntags-; sonntäglich; **~ша́ть** (1), ⟨~си́ть⟩ (15*e.*) wiedererwecken, wiederbeleben; ***~си́ть в па́мяти*** in Erinnerung rufen
воспал|е́ние *n* (12) Entzündung *f*; **~ённый** (14*K.*) entzündet; **~и́тельный** (14) Entzündungs-, entzündlich; **~я́ться** (28), ⟨~и́ться⟩ (13*e.*) sich entzünden; *fig.* † entflammen (T in)
воспе|ва́ть (1), ⟨~ть⟩ (-пою́, -поёшь; -тый; → ***петь***) besingen, preisen, lobpreisen
воспит|а́ние *n* (12) Erziehung *f*; Schulung *f*; Aufklärung *f*; Pflege *f* (***на*** B in); **~анник** *m* (1) Zögling, Schüler; Pflegekind *n*; **~анный** (14*K.*) wohlerzogen; **~а́тель** *m* (4), **~а́тельница** *f* (5) Erzieher(in *f*); Kindergärtnerin *f*; **~а́тельный** (14) Erziehungs-; erzieherisch; *ehm.* Findel-; **~ывать,** ⟨~а́ть⟩ (1) erziehen (***в*** П/В *j-n* zu *D*), großziehen, anerziehen; heranziehen (B, T *A*)
воспламен|е́ние *n* (12) Entzündung *f*; → **~я́ть** (28), ⟨~и́ть⟩ (13*e.*) entzünden; *fig.* entflammen; **-ся** Feuer fangen, in Brand geraten; sich entzünden (T an *D*) *od.* entflammen (für *A*); **~я́емый** (14*e.*) entzündbar
восполн|я́ть (28), ⟨~ить⟩ (13) ergänzen, vervollständigen; ersetzen, wettmachen; *Lücke* schließen, ausfüllen; *Mil.* auffüllen
воспомина́ние *n* (12) Erinnerung *f* (***о*** П an *A*)
воспре|ща́ть (1), ⟨~ти́ть⟩ (15*e.*; -т/щ-) verbieten; ***вход ~щён*** Eintritt verboten; ***кури́ть ~ща́ется*** Rauchen verboten; ***ходи́ть по газо́нам ~ща́ется*** Rasen nicht betreten
воспри|е́мник *m* (1) Taufpate *m*; **~и́мчивый** (14*K.*) empfänglich (***к*** Д für *A*), sensibel; *Med.* anfällig; **~нима́ть** (1), ⟨~ня́ть⟩ (-приму́, -мешь; → ***приня́ть***) wahrnehmen, aufnehmen; auffassen, begreifen; **-ся** *impf.* verständlich *od.* faßbar sein; **~я́тие** *n* (12) Warnehmung *f*; Auffassung *f*

воспроиз|веде́ние *n* (12) Wiedergabe *f*; Reproduktion *f*, Nachbildung *f*; Nachdruck *m*; *Bio*. Wiedererzeugung *f*; **~води́ть** (15) ⟨~вести́⟩ (25) wiedergeben; reproduzieren; nachbilden; nachdrucken; wiedererzeugen; sich ins Gedächtnis zurückrufen; **~во́дство** *n* (9) Reproduktion *f*
воспря́нуть (20) *pf*. sich wieder aufraffen; → **~ ду́хом** sich wiederaufrichten, neuen Mut fassen
воспыла́ть (1) *pf*. entbrennen (T in)
воссе|да́ть (1) thronen, sitzen; **~́сть** (25; -ся́ду, -дешь; → **се́сть**) *pf*. sich setzen, sich feierlich niederlassen; *Thron* besteigen
восславля́ть *poet*. → **прославля́ть**
воссоедин|е́ние *n* (12) Wiedervereinigung *f*; **~я́ть** (28), ⟨~и́ть⟩ (13*e*.) wiedervereinigen
воссозда|ва́ть (5), ⟨~ть⟩ (-́м, -́шь; → **дать**) neu schaffen; wiederherstellen; wachrufen; nachbilden, reproduzieren; sich vergegenwärtigen
восста|ва́ть (5), ⟨~́ть⟩ (-ста́ну, -́нешь; → **стать**) sich erheben *od*. auflehnen; auferstehen (**из** P von *D*)
восстан|а́вливать (1), ⟨~ови́ть⟩ (14) wiederherstellen; wiederaufbauen; wachrufen; wiedereinsetzen, wiederaufnehmen (**в** П in *A*); aufbringen; **~́ие** *n* (12) Aufstand *m*; **~ови́тельный** (14) Wiederaufbau-; *Med*. plastisch; **~овле́ние** *n* (12) Wiederherstellung *f*; Wiederaufbau *m*; *Chem*. Reduktion *f*; → **~а́вливать**
восста́ть → **восстава́ть**
восто́к *m* (1) Osten (**на** В/П nach/im; **с** P aus *D*); **к ~у** *od*. **на ~ от** (P) östlich von (*D*); ≈ der Osten; Orient, Morgenland *n*; **ме́жду ≈ом и За́падом** Ost-West-; **~ове́д** *m* (1) Orientalist; **~ове́дение** *n* (12) Orientalistik *f*
восто́р|г *m* (1) Entzücken *n*; **в ~ге** entzückt (**от** P von *D*); **приводи́ть** (**приходи́ть**) **в ~г** in Entzücken versetzen (geraten); **~га́ть** (1) entzücken; **-ся** begeistert sein (T von *D*); **~женный** (14*K*.) begeistert, entzückt, verzückt; exaltiert; **~жествова́ть** (7) *pf*. die Oberhand gewinnen, siegen; → **торжествова́ть**
восто́чн|ый (14) Ost-, östlich; orientalisch, Orient-; **~ее** (P) östlich (von *D*)
востре́бова|ние *n* (12): **до ~ния** postlagernd; **~ть** (7) *pf*. sich aushändigen lassen
востр|о́ F: **держа́ть у́хо ~о́** die Ohren spitzen, auf der Hut sein; **~оно́сый** F (14*K*.) spitznasig; **~у́шка** F *f* (5; -шек) Blitzmädel *n*
восхвал|е́ние *n* (1) Lobpreisung *f*; **~я́ть** (28), ⟨~и́ть⟩ (13*e*.) preisen, lobpreisen
восхи|ти́тельный (14; -лен, -льна) entzückend, bezaubernd; **~ща́ть** (1), ⟨~ти́ть⟩ (15*e*.; -т/щ-) hinreißen, entzücken; **-ся** entzückt *od*. begeistert sein (T von *D*), in Entzücken geraten; **~ще́ние** *n* (12) Entzücken, Begeisterung *f*; → **восто́рг**
восхо́|д *m* (1) Aufstieg *m*; **~д на́ гору** Bergbesteigung *f*; **~д со́лнца** Sonnenaufgang; **~ди́ть** (15), ⟨взойти́⟩ (взойду́, -дёшь; → **сойти́**) steigen, aufsteigen, hinaufsteigen, (**на** В) besteigen; *Astr*., *Agr*. aufgehen; *impf*. zurückgehen (**к** Д auf *j-n*); *Zeit*: zurückreichen (**к** Д in *A*, bis in *A*); **~дя́щий** (17) steigend, aufsteigend; *fig*. aufgehend; **~жде́ние** *n* (12) → **~д**
восше́ствие [-ʃʃ-] *n* (12): **~ на престо́л** Thronbesteigung *f*
восьмёр|ка *f* (5; -ок) Acht; *Sp*., F *Bus*: Achter *m*; Achtspänner *m*; **~ка пик** Pik-Acht; **'≈о** (37) acht; → **дво́е**
восьмидесятиле́т|ие *n* (12) achtzig Jahre *n/pl*.; achtzigste(r) Jahrestag *od*. Geburtstag *m*; **~ний** (15) achtzigjährig
восьми|деся́тый (14) achtzigste(r); → **пя́тый, двадца́тый**; **~дне́вный** (14) achttägig; **~кла́ссник** *m* (1) Schüler der achten Klasse; **~кра́тный** (14) achtfach; **~ле́тний** (15) achtjährig; **~ме́сячный** (14) achtmonatig, Achtmonats-; **~со́тый** (14) achthundertste(r); **~ты́сячный** (14) achttausendste(r); → **ты́сячный**; **~уго́льный** (14) achteckig; **~часово́й** (14) achtstündig, Achtstunden-; Achtuhr-; **~эта́жный** (14) achtstöckig
восьм|о́й (14) achte(r); → **пя́тый**; **форма́том в одну́ ~у́ю** in Oktav; **~у́шка** F *f* (5; -шек) Oktavformat *n*; Achtelbogen *m*; Achtel *n* Pfund
вот (*a*. **~ здесь, тут**) da, da ist, sind; das ist (aber); nun; eben; **~ э́тот** dieser da; → **вон**; **~, ≈** F das ist es eben; →

и́менно; *~ и...* da ... nun *od.* also; *~ и всё* F das ist alles, das war's; damit hat sich's; *~ ещё* (*что*)*!* F auch das noch!, i wo!; *~ как!* F sieh da!; da sieh mal einer an!; folgendermaßen; → *как*; *~ что* folgendes; → *вон*; *~ тебе́!* F da hast du's!; *~ тебе́* (*и*) *раз od. на́!* F da haben wir's!; *~ где* da also; *~ почему́* deshalb also; → *како́в*; **~ бы ...!** F ... wäre jetzt schön!; *~-~ Adv.* F gleich, sogleich, jeden Augenblick

воткну́ть → *втыка́ть*

во́тчина *f* (5) *hist.* Stammgut *n*, Erbgut *n*

воцар|я́ться (28), ⟨~и́ться⟩ (13*e.*) *fig.* eintreten, einkehren; † den Thron besteigen

вошь *f* (8; вши; во́шью) Laus

вощ|а́нка *f* (5; -нок) Wachspapier *n*; **~ёный** (14) gewachst; Wachs-; → **~и́ть** (16*e.*) ⟨на-⟩ wachsen; bohnern

вoя́ка *m* (5) † Haudegen, F Raufbold

впа|да́ть (1), ⟨~сть⟩ (25; -л, ˘-ла) einfallen, einsinken; *fig.* geraten, fallen, verfallen; *impf.* münden; *Farbe*: schillern; **~де́ние** *n* (12) Einmündung *f*; **˘~дина** *f* (5) Vertiefung, Senke; Höhle

впа́|ивать (1), ⟨~я́ть⟩ (28) einlöten; **~йка** *f* (5) Einlöten *n*; Einlötung

впа́|лый (14*K.*) eingefallen, eingesunken, hohl; **~сть** → *~да́ть*

впая́ть → *впа́ивать*

вперв|ы́е, F **~о́й** zum erstenmal, erstmals; *не ~о́й* F nicht neu (Д für *j-n*)

вперебо́й F → *наперебо́й*

вперева́лку F watschelnd

вперего́нки́ F → *наперего́нки*

вперёд vorwärts, voran, vor; F im voraus; künftig; in Zukunft; P zuerst; F *Uhr*: geht vor; **˘~и́ 1.** *Adv.* vorn(e), voraus, voran; F → ~; **2.** *Prp.* (P) vor (*D*); *~и́ всех* allen voraus; (*у* P) *жизнь ~и́* das Leben liegt vor *j-m*; *об э́том речь ~и́* davon wird noch die Rede sein

вперемé|жку F abwechselnd; untermischt; **~шку** F durcheinander, kunterbunt; verstreut (*с* T zwischen *D*)

впер|я́ть (28), ⟨~и́ть⟩ (13) *Blick* richten, heften (*в* B auf *A*), (*A*) anstarren

впечатл|е́ние *n* (12) Eindruck *m* (*о* П von *D*); **~и́тельный** (14; -лен, -льна) sensibel; **~я́ющий** (17*K.*) beeindruckend, eindrucksvoll

впива́ть (1), ⟨~ть⟩ (вопью́, -пьёшь; → *пить*) einsaugen; aufsaugen; **-ся** (˘-лся́, -ла́сь, ˘-ло́сь) sich festsaugen *od.* festbeißen; sich verkrallen; *fig.* sich anklammern (*в* B an *D*); eindringen; verschlingen (*в* B *A*)

впи́с|ывать (1), ⟨~а́ть⟩ (3) eintragen, einfügen; einzeichnen; *fig.* schreiben (*в* B in *D*)

впи́т|ывать ⟨~а́ть⟩ (1) aufsaugen, einsaugen; *fig.* in sich aufnehmen; **~ывающий** Saug-; **-ся** eindringen

впи́ть(ся) → *впива́ть(ся)*

впи́х|ивать F (1), ⟨~ну́ть⟩ (20) hineinstoßen, hineinzwängen

вплавь schwimmend

впле|та́ть (1) ⟨~сти́⟩ (25 -т-) hineinflechten; *fig.* einflechten

вплот|ну́ю dicht, ganz nahe, hautnah, hart (*к* Д an *A*); *fig.* F ernsthaft; **~ь** dicht, direkt; *~ь до* (P) bis zu *od.* hin zu (*D*), direkt an (*A*); selbst (*N*, *A*)

впова́лку F nebeneinander(liegend)

вполго́лоса halblaut, leise

вполз|а́ть (1), ⟨~ти́⟩ (24) hineinkriechen, hineinklettern; hinaufkriechen, hinaufklettern

вполне́ völlig, vollkommen, ganz

впол|оборо́та halb zugewandt (*к* Д *D*); **~овину** P zur Hälfte

впопа́д F treffend, zutreffend, passend

впопыха́х F in der *od.* aller Eile

впо́ру F passend; *быть ~* passen; *präd.* da kann man nur noch (+ *Inf.*)

впорхну́ть (20) *pf.* hereinflattern, hereinschweben

впосле́дствии später, späterhin, nachher, in der Folge *od.* Folgezeit

впотьма́х im Dunkeln *od.* Finstern

впра́вду P wirklich, tatsächlich

впра́ве zu Recht; *быть ~* berechtigt sein, ein Recht darauf haben

вправля́ть (28), ⟨˘~ить⟩ (14) einrenken; F hineinstecken; *~ мозги́* F *fig.* den Kopf zurechtrücken

впра́во nach rechts; rechts

впредь künftig(hin); von nun an; *~ до* (P) bis zu (*D*); *~ до* (*дальне́йшего*) *распоряже́ния* bis auf weiteres

впри|гля́дку F, **~ку́ску** F: *пить чай ~гля́дку od. ~ку́ску* Tee ohne Zucker *od.* dazu kleine Stückchen Zucker abbeißend trinken

впри|пры́жку hüpfend; **~ся́дку** hok-

kend tanzen (*dabei die Beine hochwerfend*)
вприт|и́рку F, **~ы́к** F → ***вплотну́ю***
впро́голодь F hungernd, kärglich; ***жить ~*** F am Hungertuch nagen
впрок auf Vorrat, als Reserve; zum Nutzen *od.* Vorteil
вприса́к F: ***попа́сть ~*** hereinfallen
впросо́нках F im Halbschlaf
впро́чем im übrigen, übrigens; freilich
впры́г|ивать (1), ⟨**~нуть**⟩ (20) hineinspringen; hinaufspringen
впры́с|кивание *n* (12) Injektion *f*; **~кивать** (1), ⟨**~нуть**⟩ (20) einspritzen
впря|га́ть (1), ⟨**~чь**⟩ (26; -г/ж-) einspannen, anspannen, (***в*** В vor *A*) spannen
впря́мь P tatsächlich, in der Tat
впрячь → ***впряга́ть***
впус|к *m* (1) Einlaß; **~ка́ть** (1), ⟨**~ти́ть**⟩ (15) einlassen, hineinlassen, hereinlassen; hineinträufeln; **~кно́й** (14) Einlaß-
впусту́ю F umsonst, unnütz; ergebnislos; ***говори́ть ~*** in den Wind reden
впу́т|ывать, ⟨**~ать**⟩ (1) einflechten, hineinflechten; *fig.* verwickeln, hineinziehen; **-ся** sich hineinziehen lassen
впя́теро fünfmal, fünffach; → ***втро́е***; ***~́м*** zu fünft, zu fünfen
в-пя́тых fünftens
враб|а́тываться, ⟨**~о́таться**⟩ F (1) sich einarbeiten
вра|г *m* (1*e.*) Feind; Gegner; **~жда́** *f* (5) Feindschaft; **~жде́бный** (14; -бен, -бна) feindselig (***к*** Д gegen *A*); feindlich, feindlich gesinnt; **~ждова́ть** (7) auf dem Kriegsfuß stehen, sich befeinden, in Zwist leben **~́жеский** (16) feindlich; Feindes-; **~́жий** (18) *poet.* → ***~́жеский***; teuflisch; ***~́жья си́ла*** *f* Teufel *m*
вraз P auf einmal, zugleich, sogleich
враз|би́вку F wahllos, in willkürlicher Reihenfolge; **~бро́д** F zerstreut, ungeordnet; unkoordiniert; **~бро́с** F verstreut; **~ва́лку** F watschelnd; → ***разбро́д***; **~нобо́й** F einzeln, vereinzelt; → ***~би́вку***; **~но́с** F Straßen-; ***торгова́ть ~но́с*** hausieren; **~ре́з** (***с*** Т *D*) zuwider; ***идти́ ~ре́з*** zuwiderlaufen; **~ря́дку** *Typ.* gesperrt
вразум|и́тельный (14; -лен, -льна) verständlich, deutlich, klar; **~ля́ть** (28), ⟨**~и́ть**⟩ (14*e.*) zur Vernunft bringen
вра́|ки F *pl.* (5) → ***~нье́***; **~ль** F *m* (4*e.*) Lügenmaul *n*; Aufschneider; Schwätzer; **~нье́** F *n* (10) *koll.* Lügen *f*/*pl.*, Geflunker; dummes Geschwätz
врасплóх: ***застига́ть ~*** überraschen, überrumpeln
врассыпну́ю zerstreut, in alle Richtungen
враст|а́ть (1), ⟨**~и́**⟩ (25; → ***расти́***) hineinwachsen; einsinken; sich einleben; ***как в зе́млю врос*** wie angewurzelt
врастя́жку F ausgestreckt; der Länge nach; gedehnt
врата́ *pl.* (9) †, *poet.* Tor *n*, Pforte *f*; **~рь** *m* (4*e.*) *Sp.* Torwart
врать F (вру, врёшь; врал, -á; ́-вранный) **1.** ⟨со-⟩ lügen, flunkern; aufschneiden; ***врёшь***! P denkste!, so siehst du aus!; **2.** ⟨на-⟩ anschwärzen (***на*** В *A*); schwatzen, plappern, ausplappern; **3.** ⟨со-, на-⟩ falsch spielen *od.* singen; *impf.* falsch gehen *od.* anzeigen
врач *m* (1*e.*; -е́й) Arzt; ***~-специали́ст*** *m* Facharzt; ***~ по вну́тренним боле́зням*** Internist; **~е́бный** (14) ärztlich; Ärzte-; Heil-; **~ева́ть** (6 -у́-), † ⟨у-⟩ ärztlich behandeln; heilen
вращ|а́тельный (14) Dreh-, Kreis-, Rotations-; **~а́ть** (1) drehen; F *Augen* rollen (Т *A*); **-ся** kreisen (***вокруг*** P um *A*); *Tech.* rotieren; *fig.* verkehren (***среди́*** P mit *D*); **~е́ние** *n* (12) Drehen, Kreisen; Umlauf *m*; Drehung *f*, Rotation *f*
вред *m* (1*e.*) Schaden, Nachteil (***во*** В/Д zum/*G*); **~и́тель** *m* (4) Schädling; **~и́тельский** (16) Schädlings-; **~и́тельство** *n* (9) Sabotagetätigkeit *f*; **~и́ть** (15*e.*), ⟨по-⟩ (**~ждённый**) schaden; schädigen (Д *j-n*); **~́ный** (14; ́-ен, -на́) schädlich, ungesund; nachteilig; Schad-; P böse; **~оно́сный** (14; -сен, -сна) *fig.* verderblich
врез|а́ть, **~́ывать** (1), ⟨**~́ать**⟩ (3) einschneiden, einlassen, einbauen; *fig.* einprägen; P e-e runterhauen; **-ся** eindringen, einschneiden; hineinragen, herausragen; F hineinstoßen, hineinrasen; *fig.* sich hineinbohren; P sich verknallen; **~но́й** (14) Einsteck-
времен|а́ми zeitweise, zuweilen; **~но́й**

(14) Zeit-; Temporal-; ~ный (14; -ен, -на) zeitweilig, vorübergehend; provisorisch, Interims-, Not-, Behelfs-; Aushilfs-; **~щи́к** *m* (1*e.*) *hist.* Günstling, Favorit

вре́м|я *n* (13) Zeit *f* (***в*** B in, zu *D*; ***на*** B für *A*); Zeitpunkt *m* (***в*** B zu *D*); Wetter; *Gr.* Tempus, Zeitform *f*; Stunde(n *pl.*) *f*; (***во*** П) Zeit-; ***~ён*** aus der Epoche; ***~я го́да*** Jahreszeit *f*; ***в то же ~я*** zur gleichen Zeit; ***в своё ~я*** seinerzeit; zu gegebener Zeit; ***в ско́ром ~ени*** bald, nächstens; ***в неда́вние ~ена́*** unlängst, vor einiger Zeit; ***во ~я*** (P), ***в то ~я как*** während; ***во ~ена́*** zur Zeit; ***до сего́ (после́днего) ~ени*** bis jetzt (vor kurzem); ***за ~я*** im Laufe, während; ***на ~я*** zeitweilig, auf (einige) Zeit; ***на пе́рвое ~я*** fürs erste; ***одно́ ~я*** e-e Zeitlang; ***от ~ени до ~ени*** von Zeit zu Zeit; ***по ~ена́м, ~я от ~ени*** zeitweise, zuweilen; ***со ~ён*** seit der Zeit; ***тем ~енем*** inzwischen; ***~я не ждёт*** *od.* ***те́рпит*** die Zeit drängt, es eilt; ***во ~я о́но*** in alten Zeiten; ***всему́ своё ~я*** alles zu seiner Zeit; ***~я пока́жет*** *Spr.* kommt Zeit, kommt Rat; ***де́лу ~я – поте́хе час*** *Spr.* erst die Arbeit, dann das Vergnügen; ***~я – лу́чший врач*** *Spr.* die Zeit heilt alle Wunden; → ***пора́***; **~яисчисле́ние** [-ʃtʃ-] *n* (12) Zeitrechnung *f*; **~я́нка** F *f* (5; -нок) Behelfsbau *m*; Eisenöfchen *n*; **~япрепровожде́ние** *n* (12) Zeitvertreib *m* (***для*** P zum)

вро́вень bis zu (***с*** T *D*); in gleicher Höhe; ebenso wie (*N*); ***идти́ ~*** Schritt halten

вро́де (P) ähnlich (*D*); in der Art (von); ***не́что ~*** so etwas wie; F ***~ как*** *od.* ***бы*** wohl; gleichsam

врождённый (14*K.*, *f* -дена́) angeboren (***у*** P *D*); *Anat.* Geburts-

врозь getrennt; grätsch-; F schief

вруб|а́ть (1), ⟨~и́ть⟩ (14) einhauen, einrammen; F einschalten; **-ся** eindringen, vordringen; *Mil.* sich einhauen

врукопа́шную im *od.* in e-n Nahkampf, im *od.* in ein Handgemenge

врун F *m* (1*e.*) Lügner

вруч|а́ть (1), ⟨~и́ть⟩ (16*e.*) aushändigen, übergeben, überreichen; *fig.* anvertrauen; **~е́ние** *n* (12) Aushändigung *f*; Überreichung *f*; **~ну́ю** von Hand, manuell

вры|ва́ть (1), ⟨~ть⟩ (22) eingraben

врыва́ться (1), ⟨ворва́ться⟩ (ворву́сь, -вёшься; → ***рвать***) hineinstürmen, hineinströmen; einbrechen, eindringen

врыть → ***врыва́ть***

вряд: ***~ ли*** kaum, schwerlich

вса́|дник *m* (1) Reiter; ~живать (1), ⟨~ди́ть⟩ (15) F hineinstoßen, hineinhauen; P *Fin.* hineinstecken; ***~ди́ть пу́лю в лоб*** e-e Kugel durch den Kopf jagen

всамдели́шный (14) echt, richtig

вса́сыва|ть (1), ⟨всоса́ть⟩ (всосу́, -сёшь; -санный) einsaugen, aufsaugen; **~ющий** *Tech.* Ansaug-; **-ся** eindringen, einsinken

всё → ***весь***; alles; F immer, immerzu; immer noch; nur, allein; ***~ же*** doch, dennoch; immerhin; ***~ тот же*** eben derselbe

все|ве́дущий (17*K.*) allwissend; **~вла́стие** *n* (12) Allmacht *f*; **~возмо́жный** (14) allerlei, allerhand; *pl.* alle möglichen; **~во́лновый** (14) Allwellen-; **2вы́шний** (16) allerhöchst, göttlich; *Su. m* Gott

всегда́ immer, stets, allzeit; **~шний** (15) ständig, beständig, immerwährend

всего́ insgesamt, im ganzen; ***~ лишь*** *od.* ***то́лько*** F bloß, lediglich; erst; ***~-на́~*** alles in allem; ***то́лько и ~*** weiter nichts; → ***весь***

в-седьмы́х sieb(en)tens

всезна́|йка F *m/f* (5; -ек) Besserwisser(in *f*); **~ющий** (17) allwissend

всел|е́ние *n* (12) Einzug *m*; Einquartierung *f*; **~е́нная** *f* (14) Weltall *n*, Universum *n*; **~е́нский** (16) ökumenisch; Welt-; Weltkirchen-; **~я́ть** (28), ⟨~и́ть⟩ (13*e.*) einquartieren; *fig.* einflößen, verleihen (***в*** B/B *j-m A*); **-ся** einziehen; *fig.* sich einnisten (***в*** B in *D*)

всеме́рн|ый (14) größtmöglich, jegliche(r); **~о** in jeder Weise, mit allen Mitteln

все́меро siebenmal, siebenfach; → ***втро́е***; **~м** zu siebent, zu sieben

все|ми́рно-истори́ческий (16) welthistorisch; **~ми́рный** (14) Welt-; weltweit; **~могу́щий** (17*K.*) allmächtig; **~наро́дный** (14; -ден, -дна) allgemein; Volks-, des ganzen Volkes; *Adv.* öffentlich, vor allen Leuten; **~нощная** [-ʃn-] *f* (14) Nachtmesse (***на*** П in *D*); **~обуч** *m* (1) allgemeine Schulpflicht *f*; **~общий** (17*K.*) allgemein; General-; → ***~мирный***; **~объемлющий** (17*K.*) allumfassend; **~оружие** *n* (12): ***во ~оружии знаний*** ausgerüstet mit umfassendem Wissen; **~побеждающий** (17) alles bezwingend, überwältigend; **~российский** (16) allrussisch

всерьёз ernstlich, ernsthaft, im Ernst

все|сильный (14; -лен, -льна) allmächtig, allgewaltig; **~союзный** (14) Allunions-; **~сторонний** (15; -онен, -ння) allseitig, vielseitig; eingehend, umfassend; **~-таки** doch, dennoch; **~услышание** *n* (12): ***во ~услышание*** laut, öffentlich; **~цело** ganz ganz u. gar, völlig; **~ядный** (14; -ден, -дна) allesfressend

вск|акивать (1), ⟨**~очить**⟩ (16) springen, sich schwingen; aufspringen, auffahren (***с*** Р von *D*; vor *D*); *fig.* F sich bilden

вск|апывать, ⟨**~опать**⟩ (1) umgraben

вск|армливать (1), ⟨**~ормить**⟩ (14) aufziehen, großziehen; ernähren, auffüttern

вскачь im Galopp

вски|дывать (1), ⟨**~нуть**⟩ (20) hinaufwerfen, emporwerfen; aufladen; hochwerfen, hochreißen, hochrecken

вскип|ать (1), ⟨**~еть**⟩ (10*e.*) aufkochen; *fig.* aufbrausen

всклокоченный F (14*K.*) zerzaust, zott(el)ig

всколыхнуться (21) *pf.* in Bewegung *od.* Aufregung geraten; → ***колыхать(ся)***

вскользь flüchtig, beiläufig; nebenbei, am Rande

вскопать → ***вскапывать***

вскоре bald darauf; in kurzer Zeit

вскормить → ***вскармливать***

вскочить → ***вскакивать***

вскри|кивать (1), ⟨**~кнуть**⟩ (20) aufschreien; **~чать** (4*e.*) *pf.* ausrufen

вскружить (16/16*e.*) *pf. fig.* verdrehen; steigen (В zu); **-ся** *fig.* verlieren (***у*** Р/И *j-d A*)

вскры|вать (1), ⟨**~ть**⟩ (22) aufmachen, öffnen; aufdecken; *Bgb.* aufschließen, erschließen; *Med.* sezieren, obduzieren; **-ся** aufgehen, aufbrechen, aufplatzen; *fig.* sich offenbaren, zutage treten; ***Нева ~лась*** das Eis der Newa brach auf; **~тие** *n* (12) Öffnen; Aufbrechen; Eisbruch *m*; *Bgb.* Aufschluß *m*; *fig.* Aufdeckung *f*; *Med.* Sektion *f*, Obduktion *f*, Autopsie *f*

всласть F zur Genüge; → ***вволю***

вслед hinterher; ***~ за*** gleich *od.* unmittelbar nach … (Т *D*); ***идти ~ за*** (Т *j-m*) auf dem Fuß folgen; ***~ за тем*** gleich darauf

вследствие (Р) infolge; ***~ того что*** dadurch, daß; ***~ чего*** weswegen; ***~ этого*** demgemäß, infolgedessen

вслепую blindlings; aufs Geratewohl; *Flgw.* Blind-

вслу|х laut; ***читать ~х*** vorlesen; **~шиваться**, ⟨**~шаться**⟩ (1) genau *od.* genauer *od.* aufmerksam hinhören; aufhorchen; achtgeben (***в*** В auf *A*)

всм|атриваться (1), ⟨**~отреться**⟩ (9) genauer hinsehen *od.* (***в*** В *A*) ansehen, betrachten, fixieren; starren

всмятку weich, weichgekocht

всовывать (1), ⟨**всунуть**⟩ (20) hineinstecken; **-ся** Р → ***просунуться***

всосать(ся) → ***всасывать(ся)***

всп|аивать (1), ⟨**~оить**⟩ (13) aufsäugen; → ***вскармливать***

всп|арывать F (1), ⟨**~ороть**⟩ (17) auftrennen, aufschlitzen

вспа|хивать (1) → ***пахать***; **~шка** *f* (5) Aufpflügen *n*, Umpflügen *n*

всплакнуть F (20) *pf.* ein wenig weinen

всплес|к *m* (1) Plätschern *n*; **~кивать** (1), ⟨**~нуть**⟩ (20) plätschern; ***~нуть руками*** die Hände über dem Kopf zusammenschlagen

сплошную Р dicht aneinander *od.* nebeneinander; durchweg(s)

всплы|вать (1), ⟨**~ть**⟩ (23) auftauchen (***на*** В an *A*); *fig.* zutage treten; dringen

вспоить → ***вспаивать***

всполошить F (16*e.*) *pf.* in Aufregung *od.* Unruhe versetzen; **-ся** unruhig werden, in Aufregung geraten

вспом|инать (1), ⟨**~нить**⟩ (13), F ⟨**~януть**⟩ (19) sich erinnern (В, ***о*** П an *A*); gedenken (*G*), sich besinnen (auf *A*); **~нил** (И *j-m*) fiel ein (***о*** П *N*);

-ся: ***~ина́ется*** *od.* ***~нилось*** (Д/И) = (И) ***~ина́ет*** *od.* ***~нил*** (В, ***о*** П)
вспомога́тельный (14) Hilfs-
вспомяну́ть → ***вспомина́ть***
вспоро́ть → ***вспа́рывать***
вспорхну́ть (20) *pf.* auffliegen, aufflattern; *fig.* F hinaufschweben
вспры́г|ивать (1), ⟨**~нуть**⟩ (20) aufspringen, sich aufschwingen
вспры́с|кивание F *n* (12) *Med.* Spritze *f*; **~кивать** (1), ⟨**~нуть**⟩ (20) besprengen; *Med.* spritzen, einspritzen; F *et.* begießen, einweihen
вспу́г|ивать (1), ⟨**~ну́ть**⟩ (20) aufscheuchen, aufschrecken
вспуха́ть (1) → ***пу́хнуть***
вспу́чивать (1) → ***пу́чить 2***
вспыл|и́ть (13*e.*) *pf.* aufbrausen; **~ьчивость** *f* (8) Jähzorn *m*; **~ьчивый** (14*K.*) aufbrausend, jähzornig
вспы́|хивать (1), ⟨**~хнуть**⟩ (20) aufflammen, aufleuchten, aufblitzen; ausbrechen; erglühen, rot anlaufen; *fig.* entbrennen, aufbrausen; **~шка** *f* (5; -шек) Auflodern *n*, Aufblitzen *n*; Ausbruch *m*; *Fot.* Blitzlicht *n*
вспять zurück, rückwärts; ***поверну́ть ~*** umkehren; zurückdrehen
вста|ва́ть (5), ⟨**~ть**⟩ (-ну, -нешь; -нь!) aufstehen, sich erheben; *Astr.* aufgehen; *fig.* entstehen, erstehen (***на*** В auf *D*); kommen; F → ***станови́ться 2***; **~вка** *f* (5; -вок) Einsetzen *n*, Einfügen *n*; Einsatz *m*, Zusatz *m*, Einschub *m*; **~вля́ть** (28), ⟨**~вить**⟩ (14) einsetzen, einstecken, einfassen, einrahmen; einfügen, einflechten; **~вно́й** (14) eingesetzt; Doppel-; *Zähne*: falsch, künstlich
встарь in alten Zeiten
встать → ***встава́ть***
встр|а́ивать (1), ⟨**~о́ить**⟩ (13) einbauen
встрёпанный F (14*K.*) zerzaust
встрепену́ться (20) *pf.* auffahren, zusammenfahren; munter werden; *Herz*: bis zum Halse schlagen
встрёпк|а F *f* (5) → ***взбу́чка***; ***зада́ть ~у*** den Kopf waschen, den Marsch blasen
встре́|ча *f* (5) Begegnung, Treffen *n*, Zusammenkunft; Empfang *m*; ***~ча Но́вого го́да*** Silvesterfeier; **~ча́ть** (1), ⟨**~тить**⟩ (15) begegnen (В *D*), treffen, stoßen (auf *A*); erfahren, erleben; begehen, feiern; empfangen, willkommen heißen; abholen, aufnehmen; **-ся** (***с*** Т) einander begegnen, zusammentreffen, aufeinandertreffen; stoßen (auf *A*); *impf.* sich sehen, zusammenkommen; vorkommen, begegnen; **~чный** (14) entgegenkommend; Gegen-; widrig; *Jur.* Wider-; *Su. m* Passant; ***пе́рвый ~чный*** *m* F der erste beste; ***~чный и попере́чный*** *m* F Hinz u. Kunz
встр|о́енный (14*K.*) eingebaut, Einbau-; *Beleuchtung*: indirekt; **~о́ить** → ***~а́ивать***; **~о́йка** *f* (5) Einbau *m*
встря́ск|а F *f* (5; -сок) Erschütterung, Schock *m*; Aufrütteln *n*; → ***встрёпка***
встрять P (-я́ну, -нешь) *pf.* sich einmischen
встря́х|ивать (1), ⟨**~ну́ть**⟩ (20) aufschütteln; ausschütteln; erschüttern; *fig.* aufrütteln, wachrütteln; (Т) *Kopf* hochwerfen, zurückwerfen; **-ся** sich schütteln; *pf. fig.* sich e-n Ruck geben; sich zerstreuen
вступ|а́ть (1), ⟨**~и́ть**⟩ (14) einziehen, einrücken, (***в***, ***на*** В *A*) betreten; eintreten, beitreten; antreten; *Ehe* eingehen; *Briefwechsel* aufnehmen; *Thron* besteigen; *Besitz* ergreifen; *Musik*: einsetzen; **-ся** eintreten, sich einsetzen *od.* verwenden (***за*** В für *A*); in Schutz nehmen; **~и́тельный** (14) Eintritts-, Antritts-; einleitend, Eröffnungs-; Aufnahme-; **~ле́ние** *n* (12) Eintritt *m*, Beitritt *m*; Einzug *m*; Einleitung *f*; *Mus.* Vorspiel; → ***~а́ть***; ***~ле́ние в си́лу*** Inkrafttreten
всу́е umsonst, grundlos
всу́нуть(ся) → ***всо́вывать(ся)***
всухомя́тку F trocken; kalt
всу́чи|вать (1), ⟨**~ть**⟩ (16/16*e.*) eindrehen, einflechten; P andrehen
всхлип *m* (1) Schluchzer; **~ывать** (1), *einm.* ⟨**~нуть**⟩ (20) aufschluchzen
всхо|ди́ть (15), ⟨**взойти́**⟩ (взойду́, -дёшь; → ***найти́***) hinaufsteigen; → ***восходи́ть***; P eintreten, hereinschauen; hineinpassen; **~ды** *pl.* (1) junge Saat *f*; **~жесть** *f* (8) Keimfähigkeit
всхра́п|ывать (1), *einm.* ⟨**~ну́ть**⟩ (20) schnarchen; schnauben; *pf.* F ein Nickerchen machen

всыпáть (1), ⟨**∴ть**⟩ (2) hineinschütten, hineinstreuen; F verpassen, (Д *j-n*) verdreschen *od.* heruntermachen
всю́ду überall, allenthalben
вся́|кий (16) jeder, jeder beliebige, jegliche(r); irgendein, irgendwelche(r); allerlei; ***~кое бывáет*** nichts ist unmöglich; was es nicht alles gibt; ***безо ~кого*** *od.* ***~ких*** F ohne weiteres; ***во ~ком слу́чае*** jedenfalls; ***на ~кий слу́чай*** auf alle Fälle; **~ческий** F (16) → ***~кий***; ***~ческими спóсобами*** *od.* ***~чески*** auf jede Weise *od.* Art u. Weise; ***~чески старáться*** sich alle Mühe geben; **~чина** F *f* (5): ***~кая ~чина*** *f* allerlei Zeug(s) *n*, Krimskrams *m*, Sammelsurium *n*
втáйне insgeheim, im geheimen
втáлкивать (1), ⟨**втолкну́ть**⟩ (20) hineinstoßen
втáптывать (1), ⟨**втоптáть**⟩ (3) hineintreten, hineinstampfen; *fig.* ziehen
втá|скивать (1), ⟨**~щи́ть**⟩ (16) hineinschleppen; hineinziehen, hineinzerren; hinaufschleppen
втáч|ивать, ⟨**~áть**⟩ (1) einnähen, annähen
втащи́ть → ***втáскивать***
вте|кáть (1), ⟨**~чь**⟩ (26) hineinfließen, hineinströmen
втемя́ши|ть P (16) *pf.* einpauken; **-ся:** ***~лось*** (Д/И *j-d*) hat sich *et.* in den Kopf gesetzt
втерéть(ся) → ***втирáть(ся)***
втесáться P (3) *pf.* sich einschleichen
втирáть (1), ⟨**втерéть**⟩ (12; вотрý, -трёшь) einreiben; ***~ очки́*** F *j-m* blauen Dunst vormachen; **-ся** eindringen; F sich mischen (***в*** B unter *A*) *od.* einschleichen *od.* hineindränge(l)n
вти́с|кивать (1), ⟨**~нуть**⟩ (20) hineindrängen, hineinpressen, hineinquetschen
втихомóлку F im stillen, heimlich
втолкну́ть → ***втáлкивать***
втоловáть F (7) *pf.* klarmachen
втоптáть → ***втáптывать***
втор|гáться (1), ⟨**∴гнуться**⟩ (21) einfallen, eindringen, hereinbrechen; sich hineindrängen; **~жéние** *n* (12) Einfall *m*, Invasion *f*
втóр|ить (13) die zweite Stimme mitsingen *od.* spielen (Д/Т mit *D*/in *D*); mitlachen; wiederholen (Д *A*); beipflichten; **~и́чный** (14; -чен, -чна) nochmalig, wiederholt; sekundär; *Med.* Nach-; Folge-; *Adv.* zum zweitenmal, abermals; **~ник** *m* (1) Dienstag (***во*** B am); ***по ~никам*** dienstags
второ|гóдник *m* (1) Sitzenbleiber; **∴е** *n* (14) *Kochk.* zweiter Gang *m* (***на*** B als); **∴й** (14) zweite(r); *fig.* Hinter-; *Stock*: erste(r); *Thea.* Neben-; *Flgw.* Ko-; → ***пя́тый***; → ***рукá***; ***∴й по величинé*** zweitgrößte(r); ***∴е дыхáние*** *n* neue Kräfte *f/pl.*; **~клáссник** *m* (1) Schüler der zweiten Klasse; **~клáссный** (14; -сен, -сна) zweitklassig; **~кýрсник** *m* (1) Student im zweiten Studienjahr (*3./4. Semester*); **~очереднóй** (14; -рёден, -дна) zweitrangig
второпя́х F in der Eile, eilig
второ|разрядный (14) zweiter Kategorie; F mäßig, mittelmäßig; **~сóртный** (14; -тен, -тна) zweiter Wahl; **~степéнный** (14; -éнен, -нна) zweitrangig; Neben-, nebensächlich; → ***~разря́дный***
в-трéтьих drittens, zum dritten
втри́дорога F e-n *od.* zu e-m sündhaften Preis *m*, (für) ein Heidengeld *n*
втрó|е dreimal, dreifach; (um, auf) das Dreifache; ***~е бóльше*** dreimal soviel *od.* so groß; **~ём** zu dritt, zu dreien; **~йнé** dreimal soviel, dreifach
втуз *m* (1) technische Hochschule *f*
втýлка *f* (5; -лок) Buchse, Nabe; Zapfen *m*, Stöpsel *m*
втýне † außer acht; vergebens
втыкáть (1), ⟨**воткну́ть**⟩ (20) hineinstecken, hineinstoßen; **-ся** sich bohren
втю́риться P (13) *pf.* hineingeraten, hineinsausen; sich verknallen
втя́|гивать (1), ⟨**~нýть**⟩ (19) einziehen, hineinziehen, hineinschleppen; hinaufziehen, hinaufschleppen (***на*** B *a.* an *A*); *fig.* heranziehen, hinzuziehen; hineinziehen; **-ся** (***в*** B) einziehen, einrücken; F sich beteiligen (an *D*); sich gewöhnen (an *A*); sich einarbeiten; sich hingeben (*D*); → ***впадáть***
вуал|и́ровать (7), ⟨**за-**⟩ verschleiern; **~ь** *f* (8) Schleier *m*; Voile *m*
вуз *m* (1) Hochschule *f*; **∴овец** F *m* (1; -вца) Hochschüler, Student; **∴овский** (16) Hochschul-

вульга́рный (14; -рен, -рна) vulgär
вход *m* (1) Eingang; Einstieg; Eintritt, Zutritt; Betreten *n*; *Mar.* Einlaufen *n*, Einfahrt *f*; *Comp.* Eingabe *f* (***на*** П an *D*); **~и́ть** (15), ⟨войти́⟩ (войду́, -дёшь; → ***найти́***) (***в*** В) hineingehen, hereinkommen; eintreten, einsteigen; eindringen; hineinpressen; *Mar.* einlaufen; beitreten (*D*); *Raum* betreten; (***в*** В/***с*** Т sich an *A* mit *D*) wenden; *Beziehungen* aufnehmen; *Freundschaft* schließen; *Gebrauch*: kommen; *Mode*, (zu *D*) *Gewohnheit*: werden; *Rolle*: sich einfühlen; *Liste*: stehen (auf *D*); *Vertrauen* erwerben; *Lage*: sich in *j-s* ... versetzen; *Fin.*, *fig.* geraten; *Jur.* treten; *fig.* übergehen; sich zurechtfinden *od.* vertraut machen, *et.* begreifen; *impf.* gehören (zu *D*); ***~и́ть в быт*** sich einbürgern; ***~и́ть во вкус*** auf den Geschmack kommen (P von *D*), Gefallen finden (an *D*); ***войди́те***! herein!; ***не*** *od.* ***про́сят не ~и́ть!*** kein Eintritt!; **~но́й** (14) Eingangs-, Eintritts-; *Flgw.* Einflug-; **~я́щий** (17) einlaufend, eingehend; *Arch.* einspringend; Eingangs-
вхо́жи|й F (17*K.*): ***быть*** *od.* ***стать ~м*** freien Zugang haben *od.* erhalten, gern gesehen sein (***в*** В in *D*)
вхолосту́ю *Tech.* im Leerlauf
вцеп|ля́ться (28), ⟨~и́ться⟩ (14) sich anklammern, sich festklammern (***в*** В an *D*); sich verbeißen (in *A*); F *Haare*: sich fahren
вчера́ gestern; **~шний** (15) gestrig, von gestern
вчерне́ im Entwurf, im unreinen; im Rohbau
вчер|чивать (1), ⟨~ти́ть⟩ (15) einzeichnen
вче́тверо viermal, vierfach; → ***втрое́***; **~́м** zu viert, zu vieren
в-четвёртых viertens
вчисту́ю P völlig, total, endgültig
вчит|ываться, ⟨~а́ться⟩ (1) sich hineinlesen, sich einlesen
вчу́же von außen; unbekannterweise
вше́стеро sechsmal, sechsfach; → ***втрое́***; **~́м** zu sechst, zu sechsen
в-шесты́х sechstens
вши|ва́ть (1) ⟨~ть⟩ (вошью́, -шьёшь; → ***шить***) einnähen, einsetzen; einheften
вши́в|еть (8), ⟨за-, обо-⟩ verlausen; **~ый** (14*K.*) verlaust; P lausig, mies
вширь in die Breite
вшить → ***вшива́ть***
въе|да́ться (1), ⟨~́сться⟩ (-́стся; -́лся; → ***есть***¹) sich hineinfressen; eindringen; *fig.* sich tief einprägen
въе|зд *m* (1) Einfahrt *f*, Einreise *f*; Einzug; Auffahrt *f*; **~здно́й** [-zn-] (14) Einfahrts-; Einreise-; **~зжа́ть** [-ʒʒ-] (1), ⟨~́хать⟩ (-́ду, -́дешь; -зжа́й!) hineinfahren, hereinfahren; hinauffahren; hineinreiten, hinaufreiten; einziehen; P reinhauen
въе́сться → ***въеда́ться***
въявь † in Wirklichkeit; → ***наяву́***
вы (21) ihr; Sie; ***мы с ним на ~*** wir siezen uns; → ***мы, ты***
выб|а́лтывать F (1) ⟨~́олтать⟩ (1) ausplaudern, ausplappern
выбе|га́ть (1), ⟨~́жать⟩ (4; -́гу, -́жишь, -́гут; -́ги!) hinauslaufen, herauslaufen, hinausrennen
выби|ва́лка F *f* (5; -лок) Teppichklopfer *m*; **~ва́ть** (1), ⟨~́ть⟩ (вы́бью, -́бьешь; -́бей!; -́тый) ausschlagen; einschlagen; *Mil.*, *fig.* werfen; ausfahren, aushöhlen; prägen; ausklopfen; F zertrampeln, niederschlagen; P tippen; *fig.* P herausschlagen; **-ся** sich herausarbeiten; sich emporarbeiten; sich freikämpfen; hervorquellen, hervorsprießen, hervorschauen; *fig.* geworfen werden; ***-ся из сил*** s-e Kräfte erschöpfen, erschöpft sein; ***-ся на доро́гу*** *fig.* den rechten Weg finden
выб|ира́ть (1) ⟨~́рать⟩ (-́еру, -́решь; -́ранный) auswählen (T zum, als), aussuchen; herausnehmen, herausholen, herausziehen; *Mar.* hieven; F *Zeit* finden; **-ся** sich herausarbeiten, wieder herausfinden, herauskommen; ausziehen; F *Zeit* finden (***в, на*** В für *A*)
вы́боина *f* (5) Vertiefung; Schlagloch *n*
вы́болтать → ***выба́лтывать***
вы́бор *m* (1) Wahl *f*, Auswahl (***на*** В zur); *pl.* Wahl(en *pl.*) *f* (***на*** П bei *D*); **~ка** *f* (5) Auswahl, Auszug *m*, Exzerpt *n*; ***на ~ку*** P als Stichprobe(n *pl.*); → ***~очный***; **~ный** (14) Wahl-; *Su.* † → ***депута́т***; **~очный** (14; -чен, -чна) stichprobenartig; **~щик** *m* (1) Wahlmann
выбр|а́сывать (1), ⟨~осить⟩ (15) hin-

auswerfen, herauswerfen; wegwerfen; vorwerfen; → ***выки́дывать***; *Keime* treiben; *Losung* ausgeben; *Mil.* absetzen, an Land setzen; *fig.* schlagen; *Geld* vergeuden, zum Fenster hinauswerfen; F rausschmeißen; P anliefern; **-ся** hinausspringen; abspringen; hinaufspringen; *Mar.* landen (***на*** В an *D*)

вы́брать(ся) → ***выбира́ть(ся)***

вы́бросить → ***выбра́сывать***

выбы|ва́ть (1), ⟨**ˆть**⟩ (ˆбуду, ˆдешь) ausscheiden, abgehen; *Mil.* ausfallen; wegziehen; **ˆл** verzogen; **ˆтие** *n* (12) Abgang *m*, Austritt *m* (***за*** Т wegen *G*)

вывали|вать (1), ⟨**ˆть**⟩ (13) stürzen, kippen; F hervorströmen, hervordrängen; **-ся** hinausfallen, herausfallen; P → ***~вать***

вы́валяться F (28) *pf.* sich von oben bis unten bedecken *od.* beschmieren (***в*** П mit *D*)

вывар|ивать (1), ⟨**ˆить**⟩ (13) herauskochen; auskochen; **ˆка** *f* (5) Auskochen *n*

вы́ведать → ***выве́дывать***

выв|еде́ние *n* (12) Aufzucht *f*; → ***~оди́ть***

выве́д|ывать F, ⟨**ˆать**⟩ (1) ausforschen, auskundschaften; *impf.* herauszubekommen suchen; *pf.* herausbekommen

вы́везти → ***вывози́ть***

вы́верить → ***выверя́ть***

вы́вер|ты F *m/pl.* (1) gezierte *od.* geschraubte Bewegungen *f/pl. od.* Wendungen *f/pl.*; **ˆтывать** (1) ⟨**~нуть**⟩ (20) herausschrauben, herausdrehen; herausreißen, entwurzeln; wenden, umwenden, umstülpen; F verdrehen, verrenken; ***~нутый*** *Lippen*: aufgeworfen; *Beine*: O-; **-ся** sich wenden *od.* nach außen wenden; sich entwinden, F sich herauswinden, entgleiten

вывер|я́ть (28), ⟨**ˆить**⟩ (13) prüfen; justieren, regulieren; eichen

вы́ве|сить → ***ˆшивать***; **~ска** *f* (5; -сок) Firmenschild *n*; Aushängeschild *n* (*a. fig.*)

вы́вести(сь) → ***выводи́ть(ся)***

выве́три|вать (1), ⟨**ˆть**⟩ (13) auslüften; **-ся** verwittern; *Geruch*: verschwinden; *fig.* entfallen

выве́|шивать (1), ⟨**ˆсить**⟩ (15) heraushängen; aushängen; abwiegen, auswiegen; ***ˆсить фла́ги*** flaggen

выви́н|чивать (1), ⟨**ˆтить**⟩ (15) herausschrauben, abschrauben

вы́вих *m* (1) Verrenkung *f*, Verstauchung *f*; F *fig.* Abweichung *f*; **~нуть** (20) *pf.* verrenken, ausrenken, verstauchen; **-ся** F verstaucht sein

вы́вод *m* (1) Schlußfolgerung *f*; Abzug; Ableitung *f*, Herleitung *f*; Aufzucht *f*; Folge *f*, Konsequenz *f*; Ergebnis *n*; Zusammenfassung *f*; *Comp.* Ausgabe *f*; **~и́ть** (15), ⟨**вы́вести**⟩ (25) hinausführen, führen, bringen; hinauslenken; herausbringen; ausschalten, ausschließen; abziehen, herauslösen; entfernen, ausrotten; abstellen, verhelfen; ableiten, herleiten; folgern, schlußfolgern; ermitteln; ausbrüten, werfen; züchten; errichten, bauen, erbauen; zeichnen, malen; *Lit.* darstellen; *Mus.* vortragen; *Tech.*, *Mil.* setzen; *Rückstand* beheben (***из*** Р *A*); *Irrtum*: aufklären (***из*** Р über *A*); ***~и́ть из себя́*** in Wut bringen; ***вы́вести на чи́стую во́ду*** F entlarven, bloßstellen; **-ся** aussterben; verschwinden; außer Gebrauch kommen; ausgebrütet sein; **~ка** F *f* (5) Entfernen *n*; Ausrottung; → **~ок** *m* (1; -ка) Brut *f*

вы́воз *m* (1) Abfuhr *f*, Abtransport; Ausfuhr *f*, Export; **~и́ть** (15), ⟨**вы́везти**⟩ (24) hinfahren, abfahren, abtransportieren, wegbringen; mitbringen; anliefern; ausführen, exportieren; F *pf.* aus der Patsche helfen; ***вы́везти на себе́*** alle Last auf sich nehmen; → ***крива́я***; **~ка** *f* (5) → **~**; **~но́й** (14) Ausfuhr-, Export-

вывол|а́кивать F (1), ⟨**ˆочь**⟩ (26) herausschleppen, herausschleifen

вывор|а́чивать (1), ⟨**ˆотить**⟩ (15) herausdrehen, herausziehen; umwerfen, umkippen; → ***вывёртывать(ся)***

выга́д|ывать, ⟨**ˆать**⟩ (1) gewinnen, sparen (***на*** П an *D*), Vorteil *od.* Nutzen ziehen (aus *D*)

вы́г|иб *m* (1) Krümmung *f*, Biegung *f*; **~иба́ть** (1), ⟨**~нуть**⟩ (20) krümmen, biegen

выгла́живать (1) → ***гла́дить 1***

вы́гля|деть (11) aussehen (Т wie *N*); **ˆдывать** (1) **1.** ⟨**~нуть**⟩ (20) hinausschauen, herausschauen, hervorschauen, hervorblicken; hervortreten; **2.** F ⟨~деть⟩ (11) ausspähen

вы́гнать → ***выгоня́ть***

вы́гнуть(ся) → ***выгиба́ть(ся)***

выгов|а́ривать (1), ⟨~орить⟩ (13) aussprechen; sich ausbedingen, sich vorbehalten; *impf.* tadeln, rügen (Д *A*); **~ор** *m* (1) Aussprache *f*; Rüge *f*, Verweis

вы́год|а *f* (5) Vorteil *m*, Gewinn *m*, Nutzen *m*; **~ный** (14; -ен, -на) vorteilhaft (Д für *A*), gewinnbringend; günstig

вы́гон *m* (1) Austreiben *n*, Auftrieb; Viehweide *f*, Weide *f*, Trift *f*; **~ка** *f* (5) Destillation; Treiben *n*; **~я́ть** (28), ⟨вы́гнать⟩ (-гоню, -ишь; -ала; → ***гнать***) hinausjagen, hinauswerfen, hinaustreiben; destillieren, brennen; *Agr.*, *Bot.* treiben lassen; P schaffen

выгор|а́живать (1), ⟨~одить⟩ (15) einzäunen; abtrennen; F (***себя́*** sich) heraushalten, entlasten, reinwaschen

выгор|а́ть (1), ⟨~еть⟩ (9) niederbrennen, verbrennen; ausdörren; verbleichen, verschießen, verblassen; P klappen

выгородить → ***выгора́живать***

выгре|ба́ть (1), ⟨~сти⟩ (25 -б-; -б, -бла; -бенный) **1.** *v/t* herausscharren, herausnehmen; **2.** *v/i* herausrudern, hinausrudern; **~бно́й** (14) Müll-

выгру|жа́ть (1), ⟨~зить⟩ (15) ausladen, abladen, entladen; *Mar.* löschen; **~зка** *f* (5) Ausladen *n*, Abladen *n*, Entladen *n*; Löschen *n*, Ausschiffen *n*

выда|ва́ть (5), ⟨~ть⟩ (-м, -шь; -ла; → ***дать***) ausgeben, herausgeben; übergeben, aushändigen; ausstellen; erteilen; auszahlen; ausleihen; ausliefern (Д an *A*); *Bgb.* fördern; (***себя́*** sich) verraten, preisgeben; ausgeben (***за*** В für *A*); → ***за́муж***; **-ся** hervortreten, herausragen, vorspringen; sich hervortun; sich finden; sich einstellen, sich erweisen; F geraten (***в*** В nach *D*); gerade haben (***у*** Р *N*); ***ну, уж ~лся денёк!*** F das war (mal) ein Tag!

выда́в|ливать (1), ⟨~ить⟩ (14) auspressen, hervorpressen; ausdrükken, herausdrücken, ausquetschen; eindrücken; *fig.* sich zwingen

выд|а́лбливать (1), ⟨~олбить⟩ (14) aushöhlen, ausmeißeln; → ***долби́ть 2***

вы́да|ть(ся) → ***~ва́ть(ся)***; **~ча** *f* (5) Ausgabe, Herausgabe; Übergabe; Ausstellung; Erteilung; Auszahlung; Lieferung; ***отде́л*** *m* **~чи** Ausleihe; **~ющийся** (17) hervorragend, bedeutend, prominent; Spitzen-; *Kinn*: vorstehend

выдви|га́ть (1), ⟨~нуть⟩ (20) hinausschieben, herausschieben; hervorschieben, hervorrücken, hervorziehen; *fig.* vorbringen; *Frage* aufwerfen; *Forderung* stellen; *Parole* ausgeben; nominieren, aufstellen (***в*** И *pl.* als *A*), befördern (zu *D*); **-ся** heraustreten, hervortreten, sich vorschieben; hinausragen; *fig.* aufrücken, vorwärtskommen, sich hervortun; **~же́ние** *n* (12) Aufstellung *f*, Nominierung *f*; Beförderung *f*; *Mil.* Vorrükken; **~но́й** (14) ausziehbar; Schub-

вы́делать → ***выде́лывать***

выдел|е́ние *n* (12) Aussonderung *f*, Absonderung *f*; *Chem.* Ausscheidung *f*; *pl. Med.* Ausfluß *m*, Auswurf *m*; **~ить(ся)** → ***~я́ть(ся)***

вы́дел|ка *f* (5) Herstellung, Anfertigung; Ausführung; Gerbung; **~ывать**, ⟨~ать⟩ (1) bearbeiten, arbeiten, ausführen; gerben; F vollführen; *impf.* herstellen, fertigen, anfertigen; F anstellen

выделя́ть (28), ⟨~ить⟩ (13) aussondern, absondern; aussuchen; einsetzen, einteilen (***в*** В als *A*); *Jur.* abfinden (Д/В *j-n* mit *D*); *Chem.*, *fig.* ausscheiden; *fig.* auszeichnen; hervorheben; **-ся** sich lösen, sich loslösen; sich herausheben, sich hervortun

выдёр|гивать (1), ⟨~нуть⟩ (20) herausreißen, herausziehen; entziehen

вы́держ|анный (14*K.*) beherrscht; konsequent; *Wein*: abgelagert; *Holz*: trocken; **~ивать** (1), ⟨~ать⟩ (4) aushalten, (В *D*) standhalten; ertragen, tragen; einhalten, halten; *Kampf* ausfechten; *Wein* ablagern; *Prüfung* bestehen; *Farben* abstimmen; *Auflagen* erleben, haben; *Pause* machen; *Rolle*: gerecht werden (*D*); *Charakter*(*festigkeit*) zeigen; **~ка** *f* (5) **1.** Beherrschung; Ausdauer; Lagerung; *Fot.* Belichtungsdauer; **2.** (-ек) Auszug *m* (Т *pl.* in); ***~ками*** auszugsweise; ***на ~ку*** stichprobenweise; aufs

Geratewohl
вы́дернуть → ***выдёргивать***
выд|ира́ть F (1), 〈⁓рать〉 (-еру, -решь; -ранный) herausreißen; F *pf.* durchhauen; ziehen (***за*** В an *D*); → ***драть***
вы́доить (13) *pf.* ausmelken
вы́долбить → ***выда́лбливать***
вы́дох *m* (1) Ausatmen *n*; **⁓нуть(ся)** → ***выдыха́ть(ся)***
вы́дра *f* (5) Otter *m*
вы́драть → ***выдира́ть***
выду|ва́ть (1), 〈⁓ть〉 (18) ausblasen, herausblasen; F auskühlen; P leeren, aussaufen
вы́дум|ка *f* (5; -ок) Erfindung, Erdichtung; Einfall *m*; Einfallsreichtum *m*, Ideen *f/pl.*, F Phantasie; **⁓щик** F *m* (1) Erfinder; erfinderischer *od.* ideenreicher Mensch; Phantast; † Lügner; **⁓ывать**, 〈⁓ать〉 (1) ersinnen, erfinden, erdichten, ausdenken, sich ausdenken; aushecken; ***по́роха не ⁓ает*** F *j-d* hat das Pulver nicht erfunden
вы́дуть → ***выдува́ть***
выд|ыха́ние *n* (12) Ausatmen; **⁓ыха́ть** (1), 〈⁓охнуть〉 (20) ausatmen; **-ся** verfliegen, verdunsten, sich verflüchtigen; schal werden; F sich totlaufen, erschöpft sein; schlappmachen
вые|да́ть (1), 〈⁓сть〉 (-м, -шь; → ***есть***[1]) herausessen; herausfressen; herausnagen; wegbeizen; ausätzen, zerfressen; → ***сто́ить***
вы́е|зд *m* (1) Abreise *f*; Ausreise *f*; Ausritt; Ausfahrt *f*; *Mil.* Auffahren *n*; † Equipage *f*; **⁓здка** *f* (5) Zureiten *n*; Dressurprüfung; Einfahren *n*; **⁓здно́й** [-zn-] (14) Ausfahr-, Ausfahrts-; Ausreise-; *Jur.* auswärtig, Lokal-; **⁓зжа́ть** [-ʒʒ-] (1), 〈⁓хать〉 (-ду, -дешь; -зжа́й!) hinausfahren, ausfahren; abfahren, wegfahren; ausreisen, verreisen; ausreiten; ausziehen, wegziehen; gelangen, kommen; erscheinen; F ausnutzen (***на*** П *A*), verdienen (an *D*); **⁓зживать** [-ʒʒ-] (1), 〈⁓здить〉 (15) zureiten; einfahren; P → ***изъе́здить***
вы́емка *f* (5; -мок) Ausheben *n*; *Bgb.* Abbau *m*; Vertiefung, Senke; Ausschnitt *m*; Entnahme, Beschlagnahme; *Post*: Leerung; *Tech.* Aussparung; Kröpfung; Hohlkehle

вы́есть → ***выеда́ть***
вы́ехать → ***выезжа́ть***
вы́жать[1, 2] → ***выжима́ть***; ***выжина́ть***
вы́жечь → ***выжига́ть***
выжи|ва́емость *f* (8) Überlebenskraft, Überlebenschancen *f/pl.*; **⁓ва́ть** (1), 〈⁓ить〉 (-ву, -вешь) am Leben bleiben, überleben; erleben, ertragen; sich aufhalten; F hinausekeln; ***⁓ть из па́мяти*** F vergeßlich werden; ***⁓ть из ума́*** F schwachsinnig werden
вы́жига P *m/f* (5) Gauner(in *f*)
выж|ига́ть (1), 〈-ечь〉 (-гу, -жешь, -гут; -женный) ausbrennen, verbrennen; einäschern; einbrennen; brandmarken
выж|ида́тельный (14) abwartend, Warte-; **⁓ида́ть** (1), 〈⁓дать〉 (-ду, -дешь; *Prät. st.*) abwarten, abpassen
выж|има́ть (1), 〈⁓ать[1]〉 (-му, -мешь; -атый) auspressen, herauspressen, ausdrücken; keltern; auswringen; *Sp.* drücken; *Kfz.* durchtreten; *fig.* F herausholen; ausbeuten; **⁓имка** *f* (5; -мок/-ков) Auspressen *n*; Auszug *m*, Resümee *n*; *pl.* Treber
выж|ина́ть (1), 〈⁓ать[2]〉 (-ну, -нешь; -атый) abernten
вы́жить → ***выжива́ть***
вы́звать → ***вызыва́ть***
вызвол|я́ть F (28), 〈⁓ить〉 (13) helfen (В *D*), retten
выздор|а́вливать (1), 〈⁓оветь〉 (10) gesund werden, genesen; ***⁓а́вливай(те)!*** gute Besserung!; **⁓а́вливающий** *m* (17) Rekonvaleszent; **⁓овле́ние** *n* (12) Genesung *f*
вы́зов *m* (1) Einladung *f* (***по*** Д auf *A*), Vorladung *f*; Anruf; Abruf; Aufruf (***по*** Д auf); Aufforderung *f*; Anforderung *f*; Herausforderung *f*; *Thea.* Vorhang; *Med.* Bitte *f* um Hausbesuch; ***с ⁓ом*** herausfordernd; ***бро́сить ⁓*** (Д *j-n*) herausfordern *od.* zum Kampf herausfordern
вызре|ва́ть (1), 〈⁓ть〉 (8) ausreifen
вызу́бривать F (1) → ***зубри́ть***[2]
выз|ыва́ть (1), 〈⁓вать〉 (-ову, -вешь; -ала; -ванный) herausrufen; herbeirufen; hervorrufen; einladen, vorladen (***в*** В vor *A*); herausbitten; herbitten, kommen lassen (***к*** Д *a.* an *A*); anrufen; aufrufen; auffordern;

anfordern; herausfordern (*на* B zu *D*); *fig.* herbeiführen, auslösen, erregen; herausbringen; *fig.* aufwirbeln; *impf. Thea.* vor den Vorhang rufen; **-ся** sich anbieten, sich bereit erklären; sich melden; **~ыва́ющий** (17) herausfordernd; aufreizend

вы́игр|ывать, (1) ⟨**~ать**⟩ (1) gewinnen (*в* B in, bei *D*; *у* P gegen *j-n*); *fig.* e-n Vorteil haben *od.* herausschlagen (*на* П aus *D*); **~ыш** *m* (1; -ей) Gewinn; *Sp.* Sieg; *fig.* Vorteil, Nutzen; ***быть в ~ыше*** gewinnen; **~ышный** (14; -шен, -шна) vorteilhaft, gewinnbringend; gewonnen; Gewinn-, Prämien-

вы́иск|ивать F (1), ⟨**~ать**⟩ (3) *impf.* heraussuchen; *pf.* herausfinden; **-ся** sich finden

вы́йти → ***выходи́ть***

выка́з|ывать F (1), ⟨**~ать**⟩ (3) (***себя́*** sich) zeigen (T als *N*), vorweisen, beweisen; **-ся** hervortreten; sich herausstellen

вык|а́лывать (1), ⟨**~олоть**⟩ (17) ausstechen; aushauen; eintätowieren

вык|а́пывать (1), ⟨**~опать**⟩ (1) ausgraben, ausheben; *fig.* F (*a.* откýда/wo) hervorholen, auskramen; **-ся** sich freibuddeln

выкара́бк|иваться, ⟨**~аться**⟩ (1) herausklettern; F *fig.* sich hochrappeln; loswerden (*из* P *A*)

вык|а́рмливать (1), ⟨**~ормить**⟩ (14) aufziehen, großziehen; auffüttern

выка́т|ывать (1) **1.** ⟨**~ать**⟩ (1) rollen, mangeln; wenden; **2.** ⟨**~ить**⟩ (15) hinausrollen, herausrollen (*v/i* **-ся**); F hinausrennen; F plötzlich auftauchen (*на* B an *D*); P *Augen* aufreißen

вы́кать P (1) siezen

выка́ч|ивать, ⟨**~ать**⟩ (1) auspumpen

вык|а́шивать (1), ⟨**~осить**⟩ (15) abmähen

выки́|дывать (1), ⟨**~нуть**⟩ (20) hinauswerfen, herauswerfen; wegwerfen; → ***выбра́сывать***; herausstrecken; anspülen; *Bot.* treiben; *Flagge* hissen; F weglassen, streichen; e-e Fehlgeburt haben; *fig.* sich . . . schlagen; vollführen, anstellen; sich leisten; **-ся** P hinausspringen, sich stürzen; herausschießen; **~дыш** *m* (1; -ей) Fehlgeburt *f*; Abtreibung *f*

выкип|а́ть (1), ⟨**~еть**⟩ (10) auskochen

вы́кипятить F (15*e.*) *pf.* auskochen

вы́клад|ка *f* (5) Auslegung, Ausmauerung; Inkrustation; *Mil.* Gepäck *n*; † Applikation; *mst pl.* (*G* -ок) Berechnungen; **~ывать** (1), ⟨**вы́ложить**⟩ (16) herauslegen, auskramen; ausmauern; belegen; inkrustieren; *Ofen* bauen; *Pferd* kastrieren; *fig.* F ausbreiten, auspacken; † besetzen; ***~ывать пли́тками*** fliesen

выклёв|ывать (1), ⟨**'~ать**⟩ (6) aushacken; aufpicken

выклик|а́ть (1), ⟨**~нуть**⟩ (20) aufrufen, ausrufen

выключ|а́тель *m* (4) Schalter; **~а́ть** (1), ⟨**~ить**⟩ (16) ausschalten, abschalten; ausschließen (*из* P von *D*), streichen; † entlassen; **-ся** aussetzen; abschalten; ausscheiden; **~е́ние** *n* (12) Abschaltung *f*; Sperre *f*; Ausschließung *f*, Ausschluß *m*

вы́клянчить P (16) *pf.* erbetteln

выко́вывать (1) → ***кова́ть 1***

вы́ковырять F (28) *pf.* herausklauben

выкол|а́чивать (1), ⟨**~отить**⟩ (15) herausklopfen, ausklopfen; austreiben; F herausschlagen, herauspressen, herausschinden

вы́колоть → ***выка́лывать***

вы́колупать P (1) *pf.* herausklauben

вы́копать → ***выка́пывать***

вы́кормить → ***выка́рмливать***

выкорчёв|ывать (1), ⟨**'~ать**⟩ (6; -у-) ausroden; *fig.* ausrotten, ausmerzen

вы́косить → ***выка́шивать***

выкра́|дывать (1), ⟨**~сть**⟩ (25) herausstehlen; F **-ся** hinausschleichen

выкр|а́ивать (1), ⟨**~оить**⟩ (13) zuschneiden; *fig.* F *Geld*, *Zeit* abzwakken, erübrigen, mit Mühe finden

выкра́шивать (1) → ***кра́сить 1***

вы́красть → ***выкра́дывать***

вы́крик *m* (1) Schrei, Ausruf; **~ивать** (1), ⟨**~нуть**⟩ (20) laut ausrufen; aufrufen; herbeirufen; aufschreien

выкристаллизо́вываться (1) → ***кристаллизова́ться***

вы́кро|ить → ***выкра́ивать***; **~йка** *f* (5; -ек) Schnitt *m*, Schnittmuster *n*

вы́крошиться F (16) *pf.* zerbröckeln, zerkrümeln

выкру|та́сы F *pl.* (1) Verrenkungen *f/pl.*; Schnörkel *m/pl.*; Faxen *f/pl.*;

~чивать F (1), ⟨**~тить**⟩ (15) herausschrauben, herausdrehen; verdrehen; auswringen; **-ся** sich lockern; *fig.* sich drehen u. wenden; sich herauswinden
выкуп *m* (1) Loskauf, Freikauf; Auslösung *f*, Einlösung *f*; Lösegeld *n*, Abstandsgeld *n*; **~áть¹** (1), ⟨**~ить**⟩ (14) loskaufen, freikaufen; auslösen, einlösen; F aufkaufen; **~ать²** → ***купáть***; **~нóй** (14) Ablöse-, Einlöse-
выкýр|ивать (1), ⟨**~ить**⟩ (13) ausrauchen, zu Ende rauchen; ausräuchern; P hinausekeln
выкуси|ть (15) *pf.* herausbeißen; ***нá-ка, ~!*** P Pustekuchen!
выл|áвливать (1), ⟨**~овить**⟩ (14) herausfischen; F abfischen; herausholen
вылазка *f* (5; -зок) Ausfall *m* (*a. fig.*; ***на*** В zu *D*), Ausbruch *m*; Ausflug *m*; *Sp.* Tour
вылакать (1) *pf.* auflecken; P aussaufen
выл|áмывать, ⟨**~омать**⟩ (1) herausbrechen, aufbrechen
вылежать F (4) *pf.* das Bett hüten; **-ся** ablagern; F fest liegen
вылез|áть (1), ⟨**~ти**, F **~ть**⟩ (24) hinauskriechen, herauskriechen; hinaufkriechen, hinaufklettern; F ausfallen; sich e-n Weg bahnen; P aussteigen; aufstehen; hervortreten, zutage treten; sich herauswinden; loswerden (***из*** Р *A*)
вылет *m* (1) Abflug, Start; *Zool.* Ausflug; *Arch.*, *Bgb.* Ausladung *f*; Auslegeweite *f*; **~áть** (1), ⟨**~еть**⟩ (11) hinausfliegen, herausfliegen; hervorfliegen, auffliegen; *Flgw.* abfliegen, starten; emporschießen; hinausstürzen; hervorstürmen; P gefeuert werden; F ***~ело из головы*** (***у*** Р/И *j-d*) hat *et.* total vergessen
вылéчи|вать (1), ⟨**~ть**⟩ (16) auskurieren, heilen (*a. fig.*), gesund machen; **-ся** gesund werden, geheilt sein
выли|вáть (1), ⟨**~ть**⟩ (вылью, -ьешь; -лила; лита; → ***лить***) ausgießen, ausschütten; *fig.* ergießen (***на*** В über *A*), auslassen (an *D*); **-ся** ausfließen; sich ergießen, ausströmen; münden; *Gestalt* annehmen
вылúз|ывать (1), ⟨**~ать**⟩ (3) auslekken; belecken; F blitzblank putzen
выли|тый F (14) *fig.* wie aus dem Gesicht geschnitten (И *D*); **~ть(ся)** → ***~вáть(ся)***
выловить → ***вылáвливать***
выложить → ***выклáдывать***
выломать → ***вылáмывать***
вылощенный (14*K.*) geschniegelt u. gebügelt; hochglänzend
вылýп|ливать (1), F **~лять** (28), ⟨**~ить**⟩ (14) aushülsen; *pf.* P *Augen* aufreißen; **-ся** ausschlüpfen, kriechen; P glotzen
вылýщи|вать (1), ⟨**~ть**⟩ (16) aushülsen, enthülsen; ausschälen, schälen; *Med.* auslösen
вымáз|ывать (1), ⟨**~ать**⟩ (3) beschmieren, verschmieren, ausschmieren, beschmutzen; → ***мáзать***
вым|áливать (1), ⟨**~олить**⟩ (13) erflehen, erbetteln; *impf.* → ***~áнивать***
вымáни|вать F (1), ⟨**~ть**⟩ (13) herauslocken; (***у*** Р/В *j-m et.*) ablisten, abluchsen; *impf.* abzulisten trachten
вымарать → ***вымáрывать***
вым|áривать (1), ⟨**~орить**⟩ (13) vertilgen, ausrotten, aushungern
вымáр|ывать P, ⟨**~ать**⟩ (1) beschmieren; ausstreichen, streichen
вым|áтывать F, ⟨**~отать**⟩ (1) *fig.* zermürben, auszehren; → ***издёргать***
вым|áчивать (1), ⟨**~очить**⟩ (16) durchnässen; einweichen, einwässern
вымáщивать (1) → ***мостúть***
вымéн|ивать (1), ⟨**~ять**⟩ (28) austauschen, eintauschen (***на*** В gegen *A*)
вымереть → ***вымирáть***
вымерз|áть (1), ⟨**~нуть**⟩ (21) erfrieren; einfrieren
вымéр|ивать (1), F **~ять** (28), ⟨**~ить**⟩ (13) ausmessen
вымесить (15) *pf.* durchkneten
выме|тáть¹ (1), ⟨**~сти**⟩ (25 -т-) auskehren, ausfegen; **-ся**, ⟨**-сь**⟩ P sich packen, abhauen; **~тать²** → ***метáть²***
выме|щáть (1), ⟨**~стить**⟩ (15) heimzahlen; auslassen (***на*** П an *j-m*), s-n Mütchen kühlen
вым|ирáть (1), ⟨**~ереть**⟩ (12) aussterben
вымогáт|ель *m* (4) Erpresser; **~ельский** (16) erpresserisch; **~ельство** *n* (9) Erpressung *f*; **~ь** (1) (В/***у*** Р *et.* von *j-m*) abpressen, erpressen
вымок|áть (1), ⟨**~нуть**⟩ (21) wässern; *Bot.* eingehen; *pf.* durchnäßt werden,

durchnäßt sein
вымолвить (14) *pf.* aussprechen, sagen
вымолить → ***вымáливать***
вымолотить (15) *pf.* ausdreschen
выморить → ***вымáривать***
выморозить (15) *pf.* abkühlen, auskühlen; ausfrieren
выморочный (14) erblos, herrenlos
вымотать → ***вымáтывать***
вымпел *m* (1) Wimpel; *Flgw.* Abwurftasche *f*
вымуч|енный F (14*K.*) gequält, abgequält, verquält; **~ивать** F (1), ⟨**~ить**⟩ (16) sich abquälen *od.* abringen
вымы|вáть (1), ⟨**~ть**⟩ (22) auswaschen
вымы|сел *m* (1; -сла) Erfindung *f*, Fiktion *f*; Lüge *f*, Lügengeschichte *f*; **~шленный** (14*K.*) erfunden, erdichtet, fiktiv; ausgedacht, erlogen
вымя *n* (13) Euter
вын|áшивать (1), ⟨**~осить**⟩ (15) *Kind* austragen; *Falken* abrichten; *fig.* ausreifen lassen, durchdenken; F *Kleider* abtragen; **~есéние** *n* (12) *Jur.* Verkündung *f*; **~ести**; → ***~осúть***
вын|имáть (1), ⟨**~уть**⟩ (20) herausnehmen, herausziehen; entfernen; *Erde* ausheben; ***~ь да полóжь***! F sofort her damit!
выно|с *m* (1) Leichenbegängnis *n*, letztes Geleit *n*; **~сить¹** (15), ⟨**вынести**⟩ (25; -су, -ешь; -с, -сла; -сенный) hinaustragen; forttragen, wegtragen, wegbringen; treiben, anspülen; vorschieben, vorstrecken; *fig.* aushalten, ertragen; *Eindruck* gewinnen; *Urteil* fällen; *Beschluß* fassen; *Entschließung* annehmen; *Verordnung* erlassen; *Dank*, *Tadel* aussprechen; *Diskussion*, *Entscheidung*: stellen (***на*** В zu *D*); *Versammlung*: einbringen (in *A*); *Rand*: schreiben (***на*** В an *A*); ***~сúть за скóбки*** ausklammern; ***~сúть под строкý*** e-e Fußnote machen; *impf.* erleiden, vertragen *od.* ausstehen können; **-ся** herausstürmen, hervorstürmen, hervorjagen; **~сить²** → ***~áшивать***; **~ска** *f* (5; -сок) Hinaustragen *n*; Anmerkung, Randbemerkung; **~сливость** *f* (8) Widerstandskraft, Ausdauer; **~сливый** (14*K.*) widerstandsfähig, ausdauernd, zäh; **~шенный** (14*K.*) ausgereift, durchdacht; F abgetragen
выну|ждáть (1), ⟨**~дить**⟩ (15) zwingen, erzwingen; abnötigen (***у*** Р *j-m*); angewiesen sein, nicht umhin können; **~жденный** (14*K.*) erzwungen, notgedrungen; Not-
вынуть → ***вынимáть***
вынырнуть (20) *pf.* auftauchen
вынюхать P (1) *pf.* ausschnüffeln
вынянчить (16) *pf.* großziehen
выпа|д *m* (1) *Sp.*, *fig.* Ausfall, Auslage *f*; **~дáть** (1), ⟨**~сть**⟩ (25) herausfallen; ausfallen; *fig.* zuteil werden, zufallen; *Met.* niedergehen; *Chem.*, F *fig.* ausscheiden; *Zeit*: → ***выдавáться***; ***~л снег*** es hat geschneit; **~дéние** *n* (12) Ausfall *m*; Fall *m*; *Med.* Vorfall *m*
выпáли|вать (1) F ⟨**~ть**⟩ (13) feuern, abfeuern (***в*** В auf *A*); *fig.* herausplatzen (В mit *D*), auspacken
выпáлывать (1) → ***полóть***
выпáр|ивать (1), ⟨**~ить**⟩ (13) verdampfen lassen; *Chem.* evaporieren; mit Dampf reinigen; **-ся** verdampfen; **~ка** *f* (5) Ausdampfen *n*, Abdampfen *n*
вып|áрхивать (1), ⟨**~орхнуть**⟩ (20) herausflattern, hervorflattern, aufflattern; *fig.* F herausschweben, herausschwärmen
вып|áрывать (1), ⟨**~ороть**⟩ (17) heraustrennen, abtrennen
выпас *m* (1) Weide *f*
выпасть → ***выпадáть***
выпе|кáть (1), ⟨**~чь**⟩ (26) ausbacken
выпереть → ***выпирáть***
выпи|вáть (1), ⟨**~ть**⟩ (-пью, -пьешь; -пей!; -ла; -та) austrinken, leeren; F sich betrinken, betrunken sein; **~вка** F *f* (5; -вок) Trinkgelage *n*, Zecherei; etwas zu trinken, Schnaps *m*; **~вши** P angetrunken, betrunken
выпúли|вать (1), ⟨**~ть**⟩ (13) aussägen
вып|ирáть (1), ⟨**~ереть**⟩ (12) F hinausdrängen, herausdrängen; herausstoßen, herausdrücken; P hinausschmeißen; *impf.* F hervorstehen, hervorspringen; P hervorbrechen
выпис|ка *f* (5; -ок) Ausschreiben *n*, Ausstellen *n*; Exzerpieren *n*; Bestellung, Bezug *m*; Entlassung; Abmeldung; Auszug *m*, Exzerpt *n*;

~ывать (1), ⟨**~ать**⟩ (3) herausschreiben, exzerpieren; malen, sorgfältig zeichnen *od.* ausschreiben; ausstellen, ausfertigen; bestellen, beziehen, abonnieren; (schriftlich *od.* brieflich) kommen lassen; gesundschreiben, entlassen; ausschließen; abmelden; **-ся** entlassen werden; **~ь** † *f* (8) → ***~ка***

вы́пихнуть F (20) *pf.* hinausstoßen

вы́плав|ка *f* (5) Schmelzen *n*; Verhüttung; **~ля́ть** (28) → ***пла́вить 2***

вы́плакать (3) *pf.* ausweinen; F mit Tränen erbetteln *od.* erflehen

вы́пла|та *f* (5) Auszahlung, Zahlung; ***на ~ту*** P auf Abzahlung *od.* Raten; **~чивать** (1), ⟨**~тить**⟩ (15) auszahlen, bezahlen; abzahlen

выпл|ёвывать (1), ⟨**~юнуть**⟩ (20) ausspucken

выплёс|кивать (1), ⟨**'~кать**⟩ (3), *einm.* ⟨**'~нуть**⟩ (20) herausschütten, ausschütten, wegschütten; vergießen; anspülen; → ***ребёнок***; **-ся** herausschwappen; *Zool.* herausspringen

выпле|та́ть (1), ⟨**~сти**⟩ (25 -т-) ausflechten

выплы|ва́ть (1), ⟨**~ть**⟩ (23) hinausschwimmen, herausschwimmen; auftauchen (*a. fig.*); hervorschauen; herausschweben

вы́плюнуть → ***выплёвывать***

выпля́сывать F (1) tanzen

выпол|а́скивать (1), ⟨**~оскать**⟩ (3) ausspülen; gurgeln

выполз|а́ть (1), ⟨**~ти**⟩ (24) herauskriechen, hervorkriechen; F sich herausschleppen, sich hervorschleppen

выполн|е́ние *n* (12) Erfüllung *f*; Ausführung *f*, Durchführung *f*, Erledigung *f*; **~и́мый** (14*K*.) erfüllbar; → ***исполни́мый***; **~я́ть** (28), ⟨**~ить**⟩ (13) erfüllen; ausführen; erledigen; befolgen; Folge leisten, nachkommen (B *D*)

вы́пороть → ***выпа́рывать***

вы́порхнуть → ***выпа́рхивать***

вы́прав|ка F *f* (5) (stramme) Haltung; P Korrigieren *n*; **~ля́ть** (28), ⟨**~ить**⟩ (14) geradebiegen; *fig.* bereinigen, einrenken; korrigieren, *Korrektur* lesen; F herausziehen, zurechtrücken; P ausstellen *od.* sich ausstellen lassen, *Karte* lösen; **-ся** sich bessern; F wieder gerade wachsen

выпр|а́шивать (1), ⟨**~осить**⟩ (15) erbitten, erwirken; *impf.* durch Bitten zu bekommen suchen; **-ся** F durch Bitten die Erlaubnis bekommen

выпров|а́живать F (1), ⟨**~одить**⟩ (15) hinauskomplimentieren

вы́просить → ***выпра́шивать***

вы́простать P (1) *pf.* herausziehen; leeren

выпры́г|ивать (1), ⟨**~нуть**⟩ (20) hinausspringen, herausspringen

выпря|га́ть (1), ⟨**~чь**⟩ (26 -г/ж-) ausspannen

выпрям|и́тель *m* (4) *El.* Gleichrichter; **~ля́ть** (28), ⟨**~ить**⟩ (14) geradebiegen; aufrichten, strecken; *El.* gleichrichten

вы́прячь → ***выпряга́ть***

вы́пукл|ость *f* (8) Wölbung; *Phys.* Konvexität; *fig.* Anschaulichkeit; **~ый** (14*K*.) gewölbt; *Gefäß*: bauchig; erhaben, hervorstehend; *Phys.* konvex; *fig.* augenfällig, plastisch

вы́пус|к *m* (1) Hinauslassen *n*, Herauslassen *n*; Auslassen *n*, Ablassen *n*; Entlassung *f*; *Tech.* Ablauf, Abstich; Ausstoß; Fertigung *f*; Herausgabe *f*, Ausgabe *f*, Emission *f*, Auflage *f*; *Rdf.* Sendung *f*; Lieferung *f*, Belieferung *f*; Jahrgang; † Auslassung *f*; **~ка́ть** (1), ⟨**~тить**⟩ (15) hinauslassen, herauslassen; auslassen; entlassen, freilassen; absolvieren (B/***из*** P *N A*; T als *N*), ausbilden; herstellen, herausbringen; liefern; herausgeben, publizieren; *Hdl.* ausgeben, emittieren; auflegen; in Umlauf bringen, auf den Markt bringen; *Tech.* ablassen, abstechen; *Flgw.* ausfahren; *Mil.* abschießen; *Bot.* austreiben; *Krallen* zeigen; → ***выправля́ть*** F, ***упуска́ть***; **~ка́ющий** *m* (17) Schlußredakteur; **~кни́к** *m* (1*e.*) Abiturient, Absolvent; **~кно́й** (14) Abschluß-, Abgangs-, Reife-; Abitur-, Abiturienten-, Schulentlassungs-; *Tech.* Ablaß-, Ablauf-, Abstich-; *Kfz.* Auspuff-; **~тить** → ***~ка́ть***

выпу́т|ывать, ⟨**~ать**⟩ (1) freibekommen; *fig.* F heraushelfen (B *j-m*); **-ся** F sich herausarbeiten, herauskommen

выпу́чи|вать (1), ⟨**~ть**⟩ (16) aufwölben, wölben; F ***~ть глаза́*** die Augen aufreißen, (***на*** B *A*) anstarren, anglotzen

вы́пушка *f* (5; -шек) Verbrämung,

Paspel; *Text.* Vorstoß *m*
выпы́т|ывать, ⟨~ать⟩ F (1) ausforschen, auskundschaften; abringen
выпь *f* (8) Rohrdommel
вы́пялить P (13) *pf.* → ***вы́пучить***
выпя́|чивать F (1), ⟨~тить⟩ (15) herausstrecken, vorstrecken, vorwölben; *fig.* herausstellen; **-ся** sich vorschieben, vorspringen
выраб|а́тывать, ⟨~отать⟩ (1) erzeugen, herstellen; bearbeiten, ausführen; ausarbeiten, erarbeiten; ausbilden, herausbilden, entwickeln; *Bgb.* abbauen; F hereinholen, verdienen; **-ся** erschöpft sein; **~отка** *f* (5; -ток) Fertigung, Erzeugung; Ausarbeitung; Produktion, Produktionsleistung; Arbeitserlös *m*; F Ausführung, Qualität; *Bgb.* Abbau *m*, Bau *m*
выр|а́внивать (1), ⟨~овнять⟩ (28) ebnen, planieren; *Tech.* nivellieren; *Mil.* richten, ausrichten; *Flgw.* abfangen; *Tritt* fassen; **-ся** eben werden; sich fangen; sich entwickeln (***в*** B zu *D*); ausgeglichener werden
выра|жа́ть (1), ⟨~зить⟩ (15) ausdrükken, zum Ausdruck bringen; äußern; offenbaren; angeben; **-ся** sich ausprägen; zum Ausdruck kommen; sich belaufen (***в*** П/P auf *A*); F *impf.* fluchen; **~же́ние** *n* (12) Ausdruck *m*, Äußerung *f*; Redewendung *f*; *Math.* Formel *f*; ***с ~же́нием*** F ausdrucksvoll; ***извини́те за ~же́ние*** mit Verlaub; nehmen Sie es (mir) bitte nicht übel; **~женный** (14) ausgeprägt; **~зи́тель** *m* (4) Wortführer, Exponent; **~зи́тельность** *f* (8) Ausdruckskraft; **~зи́тельный** (14; -лен, -льна) ausdrucksvoll; vielsagend, bedeutungsvoll; sprechend; ***~зи́тельное чте́ние*** *n* Rezitation *f*, Deklamation *f*
выра|ста́ть (1), ⟨~сти⟩ (25; -сту, -тешь; *Prät. st.*; → ***расти́***) aufwachsen, wachsen, groß werden; erwachsen sein; herauswachsen; anwachsen, sich entwickeln *od.* steigern (***в*** B zu *D*); entstehen, erstehen; steigen; **~щивать** (1), ⟨~стить⟩ (15) züchten; aufziehen, großziehen, heranziehen
вы́рвать(ся) → ***вырыва́ть(ся)***
вы́рез *m* (1) Ausschnitt; *Tech.* Aussparung *f*; **~а́ть, ~ывать** (1), ⟨~ать⟩ (3) herausschneiden, ausschneiden; *Med.* herausoperieren; schnitzen; einmeißeln, eingravieren; niedermetzeln; **~ка** *f* (5; -ок) Ausschneiden *n*; Ausschnitt *m*; Schnitzen *n*; Lendenstück *n*, Filet *n*; **~но́й** (14) ausgeschnitten; geschnitzt
вырисо́в|ывать (1), ⟨~ать⟩ (7) sorgfältig zeichnen *od.* zu Papier bringen; **-ся** sich abzeichnen
вы́ровнять(ся) → ***выра́внивать(ся)***
вы́ро|док *m* (1; -дка) Mißgeburt *f*; Außenseiter; ***быть ~дком*** aus der Art schlagen; **~жда́ться** (1), ⟨~диться⟩ (15) ausarten, entarten, degenerieren; mißraten; **~жде́ние** *n* (12) Ausartung *f*, Entartung *f*; Degeneration *f*, Verfall *m*
вы́ронить (13) *pf.* fallen lassen; F verlieren
выруб|а́ть (1), ⟨~ить⟩ (14) heraushauen, aushauen, aushacken; abholzen; ausschnitzen, ausmeißeln; *Bgb.* fördern, abbauen; **~ка** *f* (5) Abholzen *n*; Holzschlag *m*; F Einschnitt *m*, Kerbe
выруч|а́ть (1), ⟨~ить⟩ (16) aushelfen, helfen (B *j-m*); retten, erlösen; F erzielen, hereinholen; **~ка** *f* (5; -ек) Hilfe (***на*** B zu *D*), Rettung; F Erlös *m*
выр|ыва́ть¹ (1), ⟨~вать⟩ (-ву, -вешь; -вала; -вана) herausreißen, entreißen (***у*** P *j-m*); *Zahn* ziehen; *Baum* entwurzeln; **-ся** *impf.* sich losreißen *od.* befreien wollen; *pf.* sich losreißen, sich befreien; hervorbrechen, ausbrechen; *fig.* entschlüpfen, entfahren, sich entringen; **~ыва́ть²** (1) → ***рыть***
вы́рядиться F (15) *pf.* sich herausputzen, sich auftakeln
вы́са|дка *f* (5) Landung, Ausschiffung; Anlanden *n*; Auspflanzen *n*; **~док** *m* (1; -дка) Setzling; **~живать** (1), ⟨~дить⟩ (15) ausschiffen, anlanden, an Land setzen; aus . . . helfen *od.* weisen; auspflanzen; P einschlagen, eindrücken; **-ся** aussteigen; an Land gehen, auspressen
выс|а́сывать (1), ⟨~осать⟩ (-су, -сешь) aussaugen, absaugen; F herauspressen
вы́сверлить (13) *pf.* ausbohren
вы́светить (15) *pf.* anleuchten, ausleuchten, beleuchten
высви́стывать F (1) pfeifen
высвобо|жда́ть (1), ⟨~дить⟩ (15) los-

machen, freimachen, befreien; freisetzen, freibekommen
вы́се|в *m* (1) Aussaat *f*; **~вáть**, **~ивать** (1), ⟨**~ять**⟩ (27) aussäen
высе|кáть (1), ⟨**~чь**⟩ (26) aushauen, ausmeißeln; *Feuer* schlagen; → ***сечь 1***
высел|éние *n* (12) Aussiedlung *f*, Umsiedlung *f*; Ausweisung *f*; **~я́ть** (28), ⟨**~ить**⟩ (13) aussiedeln, umsiedeln; ausweisen; **-ся** ausziehen, auswandern; übersiedeln
вы́се|чка *f* (5; -чек) Schnitt *m*; Stich *m*; **~чь** → ***~кáть***
вы́сеять → ***высевáть***
выси́|живать (1), ⟨**~деть**⟩ (11) ausbrüten (*fig*. P); F sitzen, sitzenbleiben, verweilen; ersitzen
вы́ситься (15) aufragen, emporragen
выск|áбливать (1); ⟨**~облить**⟩ (13) abschaben, ausschaben; *Med.* auskratzen
выскáз|ывать (1), ⟨**~ать**⟩ (3) aussagen, sagen, aussprechen, äußern; *Urteil* abgeben; **-ся** sich zu Wort melden; Stellung nehmen *od.* beziehen (***о*** П zu *D*)
выск|áкивать (1), ⟨**~очить**⟩ (16) hinausspringen, herausspringen; herausrennen; plötzlich auftauchen; herausfallen, ausfallen; *fig.* F entfallen (***у*** P *D*); (***в*** И *pl. et.*) werden; herausplatzen, vorpreschen
выскáльзывать (1) → ***выскользáть*** P
вы́скоблить → ***выскáбливать***
выскольз|áть (1), ⟨**~нуть**⟩ (20) entgleiten, entschlüpfen; hinausschlüpfen (***из*** P zu *D*)
вы́скоч|ить → ***~áкивать***; **~очка** F *m*/*f* (5; -чек) Streber(in *f*), Gernegroß *m*; Emporkömmling *m*, Arrivierte(r) *m*
выскре|бáть (1), ⟨**~сти**⟩ (25; -бу; -бешь; -еб, -ебла; -ебенный) auskratzen, -ausschaben
вы́с|ланный *m* (14) Ausgewiesene(r), Verbannte(r); **~лать** → ***~ылáть***
выслé|живать (1), ⟨**~дить**⟩ (15) *impf.* nachspüren (B*D*); *pf.* aufspüren
вы́слу|га *f* (5): ***за ~гу лет*** für langjährigen Dienst; **~живать** (1), ⟨**~жить**⟩ (16) abdienen, erdienen; ***~жить пéнсию*** das Pensionsalter erreichen; **-ся** sich empordienen; F sich lieb Kind machen (***перед*** T bei *j-m*)
выслу́ш|ивать, ⟨**~ать**⟩ (1) anhören, Gehör schenken; *Med.* abhorchen
высм|áтривать F (1), ⟨**~отреть**⟩ (9) ausspähen, aussuchen; *pf.* erspähen; *impf.* hinausschauen, hervorschauen; Ausschau halten (B nach *j-m*); ***~отреть все глазá*** P sich die Augen aus dem Kopf sehen
высмé|ивать (1), ⟨**~ять**⟩ (27; -ю, -ешь) auslachen, verspotten
выс|óвывать (1), ⟨**~унуть**⟩ (20) herausstrecken, hinausstrecken; vorstrecken, hervorstrecken; ***~унув язы́к*** F in atemlosem Tempo; ***нóса не смéет ~унуть*** F *j-d* traut sich nicht heraus; **-ся** sich hinauslehnen, sich herauslehnen; herausragen, herausschauen
высóк|ий (16; -, -á, -ó; *Komp.* вы́ше; *Sup.* вы́с[очáй]ший) hoch, *präd.* zu hoch; groß, hochgewachsen; hochgelegen; hochstehend; *fig.* erhaben; hervorragend; (*o.K.*) Hoch-; Höhen-; → ***высочáйший***, ***вы́сший***, ***вы́ше***
высоко|благорóдие *n* (12) *ehm.* Hochwohlgeboren; **~вóльтный** (14) Hochspannungs-; **~гóрный** (14) Hochgebirgs-, alpin; **~калори́йный** (14) kalorienreich; von hohem Heizwert; **~кáчественный** (14) hochwertig, Qualitäts-, Edel-; **~квалифици́рованный** (14) hochqualifiziert; **~мéрие** *n* (12) Hochmut *m*, Dünkel *m*; **~мéрный** (14; -рен, -рна) hochmütig, dünkelhaft; **~нрáвственный** (14) moralisch hochstehend; **~образóванный** (14) hochgebildet; **~одарённый** (14) hochbegabt; **~оплáчиваемый** (14*K.*) gutbezahlt
высоко|пáрный (14; -рен, -рна) schwülstig, hochtrabend, geziert; **~питáтельный** (14) hochwertig, mit hohem Nährwert; **~постáвленный** (14) hochgestellt; **~превосходи́тельство** *n* (9) *ehm.* Exzellenz *f*; **~прóбный** (14; -бен, -бна) *Tech.* hochkarätig; F Qualitäts-; **~производи́тельный** (14; -лен, -льна) hochproduktiv, Hochleistungs-; **~рáзвитый** (14 *K.*) hochentwickelt; **~рóслый** (14*K.*) großgewachsen, hochgewachsen; **~сóртный** (14; -тен, -тна) Qualitäts-; **~ува-**

жа́емый (14) hochverehrt; **~урожа́йный** (14) ertragreich; **~часто́тный** (14) Hochfrequenz-; **~чти́мый** (14K.) hochachtbar
вы́сосать → ***выса́сывать***
высот|а́ *f* (5; *pl. st.* ́-) Höhe; Anhöhe; *fig.* Niveau *n*; Gipfel *m*; → ***длина́***; ***на ~е́ положе́ния*** *fig.* auf der Höhe, e-r Sache gewachsen; **́~ник** *m* (1) Hochbauarbeiter; Höhenflugpilot; **́~ный** (14) Höhen- ; *Arch.* Hoch-; **~оме́р** *m* (1) Höhenmesser
вы́сохший (17) vertrocknet, verwelkt; ausgetrocknet; *fig.* F abgezehrt
высо|ча́йший (17) → ***́~кий***; *ehm.* allerhöchst, kaiserlich; **́~чество** *n* (9) *ehm.* Hoheit *f*
вы́спаться → ***высыпа́ться²***
выспе|ва́ть (1), ⟨**́~ть**⟩ (8) ausreifen
выспр|а́шивать F (1), ⟨**́~осить**⟩ (15) ausfragen (***у*** P von *D*), auskundschaften
вы́спренний (15; -енен, -ння) erhaben; hochtrabend
вы́спросить → ***выспра́шивать***
вы́став|ка *f* (5; -ок) Ausstellung (***на*** П in *D*), Schau; Auslage; ***~ка-прода́жа*** Verkaufsausstellung; **~ля́ть** (28), ⟨**~ить**⟩ (14) hinausstellen; ausstellen; vorstellen; vorschieben, vorrücken, vorbringen; aufstellen, hinstellen, bereitstellen; zur Schau stellen, auslegen; herausnehmen; angeben; preisgeben; P hinausweisen, entfernen; ***~ля́ть в смешно́м ви́де*** lächerlich machen; **-ся** F → ***высо́вываться***; **~очный** (14) Ausstellungs-
выст|а́ивать (1), ⟨**́~оять**⟩ (́-ою, ́-оишь) . . . hindurch stehen, verharren; aushalten, standhalten, durchhalten; **-ся** *Wein*: ablagern; *Teig*: lange genug gehen; *Farbe*: verschießen; *Pferde*: verschnaufen, sich verschnaufen
выстёгивать (1) → ***стега́ть***
выст|ила́ть (1), ⟨**́~лать**⟩ [*a.* -st-] (́-елю, ́-елешь), F ⟨́-елить⟩ (13) auslegen, belegen, bedecken; pflastern, dielen; → ***выкла́дывать***
вы́стоять(ся) → ***выста́ивать(ся)***
выстр|а́ивать(ся) (1) → ***стро́ить(ся) 1***
вы́стрел *m* (1) Schuß; Schußweite *f*; ***~ в во́здух*** Warnschuß, Schreckschuß; **~ить** (13) *pf.* schießen (***из*** P mit *D*), e-n Schuß abgeben (***в*** B auf *A*); abfeuern (***из*** P *A*)
выстри|га́ть (1), ⟨**́~чь**⟩ (26 -г/ж-) abscheren; schneiden; F ausschneiden
вы́строгать (1) *pf.* abhobeln, glatthobeln
вы́строить(ся) → ***выстра́ивать(ся)***
вы́студить (15) *pf.* kalt werden lassen
высту́к|ивать F, ⟨**́~ать**⟩ (1) klopfen; tippen; *Med.* abklopfen
вы́ступ *m* (1) Vorsprung; *Tech.* Ausladung *f*; Ansatz; Wulst
выступ|а́ть (1), ⟨**́~ить**⟩ (14) heraustreten, vortreten, hervortreten, vorragen; aufbrechen, ausrücken; *Marsch* antreten (***в*** B *A*); auftreten, sprechen; *Rede* halten, *Bericht* erstatten; *Erklärung* abgeben (***с*** T *A*); *Rolle* spielen, singen; *Vorschlag* vortragen (***в*** П *A*); *Bühne* betreten (***на*** B *A*); *fig.* eintreten; *Schweiß*: ausbrechen; *Röte*: steigen (***на*** П in *A*); *Schimmel*: ausschlagen; *Flüssigkeit*: durchsickern; ***слёзы ́~или на глаза́х*** (***у*** P *j-m*) traten Tränen in die Augen; ***~а́ющий*** *m* ***в пре́ниях*** Diskussionsredner; **~ле́ние** *n* (12) Auftreten, Auftritt *m*; Rede *f*, Ansprache *f*, Vortrag *m*; → ***~а́ть***; Beitrag *m*; Kundgebung *f*; Aufbruch *m*, Abmarsch *m*; ***~ле́ние на бис*** Zugabe *f*
вы́сунуть(ся) → ***высо́вывать(ся)***
высу́шивать (1) → ***суши́ть***
высчи́т|ывать [-ʃʃ-], ⟨**́~ать**⟩ (1) ausrechnen, berechnen, errechnen; F abziehen, einbehalten; *impf.* † aufzählen
вы́сш|ий [-ʃʃ-] (17) → ***высо́кий***; höchste(r), oberste(r); höhere(r); Ober-; *Jur.* Höchst-; *fig.* Höhe-; vornehmst; ***~ая ме́ра*** *f* ***наказа́ния*** Todesstrafe
выс|ыла́ть (1), ⟨**́~лать**⟩ (вы́шлю, ́-лешь; → ***слать***) abschicken, zuschicken, zusenden; aussenden, entsenden; entfernen; verbannen; ausweisen; abschieben; **́~ылка** *f* (5) Absendung, Versendung; Verbannung; Ausweisung
высыпа́ть (1), ⟨**́~**⟩ (2) **1.** *v/t* ausschütten; **2.** *v/i* F hinausströmen, herausströmen; übersät sein (***на*** П/И *N* mit *D*); *Med.* ausschlagen; **-ся¹** herausfallen; F herausrennen
выс|ыпа́ться² (1), ⟨**́~паться**⟩ (́-пл-

юсь, ⁓пишься; ⁓палась) ausschlafen
высыха́ть (1) → ***со́хнуть***
высь *f* (8) Höhe; *pl.* Gipfel *m/pl.*
выт|а́лкивать (1), ⟨⁓олкать⟩ (1), *einm.* ⟨⁓олкнуть⟩ (20) hinausstoßen
вытанц|о́вывать F (1) aufs Parkett legen; **-ся** F, ⟨⁓ева́ться⟩ (7) klappen, hinhauen
выт|а́пливать (1), ⟨⁓опить⟩ (14) **1.** einheizen; **2.** schmelzen, auslassen
выт|а́птывать (1), ⟨⁓оптать⟩ (3) zertrampeln, zerstampfen; austreten
выта́|скивать F ⟨⁓скать⟩ (1), ⟨⁓щить⟩ (16) herausziehen, hervorziehen, hervorholen; hervorschleppen; *fig.* F heraushelfen; klauen
выта́чивать (1) → ***точи́ть 2***
вы́тачка *f* (5; -чек) Abnäher *m*, Falte
вы́тащить → ***выта́скивать***
вытворя́ть F (28) anstellen, anrichten
выте|ка́ть (1), ⟨⁓чь⟩ (26) herausfließen, ausfließen, entweichen; *impf.* entspringen; *fig.* folgen, sich ergeben; *pf. Auge*: auslaufen
вы́тереть(ся) → ***вытира́ть(ся)***
выте́рп|ливать (1), ⟨⁓еть⟩ (14) aushalten, ertragen, durchmachen
вы́тертый F (14) abgeschabt, schäbig
вы́тесать → ***вытёсывать***
вытесн|е́ние *n* (12) Verdrängung *f*; **⁓я́ть** (28), ⟨⁓ить⟩ (13) vertreiben, hinaustreiben; verdrängen
вытёс|ывать (1), ⟨⁓ать⟩ (3) aushauen, behauen
вы́течь → ***вытека́ть***
выт|ира́ть (1), ⟨⁓ереть⟩ (12) abwischen, abtrocknen; sich abstreifen; **-ся** F sich abschaben, sich verschleißen
вытисн|я́ть (28), ⟨⁓ить⟩ (13) einprägen
вы́толк|ать, ⁓нуть → ***выта́лкивать***
вы́топить → ***выта́пливать***
вы́топтать → ***выта́птывать***
вы́торговать (7) *pf.* F erhandeln, abhandeln; P herausholen, herausschlagen
вы́точенный (14*K.*) gedrechselt, gedreht, geschliffen; *fig.* gemeißelt
вытра́в|ливать (1), **⁓ля́ть** (28), ⟨⁓ить⟩ (14) ausbeizen, wegbeizen; wegätzen, einätzen; F vertilgen, ausrotten; tilgen; entfernen; abgrasen, abweiden; *Med.* abtreiben
вы́требовать (7) *pf.* kommen lassen, anfordern; *Jur.* vorführen lassen; P bitten
вытрезв|и́тель *m* (4) Ausnüchterungszelle *f*; Entziehungsanstalt *f*; **⁓ля́ть** (1), ⟨⁓ить⟩ (14) ausnüchtern, ernüchtern; **-ся** wieder nüchtern werden *od.* sein; s-n Rausch ausschlafen; **⁓ле́ние** *n* (12) Ausnüchterung *f*
вытряса́ть (1) → ***трясти́ 2***
вытря́х|ивать (1), ⟨⁓нуть⟩ (20) ausschütteln; P → ***вы́швырнуть***
выть (22) heulen; **⁓ё** P *n* (10) Heulen, Geheul
вытя́|гивать (1), ⟨⁓нуть⟩ (20) herausziehen; abziehen; ausstrecken, ausdehnen, recken; anlegen (***по*** Д *pl.* an *A*); F herausbekommen, herausholen (***у, от*** P von *D*); heraushelfen; ausschlürfen; *fig.* schaffen; P hauen; es bringen (***до*** P auf *A*); → ***тяну́ть***; **-ся** sich ausdehnen, sich hinziehen; F sich ausstrecken, sich langstrekken; sich anspannen; bilden (***в*** B *A*); heranwachsen; Haltung annehmen, strammstehen; ***лицо́ ⁓нулось*** (***у*** P *j-d*) machte ein langes Gesicht; **⁓жка** *f* (5) *Chem.* Auszug *m*, Extrakt *m*, Abzug *m*; *Tech.* Strecken *n*, Dehnung; **⁓жно́й** (14) Zug-, Abzugs-; Auszieh-
выу́|живать (1), ⟨⁓дить⟩ (15) herausangeln; F abknöpfen; herauskriegen
выу́ч|ивать(ся) (1) → ***учи́ть(ся)***; **⁓ка** *f* (5) Schule, Ausbildung; F Lehre (***на*** B in *A*)
вых|а́живать F (1), ⟨⁓одить²⟩ (15) gesund pflegen, aufpäppeln; aufziehen, großziehen; *pf.* durchwandern, durchstreifen
выхва́т|ывать (1), ⟨⁓ить⟩ (15) herausreißen, entreißen (***у*** P *j-m*); herausziehen; P zuviel herausschneiden
вы́хлоп *m* (1) Auspuff
вы́хлопотать (1) *pf.* erwirken, verschaffen
вы́ход *m* (1) Ausgang (***у*** P am), Ausstieg; *Mar.* Auslaufen *n*, *Ausfahrt f*; *Sp.* Ausscheiden *n*; *fig.* Ausweg; Austritt; *Thea.* Auftritt; *Buch*: Erscheinen *n*; *Mil.* Abbruch; Ausbruch; *Tech.* Ertrag; *Comp.* Ausgabe *f* (***на*** П an *D*); Eintritt (*a. Raumf.*; ***на*** B in *A*); *Flgw.* Anflug; *Pol.* Rücktritt; Verlassen *n*

(***из*** P *G*); **~ *из стрóя*** *Tech.* Ausfall; ***дать ~*** *fig.* freien Lauf lassen; ***найти́ ~*** *fig.* Ausdruck finden; **~ец** *m* (1; -ца) Zugewanderte(r); → ***урожéнец***; **~ец *из*** (P) *j-d* stammt aus (*D*)

выходи́т|ь¹ (15), ⟨вы́йти⟩ (-йду, -йдешь; -шел, -шла; -йдя; -шедший) hinausgehen (*impf. fig.* ***в, на*** B zu *D*), herausgehen, hinaustreten, heraustreten; verlassen (***из*** P *A*); ausscheiden; abbrechen; ausbrechen; aufstehen; treten (***из*** P *pl.* über *A*); *Bühne* betreten (***на*** B *A*); *Arbeit*: erscheinen (zu *D*); *Mar.* auslaufen; *Flgw.* anfliegen (***на*** B *A*); *Bot.* aufgehen; *Geld*: (***у*** P *j-m*) ausgehen; *Frist*: ablaufen; *Buch*: herauskommen; *fig.* gelingen; *Aufgabe*: aufgehen; geraten; *Mode, Gebrauch*: kommen (***из*** P aus *D*); *Geduld* verlieren (***из*** P *A*); *Sp.* sich qualifizieren (***в*** B für *A*); *Sieger*: hervorgehen (T als *N*); *Alter* überschreiten (***из*** P *A*); *Rückstand* aufholen; *Gehorsam* verweigern; *Geduld* verlieren; *Schulden* loswerden; *fig.* folgen; erfolgen, sich ereignen, sich erweisen; eintreten, dazukommen; zufallen, zugeteilt *od.* zuerkannt werden; *pf. Rolle*: fallen (***из*** P aus *D*); **~** F also, demnach; **~*ь из стрóя*** *Tech.* ausfallen; **~*ь из положéния*** e-n Ausweg finden; (***не***) ***вы́шло!*** F es hat (nicht) geklappt!; ***из э́того ничегó не вы́йдет*** daraus wird nichts; P ***годá вы́шли*** (Д *j-d*) ist alt genug *od.* zu alt; ***рóстом не вы́шел*** *j-d* ist recht klein geraten; → ***зáмуж***

выход|и́ть² → ***выхáживать***; **~ка** *f* (5; -ок) Ausfall *m*; Streich *m*; **~нóй** (14) Ausgangs-, Ausgeh-; *Thea.* Neben-; *Fin.* Überbrückungs-; *Su. m* F arbeitsfreier Tag; *präd.* **~нóй** F *j-d* hat s-n freien Tag; **~*ны́е дáнные*** *pl.* Impressum *n*

вы́холенный (14*K.*) gepflegt; verhätschelt

вы́холощенный (14*K.*) kastriert; *fig.* inhaltsleer

вы́хухоль *m* (4) Bisamspitzmaus *f*

выцарáп|ывать, ⟨~ать⟩ (1) auskratzen; einritzen; F herbeischaffen, herausschinden, freibekommen

выцве|тáть (1), ⟨~сти⟩ (25 -т-; -тет; -ла) verbleichen, verschießen

выцé|живать (1), ⟨~дить⟩ (15) abzapfen; F ausschlürfen; hervorbringen, herauspressen

вычёрк|ивать (1), ⟨~нуть⟩ (20) ausstreichen, streichen (*a. fig.*)

вычéрп|ывать, ⟨~ать⟩ (1), *einm.* ⟨~нуть⟩ (20) ausschöpfen, leeren; ausbaggern

вычéр|чивать (1), ⟨~тить⟩ (15) aufzeichnen

вы́честь → ***вычитáть***

вычёс|ывать (1), ⟨~ать⟩ (3) auskämmen, aushecheln

вы́чет *m* (1) Abzug; ***за ~ом*** nach Abzug, abzüglich; **~ *из зарплáты*** Lohnabzug, Gehaltsabzug

вычисл|éние *n* (12) Berechnung *f*; Überschlag *m*; *Math.* Rechnung *f*; **~и́тель** *m* (4) Rechner; **~и́тельный** (14) Rechen-; **~*и́тельная маши́на*** *f* → **~*и́тель***; Computer; ***инженéр по ~и́тельной тéхнике*** EDV-Ingenieur; **~я́ть** (28), ⟨~ить⟩ (13) berechnen, ausrechnen

вы́чистить → ***вычищáть***

вычитá|емое *n* (14) Subtrahend *m*; **~ние** *n* (12) Subtraktion *f*, Subtrahieren, Abziehen; **~ть** (1), ⟨вы́честь⟩ (25; -чту, -тешь; -чел, -чла; -чтя; -четший; -чтенный) subtrahieren, abziehen (***из*** P von *D*)

вычи́т|ывать, ⟨~ать⟩ (1) F herauslesen, (***из*** P *D*) entnehmen; korrigieren, zum Druck vorbereiten

вычищáть (1) → ***чи́стить 1***

вы́чурный (14; -рен; -рна) verschnörkelt; geziert, schwülstig

вы́швырнуть F (20) *pf.* rausschmeißen

вы́ше → ***высóкий***; höher, größer (P als); über (*D*); oben, oberhalb; ***от*** (P) ***и ~*** von ... u. darüber *od.* aufwärts; über *od.* ab ..., von ... an; **~ *всегó*** am höchsten; **~ *срéднего*** überdurchschnittlich; **~ *нуля́*** über Null; ***как скáзано ~*** wie oben (bereits) erwähnt; ***быть ~*** (P über *A*) erhaben sein *od.* gehen; **~ *сил*** (P) *et.* übersteigt *j-s* Kräfte; **~стоя́щий** (17) übergeordnet; **~упомя́нутый** (14) obenerwähnt

вышиб|áть (1), ⟨~ить⟩ (-у, -ешь; -, -ла; -ленный) herausschlagen, ausschlagen, einschlagen; hinauswerfen, hinausschmeißen

вышив|áльный (14) Stick-; **~áльщица** *f* (5) Stickerin; **~áние** *n* (12)

Stickerei *f*; **~áть** (1), 〈вы́шить〉 (⁓шью, ⁓шьешь) sticken; **⁓ка** *f* (5; -вок) Stickerei *f*; **~нóй** (14) gestickt
выш|инá *f* (5) Höhe; → ***высотá, рост***; **⁓ка** *f* (5; -ек) Turm *m*; Warte; Hochstand *m*
вы́шмыгнуть F (20) *pf.* hinaushuschen
вы́шний (15) †, *poet.* oberste(r); höhere(r), höchste(r); göttlich; *Su.* ♀ *m* Gott
вышу́|чивать F (1), 〈⁓тить〉 (15) zum besten haben, bespötteln
вы́щелочить (16) *pf.* auslaugen
вы́щербить (14) *pf.* auskerben
выщи́п|ывать (1), 〈⁓ать〉 (2), *einm.* 〈⁓нуть〉 (20) ausrupfen, auszupfen
выяв|ля́ть (28), 〈⁓ить〉 (14) zeigen, offenbaren; aufdecken, entdecken; **~лéние** *n* (12) Aufdeckung *f*, Offenbarung *f*
выясн|éние *n* (12) Klärung *f*, Klarstellung *f*; → **~я́ть** (28), 〈⁓ить〉 (13) klären, aufklären, klarstellen; *pf. unpers.* F aufklaren; **-ся** sich herausstellen, sich erweisen, klarwerden
вьетнáм|ец *m* (1; -ца), **~ка** *f* (5; -ок) Vietnamese(-sin *f*); **~ский** (16) vietnamesisch
вью́га *f* (5) Schneesturm *m*, Gestöber *n*
вьюк *m* (1) Traglast *f*, Saum
вьюн *m* (1*e.*) Schmerle *f*; *fig.* F aalglatter Patron; F ***вертéться ~óм*** (***óколо*** P um *j-n*) herumscharwenzeln
вьюнóк *m* (1; -нкá) *Bot.* Winde *f*
вьюрóк *m* (1; -ркá) Bergfink
вью́ч|ить (16), 〈на-〉 aufladen, (***на*** В *A*) beladen, bepacken; **~ный** (14) Pack-, Last-
вью́шка *f* (5; -шек) Ofenklappe; *Tech.* Spule
вью́щийся (17) Schling-, rankend; lockig
вя́жущий (17) herb; *Med.* zusammenziehend, adstringierend; *Tech.* Binde-
вяз *m* (1) Ulme *f*
вяз|áльный (14) Strick-; Häkel-; **~áльщица** *f* (5) Strickerin, Wirkerin; **~áние** *n* (12) Strickerei *f*, Strickzeug; **~áнка** *f* (5; -нок) Bund *n*, Bündel *n*; **⁓аный** (14*K*.) gestrickt, Strick-; **~áть** (3), 〈с-〉 binden, zusammenbinden; stricken; häkeln; *Arch.* zusammenfügen; *Tech.* zusammenziehen; F ***во рту вя́жет*** (***от*** P/***у*** P *et.*) zieht *j-m* den Mund zusammen; **-ся** *impf.* zusammenpassen (***с*** T zu *D*), miteinander übereinstimmen, sich vertragen; P sich einmischen; belästigen (***к*** Д *j-n*); klappen; **⁓ка** *f* (5) Binden *n*; Stricken *n*; Häkeln *n*; P → ***свя́зка***; ***ручнóй ⁓ки*** handgestrickt
вя́з|кий (16, -ок, ⁓кá) dickflüssig, zähflüssig; *Tech.* viskos; klebrig; schlammig, sumpfig; F → ***вя́жущий***; **~нуть** (21/20), 〈за-, у-〉 einsinken, versinken; steckenbleiben
вя́зовый (14) Ulmen-
вязь *f* (8) Zierschrift; *Ling.* Ligatur
вя́л|еный (14) gedörrt, Dörr-; **~ить** (13), 〈про-〉 dörren; **-ся** dorren
вя́|лость *f* (8) *Med.* Atonie; → **~лый** (14*K*.) welk, verwelkt; schlaff, schlapp, flau; träge, lax, lässig; **~нуть** (21/20) **1**. 〈за-, у-〉 welken, verwelken; **2**. (у-) dahinsiechen, vergehen; ***у́ши ~нут*** F (es ist) nicht zum Anhören

Г

габарди́новый (14) Gabardine-
габари́т *m* (1) *Tech.* Abmessungen *f/pl.*; *Esb.* Ladeprofil *n*
гáвань *f* (8) Hafen *m*
гáвк|ать P (1), 〈про-〉, *einm.* 〈~нуть〉 (20) kläffen
гáга *f* (5) Eiderente; **⁓ра** *f* (5) *Zool.* Taucher *m*
гад *m* (1) Reptil *n*; P Dreckskerl
гадá|лка *f* (5; -лок) Wahrsagerin; Kartenlegerin; **~ние** *n* (12) Wahrsagerei *f*; → ***~ть***; **~тельный** (14; -лен, -льна) mutmaßlich, fragwürdig; (*o. K.*) Wahrsage-; **~ть** (1) wahrsagen

(***на*** П aus *D*); F mutmaßen, rätseln; ***~ть на кáртах*** Karten legen; → ***гýща***
гáд|ина *f* (5) P → ~; **~ить** (15), ⟨на-⟩ F Dreck machen; P übel mitspielen; *impf*. P besudeln; **~кий** (16; -ок, -кá) garstig, häßlich; widerlich; *präd*. zuwider; **~лúвость** *f* (8) Ekel *m*, Abscheu *m*; **~лúвый** (14*K*.) Ekel-; **~ость** F *f* (8) ekelhaftes Zeug *n*; Gemeinheit; *pl*. Zoten; **~ю́ка** *f* (5) Natter, Viper; P *fig*. Schlange; → ~
гáерствовать † (7) Possen reißen
гáечный (14) Schrauben-
газ[1] *m* (1; -а/-у) Gas *n*; Gasheizung *f*; Gasbeleuchtung *f*; *pl*. Blähungen *f/pl*.; ***на пóлном ~ý*** P mit Vollgas
газ[2] *m* (1) Gaze *f*
газéль *f* (8) Gazelle
газéт|а *f* (5) Zeitung, Blatt *n*; **~ный** (14) Zeitungs-; Presse-; **~чик** *m* (1) Zeitungsverkäufer; F Zeitungsmann
гáзик F *m* (1) Pkw (Marke ГАЗ)
гази|рóванный (14) Sprudel-, Soda-; **~ровáть** (7) *im*(*pf*.) mit Kohlensäure versetzen; **~фицúровать** (7) *im*(*pf*.) vergasen; an die Gasversorgung anschließen
газов|áть P (7) Gas geben; **~ый** (14) Gas-; Gaze-
газо|генерáтор *m* (1) Gaserzeuger; **~мéр** *m* (1) Gasuhr *f*; **~мéтр** *m* (1) Gasbehälter
газóн *m* (1) Rasen
газо|непроницáемый (14*K*.) gasdicht; **~обрáзный** (14; -зен, -зна) gasförmig; **~прóвод** *m* (1) Gasleitung *f*; **~снабжéние** *n* (12) Gasversorgung *f*; **~хранúлище** *n* (11) Gasbehälter *m*
гаúшник P *m* (1) Verkehrspolizist
гáйк|а *f* (5; гáек) Schraubenmutter; *pl*. *fig*. P Schrauben
гак P: ***с ~ом*** gut(e), etwas über
галант|ерéйный (14) Kurz-, Kurzwaren-; **~ерéя** *f* (6) Kurzwaren *f/pl*., Schmuckwaren *f/pl*.; Schmuckwarengeschäft *n*; **~ный** (14; -ен, -на) galant, artig
галд|ёж F *m* (1*e*.) Geschrei *n*, Lärm; **~éть** P (11) durcheinander schreien, lärmen, grölen; laut zwitschern
галер|éя *f* (6; -éй) Galerie; Wandelgang *m*, Wandelhalle; *Bgb*., *Mil*. Stollen *m*; **~ка** F *f* (5; -ок) *Thea*. Galerie, Olymp *m*
галéта *f* (5) Schiffszwieback *m*
галиматья́ F *f* (6) Unsinn *m*, Kohl *m*
галифé [-'fɛ] *pl*., *n* (*unv*.) Reithose *f*
гáлка *f* (5; -лок) Dohle; F → ***ворóна***
галóп *m* (1) Galopp; ***~ом*** im Galopp
гáлочк|а *f* (5; -чек) Häkchen *n*; ***стáвить ~и*** abhaken
галóши *f/pl*. (5) Gummiüberschuhe *m/pl*., Galoschen; → ***калóши***
гáлстук *m* (1) Krawatte *f*, Schlips; Halstuch *n*; P *fig*. Binde *f*
галýн *m* (1*e*.) Tresse *f*, Litze *f*
галýшки *f/pl*. (5; -шек) *Art* Spätzle *pl*.
гальвани|зúровать (7) *im*(*pf*.) galvanisieren; **~ческий** (16) galvanisch
гáлька *f* (5; -лек) Kiesel *m*, Kieselsteine *m/pl*., Geröll *n*
гам F *m* (1; -а/-у) Lärm
гамáк *m* (1*e*.) Hängematte *f*
гáмма *f* (5) Tonleiter; *fig*. Skala
гангрéна *f* (5) *Med*. Brand *m*
гангстерúзм *m* (1) Gangstertum *n*
гандбóл *m* (1) Handball; **~úст** *m* (1) Handballspieler
гантéли [-'tɛ-] *f/pl*. (8) Hanteln
гарáж *m* (1*e*.; -éй) Garage *f*
гарантú|йный (14) Garantie-; garantiert; **~ровать** (7) *im*(*pf*.) garantieren, gewährleisten; Gewähr bieten, haften (В für *A*); sichern (***от*** Р gegen *A*), schützen (vor *D*); **~я** *f* (7) Garantie, Gewähr; Bürgschaft (***в*** П für *A*)
гардерóб *m* (1) Kleiderschrank; Kleidung *f*, Garderobe *f*; → **~ная** *f* (14) Kleiderablage; **~щица** *f* (5) Garderobenfrau
гардúна *f* (5) Gardine, Fenstervorhang *m*, Store *m*
гáревый (14) *Sp*. Aschen-
гáрк|ать P (1), *einm*. ⟨**~нуть**⟩ (20) brüllen, (***на*** В *j-n*) anbrüllen
гармо|нúровать (7) harmonieren, zusammenpassen; **~нúст** *m* (1) Ziehharmonikaspieler; **~нúческий** (16), **~нúчный** (14; -чен, -чна) harmonisch; wohlklingend; **~ния** *f* (7) Harmonie, Wohlklang *m*; Einklang *m*; *Mus*. Harmonielehre; **~нь** F *f* (8), **~шка** F *f* (5; -шек) Ziehharmonika; ***в ~шку*** *od*. ***~шкой*** in Falten
гарнúр *m* (1) Beilage *f*
гарнитýр *m* (1) Garnitur *f*, Satz
гарпýн *m* (1*e*.) Harpune *f*
гарцевáть (6 -ý-) bravourös reiten *od*.

herumreiten
гарь *f* (8) Brand *m*, Brandgeruch *m*; Verbrannte(s) *n*; Asche, Ruß *m*; Brandstelle, Brandfläche
гас|и́ть (15) **1.** ⟨по-, за-⟩ löschen, auslöschen, ausschalten, abdrehen; **2.** ⟨по-⟩ *Hdl.* tilgen; *Fmw.* entwerten; *Tech.*, *Mus.* dämpfen; **˜нуть** (21/20) **1.** ⟨по-, у-, F за-⟩ löschen, erlöschen, ausgehen; **2.** ⟨по-, у-⟩ *fig.* erlöschen, versiegen; **3.** ⟨у-⟩ dahinsiechen
гастрол|ёр *m* (1) Gastsolist; F *iron.* Gastarbeiter; **˜и** *f/pl.* (8) Gastspiel *n*, Gastspielreise *f* (***на*** B zu *D*), Tournee *f*; **˜и́ровать** (7) gastieren; F *fig.* ein (kurzes) Gastspiel geben; **˜ьный** (14) Gast-, Gastspiel-
гастроно́м *m* (1) Feinkostgeschäft *n*; † Feinschmecker; **˜и́ческий** (16) Feinkost-, Delikatessen-; † feinschmeckerisch; **˜ия** *f* (7) Feinkost, Delikatessen *f/pl.*; Gastronomie
гауптва́хта *f* (5) *Mil.* Arrestlokal *n* (***на*** B in *A*); † Wache (zu *D*)
гашёный (14) gelöscht; gestempelt
гаши́ш *m* (1) Haschisch *n*; **˜ник** F *m* (1) Hascher
гвалт F *m* (1; -а/-у) Lärm, Radau
гвард|е́ец *m* (1; -е́йца) Gardesoldat, Gardeoffizier; **˜е́йский** (16) Garde-; **˜ия** *f* (7) Garde
гвозд|ево́й (14) Nagel-; → **˜ь**; **˜ик** *m* (1) (kleiner) Nagel; ***на ˜иках*** F mit Pfennigabsätzen; **˜и́ка** *f* (5) Nelke(n *pl.*); **˜и́ть** P (15*e.*) hauen; tönen, (B auf *et.*) herumreiten; **˜и́чный** (14) Nelken-; **˜ь** *m* (4*e.*; *Npl. st.*) Nagel (***на*** П an *D*); Stift; *fig.* F Clou, Zugnummer *f*; ***и никаки́х ˜е́й!*** P und damit basta!, keine Widerrede!
где wo; F irgendwo; **˜ . . ., ˜ . . .** da . . ., dort . . .; → ***ни, то́лько, хоть***; **˜ *уж*** (***тут***)***!***, **˜ *там!*** F i wo!, keine Spur!; **˜** (***уже́***) ***ему́*** (+ *Inf.*) F der will *od.* soll . . .?, wie *od.* woher will *od.* soll er . . .?, was ist der schon für ein . . .?; **˜ *ни на есть*** P überall; **˜-˜** F → ***ко́е-˜***, ***всю́ду***; **˜-либо**, **˜-нибудь**, **˜-то** irgendwo; **˜-*то*** F ungefähr; irgendwie
гебе́ст F *m* (1) Angehöriger des KGB
гее́нна *f* (5) Hölle
гей F he (da)!; hui!
гекта́р *m* (1; *Gpl. a.* -а́р) Hektar (***с*** P je)
ге́ли|й *m* (3; -и) Helium *n*; **˜оустано́вка** *f* (5; -вок) Sonnenenergieanlage
гемо|рро́й *m* (3) Hämorrhoiden *pl.*; **˜фили́я** *f* (7) Bluterkrankheit
гене|ало́гия *f* (7) Genealogie; Stammbaum *m*; **˜зис** [-nɛ-] *m* (1) Entstehung *f*, Entstehungsgeschichte *f*
генера́ль|ный (14) General-, Haupt-, Grund-; Voll-; **˜ский** (16) Generals-
генера́тор *m* (1) Stromerzeuger; *Kfz.* Lichtmaschine *f*
гени|а́льность *f* (8) Genialität; **˜а́льный** (14; -лен, -льна) genial; **˜й** *m* (3; -и) Genie *n*; Genius, Geist
геноци́д *m* (1) Völkermord
ген|се́к *m* (1) Generalsekretär; **˜шта́б** *m* (1) Generalstab
гео́граф *m* (1) Geograph; **˜и́ческий** (16) geographisch; Land-; **˜ия** *f* (7) Geographie, Erdkunde; Verbreitung
геодези́|ст [-dɛ-] *m* (1) Geodät, Vermessungsingenieur; **˜ческий** (16) geodätisch, Gelände-; **˜я** (7) Geodäsie
гео́лог *m* (1) Geologe; **˜и́ческий** (16) geologisch; **˜ия** *f* (7) Geologie
геометри́|ческий (16) geometrisch; **˜я** *f* (7) Geometrie, Raumlehre
георги́н *m* (1) Dahlie *f*
гера́льдика *f* (5) Wappenkunde
гера́нь *f* (8) Geranie
герб *m* (1*e.*) Wappen *n*
герба́рий *m* (3; -и) Herbarium *n*
геркуле́с *m* (1) athletischer Mensch; Haferflocken *f/pl.*
герма́н|ец *m* (1; -ца) Germane; **˜и́стика** *f* (5) Germanistik; **˜ский** (16) germanisch; *Pol.* deutsch
гермети́ческий (16) hermetisch
геро|и́зм *m* (1) Heldentum *n*; Heldenmut; **˜и́ня** *f* (6) Heldin; **˜и́ческий** (16) Helden-; → **˜и́чный** (14; -чен, -чна) heldenhaft, heldisch; **˜й** *m* (3) Held; **˜йский** (16) → ***˜и́ческий***; **˜йство** *n* (9) → **˜и́зм**
ге́тры *f/pl.* (5) Gamaschen
гиаци́нт *m* (1) Hyazinthe *f*
ги́бель *f* (8) Untergang *m*, Verderben *n*; Unglück *n*, Katastrophe; Tod *m*; *fig.* Scheitern *n*; *präd.* P Unmenge; miserabel; **˜ный** (14; -лен, -на) verheerend, unheilvoll, verhängnisvoll
ги́бк|ий (16; -бок, -а́) biegsam, geschmeidig; wendig, gelenkig; flexibel, elastisch; **˜ость** *f* (8) Flexibilität; →

Г

~кий

ги́б|лый F (14) sehr gefährlich; (gott)-verdammt; hoffnungslos; **~нуть** (21), ⟨по-⟩ umkommen (**от** P vor *D*), zugrunde gehen, untergehen, eingehen

гибри́д *m* (1) *Bio.* Bastard, Mischling

гига́нт *m* (1) Gigant, Riese; **~ский** (16) riesig, gigantisch; Riesen-, Hünen-; ***~ские шаги́*** *m/pl. Sp.* Rundlauf *m*

гигиени́ч|еский (16), **~ный** (14; -ен, -на) hygienisch, Gesundheits-

гигро́|метр *m* (1) Hygrometer *n*, Luftfeuchtigkeitsmesser; **~скопи́ческий** (16) hygroskopisch

гид *m* (1) Reiseleiter; Fremdenführer

гидравли́ческий (16) hydraulisch

гидро|гра́фия *f* (7) Gewässerkunde; **~метце́нтр** *m* (1) Wetteramt *n*; **~самолёт** *m* (1) Wasserflugzeug *n*; **~те́хника** *f* (5) Wasserbaukunst; **~электроста́нция** *f* (7) Wasserkraftwerk *n*

гие́на *f* (5) Hyäne

гик F *m* (1), **~анье** F *n* (10) Geschrei *n*, Gekreisch *n*; **~ать** F (1), *einm.* ⟨**~нуть**⟩ (20) gellend schreien, kreischen

ги́льза *f* (5) Hülse; Rolle

гимн *m* (1) Hymne *f*

гимнази́|ст *m* (1) Gymnasiast; **~ческий** (16) Gymnasial-; Gymnasiasten-; **~я** *f* (7) Gymnasium *n*

гимна́ст *m* (1) Turner; Akrobat; **~ёрка** *f* (5; -рок) Feldbluse; **~ика** *f* (5) Gymnastik, Turnen *n*; **~и́ческий** (16) Turn-, gymnastisch; *Sp.* Sprossen-

гинеко́л|ог *m* (1) Frauenarzt, Gynäkologe; **~о́гия** *f* (7) Gynäkologie

гипе́р|бола *f* (5) Hyperbel; **~боли́ческий** (16) hyperbolisch; übertrieben; **~тони́я** *f* (7) (zu) hoher Blutdruck *m*; **~трофи́я** *f* (5) *Med.* Überernährung; *fig.* Überbetonung

гипно́|з *m* (1) Hypnose *f*; **~тизи́ровать** (7), ⟨за-⟩ hypnotisieren

гипо́|теза *f* (5) Hypothese; **~тони́я** *f* (5) (zu) niedriger Blutdruck *m*; **~це́нтр** *m* (1) Erdbebenherd

гиппопота́м *m* (1) Nilpferd *n*

гипс *m* (1; -а/-у) Gips; Gipsabguß, Gipsbüste *f*; Gipsverband; **~ова́ть** (7), ⟨за-⟩ eingipsen, in Gips legen; *impf.* gipsen; **~овый** (14) Gips-

гирля́нда *f* (5) Girlande; Kette

ги́ря *f* (6) Gewicht *n*; *Sp.* Hantel

гита́р|а *f* (5) Gitarre; **~и́ст** *m* (1) Gitarrenspieler

глав|а́ (5; *pl. st.*) **1.** *m* Oberhaupt *n*, Chef, Leiter; **2.** *f* Kapitel *n*; *Arch.* Kuppel; †, *poet.* Haupt *n*, Kopf *m*; Gipfel *m*, Wipfel *m*; *fig.* Spitze (**во** П an *D*); ***ста́вить во ~у́ угла́*** in den Vordergrund stellen; **~а́рь** *m* (4*e.*) Anführer, Rädelsführer; Häuptling; **~е́нство** *n* (9) Vorrang *m*, Vormacht(stellung *f*) *f*; **~е́нствовать** (7) herrschen (**над** T über *A*); **~к** *m* (1) Hauptverwaltung *f* (*SU*); **~ное** *n* (14) Hauptsache *f*, das Wichtigste; F vor allem; **~нокома́ндующий** *m* (17) Oberbefehlshaber; **~ный** (14) Haupt-, hauptsächlich, wichtigste(r); Chef-, Ober-; ***~ным о́бразом*** hauptsächlich

глаго́л *m* (1) Verb *n*, Zeitwort *n*; **~ица** *f* (5) glagolitische Schrift; **~ьный** (14) Verb-, verbal

глади́ль|ный (14) Bügel-, Plätt-; **~щица** *f* (5) Büglerin

гладио́лус *m* (1) Gladiole *f*

гла́д|ить (15) **1.** ⟨вы-⟩ bügeln, plätten; **2.** ⟨по-⟩ streichen, glätten; streicheln (**по** Д *a. A*); ***~ить по голо́вке*** F (zu) nachsichtig sein (B gegen *j-n*); durchgehen lassen (B/**за** B *j-m et.*); **~кий** (16; -ок, -ка́) glatt, eben; *Kleid*: schlicht; *Stoffarbe*: uni, ungemustert; *Stil*: flüssig; P wohlgenährt; F ***взя́тки ~ки*** (**с** P bei *j-m*) ist nichts zu holen; **~кость** *f* (8) Glätte; → **~кий**; **~ь** *f* (8) spiegelglatte Fläche

гла́женье *n* (10) Bügeln

глаз *m* (1; -а/-у; в -у́; *pl.* -а́, -, -а́м) Auge *n*; Blick; Sehkraft *f*; F Obhut *f*; ***в ~а́*** ins Gesicht; *fig.* ins Auge; ***за ~а́*** F hinter dem Rücken; reichlich, vollauf; ***на ~*** → **~оме́р**; ***на ~а́х*** zusehends, (**у** P) vor *j-s* Augen; ***с ~у на ~*** F unter vier Augen; ***гляде́ть во все ~а́*** F scharf aufpassen, ganz Auge sein (→ ***о́ба***); ***в ~а́ не вида́ть*** F überhaupt nicht zu sehen; ***хоть ~ вы́коли*** F stockfinster; ***куда́ ~а́ глядя́т*** F der Nase nach; ***прочь с мои́х ~!*** geh mir aus den Augen!; ***с ~ доло́й – из се́рдца вон*** *Spr.* aus den Augen, aus dem Sinn; **~а́стый** (14*K.*) F großäugig, glotzäugig; scharfsichtig; P farbenfroh; **~ён-**

ки F *pl.* (5; -нок) Äuglein *n*/*pl.*; **~éть** P (8) gaffen, (***на*** В *A*) angaffen

глазиро́в|анный (14*K.*) glasiert; **~áть** (7) *im*(*pf.*) glasieren; satinieren

глаз|ни́к F *m* (1*e.*) Augenarzt; **~ни́ца** *f* (5) Augenhöhle; **~ної́** (14) Aug-, Augen-; **~óк** *m* (1; -кá) **1.** (*pl. st.*; ⁻ок) Äuglein *n*; ***на ~óк*** F → ***одни́м ~кóм*** F flüchtig; ***стро́ить ~ки*** F schöne Augen machen; **2.** (*pl. e.*) Guckloch *n*; *Bot.* Auge *n*; *Stoff*: Pünktchen *n*; **~омéр** *m* (1) Augenmaß *n* (***на*** В, ***по*** Д nach); **~у́нья** *f* (6; -ий) Spiegelei(er *pl.*) *n*

глазур|овáть (7) *im*(*pf.*) glasieren; **~ь** *f* (8) Glasur, Schmelz *m*; Zuckerguß *m*, Überzug *m*

глáнды *f*/*pl.* (5) *Anat.* Mandeln

глас *m* (1) *poet.* Stimme *f*; **~и́ть** (15*e.*) lauten, besagen; † künden, verkünden; **~ность** *f* (8) Öffentlichkeit; *Pol.* Offenheit, Transparenz; **~ный** (14; ⁻ен, ⁻на) öffentlich, publik; *Gr.* vokalisch; *Su. m* Vokal, Selbstlaut; *ehm.* Abgeordneter

глашáтай *m* (3) Verkünder; *ehm.* Ausrufer, Herold

гли́н|а *f* (5) Lehm *m*; Ton *m*; **~истый** (14*K.*) Lehm-, lehmig; **~озём** *m* (1) Tonerde *f*; **~яный** (14) Ton-, tönern, irden

глинтвéйн *m* (1; -а/-у) Glühwein

гли́ссер *m* (1; *pl. a. e.*, N -á) Gleitboot *n*

глист *m* (1*e.*) Eingeweidewurm; **~á** *f* (5) F → **~**; P Latte, dürre Latte

глодáть (3) nagen (В an *D*)

глот|áть (1), ⟨про **~и́ть**⟩ (15), *einm.* ⟨**~ну́ть**⟩ (20) schlucken, hinunterschlucken; verschlucken, verschlingen; unterdrücken; **~ка** *f* (5; ⁻ок) Rachen *m*, Schlund *m*; F Gurgel; Maul *n*; Stimme; ***во всю~ку*** F aus voller Kehle; **~óк** *m* (1; -кá) Schluck; Zug (Т in *D*); **~очный** (14) Rachen-

глóхнуть (21) **1.** ⟨о-⟩ taub werden; **2.** ⟨за-⟩ verhallen, verstummen; erlöschen, verlöschen; verwildern; F *Motor*: verrecken; *fig.* im Sande verlaufen, F einschlafen

глу́б|же → ***~óкий, вы́ше***; **~инá** *f* (5; *pl. st.* ⁻) Tiefe (→ ***длинá***; ***на*** В in *D*); (tiefstes) Innere(s) *n*; *fig.* Gründlichkeit, Profundität; ***в ~инé*** (***из ~ины́***) ***векóв*** in (aus) grauer Vorzeit; **~и́нка** F *f* (5; -нок) Krähwinkel *m*, Provinz, Provinznest *n*; **~иномéр** *m* (1) Tiefenmesser; **~и́нный** (14) Tief(en)-; Tiefsee-; abgelegen; *Mil.* tief im Hinterland; *Mil.* Wasser-; **~óкий** (16; -óк, -окá, -óкó; *Komp.* -же; *Sup.* -очáйший) tief; Tief-; *fig.* tiefsinnig; tiefgehend, tiefgreifend; tiefempfunden; eingehend, gründlich; *Interesse*: groß; *Alter*: hoch, hochbetagt; *Vorzeit*: grau; Spät-; *Fot.* Schlag-; ***до ~óкой нóчи*** bis tief in die Nacht; *Adv.* zutiefst

глубоко|вóдный (14; -ден, -дна) wasserreich; Tiefsee-; Tiefwasser-; **~излучáтель** *m* (4) Tiefstrahler; **~мы́сленный** (14*K.*) tiefsinnig; **~мы́слие** *n* (12) Tiefsinn *m*; **~уважáемый** (14) hochverehrt

глубь *f* (8) Tiefe; → **глубинá**

глум|и́ться (14*e.*) verspotten, verhöhnen (***над*** Т *A*); **~лéние** *n* (12) Verhöhnung *f* (***над*** Т *G*)

глуп|éть (8), ⟨по-⟩ verdummen, verblöden; **~éц** *m* (1; -цá) Dummkopf; **~и́ть** F (14*e.*) herumalbern; **~овáтый** F (14*K.*) dümmlich, dämlich; **~ость** *f* (8) Dummheit (***по*** Д aus *D*); *pl.* Unsinn *m*; **~ый** (14; -, -á) dumm, töricht, blöd(e), albern; *Witz*: faul; **~ы́ш** F *m* (1*e.*; -éй) Dummchen *n*, Einfaltspinsel; *Zool.* Eissturmvogel; **~ы́шка** F *f* (5; -шек) Dummerchen *n*, Gänschen *n*

глух|áрь *m* (4*e.*) Auerhahn; F Taube(r); **~овáтый** F (14*K.*) schwerhörig; **~óй** (14; -, -á) taub (***на*** В auf *D*; *fig.* ***к*** Д gegen *et.*); *Su. m* Taube(r); dumpf; öde; entlegen, abgelegen; *Straße*: unbelebt; *Wald*: wild, dicht; *Med.*, *Kleid*: geschlossen; *Herbst*: tief; *Nacht*: stockfinster; *Mauer*, *Fenster*: blind; *Ling.* stimmlos; *fig.* flau; ***шкóла*** *f* ***для ~и́х*** Gehörlosenschule; **~омáнь** F *f* (8) → ***глушь***; **~онемóй** (14) taubstumm; *Su. m* Taubstumme(r); **~онемотá** *f* (5) Taubstummheit; **~отá** *f* (5) Taubheit

глуш|и́тель *m* (4) Schalldämpfer; *Kfz.* Auspufftopf; *fig.* Unterdrücker; **~и́ть** (16*e.*) **1.** ⟨о-⟩ betäuben; F ohnmächtig prügeln; **2.** ⟨за-⟩ übertönen; dämpfen, (*a. fig.*) ersticken, unterdrücken; drosseln, abdrosseln, abwürgen; *Rdf.* stören; löschen; P saufen; **~ь** *f* (8*e.*;

~ью) Dickicht *n*; Einöde, Krähwinkel *m*
глы́ба *f* (5) Block *m*; Batzen *m*; Brokken *m*, Scholle *f*, Erdscholle *f*, Erdklumpen *m*
глюко́за *f* (5) Traubenzucker *m*
гляд|е́ть (11; ~я) **1.** ⟨по-⟩, *einm.* ⟨гля́нуть⟩ (20) schauen; (***на*** В *A*) anschauen, ansehen, betrachten; *j-m* zuschauen; **2.** *impf.* blicken (***на*** В *a.* in *A*); beachten; F aufpassen (***за*** Т auf *A*); aussehen (Т wie *N*); hervorschauen; ***~ь!*** F sieh da!; ***~и́(шь)*** P wohl, wahrscheinlich; ***~я*** (***по*** Д) je nach (*D*); ***на́ ночь ~я*** so spät am Abend; ***того́ и ~и́*** F (es *od.* er, sie kann) jeden Augenblick . . .; ***~е́ть в гроб*** mit e-m Fuß im Grab stehen
гля́н|ец *m* (1; -ца) Glanz (Т in *D*); **~цеви́тый** (14*K.*), **~цевый** (14) glänzend; Glanz-
гна|ть (гоню́, го́нишь; -ня́; -ни́мый; -л, -ла́, ~гнанный) **1.** treiben, jagen; forttreiben, fortjagen; flößen; F lenken; rasen (В mit *A*), hetzen; ***гони́ . . .!*** P . . . her!; **2.** ⟨про-, ото-⟩ verscheuchen, vertreiben; **3.** ⟨вы́-⟩ brennen; schwelen; **~ся 1.** jagen (***за*** Т *A*), verfolgen, (*D*) nachjagen; F *fig.* trachten, streben (nach *D*); **2.** ⟨у-⟩ es aufnehmen (können) (***за*** Т mit *j-m*)
гнев *m* (1) Zorn (***от*** Р vor, aus *D*); ***не во ~ будь ска́зано*** nehmen Sie es mir nicht übel; ***смени́ть ~ на ми́лость*** Gnade vor Recht ergehen lassen; **~аться** (1), ⟨раз-, † про-⟩ (***на*** В *j-m*) zürnen; *pf.* sich erzürnen (über *A*); **~ный** (14; ~ен, ~на́) zornig, erzürnt, aufgebracht
гнедо́й (14) braun; *Su. m* Braune(r)
гнезд|и́ться (15*e.*) nisten; *fig.* hausen, sich einnisten; **~о́** *n* (9; *pl. st.* ~) Nest; Horst *m*; Heimstatt *f*; *Tech.* Zapfenloch, Sitz *m*; *El.* Klinke *f*; Buchse *f*; *Ling.* Wortfamilie *f*; **~ова́ться** (7) Nester bauen; **~ово́й** (14) Nest-, Nester-; Dibbel-; **~о́вье** *n* (10; -ий) Nistplatz *m*
гне|сти́ (25 -т-) bedrücken; **~т** *m* (1) Unterdrückung *f*; † Druck; **~ту́щий** (17) bedrückend
гни́да *f* (5) Nisse
гни|е́ние *n* (12) Faulen, Fäulnis *f*; **~ло́й** (14; -л, -ла́) faul, verfault, mod(e)rig; *Wetter*: feucht, naß; **~лость** *f* (8) Fäule, Fäulnis; **~ль** *f* (8), F **~лье́** *n* (10) → ***~лость***; faules Zeug *n*; **~ть** (-ю́, -ёшь; -л, -ла́), ⟨с-⟩ faulen, verfaulen, vermodern, verwesen; *impf. fig.* dahinsiechen, zugrunde gehen
гно|е́ние *n* (12) Eitern, Eiterung *f*; **~и́ть** (13*e.*), ⟨с-⟩ faulen, verfaulen; *fig.* verkommen *od.* schmachten lassen; **-и́ться** *impf.* eitern; triefen; **~й** *m* (3) Eiter; **~йни́к** *m* (1*e.*) Eiterherd, Eiterbeule *f*; **~йный** (14) eit(e)rig, Eiter-; eiternd
гнус *m* (1) *koll.* Insekten *n/pl.*
гнуса́в|ить (14) näseln; **~ый** (14*K.*) näselnd
гну́сн|ость *f* (8) Niedertracht; → **~ый** (14; -сен, -а́) niederträchtig, gemein, schändlich
гнут|ый (14) geschwungen; → **~ь** (20), ⟨со-⟩ biegen, beugen, krümmen; F verfolgen, (***к*** Д auf *A*) hinauswollen ***~ь горб*** F schuften (***на*** В für *A*); ***~ь спи́ну*** F katzbuckeln; ***~ь в дугу́*** gefügig machen
гнуша́ться (1), ⟨по-⟩ verabscheuen (Р, Т *A*), sich ekeln (vor *D*)
гобо́й *m* (3) Oboe *f*
гова́ривать F (1; *nur Prät.*) (oft) sagen
гове́ть (8) fasten
говно́ V *n* (9) V Scheiße *f*
го́вор *m* (1) Gerede *n*, Rede(n *n*) *f*; Murmeln *n*; Gezwitscher *n*; Aussprache *f*; Mundart *f*, Dialekt; P Gerücht *n*; **~и́ть** (13) **1.** sprechen (***о*** П, ***про*** В über *A*, von *D*; ***в*** П *fig.* aus *j-m*), reden; **2.** ⟨сказа́ть⟩ (3) sagen (*Iter.* → ***гова́ривать***); *impf.* ansprechen (Д *A*); zeugen (***о*** П von *D*), besagen; sich äußern; *Rede* halten; P beschuldigen (***на*** В *j-n*); ***~я́т*** man spricht *od.* sagt, es heißt; ***~я́т тебе́!*** F hörst du!; ***~я́т тебе́, замолчи́!*** F ich sage dir, sei *od.* sei gefälligst still!; ***. . . ~я́ . . .*** gesagt *od.* gestanden *od.* genommen *od.* ausgedrückt; ***не ~я́*** (***о*** П) bis auf (*A*), ausgenommen (*N*); ***не ~я́ уже́ о том, что . . .*** geschweige (denn), daß . . .; ***что*** *od.* ***как ни ~и́*** F was man auch sagen mag; ***что и ~и́ть, и не ~и́!*** F freilich!, keine Frage!; ***что вы ~и́те!*** was Sie nicht sagen!; *Rdf.* ***~и́т . . .*** hier ist *od.* spricht . . .; → ***сказа́ть***; **-ся** F

sprechen *od.* reden können (*od.* mögen); ***как ~и́тся*** wie es heißt *od.* man (so) sagt; ***уже́ ~и́лось ...*** es war schon davon die Rede ...; **~ли́вый** (14*K.*) gesprächig, redselig; *Bach*: rauschend; **~у́н** F *m* (1*e.*), **~у́нья** F *f* (6; -ий) Schwätzer(in *f*)

говя́|дина *f* (5) Rindfleisch *n*; **~жий** (18) Rinds-, Rinder-

го́гол|ь: ***ходи́ть ~ем*** F einherstolzieren; ***~ь-мо́голь*** *m* (4; ~ь-мо́голя) geschlagenes Eigelb *n* mit Zucker

го́гот *m* (1) Geschnatter *n*; → **~а́ть** (3), ⟨про-⟩, *einm.* ⟨~ну́ть⟩ (20) schnattern, gackern; P wiehern, lauthals lachen

год *m* (1; -a/-y; в -у́; *pl.* -ы/-а́, *ab G e. od.* лет; → ***лета́***) Jahr *n* (***в*** B im); ***на́ ~*** für ein Jahr; ***за́ ~*** in einem Jahr; ***ему́ три ~а*** (***пять лет***) er ist drei (fünf) Jahre alt; ***в мои́ ~ы*** in meinem Alter; ***в ста́рые ~ы*** in alten Zeiten; ***ра́зница f в ~а́х*** Altersunterschied *m*; ***~а́ми*** jahrelang; ***не по ~а́м → во́зраст***; ***из ~а в ~*** von Jahr zu Jahr; ***~ о́т ~у, ~ от ~а*** jahraus, jahrein; ***бе́з ~у неде́ля*** F erst seit kurzem; **~и́на** *f* (5) Zeit (***в*** B in *D*)

годи́т|ься (15*e.*) taugen (***для*** P, ***на*** B zu *D*); sich eignen (***в*** И *pl.* als *N*); passen; *unpers.* sich schicken; ***~ься в отцы́*** (Д *j-s*) Vater sein können; ***~ся!*** P einverstanden!; ***никуда́ не ~ся*** F *et.* ist zu nichts zu gebrauchen

годи́чный (14) einjährig; ganzjährig; jährlich, alljährlich, Jahres-

го́дный (14; -ден, -дна́) tauglich, brauchbar (*a.* ***для*** P, ***на*** B zu *D*), geeignet

годов|а́лый (14) einjährig; **~о́й** (14) jährlich, Jahres-; **~щи́на** *f* (5) Jahrestag *m*; ***~щи́на сва́дьбы*** Hochzeitstag *m*

гол *m* (1) Tor *n*, Treffer

гола́вль *m* (4*e.*) Döbel

голен|а́стый (14*K.*) stelzbeinig, langbeinig; **~и́ще** *n* (11) Stiefelschaft *m*; **~ь** *f* (8) Unterschenkel *m*

голе́ц *m* (1; -льца́) Schmerle *f*

голла́нд|ец *m* (1; -ца), **~ка** *f* (5; -ок) Holländer(in *f*); ***~ка*** Kachelofen *m*; **~ский** (16) holländisch

голов|а́ *f* (5; -у; *pl.* -ы, -, -а́м) Kopf *m*; Haupt *n*; F Chef *m*; Spitze (***в*** П an *D*); Sinn (u. Verstand) *m*; *Vieh*: Stück *n*; *Zucker*: Hut *m*; *Käse*: Laib *m*; (*m*; -у́) *ehm.* Hauptmann; ***в ~у*** zu Kopfe; ***в ~а́х*** F am Kopfende; ***с ~о́й*** F mit Köpfchen; F total; ***из ~ы́ вон*** F total vergessen, wie weggeblasen; ***с ~ы́*** F pro Nase; ***с*** *od.* ***от ~ы́ до ног*** F von oben bis unten; vom Scheitel bis zur Sohle; ***с ~ой*** F voll u. ganz; restlos; ***через ~у*** (P) über *j-s* Kopf hinweg; ***~о́й*** *od.* ***на́ ~у вы́ше*** e-n Kopf größer; ***на све́жую ~у*** mit frischem Kopf; ***в пе́рвую ~у*** F in erster Linie; ***прийти́ в ~у*** einfallen; ***сам себе́ ~а́*** F mein eigener Herr; ***~а́ на плеча́х*** ein heller Kopf; → ***на́голову, сла́мывать***

голов|а́стик *m* (1) Kaulquappe *f*; **~а́стый** F (14*K.*) großköpfig; klug; **~е́шка** *f* (5; -шек) → **~ня́**; **~ка** *f* (5; -ок) Köpfchen *n*; Kuppe; Zwiebel, Knolle; *Tech.* Kopf *m*, *Knopf m*; *Anat.* Eichel; F Spitze; *pl.* Vorschuhe *m/pl.*; **~но́й** (14) Kopf-, Haupt-, Spitzen-; Vor-; Leit-; *Anat.* Groß-; **~ня́** *f* (6; -не́й) glimmendes Holzscheit *n*, Holzstück *n*; Getreidebrand *m*

голово|круже́ние *n* (12) Schwindelgefühl, Schwindel *m*; **~кружи́тельный** (14; -лен, -льна) schwindelerregend, schwindelnd; **~ло́мка** *f* (5; -мок) Denk(sport)aufgabe; Rätsel *n*; **~ло́мный** (14; -мен, -мна) kopfzerbrechend, sehr schwierig; **~мо́йка** F *f* (5; -о́ек) Abreibung; **~но́гие** *n/pl.* (16) Kopffüßler *m/pl.*; **~ре́з** F *m* (1) Draufgänger, Mordskerl; Mordgeselle, Bandit; **~тя́п** F *m* (1) Tölpel; **~тя́пство** F *n* (9) Tölpelei *f*

го́лод *m* (1; -а/-у) Hunger (***с*** P vor *D*); Hungersnot *f*; Mangel; **~а́ть** (1) hungern, Hunger leiden; **~ный** (14; -ен, -на́) hungrig; ***быть ~ным*** Hunger haben; (*o. K.*) Hunger-; karg; **~о́вка** *f* (5; -вок) Hungern *n*; Hungerstreik *m*; F → ~

голо|дра́нец P *m* (1; -нца) Habenichts; **~лёд** *m* (1), **~ле́дица** *f* (5) Glatteis *n*; Schneeglätte *f* (***в*** B bei *D*); Eisschicht *f*, Eis *n*; **~но́гий** F (16*K.*) barfüßig, nacktbeinig; *Su. m Zool.* Nacktfüßler

го́лос *m* (1; *pl. e.*, *N* -а́) Stimme *f* (***в*** П bei *D*; ***в*** B von *D*); ***во весь ~*** lauthals; ***в два ~а*** zweistimmig; ***в оди́н ~*** unisono, wie aus e-m Munde; ***петь с***

чужо́го ~а *fig.* keine eigene Meinung haben; **~и́стый** F (14*K.*) stimmkräftig, stimmgewaltig; hellstimmig; **~и́ть** (15*e.*) wehklagen; → ***причита́ть***; P laut singen *od.* schreien

Г

голосло́вны|й (14; -вен, -вна) unbegründet, grundlos; ***быть ~м*** unbewiesene Behauptungen aufstellen

голосов|а́ние *n* (12) Abstimmung *f* (***при*** П in *D*; ***на*** zur), Stimmabgabe *f*; Wahl *f*; **~а́ть** (7), ⟨про-⟩ stimmen, abstimmen (В über *A*), s-e Stimme abgeben; abstimmen lassen; F ein Auto (durch Handzeichen) anhalten; **~о́й** (14) Stimm-, stimmlich

голошта́нный P (14) zerlumpt

голуб|ево́д *m* (1) Taubenzüchter; **~е́ть** (8) **1.** hellblau schimmern; **2.** ⟨по-⟩ blau werden; **~е́ц** *m* (1; -ца́); Kohlroulade *f*; **~изна́** *f* (5) Bläue; **~и́ка** *f* (5) *koll.* Sumpfheidelbeere(n *pl.*); **~и́ный** (14) Tauben-; *fig.* sanft, weich; **~ка** *f* (5; -ок) Täubin; F mein Schätzchen *n*, Liebste; **~огла́зый** (14*K.*) blauäugig; **~о́й** (14; -а́, -о́) hellblau, himmelblau; Blau-; Fernseh-; *fig.* rosarot; **~ушка** F *f* (5; -шек), **~чик** F *m* (1) → **~ка** F; mein Lieb(st)er *od.* Bester *m*; **~ь** *m* (4; *ab Gpl. e.*) Taube(r) *f*; **~я́тник** *m* (1) Taubennarr; F → **~я́тня** *f* (6; -тен) Taubenschlag *m*

го́л|ый (14; -, -а́) nackt, bloß; kahl; blank, rein; **~ытьба́** P *f* (5) *koll.* arme Schlucker *m/pl.*; **~ы́ш** *m* (1*e.*; -е́й) Kieselstein; F Nackedei; **~ышо́м** F nackt; **~ь** *f* (8) † → ***~ытьба́***; Öde; ***~ь на вы́думки хитра́*** *Spr.* Not macht erfinderisch

гольф *m* (1) Golf *n*; ***брю́ки*** *pl.* **~** Knikkerbocker *m/pl.*; ***чулки́*** *m/pl.* **~** Kniestrümpfe

го́мон F *m* (1; -а/-у) Lärm, lautes Gerede *n*; **~и́ть** P (13*e.*) lärmen, schreien

гомосексу|али́ст *m* (1) Homosexuelle(r); **~а́льный** (14) homosexuell

гондо́ла *f* (5) Gondel

гон|е́ние *n* (12) Verfolgung *f*; Anfeindung *f* (***на*** В gegen *A*); **~е́ц** *m* (1; -ца́) *ehm.* Eilbote; **~и́тель** *m* (4) Verfolger; Bedrücker; **~ка** *f* (5; -ок) *mst pl.* Rennen *n*; Regatta; F Hetze; ***~ка вооруже́ний*** Wettrüsten *n*; **~очный** (14) Renn-

гонт *m* (1) *koll.* Schindeln *f/pl.*

гонча́р *m* (1*e.*) Töpfer; **~ный** (14) Töpfer-

го́н|чий (17) Jagd-; *pl. Su.* Jagdhunde *m/pl.*; **~ьба́** *f* (5) Treibjagd; F → **~я́ть** (28) treiben, jagen; → ***гнать***; F hetzen, herumhetzen; fliegen lassen; *fig.* F → ***~я́ть ло́дыря*** *od.* ***соба́к*** F faulenzen, sich herumtreiben

гопкомпа́ния F *f* (7) Rotte, Blase

гор|а́ *f* (5; -у; на́ -у; *pl.* -ы, -, -а́м) Berg *m*; *pl.* Achterbahn *f*; ***~о́й*** wie ein Berg; *fig.* F mit Leib u. Seele; ***в ~у*** bergan, bergauf (*fig.* И mit *D*); ***по́д ~у*** bergab; ***под ~о́й*** am Fuße des Berges; ***за ~а́ми*** weit weg, fern, über alle Berge; ***не за ~а́ми*** nicht weit, vor der Tür; F ***как ~а́ с плеч свали́лась*** (***у*** P *j-m*) ist ein Stein vom Herzen gefallen; ***как на ка́менную ~у*** felsenfest; ***~а́ родила́ мышь*** *Spr.* es kreißen die Berge und gebären eine Maus

гора́зд P: **~** (***на*** В, ***в*** П + *Inf. j-d*) versteht sich (auf *et.*) *od.* ist geschickt (im + *Su.*); ***кто во что ~*** F jeder tut, was er mag; **~о** viel, weit, bei weitem; P sehr

горб *m* (1*e.*; на -у́) Buckel; Höcker; ***свои́м ~о́м*** F mit eigenen Händen; ***на своём ~у́*** F am eigenen Leib; ***е́хать на чужо́м ~у́*** F nassauern; **~а́тый** (14*K.*) buck(e)lig; *Nase*: (leicht) gebogen; **~а́ч** P *m* (1*e.*; -е́й) → **~у́н**; **~инка**: ***с ~инкой*** → **~а́тый**; **~ить** (14), ⟨с-⟩ krümmen; **-ся** den Rücken krümmen; **~у́н** F *m* (1*e.*) Buck(e)lige(r); **~у́шка** *f* (5; -шек) Ranft *m*, Brotkanten *m*

горд|ели́вый (14*K.*) hochmütig; **~е́ц** *m* (1*e.*) hochmütiger Mensch; **~и́ться** (15*e.*) stolz sein (Т auf *A*), sich brüsten (mit *D*); überheblich sein; **~ость** *f* (8) Stolz *m*; **~ый** (14; -, -а́) stolz (Т auf *A*); hochnäsig, arrogant

го́р|е *n* (10) Kummer *m* (***с*** P vor *D*), Gram *m*, Leid; Unglück (***на*** В zu *D*), Not *f*; F wehe; **~е** (Д *j-d*) hat seine liebe Not; ***и ~я ма́ло*** (Д *j-n*) kümmert das wenig; **~е-...** Pseudo-, Quasi-; After-; Sonntags-; **~ева́ть** (6) sich grämen, trauern (***о*** П um *j-n*), traurig *od.* betrübt sein; P Not leiden

горе́л|ка *f* (5; -ок) Brenner *m*; *pl.* Fangspiel *n*; **~ый** (14) brandig, verbrannt, angebrannt

горемы́|ка P *m*/*f* (5) armer Teufel *m*; **~чный** F (14; -чен, -чна) armselig, elend; Jammer-
горе́ние *n* (12) Brennen; Glühen
го́рест|ный [-sn-] (14; -ен, -на) kummervoll, leidvoll, traurig; kläglich; **~ь** *f* (8) → **го́ре**; *pl.* Mißgeschicke *n*/*pl.*
гор|е́ть (9*e.*) ⟨с-⟩ brennen; verbrennen; abbrennen; anbrennen; glühen (T vor *D*), *fig.* vergehen; funkeln, glänzen; *Heu*: faulen; F gefährdet sein; nicht lange halten; F ***рабо́та ~и́т в рука́х*** (**у** P *j-m*) geht die Arbeit von der Hand; ***не ~и́т!*** F es hat keine Eile!
го́рец *m* (1; -рца) Bergbewohner
го́речь *f* (8) Bitterkeit; bitterer Geschmack *m od.* Geruch *m*
горизо́нт *m* (1) Horizont (***на*** П an *D*); *fig.* Blickfeld *n* (***с*** P aus *D*); Pegel; *Mar.*, *Flgw.* Kimm *f*; *Bgb.* Sohle *f*; **~а́ль** *f* (8) Horizontale (***по*** Д in *D*); *Geol.* Schichtlinie; ***по ~а́ли*** → **~а́льный** (14; -лен, -льна) horizontal, waag(e)recht; *Bgb.* liegend
гори́стый (14*K.*) bergig, gebirgig
гори|хво́стка *f* (5; -ток) Gartenrotschwanz *m*; **~цве́т** *m* (1) Lichtröschen *n*
го́рка *f* (5; -рок) kleiner Berg *m*, Anhöhe; Glasschränkchen *n*; Rutschbahn; *Esb.* Ablaufberg *m*
го́ркнуть (20), ⟨про-⟩ ranzig werden
горко́м *m* (1) Stadtkomitee *n*
горла́|н P *m* (1) Schreihals; **~нить** P (13) grölen; **~стый** P (14*K.*) laut, mit lauter Stimme
го́рли|нка *f* (5; -нок), **~ца** *f* (5) Turteltaube
го́рл|о *n* (9) Kehle *f*, Gurgel *f*; Hals *m*; *Anat.* Röhre *f*; *Geogr.* Mündungsarm *m*; F → **гло́тка**; ***по ~о*** F bis oben; F ***стал(а) попере́к ~а*** (И/**у** P *A*) hat *j-d* satt; ***в ~о не идёт*** *et.* bleibt im Halse stecken; **~ови́на** *f* (5) *Tech.* Hals *m*; Öffnung; Stutzen *m*; **~ово́й** (14) Kehl-, Kehlkopf-; kehlig; **~опан** P → **~а́н**; **~ышко** *n* (9; -шек) Kehlchen; Flaschenhals *m*
горн *m* (1) *Tech.* Herd; Esse *f*; Schmiede *f*; *Mus.* Horn *n*; **~и́ло** *n* (9) *fig.* Feuerprobe *f*; Schmelztiegel *m*
го́рни|ца † *f* (5) gute Stube; **~чная** *f* (14) Zimmermädchen *n*, Stubenmädchen *n*
горно|добыва́ющий (17) Berg-, Bergbau-; **~заво́дский** (16) Bergwerks-, Montan-; **~лы́жный** (14) alpin; **~промы́шленный** (14) Berg-, Bergbau-; **~рабо́чий** *m* (17) Bergarbeiter; **~ру́дный** (14) Erzberg-
горноста́й *m* (3) Hermelin *n*
го́рн|ый (14) Berg-, Gebirgs-; bergig; Höhen-; Gruben-, Berg-, Bergbau-; → **~озаво́дский**; **~я́к** *m* (1*e.*) Bergarbeiter; Bergingenieur
го́род *m* (1; *pl. e.*, *N* -а́) Stadt *f*; **~-геро́й** *m*, **~-сад** *m*, **~-спу́тник** *m* Helden-, Garten-, Trabantenstadt *f*; ***за́ ~*** aufs Land, ins Grüne; ***за́ ~ом*** im Grünen
городи́ть F (15/15*e.*) schwatzen, daherschwatzen, quatschen; ***не́зачем бы́ло огоро́д ~*** *Spr.* außer Spesen nichts gewesen
город|и́шко *m* (1; -шек) Städtchen *n*, Nest *n*; **~и́ще** *n* (11) vorhistorische Siedlung *f*; **~ки́** *pl.* (1) Knüttelspiel *n*; **~ни́чий** *m* (17) *ehm.* Stadthauptmann; **~ово́й** *m* (14) *ehm.* Polizist; **~о́к** *m* (1; -ка́) Städtchen *n*; Siedlung *f*; Gelände *n*, Komplex; Campus; *Sp.* Dorf *n*; ***де́тский ~о́к*** Spielplatz; **~ско́й** (14) Stadt-, städtisch; *Esb.* S-
горожа́нин *m* (1; *pl.* -а́не, -н) Städter
гороно́ *n* (*unv.*) Stadtschulamt
горо́|х *m* (1; -а/-у) *koll.* Erbsen *f*/*pl.*; ***при царе́ ~хе*** F vor undenklichen Zeiten; **~ховый** (14) Erbsen-; erbsenfarbig; **~шек** *m* (1; -шка) → **~х**; Wicke *f*; Punktmuster *n* (***в*** В,Т mit *D*); **~шин(к)а** *f* (5; -нок) Erbse; Pünktchen *n*
го́рский (16) Berg-, Gebirgs-
горсове́т *m* (1) Stadtsowjet (*SU*)
го́рст|(оч)ка F *f* (5; -ок; -чек), **~ь** *f* (8; *ab Gpl. e.*) hohle Hand; Handvoll
горта́н|ный (14) Kehl-, Kehlkopf-; kehlig; guttural; **~ь** *f* (8) Kehlkopf *m*
горчи́|ть (16*e.*) bitter *od.* ranzig schmecken; **~ца** *f* (5) Senf *m*; **~чник** [-ʃn-] *m* (1) Senfpflaster *n*; **~чница** [-ʃn] *f* (5) Senfglas *n*; **~чный** [-ʃn-] (14) Senf-
горш|е́чник *m* (1) Töpfer; **~е́чный** (14) Töpfer-; Topf-, getopft; **~о́к** *m* (1; -ка́) Topf
го́р|ький (16; -ек, -ька́) bitter; Bitter-; herb; *fig.* bitterlich; schlimm, traurig; F unglücklich; Gewohnheits-; F *Su. f* Schnaps *m*; ***пить ~ькую*** F saufen wie

ein Loch; ***~ько!*** F küßt euch!
горю́ч|ий (17*K*.) brennbar, entzündbar; P bitter; heiß; Brenn-; Kraftstoff-; *Su*. *n* Brennstoff *m*; Treibstoff *m*, Kraftstoff *m*
горя́ч|ечный [-ʃn-] (14) Fieber-; **~ий** (17; -, -á) heiß; warm; *fig*. feurig, hitzig; brennend, glühend; heftig, lebhaft; schwungvoll; arbeitsreich; *Tech*. Wärme-; *Adv*. herzlichst; mit Feuereifer; **~и́тельный** F (14) alkoholisch; **~и́ть** (16*e*.), ⟨раз-⟩ erhitzen, aufreizen; **-ся** sich ereifern *od*. aufregen; **~ка** *f* (5) †, *fig*. F Fieber *n*; F Hektik, Rausch *m*; **~ность** *f* (8) Eifer *m* → **~ий**
гос|ба́нк *m* (1) Staatsbank *f*; **~бюдже́т** *m* (1) Staatshaushalt; **~изда́т** *m* (1) Staatsverlag (*SU*); **~ком** *m* (1) Staatskomitee *n*
госпитал|изи́ровать (7) *im*(*pf*.) ins Krankenhaus einweisen *od*. aufnehmen; **~ь** *m* (4) Lazarett *n*
госпла́н *m* (1) Staatliches Plankomitee *n* (*SU*)
господ|и́н *m* (1; *pl*. -á, -, -áм) Herr (P *a*. über *A*); *pl*. (meine) Herrschaften *f*/*pl*. *od*. Damen u. Herren!; ***сам себе́ ~и́н*** F sein eigener Herr; **~ский** (16) herrschaftlich; Herren-; **~ство** *n* (9) Herrschaft *f*; **~ствовать** (7) herrschen (***над*** T über *A*); beherrschen (*A*), vorherrschen; überragen; **~ствующий** *Pol*. Vormacht-; **Ꙩь** *m* (-а, -у; *V* -и) Gott, Herr; → ***Бог***; ***ах ты Ꙩи!*** du lieber Himmel!; ***прости́ Ꙩи*** Gott möge mir verzeihen
госпожа́ *f* (5) Frau, Herrin
госстра́х *m* (1) Staatliche Versicherungsanstalt *f* (*SU*)
гост|еприи́мный (14; -мен, -мна) gastfreundlich, gastlich; **~еприи́мство** *n* (9) Gastfreundschaft *f*; **~и́ная** *f* (14) Gastzimmer *n*, Besuchszimmer *n*, Wohnzimmer *n*; Salon *m*; Gemeinschaftsraum *m*; **~и́нец** *m* (1; -нца) Gastgeschenk *n*, Mitbringsel *n*; **~и́ница** *f* (5) Hotel *n*; **~и́ть** (15*e*.) zu Besuch sein; **~ь** *m* (4; *ab Gpl*. *e*.), **~ья** *f* (6; -ий) Gast *m*; *pl*. Besuch *m*; ***в ~и, в ~я́х*** zu Besuch, besuchsweise
госуда́рств|енность *f* (8) Staatswesen *n*; **~енный** (14) Staats-, staatlich; staatsmännisch; *Jur*. Hoch-; **~о** *n* (9) Staat *m*; ***~а-члéны*** *n*/*m*/*pl*. Mitgliedsstaaten *m*/*pl*.; ***~а-уча́стники*** *n*/*m*/*pl*. ***догово́ра*** Vertragsstaaten *m*/*pl*.
госуда́р|ь † *m* (4) Herr; Herrscher, Zar; **~ыня** *f* (6) Frau, Dame; Herrin; Zarin
готи́ческий (16) gotisch; *Schrift*: deutsch; ***~ шрифт*** *m Typ*. Fraktur *f*
готова́льня *f* (6; -лен) Reißzeug *n*
гото́в|ить (14) **1.** ⟨при-⟩ vorbereiten (***к*** Д für *A*); machen; zubereiten, kochen; **2.** ⟨под-⟩ ausbilden, heranbilden, vorbereiten; **3.** ⟨за-⟩ Vorrat anlegen (В an *D*); **4.** *impf*. vorhaben; bereithalten; Vorbereitungen treffen (В für *A*); im Schilde führen; **-ся** ⟨при-, под-⟩ sich vorbereiten (***к*** Д für, auf *A*); sich anschicken *od*. rüsten; sich gefaßt machen; *impf*. im Anzug sein; **~ность** *f* (8) Bereitschaft; ***вы́разить ~ность*** sich bereit erklären; **~ый** (14*K*.) fertig, bereit (*a*. ***на*** В zu *D*); im Begriff . . .; *präd*. im Begriff sein . . .; (*o*. *K*.) Fertig-; Konfektions-; P fix u. fertig; ***на всём ~ом*** mit Kost u. Logis
гофриро́ванный (14) Well-; Krepp-
граб *m* (1) Weißbuche *f*, Hainbuche *f*
граб|ёж *m* (1*e*.; -ей) Raub, Plünderung *f*; **~и́тель** *m* (4) Räuber, Plünderer; **~и́тельский** (16) räuberisch, Raub-; **~и́тельство** *n* (9) → **~ёж**; **~ить** (14), ⟨о-⟩ rauben, ausrauben, plündern
гра́бли *pl*. (8; *a*. -бель) Rechen *m*
гравёр *m* (1) Graveur, Kupferstecher; **~ный** (14) Graveur-; Gravier-
гра́вий *m* (3; -и) Kies
гравиров|а́льный (14) Gravier-; Radier-; **~а́ть** (7) ⟨вы-, на-⟩ gravieren; radieren; **~ка** *f* (5; -ок) Gravierung
гравю́ра *f* (5) Gravur; Radierung, Stich *m*; Schnitt *m*
град¹ *m* (1) Hagel (*a*. *fig*.); Schwall; ***идёт ~*** es hagelt; ***~ом*** in Strömen; → ***сы́паться*** *fig*.; **~²** † *m* (1) Stadt *f*; **~ин(к)а** *f* (5; -нок) Hagelkorn *n*; **~оби́тие** *n* (12) Hagelschlag *m*; **~ово́й** (14) Hagel-; **~онача́льник** *m* (1)→ ***городни́чий***; **~остро́ительство** *n* (9) Städtebau *m*
гра́дус *m* (1) Grad; Prozent *n*; ***два ~а моро́за*** zwei Grad Kälte; ***жара́ f в 30 ~ов*** 30° Hitze; ***у́гол в 30 ~ов*** Winkel von 30°; ***под ~ом*** F angesäuselt; **~ник** F *m* (1) Thermometer *n*

граждан|и́н *m* (1; *pl.* -е, -), **~ка** *f* (5; -ок) Bürger(in *f*); Staatsbürger(in *f*); Mann *m*; Frau *f*; **~ка** F Zivilleben *n* (***на*** П in *D*); **~ский** (16) bürgerlich; Bürger-; Zivil-; zivil; zivilrechtlich; weltlich; sozial engagiert; **~ственность** *f* (8) Staatlichkeit; Staatsbewußtsein *n*; **~ство** *n* (9) Staatsbürgerschaft *f*, Staatsangehörigkeit *f*; **лише́ние** *n* **~ства** Ausbürgerung *f*; ***пра́во ~ства*** *fig.* allgemeine Anerkennung

грамза́пись *f* (8) Schallplattenaufnahme

грамма́ти|ка *f* (5) Grammatik; **~ст** *m* (1) Grammatiker; **~ческий** (16) grammatisch, grammatikalisch

гра́мот|а *f* (5) Lesen u. Schreiben *n*; Grundwissen *n*; Urkunde, Schreiben *n*; ***фи́лькина ~а*** P Wisch *m*, Geschreibsel *n*; → ***кита́йский***; **~е́й** F *m* (3) des Lesens u. Schreibens Kundige(r); **~ность** *f* (8) (Lese- u.) Schriftkundigkeit; *fig.* Kompetenz; **~ный** (14; -ен, -на) des Lesens u. Schreibens kundig, *j-d*, der lesen u. schreiben kann; sachkundig, kompetent; geschult, gebildet; fehlerfrei

грампласти́нка *f* (5; -нок) Schallplatte

грана́т *m* (1) Granatapfel; Granatapfelbaum

грана́та *f* (5) Granate

грандио́зный (14; -зен, -зна) grandios, großartig

гран|ёный (14) geschliffen; **~и́льный** (14) Schleif-; **~и́льня** *f* (6; -лен) Schleiferei; **~и́льщик** *m* (1) Steinschleifer

грани́тный (14) Granit-, graniten

грани́ть (13*e.*), ⟨о-⟩ schleifen, facettieren

грани́|ца *f* (5) Grenze (***на*** П an *D*); *fig.* Grenzbereich *m*; ***за ~цу*** ins Ausland; ***за ~цей*** im Ausland; ***из-за ~цы*** aus dem Ausland; → ***преде́л***; ***вы́йти из ~ц*** alle Grenzen übersteigen; **~чить** (16) grenzen (*a. fig.*; **с** Т an *A*)

гра́нка *f* (5; -нок) *Typ.* Fahne

грань *f* (8) Rand *m* (***на*** П an *D*); Grenze; *Math.* Fläche, Facette; *Tech.* Kante

граф|а́ *f* (5) Rubrik, Spalte; **~ик** *m* (1) graphische Darstellung *f*, Schaubild *n*; Terminplan, Zeitplan, Fahrplan; Graphiker; ***по ~ику*** planmäßig; fahrplanmäßig; **~ика** *f* (5) Graphik

графи́н *m* (1) Karaffe *f*

графи́ня *f* (6) Gräfin

графи́т *m* (1) Graphit; Mine *f*

граф|и́ть (14*e.*), ⟨раз-⟩ linieren; **~и́ческий** (16) graphisch; **~лёный** (14) liniert; **~ома́н** *m* (1) Vielschreiber; **~ома́ния** *f* (7) Schreibwut

гра́фский (16) gräflich

грацио́зн|ость *f* (8) Anmut, Grazie; **~ый** (14; -зен, -а) anmutig, graziös

грач *m* (1*e.*; -е́й) Saatkrähe *f*

гребён|ка *f* (5; -ок) Kamm *m*; ***под ~ку*** kurz; ***под одну́ ~ку*** *fig.* über e-n Kamm; **~чатый** (14) kammartig, Kamm-; **'~ь** *m* (4; -бня) Kamm; Krone *f*; *Tech.* Hechel *f*; Hacker

гребе́ц *m* (1; -бца́) Ruderer

гребешо́к *m* (1; -шка́) (kleiner) Kamm

гре́б|ля *f* (6) Rudern *n*; Harken *n*; **~но́й** (14) Ruder-; Schiffs-; **~о́к** *m* (1; -ка́) Ruderschlag; Paddel *n*

грёз|а *f* (5) *mst pl.* Wunschtraum *m*, Traum *m*; Träumerei; **'~ить** (15) träumen (**о** П von *D*); phantasieren; **-ся** ⟨при-⟩: **'~ится** (Д/И *j-d*) träumt (von *D*), *et.* erscheint *j-m* im Traum

грек *m* (1) Grieche

гре́лка *f* (5; -лок) Wärmflasche; Kannenwärmer *m*; Heizkissen *n*

грем|е́ть (10*e.*) **1.** donnern, dröhnen; klirren, klappern; knallen, schmettern; ***гром ~и́т*** es donnert; **2.** ⟨про-⟩ *fig.* erschallen; Furore machen, in aller Munde sein; **~у́чий** (14*K.*) → ***~е́ть***; *Zool.* Klapper-; *Chem.* Knall-

гренки́ *m/pl.* (1) Croûtons

гре|сти́ (25 -б-; -б, -бла́), *einm.* ⟨**~бну́ть**⟩ (20) rudern; harken

греть (8; -тый) **1.** ⟨со-, на-⟩ wärmen; erwärmen, aufwärmen; warmhalten; **2.** F → ***взгреть***; ***~ ру́ки*** F *fig.* sein Schäfchen scheren; **-ся**: ***-ся на со́лнце*** sich sonnen

грех *m* (1*e.*) Sünde *f*; Fehler; Schuld *f*; → ***грешо́к***; ***не ~ бы*** F es wäre keine Schande *f od.* nicht übel; (***не***) ***~ тебе́ . . .*** F schämst du dich nicht . . .; ***с ~о́м попола́м*** F mehr schlecht als recht; ***что*** *od.* ***не́чего ~а́ таи́ть*** F das muß ich schon zugeben; ***от ~а́***

пода́льше F um Schlimmeres zu verhüten; ***как на ~*** F wie zum Trotz; **~опаде́ние** *n* (12) Sündenfall *m*
гре́|цкий (16): ***~цкий оре́х*** *m* Walnuß *f*; **~ч(к)а** F *f* (5) → ***~чи́ха***; **~ча́нка** *f* (5; -нок) Griechin; **~ческий** (16) griechisch; **~чи́ха** *f* (5) Buchweizen *m*; **~чневый** [-ʃɳ-](14) Buchweizen-; ***~чневая ка́ша сама́ себя́ хва́лит*** *Spr.* Eigenlob stinkt
греш|и́ть (16*e.*) **1.** ⟨со-⟩ sündigen; sich versündigen; **2.** ⟨по-⟩ verstoßen, fehlen; **3.** *impf.* kranken (T an *D*); **∸ник** *m* (1), **∸ница** *f* (5) Sünder(in *f*); **∸ный** (14; ∸ен, -на́) sündig, sündhaft; ***∸ен*** F → ***винова́т***; ***~но́*** F es ist e-e Sünde; ***∸ным де́лом*** F zu meiner Schande sei's gesagt; **~о́к: *за ним во́дится э́тот ~о́к*** F er hat so e-e Schwäche
гриб *m* (1*e.*) Pilz; **~ни́к** F *m* (1*e.*) Pilzsammler; **~но́й** (14) Pilz-; pilzreich; *Met.* Sonnen-; **~о́к** *m* (1; -ка́) (kleiner) Pilz, Schwamm; Stopfpilz; Sonnenschutz
гри́ва *f* (5) Mähne; **∸стый** F (14*K.*) langmähnig
гри́венник F *m* (1) Zehnkopekenstück *n*, Zehner
грим *m* (1) Schminke *f*, Maske *f*; ***в ∸е*** geschminkt
грима́с|а *f* (5) Grimasse, Fratze; **~ничать** (1) Grimassen schneiden
грим|ёр *m* (1) Maskenbildner; **~ёрная** *f* (14) Schminkraum *m*; **~ирова́льный** (14) Schmink-; **~ирова́ть** (7), ⟨на-, за-⟩ schminken (T, ***под*** B als *A*)
грипп *m* (1) Grippe *f*; **~о́зный** (14) Grippe-, grippal
гри́фельный (14) Schiefer-
гроб *m* (1; в -у́; *pl. e.*) Sarg; ***до ∸а*** bis ans Grab *od.* in den Tod; ***идти́ за ∸ом*** das letzte Geleit geben; **~ни́ца** *f* (5) Grabmal *n*; **~ово́й** (14) Grab-, Grabes-; Toten-; ***до ~ово́й доски́*** → ***до ∸а***; **~овщи́к** *m* (1*e.*) Sargmacher, Sargtischler
гроза́ *f* (5; *pl. st.*) Gewitter *n* (***в*** B in *D*); Unheil *n*, Unglück *n*; Schrecken *m*
гроздь *f* (8; *ab Gpl. e.*; *pl. a.* ∸я, ∸ев) Traube (T *pl.* in *D*)
гроз|и́ть (15*e.*), ⟨по-⟩ drohen; **-ся** F → ***~и́ть***; **∸ный** (14; ∸ен, -на́) furchtbar, furchtgebietend; drohend; gefährlich, streng, gestreng; ***Ива́н ∸ный*** Iwan der Schreckliche; **~ово́й** (14) Gewitter-, gewitt(e)rig; gewitterreich
гром *m* (1; ∸а/∸у; *ab Gpl. e.*) Donner; Dröhnen *n*, Getöse *n*; Sturm; ***как ~ среди́ я́сного не́ба*** F wie ein Blitz aus heiterem Himmel; → ***греме́ть***
грома́д|а *f* (5) Riese *m*, Koloß *m* (F *a.* ***~ина*** *f*); Masse, riesiger Gegenstand *m*; **~ность** *f* (8) Riesengröße; **~ный** (14; -ен, -на) Riesen-, riesig; kolossal, enorm, gewaltig; übergroß
громи́|ла F *m* (5) Einbrecher; Pogromheld, Plünderer; **~ть** (14*e.*), ⟨раз-⟩ plündern, demolieren; *Mil.* vernichtend schlagen; F anschnauzen
гро́м|кий (16; -ок, -ка́) laut; *Name*: berühmt; *Erfolg*: gewaltig, glänzend, F Bomben-; *Prozeß*: groß, aufsehenerregend; *Phrasen*: tönend; **~когово-ри́тель** *m* (4) Lautsprecher; **~кость** *f* (8) Lautstärke; **~ово́й** (14) Donner-; donnernd; *fig.* vernichtend; **~огла́сный** (14; -сен, -сна) lautstark; *Adv.* öffentlich
громозд|и́ть (15*e.*), ⟨на-⟩ auftürmen, anhäufen; **-ся 1.** ⟨на-⟩ sich türmen; **2.** ⟨вз-⟩ hinaufklettern; **∸кий** (16; ∸ок, ∸ка) sperrig; Sperr-
громоотво́д *m* (1) Blitzableiter
громых|а́ть F (1), *einm.* ⟨**~ну́ть**⟩ (20) donnern, poltern, rattern
грот *m* (1) Grotte *f*;
гроте́ск [-'tɛ-] *m* (1) Groteske *f*; **~ный**, **~овый** (14) grotesk
гро́х|ать F (1), *einm.* ⟨**~нуть**⟩ (20) knallen; **-ся** hinknallen; **~от** *m* (1) Gepolter *n*, Getöse *n*; *Tech.* Sieb *n*; → **~ота́ть** (3) rollen, grollen, donnern, poltern, dröhnen; P schallend lachen
грош *m* (1*e.*; -е́й) *ehm.* Groschen, Heller; *pl. fig.* Pfennige; *pl.* ***∸и*** P Moneten *pl.*; ***за ~и́*** F für e-n Hungerlohn; ***ни за ~*** F für nichts u. wieder nichts; F ***~ цена́*** (Д *N*) ist nichts wert; F ***ни в ~ не ста́вит*** (В/И *N*) ist *j-m* keinen Pfifferling wert; **~о́вый** F (14) spottbillig, minderwertig, mies; Spott-
груб|е́ть (8), ⟨за-, (п)о-⟩ grob, hart, rauh werden; verrohen; **~и́ть** (14*e.*), ⟨на-⟩ grob sein (Д gegen *j-n*), Grobheiten sagen; *Sp.* foulen; **~ия́н** *m* (1) Grobian; **~ия́нить** F (13) → ***~и́ть***; **~ова́тый** F (14*K.*) etwas grob, gröblich; **∸ость** *f* (8) Grobheit; *Sp.* Foul *n*;

→ ⁓ый (14; -, -á) grob, rauh; roh, derb, barsch; *Flgw.* hart; *fig.* überschlägig
гру́да *f* (5) Haufen *m* (T *pl.* in *D*)
груд|а́стый F (14*K.*) vollbusig; **⁓и́на** *f* (5) Brustbein *n*; **⁓и́нка** *f* (5; -нок) Bruststück *n*; **⁓ни́ца** *f* (5) Brustdrüsenentzündung; **⁓но́й** (14) Brust-; ***⁓но́й ребёнок*** *m* Säugling, Baby *n*; **⁓ь** *f* (8; в -и́; ab *Gpl. e.*) Brust (***на*** П *a.* an *D*), Busen *m*; Hemdbrust; *fig.* Herz *n*; ***⁓ью*** *fig.* mutig, beherzt
гру|жёный (14) beladen; **⁓з** *m* (1) Ladung *f*, Fracht *f*, Gut *n*; Last *f*, Gewicht *n*
груздь *m* (4*e.*; *Npl. st.*) Milchling
грузи́ло *n* (9) Senkblei, Angelblei
грузи́н *m* (1; *Gpl.* -), **⁓ка** *f* (5; -ок) Georgier(in *f*), Grusin(i)er(in *f*); **⁓ский** (16) georgisch, grusinisch
груз|и́ть (15/15*e.*), ⟨на-, по-, за-⟩ laden, verladen, (***на*** B *A*) beladen; *Mar.* befrachten; **-ся**, ⟨по⟩ eingeladen *od.* beladen werden; steigen, sich einschiffen; besteigen (***на*** B *A*); **⁓ный** (14; -ен, -нá) schwer, schwerfällig; schwerbeladen; **⁓ови́к** *m* (1*e.*) Last(kraft)-wagen, Lkw; **⁓ово́й** (14) Last-, Fracht-, Güter-; **⁓оборо́т** *m* (1) Güterumschlag; **⁓оподъёмность** *f* (8) Ladefähigkeit, Tragfähigkeit; → ***подъёмный***; **⁓чик** [-ʃʲtʃʲ-] *m* (1) Ladearbeiter, Schauermann
грунт *m* (1) Boden, Grund; **⁓ова́ть** (7) ⟨за-, на-⟩ grundieren; **⁓о́вка** *f* (5) Grundierung; **⁓ово́й** (14) Grund-; Land-; Grundier-
гру́пп|а *f* (5) Gruppe (T *pl.* in *D*); Trupp *m*; Klasse; *Sp.* Feld *n*; **⁓ирова́ть** (7), ⟨с-⟩ gruppieren (***в*** B zu *D*), scharen; klassifizieren; **⁓иро́вка** *f* (5; -вок) Gruppierung; Klassifizierung; Formation; **⁓овщи́на** *f* (5) Fraktionsbildung, Cliquenwirtschaft
груст|и́ть (15*e.*) traurig sein, sich grämen; **⁓ный** [-sn-] (14; -ен, -нá) traurig, betrübt, trist; bedauerlich; ***⁓но*** (Д *j-m*) ist traurig zumute; **⁓ь** *f* (8) Trauer, Traurigkeit; Betrübnis, Wehmut
гру́ш|а *f* (5) Birne; Birnbaum *m*; **⁓еви́дный** (14; -ден, -дна) birnenförmig; **⁓евый** (14) Birnen-; **⁓о́вка** *f* (5; -вок) Birnenlikör *m*; süßer Apfel *m*
гры́жа *f* (5) *Med.* Bruch *m*

грыз|ня́ F *f* (6) Beißerei; Zänkerei; **⁓ть** (24; -ла) nagen (B an *D*); knabbern; beißen (B an *D*); knacken; essen; F quälen, plagen; (B an *j-m*) herummäkeln; **-ся** P aufeinander losgehen, sich in den Haaren liegen; **⁓у́н** *m* (1*e.*) Nagetier *n*
гряд|а́ *f* **1.** (5) Kette, Zug *m*; **2.** (5; *pl. st.*) Beet *n*; **⁓ка** *f* (5; -ок) kleines Beet *n*
гряду́щий (17) künftig, kommend; *Su. n* Zukunft *f*; ***на сон ⁓*** vor dem Schlafengehen
гряз|ево́й (14) Schlamm-, Moor-; **⁓елече́бница** *f* (5) Moorbadeanstalt; **⁓елече́ние** *n* (12) Schlammkur *f*; **⁓не́ть** (8) schmutzig werden; **⁓ни́ть** (13*e.*) **1.** ⟨за-⟩ beschmutzen, verunreinigen; **2.** ⟨на-⟩ Schmutz machen; **⁓нова́тый** F (14*K.*) recht schmutzig; **⁓ну́ля** F *m/f* (6) → ***⁓у́ха***; **⁓нуть** (21), ⟨по-⟩ einsinken; **⁓ну́ха** F *m/f* (5) Schmutzfink *m*; Schlampe *f*; **⁓ный** (14; -ен, -нá) schmutzig (*a. fig.*), dreckig; aschfahl; Müll-; **⁓ь** *f* (8; в -и́) Schmutz *m*, Dreck *m*; Kehricht *m*, Müll *m*; *pl.* Heilschlamm *m*, Badeschlamm *m*; Schlammbäder *n/pl.*, Moorbäder *n/pl.*; Moorbad *n* (***на*** B in *A*); ***всё в ⁓и́*** alles starrt vor Schmutz; ***не уда́рить в ⁓ь лицо́м*** F sich nicht blamieren
гря́нуть (20) *pf.* knallen, losknallen, krachen, schmettern; niedergehen; ausbrechen; **-ся** F stürzen, hinknallen
губа́ *f* (5; *Npl. st.*) Lippe; *Zool.* Lefze; *Anat.* Scharte; *Geogr.* Bucht; *pl. Tech.* Backen; F ***⁓ не ду́ра*** (***у*** P *j-d*) hat keinen üblen Geschmack; **⁓стый** F (14*K.*) dicklippig
губерн|а́тор *m* (1) Gouverneur; **⁓ия** *f* (7) *ehm.* Gouvernement *n*; ***пошла́ писа́ть ⁓ия*** F da ging der Trubel los; **⁓ский** (16) *ehm.* Gouvernements-
губи́т|ель *m* (4) Verderber, Zerstörer; **⁓ельный** (14; -лен, -льна) verderblich, unheilvoll; vernichtend; **⁓ь** (14), ⟨по-, F за-, с-⟩ vernichten, zerstören, zugrunde richten; verderben, ins Verderben stürzen; vergeuden
гу́б|ка *f* (5; -ок) Schwamm *m*; Lippe; **⁓но́й** (14) Lippen-; *Ling.* labial; *Mus.* Mund-; **⁓ошлёп** P *m* (1) Tolpatsch, Schlafmütze *f*; **⁓чатый** (14*K.*) schwammig; Schaum-

Г

гуверн|áнтка *f* (5; -ток) Gouvernante; **~ёр** *m* (1) Erzieher
гугý: ***ни ~*** F kein Wort, keinen Ton
гуд|éть (11) dröhnen; summen; surren; hupen, tuten; heulen; P schmerzen; ***~ит в головé*** (***у*** P *j-m*) brummt der Schädel; ***~ит в ушáх*** (***у*** P *j-d*) hat Ohrensausen; **~óк** *m* (1; -кá) Sirene *f*; Hupe(n *n*) *f*; Signal *n*; *Esb.* Pfeifen *n*; ***дать ~óк*** ein Sirenensignal geben
гуж *m* (1*e.*; -éй) Kummetriemen; ***взялся за ~, не говори, что не дюж*** *Spr.* wer A sagt, muß auch B sagen; **~евóй** (14) Kummet-; Pferde-; Frachtfuhr-; **~óм** auf Pferdewagen
гýзка P *f* (5; -зок) Bürzel *m*
гýзно P *m* (9) Steiß *m*
гул *m* (1) Grollen *n*, Dröhnen *n*, Getöse *n*; *Mil.* Donner; Gewirr *n*; **˜кий** (16; -ок, -кá) schallend, hallend, widerhallend
гул|ьбá P *f* (5) Zecherei, Fete(n *pl.*); **~яка** F *m*/*f* (5) Herumtreiber(in *f*), Bummler(in *f*); **~янка** P *f* (5; -нок) → ***~ьбá***; **~янье** *n* (10; -ий) Spaziergang *m*, Spaziergänge *m*/*pl.*; Fest *n*; **~ять** (28) spazierengehen, bummeln; promenieren; umgehen (***по*** Д in *D*); F frei haben; P feiern, sich vergnügen; zechen; gehen (mit *j-m*); fremdgehen, sich herumtreiben; **~ящий** P (17) müßig, vergnügungssüchtig; liederlich, ausschweifend
гуляш *m* (1*e.*) Gulasch *n*, *m*
гум *m* (1) staatliches Kaufhaus *n*
гуман|ист *m* (1) Menschenfreund; **~истический** (16); humanistisch; → ***˜ный***; **~итарный** (14; -рен, -рна) humanitär; (*o. K.*) geisteswissenschaftlich; Geistes-; **˜ность** *f* (8) Humanität; → **˜ный** (14; -ен, -нна) human, humanitär, menschenfreundlich, menschlich
гумнó *n* (9; *pl. st.*; -мён) Tenne *f*
гурмáн *m* (1) Feinschmecker, Gourmet
гур|т *m* (1*e.*) Herde *f*; **~товщик** *m* (1*e.*) Viehtreiber; **~тóм** F im großen, en gros; gemeinsam; in e-r Schar; **~ьбá** F *f* (5) Schar, Haufen *m* (T in *D*)
гусáк *m* (1*e.*) Gänserich
гусáрский (16) Husaren-
гýсени|ца *f* (5) Raupe; Raupenkette; **~чный** (14) Raupen-, Ketten-
гус|ёнок *m* (2) junge Gans *f*, Gänschen *n*; **~иный** (14) Gänse-; *Anat.* Krähen-
гусляр *m* (1/1*e.*; *pl. e.*) Guslispieler
густ|éть (8), **1.** ⟨по-⟩ dicht *od.* dichter werden, sich verdichten; **2.** ⟨за-⟩ dick *od.* dicker werden; **~о-** (*in Zssgn*) dicht-; **~óй** (14; -, -á) dicht; dick, dickflüssig; *Brauen*: buschig; *Farbe*: satt; *Stimme*: tief; *Adv.* üppig; **~отá** *f* (5) Dichte, Dicke; → ***~óй***
гус|ыня *f* (6) Muttergans; **~ь** *m* (4; *ab Gpl. e.*) Gans *f*; ***хорóш ~ь!, ну и ~ь!*** F ein sauberer Patron!; ***с негó как с ˜я водá*** F an dem läuft alles ab; **~ькóм** F im Gänsemarsch; **~ятина** *f* (5) Gänsefleisch *n*
гуталин *m* (1; -а/-у) Schuhcreme *f*
гутóрить P (13) schwatzen
гýщ|а *f* (5) Bodensatz *m*; Dickflüssige(s) *n*; Dickicht *n*; *fig.* Mitte, Mittelpunkt *m*; ***гадáть на кофéйной ~е*** aus dem Kaffeesatz wahrsagen

Д

да 1. *Part.* ja; jawohl!; ach ja!; von wegen!; so?; nicht wahr?; doch, so . . . doch (schon)!; denn; . . . da *od.* dort; immerhin; also, selbst; ***~ ну?*** wirklich?; ***~ бýдет . . .*** es *od.* so möge . . .; → ***здрáвствовать***; (***вот***) ***это ~!*** P (einfach) toll!; **2.** *Kj.* und; doch, aber; ***~ и*** außerdem; bis; ***~ и тóлько*** in einem fort; immerzu; und sonst nichts!; ***~ что вы!*** was Sie nicht sagen!; **˜бы** † → ***чтóбы***
да|вáть (5), ⟨**~ть**⟩ (-м, -шь, -ст, -дим, -дите, -дут; -лá, -лó, -ли; *a.* нé -л[о]; -нный: -нá, -нó; *a.* нé -н[о]) geben;

lassen (Д *A*); gewähren, überlassen; bringen, setzen (Д/В *A* in *A*); *Weg* freigeben; *Verweis* erteilen; *Bildung* angedeihen lassen; *Beruf* ermöglichen; *Jur.*, *Licht* machen; *Auszeichnung* verleihen; *Aufgabe* zuweisen; *Ernte usw.* bringen, erbringen, hervorbringen; *Erfolg* zeitigen; *Riß* bekommen; *Versprechen* abgeben; *Eid* ablegen, leisten; *Glauben* schenken; *Telegramm* aufgeben; *Gang* einschalten; *Schlag* versetzen; *Schuß* abfeuern; *Schlacht* liefern; *Pause* gönnen; *Schlagseite* haben; *Nachsicht* üben (Д mit *D*); *Scheidung*: einwilligen (В in *A*); F bezahlen; P e-e runterhauen; ***... ~ю́т*** F es gibt; ***~ва́й*** (+ *Ind. od. Inf.*) laß uns (+ *Inf.*); ***~ва́й, ~ва́й!*** F los, los!; ***~й ...*** also ...; ***~ва́й*** (+ *Inf.*) F anfangen zu ...; ***ни ~ть ни взять*** F ganz u. gar, haargenau; ***~ть о себе́ знать*** sich bemerkbar machen; ***я тебе́ ~м!*** F du wirst gleich was abkriegen!; (+ *Inf.*) ich werde dir das ... schon abgewöhnen!; ***~ть по́ уху*** F e-e kleben; ***~ть стрекача́*** F abhauen; ***ско́лько (лет) вы мне ~ди́те?*** wie alt schätzen Sie mich?; ***~ёшь!*** P her mit ...!; auf, zu *od.* nach ...!; ***он здо́рово ~ёт*** P der kann's aber; **-ся** F sich schnappen *od.* hereinlegen lassen (Д von *D*); leicht fallen; sich erweisen; schaffen, bewältigen; *j-m* liegen; zu stehen kommen (Д *j-n*); (*nur Prät.*) Gefallen finden (И an *D*; Д *j-d*)

да́ве|ча P neulich; vorhin; **~шний** P (15) jüngst; von neulich

дав|и́льня *f* (6; -лен) Kelterei; **~и́ть** (14) (В, ***на*** В) **1.** drücken, lasten; bedrücken, unterdrücken, bedrängen; pressen, auspressen; **2.** ⟨с-⟩ beengen, beklemmen; ***~и́т грудь (у*** P *j-d*) hat Brustbeklemmungen; **3.** ⟨раз-⟩ zerdrücken, zerquetschen, zertreten; **4.** ⟨за-, раз-⟩ überfahren, totfahren; **5.** ⟨у-⟩ F würgen; *mst pf.* erwürgen; **-ся 1.** ⟨по-⟩ ersticken (Т an *D*; ***от*** P vor *D*); sich verschlucken; *impf.* zu erstikken drohen; F an *et.* würgen, *et.* hinunterwürgen; **2.** ⟨у-⟩ F sich erhängen; **~ка** *f* (5) Gedränge *n*; **~ле́ние** *n* (12) Druck *m*; **~леный** (14) F zerdrückt, zerquetscht; P erwürgt

давн|е́нько F recht lange; **~и́й, ~и́шний** F (15) längst vergangen, alt, althergebracht; weit zurückliegend; *Wunsch*: langgehegt; ***с ~их пор*** von alters her, von jeher; ***~о́*** vor langer Zeit; seit langem, lange; alt-; ***э́то бы́ло ~о́*** es ist lange her; ***не так ~о́*** vor nicht allzulanger Zeit; ***~о́ бы так!*** F na endlich!; **~опроше́дший** (17) längstvergangen; ***~опроше́дшее вре́мя*** *n Gr.* Plusquamperfekt; **~ость** *f* (8) Alter *n*; Dauer, langer Bestand *m*; *Jur.* Verjährung; ***... ~ости*** ... alt *od.* zurückliegend; ***~ы́м-~о́*** F längst, vor sehr langer Zeit

дагеста́н|ец *m* (1; -ца), **~ка** *f* (5; -ок) Dagestaner(in *f*); **~ский** (16) dagestanisch

да́же sogar, selbst; ***~ (и) не*** nicht einmal, überhaupt nicht

да́кать P (1) (immerzu) ja sagen

да́л|ее weiter, ferner; ***не ~ее (как)*** höchstens; erst; **~ёкий** (16; -ёк, -ека́, -еко́/-ёко) weit, fern; fremd (***от*** P *D*); weit (davon) entfernt (***от*** P *Inf.*); ***~ёк*** (И/***от*** P *j-m*) liegt *et.* fern; ***не о́чень ~ёкий*** F recht beschränkt; ***~еко́*** F zu weit; *fig.* bei weitem, weit, durchaus; ***~еко́*** (Д/***до*** P *j-d*) kann es mit *j-m* nicht aufnehmen; ***до э́того ещё ~еко́*** das liegt noch in weiter Ferne; **~е́че** P → ***~еко́***; **~ь** *f* (8; в -й) Ferne, Weite; ***в таку́ю ~ь, в тако́й ~и́*** so weit, so weit weg

дальн|евосто́чный (14) fernöstlich, Fernost-; **~е́йший** (17) weiter; Weiter-; folgend; ***в ~е́йшем*** in der Folge, späterhin; **~ий** (15) fern, weit; entfernt, entlegen(er); weitläufig, ausgedehnt; *Kfz.* Fern-; *Mar.* groß; *Flgw.* Langstrecken-; ***без ~их слов*** ohne viel Umstände; **~обо́йный** (14) weittragend; **~ови́дный** (14; -ден, -дна) weitblickend, weitsichtig; umsichtig; **~озо́ркий** (16; -рок, -рка) weitsichtig; **~оме́р** *m* (1) Entfernungsmesser; **~ость** *f* (8) Weite; Entfernung (***за*** Т wegen *G*)

да́льше weiter; dann, nun; länger, mehr; schlimmer; ***не ~ как*** eben, gerade

да́ма *f* (5) Dame

да́мба *f* (5) Damm *m*

да́мка *f* (5; -мок) *Spiel*: Dame

дамо́клов (19) Damokles-

Д

да́мский (16) Damen-; Hand-
да́нн|ые *pl.* (14) Angaben *f/pl.*, Daten *n/pl.*, Werte *m/pl.*; Gründe *m/pl.*; Anlagen *f/pl.*, Voraussetzungen *f/pl.*; ***анке́тные ~ые*** Personalien *f/pl.*; **~ый** (14) gegeben, dieser; ***в ~ое вре́мя*** in dieser Zeit, gegenwärtig
дань *f* (8) Tribut *m* (*a. fig.*); *fig.* Zoll *m*; Zugeständnis *n* (Д an *A*)
дар *m* (1; *pl. e.*) Gabe *f* (*a. fig.*), Geschenk *n* (***в*** В als); Talent *n*; *Jur.* Schenkung *f*; *pl.* Sakramente *n/pl.*; **~ёный** F (14) geschenkt; **~и́ть** (13), ⟨по-⟩ schenken (*fig.* Т *A*); beschenken, beehren
дармое́д F *m* (1) Nassauer, Nichtsnutz; **~ничать** F (1) schmarotzen, nassauern; **~ство** F *n* (9) Schmarotzertum
даров|а́ние *n* (12) Begabung *f*, Talent; **~а́ть** (7) *im(pf.)* schenken; **~и́тый** (14*K.*) begabt, talentiert; **~о́й** F (14) geschenkt; Frei-; **~щи́нка** P: ***на ~щи́нку*** auf fremde Kosten
да́р|ом umsonst (*a. fig.*), unentgeltlich; F (ganz) billig, (halb) geschenkt; *fig.* unnütz; ***~ом что*** F auch wenn; ***~ом не пройдёт*** (Д) *et.* wird *j-n* teuer zu stehen kommen; **~ственный** (14) Schenkungs-; *Su. f* Schenkungsurkunde
да́та *f* (5) Datum *n*
да́тельный (14): ***~ паде́ж*** *m* Dativ
дати́ровать (7) *im(pf.)* datieren
да́т|ский (16) dänisch; **~ча́нин** *m* (1; *pl.* -а́не, -а́н) Däne; **~ча́нка** *f* (5; -нок) Dänin
да́тчик *m* (1) *Tech.*, *El.* Geber
да́ть(ся) → ***дава́ть(ся)***
да́ч|а *f* (5) Landhaus *n*, Wochenendhaus *n*; Sommerfrische (***на*** В, П in *A*, *D*); Revier *n*; Abgabe; Verabreichung; Ration; ***на ~у*** aufs Land; ***на ~е*** auf dem Lande; ***~а-прице́п*** *f/m* Wohnanhänger *m*; **~ник** *m* (1) Sommerfrischler, Sommergast; **~ный** (14) Land-, Landhaus-, ländlich; Ferien-; ***~ный по́езд*** *m* Vorortzug
два *m/n*, две *f* (34) zwei; *Note*: → ***дво́йка***; F ein paar; ***ни ~ ни полтора́*** F weder Fisch noch Fleisch; ***в ~ счёта*** F im Nu, ruck zuck
двадцат|иле́тие *n* (12) zwanzig Jahre *n/pl.*; zwanzigste(r) Jahrestag *m*; **~ипятиле́тие** *n* (12) fünfundzwanzig Jahre *n/pl.*; fünfundzwanzigste(r) Jahrestag *m*; **~ый** (14) zwanzigste(r); ***~ые го́ды*** *m/pl.* die zwanziger Jahre *n/pl.*; → ***пя́тый***; **~ь** (35*e.*) zwanzig; → ***три́дцать***
два́жды zweimal, zweifach
две *f* → ***два***
двенадцат|иле́тний (15) zwölfjährig; **~ипе́рстный** [-sn-] (14) *Anat.* Zwölffinger-; **~ый** (14) zwölfte(r); → ***пя́тый***; **~ь** (35) zwölf
двер|но́й (14) Tür-; **~ца** *f* (5; -ец) Türchen *n*, (kleine) Tür; Wagenschlag *m*; **~ь** *f* (8; в -и́; *ab Gpl. e.*; -я́ми/-ьми́) *a. pl.* Tür (***на*** П an *D*; ***в*** В an *A*; ***за*** В zu *D*; ***при*** П hinter *D*); *pl. fig.* die Pforten *f/pl.*, Tür u. Tor; ***~ь в ку́хню*** Küchentür; ***у ~е́й*** *fig.* vor der Tür; ***при закры́тых ~я́х*** *fig.* unter Ausschluß der Öffentlichkeit
две́сти (36) zweihundert
дви́|гатель *m* (4) Motor (*a. fig.*); Kraftmaschine *f*; Triebwerk *n*; (***с*** Т) -betrieben; **~гательный** (14) motorisch, Bewegungs-; **~гать** (1/3; -жимый), ⟨~нуть⟩ (20) (В, Т) bewegen, in Bewegung setzen; rücken, schieben; antreiben; P → **-ся** sich bewegen *od.* rühren; vorrücken, *pf.* anrücken; vorankommen; ***-ся в путь*** F sich auf den Weg machen; **~же́ние** *n* (12) Bewegung *f*; Fahrt *f*; Verkehr *m*; *Mil.* Marsch *m*; Regung *f*; Entwicklung *f*; *pl. Sp.* Übungen *f/pl.*; ***... ~же́ния*** Fahr-; ***без ~же́ния*** regungslos, bewegungslos; **~жимость** *f* (8) bewegliche Habe, Mobilien *pl.*; **~жимый** (14*K.*) beweglich, mobil; *fig.* angeregt, bewogen (Т von *D*, durch *A*); **~жущий** (17) treibend, Trieb-
дво́|е (37) zwei(e F); zwei Paar; ***на ~и́х*** Zweibett-; ***их бы́ло ~е*** es waren ihrer zwei; ***на свои́х (на) ~и́х*** P auf Schusters Rappen; **~ебо́рье** *n* (10) Zweikampf *m*; (alpine) Kombination *f*; **~бра́чие** *n* (12) Doppelehe *f*, Bigamie *f*; **~евла́стие** *n* (12) Doppelherrschaft *f*; **~еже́нец** *m* (1; -нца) Bigamist; **~еже́нство** *n*, **~ему́жие** *n* (9/12) Doppelehe *f*; **~ето́чие** *n* (12) Doppelpunkt *m*; **~ечник** F *m* (1) schlechter Schüler; **~и́ть** (13*e.*) **1.** ⟨раз-⟩ halbieren; **2.** ⟨с-⟩ verdoppeln;

-ся sich gabeln *od.* zerteilen; zwiespältig sein; (alles) doppelt sehen (**у** P *N*); **~йка** *f* (5; -ек) Zwei (*a. Schulnote* „mangelhaft"); Twinset *n*; F → ***восьмёрка***; **~йни́к** *m* (1*e*.) Doppelgänger; F Zwilling; **~йно́й** (14) doppelt; Doppel-; **~йня** *f* (6; -ен) Zwillinge *m/pl.*; **~йственный** (14*K*.) zwiespältig; doppelt; doppelzüngig; ***~йственное число́*** *n Gr.* Dual(is) *m*

двор *m* (1*e*.) Hof (***во*** В, П auf *A*, *D*; ***со*** P von *D*; ***по́*** Д auf *D*, über *A*); Gehöft *n*, Bauernhof; Stall; Amt *n*; ***на ~е́*** draußen; ***при ~е́*** bei Hofe; F ***не ко ~у́*** (Д zu *D*) nicht passen; ***уйти́ со ~а́*** das Haus verlassen; **~е́ц** *m* (1; -цá) Palast, Palais *n*, Schloß *n*; **~е́цкий** *m* (16) *ehm.* Haushofmeister; **~́ник** *m* (1) Hausknecht; Hausmeister; F *Kfz.* Scheibenwischer; **~́ня** *f* (6) Gesinde *n*; **~ня́га**, **~ня́жка** *f* (5; -жек) Hofhund *m*, Köter *m*; **~о́вый** (14) Hof-, Haus-; *pl. Su. m* → ***~́ня***; **~цо́вый** (14) Schloß-; Palast-; **~яни́н** *m* (1; *pl.* -я́не, -я́н) Ad(e)lige(r); Edelmann; **~я́нский** (16) ad(e)lig, Adels-; **~я́нство** *n* (12) Adel *m*, Adelsstand *m*

двою́родн|ый (14) zweiten Grades; Groß-; ***~ый брат*** *m* Vetter, Cousin; ***~ая сестра*** *f* Cousine, Base

двоя́к|ий (16*K*.) zweifach, doppelt; zwiespältig; zweierlei; **~о** auf zweierlei Weise

дву|бо́ртный (14) zweireihig; **~гла́вый** (14) zweiköpfig; doppelköpfig; Doppel-; **~гла́сный** *m* (14) Doppellaut, Diphthong; **~го́рбый** (14) zweihöckerig; **~гри́венный** F *m* (14) Zwanzigkopekenstück *n*; **~жи́льный** P (14) zäh, rüstig; **~зна́чный** (14; -чен, -чна) zweistellig; doppeldeutig; **~ко́лка** *f* (5; -лок) zweirädriger Karren *m*; **~ко́нный** (14) zweispännig; **~кра́тный** (14; -тен, -тна) zweimalig; wiederholt; doppelt; **~ли́кий** (16*K*.) mit zwei Gesichtern, januskö pfig; **~ли́чие** *n* (12) Doppelzüngigkeit *f*; **~ли́чный** (14; -чен, -чна) doppelzüngig, heuchlerisch, falsch; **~о́кись** *f* (8) Dioxyd *n*; **~по́лый** (14) zweigeschlechtig, bisexuell

двуру́шни|к *m* (1) Doppelzüngler; **~чать** (1) ein doppeltes Spiel treiben; **~ческий** (16) doppelzüngig; **~чество** *n* (9) Doppelzüngigkeit *f*

дву|ска́тный (14) *Arch.* Sattel-; **~сло́жный** (14; -жен, -жна) zweisilbig; **~смы́сленный** (14*K*.) zweideutig, doppelsinnig; **~спа́льный** (14) Doppel-; **~ство́лка** *f* (5; -лок) Doppelflinte; **~ство́льный** (14) doppelläufig; **~ство́рчатый** (14) zweiflüg(e)lig, Flügel-; *Zool.* zweischalig; **~сти́шие** *n* (12) Zweizeiler *m*, Distichon; **~сто́пный** (14) zweifüßig, zweihebig; **~сторо́нний** (15; -о́нен, -ння) zweiseitig, doppelseitig, beid(er)seitig; bilateral, Zweier-; Zweibahn-; **~утро́бка** *f* (5; -бок) Beutelratte

двух|годи́чный (14) zweijährig; **~голо́с(н)ый** (14) zweistimmig; **~дне́вный** (14) zweitägig, Zweitages-; **~кварти́рный** (14) Zweifamilien-; **~коле́йный** (14) doppelgleisig; **~колёсный** (14) zweirädrig; **~ко́мнатный** (14) Zweizimmer-; **~ле́тний** (15) zweijährig; **~мерный** (14) zweidimensional; **~ме́стный** [-sn-] (14) zweisitzig; Zweibett-; **~ме́сячный** (14) zweimonatig; Zweimonats-; **~мото́рный** (14) zweimotorig; **~неде́льный** (14) zweiwöchig; Zweiwochen-; Halbmonats-; **~сме́нный** (14) Zweischichten-

двухсот|ле́тие *n* (12) zweihundert Jahre *n/pl.*; zweihundertster Jahrestag *m*; **~ле́тний** (15) zweihundertjährig, Zweihundertjahr-; **~́ый** (14) zweihundertste(r)

двух|ступе́нчатый (14) Zweistufen-; **~су́точный** (14) → ***~дне́вный***; **~то́мный** (14) zweibändig; **~тысячный** (14) zweitausendste(r); → ***ты́сячный***; **~цве́тный** (14) zweifarbig, Zweifarben-; **~часово́й** (14) zweistündig; Zweiuhr-; **~эта́жный** (14) zweistöckig, mit Obergeschoß; Doppelstock-

дву|чле́н *m* (1) Binom *n*; **~чле́нный** (14) *Math.* binomisch; *Ling.* zweiglied(e)rig; **~язы́чие** *n* (12) Zweisprachigkeit *f*; **~язы́чный** (14; -чен, -чна) zweisprachig, bilingual

де P → ***де́скать***

дебарка́дер [dɛ-; -dɛr] *m* (1) Anlegestelle *f*, Landungsplatz

дебат|и́ровать (7) debattieren, diskutieren; **~́ы** *pl.* (1) Debatte *f*

Д

дебе́лый P (14*K.*) wohlbeleibt, dick
де́б|ет [dɛ-] *m* (1) Debet *n*, Soll *n*; **~ето-ва́ть** (7) *im(pf.)* debitieren; **~ито́р** *m* (1) Schuldner
дебо́ш F *m* (1; -ей) Skandal, Radau; **~и́р** F *m* (1) Radaubruder, Krakeeler; **~и́рить** F (13) randalieren
де́бри *pl.* (8) Dickicht *n*, Urwald *m*; Wildnis *f*; *fig.* Irrgarten *m*, Wirrsal *n*
де́ва *f* (5) *poet.* Jungfrau; F Jungfer
девальва́ция [dɛ-] *f* (7) Abwertung
де|ва́ть F (1; *Prät. pf.*), ⟨~ть⟩ (-ну, -нешь; -нь!) hinstecken, hintun; ***куда́ ~ть*** was anfangen (В mit *D*); ***не знать, куда́ ~ть себя́*** mit sich nichts anzufangen wissen; ***э́того никуда́ не ~нешь*** das läßt sich nicht wegleugnen; **-ся** hingeraten, hinkommen; entkommen; ***куда́ ~(ва́)лся . . .?*** wo steckt *od.* bleibt . . .?; ***куда́ мне -ся?*** wo soll ich hin?; ***не́куда -ся*** (Д *j-d*) weiß nicht wohin *od.* muß *et.* zugeben
де́верь *m* (4; *pl.* -ья́, -ре́й) Schwager
деви́з *m* (1) Devise *f*, Wahlspruch; Losung *f*
дев|и́ца, *poet.* **~ица** *f* (5) → ***~(ушк)а***; ***в ~и́цах*** unverheiratet; **~и́ческий** (16) → ***~и́чий***; **~и́чество** *n* (9) Mädchenzeit *f*; **~и́чий** (18) Mädchen-, mädchenhaft, jungfräulich; **~и́чник** [-ʃn-] *m* (1) Polterabend; **~ка** P *f* (5; -ок) Mädchen *n*; Dirne; † Magd; **~очка** *f* (5; -чек) (kleines) Mädchen *n*; **~ственный** (14; -енен, -нна) jungfräulich, keusch; unberührt, rein; Ur-; *Anat.* Jungfern-; **~ушка** *f* (5; -шек) (junges, erwachsenes) Mädchen *n*; Fräulein *n*; † Stubenmädchen *n*; **~ча́та** F *pl.* (2) Mädels *n/pl.*; **~чо́нка** F *f* (5; -нок) Mädchen *n*; Göre, Ding *n*
девя|но́сто (35) neunzig; → ***три-дцать***; **~ностоле́тний** (15) neunzigjährig; **~но́стый** (14) neunzigste(r); → ***двадца́тый, пя́тый***; **~теро** (37) neun; → ***дво́е***; **~тикла́ссник** *m* (1) Schüler der neunten Klasse; **~тикра́тный** (14) neunmalig, neunfach; **~тиле́тний** (16) neunjährig; **~тисо́тый** (14) neunhundertste(r); *Jahr*: neunhundert; **~тиэта́жный** (14) neunstöckig; **~тка** *f* (5; -ток) Neun; F → ***восьмёрка***; **~тна́дцатый** (14) neunzehnte(r); → ***пя́тый***; **~тна́дцать** (35) neunzehn; **~тый** (14) neunte(r); → ***пя́тый***; ***~тый вал*** *m* höchste Woge *f*; *fig.* höchste Gefahr *f*; **~ть** (35*e.*) neun; **~тьсо́т** (36) neunhundert; **~тью** neunmal
дегаза́ция *f* (7) Entgiftung
дегенера́т *m* (1) Degenerierte(r)
дёготь *m* (4; -гтя) Teer
деграда́ция [dɛ-] *f* (7) Verfall *m*
дегтя́рный (14) Teer-, teerig
дегуста́ция *f* (7) Verkosten *n*, Weinprobe
дед *m* (1) Großvater; F Opa; *pl.* Vorfahren, Ahnen; ***2 Моро́з*** *m* Weihnachtsmann; **~ов** (19), **~овский** (16) Großvaters, Großväter-; großväterlich, altväterlich; **~ушка** *m* (5; -шек) → ~; F Alterchen *n*; **~ушкин** (19) → ***~ов***; Opas
дееприча́ст|ие *n* (12) Gerundium, Adverbialpartizip; **~ный** [-sn-] (14) Gerundial-
дееспосо́бный (14; -бен, -бна) arbeitsfähig, leistungsfähig; *Jur.* handlungsfähig, geschäftsfähig
дежу́р|ить (13) Dienst tun *od.* haben; wachen; bereitstehen; **~ка** F *f* (5; -ок), **~ная** *f* (14) Dienstraum *m*; **~ный** (14) diensthabend, diensttuend (*a. Su.*), vom Dienst; Bereitschafts-; dienstbereit; spät offen; *fig.* gängig, landläufig; *Kochk.* Tages-; *Su. m* Ordner; *Esb.* → ***диспе́тчер***; **~ство** *n* (9) Bereitschaftsdienst *m* (***на*** В, П zum, im); Aufsicht *f*; Krankenwache *f*; ***. . . ~ство*** (P *N*) hat . . . Dienst
дезавуи́ровать [dɛ-] (7) desavouieren; widerrufen
дезерти́р *m* (1) Deserteur, Fahnenflüchtige(r); **~овать** (7) *im(pf.)* desertieren; **~ство** *n* (9) Fahnenflucht *f*
дез|инсе́кция *f* (7) Entwesung, Entlausung; **~инфе́кция** *f* (7) Desinfektion; **~информа́ция** [dɛ-] *f* (7) Irreführung; Falschmeldung; **~организова́ть** (7) *im(pf.)*, **~организо́вывать** (1) desorganisieren, empfindlich stören, in Unordnung bringen; **~ориента́ция** *f* (7) Desorientierung, Irreführung
де́йств|енный (14*K.*) wirksam, wirkungsvoll, effektiv; **~ие** *n* (12) Handeln, Handlung *f*, Tat *f*; Aktion *f*, Aktivität *f*; *Thea.* Akt *m*; *Tech.* Betrieb *m*, Gang *m*, Funktion *f*; Wirkung *f*,

Einwirkung *f*, Effekt *m*; Gültigkeit *f*, Geltung *f*, Geltungsdauer *f*; *Mil.*, *Math.* Operation *f*; *pl.* Tätigkeit *f*; Handlungsweise *f*; **... во вре́мя ~ия** *Thea.* Szenen-; **~и́тельность** *f* (8) Wirklichkeit, Realität; **~и́тельный** (14; -лен, -льна) wirklich, tatsächlich, real; wahr, gültig (**на** В für *A*); *Mil.*, *Gr.* aktiv (→ **зало́г**); *Mitglied*: ordentlich; *Adv.* in der Tat; **~овать** (7) **1.** handeln, agieren; arbeiten, funktionieren, in Betrieb sein; *Mil.* operieren; einsetzen (Т *A*); *Jur.* in Kraft sein, gelten; **2.** ⟨по-⟩ wirken, einwirken; fruchten; F ziehen; *fig.* *Nerven*: gehen (**на** В auf *A*); **~ующий** (17) handelnd, wirkend; *Jur.* geltend; *Mil.* Front-, Einsatz-; *Vulkan*: aktiv

дека́брь *m* (4*e.*) Dezember; → **май**; **~ский** (16) Dezember-

декаде́нтский (16) dekadent

деклам|а́тор *m* (1) Rezitator; **~а́торский** (16) Vortrags-, deklamatorisch; **~а́ция** *f* (7) Rezitieren *n*; hochtrabende Rede; **~и́ровать** (7), ⟨про-⟩ rezitieren, vortragen; schwülstig reden

деклара|ти́вный (14; -вен, -вна) deklarativ; Grundsatz-; **~ция** *f* (7) Erklärung, Deklaration

декор|ати́вный (14; -вен, -вна) dekorativ; *fig.* schmuck; Zier-; *Arch.* Blend-; **~а́тор** *m* (1) Dekorateur; Bühnenmaler; **~ацио́нный** (14) Dekorations-; **~а́ция** *f* (7) Dekoration, Bühnenbild *n*; Attrappe; *pl.* Szene *f*, Szenerie *f*; *fig.* Kulissen *f/pl.* **~и́ровать** (7) *im(pf.)*, ⟨за-⟩ dekorieren, schmücken, ausschmücken

декре́тный (14) laut Dekret; Schwangerschafts-

де́ла|нный (14*K.*) gekünstelt, unnatürlich; **~ть** (1), ⟨с-⟩ machen, tun; anfertigen, herstellen; durchführen, vornehmen; *Spritze* geben; *Verband* anlegen; *Weg* zurücklegen; *Grimasse* schneiden; *Vortrag* halten; *Bestellung* aufgeben; *Erklärung* abgeben; *Nachlaß* gewähren; *Wahl* treffen; *Schluß* ziehen; *Verweis* erteilen; *Bericht* erstatten; *Unannehmlichkeiten* bereiten; *Ehre* erweisen; gereichen (В zu *D*); *Nachsicht* üben (Д mit *j-m*); *Anfrage* richten (Д an *j-n*); **~ть гимна́стику** turnen; **~ть вид, что ...** tun, als ob ... (→**вид**); **~ть не́чего** (da ist *od.* war) nichts zu machen; **~ть так ~ть!** wenn schon, denn schon!; **-ся** werden (Т; **с** Т *a.* aus *j-m*); (+ *Adv.*) ... zumute werden; vorgehen, geschehen; F sich bilden

делег|а́т *m* (1) Delegierte(r); **~а́тский** (16) Delegierten-; **~а́ция** *f* (7) Delegation, Abordnung; **~и́ровать** (7) *im(pf.)* delegieren, entsenden

дел|ёж F *m* (1*e.*; -ежа́) Aufteilung *f*, Verteilung *f*; **~е́ние** *n* (12) Teilung *f*, Einteilung *f* (**на** П in *D*); *Math.* Dividieren, Teilen; *Phys.* Spaltung *f*; Strich *m*, Teilstrich *m* (**на** В um *A*)

деле́ц *m* (1; -льца́) Geschäftemacher; *Fin.* Aktienhändler, Jobber

делика́тн|ичать F (1) zuviel, allzuviel Rücksicht nehmen (**с** Т auf *A*); **~ость** *f* (8) Zartgefühl *n*, Rücksicht (**по** Д aus *D*); **~ый** (14; -тен, -а) feinfühlig, taktvoll, rücksichtsvoll; F heikel; zart

дели́|мое *n* (14) Dividend *m*; **~мость** *f* (8) Teilbarkeit; **~тель** *m* (4) Divisor; **~ть** (13), ⟨раз-⟩ teilen, einteilen (**на** В in *A*); *Math.* dividieren (durch *A*); **-ся** **1.** sich gliedern (**на** В in *A*); sich teilen *od.* einteilen lassen; **2.** ⟨раз-⟩ teilbar sein (durch *A*); **3.** ⟨по-⟩ teilen (Т *et.*); *Erfahrungen* austauschen; mitteilen, anvertrauen (**с** Т/Т *j-m et.*)

дели́шки F *n/pl.* (9; -шек) Sachen *f/pl.*; **как ~?** wie steh(e)n die Aktien?, wie steht's?

де́л|о *n* (9; *pl. e.*) Sache *f*, Ding; Angelegenheit *f* (**по** Д in *D*); Anliegen (**к** Д an *j-n*); Beschäftigung *f*, Arbeit *f*; Werk; Tat *f* (Т in *D*); Vorgang *m*, Geschehnis; *Bgb.* Bau *m*; *Jur.* Fall *m*, Sache(n *pl.*) *f* (**по** Д in [*D*]), Verfahren; Akte(n *pl.*) *f*; *Mil.* Kampfhandlung *f*, Gefecht; *Tech.* Einsatz *m*; Fach, Wesen; F Vernünftige(s), Gescheite(s); Wichtige(s); † Geschäft, Unternehmen; **~о бы́ло...** es *od.* das war ...; **в чём ~о?** worum handelt es sich?, woran liegt's?; **в чём же ~о?** F wo fehlt's denn?; was soll das schon?; **в са́мом ~е** in der Tat, wirklich; **в то́м-то и ~о** das ist es ja (eben), darauf kommt es an; **~о в том, что ...** es handelt sich darum, daß ...; **за ~о** zu Recht; **~о (ста́ло) за** (Т) es liegt *od.* hängt an

Д

(*D*); ***на*** (***самом***) ***~е*** in Wirklichkeit; ***на ~е*** durch Tat(en); ***на словах и на ~е*** in Wort u. Tat; ***~о идёт о*** (П) es geht *od.* handelt sich um (*A*); ***по ~у*** *od.* ***~ам*** dienstlich, geschäftlich; ***не у ~*** außer Dienst; ***много ~а*** viel zu tun; ***вот так ~о!*** F da haben wir's!; ***вот это ~о!*** das läßt sich hören!; ***то и ~о*** in einem fort, immerzu; ***то ли ~о*** F etwas (ganz) anderes ist ...; das wäre besser; ***это другое ~о*** das ist etwas anderes; ***это не моё ~о*** *od.* ***мне нет до этого ~а*** das geht mich nichts an; ***как ~а?*** wie geht es (so)?; ***какое вам ~о?*** was geht Sie das an?; ***войти в ~о*** sich zurechtfinden; ***идти в ~о*** gebraucht werden; (***не***) ***иметь ~о*** (nichts) zu tun haben; ***пустить в ~о*** einsetzen, anwenden

делов|итый (14*K.*) geschäftig; tüchtig; **~ой** (14) sachlich; fachlich; geschäftlich, Geschäfts-; Sach-, Fach-; Arbeits-; Nutz-

делопроизв|одитель *m* (4) Schriftführer; **~одство** *n* (9) Schriftführung *f*, Geschäftsführung *f*

дельн|ый (14; -лен, -а) tüchtig; vernünftig; gescheit; ***это ~о*** das hat Hand u. Fuß

делянка *f* (5; -нок) Parzelle

деля|га P *m* (5) Geschäftemacher, Macher; **~чество** *n* (9) (gesinnungslose) Geschäftspraktik(en *pl.*) *f*

демилитаризация [dɛ-] *f* (7) Entmilitarisierung

демисезонный (14) Übergangs-

демо|графический (16) Bevölkerungs-; **~кратия** *f* (7) Demokratie

демонстр|ативный (14; -вен, -вна) demonstrativ; *Mil.* Schein-; **~ация** *f* (7) Umzug *m*, Aufmarsch *m*; Kundgebung (***на*** В zu *D*), Demonstration; Bekundung; Vorführung, Aufführung; *Mil.* Scheinmanöver *n*; **~ировать** (7) **1.** *im*(*pf.*) demonstrieren; **2.** *pf. a.* ⟨про-⟩ vorführen, zeigen; zur Schau stellen

денежный (14) Geld-, pekuniär; Bank-; Währungs-; *Tech.* Noten-; F reich

денник *m* (1*e.*) Box *f*

денно: ***~ и нощно*** Tag u. Nacht

денонсировать [dɛ-] (7) *im*(*pf.*) kündigen, aufkündigen

денщик *m* (1*e.*) *ehm.* Offiziersbursche

день *m* (4; дня) Tag (***в*** В an *D*; ***на*** В am); *pl.* Jahre *n/pl.* (***в*** В in *D*); *Uhrzeit*: ... ***дня*** mittags, nachmittags; → ***днём***; ***днём и ночью*** Tag u. Nacht; ***завтрашний ~*** Morgen *n*, Zukunft *f*; ***днём раньше*** *od.* ***позже*** tags zuvor *od.* darauf; ***в течение дня*** tagsüber; ***на днях*** neulich, dieser Tage; in einigen Tagen; ***по сей ~*** bis heute; ***изо дня в ~*** tagaus tagein, tagtäglich; ***со дня на ~*** von Tag zu Tag (*a.* ***~ ото дня***); jeden Tag; ***в наши дни*** heutzutage; ***по целым дням***; ***целыми днями*** tagelang; ***не по дням, а по часам*** zusehends; ***~-~ской*** F den lieben langen Tag

день|ги *pl.* (-нег, -гам) Geld *n* (***за, на*** В für *A*); Mittel *n/pl.*; (***не***) ***при ~гах*** (knapp) bei Kasse; ***ни за какие ~ги*** um keinen Preis; **~жата** F *pl.* (9), **~жонки** F *pl.* (5; -нок) Moneten

депо *n* (*unv.*) *Esb.* Betriebswerk; ***пожарное ~*** Feuerwehrhaus; ***трамвайное ~*** Straßenbahnhof *m*

депозитный (14) Depositen-

депутат *m* (1) Deputierte(r)

дёр|гать (1), *einm.* ⟨~нуть⟩ (20) zupfen, zerren, ziehen (***за*** В an *D*); rukken; F herausreißen; reißen (***у*** Р/И *j-m* in *D*), zucken; nicht in Ruhe lassen, schikanieren; ***~гать носом*** schniefen; ***чёрт ~нул ...*** F der Teufel hat *j-n* geritten ...; **-ся** zucken

дергач *m* (1*e.*; -ей) Wachtelkönig

деревенеть (8), ⟨за-, о-⟩ holzig werden; *fig.* steif werden

дерев|енский (16) Dorf-, dörflich, ländlich; **~енщина** P *m/f* (5) Bauer *m*, Bauernlümmel *m*, Bauerntrampel *m*, *n*; **~енька** *f* (5; -нек) Dörfchen *n*; **~ня** *f* (6; -ень; *ab Dpl. e.*) Dorf *n*; Land *n* (***в*** В aufs; ***в*** П auf *D*)

дерев|о *n* (9; *pl.* ~ья, ~ьев) Baum *m*; Holz; ***из-за ~ьев леса не видно*** *Spr.* man sieht den Wald vor lauter Bäumen nicht; **~ообделочный** (14) Holzbearbeitungs-; **~обрабатывающий** (17) holzverarbeitend

деревушка *f* (5; -шек) Dörflein *n*

дерев|це, ~цо *n* (9; *pl. e.*; -цов/-ец) Bäumchen; **~янный** (14) Holz-, hölzern; Baum-; **~яшка** *f* (5; -шек) Holzklotz *m* (F *a. fig.*); F Stelzfuß *m*

держа́в|а *f* (5) Macht; Herrschaft; Reichsapfel *m*; **~ный** (14) majestätisch, mächtig; † Regierungs-
дéрж|аный F (14*K.*) gebraucht; **~а́тель** *m* (4) Inhaber; Halter; **~а́ть** (4) halten (***за*** В an *D*); festhalten; behalten; einhalten; unterhalten; aufbewahren; *Geld* haben (***в*** П auf *D*); *Wette* eingehen; *Ware* führen; *Partei* ergreifen; *Examen* machen, (В in *D*) stehen; *Angst*: versetzen (***в*** П in *A*); ***~а́ть путь*** zuhalten (auf *A*); ***~а́ть в*** (***ежо́вых***) ***рука́***(***ви́ца***)***х*** (ganz) streng halten; ***~а́ть себя́*** (***в рука́х***) sich benehmen (beherrschen); **-ся** fassen (***за*** В an *A*); sich klammern; sich verhalten (→ ***~а́ть себя́***); (durch)halten; ruhen; *fig.* sich halten (Р an *A*); sein; ***-ся на волоске́*** → ***волосо́к***; ***~и́сь!*** F nur Mut!, nicht lockerlassen!; ***... что то́лько ~и́сь!*** ... daß e-m Hören u. Sehen vergeht; ***-ся ле́вой стороны́*** sich links halten; links gehen *od.* fahren
дерз|а́ние *n* (12) Kühnheit *f*; **~а́ть** (1), ⟨**~ну́ть**⟩ (20) wagen; sich erkühnen (***на*** В zu *D*) *od.* erdreisten; **~и́ть** F (15*e.*; *o. 1. Pers. sg.*) frech sein (Д zu *j-m*); **~кий** (16; -ок, -ка) frech, dreist; gewagt, verwegen, kühn, tollkühn; **~ость** *f* (8) Dreistigkeit; → **~кий**
дермато́лог *m* (1) Hautarzt
дёрн *m* (1) Rasen; **~о́вый** (14) Rasen-; Kompost-
дёрнуть(ся) → ***дёргать***(***ся***)
дерьмо́ Р *n* (9) Mist *m*, Dreck *m*
дерю́га *f* (5) Sackleinwand
деса́нт *m* (1) Landung *f*; Ladungstruppen *f*/*pl.*; **~ный** (14) Landungs-
десе́рт *m* (1) Nachtisch (***на*** В als)
де́скать Р angeblich; ... heißt *od.* hieß es; ***..., что он, ~, не зна́ет*** ..., daß er es nicht wisse *od.* gewußt habe
десна́ *f* (5; *pl.* -ны, -сен) Zahnfleisch *n*
десни́ца *f* (5) *poet.* die Rechte
де́спот *m* (1) Despot; *fig.* Haustyrann; **~и́ческий** (16), **~и́чный** (14; -чен, -чна) despotisch; herrschsüchtig, herrisch
десть *f* (8; *ab Gpl. e.*) *ehm.* Buch *n*
де́сят|еро (37) zehn; → ***дво́е***; **~ибо́рье** *n* (10) Zehnkampf *m*; **~идне́вный** (14) zehntägig, Zehntages-; **~икла́ссник** *m* (1) Schüler der zehnten Klasse; **~икра́тный** (14) zehnmalig, zehnfach; **~иле́тие** *n* (12) Jahrzehnt (***в*** В in *D*), Dezennium; zehnter Jahrestag *m*; **~иле́тка** F *f* (5; -ток) Zehnklassenschule; **~иле́тний** (15) zehnjährig; **~и́на** *f* (5) *hist.* Deßjatine (= *1,09 ha*); Zehnte *m*; Zehnt *m*; **~ирублёвка** F *f* (5; -вок) Zehnrubelschein *m*; **~иты́сячный** (14) zehntausendste(r); → ***ты́сячный***; **~иуго́льник** *m* (1) Zehneck *n*; **~ичасово́й** (14) zehnstündig; → ***восьмичасово́й***; **~и́чный** (14) dezimal, Dezimal-; **~иэта́жный** (14) zehnstöckig; **~ка** *f* (5; -ок) Zehn; F → ***восьмёрка***; → ***~ирублёвка***; *fig.* F Kern *m*; **~о́к** *m* (1; -ка) zehn, zehn Stück; *pl.* Dutzende (Т zu *D*); ***~ки*** *pl.* ***ты́сяч*** Zehntausende; ***шесто́й ~ок пошёл*** (Д) *j-d* ist über fünfzig; **~ый** (14) zehnte(r); → ***пя́тый***; *pl.* Zehner; Р unwichtig; ***ноль це́лых пять ~ых*** Null Komma fünf; **~ь** (35*e.*) zehn; **~ью** zehnmal
детал|изи́ровать (7) *im*(*pf.*) detaillieren; **~ь** *f* (8) Detail *n* (***с*** Т *pl.* in *D*), Einzelheit; *Tech.* Teil *n*, Einzelteil *n*; Werkstück *n*; **~ьный** (14; -ен, -ьна) detailliert, ausführlich; *Adv.* bis ins kleinste
дет|вора́ F *f* (5) *koll.* Kinder *n*/*pl.*, Kinderschar; **~до́м** *m* (1) Kinderheim *n*
детекти́в [dɛtɛ-] *m* (1) Kriminalroman; **~ный** (14) Kriminal-, Detektiv-
дет|ёныш *m* (1; -ей) Junge(s) *n*; **~и** *pl.* (-е́й, -ям, -е́й, -ьми́, -ях) Kinder *n*/*pl.*; → ***дитя́***, ***ребёнок***; Junge *n*/*pl.*; **~и́на** Р *m* (5) Kerl; **~ище** *n* (11) *fig.* Kind, Werk; **~ка** F *f* (5; -ок) liebes Kind *n*, Kindchen *n*; **~оуби́йство** *n* (9) Kindesmord *m*; **~са́д** *m* (1; *pl. e.*) Kindergarten; **~ская** *f* (16) Kinderzimmer *n*; **~ский** (16) Kinder-, Kindes-; kindlich; kindisch; ***~ское ме́сто*** *n* *Anat.* Plazenta *f*; ***«Ɑ~ский мир»*** *m* Kinderkaufhaus *n*; **~ство** *n* (9) Kindheit *f* (Р aus *D*); ***с ~ства*** von klein auf; ***впасть в ~ство*** kindisch werden
де́ть(ся) → ***дева́ть***(***ся***)
дефе́кт *m* (1) Fehler, Mangel; **~ный** (14; -ен, -на) defekt, fehlerhaft, schadhaft
дефиле́ [dɛ-] *n* (*unv.*) *Geol.* Enge *f*
дефи́с *m* (1) Bindestrich
дефици́т *m* (1) Defizit *n*, Fehlbetrag; Mangel (***в*** П an *D*); Versorgungs-

engpaß; F Mangelware *f*; **~ный** (14; -ен, -на) defizitär, Verlust-; Mangel-, Engpaß-
дешев|е́ть (8), ⟨по-⟩ billig *od.* billiger werden; im Wert sinken; **~и́зна** *f* (5) Billigkeit; → **~ый**; **~и́ть** F (14*e.*), ⟨про-⟩ unter Preis verkaufen
дешёв|ка F *f* (5) Spottpreis *m* (***по*** Д zu *D*); Schund *m*; **~ый** (14; дёшев, дешева́) billig, preisgünstig; *Preis*: niedrig; *fig.* abgeschmackt, fade
дешифр(и́р)ова́ть [dɛ-] (7) *im(pf.)* dechiffrieren, entziffern, entschlüsseln
дея́|ние *n* (12) Tat *f*; **~тель** *m* (4) Funktionär; Repräsentant; Persönlichkeit *f*; Schaffende(r); ***госуда́рственный ~тель*** Staatsmann; ***~тель нау́ки*** Wissenschaftler; ***~тель иску́сств*** Künstler; **~тельность** *f* (8) Tätigkeit, Aktivität(en *pl.*); Betätigung, Wirken *n*, Funktion; **~тельный** (14; -лен, -льна) tätig, aktiv, rege, tatkräftig
джаз *m* (1) Jazz; Jazzband *f*; **~и́ст** *m* (1) Jazzmusiker; **~овый** (14) Jazz-
джем *m* (1) Marmelade *f*
дже́мпер *m* (1; *pl. a. e., N* -а́) Pullover
джентльме́нский (16) (höchst) anständig, edel; Gentleman's
джиги́т *m* (1) Kunstreiter; **~ова́ть** (7) Reiterkunststücke vollführen; **~о́вка** *f* (5) *koll.* Reiterkunststücke *n/pl*
джи́нсы *pl.* (1) Jeans
джу́нгли *pl.* (5; -лей) Dschungel *m*
джут *m* (1) Jute *f*
дзи́нькать F (1) klirren
дзюдо́ *n* (*unv.*) Judo
диа|бе́т *m* (1) Zuckerkrankheit *f*; **~гноз** *m* (1) Diagnose *f*, Befund; **~гона́ль** *f* (5) Diagonale; ***по ~гона́ли*** diagonal; **~гра́мма** *f* (5) Schaubild *n*, Graphik; **~де́ма** [-ˈdɛ-] *f* (5) Diadem *n*, Stirnband *n*
диале́кт|(а́ль)ный (14) Dialekt-, Mundart-, mundartlich; **~и́ческий** (16), **~и́чный** (14; -чен, -чна) dialektisch; **~оло́гия** *f* (7) Mundartforschung, Dialektologie
диа|ма́т F *m* (1) dialektischer Materialismus; **~метр** *m* (1) Durchmesser; **~пазо́н** *m* (1) Umfang, Breite *f*, Spektrum *n*; *Rdf.* Bereich, Band *n*; **~позити́в** *m* (1) Dia *n*, Lichtbild *n*; **~ско́п** *m* (1) Diaprojektor; **~фра́гма** *f* (5) *Anat.* Zwerchfell *n*; *Fot.* Blende
дива́н *m* (1) Sofa *n*, Couch *f*
диверс|а́нт *m* (1) Saboteur; **~ия** *f* (7) Sabotage, Sabotageakt *m*
дивиде́нд *m* (1) Dividende *f*, Gewinnanteil
дивизи|о́н *m* (1) *Mil.* Abteilung *f*; **~я** *f* (7) Division
див|и́ться P (14*e.*) sich wundern, staunen (Д, ***на*** В über *A*), bewundern (*A*); **~ный** (14; -ен, -на) wundervoll, wunderschön; **~о** F *n* (9) Wunder, Wunderding; ***на ~о*** F vortrefflich; ***что за ~о!*** F so ein Ding!; was ist da so verwunderlich?; ***~у дава́ться*** F staunen
дие́та [-ɛ-] *f* (5) Diät, Schonkost
ди́зель *m* (4) Dieselmotor
дизентери́я *f* (7) *Med.* Ruhr
дик|а́рка *f* (5; -рок), **~а́рь** *m* (4*e.*) Wilde(r); Barbar(in *f*); F menschenscheuer *od.* sehr schüchterner Mensch *m*; F ‚wilder' Urlauber; **~ий** (16*K*; -, -а́) wild; roh; menschenleer; scheu, menschenscheu; ungezügelt; sonderbar, grotesk; Wild-; Holz-; F unheimlich; **~обра́з** *m* (1) Stachelschwein *n*; **~о́вин(к)а** F *f* (5; -нок) Wunder *n*, Wunderding *n*, Phänomen *n*; (etwas) Ungewöhnliches *n*, Seltenheit (***в*** В/Д für *j-n*); **~о́винный** F (14) wunderlich, seltsam; **~орасту́щий** (17) wildwachsend; **~ость** *f* (8) Wildheit; Scheu; → **~ий**; F ungereimtes Zeug *n*
дикт|а́нт *m* (1) Diktat *n*; **~а́торский** (16) diktatorisch; herrisch; **~ова́ть** (7), ⟨про-⟩ diktieren; befehlen, aufzwingen; **~о́вка** *f* (5; -вок) F Diktat *n* (***под*** В nach *D*); *fig.* Weisung (auf *A*); **~ор** *m* (1) Ansager, Sprecher; **~офо́н** *m* (1) Diktiergerät *n*
дилета́нт *m* (1) Dilettant, Laie, Amateur; **~ский** (16) laienhaft, dilettantisch; **~ство** *n* (9) Dilettantismus *m*
дина́ми|к *m* (1) Lautsprecher; **~ка** *f* (5) Dynamik; Bewegung, Schwung *m*; **~ческий** (16), **~чный** (14;-чен, -чна) dynamisch
дина́стия *f* (7) Dynastie; alte Familie
динь: **~-~** klingeling; ***~-бо́м, ~-до́н*** bimbam; klirr-klirr
дипло́м *m* (1) Diplom *n*; Diplomarbeit *f*; Zeugnis *n*, Urkunde *f*; **~а́т** F *m* (1) Diplomatenkoffer; **~ати́ческий** (16), **~ати́чный** (14; -чен, -чна) diploma-

tisch; schlau, klug; ausweichend; berechnend; **~а́тия** *f* (7) Diplomatie; **~и́рованный** (14) Diplom-, diplomiert; **~ник** *m* (1) Diplomand

дирек|ти́ва *f* (5) Direktive, Weisung, Richtlinie; **~ти́вный** (14; -вен, -вна) richtungweisend; Richt-; *fig.* Befehls-; **~́тор** *m* (1; *pl. e.*, *N* -á) Direktor, Leiter; **~́ция** *f* (7) Direktion, Leitung

дирижа́бль *m* (4) Luftschiff *n*

дириж|ёр *m* (1) Dirigent; **~и́ровать** (7) dirigieren, leiten (T *A*)

дисгармо́ния *f* (7) Mißklang *m*

диск *m* (1) Diskus, (*a. Tech.*, *Astr.*) Scheibe *f*; Platte *f*; *Tech.* Blatt *n*; *Mil.* Trommel *f*

диско|бо́л *m* (1) Diskuswerfer; **~вый** (14) Scheiben-; Kreis-

дис|кредити́ровать (7) *im(pf.)* diskreditieren, in Mißkredit bringen; **~кримина́ция** *f* (7) Diskriminierung; **~куссио́нный** (14) Diskussions-; Streit-; zur Diskussion stehend; ***в ~куссио́нном поря́дке*** in der Diskussion; als Diskussionsbeitrag; **~лока́ция** *f* (7) *Mil.* Stationierung; Einsatzort *m*; *Geol.* Dislokation; **~пансе́р** [-'sɛr] *m* (1) Gesundheitsfürsorge- *od.* Beratungsstelle *f*

диспе́тчер *m* (1) *Esb.* Fahrdienstleiter; **~ская** *f* (16) Taxizentrale

диссерта́|нт *m* (1) Doktorand; Habilitand; **~ция** *f* (7): ***кандида́тская ~ция*** Dissertation; ***до́кторская ~ция*** Habilitationsschrift

дистанци|о́нный (14) ferngesteuert, Fern-; **~́я** *f* (7) Entfernung; *Esb.*, *Sp.* Strecke, Streckenabschnitt *m*; ***бег*** *m* ***на дли́нные ~́ии*** Langstreckenlauf

дисципли́н|а *f* (5) Disziplin; **~а́рный** (14) Disziplinar-; *Mil.* Straf-; **~и́ровать** (7) *im(pf.)* disziplinieren

дитя́ *n* († *A* -, *G*, *D*, *P* -ти, *I* -тею) Kind (*a. fig.*); *pl.* → ***де́ти***

дифтери́|т *m* (1), **~я** *f* (7) Diphtherie

дич|а́ть (1), ⟨о-, F за-⟩ verwildern; **~и́ться** F (16*e.*) scheuen, meiden, sich genieren (P vor *D*); schüchtern sein; **~о́к** *m* (1; -ка́) *Bot.* Wildling; F scheues Kind *n*, schüchterner Mensch; **~ь** *f* (8) Wild *n*, Wildbret *n*; F Wildnis; F Unsinn *m*, dummes Zeug *n*

длин|а́ *f* (5) Länge (***в*** B *D* nach); ***~о́й в два ме́тра*** *od.* **. . . *в ~у́*** zwei Meter lang; **~не́ть** F (8), ⟨по-⟩ länger werden; **~нoво́лновый** (14) *Rdf.* Langwellen-; **~новоло́сый** (16*K.*) langhaarig; **~ноно́гий** (16*K.*) langbeinig; **~но́ты** *f/pl.* (5) Längen; **~́ный** (14; -ен, -на́, -но́) lang; F zu lang; hochgeschossen

дли́т|ельность *f* (8) Dauer; Zeit; **~ельный** (14; -лен, -льна) lang; lange dauernd, langanhaltend; langwierig; langfristig; **~ься** (13), ⟨про-⟩ währen, dauern, andauern; sich hinziehen

для (P) für (*A*); zu (*D*); wegen; um . . . willen; F aus (*D*); ***я́щик*** *m* ***~ пи́сем*** Briefkasten; ***~ того́*** dazu; ***~ того́ что́бы*** (+ *Prät.*) um zu (+ *Inf.*) *od.* damit (+ *Präs.*); ***~ чего́*** wozu; ***не́ ~ чего*** → ***не́зачем***

днев|а́льный *m* (14) Stubendienst; Soldat vom Dienst; → ***дежу́рный***; **~а́ть** F (6) tagsüber bleiben; ***~а́ть и ночева́ть*** F ständig weilen, Stammgast sein; **~́ка** *f* (5; -ок) Rasttag *m*; Tagesrast; **~ни́к** *m* (1*e.*) Tagebuch *n*; Hausaufgabenheft *n*; **~но́й** (14) Tages-, Tage-, täglich; Vormittags-; *Thea.* Nachmittags-

днём am Tag, bei Tage

днепро́вский (16) Dnjepr-

дн|и́ще *n* (11) Boden *m*; **~о** *n* **1.** (9) Grund *m*; **2.** (9; *pl.* до́нья, -ьев) Boden *m*; *Hydr.* Sohle *f*; *Hut*: Kopf *m*; *fig.* Grube *f*; ***до ~а*** ex; *fig.* bis zur Neige; ***идти́ ко ~у*** *od.* ***на ~о*** versinken; ***пуска́ть на ~о*** versenken

до[1] (P) bis (*A*); bis zu (*D*), bis auf, an (*A*); *Zeit*: vor (*D*); *Alter*: unter (*D*); *Vergleich*: auf (*A*); *Temperatur*: an die, etwa; *Anliegen*: an (*A*); ***~ того́*** so, so sehr *od.* weit, dermaßen; vorher; ***~ того́ как*** bevor; ***не ~*** (P) *od.* ***~ того́*** (Д *j-m*) ist nicht nach (*D*) *od.* danach zumute; ***. . . ~ бо́ли*** . . . so, daß es schmerzt(e); ***что ~ . . .*** was (*A*) betrifft; ***~ чего́ . . . !*** ist das aber . . .!; so weit . . .!

до[2] *n* (*unv.*) *Mus.* C

доба́в|ка F *f* (5; -ок) Zugabe, Zusatz *m*; Nachschlag *m*; **~ле́ние** *n* (12) Ergänzung *f* (***в*** B/***к*** Д in/*G*), Hinzufügung *f*; → **~ка**; **~ля́ть** (28), ⟨~ить⟩ (14) hinzufügen (B *od.* P/***к*** Д *A*/*D*), ergänzen; nachfüllen, hinzugeben;

~очный (14) zusätzlich, Zusatz-, Ergänzungs-; Neben-; Bei-
добе|гáть (1), ⟨**~жáть**⟩ (-гý, -жúшь, -гýт) laufen (***до*** P bis zu *D*); gelangen (an, in *A*); **~гаться** F (1) *pf.*: ***~гаться до устáлости*** sich müde laufen; ***вот и ~гался!*** F das hat *j-d* nun von s-m ständigen Herumlaufen!
дóбелá bis *et.* weiß wird; bis zur Weißglut; weiß-
доби|вáть (1), ⟨**~ть**⟩ (-бью, -ьёшь; -бéй!; -тый) töten, den Rest geben, den Todesstoß versetzen; ganz *od.* vollends zerschlagen; ***~тый*** zerschunden; **-ся** (P) *impf. et.* zu erreichen *od.* erlangen suchen; streben (nach *D*); hinarbeiten (auf *A*); in Erfahrung bringen (wollen); sich verschaffen; *pf.* erreichen, erlangen; F herankommen (***к*** Д an *A*); ***~ться отвéта*** (***от*** P) erreichen, daß *j-d* endlich antwortet; ***~ться своегó*** s-n Willen durchsetzen
доб|ирáться (1), ⟨**~рáться**⟩ (-ерýсь, -ерёшься; → ***брать***) gelangen (***до*** P in, an *A*), (mit Mühe) angelangen, erreichen; herankommen (***к*** Д an *A*); F sich vornehmen, vorknöpfen (***до*** P *j-n*)
добúть(ся) → ***добивáть(ся)***
дóблест|ный [-sn-] (14; -ен, -на) heldenmütig, tapfer; selbstlos, hingebungsvoll; **~ь** *f* (8) Heldenmut *m*; Hingabe; *pl.* außergewöhnliche Eigenschaften
добр|áсывать (1), ⟨**~óсить**⟩ (15) werfen (***до*** P bis zu *D*); ***не ~óсить*** zu kurz werfen
добрáться → ***добирáться***
добрáчный (14) vorehelich
добре|дáть (1), ⟨**~стú**⟩ (-дý, -дёшь; → ***брестú***) sich schleppen (***до*** P bis zu *D*); gelangen
добр|éть (8) **1.** ⟨по-⟩ gütiger werden; **2.** ⟨раз-⟩ F zunehmen, Gewicht ansetzen; **~ó**[1] *n* (9) Gute(s); F Hab u. Gut, Habseligkeiten *f/pl.*; Eigentum; Okay; *iron.* Mist; ***не к ~ý*** *et.* hat nichts Gutes zu bedeuten; **~ó**[2] F gut, gut denn, schön, na schön; ***~ бы . . .*** F wenn . . . wenigstens; ***~ó пожáловать!*** (herzlich) willkommen!
добровóл|ец *m* (1; -ьца) Freiwillige(r); **~ьный** (14; -ен, -ьна) freiwillig; **~ьческий** (16) Freiwilligen-
добродéтель *f* (8) Tugend; Tugendhaftigkeit; **~ный** (14; -лен, -льна) tugendhaft
добродýш|ие *n* (12) Gutmütigkeit; **~ный** (14; -ен, -на) gutmütig, gütig
доброжелáтель *m* (4) Gönner; **~ный** (14; -лен, -на) wohlwollend, (***к*** Д *j-m*) gewogen; **~ство** *n* (9) Wohlwollen, Gunst *f*
доброкáчественный (14*K.*) Qualitäts-, hochwertig; *Med.* gutartig
добрóм F im Guten, aus freien Stücken
добро|нрáвный (14; -вен, -вна) sittsam; **~порядочный** (14; -чен, -чна) wohlanständig; **~сердéчный** (14; -чен, -чна) gutherzig
добрóсить → ***добрáсывать***
добро|сóвестный [-sn-] (14; -тен, -тна) gewissenhaft, redlich; **~сосéдский** (16) gutnachbarlich
добро|тá *f* (5) Herzensgüte; Güte, **~тный** (14; -тен, -тна) von guter Qualität, gut; haltbar; gediegen
дóбр|ый (14; -, -á) gut, gutherzig, gütig; günstig, recht; ***всегó ~ого!*** alles Gute!; ***чегó ~ого*** F womöglich, am Ende (gar); ***бýдьте ~ы!*** seien Sie so gut!; ***в ~ый путь*** (***час***)***!*** gute Reise! (gut Glück!); ***по ~ой вóле*** → ***~óм***; **~як** F *m* (1*e.*) gutmütiger Mensch
добудúться F (15) *pf.* mit Mühe wachkriegen; ***не ~*** nicht wachkriegen
добы|вáть (1), ⟨**~ть**⟩ (-бýду, -дешь; -л, -лá; -тый: -та) beschaffen, erwerben; erjagen; gewinnen, fördern; ***~вáющий*** Förder-; **~ча** *f* (5) Gewinnung, Förderung; Fördermenge; Beute; Ausbeute; Fang *m*; *fig.* Raub *m*
довáри|вать (1), ⟨**~ть**⟩ (13) garkochen
довезтú → ***довозúть***
довéр|енность *f* (8) Vollmacht, Prokura (***по*** Д in, per; ***на*** В für *A*); **~енный** (14) bevollmächtigt; Vertrauens-; *Su. m* Bevollmächtigte(r); Treuhänder; Prokurist; **~ие** *n* (12) Vertrauen, Zutrauen; **~úтель** *m* (4) Vollmachtgeber; **~úтельный** (14; -лен, -льна) vertraulich; (*o. K.*) Vollmacht-; Treuhand-; **~ить(ся)** → ***~ять(ся)***
дóверху bis oben, bis zum Rand
довéрчивый (14*K.*) zutraulich, vertrauensvoll, vertrauensselig
доверш|áть (1), ⟨**~úть**⟩ (16*e.*) vollen-

den; **~е́ние** *n* (12) Vollendung *f*; ***в ~е́ние всего́*** zu guter Letzt; zu allem Unheil; ***к ~е́нию*** (P) um *et.* voll zu machen
довер|я́ть (28), ⟨**~́ить**⟩ (13) vertrauen, trauen; **-ся** sich anvertrauen; sich verlassen (Д auf *A*)
дове́сить (15) *pf.* zuwiegen
довести́(сь) → ***доводи́ть(ся)***
до́вод *m* (1) Argument *n*, Beweis, Beweisgrund
дов|оди́ть (15), ⟨**~ести́**⟩ (25) führen, hinführen, bringen, hinbringen (***до*** P zu, bis zu *D*); treiben, stürzen; P in Rage bringen; **-ся** F **1.** ⟨-сь⟩ (Д *N*) → ***случа́ться***; **2.** *impf.* → ***приходи́ться***
довое́нный (14) Vorkriegs-
дов|ози́ть (15), ⟨**~езти́**⟩ (24) fahren *v/t* hinfahren, bringen, hinbringen (***до*** P bis zu *D*)
дово́льн|о genug, genügend; ziemlich, recht; ***~о спать!*** genug geschlafen!; ***с меня́ ~о!*** F mir reicht's!; **~ый** (14; -лен, -а) zufrieden (T mit *D*); ***~ый вид*** (***у*** P *j-d*) sieht zufrieden aus
дово́льств|ие *n* (12) *Mil.* Verpflegung *f*; Versorgung *f*; Besoldung *f*; **~о** *n* (9) Zufriedenheit *f*; F Wohlstand *m*; **~овать** (7) *Mil.* versorgen, verpflegen; **-ся**, ⟨у-⟩ sich begnügen *od.* zufriedengeben, auskommen
довооруже́ние *n* (12) Nachrüstung *f*
довы́боры *pl.* (1) Nachwahl(en *pl.*) *f*
дог *m* (1) Dogge *f*
дога́д|ка *f* (5; -ок) Mutmaßung, Vermutung; F Köpfchen *n*; **~ливость** *f* (8) Intelligenz, Findigkeit; **~ливый** (14*K.*) aufgeweckt, gescheit; **~ываться**, ⟨**~а́ться**⟩ (1) erraten (***о*** П *A*), daraufkommen; *impf.* vermuten, ahnen
догляде́ть F (11) *pf.* zu Ende sehen; (***за*** T nach *j-m*) sehen; aufpassen
до́гма *f*, **~т** *m* (5/1) Dogma *n*
догна́ть → ***догоня́ть***
догов|а́ривать (1), ⟨**~ори́ть**⟩ (13*e.*) zu Ende sprechen, ausreden; **-ся** verabreden, vereinbaren (***о*** П *et.*), übereinkommen; sich versteigen (***до*** P zu *et.*), so weit kommen, es soweit kommen lassen; *impf.* verhandeln; ***~ори́лись?*** abgemacht?; **~а́ривающийся** (17) vertragschließend; **~о́р** *m* (1), F **~̈ор** *m* (1; *pl. e.*, *N* -а́) Vertrag; Pakt; **~орённость** *f* (8) Vereinbarung, Abmachung; ***по ~орённости*** verabredungsgemäß; **~о́рный** (14) vertraglich, Vertrags-
догола́ nackt, splitternackt
дог|оня́ть (28), ⟨**~на́ть**⟩ (-ню́, -о́нишь; → ***гнать***) einholen; treiben (***до*** P bis zu *D*); F schaffen
догор|а́ть (1), ⟨**~е́ть**⟩ (9) herunterbrennen, niederbrennen, ausbrennen; zu Ende *od.* bis zu . . . brennen; verlöschen
догре|ба́ть (1), ⟨-сти́⟩ (25 -б-; → ***грести́***) heranrudern (***до*** P bis an *A*); zusammenharken
догру|жа́ть (1), ⟨**~зи́ть**⟩ (15/15*e.*) zu Ende laden, zuladen
дода|ва́ть (5), ⟨**~́ть**⟩ (-́м, -́шь; → ***дать***; -̈л, -ла́) dazugeben, zugeben; nachzahlen; **~́ча** F *f* (5) Zugabe
доде́л|ывать, ⟨**~ать**⟩ (1) fertigmachen, fertigstellen; nacharbeiten
доду́м|ываться, ⟨**~аться**⟩ (1) (***до*** P) daraufkommen; *et.* begreifen
дое|да́ть (1), ⟨**~́сть**⟩ (-́м, -́шь; → ***есть***[1]) zu Ende essen, aufessen
дое|зжа́ть [-ʒʒ-] (1), ⟨**~́хать**⟩ (-́ду, -́дешь) hinfahren, gelangen, erreichen; P → ***донима́ть***
дое́ние *n* (12) Melken
дое́сть → ***доеда́ть***
дое́хать → ***доезжа́ть***
дожда́ться → ***дожида́ться***
дожд|ева́ние *n* (12) Beregnung *f*; **~еви́к** *m* (1*e.*) *Bot.* Stäubling; F Regenmantel; **~ево́й** (14) Regen-; **~̈ик** F *m* (1) leichter Regen; **~и́нка** F *f* (5; -нок) Regentropfen *m*; **~и́ть** F (-и́т) regnen, nieseln; **~ли́вый** (14*K.*) regnerisch, Regen-; verregnet; **~ь** *m* (4*e.*) Regen (***в*** B bei *D*; ***под*** T, ***на*** П im); Lametta *n*; *fig.* Schwall; Schauer (T wie ein *N*); ***идёт*** (***си́льный***) ***~ь*** es regnet (stark)
дожи|ва́ть (1), ⟨**~́ть**⟩ (-ву́, -вёшь; -̈л, -ла́; -̈тый: -та́) leben (***до*** P bis; bis zu *D*), *et.* erleben; *Alter* erreichen, es auf . . . bringen; F den Rest (B *G*) verbringen; F aufbrauchen; es bringen (zu *D*); ***. . . ~̈л*** . . . so weit ist es gekommen (И mit *j-m*)
дож|ида́ться (1), ⟨**~да́ться**⟩ (-ду́сь, -дёшься; -дала́сь, -́ло́сь) (P) *impf.* warten (auf *A*); *pf.* warten, bis *j-d*, *et.* kommt; *pf.* (lang erwartete) . . . erhal-

ten; F es so weit bringen *od.* treiben; was erleben; ***ждать не ~да́ться*** es kaum erwarten können
дожи́ть → ***дожива́ть***
до́за *f* (5) Dosis; Gabe
доз|ва́ться F (-ову́сь, -вёшься; → ***звать***) herbeirufen, herkriegen; → ***докрича́ться***
дозво́ленный (14*K.*) erlaubt
дозвони́ться F (13*e.*) *pf. Fmw.* Anschluß bekommen; (telefonisch) erreichen (***к*** Д *A*); klingeln, bis geöffnet wird
дозиро́вка *f* (5) Dosierung
дозна|ва́ться F (5), ⟨**~́ться**⟩ (1) *impf.* in Erfahrung bringen wollen; *pf.* in Erfahrung bringen, erfahren; **~́ние** *n* (12) Ermittlung *f*
дозо́р *m* (1) Patrouille *f*, Streife *f* (***в*** B, ***в*** П auf); Spähtrupp; Vorposten; ***ходи́ть*** *od.* ***обходи́ть ~ом*** patrouillieren, begehen; **~ный** (14) Wacht-, Späh-, Streifen-; *Su. m* Späher, Posten
дозре|ва́ть (1), ⟨**~́ть**⟩ (8) reifen, ausreifen, nachreifen
доигр|ывать, ⟨**~а́ть**⟩ (1) zu Ende spielen; **-ся** F so lange spielen *od.* es treiben, bis . . . (***до*** P *N* + *Vb.*); ***вот и ~а́лся!*** F da hast du's!; ***что, ~а́лся?*** F hast du nun genug?
до́ильный (14) Melk-
доиск|иваться F (1), ⟨**~а́ться**⟩ (3) (P *A*) *impf.* ausfindig zu machen suchen; *pf.* ausfindig machen, finden, herausbekommen
доистори́ческий (16) vorgeschichtlich, prähistorisch
до|и́ть (13/13*e.*; ~́енный), ⟨по-⟩ melken; **-ся** Milch geben; **~́йка** *f* (5) Melken *n*; **~́йный** (14) melkend, Melk-
дойти́ → ***доходи́ть***
до́ка F *m* (5) Kenner, As
доказ|а́тельный (14; -лен, -льна) beweiskräftig; **~а́тельство** *n* (9) Beweis *m* (***в*** B als *od.* zum); *pl.* Beweisführung *f*; Nachweis *m*; **~́ывать** (1), ⟨**~а́ть**⟩ (3) *impf.* zu beweisen suchen, argumentieren; *pf.* beweisen, nachweisen, erweisen (***на*** П anhand von *D*); P → ***доноси́ть***; **~у́емый** (14*K.*) beweisbar, nachweisbar
док|а́нчивать (1), ⟨**~о́нчить**⟩ (16) beenden, zu Ende führen; P zu Ende essen *od.* trinken
док|а́пывать, ⟨**~опа́ть**⟩ (1) zu Ende graben; **-ся**: ***-ся до воды́*** graben, bis man auf Wasser stößt; *fig.* P herauskriegen; ***-ся до су́ти*** F der *Sache* auf den Grund kommen
дока́т|ывать (1), ⟨**~ить**⟩ (15) rollen, hinrollen (***до*** P bis zu *D*); F schnell hinfahren *od.* hinkommen; **-ся** rollen, herüberhallen, herüberdröhnen; P *fig.* tief *od.* so tief sinken (***до*** P daß *N* + *Vb. fin.*)
до́кер *m* (1) Dockarbeiter, Hafenarbeiter
доки́нуть F (20) *pf.* → ***добро́сить***
докла́д *m* (1) Vortrag (***на*** B zu *D*, in *A*; ***на*** П in *D*), Referat *n*; Bericht; *Mil.* Meldung *f*; ***без ~а*** unangemeldet; **~на́я** F *f* (14) → **~но́й** (14): ***~на́я запи́ска*** *f* schriftlicher Bericht *m*; **~чик** *m* (1) Referent, Vortragende(r); Berichterstatter; **~ывать** (1), ⟨**доложи́ть**⟩ (16) berichten, vortragen, referieren; mitteilen; melden (***о*** П *A*; ***как . . .?*** wen . . .?), anmelden; F zulegen, hinzufügen
док|она́ть F (1) *pf.* erledigen, (B *j-m*) den Rest geben; **~о́нчить** → ***~а́нчивать***
докопа́ть(ся) → ***дока́пывать(ся)***
до́красна́ bis *et.* rot wird *od.* sich rötet; bis zur Rotglut
докрича́ться F (4*e.*) *pf.* durch häufiges Schreien herbeirufen; ***не ~*** (P *j-n*) vergeblich laut rufen; sich . . . schreien
до́ктор *m* (1; *pl. e., N* -а́) Doktor, Arzt; ***~ юриди́ческих нау́к*** Dr. jur. (habil.); → ***кандида́т***; ***получи́ть сте́пень ~а*** sich habilitieren (P in); **~а́нт** *m* (1) Habilitand; **~ский** (16) Habilitations-; → ***кандида́тский***; **~ша** F *f* (5) Ärztin; Arztfrau
доктринёрский (16) doktrinär
доку́да P bis wohin?; wie lange?, wie lange noch?; so weit; solange
докуме́нт *m* (1) Dokument *n*, Ausweispapier *n*; Schriftstück *n*, Urkunde *f*; Beleg, Begleitschein, Schein, Brief; Akte *f*, Unterlage *f*; **~а́льный** (14; -лен, -льна) dokumentarisch, urkundlich; Tatsachen-; Dokumentar-
доку́ри|вать (1), ⟨**~ть**⟩ (13) zu Ende rauchen, ausrauchen
докуч|а́ть F (1) lästig werden, zuset-

zen; **⁓ливый** F (14*K*.), **⁓ный** F (14; -ен, -на) lästig, zudringlich, aufdringlich

долби́ть (14*e*.) **1.** ⟨про-⟩ aushöhlen; meißeln; *pf.* durchstoßen, durchstemmen; F sich durchsetzen; **2.** ⟨вы́-⟩ → **выда́лбливать**; P pauken, einpauken; **3.** *impf.* F ständig hauen *od.* beschießen; P einhämmern

долг *m* **1.** (1; *o. pl.*) Pflicht *f* (**по** Д aus *D*), Schuldigkeit *f*; Ehre *f*; → **пе́рвый**; **2.** (1; -а/-у; в -у́; *pl. e.*) Schuld *f*; **в ⁓** auf Borg, F auf Pump; **брать в ⁓** leihen, borgen (**у** P von *od.* bei *j-m*); **дава́ть в ⁓** ausleihen, leihen, ausborgen; **быть в** (**большо́м**) **⁓у́** (**у** P, **перед** T) (tief) in *j-s* Schuld stehen; **не оста́ться в ⁓у́** *j-m* nichts schuldig bleiben; **быть в ⁓у́, как в шелку́** *Spr.* bis über die Ohren in Schulden stecken

до́л|гий (16; -ог, -га́; *Komp.* -ьше, -ее) lang; *Adv.* lange, lange Zeit; **⁓го ли** (**до** P *od.* + *Inf.*) wie leicht kann *od.* kann man ...; **⁓го ли, коро́тко ли** F über kurz od. lang; e-e Weile; **не ⁓ее** (P) höchstens; **во́лос ⁓ог, да ум коро́ток** *Spr.* lange Haare, kurzer Verstand; **⁓гове́чный** (14; -чен, -чна) langlebig; dauerhaft

долгово́й (14) Schuld-

долго|вре́менный (14; -менен, -енна) lang, lange während; *Mil.* Dauer-; **⁓вя́зый** F (14*K*.) hochaufgeschossen, baumlang; **⁓гри́вый** (14*K*.) langmähnig; **⁓жда́нный** (14) langerwartet, langersehnt; **⁓жи́тель** *m* (4) Langlebige(r); **⁓игра́ющий** (17) Langspiel-; **⁓ле́тие** *n* (12) Langlebigkeit *f*; **⁓ле́тний** (15) langjährig; **⁓но́жка** *f* (5; -жек) Schnake; **⁓но́сик** *m* (1) Rüsselkäfer; **⁓сро́чный** (14; -чен, -чна) langfristig; **⁓та́** *f* (5; *pl. st.* -) Länge; Längengrad *m*; **⁓терпе́ние** *n* (12) Langmut *f*

долево́й (14) Längs-; anteilmäßig, Anteil-; → **до́лгий**

долез|а́ть (1), ⟨**⁓ть**⟩ (-у, -ешь; -, -ла) klettern, kriechen, hinkriechen (**до** P bis zu *D*)

долет|а́ть (1), ⟨**⁓е́ть**⟩ (11) hinfliegen, fliegen (**до** P bis *od.* bis zu *D*); erreichen; herüberwehen

доле́чи|вать (1), ⟨**⁓ть**⟩ (16) auskurieren; nachbehandeln, nachbehandeln lassen

до́лж|ен *m*, -на́ *f*, -но́ *n*, -ны́ *pl.* **1.** schuldig; **⁓ен ...** *j-d* schuldet ...; **2.** **⁓ен** *j-d* muß *od.* soll; **⁓но́ быть**, P **⁓но́** wahrscheinlich, wohl; **⁓ни́к** *m* (1*e*.) Schuldner; **я ваш ⁓ни́к** ich stehe in Ihrer Schuld (*a. fig.*); **⁓но** † man muß *od.* soll; **как ⁓но** wie es sich gehört; **⁓ностно́й** [-sn-] (14) amtlich, Amts-; **⁓ность** *f* (8) Dienststellung, Stellung; Amt *n* (**на** B in *A*); Amtsbezeichnung; Dienst *m*, Stelle, Posten *m*; Funktion; **в ⁓ности** dienstlich; **⁓ный** (14) gebührend, gehörig; entsprechend; *Su. n* Gerechtigkeit *f*

доли|ва́ть (1), ⟨**⁓ть**⟩ (-лью, -ьёшь; → **нали́ть**) nachfüllen, nachgießen; auffüllen; vollgießen

доли́на *f* (5) Tal *n*

доли́ть → **долива́ть**

доложи́ть → **докла́дывать**

доло́й F fort *od.* weg (B mit *D*)!; nieder, Schluß (mit)!; hinweg, runter, ab; **уйди́ с глаз ⁓!** geh mir aus den Augen!

долото́ *n* (9; *pl. st.* -) Meißel *m*

до́лька *f* (5; -лек) Teilchen *n*; Scheibe; *Bot.* Zehe

до́льше → **до́лгий**

до́л|я *f* (6; *ab Gpl. e.*) Teil *m* (**на** B in *A*; **в** П zu *D*); Anteil *m*; Quote; Bruchteil *m* (**в** B im); *Bot.*, *Anat.* Lappen *m*; Format *n*; Los *n*, Schicksal *n*; P Glück *n*; *fig.* Körnchen *n*; Funke *m*; **войти́ в ⁓ю** (**с** T *j-s*) Teilhaber werden; **вы́пасть на ⁓ю** zuteil werden, zufallen

дом *m* (1; -а/-у; *a.* и́з, до́ -у; на -у́; *pl. e.*, *N* -а́) Haus *n*, Bau; Wohnung *f*; Familie *f*; Heim *n*; Anstalt *f*; **на́ ⁓** ins Haus, frei Haus; für zu Hause; **на весь ⁓** im ganzen *od.* durchs ganze Haus; **на ⁓у́** zu Hause; **и́з ⁓у** von zu Hause; **по ⁓у** im Haushalt; **по ⁓а́м** nach Hause; **вне ⁓а** außer Haus; **в ⁓е ...** das Haus hat ...; **⁓а** zu Hause, daheim; **сиде́ть ⁓а** das Haus hüten; **бу́дьте как ⁓а** fühlen Sie sich wie zu Hause; F **не все ⁓а** (**у** P *j-d*) hat nicht alle Tassen im Schrank; **⁓а́шний** (15) Haus-, häuslich; Familien-; Privat-; Haushalts-; Hausmanns-; hausgemacht; *Su. pl.* Angehörige, Familienangehörige; **мой ⁓а́шние** *pl.* die Meinigen; **⁓а́шний челове́к** *m* F ein guter

Freund des Hauses
доменный (14) Hochofen-; Hoch-
домик *m* (1) Häuschen *n*; Haus *n*
доминировать (7) dominieren, vorherrschen (***над*** T über *A*), beherrschen (*A*)
домишко F *n* (9; *pl.* -шки, -шек) elendes Häuschen
домком *m* (1) Hauskomitee *n* (*SU*)
домкрат *m* (1) Wagenheber; Hebewinde *f*
домна *f* (5; -мен) Hochofen *m*
домо|витый (14*K.*) häuslich, haushälterisch; **~владелец** *m* (1; -льца) Hausbesitzer; **~водство** *n* (9) Haushaltung *f*, Hauswirtschaft *f*; **~вой** *m* (14) Hausgeist; **~вый** (14) Haus-; Melde-
домогат|ельство *n* (9) Ansinnen; **~ься** (1) hartnäckig trachten (P nach *D*), sich eifrig bemühen (um *A*)
домо|й nach Hause, heim; **~рощенный** (14) aus eigener Zucht; selbstgebaut, selbstgemacht; *fig.* hausbacken, dilettantisch; **~сед** *m* (1) Stubenhokker; **~строительство** *n* (9) Hausbau *m*; **~тканый** (14) hausgewebt; **~управление** *n* (12) Hausverwaltung *f*; **~хозяин** *m* (1; *pl.* -яева, -ев), **~хозяйка** *f* (5; -яек) Hausbesitzer(in *f*); Hausherr(in *f*), Gastgeber(in *f*); Hausfrau *f*; **~чадцы** *m/pl.* (1) † Hausangehörige; F Familienangehörige; → ***чадо***
домработница *f* (5) Hausgehilfin
домчать F (4) im Eiltempo bringen (***до*** P bis zu *D*); → **-ся** im Eiltempo erreichen (*A*); hinkommen
домысел *m* (1; -сла) Mutmaßung *f*
донага F nackt, splitternackt
донельзя F äußerst, über alle Maßen
донес|ение *n* (12) Meldung *f*; Bericht *m*; **~ти(сь)** → ***доносить(ся)***
донизу bis nach unten
дон|имать F (1), ⟨**~ять**⟩ (дойму, -мёшь; → ***занять***) (В *j-m*) zusetzen, *j-m* die Hölle heiß machen
донкихотство *n* (9) Donquichotterie *f*
донник *m* (1) Steinklee
донный (14) Grund-
донор *m* (1) Blutspender
донос *m* (1) Anzeige *f*, Denunziation *f* (***на*** В gegen *A*); **~ить** (15), ⟨донести⟩ (25 -с-; -нёс) **1.** tragen, bringen (***до*** P bis, bis zu *D*); herbeitragen, hertragen hintragen; hertragen können; **2.** berichten, melden (***о*** П *et.*); anzeigen, denunzieren (Д/***на*** В bei *D j-n*); **-ся**, ⟨-сь⟩ dringen (***до*** P an *A*), herüberhallen; erreichen (***до*** P *A*); wahrzunehmen sein; *pf.* F → ***домчаться***; **~чик** [-ʃtʃ-] *m* (1) Denunziant, Zuträger
донской (16) Don-
доныне bis jetzt, bis heute
донять → ***донимать***
дооктябрьский (16) vor der Oktoberrevolution
допе|кать (1), ⟨**~чь**⟩ (26) ausbacken, fertig backen; F → ***донимать***
допечат|ывать, ⟨**~ать**⟩ (1) zu Ende drucken; nachdrucken
допечь → ***допекать***
допи|вать (1), ⟨**~ть**⟩ (-пью, -пьёшь; -л, -ла; -тый: -та) austrinken, leeren; **-ся** F sich kaputtsaufen; (***до*** P) so viel *od.* so lange trinken, daß . . . (*N+Vb. fin.*)
допис|ывать (1), ⟨**~ать**⟩ (3) zu Ende schreiben, fertigschreiben, fertigmalen; schreiben (***до*** P bis zu *D*); hinzufügen (***к*** Д *D*); **-ся** F: ***-ся до того, что . . .*** so viel schreiben, daß . . . (*N+ Vb.fin.*)
допить(ся) → ***допивать(ся)***
допла|та *f* (5) Nachzahlung; Zuschlag *m*; Nachporto *n*; **~тной** (14) Zuschlag-; mit Nachporto; **~чивать** (1), ⟨**~тить**⟩ (15) nachzahlen, zuzahlen
доплестись F (25 -т-) sich hinschleppen *od.* schleppen (***до*** P bis zu *D*)
доплы|вать (1), ⟨**~ть**⟩ (23) hinschwimmen, schwimmen (***до*** P bis zu *D*, an *A*); → ***доноситься***
доподлинный F (14) echt, wahr, authentisch
допоздна [-zn-] F bis spät abends, bis spät in die Nacht hinein
дополз|ать (1), ⟨**~ти**⟩ (24) hinkriechen, kriechen (***до*** P bis zu *D*)
дополн|а F voll; **~ение** *n* (12) Ergänzung *f* (***в*** В/***к*** Д in/*G*) Nachtrag *m*, Zusatz *m*; *Gr.* Objekt; **~ительный** (14) ergänzend, zusätzlich; nachträglich; Zusatz-, Ergänzungs-, Nachtrags-, Nach-; Zuschlags-; Zuschuß-; *Gr.* Objekt-; **~ять** (28), ⟨**~ить**⟩ (13) ergänzen (T durch *A*), hinzufügen;

nachtragen
допото́пный (14; -пен, -пна) *fig.* F vorsintflutlich
допр|а́шивать (1), ⟨**~оси́ть**⟩ (15) verhören, vernehmen
допризы́вный (14) vormilitärisch
допр|о́с *m* (1) Verhör *n*, Vernehmung *f* (***на*** В zu *D*; ***на*** П bei, in *D*); ***~оси́ть*** → ***~а́шивать***; **~ся** F durch Bitten erreichen *od.* bekommen (Р *A*); *et.* herauskriegen, herausbekommen
до́пу|ск *m* (1) Einlaß; Zugang; Zulassung *f*; *Tech.* Toleranz *f*; **~ска́ть** (1), ⟨**~сти́ть**⟩ (15) hereinlassen, einlassen; vorlassen; zulassen; sich erlauben; (*a.* ***~ска́ть мысль***) für möglich halten, einräumen; annehmen; **~́стим** angenommen; **-ся** *impf.* Zutritt *od.* Zugang haben; zulässig *od.* zugelassen sein; **~сти́мый** (14*K.*) zulässig; vertretbar; **~ще́ние** *n* (12) Hereinlassen; Heranlassen; Zulassung *f*; Annahme *f*
допы́т|ываться, ⟨**~а́ться**⟩ (1) *impf.* herauszubekommen suchen, in Erfahrung bringen wollen; *pf.* herausbekommen, in Erfahrung bringen
до́пьяна́ F bis zum Vollrausch
дораб|а́тывать, ⟨**~о́тать**⟩ (1) durcharbeiten (***до*** Р bis zu *D*); fertigstellen, zum Abschluß bringen; nacharbeiten; **-ся** F (***до*** Р bis zu *D*) arbeiten; so viel *od.* so lange arbeiten, daß . . . (*N* + *Vb. fin.*); **~о́тка** *f* (5) Fertigstellung; Endbearbeitung
дораст|а́ть (1), ⟨**~и́**⟩ (25; -у́, -ёшь; → ***расти́***) auswachsen, heranwachsen (***до*** Р bis zu *D*); alt *od.* groß genug sein; *fig.* (für *A*) reif *od.* (*D*) gewachsen sein
дореволюцио́нный (14) vorrevolutionär, vor der Oktoberrevolution
дорисо́в|ывать (1), ⟨**~а́ть**⟩ (7) fertig zeichnen; vollenden; vervollständigen
доро́г|а *f* (5) Weg *m* (***в*** В auf *A*), Straße, Landstraße; Bahn; Reise (***в*** П, ***по*** Д auf *D*); ***по ~е → путь***; ***на ~у*** für unterwegs; ***с ~и*** von unterwegs; ***всю ~у*** auf der ganzen Reise; ***свое́й ~ой*** seines Weges; ***дать ~у*** ausweichen, (Д *j-n*) vorbeilassen; *fig.* den Weg freimachen; ***стать поперёк ~и*** im Wege stehen, in die Quere kommen; ***туда́ ему́ и ~а!*** F das geschieht ihm recht!
дорогови́зна *f* (5) hohe Preise *m/pl.*, Teuerung
доро́гой[1] F unterwegs
доро|го́й[2] (16; -́г, -га́; -́же) teuer (*a. fig.*); *fig.* kostspielig; kostbar, wert, wertvoll; lieb; *Preis*: hoch; *Su. m* Lieb(st)er; *Adv.* viel; ***~го́й цено́й*** teuer; *fig.* ***~́г(а́)*** liegt am Herzen; ***~́же зо́лота*** nicht mit Gold zu bezahlen
доро́дный (14; -ден, -дна) wohlbeleibt
дорож|а́ть (1), ⟨вз-, по-⟩ teuer *od.* teurer werden; **~и́ть** (16*e.*) schätzen, hochschätzen, wertschätzen (Т *A*), großen Wert legen (auf *A*); hochhalten; geizen; **-ся** F viel *od.* zuviel verlangen
доро́ж|ка *f* (5; -ек) Fußweg *m*, Pfad *m*; Bahn; Übergang *m*; Streifen *m*; Läufer *m*; *Tech.* Rille; Spur; **~ник** *m* (1) Straßenbauer; **~ный** (14) Reise-; Weg(e)-; Straßen-, Straßenbau-; Bahn-; Verkehrs-, Straßenverkehrs-
доса́|да *f* (5) Verdruß *m*, Ärger *m*, Verärgerung (***с*** Р aus *D*; ***на*** В über *A*); F Pech; ***с ~дой*** ärgerlich; ***кака́я ~да!*** wie ärgerlich!; **~дливый** (14*K.*) verärgert, verdrossen; **~дный** (14; -ден, -дна) ärgerlich, bedauerlich; peinlich; ***~дно*** schade; ***~дно*** (Д) es verdrießt *j-n*; **~довать** (7) sich ärgern (***на*** В über *A*); **~жда́ть** (1), ⟨**~ди́ть**⟩ (15*e.*) verärgern (Д *j-n*), *j-m* zusetzen
досе́л|е, **~ь** † bislang, bis jetzt
доси́|живать (1), ⟨**~де́ть**⟩ (11) sitzen bleiben
доск|а́ *f* (5; -́у; *pl.* -́и, -́со́к, -́а́м) Brett *n*; Platte; Tafel (***на*** П an *D od. A*); *Tech.* Bohle; *Typ.* Schiff *n*; *fig.* Stufe; ***от ~и́ до ~и́*** von A bis Z; ***в ~́у*** P total
доска́з|ывать (1), ⟨**~а́ть**⟩ (3) zu Ende erzählen, ausreden, erzählen (***до*** Р bis zu *D*)
доска́к|ивать (1), ⟨**~а́ть**⟩ (3) hüpfen (***до*** Р bis zu *D*); im Galopp erreichen (*A*), anlangen (an *D*)
доскона́льный (14; -лен, -льна) eingehend, gründlich
досла́ть → ***досыла́ть***
иссле́дова|ть
до́сле́дова|ть (7) *pf.* nachuntersuchen; **~ние** *n* (12) Nachuntersuchung *f*
досло́вн|ый (14) wörtlich, wortgetreu; buchstäblich; ***~о*** Wort für Wort
дослу́жи|вать (1), ⟨**~ть**⟩ (16) dienen

(**до** P bis zu *D*); **-ся** erdienen (**до** P *A*), sich hochdienen, es bringen (bis zu *D*); erreichen
дослу́ш|ивать, ⟨**~ать**⟩ (1) zu Ende hören
досм|а́тривать (1), ⟨**~отре́ть**⟩ (9) ansehen (**до** P zu, bis zu *D*); aufpassen (**за** T, B auf *A*); wahrnehmen, bemerken; *Zoll*: kontrollieren; ***не ~отре́ть*** übersehen; **~о́тр** *m* (1) Beaufsichtigung *f* (**за** T *G*); *Zoll*: Kontrolle *f*, Abfertigung *f*; **~о́трщик** *m* (1) Zollbeamte(r)
Д
доспа́ть → *досыпа́ть*
доспе|ва́ть (1), ⟨**~́ть**⟩ (8) reif werden; gar sein
доспе́хи *m/pl.* (1) *hist.* Rüstung *f*; F Ausrüstung *f*
досро́чный (14) vorfristig, vorzeitig
доста|ва́ть (5), ⟨**~́ть**⟩ (-́ну, -́нешь) reichen, langen (**до** P bis zu *D*, an *A*); erreichen (P *A*); hervorholen, herausholen, herausnehmen, herausziehen; sich besorgen, beschaffen; auftreiben, bekommen; F ausreichen, reichen (**на** B für *A*); genügend ... aufbringen; **-ся** zuteil werden, zufallen; zu stehen kommen; fallen; sollen; einstecken müssen; F (***-ся на оре́хи***) was abbekommen; ***не да́ром ~́лось*** F *et.* hat Mühe gekostet
доста́в|ка *f* (5; -ок) Zustellung, Lieferung; Anlieferung; **~ля́ть** (28), ⟨**~ить**⟩ (14) zustellen, anliefern, liefern; bringen, ans Ziel bringen; überbringen, zukommen lassen; überstellen; verbringen, verschaffen; bereiten, machen
доста́т|ок *m* (1; -ка) Wohlstand (**с** T in *D*); F ausreichende Menge *f*; *pl.* Auskommen *n*; Vermögen *n*; ***в ~ке*** wohlhabend; **~очно** genug, genügend; hinlänglich, reichlich; sattsam; ***~очно*** es genügt; ***э́того ~очно*** das genügt; ***~очно бы́ло ...*** es bedürfte *od.* man brauchte (nur) ...; **~очный** (14; -чен, -чна) genügend, ausreichend, hinreichend; **~ь(ся) → *достава́ть(ся)***
дости|га́ть (1), ⟨**~́гнуть**, **~́чь**⟩ (21/20) erreichen, gelangen (P an *A*, zu *D*); kommen; *Erfolg* erzielen; **~же́ние** *n* (12) Erreichen; Erzielung *f*; Errungenschaft *f*, Erfolg *m*; Leistung *f*, Bestleistung *f*; **~жи́мый** (14*K*.) erreichbar
достове́рный (14; -рен, -рна) zuverlässig, glaubwürdig; echt, authentisch
досто́|инство *n* (9) Würde *f*; Vorzug *m*; Qualität *f*; Wert *m*; ***по ~инству*** nach Gebühr; ***чу́вство n со́бственного ~инства*** Selbstbewußtsein; **~йный** (14; -ин, -йна) würdig, wert; gebührend, verdient; ***~йный похвалы́*** lobenswert; **~па́мятный** (14; -тен, -тна) denkwürdig, bemerkenswert; **~примеча́тельность** *f* (8) Sehenswürdigkeit; **~примеча́тельный** † (14; -лен, -льна) sehenswert, bemerkenswert
достоя́ние *n* (12) Eigentum, Vermögen; Gemeingut, Allgemeinbesitz *m*
достр|а́ивать (1), ⟨**~о́ить**⟩ (13) fertig bauen, zu Ende bauen
до́ступ *m* (1) Zugang, Zutritt (**в**, **на** B zu *D*); Eindringen *n*; **~́ный** (14; -́ен, -́на) zugänglich; eingängig, verständlich *od.* leichtverständlich, empfänglich (*a.* Д für *A*); erschwinglich; überschaubar (Д von *D*)
достуча́|ться F (4*e*.): ***не могу́ ~ться*** niemand öffnet; ***~лся*** endlich wurde die Tür aufgemacht; **→ *дозвони́ться***
досу́|г *m* (1) Freizeit *f*, Muße *f*, Mußestunden *f/pl.* (**на** П in *D*); † ***~г*** (Д *j-d*) hat Zeit; **~жий** F (17) müßig; Muße-
до́суха trocken, ganz trocken
досчи́т|ывать [-ʃtʃ-], ⟨**~а́ть**⟩ (1) zu Ende zählen, zählen
дос|ыла́ть (1), ⟨**~ла́ть**⟩ (дошлю́, -шлёшь; → ***слать***) nachsenden
досыпа́ть¹ (1), ⟨**~́**⟩ (2) vollschütten, aufschütten; hinzugeben
дос|ыпа́ть² F (1), ⟨**~па́ть**⟩ (-плю́, -пи́шь; → ***спать***) durchschlafen, schlafen (**до** P bis, bis zu *D*)
до́сы́та satt; nach Herzenslust, zur Genüge
досю́да F bis hierher
досяга́емость *f* (8) Reichweite
дота́ция *f* (7) Subvention
дотащи́ть (16) *pf.* (**-ся** F sich) hinschleppen *od.* herschleppen (**до** P bis zu *D*)
дотемна́ bis zum Einbruch der Dunkelheit
дотла́ völlig, bis auf den Grund
дото́шный F (14; -шен, -шна) peinlich genau, pedantisch; aufdringlich neugierig, naseweis

дотр|а́гиваться (1), ⟨**~о́нуться**⟩ (20) berühren, anfassen, anrühren (*до* P *A*)
доту́да P bis dahin, bis dorthin
дотя́|гивать (1), ⟨**~ну́ть**⟩ (19) ziehen, schleppen (*до* P bis zu *D*); ausstrecken; hinziehen, F verschleppen; hinkriegen, hinkommen; es schaffen; durchstehen, aushalten; erleben; **-ся** hinlangen (*до* P bis zu *D*), *et.* erreichen
доучи|вать (1), ⟨**~ть**⟩ (16) zu Ende lehren, unterrichten *od.* lernen; weiterbilden; **-ся** die Ausbildung abschließen; die Schule besuchen (*до* P bis zu *D*); F so viel lernen, daß . . . (*N* + *Vb. fin.*)
до́х|лый (14; -л, -ла́) krepiert, verendet; P mickrig; → ***ги́блый***; **~ля́тина** P *f* (5) Kadaver *m*; Aas *n*; *fig.* Kümmerling *m*; **~нуть¹** (21), ⟨из-, по-, с-⟩ verenden, verrecken, krepieren (*a. j-d* P)
дохну́ть² (20) *pf.* F einmal einatmen *od.* ausatmen; hauchen; wehen, (*на* B *D*) entgegenwehen, strömen; aufkommen; ***не сметь ~*** den Atem anhalten, erstarren; ***~ не́где*** F es ist furchtbar eng; F ***~ не́когда*** (Д *j-d*) hat keine Zeit zum Verschnaufen
дохо́д *m* (1) Einkommen *n*, Einkünfte *f/pl.*, Einnahme(n *pl.*) *f*; Ertrag, Gewinn
до|ходи́ть (15), ⟨**~йти́**⟩ (-йду́, -йдёшь; -шёл, -шла́; -ше́дший; -йдя́) gehen, fahren, kommen, gelangen (*до* P bis zu *D*, an *A*, nach); ankommen (bei, in *D*); erreichen; dringen; *fig.* aufkommen, kommen; mitbekommen, F kapieren; sich versteigen (zu *D*); ausarten (in *A*); geraten, verfallen (in *A*); *Ausmaße* annehmen; F gar sein, durch sein; *Teig*: aufgehen; ausreifen; ***де́ло ~шло́ до*** (P) es kam zu (*D*); ***не ~ходя́*** kurz vor (*до* P *D*)
дохо́д|ность *f* (8) Ertragsfähigkeit, Rentabilität; **~ный** (14; -ен, -на) einträglich, gewinnbringend, rentabel; Einnahme-; **~чивый** (14*K*.) eingängig, verständlich, leichtverständlich
доцве|та́ть (1), ⟨**~сти́**⟩ (25 -т-) zu Ende blühen, verblühen
дочерна́ schwarz, schwarz-
доче́рний (15) Tochter-
до́чиста rein, rein-; F restlos, ratzekahl
дочи́т|ывать, ⟨**~а́ть**⟩ (1) lesen (*до* P bis zu *D*); durchlesen, auslesen, zu Ende lesen
до́ч|ка F *f* (5; -ек), **~ь** *f* (*G*, *D*, *P*, *Npl.* -ери, *I* -ерью; *ab Gpl. e.*: -ере́й, -ря́м, -рьми́, -ря́х) Tochter
доши|ва́ть (1), ⟨**~́ть**⟩ (-шью́, -шьёшь; -ше́й!) fertignähen
дошко́льн|ик *m* (1) Vorschulkind *n*; **~ый** (14) Vorschul-, vorschulisch
до́шлый F (14) erfahren; gerieben, mit allen Wassern gewaschen
дощ|а́тый (14) aus Brettern, Bretter-; **~е́чка** (5; -чек) kleines, dünnes Brett *n*; kleines Schild *n*, Plakette
доя́рка *f* (5; -рок) Melkerin
драгоце́н|ность *f* (8) Juwel *n*, Kleinod *n*; **~ный** (14; -ен, -на) kostbar, wertvoll; Edel-; Wert-; liebst, herzallerliebst; *Su. m* Schatz
драгу́н *m* (1) Dragoner
дража́йший (17) † *scherz.* besser
дразн|и́ть (13; **~я́щий**) necken, hänseln; erregen, reizen
дра́ить (13), ⟨на-⟩ blank scheuern
дра́к|а *f* (5) Schlägerei, Rauferei; Kampf *m*; ***лезть в ~у*** F Händel suchen
драко́н *m* (1) Drache; **~овский** (16) drakonisch
дра́ла P: (***за***)***да́ть ~*** abhauen, türmen
дра́ма *f* (5) Drama *n*, Schauspiel *n*; **~тиза́ция** *f* (7) Dramatisierung, Bühnenbearbeitung; **~ти́зм** *m* (1) Dramatik *f*; **~ти́ческий** (16) Dramen-, Schauspiel-; *Mus.* Helden-; → **~ти́чный** (14; -чен, -чна) dramatisch; **~ту́рг** *m* (1) Dramatiker, Bühnenautor; **~турги́я** *f* (7) Dramaturgie; Dramatik, Dramenschaffen *n*
дра́н|ка *f* (5; -ок) Dachschindel(n *pl.*); **~ый** F (14) zerrissen, abgerissen, zerschlissen; **~ь** *f* (8) → ***~ка***
дра́па|ть P (1), ⟨**~нуть**⟩ (20) türmen
драпиров|а́ть (7), ⟨за-⟩ drapieren; **~́ка** *f* (5; -ок) Drapierung; Draperie, Behang *m*
дра́тва *f* (5) Schusterdraht *m*
дра|ть (деру́, -рёшь; драла́; -дранный) **1.** ⟨разо-⟩ F (разо́дранный) zerreißen; kratzen (B in *D*); **2.** ⟨со-⟩ abziehen; **3.** ⟨со-, обо-⟩ abfressen; *fig.* P herausschinden (*с* P *A*), neppen; **4.** ⟨вы́-⟩ F durchbleuen; zausen (B/***за́*** B *j-m A*); F scheuern; kräftig reiben; sich . . . wund schreien; P ausreißen,

türmen; **-ся**, ⟨по-⟩ sich raufen *od.* prügeln; *impf.* kämpfen; *Duell*: sich schlagen (***на*** П mit *D*); F **~чли́вый** P (14*K.*) rauflustig; **~чу́н** F *m* (1*e.*) Raufbold

дребеде́нь F *f* (8) Quatsch *m*; Kleinkram *m*, Kleinzeug *n*

дре́без|г *m* (1; -а/-у), **~жа́ние** [-ззˑ] *n* (12) Klirren *n*, Geklirr(e) *n*; → ***вдре́безги***; **~жа́ть** [-ззˑ] (4*e.*) klirren

древес|и́на *f* (5) Holz *n*; Nutzholz *n*; **~ница** *f* (5) Laubfrosch *m*; **~ный** (14) Baum-; Holz-; Methyl-; *Zool.* Laub-

дре́вко *n* (9; *pl.* -и, -ов) Schaft *m*; Stange *f*

древн|еевре́йский (16) hebräisch; **~еславя́нский** (16) alt(kirchen)slawisch; **~ий** (15; -вен, -я) alt, althergebracht, altertümlich; antik; uralt, greis; altersschwach; *pl. Su.* die Alten; ***~ий мир*** *m* Antike *f*; **~ость** *f* (8) → ***~ий***; alte *od.* uralte Zeiten *f/pl.*; Altertum *n*, Antike; *pl.* Antiquitäten

древо|насажде́ние *n* (12) Baumanpflanzung *f*; **~сто́й** *m* (3) Baumbestand; **~то́чец** *m* (1; -чца) Holzwurm

дрейф *m* (1) *Mar.*, *Flgw.* Drift *f*, Abdrift *f*; **~ить** P (14), ⟨с-⟩ Bammel haben, feige sein; **~ова́ть** (7) driften, treiben

дрель *f* (8) Drillbohrer *m*

дрём|а F *f* (5) → ***~о́та***; *Bot.* Lichtnelke; **~а́ть** (2) schlummern, F dösen; ***не ~а́ть*** wachsam sein; **-ся**: ***~лется*** (Д *j-d*) ist schläfrig; **~о́та** *f* (5) Schläfrigkeit; Schlummer *m*

дрему́чий (17*K.*) dicht; Ur-; F total

дрена́жный (14) Dränage-

дрессиров|а́ть (7), ⟨вы́-⟩ dressieren, abrichten; F drillen; **~ка** *f* (5) Dressur; F Drill *m*; **~щик** *m* (1) Dresseur, Dompteur

дроб|и́лка *f* (5; -лок) *Tech.* Brecher *m*; Quetsche; Schrotmaschine; **~и́льный** (14) Brech-; Schrot-; **~и́ть** (14*e.*), ⟨раз-⟩ zerkleinern, zerstoßen, zermalmen; *Tech.* brechen; schroten, zerschroten; zerstückeln, zersplittern; **-ся** zerfallen; **~ле́ние** *n* (12) Zerstückelung *f*, Zergliederung *f*; → ***~и́ть***; **~ный** (14; -ен, -на) klein; fein; detailliert; (*o. K.*) *Math.* Bruch-; **~ь** *f* (8) **1.** *koll.* Schrot *n*; Klappern *n*; *Trommel*: Wirbel *m*; **2.** (*ab Gpl. e.*) Bruchzahl, Bruch *m*

дров|а́ *pl.* (9) Brennholz *n*, Holz *n*; **~ни** *pl.* (6; -ней) Bauernschlitten *m*; **~осе́к** *m* (1) Holzfäller; **~яно́й** (14) Holz-

дро́ги *pl.* (5) *Art* Leiterwagen *m*

дро́|гнуть **1.** (21/20) frieren, frösteln; **2.** (20) *pf.* erzittern, erbeben; zusammenfahren, zusammenzucken; wanken, ins Wanken geraten; → **~жа́ть** (4*e.*) zittern, beben (***от*** P vor *D*; T an *D*); schauern, schaudern; flackern; vibrieren; F bangen (***за*** В um *A*); behüten (***над*** Т *A*); geizen (mit *D*); ***~ над копе́йкой*** F *fig.* jeden Pfennig umdrehen

дрожж|ево́й (14) Hefe-; **~и** *pl.* (5; *ab G e.*) Hefe *f*; ***на ~а́х*** Hefe-; ***как на ~а́х*** F wie Pilze nach dem Regen; sehr schnell

дро́жки *pl.* (-жек) Droschke *f*

дрожь *f* (8) Zittern *n*, Beben *n*; Schauder *m*, Frösteln *n*; ***броса́ет в ~*** *j-n* überläuft ein Zittern

дрозд *m* (1*e.*) Drossel *f*; ***чёрный ~*** Amsel *f*

дрок *m* (1) Ginster

дро́тик *m* (1) Wurfspieß

дрофа́ *f* (5; *pl. st.*) *Zool.* Trappe

дру|г *m* **1.** (1; *pl.* -зья́, -зе́й, -зья́м) Freund; Gefährte; Liebste(r); **2.** (*K. v.* ***-го́й***): ***~г ~га*** einander, sich, gegenseitig; ***~г с ~гом*** miteinander; ***~г за ~гом*** hintereinander, nacheinander; **~го́й** (16) andere(r); zweite(r); nächste(r); irgendein; ***на ~го́й день*** am nächsten Tag; ***э́то ~го́е де́ло*** das ist et. anderes; ***~ги́ми слова́ми*** mit anderen Worten; ***и тот, и ~го́й*** der eine und *od.* wie der andere, beide; ***ни тот, ни ~го́й*** keiner von beiden; (***в***) ***~го́й раз*** ein andermal; ***в ~го́м ме́сте*** anderswo

дру́ж|ба *f* (5) Freundschaft (***по*** Д aus *D*); ***в ~бе*** befreundet; ***~ба ~бой, а слу́жба слу́жбой*** Dienst ist Dienst u. Schnaps ist Schnaps; **~елю́бие** *n* (12) Freundlichkeit *f*; → **~елю́бный** (14; -бен, -бна) freundschaftlich; **~еский** (16), **~ественный** (14*K.*) freundschaftlich, Freundschafts-; Freundes-; ***в ~еских отноше́ниях*** befreundet; ***быть на ~еской ноге́*** auf gutem Fuße stehen; **~и́на** *f* (5) Abteilung, Trupp(e) *m*; Gruppe; *hist.* Gefolge *n*, Mannen *pl.*; **~и́ть** (16/16*e.*)

befreundet sein; **-ся**, ⟨по-⟩ sich anfreunden, Freundschaft schließen; **~и́ще** F *m* (11) lieber Freund, mein Lieber; **~ка** *m* (5; -ек) Brautführer; P → ***друг 2***; **~ный** (14; -ен, -на) einträchtig, einmütig, einig; freundschaftlich, kameradschaftlich; befreundet; vereint; gemeinsam; allgemein; schwungvoll; ungestüm; **~о́к** F *m* (1; -ка́) (lieber) Freund, Kumpel

дры́г|ать F (1), *einm.* ⟨**~нуть**⟩ (20) strampeln, zappeln

дры́хнуть P (20/21) pennen

дря́б|лый (14; -л, ~ла́) schlaff, welk; lax, schlapp; **~нуть** F (20/21), ⟨о-⟩ welk *od.* schlapp werden

дря́зги F *pl.* (5) Streitereien *f*/*pl.*, Gezänk *n*

дрян|но́й F (14; ~ен, -на́) mies, elend; **~ь** F *f* (8) Mist *m*; Dreck *m*, Plunder *m*; Schund *m*; Lump *m*, Luder *n*; Pack *n*; ***де́ло ~ь*** F damit ist es Essig; so ein Mist!

дряхл|е́ть (8), ⟨о-⟩ gebrechlich werden; **~ый** (14; -, -а́) altersschwach, gebrechlich; F baufällig

дуб *m* (1; *a.* в -у́; *pl. e.*) Eiche *f*; Eichenholz *n*; F → ***~и́на***; **~а́сить** P (15), ⟨от-⟩ F vermöbeln; hauen; **~и́льный** (14) Gerb-, Loh-; **~и́льня** *f* (6; -лен) Gerberei; **~и́н(к)а** *f* (5; -нок) Knüppel *m*; ***~и́на*** *m*/*f* P *fig.* Klotz *m*, Trottel *m*; lange Latte *f*; **~и́ть** (14*e.*), ⟨вы́-⟩ gerben; **~лёнка** *f* (5; -нок) Lammfellmantel *m*; **~лёный** (14) gegerbt

дубл|ёр *m* (1) Double *n*, Stuntman; Ersatzmann; *Thea.* Zweitbesetzung *f*; Synchronsprecher; **~и́ровать** (7) **1.** ⟨с-, про-⟩ als Double agieren; wiederholen, parallel ausführen; **2.** synchronisieren (***на*** В in *D*)

дуб|ня́к *m* (1*e.*) Eichenwald, Eichengehölz *n*; **~ова́тый** F (14*K.*) schwerfällig, klotzig; *fig.* einfältig; **~о́вый** (14) Eichen-, eichen; *fig.* F hölzern, stur; Holz-; **~оно́с** *m* (1) Kernbeißer; **~ра́ва** *f* (5) Eichenwald *m*, Laubwald *m*; *poet.* Hain *m*; **~ьё** *n* (10) *koll.* Knüttel *m*/*pl.*; P Holzköpfe *m*/*pl.*

дуг|а́ *f* (5; *pl. st.*) Bogen *m*; Krummholz *n*; *Math.* Kreisbogen *m*; *El.* Stromabnehmer *m*; *fig.* Joch *n*; ***~о́й*** bogenförmig; **~ово́й** (14) *Tech.* Bogen-; **~ообра́зный** (14; -зен, -зна) → ***~о́й***; gewölbt, geschwungen

дуд|а́ *f* (5) Dudelsack *m*; P → ***~ка***; **~е́ть** (11*e.*; -и́шь) spielen (***в*** В auf *D*); F tuten; *fig.* tönen; ***~е́ть в одну́ ~у́*** F die alte Walze ableiern; **~(оч)ка** *f* (5; ~ок/~чек) kleine Schalmei, Rohrpfeife, Hirtenpfeife, (*a. fig.*) Pfeife (***под*** В nach *D*); *Mar.* Signalpfeife; ***~ки!*** F ja Pustekuchen!; prost Mahlzeit!; **~очкой** Schlauch-, Röhren-

ду́жка *f* (5; -жек) Henkel *m*, Griff *m*; Bügel *m*

ду́л|о *n* (9) Mündung *f*; **~ьце** *n* (11; -ец) *Mus.* Mundstück; **~я** P *f* (6) Feige

ду́м|а *f* (5) Gedanke(n *pl.*) *m*; Reflexion; *Pol.* Duma, Parlament *n*; *Lit.* Duma (*Volkslied*); *ehm.* Rat *m*; **~ать** (1), ⟨по-⟩ denken (***о*** П an *A*; über *A*, von *D*), nachdenken (über *A*; *a.* ***над*** Т); glauben, meinen; gedenken, vorhaben; sich kümmern (***о*** П um *A*); bedacht sein (auf *A*); F verdächtigen (***на*** В *A*); ***как вы ~аете*** (***об э́том***) ***?*** was meinen Sie (dazu)?; ***вы так ~аете?*** glauben Sie?; ***я то́же так ~аю*** das meine ich auch; ***мно́го о себе́ ~ать*** sich viel einbilden; ***не до́лго ~ая*** ohne viel zu überlegen; ***я ~аю!*** das will ich meinen!; ***я и не ~аю!*** es fällt mir gar nicht ein!; ***и ~ать не́чего!*** kein Gedanke daran!; ***~ать ~(ушк)у*** *Folkl.* sinnen, grübeln; **-ся:** ***~ается*** (Д *j-m*) scheint, *j-d* glaubt; *j-d* muß *od.* kann denken *od.* nachdenken; **~ка** *f* (5; -ок) F → ***~а***; Nackenkissen *n*

дун|ове́ние *n* (12) Lufthauch *m*, Hauch *m*; **~уть** → ***дуть***

ду́пель *m* (4; *pl. e.*, *N* -ля́) *Zool.* große Bekassine *f*

дупл|и́стый (14*K.*) hohl; **~о́** *n* (9; *pl. st.*; ~пел) Höhlung *f*; *Zahn*: Höhle *f*

ду́ра *f* (5) Närrin, dumme Gans; **~к** *m* (1*e.*) Narr, Dummkopf; *pl. KSp.* Schafskopf *m* (***в*** В *A*); ***~к ~ко́м*** F kompletter Narr; ***не ~к поесть*** F kein Kostverächter; ***па́рень не ~к*** F der ist nicht auf den Kopf gefallen; ***оста́вить в ~ка́х*** zum Narren haben; ***оста́ться в ~ка́х*** das Nachsehen haben; ***~ка́м зако́н не пи́сан*** *Spr.* gegen Dummheit ist kein Kraut gewachsen; **~кова́тый** F (14*K.*) dümmlich, dämlich; **~ле́й** F *m* (3) Blödian; **~цкий** (16) närrisch, Narren-; blöd, albern;

Д

∴чество *n* (9) Albernheit *f*, Posse(n *pl.*) *f*; Narretei *f*; **~чи́на** P *m* (5) → ***~ле́й***; **∴чить** F (16), ⟨o-⟩ zum Narren halten, aufziehen; **-ся** herumalbern; ***не ∴чься!*** laß den Unsinn!; **~чо́к** F *m* (1; -чка́) kleiner Narr; Trottel; Dorftrottel; → ***юро́дивый***; **~чьё** P *n* (10) *koll.* Narren *m*/*pl.*; **∴шливый** F (14*K.*) → ***~кова́тый, ∴цкий***

дур|до́м P *m* (1) Klapsmühle *f*; **∴ень** P *m* (4; ∴ня) Tölpel; **~е́ть** F (8), ⟨o-⟩ verblöden, überschnappen; betäubt sein; **~ёха** P *f* (5) alberne Gans; **~и́ть** F (13*e.*) Dummheiten machen; Unfug treiben; bockig sein; **~кова́тый** F (14*K.*) → ***~акова́тый***

дурма́н *m* (1) Stechapfel; betäubender Geruch; *fig.* Rausch; **~ить** (13), ⟨o-⟩ betäuben, benebeln; **~ный** F (14) berauschend

дур|не́ть (8), ⟨по-⟩ häßlich werden; **~но́й** (14; ∴ен/F -ён, -на́) schlecht; übel, böse, lasterhaft; häßlich; P dämlich; hysterisch; ***не будь ~ён*** F nicht faul; **~нота́** *f* (5) Übelkeit; **~ну́шка** F *f* (5; -шек) häßliches Ding *n*; **∴очка** *f* (5; -чек) F dummes Ding *n*; P Schwachsinnige; **~ь** F *f* (8) Torheit, Albernheit(en *pl.*), Grille(n *pl.*)

ду́|тый (14) hohl; *fig.* aufgeblasen, aufgebauscht; falsch; → **~ть** (18) **1.** wehen, blasen (*Prät. a.* -ло T *N*); haben (***в*** B in *D*); P rennen, sausen; loslegen, auspacken; saufen; ***~ет*** es zieht; ***~й!*** P mach schon!, los!; ***и в ус*** (***себе́***) ***не ~ть*** F sich nichts daraus machen; **2.** ⟨по-⟩, *einm.* ⟨~нуть⟩ (20) blasen, pusten; **3.** ⟨вы-⟩ *Glas* blasen; **4.** ⟨вз-⟩ P durchprügeln, prügeln, hauen; → ***наду́ть*** *u.* **-ся** ⟨на-⟩ sich blähen, aufblähen *od.* aufplustern; F schmollen (***на*** B mit *j-m*); P *Karten* dreschen (***в*** B *A*); → ***ва́жничать***

дух *m* (1; ∴а/∴у) Geist (T *a.* in *D*); Seele *f*; Sinn (***в*** П *a.* nach *D*); Mut; Stimmung *f*; Weise *f*; F Atem; P Geruch, Aroma *n*, Luft *f*; **. . . ∴а** Gemüts-; ***в ∴е*** F gutgelaunt; ***не в ∴е*** F schlechtgelaunt; ***во весь ~, что есть ∴у*** F aus Leibeskräften; → ***опо́р***; ***как на ~у́*** P offen, aufrichtig; ***∴ом*** geistig; P im Nu; (*a.* ***одни́м ∴ом***) in einem Zuge; ***~ за́няло*** (P ***за́перло***) *od.* ***заня́лся́*** (***у*** P *j-m*) ging der Atem aus; P ***~ вон*** (***у*** P *j-d*) ist hinüber; F ***что́бы ∴ом не па́хло*** (P *j-d*) soll verduften; → ***слух***

духи́ *pl.* (1) Parfüm *n*

духов|е́нство *n* (9) Klerus *m*, Geistlichkeit *f*; **∴ка** *f* (5; ∴ок) Backröhre, Bratröhre *f*; **~ни́к** *m* (1*e.*) Beichtvater; **∴ный** (14) geistig; geistlich; kirchlich; Beicht-; ***∴ное лицо́*** *n* Geistliche(r) *m*; **~о́й** (14) *Mus.* Blas-; Luft, Warmluft-; ***~а́я печь*** *f* → ***∴ка***

духота́ *f* (5) Schwüle, drückende Hitze

душ *m* (1; -ей) Dusche *f*, Brause *f*, Brausebad *n*; ***принима́ть ~*** duschen, sich duschen

душ|а́ *f* (5; ∴у; *pl. st.*) Seele; Gemüt *n*, Charakter *m*; Gefühl *n*; Menschenseele, Mensch *m*, Mann *m*; Person (***с*** P pro), Kopf *m* (***на*** B pro); *fig.* Quintessenz, Mittelpunkt *m*; *ehm.* Leibeigene(r) *m*; F Herz *n*, Schatz *m*; ***~а́-челове́к*** F eine Seele von e-m Menschen; ***в ~е́*** innerlich; ***по ~а́м*** offen, vertraulich; F ***не по ~е́*** (Д) *et.* ist nicht nach *j-s* Sinn; ***всей ~о́й, от*** (***всей***) ***~и́*** von (ganzem) Herzen; ***~о́й и те́лом*** mit Leib u. Seele; ***до глубины́ ~и́*** bis ins Innerste ***от глубины́ ~и́*** aus tiefstem Herzen; ***~а́ боли́т*** (***у*** P/***от*** P *j-m*) brennt *et.* auf der Seele; ***боле́ет ~о́й*** (И/***за*** B *et.*) liegt *j-m* am Herzen; ***брать*** *od.* ***хвата́ть за́ ~у*** (B *j-m*) ans Herz gehen; F ***вы́трясти ∴у*** (***у*** P *j-n*) zu Tode quälen; ***есть за ~о́й*** (***у*** P *j-d*) besitzt . . .; ***жить ~а́ в ∴у*** ein Herz u. e-e Seele sein; ***~а́ не лежи́т*** (***у*** P/***к*** Д) *j-d* hat für (*A*) nichts übrig; ***как Бог на́ ~у поло́жит*** F wie es e-m gerade einfällt; ***тяжело́ на ~е́*** (***у*** P *j-m*) ist schwer zumute *od.* ums Herz; ***ско́лько ~е́ уго́дно*** nach Herzenslust

душева́я *f* (14) Duschraum *m*

душе|внобольно́й (14) geisteskrank; *Su. m* Geisteskranke(r); **∴вный** (14; ∴вен, ∴вна) innig, herzlich; gütig, teilnahmsvoll; tiefempfunden; seelisch, Seelen-; Geistes-, Gemüts-; **~гу́б** P *m* (1) Mörder; **~гу́бка** *f* (5; -бок) *Boot*: Seelenverkäufer *m*; Vergasungswagen *m*; **∴нька** F *f* (5; ∴нек) Herzchen *n*, Schätzchen *n*; **~прика́зчик** [-ʃtʃ-] *m* (1) *ehm.* Testamentsvollstrecker; **~раздира́ющий** (17*K.*) herzzerreißend; **∴чка** → ***∴нька***; **~щипа́тельный** F (14; -лен, -льна) herzergreifend

души́стый (14*K.*) wohlriechend, duftend
души́ть (16) **1.** ⟨за-, у-⟩ würgen, *pf.* erwürgen, töten; *fig.* unterdrücken, bedrücken; ersticken (В/И *N* vor *D*); **2.** ⟨на-⟩ parfümieren
ду́ш|ка F *m/f* (5; -ек) süßes Mädel *n*; netter Kerl *m*; → ***~енька***
душни́к *m* (1*e.*) Ofenklappe *f*
ду́ш|ный (14; -ен, -на́) schwül, stickig, drückend heiß; ***~но*** (Д *j-d*) kriegt keine Luft, erstickt; **~о́к** F *m* (1; -ка́) leichter Geruch; Hautgout; *fig.* Beigeschmack; ***с ~ко́м*** *et.* hat einen Stich
душо́нка F *f* (5; -нок) Kreatur; ***ме́лкая ~*** Krämerseele
дуэ́ль *f* (8) Duell *n*, Zweikampf *m*
ды́ба *f* (5) *hist.* Folterbank
ды́б|иться (14), ⟨вз-⟩ sich sträuben; **~ом** zu Berge; **~ы́**: ***на ~ы́*** auf die Hinterbeine; → ***~иться***
ды́лда P *m/f* (5) langer Lulatsch *m*, Hopfenstange *f*
дым *m* (1; -а/-у) Rauch, Qualm; *Mil.* Nebel; ***в ~*** P total; **~и́ть** (14*e.*), **-ся** rauchen, qualmen; dampfen; **~ка** *f* (5) Dunst *m*; Schleier *m*; *fig.* Hauch *m*, Flair *n*; † Flor *m*; **~ный** (14) rauchend; rauchig, qualmig; verraucht, voll Rauch; dunstig; **~ово́й** (14) Rauch-; *Mil.* Nebel-; **~о́к** *m* (1; -ка́) Rauchwölkchen *n*, kleine Rauchfahne *f*; **~охо́д** *m* (1) Rauchfang, Rauchabzug; **~чатый** (14*K.*) rauchfarben, aschgrau; Rauch-
ды́ня *f* (6) Melone, Zuckermelone
дыр|а́ *f* (5; *pl. st.*) Loch *n*; F Nest *n*, Krähwinkel *m*; **~ка** *f* (5; -ок) kleines Loch *n*; ***в ~ках*** voller Löcher; **~око́л** *m* (1) Locher; **~очка** *f* (5; -чек) Löchlein *n*; **~чатый** (14) gelocht, perforiert; **~я́вить** P (14), ⟨про-⟩ durchlöchern; **~я́вый** (14*K.*) löch(e)rig, durchlöchert; zerrissen; *fig.* wie ein Sieb
ды|х P: ***под ~х*** in die Herzgrube; **~ха́ние** *n* (12) Atem *m*, Atmung *f*; *fig.* Hauch *m*; Atemzug *m*; **~ха́тельный** (14) Atmungs-, Atem-; Luft-; **~ша́ть** (4) atmen (Т *A*); *Luft* schöpfen; hauchen (***на*** В in, an *A*); *fig.* wehen, ausströmen, ausstrahlen (Т *A*); erfüllt sein (Т von *D*; ***в*** П/И *N* von *D*); strotzen (Т vor *D*); ***~ша́ть на ла́дан*** F mit einem Fuß im Grabe stehen; **-ся**: ***~шится*** es atmet sich *od.* läßt sich ... atmen
ды́шло *n* (9) Deichsel *f*
дья́вол *m* (1) Teufel; → ***чёрт, чертёнок***; **~ьский** (16) teuflisch, diabolisch; Teufels-; F verteufelt, höllisch; Mords-; P Hunde-, Sau-; ***~ьски*** hunde-; **~ьщина** F *f* (5) Teufelei, Teufelsspuk *m*; ***что за ~ьщина!*** F das geht doch nicht mit rechten Dingen zu!
дья|к *m* (1) *hist.* Schreiber; Beamte(r); → **~чо́к** *m* (1; -чка́) Kirchendiener, Küster
дю́ж|е P sehr; **~ий** F (17; -, -а́, -е) kräftig, robust, stark, bärenstark
дю́жин|а *f* (5) Dutzend *n*; ***~ами*** dutzendweise; **~ный** (14) Dutzend-, Durchschnitts-; gewöhnlich
дюйм *m* (1) Zoll (= *2,54 cm*); **~о́вый** (14) einen Zoll lang *od.* stark
дя́д|енька F *m* (5; -нек) Onkelchen *n*, Onkel; **~ин** (19) des Onkels; **~ька** F *m* (5; -ек) Onkel; Mann; † Erzieher; **~юшка** F *m* (5; -шек) → ***~енька***; **~я** *m* (6; -ей) Onkel; Mann; F Kerl
дя́тел *m* (1; -тла) Specht

Е

еб|а́ть V (-у́, -ёшь; -, -ла́; -анный), ⟨вы-⟩ V ficken, vögeln
Ева́нгелие *n* (12) Evangelium
евре́й *m* (3) Jude; Hebräer; **~ка** *f* (5; -еек) Jüdin; **~ский** (16) jüdisch; jiddisch; hebräisch; **~ство** *n* (9) Judentum
евро|пе́ец *m* (1; -йца), **~йка** *f* (5; -ек) Europäer(in *f*); **~пе́йский** (16) europäisch; **~че́к** *m* (1) Euroscheck

éгерь *m* (4; *pl. a. e.*, *N* -я́) Jäger
египетский (16) ägyptisch; **~тя́нин** *m* (1; *pl.* -я́не, -я́н), **~тя́нка** *f* (5; -нок) Ägypter(in *f*)
его́ 1. [jɪ'vɔ] → **он, оно́**; **2.** *Poss.Pron.* sein(e); der (die, das) seine *od.* seinige
егоз|а́ F *m*/*f* (5) Zappelphilipp *m*, Quirl *m*; → **непосе́да** *m*; **~и́ть** F (15*e.*) zapp(e)lig sein; katzbuckeln; **~ли́вый** F (14*K.*) quirlig, zapp(e)lig
еда́ *f* (5) Essen *n*; Kost; Speise
едва́ 1. *Adv.*: **~** (**ли**) kaum; eben erst; → **е́ле**; **~ не** fast, beinahe (*a.* + *Konj.*); **~ ли не** vielleicht, wohl; **~-~** mit Müh u. Not; **2.** *Kj.* kaum; **~** (**лишь, то́лько**) kaum, sobald
един|е́ние *n* (12) Einigung *f*, Einigkeit *f*; Verbindung *f*; **~и́ца** *f* (5) Einheit; *Math.* Einer *m*; Eins (*Schulnote* „ungenügend“); einzelne(r) *m*; **~и́чный** (14; -чен, -чна) einzeln, vereinzelt; Einzel-
едино|бо́рство *n* (9) Zweikampf *m*; **~бра́чие** *n* (12) Monogamie *f*; **~ве́рец** *m* (1; -рца) Glaubensgenosse; Altgläubige(r); **~вла́стие** *n* (12) Alleinherrschaft *f*; **~вре́менный** (14; -енен, -нна) einmalig; **~гла́сие** *n* (12) Einstimmigkeit *f*; **~гла́сный** (14; -сен, -сна) einstimmig; **~ду́шие** *n* (12) Einmütigkeit *f*; **~ду́шный** (14; -шен, -шна) einmütig, einhellig; einträchtig; ungeteilt; geschlossen; **~кро́вный** (14; -вен, -вна) blutsverwandt; von e-m Vater; **~ли́чник** *m* (1) Einzelbauer; **~ли́чный** (14) Einzel-, individuell; persönlich; alleinig; **~мы́шленник** *m* (1) Gleichgesinnte(r), Gesinnungsgenosse; **~обра́зный** (14; -зен, -зна) einheitlich; **~племе́нник** *m* (1) Stammesgenosse; **~ро́г** *m* (1) Einhorn *n*; **~утро́бный** (14) von e-r Mutter
еди́н|ственный (14*K.*) einzig, einzigartig, einmalig; *Adv.* allein; **~ственное число́** *n Gr.* Einzahl *f*, Singular *m*; **~ство** *n* (9) Einheit *f*, Einigkeit *f*; Gemeinsamkeit *f*; **~ый** (14*K.*) einzig; Einheits-, einheitlich; gemeinsam, gleich; **до ~ого** bis auf den letzten
е́дк|ий (16; е́док, -á) ätzend, beißend; Ätz-; *fig.* bissig; **~ость** *f* (8) Schärfe
едо́к *m* (1*e.*) Esser; Person *f*
её 1. → **она́**; **2.** *Poss.Pron.* ihr(e); der (die, das) ihre *od.* ihrige
ёж *m* (1*e.*; ежа́) Igel; *Mil.* Drahtigel; F Kratzbürste *f*; → **ёжик**
ежеви́|ка *f* (5) *koll.* Brombeere(n *pl.*); **~чный** (14) Brombeer-
еже|го́дник *m* (1) Jahrbuch *n*; **~го́дный** (14) jährlich, alljährlich; Jahres-; **~дне́вный** (14; -вен, -вна) täglich, tagtäglich; Tages-; alltäglich, Alltags-
е́жели P wenn; → **е́сли**
еже|ме́сячник *m* (1) Monatsschrift *f*; **~ме́сячный** (14) monatlich, allmonatlich; Monats-; **~мину́тный** (14; -тен, -тна) fortwährend, unaufhörlich; *Adv.* jeden Augenblick; **~неде́льник** *m* (1) Wochenschrift *f*; **~неде́льный** (14) wöchentlich, allwöchentlich; Wochen-; **~секу́ндный** (14; -ден, -дна) → **~мину́тный**; **~ча́сный** (14) stündlich; ständig
ёж|ик *m* (1) kleiner Igel, Igel; Bürstenfrisur *f* (T mit *D*); **~ить** F (16), ⟨съ-⟩ *Lippen* schürzen; *Nase* rümpfen; *Achseln* zucken; *Gesicht* in Falten ziehen; **-ся** frösteln; *pf.* zusammenkauern; F Hemmungen haben; **~о́вый** (14) Igel-; → **держа́ть**
езд|а́ *f* (5) Fahrt, Fahren *n*; Reise, Reisen *n*; **~ить** (15) fahren (**на** П *A*, mit *D*); reisen; besuchen (**к** Д, **в** В, **по** Д *A*); **~ить верхо́м** reiten, reiten können; → **верхо́м**; F rutschen; **~ово́й** (14) Fahr-; Zug-; *Su. m* → **~о́к** *m* (1*e.*) Fahrer; Reiter; Fahrgast
езж|а́й [-ʒʒ-] → **е́хать**; **~еный** (14*K.*) gebahnt; eingefahren; zugeritten
ей F: **~ Бо́гу!** bei Gott!, wahrlich!, wahrhaftig!; **~-~** P → **~ Бо́гу**
ёк|ать F (1), *einm.* ⟨**~нуть**⟩ (20) glucksen; *Herz*: stocken
е́ле kaum; ein wenig; mit Müh u. Not
еле́й *m* (3) Salböl *n*; *fig.* Balsam; **~ный** (14; -éен, -йна) salbungsvoll, ölig
ели́ко: **~ возмо́жно** *scherz.* so gut es geht *od.* ging
ёл|ка *f* (5; -ок) Tanne; Fichte; Tannenbaum *m*, Weihnachtsbaum *m*; Weihnachtsfeier, (*SU*) Neujahrsfeier (**на** П in *od.* zu *D*); **~о́вый** (14) Tannen-; Fichten-
ело́зить P (15) kriechen, klettern
ёл|очка *f* (5; -чек) *dim. v.* **~ка**; **в ~очку, ~очкой** im *od.* mit Fischgrätenmuster; **~очный** (14) Weih-

nachts-, Christbaum-; **≈ь** *f* (8) Tanne; Fichte; **'≈ьник** *m* (1) Tannenwald, Fichtenwald; Tannenreisig *n*

ёмк|ий (16; -мок, -а) geräumig; *fig.* konzis, inhaltsvoll; **~ость** *f* (8) → **~ий**; Rauminhalt *m*, Kapazität, Volumen *n*; Intensität; *pl.* Behälter *m/pl.*; **ме́ра** *f* **~ости** Hohlmaß *n*

ено́т *m* (1) Waschbär; Waschbärpelz

епи́скоп *m* (1) Bischof

ерала́ш F *m* (1) Tohuwabohu *n*, Wirrwarr, Durcheinander *n*

ерепе́ниться P (13), ⟨взъ-⟩ bocken, sich echauffieren

е́ре|сь *f* (8) Ketzerei, Häresie; F → **ерунда́**; **~ти́к** *m* (1*e.*) Ketzer; **~ти́ческий** (16) ketzerisch

ёрза|ть F (1) hin- u. herrutschen, nicht ruhig sitzen können; **не ~й!** F sitz' doch still!

ермо́лка *f* (5; -лок) rundes Käppchen *n*

еро́шить F (16), ⟨взъ-⟩ zausen, zerzausen; sträuben

ерунд|а́ F *f* (5) Unsinn *m*, Blödsinn *m*, Quatsch *m*; **~а́!** e-e Lappalie! **~и́ть** P (15*e.*) Quatsch reden *od.* machen; **~о́вский** P (16), **~о́вый** F (14) blöd, blödsinnig; läppisch

ёрш *m* (1*e.*; ≈е́й) Kaulbarsch; Flaschenbürste *f*; F Wodka mit Bier (*od.* Wein) vermischt; → **ёжик**; **≈и́ть** P (16*e.*) → **еро́шить, ерепе́ниться**

еса́ул *m* (1) Kosakenrittmeister

е́сли wenn, falls; während; → **ра́зве**; **~ то́лько не ...** es sei denn ...; **~ бы ...** würde *od.* könnte (+*Inf.*); **что, ~ бы...** wie wäre es, wenn ...; **~ хоти́те** *od.* **уго́дно** wenn man so will; **~ бы да кабы́** wenn das Wörtchen ‚wenn' nicht wär'!

есте́ств|енник *m* (1) Naturwissenschaftler, Naturforscher; **~еннонау́чный** (14) naturwissenschaftlich; **~енный** (14*K.*) natürlich; naturgemäß, selbstverständlich; *Agr.* Stall-; Natur-; **~о́** *n* (9) Wesen; † Natur *f*; **~ове́дение** † *n* (12) Naturkunde *f*; **~озна́ние** *n* (12) Naturwissenschaften *f/pl.*; **~оиспыта́тель** *m* (4) Naturforscher

есть¹ (ем, ешь, ест, еди́м, -и́те, -я́т; е́шь!; ел; -е́денный; ев) **1.** *v/i* ⟨по-⟩ essen; speisen; *Tiere*: fressen; **2.** *v/t* ⟨съ-⟩ essen; *pf.* aufessen; **3.** ⟨разъ-⟩ *Rost*: fressen, zerfressen; **4.** *Rauch*: beißen (B in *A*); F *Insekten*: stechen; *fig.* zehren, nagen (B an *D*), verzehren; verschlingen; P herumhacken (B auf *j-m*); **мне хо́чется** *od.* **я хочу́ ~** ich habe Hunger; **съел?** P *iron.* hat's geschmeckt?

есть² es gibt; (**у** P *od.* **в** П *j-d od. et.*) hat; ist (bin, bist *usw.*); **так и ~** F stimmt!; **... и ~** P ... tatsächlich; **~ тако́е де́ло!** P einverstanden!; jawohl!; → **~³** *Mil.* zu Befehl!

ефре́йтор *m* (1) Gefreite(r)

е́хать (е́ду, е́дешь; [-зз-] поезжа́й!, P езжа́й! P е́дучи) **1.** fahren (**на** П mit *D*; **в** B nach), reisen; holen (**за** Т *A*); → **пое́хать**; **2.** ⟨при-⟩ kommen; **3.** ⟨съ-⟩ → **е́здить**; F hingleiten, hergleiten; **да́льше ~ не́куда!** F schlimmer kann es nicht kommen!

ехи́д|на *f* (5) Schnabeligel *m*; Schwarzotter *m*; *fig.* F Lästermaul *n*; **~ничать** F (1), ⟨съ-⟩ sticheln, lästern; **~ный** (14; -ен, -на) boshaft, giftig; **~ство** *n* (9) Boshaftigkeit *f*; **~ствовать** F (7) → **~ничать**

ещё noch; F noch einmal, wieder; schon; denn; eben; **~ бы!** F und ob!; kein Wunder!; **~ и** F dazu, dabei; das wäre ja noch schöner!; **э́то ~ ничего́!** das ist noch gar nichts!; **~ как!** und wie!; **~ како́й!** und was für einer!; **~ чего́** F denkste!; **нет ~** noch nicht

Ж

ж → ***же***
жа́ба *f* (5) *Zool.* Kröte; *Med.* Angina
жа́б|ерный (14) Kiemen-; **~ра** *f* (5) Kieme; P ***взять за ~ры*** (В *j-m*) das Messer an die Kehle setzen
жа́воронок *m* (1; -нка) Lerche *f*
жа́д|ина P *m/f* (5) Raffer(in *f*); → **~ничать** F (1), ⟨по-⟩ gierig *od.* habgierig sein; knausern; **~ность** *f* (8) Gier (***к*** Д nach *D*), Habgier, Geiz *m*; *fig.* Drang *m*; Sucht; **~ный** (14; -ен, -на́) gierig (***до*** Р, ***на*** В, ***к*** Д auf *A od.* nach *D*), erpicht (auf *A*); drangvoll; geizig
жа́жд|а *f* (5) Durst *m* (***от*** Р vor *D*); *fig.* Gier (Р nach *D*), Drang *m*; **~ать** (-ду, -дешь) Durst haben; *fig.* dürsten, lechzen (Р nach *D*); ***~ущий*** *Su. m* Durstige(r)
жаке́т *m* (1), **~ка** F *f* (5; -ок) Sakko *m*; Jacke
жале́|ть (8), ⟨по-⟩ bedauern (В *od.* ***о*** П *A*), Mitleid haben (mit *j-m*); nachtrauern (*D*); schonen (*a.* Р), sparen (mit *D*); ***я его́ ~ю*** er tut mir leid; ***он ~ет де́нег*** das Geld ist ihm zu schade; ***не ~ть трудо́в*** keine Mühe scheuen; ***не ~я сил*** ohne sich zu schonen
жа́лить (13), ⟨у-⟩ stechen; *fig. impf.* verletzen
жа́л|кий (16; -ок, -ка́) bedauernswert, elend; kläglich, erbärmlich; **~ко** → **~ь**
жа́ло *n* (9) Stachel *m* (*a. fig.*); *Schlange*: Zunge *f*; *Tech.* Spitze *f*, Schneide *f*
жа́лоб|а *f* (5) Klage, Beschwerde (***на*** В über *A*); **~ный** (14; -ен, -на) klagend, jammernd; kläglich; traurig; Klage-, Beschwerde-; **~щик** *m* (1) *f* Kläger, Beschwerdeführer
жа́лова|нье *n* (10) Gehalt, Lohn *m*; *Mil.* Sold *m*; **~ть** (7), ⟨по-⟩ *ehm.* belohnen, schenken; verleihen (В/Т *j-m et.*); befördern (***в*** И *pl.* zu *D*); † besuchen (***к*** Д *A*); F mögen; ***прошу́ люби́ть и ~ть!*** F nehmen Sie . . . unter Ihre Fittiche!; **-ся** klagen, sich beklagen *od.* beschweren (***на*** В über *A*; ***в*** В vor); verklagen (***на*** В *A*); F verpetzen; ***на что вы жа́луетесь?*** *Med.* was fehlt Ihnen?
жа́лост|ливый [-ʂl-] (14*K.*) mitleidig; ergreifend; **~ный** [-sn-] F (14; -ен, -на) → ***жа́лобный, ~ливый***; **~ь** *f* (8) Mitleid *n*, Mitgefühl *n* (***к*** Д mit *D*); Bedauern *n*; ***кака́я ~ь!*** wie schade!
жал|ь (es ist) schade (В, Р um *A*) *od.* tut e-m leid, weh; leider; ***мне его́ ~ь*** er tut mir leid; → ***~е́ть***
жалюзи́ *n* (*unv.*) Rolladen *m*
жанр *m* (1) Gattung *f*; Genre *n*; Genrebild *n*; Genremalerei *f*; **~овый** (14) Gattungs-, Genre-
жар *m* (1; -а/-у; в -у́) Hitze *f* (***в*** В, ***на*** П in *D*), Gluthitze *f*, Glut *f*; Fieber *n*; *fig.* Eifer, Elan; ***броса́ет в ~*** (***и хо́лод***; В *j-n*) überkommt es heiß (u. kalt); **~а́** *f* (5) Hitze (***в*** В in *D*); **~еный** (14) gebraten; geröstet; Brat-; → ***~ко́е***; **~ить** (13) **1.** ⟨из- [ɪʒʒ-], за-⟩ braten, schmoren; **2.** rösten; *fig.* F brennen, sengen; P einheizen; flitzen, sausen; drauflosreden, drauflosspielen; **~и́ща** F *f* (5) Bullenhitze; **~кий** (16; -ок, -ка́) heiß; *fig.* glühend, feurig, leidenschaftlich; heftig; **~ко** es ist (Д *j-m*) heiß; **~ко́е** *n* (16) Braten *m*; ***~ко́е из свини́ны*** Schweinebraten *m*; **~о́вня** *f* (6; -вен) Feuerbecken *n*, Kohlenbecken *n*; **~ово́й** (14) Hitz(e)-; **~опонижа́ющее** *n* (17) Fiebermittel; **~опро́чный** (14; -чен, -чна), **~осто́йкий** (16; -óек, -йка) hitzebeständig; **~-пти́ца** *f* (5) Feuervogel *m*
жасми́нный (14) Jasmin-
жа́тв|а *f* (5) Ernte; Erntezeit; † Korn *n*; **~енный** (14) Ernte-; Getreidemäh-
жать[1] (жму, жмёшь; [с]жа́тый) **1.** ⟨с-⟩ [ʒʒ-] drücken, zusammendrükken, zusammenpressen; **2.** ⟨вы́-⟩ auspressen, ausdrücken; **3.** F bedrücken; unterdrücken; treten; drängen; auf die Tube drücken; **-ся 1.** ⟨с-⟩ sich zusammenkauern *od.* zusammendrängen; eng sitzen; **2.** ⟨при-⟩ sich drücken *od.*

schmiegen (**к** Д in *od.* an *A*); **3.** F schwanken, unschlüssig sein; knausern
жать² (жну, жнёшь), ⟨с-⟩ (сожну́, -нёшь; сжа́тый) [зз-] mähen, ernten, *pf.* abmähen, abernten
жбан *m* (1) Kanne *f*, Krug (mit Deckel)
жва́ч|ка *f* **1.** (5) Wiederkäuen *n*; wiedergekautes Futter *n*; F Kautabak *m*; **2.** (5; -ек) ***жева́ть ~ку*** wiederkäuen (*a. fig.*); Kaugummi *m*; **~ные** *pl.* (14) Wiederkäuer *m/pl*
жгут *m* (1*e.*) Geflecht *n*, Rolle *f*; *Med.* Schlauchbinde *f*; *pl.* Achselschnüre *f/pl.*; **~и́к** *m* (1) *Bio.* Geißel *f*; **~о́вый** (14) Flecht-
жгу́чий (17*K.*) glühend, glühend heiß, sengend; beißend; heftig; *fig.* brennend; bitter; dunkel
жда|ть (жду, ждёшь; -ла́) warten (В, Р auf *A*), erwarten (*A*); → ***дожда́ться, вре́мя***; F → ***гляде́ть***
же, ж 1. *Kj.* aber, doch, jedoch, dagegen; **2.** *Part.* doch, denn, ja; ***сего́дня же*** noch heute; → ***так, тако́й, там, тогда́, тот, туда́***
жева́|тельный (14) Kau-; **~ть** (6*e.* -у-) kauen; → ***жва́чка***
жезл *m* (1*e.*/1) Stab
жела́|ние *n* (12) Wunsch *m* (Р nach *D*; ***по*** Д auf *A*); Verlangen; Lust *f*; ***по ~нию*** *Jur.* Wahl-; ***при ~нии*** falls *j-d* es wünscht; ***при всём ~нии*** beim besten Willen; **~нный** (14; -нен, -нна) erwünscht; ersehnt, heißersehnt; willkommen; begehrenswert; *Su. m poet.* Geliebte(r); **~тельный** (14; -лен, -льна) wünschenswert, erwünscht; **~ть** (1), ⟨по-⟩ wünschen (Р,В *et.*), wollen; verlangen (nach *D*), begehren; **~ющие** *pl.* Interessenten *m/pl.*; → ***оставля́ть***
желва́к *m* (1*e.*) Beule *f*
желез|а́ *f* (5; *pl.* ´-ы, ´-, -а́м) Drüse; **~и́стый¹** (14) Drüsen-
желе́з|истый² (14*K.*) eisenhaltig, Eisen-; **~нодоро́жник** *m* (1) Eisenbahner; **~нодоро́жный** (14) Eisenbahn-; Schienen-; Zug-; Kurs-; **~ный** (14) eisern (*a. fig.*); Eisen-; **~ня́к** *m* (1*e.*) Eisenerz *n*; **~о** *n* (9) Eisen; Blech, Wellblech; F Eisenpräparat; **~обето́н** *m* (1) Eisenbeton; **~оплави́льный** (14) Eisenschmelz-; **~опрока́тный** (14) Eisenwalz-; **~ору́дный** (14) Eisenerz-
жёлоб *m* (1; *pl. e.*, *N* ´-а́) Rinne *f*; **~о́к** *m* (1; ´-ка́) Rille *f*
желт|е́ть (8) **1.** (*a.* **-ся**) gelb schimmern; **2.** ⟨по-⟩ gelb werden, vergilben; **~изна́** *f* (5) Gelb *n*, gelber Fleck *m*; **~и́ть** (15*e.*) gelb färben *od.* einfärben; **~ова́тый** (14*K.*) gelblich, blaßgelb; **~о́к** *m* (1; -ка́) Eigelb *n*, Dotter; **~оро́тый** (14*K.*) mit gelbem Schnabel; F ***~оро́тый ю́нец*** *m* Grünschnabel; **~у́ха** *f* (5) Gelbsucht; **~ый** (14; -, ´-а́, ´-о́) gelb
желудёвый (14) Eichel-
желу́д|ок (1; -ка) Magen; ***бо́ль f в ~ке*** Magenschmerzen *m/pl.*; **~очек** *m* (1; -чка) Herzkammer *f*; Hirnkammer *f*; **~очный** (14) Magen-
жёлудь *m* (4; *ab Gpl. e.*: ´-) Eichel *f*
жёлч|ный (14; -ен, -на) gallig (*a. fig.*); bitter, gehässig; Gallen-; **~ь** *f* (8) Galle (*a. fig.*); Bitterkeit; ***с ~ью*** *fig.* giftig
жема́н|иться F (13), **~ничать** F (1) sich zieren; **~ница** F *f* (5) Zimperliese; **~ный** (14; -ен, -на) geziert, zimperlich; affektiert; **~ство** *n* (9) Affektiertheit *f*, Ziererei *f*
же́мчу|г *m* (1; *pl. e.*, *N* -а́) Perle(n *pl.*) *f*; **~жина** *f* (5) Perle (*a. fig.*); **~жница** *f* (5) Perlenmuschel; **~жный** (14) Perlen-; *fig.* glänzend
жен|а́ *f* (5; *pl. st.* ´-) Ehefrau, Frau; **~а́тый** (14*K.*) verheiratet (***на*** П mit *D*); Ehe-; **~ин** (19) der Ehefrau; **~и́ть** (13) *im(pf.)*, ⟨по-⟩ verheiraten (***на*** П mit *D*); **-ся** heiraten (***на*** П *A*); **~и́тьба** *f* (5) Heirat; **~и́х** *m* (1*e.*) Bräutigam, Verlobte(r); F junger Mann (in heiratsfähigem Alter); **~иха́ться** Р (1) auf Freiersfüßen gehen; schmusen; **~олю́б** † *m* (1) Weiberheld; **~оненави́стник** [-sn-] *m* (1) Weiberfeind; **~оподо́бный** (14; -бен, -бна) weibisch, feminin; **~ский** (16) weiblich; Frauen-; Mädchen-; Damen-; Nonnen-; *Bot.* Frucht-; ***~ский род*** *m Gr.* Femininum *n*; **~ственный** (14*K.*) weiblich, fraulich; **~щина** *f* (5) Frau; Weib *n*; ***~щина-врач*** Ärztin
жёрд|очка *f* (5; -чек) *dim. v.* **~ь** *f* (8; *ab Gpl. e.*) Hühnerstange; *fig.* Hopfenstange
жереб|ёнок *m* (2) Fohlen *n*; **~е́ц** *m* (1;

-ца́) Hengst; **~и́ться** (13*e.*), ⟨о-⟩ fohlen; **~ая** *f* (14; -а) trächtig (*Stute*)
жеребьёвка *f* (5; -вок) Verlosung
жеребя́чий (18) Fohlen-
жерло́ *n* (9; *pl. st.*) Schlund *m*, Mündung *f*; Krater *m*
жёрнов *m* (1; *pl. e., N* -а́) Mühlstein
же́ртв|а *f* (4) Opfer *n* (T/P zu *D/D*); **~енность** *f* (8) Opferbereitschaft; **~енный** (14; -енен, -нна) aufopfernd; Opfer-; **~овать** (7), ⟨по-⟩ opfern (T *A*); spenden (***на*** B *od.* ***в по́льзу*** P für *A*); sich hinwegsetzen (T über *A*); ***~овать собо́й*** sich aufopfern (***ради*** P für *A*); **~оприноше́ние** *n* (12) Opferung *f*; Opfergabe *f*
жест *m* (1) Geste *f* (*a. fig.*), Gebärde *f*; **~икули́ровать** (7) gestikulieren; **~икуля́ция** *f* (7) Gebärdenspiel *n*
жёст|кий (16; -ок, -ка́) hart, rauh (*a. fig.*); steif, starr; *fig.* schroff; streng, strikt; (*o. K.*) *Esb.* zweiter Klasse; ***на ~ком*** hart; **~кость** *f* (8) Härte; → ***~кий***
жесто́к|ий (16*K.*) grausam (***с*** T gegen *A*, zu *D*), brutal; heftig, erbittert; gewaltig; grimmig, bitter; **~осе́рдие** *n* (12) Hartherzigkeit *f*; **~осе́рдный** (14; -ден, -дна) hartherzig; **~ость** *f* (8) Grausamkeit, Brutalität; → ***~ий***
жест|ь *f* (8) Blech *n*; **~я́нка** *f* (5; -нок) Blechdose, Blechbüchse; F Blechschild *n*; **~яно́й** (14) Blech-; blechern; **~я́нщик** *m* (1) Klempner, Spengler
жето́н *m* (1) Gedenkmünze *f*, Plakette *f*; Zahlmarke *f*; Spielmarke *f*; Garderobenmarke *f*
жечь, ⟨с-⟩ [зз-] (26 -г/ж-; [со]жгу́, -жжёшь, -жгу́т; [с]жёг, [со]жгла́; сожжённый) **1.** verbrennen, niederbrennen, einäschern; *impf.* in Brand stecken; **2.** brennen (B auf *D*), sengen; *fig.* plagen; **-ся**, ⟨об-⟩ F sich verbrennen (***о*** B an *D*)
жже́н|ие *n* (12) Brennen; **~ка** *f* (5) Punsch *m*
жив|е́ц *m* (1; -ца́) → ***~чик***; **~и́тельный** (14; -лен, -льна) belebend, erfrischend; **~и́ть** (14*e.*) beleben, erquikken; **~и́ца** *f* (5) Terpentin *n*; **~ность** F *f* (8) Geflügel *n*; Kleintiere *n/pl.*; **~одёр** P *m* (1) Schinder (*a. fig.*), Abdecker; **~одёрство** P *n* (9) *fig.* Schinderei *f*; **~о́й** (14; -, -а́) lebend, lebendig; leibhaftig; belebt; Lebe-, Lebend-; lebhaft, rege; vital; lebensnah, lebensvoll; wahr, echt; tief; *Wunde*: offen; *fig.* heil; **~(а́)** *od.* ***в ~ы́х*** am Leben; **~(а́)** *j-d* lebt (T durch *A*, von *D*); ***ни ~ ни мёртв*** F mehr tot als lebendig; ***как ~о́й*** wie *j-d* leibt und lebt; ***~-здоро́в*** F gesund u. munter; ***за ~о́е заде́ть*** den wunden Punkt *od.* empfindlich treffen; *Adv.* munter; F flink; ***~е́й!*** F fix!, mach fix!
живопис|а́ть † (7) *im(pf.)* lebendig schildern; ausmalen; **~ец** *m* (1; -ца) Maler; **~ность** *f* (8) malerische(r) Charakter *m*, das Malerische *n*; **~ный** (14; -сен, -сна) malerisch, pittoresk; (*o. K.*) Mal-; Farb-; **~ь** *f* (8) Malerei
жи́во|сть *f* (8) Lebendigkeit; → ***~й***; **~т** *m* (1*e.*) Bauch, Unterleib, Leib; F Magen; † Leben *n*; ***~т боли́т*** (***у*** P *j-d*) hat Bauchschmerzen; → ***жизнь***; **~тво́рный** (14; -рен, -рна) belebend, erquickend, lebenspendend
животново́д *m* (1) Viehzüchter; **~ство** *n* (9) Viehzucht *f*, Tierzucht *f*; **~ческий** (16) Viehzucht-
живо́тн|ое *n* (14) Tier; *fig.* F Scheusal, Biest; **~ый** (14) Tier-; tierisch, animalisch
животрепе́щущий (17*K.*) lebend, zappelnd; *fig.* aktuell, brennend
жив|у́чий (17*K.*) zählebig; lebenskräftig; **~чик** *m* (1) Köderfisch (***на*** B mit *D*); *Bio.* Spermatozoon *n*; F Quirl; **~ьём** F lebendig, bei lebendigem Leibe
жид P *m* (1*e.*) *verä.* Jude
жи́д|енький (16) dünnflüssig; **~кий** (16; -ок, -ка́) flüssig; dünn, wäßrig; *Haar*: schütter; *Wald*: licht; F schwach, schwächlich; *fig.* dürftig; *Seife*: Schmier-; → ***сыпу́чий***; **~кость** *f* (8) Flüssigkeit; → ***~кий***; Entferner *m*
жидо́в|ка P *f* (5; -ок) *verä.* Jüdin; **~ский** P (16) *verä.* jüdisch; Juden-
жи́ж|а, ~ица *f* (5) Brühe; Jauche
жизне|де́ятельность *f* (8) Lebensfunktion; **~де́ятельный** (14; -лен, -льна) lebensfähig; tatkräftig; **~лю́б** *m* (1) lebensfroher Mensch; **~нность** *f* (8) Lebensfähigkeit; Lebensnähe; **~нный** (14*K.*) lebensecht, lebensnah; lebenswichtig; (*o. K.*) Lebens-, Existenz-; **~описа́ние** *n* (12) Lebensbe-

Ж

schreibung *f*, Lebenslauf *m*; **~ощуще́ние** *n* (12) Lebensgefühl; **~понима́ние** *n* (12) Lebensauffassung *f*; **~ра́достность** [-sn-] *f* (8) Lebensfreude, Lebenslust; **~ра́достный** [-sn-] (14; -тен, -тна) lebensfroh, lebenslustig; **~спосо́бный** (14; -бен, -бна) lebensfähig, lebenstüchtig; **~сто́йкость** *f* (8) Lebenstüchtigkeit; **~утвержда́ющий** (17*K*.) lebensbejahend

жизн|ь *f* (8) Leben *n* (***при*** П am); *fig*. Tat; ***на ~ь*** für den Lebensunterhalt; ***при ~и*** zu *j-s* Lebzeiten; ***о́браз*** *m* ***~и*** Lebensweise *f*; ***как ~ь?*** F wie geht's?; ***всю*** (***свою́***) ***~ь*** sein Leben lang, zeitlebens; (***ни***) ***в ~ь*** *od.* ***в ~и не*** nie(mals), nie im Leben; ***не на ~ь, а на́ смерть*** auf Leben und Tod; ***э́то вопро́с ~и и сме́рти*** es geht um Tod oder Leben

жи́л|а *f* (5) *Bio*., *Geol*. Ader; Sehne; *Bgb*. Gang *m*; *Tech*. Seele; P *m*/*f* Geizkragen *m*; F ***тяну́ть ~ы*** (***из*** P *j-n*) bis aufs Blut quälen

жиле́т *m* (1), **~ка** F *f* (5; -ок) Weste *f*

жиле́ц *m* (1; -льца́) Bewohner; Mieter, Untermieter; ***не ~*** F *j-d* ist ein Todeskandidat

жи́листый (14*K*.) sehnig; nervig; drahtig, muskulös

жили́щ|е *n* (11) Behausung *f*; Wohnraum *m*; **~ный** (14) Wohnungs-

жи́лка *f* (5; -лок) Blutäderchen *n*; *Marmor*, *fig*. Ader; *Bot*. Rippe

жил|о́й (14) Wohn-; bewohnt; **~отде́л** *m* (1) Wohnungsamt *n*; **~пло́щадь** *f* (8) Wohnfläche; **~строи́тельство** *n* (9) Wohnungsbau *m*; **~ьё** *n* (10) Wohnstätte *f*; F Behausung *f*; Unterkunft *f*, Wohnraum *m*; Wohnen

жи́л|ьный (14) Sehnen-; Ader-; → ***~а***

жи́молость *f* (8) Geißblatt *n*

жир *m* (1; -а/-у; в -у́; *pl. e*.) Fett *n*; Speck; Tran; F ***с ~у бе́сится*** (И *j-n*) sticht der Hafer

жира́ф *m* (1), **~а** *f* (5) Giraffe *f*

жир|е́ть (8), ⟨о-, раз- [-зз-]⟩ fett werden, Fett ansetzen; **~ность** *f* (8) Fettgehalt *m*; Fettleibigkeit; **~ный** (14; -ен, -на́) fett, fettig; dick, feist; (*o. K*.) Fett-, Öl-; ***~но бу́дет*** P das ist des Guten zuviel; **~о́вка** *f* (5) Äsung; F → ***~оприка́з***; **~ово́й** (14) Fett-; fetthaltig

жироприка́з *m* (1) Giroanweisung *f*

жите́|йский (16) Lebens-; Alltags-; alltäglich; ***де́ло*** *n* ***~йское*** F das kommt (in den besten Familien) vor; **~ль** *m* (4), **~льница** *f* (5) Bewohner(in *f*), Einwohner(in *f*); **~льство** *n* (9) Wohnort *m*, Wohnsitz *m*; → ***житьё***; ***разреше́ние*** *n* ***на ~льство*** Aufenthaltsgenehmigung *f*

житие́ *n* (12) Heiligenleben, Vita *f*

жи́т|ница *f* (5) † Speicher *m*; *fig*. Kornkammer; **~о** *n* (9) Korn, Getreide

жи|ть (-ву́, -вёшь; -л, -ла́; не́-л/не́-л; -вя́, P -вучи) leben (T, ***на*** B von *D*; *fig*. für *A*, *D*); wohnen, (***в, на*** П *A*) bewohnen; *fig*. ganz aufgehen (T in *D*); † dienen, arbeiten (T, ***в*** П *pl*. als); → ***име́ться***; ***как ~вёте?*** F wie geht's?; ***~л-был*** es war einmal; ***~ть-пожива́ть*** F es sich gut gehen lassen; ***веле́ть до́лго ~ть*** F sterben; **-ся** F: ***~вётся*** . . . (Д *j-d*) lebt . . ., (*j-m*) geht es . . .; ***не ~вётся*** *j-d* kann *od*. mag nicht . . . leben; **~тьё** F *n* (10) Leben; Wohnen, Aufenthalt *m*; F ***~тья́ нет*** (Д/***от*** P *j-d*) kann es kaum aushalten (mit *D*); ***не дава́ть ~тья́*** F das Leben zur Qual machen; ***~тьё-бытьё*** *n* Leben u. Treiben, Handel u. Wandel

жлоб P (1; *pl. e*.) Schuft; Rüpel; Raffer

жмот P *m* (1) Geizkragen

жму́р|ить (13), ⟨за-⟩ *Augen* zusammenkneifen; **-ся** die Augen zusammenkneifen, blinzeln; **~ки** *pl*. (5) Blindekuh *f*

жмы́хи́ *m*/*pl*. (1) Ölkuchen *m*

жне́|йка *f* (5; -ек) Getreidemähmaschine; **~ц** *m* (1*e*.) Schnitter

жни|вьё *n* (10; *pl*. -вья, -вьев) Stoppelfeld; Stoppeln *f*/*pl*.; Ernte *f*; **~ца** *f* (5) Schnitterin

жоке́й *m* (3) Jockei

жонгл|ёр *m* (1) Jongleur; **~и́ровать** (7) jonglieren

жо́па V *f* (5) V Arsch *m*

жох P *m* (1) Gauner; → ***пройдо́ха***

жра|тва́ P *f* (5) Fraß *m*; **~ть** (жру, жрёшь; -ла́) **1.** *v*/*i* ⟨по-⟩ fressen; **2.** *v*/*t* ⟨со-⟩ fressen, *pf*. auffressen

жре́бий *m* (3; -и) Los *n* (*a. fig*.; ***по*** Д durch *A*); ***~ бро́шен*** die Würfel *m*/*pl*. sind gefallen

жрец *m* (1*e*.) Opferpriester, Priester;

fig. Adept
жу́ж|елица *f* (5) Laufkäfer *m*; **~жа́ние** *n* (12) Summen; **~жа́ть** (4*e*.) summen, surren; schwirren; F in den Ohren liegen (Д/**про** В *od.* **о** П *j-m* mit *D*)
жуи́р *m* (1) Lebemann, Genießer; **~овать** (7) genießen (Т *A*), sich amüsieren
жук *m* (1*e*.) Käfer; P Gauner, Patron
жу́л|ик *m* (1) Langfinger; Gauner, Spitzbube; **~икова́тый** F (14*K*.) gaunerhaft, spitzbübisch; **~ьё** F *n* (10) *koll.* Diebsgesindel, Gaunerbande *f*; **~ьничать** F (1) schwindeln, mogeln
жу́пел *m* (1) Schreckgespenst *n*
журавл|и́ный (14) Kranich-; **~ь** *m* (4*e*.) Kranich; *Ziehbrunnen*: Schwengel; ***не сули́ ~я́ в не́бе, дай сини́цу в ру́ки*** *Spr.* besser ein Spatz in der Hand als eine Taube auf dem Dach
жури́ть F (13*e*.), ⟨по-⟩ zurechtweisen, tadeln, rügen
журна́л *m* (1) Zeitschrift *f*; Tagebuch *n*; Schrift *f*; *Mar.* Buch *n*; **~и́ст** *m* (1) Journalist, Zeitungsmann; **~и́стика** *f* (5) Journalistik, Zeitungswesen *n*; **~и́стский** (16) journalistisch; **~ьный** (14) Zeitschriften-; Tagebuch-
журча́|ние *n* (12) Murmeln; → **~ть** (4*e*.) rauschen, murmeln, rieseln
жу́т|кий (14; -ок, -ка́) unheimlich, grauenvoll; F gräßlich, schrecklich, entsetzlich; *Adv.* bange; ***~ко*** (Д ***от*** Р *j-m od. j-n*) graut (vor *D*); **~ь** F *f* (8) Grauen *n* (***от*** Р vor *D*), Gruseln *n*; Schrecken *m*; → ***~кий, у́жас***
жу́х|лый (14*K*.) matt, trübe; welk; **~нуть** (21/20), ⟨по-, за-⟩ matt *od.* trübe werden; welk werden
жучо́к *m* (1; -чка́) Käferchen *n*; Holzwurm; F *El.* Blindsicherung *f*; → ***жук***
жюри́ *n* (*unv.*) Jury *f*, Preisgericht

З

за 1. (В) hinter (*A*); für, um; wegen (*G*); an; in (*D*), während (*G*); nach; über; vor (*A*); *Kosten, Toast*: auf; *Beruf*: als; *Amt*: in Vertretung; ***за два шага́*** in zwei Schritt Entfernung; ***за неде́лю до*** (Р) eine Woche vor (*D*); ***~ что?*** wofür?; ***~ э́то*** dafür; ***ни ~ что*** (***на све́те***) um keinen Preis (um nichts in der Welt); ***ни ~ что ни про что*** F mir nichts dir nichts; für nichts u. wieder nichts; **2.** (Т) hinter (*D*), hinter ... her; jenseits (*G*); außerhalb (*G*); an, bei, zu (*D*); nach (*D*), um (*A*); für; über (*D*), wegen, infolge (*G*), aus (*D*); F verheiratet (mit *D*); ***~ мно́й три рубля́*** ich bin drei Rubel schuldig; ***де́ло ~*** (Т) es liegt an (*D*); ***письмо́*** *n* ***за №*** Brief Nr.; ***кни́га ~ кни́гой*** ein Buch nach dem anderen; **3.** *Su. n* F Für, Pro
заба́в|а *f* (5) Belustigung, Amüsement *n*; Vergnügen *n*, Spaß *m* (***ра́ди, для*** Р zu *D*); Zeitvertreib *m*; Spiel *n*, Spielerei; Spielzeug *n*; **~ля́ть** (28) belustigen, amüsieren, unterhalten; Spaß machen (В *j-m*); **-ся** Spaß haben; **~ник** *m* (1) Spaßmacher, Spaßvogel; **~ный** (14; -ен, -на) spaßig, komisch, lustig, drollig; amüsant
забаллоти́ровать (7) *pf.* durchfallen lassen, e-e Niederlage zufügen
забастов|а́ть (7) *pf.* in den Streik treten; *fig.* F streiken; **~́ка** *f* (5; -́ок) Streik *m*, Ausstand *m*; **~́очный** (14) Streik-; **~́щик** *m* (1) Streikende(r)
забве́ние *n* (12) Vergessen, Vergessenheit *f*
забе́|г *m* (1) Wettlauf; → ***бег***; **~га́ловка** P *f* (5; -вок) Imbißstube, Snackbar; **~га́ть¹** (1), ⟨~жа́ть⟩ (4; -гу́, -жи́шь, -гу́т; -ги́!) hineinlaufen, hereinlaufen; (weit) weglaufen; (seitlich) überholen; F vorbeikommen (***к*** Д/***в*** В bei *j-m*/in *D*); ***~га́ть вперёд*** zuvorkommen; vorgreifen; voreilig sein; **~́гать²** (1) *pf.* herumzulaufen *od.* umherzulaufen beginnen; → ***бе́гать***; **-ся** F sich müde laufen

забел|éть (8) *pf.* weiß werden; weiß zu schimmern beginnen; **~и́ть** (13/13*e.*) *pf.* übertünchen; ***~ённый сметáной*** F mit saurer Sahne
забеспокóиться (13) *pf.* unruhig werden
заби|вáть (1), 〈**~ть**〉 (-бью, -бьёшь; -бéй!; -би́тый) einschlagen; einrammen; zunageln, vernageln; zustopfen, vollstopfen, verstopfen; *Sp.* schießen; schlachten; töten; *fig.* knicken; stoßen; F ersticken; *fig.* ausstechen; *pf.* (*a.* **-ся**) anfangen zu schlagen; → ***бить, заколáчивать***; hervorsprudeln; P quälen; ***~ть гóлову пустякáми*** F Raupen in den Kopf setzen; **-ся** sich verkriechen (***в*** В in *D*), eindringen (in *A*); verstopft sein; zu hämmern beginnen; **~вка** *f* (5) Einschlagen *n*, Einrammen *n*
заб|ирáть (1), 〈-**рáть**〉 (-ерý, -рёшь; → ***брать***) wegnehmen, abnehmen (***у*** Р *D*); mitnehmen (von *D*), holen; einnehmen; entnehmen; F festnehmen; kürzen, enger machen; zunageln, vernageln; *fig.* F ergreifen, packen; setzen; *impf.* F zusetzen (В *D*); P zulegen; → ***брать, заправля́ть***; **-ся** hineinkriechen, hineinschlüpfen, hineinschleichen; hinaufklettern; hingeraten; sich verbergen
заби́|тый (14*K.*) eingeschüchtert, verschreckt; **~ть(ся)** → ***~вáть(ся)***
забия́ка F *m*/*f* (5) Händelsucher *m* Raufbold *m*
заблаго|врéменно frühzeitig, beizeiten, im voraus; **~рассýдиться** (15) *pf.* belieben, in den Sinn kommen
забл|естéть (11) *pf.*, **~истáть** (1) *pf.* erstrahlen, erglänzen; aufblitzen
заблу|ди́ться (15) *pf.* sich verirren; **~дший** (17) verirrt; *fig.* verloren; **~ждáться** (1) sich irren *od.* täuschen; **~ждéние** *n* (12) Irrtum *m*; Verirrung *f*; ***ввести́ в ~ждéние*** irreführen; ***вы́вести из ~ждéния*** über e-n Irrtum aufklären
забóй *m* (3) Schlachten *n*; *Bgb.* Ort *n* (***в*** П vor); **~щик** *m* (1) *Bgb.* Hauer
заболáчивание *n* (12) Versumpfung *f*
заболе|вáемость *f* (8) Krankheitsziffer; **~вáние** *n* (12) Erkrankung *f*; Krankheit *f*; **~вáть** (1) 〈**~ть**〉 (8) erkranken (Т an *D*), krank werden; Schmerzen bekommen; *fig.* angesteckt werden (Т von *D*)
заболóченный (14*K.*) versumpft; sumpfig, Sumpf-
заболтáться F (1) *pf.* sich *od.* die Zeit verplaudern, verquatschen
забóр *m* (1) **1.** Zaun; **2.** Entnahme *f*
забóристый P (14*K.*) scharf, beißend; *fig.* mitreißend; deftig, ordinär
забормотáть (3) *pf.* zu murmeln beginnen
забóрный (14) Zaun-; unflätig, zotig
забóт|а *f* (5) Sorge (***о*** П um *A*); Fürsorge (für *A*); Anliegen *n*; *pl.* Bemühungen; ***э́то*** (***не***) ***моя́ ~а*** F das laß meine Sorge sein (das geht mich nichts an); ***э́то моя́ послéдняя ~а*** F das soll mein geringster Kummer sein; F ***и ~ы мáло*** (Д *j-d*) macht sich nichts daraus; ***мне бы вáши ~ы*** F Ihre Sorgen möchte ich haben; ***нé было ~ы!*** F das hat noch gefehlt!; **~ить** (15) sich Sorgen machen (И um *A*), bekümmern; **-ся**, 〈по-〉 sorgen (***о*** П für *A*), sich kümmern (um *A*); pflegen (*A*); *impf.* sich sorgen, besorgt sein (***о*** П um *A*); ***заpáнее -ся*** Vorsorge treffen; **~ливость** *f* (8) Fürsorge; **~ливый** (14*K.*) fürsorglich, sorgsam; besorgt; vorsorglich
забракóванный (14) Ausschuß-
забрáло *n* (9) *hist.*, *fig.* Visier
забр|áсывать (1) **1.** 〈**~осáть**〉 (1) zuschütten; überschütten, überhäufen; *fig.* bewerfen; **2.** 〈**~óсить**〉 (15) werfen; wegwerfen; abwerfen; auswerfen; verschlagen; verlegen; vernachlässigen, an den Nagel hängen; F schaffen, bringen, hinschaffen, hinbringen
забрáть(ся) → ***забирáть(ся)***
забрéзжи|ть [-зз-] (16) *pf.*: ***~ло*** es tagt(e), es beginnt (begann) zu tagen
забрести́ F (25) *pf.* geraten, sich verirren; hineinlaufen, hineinsteigen
забродить (15) *pf.* in Gärung geraten
забр|óс F *m* (1) Wurf; Vernachlässigung *f*; ***в ~óсе*** vernachlässigt; ***~осáть, ~óсить → ~áсывать 1, 2***; **~óска** *f* (5) Abwurf *m*; Absetzen *n*; → ***~áсывать***; **~óшенный** (14*K.*) verlassen; verwildert, verwahrlost
забры́зг|ивать, 〈**~ать**〉 (1) *pf.* bespritzen, vollspritzen
забубённ|ый P (14) liederlich, zügel-

los; verwegen, draufgängerisch, Toll-
забулды́га P *m* (5) Liederjan; Säufer
забу́хнуть (21) *pf.* aufquellen, verquellen
забы|ва́ть (1), ⟨**~ть**⟩ (-бу́ду, -дешь; -ла; -тый) vergessen (*a.* **о** П, **про** В); zurücklassen, liegenlassen; verschmähen; ***что я там ~л?*** F was habe ich dort verloren?; ***и ду́мать забу́дь!*** F schlag dir das aus dem Kopf!; **-ся** einschlummern; alles um sich herum vergessen; F sich vergessen, sich gehen lassen; zu weit gehen; in Vergessenheit geraten; **~вчивый** (14*K.*) vergeßlich; † schläfrig; **~тый** (14*K.*) vergessen; → ***~ва́ть***; **~тьё** *n* (10; -й) Dämmerzustand *m*; Schlummer *m*; Nachdenklichkeit *f*; Blindwütigkeit *f*
зав F *m* (1) → ***заве́дующий***
зава́л *m* (1) Bruch; Verschüttung *f*; Verwehung *f*; Verstopfung *f*; Sperre *f*; F Unmenge *f*; **~ивать** (1), ⟨**~и́ть**⟩ (13) verschütten, zuschütten; zuwehen; versperren; F überfüllen, überhäufen; überladen; zurücklehnen; zurückwerfen; zum Einsturz bringen; *fig.* P zu Fall bringen; durchfallen (B in *D*); (*unpers.*) *fig.* beklemmen, zuschnüren; **-ся** einfallen, fallen; F einstürzen, stürzen; *impf.* baufällig werden, verfallen; P schiefgehen; reinsausen; (***хоть***) ***~и́сь*** P jede Menge; ***~и́ться спать*** P sich in die Falle hauen; **~ин(к)а** *f* (5; -нок) Erdaufwurf *m*
за́вал|ь P *f* (8) *koll.* Ladenhüter *m/pl.*; **~ять** P (28) *pf.* beschmutzen; **-ся** F liegenbleiben; **~ящий** P (17) herumliegend, ausrangiert
зава́р|ивать (1), ⟨**~и́ть**⟩ (13) aufbrühen, überbrühen; kochen, aufkochen; *Tech.* verschweißen; P *fig.* aushecken, anzetteln; einbrocken; **-ся** ziehen; F eingerührt werden; **~ка** *f* (5) Aufbrühen *n*; F (Portion) Tee *m*; **~но́й** (14) überbrüht; Brau-; ***~но́й хлеб*** *m* süßes Schwarzbrot *n*; **~уха** P *f* (5) Schlamassel *m*
завга́р F *m* (1) Chef des Fuhrparks
завед|е́ние *n* (12) Anstalt *f*; Einrichtung *f*; Stift *m*; Unternehmen, Geschäft, Lokal; **~ование** *n* (12) Leitung *f* (T *G*); **~овать** (7) leiten (T *A*), (*D*) vorstehen; F zuständig sein (für *A*); **~омый** (14) wissentlich; offenkundig; notorisch; *Jur.* beabsichtigt; **~ующий** *m* (17) Leiter, Chef (T *G*); Vorstand; *Lehrstuhl*: Inhaber
завезти́ → ***завози́ть***
завер|е́ние *n* (12) Versicherung *f*, Zusicherung *f* (**в** П *G*); **~ить** → ***~ять***
завер|те́ть (15) *pf.* anfangen zu drehen; F durcheinanderbringen; den Kopf verdrehen; **-ся** sich zu drehen beginnen; **~тка** *f* (5; -ток) Verpackung; F Papier *n*; Papierstöpsel *m*; P Holzwirbel *m*; → ***самоде́лка***; **~точный** (14) Verpackungs-; **~тывать** (1), ⟨**~ну́ть**⟩ (20; -нутый) einwickeln, einpacken; umschlagen, umkrempeln; zwirbeln; F festschrauben; zudrehen; ausdrehen; P einbrechen, hereinbrechen; anbringen; → ***завора́чивать(ся)***
заверш|а́ть (1), ⟨**~и́ть**⟩ (16*e.*) abschließen, beenden, vollenden; **-ся** enden, schließen; **~е́ние** *n* (12) Abschluß *m* (**в** B zum), Vollendung *f*
завер|я́ть (28), ⟨**~ить**⟩ (13) (B/**в** П *j-m et.*) versichern, zusichern; beteuern; beglaubigen
заве́|са *f* (5) Vorhang *m*, Schleier *m* (*a. fig.*); *Mil.* Wand; **~сить** → ***~шивать***
завести́(сь) → ***заводи́ть(ся)***
заве́т *m* (1) *oft pl.* Vermächtnis *n*; *bibl.* ♀Testament *n*; **~ный** (14; -ен, -на) innig, innigst; sehnlich, sehnlichst; vertraut, traut, intim; (*o. K.*) geheiligt; heimlich
заве́тренный (14) windgeschützt; luftgetrocknet
заве́|шивать (1) **1.** ⟨**~сить**⟩ (15) verhängen, zuhängen; **2.** ⟨**~шать**⟩ (1) vollhängen
завеща́|ние *n* (12) Testament; Vermächtnis; ***по ~нию*** → ***~тельный***; **~тель** *m* (4) Testator, Erblasser; **~тельный** (14) testamentarisch; **~ть** (1) *im(pf.)* vermachen, vererben; *fig.* als Vermächtnis hinterlassen
завзя́тый F (14) passioniert, eingefleischt; waschecht; notorisch
зави|ва́ть (1), ⟨**~ть**⟩ (-вью́, -вьёшь; → ***вить***) umwinden, winden; kräuseln; zwirbeln; **-ся** ondulieren; sich ondulieren lassen; **~вка** *f* (5) Ondulieren *n*; Welle; ***для ~вки*** Brenn-; ***сде́лать себе́ ~вку*** → ***~ва́ться***
зави́деть P (11) *pf.* erblicken

зави́д|ный (14; -ен, -на) beneidenswert; **~ен** (Д *j-d*) ist neidisch (И auf *et.*); **~но** (Д *j-d*) beneidet (**что у** Р/И *j-n* um *A*); **~овать** (7), ⟨по-⟩ beneiden (Д/**в** П *j-n* um *A*); neidisch sein (auf *j-n*/*et.*); *j-m et.* mißgönnen; ***я ему́ не ~ую*** er ist nicht zu beneiden; **~у́щий** P (17*K*.) neidisch; gierig (***на*** B nach *D*)

завизжа́ть [-ӡӡ-] (4*e*.) *pf.* aufkreischen

зави́н|чивать (1), ⟨**~ти́ть**⟩ (15/15*e*.; -ченный) zuschrauben, festschrauben; anziehen

зав|ира́льный F (14) albern, unsinnig; **~ира́ться** F (1), ⟨**~ра́ться**⟩ (-ру́сь, -рёшься; -ла́сь, -́ло́сь) zu dick auftragen, sich vergaloppieren

зави́с|еть (11) abhängen (***от*** P von *D*), liegen (an *D*), ankommen (auf *A*); (***от*** P in *j-s*) Kräften stehen; **~имость** *f* (8) Abhängigkeit (***в*** П ***от*** P je nach *D*); ***ста́вить в ~имость*** abhängig machen; ***в ~имости*** → **~имый** (14*K*.) abhängig; angewiesen (***от*** P auf *A*)

зави́ст|ливый [-sl-] (14*K*.) neidisch; **~ник** [-sn-] *m* (1) Neider; **~ь** *f* (8) Neid *m* (***к*** Д über *et.*; ***из***, ***от*** P vor *D*); ***на ~ь*** F beneidenswert

завит|о́й (14; -́, -á) onduliert, gelockt, gekräuselt; **~о́к** *m* (1; -ка́) Locke *f*, Lockenringel; Schnörkel; *Arch.* Schnecke *f*; Spirale *f*; *Bot.* Ranke *f*; *Tech.* Windung *f*; **~у́шка** F *f* (5; -́шек) → ***~о́к***; **~ь(ся)** → ***завива́ть(ся)***

завко́м *m* (1) → ***заводско́й***

завладе|ва́ть (1), ⟨**~ть**⟩ (8) sich bemächtigen (T *G*), sich aneignen (*A*); Besitz ergreifen (von *D*); *fig.* auf sich ziehen; Macht gewinnen (über *A*)

завле|ка́тельный (14; -лен, -льна) anziehend, verlockend; spannend; **~ка́ть** (1), ⟨**~́чь**⟩ (26) locken, verlokken; verwickeln; verleiten; hinreißen lassen (И/В von *D*/*N*); fesseln

заво́д *m* (1) **1.** Werk *n* (***на*** В/П in *A*/*D*; ***с*** P aus *D*), Fabrik *f*, Betrieb; Raffinerie *f*; Hütte *f*; Gießerei *f*; Mühle *f*; Werft *f*; → ***ко́нный***; **2.** Aufziehen *n*, Aufzug; *Tech.* Anlassen *n*; *Typ.* Teilauflage *f*; Aufzucht *f* (***на*** B zu *D*); F → ***поми́н***; **~и́ла** F *m*/*f* (5) Anführer(in *f*), Anstifter(in *f*); **~и́ть** (15), ⟨завести́⟩ (25) hineinführen, hineinbringen; hinführen, hinbringen; herführen, hereinführen; einführen; gründen; sich zulegen; anknüpfen, beginnen; machen, schließen; aufziehen; anziehen; anlegen, auflegen; *Tech.* anlassen; P verdrehen; **-ся**; ⟨-сь⟩ sich einfinden, sich einnisten, auftreten; sich anschaffen (***у*** Р/И *N*/*A*); entstehen; F sich einbürgern; *Tech.* anspringen; *pf.* P in Rage geraten; **~но́й** (14) Aufzieh-, Aufzugs-; Zug-; *Tech.* Anlaß-; *Mil.* Hand-; *Spielzeug*: mechanisch; P quicklebendig

завод|оуправле́ние *n* (12) Werksleitung *f*, Betriebsleitung *f*; **~ско́й, ~́ский** (16) Werk(s)-, Fabrik-, Betriebs-; Hütten-; werkseigen; Zucht-; *Su. m* F Arbeiter; ***~ско́й комите́т*** *m* Betriebsgewerkschaftsleitung *f*; **~́чик** *m* (1) Fabrikant; Gestütsbesitzer

за́водь *f* (8) kleine Bucht, Stillwasser *n*

завоев|а́ние *n* (12) Eroberung *f*; → ***~́ывать***; *mst. pl.* Errungenschaft *f*; **~а́тель** *m* (4) Eroberer; **~а́тельный** (14) Eroberungs-; **~́ывать** (1), ⟨**~а́ть**⟩ (6) erobern, erkämpfen; erringen; erschließen, erwerben, gewinnen

заво́з *m* (1) Anfuhr *f*; Zufuhr *f*; Anlieferung *f*, Belieferung *f*; **~и́ть** (15), ⟨завезти́⟩ (24) hinbringen, vorbeibringen; *j-n* absetzen; *et.* anliefern; entführen; **-ся** F (15) *pf.* sich rühren

завол|а́кивать (1), ⟨**~о́чь**⟩ (26) überziehen, bedecken; trüben, umfloren; P ziehen; **-ся** sich verdunkeln *od.* verdüstern

заво́лжский (16) jenseits der Wolga

заволнова́ться (7) *pf.* in Aufregung geraten

заволо́чь(ся) → ***завола́кивать(ся)***

завопи́ть F (14*e*.) *pf.* losbrüllen

зав|ора́чивать (1), ⟨**~ерну́ть**⟩ (20), P ⟨**~ороти́ть**⟩ (15) abbiegen, einbiegen; umwenden, wenden; F einkehren, vorbeischauen (***в*** B, ***к*** Д in, bei *D*), e-n Abstecher machen (nach); *impf.* P managen; **-ся** sich einrollen; → ***завёртывать(ся)***

заворожи́ть (16*e*.) *pf.* verzaubern, bezaubern

за́ворот[1] *m* (1) *Med.* Verschlingung *f*

завор|о́т[2] F *m* (1) Wendung *f*; Kurve *f*; ***~оти́ть(ся)*** → ***~а́чивать(ся)***

завра́ться → ***завира́ться***

завсегда́ P immer; **~тай** F *m* (3) stän-

diger Besucher; Stammgast
за́втра morgen; *Su. n* (*unv.*) Morgen; **~к** *m* (1) Frühstück *n* (***на*** B zu *D*; ***за*** T bei *D*); **~кать** (1), ⟨по-⟩ frühstücken; **~шний** (15) morgig; ***с ~шнего дня*** ab morgen
завы|ва́ть (1) heulen; **~́ть** (22) *pf.* losheulen, aufheulen
завы|ша́ть (1), ⟨~́сить⟩ (15) überhöhen, zu hoch ansetzen; ***~́сить оце́нки*** zu gut benoten (Д *A*); → ***занижа́ть***
завя́дший (17) verwelkt, verblüht
завяз|а́ть¹ (1), ⟨~́нуть⟩ (21) einsinken, versinken; steckenbleiben, hängenbleiben; stecken; **~а́ть²** → ***~́ывать***; **~́ка** *f* (5; -ок) Schnürband *n*, Band *n*; Zugschnur, Schnur; Beginn *m*, Einleitung; *Lit.* Schürzung des Knotens; ***по ~́ку*** P bis obenhin; **~́ывать** (1), ⟨~а́ть⟩ (3) zubinden, verbinden, binden (B/T um *A*/*A*); zuschnüren, verschnüren; umbinden; *Bot.* befruchten; *fig.* anknüpfen, anbahnen; anzetteln; → ***заводи́ть***; **-ся** beginnen, in Gang kommen; sich entspinnen, sich anlassen; ausbrechen, F losgehen; *Bot.* ansetzen; **~́ь** *f* (8) Fruchtknoten *m*
завя́лый (14) verwelkt
загада́ть → ***зага́дывать***
зага́дить → ***зага́живать***
зага́д|ка *f* (5; -ок) Rätsel *n* (***для*** P *j-m*; T *pl.* in *D*); **~очный** (14; -чен, -чна) rätselhaft, mysteriös; Vexier-; **~ывать**, ⟨~а́ть⟩ (1) *Rätsel* aufgeben; wahrsagen (***на*** П *pl.* aus *D*); sich ausdenken, sich merken; F sich vornehmen, vorausplanen, planen
зага́|живать F (1), ⟨~дить⟩ (15) besudeln, verschmutzen, F versauen
загалде́ть P (11) *pf.* anfangen zu schreien, anfangen zu lärmen
зага́р *m* (1) Sonnenbräune *f*, Bräune *f*
загаса́ть F (1) → ***га́снуть 1***
загво́здка: ***тут есть одна́ ~*** F die Sache hat einen Haken; ***вот в чём ~!*** F da liegt der Hund begraben!
заги́б *m* (1) Biegung *f*, Krümmung *f*; *Buch*: Eselsohr *n*; *Pol.* Drall, *pl.* Abweichlertum *n*; **~а́ть** (1), ⟨загну́ть⟩ (20) umbiegen, einbiegen, F (***за́*** B um *A*) biegen; krümmen; umschlagen, einschlagen; knicken; Eselsohr(en *pl.*) *n* machen; P aufschneiden, dick auftragen; von sich geben, loslassen ; → ***запра́шивать***; **-ся** P ins Gras beißen
загла́в|ие *n* (12) Titel *m*, Überschrift *f*; **~ный** (14) Titel-; Groß-
загла́|живать (1), ⟨~дить⟩ (15) glätten; bügeln, plätten; *fig.* wiedergutmachen, ausbügeln
загла́зно F in *j-s* Abwesenheit
загл|о́хший (17) verwildert; **~уша́ть** (1), ⟨~уши́ть⟩ (16*e.*) → ***глуши́ть 2***; betäuben; überwuchern, ersticken; F abstellen
загля|де́нье F *n* (10): ***~де́нье!*** e-e Augenweide!; → ***~де́ться***; **~́дывать** (1), ⟨~ну́ть⟩ (19) hineinschauen, hereinschauen, e-n Blick hineinwerfen; nachsehen, nachschlagen (***в*** B in *D*); F vorbeischauen, vorbeikommen (***к*** Д bei *j-m*); **-ся** F, ⟨~де́ться⟩ (11) sich nicht sattsehen können (***на*** B an *D*), vom Anblick (*G*) fasziniert sein; sich vergaffen (in *A*); anstarren (*A*)
за́гна|нный (14) abgehetzt, gejagt; *fig.* → ***заби́тый***; **~́ть** → ***загоня́ть***
загн|ива́ть (1), ⟨~и́ть⟩ (-ию́, -иёшь; → ***гнить***) anfaulen, verfaulen; **~ои́ть** F (13*e.*) *pf.* verfaulen *od.* vereitern lassen; **-ся** zu eitern beginnen, vereitern
за́гнут|ый (14*K.*) gekrümmt, gebogen; **~́ь(ся)** → ***загиба́ть(ся)***
загов|а́ривать (1), ⟨~ори́ть⟩ (13*e.*) **1.** *v/i* anfangen zu sprechen *od.* reden; (***с*** T *j-n*) anreden, ansprechen, (mit *D*) ein Gespräch anknüpfen; (auf *A*) zu sprechen kommen; *Gewissen*: sich regen; **2.** *v/t* besprechen, beschwören; verzaubern (***от*** P gegen *A*); F durch viel Reden ermüden; zerreden; ***~а́ривать зу́бы*** F ein X für ein U vormachen, *j-n* beschwatzen; **-ся** sich verplaudern; F sich vergaloppieren; *pf.* spinnen, phantasieren
за́говор *m* (1) Verschwörung *f*, Komplott *n*; → ***заклина́ние***; **~и́ть(ся)** → ***загова́ривать(ся)***; **~́щик** *m* (1) Verschwörer; **~́щицкий** F, **~́щический** (16) Verschwörer-, konspirativ
загогу́лина P *f* (5) Schnörkel *m*
за́годя P im voraus, beizeiten
заголи́ть F (13) *pf.* entblößen
заголо́вок *m* (1; -вка) Überschrift *f*, Titel; Kopf; Schlagzeile *f*
заголоси́ть P (15*e.*) *pf.* ein Geschrei

erheben
заго́н *m* (1) Eintreiben *n*; Pferch, Hürde *f*; P → ***заде́л***; ***быть в ~е*** F ein Schattendasein führen; **~щик** *m* (1) Treiber; **~я́ть** (28), ⟨загна́ть⟩ (-гоню́, -го́нишь; → ***гнать***) hineintreiben, hineinjagen, hineinstoßen; F einschlagen, einrammen; abhetzen, abjagen; zuschanden reiten *od.* fahren; *Jagd*: hetzen; P verscheuern; *Geld* auftreiben
загор|а́живать (81) ⟨~оди́ть⟩ (15) einzäunen, umzäunen, abzäunen; verstellen, versperren; abschirmen, abblenden; ***~оди́ть собо́й свет*** *j-m* im Licht stehen; **-ся** sich verdecken; ***-ся руко́й*** die Hand schützend vorhalten (***от*** Р gegen *A*)
загор|а́ть (1) sich sonnen, bräunen; → ***~е́ть***; **-ся**, ⟨~е́ться⟩ (9) in Brand geraten, Feuer fangen; sich entzünden, entbrennen (*a. fig.*; T in *D*); angehen; erglühen, erglänzen; (*fig.*) erröten; F auf *et.* brennen (Д *N*)
загорди́ться F (15*e.*) *pf.* hochnäsig werden
загоре́|лый (14*K.*) braungebrannt, sonnengebräunt; **~ть** (9) *pf.* braun werden; **-ся** → ***загора́ться***
загор|оди́ть(ся) → ***~а́живать(ся)***; **~о́дка** *f* (5; -док) Umzäunung; Verschlag *m*
за́городн|ый (14) Land-; außerhalb der Stadt; ***~ая прогу́лка*** *f* Ausflug *m* ins Grüne *od.* aufs Land
загости́ться F (15*e.*) *pf.* s-n Besuch zu lange ausdehnen
загот|а́вливать (1), **~овля́ть** (28), ⟨~о́вить⟩ (14) vorbereiten, fertigmachen; bereitstellen; Vorräte *m/pl.* anlegen; beschaffen, erfassen; **~ови́тель** *m* (4) Erfassungsstelle *f*; **~ови́тельный** (14) Beschaffungs-, Erfassungs-; **~о́вка** *f* (5; -вок) Beschaffung, Erfassung; Bereitstellung; *Tech.* Werkstück *n*, Rohling *m*; Oberleder *n*; **~о́вщик** *m* (1) Holzfäller; Halbzeugmacher
загра|ди́тель *m* (4) *Mar.* Sperrfahrzeug *n*; ***ми́нный ~ди́тель*** Minenleger; **~ди́тельный** (14) Sperr-; Schutz-; **~жда́ть** (1), ⟨~ди́ть⟩ (15*e.*; -ждённый) versperren, verlegen; **~жде́ние** *n* (12) Sperre *f*; Hindernis; Verhau *m*
загран|и́ца F *f* (5) Ausland *n*; **~и́чный** (14) ausländisch, Auslands-; Reise-; **~ка** P *f* (5; -ок) Auslandsreise
загре|ба́ть (1), ⟨~сти́⟩ (25; -бу́, -бёшь; → ***грести́***) rudern; F zusammenscharren, zusammenrechen; P einstreichen, scheffeln; **~бно́й** (14) Backbord-; *Su. m* Schlagmann
загреме́ть (10) *pf.* erdröhnen; P geraten; runterplumpsen; rausfliegen
загрести́ → ***загреба́ть***
загри́в|ок *m* (1; -ка) Widerrist; P Genick *n*, Nacken; ***по ~ку*** P aufs Dach
загро́бный (14) jenseitig, nach dem Tode; Grabes-; ***~ мир*** *m* Jenseits *n*
загромо|жда́ть (1), ⟨~зди́ть⟩ (15*e.*) verrammeln, vollstopfen; *fig.* überladen; **~жде́ние** *n* (12) Überladung *f*
загрубе́|лый (14*K.*) rauh *od.* grob geworden, verhärtet; → ***грубе́ть***
загру|жа́ть (1), ⟨~зи́ть⟩ (15/15*e.*) → ***грузи́ть***; voll beladen; *Tech.* beschikken; *fig.* auslasten, ausfüllen; beschäftigen, einspannen; **~женность** *f* (8) Auslastung, volle Belastung; Beschäftigung; **~зка** *f* (5) Beladung; *Tech.* Beschickung; *fig.* Auslastung; **~зочный** (14) Lade-
загрусти́ть (15*e.*) *pf.* traurig werden
загрыз|а́ть (1), ⟨~ть⟩ (24; *Prät. st.*; -енный) zerreißen, zu Tode beißen; *fig.* F bis aufs Blut quälen, peinigen
загрязн|е́ние *n* (12) Verunreinigung *f*, Verschmutzung *f*; ***~е́ние окружа́ющей среды́*** Umweltverschmutzung *f*; → ***зараже́ние***; **~я́ть** (28), ⟨~и́ть⟩ (13*e.*) → ***грязни́ть***; verschmutzen; **-ся** schmutzig werden
загс *m* (1) Standesamt *n* (**в** П auf *D*)
загуби́ть F (14) *pf.* zugrunde richten, ins Verderben stürzen; vergeuden, verplempern
загуде́ть (11) *pf.* anfangen zu tönen; → ***гуде́ть***
загуля́ть F (28) *pf.* anfangen zu saufen; → ***гуля́ть***; **-ся** F zu lange *od.* sehr lange spazierengehen *od.* feiern; P sich dem Suff ergeben, herumzechen
загуст|е́вший (17) dickflüssig; eingedickt; **~и́ть** F (16*e.*) *pf.* dickflüssig machen
зад *m* (1; -а/-у; на -у́; *pl. e.*) Hinterteil *n*, Hinterseite *f*; F Hintern, Gesäß *n*; ***бить ~ом*** nach hinten ausschlagen;

стать ∴ом (***к*** Д *j-m*) den Rücken zukehren; → ***зáдом***, F ***задвóрки***

зад|áбривать (1), ⟨∼óбрить⟩ (13) *impf.* zu gewinnen *od.* begütigen suchen; *pf.* gewinnen; begütigen

зада|вáть (5), ⟨∴ть⟩ (∸м, ∸шь; → ***дать***) aufgeben; vorgeben; *Frage* stellen; *Futter* vorschütten; F arrangieren, *Ball* geben; *Furcht* einjagen; *Ton* angeben; *Rüffel* verpassen; ***∴ть жáру*** *od.* ***пéрцу*** F die Hölle heiß machen; ***∴ть тя́гу*** *od.* ***стрекачá*** P abhauen; ***я тебé ∴м!*** F du kriegst gleich was ab!; **-ся** (*Prät.* ∸лся, -лáсь); *Gedanken* fassen (T *A*); ***-ся цéлью*** sich vornehmen; F → ***выдавáться***; P → ***удавáться***; *impf.* angeben

задави́ть (14) *pf.* erdrücken; → ***дави́ть*** 4; F töten; P *fig.* unterdrükken; **-ся** P sich erhängen

задáн|ие *n* (12) Aufgabe *f*; Auftrag *m*; Auflage *f*, Soll; ***по ∼ию*** auftragsgemäß; **∴ный** (14) Soll-; vorgegeben; befohlen; → ***задавáть***

задáри|вать (1), ⟨∼ть⟩ (13) mit Geschenken überhäufen; † bestechen

задар|мá P, **∴ом** F umsonst, gratis; spottbillig, fast geschenkt

задáт|ки *m/pl.* (1) Anlagen *f/pl.*, Ansätze; **∼ок** *m* (1; -ка) Anzahlung *f* (***в*** B als *A*)

задá|ть(ся) → ***∼вáть(ся)***; **∼ча** *f* (5) Aufgabe; Problem *n*; Exempel *n*; ***перед нáми стои́т ∼ча*** wir stehen vor der Aufgabe; **∼чник** *m* (1) Aufgabensammlung *f*; Rechenbuch *n*

задви|гáть¹ (1), ⟨∴нуть⟩ (20) hineinschieben; zuschieben; vorschieben; schieben; zuziehen; stecken; verstellen; F versperren; **-ся** sich hineinschieben lassen; zugehen; **∴гать²** (1) *pf.* anfangen zu bewegen; **∴жка** *f* (5; ∸жек) Riegel *m*; *Tech.* Schieber *m*; ***закры́ть на ∴жку*** zuriegeln, verriegeln; **∼жнóй** (16) Schiebe-

задвóрк|и *pl.* (*G* -рок) Hinterhof *m* (***на*** П in *D*); ***быть на ∼ах*** F *fig.* ganz hintanstehen; → ***окрáина***

заде|вáть¹ (1) ⟨∴ть⟩ (∸ну, ∸нешь; ∸тый) streifen (*a. fig.*), berühren; stoßen, hängenbleiben (***за*** B an *A*); *fig.* schmerzhaft berühren, treffen, verletzen; *Med.* angreifen; **∼вáть²** P (1) *pf.* → ***девáть***

задéл F *m* (1) Produktionsvorlauf; Vorlaufmenge *f*; **∼аться** P → ***дéлаться***; **∼ка** *f* (5) Zumachen *n*; → **∼ывать**, ⟨∼ать⟩ (1) zumachen; zunageln; zumauern; zukleben; verkitten; abdichten, zustopfen

задёр|гать¹ (1) *pf.* abhetzen, abquälen (*fig.* F); **∼гать²** (1) *pf.* anfangen zu zupfen *od.* ziehen; **∼гивать** (1), ⟨∼нуть⟩ (20) zuziehen, vorziehen; zuhängen, verhängen

задеревенéлый F (14*K.*) erstarrt; hart geworden, hart

задерж|áние *n* (12) Festnahme *f*; Beschlagnahme *f*; **∴ивать** (1), ⟨∼áть⟩ (4) aufhalten, zurückhalten; anhalten, innehalten; zurückbehalten, einbehalten; hinhalten, hinauszögern; festnehmen; *Blick* heften (***на*** П auf *A*); **-ся** sich aufhalten, verweilen; sich länger *od.* längere Zeit aufhalten; aufgehalten werden; stehenbleiben; zu spät kommen; in Verzug geraten; F sich hinziehen; **∴ивающий** (17) hemmend; **∴ка** *f* (5; ∸жек) Aufenthalt *m*; Stockung, Verzögerung; Aufschub *m*; ***без ∴ки*** reibungslos; unverzüglich

задёрнуть → ***задёргивать***

задéть → ***задевáть¹***

зáдёшево P spottbillig

зад|и́ра F *m/f* (5) Händelsucher *m*, Streithammel *m*; **∼ирáть** (1), ⟨∼рáть⟩ (-ерý, -рёшь; → ***драть***) aufreißen; F hochheben; hochrecken; zerreißen; *Nase* hochtragen; *impf.* reizen, Händel suchen (B mit *D*); *pf.* totschlagen; ***не ∼ирáй нóса!*** F hab dich nicht so!; **-ся** F hochrutschen; **∼и́ристый** F (14*K.*) streitsüchtig

задн|епрохóдный (14) anal; **∴ий** (15) hinter, Hinter-; Rück-, Rückwärts-; ***∴ий прохóд*** *m Anat.* After; ***зéркало*** *n* ***∴его ви́да*** *Kfz.* Rückspiegel *m*; ***∴им числóм*** nachträglich; hinterher; zurück-; ***∴им умóм крéпок*** F *j-d* ist ein Spätzünder; **∴ик** *m* (1) Ferse *f*, Fersenleder *n*; *Thea.* Prospekt; **∴ица** P *f* (5) Hintern *m*

задóбрить → ***задáбривать***

задóк *m* (1; -дкá) Hinterteil *n*; Rükkenlehne *f*; Ferse *f*

задóлго lange (***до*** P vor *D*)

задóлженность *f* (8) Verschuldung, Schulden *f/pl.*, Rückstände *m/pl.*;

име́ть ~ (***по*** Д mit *et.*) im Rückstand sein
за́дом mit dem Rücken, mit der Rückseite; rückwärts; ***~ наперёд*** verkehrt; ***стоя́ть ~*** (***к*** Д *j-m*) den Rücken zukehren
задо́р *m* (1) Übermut; Eifer; ***берёт ~*** (В *j-d*) wird übermütig ; ***войти́ в ~*** sich ereifern
задо́рин|(к)а *f* (5; -ок) Spleiß *m*; ***без сучка́, без ~ки*** F glatt, wie am Schnürchen
задо́рный (14; -рен, -рна) übermütig; keck; neckisch
задохну́ться → ***задыха́ться***
задра́и|вать (1), ⟨**~ть**⟩ (13) verschließen, abschotten
задра́ть → ***задира́ть***
задрема́ть (2) *pf.* einschlummern
задри́панный P (14*K.*) schäbig
задрожа́ть (4*e.*) *pf.* erzittern
заду|ва́ть (1), ⟨**~́ть**⟩ (18) ausblasen, auslöschen; *Tech.* anblasen; *pf. Wind*: aufkommen; *impf.* (in Böen) wehen
заду́м|чивость *f* (8) Grübeln *n*; → **~чивый** (14*K.*) nachdenklich; gedankenvoll; tiefsinnig; **~ывать**, ⟨**~ать**⟩ (1) sich ausdenken; sich merken; → ***замышля́ть***; **-ся** nachdenklich werden, in Gedanken versinken; nachzudenken beginnen, nachdenken (***над*** T über *A*); F zögern; ***не ~ываясь*** kurz entschlossen
заду́ть → ***задува́ть***
задуш|е́вный (14; -вен, -вна) innig, innigst; intim, traulich, vertraulich
задыми́ть (14*e.*) *pf.* anfangen zu rauchen; verrußen
зад|ыха́ться (1), ⟨**~охну́ться**⟩ (20) keuchen, keine Luft bekommen; ersticken; schnaufen (***от*** P vor *D*)
зае|да́ть (14), ⟨**~́сть**⟩ (-́м, -́шь; → ***есть***[1]) nach . . . *et.* essen (B/T *D*/*A*); F zerfleischen; *fig.* F zugrunde richten; arg zusetzen, aufreiben; klemmen, blockieren; P → ***задева́ть***
зае́з|д *m* (1) Einkehr *f*, Besuch (***к*** Д bei *D*); Abstecher; Ankunft *f*; *Sp.* Lauf; Rennen *n*; Runde *f*; **~дом** P → ***прое́здом***; **~жа́ть** [-ʒʒ-] (1), ⟨зае́хать⟩ (-е́ду, -дешь; -зжа́й!) einkehren, absteigen (***в*** B in *D*); vorbeischauen (***к*** Д bei *D*), besuchen (*A*); e-n Abstecher machen; hineinfahren, hereinfahren; hingeraten, hineingeraten; abholen (***за*** T *A*); (im Bogen) heranreiten, heranfahren; biegen (***за́*** B um *A*), verschwinden; P herunterhauen; **~женный** [-ʒʒ-] F (14*K.*) *fig.* abgedroschen; → **~живать** [-ʒʒ-] (1), ⟨**~дить**⟩ (15) F abhetzen, abjagen, zuschanden reiten; P *fig.* fertigmachen, kaputtmachen; **~жий** [-ʒʒ-] (17) durchreisend; angereist, zugereist; *Su. m* Durchreisende(r); Zugereiste(r)
заём *m* (1; за́йма) Anleihe *f*; Darlehen *n*; **~ный** (14) Leih-, Schuld-; geliehen; **~щик** *m* (1) Darlehensnehmer
заёрзать F (1) *pf.* unruhig werden
зае́сть → ***заеда́ть***
зае́хать → ***заезжа́ть***
зажа́ть → ***зажима́ть***
зажд|а́ться F (-у́сь, -ёшься; -ала́сь) *pf.* schon längst erwarten *od.* lange warten (P auf *A*)
заже́чь(ся) → ***зажига́ть(ся)***
зажи|ва́ть (1),⟨**~́ть**⟩ (-ву́, -вёшь; -́л, -ла́) **1.** heilen, abheilen, zuheilen; vernarben; **2.** *pf.* zu leben beginnen; **-ся** F (-́лся, -ла́сь) zu *od.* sehr lange leben; **~вля́ть** F (28), ⟨**~ви́ть**⟩ (14*e.*) heilen; **~́во** lebendig, bei lebendigem Leibe
зажига́|лка *f* (5; -лок) Feuerzeug *n*; Anzünder *m*; F Brandbombe; **~ние** *n* (12) Zündung *f*; **~тельный** (14) Brand-, Zünd-, Brenn-; *fig.* zündend, begeisternd; **~ть** (1), ⟨заже́чь⟩ (26; -жгу́, -жжёшь; -жёг, -жгла́; -жжённый) anzünden; *fig.* entzünden; *Licht* machen; **-ся** aufflammen, aufleuchten, erglühen; angehen; *fig.* entbrennen (T von *od.* in *D*)
зажи́лить P (13) *pf.* kassieren
зажи́м *m* (1) Klemme *f*; Klammer *f*; Halter, Halterung *f*; Zwinge *f*; *fig.* Einschränkung *f*; Knebelung *f*; **~а́ть** (1) ⟨зажа́ть⟩ (-жму́, -жмёшь; -жа́тый) zudrücken, zuhalten; einklemmen; zusammenpressen; spannen, einspannen; *Mil.* in die Zange nehmen; *fig.* F knebeln, unterdrücken; *Mund* stopfen; P wegstecken; **~ный** (14) Klemm-; Spann-
зажи́точн|ость *f* (8) Wohlstand *m*; **~ый** (14; -чен, -а) wohlhabend
зажи́ть(ся) → ***зажива́ть(ся)***
зазва́ть → ***зазыва́ть***
зазв|ене́ть (9) *pf.* erklingen, ertönen,

З

erschallen; klirren; **~они́ть** (13e.) *pf.* zu läuten beginnen; **~уча́ть** (4e.) *pf.* ertönen, erschallen

здра́вный (14) auf *j-s* Wohl; **~ *тост*** *m od.* ***ку́бок*** *m* Trinkspruch

зазева́ться F (1) *pf.* zerstreut *od.* abwesend schauen, nicht aufpassen; gaffen, anstarren (***на*** B *A*)

зазелене́ть (8) *pf.* grün werden, ergrünen; grün zu schimmern beginnen

заземл|е́ние *n* (12) *El., Rdf.* Erdung *f*, Erde *f*; **~я́ть** (28), ⟨**~и́ть**⟩ (13e.) erden

зазна|ва́ться F (5), ⟨**~́ться**⟩ (1) überheblich sein *od.* werden, angeben; **~́йка** F *m/f* (5; -ек) Angeber(in *f*), Großtuer(in *f*); **~́йство** *n* (9) Überheblichkeit *f*, Großtuerei *f*

зазно́б(ушк)а P † *f* (5) Liebchen *n*, Schatz *m*

зазо́р *m* (1) Spalt; *Tech.* Spiel *n*, Spielraum; † Schande *f*; **~ный** P (14; -ен, -на) anstößig; schändlich

зазр|е́ние: ***без ~е́ния со́вести*** F ohne Gewissensbisse, skrupellos; **~́ить**: P ***со́весть ~́ила*** (B *j-m*) kamen Gewissensbisse

зазу́бр|енный (14K.) schartig; gezackt; **~ивать** (1) → ***зубри́ть***[1,2]; **~ина** *f* (5) Scharte, Zacke; *Bot.* Kerbzahn *m*

заз|ыва́ть F (1), ⟨**~ва́ть**⟩ (-ову́, -овёшь; → ***звать***) heranlocken, anlocken; einladen, hereinbitten, hereinholen

заигр|анный (14K.) abgedroschen; → **~ывать**, ⟨**~а́ть**⟩ (1) abspielen, abgreifen (*a. fig.*); *impf.* F flirten, kokettieren, anbändeln; sich einschmeicheln (***с*** T bei *D*); *pf.* zu spielen beginnen; *Mus.* einsetzen, ertönen; **-ся** sich ins Spiel vertiefen; über dem Spiel die Zeit vergessen

зайк|а *m/f* (5) Stotterer *m*, Stotterin *f*; **~а́ться** (1) **1.** stottern; stammeln; **2.** F ⟨**~ну́ться**⟩ ein Wort verlieren; *pf.* stocken⟩; ***не ~ну́ться*** mit keiner Silbe erwähnen

заим|ообра́зно leihweise; **~́ствование** *n* (12) Entlehnung *f*; **~́ствованный** (14) Lehn-; **~́ствовать** (7) *im(pf.)*, ⟨по-⟩ entlehnen

заи́ндевелый (14K.) reifbedeckt

заинтересо́в|анность *f* (8) Interesse *n*; **~анный** (14K.) interessiert (***в*** П an *D*); beteiligt, betroffen; **~ывать** (1), ⟨**~а́ть**⟩ (7) interessieren (***в*** П an *D*), *j-s* Interesse wecken *od.* erwecken; **-ся** sich zu interessieren beginnen, Interesse zeigen (T für *A*)

заинтриго́в|анный (14) neugierig, gespannt; **~ывать** (1) → ***интригова́ть*** 2

заи́скива|ние *n* (12) Liebedienerei *f*; **~ть** (1) sich einschmeicheln (***перед*** T, ***у*** P bei *j-m*), liebedienern

за́ймо|вый (14) Anleihe-; Darlehens-; **~да́вец** *m* (1; -вца) Darlehensgeber; **~держа́тель** *m* (4) Anleihebesitzer

зайти́ → ***заходи́ть***

зайч|а́тина *f* (5) Hasenfleisch *n*; **~́ик** *m* (1) Häschen *n*; F ***пуска́ть ~́ики*** Lichtflecke tanzen lassen, spiegeln; **~и́ха** *f* (5) Häsin; **~о́нок** *m* (2) junger Hase

закабаля́ть (28), ⟨**~и́ть**⟩ (13e.) knechten, versklaven, unterjochen; ***~и́ть себя́*** → ***-ся*** sich binden, sich in die Abhängigkeit begeben

закавка́зский (16) transkaukasisch

закавы́ка F *f* (5) → ***загво́здка***; Schnörkel *m*

закады́чный F (14) *fig.* dick; Busen-

зака́з *m* (1) Bestellung *f* (***на*** B, ***по*** Д auf *A*); Auftrag; *Fmw.* Anmeldung *f*; ***~ на*** Maß-; ***по ~у*** nach Maß; **~ник** *m* (1) Schonung *f*; Wildgehege *n*; **~но́е** *n* (14) Einschreiben; **~но́й** (14) bestellt, auf Bestellung; eingeschrieben; Sonder-; **~чик** [-ʃtʃ-] *m* (1) Besteller, Auftraggeber, Kunde; **~ывать** (1), ⟨**~а́ть**⟩ (3) bestellen, in Auftrag geben; *Fmw.* anmelden

зака́л *m* (1) *Tech.* Härten *n*; *fig.* Abhärtung *f*; ***ста́рого ~а*** von altem Schlag; **~ённый** (14) gehärtet; *fig.* abgehärtet; ***~ённый в боя́х*** kampferprobt; **~ивать** (1), ⟨**~и́ть**⟩ (13e.) *Tech.* härten; *fig.* abhärten, stählen; ertüchtigen; **~ка** *f* (5) Härtung; *fig.* Abhärtung; Ertüchtigung; → **~**; **~очный** (14) Härte-

зак|а́лывать (1), ⟨**~оло́ть**⟩ (17) erstechen, abstechen; erdolchen; schlachten; zustecken; zusammenstecken; feststecken; umstecken; ***~оло́ло в боку́*** (***у*** P *j-d*) bekam Seitenstechen

закаля́ть (28) → ***зака́ливать***

закамене́|лый F (14) versteinert; *fig.* gefühllos; **~ть** F → ***камене́ть***

зак|а́нчивать (1), ⟨**~о́нчить**⟩ (16) beenden, abschließen; vollenden; *impf.* fast *od.* gleich fertig sein; *pf.* fertig sein; **-ся** enden, schließen; *impf.* zu Ende gehen; *pf.* zu Ende sein

зак|а́пывать (1) **1.** ⟨**~а́пать**⟩ (1) betropfen, volltropfen; F einträufeln; *pf.* zu tropfen beginnen; **2.** ⟨**~копа́ть**⟩ (1) vergraben, verscharren; zuschütten

зак|а́рмливать F (1), ⟨**~орми́ть**⟩ (14) überfüttern

зака́т *m* (1) Sonnenuntergang (***на*** П bei *D*); Abendrot *n*; *fig.* Ende *n* (***на*** П gegen *A*, an *D*); ***на ~е дней*** am Lebensabend; **~ывать** (1) **1.** ⟨**~а́ть**⟩ (1) einrollen, einwickeln; F hochkrempeln; glattwalzen; P abschieben; *Augen* verdrehen; P davonrollen; verpassen, e-e langen; abziehen; steigen lassen; *Reden* schwingen; **2.** ⟨**~и́ть**⟩ rollen *v/t*; **-ся** rollen; untergehen; *fig.* zu Ende gehen; ausbrechen (T in *A*); losschmettern; P sich davonmachen

закача́|ть (1) *pf.* zu schaukeln beginnen; F in den Schlaf wiegen; ***~ло*** (B *j-m*) wurde schwind(e)lig *od.* übel; **-ся** zu schwanken beginnen; ins Wanken geraten; sich müde schaukeln; P staunen

зака́шлять (28) *pf.* anfangen zu husten; **-ся** e-n Hustenanfall bekommen

зака́яться F (27) *pf.* → ***зарека́ться***

закв́а|ска *f* (5) Einsäuerung; Sauerteig *m*; Gärstoff *m*; *fig.* F Art, Schlag *m*; **~шивать** (1), ⟨**~сить**⟩ (15) einsäuern

заки́|дывать (1) **1.** ⟨**~да́ть**⟩ (1) zuwerfen, vollwerfen; → ***забра́сывать 1***; **2.** ⟨**~нуть**⟩ (20) auswerfen, überwerfen; → ***забра́сывать 2***; *Kopf* zurückwerfen, in den Nacken werfen; ***~нуть но́гу на́ ногу*** die Beine übereinanderschlagen; ***~нуть слове́чко*** durchblicken lassen; ***~нуть у́дочку*** *fig.* auf den Busch klopfen

закип|а́ть (1), ⟨**~е́ть**⟩ (10) aufkochen, sieden; *fig.* in Schwung kommen

закис|а́ть (1) ⟨**~нуть**⟩ (21) sauer werden; *fig.* F versauern, abstumpfen

закла́д † → ***зало́г***; → ***би́ться***; **~ка** *f* (5; -ок) Grundsteinlegung; *Agr.* Anlegung; *Mar.* Kiellegung; Lesezeichen *n*; **~но́й** (14) Pfand-; **~ывать** (1), ⟨**зало́жи́ть**⟩ (16) einlegen; hinlegen; anlegen; verlegen; vollegen; legen; einstecken, stecken; *Hände* verschränken (***за́*** B auf *D*); zumauern, zumachen, abdichten; den Grund *od.* Grundstein legen (B zu *D*); *Mar.* auf Kiel legen; einlagern; einmerken; verpfänden; anspannen; *fig.* schaffen; P zusperren (T, ***на*** B mit *D*); F ***зало́жи́ло*** (B *N*) ist verstopft; ***заложи́ть за га́лстук*** F e-n hinter die Binde gießen

заклева́ть (6*e.*) *pf.* zerhacken, totpikken; *fig.* F fertigmachen, erledigen

закле́|ивать (1), ⟨**~ить**⟩ (13) zukleben, zuleimen; **~йка** *f* (5; -ек) Zukleben *n*, Verkleben *n*; Klebestreifen *m*

заклеймённый (14*K.*) gebrandmarkt; → ***клейми́ть 1, 2***

заклёп|ка *f* (5; -ок) Vernieten *n*; Niet(e) *m*; F → ***ви́нтик***; **~очный** (14) Niet-; **~ывать** (1) → ***клепа́ть 1, 2***

заклина́|ние *n* (12) Beschwörung *f*; Beschwörungsformel *f*, Zauberspruch *m* (***от*** P gegen *A*); **~тель** *m* (4) Beschwörer; **~ть** (1) beschwören, besprechen; **-ся** ⟨закля́сться⟩ (→ ***кля́сть***) → ***зарека́ться***; P → ***божи́ться***

закли́ни|вать (14), ⟨**~́ть**⟩ (13/13*e.*) einkeilen, verkeilen, festkeilen

заключ|а́ть (1), ⟨**~и́ть**⟩ (16*e.*) einsperren, einkerkern; setzen; abschließen (*a. Jur.*); folgern, schließen; *impf.* enthalten; → ***брать***; **-ся** *impf.* bestehen; liegen; schließen; **~е́ние** *n* (12) Einsperrung *f*, Inhaftierung *f*; Haft *f*; Abschluß *m* (*a. Jur.*; ***в*** B zum); Schließung *f*; Schluß *m*, Schlußfolgerung *f*; Gutachten *n*, Befund *m*; *Jur.* Schrift *f*; Beschluß *m* (***по*** Д auf); **~ённый** *m* (14) Häftling, Gefangene(r); **~и́тельный** (14) Schluß-, abschließend; Abschluß-

закл|я́сться → ***~ина́ться***; **~я́тый** (14) verwunschen; *fig.* Tod-, Erz-

зако́в|ывать (1), ⟨**~а́ть**⟩ (7*e.*) zusammenschmieden; schlagen, legen; *Harnisch* anlegen (***в*** B *A*); *fig.* einzwängen

заковы́ристый F (14*K.*) schnörkelhaft; *fig.* verzwickt, kompliziert

закол|а́чивать F (1), ⟨**~оти́ть**⟩ (15) hineinschlagen, hineintreiben; → ***забива́ть***; zu Tode prügeln; durch Schläge einschüchtern; *pf.* (*a.* **-ся**) anfangen zu pochen

заколдо́в|анный (14*K.*) verzaubert, verhext; ***~анный круг*** *m* Teufelskreis;

~ывать (1), ⟨**~а́ть**⟩ (7) verzaubern (**от** P gegen *A*), verhexen; bezaubern
заколеба́ться (2*st.*) *pf.* ins Schwanken geraten
зако́л|ка *f* (5; -ок) Haarnadel; **~оти́ть(ся)** → ***~а́чивать(ся)***; **~о́ть** → ***зака́лывать***
зако́н *m* (1) Gesetz *n*; Regel(n *pl.*) *f*; **~ *Бо́жий*** *ehm.* Religionsunterricht *f*; ***вне ~а*** vogelfrei; **~ник** F *m* (1) Rechtskundige(r); **~ность** *f* (8) Gesetzlichkeit; → **~ный** (14; -ен, -на) gesetzlich, rechtmäßig, gesetzmäßig; rechtlich; legitim, berechtigt; Gesetz(es)-, Rechts-; rechtswirksam, rechtsverbindlich; verbrieft; P echt gut, toll
зако́но|ве́д *m* (1) Rechtswissenschaftler; **~ве́дение** *n* (12) Rechtswissenschaft *f*; **~да́тель** *m* (4) Gesetzgeber; **~да́тельный** (14) gesetzgebend; Gesetzgebungs-; **~да́тельство** *n* (9) Gesetzgebung *f*; **~ме́рный** (14; -рен, -рна) gesetzmäßig, rechtmäßig, legitim; **~положе́ние** *n* (12) gesetzliche Bestimmung(en *pl.*) *f*; **~прое́кт** *m* (1) Gesetzentwurf; **~учи́тель** *m* (4) *ehm.* Religionslehrer
зако́нч|енность *f* (8) Vollendung; **~енный** (14*K.*) abgeschlossen, vollendet; vollkommen; F ausgemacht; **~ить(ся)** → ***зака́нчивать(ся)***
закопа́ть → ***зака́пывать 2***
закопт|е́лый (14*K.*) rußig, verräuchert; **~е́ть** (8) → ***~и́ться***; **~и́ть** (15*e.*) *pf.* → ***копти́ть***; **-ся** verrußen; geräuchert sein
закорене́|лый (14*K.*) eingefleischt; hartnäckig; verstockt; **~ть** (8) *pf.* einwurzeln, sich einbürgern; verstocken
зако́рк|и F: ***на ~и*** *od.* ***~ах*** huckepack
закорми́ть → ***зака́рмливать***
закорю́чка F *f* (5; -чек) Schnörkel *m*; Haken *m*; Finte, Trick *m*; → ***загво́здка***
закос|не́лый (14*K.*) → ***закорене́лый***; **~тене́лый** (14*K.*) verknöchert, erstarrt; starr, steif
закоу́л|ок *m* (1; -ка) Seitengasse *f*; (versteckter) Winkel; ***по всем ~кам*** in allen Ecken und Winkeln
закочене́лый (14*K.*) steifgefroren, vor Kälte erstarrt
закра́|дываться (1), ⟨**~сться**⟩ (25; *Prät. st.*) sich einschleichen; *fig.* aufkommen, aufsteigen (**в** B in *D*)
закра́сить → ***закра́шивать***
закрасне́ть(ся) F (8) *pf.* rot zu schimmern beginnen; sich röten; erröten
закра́сться → ***закра́дываться***
закра́|шивать (1), ⟨**~сить**⟩ (15) übermalen
закреп|ле́ние *n* (12) Befestigung *f*; → **~ля́ть** (28), ⟨**~и́ть**⟩ (14*e.*) befestigen; *fig.* festigen; verankern; sichern, sicherstellen; (**за** T *j-m*) zuteilen, zuweisen, (für *j-n*) reservieren; *Tech.*, *Fot.* fixieren; *Med.* → ***крепи́ть 2***; **-ся** sich festsetzen; **~ля́ющий** (17) stopfend, Stopf-
закрепо|ща́ть (1), ⟨**~сти́ть**⟩ (15*e.*) *hist.* zu Leibeigenen machen; *fig.* knechten, versklaven; **~ще́ние** *n* (12) Versklavung *f*
закрича́ть (4*e.*) *pf.* anfangen zu schreien, aufschreien; (**на** B *j-n*) anschreien
закро́йщи|к *m* (1), **~ца** *f* (5) Zuschneider(in *f*)
за́кром *m* (1; *pl. e.*, *N* -а́) Kornkasten, Futterkasten; Futterboden
закругл|е́ние *n* (12) Abrundung *f*; Kurve *f*; **~я́ть** (28), ⟨**~и́ть**⟩ (13*e.*) abrunden (*a. fig.*); F (rasch) zu Ende bringen; **-ся** F (rasch) zum Schluß kommen
закружи́|ть (16/16*e.*) *pf.* zu drehen beginnen; schwind(e)lig machen; F durcheinanderbringen; (B *j-m*) den Kopf verdrehen; **-ся**: ***~лась голова́*** (**у** P *j-m*) wurde schwind(e)lig; F → ***крути́ться*** F
закру́|чивать (1), ⟨**~ти́ть**⟩ (15) zudrehen; aufwickeln, winden; zwirbeln; *Tech.* anziehen; *Hände* fesseln; F anfangen zu drehen; aufwirbeln; P anbändeln; loslassen; **-ся** sich verdrehen, sich verwickeln; F → ***крути́ться***
закры|ва́ть (1), ⟨**~ть**⟩ (22) zuschließen, verschließen, schließen, zumachen; zudrehen; einstellen; auflösen; zudecken, bedecken; verdecken; zuziehen; sperren; ***~ть глаза́*** *fig.* die Augen verschließen (**на** B vor *D*); **-ся** zugehen, schließen; zufallen; verschwinden (T hinter *D*); sich einschließen; ***закро́йся!*** P halt's Maul!; **~тие** *n* (12) Schließung *f*; Schluß *m*; *Hdl.* Sperrung *f*; Auflösung *f*; **~тый** (14) geschlossen (*a. fig.*); verschlossen; ge-

sperrt; *Pol.* nichtöffentlich, geheim; *Mil.* gedeckt; *Geogr.* Binnen-; *Arch.*, *Sp.* Hallen-
закули́сный (14) hinter den Kulissen; *fig.* geheim; verborgen; *fig.* Kuh-
закуп|а́ть (1), ⟨**~и́ть**⟩ (14) einkaufen, aufkaufen; **ˆка** *f* (5; -ок) Einkauf *m*; Aufkauf *m*
заку́пор|ивать (1) ⟨**~ить**⟩ (13) verkorken, zukorken; *fig.* versperren, einsperren; *Med.* verstopfen
заку́п|очный (14) Einkaufs-, Ankaufs-; **~щик** *m* (1) Einkäufer; Aufkäufer
заку́ри|вать (1), ⟨**~ть**⟩ (13) sich e-e Zigarette, Zigarre, Pfeife anzünden *od.* anstecken, anrauchen; *pf.* anfangen zu rauchen; F verrauchen; P → ***запи́ть***; **-ся** anbrennen; → ***ˆть*** *pf.*
закус|и́ть F (1) *pf.* zu Tode beißen; zerstechen; **ˆка** *f* (5; -ок) Imbiß *m*; kalte Vorspeise (***на*** B als), Platte; ***на ˆку*** F *fig.* als Zugabe; **ˆочная** *f* (14) Imbißstube, Snackbar; **ˆывать** (1), ⟨**~и́ть**⟩ (15) **1.** sich beißen (B auf *A*); → ***удила́***; **2.** e-n Imbiß (*od.* T *et.*) zu sich nehmen; (B/T zu *D*/*A*) *od.* dazu (T *A*) essen; F e-e (kalte) Vorspeise essen
заку́т|ывать, ⟨**~ать**⟩ (1) einhüllen, einwickeln, vermummen; → ***ку́тать***
зал *m* (1) Saal, Halle *f*; Raum; Salon
зала́дить F (15) *pf.* *j-m* die Ohren vollblasen (B mit *D*); so richtig anfangen *od.* einsetzen; sich auf (*Inf.*/*A*) verlegen
зал|а́мывать (1), ⟨**~оми́ть**⟩ (14) F umknicken, einknicken; → ***закру́чивать,ломи́ть, набекре́нь***; P → ***запра́шивать***
зала́ять (27) *pf.* zu bellen beginnen, anschlagen
зале|га́ть (1), ⟨**ˆчь**⟩ (-ля́гу, -ля́жешь; → ***лечь***) sich hinlegen, sich aufs Ohr legen; sich verkriechen; *Mil.* in Deckung gehen; liegen; *Geol.* lagern; sich bilden; *fig.* sich breitmachen (***в*** B in *D*)
заледене́|лый (14*K.*) vereist; → **~ть** (8) *pf.* vereisen; eiskalt werden, erstarren; → ***ледене́ть***
залеж|а́лый F (14*K.*) überlagert; ***~а́лый това́р*** *m* Ladenhüter; **ˆиваться** (1), ⟨**~а́ться**⟩ (4*e.*) zu lange liegen *od.* liegenbleiben *od.* lagern; nicht mehr frisch sein; **ˆь** *f* (8) *Geol.* Vorkommen *n*, Lager *n*, Lagerstätte; *Agr.* Brachland *n*; *pl.* Haufen *m*; P *koll.* Ladenhüter *m*/*pl.*
залез|а́ть (1), ⟨**ˆть**⟩ (24 *st.*) hineinkriechen, hineinklettern; hinaufkriechen, hinaufklettern; sich verkriechen; F einsteigen, eindringen; steigen; *Fin.* F sich stürzen
залеп|ля́ть (28), ⟨**~и́ть**⟩ (14) verkleben, zukleben; zuschmieren, abdichten; P e-e kleben *od.* knallen; reinhauen
залет|а́ть (1), ⟨**~е́ть**⟩ (11) hinfliegen, fliegen; hineinfliegen, hereinfliegen; hinauffliegen; sich verfliegen; zwischenlanden (***за*** T wegen *G*); F → ***забега́ть***; **ˆный** (14) verirrt; Zug-; F durchreisend; P *Stimme*: hoch
зале́чи|вать (1), ⟨**~ть**⟩ (16) heilen (**-ся** *v*/*i*); F kurieren
зале́чь → ***залега́ть***
зали́|в *m* (1) Bucht *f*, Meerbusen, Golf; **~ва́ть** (1), ⟨**~ть**⟩, (-лью, -льёшь; → ***нали́ть***) überfluten, überschwemmen; (B/T auf *A et.*) verschütten, vergießen; ausgießen; erfüllen, füllen; F einfüllen; (mit Wasser) löschen; *fig.* überströmen, überziehen; F ertränken (T in *D*); gießen; *impf.* P flunkern; saufen; **-ся** fließen, eindringen; trillern; anstimmen (T *A*); ausbrechen (in *D*); P sich besaufen; abhauen; **~вистый** (14*K.*) schallend, hallend, helltönend, hell; **~вно́е** *n* (14) Aspik *m* (И/***из*** P *N* in); **~вно́й** (14) in Aspik; ***~вно́й луг*** *m* Aue *f*; → ***~вистый***
зали́з|ывать (1), ⟨**~а́ть**⟩ (3) ablecken, glattlecken; F glattkämmen; *fig.* glätten
зали́ть(ся) → ***залива́ть(ся)***
залихва́тский F (16) draufgängerisch; flott, forsch; schmissig
зало́|г *m* (1) Versatz, Pfand *n* (***в*** B als, zum); Kaution *f* (***под*** B gegen), Sicherheit *f*; *fig.* Unterpfand *n* (***в*** B als), Gewähr *f*; ***отдава́ть в ~г*** verpfänden, versetzen; *Gr.* Genus *n* verbi; ***действи́тельный ~г*** Aktiv *n*; ***страда́тельный ~г*** Passiv *n*; ***сре́дний ~г*** Medium *n*; **~говый** (14) Pfand-; *Gr.* Genus-; **~года́тель** *m* (4) Pfandgeber; **~годержа́тель** *m* (4) Pfandleiher;

~жи́ть → ***закла́дывать***; **~жник** *m* (1), **~жница** *f* (5) Geisel *f*
заломи́ть → ***зала́мывать***
залп *m* (1) Salve *f*; *Mar.* → **~ом** F in e-m Zug(e), auf e-n Zug; ***вы́стрелить ~ом*** *Mar.* e-e Breitseite abfeuern; → ***вы́палить*** *fig.*
залучи́ть F (16*e.*) *pf.* → ***замани́ть***
залы́сины *f/pl.* (5) Geheimratsecken
залюбова́ться (7) *pf.* (T, ***на*** B) → ***загляде́ться***
зам F *m* (1) → ***~ести́тель***
зама́з|ка *f* (5) Kitt *m*; Verkitten *n*; **~ывать** (1), ⟨**~ать**⟩ (3) übermalen, übertünchen; verkitten, verkleistern; beschmieren, verschmieren; *fig.* F vertuschen; P *Mund* verbieten; ***~ывать глаза́*** P Sand in die Augen streuen
зам|а́лчивать F (1), ⟨**~молча́ть**⟩ (4*e.*) verschweigen, totschweigen
зама́н|ивать (1), ⟨**~и́ть**⟩ (13) locken, verlocken, herbeilocken; **~чивость** *f* (8) Attraktivität, Reiz *m*; **~чивый** (14*K.*) verlockend, attraktiv, anziehend
замара́шка F *m/f* (5; -шек) Schmutzfink *m*
замаскиро́ванный (14*K.*) maskiert; getarnt; → ***маскирова́ть***
зама́сли|вать (1), ⟨**~ть**⟩ (13) *Tech.* einfetten; → ***заса́ливать 1***; **-ся** erglänzen
заматере́лый (14*K.*) → ***застаре́лый***
зам|а́тывать (1), ⟨**~ота́ть**⟩ (1) F umwickeln, wickeln; P schaffen, fertigmachen; sich unter den Nagel reißen; *pf.* → ***мота́ть²***; **-ся** P sich abhetzen, erledigt sein
замах|а́ть (3) *pf.* anfangen zu winken; → ***маха́ть***; **~иваться** (1), ⟨**~ну́ться**⟩ (20) ausholen; zum Schlag ausholen (***на*** B gegen *j-n*)
зама́шка F *f* (5; -шек) Gebaren *n*, Gehabe *n*; *pl.* Allüren
зама́яться P (27) *pf.* ganz müde werden
замая́чить F (16) *pf.* auftauchen, sich abzeichnen
замедл|е́ние *n* (12) Verlangsamung *f*; **~енный** (14) verlangsamt, verzögert; Zeitraffer-; **~я́ть** (28) ⟨**~ить**⟩ (13) verlangsamen, verschleppen; verzögern; im Rückstand sein; ***не ~ить*** (+*Inf.*) nicht lange auf sich warten lassen; unverzüglich, gleich
заме́н|а *f* (5) Ersatz *m*; Vertretung; **~и́мый** (14*K.*) ersetzbar, austauschbar; **~и́тель** *m* (4) Ersatz, Austauschstoff; ***~и́тель ко́жи*** Kunstleder *n*; **~я́ть** (28), ⟨**~и́ть**⟩ (13; -ённый) ersetzen (T durch *A*), austauschen, vertauschen (gegen *A*); einspringen (für *A*); an die Stelle (B *G*) treten; ***~и́ть мать*** (Д an *j-m*) Mutterstelle vertreten
замере́ть → ***замира́ть***
замерз|а́ние *n* (12) Gefrieren, Zufrieren; ***то́чка*** *f* ***~а́ния*** Gefrierpunkt *m*; *fig.* toter Punkt *m*; **~а́ть** (1), ⟨**~нуть**⟩ (21) → ***мёрзнуть***; zufrieren
заме́рить (13) *pf.* ausmessen, messen
за́мертво bewußtlos, leblos
замеси́ть → ***заме́шивать 2***
замести́ → ***замета́ть¹***
замест|и́тель *m* (14) Stellvertreter, (P *N*) stellvertretende(r); **~и́ть** → ***замеща́ть***; **~о** P → ***вме́сто***
заме|та́ть¹ (1), ⟨**~сти́**⟩ (25 -т-) zusammenkehren, zusammenfegen; zuwehen, verwehen; *fig.* verwischen; P dingfest machen, einsperren; **~та́ть²** → ***~тывать***
заме́|тить → ***~ча́ть***; **~тка** *f* (5; -ток) Merkzeichen *n*; Anmerkung, Bemerkung; Notiz, Aufzeichnung; ***брать на ~тку*** F sich merken; F ***он на ~тке*** (***у*** P *N*) hat ihn auf dem Kieker; **~тный** (14; -тен, -тна) sichtbar; merklich; auffallend; herausragend, bemerkenswert; ***~тно*** man merkt (*j-m*) an; (***по*** Д, ***в*** П *D*) ist anzumerken
замёт|ывать (1), ⟨**~а́ть**⟩ (1) anheften
заме|ча́ние *n* (12) Bemerkung *f*; Stellungnahme *f*; Glosse *f*; Verweis *m*; **~ча́тельный** (14; -лен, -льна) bemerkenswert; hervorragend, vortrefflich; F herrlich; **~ча́ть** (1), ⟨**~тить**⟩ (15) bemerken; (***за*** T bei *j-m*) aufmerksam werden (B auf *A*); sich merken, merken; anmerken (***по*** Д *D*); kennzeichnen; ***не ~тить*** übersehen; ***~ть*** notabene; **-ся** *impf.* sich bemerkbar machen
замечта́|ться (1) *pf.* in Träumereien versinken; ***~вшийся*** verträumt
замеш|а́тельство *n* (9) Verwirrung *f*; Verlegenheit *f*; **~ивать** (1) **1.** ⟨**~а́ть**⟩ (1) verwickeln (***в*** П); **-ся** sich mischen (***в*** П unter *A*), untertauchen; F

verwickelt sein; **2.** ⟨замесить⟩ (15) anrühren, anmachen

замешкаться F (1) *pf.* aufgehalten werden; sich zu lange aufhalten; trödeln

заме|щать (1), ⟨**~стить**⟩ (15*e.*) ersetzen; besetzen; *impf.* vertreten; **~щение** *n* (12) Ersatz *m*; Vertretung *f*; Besetzung *f*

зам|инать F (1), ⟨**~ять**⟩ (-ну́, -нёшь; -ятый) ausdrücken, zerdrücken; *fig.* vertuschen; ablenken (B von *D*), übergehen; **-ся** F stocken, zögern; verlegen werden, den Faden verlieren; **~инка** *f* (5; -нок) Stockung, Verzögerung; → ***запинка***

зам|ирание *n* (12) *Rdf.* Schwund *m*; ***с ~иранием сердца*** mit stockendem Herzen; → **~ирать** (5), ⟨**~ереть**⟩ (12; -ер, -рла́) erstarren (***от*** P vor *D*), ersterben; stocken, stehenbleiben; zum Erliegen kommen; verhallen; *Rdf.* schwinden

замкнут|ый (14*K.*) geschlossen, abgeschlossen; exklusiv; verschlossen; zurückgezogen; **~ь(ся)** → ***замыкать(ся)***

замковый[1] (14) Schloß-, Burg-; **~**[2] (14) Schloß-; → ***замок***

замогильный F (14) *fig.* Grabes-

зам|ок[1] *m* (1; -ка) Burg *f*; Schloß *n*; **~ок**[2] *m* (1; -ка́) Schloß *n*; Verschluß (***на*** П unter); *Arch.* Schlußstein; ***под ~ком*** eingesperrt, hinter Schloß u. Riegel; ***на ~ке*** *fig.* dicht, hermetisch abgeriegelt; ***за семью ~ками*** in sicherer Verwahrung

замолвить F (14) *pf.*: ***~ словечко*** ein gutes Wort einlegen (***за*** B, ***о*** П für *j-n*)

замол|кать (1), ⟨**~кнуть**⟩ (21/20) → **~чать**[1] (4*e.*) *pf.* verstummen, schweigen; verhallen; ***заставить ~чать*** zum Schweigen bringen; ***~чи!*** sei still!, hör auf!; **~чать**[2] → ***замалчивать***

замор|аживать (1), ⟨**~озить**⟩ (15) einfrieren (*a. fig.*), gefrieren lassen; *Med.* F vereisen, betäuben; *fig.* auf Eis legen; F kaltstellen; erfrieren; erfrieren *od.* erstarren lassen; **~оженный** (14) Gefrier-; eisgekühlt; *fig.* eiskalt; **~озки** *m/pl.* (1) leichter Morgenfrost *m*; ***~озки на почве*** Bodenfrost *m*

заморский † (16) fremdländisch, (von) jenseits des Meeres; *Hdl.* Außen-

заморыш F *m* (1; -ей) Kümmerling, ein Häufchen *n* Elend

замотать(ся) → ***заматывать(ся)***

замочный (14) Schloß-; Schlüssel-

замуж: ***выдавать*** *od.* ***отдавать ~*** verheiraten (***за*** B mit *j-m*); ***выходить ~*** heiraten (***за*** B *A*); **~ем** verheiratet (***за*** T mit *j-m*); **~ество** *n* (9) Heirat *f*; Ehe *f* (*e-r Frau*); **~ний** (15) Ehe-; **~няя** *f* verheiratet, *su.* verheiratete Frau

замуров|ывать (1), ⟨**~ать**⟩ (7) zumauern, einmauern; **-ся** F sich vergraben

замусол|ивать F (1) → ***мусолить 2***

замусорить (13) *pf.* verunreinigen, verschmutzen

замухрышка P *m/f* (5; -шек) Jämmerling *m*; Schlampe *f*

замуч|ивать (1), ⟨**~ить**⟩ (16), P ⟨**~ать**⟩ (1) zu Tode quälen; zusetzen

замш|а *f* (5) Wildleder *n*, Waschleder *n*; **~евый** (14) Wildleder-

замше|лый (14*K.*) bemoost; **~ть** (8) *pf.* mit Moos bewachsen sein

замы|вать F (1), ⟨**~ть**⟩ (22) auswaschen; verwischen

замызг|ивать P, ⟨**~ать**⟩ (1) verdrekken, abtragen

замыка|ние *n* (12): ***короткое ~ние*** *El.* Kurzschluß *m*; → **~ть** (1) **1.** ⟨замкнуть⟩ schließen; umschließen; P abschließen, zuschließen, einschließen; **-ся** sich abkapseln; **2.** schließen, abschließen

замы|сел *m* (1; -сла) Vorhaben *n*, Absicht *f*; Plan, Konzeption *f*; Grundidee *f*; **~слить** → **~шлять**; **~словатый** (14*K.*) kniff(e)lig, verzwickt; raffiniert; schnörk(e)lig

замыть → ***замывать***

замы|шлять (28), ⟨**~слить**⟩ (15) vorhaben, planen, sich vornehmen; aussinnen, ersinnen; sinnen (B auf *A*), im Schilde führen

замять(ся) → ***заминать(ся)***

занаве|с *m* (1) Vorhang; ***под ~с*** ganz zum Schluß; **~ска** *f* (5; -сок) Vorhang *m*; Gardine; *Anat.* Segel *n*; **~шивать** (1), ⟨**~сить**⟩ (15) verhängen, zuhängen

зан|ашивать (1), ⟨**~осить**⟩ (15) abtragen, abnützen

занемо́чь P (26 г/ж; -огу́, -о́жешь; → ***мочь***) *pf.* erkranken
зан|есе́ние *n* (12) Eintragung *f*; **~ести́(сь)** → ***~оси́ть(ся)***
зани|жа́ть (1), 〈**~́зить**〉 (15) zu niedrig ansetzen *od.* bewerten; → ***завыша́ть***
зан|има́тельный (14; -лен, -льна) unterhaltsam; interessant; spannend; **~има́ть** (1), 〈**~я́ть**〉 (займу́, -мёшь; ~́ял, -а́; ~́ятый: -та́) **1.** borgen, sich ausborgen, ausborgen (***у*** P von *D*), ausleihen; **2.** einnehmen, besetzen; beschäftigen; interessieren; unterhalten; bewohnen; *Amt* bekleiden, innehaben; *Zeit* in Anspruch nehmen; *pf.* eintreten (in *A*), kommen (auf *A*); ***~има́йте места́!*** einsteigen, bitte!; **-ся¹** (T) *impf.* sich beschäftigen, sich befassen (mit *D*); *et.* treiben, betreiben, machen; lernen, studieren; unterrichten (***с*** T/T *j-n* in); arbeiten (T auf dem Gebiet *G*); *Haushalt* führen; sich kümmern (um *A*); *pf.* (-я́лся́, -ла́сь, -ло́сь) sich machen (T an *A*), sich zuwenden *od.* widmen (*D*); **-ся²** F Feuer fangen, in Brand geraten, zu brennen beginnen; *Tag*: anbrechen; *Morgen*: dämmern; *Morgenröte*: aufziehen
за́ново neu, von neuem; ***жить ~*** ein neues Leben beginnen
зано́з|а (5) **1.** *f* Splitter *m*; **2.** *m/f* P Nörgler(in *f*); **~истый** F (14*K.*) ungehobelt; *fig.* nörglerisch, giftig; **~и́ть** (15*e.*) *pf.* sich e-n Splitter (B in *A*) einziehen *od.* eintreten
зан|о́с *m* (1) Verwehung *f*; **~оси́ть¹** (15), 〈**~ести́**〉 (25 -с-; -ёс, -есла́, -о́) hinbringen, vorbeibringen, hereinbringen; verschlagen, geraten; herwehen; eintragen, aufnehmen; hochheben, heben; (B mit *D*) ausholen; einschleppen, verschleppen; verschütten, verwehen; ***~есло́*** (B *N*) geriet ins Schleudern *od.* rutschte weg; ***~есённый сне́гом*** eingeschneit; **-ся**, 〈-сь〉 F sich hinreißen lassen (T von *D*); → ***зазнава́ться***; **~оси́ть²** → ***~а́шивать***; **~о́сный** → ***нано́сный***, ***намывно́й***
зано́счивый [-ʃʃ-] (14*K.*) überheblich, anmaßend, arrogant
заночева́ть F (6 -у́-) *pf.* übernachten
зано́шенный (14*K.*) abgetragen, abgegriffen (*a. fig.*)
зану́да P *m/f* (5) Nervenltöter
заня́т|ие *n* (12) Beschäftigung *f*; Besetzung *f*, Einnahme *f*; *Amt*: Bekleidung *f*, Antritt *m*; *mst pl.* Unterricht *m* (***на*** П in *D*); Übung(en *pl.*) *f*; Studien *f/pl.*; Lehrbetrieb *m*; ***род*** *m* ***~ий*** Beruf; **~ный** F (14 ; -ен, -на) interessant; amüsant; **~о́й** (14) beschäftigt; **~́ость** *f* (8) Beschäftigung; **~́ый** (14; ~́, -а́) besetzt, belegt; beschäftigt; **~ь(ся)** → ***занима́ть(ся)***
зао́блачный (14) über den Wolken, himmelhoch; *fig.* in höheren Regionen schwebend
заодно́ einvernehmlich, gemeinsam; eins, einig; F zugleich
заокеа́нский (16) überseeisch
заора́ть F (-ру́, -рёшь) *pf.* losbrüllen
заостр|ённый (14*K.*) zugespitzt, spitz; **~я́ть** (28), 〈**~и́ть**〉 (13*e.*) spitzen, schärfen; verjüngen; *fig.* zuspitzen, verschärfen; konzentrieren (***на*** П auf *A*); **-ся** spitz *od.* scharf werden; gespannt *od.* angespannt sein
зао́чн|ик *m* (1) Fernstudent; **~о** in *j-s* Abwesenheit; im Fernstudium; **~ый** (14) Fern-; für Fernstudium; außerplanmäßig; *Jur.* Kontumazial-
за́пад *m* (1) Westen (***на*** П im; → ***восто́к***); ♀ Abendland *n*, Okzident
запа|да́ть (1), 〈**~́сть**〉 (25; ~́л, ~́ла; ~́вший) einfallen, einsinken; sich einprägen *od.* einwurzeln; F fallen, geraten
за́падн|ик *m* (1) Westler; **~ичество** *n* (9) Westlertum; **~огерма́нский** (16) westdeutsch; **~ый** (14) West-, westlich; abendländisch; → ***восто́чный***
западня́ *f* (6; -не́й) Falle
зап|а́здывать, 〈**~озда́ть**〉 (1) sich (etwas) verspäten, zu spät kommen, Verspätung haben; säumig sein
запа́л *m* (1) Zünder; *fig.* F Eifer; **~ивать** P (1), 〈**~и́ть**〉 (13*e.*) anzünden; abhetzen; herzschlächtig machen; **~ьный** (14) Zünd-; Spreng-; Brand-; *Pferd*: herzschlächtig
запа́льчив|ость *f* (8) Jähzorn; → **~ый** (14*K.*) heftig, aufbrausend, jähzornig
запа́мятовать P (7) *pf.* vergessen
запанибра́та F familiär; ***быть ~*** ungezwungen verkehren
запа́р|ивать (1), 〈**~ить**〉 (13) abbrühen; dämpfen; P abhetzen

зап|арывать (1), ⟨**~ороть**⟩ (17) F zu Tode prügeln; P kaputtmachen
запас *m* (1) Vorrat (P an *D*), Bestand; *Mil.* Reserve *f*; *fig.* Schatz, Fundus; *Text.* Einschlag; ***в ~е*** vorrätig; ***про ~*** auf Vorrat; für alle Fälle; **~ать** (1), ⟨**~ти**⟩ (25*e.*; -с-) auf Vorrat anschaffen; **-ся**, ⟨**-сь**⟩ e-n Vorrat (T an *D*) anlegen, sich eindecken; *Mut* fassen (T *A*); *Geduld*: sich wappnen; **~ливый** (14*K.*) vorsorglich, vorsorgend; **~ной**, **~ный** (14) Ersatz-, Reserve-; *Esb.* Abstell-; *Mil.*, *Flgw.* Ausweich-; Not-; Hilfs-
запасть → ***западать***
запах *m* (1) Geruch; Duft
запах|ивать[1] (1), ⟨**~ать**⟩ (3) unterpflügen, einackern; → ***запашка***
запах|ивать[2] (1), ⟨**~нуть**[1]⟩ (20) übereinanderschlagen, zuschlagen; **-ся** sich einhüllen (***в*** B, T in *A*)
запахнуть[2] (21) *pf.* zu riechen beginnen
запашка *f* (5) Pflügen *n*, Umpflügen *n*, Zupflügen *n*; Anbaufläche *f*
запаять (28) *pf.* zulöten, verlöten
запе|в *m* (1) Sologesang; → ***зачин***; **~вала** *m*/*f* (5) Vorsänger(in *f*); **~вать** (1), ⟨**~ть**⟩ (-пою, -поёшь; → ***петь***) zu singen beginnen; *impf.* (ein Lied) anstimmen, vorsingen; P → ***поплясать***; ***~ть по-другому*** andere Saiten aufziehen
запе|канка *f* (5; -нок) Auflauf *m*; Fruchtlikör *m*; **~кать** (1), ⟨**~чь**⟩ (26) einbacken, überbacken; in Teig bakken; **-ся** braun werden; *Lippen*: aufspringen; *Blut*: gerinnen
запереть → ***запирать***
запетый F (14*K.*) abgeleiert
запеть → ***запевать***
запечат|левать (1), ⟨**~леть**⟩ (8) einprägen, prägen, festhalten; *Fot.* bannen (***на*** П auf *A*); besiegeln; ***~леть в памяти*** → **-ся** sich einprägen *od.* (***в*** П in *A*) eingraben; **~ывать**, ⟨**~ать**⟩ (1) versiegeln; zumachen, verschließen
запечь → ***запекать***
запи|вать (1), ⟨**~ть**⟩ (-пью, -пьёшь; -пей!; -питый: -та) **1.** (-пил, -а) nach *od.* zu ... *et.* trinken (B/T *D*/*A*), nachspülen, hinunterspülen; **2.** *pf.* (-пил, -а) zu trinken beginnen, sich dem Trunk ergeben
зап|инаться (1), ⟨**~нуться**⟩ (20) stolpern (***о*** B über *A*); stocken (***на*** П bei *D*); **~инка** *f* (5; -нок) Stocken *n*; ***без ~инки*** ohne zu stocken
запирательство *n* (9) beharrliches Leugnen
зап|ирать (1), ⟨**~ереть**⟩ (12; -ер, -ла; -ерший; -ертый: -та) abschließen, zuschließen, zusperren; einschließen, einsperren; **-ся 1.** (-ерся; -ершись) schließen; sich zurückziehen; **2.** F (-ёрся, -рлась) hartnäckig leugnen
запис|ка *f* (5; -ок) Zettel *m*; Schreiben *n*; Bericht *m*; Schrift; *pl.* Notizen, Aufzeichnungen; Memoiren; Beiträge *m*/*pl.*, Abhandlungen; **~ной** (14) Notiz-, Merk-; F → ***завзятый***; **~ывать** (1), ⟨**~ать**⟩ (3) aufschreiben, aufzeichnen, notieren; nachschreiben, einschreiben, eintragen; anmelden (***в*** B in *D*; ***на*** B zu *D*), vormerken; *Tonband*: aufnehmen; F vollschreiben; → ***причислять***; **-ся** sich einschreiben *od.* eintragen *od.* vormerken lassen; eintreten, (***в*** B *D*) beitreten; F zu viel schreiben, sich müde schreiben; **~ь** *f* (8) Einschreiben *n*, Aufschreiben *n*; Nachschrift; Notiz, Aufzeichnung; Anmeldung; Eintragung; *Hdl.* Buchung; *Tonband*: Aufnahme; ***с ~ью*** bespielt
запить → ***запивать***
запих|ивать, ⟨**~ать**⟩ F (1), *einm.* ⟨**~нуть**⟩ F (20) hineinstopfen
заплака|нный (14*K.*) verweint, in Tränen aufgelöst; **~ть** (3) anfangen zu weinen, in Tränen ausbrechen
заплата *f* (5) Flicken *m*; **~ть** P (1) *pf.* flicken
заплесневелый (14) verschimmelt
запле|тать (1), ⟨**~сти**⟩ (25 -т-) → ***плести***; umflechten, einflechten; **-ся** F nicht gehorchen, den Dienst versagen (***у*** P *j-m*); *Zunge*: schwer werden; *Beine*: torkeln (***от*** P vor *D*)
заплечный (14): ***~ мешок*** *m* Rucksack; ***~ мастер*** † *m* Henker
заплутаться P (1) *pf.* sich verirren
заплы|в *m* (1): ***~в брассом на сто метров*** 100-Meter-Brustschwimmen *n*; **~вать** (1), ⟨**~ть**⟩ (23) **1.** schwimmen, fortschwimmen, hinausschwimmen; **2.** verfetten; *Schlamm*, P *Fett* ansetzen (T *A*); sich überziehen; →

~вший aufgedunsen, verschwollen, verquollen
запну́ться → ***запина́ться***
запове́д|ник *m* (1) Schongebiet *n*, Naturschutzgebiet *n*, Reservat *n*; Schonung *f*; **~ный** (14) Schon-, Hege-; unter Naturschutz stehend; *fig.* geheim; traut, vertraut; **~овать** (7), ⟨**~ать**⟩ (1) gebieten; unter Naturschutz stellen; **~ь** *f* (8) Gebot *n*
запод|а́зривать (1), ⟨**~о́зрить**⟩ (13) verdächtigen (В/***в*** П *j-n*/*G*); Verdacht schöpfen (gegen *j-n*); argwöhnen; *Betrug* wittern
запо́ем F in rauhen Mengen; bis zum Umfallen; ***чита́ть ~*** Bücher verschlingen
запозда́|лый F (14) verspätet; **~ние** *n* (12) Verspätung *f*; Verzug *m*; **~ть** → ***запа́здывать***
запо́й *m* (3) Trunksucht *f*
запо́лз|ать¹ (1) *pf.* zu kriechen beginnen; **~а́ть²** (1), ⟨**~ти́**⟩ (24) kriechen, hineinkriechen; sich verkriechen
заполн|я́ть (28) ⟨**~ить**⟩ (13) füllen, anfüllen, ausfüllen
заполуч|а́ть P (1), ⟨**~и́ть**⟩ (16) ergattern, auftreiben; erwischen
заполя́рный (14) Polar-
запом|ина́ть (1), ⟨**~нить**⟩ (13) sich merken, im Gedächtnis behalten; *Tech.* speichern; ***не ~нить*** F sich nicht erinnern können (P an *A*); **-ся** sich einprägen, haftenbleiben
за́понка *f* (5; -нок) Manschettenknopf *m*; Kragenknopf *m*
запо́р *m* (1) Verschluß; Riegel; *Med.* Verstopfung *f*; ***на ~е*** verschlossen
запоро́жский (16) *hist.* Saporoger
запоро́ть → ***запа́рывать***
запоте́лый F (14) angelaufen
заправ|и́ла F *m* (5) Anführer, Boß; Drahtzieher; **~ка** *f* (5) Auftanken *n*; Zutaten *f*/*pl.*, Dressing *n*; **~ля́ть** (28), ⟨**~ить**⟩ (14) stecken, hineinstecken; anmachen, anrichten, abschmecken; herrichten; tanken; *impf.* das Sagen haben (T in *D*), managen (*A*); F **-ся** auftanken; P sich stärken; **~очный** (14) Tank-; **~ский** F (16) echt, waschecht; **~щик** *m* (1) Tankwart; ***самолёт-~щик*** Tankflugzeug *n*
запр|а́шивать (1), ⟨**~оси́ть**⟩ (15) anfragen (В/***о*** П bei *j-m* über *A*); einholen, anfordern; F (zu viel) verlangen (***с*** P von *j-m*), haben wollen
запре́|т *m* (1) Verbot *n*; Sperre *f*, Stopp; ***под ~том*** verboten, gesperrt; **~ти́тельный** (14) Sperr-, Prohibitiv-; **~тный** (14; -тен, -тна) verboten, Sperr-; **~ща́ть** (1), ⟨**~ти́ть**⟩ (15*e.*; -т/щ-) verbieten, untersagen; **-ся** *impf.* verboten sein; **~ще́ние** *n* (12) → **~т**; Ächtung *f*
заприме́тить P (15) *pf.* → ***замеча́ть***
запрода|ва́ть F (5), ⟨**~ть**⟩ (-́м, -́шь; → ***распродава́ть***) auf Lieferung verkaufen
запроки́|дывать F (1), ⟨**~нуть**⟩ (20) *Kopf* zurückwerfen; zurückbiegen; kippen; → ***опроки́дывать***
запропасти́ться P (15*e.*; -т/щ-) *pf.* hingeraten; → ***дева́ться, пропада́ть***
запро́с *m* (1) Anfrage *f*; Interpellation *f*; *pl.* Ansprüche, Anforderungen *f*/*pl.*, Bedürfnisse *n*/*pl.*; F Preisüberhöhung *f*; ***без ~а*** *Hdl.* fest, real; **~и́ть** → ***запра́шивать***
за́просто F ungeniert, ungezwungen; leicht; ***быва́ть ~*** F ein- u. ausgehen
запру́|да *f* (5) Damm *m*, Staudamm *m*; Talsperre, Stauweiher *m*; → **~жа́ть** F, **~живать** (1), ⟨**~ди́ть**⟩ (15/15*e.*) stauen; *fig.* F überfüllen, überfluten
запры́гать (1) *pf.* anfangen zu springen
запря|га́ть (1), ⟨**~чь**⟩ (26 -г/ж-) anspannen, (*fig.* F) einspannen; spannen (***в*** В vor *A*); **~жка** *f* (5; -жек) Anspannen *n*, Einspannen *n*; Gespann *n*; Geschirr *n*
запря́т|ывать F (1), ⟨**~ать**⟩ (3) verstecken; stecken
запря́чь → ***запряга́ть***
запу́г|ивать, ⟨**~а́ть**⟩ (1) einschüchtern; Angst machen, drohen; (***меня́***) ***не ~а́ешь!*** Bangemachen gilt nicht!
за́пус|к *m* (1) Start, Starten *n*; → **~ка́ть** (1), ⟨**~ти́ть**⟩ (15) **1.** steigen lassen; *Tech.* starten, anlassen, ankurbeln; in Gang setzen; *Raumf.* bringen; F schleudern (T/***в*** В *A* nach *D*); hineinstecken, stecken; hineinfahren, hineinstoßen, hineinlassen; → ***пуска́ть, впуска́ть***; → ***заки́нуть***; **2.** vernachlässigen; verschleppen; → ***запу́щенный***
запусте́|ние *n* (12) Verödung *f*; **~ть** (8) *pf.* veröden

запусти́ть → ***запуска́ть***
запу́т|анный (14*K.*) verwickelt, verworren; **~ывать**, ⟨**~ать**⟩ (1) verwikkeln, verwirren; komplizieren; F irremachen, irreführen; hineinziehen, verstricken; → ***пу́тать 1***, ***опу́тывать***; **-ся** sich verheddern; P sich verirren
запу́щенный (14*K.*) vernachlässigt, verwildert; verwahrlost; *fig.* zerrüttet; *Krankheit*: verschleppt
запыла́ть (1) *pf.* auflodern, aufflammen; *fig.* erglühen (**от** P vor *D*)
запыли́ть (13) *pf.* staubig machen
запы́ха́ться F (1) *pf.* außer Atem kommen, keuchen
запя́стье *n* (10; -ий) Handgelenk
запята́я *f* (14) Komma *n*; F Haken *m*
запя́тки *f/pl.* (5; -ток) Wagentritt *m*
зараб|а́тывать, ⟨**~о́тать**⟩[1] (1) verdienen; F erarbeiten; P kriegen, was abkriegen; sich einhandeln; **~о́тать**[2] (1) *pf.* zu arbeiten beginnen, anspringen, in Gang kommen; **~о́таться** F (1) sich abarbeiten, sich überarbeiten; **~отный** (14): ***~отная пла́та*** *f* Arbeitslohn *m*; **~оток** *m* (1; -тка) Verdienst; Lohn; Gehalt *n*
зара|жа́ть (1), ⟨**~зи́ть**⟩ (15*e.*) anstekken (*a. fig.*), infizieren; verpesten, verseuchen; **~же́ние** *n* (12) Infektion *f*, Ansteckung *f*; Vergiftung *f*; Verseuchung *f*; *Kernphys.* Verstrahlung *f*
зара́з P auf e-n Schlag, auf einmal
зара́|за *f* (5) Ansteckung, Infektion; Seuche; P Miststück *n*; **~зи́тельный** (14; -лен, -льна) *fig.* ansteckend, mitreißend; → ***~зный***; **~зи́ть** → ***~жа́ть***; **~зный** (14; -зен, -зна) ansteckend, übertragbar; (*o. K.*) Infektions-
зара́нее im voraus; von vornherein
зарапортова́ться F (1) *pf.* sich vergaloppieren, sich verquatschen
зараст|а́ть (1), ⟨**~и́**⟩ (25 -ст-; → ***расти́***) zuwachsen, bewachsen; F zuheilen
зарва́ться → ***зарыва́ться***[2]
зарде́ть (8), **~ся** *pf.* sich röten; erröten
зареве́ть (-ву́, -вёшь) anfangen zu brüllen, anfangen zu heulen
за́рево *n* (9) Feuerschein *m*
заре́з F *n* (1) Ruin *m*; ***до ~у*** F dringendst; **~ать** (3) *pf.* erstechen, die Kehle durchschneiden; F abblocken; → ***ре́зать 2***, ***хоть***
заре|ка́ться F (1), ⟨**~чься**⟩ (26) sich fest vornehmen, sich schwören
зарекомендова́ть (7) *pf.*: **~ *себя́*** (T) sich als (*N*) bewähren, sich (**с** P von *D*) zeigen
заре́чный (14) jenseits des Flusses
заре́чься → ***зарека́ться***
заржав|е́лый F (14), **~ленный** (14*K.*) verrostet, rostig
зарисо́в|ка *f* (5; -ок) Zeichnen *n*; Skizze; **~ывать** (1), ⟨**~а́ть**⟩ (7) zeichnen, skizzieren; **-ся** sich abzeichnen
за́риться P (13), ⟨**по-**⟩ scharf sein
зарни́ц|а *f* (5) *mst pl.* Wetterleuchten *n*; ***сверка́ют ~ы*** es wetterleuchtet
заробе́ть P *pf.* → ***робе́ть***
заровня́ть (28) *pf.* einebnen; zuschütten
заро́дыш *m* (1; -ей) Keim (*a. fig.*); Embryo, Leibesfrucht *f*; **~евый** (14) embryonal; Keim-
заро|жда́ть (1), ⟨**~ди́ть**⟩ (15*e.*; -ждённый) *fig.* wecken, hervorrufen; **-ся** entstehen, aufkommen, aufkeimen
заро́к *m* (1) Schwur, Versprechen *n*; ***дать ~*** → ***зарека́ться***
зарони́ть (13) *pf.* wecken (**в** B in *D*); einflößen (**в** П *j-m*); F → ***роня́ть***
за́росль *f* (8) *a. pl.* Gestrüpp *n*, Dikkicht *n*
зарпла́та F *f* (5) → ***за́работный***
заруб|а́ть (1), ⟨**~и́ть**⟩ (14) niederhauen, niedersäbeln; einkerben; ***~и́ себе́ на носу́*** *od.* ***лбу*** F merk dir das, schreib dir das hinter die Ohren
зарубе́ж|ный (14) ausländisch, Auslands-, fremd; ***~ные стра́ны*** *f/pl.* → **~ье** *n* (10) Ausland
заруб|и́ть → ***~а́ть***; **~ка** *f* (5; -ок) Kerbe, Einschnitt *m*; **~цо́вываться** (1), ⟨**~цева́ться**⟩ → ***рубцева́ться***
заруга́ть P (1) *pf.* ausschimpfen
зарумя́ни|ваться (1), ⟨**~ться**⟩ (13) sich röten; braun werden
заруч|а́ться (1), ⟨**~и́ться**⟩ (16*e.*) (T) sich *et.* sichern; **~ка** P *f* (5) Stütze
зары|ва́ть (1), ⟨**~ть**⟩ (22) vergraben, verscharren; ***вот где соба́ка ~та!*** da liegt der Hund begraben!; **-ся**[1] sich verkriechen; versinken; *fig.* sich vertiefen, aufgehen; *Gesicht* vergraben (T/**в** B in *D*)
зар|ыва́ться[2] F (1), ⟨**~ва́ться**⟩ (-ву́сь, -вёшься; → ***рва́ться***) zu weit

gehen, über die Stränge hauen

зары́ть(ся) → ***зарыва́ть(ся)***

зар|я́ *f* (6; *pl.* зо́ри, -рь, ‐ям) Morgenrot *n* (***на*** П im), Morgenröte; ***вече́рняя ~я́*** Abendrot *n*; (*Asg. a.* зо́рю) *Mil.* Zapfenstreich *m*, Wecken *n*; *fig.* Morgen *m* (***на*** П an *D*), Schwelle; ***на ~е, с ~ёй*** bei Tagesanbruch; ***от ~и́ до ~и́*** von früh bis spät; die ganze Nacht hindurch

заря́|д *m* (1) *Mil.*, *El.* Ladung *f*; Sprengsatz; Schuß (*a. fig.*); ***~д зло́бы*** angestaute Wut *f*; **~дка** *f* (5) Laden *n*; Gymnastik (***на*** В zu *D*); *fig.* Schuß *m* Energie; **~дный** (14) Lade-; Ladungs-; **~жа́ть** (1), 〈**~ди́ть**〉 **1.** (15*e.*/15) laden, aufladen; Film einlegen (В in *A*); *fig.* erfüllen; anstecken; **2.** F (15*e.*) unaufhörlich (+ *Inf.*); herleiern; ***дождь ~ди́л*** es setzt(e) ein Dauerregen ein

заса́да *f* (5) Hinterhalt *m*, Versteck *n*

заса́|дка *f* (5) Anpflanzung; **~живать** (1), 〈**~ди́ть**〉 (15) bepflanzen; F hineinstecken, einsperren; hineintreiben, hineinjagen; setzen (***за*** В an *A*), zwingen (zu *D*); **-ся** F, 〈засе́сть〉 (-ся́ду, -дешь; -се́л) sich machen (***за*** В an *A*); sich daran machen (+ *Inf.*); *pf.* sich setzen; hocken; *Hinterhalt*: sich legen; → ***заседа́ть[2]***

зас|а́ливать (1) **1.** 〈**~а́лить**〉 (13) fettig *od.* speckig machen; **-ся** fettig sein; **2.** 〈**~оли́ть**〉 (13/13*e.*) einsalzen, einpökeln

зас|а́сывать (1), 〈**~оса́ть**〉 (-су́, -сёшь) **1.** einsaugen, aufsaugen; ***~оса́ло*** (В *N*) versank (Т in *D*); *fig.* ist versumpft (И in *D*); → ***заеда́ть***; **2.** *pf.* anfangen zu saugen; zu schmerzen beginnen; → ***ло́жечка***

заса́хари|вать (1), 〈**~ть**〉 (13) verzukkern, kandieren

засверка́ть (1) *pf.* aufblitzen, aufleuchten; erglänzen

засвет|и́ть (13) *pf.* anzünden, anmachen; *Fot.* versehentlich belichten; P e-e verpassen; **-ся** aufleuchten, erglänzen; **~ло́** bei Tageslicht

засвиде́тельствова|ние *n* (12) Beglaubigung *f*; → **~ть** (7) *pf.* → ***свиде́тельствовать***; beglaubigen; beglaubigen lassen

засе́|в *m* (1) Aussaat *f*; **~ва́ть, ~ивать** (1), 〈**~ять**〉 (27) bebauen, besäen, (В/Т auf *A*/*A*) anbauen; F übersäen

заседа́|ние *n* (12) Sitzung *f* (***на*** П in *D*); Tagung *f*; *Jur.* Verhandlung *f*; **~тель** *m* (4) *ehm.* Beisitzer; Schöffe; **~ть[1]** (1) tagen; sitzen; **~ть[2]** F (1), 〈засе́сть〉 (-ся́ду, -дешь; -се́л; → ***сесть***) steckenbleiben; *fig.* sich festsetzen *od.* einnisten *od.* einwurzeln

засе́ивать → ***засева́ть***

засе́ка *f* (5) Verhau *m*; † Bannwald *m*

засе|ка́ть (1) **1.** 〈**~́чь**〉 (26; ‐к/‐́к, -кла́; *a.* ‐ченный) einkerben, e-e Kerbe einschneiden (В in *A*); eintragen; *Zeit* stoppen; *Pferd*: verletzen; F entdecken; **2.** 〈**~́чь**〉 (26; ‐́к/‐к, ‐кла́; *a.* ‐ченный) zu Tode prügeln

засекре́|чивать (1), 〈**~тить**〉 (15) für geheim erklären, geheimhalten

засел|е́ние *n* (12) Besied(e)lung *f*; **~ённость** *f* (8) Bevölkerungsdichte; **~я́ть** (28), 〈**~и́ть**〉 (13*e.*) bevölkern, besiedeln; belegen, (В in *A*) einweisen

засе́сть → ***заса́живаться, заседа́ть[2]***

засе́чь → ***засека́ть***

засе́ять → ***засева́ть***

заси́|живать F (1), 〈**~де́ть**〉 (11) beschmeißen, beschmutzen; **-ся** lange *od.* zu lange sitzen *od.* sitzenbleiben (***за*** Т über *D*) *od.* sich aufhalten

заси́лье *n* (10) Herrschaft *f*; Macht *f*

засия́ть (28) *pf.* erstrahlen, aufleuchten

заск|а́кивать (1), 〈**~очи́ть**〉 (16) F hineinspringen; aufspringen; vorpreschen; P auf e-n Sprung vorbeikommen *od.* vorbeischauen (***к*** Д bei *D*)

заско́к F *m* (1) Tick, Macke *f*, Stich

заскору́з|лый F (14*K.*) schwielig; hart, starr; *fig.* stur; **~нуть** F (21) *pf.* schwielig, *fig.* stur werden; sich verhärten

заскочи́ть → ***заска́кивать***

засла́ть → ***засыла́ть***

засло́н *m* (1) Schutzwall, Schutz (***от*** Р gegen *A*); *Mil.* Deckung *f*; → **~ка** *f* (5; -ок) Ofenklappe, Schieber *m*; **~я́ть** (28), 〈**~и́ть**〉 (13*e.*/13) verdecken, verstellen; verhüllen; verdrängen; **-ся** sich schützen (***от*** Р vor *D*)

заслу́|га *f* (8) Verdienst *n* (***по*** Д *pl.* nach *D*; ***перед*** Т um *A*; ***в*** В als); ***по ~гам*** gebührend; ***он получи́л по ~гам*** F der hat's verdient; **~женный**

(14*K.*) verdient, verdienstvoll; gerecht; altgedient; *Adv.* zu Recht; **~живать** (1), 〈~жи́ть〉 (16) (B; *impf. a.* P) verdienen; gewinnen, erwerben
засл|у́шивать (1), 〈~у́шать〉 (1) anhören, sich anhören; *Bericht* entgegennehmen, zur Kenntnis nehmen; **-ся** (P) fasziniert zuhören (B *j-m*; T *D*); **~ы́шать** P (4) *pf.* vernehmen; wittern
засм|а́тривать F (1) hineinschauen, hinausschauen, hinausspähen; einschmeichelnd blicken; **-ся**, 〈~отре́ться〉 (9) → ***загля́дываться***
засмея́ть F (27*e.*) *pf.* → ***высме́ивать***; **-ся** anfangen zu lachen, auflachen, in Lachen ausbrechen
засмотре́ться → ***загляде́ться***
засне́жённый (14*K.*) verschneit
засну́ть → ***засыпа́ть 2***
засня́ть F → ***снима́ть*** *Fot.*
засо́в *m* (1) Riegel; → ***задви́жка***
зас|о́вывать (1), 〈~у́нуть〉 (20) hineinstecken, einstecken, stecken; F verlegen
засо́л *m* (1) Einsalzen *n*, Einlegen *n* (***в*** B zum); ***све́жего ~а*** frisch eingelegt; **~и́ть** → ***заса́ливать 2***
засор|е́ние *n* (12) Verunreinigung *f*; *Med.* Verstimmung *f*; → **~я́ть** (28), 〈~и́ть〉 (13*e.*) verschmutzen, verunreinigen; verstopfen, vollstopfen; verunkrauten; *Magen* sich verderben; *Auge*: *et.* haben (B in *D*); **-ся** verschmutzt *od.* verstopft sein
засоса́ть → ***заса́сывать***
засо́хший (17) vertrocknet
за́спа|нный (14*K.*) verschlafen, schläfrig; **~ть** P (→ ***спать***) *pf.* im Schlaf vergessen *od.* erdrücken; **-ся** → ***засыпа́ться 2***
заспиртова́ть (7) *pf.* in Spiritus legen
заспо́рить (13) *pf.* anfangen zu streiten, e-n Streit beginnen
заста́ва *f* (5) *hist.* Stadttor *n*; † Schlagbaum *m*; *Mil.* Wache, Posten *m*
заста|ва́ть (5), 〈~ть〉 (-ну, -нешь) antreffen, vorfinden, erreichen; erwischen; ertappen; überraschen
заста́вить → ***заставля́ть***
заста́вка *f* (5; -вок) *Typ.* Zierleiste; *Rdf.* Vorschaubild *n*; *Tech.* Schütz *n*
застав|ля́ть (28), 〈~вить〉 (14) **1.** vollstellen; verstellen, versperren; **2.** zwingen, nötigen; lassen; machen; ***~ить молча́ть*** zum Schweigen bringen
застаре́лый (14*K.*) uralt; überaltert; überreif; tief eingewurzelt, eingefleischt; *Med.* verschleppt
заста́ть → ***застава́ть***
застё|гивать (1), 〈~гну́ть〉 (20) schließen; zuknöpfen; **~жка** *f* (5; -жек) Verschluß *m*, Reißverschluß *m*; Schließe, Spange, Schnalle
застекл|ённый (14*K.*) verglast; Glas-; **~я́ть** (28), 〈~и́ть〉 (13*e.*) verglasen
застели́ть → ***застила́ть***
засте́нок *m* (1; -нка) Folterkammer *f*; Kerker
засте́нчивый (14*K.*) schüchtern, scheu
засти|га́ть (1), 〈~гнуть, ~чь〉 (21/20) ertappen, erwischen; überraschen, überrumpeln
заст|ила́ть (1), 〈~ели́ть F, ~ла́ть〉 (→ ***стлать***) bedecken, belegen; einhüllen, verhüllen; trüben, umfloren
застира́ть F (1) *pf.* auswaschen, verwaschen
застла́ть → ***застила́ть***
засто́й *m* (3) Stillstand; Stagnation *f*; Flaute *f*; *Med.* Stauung *f*; **~ный** (14) flau, stockend, stagnierend; ständig; *Wasser*: stehend; *Pol.* der Stagnation
засто́ль|е F *n* (10) Tafeln; **~ный** (14) Tisch-, Tafel-; Trink-; *Su.f* Trinklied *n*
застоя́|ться (-ою́сь, -и́шься) *pf.* zu lange stehen *od.* stehenbleiben; ***~вшийся*** abgestanden
застона́ть (-ну́, -нешь) *pf.* aufstöhnen
застр|а́ивать (1), 〈~о́ить〉 (13) bebauen; **-ся** bebaut werden *od.* sein
застрахо́вывать (1) → ***страхова́ть***
застраща́ть P (1) *pf.* einschüchtern
застр|ева́ть (1), 〈~я́ть〉 (-я́ну, -я́нешь) steckenbleiben; hängenbleiben; festsitzen; festfahren (*a. fig.*); F zu lange bleiben *od.* sitzen
застре́л|ивать (1), 〈~ить〉 (13) erschießen, niederschießen; **~ьщик** *m* (1) Urheber, Initiator
застр|о́ить → ***~а́ивать***; **~о́йка** *f* (5) Bebauung; **~о́йщик** *m* (1) Bauherr
застрочи́ть (16*e.*) *pf.* **1.** zunähen, zusteppen; **2.** das Feuer eröffnen; zu rattern beginnen; F drauflosschreiben
застря́ть → ***застрева́ть***
застуди́ть F (15) *pf.* erkälten
за́ступ *m* (1) Spaten

заступ|áть (1), ⟨**~и́ть**⟩ (14) F eintreten; *Dienst* antreten (T als *N*); übernehmen (***на*** B *A*); P ablösen, (B auf *od.* an *A*) treten; vordringen, eindringen; *Weg* verstellen; **-ся** eintreten (***за*** B für *A*), *j-m* beistehen, *j-n* in Schutz nehmen; **~́ник** *m* (1) Fürsprecher, Verteidiger, Beschützer; **~́ничество** *n* (9) Fürsprache *f*, Eintreten

застý|кать P (1) *pf.* erwischen, ertappen; erledigen; **~чáть** (4*e.*) *pf.* anfangen zu klopfen

засты|вáть (1), ⟨**~́ть**, **~́нуть**⟩ (21; -́л) fest werden, gerinnen; F erstarren, erkalten; zufrieren, gefrieren

засуди́ть P (15) *pf.* aburteilen

засуети́ться (15*e.*) unruhig werden; F sich abstrampeln

засýнуть → ***засóвывать***

зáсух|а *f* (5) Dürre; **~оустóйчивый** (14*K.*) dürrebeständig

засýчи|вать (1), ⟨**~ть**⟩ (16) aufkrempeln, hochkrempeln; → ***рукáв***

засýш|ивать (1), ⟨**~и́ть**⟩ (16) eintrocknen lassen; F austrocknen; **~ливый** (14*K.*) trocken, regenarm; dürregefährdet; (*o. K.*) Dürre-

засчи́т|ывать [-ʃtʃ-], ⟨**~áть**⟩ (1) anrechnen

зас|ылáть (1) ⟨**~лáть**⟩ (→ ***слать***) weit wegschicken, verschicken; fehlleiten; vorschicken; einschleusen

зас|ыпáть (1) **1.** ⟨**~ы́пать**⟩ (2) zuschütten, verschütten; zuwehen; überschütten, überhäufen; F hineinschütten, vorschütten; **-ся** eindringen; voll sein; F durchfallen; P reinfallen, hochgehen (***на*** П bei *D*, wegen *G*); **2.** ⟨**~нýть**⟩ (20) einschlafen; **-ся** F, ⟨**~лáться**⟩ (-плю́сь, -пи́шься; -палáсь) lange *od.* zu lange schlafen

засыхáть (1) → ***сóхнуть 2***

зата|ённый (14) heimlich, verborgen; **~́ивать** (1), ⟨**~и́ть**⟩ (13*e.*) verbergen, verheimlichen, verhehlen; *Kränkung* nachtragen; *Groll* heimlich hegen; *Atem* anhalten

зат|áпливать (1), ⟨**~опи́ть**⟩ (14) **1.** anheizen, einheizen; **2.** überschwemmen, überfluten; versenken

зат|áптывать (1), ⟨**~оптáть**⟩ (3) zertreten, niedertreten; hineintreten; austreten; zu Tode trampeln; F beschmutzen; *fig.* ***~оптáть в грязь*** F in den Schmutz ziehen

затá|сканный (14*K.*) abgetragen, schäbig; *fig.* abgedroschen; **~скивать** (1) **1.** ⟨**~скáть**⟩ (1) abtragen, abnutzen, (*a. fig.*) abgreifen; *pf.* herumschleppen; **2.** ⟨**~щи́ть**⟩ (16) hinschleppen; hineinschleppen; wegschleppen, verschleppen; F schleppen, herbeischleppen

затверде|вáть (1) → ***твердéть***; **~́лый** (14) verhärtet, hart; **~́ние** *n* (12) Verhärtung *f*; Schwiele *f*

затвóр *m* (1) Sperre *f*; *Gewehr*: Schloß; *Fot.*, *Geschütz*: Verschluß; F Riegel; **~ник** *m* (1) Einsiedler; **~нический** (16) Einsiedler-, zurückgezogen; **~я́ть** (28), ⟨**~и́ть**⟩ (13) schließen, zumachen; einschließen, einsperren; **-ся** zugehen, ins Schloß fallen; sich zurückziehen (***в*** П in *A*)

зате|вáть F (1), ⟨**~́ять**⟩ (27) sich vornehmen; anfangen, anzetteln; sich einfallen lassen; organisieren, arrangieren; **~́йливый** (14*K.*) → ***замысловáтый***; bizarr; unterhaltsam; P einfallsreich; **~́йник** *m* (1) Freizeitgestalter; F erfinderischer Mensch; Spaßvogel

зате|кáть (1), ⟨**~́чь**⟩ (26) hineinfließen, eindringen; anschwellen, verquollen sein; steif werden, einschlafen (***у*** P *j-m*)

затéм danach; dann, nachher; darum, deswegen; ***~ чтóбы*** um zu, damit

затемн|éние *n* (12) Verdunk(e)lung *f*; *fig.* Trübung *f*; **~́о** F vor Tagesanbruch; nach Einbruch der Dunkelheit; **~я́ть** (28), ⟨**~и́ть**⟩ (13*e.*) verdunkeln, abdunkeln; abblenden; *fig.* trüben; verschleiern

затен|я́ть (28), ⟨**~и́ть**⟩ (13*e.*) beschatten, verschatten; abdecken

затéплиться (13) *pf.* aufglimmen

затерéть(ся) → ***затирáть(ся)***

затéря|нный (14K.) verloren, verlassen; **~́ть** F (28) *pf.* verlieren; **-ся** verlorengehen, abhanden kommen; entschwinden, verhallen

затесáть (3; -ёсанный) *pf.* behauen; anspitzen; **-ся** P sich einschleichen

затéчь → ***затекáть***

затé|я *f* (6; -й) Einfall *m*; Vorhaben *n*; Spaß *m*, Spielerei; Streich *m*; *pl.* † Schnörkel *m/pl.*; ***без ~й*** unkompli-

ziert, schlicht; **~ять → ~ва́ть**
зат|ира́ть (1), ⟨**~ере́ть**⟩ (12) auswischen, verwischen; einklemmen; F anschmutzen, abnutzen; *fig.* F zurücksetzen, knebeln; **-ся** F sich hineindrängen, sich einschleichen
зати́с|кивать, F ⟨**~кать**⟩ (1), ⟨**~нуть**⟩ (20) hineinzwängen, hineinquetschen
зати|ха́ть (1), ⟨**~́хнуть**⟩ (21) verstummen, still werden; verhallen; *Wind*: nachlassen, abflauen, *pf.* sich legen; *Schmerz*: abklingen; **~́шье** *n* (10) Windstille *f*; windgeschützte Stelle *f* (**в** П an *D*); Stille *f*; *Mil.* Kampfpause *f*; *fig.* Stillstand *m*; Flaute *f*
заткáть (-кý, -кёшь; → **ткать**) *pf.* einweben (В/Т in *A*/*A*), verweben
заткнý ть(ся) → **затыка́ть(ся)**
затм|ева́ть (1), ⟨**~и́ть**⟩ (14*e.*) verdunkeln, verhüllen; *fig.* übertreffen, in den Schatten stellen; **~е́ние** *n* (12) Finsternis *f*; F Geistesverwirrung *f*; **~е́ние нашло́** (**на** В *j-d*) verlor den Verstand
зато́ dafür; daher, deshalb
затова́ри|вать (1), ⟨**~ть**⟩ (13) horten, anhäufen; **-ся** *Ware*: liegenbleiben
затолк|а́ть F (1) *pf.* nach u. nach hinstoßen *od.* hineinstoßen; durch Schubsen arg zusetzen *od.* lädieren; **~нýть** F (20) *pf.* hineinstoßen, hineinschieben
зато́н *m* (1) Bucht *f*; Winterhafen
затонýть (18) *pf.* versinken, untergehen
затопи́ть → **зата́пливать 1, 2**
затопля́ть (28) → **зата́пливать 2**
затоптать → **зата́птывать**
зато́р *m* (1) Stau, Stauung *f*, Stokkung *f*
затоскова́ть (7) *pf.* traurig *od.* schwermütig werden; Sehnsucht bekommen
заточ|а́ть (1), ⟨**~и́ть¹**⟩ (16*e.*) einsperren (**в** В in *D*); werfen; verbannen, stecken; **~е́ние** *n* (12) Haft *f*; Verbannung *f*
заточи́ть² (16) *pf.* anspitzen; schärfen
затошни́|ть (13): **~ло** (В *j-m*) wurde übel
затра́вка *f* (5; -вок) † Zünder *m*; *fig.* P Initialzündung (**для** Р als)
затра́вливать (1) → **трави́ть² 1**
затр|а́гивать (1), ⟨**~о́нуть**⟩ (20) berühren, streifen; verletzen, treffen; *Frage* anschneiden; → **задева́ть¹**
затрапе́зный (14; -зен, -зна) F Alltags-; † Tisch-
затра́|та *f* (5) Aufwand *m*; *pl.* Kosten, Aufwendungen; **~чивать** (1), ⟨**~тить**⟩ (15) ausgeben, verausgaben; aufwenden
затре́бовать (7) *pf. Adm.* anfordern
затрепа́ть F (2) *pf.* → **затаска́ть**; *Buch* zerlesen; völlig entkräften
затрепета́ть (3) *pf.* erzittern, erbeben
затре́щина P *f* (5) Backpfeife
затро́нуть → **затра́гивать**
затрудн|е́ние *n* (12) Schwierigkeit *f*; Verlegenheit *f*, Klemme *f*; **~и́тельный** (14, -лен, -льна) schwierig, schwer; **~я́ть** (28), ⟨**~и́ть**⟩ (13*e.*) erschweren; schwerfallen (В *j-m*), Schwierigkeiten bereiten; Mühe machen; **-ся** verlegen *od.* in Verlegenheit sein (Т, **в** П um *A*); schwieriger werden; **~я́ется отве́тить** *j-d* kann nicht ohne weiteres *od. j-m* fällt es schwer zu antworten
затрясти́сь (25; -с-) *pf.* erzittern
затума́нивать (1) → **тума́нить(ся)**
затупля́ть (28) → **тупи́ть**
затух|а́ние *n* (12) Dämpfung *f*; **~а́ть** (1), ⟨**~́нуть**⟩ (21) erlöschen, abklingen
затушёвывать (1) → **тушева́ть**
за́тхлый (14*K.*) mod(e)rig, muffig
зат|ыка́ть (1), ⟨**~кнýть**⟩ (20) zustopfen, verstopfen, zuhalten; stecken, schieben; P *Mund* stopfen; → **по́яс**; **-ся**: **~кни́сь!** P halt die Klappe!
заты́лок *m* (1; -лка) Nacken (**на** В in *A*), Genick *n*, Hinterkopf; **друг дрýгу в ~** e-r hinter dem anderen
заты́чк|а P *f* (5; -чек) Spund *m*, Pfropf *m*, Pfropfen *m*, Stöpsel *m*; **на ~у** als Lückenbüßer
затя́|гивать (1), ⟨**~нýть**⟩ (19) **1.** zuziehen, festziehen, zuschnüren, einschnüren; *Tech.* anziehen; *Gürtel* enger schnallen; bedecken, überziehen; *Wunde*: vernarben; einsaugen (→ **заса́сывать**); *fig.* hineinziehen; hinauszögern, verzögern, in die Länge ziehen; **2.** F anstimmen; **-ся** hineingezogen werden; *impf.* auf Lunge rauchen; *pf.* e-n Zug machen; **~жка** *f* (5; -жек) Zug *m*; Verzögerung (→ **~гивать**); Spannbalken *m*; **~жно́й** (14) andauernd, langwierig
заýм|ный (14; -мен, -мна) allzu ausgeklügelt; absurd; → **~́ь** *f* (8) Absurdität, Unsinn *m*; *Ling.*, *Lit.* transmen-

tale *od.* metalogische Sprache
заунывный (14; -вен, -вна) wehmütig, schwermütig, melancholisch
заупокойный (14) Seelen-
заупрямиться (14) *pf.* bockig werden
зауральский (16) jenseits des Urals
заурядный (14; -ден, -дна) durchschnittlich, gewöhnlich; (*o. K.*) Durchschnitts-, Dutzend-
заусен|ец *m* (1; -ца), **~ица** *f* (5) Niednagel *m*, Neidnagel *m*; *Tech.* Grat *m*, Bart *m*
заутреня *f* (6) Frühmesse (***на*** П in *D*)
заучи|вать (1), ⟨**~ть**⟩ (16) auswendig lernen, sich fest einprägen; einstudieren; **-ся** F viel *od.* zuviel lernen; vor lauter Lernen verblöden; überstudiert sein
заушательс|кий (16) ausfällig, kränkend; **~тво** *n* (9) Heruntermachen
заушник *m* (1) Bügel
зафрахтовывать (1) → ***фрахтовать***
захаживать (1) öfter vorbeikommen (***к*** Д bei *D*), verkehren; → ***заходить***
заха|ивать P (1), ⟨**~ять**⟩ (27) herunterputzen, heruntermachen
захвалить F (13) *pf.* → ***расхваливать***
захват *m* (1) Ergreifung *f*; Eroberung *f*; *Sp.* Griff; *Tech.* Kralle *f*, Greifer; **~ать** F (1) *pf.* abgreifen, abnutzen; **~нический** (16) Eroberungs-; **~чик** *m* (1) Eindringling, Eroberer; **~ывать** (1), ⟨**~ить**⟩ (15) ergreifen (*a. fig.*), erfassen; mitnehmen, mithaben; an sich reißen, (В von *D*) Besitz ergreifen; erobern; *Mar.* kapern; *Gefangene* machen; *fig.* fesseln; F ertappen; Maßnahmen treffen (В gegen *A*); F ***дух ~ило*** (***у*** Р *j-m*) stockte der Atem; **~ывающий** (17) ergreifend, fesselnd
захворать F (1) *pf.* erkranken
захламить F (14*e.*) *pf.* mit Gerümpel vollstopfen *od.* vollpacken, übersäen
захлёб|ывать (1), ⟨**~нуть**⟩ (20) P nachtrinken (Т *A*); F → **-ся** schlukken; sich verschlucken, (fast) erstikken; *Mil.* sich totlaufen; *Tech.* aussetzen; *impf.* sich überstürzen; schluchzen; außer sich sein (***от*** Р, Т vor *D*)
захлёст|ывать (1), ⟨**~нуть**⟩ [-sn-] (20) umschlingen (***за*** В um *A*), umwickeln; *Welle*: überfluten; *fig.* ergreifen, überkommen; F schwappen
захлопотаться F (3) *pf.* sich abmühen
захлоп|ывать (1), ⟨**~нуть**⟩ (20) zuschlagen, zuklappen; **-ся** ins Schloß fallen; → ***~ывать*** *v/i*
заход *m* (1) Untergang; → ***восход***; F Anlauf (***с*** Р bei *D*); *Flgw.* ***~ на посадку*** Landeanflug; **~ить¹** (15), ⟨зайти⟩ (зайду, -дёшь; → ***найти***) hingehen; hineingehen, herkommen; hereinkommen; F vorbeikommen (***к*** Д bei *D*); hingeraten, hineingeraten; eindringen, vordringen; abholen (***за*** Т *A*); biegen (***за*** В um *A*); umgehen (***в*** В/Д *A*); *Mar.* anlaufen (***в*** В *A*); *Sonne*: untergehen (***за*** В hinter *D*); sich bis nach (***за*** В) hinziehen; ***речь зашла*** (***у*** Р/***о*** П *j-d*) kam (auf *A*) zu sprechen; ***вон куда зашло!*** F so weit ist es also (schon) gekommen!; **~ить²** (15) *pf.* anfangen zu *od.* auf u. ab gehen
захолуст|ный [-sn-] (14; -ен, -на) abgelegen; provinziell; **~ье** *n* (10; -ий) Krähwinkel *m*, tiefste Provinz *f*
захоронение *n* (12) Bestattung *f*
захоте|ть (-хочу, -чешь; → ***хотеть***) *pf.* Lust bekommen; (nur) wollen *od.* mögen; → **-ся**: ***~лось*** (Д *j-d*) bekam Lust *od.* Appetit (Р auf *A*)
захохотать (3) *pf.* in schallendes Gelächter ausbrechen
захребетник *m* F (1) Schmarotzer
захудалый (14*K.*) heruntergekommen; F schäbig; mick(e)rig; gottverlassen
зацве|тать (1), ⟨**~сти**⟩ (25 -т-) aufblühen; grün werden; F schimmeln
зацеловать F (7) *pf.* abküssen
зацеп|ка F *f* (5; -ок) Haken *m* (*a. fig.*); Schließe; *fig.* Vorwand *m*; Anhaltspunkt *m*; **~ление** *n* (12) Verzahnung *f*, Eingriff *m*; **~лять** (28), ⟨**~ить**⟩ (14) anhaken, einhaken (***за*** В an *D*); streifen, stoßen (an *A*); F schnappen; *fig.* treffen; **-ся** hängenbleiben (***за*** В an *D*)
зачаров|ывать (1), ⟨**~ать**⟩ (7) verzaubern, bezaubern
зачаст|ить F (15*e.*) *pf.* schneller *od.* heftiger werden; immer schneller spielen *od.* reden; häufig *od.* häufiger vorbeischauen (***в*** В in *D*; ***к*** Д bei *j-m*); **~ую** F öfters, häufig, oftmals
зачат|ие *n* (12) Zeugung *f*, Empfängnis *f*; **~ок** *m* (1; -ка) Keim; Rudiment *n*; *pl. fig.* Ansätze; ***в ~ке*** in den Anfän-

gen; **~очный** (14) Keim-; rudimentär; **~ь** → ***зачина́ть***
заче́м wozu; weshalb, warum; ***~-то*** zu irgendeinem Zweck; aus irgendeinem Grund; wer weiß wozu
зачёрк|ивать (1), ⟨**~ну́ть**⟩ (20) streichen, ausstreichen, durchstreichen
заче́рп|ывать (1), ⟨**~ну́ть**⟩ (20) schöpfen; (P/T *et.* in *A*) bekommen
зачерстве́лый (14) *Brot*: altbacken, trocken; *fig.* hartherzig, gefühllos
зачёс *m* (1) glattgekämmtes Haar *n*; **~а́ть** → ***~ывать***
заче́сть → ***зачи́тывать***
зачёс|ывать (1), ⟨**~а́ть**⟩ (3) kämmen, glattkämmen
зачёт *m* (1) Anrechnung *f*; Test, Klausur *f*; F Testat *n* (*mit Note* „bestanden"); **~ный** (14) Prüfungs-; Studien-
зач|и́н *m* (1) P Anfang; *Lit.* Einleitung *f*; **~ина́тель** *m* (4) Initiator, Begründer; **~ина́ть** (1), ⟨**~а́ть**⟩ (→ ***нача́ть***; -а́л, -ла́; ~тый: -та́) **1.** zeugen, *Kind* empfangen; **2.** P (~ал, -ла́) anfangen; **~и́нщик** *m* (1) Anstifter
зачисл|е́ние *n* (12) Anrechnung *f*; **~я́ть** (28), ⟨**~ить**⟩ (13) anrechnen; buchen; anstellen, einstellen (T als *A*); machen (zu *D*); immatrikulieren; *Mil.* aufnehmen; **-ся** eintreten, eingestellt werden (***в*** И *pl.* als *N*)
зачи́т|ывать¹ (1), ⟨заче́сть⟩ (-чту́, -тёшь; → ***проче́сть***) anrechnen (***в*** В als *N*); als bestanden testieren; **~ывать²**, ⟨**~а́ть**⟩ (1) verlesen; F zerlesen; behalten, (***у*** P *j-m*) nicht zurückgeben; ***~а́ть до дыр*** F in Stücke lesen; **-ся** F sich in die Lektüre (T *G*) vertiefen; P vom vielen Lesen verblöden
зачумлённый (14; -лён, -ена́) verpestet
зашага́ть (1) *pf.* zu schreiten beginnen
зашата́ться (1) *pf.* zu schwanken beginnen
зашвырну́ть F (20) *pf.* weit wegschmeißen
зашевели́ть (13*e.*/13) *pf.* anfangen zu bewegen
зашиб|а́ть P (1), ⟨**~и́ть**⟩ (-у́, -ёшь; → ***ушиби́ть***) verletzen; schlagen, totschlagen; *Geld* scheffeln; *impf.* saufen, zechen
заши|ва́ть (1), ⟨**~ть**⟩ (→ ***шить***) zunähen; verschließen; **-ся** nicht schaffen
(***с*** T *A*), aufgeschmissen sein
зашнуро́вывать (1) → ***шнурова́ть***
зашпи́лить (13) *pf.* zustecken
зашуме́ть (10*e.*) *pf.* anfangen zu lärmen *od.* rauschen
защёлк|а F *f* (5; -лок) Klinke; Schnapper *m*; **~ивать** (1), ⟨**~нуть**⟩ (20) zuklinken *od.* zuschnappen lassen; **-ся** zufallen, zuschnappen
защем|ля́ть (28), ⟨**~и́ть**⟩ (14*e.*) einklemmen; F ***~и́ло в груди́*** (***у*** P *j-m*) wurde beklommen
защи́|та *f* (5) Schutz *m* (***от*** P vor *D*); Verteidigung; Abwehr; Abschirmung; ***свиде́тель*** *m* ***~ты*** Entlastungszeuge; **~ти́тельный** (14) *Jur.* Verteidigungs-; **~тник** *m* (1) Beschützer; Verteidiger; **~тный** (14) Schutz-, Abwehr-; khakifarben, feldgrau; ***~тный шлем*** *m* Sturzhelm; **~ща́ть** (1), ⟨**~ти́ть**⟩ (15*e.*; -т/щ-) beschützen, schützen (***от*** P vor *D*, gegen *A*); verteidigen; abwehren (***от*** P *A*), abschirmen, decken; in Schutz nehmen; wahren; *impf. Jur.* verteidigen; *Sp. Tor* hüten
заяв|и́тель *m* (4) Antragsteller; **~ка** *f* (5; -ок) Anmeldung (***на*** В *G*); Anforderung (***на*** В über *A*), Bedarfsmeldung; Vorbestellung (***на*** В von *D*); ***конце́рт*** *m* ***по ~кам*** Wunschkonzert *n*; **~ле́ние** *n* (12) Erklärung *f*; Antrag *m* (***о*** П auf *A*); Bewerbung *f*; **~ля́ть** (28), ⟨**~и́ть**⟩ (14) erklären (***о*** П *A*); melden; anmelden, geltend machen; zeigen, beweisen; *Protest* einlegen; *Wunsch* äußern (***о*** П *A*); *Sp.* nominieren (***на*** В für *A*); ***~и́ть себя́*** → ***зарекомендова́ть***; **-ся** F erscheinen
зая́длый F (14) passioniert; waschecht
за́|яц *m* (1; -йца) Hase; Hasenfell *n*; F Schwarzfahrer; → ***~йчик***; ***е́хать ~йцем*** schwarzfahren; ***одни́м уда́ром двух ~йцев уби́ть*** *Spr.* zwei Fliegen mit e-r Klappe schlagen; ***за двумя́ ~йцами пого́нишься, ни одного́ не пойма́ешь*** *Spr.* wer zwei Hasen zugleich hetzt, fängt keinen; **~ячий** (18) Hasen-
зва́|ние *n* (12) Grad *m*, Rang *m*, Dienstgrad *m*; Titel *m*; Name *m*; F soziale Stellung *f*; † Stand *m*; **~ный** (14*K.*) geladen; ***~ный обе́д*** *m* Diner *n*; ***~ный ве́чер*** *m* Souper *n*, Abendge-

З

sellschaft *f*; **~тельный** (14): ***~тельный паде́ж*** *m* Vokativ; **~ть** (зову́, -вёшь; -ла́; -нный: -на́) **1.** ⟨по-⟩ rufen (В *a.* nach *j-m*; ***на*** В zu); einladen, bitten; **2.** nennen (Т *A*), heißen; ***как вас зову́т*** *od.* ***~ть?*** wie heißen Sie?, wie ist Ihr Name?; **-ся** heißen, genannt werden

звезд|а́ *f* (5; *pl. st.* -ё-) Stern *m*; Star *m*, Berühmtheit; Blesse; F → ***воро́на***; ***до ~ы́*** bis zum Abend; ***≈ с не́ба не хвата́ет*** *j-d* ist kein großes Licht; **≈ный** [-zn-] (14) Stern(en)-; stern(en)klar; **~oобра́зный** (14; -зен, -зна) sternförmig; (*o. K.*) Stern-; **~очёт** † *m* (1) Sterndeuter; **≈очка** *f* (5; -чек) kleiner Stern; *Typ.* Sternchen *n*; **≈ча́тый** (14) → ***~oобра́зный***; funkelnd

звен|е́ть (9) klingen, erklingen, ertönen; klirren; klimpern; ***звени́т в уша́х*** (***у*** Р *j-d*) hat Ohrensausen

звен|о́ *n* (9; *pl.* ≈ья, ≈ьев) Glied, Kettenglied; Gliederung *f*, Bestandteil *m*; Bauelement; *Mil., Flgw.* Kette *f*; *Mar.* Rotte *f*; Arbeitsgruppe *f*, Gruppe *f*; Zirkel *m*; **~ьево́й** *m* (14) Gruppenleiter, Zirkelleiter (*SU*)

звер|ёк, ~о́к *m* (1; -[ь]ка́) Tierchen *n*; **~ёнок** F *m* (2), **~ёныш** F *m* (1; -ей) Tierjunge(s) *n*; **~е́ть** F (8), ⟨о-⟩ tobsüchtig werden, toben; **~и́нец** † *m* (1; -нца) Tiergarten, Tierschau *f*, Menagerie *f*; **~и́ный** (14) Tier-; animalisch, tierisch; → ***≈ский***; **~обо́й** *m* (3) Seetierjäger; *Bot.* Johanniskraut *n*; **~обо́йный** (14) Seetierfang-; **~ово́д** *m* (1) Pelztierzüchter; **~оло́в** *m* (1) Pelzjäger; **≈ский** (16) tierisch, bestialisch, brutal; Greuel-; F Mords-; Bullen-; *Adv.* hunde-; **≈ство** *n* (9) Brutalität *f*; Bestialität *f*; Greueltat *f*; **≈ствовать** (7) Greueltaten verüben, wüten; **~ь** *m* (4; *ab Gpl. e.*) Tier *n*; *fig.* Bestie; ***≈ем*** grimmig; ***~ь на рабо́ту*** F arbeitswütig; **~ю́га** P *m*/*f* (5) → ***~ь***

звон *m* (1) Klang; Läuten *n*, Geläut(e) *n*; Klirren *n*; P Klatsch; ***~ в уша́х*** Ohrensausen *n*; ***слы́шал ~, да не зна́ет, где он*** *j-d* hat's läuten hören, weiß aber nicht, wo die Glocken hängen; **~а́рь** *m* (4*e.*) Glöckner; P Klatschmaul *n*; **~и́ть** (13*e.*), ⟨по-⟩ läuten, klingeln; *Fmw.* anrufen (Д *j-n*; ***в*** В in *D*); P ausposaunen (***о*** П *et.*); ***~я́т!*** es hat geläutet; Telefon!; ***~и́ть во все колокола́*** F an die große Glocke hängen (***о*** П *et.*); **≈кий** (16; ≈ок, -ка́) klingend, hell klingend; schallend, hallend, widerhallend, klangvoll; *Lachen*: hell; *Münze*: klingend; *Ling.* stimmhaft; **~о́к** *m* (1; -ка́) Klingel *f*, Glocke *f*; Klingelzeichen *n*, Glockenton; *Fmw.* Anruf; ***~о́к на переры́в*** Pausenzeichen *n*, Pausengong

звук *m* (1) Laut, Schall, Ton; **~ово́й** (14) Ton-; Audio-; lautlich, akustisch

звуко|воспроизводя́щий (17) Tonabnahme-; **~глуши́тель** *m* (4) Schalldämpfer; **~за́пись** *f* (8) Tonbandaufnahme, Schallplattenaufnahme; **~изоля́ция** *f* (7) Schallschutz *m*, Schalldämmung; **~непроница́емый** (14*K.*) schalldicht, schallisoliert; **~опера́тор** *m* (1) Toningenieur, Tonmeister; **≈пись** *f* (8) Klangmalerei; **~поглоща́ющий** (17) schalldämpfend; **~подража́тельный** (14) lautnachahmend, onomatopoetisch; **~ря́д** *m* (1) *Mus.* Tonleiter *f*; **~снима́тель** *m* (4) Tonabnehmer; **~ула́вливатель** *m* (4) Horchgerät *n*

звуч|а́ние *n* (12) Klang *m*, Schall *m*; Lautung *f*; *fig.* Note *f*; **~а́ть** (4*e.*) **1.** klingen (Т nach *D*), erklingen, ertönen, erschallen; klirren; hallen, widerhallen; **2.** ⟨про-⟩ *fig.* mitschwingen; **≈ность** *f* (8) Wohlklang *m*; Klangfülle; **≈ный** (14; ≈ен, -на́) klangvoll; hellklingend, wohlklingend

звя́к|ать (1), ⟨*einm.* ~нуть⟩ (20) klirren, klimpern; rasseln, klappern; *pf.* P anrufen

зги: (***ни***) ***~ не ви́дно*** es ist stockfinster

зда́ние *n* (12) Gebäude, Bau *m*

зде|сь hier, da; **≈шний** (15) hiesig, von hier; ***не ≈шний*** hier fremd

здоро́в|аться (1), ⟨по-⟩ (***с*** Т sich *od.* einander) grüßen, begrüßen; ***~аться за́ руку*** *j-m* die Hand geben; → ***рука́***; **~е́нный** P (14) bärenstark, bullig; mächtig, riesig; **~е́ть** (8), ⟨по-⟩ sich erholen, zu Kräften kommen; **~ёхонек, -ёшенек** F kerngesund; **≈о**[1] P ordentlich, ganz schön, verdammt gut; prima, toll; **~о**[2]**!** P Tag! grüß dich!; **~ый** (14*K.*) gesund; *präd.* wohlauf; kräftig; P stark, baumstark, riesengroß; ***будь ~*** F alle Achtung!;

бу́дь(те)* *~(ы)*!** leb(t, leben Sie) wohl!; bleib(t) gesund!; zum Wohl!, Gesundheit!; ***(за)* *~о живёшь P mir nichts dir nichts, für nichts u. wieder nichts; **~ье** *n* (10) Gesundheit *f* (***в*** П bei *D*), Befinden, Wohlbefinden; ***вре́дный для ~ья*** gesundheitsschädlich; ***по состоя́нию ~ья*** aus gesundheitlichen Gründen; ***на ~ье!*** wohl bekomm's!; ***(за)* *ва́ше ~ье!*** prosit!, zum *od.* auf Ihr Wohl!; **~я́к** F *m* (1*e.*) kerngesunder Mensch

здра́в|ица *f* (5) Trinkspruch *m*, Toast *m* (***за*** В, ***в честь*** Р auf *A*); **~ница** *f* (5) Heilstätte *f*, Sanatorium *n*; **~омы́слящий** (17) vernünftig denkend, vernünftig; **~оохране́ние** *n* (12) Gesundheitswesen; **~отде́л** *m* (1) Gesundheitsamt *n*; **~пу́нкт** *m* (1) Sanitätsstelle *f*; **~ствовать** [-ast-] (7) wohlauf sein, sich wohl befinden; ***да ~ствует . . .!*** es lebe . . .!; ***~ствуй(те)!*** guten Tag *od.* Morgen *od.* Abend!; P da haben wir's!; **~ый** (14*K.*) vernünftig, verständig; gesund, heil, klar; ***в ~ом уме́*** bei vollem Verstand

зе́бра *f* (5) Zebra *n*

зев *m* (1) Rachen, Schlund; *Bot.* Maul *n*; **~а́ка** F *m*/*f* (5) Gaffer(in *f*); **~а́ть** (1), *einm.* ⟨~ну́ть⟩ (20) gähnen; F gaffen, (***на*** В *A*) angaffen; nicht aufpassen, die Gelegenheit nicht nutzen; ***не ~а́й!*** F paß auf!; ***~а́ть по сторона́м*** F Maulaffen feilhalten; **~о́к** F *m* (1; -ка́) Gähnen *n*, kurzes Gähnen *n*; *Sp.* Patzer; **~о́та** *f* (5) Gähnen *n*, Gähnerei

зелен|е́ть (8) **1.** (*a.* **-ся**) grün schimmern; **2.** ⟨по-⟩ grünen; grün werden; F schimmeln, verschimmeln; **~о́й** (14) Gemüse-; **~ова́тый** (14*K.*) grünlich, blaßgrün; **~щи́к** *m* (1*e.*) Gemüsehändler; **~ый** (14; -, -а́) grün; *fig.* blutjung, unreif; fahl, aschfahl; F unheimlich; grün-; (*o. K.*) Garten-; *Thea.* Freilicht-; *Kochk.* Sauerampfer-; *Su. m Pol.* Grüne(r); ***до ~ого змия́*** F bis man weiße Mäuse sieht (*trinken*); **~ь** *f* (8) Grün *n*; Gemüse *n*

зельц *m* (1) Preßsack

земе́льный (14) Grund-, Boden-, Land-

земле|владе́лец *m* (1; -льца) Grundbesitzer; **~владе́ние** *n* (12) Grundbesitz *m*; **~де́лец** *m* (1; -льца) Landmann, Ackerbauer; **~де́лие** *n* (12) Ackerbau *m*, Landwirtschaft *f*; **~ко́п** *m* (1) Erdarbeiter; **~ме́р** *m* (1) Landvermesser; **~по́льзование** *n* (12) Bodennutzung *f*; **~прохо́дец** *m* (1; -дца) Entdeckungsreisende(r); **~ро́йка** *f* (5; -óек) Spitzmaus; **~трясе́ние** *n* (12) Erdbeben; **~устро́йство** *n* (9) Flurbereinigung *f*; **~черпа́лка** *f* (5; -лок) Bagger *m*

земл|и́стый (14*K.*) erdig; fahl; **~я́** *f* (6; -ю; *pl. st.*, *G* -ме́ль) Erde; Land *n*; Grund *m* (u.) Boden *m*; ***под ~ёй*** *Bgb.* unter Tage; ***из-под ~и́*** *fig.* um jeden Preis; ***от ~и́ не вида́ть*** winzig klein; ***сло́вно из ~и́ вы́расти*** urplötzlich auftauchen; ***~и́ под собо́й не слы́шать*** außer sich sein (vor Freude); ***пока́ ~я́ но́сит*** so weit die Füße tragen; **~я́к** *m* (1*e.*) Landsmann; **~яни́ка** *f* (5) *koll.* Erdbeere(n *pl.*); **~я́нин** *m* (1; *pl.* -я́не, -я́н) Erdbewohner; **~яни́чный** (14) Erdbeer-; **~я́нка** *f* (5; -нок) Erdhütte; *Mil.* Wohnbunker *m*; **~яно́й** (14) Erd-; Land-; Lehm-; **~я́чество** *n* (9) Landsmannschaft *f*

зем|ново́дный (14) amphibisch; *Su. pl.* Amphibien *f*/*pl.*, Lurche *m*/*pl.*; **~но́й** (14) Erd-; irdisch; **~ский** (16) *hist.* Landstände-, Standes-; **~снаря́д** *m* (1) Schwimmbagger; **~ство** *n* (9) *hist.* Landstände *m*/*pl.*, ländliche Selbstverwaltung *f*, Semstwo

зени́т *m* (1) *Astr.* Zenit, Scheitelpunkt; *fig.* Höhepunkt, Gipfel (***в*** П auf *D*); **~ка** F *f* (5; -ок) Flakgeschütz *n*; **~ный** (14) *Astr.* Zenit-; *Mil.* Fliegerabwehr-, Flak-; **~чик** *m* (1) Flaksoldat

зени́ц|а *f* (5) † Pupille; ***бере́чь как ~у о́ка*** *Spr.* wie s-n Augapfel hüten

зе́ркал|о *n* (9; *pl. e.*) Spiegel *m* (*a. fig.*; ***в*** В in *D*); Wasserspiegel *m*, Wasserfläche *f*; *fig.* Spiegelbild *m*; **~ьный** (14; -ен, -ьна) spiegelglatt; (*o.K.*), Spiegel-; *Fot.* Spiegelreflex-; seitenverkehrt; **~ьце** *n* (11; *pl.* -цы, -цев) Taschenspiegel *m*; Spiegelchen

зерн|и́стый (14*K.*) körnig, gekörnt; granuliert; *fig.* kernig; **~о́** *n* (9; *pl.* -а, -рен) Korn; Getreide; Samenkorn; Getreidesamen *m*; Kern *m*; *fig.* Körnchen; ***ко́фе*** *n* ***в ~ах*** Bohnenkaffee *m*

зерно|бобо́вый (14) Hülsen-; **~во́й** (14) Korn-, Getreide-; **~вы́е** *pl.* (14)

З

Getreidekulturen *f/pl.*, Getreide *n*; **~дроби́лка** *f* (5; -лок) Schrotmühle; **~поста́вка** *f* (5; -вок) Getreide-(pflicht)ablieferung; **~суши́лка** *f* (5; -лок) Getreidedarre; **~убо́рочный** (14) Getreideernte-; → ***комба́йн***; **~храни́лище** *n* (11) Kornspeicher *m*, Getreidespeicher *m*; **~я́дный** (14) körnerfressend

зёрнышко *n* (9; *pl.* -ки, -шек) Körnchen; Kern *m*

зигза́г *m* (1) Zickzack (T im); **~о-обра́зный** (14; -зен, -зна) zickzackförmig, Zickzack-

З

зим|а́ *f* (5; ²-у; *pl. st.*) Winter *m* (***на́*** B für *A*); **²~ний** (15) Winter(s)-; winterlich; winterfest; **~ова́ть** (7), ⟨за-, пере-, про-⟩ überwintern, den Winter über bleiben; **~о́вка** *f* (5; -вок), **~о́вье** *n* (10; -ий) Überwintern *n* (***на*** B zum); Winterlager *n*, Winterhütte *f*; **~о́й** im Winter; **~оро́док** *m* (1; -дка) Eisvogel; **~осто́йкий** (16; -о́ек, -о́йка) winterfest, Winter-

зия́|ние *n* (12) *Ling.* Hiatus *m*; **~ть** (28) klaffen, gähnen

зла́к|и *m/pl.* (1) Gräser *n/pl.*; Pflanzen *f/pl.*; **~овый** (14) grasig, grasartig

злато|гла́вый (14) mit goldener Kuppel; **~ку́дрый** (14*K.*) *poet.* goldlockig

злачный F (14) *fig.* Vergnügungs-

злить (13), ⟨разо-, F обо-, P о-⟩ ärgern, erzürnen, aufbringen; **-ся** sich ärgern (***на*** B über *A*), zürnen (*D*), böse sein (*D*, auf *A*); *fig.* wüten, tosen; *pf.* böse werden, in Wut geraten

зло *n* (9; *pl. nur G*: зол) Übel, Böse(s); Wut *f* (***со*** P vor *D*), Ärger *m* (aus *D*); ***во ~ → употребля́ть***; **²~ба** *f* (5) Bosheit, Bösartigkeit; Wut, Groll *m*; ***²~ба дня*** Tagesgespräch *n*; aktuelles Thema *n* (***на*** B über *A*); **²~бный** (14; ²-бен, ²-бна) boshaft, bösartig, gehässig; erbittert; **~бодне́вность** *f* (8) Aktualität; **~бодне́вный** (14; -вен, -вна) aktuell, brennend; **²~бствовать** (7) Groll hegen, aufgebracht sein (***на*** B, ***против*** P gegen *A*); **~ве́щий** (17*K.*) unheilverkündend, unheilvoll, unheimlich; **~во́ние** *n* (12) Gestank *m*; **~во́нный** (14; -о́нен, -нна) übelriechend, stinkend; **~вре́дный** (14; -ден, -дна) → ***²~бный***; unheilvoll; verderblich

злоде́|й *m* (3) Missetäter, Verbrecher; Bösewicht; **~йский** (16) verbrecherisch; meuchlerisch, Meuchel-; **~йство** *n* (9), **~я́ние** *n* (12) Missetat *f*, Freveltat *f*, Verbrechen

зло́|й (14; зол, зла) böse (***на*** B *D*, auf *A*), bösartig, boshaft; übel, schlimm; F grimmig; scharf (***до*** P auf *A*); ***со злым у́мыслом*** böswillig; **~ка́чественный** (14*K.*) bösartig; **~ключе́ние** *n* (12) Mißgeschick, Unglück; **~ко́зненный** † (14*K.*) arglistig; **~наме́ренный** (14*K.*) böswillig, übelgesinnt; **~па́мятный** (14; -тен, -тна) nachtragend; rachsüchtig; **²~полу́чный** (14; -чен, -чна) unglückselig; unheilbringend; (*o. K.*) Unglücks-, Pech-

злопыха́т|ель *m* (4) Geiferer, gehässiger Mensch; **~тельство** *n* (9) Gehässigkeit *f*; **~ь** (1) gehässig sein *od.* reden

злора́д|ный (14; -ен, -на) schadenfroh; **~ство** *n* (9) Schadenfreude *f*; **~ствовать** (7) Schadenfreude empfinden *od.* zeigen

зло|сло́вие *n* (12) üble Nachrede *f*; **~сло́вить** (14) lästern, (***на*** B *j-n*) schlecht machen; **²~стный** [-sn-] (14; ²-тен, ²-тна) böswillig, böse; gewissenlos; notorisch; **~сть** *f* (8) Bosheit; Wut, Zorn *m* (***от, со*** P vor *D*); **~сча́стие** [-ʃʨʃ-] *n* (12) Unglück, widriges Schicksal; **~сча́стный** [-ˈʃʨʃasn-] (14; -тен, -тна) unglückselig; **~умы́шленник** *m* (1) Übeltäter

злоупотреб|ле́ние *n* (12) Mißbrauch *m* (T *G*); übermäßiger Gebrauch *m*; Übergriff *m*; **~ля́ть** (28), ⟨~и́ть⟩ (14*e.*) mißbrauchen (T *A*); zu sehr in Anspruch nehmen

злю́|(ч)ка F *m/f* (5; -чек) boshafter Knilch *m*, böses Weib *n*; **~щий** F (17) sehr böse, bitterböse; sehr bissig, sehr scharf

зме|еви́дный (14; -ден, -дна) schlangenförmig, schlangenähnlich; **~ёныш** *m* (1; -шей) junge Schlange *f*; **~и́ный** (14) Schlangen-; *fig.* hinterlistig, heimtückisch; **~и́стый** (14*K.*) schlangenähnlich, geschlängelt; **~и́ться** (13) sich schlängeln; *fig.* gleiten, huschen; **~й** *m* (3) Drache; Drachen; **²~йка** *f* (5; -ек) kleine Schlange; *Flgw.* Schlangenlinie; *Sp.* Wendeschleife; ***~я́*** *f* (6; *pl. st.*, *G* -й) Schlange (*a. fig.*); ***~ёй*** → ***~еви́дный***

зна|ва́ть F (*nur Prät.*) *Iter. v.* → ***~ть***

знак *m* (1) Zeichen *n* (***в*** B zum, als; ***под*** T im); Schild *n*; Abzeichen *n*; Mal *n*; Stein; Spur *f*; *Math.* Symbol *n*, Vorzeichen *n*; *Fin.* Note *f*; **~́овый** (14) Zeichen-

знако́м|ец F *m* (1; -ца) Bekannte(r); **~ить** (14) ⟨по-; о-⟩ bekannt machen; **-ся** sich kennenlernen, (***с*** T *j-n*) kennenlernen, *j-s* Bekanntschaft machen; sich vertraut machen; vertraut werden; ⟨о-⟩ *a.* besichtigen; **~ство** *n* (9) Bekanntschaft *f*; (*a. pl.*) Bekanntenkreis *m*; Kenntnis *f*, Vertrautheit *f*; Begegnung *f* (***с*** P von *D* an); ***по ~ству*** durch gute Beziehungen; **~ый** (14*K.*) bekannt, vertraut; *Su. m* Bekannte(r); ***быть ~ым*** (***с*** T *j-n*) kennen, (mit *D*) bekannt *od.* vertraut sein; sich auskennen

знамена́тел|ь *m* (4) Nenner; **~ьный** (14; -ен, -ьна) bezeichnend, kennzeichnend; denkwürdig; bedeutungsvoll; (*o. K.*) *Ling.* autosemantisch, Begriffs-; → ***зна́чащий***

зна́мен|ие † *n* (12) Zeichen, Vorzeichen; **~и́тость** *f* (8) Berühmtheit; **~и́тый** (14*K.*) berühmt (T durch *od.* für *A*); P hervorragend; **~ова́ть** (7), ⟨о-⟩ bezeichnen, kennzeichnen; bedeuten

знамено́сец *m* (1; -сца) Fahnenträger; *fig.* Bannerträger

зна́мо P man weiß (schon); klar

зна́мя *n* (13; *pl.* -ё-) Banner, Fahne *f*

зна́|ние *n* (12) Kenntnis *f*, *a. pl.* Wissen (P um *A*); ***~ние де́ла*** Sachkenntnis *f*; **~тный** (14; -тен, -тна́) vornehm; (*o. K.*) angesehen, namhaft; P vortrefflich; ordentlich; **~то́к** *m* (1*e.*) Kenner; ***быть ~toко́м*** → **~ть¹** (1) wissen (***о*** П von *D*, *A*, über *A*), kennen; sich auskennen (***в*** П bei, in *D*); verstehen, (B *Vb.* +) können; ***~ть ме́ру*** Maß halten; ***дать себя́ ~ть*** sich bemerkbar machen; (***не***) ***дать о себе́ ~ть*** (nichts) von sich hören lassen; ***почём*** *od.* ***как ~ть?*** F wer weiß?; ***кто*** *od.* ***чёрт его́ зна́ет!*** F weiß der Kuckuck!; (***и***) ***~ть не ~ю*** F ich habe keine Ahnung *od.* kenne … überhaupt nicht; ***как ~ешь*** F wie du meinst; ***…, ~ете, …*** müssen Sie wissen …; ***то и ~й*** F in e-m fort; ***он то́лько и ~ет*** er weiß nichts Besseres zu tun (als …); ***~й на́ших*** F wir sind Kerle!; ***~ем мы вас*** *od.* ***ва́шего бра́та*** F ich kenne meine Pappenheimer; von wegen, daß …; ***~й*** (***себе́***) P unbekümmert; **-ся** F verkehren; bekannt sein; **~ть²** *f* (8) Hochadel *m*, Aristokratie; **~ть³** P wohl

зна́харь *m* (4) Gesundbeter

зна́ч|ащий (17) bedeutungstragend; *Name*: sprechend; **~е́ние** *n* (12) Bedeutung *f*, Sinn *m*; Geltung *f*, Belang *m*, Tragweite *f*; Wert *m*; **~имость** *f* (8) Bedeutungsgehalt *m*; → ***~е́ние***; Ausdruckswert *m*; Relevanz; → **~имый** (14*K.*) bedeutungsrelevant; sinngebend, Begriffs-; bedeutsam; **~ит** also, folglich; das heißt

значи́т|ельность *f* (8) Bedeutung, Tragweite; → **~ельный** (14; -лен, -льна) bedeutend, beträchtlich; bedeutsam, wichtig, gewichtig; bedeutungsvoll, vielsagend; **~́ь** (16) bedeuten, besagen; ***э́то что́-нибудь да ~́!*** das will schon (et)was heißen!; **-ся** geschrieben stehen, stehen, geführt werden

знач|ки́ст *m* (1) Träger e-s Abzeichens; → **~о́к** *m* (1; -ка́) Abzeichen *n*, Leistungsabzeichen *n*, Plakette *f*; Anstecknadel *f*; Zeichen *n*, Merkzeichen *n*

зна́ющий (17) kundig, beschlagen

знобú́т|ь (14): **~** (B *j-n*) fröstelt

зно́|й *m* (3) Hitze *f*, Glut *f*; Schwüle *f*; **~йный** (14; -ен, -йна) glühend *od.* drückend heiß, schwül; *fig.* feurig

зоб *m* (1; в -ý; *pl. e.*) Kropf; **~а́стый** F (14*K.*) kropfig

зов *m* (1) Ruf; F Einladung *f*

зодиа́к *m* (1) Tierkreis

зо́дч|еский (16) Bau-; **~ество** *n* (9) Baukunst *f*, Architektur *f*; **~ий** *m* (17) Baumeister, Architekt

зола́ *f* (5) Asche

золо́вка *f* (5; -вок) Schwägerin

золот|и́стый (14*K.*) goldfarbig, goldfarbig schimmernd; goldgelb, goldblond; (*o. K.*) Gold-; **~и́ть** (15*e.*), ⟨по-, вы́-⟩ vergolden; *fig.* versüßen; **-ся** goldig schimmern; **~ни́к** *m* (1*e.*) Solotnik (*ehm.* = *4,26 g*); *Tech.* Schieber; ***мал ~ни́к, да до́рог*** *Spr.* klein, aber fein

зо́лото *n* (9) Gold; *fig.* F Perle *f*; Goldstück; *präd.* Gold wert; **~иска́тель** *m* (4) Goldsucher, Goldgräber; **~й** (14) golden; Gold-; goldig (*a. fig.*); → ***залоти́стый, ~о;*** *Su. m* Goldstück *n*; **~но́сный** (14; -сен, -сна) goldhaltig; **~промы́шленность** *f* (8) Goldindustrie; **~ты́сячник** *m* (1) Tausendgüldenkraut *n*

золоту́ха *f* (5) Skrofulose

золочёный (14) vergoldet

зо́л|ушка *f* (5) Aschenbrödel *n*; **~ьник** *m* (1) Aschenkasten; **~ьный** (14) Aschen-

З

зо́на *f* (5) Zone; Region, Gebiet *n*

зонд *m* (1) Sonde *f*; **~и́ровать** (7), ⟨про-⟩ sondieren; *fig.* vorfühlen

зо́нт|(ик) *m* (1) Schirm, Regenschirm, Sonnenschirm; ~ Schutzdach *n*; **~ик** *Bot.* Dolde *f*; F Sonnenschild; **~ичные** *pl.* (14) Doldenblütler *m/pl.*

зоо́|лог *m* (1) Zoologe; **~логи́ческий** (16) zoologisch; *fig.* tierisch; **~ло́гия** *f* (7) Zoologie; **~па́рк** *m* (1), **~са́д** *m* (1; *pl. e.*) Tierpark, Zoo; **~фе́рма** *f* (5) Tierzuchtfarm

зо́рк|ий (16; -рок, -á) scharf, scharfsichtig; *fig.* wachsam, scharfsinnig; **~ость** *f* (8) *fig.* Scharfsinn *m*

зра́зы *f/pl.* (5) Klopse *m/pl.* mit Füllung

зрачо́к *m* (1; -чка́) Pupille *f*

зре́лищ|е *n* (11) Anblick *m*; *Thea.* Schauspiel, Vorstellung *f*; **~ный** (14) Bühnen-

зре́л|ость *f* (8) Reife; **~ый** (14; -, -á) reif (*a. fig.*); *fig.* reiflich; (*o. K.*) Hoch-

зре́ни|е *n* (12) Sehkraft *f*, Sehvermögen; Augen *n/pl.*, Augenlicht; Gesichtssinn *m*, Gesicht

зреть 1. (8) ⟨со-⟩ reifen; *fig.* heranreifen; **2.** † (9), ⟨у-⟩ sehen; blicken, schauen; *pf.* erblicken

зри́|мый (14*K.*) sichtbar; **~тель** *m* (4) Zuschauer; **~тельный** (14) Seh-; Gesichts-; visuell; Fern-, Zuschauer-

зря F umsonst, unnütz; unnötig, unnötigerweise; ins Blaue hinein

зря́чий (17) sehend

зуб *m* **1.** (1; *ab Gpl. e.*) Zahn (И ***за́*** В *N* um *A*); ***не по ~а́м*** F zu hart; *fig.* zu hoch (Д für *j-n*); ***на оди́н ~*** F nur für den hohlen Zahn; ***говори́ть сквозь ~ы*** F in den Bart brummen; ***держа́ть язы́к за ~а́ми*** F die Zunge im Zaum halten; ***~ на́ ~ не попада́ет*** (***у*** P *j-d*) klappert mit den Zähnen (***от*** P vor *D*); ***класть ~ы на по́лку*** F am Hungertuch nagen; **2.** (1; *pl.* -ья, -ьев) *Tech.* Zahn; Zinke *f*; **~а́стый** F (14*K.*) zahnig, scharfzahnig, (*a. fig.*) bissig; ***~а́ст(а)*** F *j-d* hat Haare auf den Zähnen; **~е́ц** *m* (1; -ца́) Zahn; Zacken; Zinke *f*; Zinne *f*; ***с ~ца́ми*** gezähnt; **~и́ло** *n* (9) Meißel *m*; **~но́й** (14) Zahn-; *Ling.* dental; **~овраче́бный** (14) zahnärztlich; Zahn-; Behandlungs-; **~одёр** P *m* (1) Zahnklempner; **~о́к** *m* (1; -ка́) Zähnchen *n*; ***попа́сть на ~о́к*** (Д) zur Zielscheibe von *j-s* Spott werden; **~опроте́зный** [-'tɛ-] (14) Zahn-, Zahnersatz-; **~оска́л** P *m* (1) Spaßvogel, Spötter; **~оска́лить** P (13) feixen, grinsen; witzeln, spötteln; **~очи́стка** *f* (5; -ток) Zahnstocher *m*

зубр *m* (1) Wisent, Auerochs; *fig.* Erzreaktionär; F Kanone *f*

зубр|ёжка F *f* (5) Paukerei, Büffelei; **~и́л(к)а** F *m/f* (5; -лок) Büffler(in *f*); **~и́ть¹** (13*e.*), ⟨за-⟩ *Tech.* zähnen; schartig machen; **~и́ть²** F (13*e.*/13), ⟨вы́-, за-⟩ pauken, büffeln; *pf.* sich einpauken

зубча́т|ка *f* (5; -ок) Zahnrad *n*; **~ый** (14) Zahn-, Zahnrad-; gezahnt, gezackt

зуд *m* (1) Jucken *n*; **~е́ть¹** F (9*e.*) jukken; **~и́т** (***у*** P/И *j-m*) juckt es (И in *D*); **~е́ть²** F (9*e.*), **~и́ть** F (15*e.*) summen; F *j-m* in den Ohren (***в*** В *sg.*) liegen

зы́б|кий (16; -ок, -ка́) schwankend (*a. fig.*); kraus, kräuselnd; leicht wogend; locker, nachgiebig; verschwommen; **~ь** *f* (8) leichtes Kräuseln *n*; Dünung *f*

зы́чный (14; -чен, -чна) kräftig, schallend; Stentor-

зэк P *m* (1) Häftling, Lagerinsasse

зя́б|кий F (16; -ок, -ка́) verfroren, leicht frierend

зя́блик *m* (1) Buchfink

зя́бнуть (21/20) **1.** ⟨о-⟩ frieren, frösteln; **2.** ⟨вы́-⟩ *Agr.* erfrieren

зябь *f* (8) Sturzacker *m*

зять *m* (4; *pl. e.*: -я́, -ёв) Schwiegersohn; Schwager

И

и 1. *Kj.* und; und … auch, tatsächlich; eben, gerade; zwar, wenn auch; schon; ***и … и*** sowohl … als auch; **2.** *Part.* auch; selbst, sogar, gar; nicht einmal; wie …!; **3.** *Int.* i wo!, ach wo!
и́бо denn; da, weil
и́в|а *f* (5) Weide; **~овый** (14) Weiden-
ива́н-да-ма́рья *f* (6) Wachtelweizen *m*
ива́новск|ая: ***во всю ~ую*** F aus Leibeskräften, was das Zeug hält
ивня́к *m* (1*e*.) Weidengebüsch *n*, Weidengerten *f/pl*.; **~о́вый** (14) Weiden-
и́волга *f* (5) Goldamsel, Pirol *m*
игл|а́ *f* (5; *pl. st.*) Nadel; Stachel *m*; **~и́стый** (14*K*.) stach(e)lig; nadelförmig; **~око́жие** *pl.* (17) Stachelhäuter *m/pl*.; **~отерапи́я** *f* (7), **~оука́лывание** *n* (12) Akupunktur *f*
и́го *n* (9) Joch; Herrschaft *f*
иго́л|ка *f* (5; -ок) Nadel; Stachel *m*; ***как на ~ках*** wie auf Kohlen; **~очка** *f* (5; -чек): ***с ~очки*** F funkelnagelneu, tipptopp; ***одéт с ~очки*** geschniegelt u. gebügelt, wie aus dem Ei gepellt; **~ьник** *m* (1) Nadelkissen *n*, Nadelbüchse *f*; Nadeln *f/pl*.; **~ьный** (14) Nadel-; **~ьчатый** (14) → ***игли́стый***
иг|о́рный (14) Spiel-; **~ра́** *f* (5; *pl. st.*) Spiel *n* (***за*** T bei *D*); Perlen *n*; Schillern *n*; Mienenspiel *n*; → ***сто́ить***; **~ра́льный** (14) Spiel-; **~ра́ть** (1) ⟨сыгра́ть⟩ spielen (***в*** B, *Mus.* ***на*** П *A*); *Thea.* inszenieren (***в*** B *A*); *Horn* blasen; spielen lassen (T *A*); sich regen; *Wein*: perlen, moussieren; *Licht*: funkeln; flimmern; *Farben*: schillern (T in *D*); wedeln; springen; *Fin.* spekulieren; *fig.* sieden; *pf.* ausnutzen (T *A*); F treiben; *impf. Nerven*: → ***трепа́ть***; P feiern
игр|и́вый (14*K*.) verspielt; tändelnd; neckisch, kokett; zweideutig, schamlos; **~и́стый** (14*K*.) perlend, moussierend; (*o. K*.) Schaum-; **~ово́й** (14) Spiel-; **~о́к** *m* (1*e*.) Spieler; **~у́н** F *m* (1*e*.): ***котёнок-~у́н*** verspieltes Kätzchen *n*
игру́ш|ечный (14) Spiel-, Spielzeug-; Spielwaren-; klein; klein wie Streichholzschachteln; **~ка** *f* (5; -ек) Spielzeug *n*, Spielsache; *pl.* Spielwaren; *fig.* Spielball *m*; ***как ~ка*** schmuck
игу́мен *m* (1) Abt
иде́|йность *f* (8) Ideengehalt *m*; **~йный** (14; -ен, -йна) ideenreich; prinzipientreu, fortschrittlich; (*o. K*.) ideell, Ideen-; → **~ологи́ческий** (16) ideologisch; **~оло́гия** *f* (7) Ideologie; **~я** *f* (6; -й) Idee, Einfall *m*; Grundgedanke *m*
идио́ма *f* (5) idiomatische Wendung *f*
идиот|и́зм *m* (1) Schwachsinn, Idiotie *f*; F → **~́ство** F *n* (9) Blödsinn *m*
и́дол *m* (1) Götze; *fig.* Idol *n*, Abgott; P Blödmann; **~опокло́нство** *n* (9) Götzendienst *m*
ид|ти́ (-у́, -ёшь; шёл, шла; ше́дший; -я́, † -́учи) **1.** gehen; kommen; laufen; fahren; fliegen; folgen (***за*** T *D*), holen (*A*); ziehen (***на*** B gegen *A*; in *A*); sich hinziehen; strömen, entströmen; fließen, herausfließen; treiben; *Bot.* schießen; treten, eintreten; passen, stehen; *fig.* verlaufen; im Gange sein; vorankommen; nahen, heraufziehen; F führen; sein; erscheinen (T als *N*); beziehen (Д *N*); wollen, gehen wollen; ***~ти́ на вёслах*** rudern; ***~ти́ под паруса́ми*** segeln; ***да́льше ~ти́ не́куда!*** F das ist doch die Höhe!; (***ещё***) ***куда́ ни шло*** F meinetwegen; geht noch (an); ***~ёт!*** F gut!, abgemacht!; ***кто ~ёт?*** wer da?; **2.** ⟨пойти́⟩ (пойду́; пошёл) gehen; eintreten; werden (***в*** И *pl. et*.); *fig.* schreiten, fortschreiten; (***за*** T *D*) folgen; handeln; eingehen, (***на*** B *et*.) anwenden; bereit sein (zu *D*); sich einlassen; bestimmt sein (***на*** B für *A*; ***в*** B zu *D*); verarbeitet werden; F mitkommen; *Flgw.* ansetzen (***на*** B zu *D*); *Gerücht*: umgehen; *Vergleich* aushalten (***в*** B *A*); *Note*: stehen (***на*** B auf *D*); *Fische*: anbeißen; *Vögel*: fliegen (auf *A*); heiraten (***за*** B *j-n*); ***~ти́ во вред***

Abbruch tun; ... **~ёт** *od.* ***пошёл ... год*** (Д *j-d*) steht im ... Lebensjahr; **3.** *pf.* → ***пойти***

иезуитский (16) Jesuiten-; *fig.* heuchlerisch

иерей *m* (3) Priester

иероглиф *m* (1) Hieroglyphe *f*

иждивен|ец *m* (1; -ца), **~ка** *f* (5; -ок) abhängiges Familienmitglied *n*; **~ие** *n* (12): ***быть на ~ии*** (Р, ***у*** Р von *j-m*) unterhalten werden

иже: ***и ~ с ними*** u. ihresgleichen

из, ~о (Р) aus, aus ... heraus; von (*D* *od. G*; vor, aus (*D*); → ***год***; ***букет*** *m* ***~ роз*** Rosenstrauß; ***~ этого*** *od.* ***того ...*** daraus ...; ***что ж ~ этого?*** F was macht denn das (schon)?

изба *f* (5; *pl. st.*) Bauernhaus *n*, Bauernhütte; Stube, Wohnstube

избав|итель *m* (4) Erlöser, Retter; **~ление** *n* (12) Erlösung *f*, Befreiung *f*; Rettung *f*; **~лять** (28), ⟨**~ить**⟩ (14) erlösen, befreien, retten (***от*** Р von *od.* vor *D*); verschonen (mit *D*), *j-m et.* ersparen, *j-n* (*G*) entheben, entledigen; **-ся** loswerden (***от*** Р *A*); entgehen (*D*)

избалованный (14*K.*) verwöhnt, verzogen, verhätschelt; → ***баловать(ся)***

изба-читальня *f* (5/6) Dorflesestube

избе|гать¹ (1), ⟨**~жать**⟩ (4; -гу, -жишь, -гут), ⟨**~гнуть**⟩ (21/20) (Р) meiden, vermeiden, (*D*) aus dem Weg gehen; (*D*) ausweichen; entgehen; **~гать²** F (1) *pf.* ablaufen; **-ся** sich müde laufen; P außer Rand u. Band geraten; **~жание** *n* (12) Vermeidung *f* (***во*** В/Р zur/von *D*)

изби|вать (1), ⟨**~ть**⟩ (изобью, -бьёшь; избей!; -тый) durchprügeln, verprügeln; F übel zurichten; P abtragen; **~ение** *n* (12) Prügel *pl.*, Verprügeln; Mord *m*, Gemetzel; Vernichtung *f*

избират|ель *m* (4) Wähler; **~ельный** (14; -лен, -льна) selektiv; (*o. K.*) Wahl-, Stimm-; **~ь** (1), ⟨избрать⟩ (-беру, -рёшь; -брал, -а; избранный) wählen (Т *od.* ***в*** И *pl.* zu *D*), auswählen, erwählen

избит|ый (14*K.*) ausgetreten; *fig.* abgedroschen, abgeschmackt; *fig.* Binsen-

избороздить (15*e.*) *pf.* durchfurchen, durchziehen; *fig.* durchstreifen

избочениться F (13) *pf.* → ***подбочениться***; sich verziehen

избра|ние *n* (12) Wahl *f* (Т zu *D*); **~нник** *m* (1) Auserwählte(r); → ***баловень***; **~нный** (14*K.*) gewählt, ausgewählt; auserwählt, erlesen, auserlesen; **~ть** → ***избирать***

избушка *f* (5; -шек) kleine Hütte

избыто|к *m* (1; -тка) Überschuß, Überfluß (***в*** П, ***с*** Т, ***от*** Р im); Überschwang; *Math.* Exzeß; **~чность** *f* (8) Redundanz; → **~чный** (14; -чен, -чна) überschüssig, überzählig; *Math.*, *Ling.* redundant

изваяние *n* (12) Standbild, Statue *f*

извед|ывать, ⟨**~ать**⟩ (1) erfahren

изверг *m* (1) Unmensch, Ungeheuer *n*

извер|гать (1), ⟨**~гнуть**⟩ (21/20) ausstoßen; *Lava* speien; **-ся** ausbrechen, sich ergießen; **~жение** *n* (12) Auswurf *m*; Ausbruch *m*, Eruption *f*

извериться (13) *pf.* den Glauben *od.* das Vertrauen verlieren (***в*** П an *A*)

извернуться, извёртываться → ***изворачиваться***

извести(сь) → ***изводить(ся)***

изве|стие *n* (12) Nachricht *f* (***о*** П von *D*, über *A*), Kunde *f*; Mitteilung *f*; **~стить** → ***~щать***

извёстк|а F *f* (5) Kalk *m*; **~овый** (14) Kalk-, kalkig, kalkhaltig

известн|о [-sn-] es ist bekannt; P natürlich; ***как ~о*** bekanntlich; ***стало ~о*** (Д/***о*** П *j-d*) erhielt Kenntnis (von *D*); **~ость** *f* (8) Bekanntheitsgrad *m*, Ruf *m*; → **~ый**; F Berühmtheit; ***приобрести ~ость*** bekannt werden; ***ставить в ~ость*** → ***извещать***; **~ый** (14; -тен, -а) bekannt, berühmt (Т durch, für *A*; P ***за*** В als); bestimmt, gewiß; *Su. n* *Math.* Unbekannte *f*; ***~ое дело*** *n* F klare Sache *f*

извест|няк [-sn-] *m* (1*e.*) Kalkstein; **~ь** *f* (8) Kalk *m*

извечный (14; -чен, -чна) uralt; → ***исконный***

изве|щать (1), ⟨**~стить**⟩ (15*e.*) benachrichtigen, in Kenntnis setzen (В/***о*** П *j-n* von *D*), *j-m et.* mitteilen; **~щение** *n* (12) Benachrichtigung *f* (***о*** П von *D*); Mitteilung *f*, Bescheid *m*

изви|в *m* (1) → **~лина**; **~ваться** (1) sich winden *od.* schlängeln; sich krümmen (***от*** Р vor *D*); **~лина** *f* (5) Windung, Krümmung, Biegung; Kehre;

~листый (14*K.*) gewunden, geschlängelt; kurvenreich
извин|ение *n* (12) Entschuldigung *f*; ***приносить ~ения*** sich entschuldigen (Д bei *j-m*); **~ительный** (14; -лен, -льна) verzeihlich; (*o. K.*) Entschuldigungs-; **~ять** (28), ⟨**~ить**⟩ (13*e.*) entschuldigen, (В/***за*** В *j-m et.*) verzeihen; ***~и(те)!*** Verzeihung!; ***нет, уж ~и(те)!*** F nein, danke!, ich denke nicht daran!; **-ся** sich entschuldigen (***перед*** Т/***за*** В bei *D*/wegen *G*, für *A*); Abbitte tun; ***~яюсь!*** F Entschuldigung!
извле|кать (1), ⟨**~чь**⟩ (26) herausziehen, ziehen; entnehmen, gewinnen; *Mus., fig.* entlocken (***из*** Р *D*); **~чение** *n* (12) Auszug *m*; → ***~кать***
извне von draußen *od.* außen (her)
извод *m* (1) *Ling.* Redaktion *f*; F Verbrauch; → **~ить** (15), ⟨**извести**⟩ (25) F aufbrauchen, verschwenden; arg zusetzen (В *j-m*); P umbringen; ausrotten; **-ся**, ⟨**-сь**⟩ F sich kaputtmachen, (ganz) erschöpft sein, von Kräften kommen; vergehen (***от*** Р vor *D*); aussterben, verschwinden
извоз *m* (1) *ehm.* Fuhrgewerbe *n*
извозить P (15) *pf.* verdrecken
извоз|ный (14) Fuhr-; **~чик** [-ʃʲtʃ-] *m* (1) Fuhrmann; Kutscher; Droschke (***на*** П in *od.* mit *D*); **~чицкий** [-ʃʲtʃ] F (16), **~чичий** [-ʃʲtʃ-] (18) Fuhr-, Fuhrmanns-; Droschken-
изволить (13) *pf.* † belieben, geruhen; ***~ьте*** + *Inf.* wollen Sie bitte ..., würden Sie gefälligst ...; da soll man nun ...; ***~ьте!*** F bitte sehr!, meinetwegen!, wenn Sie meinen!; ***~ьте выйти!*** bitte verlassen Sie das Zimmer!; ***~ьте радоваться!*** F e-e schöne Bescherung!
изв|орачиваться, ~ёртываться (1), ⟨**~ернуться**⟩ (20) sich entwinden; *fig.* F sich herauswinden; *impf.* sich drehen u. wenden; **~оротливый** (14*K.*) wendig; gewandt, geschickt; aalglatt
извра|щать (1), ⟨**~тить**⟩ (15*e.*; -т/щ-) verdrehen, verzerren, entstellen; verderben; **~щение** *n* (12) Verdrehung *f*; Perversion *f*; **~щённый** (14*K.*) verdreht, verzerrt; pervers
изгадить P (15) *pf.* versauen
изгиб *m* (1) Biegung *f*, Krümmung *f*, Windung *f*; Kurve *f*; *fig.* Nuance *f*; **~ать** (1), ⟨**изогнуть**⟩ (20) biegen, verbiegen, krümmen; **-ся** e-n Bogen machen; sich schlängeln
изгла|живать (1), ⟨**~дить**⟩ (15) verwischen; löschen, auslöschen, tilgen; **-ся** sich glätten; verschwinden
изгна|ние *n* (12) Vertreibung *f*; Verbannung *f*, Exil; **~нник** *m* (1) Verbannte(r); Vertriebene(r); **~ть** → ***изгонять***
изголовье *n* (10) Kopfende (***в*** П am)
изголодаться (1) *pf.* ausgehungert sein; *fig.* sich sehnen (***по*** Д nach *D*)
изгон|ять (28), ⟨**изгнать**⟩ (-гоню, -ишь; → ***гнать***) vertreiben, verbannen; verweisen (***из*** Р *G*)
изгородь *f* (8) Flechtzaun *m*, Staketenzaun *m*; ***живая ~*** Hecke
изгот|авливать (1), **~овлять** (28), ⟨**~овить**⟩ (14) anfertigen, herstellen; F zubereiten; **-ся** F sich fertigmachen; **~овление** *n* (12) Herstellung *f*, Anfertigung *f*, Fertigung *f*
изгрыз|ать (1), ⟨**~ть**⟩ (24; -ла; -енный) zernagen, zerfressen
изда|вать (5), ⟨**~ть**⟩ (-м, -шь; → ***дать***; -ло; -нный: -на) herausgeben, edieren; verlegen, auflegen; *Adm., Jur.* erlassen; *impf. Geruch*: verbreiten
издавна von alters her, von jeher
издал|ека, ~ёка, ~и von weitem, von fern, aus der Ferne; ***начать ~ека*** weit ausholen
изда|ние *n* (12) Herausgabe *f*, Ausgabe *f*; Auflage *f*; Erlaß *m*; ***~ние автора*** (im) Selbstverlag *m*; ***год*** *m* ***~ния*** Erscheinungsjahr *n*; Jahrgang; **~тель** *m* (4) Herausgeber, Verleger; **~тельский** (16) Verlags-; Verleger-; **~тельство** *n* (9) Verlag *m*; **~ть** → ***~вать***
издев|ательский (16) höhnisch, spöttisch; **~ательство** *n* (9) Hohn *m*; Verhöhnung *f* (***над*** Т *G*); **~аться** (1) verhöhnen, verspotten (***над*** Т *A*); schikanieren; **~ка** F *f* (5; -ок) Hohn *m* (***в*** В zum), Spott *m*, Schikane
изделие *n* (12) Erzeugnis; Ware *f*; Erzeugung *f*, Fertigung *f*
издёрг|анный F (14*K.*) überreizt; nervös; **~ать** F (1) *pf.* arg zusetzen (В *j-m*); **-ся** überreizt *od.* abgezehrt sein
издерж|ивать (1), ⟨**~ать**⟩ (4) ausgeben (***на*** В für *A*), verausgaben; **~ки**

f/pl. (5; -ек) Kosten, Spesen
издре́вле von alters her
издыха́|ние *n* (12) Atemzug *m*; → ***при***; **~ть** (1) → ***до́хнуть***[1]
изжёв|анный [iʒʒ-] P (14*K*.) zerknittert; *fig.* abgedroschen; **~а́ть** (6*e*. -у-) *pf.* zerkauen
и́зжелта- [ˈiʒʒ-] (*in Zssgn*) gelblich-
изжи|ва́ть [ʒʒ-] (1), ⟨**~ть**⟩(-ву́, -вёшь; -ла́; -тый: -та́) abstellen, beseitigen; ***~ть себя́*** sich überleben, veralten
изжо́га [iʒʒ-] *f* (5) Sodbrennen *n*
из-за (P) hinter … hervor; von jenseits (*G*); von, aus (*D*); wegen (*G*, *D*), infolge; vor (*D*), durch (*A*); ***~ чего́?*** weshalb?, weswegen?; ***~ э́того́*** *od.* ***того́*** deshalb, darum; ***~ меня́*** meinetwegen; ***~ того́ что*** weil
и́зселена- (*in Zssgn*) grün-, grünlich-
иззя́бший F (17) ganz durchfroren
изл|а́вливать F (1), ⟨**~ови́ть**⟩ (14) einfangen, erwischen (***на*** П bei *D*)
изл|ага́ть (1), ⟨**~ожи́ть**⟩ (16) darlegen, auseinandersetzen; vorbringen
изла́зить F (19) *pf.* abklappern
изл|а́мывать, ⟨**~ома́ть**⟩ (1) zerbrechen, (*a. fig.* F) kaputtmachen; F zum Krüppel machen; *fig.* fertigmachen
излени́ться F (13) *pf.* faul *od.* ganz faul werden
излёт *m* (1): ***на ~е*** matt (*Kugel*)
излеч|е́ние *n* (12) Heilung *f*, Genesung *f*; → ***лече́ние***; **~ивать** (1), ⟨**~и́ть**⟩ (16) → ***выле́чивать***; **~и́мый** (14*K*.) heilbar
изли|ва́ть (1), ⟨**~ть**⟩ (изолью́, -льёшь; → ***разли́ть***) freien Lauf lassen, Luft machen (B *D*), auslassen (***на*** B an *j-m*); *impf.* ausströmen, ausstrahlen; ***~ть ду́шу*** s-n Herz ausschütten; **-ся** herausströmen, ausströmen, entströmen; sich ergießen (***на*** B über *A*); sich ergehen (***перед*** T *j-m* gegenüber); → ***~ва́ть***
изли́ш|ек *m* (1; -ка) Überschuß, Überfluß, Überfülle *f* (***в*** П an *D*); *pl.* freie Spitzen *f/pl.*; ***с ~ком*** mehr als genug, übergenug; **~ество** *n* (9) Übermaß (P an *D*); Unmäßigkeit *f*; *Arch.* Überladenheit *f*; Ausschweifung *f*; **~ний** (15; -ен, -ня) überflüssig; unnütz, unnötig; übermäßig; (*o. K.*) Mehr-, Über-; *Adv.* allzu
излия́ние *n* (12) Erguß *m*; *Geol.* Effusion *f*
излови́ть → ***изла́вливать***
изловчи́ться (16*e*.) *pf.* sich geschickt anstellen; (es) fertigbringen
излож|е́ние *n* (12) Darlegung *f*; Nacherzählung *f*; Fassung *f*; ***в кра́тком ~е́нии*** kurzgefaßt; **~и́ть** → ***излага́ть***; **~ница** *f* (5) *Tech.* Kokille
изло́м *m* (1) *Tech.* Bruch; Bruchstelle *f* (***в, на*** П an *D*); Knick; **~анный** (14*K*.) zerbrochen, gebrochen; *Schrift*: eckig; *fig.* verdorben; **~а́ть** → ***изла́мывать***
излуч|а́тель *m* (4) Strahler; **~а́ть** (1), ⟨**~и́ть**⟩ (16*e*.) ausstrahlen, abstrahlen; ausströmen; **~е́ние** *n* (12) Strahlung *f*, Ausstrahlung *f*
излу́чина *f* (5) Windung, Krümmung
излучи́ть → ***излуча́ть***
излю́бленный (14) Lieblings-, beliebt
изма́з|ывать F (1), ⟨**~ать**⟩ (3) verschmieren, vollschmieren
измара́ть F (1) *pf.* verschmieren, vollschmieren; vollkritzeln
изм|а́тывать F, ⟨**~ота́ть**⟩ (1) mitnehmen, abstrapazieren; kaputtmachen, ruinieren; **-ся** → ***изма́яться***
изма́яться P (27) *pf.* fix u. fertig sein; sich kaputtmachen
измельч|а́ние *n* (12) Schrumpfen, Zusammenschrumpfen; Verflachung *f*; **~е́ние** *n* (12) Zerkleinerung *f*
изме́н|а *f* (5) Verrat *m* (Д an *D*); Untreue; ***супру́жеская ~*** Ehebruch *m*; **~е́ние** *n* (12) Änderung *f*, Veränderung *f*, Abänderung *f*; Wechsel *m*, Wandel *m*; *Gr.* Flexion *f*; *Math.* Verlauf *m*; *Chem.* Umschlag *m*; **~ник** *m* (1) Verräter (Д *G*); F Treulose(r); **~нический** (16) verräterisch; treulos; **~чивый** (14*K*.) veränderlich, unbeständig; wetterwendisch; **~я́емый** (14*K*.) flektierbar; **~я́ть** (28), ⟨**~и́ть**⟩ (13; -ённый: -ена́) **1.** (B) ändern, verändern, abändern; wandeln, abwandeln; *Gr.* flektieren; **2.** (Д) verraten (*A*); untreu sein, *pf.* untreu werden; betrügen, trügen; *Pflicht* verletzen; *Eid* brechen; *Gedächtnis*: im Stich lassen; *Kräfte*: versagen; *Glück* verlassen (Д *j-n*); **-ся** sich ändern; sich wenden; ***-ся в лице́*** die Farbe wechseln
измер|е́ние *n* (12) Messung *f*, Ausmessung *f*, Vermessung *f*; Abmessung

И

f; Dimension *f*; ***едини́ца** f* **~е́ния** Maßeinheit; **~и́мый** (14*K*.) meßbar; **~и́тель** *m* (4) Meßgerät *n*, Messer; Kennziffer *f*; **~и́тельный** (14) Meß-; **~я́ть** (28), ⟨**~ить**⟩ (13) messen, ausmessen, vermessen, abmessen

изможде́н|ие *n* (12) Erschöpfung; **~ный** (14*K*.) ausgezehrt, entkräftet

измок|а́ть F (1), ⟨**~нуть**⟩ (21) durchnäßt sein *od.* werden

измол|а́чивать (1), ⟨**~оти́ть**⟩ (15) ausdreschen; P verdreschen

измо́р: ***взять ~ом*** aushungern; ***взять на ~*** *fig.* F *j-n* breitschlagen; **~и́ть** F (13) *pf.* erschöpfen, ermatten

и́зморозь *f* (8) Rauhreif *m*

и́зморось *f* (8) Nieselregen *m*

измо́т|анный F (14*K*.) mitgenommen, abgehetzt, abgekämpft; **~а́ть(ся)** → ***изма́тывать(ся)***

измоча́ли|вать F (1), ⟨**~ть**⟩ (13) zerfasern, zerfetzen; *fig.* F auszehren

изму́ч|енный (14*K*.) abgequält, abgehetzt, erschöpft; **~ивать** (1), ⟨**~ить**⟩ (16) abquälen; (B *j-m*) stark zusetzen; auszehren; **-ся** erschöpft sein; → ***му́чить(ся)***

измыва́ться F (1) → ***издева́ться***

измы́згать P (1) *pf.* versauen; abtragen

измы|шле́ние *n* (12) Erfindung *f*; **~шля́ть** (28), ⟨**~слить**⟩ (13) ausdenken, ersinnen, erfinden

изна́н|ка *f* (5) Kehrseite, Rückseite, Unterseite, linke Seite (***с*** P auf, von *D*)

изнаси́лование *n* (12) Vergewaltigung *f*, Notzucht *f*; → ***наси́ловать***

изнача́льный (14; -лен, -льна) ursprünglich

изн|а́шивать (1), ⟨**~оси́ть**⟩ (15) abnützen, abtragen; *Tech.* verschleißen

изне́ж|енный (14*K*.) verweichlicht, verzärtelt; **~ивать** (1), ⟨**~ить**⟩ (16) verweichlichen (**-ся** *v/i*), verzärteln

изнемо|га́ть (1), ⟨**~чь**⟩ (26; -гу́, -жешь; → мочь) von Kräften kommen, erschöpft sein; umfallen (***от*** P vor *D*); verschmachten; **~же́ние** *n* (12) Erschöpfung *f*, Entkräftung *f*; **~жённый** (14*K*.) erschöpft, abgespannt

изне́рвничаться F (1) *pf.* sehr nervös werden, mit s-n Nerven fertig sein

изно́|с *m* (1) Abnutzung *f*; *Tech.* Verschleiß; **~си́ть** → ***изна́шивать***; **~шенный** (14*K*.) abgenutzt, abgetragen; *Tech.* verschlissen; F verlebt

изнур|е́ние *n* (12) Erschöpfung *f*, Entkräftung *f*; **~ённый** (14*K*.) erschöpft; → ***измождённый***; **~и́тельный** (14; -лен, -льна) kräftezehrend, aufreibend; **~я́ть** (28), ⟨**~и́ть**⟩ (13*e*.) erschöpfen, entkräften; **-ся** am Ende s-r Kräfte sein, erschöpft sein

изнутри́ 1. *Adv.* von innen, innen; **2.** *Prp.* (P) von innerhalb, innerhalb

изныва́ть (1) vergehen, umkommen

изо → ***из***

изоби́л|ие *n* (12) Überfluß *m*, Fülle *f*; ***в ~ии*** in Hülle u. Fülle; ***рог** m* **~ия** Füllhorn *n*; **~овать** (7) reich sein (T an *D*), wimmeln (von *D*); **~ьный** (14; -ен, -ьна) reich, überreich (T an *D*), reichlich; üppig

изоблич|а́ть (1), ⟨**~и́ть**⟩ (16*e*.) überführen (***в*** П *G*); entlarven; *impf.* verraten, offenbaren; **~е́ние** *n* (12) Überführung *f*; Entlarvung *f*; **~и́тельный** (14) belastend; Belastungs-

изобра|жа́ть (1), ⟨**~зи́ть**⟩ (15*e*.) darstellen, schildern; zeigen, ausdrücken; *impf.* ***~жа́ть из себя́*** spielen, sich (B als *A*) aufspielen; **-ся** sich spiegeln; **~же́ние** *n* (12) Darstellung *f*, Schilderung *f*; Bild; **~зи́тельный** (14; -лен, -льна) darstellend, anschaulich; (*o. K.*) bildend; Gestaltungs-

изобре|та́тель *m* (4) Erfinder; **~та́тельность** *f* (8) Erfindergeist *m*, Erfindungsgabe; **~та́тельный** (14; -лен, -льна) erfinderisch (***на*** B bei *D*); findig; **~та́тельский** (16) Erfinder-; **~та́ть** (1), ⟨**~сти́**⟩ (25 -т-) erfinden; **~те́ние** *n* (12) Erfindung *f*

из|о́гнутый (14*K*.) gekrümmt, gebogen; **~огну́ть(ся)** → ***~гиба́ть(ся)***

изо́дра|нный F (14*K*.) zerrissen, zerfetzt; **~ть** F (издеру́, -рёшь; → ***драть***) *pf.* zerfetzen; zerkratzen

изолг|а́ться F (-у́сь, -лжёшься; → ***лгать***) *pf.* sich aufs Lügen verlegen

изол|и́рование *n* (12) Isolierung *f*; **~и́рованный** (14*K*.) isoliert, abgesondert; vereinzelt; (*o. K.*) Einzel-; **~и́ровать** (7) *im*(*pf.*) isolieren, absondern; **~я́тор** *m* (1) Isolierraum; Isolierbaracke *f*; Isolierzelle *f*; **~я́ция** *f*

(7) Isolierung; Dämmung; Absonderung
изо́рв|анный (14K.) zerrissen; **~а́ть** (-у́, -ёшь; → ***рвать***) *pf.* zerreißen (**-ся** *v/i*), zerfetzen, in Stücke reißen
изощр|ённый (14K.) scharf, geübt; verfeinert, raffiniert, erlesen; **~я́ть** (28), ⟨**~и́ть**⟩ (13e.) schärfen, verfeinern; **-ся** geübt sein; **-ся** (***в*** П) → ***~и́ть*** (В); *impf.* sich ergehen; sich auf *et.* verlegen; raffiniert vorgehen
из-под (Р) unter (*D*) hervor; aus (*D*); vor (*D*); aus der Nähe *od.* Gegend von; ***буты́лка** f* **~** ***молока́*** Milchflasche
израз|е́ц *m* (1; -ца́) Kachel *f*; **~цо́вый** (14) Kachel-
изра́иль|ский (16) israelisch; **~тя́нин** *m* (1; *pl.* -я́не, -я́н), **~тя́нка** *f* (5; -нок) Israeli *m*/*f*
изра́н|ить (13) *pf.* verwunden, (В *D*) Wunden *od.* viele Wunden beibringen; ***~ен*** voll(er) Wunden, zerschunden
израсхо́дование → ***расхо́дование***
и́зредка bisweilen, zuweilen, hin u. wieder; hie u. da, stellenweise
изре́з|анный (14K.) zerschnitten; zerklüftet; **~ывать** (1), ⟨**~зать**⟩ (3) zerschneiden, verschneiden; **-ся** F sich (viele) Schnittwunden beibringen
изре|ка́ть (1), ⟨**~́чь**⟩ (26) *iron.* von sich geben; † aussprechen; **~че́ние** *n* (12) Ausspruch *m*, Denkspruch *m*
изрешети́ть (15e.) *pf.* durchlöchern
изрисова́ть (7) *pf.* vollzeichnen
изруб|и́ть (14) *pf.* zerhacken, zerschneiden; niederhauen; **~цо́ванный** (14K.) narbenbedeckt, voll(er) Striemen
изруга́ть F (1) *pf.* ausschimpfen, herunterputzen
изрыга́ть (1) speien, ausspeien, ausspucken, ausstoßen; erbrechen
изры́т|ь (22) *pf.* aufwühlen, durchfurchen; ***~ый о́спой*** pockennarbig
изря́дный F (14; -ден, -дна) ordentlich, tüchtig; ziemlich groß *od.* stark
изуве́р *m* (1) (grausamer) Fanatiker; Unmensch, Unhold; **~ский** (16) fanatisch; grausam, barbarisch; **~ство** *n* (9) Fanatismus *m*; Grausamkeit *f*, Barbarei *f*; Greueltat *f*
изуве́чи|вать (1), ⟨**~ть**⟩ (16) verstümmeln, verkrüppeln; verhunzen
изукра́|шивать (1), ⟨**~сить**⟩ (15) ausschmücken; F *iron.* verzieren
изум|и́тельный (14; -лен, -льна) wunderbar, wundervoll, wunderschön, herrlich; erstaunlich; **~ле́ние** *n* (12) Erstaunen, Verwunderung *f*; **~ля́ть** (28), ⟨**~и́ть**⟩ (14e.) in Erstaunen setzen, überraschen, verblüffen; **-ся** sich wundern, staunen, erstaunt sein (Д über *A*)
изумру́д *m* (1) Smaragd; **~ный** (14) Smaragd-; smaragdgrün
изуро́дованный (14K.) verunstaltet, verstümmelt, entstellt; zerschunden; *fig.* verdorben; → ***уро́довать***
изуч|а́ть (1), ⟨**~и́ть**⟩ (16) lernen, studieren; untersuchen, prüfen; sich vertraut machen (В mit *D*); *pf.* erlernen; **~е́ние** *n* (12) Lernen, Erlernen; Studium; Untersuchung *f*, Erforschung *f*; Forschung *f*
изъе|да́ть (1), ⟨**~́сть**⟩ (-́ст, -дя́т; → ***есть***[1]) zerfressen (Т von *D*); F zerstechen
изъе́здить (15) *pf.* bereisen, durchreisen, durchstreifen; *Weg* ausfahren
изъе́сть → ***изъеда́ть***
изъяв|и́тельный (14): ***~и́тельное наклоне́ние*** *n* Indikativ *m*; **~ле́ние** *n* (12) Äußerung *f*; ***~ле́ние благода́рности*** Danksagung *f*; **~ля́ть** (28), ⟨**~и́ть**⟩ (14) äußern, bezeigen, zeigen; *Zustimmung* geben, erklären
изъя́н *m* (1) Fehler, Mangel; Makel
изъясн|я́ть (28), ⟨**~и́ть**⟩ (13e.) erklären, erläutern; **-ся** *impf.* sich verständigen
из|ъя́тие *n* (12) Einziehung *f*; Beschlagnahme *f*; Ausnahme *f*; **~ыма́ть** (1) ⟨**~ъя́ть**⟩ (-ыму́, -ы́мешь) einziehen, ziehen; beschlagnahmen, sicherstellen; aussondern; entfernen; aussetzen, aufheben
изыск|а́ние *n* (12) *mst pl.* Forschung *f*, Untersuchung *f*; *sg.* Auftreiben; **~́анный** (14K.) auserlesen, erlesen, fein; gewählt; **~а́тель** *m* (4) Forscher; **~́ивать** (1), ⟨**~а́ть**⟩ (3) ausfindig machen, auftreiben; *impf.* erforschen, (В nach *D*) suchen
изю́м *m* (1; -а/-у) *koll.* Rosinen *f*/*pl.*; ***не фунт ~у*** F kein Pappenstiel; **~ина** *f* (5) Rosine; **~инка** *f* (5; -нок) → ***~ина***; F besonderer Reiz *m*, ein ge-

И

wisses Etwas *n*
изя́щ|ество *n* (9) Eleganz *f*; → **~ный** (14; -ен, -на) fein, elegant; apart; † schön; *Su. n* das Schöne
ик|а́ть (1), *einm.* ⟨**~ну́ть**⟩ (20) den Schluckauf haben
ико́н|а *f* (5) Ikone, Heiligenbild *n*; **~опи́сец** *m* (1; -сца) Ikonenmaler; **~опись** *f* (8) Ikonenmalerei; **~оско́п** *m* (1) Elektronenbildröhre *f*; **~оста́с** *m* (1) Heiligenbilderwand *f*
ико́та *f* (5) Schlucken *m*, Schluckauf *m*
икр|а́ *f* **1.** (5) Laich *m*; Rogen *m*; Kaviar *m*; **2.** (5; *pl. st.*) *mst pl.* Wade; **~омета́ние** *n* (12) Laichen; **~яно́й** (14) Rogen-
ил *m* (1) Schlamm
и́ли oder; **~ же** oder aber; **~ … ~** entweder … oder; sonst; F etwa, denn
и́листый (14*K.*) schlammig, Schlamm-
иллю́зия *f* (7) Illusion, Täuschung
иллюмин|а́тор *m* (1) Bullauge *n*; **~а́ция** *f* (7) Festbeleuchtung; **~(ир)ова́ть** (7) *im(pf.)* festlich beleuchten
иллюстр|ати́вный (14) Anschauungs-; Bild-; erläuternd; **~а́ция** *f* (7) Abbildung; Bild *n*; Anschauungsbeispiel *n*; **~и́ровать** (7) *im(pf.)* illustrieren, bebildern; *fig.* ⟨*a.* про-⟩ veranschaulichen
иль F → **и́ли**
ильм *m* (1) Ulme *f*
имби́рь *m* (4*e.*) Ingwer
име́ние *n* (12) Landgut, Gut (**в** П auf *D*); † Besitz *m*, Habe *f*
имени́|нник *m* (1), **~нница** *f* (5): **он ~нник, она́ ~ница** er, sie hat Namenstag *m*; F Held(in *f*) des Tages; **~ны** *pl.* (5) Namenstag *m*; **~тельный** (14): **~тельный паде́ж** *m* Nominativ; **~тый** (14*K.*) *ehm.* vornehm, angesehen; F namhaft, berühmt
и́менно 1. *Part.* gerade, eben, genau; ausgerechnet; nun, denn; **вот ~!** ganz recht!, das ist es eben!; **2.** *Kj.* nämlich; **а ~** und zwar
имен|но́й (14) Namen(s)-, Personen-; persönlich; *Gr.* nominal, Nominal-; **~ова́ть** (7) nennen, benennen; **-ся** heißen
име́|ть (8) haben (T als *A*, zu *D*), besitzen; **~ть значе́ние** von Bedeutung sein; **ты бу́дешь ~ть де́ло со мно́й!** du bekommst es mit mir zu tun!; **-ся: ~ется** (**~ются**) es gibt *od.* ist, sind vorhanden *od.* liegt, liegen vor; **у нас ~ются …** wir haben …; **~ется в виду́ …** gemeint ist …
имита́|тор *m* (1) Lautnachahmer; *Tech.* Simulator; **~ция** *f* (7) Nachahmung, Nachbildung; *Tech.* Simulierung; Imitation, Ersatz *m*
иммигра́ция *f* (7) Einwanderung; Einwanderer *m/pl.*; *Hdl.* Zufluß *m*
иммorте́ль [-'tɛl] *f* (8) Strohblume
и́мпорт *m* (1) Einfuhr *f*, Import; **~и́ровать** (7) *im(pf.)* einführen, importieren; **~ный** (14) Einfuhr-, Import-
импровизи́ровать (7) *im(pf.)*, ⟨сым-⟩ improvisieren; extemporieren; aus dem Stegreif dichten
и́мпульс *m* (1) Impuls, Antrieb
иму́щ|ественный (14) Vermögens-; Eigentums-; Güter-; **~ество** *n* (9) Vermögen, Eigentum; *Mil.* Gerät, Ausrüstung *f*; F Habseligkeiten *f/pl.*; **~ий** (17) besitzend, vermögend; **власть ~ие** *pl.* Machthaber *m/pl.*
и́м|я *n* (13) Vorname *m*; Name *m* (T, **от** P, **во** B in *D*; T, **по** Д bei *D*); *fig.* Ruf *m*; *Gr.* Nomen; **на ~я** zu Händen; **по ~ени** namens; namentlich; **парк** *m* **~ени Го́рького** Gorki-Park; **как ва́ше ~я?** wie heißen Sie (mit Vornamen)?; **~я им – легио́н** ihre Zahl ist Legion; **~яре́к** † *m* (1) Soundso
ина|комы́слящий (17) Andersdenkende(r) *m*; **~че 1.** *Adv.* anders; **2.** *Kj.* F sonst; **так и́ли ~че** wie dem auch sei; sowieso; **не ~че как** nur; P sicher
инвали́д *m* (1) Invalide, Körperbehinderte(r), Schwerbeschädigte(r); **~ войны́** Kriegsversehrte(r); **~ность** *f* (8) Invalidität; Arbeitsunfähigkeit; **~ный** (14) Behinderten-
инвалю́тный (14) Devisen-
инвентар|иза́ция *f* (7) Inventur, Bestandsaufnahme; **~ь** *m* (4*e.*) Inventar *n*, Bestand; Gerät *n*, Geräte *n/pl.*; Inventarverzeichnis *n*
и́ндеветь (8), ⟨за-⟩ sich mit Reif bedecken
инде́ец *m* (1; -е́йца) Indianer
инде́йка *f* (5; -е́ек) Truthenne, Pute
инде́йский (16) indianisch; → **индю́к**
и́ндекс *m* [-dɛ-] (1) Index, Verzeichnis *n*; Kennziffer *f*; *Fmw.* Leitzahl *f*
индиа́нка *f* (5; -нок) Indianerin;

И

Inderin

индиви́д *m* (1) Individuum *n*, einzelne(r), Person *f*; **~уа́льность** *f* (8) Individualität; **~уа́льный** (14; -лен, -льна) individuell, persönlich; (*o. K.*) Einzel-, Individual-; *Med.* Verband-

инди́|ец *m* (1; -йца) Inder; **~йский** (16) indisch

индика́тор *m* (1) Anzeiger; Anzeigegerät *n*

индоевропе́йский (16) indogermanisch, indoeuropäisch

индонези́|ец *m* (1; -йца), **~йка** *f* (5; -ек) Indonesier(in *f*); **~йский** (16) indonesisch

инду́с *m* (1) Hindu; **~ский** (16) Hindu-

индустри|ализа́ция *f* (7) Industrialisierung; **~́я** *f* (7) Industrie

И

индю́|к *m* (1*e.*) Truthahn; **~шка** F *f* (5; -шек) → ***инде́йка***

и́ней *m* (3) Reif, Rauhreif

ине́р|тность *f* (8) Indolenz; → **~тный** (14; -тен, -тна) träge, indolent; schlaff; (*o. K.*) *Tech.* Füll-; *Chem.* Edel-; **~ция** *f* (7) Trägheit, Beharrungskraft; ***по ~ции*** mechanisch

инжене́р *m* (1) Ingenieur; ***~-строи́тель*** *m* Bauingenieur; **~ный** (14) Ingenieur-; *Arch.* Tief-; *Mil.* Pionier-; **~ство** *n* (9) Ingenieurberuf *m*; F Ingenieurzunft *f*

инжи́р *m* (1) Feigenbaum; Feige *f*

и́нистый (14*K.*) bereift, reifbedeckt

иници|ати́ва *f* (5) Initiative (***по*** Д auf *A*), Anregung; **~ати́вный** (14; -вен, -вна) unternehmend (*o. K.*); Initiativ-; **~а́тор** *m* (1) Initiator, Urheber; *Chem.* Starter

инкруст|а́ция *f* (7) Einlegearbeit, Intarsie; **~и́рованный** (14) eingelegt

инкуба́|тор *m* (1) Brutapparat, Brutschrank; **~цио́нный** (14) Inkubations-

ино|гда́ manchmal, bisweilen, zuweilen; **~горо́дний** (15) auswärtig; *Fin.* Distanz-; **~зе́мный** (14) fremdländisch, ausländisch; **~́й** (14) andere(r); manche(r), manch eine(r); ***не кто ~́й, как*** kein anderer als …; ***не что ~́е*** nichts (anderes) als …; ***~́й …, ~́й*** der eine …, der andere; **~́к** *m* (1) Mönch

иноро́дный (14; -ден, -дна) fremdartig, fremd; (*o. K.*) Fremd-

иносказа́|ние *n* (12) Allegorie *f* (T in); Anspielung *f*, verborgener Sinn *m*; **~тельный** (14; -лен, -льна) allegorisch, sinnbildlich

иностра́н|ец *m* (1; -ца), **~ка** *f* (5; -ок) Ausländer(in *f*); **~ный** (14) ausländisch, Auslands-; fremd, Fremd-; Gast-; auswärtig; ***министе́рство*** *n* ***~ных дел*** Außenministerium; **~щина** F *f* (5) alles Fremdländische *n*

инохо́д|ец *m* (1; -ца) Paßgänger, Zelter; **~ь** *f* (8) Paßgang *m*, Zeltgang *m*

инозы́чный (14) fremdsprachig

инсинуа́ция *f* (7) Unterstellung, Verleumdung

инспек|ти́ровать (7), ⟨про-⟩ inspirieren; **~́торский** (16) Inspektions-; **~́ция** *f* (7) Inspektion, Inspizierung, Aufsicht

инспири́ровать (7) *im*(*pf.*) inspirieren, eingeben; beeinflussen; anstiften

инсти́нкт *m* (1) Instinkt, Trieb; Gespür *n*; **~и́вный** (14; -вен, -вна) instinktiv, gefühlsmäßig; unwillkürlich

институ́т *m* (1) Institut *n*; Hochschule *f*; Anstalt *f*; Institution *f*, Einrichtung *f*; *ehm.* Pensionat *n*

инструк|та́ж F *m* (1) Instruktion(en *pl.*) *f*; **~и́ровать** (7) *im*(*pf.*), ⟨про-⟩ instruieren, anleiten; **~́тор** *m* (1) Instrukteur, Ausbilder; ***лётчик-~́тор*** Fluglehrer; ***~́тор по лечебной гимна́стике*** Heilgymnast; **~́ция** *f* (7) Anweisung, Vorschrift; Anleitung

инструме́нт *m* (1) Instrument *n*, Werkzeug *n*, Gerät *n*; **~а́льщик** *m* (1) Werkzeugmacher; **~о́вка** *f* (5) *Mus.*, *Lit.* Instrumentierung

инсцени́р|овать (7) *im*(*pf.*) dramatisieren; *fig.* vortäuschen; **~о́вка** *f* (5; -вок) Dramatisierung; Inszenierung

интелл|е́кт *m* (1) Geist, Verstand, Intellekt; **~ектуа́льный** (14; -лен, -льна) intellektuell, geistig; **~иге́нт** *m* (1) Intellektuelle(r); **~иге́нтный** (14; -тен, -тна) intellektuell, gebildet; intelligent; **~иге́нтский** (16) Intellektuellen-; **~иге́нция** *f* (7) die Intellektuellen *m/pl.*; Intelligenz

интенси́|вность [-tɛ-] *f* (8) Intensität; Dichte; **~вный** [-tɛ-] (14; -вен, -вна) intensiv, stark, kräftig; **~фика́ция** *f* (7) Intensivierung

интер|ва́л [-tɛ-] *m* (1) Intervall *n*, Abstand (***в*** В von), Zwischenraum; Zeit-

spanne *f*; Unterbrechung *f*
интервью́ [-tɛ-] *n* (*unv.*) Interview (Д mit *j-m*); **~е́р** *m* (1) Interviewer; **~и́ровать** (7) *im*(*pf.*), ⟨про-⟩ interviewen
интере́с *m* (1) Interesse *n* (**к** Д für *A*; **в** П *pl.* in *D sg.*); Sinn; F Nutzen; *pl.* Belange; ***име́ть ~*** von Interesse sein; ***како́й мне ~?*** was habe ich davon?; **~ный** (14; -ен, -на) interessant; unterhaltsam; F hübsch, attraktiv; ***~но знать*** F ... möchte ich gern wissen; **~ова́ть** (7) interessieren (Т für *A*)
интер|лю́дия [-tɛ-] *f* (7) Interludium *n*, Zwischenspiel *n*; **~ме́дия** *f* (7) Intermedium *n*; **♀национа́л** *m* (1) Internationale *f*; **~прети́ровать** (7) *im*(*pf.*) interpretieren, auslegen, deuten
инти́мный (14; -мен, -мна) intim; vertraut, innig
интоксика́ция *f* (7) Vergiftung
интонаци|о́нный (14) Intonations-; **~̈я** *f* (7) Intonation, Tonfall *m*, Tongebung; Sprachmelodie
интри́|га *f* (5) Intrige; *pl.* Ränke; *Lit.* Handlungsknoten *m*; † Affäre; **~га́н** *m* (1) **~га́нка** *f* (5; -нок) Intrigant(in *f*); **~гова́ть** (7) **1.** intrigieren, Ränke schmieden; **2.** ⟨за-⟩ neugierig machen; *j-s* Interesse erwecken; **~жка** F (5; -жек) Flirt *m*
интроду́кция *f* (7) *Mus.* Vorspiel *n*
интуи|ти́вный (14; -вен, -вна) intuitiv; **~ция** *f* (7) Intuition, Eingebung; Einfühlungsvermögen *n*
интури́ст *m* (1) ausländischer Tourist
инфекци|о́нный (14) ansteckend, Infektions-; **~̈я** *f* (7) Ansteckung
инфляци|о́нный (14) inflationär, Inflations-; **~̈я** *f* (7) Inflation
информ|ацио́нный (14) Informations-; Nachrichten-; **~а́ция** *f* (7) Benachrichtigung; Auskunft; Nachricht, Bericht *m*; ***носи́тель*** *m* ***~а́ции*** *Comp.* Datenträger; **~и́ровать** (7) *im*(*pf.*), ⟨про-⟩ informieren, in Kenntnis setzen, benachrichtigen
инфра|зву́к *m* (1) Infraschall; **~кра́сный** (14) infrarot, Infrarot-
инфузо́рия *f* (7) Infusorium *n*
инъе́кция *f* (7) Spritze, Injektion
и. о. (***исполня́ющий обя́занности***) stellvertretende(r), Stellvertreter *m*
иорда́н|ец *m* (1; -ца), **~ка** *f* (5; -ок) Jordanier(in *f*); **~ский** (16) jordanisch
ипохо́ндрик *m* (1) Hypochonder
ипподро́м *m* (1) Pferderennbahn *f*
ира́к|ец *m* (1; -ца) Iraker; **~ский** (16) irakisch
ира́н|ец *m* (1; -ца), **~ка** *f* (5; -ок) Iraner(in *f*); **~ский** (16) iranisch
и́рис *m* (1) Iris *f*, Schwertlilie *f*; *Anat.* Regenbogenhaut *f*
ирла́нд|ец *m* (1; -ца) Ire; **~ка** *f* (5; -ок) Irin; **~ский** (16) irisch
и́род P *m* (1) Unmensch
ирони|зи́ровать (7) ironisieren, spötteln; **~́ческий** (16), **~́чный** (14; -́чен, -́чна) ironisch, spöttisch, **~̈я** *f* (7) Ironie
иррациона́льный (14; -лен, -ьна) irrational
ирριга́ция *f* (7) Bewässerung
иск *m* (1) *Jur.* Klage *f*, gerichtliche Klage *f* (**о** П auf *A*)
иска|жа́ть (1), ⟨**~зи́ть**⟩ (15*e.*) entstellen; verzerren, verdrehen, verfälschen; **-ся** sich verziehen
искале́ченный (14*K.*) verstümmelt
иска́|ние *n* (12) *a. pl.* Suche(n) *f*, Streben (P *a.* nach *D*); *pl.* Experiment(e *pl.*); Experimentieren; **~тель** *m* (4) Sucher (*a. Tech.*); *Fmw.* Wähler; † Bewerber (P um *A*); **~тельный** (14; -лен, -льна) einschmeichelnd; **~ть** (3) (P, B) suchen (*A*, nach *D*); streben (nach *D*); *Jur.* klagen, (B/**с** P *A* von *j-m*) einklagen; † anhalten (P um *A*); ***ищи́-свищи́*** F da kannst du lange suchen
исклёв|ывать (1), ⟨**~̈а́ть**⟩ (6*e.*) zerpicken; aufpicken
исключ|а́ть (1), ⟨**~и́ть**⟩ (16*e.*) ausschließen, ausschalten; ausnehmen, ausklammern; *Math.* eliminieren; streichen; entlassen; relegieren; **-ся** *impf.* ausgeschlossen sein, nicht in Frage kommen; **~а́я** (P *od.* B) ausgenommen (*A*), außer (*D*); ***не ~а́я*** einschließlich; ***~а́я оши́бки*** Irrtum vorbehalten; **~е́ние** *n* (12) Ausschluß *m*; Streichung *f*; *Math.* Eliminierung *f*; Ausnahme *f* (**за** Т mit *D*); ***без ~е́ния*** ausnahmslos; ***в ви́де ~е́ния*** ausnahmsweise; **~и́тельно** nur; lauter; → **~и́тельный** (14; -лен, -льна) ausschließlich; exklusiv; außerordentlich, außergewöhnlich; (*o. K.*) Aus-

nahme-; ausnehmend, äußerst
исковéрканный (14*K*.) verstümmelt
исковóй (14) *Jur*. Klage-
исколеси́ть F (15*e*.) *pf*. durchstreifen
исколоти́ть F (15) *pf*. verhauen, übel zurichten; zerlöchern
исколóть (17) *pf*. zerstechen; bestecken
искóмый (14) (*a. Math.*) gesucht
искон|и́ von jeher, von alters her; **∼́ный** (14; -ен, -на) althergebracht, uralt; ureigen, ursprünglich; Ur-; *fig*. Erb-
ископá|емый (14) aus der Erde gefördert; fossil (*a. fig.*); *Su. n* Fossil, Mineral; ***полéзные ∼емые*** *pl*. Bodenschätze *m/pl*.; **∼ть** (1) *pf*. → ***изры́ть***
искореня́ть (28), ⟨**∼и́ть**⟩ (13*e*.) ausrotten, ausmerzen
и́скоса von der Seite, schief, scheel
и́скр|а *f* (5) Funke(n) *m*; ***с ∼ой*** gesprenkelt; F ***∼ы посы́пались из глаз*** (***у*** P *j-m*) verging Hören und Sehen
и́скренн|ий (15; -енен, -а; -не/-но) aufrichtig, offenherzig; innig, inniglich; **∼ость** *f* (8) Aufrichtigkeit
искрив|лéние *n* (12) Biegung *f*, Verbiegung *f*, Krümmung *f*; **∼ля́ть** (28), ⟨**∼и́ть**⟩ (14*e*.) verbiegen, verdrehen, krümmen; verzerren, verziehen; **-ся** krumm *od*. schief werden
и́скри́|стый (14*K*.) funkelnd; *Wein*: perlend; *Lachen*: ansteckend; *fig*. sprühend, überschäumend; **∼́ть** (13*e*.) Funken bilden *od*. sprühen; **-ся** funkeln; *Wein*: perlen, moussieren; *fig*. sprühen (T vor *D*)
искровени́ть P (13*e*.) *pf*. blutig schlagen
искро|вóй (14) Funken-; **∼мётный** (14; -тен, -тна) funkelnd, funkensprühend
искуп|áть (1) ⟨**∼и́ть**⟩ (14) **1.** sühnen, büßen; *Fehler* wiedergutmachen; ausgleichen, ersetzen; **2.** → ***купáть***; **∼и́тельный** (14) Sühne-; Wiedergutmachungs-; **∼лéние** *n* (12) Sühne *f* (***в*** B als); Erlösung *f*
искусáть (1) *pf*. zerbeißen; zerstechen
искус|и́тель *m* (4) Verführer; **∼и́ть** → ***искушáть***; **∼́ник** F *m* (1) Meister, As *n*; **∼́ный** (14; -ен, -на) geschickt, kunstfertig; kunstvoll; Kunst-; Meister-
искýсств|енник F *m* (1) Flaschenkind *n*; **∼енный** (14*K*.) künstlich; Kunst-; unecht, falsch; *fig*. gekünstelt, unnatürlich; **∼о** *n* (9) Kunst *f*; Können, Fertigkeit *f*, Kunstfertigkeit *f*; **∼овéд** *m* (1) Kunstwissenschaftler, Kunsthistoriker; **∼овéдение** *n* (12) Kunstwissenschaft *f*
иску|шáть (1), † ⟨**∼си́ть**⟩ (15*e*.) versuchen, verführen; **∼шéние** *n* (12) Versuchung *f*; **∼шённый** (14*K*.) erfahren, bewandert; erprobt
исланд|ец *m* (1; -ца), **∼ка** *f* (5; -ок) Isländer(in *f*); **∼ский** (16) isländisch
испáкостить P (15) *pf*. besudeln, versauen; *fig*. verpfuschen, verhunzen
испáн|ец *m* (1; -ца), **∼ка** *f* (5; -ок) Spanier(in *f*); **∼ский** (16) spanisch
испар|éние *n* (12) Verdampfung *f*, Verdunstung *f*; *pl*. Dämpfe *m/pl*.; Ausdünstungen *f/pl*.; **∼́ина** *f* (5) Schweiß *m*; **∼я́ть** (28), ⟨**∼и́ть**⟩ (13*e*.) verdampfen, verdunsten (*v/i* **-ся**); verdampfen lassen; **-ся** F verduften; wegsein
испепел|я́ть (28), ⟨**∼и́ть**⟩ (13*e*.) in Asche verwandeln, in Schutt u. Asche legen; versengen; *fig*. verzehren, auszehren
испестр|я́ть (28), ⟨**∼и́ть**⟩ (13*e*.) verzieren; ausschmücken
испечённый (14*K*.) gebacken
испещр|я́ть (28), ⟨**∼и́ть**⟩ (13*e*.) übersäen, bedecken
испи́с|ывать (1), ⟨**∼áть**⟩ (3) vollschreiben; verschreiben; **-ся** verbraucht *od*. abgenutzt sein; *fig*. sich erschöpfen
испит|óй F (14) ausgezehrt, ausgemergelt; **∼ь** P (изопью́, -пьёшь; → ***пить***) *pf*. ein wenig trinken; *fig*. leeren
исповéд|ание *n* (12) Bekenntnis, Konfession *f*; Beichte *f*; **∼ник** *m* (1) Beichtvater; Beichtkind *n*; **∼овать** (7) *im*(*pf*.) die Beichte abnehmen (B *j-m*); F ausfragen; *impf*. sich bekennen (B zu *D*); **-ся** beichten (***перед*** T/***в*** П *j-m et*.), zur Beichte gehen; **∼́ь** *f* (8) Beichte (***на*** B zur; ***на*** П in *D*); *fig*. Bekenntnis *n*
и́сподволь F allmählich, nach u. nach; **∼лóбья** mißtrauisch, mürrisch; **∼ни́зу** F von unten; **∼́ний** P (15) Unter-; *Su. n* Unterwäsche *f*; **∼тишкá** F

heimlich, insgeheim; verstohlen, im stillen

испоко́н: *~ веко́в* F → *и́здавна*

испол́ин *m* (1) Riese (*a. fig.*), Hüne; **~ский** (16) riesig, riesengroß; Riesen-; gigantisch

исполко́м *m* (1) Exekutivkomitee *n*

исполн|е́ние *n* (12) Erfüllung *f*; Ausführung *f*, Verwirklichung *f*; Darbietung *f*; → *~я́ть*; *в ~е́нии* vorgetragen, gesungen, gespielt (P von *D*); *приводи́ть в ~е́ние* → *~я́ть*; *приступи́ть к ~е́нию обя́занностей* s-n Amt antreten; **~и́мый** (14*K.*) erfüllbar; ausführbar; zu erfüllen(d); **~и́тель** *m* (4) Darsteller, Interpret; *суде́бный ~и́тель* Gerichtsvollzieher; **~и́тельный** **1.** (14) vollziehend, ausführend; Pfändungs-; Vollzugs-, Exekutiv-; **2.** (14; -лен, -льна) verläßlich, zuverlässig; sorgfältig; **~я́ть** (28), ⟨**~́ить**⟩ (13) erfüllen; ausführen, vollziehen, verwirklichen; *Versprechen* halten; *Kunst* darbieten; *Rolle* verkörpern, spielen; *~я́ть обя́занности* (P) *j-n* vertreten; **-ся** in Erfüllung gehen; *pf.* → *прони́кнуться*; *~́илось пять лет* (Д *j-d*) wurde fünf Jahre alt; *et.* jährte sich zum fünften Mal; es ist fünf Jahre her . . .

испо́льзова|ние *n* (12) Nutzung *f*, Ausnutzung *f*; → **~ть** (7) *im(pf.)* ausnutzen, benutzen; anwenden, verwenden; verwerten, auswerten; *Tech.* auslasten; *Hdl.* in Anspruch nehmen

испо́рченный (14*K.*) verdorben (*a. fig.*); verfault; *Luft, Zähne*: schlecht; *fig.* verzogen

испо́шлить F (13) *pf.* verhunzen

исправ|и́тельный (14) Besserungs-; *~и́тельно-трудово́й* Arbeits-; **~ле́ние** *n* (12) Verbesserung *f*, Ausbesserung *f*; Besserung *f*; Korrektur *f*; **~ля́ть** (28), ⟨**~́ить**⟩ (14) verbessern, ausbessern; berichtigen, korrigieren, richtigstellen; reparieren; beheben; **-ся** sich bessern; **~́ник** *m* (1) *ehm.* Kreispolizeichef; **~́ный** (14; -ен, -на) intakt, einwandfrei (funktionierend); korrekt; beflissen, emsig; zuverlässig

испражн|е́ние *n* (12) Stuhlgang *m*; *pl.* Exkremente *n/pl.*; **~я́ться** (28), ⟨**~и́ться**⟩ (13*e.*) sich entleeren

испр|а́шивать (1), ⟨**~оси́ть**⟩ (15) (P, *pf. a.* В) erbitten; *impf.* ansuchen (um *A*)

испр|о́бовать (7) *pf.* → *про́бовать 1*; erleben, erfahren

испроси́ть → *испра́шивать*

испу́г *m* (1; -a/-y) Schreck(en); *с ~у, от ~а* vor Schreck; P *бра́ть на ~* (В *j-n*) einschüchtern; *в ~е* → **~анный** (14*K.*) erschreckt, verschreckt, erschrocken

испус|ка́ть (1), ⟨**~ти́ть**⟩ (15) ausstoßen; *Geist* aufgeben; *impf.* ausströmen, aussenden; *Phys.* emittieren

испыт|а́ние *n* (12) Prüfung *f* (*a. fig.*), Examen (*на* П in *D*); Erprobung *f*; Probe *f*, Versuch *m*, Test *m*; *fig.* Bewährung *f*; Heimsuchung *f*, Schicksalsschlag *m*; **~́анный** (14*K.*) erprobt; bewährt; **~а́тель** *m* (4): *лётчик-~а́тель m* Testpilot; **~а́тельный** (14) Prüf-, Prüfungs-, Versuchs-, Probe-, Test-; *Jur.* Bewährungs-; **~у́емый** (14) Versuchs-; Probe-; **~у́ющий** (17) prüfend, forschend; **~́ывать**, ⟨**~а́ть**⟩ (1) **1.** *v/t* prüfen, erproben, testen (*на* П an *D*); auf die Probe stellen; **2.** *v/i* erleben, durchmachen; *impf.* empfinden, hegen, haben; erleiden, erdulden

иссе|ка́ть (1), ⟨**~́чь**⟩ (26; -чённый) zerhauen; hauen; zerfurchen; durchpeitschen; *Med.* → *выреза́ть*

и́сс|ера- (*in Zssgn*) grau-, gräulich-; **~е́чь** → *~ека́ть*; **~иня-** (*in Zssgn*) blau-, bläulich-

иссле́дова|ние *n* (12) Erforschung *f*, Forschung *f*; Untersuchung *f* (*на* П *Med.* zu *D*); Abhandlung *f*; **~тель** *m* (4) Forscher; **~тельский** (16) Forschungs-; Forscher-; **~ть** (7) *im(pf.)* untersuchen, erforschen; auskundschaften, sondieren

иссо́хнуть → *иссыха́ть*

и́сстари von alters her

исстрада́ться F (1) *pf.* ermatten; vor Kummer vergehen

исстреля́ть F (28) *pf.* verschießen; zerschießen

исступле́н|ие *n* (12) Raserei *f*, Rage *f* (*с* T in *D*); *в ~ии* → **~́ный** (14*K.*) rasend, wütend; tobsüchtig; ungestüm, ungezügelt; fanatisch

исс|уша́ть (1) ⟨**~уши́ть**⟩ (16) austrocknen, ausdorren; *fig.* auszehren, verzehren; **~ыха́ть** (1) ⟨**~о́хнуть**⟩

(21) vertrocknen, austrocknen; ausgezehrt sein
иссяк|áть (1) ⟨**∴нуть**⟩ (21) versiegen; *fig.* erschöpft sein, zu Ende sein; *impf.* zu Ende gehen, schwinden
истáск|анный F (14*K.*) abgetragen, abgenutzt; *fig.* verlebt; abgedroschen; **~áть** F (1) *pf.* abtragen, abnutzen; **-ся** abgetragen sein; → ***~анный***
истáять (27) *pf.* dahinschmelzen; ausgezehrt sein (***от*** P vor *D*)
исте|кáть (1), ⟨**∴чь**⟩ (26) ablaufen, verstreichen; *Hdl.* verfallen, erlöschen; ***~кáть крóвью*** verbluten
истерéть → ***истирáть***
истерзá|ть (1) *pf.* zerfetzen, zerfleischen; übel zurichten, (B *D*) arg mitspielen; *fig.* zu Tode quälen; **∴нный** (14*K.*) zerzaust; *fig.* zerquält
истéри|к (1), **~чка** *f* (5; -ʹчек) Hysteriker(in *f*); **~ка** *f* (5) hysterischer Anfall *m*; F Szene; **~ʹческий** (16), **~ʹчный** (14; -ʹчен, -ʹчна) hysterisch; **~ʹя** *f* (7) Hysterie
истёртый (14*K.*) zerrieben; abgenutzt, schäbig; verwischt; *fig.* abgegriffen
истéц *m* (1; -тцá) *Jur.* Kläger
исте|чéние *n* (12) Ausfluß *m*; Ablauf *m* (***по*** П nach; ***за*** T wegen); **∴чь** → ***~кáть***
и́стин|а *f* (5) Wahrheit; Weisheit; ***путь*** *m* ***~ы*** der rechte Weg; **~ный** (14; -ен, -на) wahr, wahrhaft; wirklich; rein; echt, recht; *Adv.* P in der Tat
ист|ирáть (1) ⟨**~ерéть**⟩ (12; изотрý, -трёшь; → ***терéть***) zerreiben (***в*** B zu *D*); verbrauchen; abwetzen, abscheuern; wundreiben
истле|вáть (1), ⟨**∴ть**⟩ (8) vermodern, verwesen; verglimmen
истóк *m* (1) Quelle *f*; *fig.* Ursprung
истолков|áние *n* (12) Auslegung *f*; **~áтель** *m* (4) Kommentator, Interpret; **~ʹывать** (1) → ***толковáть***
истóм|а *f* (5) Schlaffheit, Mattigkeit; **~лять** (28), ⟨**~и́ть**⟩ (14*e.*) ermatten; **-ся** erschöpft sein; vergehen (***от*** P vor *D*); **~ный** (14) ermattend, quälend
истопни́к *m* (1*e.*) Heizer
истоптáть (3) *pf.* zertreten, zertrampeln; F abtreten; schmutzig machen
исторг|áть (1), ⟨**∴нуть**⟩ (21) entreißen (***из, у*** P *D*), herausreißen; entlocken
истóри|к *m* (1) Geschichtsschreiber, Historiker; F Geschichtslehrer; **~ко-литератýрный** (14) literarhistorisch; **~óграф** *m* (1) Historiograph; **~ʹческий** (16) historisch, geschichtlich; Geschichts-; ***~ческий пáмятник*** *m* unter Denkmalschutz stehendes Gebäude *n*; **~ʹчный** (14; -ʹчен, -ʹчна) geschichtlich; **~я** *f* (7) Geschichte; F Begebenheit; Affäre; Hergang *m*; ***вот так ~я!*** F e-e schöne Geschichte!; ***вéчная ~я!*** F immer (wieder) das gleiche!; ***совсéм другáя ~я*** et. ganz anderes
истосковáться F (7) *pf.* vor Sehnsucht vergehen, große Sehnsucht haben
источ|áть (1), ⟨**~и́ть**¹⟩ (16*e.*) ausscheiden, ausströmen *od.* ausströmen lassen, ausstrahlen
источи́ть² (16) *pf.* zerfressen, zernagen; abschleifen
истóчник *m* (1) Quelle *f* (*a. fig.*); Ursprung; **~овéдение** *n* (12) Quellenkunde *f*
истóшный F (14; -шен, -шна) gellend
истощ|áть (1) **1.** ⟨**~и́ть**⟩ (16*e.*) auszehren, erschöpfen; aufbrauchen; **-ся** erschöpft, zu Ende sein; **2.** *pf.* P herunterkommen; **~éние** *n* (12) Erschöpfung *f*; Schwäche *f*
истреб|и́тель *m* (4) Vertilger; Jagdflugzeug *n*, Jäger; ***~и́тель-бомбардирóвщик*** *m* Jagdbomber; **~и́тельный** (14; -лен, -льна) vernichtend, verheerend; (*o. K.*) Vernichtungs-; *Flgw.* Jagd-; **~лéние** *n* (12) Vernichtung *f*, Vertilgung *f*; **~ля́ть** (28), ⟨**~и́ть**⟩ (14*e.*) vernichten, vertilgen, ausrotten
истрéбовать (7) *pf.* anfordern (***у*** P von *D*)
истрёпанный F (14*K.*) abgetragen, abgegriffen; ausgezehrt; verlebt; *Buch*: zerfledert; *Nerven*: zerrüttet; → ***трепáть***
истукáн *m* (1) Götze, Götzenbild *n*; P Holzklotz; *fig.* ***как ~*** wie ein Ölgötze
и́стый (14) echt, wahr; eifrig
исты́кать F (1) *pf.* zerstechen, zerlöchern; vollstecken
истязá|ние *n* (12) Folter *f*, Folterung *f*, Mißhandlung *f*; Quälerei *f*; **~тель** *m* (4) Peiniger, Folterknecht; **~ть** (1) mißhandeln, peinigen
исхáживать → ***исходи́ть 2***
исхитри́ться P → ***ухитри́ться***

исхлеста́ть F (3) *pf.* durchpeitschen
исхо́д *m* (1) Ausgang, Ausweg; Ende *n* (**в**, **на** П am); *Ling.* Auslaut; ***быть на ~е*** zur Neige gehen; ***на ~е дня*** am Abend; ***дать ~*** freien Lauf lassen; ***кни́га*** *f* ***2а*** *bibl.* Exodus *m*
исхода́тайствовать (7) *pf.* erwirken
исход|и́ть (15) **1**. ausgehen; herstammen, herkommen, stammen; **2.** *pf.* (*Iter.* F ***исха́живать***) durchwandern, durchstreifen, ablaufen; **3**. ⟨изойти́⟩ (-йду́, -дёшь; → ***идти́***) zerfließen (T in *D*); → ***истека́ть***; **~ный** (14) Ausgangs-; Roh-; **~я́щий** (17) ausgehend, auslaufend
исхуда́|ние *n* (12) Magersucht *f*; **~ть** (1) *pf.* abgemagert sein, ausgemergelt sein
исцара́пать (1) *pf.* zerkratzen
исцел|е́ние *n* (12) Heilung *f*; Genesung *f*; **~я́ть** (28), ⟨**~и́ть**⟩ (13*e.*) heilen
исцелова́ть F (7) *pf.* abküssen
исча́|дие [iʃʲtʃʲ-] *n* (12) (*a. pl.*) Brut *f*, Gezücht; *fig.* Ausgeburt *f*
исча́хнуть [iʃʲtʃʲ-] (21) *pf.* vergehen, sich verzehren (***от*** P vor *D*); dahinschwinden
исчез|а́ть [iʃʲtʃʲ] (1), ⟨**~нуть**⟩ (21) verschwinden; **~нове́ние** *n* (12) Verschwinden; Schwund *m*
исчерка́ть [ɪʃʲtʃʲ-] F (1) *pf.* mit vielen Streichungen versehen; vollkritzeln
и́счерна- ['iʃʲtʃʲ-] (*in Zssgn*) schwarz-, schwärzlich-
исче́рп|ывать [iʃʲtʃʲ-], ⟨**~ать**⟩ (1) erschöpfen, ausschöpfen, voll ausschöpfen; aufbrauchen; erledigen; beilegen; **~ывающий** (17) erschöpfend
исчерти́ть [iʃʲtʃʲ-] (15) *pf.* vollzeichnen, vollkritzeln; restlos verbrauchen
исчисл|е́ние [ɪʃʲtʃʲ-] *n* (12) Berechnung *f*; Rechnung *f*, Kalkulation *f*; **~я́ть** (28), ⟨**~ть**⟩ (13) berechnen, ausrechnen; **~и́мый**, **~я́емый** zählbar, berechenbar; **-ся** *impf.* sich belaufen (***в*** B, T auf *A*), betragen; in die . . . gehen
иша́рить [iʃʃ-] F (13) *pf.* absuchen
ита́к also, somit, nun; folglich
италья́н|ец *m* (1; -ца), **~ка** *f* (5; -ок) Italiener(in *f*); **~ский** (16) italienisch; *Hdl.* doppelt; *Pol.* Sitz-
и т. д. (***и так да́лее***) und so weiter (usw.)
ито́|г *m* (1) Ergebnis *n*, Endergebnis *n*, Summe *f*, Endsumme *f*; Fazit *n*, Bilanz *f*; ***в ~ге*** im Endeffekt; **~го́** [-'vɔ] insgesamt; Gesamt *n*; **~говый** (14) Gesamt-; Abschluß-; abschließend, zusammenfassend; **~жить** (16) ⟨подыто́жить⟩ (16) abschließen, Bilanz ziehen; F folgern
и т. п. (***и тому́ подо́бное***) und dergleichen (mehr); u. dgl. (m.)
иуд|е́й *m* (3) *hist.* Jude; **~е́йка** *f* (5; -е́ек) Jüdin; **~е́йский** (16) jüdisch; mosaisch; **~ушка** *m* (5; -шек) Heuchler
их [*a.* jix] **1**. → ***они́***; **2**. *Poss. Pron.* ihr(e); **~ний** P (15) → ***их 2***
иша́|к *m* (1*e.*) Esel; P *fig.* Maultier, Arbeitstier; **~чить** P (16) schuften, rakkern
ишь P siehst du!; sieh mal an!, da schau her!; ***~ ты!*** so siehst du aus!; ***~ . . . како́й!*** ist das aber . . .!; → ***вишь***
ище́йка *f* (5; -е́ек) Spürhund *m*
ию́|ль *m* (4) Juli; → ***май***; **~льский** (16) Juli-; **~нь** *m* (4) Juni; → ***май***; **~льский** (16) Juni-

Й

йе́мен|ец *m* (1; -ца), **~ка** *f* (5; -ок) Jemenite(-tin *f*); **~ский** (16) jemenitisch
йод *m* Jod *n*; **~истый, ~ный** (14) Jod-
йо́т|а *f* (5) Jota *n*; ***ни на ~у*** nicht um ein Haar, nicht im geringsten

К

к, ко (Д) zu (hin); an (*A*); auf (A), auf ... zu; gegen (*A*), gegenüber (*D*); *Zeit*: gegen; um; nach, nach ... zu; unmittelbar vor (*D*); für (*A*); ***к тому́ ж(е)*** zudem, außerdem, dazu, dazu noch; ***к чему́ э́то?*** wozu das?
-ка F mal, doch; doch mal
каба́к *m* (1*e*.) *ehm*. Schenke *f*, Kneipe *f*; F Saustall
кабал|а́ *f* (5) *ehm*. Hörigkeit, Knechtschaft; *fig*. Sklaverei
каба́н *m* (1*e*.) Wildschwein *n*, Keiler; Eber; **~и́ха** *f* (5) Wildsau
каба́|тчик † *m* (1) Schankwirt; **~цкий** (16) † Kneipen-, Schank-; *fig*. vulgär, roh; **~чо́к¹** *m* (1; -чка́) kleine Kneipe *f*
кабачо́к² *m* (1; -чка́) Zucchini *f*
ка́бель *m* (4) Kabel *n*
каби́на *f* (5) Kabine; *Fmw*. Sprechzelle; *Kfz*. Führerhaus *n*; *Flgw*. Kanzel; *Lift*: Fahrkorb *m*
кабине́т *m* (1) Arbeitszimmer *n*, Dienstzimmer *n*; Sprechzimmer *n*; Behandlungsraum; Fachunterrichtsraum; Labor *n*; Séparée *n*; *Pol*. Kabinett *n*; **~ный** (14) Kabinett(s)-; Schreibtisch-; Stuben-; *Mus*. Stutz-
каблу́к *m* (1*e*.) Absatz (***на*** П mit *D*); *fig*. F → ***башма́к***
каботáж *m* (1) Küstenschiffahrt *f*
кабы́ P wenn; wenn ... nur, doch
кавале́р *m* (1) Kavalier; Ritter; Träger (*e-s Ordens*); **~ия** *f* (7) Reiterei
кавардáк F *m* (1) Durcheinander *n*, Tohuwabohu *n*
ка́верз|а F *f* (5) Intrige; *pl*. Ränke, Ränkespiel *n*; böser Streich *m*, Schikane; Tücke; **~ник** F *m* (1) Intrigant, Ränkeschmied; **~ничать** F (1) intrigieren; **~ный** F (14; -ен, -на) tükkisch; spitzfindig; ränkesüchtig
кавка́з|ец *m* (1; -ца), **~ка** *f* (5; -ок) Kaukasier(in *f*); **~ский** (16) kaukasisch
кавы́чки *f/pl*. (5; -чек) Anführungsstriche *m/pl*., F Gänsefüßchen *n/pl*.
кади́|ло *n* (9) Weihrauchfaß; **~ть** (15*e*.) Weihrauch streuen; *fig*. beweihräuchern (Д *j-n*)
ка́дка *f* (5; -док) Kübel *m*
ка́дмий *m* (3; -и) Kadmium *n*
кадр *m* (1) Bild *n*, Aufnahme *f*; Einstellung *f*; → **~ы**; **~ови́к** F *m* (1*e*.) Berufsoffizier; Stammarbeiter (*SU*); **~овый** (14) aktiv; Berufs-; Stamm-; **~ы** *pl*. (1) Kader *m*; Personal *n*; Lehrkörper *m*; Kräfte *f/pl*.; ***молоды́е ~ы*** Nachwuchs *m*
каду́шка *f* (5; -шек) Fäßchen *n*
кады́к *m* (1*e*.) Adamsapfel
каём|ка *f* (5; -ок) → ***кайма́***; **~очка** *f* (5; -чек) Rand *m*; **~чатый** F (14*K*.) gesäumt
кажд|одне́вный (14) täglich, alltäglich; **~ый** (14) jeder; *pl*. alle
каж|и́сь P wie es scheint, wohl; **~ущийся** (17) scheinbar; Schein-
каза́к *m* (1*e*.; *pl*. -и́) Kosak; **~и́н** *m* (1) Kosakenrock; Kasack
каза́рм|а *f* (5) Kaserne; **~енный** (14): ***на ~енном положе́нии*** kaserniert
каза́ть P (3) zeigen; ***не ~ глаз*** *od*. ***но́су*** F sich nicht blicken lassen; **-ся** (3) ⟨по-⟩ (Т) zu sein scheinen, scheinen, erscheinen; aussehen, wirken; ***не -ся на глаза́*** P nicht erscheinen (Д vor *D*); ***ка́жется*** es scheint, wie es scheint, anscheinend; ***он, ка́жется, прав*** er scheint recht zu haben
каза́х *m* (1) Kasache; **~ский** (16) kasachisch; → ***каза́шка***
каза́|цкий (16) Kosaken-; **~чество** *n* (9) Kosaken *m/pl*., Kosakentum; **~чий** (18) Kosaken-; **~чка** *f* (5; -чек) Kosakin; **~шка** *f* (5; -шек) Kasachin
казён|ный (14; -ен, -на) F Amts-; *fig*. formal, rein formal, bürokratisch; Beamten-, abgeschmackt; **~щина** F *f* (5) Routine, Schablone; Amtsschimmel *m*
казна́ † *f* (5) Krone; Schatz *m*; Fiskus *m*; **~че́й** m (3) Kassierer, Kassenwart; Schatzmeister

К

казн|и́ть (13e.) *im(pf.)* hinrichten; *impf.* strafen, quälen, peinigen; **~ь** *f* (8) Hinrichtung; *Jur.* Tod *m* (**на** В zu *D*); ***смéртная ~*** Todesstrafe

кайм|á *f* (5; каём) Rand *m*, Saum *m*, Borte, Kante; ***с ~óй*** Bordüren-

кайф F *m* (1) → ***кейф***

как wie; als, da; wenn; außer; seit, seitdem; was; daß; wieso; F irgendwie; plötzlich, plötzlich los; ***~ бы*** gleichsam; F wie wenn; → ***ни***; ***~ бу́дто*** *od.* ***бы*** → ***бу́дто***; ***~ тóлько*** sobald, kaum; ***~ ..., так и ...*** sowohl ... als auch ...; ***~ бы не так!*** F denkste!; ***~ бы*** (+ *Prät.*) hoffentlich (+ *Präs.*); (***а***) ***~ же!*** und ob!, (aber) sicher!; ***~ же так?*** F wieso (denn) das?; ***~ когдá*** *od.* ***кому́*** F je nachdem; ***~-ни~*** F immerhin, schließlich; ***~ раз*** gerade, eben; → ***впóру***; ***~ мóжно*** *od.* ***нельзя́*** (+ *Komp.*) so ... wie möglich, möglichst ...; ***~ знать!*** F wer weiß!; ***~ сказáть!*** F wie man's nimmt!, was heißt (hier)!; ***~ бы не так!*** P von wegen!; ***~ есть*** P echt; ***~-либо***, ***~-нибу́дь*** irgendwie; ***~-нибу́дь*** F einmal, mal; → ***кóе-кáк***

какóв *m*, -á *f*, -ó *n* wie; welch ein, was für ein; ***~ó*** was es heißt; ***~(ó)!*** da sieh mal e-r an!; ***~ы́ ...*** als da sind ...; ***вот ... ~!*** F so e-r ... also!; ***~ он собóй?*** wie sieht er aus?; ***..., ~ больнóй ...*** wie es dem Kranken geht

какó|й (16) welch(er), was für ein(er); *pl.* welche; wie; F irgendein; → ***числó***; ***~й ... ни*** welcher ... auch immer, beliebig; ***~й бы то ни́ было*** jeglich(er), jedweder; ***~й ...*** (***там***) ***...!*** was ... schon für ein ...!; ***~е, ~е там*** *od.* ***тут!*** F ach wo!; ***~й ни на есть*** P irgendein (beliebiger); ***ни в каку́ю!*** P auf keinen Fall!; ***кому́ ~й*** F je nachdem wem; **~й-либо, ~й-нибудь** (16) irgendein(er), irgendwelch(er); ***~й-нибудь*** F ein gewisser; *mst pl.* etwa, weniger als; **~й-то** (16) irgendein, irgend welch(er); e-e Art (von); wie ... wohl ...? F → ***~й-нибудь***

кáк-то irgendwie; F einmal; ***~ раз*** e-s Tages, e-s schönen Tages; u. zwar; wie ... wohl?

кал *m* (1) Kot, Exkremente *n/pl.*

каламбу́р *m* (1) Wortspiel *n*, Kalauer; **~ить** (13) witzeln, kalauern

каланчá *f* (5; -éй) Feuerwachtturm *m*; *fig.* F Hopfenstange, lange Latte

калáч *m* (1e.; -éй) *Art* Weißbrot; *fig.* F Kunde; F ***~óм не замáнишь*** (В *j-d*) läßt sich durch nichts auf der Welt verlocken; F ***достáнется на ~и́*** (Д *j-d*) bekommt e-e Abreibung; **~иком** F zusammengerollt; im Türkensitz

калéка *m/f* (5) Krüppel *m*

календáрь *m* (4e.) Kalender; **~-пáмятка** Terminkalender

калéн|ие *n* (12) Glut *f*; **~ый** (14) glühend, glühend heiß; geröstet; gehärtet

калéчить (16), ⟨ис-, F по-⟩ verkrüppeln, verstümmeln; *fig.* entstellen, verderben

кали́бр *m* (1) Kaliber *n*; *Tech.* Lehre *f*; F Größe *f*, Format *n*; **~овáть** (7) eichen

кáли|евый (14) Kali-; **~й** *m* (3; -и) Kalium *n*; **~йный** (14) Kali-

кали́льный (14) Glüh-

кали́на *f* (5) *Bot.* Schneeball *m*

кали́тка *f* (5; -ток) Pforte, Gartentür

кали́ть (13e.) **1.** ⟨на-⟩ glühend machen; erhitzen; **2.** ⟨за-⟩ härten; **3.** rösten

калмы́|к *m* (1/1e.) Kalmücke; **~цкий** (16) kalmückisch; **~чка** *f* (5; -чек) Kalmückin

калори́|йность *f* (8) Kaloriengehalt *m*; *Phys.* Wert *m*; **~фер** *m* (1) Heizkörper; **~я** *f* (7) Kalorie

калóш|и *f/pl.* → ***галóши***; ***посади́ть в ~у*** F blamieren; ***сесть в ~у*** F sich blamieren

калы́м *m* (1) Brautgeld *n*; P Schmiergeld *n*

кáльк|а *f* (5; -лек) Pauspapier *n*; Pause; *Ling.* Lehnübersetzung; **~и́ровать** (7) *im(pf.)*, ⟨с-⟩ pausen, durchpausen; *Ling.* durch Lehnübersetzung nachbilden

калькули́ровать (7), ⟨с-⟩ kalkulieren, berechnen, veranschlagen

кальсóны *pl.* (5) Unterhose *f*

кáльций *m* (3; -и) Kalzium *n*

калякать P (1) plaudern, schwatzen

камáринская *f* (16) *Folkl.* Tanz *m*; Tanzlied *n*

кáмбала *f* (5) Scholle

кáмбуз *m* (1) Schiffsküche *f*

камелёк *m* (1; -лькá) kleiner Kamin

камен|éть (8), ⟨о-⟩ versteinern, hart werden, zu Stein werden; *fig.* verstei-

К

nern; **~úстый** (14*K.*) steinig, felsig; **~ноýгóльный** (14) Steinkohlen-; **~́ный** (14; -ен, -на) Stein-, steinern; *fig.* versteinert, wie versteinert; fest, felsenfest, unerschütterlich; **~олóмня** *f* (6; -мен) Steinbruch *m*; **~отёс** *m* (1) Steinmetz; **~́щик** *m* (1) Maurer; **~́ь** *m* (4; -мня; *ab Gpl. e.*; † -́ья, -́ьев) Stein; Fels; Grabstein; F ***держáть ~́ь за пáзухой*** (**на** В gegen *A*) Groll hegen
кáмер|а *f* (5) *Tech.* Raum *m*, Kammer; Gehäuse *n*; *Jur.* Zelle; *Fot.* Kamera; *Fahrrad*: Schlauch *m*; *Ball*: Blase; ***~а хранéния*** Gepäckaufbewahrung; **~ный** (14) Kammer-; ***~ный теáтр*** *m* Kammerspiele *n/pl.*; **~тóн** *m* (1) Stimmgabel *f*
кáмешек *m* (1; -шка) Steinchen *n*; F *fig.* ***брóсить ~ в огорóд*** (P auf *j-n*) zielen
камкá *f* Damast *m*
камóрка F *f* (5; -рок) Kammer; Bude
кампан|éйщина F *f* (5) planloser Aktionismus *m*; **~́ия** *f* (7) Kampagne, Aktion; *Mil.* Feldzug *m*; → ***компáния***
камуфляж *m* (1) Tarnung *f*
камфáрный (14) Kampfer-
камчáтка F *f* (5; -ток) hinterste Bank
камы́ш *m* (1*e.*; -éй) Schilf *n*, Schilfrohr *n*; **~евка, ~óвка** *f* (5; -вок) Rohrdrossel
канáв|а *f* (5) Graben *m*; Rinne; **~ка** *f* (5; -ок) *dim. v.* ***~а***; Nut, Nute; Rille
канáд|ец *m* (1; -ца), **~ка** *f* (5; -ок) Kanadier(in *f*); **~ский** (16) kanadisch
канáл *m* (1) Kanal; Röhre *f*; *Mil.* Seele *f*; **~изациóнный** (14) Kanalisations-
канáлья *m/f* F (6; -ий) Kanaille *f*
канарé|ечный (14) kanariengelb; **~йка** *f* (5; -ек) Kanarienvogel *m*
канáт *m* (1) Seil *n* (**по** Д auf *D*), Strick; Tau *n* (**на** П an *D*); **~охóдец** *m* (1; -дца) Seiltänzer
канвá *f* (5) Kanevas *m*, Gittergewebe *n*; *fig.* Grundlage, Grundschema *n*; Aufbau *m*; Kern *m*; Übersicht, Hauptdaten *n/pl.*
кандалы́ *pl.* (1) Fesseln *f/pl.*
кандидáт *m* (1), **~ка** *f* (5; -ок) Kandidat(in *f*), Anwärter(in *f*); ***~ юридúческих наýк*** Dr. jur.; **~ский** (16) Doktor-; **~ýра** *f* (5) Anwartschaft
канúкул|ы *pl.* (5) Ferien (**на** В in *A*; über *A*; **на** П in *D*); **~ярный** (14) Ferien-
канитéл|ить(ся) F (13) → ***возúться***; **~ь** *f* (8) Kantille; Lametta *n*; *fig.* F Einerlei *n*, Trödelei; Plackerei, Schererei; ***тянýть ~ь*** F *fig.* trödeln; **~ьный** F (14; -ен, -ьна) langwierig, umständlich; **~ьщик** F *m* (1) Trödler
канифóль *f* (8) Kolophonium *n*
канон|áда *f* (5) Geschützdonner *m*; **~éрка** *f* (5; -рок) Kanonenboot *n*
канóэ *n* (*unv.*) Kanu
кант *m* (1) Kante *f*, Borte *f*; Saum; Paspel; **~овáть** (7) **1**. ⟨о-⟩ kanten, paspelieren; einrahmen, umranden; **2**. kippen, stürzen
канýн *m* (1) Vorabend (**в** В am); ***~ Нóвого гóда*** Silvester *m/n* (**в** В an)
кáну|ть (20) *pf.* † fallen; versinken (**в** В *a.* in *D*); verschwinden; ***~ть в вéчность*** für immer vorbei sein ; ***~ть в Лéту*** in Vergessenheit geraten; ***как в вóду ~л*** F wie vom Erdboden verschluckt
канцеляр|úзм *m* (1) Kanzleiausdruck; **~úст** *m* (1) Kanzleibeamte(r), F Bürohengst; **~́ия** *f* (7) Kanzlei, Amtsstube; **~́ский** (16) Kanzlei-, Büro-, Schreib-, Schreiber-; Amts-; Beamten-; **~́щина** *f* (5) Büroarbeit; Amtsschimmel *m*
каню́к *m* (1*e.*) Bussard
каню́чить P (16) zetern; betteln
кáп|ать 1. (1/2), *einm.* ⟨**~нуть**⟩ (20) tropfen, tröpfeln; träufeln; triefen; **2**. P (1) petzen (**на** В gegen *A*); ***над нáми не ~лет*** F uns treibt niemand; **~éль** *f* (8) Tauwetter *n*; Getröpfel *n*; Tropfen *m/pl.*
капельдúнер *m* (1), **~ша** F (5) Platzanweiser(in *f*), Logenschließer(in *f*)
кáпельк|а *f* (5; -лек) Tröpfchen *n*; **~у** F ein Quentchen *n*, ein ganz klein wenig; ***ни ~и*** F kein bißchen; ***до ~и, до послéдней ~и*** restlos
кáперсы *m/pl.* (1) Kapern *f/pl.*
капитал|овложéние *n* (12) Kapitalanlage *f*, Investition *f*; **~́ьный** (14; -́ен, -́ьна) kapital; (*o. K.*) Kapital-; General-; Anlage-, Invest-; *Arch.*, *Mil.* Haupt-
капитáн *m* (1) *Mar.*, *Sp.* Kapitän; *Mil.* Hauptmann
капитéль [-'tɛl] *f* (8) Kapitell *n*
кáпище *n* (11) Götzentempel *m*

капка́н *m* (1) Fangeisen *n*; Falle *f*
каплу́н *m* (1*e.*) Kapaun
ка́пл|я *f* (6; -пель) Tropfen *m*; F ein bißchen, ein klein wenig; ***ни ~и*** F kein bißchen; ***до ~и*** bis zum *od.* auf den letzten Tropfen; ***по ~е*** tropfenweise; ***~я за ~ей*** nach u. nach; ***~я в ~ю*** haargenau die gleichen; ***как две ~и воды́*** wie ein Ei dem anderen; ***~я в мо́ре*** ein Tropfen auf den heißen Stein; ***~я и ка́мень долби́т*** *Spr.* steter Tropfen höhlt den Stein
ка́пнуть → ***ка́пать***
ка́пор *m* (1) Kapuze *f*
капо́т *m* (1) *Kfz.* Motorhaube *f*; *Tech.* Verkleidung *f*; † Morgenrock
капри́з *m* (1) Laune *f*, Grille *f*; **~ник** F *m* (1) launischer Mensch; **~ничать** (1) launisch werden *od.* sein; sich kaprizieren; F verrückt spielen; **~ный** (14; -ен, -на) launisch, kapriziös; eigensinnig, eigenwillig; wunderlich
капро́н *m* (1; -а/-у) *Art* Nylon *n*
ка́пс|ула *f* (5) Kapsel; **~ю́ль** *m* (4) Zündhütchen *n*
капу́ст|а *f* (5) Kohl *m*, Kraut *n*; **~ник** [-sn-] *m* (1) Kohlraupe *f*; bunter Abend *m*, Fete *f*; **~ница** [-sn-] *f* (5) Kohlweißling *m*
капу́т F *m* (*unv.*) Ende *n*; ~ *od.* ***пришёл ~*** (Д mit *j-m*) ist es aus *od.* zu Ende
капюшо́н *m* (1) Kapuze *f*
ка́ра *f* (5) Strafe
караби́н *m* (1) Karabiner
кара́бкаться (1), ⟨вс-⟩ klettern, F kraxeln, *pf.* erklimmen
карава́й *m* (3) Laib, Brot *n*; ***на чужо́й ~ рта не разева́й*** *Spr.* Neid ist die Wurzel allen Übels
карава́н *m* (1) Karawane *f*; *Mar.* Geleitzug; *Vögel*: Zug; **~-сара́й** *m* Karawanserei *f*
карака́тица *f* (5) Tintenfisch *m*; P kurzbeiniger linkischer Mensch *m*
кара́ковый (14) *Pferd*: dunkelbraun
кара́кул|и F *f/pl.* (6) Krähenfüße *m/pl.*, Kritzelei *f*; ***писа́ть ~ями*** F hinkritzeln
кара́кул|ь *m* (4) Persianer; **~евый** (14) Persianer-; **~ьча́** *f* (5) Breitschwanz *m*
караме́ль *f* (8) Bonbon *n*
каранда́ш *m* (1*e.*; -е́й) Bleistift; ***кра́сный ~*** Rotstift
каранти́н *m* (1) Quarantäne *f*, Sperre *f*; Quarantänestation *f*
карапу́з F *m* (1) Knirps, Dreikäsehoch, Pummelchen *n*
кара́сь *m* (4*e.*) Karausche *f*
кара́т|ельный (14) Straf-; **~ь** (1), ⟨по-⟩ bestrafen; ahnden, vergelten
карау́л *m* (1) Wache *f* (**в** П auf); ***почётный ~*** Ehrenkompanie *f*; → ***стра́жа***; ***взять на ~!*** präsentiert das Gewehr!; **~!** F Hilfe!; ***крича́ть ~*** F Zeter u. Mordio schreien; ***хоть ~ кричи́!*** F das ist zum Verzweifeln!; **~ить** (13) Wache halten; aufpassen (В auf *A*), bewachen; F auflauern (В *D*); abpassen; **~ка** P *f* (5; -ок) Wachstube; Wächterhäuschen *n*; **~ьный** (14) Wach-; Schilder-, Wächter-; *Su. m* Wachposten; ***~ьная*** *f* → ***~ка***; **~ьщик** F *m* (1) Wächter
кара́чк|и P: ***на ~и*** auf alle viere; ***на ~ах*** auf allen vieren
карачу́н P → ***капу́т***
карбо́лка F *f* (5) Karbolsäure
карбу́нкул *m* (1) *Min.* Karfunkel; *Med.* Karbunkel
карбюра́тор *m* (1) Vergaser
карга́ P *f* (5) Vettel, Hexe
кардиостимуля́тор *m* (1) Herzschrittmacher
карегла́зый (14*K.*) braunäugig
каре́л *m* (1), **~ка** *f* (5; -ок) Karelier(in *f*); **~ьский** (16) karelisch
каре́т|а *f* (5) Kutsche; → ***ско́рый***; Wagen *m*; **~ка** *f* (5; -ок) *Tech.* Schlitten *m*
ка́рий (15) braun, kastanienbraun
карикату́р|а *f* (5) Karikatur, Zerrbild *n*; **~ный** (14; -ен, -на) karikaturistisch; karikiert, verzerrt; *fig.* drollig
ка́рканье *n* (10) Krächzen, Gekrächze
карка́с *m* (1) Gestell *n*, Gerüst *n*
ка́рк|ать (1), *einm.* ⟨~нуть⟩ (20) krächzen; *fig.* P unken
ка́рли|к *m* (1) Zwerg; **~ковый** (14) Zwerg-; **~ца** *f* (5) Zwergin
карма́н *m* (1) Tasche *f*; Fach *n*; F Geldbeutel; F ***не по ~у*** (Д für *j-n*) unerschwinglich; ***держи́ ~ ши́ре!*** F da kannst du lange warten!; ***за сло́вом в ~ не поле́зет*** F *j-d* ist nicht auf den Mund gefallen; **~ник** P *m* (1) Taschendieb; **~ный** (14) Taschen-; **~щик** P *m* (1) → ***~ник***

К

карми́нный (14) karminrot
карнава́л *m* (1) Karneval, Fastnacht *f*
карни́з *m* (1) Sims, Gesims *n*; Gardinenstange *f*
карот́ель *f* (8) Karotte
карп *m* (1) Karpfen
ка́рт|а *f* (5) *Geogr.*, *KSp.* Karte; ***за ~ами*** beim Kartenspiel; ***~а би́та*** (P *j-d*) hat verloren; ***смеша́ть ~ы*** *fig.* e-n Strich durch die Rechnung machen; F → ***кни́га***
карта́в|ить (14) schnarrend (mit Zäpfchen-r) sprechen; **~ый** (14*K.*) schnarrend
картёж P *m* (1*e.*) Kartenspiel *n*; **~ник** F *m* (1) passionierter Kartenspieler
карти́н|а *f* (5) Bild *n*; Gemälde *n*; Lage; F Film *m*; **~ка** *f* (5; -ок) Bildchen *n*, Bild *n*; Abbildung, Illustration; ***кни́га*** *f* ***с ~ками*** Bilderbuch *n*; ***как ~ка*** *od.* ***на ~ке*** F bildhübsch, wie im Bilderbuch; **~ный** (14) Bilder-, Gemälde-; *fig.* malerisch, pittoresk; anschaulich
карто́н *m* (1) Karton, Pappe *f*; **~ка** *f* (5; -ок) Karton *m*, Pappschachtel; F Stück *n* Pappe; **~ный** (14) Papp-
картоте́ка *f* (5) Kartei, Kartothek
карто́фел|ина F *f* (5) Kartoffel; **~ь** *m* (4) *koll.* Kartoffeln *f/pl.*; **~ьный** (14) Kartoffel-
ка́рточ|ка *f* (5; -ек) Karte; Zettel *m*; F Foto *n*, Paßfoto *n*, Lichtbild *n*; ***по ~кам*** auf Marken; **~ный** (14) Karten-; Zettel-
карто́ш|ка F *f* (5; -ек) Kartoffel(n *pl.*); *fig.* P Kleinigkeit; ***нос*** *m* ***~кой*** F Knollennase *f*
карту́з *m* (1*e.*) Schirmmütze *f*
карту́шка *f* (5; -шек) Windrose
карусе́ль *f* (8) Karussell *n*; F Wirbel *m*
карье́р *m* (1) **1.** Karriere *f*, voller Lauf (***в*** В *od.* Т in *D*); ***с ме́ста в ~*** F auf der Stelle; **2.** *Bgb.* Grube *f*; Bruch; **~а** *f* (5) Laufbahn, Karriere; **~и́ст** *m* (1) Karrieremacher, Postenjäger
каса́тель|ная *f* (14) *Math.* Tangente; **~но** † bezüglich, betreffs; **~ство** *n* (9) Bezug *m*; ***име́ть ~ство*** (***к*** Д mit *D*) zu tun haben
каса́тка *f* (5; -ток) Rauchschwalbe, Stallschwalbe; P Liebste, Schätzchen *n*
каса́ться (1), ⟨косну́ться⟩ (20) (P) *et.* berühren, streifen (*a. fig.*); betreffen, anbelangen; sich handeln (um *A*), zu tun haben (mit *D*)
ка́ска *f* (5; -сок) Helm *m*
каска́д *m* (1) Kaskade *f* (Т in *D pl.*); *Rdf.* Stufe *f*; *fig.* Schwall
ка́сса *f* (5) Kasse; Geldschrank *m*; Schalter *m*; *Typ.* Kasten *m*
кассацио́нный (14) Revisions-
кассе́та *f* (5) Kassette (***в*** П auf *D pl.*)
касс|и́р *m* (1) Kassierer; **~и́ровать** (7) *im*(*pf.*) *Jur.* aufheben, für ungültig erklären; **~и́рша** F *f* (8) Kassiererin; **~овый** (14) Kassen-
ка́ста *f* (5) Kaste
кастеля́нша *f* (5) Wäscheverwalterin
ка́стовый (14) Kasten-
касто́р *m* (1) Flausch, Fries
касто́р|ка F *f* (5) Rizinusöl *n*; **~овый** (14) **1.** Rizinus-, Kastor-; **2.** Flausch-
кастрю́ля *f* (6) Kochtopf *m*
катава́сия F *f* (7) Wirrwarr *m*, Tohuwabohu *n*
катала́жка P *f* (5; -жек) Kittchen *n*
ката́лка F *f* (5; -лок) fahrbare Krankenbahre
катало́н|ец *m* (1; -ца) , **~ка** *f* (5; -ок) Katalane(-nin *f*); **~ский** (16) katalanisch
ката́|ние *n* (12) Rollen; Spazierfahrt *f*; → ***~ть(ся)***
катапу́льт|а *f* (5) Katapult *n*; **~и́руемый** (14) *Flgw.* Schleuder-
катара́кт *m* (1) *Tech.* Dämpfer; **~а** *f* (5) *Med.* grauer Star *m*
катастро́ф|а *f* (5) Katastrophe; Unfall *m*, Unglück *n*; **~и́ческий** (16), **~и́чный** (14; -чен, -чна) katastrophal; (*o. K.*) Katastrophen-
кат|а́ть (1) **1.** *einm.* P ⟨~ну́ть⟩ (20) rollen; wälzen; schieben; *j-n* fahren, spazierenfahren; *Tech.* walzen; **2.** ⟨с-⟩ drehen, rollen; walken; **3.** ⟨вы-⟩ mangeln; P zaubern, herzaubern; hinlegen; ***~а́й!*** P los *od.* drauflos . . ., her mit . . .!; **-ся** rollen, hin u. her rollen; spazierenfahren; (***на*** П *A*) fahren *od.* laufen; ***-ся с гор*** rodeln; ***-ся верхо́м*** reiten, ausreiten; ***-ся на байда́рке*** paddeln
катафа́лк *m* (1) Leichenwagen
катафо́т *m* (1) Rückstrahler
категори́|ческий (16), **~чный** (14; -чен, -чна) kategorisch, entschieden,

К

unbedingt; **~чески** strengstens; **~́я** *f* (7) Kategorie, Gattung; Gruppe; Stufe; *Sp.* Klasse
ка́тер *m* (1; *pl. e.*, *N* -á) Kutter, Boot *n*
ка́тет *m* (1) *Math.* Kathete *f*
катехи́зис *m* (1) Katechismus
кат|и́ть (15) → ***~а́ть***; F dahinrollen, fahren; rennen, flitzen; **-ся** → ***~а́ться***; gleiten; strömen; fließen, rinnen; vergehen; sich neigen; *Astr.* Bahn ziehen!, ***~и́сь (колбасо́й)!*** P hau ab!, scher dich!; **~ну́ть** P → ***~а́ть 1***; → ***съе́здить***
като́д *m* (1) Kathode *f*
като́к *m* (1; -тка́) Eisbahn *f*, Schlittenbahn *f*; Eisstadion *n*; *Tech.* Walze *f*; Mangel *f*; Rutsche *f*
като́ли|к *m* (1), **~́чка** *f* (5; -́чек) Katholik(in *f*); **~́ческий** (16) katholisch
ка́тор|га *f* (5) Zuchthaus *n* (***на*** B ins; ***на*** П im); Zwangsarbeit; *hist.* Galeere; *fig.* Schinderei; **~жа́нин** *m* (1; *pl.* -а́не, -а́н), **~жник** *m* (1) Zuchthäusler; **~жный** (14) Zwangs-, Zuchthaus-; *fig.* F Hunde-
кату́шк|а *f* (5; -шек) Rolle; Spule; ***на всю ~у*** P volle Pulle
катю́ша *f* (5) *hist.* Raketenwerfer *m*
кауза́льность *f* (8) Kausalität
кау́рый (14) *Pferd*: goldfarben
каучу́ковый (14) Kautschuk-
кафе́ [-ˈfɛ] *n* (*unv.*) Café, Kaffeehaus
ка́федра *f* (5) Katheder *n*; Rednerpult *n*; Lehrstuhl *m*; Institut *n*; Kanzel
ка́фель *m* (4; -я/-ю) Kachel *f*; Fliese *f*
кафе|те́рий [-ˈtɛ-] *m* (3; -и) Cafeteria *f*; **~шанта́н** [-fɛ-] *m* (1) Tingeltangel *n*
кацаве́йка P *f* (5; -е́ек) pelzgefütterte *od.* wattierte Jacke
каца́п P *m* (1) *verä.* Russe
кач|а́лка *f* (5; -лок) Schaukelstuhl *m*; Wippe; **~а́ть** (1), *einm.* ⟨~ну́ть⟩ (20) schaukeln, wiegen; hin u. her bewegen; pumpen; schütteln (T *A*); baumeln; F hochwerfen; ***~а́ет*** (B *j-d*) taumelt, schwankt; *Mar.* rollt, schlingert; **-ся** schaukeln, schwingen, pendeln; wogen; taumeln, schwanken; **~́ели** *pl.* (8) Schaukel *f*; Wippe *f*
ка́честв|енный (14*K.*) qualitativ; F Qualitäts-, Wert-; *Adv.* fachgerecht; **~о** *n* (9) Qualität *f*, Güte *f*; Eigenschaft *f*; Beschaffenheit *f*; ***в ~е*** (P) als, in *j-s* Eigenschaft als

ка́ч|ка (5) Schaukeln *n*, ***бокова́я ~ка*** *Mar.* Schlingern *n*, Rollen *n*; ***килева́я ~ка*** *Mar.* Stampfen *n*; **~кий** P (16) schwankend; **~ну́ть(ся)** → ***~а́ть(ся)***
ка́ш|а *f* (5) Brei *m*; Grütze; *fig.* F Wirrwarr *m*, heilloses Durcheinander *n*; P *fig.* e-e schöne Suppe; ***ма́ло ~и ел*** F *j-d* ist noch grün hinter den Ohren; ***сапоги́*** *m/pl.* ***~и про́сят*** F die Stiefel haben Löcher; F ***~и не сва́ришь (с*** T mit *j-m*) kommt man nicht zu Rande
кашало́т *m* (1) Pottwal
кашева́р *m* (1) *Mil.* Koch
ка́шель *m* (4; -шля) Husten
каши́ца F *f* (5) dünner Brei *m*
ка́шка F *f* (5) Brei *m*; *Bot.* Klee *m*
ка́шля|ть (28), *einm.* ⟨~нуть⟩ (20) husten; *pf.* hüsteln
кашне́ [-ˈŋɛ] *n* (*unv.*) Schal *m*, Halstuch
кашта́н *m* (1) Kastanienbaum; Kastanie *f*, Marone *f*; **~овый** (14) Kastanien-; kastanienbraun
каю́к P → ***капу́т***
каю́т|а *f* (5) Kabine, Kajüte; **~-компа́ния** *f* (7) *Mar.* Speiseraum *m*, Messe
ка́|яться (27), ⟨по-⟩ (***в*** П *et.*) bereuen; (***перед*** T *j-m*) eingestehen, offen bekennen; Buße tun (***в*** П für *A*); ***~юсь*** F offen gestanden; ***~ющийся*** reumütig
квадра́тный (14; -тен, -тна) quadratisch; (*o. K.*) Quadrat-; Flächen-; *Typ.* eckig
ква́к|ать (1), *einm.* ⟨-нуть⟩ (20) quaken; **~ша** *f* (5) Laubfrosch *m*
квалифи|ка́ция *f* (7) Qualifikation; Qualifizierung; Fortbildung; Fach *n*, Berufszweig *m*, Beruf *m*; **~кацио́нный** (14) Qualifizierungs-; Einstufungs-; **~ци́рованный** (14*K.*) gelernt; (*o. K.*) Fach-; **~ци́ровать** (7) *im(pf.)* qualifizieren; einstufen; beurteilen; **-ся** sich weiterbilden
ква́нтовый (14) Quanten-
кварта́л *m* (1) Quartal *n*, Vierteljahr *n*; Stadtviertel *n*; Viertel *n*, Häuserblock; **~ьный** (14) Quartal(s)-, Vierteljahres-; → **~**
кварти́р|а *f* (5) Wohnung, Logis *n*; Quartier *n*, Unterkunft (***на*** B, П in *A*, *D*); Apartment *n*; **~а́нт** *m* (1), **~а́нтка** *f* (5; -ток) Untermieter(in *f*); **~ный** (14) Wohnungs-; Miet-; → ***кварт-пла́та***; **~онанима́тель** *m* (4), **~о-**

К

съёмщик *m* (1) Wohnungsinhaber; **~ова́ть** F (7) logieren, wohnen; *Mil.* einquartiert sein
квартпла́та *f* (5) Wohnungsmiete
квас *m* (1; ⁻а/⁻у; *pl. e.*) Kwaß (*gegorenes Getränk*); **~ить** (15), ⟨с-, за-⟩ einsäuern, säuern; **~но́й** (14) Kwaß-; † Hurra-; **~о́к**: ***с ~ко́м*** F mit säuerlichem Beigeschmack
квасцы́ *pl.* (1) Alaun *m*
ква́ш|еный (14) eingesäuert, gesäuert; Sauer-; **~ня́** *f* (6; -не́й) Backtrog *m*, Teigschüssel; F Sauerteig *m*; P Plumpsack *m*
квёлый P (14*K.*) schlaff, siech
кве́рху nach oben, hinauf; F oberhalb
квит|а́нция *f* (7) Quittung; Beleg *m*; Schein *m*; **~ы** *pl.* F quitt
ке́гл|я *f* (6; -ей) Kegel *m*; ***игра́ f в ~и*** Kegeln *n*
кедр *m* (1) Zeder *f*; ***сиби́рский ~*** Zirbelkiefer *f*; **~о́вый** (14) Zeder(n)-
ке́ды *m/f/pl.* (1/5) Sportschuhe
кейф F *m* (1) süßes Nichtstun *n*; Hochgenuß
кекс *m* (1) Rosinenkuchen
кел|е́йный (14; -е́ен, -е́йна) *fig.* heimlich, geheim; (*o. K.*) Zellen-; **~ья** *f* (6; -ий) Klosterzelle; Klause
кенгуру́ *m* (*unv.*) Känguruh *n*
конта́вр *m* (1) Zentaur
ке́п|и *n* (*unv.*), **~ка** *f* (5; -ок) Schirmmütze *f*, Sportmütze *f*
кера́мика *f* (5) Keramik, Töpferkunst; **~ческий** (16) keramisch
кероси́н *m* (1; -а/-у) Petroleum *n*; **~ка** *f* (5; -ок) Petroleumkocher *m*; **~ный** F, **~овый** (14) Petroleum-
ке́сарев (19) *Med.* Kaiser-
ке́т|а́ *f* (5) sibirischer Lachs *m*; **~о́вый** (14): ***~о́вая икра́ f*** roter Kaviar *m*
кефи́р *m* (1) Kefir; Joghurt
киберне́т|ика [-'ŋɛ-] *f* (5) Kybernetik; **~и́ческий** (16) kybernetisch
киби́тка *f* (5; -ток) gedeckter Wagen *m od.* Reiseschlitten *m*; Nomadenzelt *n*
кив|а́ть (1), *einm.* ⟨**~ну́ть**⟩ (20) nicken, zunicken; mit dem Kopf weisen; F (***на*** B *j-m*) die Schuld zuschieben; **~о́к** *m* (1; -ка́) Kopfnicken *n*
ки|да́ть (1), ⟨**~нуть**⟩ (20) werfen, schmeißen (***в*** B nach *j-m*); *Blick* zuwerfen (*a.* ***на*** B *D*); *Netz* auswerfen; **-ся** sich stürzen; losrennen, davonstürmen; (***на*** B *A*) anfallen; *fig.* springen; *impf.* werfen, sich bewerfen; sich hin- u. herwerfen; *pf. fig.* steigen, schießen; F werfen; geringschätzen; → ***броса́ть(ся)***
киев|ля́нин *m* (1; *pl.* -я́не, -я́н), **~ля́нка** *f* (5; -нок) Kiewer(in *f*); **~ский** (16) Kiewer, aus *od.* von Kiew
кизи́л, ~ь *m* (1/4*e.*) Kornelkirsche *f*
кизя́к *m* (1*e.*; -а́/-у́) getrockneter Mist
кий *m* (3/3*e.*; кия́; *pl. e.*) Billardstock
кики́мора *f* (5) Gespenst *n*; *fig.* F Vogelscheuche
килево́й (14) Kiel-; → ***ка́чка***
кило́ F *n* (*unv.*) Kilo; **~гра́мм** *m* (1; -/-ов) Kilogramm *n*; **~ме́тр** *m* (1) Kilometer
киль *m* (4) Kiel; **~ва́тер** [-tɛr] *m* (1) Kielwasser *n*; ***в ~(е)*** in Kiellinie
ки́лька *f* (5; -лек) Strömling *m*
кинемато́граф *m* (1) Kino *n*; **~и́ческий** (16) Film-, filmisch; **~ия** ['gra-] *f* (7) Filmkunst; Filmindustrie
кинеско́п *m* (1) Bildröhre *f*
кине́тика *f* (5) Kinetik
кинжа́л *m* (1) Dolch
кино́ *n* (*unv.*) Kino; P Film *m*; **~актёр** *m* (1), **~актри́са** *f* (5) Filmschauspieler(in *f*); **~аппара́т** *m* (1) Filmkamera *f*; **~арти́ст** *m* (1), **~арти́стка** *f* (5; -ток) → ***~актёр, ~актри́са***
ки́новарь *f* (8) Zinnober *m*
кино|журна́л *m* (1) Wochenschau *f*; **~звезда́** *f* (5) Filmstar *m*; **~зри́тель** *m* (4) Kinobesucher; **~ка́др** *m* (1) Filmaufnahme *f*; **~карти́на** *f* (5) Spielfilm *m*; **~ле́нта** *f* (5) Filmstreifen *m*; **~люби́тель** *m* (4) Filmamateur; **~меха́ник** *m* (1) Filmvorführer; **~опера́тор** *m* (1) Kameramann; **~передви́жка** *f* (5; -жек) Wanderkino *n*; **~плёнка** *f* (5; -нок) Film *m*; **~прое́ктор** *m* (1) Filmvorführgerät *n*; **~режиссёр** *m* (1) Filmregisseur; **~сеа́нс** *m* (1) Filmvorstellung *f* (***на*** П in *D*); **~сцена́рий** *m* (3; -и) Drehbuch *n*; **~съёмка** *f* (5; -мок) Filmaufnahme; **~теа́тр** *m* (1) Filmtheater *n*, Kino *n*; **~фестива́ль** *m* (4) Filmfestspiele *n/pl.* (***на*** П *a.* bei *D*); **~фи́льм** *m* (1) Spielfilm, Film; **~хро́ника** *f* (5) → ***~журна́л***; **~шник** P *m* (1) Filmfan; *pl.* Filmleute
ки́нуть(ся) → ***кида́ть(ся)***

кио́ск *m* (1) Kiosk, Verkaufsstand
ки́па *f* (5) Packen *m*; Ballen *m*; Stoß *m*
кипари́с *m* (1) Zypresse *f*
кип|е́ние *n* (12): ***то́чка*** *f* ***~е́ния*** Siedepunkt *m*; → **~е́ть** (10*e.*) kochen, sieden; brodeln, brausen, wallen; schäumen; *fig.* wimmeln (T von *D*); in vollem Gange sein; *Mil.* toben; *fig.* pulsieren; flott vorankommen; (T vor *D*) kochen, brennen; **~у́чий** (17*K.*) brausend, brodelnd; *fig.* schäumend, überschäumend; rastlos; feurig
кипя|ти́льник *m* (1) Tauchsieder; **~ти́ть** (15*e.*), ⟨вс-⟩ kochen, sieden (**-ся** *v/i*); abkochen; *pf.* aufkochen; **-ся** F, ⟨рас-⟩ sich ereifern, aufbrausen; **~то́к** *m* (1; -тка́) kochendes Wasser *n*; F Hitzkopf; **~че́ние** *n* (12) Kochen, Abkochen, Sieden; **~чёный** (14) abgekocht
кирги́з *m* (1), **~ка** *f* (5; -ок) Kirgise(-sin *f*); **~ский** (16) kirgisisch
кири́ллица *f* (5) kyrillische Schrift
ки́рка[1] *f* (5; -рок) evangelische Kirche
кирк|а́[2] *f* (5; *pl. a. st.*; ¹-ро́к) Picke, Pikkel *m*, Spitzhacke; **~омоты́га** *f* (5) Kreuzhacke
кирпи́ч *m* (1*e.*; -е́й) Ziegel, Ziegelstein; Brikett *n*; *Tee*: Würfel; *Brot*: → ***формово́й***; F Verkehrsverbotszeichen *n*; **~ик** *m* (1) *dim. v.* **~**; *fig.* Mosaiksteinchen *n*; **~ный** (14) Ziegel-, Backstein-; ziegelrot; *Tee*: gepreßt; ***~ный заво́д*** *m* Ziegelei *f*
ки́са F *f* (5) Miezekatze, Kätzchen *n*
кисе́йный (14) Mull-; → ***ба́рышня***
кисе́л|ь *m* (4*e.*) *Art* rote Grütze *f*; Brei, Schleim; F Schlappschwanz; ***седьма́я вода́ на ~е́*** F um sieben Ecken verwandt; ***за семь вёрст ~я́ хлеба́ть*** F die Reise lohnt nicht
кисе́т *m* (1) Tabaksbeutel
кисея́ *f* (6) Mull *m*
ки́с|ка F *f* (5; -ок) → **~а**; **~-~!** Miez! Miez!
кисл|и́нка: ***с ~и́нкой*** F → ***квасо́к***; **~и́ть** F (13*e.*) säuerlich schmecken; **~ова́тый** F (14*K.*) säuerlich; **~оро́д** *m* (1) Sauerstoff; **~оро́дный** (14) Sauerstoff-; **~о-сла́дкий** (16; -док, -дка) süßsauer
кислот|а́ *f* (5; *pl. st.* ¹) Säure; **¹~ность** *f* (8) Säuregehalt *m*; **¹~ный** (14) säurehaltig, Säure-; *Met.* sauer; **~усто́йкий** (16; -о́ек, -йка), **~оупо́рный** (14; -рен, -рна) säurefest, säurebeständig
ки́с|лый (14; -ел, -ла́) sauer (*a. fig.* F); *fig.* F schlechtgelaunt, miesepet(e)rig; (*o. K.*) Sauer-; Hefe-; **~ля́тина** F *f* (5) saures Zeug *n*; Miesepeter *m*, Waschlappen *m*; **~нуть** (21) **1.** ⟨с-⟩ sauer werden; **2.** *fig.* versauern; mißgelaunt sein
киста́ *f* (5) Zyste
ки́ст|очка *f* (5; -чек) kleiner Pinsel *m*; **~ь** *f* (8; *ab Gpl. e.*) Pinsel *m*; Traube, Dolde; Quaste, Troddel; *Anat.* Hand; *fig.* Malstil *m*; **. . . ~и** (P) . . . gemalt (von *D*)
кит *m* (1*e.*) Walfisch, Wal; *fig.* F Stütze *f*
кита|еве́дение *n* (12) Sinologie *f*; **¹~ец** *m* (1; ¹-йца) Chinese; **¹~йский** (16) chinesisch; ***¹~йская гра́мота*** *f fig.* böhmische Dörfer *n/pl.*; → ***тень***; **~я́нка** *f* (5; -нок) Chinesin
ки́тель *m* (4; *pl. a. e.*, *N* -я́) Uniformjacke *f* (mit Stehkragen)
кито|бо́ец *m* (1; -о́йца) Walfangschiff *n*; **~бо́й** *m* (3) Walfänger; **~бо́йный** (14) Walfang-; **¹~вый** (14) Wal-, Walfisch-; **~ло́в** *m* (1) → ***~бо́й***; **~ло́вный** → ***~бо́йный***
кич|и́ться (16*e.*) sich brüsten, angeben (***перед*** T *j-m* gegenüber); **~ли́вый** (14*K.*) großtuerisch, angeberisch
кише́ть (9*e.*) wimmeln (T von *D*)
киш|е́чник *m* (1) Darm; **~е́чный** (14) Darm-; **~ка́** *f* (5; -о́к) Darm *m*; F Schlauch *m*; P ***~ка́ то́нка*** (***у*** P *j-d*) packt's nicht
кишла́к *m* (1*e.*) Dorf *n* (*Mittelasien*)
кишми́ш *m* (1/1*e.*; ¹-а́/¹-у́) *koll.* kleine (kernlose) Trauben *od.* Rosinen *f/pl.*, Korinthen *f/pl.*
кишмя́ F: **~ *киши́т*** es wimmelt nur so (T von *D*; И auf *od.* in *D*)
клав|еси́н *m* (1) Cembalo *n*; **~иату́ра** *f* (5) Klaviatur; *Tech.* Tastatur; **~и́р** *m* (1) Klavierauszug; Tasteninstrumente *n/pl.*; **¹~иш** *m* (1; -ей), **¹~иша** *f* (5) Taste *f*
клад *m* (1) Schatz; *fig.* F Perle *f*
кла́дбище *n* (11) Friedhof *m*; **¹~нский** (16) Friedhofs-
кла́дезь *m* (4) *poet.* Born; † Brunnen; *fig.* Schatz; **~ *прему́дрости*** *scherz.* ein

Ausbund von Weisheit

кла́д|ка *f* (5) Legen *n*; Setzen *n*; Mauern *n*; Mauerwerk *n*; **~ова́я** *f* (14) Lagerraum *m*; Vorratskammer, Speisekammer; **~о́вка** F *f* (5; -вок) Abstellkammer; **~овщи́к** *m* (1*e*.) Lagerarbeiter, Lagerverwalter; Gerätewart; **~ь** *f* (8) Fracht, Ladung; Gepäck *n*

кла́няться (28), ⟨поклони́ться⟩ (13) sich verneigen *od.* verbeugen (Д vor *D*); grüßen, grüßen lassen; sich begrüßen; *impf.* F untertänigst bitten (Д, ***перед*** T *A*); *impf.* ***не ~*** (***с*** T mit *j-m*) entzweit sein; ***честь име́ю ~*** † habe die Ehre!

кла́пан *m* (1) Klappe *f*; Lasche *f*; *Tech.* Ventil *n*

кларне́т *m* (1) Klarinette *f*

класс *m* (1) Klasse *f*; Klassenzimmer *n*; *Sp.* Liga *f*; Fach *n*; Fachgruppe *f*; Rang, hoher Rang

кла́сси|к *m* (1) Klassiker; Altphilologe; **~ка** *f* (5) Klassik; **~фика́ция** *f* (7) Klassifikation, Klassifizierung; **~́ческий** (16) klassisch; humanistisch; klassizistisch; F typisch; großartig, klasse

кла́сс|ный (14) Klassen-; Wand-; F (-сен, -сна) erstklassig, klasse; **~овость** *f* (8) Klassencharakter *m*; **~овый** (14) Klassen-; klassenbedingt

кла|сть (-ду́, -дёшь; -л) **1.** ⟨положи́ть⟩ (16) legen, hinlegen; tun, hineintun; stecken; *Farbe* auftragen; *fig.* einsetzen, hingeben; F veranschlagen, festsetzen; → ***положи́ть***; **2.** ⟨наложи́ть⟩ versehen (В mit *D*); *fig.* aufdrücken; **3.** ⟨сложи́ть⟩ legen; *Ofen* setzen; aufführen; stapeln, aufstapeln; *Waffen* strecken

кла́узула *f* (5) *Jur.*, *Rhet.* Klausel

кла́ц|ать F (1), *einm.* ⟨**~нуть**⟩ (20) klappern

клева́ть (6*e*.), *einm.* ⟨клю́нуть⟩ (20) picken; hacken; F (В auf *j-m*) herumhacken; *Fische*: anbeißen; F klappen; ***~ но́сом*** F einnicken, dösen; F ***де́нег ку́ры не клюю́т*** (***у*** P *j-d*) hat Geld wie Heu

кле́вер *m* (1; -а/-у; *pl. e.*, *N* -á) Klee

клевет|а́ *f* (5) Verleumdung; **~а́ть** (3 -щ-) verleumden (***на*** В *A*); **~ни́к** *m* (1*e*.) Verleumder; **~ни́ческий** (16) verleumderisch

клевре́т *m* (1) Helfershelfer

клёвый P (14) einträglich; toll

клеево́й (14) Leim-; Klebe-

клеён|ка *f* (5; -ок) Wachstuch *n*; **~чатый** (14) Wachstuch-; **~ый** F (14) geleimt, geklebt; *Holz*: Sperr-

кле́|ить (13*st*.), ⟨с-⟩ kleben, leimen; → ***накле́ивать***, ***скле́ивать***; **-ся** *impf.* sich kleben lassen; F klappen, laufen; **~й** *m* (3; -я/-ю; *a.* на -ю́) Leim, Klebstoff; **~йкий** (16; -ек, -йка) klebrig; glutinös

клейм|и́ть (14*e*.), ⟨за-⟩ stempeln, markieren; eichen; brandmarken (*a. fig.*); **~о́** *n* (9; *pl. st.*) Stempel *m*, Zeichen, Marke *f*; Brandmal (*a. fig.*); ***~о́ позо́ра*** Schandfleck *m*

клекота́ть (3) schreien (*Raubvögel*)

клён *m* (1) Ahorn; **~́о́вый** (14) Ahorn-

клеп|а́ло *m* (9) Niethammer *m*; **~а́льщик** *m* (1) Nieter; **~а́ть**[1] (1) **1.** nieten; **2.** ⟨с-⟩ vernieten; **3.** ⟨вы́-⟩ schärfen; **~а́ть**[2] P (2) → ***клевета́ть***; **~́к|а** *f* (5; -ок) Nieten *n*, Vernieten *n*; Daube; *Parkett*: Tafel; P ***~́ки не хвата́ет в голове́*** (***у*** P bei *j-m*) ist e-e Schraube locker

кле́т|ка *f* (5; -ок) Käfig *m*, Bauer *n*; Würfel *m*; *Anat.* Korb *m*; *Arch.* Haus *n*; *Bio.* → **~очка** *f* (5; -чек) Zelle; ***в ~очку*** → ***~чатый***; **~очный** (14) Zell(en)-; **~у́шка** *f* (5; -шек) *dim. v.* **~ь**; F Kämmerchen *n*; **~ча́тка** *f* (5) Zellstoff *m*, Zellulose; Zellgewebe *n*; **~чатый** (14) kariert, gewürfelt; *Bio.* Zell(en)-; **~ь** *f* (8; *ab Gpl. e.*) *Tech.* Gerüst *n*; *Bgb.* Förderkorb *m*; † Vorratskammer, Vorratsschuppen *m*

клёцка *f* (5; -цек) Kloß *m*, Knödel *m*

клёш *m* (1): ***ю́бка*** *f* **~** Glockenrock *m*; ***брю́ки*** *f/pl.* **~** Hose *f* mit weitgeschnittenem Hosenbein

клешня́ *f* (6; -не́й) Krebsschere

клещ *m* (1*e*.; -е́й) Milbe *f*, Zecke *f*

кле́щ|и́ *pl.* (5; *ab G e.*) Zange; F ***слова́ ~а́ми тащи́ть на́до*** (***из*** P *j-m*) jedes Wort aus der Nase ziehen müssen

клие́нт *m* (1), **~ка** *f* (5; -ок) Klient(in *f*); Kunde(-din *f*); **~у́ра** *f* (5) Kundschaft; *Jur.* Klientel

кли́зма *f* (5) Klistier *n*, Einlauf *m*

клик *m* (1) Schrei, Ruf, Ausruf

кли́ка *f* (5) Clique, Klüngel *m*

клик|ать F (3), *einm.* ⟨**~нуть**⟩ (20) rufen, herbeirufen; *Gänse, Schwäne*: schreien; P nennen, heißen
кликуш|а *f* (5) kreischende Hysterikerin; **~ество** *n* (9) Hysterie *f*, hysterische Anwandlungen *f/pl.*
климак|с *m* (1), **~терий** *m* (3; -и) Klimakterium *n*, Wechseljahre *n/pl.*
климат *m* (1) Klima *n*; **~ический** (16) klimatisch; Luft-
клин *m* **1.** (1; *pl.* ~ья, ~ьев) Keil; *Kleidung*: Zwickel; **2.** (1; *pl. e.*) Acker; Parzelle *f*; **~ом** keilförmig; ***бородка*** *f* **~ом** Spitzbart *m*; ***~ ~ом вышибают*** *Spr.* ein Keil treibt den anderen; ***~ом не вышибешь*** *et.* läßt sich nicht ausmerzen; ***свет не ~ом сошёлся*** (***на*** П für *A*) ist noch nicht aller Tage Abend
клини|ка *f* (5) Klinik; **~цист** *m* (1) Kliniker; **~ческий** (16) klinisch
клинов|идный (14; -ден, -дна) keilförmig; → **~ой** (14) Keil-
клинок *m* (1; -нка) Klinge *f*; Säbel
клино|образный (14; -зен, -зна) → ***~видный***; **~пись** *f* (8) Keilschrift
клипсы *m/f/pl.* (1/5) Ohrklipps *m/pl.*
клир *m* (1) Klerus; → **~ос** *m* (1) Kirchenchor
клич *m* (1; ~ей) Ruf; Schrei; **~ка** *f* (5; ~ек) Rufname *m*; Beiname *m*, Spitzname *m*; Deckname *m*
кло|к *m* (1*e.*; *pl. a.* ~чья, ~чьев) Büschel *n*; Strähne *f*; Fetzen (T *pl.* in *D*)
клокот *m* (1), **~ание** *n* (12) Brodeln *n*; → **~ать** (3) brodeln, wallen, sprudeln; glucksen; *fig.* kochen, schäumen (***в*** П/ ***от*** P *N* vor *D*)
клонит|ь (13) neigen, beugen; *fig.* übermannen; geneigt machen; hinauswollen (***к*** Д auf *A*); → ***склонять***; ***~ ко сну*** (В *j-d*) ist schläfrig; **-ся** sinken; zugehen, entgegengehen (***к*** Д *D*); abzielen (auf *A*), führen (zu *D*); ***день ~ся к вечеру*** der Tag geht zur Neige
клоп *m* (1*e.*) Wanze *f*; F Knirps
клоун *m* (1) Clown; **~ада** *f* (5) Harlekinade
клохтать (3) gackern, gluck(s)en
клочок *m* (1; -чка) Fetzen; Fleckchen *n*
клуб¹ *m* (1; *pl. a. e.*) großer *od.* großes Knäuel *m/n*; Schwaden; Wolke *f*
клуб² *m* (1) Klub
клубень *m* (4; -бня) Knolle(n) *f*
клубиться (14*e.*) wallen; aufsteigen
клубне|вой (14) Knollen-; **~плод** *m* (1) Knollenfrucht *f*, Knollengewächs *n*
клубни|ка *f* (5) *koll.* Erdbeere(n *pl.*); **~чный** (14) Erdbeer-
клубок *m* (1; -бка) Knäuel *m/n*; Schwaden, Wolke *f*; ***свернуться в ~*** sich zusammenrollen; ***~ подступил к горлу*** *et.* schnürte die Kehle zu
клумба *f* (5) Blumenbeet *n*
клуша P *f* (5) Glucke, Bruthenne
клык *m* (1*e.*) Eckzahn, Stoßzahn; Hauer; **~астый** F (14*K.*) mit großen Zähnen
клюв *m* (1) Schnabel
клюка *f* (5) Krummstab *m*; Krücke
клюкв|а *f* (5) *koll.* Moosbeere(n *pl.*); P Unding *n*; ***вот так ~а!*** P da haben wir's!; **~енный** (14) Moosbeer-
клюкнуть P (20) *pf.* e-n kippen
клюнуть → ***клевать***
ключ *m* (1*e.*; -ей) **1.** Schlüssel (*a. Mus.*); Öffner; *El.* Schalter; *Rdf.* Taste *f*; **2.** Quelle *f*; ***бить ~ом*** sprudeln, brodeln; pulsieren; → ***бить***; **~евой** (14) Schlüssel- (*a. Mil.*); zentral, führend; Quell-; **~ица** *f* (5) Schlüsselbein *n*; **~ница** *f* (5) *ehm.* Beschließerin, Haushälterin
клюшка *f* (5; -шек) Hockeyschläger *m*; Golfschläger *m*
клякса *f* (5) Tintenklecks *m*
клянчить F (16) betteln (B um *A*)
кляп *m* (1) Knebel
кля|сть (-ну, -нёшь; -л, -ла; ...-тый) verwünschen, verfluchen; **-ся**, ⟨по-⟩ (-лось) schwören (T bei *D*; ***в*** П *A*); ***~нусь честью!*** bei meiner Ehre!; **~тва** *f* (5) Schwur *m*, Eid *m*; **~твенный** (14) eidlich, eidesstattlich; *Adv.* an Eides statt; **~твопреступление** *n* (12) Meineid *m*
кляуз|а F *f* (5) Intrige, Verleumdung; *pl.* Ränke (u. Schliche); Denunziation; **~ник** *m* (1) F Intrigant; † Querulant; **~ничать** F (1) intrigieren; **~ный** F (14; -ен, -на) ränkevoll; unsauber, schmutzig
кляча *f* (5) Schindmähre
книг|а *f* (5) Buch *n* (***за*** T über *D*); Band *m*; Register *n*; Lektüre; F ***и ~и в руки*** (Д *j-d*) kennt sich aus *od.* ist kompetent; **~оведение** *n* (12) Bücherkunde *f*; **~оед** *m* (1) Bücherwurm (*a. fig.* F)

книгоиздáтель *m* (4) Buchverleger; **~ство** *n* (9) Buchverlag *m*
книго|лю́б *m* (1) Bücherliebhaber, Bibliophile; **~нóша** *m* (5) Bücherkolporteur; **~печáтание** *n* (12) Buchdruck *m*, Buchdruckerkunst *f*; **~продáвец** † *m* (1; -вца) Buchhändler; **~торгóвля** *f* (6) Buchhandel *m*; **~храни́лище** *n* (11) Büchermagazin; Bücherei *f*, Büchersammlung *f*
кни́ж|ка *f* (5; -ек) Buch *n*; Heft *n*; *Anat.* Blättermagen *m*; ***положи́ть дéньги на ~ку*** Geld aufs Sparbuch einzahlen; → ***снять***; **~ник** *m* (1) Buchgelehrter; F Buchhändler; → ***книголю́б***, ***книгоéд***; **~ный** (14) Buch-, Bücher-; angelesen; buchgelehrt; weltfremd; **~óнка** F *f* (5; -нок) Büchlein *n*; Schwarte, Schmöker *m*
кни́зу nach unten, hinab; F unterhalb
кнóп|ка *f* (5; -ок) Reißzwecke; Druckknopf *m*; *El.* Knopf *m*; Taste; F Knirps *m*; **~очный** (14) Drucktasten-, Tasten-
кнут *m* (1*e.*) Peitsche *f*; **~ови́ще** *n* (11) Peitschenstiel *m*
кня|ги́ня *f* (6) Fürstin; **~жеский** (16) fürstlich, Fürsten-; **~жество** *n* (9) Fürstentum; **~жить** (16) *hist.* als Fürst regieren; **~жнá** *f* (5; -жóн) Fürstentochter, Prinzessin; **~зёк** *m* (1; -зькá) Duodezfürst; **~зь** *m* (4; *pl.* -зья́, -зéй) Fürst
ко → ***к***
кобéль *m* (4*e.*) Rüde; P geiler Bock
кобéниться P (13) bocken
кобурá *f* (5) Revolvertasche; Satteltasche
кóбчик *m* (1) Rotfußfalke
кобы́л|а, ~и́ца *f* (5) Stute; P Trampel *m*; **~ка** *f* (5; -ок) junge Stute; Heuschrecke; *Mus.* Steg *m*
кóваный (14) geschmiedet, Schmiede-; eisenbeschlagen; *fig.* (*K.*) ausgefeilt
ковáр|ный (14; -ен, -на) hinterlistig, heimtückisch, tückisch; **~ство** *n* (9) Arglist *f*, Heimtücke *f*, Tücke *f*
ковáть (7*e.*) **1.** ⟨вы́-, с-⟩ schmieden (*a. fig.*); **2.** ⟨под-⟩ beschlagen; ***куй желéзо, покá горячó*** *Spr.* schmiede das Eisen, solange es heiß ist
ковбóй|ка F *f* (5; -óек) kariertes Sporthemd *n*; **~ский** (16) Cowboy-; Wildwest-
ковёр *m* (1; -врá) Teppich; *Sp.* Matte *f*; ***~-самолёт*** *m* fliegende(r) Teppich
ковéркать (1), ⟨ис-⟩ verunstalten, entstellen; verdrehen; verderben
коверкóтовый (14) aus Covercoat
кóв|ка *f* (5) Schmieden *n*; Beschlagen *n*; **~кий** (16; -ок, -кá) schmiedbar; (*o. K.*) Schmiede-; Temper-; **~очный** (14) Schmiede-
коври́|га *f* (5) Laib *m*; **~жка** *f* (5; -жек) Pfefferkuchen *m*; ***ни за каки́е ~жки*** F um nichts in der Welt
кóвр|ик *m* (1) kleiner Teppich, Brücke *f*; Bettvorleger; **~óвщица** *f* (5) Teppichweberin; **~óвый** (14) Teppich-
ковчéг *m* (1) Schrein; ***Нóев ~*** Arche *f* Noah
ковш *m* (1*e.*; -éй) Schöpfkelle *f*; *Tech.* Kübel, Eimer; *Tech.* Pfanne *f*
ковы́ль *m* (4*e.*) Steppengras *n*
ковыля́ть F (28) humpeln
ковыр|я́ть (28), *einm.* ⟨~нýть⟩ (20) klauben; stochern, herumstochern; bohren; scharren; **-ся** F herumwühlen; P herummurksen, kramen, trödeln
когдá **1.** *Adv.* wann; **2.** *Kj.* wenn, als; P mal; ***вóт ~*** da, dann; ***~*** *od.* ***~ бы ещё*** wer weiß wann; → ***ни***, ***хоть***; ***есть ~!*** P jetzt nicht!, keine Zeit!; ***~-~***, ***~-никогдá*** P ab u. zu; **~-либо**, **~-нибудь** irgendwann, einmal, je, jemals; **~-то** einst, einstmals, ehedem; e-s Tages, einmal
кóготь *m* (4; -гтя; *ab Gpl. e.*) Kralle *f*; Klaue *f*; *pl.* Steigeisen *n/pl.*
код *m* (1) Code, Schlüssel; *Fmw.* Vorwahl *f*; **~и́ровать** (7) ⟨за-⟩ kodieren, verschlüsseln, chiffrieren
кóе|-гдé hier u. da, stellenweise; **~-кáк** F nachlässig, schlecht u. recht; mit Müh(e) u. Not, irgendwie; **~-какóй** (16) irgendein, irgendwelche(r); *pl.* einige, manche; gewisse; **~-когдá** bisweilen, ab u. zu; **~-ктó** (23) dieser u. jener, mancher; einige *pl.*; **~-кудá** irgendwohin, wohin; einige . . .
кóечный F (14) bettlägerig; stationär
кóе-чтó (23) einiges, einiges wenige; irgend etwas, etwas, dieses u. jenes
кóж|а *f* (5) Haut; Leder *n*; F Schale; ***из ~и вон лезть*** F sich die größte Mühe geben; **~анка** F *f* (5; -нок) Lederjakke; Ledermantel *m*; **~аный** (14) Le-

der-, ledern; **~е́венный** (14) Leder-; Gerber-; **~е́вник** *m* (1) Gerber; **~ица** *f* (5) Häutchen *n*; Haut, Schale; **~ник** F *m* (1) Hautarzt; **~ный** (14) Haut-; **~ура́** *f* (5) Schale; **~у́х** *m* (1*e*.) Schafpelz; *Tech*. Mantel, Gehäuse *n*

коз|а́ *f* (5; *pl*. *st*.) Ziege; F *fig*. munteres Rehlein *n*; P ***на ~е́ не подъе́дешь*** (***к*** Д *j-d*) ist ein sturer Bock; **~ёл** *m* (1; -ла́) Ziegenbock; *Sp*. Bock; F Schafskopf; Domino *n*; *Typ*. Leiche *f*; F ***как от ~ла́ молока́*** (***от*** P *j-d*) taugt zu nichts; ***пусти́ть ~ла́ в огоро́д*** *Spr*. den Bock zum Gärtner machen; **~еро́г** *m* (1) Steinbock; **~ий** (18) Ziegen-; ***~ья но́жка*** *f Med*. Geißfuß *m*; F (geknickte) selbstgedrehte Zigarette; **~лёнок** *m* (2) Zicklein *n*; **~лик** *m* (1) junger Ziegenbock; **~ли́ный** (14) Ziegen-; **~ло́вый** (14) Ziegenleder-; **~лоно́гий** (16*K*.) bocksfüßig

ко́злы *pl*. (5; -зел) Kutschbock *m*; Sägebock *m*; Gestell *n*; Pyramide *f*

козля́тина *f* (5) Ziegenfleisch *n*

ко́зни *pl*. (8) Ränke, Intrigen *f*/*pl*.

коз|ово́дство *n* (9) Ziegenzucht *f*; **~одо́й** *m* (3) *Zool*. Ziegenmelker; **~очка** *f* (5; -чек) Zicklein *n*; **~у́ля** *f* (6) Reh *n*

козырёк *m* (1; -рька́) Mützenschirm; Augenschutz, Lichtschutz; Windschutz; Vordach *n*; *Mil*. Kopfdeckung *f*; ***брать под ~*** *Mil*. salutieren

козыр|но́й (14) Trumpf-; **~ь** *m* (4; *ab Gpl*. *e*.) Trumpf (*a*. *fig*.); F Prachtmensch; P As *n*; ***ходи́ть ~ем*** F einherstolzieren; **~я́ть** F (28) **1**. *einm*. ⟨~ну́ть⟩ (20) *KSp*. trumpfen; *fig*. auftrumpfen, angeben; **2**. ⟨от-⟩ salutieren

козя́вка *f* (5; -вок) F Käferchen *n*; P Winzling *m*, Null

ко́|й † (24*st*.) welcher; ***ни в ~ем слу́чае*** keinesfalls; ***на ~й чёрт!*** P wozu *od*. warum zum Teufel!; **~й-** F → ***ко́е-***

ко́йка *f* (5; ко́ек) Koje, Hängematte; Schlafstelle; Krankenbett *n*

кок *m* (1) **1**. Schiffskoch; **2**. Tolle *f*

ко́к|ать P (1), *einm*. ⟨~нуть⟩ (20) hauen; zerteppern; kaltmachen, umlegen; **-ся** anstoßen; kaputtgehen

коке́т|ка *f* (5; -ок) Kokette; Passe; **~ливый** (14*K*.) kokett; schmuck; **~ни́чать** (1) kokettieren (*a*. *fig*.); **~ство** *n* (9) Koketterie *f*

коклю́ш *m* (1) Keuchhusten

коклю́шка *f* (5; -шек) Klöppel *m*

ко́кнуть(ся) → ***ко́кать(ся)***

коко́с *m* (1) Kokospalme *f*; Kokosnuß *f*; **~овый** (14) Kokos-

коко́тка *f* (5; -ток) Kokotte

коко́шник *m* (1) *ehm*. russischer Kopfputz; Fassadenverzierung *f*

коксо|ва́льный (14) Koks-; **~ва́ть** (7) verkoken; **~вый** (14) Koks-

кокте́йль [-'tɛ-] *m* (4) Cocktail

кол *m* **1**. (1*e*.; на -у́; *pl*. ~ья, ~ьев) Pfahl; **2**. F (*pl*. -ы́, -о́в) Eins *f*; → ***едини́ца***; ***ни ~а́ ни двора́*** F weder Haus noch Hof; ***~о́м стоя́ть*** F steifgefroren sein; ***~о́м стоя́ть в го́рле*** F im Halse steckenbleiben; ***ему́ хоть ~ на голове́ теши́*** P mit diesem Dickschädel kann man nichts anfangen

ко́лба *f* (5) *Chem*. Kolben *m*

колбас|а́ *f* (5; *pl*. *st*. ~) Wurst; **~ка** *f* (5; -ок) Würstchen *n*; **~ник** *m* (1) Wurstmacher; † *verä*. Deutsche(r); **~ный** (14) Wurst-

колго́тки *pl*. (5; -ток) Strumpfhose *f*

колдо́бина P *f* (5) Schlagloch *n*; Rille

колд|ова́ть (7) zaubern (***над*** T an *D*), hexen; **~овско́й** (16) Zauber-; zauberisch; **~овство́** *n* (9) Zaubern, Zauber *m*, Zauberei *f*, Hexerei *f*; **~у́н** *m* (1*e*.), **~у́нья** *f* (6; -ий) Zauberer(-rin *f*); Hexenmeister *m*, Hexe *f*

колеб|а́ние *n* (12) Schwankung *f*; *Phys*. Schwingung *f*; *fig*. (*a*. *pl*.) Schwanken; Bedenken; **~а́тельный** (14) Schwingungs-, Pendel-; **~а́ть** (2*st*.) **1**. *einm*. ⟨~ну́ть⟩ (20) bewegen; **2**. ⟨по-⟩ *fig*. rütteln (B an *D*), erschüttern; ins Wanken bringen; **-ся** schwanken, ins Wanken geraten; schwingen; oszillieren; pendeln; vibrieren

коле́нка F *f* (5; -нок) Knie *n*

коленко́р *m* (1) Kaliko; ***друго́й ~*** P ganz was anderes

коле́н|ный (14) Knie-; **~о** *n* **1**. (9; *pl*. -и, -ей) Knie; *pl*. Schoß *m*; ***стать на ~и*** niederknien; ***стоя́ть на ~ях*** knien; ***по ~о*** knietief, kniehoch; **2**. (*pl*. -ья, -ьев *u*. -а, -) *Tech*. Knie, Gelenk; Schenkel *m*; Knick *m*; *Bot*. Knoten *m*; *Fluß*: Biegung *f*; **3**. (*pl*. -а, -) Glied, Geschlecht; *Mus*. Passage *f*, Satz *m*;

Triller *m*; F *Tanz*: Figur *f*; *fig*. P Streich *m*, Jux *m*; ***мо́ре по ~о*** (Д *j-d*) kennt keine Hemmungen; **~чатый** (14) *Tech*. Knie-; gekröpft; Kurbel-; *Bot*. knotig

колёсик|о *n* (9; *pl*. -и, -ов) Rädchen; ... ***на ~ах*** Roll-, fahrbar

колес|и́ть F (15*e*.) (e-n) Bogen machen; kreuz u. quer fahren, herumreisen; herumirren; **~ни́ца** *f* (5) Wagen *m*; **~ный** (14) Rad-, Räder-; **~о́** *n* (9; *pl*. *st*. ⁼) Rad; *pl*. P Auto *n*; ***~о́м*** F hochgewölbt; ***но́ги*** *f/pl*. ***~о́м*** F O-Beine *n/pl*.; ***ходи́ть ~о́м*** radschlagen; ***верте́ться ~о́м*** F alle Hände voll zu tun haben; ***на ~ах*** F dauernd auf Achse; P motorisiert; **~ова́ть** (7) *im*(*pf*.) *hist*. rädern

коле́чко *n* (9; *pl*. -ки, -чек) Ringlein

колея́ *f* (6; -ле́й) G(e)leis(e) *n* (*a*. *fig*.; T in *D*); Radspur, Spur, Rinne

ко́л|и, ~ь P wenn, falls

ко́лики *f/pl*. (5) Kolik *f*

коли́честв|енный (14) quantitativ, zahlenmäßig, mengenmäßig; *Gr*. Grund-, Kardinal-; **~о** *n* (9) Zahl *f*, Anzahl *f*, Menge *f*, Quantität *f*; *Info*. Gehalt *m*

ко́лк|а *f* (5) Spalten *n*, Hacken *n*; **~ий** (16; -лок, -á) stach(e)lig; spitz (*a*. *fig*.); *Kälte*: schneidend; beißend (*a*. *fig*.); *fig*. bissig; **~ость** *f* (8) Stichelei, Bosheit; → ***~ий***

колле́г|а *m/f* (5) Kollege(-gin *f*); **~иа́льный** (14; -лен, -льна) kollegial

коллекти́в *m* (1) Kollektiv *n*; Belegschaft *f*; Personal *n*; Gruppe *f*, Truppe *f*; **~иза́ция** *f* (7) Kollektivierung; **~изи́ровать** (7) *im*(*pf*.) kollektivieren; **~и́зм** *m* (1) Kollektivgeist; **~ный** (14; -ен, -на) kollektiv; gemeinschaftlich; (*o*. *K*.) Kollektiv-, Gemeinschafts-; *Adv*. mit vereinten Kräften

колле́ктор *m* (1) Stromsammler; Stromwender; Sammelrohr *n*; Verteilerzentrale *f*

коллекци|оне́р *m* (1) Sammler; **~они́ровать** (7) sammeln; **~я** *f* (7) Sammlung, Kollektion

колло́дий *m* (3; -и) Kollodium *n*

колобо́к *m* (1; -бка́) kleiner Brotlaib

коло|бро́дить P (15) umherirren; sich herumtreiben; umgehen, Unfug treiben; **~воро́т** *m* (1) Strudel; *fig*. Wirbel; *Tech*. Bohrwinde *f*; **~вра́тный** (14) *Tech*. Dreh-, kreisend; † → ***превра́тный***

коло́да *f* (5) **1**. Holzklotz *m*, Hackklotz *m*; Block *m*; Trog *m*; **2**. *KSp*. Spiel *n*

коло́де|зный (14) Brunnen-; **~ц** *m* (1; -дца) Brunnen; *Tech*. Schacht

коло́д|ка *f* (5; -ок) Leisten *m*; Bremsklotz *m*; Holz *n*, Fuß *m*; Spange; *pl*. *hist*. Fußblock *m*; ***на одну́ ~ку*** F von derselben Sorte; **~ник** *m* (1) *ehm*. Sträfling im Block

ко́локол *m* (1; *pl*. *e*., *N* -á) Glocke *f*; **~ьный** (14) Glocken-; **~ьня** *f* (6; -ен) Kirchturm *m*, Glockenturm *m*; ***со свое́й ~ьни*** aus der Froschperspektive; **~ьчик** *m* (1) Glöckchen *n*; Schelle *f*; Klingel *f*; *Bot*. Glockenblume *f*

колони|а́льный (14) Kolonial-; **~за́ция** *f* (7) Kolonisierung; Besied(e)lung; **~зи́рова́ть, ~зова́ть** (7) *im*(*pf*.) kolonisieren; besiedeln; **~я** *f* (7) Kolonie; Siedlung; Anstalt

коло́н|ка *f* (5; -ок) Spalte, Kolumne; Kolonne; Badeofen *m*, Boiler *m*; Hydrant *m*; *Kfz*. Säule; **~на** *f* (5) Säule; Kolonne; **~на́да** *f* (5) Kolonnade, Säulengang *m*; **~ный** (14) Säulen-, Kolonnen-

колоно́к *m* (1; -нка́) sibirischer Nerz

колори́т *m* (1) Kolorit *n*; Färbung *f*; **~ный** (14; -ен, -на) farbenreich, farbenprächtig, malerisch; urwüchsig

ко́лос *m* (1; *pl*. -ья, -ьев) Ähre; **~и́стый** (14*K*.) ährenreich; **~и́ться** (15*e*.), ⟨вы-⟩ Ähren treiben

колосни́к *m* (1*e*.) *Tech*. Rost; *Thea*. Dekorationsgerüst *n*

колосовы́е *pl*. (14) Halmfrüchte *f/pl*.

колосса́льный (14; -лен, -льна) riesig, kolossal, immens

колот|и́ть (15) **1**. schlagen (**-ся** *v/i*; ***в*** B an, auf *A*); laut klopfen (an *D*); F zerschlagen; F *Fieber*: schütteln; **2**. ⟨по-⟩ F hauen, verprügeln; **-ся** F hämmern; beben; dröhnen; **~у́шка** *f* (5; -шек) Schlegel *m*; Klopfer *m*; Klapper; *pl*. P Dresche *f*

ко́л|отый (14*K*.) gehackt, gespalten; (*o*. *K*.) Stück-; Stich-; **~о́ть** (17) **1**. ⟨рас-⟩ hacken, zerhacken, spalten; *Nuß* knacken; **2**. ⟨у-⟩, *einm*. ⟨~ьну́ть⟩

(20) stechen (B in *A*); *fig.* kränken; F fuchsen; spritzen; **~ет** es sticht (B in *D*); ***~ет в боку́*** (***у*** P *j-d*) hat Seitenstechen; **3.** ⟨за-⟩ abstechen, erstechen; F ***~о́ть глаза́*** (Д/T *j-m et.*) unter die Nase reiben; (И/Д *et.*) fällt *j-m* unangenehm auf; ***пра́вда глаза́ ~ет*** *Spr.* Wahrheit schmeckt bitter; **-ся** *impf.* sich hacken *od.* spalten lassen; stechen; **~о́тьё** F *n* (10) Stechen; Stiche *m/pl.*

колошма́тить P (15), ⟨от-⟩ hauen

колпа́|к *m* (1*e.*) Mütze *f*, Kappe *f*; Stumpen; Deckel, Glocke *f*; Haube *f*, Gehäuse *n*; Schirm; P Schlafmütze *f*; ***быть под ~ко́м*** P beschattet werden; **~чо́к** *m* (1; -чка́) Käppchen *n*, Hütchen *n*; *Tech.* Kappe *f*; Kapsel *f*

колумби́|ец *m* (1; -йца), **~йка** *f* (5; -ек) Kolumbianer(in *f*); **~йский** (16) kolumbianisch

колуп|а́ть P (1), *einm.* ⟨**~**ну́ть⟩ (20) klauben, auskratzen

колхо́з *m* (1) Kolchos(e *f*), Kollektivwirtschaft *f* (*SU*); **~ник** *m* (1) Kolchosbauer *m*; **~ница** *f* (5) Kolchosbäuerin *f*; **~ный** (14) Kolchos-, Bauern-; kolchoseigen

колча́н *m* (1) Köcher

колчеда́н *m* (1) Kies

колчено́гий P (16*K.*) hinkend, lahm; wack(e)lig

колыбе́ль *f* (8) Wiege (*a. fig.*); **~ный** (14) Wiegen-; Kindes-; **~ная** *f* (14) Wiegenlied *n*

колыма́га F *f* (5) Rumpelkasten *m*

колых|а́ть (3*st.*/F 1), *einm.* ⟨**~**ну́ть⟩ bewegen, wiegen, schaukeln; **-ся** wogen; wehen; sich schütteln (***от*** P vor *D*)

ко́лышек *m* (1; -шка) Pflock

коль → ***ко́ли***

кольну́ть → ***коло́ть 2***

коль|цева́ть (6 -у́-), ⟨за-, о-⟩ beringen; **~цево́й** (14) Ring-; Kreis-; **~цеобра́зный** (14; -зен, -зна) ringförmig; **~цо́** *n* (9; *pl. st.*, *G* -ле́ц) Ring *m* (T *pl.* in *D*); Reif *m*; *Tech.* Schleife *f*; ***сверну́ться ~цо́м*** sich zusammenringeln; ***гнуть спи́ну в ~цо́*** katzbuckeln; **~ча́тый** (14) geringelt, Ringel-; ringförmig; **~чу́га** *f* (5) *hist.* Ringpanzer *m*, Kettenpanzer *m*

колю́|чий (17*K.*) stach(e)lig; dornig; F stechend; *fig.* spitz, bissig; (*o. K.*) Stachel-; **~чка** *f* (5; -чек) Stachel *m*; Dorn *m*; Zinke(n *m*); P Disteln *f/pl.*; **~щий** (17) stechend; Stich-

коля́да, ~ка *f* (5; -ок) Weihnachtslied *n*

коля́ска *f* (5; -сок) Kutsche; Wagen *m*; Beiwagen *m*; Rollstuhl *m*

ком *m* (1; *pl.* -ья, -ьев) Klumpen; ***сне́жный ~*** Schneeball; F ***~ в го́рле застря́л*** (***у*** P *j-s*) Kehle war wie zugeschnürt

кома́нда *f* (5) Kommando *n* (***по*** Д auf *A*); Trupp(e) *m*; Besatzung, (*a. Sp.*) Mannschaft, Team *n*; *Sp.* Partei; F Schar; **~рм** *m* (1) Oberbefehlshaber der Armee

команди́р *m* (1) Kommandeur, Führer, Chef; *Mar.* Kommandant; *Flgw.* Flugkapitän; **~ова́ть** (7) *im(pf.)* abkommandieren; auf Dienstreise schicken; **~о́вка** *f* (5; -вок) Abkommandierung; dienstlicher Auftrag *m* (***по*** Д in *D*); Dienstreise, (***в*** П auf *D*); Studienreise; F Dienstreiseausweis *m*; **~о́вочный** (14) Dienstreise-; *pl. Su.* Reisegeld(er *pl.*) *n*; **~ский** (16) Kommandeurs-; Kommando-; herrisch

кома́нд|ный (14) Kommando-, Führungs-; Mannschafts-; leitend; Gefechts-; **~ование** *n* (12) Kommando (T über *A*), Oberbefehl *m*; Truppenführung *f*; **~овать** (7) **1.** kommandieren, befehligen (T, ***над*** T *A*); beherrschen; **2.** ⟨с-⟩ befehlen, Befehl(e) erteilen; **~ующий** *m* (17) Befehlshaber

кома́р *m* (1*e.*) Mücke *f*; ***~ но́су не подто́чит*** F da beißt die Maus keinen Faden ab; **~и́ный** (14) Mücken-

комба́йн *m* (1) Mähdrescher; Vollerntemaschine *f*; **~ер, ~ёр** *m* (1) Mähdrescherfahrer

комба́т *m* (1) Bataillonskommandeur

комбико́рм *m* (1) Mischfutter *n*

комбина́|т *m* (1) Betriebe *m/pl.*, Kombinat *n*; **~тор** F *m* (1) Macher; Schlaumeier; **~цио́нный** (14) Kombinations-; **~ция** *f* (7) Kombination; Unterkleid *n*; *fig.* Schachzug *m*, Manöver *n*; F Konstellation

комбин|езо́н *m* (1) Overall; Hemdhose *f*; **~и́ровать** (7) **1.** ⟨с-⟩ kombinieren, zusammenstellen; **2.** F Kniffe u. Schliche überlegen

ком|бри́г *m* (1) Brigadekommandeur;

К

~ди́в *m* (1) Divisionskommandeur
комеди|а́нт *m* (1) *fig.* Schauspieler, Heuchler; **~а́нтство** *n* (9) Komödiantentum; **~́йный** (14; -́ен, -́йна) komisch; Komödien-; **~́я** *f* (7) Komödie (*a. fig.*), Lustspiel *n*; *fig.* F Theater *n*
коменда́|нт *m* (1) Kommandant; *Mar.* Kapitän; Hausverwalter; **~нтский** (16) Kommandanten-; Sperr-; **~ту́ра** *f* (5) Kommandantur
коме́та *f* (5) Komet *m*
коми́|зм *m* (1) Komik *f*; Komische(s) *n*; **~́к** *m* (1) Komiker; F Spaßvogel
комисси|о́нный (14) Kommissions-; *pl. Su.* Provision *f*, Vermittlungsgebühr *f*; Maklergebühr *f*; **~́я** *f* (7) Kommission, Ausschuß *m*; *Hdl.* Kommission (**на** В in)
комите́т *m* (1) Komitee *n*, Ausschuß; Amt *n*; Rat; Beirat; Leitung *f*
коми́ч|еский (16) komisch; ***~еский актёр*** *m* Komiker; **~ность** *f* (8) Komik, das Komische; **~ный** (14; -ен, -на) komisch, ulkig, drollig
ко́мк|ать (1), ⟨с-⟩ knittern, knüllen, zerknittern; F verkürzen; verstümmeln
коммент|а́рий *m* (3; -и) Kommentar, Erläuterung *f*; *pl.* Anmerkungen *f/pl.*; **~а́тор** *m* (1) Kommentator; Reporter; **~и́ровать** (7) *im(pf.)*, ⟨про-⟩ kommentieren, erläutern; auslegen
коммер|са́нт *m* (1) Kaufmann, Geschäftsmann; **~́ция** *f* (7) Handel *m*; **~́ческий** (16) Handels-; kommerziell, kaufmännisch
коммивояжёр *m* (1) Handlungsreisende(r)
комму́на *f* (5) Kommune; **~́лка** P *f* (5; -лок) Gemeinschaftswohnung; **~́льный** (14) Kommunal-, Gemeinde-; kommunal, Gemeinschafts-
коммуник|а́бельный (14; -лен, -льна) umgänglich, aufgeschlossen; **~ацио́нный** (14) Verbindungs-, Verkehrs-, Kommunikations-; **~а́ция** *f* (7) Verbindung, Verbindungsweg *m*; Kommunikation, Verständigung
коммунист|и́ческий (16) kommunistisch; **~́ка** *f* (5; -ок) Kommunistin
коммута́тор *m* (1) Vermittlung *f*, Zentrale *f*; Stromwender
ко́мнат|а *f* (5) Zimmer *n* (**в** В, П *a.* auf *A*, *D*); Stube; Wohnraum *m*, Raum *m*; **~ный** (14) Zimmer-
комо́д *m* (1) Kommode *f*
комо́к *m* (1; -мка́) Klümpchen *n*; Knäuel *n*; *Psych.* Bündel *n*; *fig.* Kloß
компа́кт|-ди́ск *m* (1) CD-Platte *f*; **~́ный** (14; -ен, -на) kompakt, dicht; F knapp, gedrängt
компан|е́йский F (16) gesellig; ***на ~е́йских нача́лах*** F zu gleichen Teilen; **~́ия** *f* (7) Gesellschaft (**за** В zur); Handelsgesellschaft; F Clique; Konsorten *pl.*; F ***не ~́ия*** (Д für *j-n*) kein Verkehr; ***води́ть ~́ию*** (**с** Т mit *j-m*) verkehren; ***поддержа́ть ~ию*** F mitmachen; F ***соста́вить ~́ию*** (Д) sich *j-m* anschließen; **~ьо́н** *m* (1) Gefährte; Teilhaber; Geschäftspartner, Kompagnon
компа́ртия *f* (7) kommunistische Partei, KP
компенс|а́ция *f* (7) Kompensation, Ausgleich *m*; Entschädigung; **~и́ровать** (7) *im(pf.)* kompensieren, ausgleichen, aufwiegen; entschädigen
компете́н|тный (14; -тен, -тна) kompetent; sachkundig; zuständig, befugt; **~ция** *f* (7) Kompetenzbereich *m*; Kompetenz, Zuständigkeit; Sachkenntnis
компили́ровать (7), ⟨с-⟩ kompilieren, zusammentragen
ко́мплекс *m* (1) Komplex
компле́кт *m* (1) Satz; Garnitur *f*; Serie *f*; kompletter Jahrgang; Gesamtzahl *f*; ***сверх ~а*** zusätzlich; **~ный** (14) komplett; **~ова́ть** (7), ⟨с-, у-⟩ komplettieren, vervollständigen, auffüllen
компле́кция *f* (7) Körperbau *m*
компо|зи́тор *m* (1) Komponist; **~зи́ция** *f* (7) Komposition; *Mus.* Kompositionslehre; **~не́нт** *m* (1) Komponente *f*; **~нова́ть** (7), ⟨с-⟩ komponieren, zusammenstellen
компо́ст|ер *m* (1) *Esb.* Lochzange *f*; **~и́ровать** (7), ⟨про-, за-⟩ *Esb.* lochen; abstempeln lassen
компо́т *m* (1) Kompott *n*; Dörrobst *n*
компре́сс *m* (1) Umschlag, Kompresse *f*, Wickel *m*
компромети́ровать (7), ⟨с-⟩ kompromittieren
компью́тер [-tɛr] *m* (1) Computer
комсомо́л *m* (1) kommunistischer Ju-

gendverband (*SU*); **~ец** *m* (1; -ьца), **~ка** *f* (5; -ок) Komsomolze(-zin *f*); **~ьский** (16) Komsomol-
комсóрг *m* (1) Jugendleiter (*SU*)
комсостáв *m* (1) Kommandeure *m*/*pl*.
комфóрт(áбель)ный (14; -[áбел]ен, -[áбель]на) komfortabel, bequem
кон *m* (1; на -ý; *pl. e.*) Spielfeldlinie *f*; Spiel *n*; Reihe *f* Knöchel; Einsatz; Einsatzplatz; ***на ~ý*** auf der Kippe; ***стáвить нá ~*** alles auf e-e Karte setzen
конáрмия *f* (7) Reiterarmee
конвéйер *m* (1) Fließband *n*, Förderband *n* (***на*** П an *D*); ***рабóта f ~ом*** Fließbandarbeit; ***на ~e*** *fig.* am laufenden Band; **~ный** (14) Fließ-, Förder-, Förderband-
конвéнция *f* (7) Konvention, Abkommen *n*
конвéрсия *f* (7) Umstellung
конвéрт *m* (1) Briefumschlag, Kuvert *n*; Steckkissen *n*
конвертúруемый (14) konvertierbar
конво|úр *m* (1) Begleitsoldat, Wachsoldat; Geleitschiff *n*; **~úровать** (7) geleiten, eskortieren; **~ѝй** *m* (3) Eskorte *f*, Begleitmannschaft *f*; Bewachung *f* (***под*** T unter); *Mar.* Konvoi, Geleitzug; **~ѝный** (14) Begleit-; Geleit-; *Su. m* → ***~úр***
конвульсú|вный (14) krampfhaft; **~я** (7) Krampf *m*, Zuckung
кондач|óк: ***с ~кá*** F unüberlegt
конденсúровать [-dɛ-] (7) *im*(*pf*.), ⟨c-⟩ kondensieren, verdichten
кондúтер *m* (1) Konditor; **~ская** *f* (16) Konditorei; **~ский** (16) Konditor-; Süßwaren-; Kuchen-, Torten-
кондицион|éр *m* (1) Klimaanlage *f*; **~úровать** (7) *im*(*pf*.) konditionieren; ***~úровать вóздух*** klimatisieren
кондрáшка P *m* (5) Schlaganfall *m*
кондýктор *m* (1; *pl. e.*, *N* -á), **~ша** F *f* (5) Schaffner(in *f*)
коневóд *m* (1) Pferdezüchter; **~ство** *n* (9) Pferdezucht *f*
конёк *m* (1; -нькá) Pferdchen *n*; F Steckenpferd *n*, Hobby *n*; Dachfirst
кон|éц *m* (1; -цá) Ende (***в*** П an *D*; ***до*** P zu *D*), Schluß, Abschluß (***под*** B zum); Ausgang; *Mar.* Leine *f*, Seil *n*; F Strecke *f*, Stück *n*; Fall (***на*** B für *A*); **~ец** (Д mit *j-m*) ist es aus; ***трéтий с ~цá*** drittletzte(r); ***в óба ~цá*** hin u. zurück; ***билéт m в óба ~цá*** Rückfahrkarte *f*; ***пáлка f о двух ~цáх*** *fig.* zweischneidiges Schwert *n*; ***до ~цá*** ganz; bis zuletzt; ***в ~éц*** F ganz u. gar, restlos; ***из ~цá в ~éц*** von e-m Ende zum anderen; ***во все ~цы́*** in allen Himmelsrichtungen; ***со всех ~цóв*** von allen Ecken u. Enden *od.* Seiten ; ***со всех ~цóв свéта*** aus aller Herren Ländern; ***не с тогó ~цá*** am verkehrten Ende; ***в ~цé ~цóв*** letzten Endes, schließlich, schließlich u. endlich; F ***нет ~цá*** *od.* ***~цá-крáю*** (Д *et.*) will kein Ende nehmen *od.* ist endlos; ***и дéло с ~цóм!*** F und damit Punktum!; ***один ~éц*** F es ist so oder so aus; ***~цóв не найтú*** es ist nichts festzustellen; ***сводúть ~цы́ с ~цáми*** *et.* in Einklang bringen; ***едвá сводúть ~цы́ с ~цáми*** von der Hand in den Mund leben; ***отдáть ~цы́*** *Mar.* losmachen; ***~цы́ в вóду*** F alle Spuren sind verwischt; → ***венéц, май, лéто***
конéчно [-ʃn-] natürlich, gewiß, selbstverständlich; freilich, allerdings; zwar
конéчн|ость *f* (8) *mst pl.* Gliedmaßen, Extremitäten; → **~ый** (14; -чен, -а) endlich; vergänglich; (*o. K.*) End-; *Ling.* Aus-; ***в ~ом счёте*** letzten Endes
конúна *f* (5) Pferdefleisch *n*
конúческий (16) konisch, Kegel-
конкрет|изáция *f* (7) Konkretisierung; **~изúровáть**, **~изовáть** (7) *im*(*pf*.) konkretisieren; **~ный** (14; -ен, -на) konkret
конкур|éнтный (14) Konkurrenz-; **~ентоспосóбный** (14; -бен, -бна) konkurrenzfähig; **~éнция** *f* (7) Konkurrenz; Wettbewerb *m*; ***вне ~éнции*** konkurrenzlos; **~úровать** (7) konkurrieren; wetteifern; **~с** *m* (1) Wettbewerb (***на*** B zu *D*; für *A*; ***на*** П in *D*); Preisausschreiben *n*; Auswahlverfahren *n*; Aufnahmeverfahren *n* (***по*** Д im, *A*); Konkurs; ***объявúть ~с*** (***на*** B *A*) ausschreiben; **~сный** (14) Wettbewerbs-; Aufnahme-
кóнн|ик *m* (1) Kavallerist, Reiter; **~ица** *f* (5) Reiterei, Kavallerie; **~ый** (14) Pferde-; Reit-, Reiter-; beritten; reitend; *Su. m* → ***~ик***; ***~ый завóд*** *m* Gestüt *n*
коно|вáл *m* (1) † Pferdedoktor; F Kurpfuscher; **~вóд** *m* (1) *Mil.* Pferdehal-

ter; P Rädelsführer; **~вязь** *f* (8) Anbindepfahl *m*; Fußstrick *m*; **~крад** *m* (1) Pferdedieb
конопат|ить (15), ⟨за-⟩ abdichten, kalfatern; *pf.* P verfrachten, abservieren
конопатый P (14*K.*) sommersprossig; pockennarbig
конопля *f* (6) Hanf *m*; **~нка** *f* (5; -нок) Hänfling *m*; **~ный** (14) Hanf-
консерв|ативный (14; -вен, -вна) konservativ; **~атор** *m* (1) Konservative(r); **~атория** *f* (7) Konservatorium *n*; **~ировать** (7), ⟨за-⟩ konservieren; einmachen; vorübergehend stillegen *od.* einstellen; ***~ированная кровь*** *f* Blutkonserve(n *pl.*); **~ный** (14) Konserven-; Büchsen-; **~ы** *pl.* (1) Konserven *f*/*pl.*; Schutzbrille *f*
конский (16) Pferde-; Roß-
консолид|ация *f* (7) Konsolidierung; **~ировать** (7) *im*(*pf.*) konsolidieren, festigen, zusammenschließen
консоль *f* (8) Konsole; Tragstein *m*
конспект *m* (1) Konzept *n*; Übersicht *f*; Nachschrift *f*; **~ивный** (14; -вен, -вна) kurzgefaßt, stichwortartig; **~ировать** (7), ⟨за-, про-⟩ im Konzept entwerfen; mitschreiben
конспират|ивный (14; -вен, -вна) konspirativ, geheim; **~ор** *m* (1) Verschwörer
конституци|онный (14) konstitutionell, verfassungsmäßig, Verfassungs-; **~я** *f* (7) Verfassung, Grundgesetz *n*; Konstitution, Körperbau *m*
констру|ировать (7), ⟨с-⟩ konstruieren, entwickeln; **~ктивный** (14; -вен, -вна) konstruktiv; baulich, Bau-; **~ктор** (1) Konstrukteur; Baukasten; ***инженер-~ктор*** *m* Entwicklungsingenieur; **~кторский** (16) Konstruktions-; **~кция** *f* (7) Konstruktion; Bauart, Ausführung; Bau *m*, Aufbau *m*
консуль|ский (16) konsularisch, Konsular-; **~ство** *n* (9) Konsulat; **~тант** *m* (1) Berater; **~тативный** (14) beratend, Bei-; **~тация** *f* (7) Beratung; Beratungsstelle; Rat *m*; Nachhilfestunde(n *pl.*) (***на*** П in *D*); ***обратиться за ~тацией*** (***к*** Д von *D*) sich beraten lassen; **~тировать** (7) ⟨про-⟩ beraten, (В *D*) Rat geben; **-ся** konsultieren (***с*** Т *A*), zu Rate ziehen
контакт *m* (1) Kontakt; *fig.* Fühlung *f*; **~ироваться** F (7) *im*(*pf.*) in Verbindung stehen *od.* treten; **~ный** (14; -ен, -на) F kontaktfreudig; (*o. K.*) Kontakt-;
контекст *m* (1) Kontext, Textzusammenhang, Zusammenhang
континентальный (14) kontinental, Kontinental-; Festlands-
контор|а *f* (5) Kontor *n*, Büro *n*; **~ка** *f* (5; -ок) Schreibpult *n*; Stehpult *n*; Büro *n*; Büroabteil *n*; ***дела идут, ~а пишет*** F *scherz.* der Laden läuft; **~ский** (16) Büro-; Geschäfts-; **~щик** † (1) Kontorist
контра † P *f* (5) Konterrevolutionär *m*
контрабанд|а *f* (5) Schmuggel *m*; Schmuggelware; ***~ой*** F heimlich, ohne Wissen (***от*** Р *G*); **~ист** *m* (1) Schmuggler; **~ный** (14) Schmuggel-; *fig.* geheim, geheimgehalten
контрабас *m* (1) Baßgeige *f*, Kontrabaß
контр-адмирал *m* (1) Konteradmiral
контракт *m* (1) Vertrag; **~овать** (7), ⟨за-⟩ kontrahieren; vertraglich binden *od.* sichern; unter Vertrag nehmen
контр|амарка *f* (5; -рок) Freikarte; **~аргумент** *m* (1) Gegenargument *n*
контраст *m* (1) Kontrast (***по*** Д/***с*** Т als/zu *D*), Gegensatz (im/zu); **~ировать** (7) kontrastieren; **~ный** [-sn-] (14; -ен, -на) gegensätzlich; *Ling.* kontrastiv; *Fot.* hart; (*o. K.*) Kontrast-;
контр|атака *f* (5) Gegenangriff *m*, Gegenstoß *m*; **~гайка** *f* (5; -áек) Gegenmutter; **~мера** *f* (5) Gegenmaßnahme; **~наступление** *n* (12) Gegenoffensive *f*
контрол|ёр *m* (1) Kontrolleur; Prüfer; **~ировать** (7), ⟨про-⟩ kontrollieren, prüfen, nachprüfen, überprüfen; **~ь** *m* (4) Kontrolle *f*, Prüfung *f*, Überprüfung *f*; ***~ь над вооружениями*** *od.* ***разоружением*** Rüstungskontrolle *od.* Abrüstungskontrolle; **~ьный** (14) Kontroll-, Prüf-; Registrier-; ***~ьная работа*** *f* Klassenarbeit, Probe
контр|предложение *n* (12) Gegenvorschlag *m*; **~разведка** *f* (5; -док) Spionageabwehr; **~революция** *f* (7) Konterrevolution, Gegenrevolution;

~уда́р *m* (1) Gegenschlag; **~фо́рс** *m* (1) Strebepfeiler; **~ы** P *f/pl.* (5) Händel *m/pl.*, Streit *m*, Streitigkeiten *m/pl.*
контýзи|ть (15) *pf.* quetschen; **~я** *f* (7) Quetschung, Kontusion
ко́нтур *m* (1) Kontur *f*, Umriß; *El.*, *Rdf.* Kreis; **~ный** (14) Konturen-; Umriß-
конура́ *f* (5) Hundehütte; F Loch *n*
ко́нус *m* (1) Kegel; **~обра́зный** (14; -зен, -зна) kegelförmig
конфе|дера́ция *f* (7) Staatenbund *m*; **~ре́нция** *f* (7) Konferenz, Tagung
конфе́т|а *f* (5) Bonbon *n*, Konfekt *n*; **~ный** (14) *fig.* zuckersüß, süßlich
конфиденциа́льный [-dɛ-] (14; -лен, -льна) vertraulich
конфиск|а́ция *f* (7) Beschlagnahme; Einziehung; **~ова́ть** (7) *im(pf.)* beschlagnahmen, konfiszieren; einziehen
конфли́кт|ный (14), **~у́ющий** F (17) Konflikt-
конфо́рка *f* (5; -рок) Herdring *m*; Ringaufsatz *m* (*Samowar*)
конформи́стский (16) konformistisch
конфу́з F *m* (1) Verlegenheit *f*, Verwirrung *f*; Blamage *f*; **~ить** F (15), ⟨с-⟩ in Verlegenheit bringen; **-ся** in Verlegenheit geraten; **~ливый** F (14*K.*) schüchtern; verlegen, konfus
концево́й (14) End-; *Tech.* Stirn-
концентр|а́т *m* (1) Konzentrat *n*; Suppenwürfel; **~ацио́нный** (14) Konzentrations-; **~а́ция** *f* (7) Konzentration, Konzentrierung; **~и́ровать** (7), ⟨с-⟩ konzentrieren (***на*** П auf *A*); *Mil.* zusammenziehen; **~и́ческий** (16) konzentrisch
концéпция *f* (7) Konzeption
концéрт *m* (1) Konzert (***на*** В, П ins, im; ***с*** P aus *D*); **~и́ровать** (7) Konzerte geben; **~ный** (14) Konzert-
концéссия *f* (7) Konzession (***на*** В in; für *A*)
концла́герь *m* (4) KZ *n*
концо́вка *f* (5; -вок) Schluß *m*, Ausgang *m*; Schlußvignette
конч|а́ть (1), ⟨**~ить**⟩ (16) enden (T *a.* in *D*; ***на*** П mit *D*); beenden, schließen, abschließen; aufhören, Schluß machen; absolvieren; (В *D*) ein Ende bereiten; **~а́я** (T) bis einschließlich; ***~ено*** F es ist aus; basta!; ***~ил де́ло – гуля́й сме́ло*** *Spr.* nach getaner Arbeit ist gut ruhn; **-ся** zu Ende gehen *od.* sein; zur Neige gehen, ausgehen; ablaufen; F sterben; **~еный** F (14) erledigt; **~ик** *m* (1) Spitze *f*; Zipfel; Ende *n*; **~и́на** *f* (5) Tod *m*, Ableben *n*
конъюнкти́ва *f* (5) Bindehaut
конъюнкту́р|а *f* (5) Konjunktur; Lage; **~ный** (14) Konjunktur-, konjunkturbedingt; **~щик** F *m* (1) Konjunkturritter
кон|ь (4*e.*; *Npl. st.*) Pferd *n* (*a. Sp.*), Roß *n*; *Schach*: Springer; ***ход*** *m* ***~ём*** Rösselsprung; *fig.* Schachzug; ***по ~ям!*** aufgesessen!; ***на ~é*** *fig.* auf hohem Roß; ***не в ~я́ корм*** P das nützt *j-m* nicht; ***дарёному ~ю́ в зу́бы не смо́трят*** *Spr.* e-m geschenkten Gaul schaut man nicht ins Maul; ***~ь ещё не валя́лся*** *Spr.* es hat sich noch nichts gerührt; → ***ло́шадь***
коньк|и́ *m/pl.* (1) Schlittschuhe; F Eislaufen *n*; ***ката́ться на ~а́х*** Schlittschuh laufen; **~обе́жец** *m* (1; -жца) Schlittschuhläufer; **~обе́жный** (14): ***~обе́жный спорт*** *m* Eissport
конья́к *m* (1*e.*; -á/-ý) Kognak
ко́ню|х *m* (1) Stallknecht, Pferdeknecht; **~шня** *f* (6; -шен) Pferdestall *m*; F Saustall *m*; ***а́вгиевы ~шни*** *pl.* Augiasstall *m*
коопер|ати́в *m* (1) Kooperative *f*, Genossenschaft *f*; Genossenschaftswohnung *f*; F Konsum, Konsumladen; **~ати́вный** (14) genossenschaftlich, Genossenschafts-; **~ати́вщик** F *m* (1) Wohnungsbaugenossenschaftler; **~а́ция** *f* (7) Kooperation, Zusammenwirken *n*, Zusammenarbeit; → ***~ати́в***; **~и́ровать** (7) *im(pf.)*, ⟨с-⟩ genossenschaftlich organisieren
координ|а́та *f* (5) Koordinate; *pl.* F Anschrift *f*; **~а́ция** *f* (7) Koordinierung; **~и́ровать** (7) *im(pf.)*, ⟨с-⟩ koordinieren, aufeinander abstimmen
коп|а́ть (1), ⟨вы-⟩, *einm.* ⟨**~ну́ть**⟩ (20) graben, umgraben; ausgraben, roden; P *fig.* wühlen (***под*** В gegen *j-n*); ***~ну́ть*** F ausforschen; **-ся** wühlen, herumwühlen, kramen; stöbern; trödeln
копе́еч|ка F *f* (5; -ек) Kopeke; ***стать в ~ку*** F ins Geld gehen; **~ный** [-ʃn-] (14; -ен, -на) F spottbillig; *fig.* klein-

kariert; Kopeken-; Krämer-
копéйк|а *f* (5; -éек) Kopeke (***на*** B für *A*; ***в*** B zu *D*); F Geld *n*; *fig.* Pfennig *m*, Heller *m*; ***за ~у*** F für ein Butterbrot; ***ни за ~у*** F für nichts u. wieder nichts; ***на ~у*** F ein bißchen; ***ни на ~у*** F kein bißchen; ***с ~ами*** F und ein paar Zerquetschte; ***~а в ~у*** F auf Heller u. Pfennig; ***послéднюю ~у ребрóм постáвить*** F das letzte Geld aus Eitelkeit ausgeben; ***дрожáть над ~ой*** knaus(e)rig sein, jeden Pfennig umdrehen; ***~а рубль бережёт*** *Spr.* wer den Pfennig nicht ehrt, ist des Talers nicht wert
копёр *m* (1) Ramme *f*; Förderturm
копи́лка *f* (5; -лок) Sparbüchse
копи́р|ка F *f* (5; -ок) Kohlepapier *n*; Durchschlag (***под*** B mit); **~овáльный** (14) Kopier-; Durchschreibe-; Kohle-; Farb-; **~овать** (7), ⟨с-⟩ kopieren (*a. fig.*); abschreiben; **~óвка** *f* (5) Kopieren *n*; **~óвочный** (14) Kopier-
копи́ть (14) **1.** ⟨на-, с-⟩ sparen (***на*** B für *A*); *pf.* zusammensparen; **2.** ⟨на-⟩ sammeln, ansammeln; häufen, anhäufen
кóпия *f* (7) Kopie; Abschrift; Durchschlag *m*; *Fot.* Abzug *m*; *fig.* F Ebenbild *n* (P, ***с*** P *G*)
кóпка *f* (5) Graben *n*; Ausgraben *n*, Roden *n*
коп|нá *f* (5; *pl.* ᐞны, -ён/-ен, ᐞнáм) *Agr.* Puppe, Hocke; *Haar*: Schopf *m*; **~ни́ть** (13*e.*), ⟨с-⟩ in Puppen setzen
копнýть → ***копáть***
копот|ли́вый (14*K.*) saumselig; mühselig; **~ýн** P *m* (1*e.*) Trödler
кóпоть *f* (8) Ruß *m*
копоши́ться F (16*e.*) wimmeln, kribbeln; F herumhantieren, kramen
копт|éть (11) rußen; P dahinvegetieren; → ***корпéть***; **~и́лка** *f* (5; -лок) Funzel; **~и́льня** *f* (5; -лен) Räucherei; **~и́тель** *m* (4): ***~и́тель нéба*** F Nichtstuer; **~и́ть** (15*e.*) **1.** rußen; **2.** ⟨за-⟩ berußen; **3.** ⟨за-, вы́-⟩ räuchern; ***~и́ть нéбо*** F dem lieben Gott den Tag stehlen
копýн F *m* (1*e.*) Trödelfritze *m*
копчен|ие *n* (12) Räuchern; **ᐞости** *f/pl.* (8) Räucherware *f*; **ᐞый** (14) geräuchert, Räucher-; verrußt
кóпчик *m* (1) Steißbein *n*
копы́т|ные *pl.* (14) Huftiere *n/pl.*; **~о** *n* (9) Huf *m*; Klaue *f*
коп|ьё *n* (10; *pl.* ᐞья, ᐞий) Speer *m*, Spieß *m*; Lanze *f*; ***ᐞья ломáть*** sich herumzanken; P → ***~éйка***
корá *f* (5) Rinde; Kruste
кораб|éльный (14) Schiffs-; Schiffbau-; **~левождéние** → ***судовождéние***; **~лекрушéние** *n* (12) Schiffbruch *m*; **ᐞлик** *m* (1) Schiffchen *n*; **ᐞль** (4*e.*) Schiff *n*; ***сжечь свой ~ли́*** alle Brücken hinter sich abbrechen
корáлл *m* (1) Koralle *f*; **~овый** (14) Korallen-; korallenrot
кóрда *f* (5) Longe (***на*** П an *D*)
кордóн *m* (1) Postenkette *f*, Posten; Absperrung *f*; F Grenze *f*
корéец *m* (1; -éйца) Koreaner
корёжить P (16) **1.** roden; **2.** ⟨ис-, по-⟩ verstümmeln, zermalmen; → ***корóбить***; **3.** ⟨с-⟩ → ***кóрчить, знобить***
корéйский (16) koreanisch
корен|áстый (14*K.*) stämmig, untersetzt; **~и́ться** (13*e.*) wurzeln *od.* tief verwurzelt sein; **~ни́к** *m* (1*e.*) Deichselpferd *n*, Mittelpferd *n* ; **~нóй** (14) alteingesessen, Ur-; angestammt; Grund-; grundlegend, radikal; *Ling.* Wurzel-; *Anat.* Backen-; ***~ны́м образом*** gründlich; **ᐞь** *m* (4; -рня; *ab Gpl. e.*) Wurzel *f* (*a. fig.*, *Gr.*, *Math.*); ***в кóрне*** von Grund auf *od.* aus; an *od.* bei der Wurzel . . .; ***на корню́*** auf dem Halm; *fig.* im Keim; ***с кóрнем*** mit Stumpf u. Stiel; ***врасти́ корня́ми*** sich einwurzeln; ***смотрéть в ᐞь*** auf den Grund gehen (P *D*); **ᐞья** *pl.* (ᐞьев) Wurzelwerk *n*, Wurzelgemüse *n*, Suppengrün *n*
корешóк *m* (1; -шкá) Wurzel *f*; Wurzelwerk *n*; Buchrücken; Kontrollabschnitt, Sammelabschnitt; P Kumpel
корея́нка *f* (5; -нок) Koreanerin
корж *m* (1*e.*; -éй) Fladen; **ᐞик** *m* (1) *Art* Lebkuchen
корзи́н|а *f* (5) Korb *m*; **~ка** *f* (5; -ок) Korb *m*, Körbchen *n*; **~щик** *m* (1) Korbflechter, Korbmacher
коридóр *m* (1) Korridor, Gang (***по*** Д durch *A*); Durchgang; **~ный** (14) Gang-, Korridor-
кори́нка *f* (5; -нок) Korinthe
кори́ть F (13) tadeln (***за*** B wegen G);

Vorwürfe machen (B *j-m*); vorwerfen (B/T *j-m A*)
корифе́й *m* (3) Koryphäe *f*
кори́|ца *f* (5) Zimt *m*; **~чнева́тый** F (14*K*.) bräunlich; **~чневый** (14) braun; **~чный** (14) Zimt-
ко́рк|а *f* (5; -рок) Kruste, Rinde; Schale; F Buchdeckel *m*; ***от ~и до ~и*** von Anfang bis Ende, von A bis Z; ***на все ~и*** P mächtig; **~овый** (14) Gehirnrinden-; Schalen-
корм *m* (1; -а/-у; *a.* на -у́; *pl. e.*, *N* -а́) Futter *n*; *pl.* Futtermittel *n/pl.*
корма́ *f* (5) Heck *n* (***на*** П am)
корм|ёжка *f* (5; -жек) Futterplatz; F → ***~ле́ние***; P Fraß *m*; **~и́лец** *m* (1; -льца) Ernährer; P † mein Beste(r); **~и́лица** *f* (5) Amme; Ernährerin
корми́ло *n* (9) *poet.* Steuerruder; *fig.* Ruder
корм|и́ть (14) **1.** ⟨на-⟩ füttern, (B *D*) zu essen *od.* fressen geben; ernähren, verpflegen; stillen, säugen; **2.** ⟨про-⟩ unterhalten, ernähren; ***~и́ть обеща́ниями*** *od.* F ***за́втраками*** mit leeren Worten abspeisen; **-ся** weiden, äsen; **~ле́ние** *n* (12) Füttern, Fütterung *f*; Stillen, Säugen; **~ово́й** (14) Futter-; *Mar.* Heck-; *Su. m* Steuermann; **~у́шка** *f* (5; -шек) Futtertrog *m*, Futterkrippe; *fig.* P Fettnäpfchen *n*; **~чий** † (17), **~щик** † *m* (1) → ***~ово́й*** *Su.*
корна́ть P (1), ⟨о-, об-⟩ stutzen
корне|ви́ще *n* (11) Wurzelstock *m*; **~во́й** (14) Wurzel- (*a. Gr.*); *Ling.* isolierend; **~но́жки** *f/pl.* (5; -жек) Wurzelfüßler *m/pl.*; **~пло́ды** *m/pl.* (1) Hackfrüchte *f/pl.*
ко́рнер [-nɛr] *m* (1) Eckball
ко́роб *m* (1; *pl. e.*, *N* -а́) großer Korb, große Schachtel *f*; → ***ку́зов***; *fig.* F Haufen; ***~ом*** F steif abstehend; ***нагороди́ть с три ~а*** F die Hucke voll lügen; **~е́йник** *m* (1) *ehm.* Hausierer; Wanderkaufmann
коро́бит|ь (14) **1.** ⟨по-⟩ krümmen; **2.** ⟨по-⟩: **~** (B) *et.* wirft *od.* verzieht sich (***от*** P vor *D*); *fig. j-d* fühlt sich unangenehm berührt (von *D*); **3.** ⟨с-⟩ P → ***ко́рчить***; **-ся** sich werfen *od.* verwerfen, sich verziehen *od.* wellen; steif abstehen
коро́б|ка *f* (5; -ок) Schachtel; Dose; Gehäuse *n*; *Arch.* Gerüst *n*, Mauern *f/pl.*; *Tür*: Zarge; *Anat.* Schale; ***~ка скоросте́й*** Wechselgetriebe *n*; **~о́к** *m* (1; -ка́) Körbchen *n*; **~очка** *f* (5; -чек) Schächtelchen *n*, Kästchen *n*; *Bot.* Samenkapsel
коро́в|а *f* (5) Kuh (*a. fig.*); F ***идёт как ~е седло́*** F paßt wie die Faust aufs Auge; **~ий** (18) Kuh-; **~ка** *f* (5; -ок): ***Бо́жья ~ка*** Marienkäfer *m*; **~ник** *m* (1) Kuhstall, Rinderstall
короед *m* (1) Borkenkäfer
корол|е́ва *f* (5) Königin; *Schach*, *KSp.* Dame; F Schönheit; **~е́вич** *m* (1; -ей) Königssohn; Prinz; **~е́вна** *f* (5; -вен) Königstochter; Prinzessin; **~е́вский** (16) königlich, Königs-; **~е́вство** *n* (9) Königreich; Königtum; **~ёк** *m* (1; -ька́) Goldhähnchen *n*; Blutorange *f*; **~ь** *m* (4*e*.) König (*a. fig.*, *KSp.*, *Schach*)
коромы́сло *n* (9; -сел) Schulterjoch (***на*** П an *D*); Waagebalken *m*, Schwengel *m*; ***дым*** *m* ***~м*** F es geht hoch her
коро́н|а *f* (5) Krone; *Astr.* Korona; **~ацио́нный** (14) Krönungs-; **~а́ция** *f* (7) Krönung; **~ка** *f* (5; -ок) Krönchen *n*; *Zahn*: Krone; **~ный** (14) Kron(en)-; *Thea.* Glanz-; **~ова́ть** (7) *im*(*pf.*) krönen; **-ся** sich krönen lassen
коро́ста *f* (5) Schorf *m*, Grind *m*
коросте́ль *m* (4*e*.) Wachtelkönig
корот|а́ть F (1), ⟨с-⟩ verbringen (***за*** T bei *D*); *Zeit* totschlagen, sich vertreiben; **~кий** (16; -ок, -ка́, -ко́) kurz; *präd.* zu kurz; F kurzgewachsen; *fig.* nah, eng, vertraut; (*o. K.*) *El.*, *Rdf.* Kurz-; F ***ру́ки ~и́*** (***у*** P) *et.* steht nicht in *j-s* Macht; F ***ум ~ок*** (***у*** P *j-d*) ist etwas beschränkt; ***коро́че говоря́*** kurz u. gut, kurzum
коротко|во́лно́вый (14) Kurzwellen-; **~воло́сый** (14*K*.) kurzhaarig; **~метра́жный** (14) Kurz-; **~но́гий** (16*K*.) kurzbeinig; **~сть** *f* (8) Kürze; Intimität
коро́ты́ш F *m* (1*e*.; -е́й), **~ка** F *m/f* (5; -ек) Knirps *m*, Dreikäsehoch *m*
корпе́ть F (10*e*.) angestrengt arbeiten (***над*** T an *D*), über *et.* schwitzen
корпора|ти́вный (14; -вен, -вна) korporativ; (*o. K.*) Korps-, Korporations-; **~ция** *f* (7) Körperschaft, Verbindung

K

ко́рпус *m* **1.** (1) Körper, Rumpf; Gehäuse *n*; **2.** (*pl. e.*, *N* -а́) Gebäudeblock, Gebäude *n*; Anlage *f*; *Mar.* Rumpf; *Tech.* Mantel; Schacht; *Mil.* Korps *n*; *Typ.* Korpus *f* (T in); **~но́й** (14) Korps-; **~ный** (14) Körper-; Rumpf-; Gehäuse-; Gebäude-
коррект|и́в *m* (1) Berichtigung *f*; **~и́ровать** (7) **1.** ⟨с-, про-⟩ korrigieren, berichtigen; verbessern; **2.** ⟨от-⟩ Korrektur lesen (В *G*); **~иро́вка** *f* (5; -вок) Korrektur, Berichtigung; **~̀ный** (14; -̀тен, -̀тна) korrekt; **~у́ра** *f* (5) Korrektur; *Typ.* Fahne
корреля́ция *f* (7) Korrelation
корреспонд|е́нт *m* (1) Korrespondent, Berichterstatter; Briefpartner; ***член-~е́нт*** korrespondierendes Mitglied *n*; **~е́нтский** (16) Korrespondenten-; Presse-; **~е́нция** *f* (7) Korrespondenz, Briefwechsel *m*; Zeitungsbericht *m*; Briefsendungen *f*/*pl*.
корс|а́ж *m* (1; -ей) Korsage *f*; Bund; **~е́т** *m* (1) Korsett *n*, Schnürleibchen *n*
корт *m* (1) Tennisplatz; **~е́ж** [-ˈtɛʃ] *m* (1) Festzug, Zug; Gefolge *n*
ко́ртик *m* (1) Dolch
ко́рточк|и: ***сесть на ~и*** sich hinhokken, *od.* hinkauern; ***сиде́ть на ~ах*** hocken, kauern
корча́га *f* (5) irdener Topf *m*
корчев|а́льный (14) Rode-; **~а́ть** (6 -у́-) roden; → ***выкорчёвывать***; **~̀ка** *f* (5) Rodung
ко́рчи F *f*/*pl*. (5) Krämpfe *m*/*pl*.; **~ть** F (16) **1.** ⟨с-⟩: **~т** (В *j-d*) krümmt sich (***от*** P vor *D*); **2.** ⟨с-⟩: ***~ть ро́жи*** F Fratzen schneiden; **3.** P (*a.* **~ть из себя́**) spielen, markieren; F **-ся** sich krümmen
корчма́ *f* (5; -чё́м) *ehm.* Schenke
ко́ршун *m* (1) Geier; ***~ом*** wie ein Geier
коры́ст|ный [-sn-] (14; -ен, -на) eigennützig; **~олюби́вый** (14*K.*) habgierig; **~олю́бие** *n* (12) Habgier *f*, Gewinnsucht *f*; **~ь** *f* (8) Eigennutz *m*; Nutzen *m*, Gewinn *m*
коры́т|о *n* (9) Trog *m*; F Pott *m*; ***оста́ться у разби́того ~а*** F wieder vor dem Nichts stehen
корь *f* (8) Masern *pl.*
коря́|вый (14*K.*) rauh, knorrig; P pokkennarbig, pick(e)lig; *fig.* F ungefüge, linkisch; schwerfällig, holp(e)rig; **~га** *f* (5) knorriger Baumstumpf *m*; **~жистый** (14*K.*) knorrig, ästig; **~читься** P (16) sich spreizbeinig bewegen; sich überheben; *fig.* bocken
коса́ *f* (5; ̀-у; *pl. st.*) Zopf *m*; Sense; Landzunge, Nehrung; Streifen *m*; ***нашла́ ~ на ка́мень*** *Spr.* zwei harte Schädel sind aneinandergeraten; **~рь** *m* (4*e.*) Mäher, Schnitter; Hackmesser *n*
ко́свенный (14*K.*) indirekt, mittelbar; (*o. K.*) Neben-, Um-; *Jur.* Indizien-; *Gr.* abhängig, obliquus
кос|е́ц *m* (1; -ца́) Schnitter, Mäher; **~и́лка** *f* (5; -лок) Mähmaschine, Grasmäher *m*; **~и́ть 1.** (15), ⟨с-⟩ mähen, abmähen; *Heu* machen; *fig.* niedermähen; dahinraffen; **2.** (15*e.*), ⟨с-, по-⟩ verziehen; abschrägen; *impf.* schielen; **-ся** schief werden; von der Seite ansehen, anschielen (***на*** В *A*); *impf. fig.* schief *od.* scheel ansehen
коси́|ца *f* (5) Haarsträhne; → **~чка** *f* (5; -чек) Zöpfchen *n*; F Rattenschwanz *m*
косма́|тить F (15), ⟨вс-⟩ zausen, zerzausen; **~тый** (14*K.*) zottig, struppig, zerzaust; **~ч** P *m* (1*e.*; -е́й) Wuschelkopf, Struwwelkopf; Zottelbär
косме́ти|ка *f* (5) Kosmetik; Kosmetika *n*/*pl*.; **~̀ческий** (16) kosmetisch (*a. fig.*); Kosmetik-; Schönheits-; **~̀чка** F *f* (5; -̀чек) Kosmetikerin
косми́ческий (16) kosmisch; Weltraum, Raum-, Raumfahrt-
космо|дро́м *m* (1) Raumfahrtzentrum *n*; **~на́вт** *m* (1) Kosmonaut, Astronaut, Raumfahrer; **~на́втика** *f* (5) Raumfahrt; **~̀с** *m* (1) Kosmos, Weltall *n*, Weltraum
ко́смы F *f*/*pl*. (5) Zotteln, Strähnen
косн|е́ть (8), ⟨за-⟩ erstarren, stagnieren; versinken (***в*** П in), verfallen (*D*); ***~е́ющий*** schwer (*Zunge*); **~̀ость** *f* (8) Erstarrung, Stagnation; **~оязы́чие** *n* (12) Sprachfehler *m*; Stammeln; **~оязы́чный** (14; -чен, -чна) undeutlich, stammelnd; *fig.* unbeholfen; ***~оязы́чен*** *j-d* hat e-n Sprachfehler; **~у́ться** → ***каса́ться***; **~̀ый** (14; -сен, -а) erstarrt, verknöchert, starr
кособо́|кий (14*K.*) schief, krumm; **~читься** F (16) schief werden, sich zur Seite neigen

косо|воро́тка *f* (5; -ток) russisches Hemd *n*; **~гла́зие** *n* (12) Schielen; **~гла́зый** (14*K*.) schielend; F schlitzäugig; **~го́р** *m* (1) Berghang, Hang

косо́|й (14; кос, -á) schräg; schief; schielend; *fig*. scheel; F geschlitzt; (*o. K*.) Seiten-; Steh-; *Segel*: dreieckig; *Su. m* P Meister Lampe; **~ла́пый** (14*K*.) klumpfüßig; P tolpatschig; *Su. m* P Meister Petz; **~уго́льный** (14) schiefwink(e)lig

костене́ть (8), ⟨о-, за-⟩ erstarren, steif werden; verknöchern

костёр *m* (1; -тpá) Lagerfeuer *n*; Scheiterhaufen; Kohlenmeiler

кост|и́стый, ~ля́вый (14*K*.) knochig, stark knochig; grätig; hager; **~ный** [-sn-] (14) Knochen-, knöchern; **~очка** *f* (5; -чек) kleiner Knochen *m*, Knöchelchen *n*; kleine Gräte; Kern *m*, Stein *m*; Fischbeinstäbchen *n*; ***крестья́нская ~очка*** ein Bauer von echtem Schrot u. Korn; ***по ~очкам*** F genauestens; **~ре́ц** *m* (1*e*.) Kreuzbein *n*; Hinterkeule *f*

косты́л|ь *m* (4*e*.) Krücke *f* (***на*** П an *D*); Hakennagel, Haken; *Flgw*. Sporn; **~я́ть** P (28) an Krücken gehen; hinken; prügeln

кост|ь *f* (8; в -и́; *ab Gpl. e*.) Knochen *m*, Bein *n*; Mark *n*; Gräte; Würfel *m*; Kugel; *pl*. Gebeine *n/pl*.; ***до ~е́й*** durch Mark u. Bein; → ***ни́тка***; ***игра́ть в ~и*** würfeln; ***~ьми́ лечь*** P im Kampf fallen; sich die Beine ausreißen; ***на ~я́х постро́ить*** große Opfer kosten (В *N*); ***и ~е́й не соберёшь*** P da kannst du deine Knochen numerieren

костю́м *m* (1) Anzug; Kostüm *n*; Tracht *f*; **~е́рная** *f* (14) Künstlergarderobe; Kostümverleih *m*; → **~иро́ванный** (14*K*.) verkleidet; (*o. K*.) Kostüm-, Masken-; **~ирова́ть** (7) *im*(*pf*.) kostümieren, verkleiden

костя́|к *m* (1*e*.) Knochengerüst *n*, Skelett *n*; Gerippe *n* (*a. fig*.); *fig*. Stamm; **~ни́ка** *f* (5) *koll*. Steinbrombeere(n *pl*.); **~но́й** (14) Knochen-, knöchern; Bein-; **~шка** F *f* (5; -шек) Fingerknöchel *m*; Beinknopf *m*; *Domino*: Stein *m*; *Rechenbrett*: Kugel

косу́ля *f* (6) Reh *n*

косы́нка *f* (5; -нок) Kopftuch *n*; Halstuch *n*; Tragband *n*

косьба́ *f* (5) Mähen *n*, Mahd

кося́к *m* (1*e*.) Türpfosten, Pfeiler; Gehre *f*; Herde *f*; Schwarm; **~о́м** F schräg; in Massen

кот *m* (1*e*.) Kater; P Lustmolch; Zuhälter; ***купи́ть ~á в мешке́*** *fig*. die Katze im Sack kaufen; ***~ напла́кал*** F das trägt die Katze auf dem Schwanz weg; → ***хвост***

котёл *m* (1; -тлá) Kessel; Küche *f*, Verpflegung *f*; ***кипе́ть как в котле́*** nicht wissen, wo e-m der Kopf steht; **~о́к** *m* (1; -кá) kleiner Kessel; Napf; Kochgeschirr *n*; Melone *f* (*Hut*); P Birne *f*; F ***~о́к ва́рит хорошо́*** (***у*** P *j-d*) hat Grips; **~ьный** (14) Kessel-; *Su. f* Kesselraum *m*; **~ьщик** *m* (1) Kesselschmied; Kesselmeister

кот|ёнок *m* (2) junges Kätzchen *n*; **~ик** *m* (1) Katerchen *n*; *Zool*. Seebär, Bärenrobbe *f*; Seal *m/n*, Sealskin *m/n*; **~иковый** (14) Seal-

коти́ров|ать (7) *im*(*pf*.) *Fin*. notieren; **-ся** notiert *od*. gehandelt werden; *fig*. geschätzt werden; **~ка** *f* (5) *Fin*. Notierung

коти́ться (15*e*.), ⟨о-⟩ Junge werfen

котле́т|а *f* (5) Frikadelle, Bulette; Kotelett *n*; Kartoffelpuffer *m*; P ***~у сде́лать*** (***из*** Р aus *j-m*) Hackfleisch machen

котлов|а́н *m* (1) Baugrube *f*; **~и́на** *f* (5) Talkessel *m*

кото́мка *f* (5; -мок) Quersack *m*

кото́р|ый (14) welche(r); der; der wievielte; wer; schon mancher, mehrere; ***~ый час?*** wie spät ist es?; ***в ~ом часу́?*** um wieviel Uhr?; ***до ~ого ча́са?*** bis wann?; ***~ый тебе́ год?*** wie alt bist du?; . . . ***~ого*** dessen . . .; ***~ый*** P → **~ый-либо**, **~ый-нибудь**

~ый-то (14) irgendeiner, irgendwelche(r)

котте́дж [-tε-] *m* (1; -ей) Einfamilienhaus *n*; Bungalow

ко́фе *m* (*unv*.) Kaffee; **~ва́рка** *f* (5; -рок) Kaffeemaschine; **~й** P *m* (3; -я/-ю) → **~**; **~йник** *m* (1) Kaffeekanne *f*; **~йница** *f* (5) Kaffeemühle; Kaffeebüchse; F Kaffeetante; **~йный** (14) Kaffee-; kaffeebraun; **~йня** *f* (5; -ен) Kaffeehaus *n*, Café *n*; **~мо́лка** *f* (5; -лок) Kaffeemühle

ко́фт|а *f* (5) Jacke; **~очка** *f* (5; -чек) Jäckchen *n*; Bluse
коча́н *m* (1*e.*) Kohlkopf (*a. fig.* P)
кочев|а́ть (6 -у́-) nomadisieren; F ziehen, umherziehen, wandern; **~ка** *f* (5) Nomadisieren *n*; → **~ье**; **~ник** *m* (1) Nomade; **~о́й** (14) Nomaden-; Wander-; **~ье** *n* (10; -ий) → **~ка**; Nomadenlager; *pl.* Nomadenland; Nomaden *m/pl.*
кочега́р *m* (1) Heizer; **~ка** *f* (5; -ок) Heizraum *m*, Kesselhaus *n*
коченé́ть (8), ⟨о-, за-⟩ steif werden
кочерга́ *f* (5; -рёг) Schürhaken *m*
кочеры́жка *f* (5; -жек) Strunk *m*
ко́чк|а *f* (5; -чек) Bülte; kleiner Erdhaufen *m*; Unebenheit; **~ова́тый** (14*K.*) höckerig, uneben
коша́|тник *m* (1) F Katzenfreund; † Katzenfänger; **~чий** (18) Katzen-; katzenartig; ***~чий концерт*** F *m* Katzenmusik *f*
кошево́й *m* (14) *hist.* Kosakenführer
кошел|ёк *m* (1; -ька́) Geldbeutel, Portemonnaie *n*; **~ка** F *f* (5; -ок) Einkaufstasche, Korb *m*; **~ь** *m* (4*e.*) † → ***~ёк***; Sack, Beutel
ко́шеный *n* (14) gemäht, abgemäht
ко́шк|а *f* (5; -шек) Katze; F Katzenfell *n*; *pl. Mar.* Dragge; neunschwänzige Katze; Steigeisen *n/pl.*; ***~и-мы́шки*** *pl.* Katz- u. -Maus-Spiel *n*; ***как ~а с соба́кой*** F wie Hund u. Katze; ***чёрная ~а пробежа́ла*** (***между*** T *j-d*) hat sich verzankt; ***зна́ет ~а, чьё мя́со съе́ла*** *Spr.* wen's juckt, der kratze sich; → ***хвост***
кошма́р *m* (1) Alpdrücken *n*; F Schreckgespenst *n*; **~ный** (14; -ен; -на) Alp-, Angst-; F schrecklich, fürchterlich
кощéй *m* (3) hagerer Greis, wandelndes Gerippe *n*; F Geizhals
кощу́нств|енный (14*K.*) lästerlich, blasphemisch; → **~о** *n* (9) Gotteslästerung *f*, Blasphemie *f*; Lästerung *f*; **~овать** (7) Gott lästern; lästern
краб *m* (1) Krabbe *f*
кра́вчий *m* (17) *hist.* Mundschenk
кра́га *f* (5) Ledergamasche; Stulpe (*Handschuh*)
кра́д|еный (14) gestohlen; *Su. n* Diebesgut; **~учись** F heimlich, verstohlen
крае|вéд *m* (1) Heimatforscher, Heimatkundler; **~вéдение** *n* (12) Heimatkunde; **~вéдческий** (16) heimatkundlich, Heimatkunde-, Heimat-; **~во́й** (14) regional, Regional-, Regions-; Rand-; **~уго́льный** (14) Grund-, grundlegend; **~шек** F *m* (1; -шка) Rand; Winkel, Ecke *f*; Fleck, Fleckchen *n*; Stückchen *n*
кра́жа *f* (5) Diebstahl *m*; → ***взлом***
кра|й *m* (3; -я/-ю; на -ю́/-е; *pl. e.*, *N* -я́) **1.** Rand (***на*** П *a.* an *D*), Kante *f*, Ende (an *D*); Saum; Gegend *f*, Land *n*; *Sp.* Flügel (an *D*); *Mil.* Linie *f* (***на*** П in *D*); **2.** (в -е) *Adm.* Region *f*; ***по ~ям*** an den Rändern *od.* Enden; ***с ~ю*** am Rande; ***чéрез ~й*** im Überfluß; ***до ~ёв*** randvoll; ***~ем гла́за*** F aus den Augenwinkeln; ***~ем у́ха*** F mit halbem Ohr; ***хвати́ть чéрез ~й*** F über die Schnur hauen; → ***конéц***; **~йисполко́м** *m* (1) *Adm.* Exekutivkomitee *n* der Region (*SU*); **~йко́м** *m* (1) *Pol.* Regionskomitee *n* (*SU*); **~йне** außerordentlich; zutiefst; → **~йний** (15) äußerst, extrem, Extrem-; Not-; *Sp.* Außen-; *Anat.* Vor-; ganz außen gelegen; ***~йний спра́ва*** ganz rechts; ***по ~йней мéре*** wenigstens, mindestens; **~йность** *f* (8) Extrem *n*, Äußerste(s) *n*; äußerste Not, äußerster Notfall *m*; ***до ~йности*** F äußerst; bis zum äußersten; ***по ~йности*** P wenigstens; ***~йности схо́дятся*** Gegensätze ziehen sich an
кра́ля P *f* (6) schmucke Dirn; Donna
крамо́ла † *f* (5) Aufruhr *m*
кран *m* (1) Hahn (***под*** T an *D*); Kran; **~овщи́к** *m* (1*e.*) Kranführer
кра́пать (1/2) tröpfeln; sprenkeln
крапи́в|а *f* (5) Brennnessel; **~ник** *m* (1) Brennesseln *f/pl.*; *Zool.* Zaunkönig; **~ница** *f* (5) Nesselfieber *n*; *Zool.* Nesselfalter *m*; **~ный** (14) Nessel-
кра́пин|а *f* (5) Tupfen *m*; **~ка** *f* (5; -ок) Tupfen *m*, Tüpfelchen *n*; ***с си́ними ~(к)ами*** blaugetupft, blaugesprenkelt; ***в ~ку*** Pünktchen-
крап|лёный (14) *Karten*: gezinkt; **~чатый** (14*K.*) gesprenkelt, getüpfelt
крас|а́ *f* (5) *poet.* Schönheit, Pracht; Zierde; *pl.* Reize *m/pl.*; ***для ~ы*** P als Schmuck; ***во всей ~é*** *iron.* in voller Pracht; **~а́вец** *m* (1; -вца) schöner Mann; ***~а́вец***(-) . . . Pracht-; **~а́вица** *f* (5) Schönheit, Schöne; → ***~а́вец***;

~áвка *f* (5; -вок) Tollkirsche; **~áвчик** *m* (1) schöner Junge, schönes Kind *n*; F Geck, Schönling; **~и́вость** *f* (8) äußere Schönheit, hübsches Äußere(s) *n*; **~и́вый** (14*K*.) schön; hübsch

краси́|льный (14) Färbe-, Färberei-; **~льня́** *f* (5; -лен) Färberei; **~льщик** *m* (1) Färber; **~тель** *m* (4) Farbstoff; **~ть** (15) **1.** ⟨о-, по-, вы́-⟩ färben, anstreichen; **2.** ⟨на-⟩ anmalen; **3.** zieren, schmücken; **-ся** sich färben lassen; F sich schminken; sich die Haare färben *od.* färben lassen; *impf.* abfärben

крáс|ка *f* (5; -ок) Farbe; Färben *n* (**в** B zum); Röte; *Typ.* Schwärze; ***не жалéть ~ок*** in lebhafte(ste)n Farben schildern; **~копу́льт** *m* (1) Farbspritzpistole *f*; **~нéть** (8) **1.** (*a.* **-ся**) rot leuchten *od.* schimmern; **2.** ⟨по-⟩ sich röten, rot werden; erröten; **3.** sich schämen (***за*** B wegen *G*)

красно|армéец *m* (1; -éйца) Rotarmist (*SU*); **~армéйский** (16) Rotarmisten-; **~бáй** F *m* (3) Schönredner; **~вáтый** (14*K*.) rötlich; **~гвардéец** *m* (1; -éйца) *hist.* Rotgardist; **~дерéвщик** (1) Kunsttischler; **~кóжий** *m* (17) Rothaut *f*; **~лéсье** *n* (10) Nadelwald *m*; **~ли́цый** (14*K*.) rotgesichtig; **~речи́вый** (14*K*.) beredt, redegewandt; ausdrucksvoll; aufschlußreich, überzeugend; **~рéчие** *n* (12) Beredsamkeit *f*; Redekunst *f*; **~тá** *f* (5) Röte; Rötung; **~щёкий** (16*K*.) rotwangig

красну́ха *f* (5) Röteln *pl.*

крáсн|ый (14; -сен, -á) rot; *poet.* schön, hold; klar; † freudig, glücklich; Rot-; † Parade-; Ehren-; F *Zeile*: neu; *Preis*: gut, Höchst-; *Zool.* Knorpel-; *Su. m* (*a. Pol.*) Rote(r); ***~ое дéрево n*** Mahagoni; ***~ая дéвица f*** F schüchterner junger Mann *m*; ***~ая ли́ния f*** Bauflucht; ***Ձая гóрка f*** Woche nach Ostern; ***проходи́ть ~ой ни́тью*** *fig.* sich wie ein roter Faden ziehen; ***рáди ~ого словцá*** F der schönen Worte wegen

красо|вáться (7) prangen, prunken, glänzen; e-n schönen Anblick bieten; sich zur Schau stellen; sich produzieren; **~тá** *f* (5; *pl. st.* ·) Schönheit; *präd.* F prima, toll; **~́тка** F *f* (5; ·ток) Schöne, Schönheit; **~́чный** (14; ·чен, -чна) farbig; farbenprächtig; bildhaft, bilderreich; markant; (*o. K.*) Farben-

кра|сть (25; ·ла; ·вший; ·денный), ⟨у-⟩ stehlen (**у** P *j-m*); **-ся** *impf.* schleichen; sich heranschleichen

крáсящий (17) Farb-; färbend

крат: ***вó сто ~*** hundertmal; → ***раз***

крáтк|ий (16; -ток, -á) kurz, Kurz-; knapp, gedrängt; *Gr.* prädikativ; ***и ~ое*** *Buchstabe* й; ***быть ~им*** sich kurz fassen; **~оврéменный** (14; -енен, -нна) kurz, kurzzeitig; *Met.* vereinzelt → **~осрóчный** (14; -чен, -чна) kurzfristig, kurzzeitig; Kurz-; Schnell-; Überbrückungs-; auf kurze Sicht; **~ость** *f* (8) Kürze; → ***~ий***

крáтн|ое *n* (14) Vielfache(s); **~ый** (14; -тен, -тна) teilbar

крах *m* (1) Zusammenbruch, Fiasko *n*; *Fin.* Krach

крахмáл *m* (1) Stärke *f*; **~ить** (13), ⟨на-⟩ stärken; **~ьный** (14) Stärke-; gestärkt

крáше *poet.* schöner; **~ние** *n* (12) Färben; **~ный** (14) gefärbt; angestrichen, angemalt

краю́|ха F *f* (5), **~шка** F *f* (5; -шек) Ranft *m*, Brotkanten *m*

кревéтка *f* (5; -ток) Garnele

крéдит *m* (1) Kredit, Haben *n*; **~́** *m* (1) Kredit (**в** B auf); *fig.* Ansehen *n*; **~овáть** (7) *im*(*pf.*) Kredit gewähren; **-ся** Kredit aufnehmen; **~óр** *m* (1) Gläubiger; Kreditgeber; **~оспосóбный** (14; -бен, -бна) kreditfähig, kreditwürdig

крéйс|ер *m* (1; *pl. a. e.*, *N* -á) Kreuzer; **~и́ровать** (7) kreuzen; verkehren

крем *m* (1) Creme *f*

крема|тóрий *m* (3; -и) Krematorium *n*; **~́ция** *f* (7) Einäscherung

кремéнь *m* (4; -мня́) Kiesel, Kieselstein, Feuerstein; F unnachgiebiger Mensch; Geizkragen

кремл|ёвский (16) Kreml-; **Ձь** *m* (4*e*.) Kreml; **~ь** *hist.* Stadtfestung *f*

кремн|ёвый (14) Kiesel-; *fig.* hart, unnachgiebig; **~езём** *m* (1) Kieselerde *f*; **~́ий** *m* (3; -и) Silizium *n*; **~и́стый** (14*K*.) kieselhaltig; steinig, felsig; Kiesel-; *fig.* → ***~ёвый***

крéмовый (14) Creme-; cremefarben

крен *m* (1) Krängung *f*, Schlagseite *f*

кре́ндел|ь *m* (4; *pl. a. e.*, *N* -я́) Kringel, Brezel *f*; ***сверну́ться ~ем*** sich zusammenringeln; ***выде́лывать ~я́*** P schwere Schlagseite haben

крени́ть (13*e.*), ⟨на-⟩ krängen, kielholen; *v/i* → **-ся** sich auf die Seite legen

креп *m* (1) Krepp; Flor; **~деши́новый** [-dɛ-] (14) aus Crêpe de Chine

креп|ёжный (14) Gruben-, Grubenbau-; **~и́тельный** (14) *Med.* stopfend; **~и́ть** (14*e.*) **1.** befestigen; *Bgb.* abstreben, abspreizen; *Mar.*, *Flgw.* festzurren; *Segel* einziehen; *fig.* stärken, festigen; **2.** ⟨за-⟩ verstopfen; F ***~и́т*** (B *j-d*) leidet an Verstopfung; **-ся**, ⟨с-⟩ sich zusammennehmen; **~кий** (16; -ок, -ка́) fest, hart; stark, kräftig; gut; standhaft, dauerhaft; *Wort*: derb; F wohlhabend; **~ко** ordentlich; P sehr; ***~ко-на́~ко*** ganz fest *od.* streng; **~коголо́вый** F, **~ло́бый** F (14*K.*) dickköpfig; schwer von Begriff; **~ле́ние** *n* (12) Befestigung *f*, Abspreizung *f*; → ***~и́ть***; *Ski*: Bindung *f*; **~нуть** (21), ⟨о-⟩ erstarken, sich festigen, stark werden

кре́повый (14) Krepp-; Flor-

крепост|ни́к [-sn-] *m* (1*e.*) *hist.* Gutsherr, Anhänger der Leibeigenschaft; **~ни́чество** *n* (9) *hist.* Leibeigenschaft *f*; **~но́й** (14) *hist.* **1.** leibeigen; Fron-; *Su. m* Leibeigene(r); ***~но́е пра́во*** *n* → ***~ни́чество*** *f*; **2.** Festungs-; **~ь** *f* (8; *ab Gpl. e.*) Festung, Burg; *fig.* Festigkeit, Stärke; Alkoholgehalt *m*; *hist.* Brief *m*, Urkunde *f*

креп|ча́ть F (1), ⟨по-⟩ stärker werden, zunehmen; **~ы́ш** F *m* (1*e.*; -е́й) kräftiger Junge; kraftstrotzender Mensch; **~ь** *f* (8) *Bgb.* Ausbau *m*, Zimmerung

кре́сло *n* (9; -сел) Sessel *m*, Lehnstuhl *m* (*a.* ***на*** П in *D*), Sitz *m*; *pl.* † *Thea.* Parkett *n*; ***~-крова́ть*** *n*/*f* Schlafsessel *m*

крест *m* (1*e.*) Kreuz *n* (***на*** П an *D*); Kreuzeszeichen *n*; ***~о́м***, ***~-на́~*** kreuzweise; ***вы́шивка*** *f* ***~о́м*** Kreuzstickerei; ***ста́вить ~*** (***на*** П über *A*) ein Kreuz machen; ***целова́ть ~*** *hist.* schwören; **~е́ц** *m* (1; -ца́) *Anat.* Kreuzbein *n*; **~ик** *m* (1) Kreuzchen *n*; ***отме́тить ~иком*** ankreuzen; **~и́ны** *pl.* (5) Taufe *f* (***на*** П zu, bei *D*); **~и́ть** (15; -щённый) **1.** *im*(*pf.*), ⟨о-⟩ taufen; **2.** ⟨пере-⟩ bekreuzigen; **-ся** sich taufen lassen; **~ник** [-sn-] *m* (1), **~ница** *f* (5) Patenkind *n*; **~ный¹** [-sn-] (14) Kreuz(es)-; Kirchen-; ***с на́ми ~ная си́ла!*** Gott steh uns bei!; **~ный²** [-sn-] (14) Tauf-; *Su.* P **~ный** *m*, **~ная** *f* Taufpate(-tin *f*); **~ови́к** *m* (1*e.*) Kreuzspinne *f*; **~о́вый** (14) Kreuz-; P Treff-; **~оно́сец** *m* (1; -сца) *hist.* Kreuzfahrer, Kreuzritter; **~ообра́зный** (14; -зен, -зна) kreuzförmig; **~оцве́тные** *pl.* (14) Kreuzblütler *m*/*pl.*; **~цо́вый** (14) *Anat.* Kreuz-

крестья́н|ин *m* (1; *pl.* -е, -) Bauer; ***из ~*** aus e-r Bauernfamilie; **~ка** *f* (5; -ок) Bäuerin; **~ский** (16) bäuerlich, Bauern-; **~ство** *n* (9) Bauernschaft *f*, Bauernstand *m*

кре́чет *m* (1) Jagdfalke, Geierfalke

крещéн|ие *n* (12) Taufe *f*; **2ие** Dreikönigsfest (***на*** B an *D*); **2ский** (16) Dreikönigs-; ***~ские моро́зы*** *m*/*pl.* starke Fröste; **~ый** (14) getauft; *Su. m* † Christ

крив|а́я *f* (14) Kurve; (***куда́***) ***~а́я*** (***ни***) ***вы́везет*** F *j-d* läßt es darauf ankommen; die Sache wird schon schiefgehen; F ***на ~о́й не объе́дешь*** (B *j-n*) kann man nicht hereinlegen; **~да** *f* (5) *Folkl.* Unrecht *n*, Lüge; **~изна́** *f* (5) Krümmung; → ***~о́й***; **~и́ть** (14*e.*), ⟨с-, ис-⟩ krümmen; ***~и́ть душо́й*** F nicht aufrichtig sein, heucheln; **-ся** krumm *od.* schief werden; sich verziehen; F das Gesicht verziehen; **~ля́ка** F *m*/*f* (5) Zierpuppe *f*, Grimassenschneider; **~ля́нье** *n* (10) Faxen *f*/*pl.*, Fratzenschneiden; Ziererei *f*; **~ля́ться** F (28) Grimassen schneiden, Faxen machen; sich zieren; **~obо́кий** (16*K.*) schief, krumm; **~огла́зый** F (14*K.*) einäugig; **~оду́шие** † *n* (12) Heuchelei *f*

криво́|й (14; крив, -а́) krumm, schief; F einäugig, blind (***на*** B auf *D*); † ungerecht; (*o. K.*) Vexier-, Zerr-; **~но́гий** (16*K.*) krummbeinig; **~то́лки** F *pl.* (1) dummes Gerede *n*, Tratsch *m*; Unterstellungen *f*/*pl.*; **~ши́п** *m* (1) Kurbel *f*

кри́зис *m* (1) Krise *f*; Mangel, Not *f*; **~ный** (14) Krisen-

крик *m* (1) Schrei, Aufschrei, Geschrei *n*; Ruf, Ausruf; **~ли́вый** (14*K.*) kreischend, gellend; laut; vorlaut; *fig.* F grell, schreiend, reißerisch; **~нуть** →

крича́ть; **~ýн** F *m* (1*e*.) Schreier, Schreihals; Großmaul *n*
кримина́л F *m* (1) krimineller Vorfall; Vergehen *n*, Anstößige(s) *n*; **~ьный** (14; -ен, -ьна) kriminell
кри́нка *f* (5; -нок) Milchtopf *m*
кристал|лизи́ровать, ~лизова́ть (7) *im(pf.)*, ⟨вы́-, за-⟩ kristallisieren; **-ся** sich herauskristallisieren; **~ли́ческий** (16) kristallartig, Kristall-; kristallin; **~ьный** (14; -ен, -ьна) kristallklar; *fig.* makellos, lupenrein
крите́рий [-'tɛ-] *m* (3; -и) Kriterium *n*
кри́тик *m* (1) Kritiker; **~а** *f* (5) Kritik; **~а́н** F (1) Kritikaster; Meckerer; **~а́нствовать** F (7) kritteln, herumkritteln; **~ова́ть** (7) kritisieren, (В an *D*) Kritik üben
крити́ч|еский (16), **~ный** (14; -ен, -на) kritisch
кри|ча́ть (4*e*.), *einm.* ⟨**~кнуть**⟩ (20) schreien; rufen, zurufen; *pf.* aufschreien; F (***на*** В *j-n*) anschreien, anbrüllen; F viel reden *od.* schreiben; ***~ком*** *od.* ***на́ ~к ~ча́ть*** F lauthals schreien; **~ча́щий** (17*K*.) *fig.* knallig, schreiend
кров *m* (1) Obdach *n*; *fig.* Schutz (***под*** T im); † Dach *n*; ***без ~а*** obdachlos
крова́в|ить (14), ⟨о-⟩ mit Blut besudeln; **~ый** (14*K*.) blutig, Blut-; blutend; blutbefleckt; blutrot; *Steak*: halb durch; ***~ый поно́с*** *m* Ruhr *f*
крова́ть *f* (8) Bett *n*; Bettstelle
кро́вель|ный (14) Dach-; Bedachungs-; **~щик** *m* (1) Dachdecker
кров|еносный (14) Blut-, Blutzirkulations-; **~и́нка** F *f* (5; -нок) Blutstropfen *m*; F ***ни ~и́нки в лице́*** (***у*** P *j-d*) ist kreidebleich
кро́вля *f* (5; -вель) Dach *n*; Bedachung, Abdeckung
кро́вн|ый (14) blutsverwandt; Blut(s)-; leiblich; reinrassig, rassig, Rasse-, Vollblut-; *fig.* ureigenst, innig; tödlich, Tod-; F sauer verdient
крово|жа́дный (14; -ден, -дна) blutgierig, blutrünstig; **~излия́ние** *n* (12) Bluterguß *m*; ***~излия́ние в мозг*** Gehirnblutung *f*; **~обраще́ние** *n* (12) Blutkreislauf *m*; **~остана́вливающий** (17) blutstillend; **~пи́йца** *m/f* (5) Blutsauger(in *f*); **~подтёк** *m* (1) blutunterlaufene Stelle *f*; **~проли́тие** *n* (12) Blutvergießen; **~проли́тный** (14; -тен, -тна) blutig; **~пуска́ние** *n* (12) Aderlaß *m*; **~смеше́ние** *n* (12) Blutschande; **~тече́ние** *n* (12) Blutung *f*; **~точи́вость** *f* (8) Bluten *n*; Bluterkrankheit; **~точи́ть** (16*e*.) bluten; **~ха́рканье** *n* (10) Blutspucken
кров|ь *f* (8; в -и́; *ab Gpl. e.*) Blut *n*; Blutsbande *f/pl.*; Geblüt *n*; Blutvergießen *n*; *fig.* F Laune; ***в ~ь, до́ ~и*** blutig; ***весь в ~и́*** blutüberströmt; ***в ~и́*** (***у*** P *j-m*) liegt *et.* im Blut; ***~ь с молоко́м*** F wie Milch u. Blut; **~и́стый** (14*K*.) bluthaltig; **~яно́й** (14) Blut-
кро|и́ть (13*e*.; -енный) ⟨вы́-, с-⟩ zuschneiden; **~й** *m* (3) Schnitt; → **~йка** *f* (5) Zuschneiden *n*; ***ку́рсы*** *m/pl.* ***~ки и шитья́*** Schneiderkurse
крокоди́л *m* (1) Krokodil *n*; **~ов** (19) Krokodils-; **~овый** (14) Krokodil(s)-; aus Krokodilleder
кро́ли|к *m* (1) Kaninchen *n*; Kanin *n*; **~ково́дство** *n* (9) Kaninchenzucht *f*; **~ковый** (14), **~чий** (18) Kaninchen-; Kanin-
крол|ь *m* (4) Kraul *n*; ***плыть ~ем*** kraulen
крольча́т|ина *f* (5) Kaninchenfleisch *n*; **~ник** *m* (1) Kaninchenstall
кро́ме (P) außer (*D*), ausgenommen (*N*), bis auf (*A*); ***~ того́*** außerdem, darüber hinaus; ***~ того́, что*** abgesehen davon, daß; ***~ шу́ток*** F Scherz beiseite, im Ernst; ***~ как*** P außer, es sei denn
кроме́шн|ый F (14): ***~ый ад*** *m* F die wahre Hölle *f*; ***~ая му́ка*** *f* F die schlimmste Qual; ***~ая тьма́*** *f* F *fig.* ägyptische Finsternis
кро́мка *f* (5; -мок) Rand *m*; Kante; Leiste
кромса́ть F (1) ⟨ис-, рас-⟩ in Stücke schneiden, zerstückeln; *fig.* verstümmeln
кро́на *f* (5) *Baum, Geld*: Krone
кроншт́ейн [-'tɛ-] *m* (1) Konsole *f*
кропа́ть F (1), ⟨на-⟩ zusammenschmieren, zusammenschreiben
кропи́|ло *n* (9) Weihwasserwedel *m*; **~льница** *f* (5) Weihwassergefäß *n*; → **~ло**; **~ть** (14*e*.), ⟨о-⟩ benetzen, besprengen; *impf.* tröpfeln
кропот|ли́вый (14*K*.) mühsam, mühselig, mühevoll; peinlich genau, allzu

К

geschäftig; **~у́н** F *m* (1*e.*) G(e)schaftlhuber
кросс *m* (1) Geländelauf, Geländefahrt *f*; **~во́рд** *m* (1) Kreuzworträtsel *n*
крот *m* (1*e.*) Maulwurf
кро́ткий (16; -ток, -тка́) sanft, sanftmütig
кро́товый (14) Maulwurfs-
кро́тость *f* (8) Sanftmut
крох|а́ *f* (5) **1.** (*Npl. st.*) → ***кро́шка***; **2.** (*ab Dpl. a. st.*) *fig.* Brocken *m*; **~обо́р** *m* (1) Knauser; → **~обо́рство** *n* (9) Knauserei *f*; Kleinigkeitskrämerei *f*; **~отка** F *f* (5; -ток) → ***кро́шка, кро́шечка***; **~отный** F (14; -тен, -тна) winzig, winzig klein
кро́ш|ечка F *f* (5; -чек) Krümchen *n*; ***~ечку*** F ein bißchen; **~ечный** F (14; -чен, -чна) winzig klein; **~и́ть** (16/16*e.*) **1.** ⟨рас-, ис-⟩ zerbröckeln, zerstückeln, brocken; **2.** ⟨на-⟩ krümeln; **3.** zermalmen; **-ся**, ⟨рас-, ис-⟩ abbröckeln, zerbröckeln; **~ка** *f* (5; -ек) Krümel *m*, Krume, Brösel *m*; Stückchen *n*; Zerkrümeln *n*; F Kleinchen *n*; ***~ка, ~ку*** ein wenig; ***ни ~ки*** kein bißchen
круг *m* (1; *a.* в -у́; *pl. e.*) Kreis (***по*** Д in *D*); Ring (*a. Esb.*), Scheibe *f*; Laib; *Sp.* Runde *f*; Umweg; ***~и́** pl. **под глаза́ми*** blaue Ringe um die Augen; ***на ~*** F rund; ***в своём ~у́*** unter sich; F ***голова́ ~ом идёт*** (***у*** P *j-d*) weiß nicht, wo ihm der Kopf steht; **~ленький** (16) rundlich; ***~ленькая су́мма*** *f* hübsches Sümmchen *n*; **~ле́ть** F (8), ⟨о-⟩ rund werden, sich runden; **~ли́ть** F (13*e.*), ⟨о-⟩ rund machen; ***~ли́ть глаза́*** große Augen machen; **~лова́тый** F (14*K.*) rundlich
кругло|годи́чный, ~годово́й (14) ganzjährig; **~гу́бцы** *pl.* (1) Rundzange *f*; **~су́точный** (14) Tag- u. Nacht-, 24 Stunden-; *Adv.* rund um die Uhr
кру́гл|ый (14; -, -а́) rund; *Figur*: voll; *Augen, Summe*: groß; ganz, ganz hindurch; komplett; ***~ая сирота́*** *f* Vollwaise; ***~ым счётом*** rund gerechnet; **~я́к** *m* (1*e.*) Rundholz *n*
круго|во́й (14) Kreis-, Rund-, Rundum-; kreisförmig; *Jur.* wechselseitig; → ***око́льный***; ***пить ~ву́ю ча́шу*** den Becher kreisen lassen; **~воро́т** *m* (1) Kreislauf; Wirbel, Strudel; **~зо́р** *m* (1) Gesichtskreis; Horizont, Blickfeld *n*
круго́м 1. *Adv.* ringsum, ringsherum; F völlig, rundherum, bis über die Ohren; **2.** *Prp.* (P) um (*A*) herum; ***~ винова́т*** F *j-d* ist an allem schuld; ***~!*** *Mil.* kehrt!
круго|оборо́т *m* (1) Umlauf, Kreislauf; **~обра́зный** (14; -зен, -зна) kreisförmig; **~све́тный** (14) Welt-, um die Welt
кружев|ни́ца *f* (5) Spitzenklöpplerin; **~но́й** (14) Spitzen-; **~о** *n* (9; *pl.* -а́, -, -а́м) Spitze *f*
круж|е́ние *n* (12) Drehen; Wirbeln; **~и́ть** (16/16*e.*) drehen; kreisen, Kreise ziehen; wirbeln, aufwirbeln; sich schlängeln; F umherirren; ***~и́ть го́лову*** zu Kopf steigen; den Kopf verdrehen; **-ся** sich drehen, sich im Kreise drehen; → ***~и́ть***; ***всё ~и́лось в глаза́х*** (***у*** P *j-m*) drehte sich alles vor den Augen; ***голова́ ~и́тся*** (***у*** P *j-m*) ist schwind(e)lig; → ***крути́ться***
кру́жка *f* (5; -жек) Becher *m*, Krug *m*, Seidel *n*; Sammelbüchse; *Med.* Irrigator
кружко́в|ец F *m* (1; -ца) Mitglied *n* e-s Zirkels *od.* Kreises; **~о́й** (14) Zirkel-; **~щи́на** *f* (5) Cliquenwirtschaft
кру́жн|ый, ~о́й (14) → ***око́льный***
кружо́к *m* (1; -жка́) kleiner Kreis; Scheibe *f*; Zirkel, Kreis, Arbeitskreis, Arbeitsgemeinschaft *f*
круи́з *m* (1) Seereise *f*, Kreuzfahrt *f*
круп *m* (1) **1.** *Med.* Krupp; Halsbräune *f*; **2.** *Zool.* Kruppe *f*, Kreuz *n*
круп|а́ *f* (5) Grütze; Graupen *f*/*pl.*; Graupeln *f*/*pl.*; **~и́нка** *f* (5; -нок) Körnchen *n*; **~и́тчатый** F (14) feinkörnig; **~и́ца** *f* (5) Körnchen *n* (*a. fig.*); ***по ~и́цам*** *fig.* Steinchen für Steinchen
крупн|е́ть (8), ⟨по-⟩ größer *od.* stärker werden; **~огабари́тный** (14) Großraum-; **~озерни́стый** (14*K.*) grobkörnig; **~омасшта́бный** [-ʃʃ-] (14; -бен, -бна) großräumig; **~отонна́жный** (14) *Mar.* Groß-
кру́п|ный (14; -ен, -на́) groß; grob, grobkörnig; stark, stramm; größer, stärker; schwer; weit; *fig.* bedeutend, namhaft; F ernst, scharf; (*o. K.*) Groß-, Großraum-; ***~ной дро́жью*** am ganzen Leib; **~ча́тка** *f* (5) Auszugsmehl

n; **~ча́тый** (14) grießig, grießartig; aus feinstem Weizenmehl

крут|изна́ *f* (5) Steilhang *m*; → **~о́й**

крути́ть (15) **1.** drehen; wirbeln; **2.** ⟨с-⟩ zwirnen; zwirbeln; *Zigarette* drehen; *Hände* nach hinten drehen; **3.** ⟨про-⟩ F den Ton angeben; (T *j-n*) um den kleinen Finger wickeln; ausweichen, Ausflüchte machen; P *Film* drehen; anbändeln, (T *j-m*) den Kopf verdrehen; *Nase* rümpfen (T *A*); ***~и́ть бара́нку*** P chauffieren; ***как*** *od.* ***как там ни крути́*** P ob du willst oder nicht; → ***финти́ть***; **-ся** wirbeln; F zu finden sein; ständig auf Trab sein; → ***верте́ться***

кру|то́й (14; -т, -та́) steil, Steil-; abschüssig; hoch, hochragend; *fig.* schroff, sehr hart *od.* streng *od.* stark; *Stirn*: gewölbt; *Kurve*: scharf; *Ei*: hart, hartgekocht; *Brei*: dick, steif; *Wasser*: siedend; **~ча** *f* (5) Steilhang *m*

кручёный (14) gedreht, gezwirnt; *Sp.* angeschnitten, Dreh-

кручи́н|а *f* (5) *poet.* Herzeleid *n*, Gram *m*; **~иться** (13) *poet.* sich grämen

круш|е́ние *n* (12) Scheitern, Zusammenbruch *m*; *Esb.*, *Mar.* Unglück, Katastrophe *f*, Schiffbruch *m* (*a. fig.*); **~и́ть** (16*e.*), ⟨со-⟩ zerbrechen, zerschmettern; **-ся** *poet.* sich grämen *od.* härmen

крыжо́в|енный (14) Stachelbeer-; **~ник** *m* (1) *koll.* Stachelbeere(n *pl.*) *f*

крыл|а́тый (14*K.*) geflügelt (*a. fig.*); *fig.* beschwingt; (*o. K.*) Flügel-; ***~а́тая раке́та*** *f* Marschflugkörper *m*; **~о́** *n* (9; *pl.* -ья, -ьев; † *pl. e.*) Flügel *m*; *Kfz.* Kotflügel *m*; **~ышко** *n* (9; *pl.* -шки, -шек) Flügelchen; *fig.* Fittiche *m/pl.*; **~ьцо́** *n* (9; *Npl. st.*; -ле́ц) Außentreppe *f*, Freitreppe *f*

кры́с|а *f* (5) Ratte; ***канцеля́рская ~а*** F Bürohengst *m*; **~и́ный** (14) Ratten-; **~оло́вка** *f* (5; -вок) Rattenfalle

кры́|тый (14) bedeckt, gedeckt, zugedeckt; überdacht; **~ть** (22), ⟨по-⟩ decken, bedecken, zudecken; beziehen, überziehen; streichen, anstreichen; *Karte* stechen; P beschimpfen; P ***~ть не́чем*** (Д *j-d*) kann nichts entgegnen; **-ся** sich verbergen, stecken, dahinterstecken; *Grund*: liegen; **~ша** *f* (5) Dach *n*; **~шка** *f* (5; -шек) Deckel *m*; *Einband*: Decke; P → ***капу́т***

крю|к *m* (1*e*; *a.* на -ку́; *pl. a.* -чья, -ьев) Haken (***на*** П an *D*); F Umweg; **~чить** P (16), ⟨с-⟩: **-чит** (В *j-d*) krümmt sich (***от*** P vor *D*); **~чкова́тый** (14*K.*) gekrümmt, gebogen; (*o. K.*) Haken-; **~чкотво́р** *m* (1) Rechtsverdreher; **~чо́к** *m* (1; -чка́) Haken; Häkchen *n*; ***закры́ть*** *od.* ***застегну́ть на ~чо́к*** zuhaken

крюшо́н *m* (1; -а/-у) Bowle *f*; Fruchtlimonade *f*

кря́ду F hintereinander

кряж *m* (1; -ей) Gebirgskette *f*, Stock; Klotz; P kräftiger Bursche; Dickschädel; Knauser; **~истый** (14*K.*) stämmig, untersetzt

кря́к|ать (1), *einm.* ⟨**~нуть**⟩ (20) schnattern; F hüsteln; ächzen; **~ва** *f* (5) Wildente

кряхте́ть F (11) ächzen, krächzen

ксе́рокс *m* (1) Fotokopie *f*

кста́ти gerade recht, gerade zur rechten Zeit, gelegen (***для*** P *j-m*); passend, angebracht; dabei, bei dieser Gelegenheit; ***~ сказа́ть*** nebenbei, nebenbei gesagt, übrigens; ***как нельзя́ ~*** wie gerufen, äußerst gelegen

кто (23) wer; der *od.* die *pl.*, welcher, welche; ***~ там?*** wer (ist) da?; ***~ . . ., ~ . . .*** der *od.* die, eine, einen . . ., der *od.* die andere, anderen . . .; ***~ где*** (***куда́***) die einen hier(her), die anderen dort(hin); ***~ как*** (***что***) die einen so (dies), die anderen so (das); ***~-~, а . . .*** allein *od.* nur . . .; ***не ~ ино́й, как . . .*** niemand anders als . . .; ***кем ты хо́чешь быть?*** was möchtest du werden?; ***~ да ~?*** P wer denn alles?; → ***не́кого, ни, хоть***; **~** F → **~-либо, ~-нибудь** (23) irgend jemand, irgendeiner; **~-то** (23) jemand; irgendeiner

куб *m* (1; *pl. e.*) **1.** Würfel; *Math.* Kubus; ***два в ~е*** zwei hoch drei; **2.** Kessel; Küpe *f*; Blase *f*

куба́н|ец *m* (1; -ца) Kubankosake; **~ка** F *f* (5; -ок) flache Pelzmütze

ку́барем F kopfüber

ку́бик *m* (1) Würfel; Bauklotz; F Kubikzentimeter *n/m*

куби́н|ец *m* (1; -ца); **~ка** *f* (5; -ок) Kubaner(in *f*); **~ский** (16) kubanisch

куби́ческий (16) kubisch, Kubik-; würfelförmig

кýбовый (14) Indigo-; indigoblau
кýб|ок *m* (1; -ка) Becher; Pokal; ***игрá f на ~ок*** Pokalspiel *n*; **~ковый** (14) Pokal-
кубомéтр *m* (1) Kubikmeter *n*/*m*
кýбрик *m* (1) *Mar*. Mannschaftsraum
кубы́шка *f* (5; -шек) bauchiger Tonkrug *m*; gelbe Seerose *f*; *fig*. F Sparstrumpf *m*; P Pummelchen *n*
кувáлда *f* (5) Vorschlaghammer *m*; schwerer Hammer *m*; P grobschlächtiges Weib *n*
кувши́н *m* (1) Krug; Kanne *f*; **~ка** *f* (5; -ок) Wasserlilie, weiße Seerose
кувырк|áть F (1), *einm*. ⟨~нýть⟩ (20) überkippen; **-ся** Purzelbäume schlagen; P purzeln, sich überschlagen; **~óм** F kopfüber; drunter u. drüber
кудá wohin; F wozu?; viel, weit, bei weitem; ***~ как*** F *iron*. sehr; ***~ там!*** F von wegen!; ***~ тебé!*** F ach wo!; ***~ мне*** (+ *Inf*.) ich und . . .!, wie kann *od*. sollte ich . . .!; ***э́то ещё ~ ни шло!*** P immerhin!, meinetwegen!; → ***ни, тóлько, хоть***; **~-либо, ~-нибудь, ~-то** irgendwohin
кудáхтать (3) gackern
кудéль *f* (8) Werg *n*, Hede
кудéсник *m* (1) Zauberer, Wahrsager
кудлáтый F (14*K*.) zottig; struppig
кудр|евáтый F (14*K*.) gekräuselt; *fig*. kraus, geziert; **~и** *pl*. (*ab G e*.) Locken *f*/*pl*.; **~я́виться** (14) sich kräuseln; **~я́вый** (14*K*.) lockig, krausköpfig; dicht belaubt; *fig*. schnörk(e)lig; geziert, blumig; **~я́шки** F *f*/*pl*. (5; -шек) Löckchen *n*/*pl*.
кузн|éц *m* (1*e*.) Schmied; **~éчик** *m* (1) Grashüpfer, Heuschrecke *f*; **~éчный** (14) Schmiede-; **~и́ца** *f* (5) Schmiede
кýзов *m* (1; *pl. a. e., N* -á) Weidenkorb; Kutschkasten, Wagenkasten, Karosserie *f*; ***назвáлся груздём, полезáй в ~*** *Spr*. wer A sagt, muß auch B sagen
кукарéк|ать (1), ⟨про-⟩, *einm*. ⟨-нуть⟩ (20) krähen, kikeriki schreien
кýкиш F *m* (1; -ей) Feige; ***показáть ~ в кармáне*** die Faust in der Tasche zeigen; ***~ с мáслом*** P nicht die Bohne
кýкла *f* (5; -кол) Puppe; F Püppchen *n*; *fig*. Marionette
кукова́ть (7) rufen (*Kuckuck*)
кýколка *f* (5; -лок) Püppchen *n*; *Zool*. Puppe, Larve
кýколь *m* (4) Kornrade *f*; Kapuze *f*
кýкольн|ый (14) Puppen-; winzig; ***~ая комéдия*** *f* F *fig*. Affentheater *n*
кýкситься F (15), ⟨на-, с-⟩ mißgelaunt *od*. sauer sein; kränkeln
кукурýз|а *f* (5) Mais *m*; **~ный** (14) Mais-
кукýш|ечий (18) Kuckucks-; **~ка** *f* (5; -ек) Kuckuck *m*; F Rangierlokomotive; Lokalbähnchen *n*
кулá|к *m* (1*e*.) Faust *f* (***на*** П *pl*. mit *D*); Mil. geballte Kraft *f*; *Tech*. Nocke(n) *f*; *hist*. Kulak, F Knauser; ***смея́ться в ~к*** sich ins Fäustchen lachen; ***держáть в ~кé*** *fig*. *j-n* in der Hand haben; ***зажáть в ~к*** fest in die Hand bekommen; ***не жалéть ~кóв*** F draufloshauen; ***отвéдать ~кóв*** F Haue kriegen; ***дéло дошлó до ~кóв*** F es kam zu e-r Schlägerei; **~чный** (14) Faust-; **~чóк** *m* (1; -чкá) Fäustchen *n*; *Tech*. → **~к**; ***би́ться на ~чкáх*** F sich mit den Fäusten traktieren
кулебя́ка *f* (5) gefüllte Pastete
кул|ёк *m* (1; -ькá) kleiner Sack; Tüte *f*; ***попáсть из ~ькá в рогóжку*** *Spr*. vom Regen in die Traufe kommen
кули́к *m* (1*e*.) Schlammläufer; ***всяк ~ своё болóто хвáлит*** *Spr*. jeder Krämer lobt seine Ware; **~óв** (19): *Geogr. hist*. ***2о пóле*** *n* Schnepfenfeld
кулинáр|ия *f* (7) Kochkunst; Menügeschäft *n*; **~ный** (14) kulinarisch, Koch-
кули́са *f* (5) Kulisse
кули́ч *m* (1*e*.; -éй) Osterkuchen
кулóн *m* (1) Anhänger (*Schmuck*)
кулуáры *pl*. (1) Wandelgang *m*, Wandelgänge *m*/*pl*.; Lobby(s *pl*.) *f*
куль *m* (4*e*.) Bastsack
культив|áция *f* (7) Kultivierung; **~и́ровать** (7) **1.** ⟨про-⟩ kultivieren, bearbeiten; **2.** züchten; *fig*. pflegen
культ|похóд *m* (1) Gemeinschaftsbesuch (*SU*); **~рабóта** *f* (5) Kulturarbeit; **~рабóтник** *m* (1) Kulturfunktionär
культýр|а *f* (5) Kultur; Zucht, Anbau *m*; Bildung; ***~а рéчи*** Sprachpflege; **~ник** F *m* (1) Freizeitgestalter; **~но-просвети́тельский** (16) Kultur-; Bildungs-; **~ность** *f* (8) kulturelles Niveau *n*, Bildungsniveau *n*; **~ный** **1.** (14) kulturell, Kultur-; angebaut, ge-

züchtet; **2.** (14; -ен, -на) gebildet, kultiviert; zivilisiert; sinnvoll
кум *m* (1; *pl.* -овья́, -вьёв), **~а́** *f* (5) Gevatter(in *f*); **~ *королю́*** s-n eigener Herr, völlig frei
кума́ч *m* (1*e.*) roter Kattun
куме́кать P (1) überlegen; sich auskennen (***в*** П, ***по*** Д in *D*)
кумИ́р *m* (1) Götze, Götzenbild *n*; *fig.* Abgott, Idol *n*
кум|овство́ *n* (9) Gevatterschaft *f*; F Vetternwirtschaft *f*; **~ушка** *f* (5; -шек) Gevatterin; F Klatschbase
кумы́с *m* (1) gegorene Stutenmilch *f*
куна́к *m* (1*e.*) Gastfreund, Freund
кунжу́т *m* (1) Sesam
ку́ни|й (18) Marder-; **~ца** *f* (5) Marder *m*
ку́па *f* (5) Baumgruppe; Gestrüpp *n*
купа́|льник *m* (1) Badeanzug; **~льный** (14) Bade-; **~льня** *f* (6; -лен) Bad, Badeanstalt *n*; Freibad *n*; **~льщик** *m* (1), **~льщица** *f* (5) Badende(r *m*) *f*; **~ние** *n* (12) Baden; **~ть** (1), ⟨вы́-, F ис-⟩ baden; *Pferde* schwemmen; **-ся** baden, sich baden; *fig.* schwimmen
купе́ [-ˈpɛ] *n* (*unv.*) *Esb.* Abteil
купе́ль *f* (8) Taufbecken *n*
купе́|ц *m* (1; -пца́) Kaufmann; **~ческий** (16) Kaufmanns-, kaufmännisch; **~чество** *n* (9) Kaufmannschaft *f*, Kaufmannsstand *m*
купи́ть → ***покупа́ть***
купле́т *m* (1) Strophe *f*; *pl.* Couplet *n*
ку́пля *f* (6) Kauf *m*; Handel *m*; **~-прода́жа** *f* Kaufgeschäft *n*
ку́пол *m* (1; *pl. e.*, *N* -á) Kuppel *f*
купо́н *m* (1) Coupon; Abschnitt
купоро́с *m* (1) Vitriol *n*
ку́пч|ая † *f* (14) Kaufbrief *m*; **~и́ха** *f* (5) Kaufmannsfrau; Kaufmannstochter
купю́ра *f* (5) Kürzung; Streichung; Schnitt *m*; *Fin.* Schein *m*
кура́ж P *m* (1*e.*; -á/-ý) Übermut, Angeberei *f*; ***в ~е́*** P angesäuselt; ***для ~у́*** um sich Mut zu machen; **~иться** P (16) angeben; unverschämt sein; drangsalieren (***над*** T *j-n*); sich zieren
кура́нты *pl.* (1) Turmuhr *f od.* Wanduhr *f* (mit Glockenspiel)
ку́рва V *f* (5) Hure, Nutte; Mist *m*
курга́н *m* (1) Hügel, Grabhügel; Hünengrab *n*
кургу́зый F (14*K.*) zu kurz; zu eng; *Zool.* stutzschwänzig
курд *m* (1) Kurde; **~ский** (16) kurdisch
курдю́к *m* (1*e.*) Fettschwanz
курдя́нка *f* (5; -нок) Kurdin
ку́ре|во P *n* (9) Rauchtabak *m*; Rauchwaren *f/pl.*; Rauchen; Tabakrauch *m*; **~ние** *n* (12) Rauchen; Räuchermittel; Rauch *m*; Weihrauch *m*; *fig.* Beweihräucherung *f*
ку́р|ий (18) Hühner-; ***избу́шка*** *f* ***на ~ьих но́жках*** windiges Hüttchen *n*; *Folkl.* Hexenhäuschen *n*
кури́л|ка P *f* (5; -ок) Rauchzimmer *n*; Qualmer(in *f*); ***жив ~ка!*** F der ist nicht totzukriegen!; **~ьщик** *m* (1), **~ьщица** *f* (5) Raucher(in *f*)
кури́н|ый (14) Hühner-; *fig.* schwach; ***~ая слепота́*** *f* Nachtblindheit; ***~ые мозги́*** *m/pl.* P Spatzenhirn *n*; *Bot.* → ***курослеп***
кури́т|ельный (14) Rauch-; Zigaretten-; *Su. f* Rauchzimmer *n*; **~ь** (13) rauchen; brennen; *Weihrauch* streuen; † destillieren; **-ся** dampfen; rauchen; wallen; sich rauchen lassen
ку́р|ица *f* (5; *pl.* -ы, -; P -ицы) Huhn *n*; Henne; F Schlappschwanz *m*; ***как мо́края ~ица*** wie ein begossener Pudel; ***~ам на́ смех*** F da lachen ja die Hühner; **~ицын** (19) F *fig.* Hunde-; ***~ицыны де́ти*** *pl.* F Satansbrut *f*
курно́й (14) ohne Rauchfang (*Hütte*)
курно́сый F (14*K.*) stupsnasig
курну́ть P (20) *pf.* e-n Zug tun; ein wenig rauchen
курово́дство *n* (9) Hühnerzucht *f*
куро́к *m* (1; -рка́) Hahn, Abzug
куроле́сить P (15) → ***озо́рничать***
куропа́тка *f* (5; -ток) Rebhuhn *n*
куро́рт *m* (1) Kurort, Bad *n* (***на*** B ins; ***на*** П im); **~ник** (1) Kurgast; **~ный** (14) Kur(en)-, Bade-
курослеп *m* (1) *Bot.* Hahnenfuß
курс *m* (1) Kurs(us), Lehrgang; Studienjahr *n* (***на*** П in *D*); Reihe *f*, Zyklus; Ausbildungsgang, Studiengang; *Fin.* Kurs(e *pl.*); *pl.* Semester *n/pl.*; ***быть в ~е де́л(а)*** auf dem laufenden sein; → ***лече́ние***; **~а́нт** *m* (1) Lehrgangsteilnehmer; Offiziersschüler
курси́в *m* (1) Kursive *f*, Kursivschrift *f*; ***~ом*** kursiv, in Kursivschrift
курс|и́ровать (7) verkehren; **~о́вка**

К

f (5; -вок) Kurkarte; **~ово́й** (14) Kurs-; Jahres-; Zwischen-; **~ы** → **~**
курта́ж *m* (1; -ей) Maklergebühr *f*
куртиза́нка *f* (5; -нок) Kurtisane
ку́ртка *f* (5; -ток) Jacke
курча́в|иться (14) sich kräuseln; **~ый** (14*K*.) kraus, kraushaarig, gekräuselt, lockig; dicht belaubt
кур|чо́нок P (2) Kücken *n*; **~ы** → **~ица**
ку́ры †: ***стро́ить ~*** *j-m* den Hof machen
курьёз *m* (1) Kuriosum *n*, komische Begebenheit *f*; ***для*** *od.* ***ради ~а*** zum *od.* aus Spaß; **~ный** (14; -ен, -на) kurios, seltsam, komisch
курье́р *m* (1) Eilbote; Kurier; **~ский** (16) Boten-, Kurier-; ***~ский по́езд*** *m* D-Zug; ***как на ~ских*** F im Eiltempo
куря́т|ина F *f* (5) Hühnerfleisch *n*; **~ник** *m* (1) Hühnerstall
куря́щи|й (17) rauchend; *Su. m* Raucher; ***купе́*** *n* ***для ~х*** *Esb.* Raucherabteil
кус P *m* (1) Bissen; **~а́ть** (1) **1.** ⟨уку-си́ть⟩ (15), *einm.* F ⟨**~ну́ть**⟩ (20) beißen; stechen; picken; *Nägel* kauen; **2.** ⟨откуси́ть⟩ (15) abbeißen, abzwikken; **3.** F brennen; F ***~а́л себе́ ло́кти*** (И *j-m*) sind die Felle davongeschwommen; **-ся** beißen, einander beißen, bissig sein; stechen; F kratzen; *Preise*: gesalzen sein; **~а́чки** *pl.* (5; -чек) Beißzange *f*; **~ково́й** (14) Würfel- (*Zucker*)
кусо́|к *m* (1; -ска́) Stück *n* (***на*** В *pl.* in *A*); F Bissen, Happen; ***~к хле́ба*** F *fig.* Auskommen *n*; **~чек** *m* (1; -чка) Stückchen *n*, Häppchen *n*
куст *m* (1*e*.) Strauch, Busch; Staude *f*; *fig.* Verband; **~а́рник** *m* (1) Busch; Gebüsch *n*; **~а́рниковый** (14) Busch-
куста́р|ничать (1) Heimindustrie treiben; *fig.* schustern; **~ничество** *n* (9) Heimindustrie *f*; *fig.* Flickschusterei *f*; **~ный** (14) Heim-, Heimindustrie-, handwerklich; *fig.* primitiv, minderwertig; **~щина** F *f* (5) Handwerkelei, Bastelei; **~ь** *m* (4*e*.) Heimarbeiter, Handwerker
куст|и́стый (14*K*.) staudig; *Brauen*: buschig; **~ово́й** (14) Stauden-
ку́тать (1) **1.** ⟨за-, у-⟩ einwickeln, einmummen; **2.** ⟨о-⟩ einhüllen
кутёж *m* (1*e*.: -á; -е́й) Zecherei *f*, Gelage *n*
кутерьма́ F *f* (5) Getümmel *n*, Tohuwabohu *n*; Schlamassel *m*
кут|и́ла F *m*/*f* (5) Zecher(in *f*); **~и́ть** (15), *einm.* F ⟨**~ну́ть**⟩ (20) zechen, prassen
куту́зка P *f* (5; -зок) Kittchen *n*, Knast *m*
кутья́ *f* (6) süße Reisspeise
кух|а́рка *f* (5; -рок) Köchin; **~а́рничать** F (1) kochen; **~ня** *f* (6; -онь) Küche (***в, на*** П in *D*); **~о́нный** (14) Küchen-; Geschirr-
ку́цый F (14*K*.) gestutzt, mit gestutztem Schwanz; kurz *od.* zu kurz; eng *od.* zu eng; *fig.* dürftig, beschränkt
ку́ч|а *f* (5) Haufen *m*; F Masse (*a. fig.*); ***~ами*** haufenweise; ***вали́ть всё в одну́ ~у*** F *fig.* alles in e-n Topf werfen; **~ево́й** (14) Haufen-, Kumulus-
ку́чер *m* (1; *pl. e.*, *N* -á) Kutscher
кучеря́вый P (14*K*.) → ***курча́вый***
ку́ч|иться F (16) sich drängen; **~ка** *f* (5; -ек) Häufchen *n*, Häuflein *n*
куш *m* (1; -ей) *KSp.* Einsatz, Satz; F Batzen; *fig.* Braten
куша́к *m* (1*e*.) breiter Gürtel, Gurt
ку́ша|нье *n* (10; -ий) Speise *f*, Gericht; **~ть** (1), ⟨*v*/*i* по-; *oft* с-⟩ essen, speisen, *pf. a.* aufessen; P † trinken; ***~йте!*** F greifen Sie zu!
куше́тка *f* (5; -ток) Liege, Couch
ку́щ|а † *f* (5; *a.* -ей) Laub *n*, Baumkrone; *Folkl.* Zelt *n*; ***ра́йские ~и*** *pl.* *fig.* Paradies *n*
кюве́т *m* (1) Straßengraben; **~ка** *f* (5; -ок) *Fot.* Schale

Л

лаби́ринт *m* (1) Labyrinth *n*
лабора́|нтка *f* (5; -ток) Laborantin; **~то́рия** *f* (7) Laboratorium *n*, Labor *n*; *fig.* Werkstatt; **~то́рный** (14) Labor-
ла́в|а *f* (5) Lava; *Bgb.* Streb *m*; *fig.* Strom *m*; **~ой** in unaufhaltsamem Strom
лава́нда *f* (5) Lavendel *m*
лави́н|а *f* (5) Lawine; **~ой → ла́ва**
лави́ровать (7), ⟨с-⟩ lavieren (*a. fig.*); *fig.* sich winden *od.* hindurchwinden
ла́в|ка *f* (5; -ок) Bank; Laden *m*; **~очка** *f* (5; -чек) kleine Bank; kleiner Laden *m*; P Gaunerbude; ***у них одна́ ~очка*** F die stecken alle unter einer Decke
лавр *m* (1) Lorbeerbaum; Lorbeer; *pl. fig.* Lorbeerkranz *m*, Lorbeer *m*
ла́вра *f* (5) Kloster *n* (ersten Ranges)
лавро́вый (14) Lorbeer-
лаг *m* (1) Log *n*
ла́гер|ник P (1) Lagerinsasse; **~ный** (14) Lager-; **~ь** *m* (4; *pl. a. e.*, *N* -я́) Lager (*a. fig.*, *pl.* -и)
лад F *m* (1; -а/-у; в -ý; *pl. e.*) Art *f*, Art u. Weise *f*; *Mus.* Tonart *f*; Eintracht *f*, Harmonie *f*; *pl.* Bund *m*; Knöpfe; P **→ ~но**; F ***нет ~у*** (***между*** T *j-d*) harmoniert nicht; ***в ~ý*** *od.* ***~áх*** F einträchtig, eins; gut (***с*** T in *D*); ***не в ~ý*** *od.* ***~áх*** uneins; schlecht; ***идти́ на ~*** F klappen; ***не идти́ на ~*** F nicht so recht klappen (wollen); ***на все ~ы́*** F auf jede Art u. Weise
ла́дан *m* (1) Weihrauch; *fig.* Weihwasser *n*; **~ка** *f* (5; -ок) Amulett *n*
ла́д|ить (15) F sich (gut) vertragen, auskommen; P bauen, anfertigen, herrichten; vorhaben; **→ тверди́ть**; **-ся** F klappen; wollen; **~но** F gut, schön; nun ja, na ja; schon *od.* bloß gut; wenigstens; ***~но же!*** na warte!; ***~но вам*** . . . hört bloß auf . . .; **~ный** F (14; -ен, -на́) F gut, gut gebaut, hübsch; harmonisch; P ordentlich
ладо́|нь *f* (8) Handfläche, flache Hand; ***как на ~ни*** ganz deutlich, zum Greifen nahe; **~ши** *f/pl.* (5): ***хло́пать в ~ши*** in die Hände klatschen
ладья́ *f* (6; -де́й) *poet.* Nachen *m*; *Schach*: Turm *m*
лаз *m* (1) F Schlupfloch *n*; *Tech.* Mannloch *n*, Einstieg; **~анье** *n* (10) Klettern
ла́зар|ь *m* (4): ***петь ~я*** P lamentieren
ла́з|ать (1) **→ ~ить**; **~е́йка** *f* (5; -е́ек) Schlupfloch *n*; *fig.* Hintertür
ла́зерный (14) Laser-
ла́зить (15) klettern; **→ лезть**
лаз|о́ревый, ~у́ревый *poet.* (14) **→ ~у́рный** (14; -рен, -рна) azurblau; **~у́рь** *f* (8) Azurblau *n*
лаз|у́тчик † *m* (1) Kundschafter, Späher; **~ящие** *pl.* (17) Klettervögel *m/pl.*; Kletterpflanzen *f/pl.*
лай *m* (3) Bellen *n*, Gebell *n*; **~ка¹** *f* (5; ла́ек) Eskimohund *m*
ла́йк|а² *f* (5) Glacéleder *n*; **~овый** (14) Glacé-
ла́йнер *m* (1) Linienschiff *n*; Großraumflugzeug *n*
лака́ть (1) lecken; schlabbern; P saufen, picheln
лаке́й *m* (3) Lakai, Diener; Kellner; **~ский** (16) Lakaien-; *fig.* lakaienhaft, kriecherisch; *Su. f* Bedientenstube; **~ствовать** (7) kriechen, katzbuckeln
лакиро́в|анный (14) lackiert, Lack-; **~а́ть** (7), ⟨от-⟩ lackieren; firnissen; *fig.* beschönigen; **~ка** *f* (5) Lackierung; Lacküberzug *m*; *fig.* Schönfärberei; **~щик** *m* (1) Lackierer; *fig.* Schönfärber
ла́кмусовый (14) Lackmus-
ла́ко|вый (14) Lack-, lackiert; **~кра́сочный** (14) Lack- u. Farben-
ла́ком|иться (14), ⟨по-⟩ naschen (T von *D*), sich gütlich tun (an *D*); **~ка** F *m/f* (5; -ок) Leckermaul *n*; **~ство** *n* (9) Leckerei *f*, Leckerbissen *m*; **~ый** (14*K.*) lecker; F scharf (***до*** P auf *A*)
лакони́ч|еский (16), **~ный** (14; -ен, -на) lakonisch; formstreng
ла́мп|а *f* (5) Lampe; Leuchte; *Rdf.* Röhre; **~а́д(к)а** *f* (5; -док) Lämpchen

n; **~овый** (14) Lampen-; *Rdf.* Röhren-; **~очка** *f* (5; -чек) Lämpchen *n*; ***~очка накáливания*** Glühbirne; ***до ~очки*** P schnuppe
ландшáфт *m* (1) Landschaft *f*; Landschaftsbild *n*
лáндыш *m* (1; -ей) Maiglöckchen *n*
ланѝты *f/pl.* (5) *poet.* Wangen
лань *f* (8) Damhirsch *m*; Hirschkuh
лаóс|ец *m* (1; -ца), **~ка** *f* (5; -ок) Laote(-tin *f*); **~ский** (16) laotisch
лáп|а *f* (5) Pfote, Tatze, Pranke; Klaue; *Bot.* Ast *m*; Zapfen *m*; *Tech.* Zinken *m*; *Anker*: Arm *m*; F *fig.* Hand; ***на ~у*** F zum Schmieren; **~ать** P (1) anfassen, begrapschen; ***не ~ай***! nimm deine Pfoten weg!; **~ка** *f* (5; -ок) Pfötchen *n*, Tätzchen *n*; Händchen *n*; *Bot.*, *Zool.* Fuß *m*; *Frosch*: Schenkel *m*; *pl. Typ.* Gänsefüßchen *n/pl.*; ***гусѝные ~ки*** *Anat.* Krähenfüße *m/pl.*; ***ходѝть на зáдних ~ках*** *fig.* Männchen machen
лáпоть *m* (4; -птя; *ab Gpl. e.*) Bastschuh
лаптá *f* (5) Schlagballspiel *n*; Schlagholz *n*
лáпчатый (14*K.*) fingerförmig, gefingert, gezackt; ***гусь*** *m* **~** P Schlawiner
лапш|á *f* (5) *koll.* Nudeln *f/pl.*; Nudelsuppe; Schnipsel *m/pl.*; **~éвник** *m* (1; -а/-у) Nudelauflauf
лар|ёк *m* (1; -ькá) Verkaufsstand, Kiosk; **~éц** *m* (1; -цá) Kästchen *n*, Schatulle *f*
ларингѝт *m* (1) Kehlkopfentzündung *f*
лáр|чик *m* (1) kleine Truhe *f*; → **~éц; *а ~чик прóсто открывáлся*** F des Rätsels Lösung war ganz einfach; **~ь** *m* (4*e.*) Lade *f*, Truhe *f*
лáска¹ *f* (5; -сок) Wiesel *n*
лáска² *f* (5) Liebkosung, Zärtlichkeit; Freundlichkeit; **~áтельный** (14; -лен, -льна) zärtlich, Kose-; **~áть** (1) kosen, liebkosen; *fig.* erquicken; † Gunst erweisen (В *j-m*); **-ся** umschmeicheln (***к*** Д *j-n*), sich schmiegen *od.* anschmiegen (an *A*); † sich einschmeicheln (***к*** Д bei *j-m*); **~овый** (14*K.*) zärtlich, liebevoll; freundlich (***с*** Т, ***к*** Д mit *D*, gegen *A*); *fig.* kosend, liebkosend
ласт *m* (1) Schwimmflosse *f*
лáстик *m* (1) Lasting; F Radiergummi
лáститься F (15) → ***ласкáться***
лáстовица *f* (5) Achselzwickel *m*
ластонóгие *pl.* (16) Flossenfüßer
лáсточк|а *f* (5; -чек) Schwalbe; *Sp.* Libelle; F Süße; **~ин** (19) Schwalben-
латáть P (1), ⟨за-⟩ flicken
латвѝ|ец *m* (1; -йца), **~йка** *f* (5; -ек) Lette(-tin *f*); **~йский** (16) lettisch
латѝнский (16) lateinisch; ***~ шрифт*** *m* Antiqua *f*; → ***латы́нь***
лáтка P *f* (5; -ток) Flicken *m*
латýк *m* (1) Lattich
латýнь *f* (8) Messing *n*
лáты *pl.* (5) Harnisch *m*, Panzer *m*
латы́нь *f* (8) Latein *n*
латы́ш *m* (1*e.*; -éй), **~ка** *f* (5; -ек) Lette(-tin *f*); **~ский** (16) lettisch
лауреáт *m* (1) Preisträger
лафá P: **~** (Д *j-m*) geht's prima
лафéт *m* (1) Laffette *f*
лáцкан *m* (1) Aufschlag, Revers *n*
лачýга *f* (5) elende Hütte, Kate
лáять (27) bellen; anbellen (***на*** В *j-n*); P anschnauzen; **-ся** P herumzanken
лг|анье̇ *n* (10) Lüge(n) *f*; **~ать** (-у, лжёшь, -ут; -л, -лá) **1.** ⟨со-⟩ lügen; anlügen (Д *j-n*); **2.** ⟨на-⟩ anschwärzen (***на*** В *j-n*); **~ун** *m* (1*e*), **~ýнья** *f* (6; -ний) Lügner(in *f*)
лебедá *f* (5) *Bot.* Melde
лебед|ѝный (14) Schwanen-; **:ка** *f* (5; :ок) Schwanenweibchen *n*; *poet.* Herzallerliebste; *Tech.* Winde; **:ь** *m* (4; *ab Gpl. e.*) Schwan; *poet.* → ***:ка***
лебезѝть F (15*e.*) scharwenzeln
лебя́жий (18) Schwanen-
лев *m* (1; льва) Löwe; † Salonlöwe
лев|áк *m* (1*e.*) F Radikalinski; P Schwarzarbeiter; Schwarzhändler; **~áцкий** F (16) linksradikal; **~áчить** P (16) schwarzarbeiten; **~éть** (8), ⟨по-⟩ *Pol.* nach links rucken, sich radikalisieren; **~изнá** *f* (5) linke *od.* linksradikale Ausrichtung
левкóй *m* (3) Levkoie *f*
леврéтка *f* (5; -ток) Windspiel *n*
левшá *m/f* (5; -éй) Linkshänder(in *f*)
лéв|ый (14) link; Links-; *Pol.* linksgerichtet; *Mar.* Back-; P schwarz, ungesetzlich (erworben); *Su. m* Linke(r); ***~о руля́*** *od.* ***нá борт!*** backbord!
легáв|ая *f* (14) Hühnerhund *m*, Vorstehhund *m*; **~ый** P *m* (14) Spitzel
легал|из(ѝр)овáть (7) *im(pf.)* lega-

lisieren; ⁓ьность *f* (8) Legalität; ⁓ьный (14; -ен, -ьна) legal
леге́нда *f* (5) Legende, Sage; Zeichenerklärung; **⁓рный** (14; -рен, -рна) legendär, sagenhaft
лёгкие [-xk-] *n/pl.* (16) Lunge *f*
лёгк|ий [-xk-] (16; -гок, -á, -ó) leicht; leichtfüßig; lind, leise; luftig; unbeschwert, verträglich; leichtfertig; *Stil*: flüssig; *Hand*: glücklich; (*o. K.*) Leicht-; Leichtmetall-; ***с ⁓ой руки́*** mit leichter Hand, leichthin; ***с мое́й ⁓ой руки́*** den Anfang habe ich gemacht; F ***⁓о́ говори́ть*** (Д *j-d*) hat gut reden; ***⁓ое ли де́ло*** P das will was heißen
легкоатле́т *m* [-xk-] (1) Leichtathlet
легкове́рный [-xk-] (14; -рен, -рна) leichtgläubig
легкове́с [-xk-] *m* (1) Leichtgewichtler; **⁓ный** (14; -ен, -на) leichtgewichtig, leicht; *fig.* unwesentlich; leichtfertig
легково́й [-xk-] (14) *Kfz.* Personen-
легковоспламеня́ющийся [-xk-] (17) leichtentzündlich
легкомы́сл|енный [-xk-] (14*K.*) leichtsinnig, leichtfertig; oberflächlich; **⁓ие** *n* (12) Leichtsinn *m*
легко|но́гий [-xk-] (16) leichtfüßig; **⁓пла́вкий** (16; -вок, -вка) leichtschmelzend
лёгкость [-xk-] *f* (8) Leichtigkeit; → ***лёгкий***
лего́нько P ganz leicht *od.* sacht(e)
лёгочн|ик F *m* (1) Lungenarzt; Lungenkranke(r); **⁓ый** (14) Lungen-
легч|а́ть [-xtʃ-] P (1), ⟨по-⟩ sich abschwächen; leichter werden
лёд *m* (1; льда/-у; на -у) Eis *n*; *pl.* Eismassen *f/pl.*, Eis *n*; ***⁓ идёт*** es ist Eisgang *m*; ***на языке́ мёд, а в се́рдце ⁓*** *Spr.* Honig im Mund, Galle im Herzen
леда́щий P (17*K.*) schwächlich
леден|е́ть (8) **1.** ⟨о-, об-⟩ zu Eis werden, vereisen; **2.** ⟨за-, о-⟩ steif werden; **3.** *fig.* erstarren; **⁓е́ц** *m* (1; -цá) Fruchtbonbon *n*; **⁓и́ть** (13*e.*), ⟨за-, о-⟩ steif machen; in Eis verwandeln; *fig.* stocken *od.* erstarren lassen; **⁓я́щий** (17) eisig; *fig.* lähmend
ле́дник[1] *m* (1) Eiskeller; Eisschrank; ***ваго́н-*** *Esb.* Kühlwagen; **⁓**[2] (1*e.*) Gletscher; **⁓о́вый** (14) Gletscher-; Eis-, Glazial-
ледо́|вый (14) Eis-; **⁓ко́л** *m* (1) Eisbrecher; **⁓ре́з** *m* (1) Eisbock; † → ***⁓ко́л***; **⁓ру́б** *m* (1) Eispickel **⁓хо́д** *m* (1) Eisgang
ледяно́й (14) Eis-; eisig, eiskalt
лежа́|к *m* (1) Holzliege *f*; **⁓лый** (14) überlagert; **⁓нка** *f* (5; -нок) Ofenbank; Liege; **⁓ть** (4*e.*; лёжа) liegen; daliegen, ausliegen, gelegen sein; *Weg*: führen; obliegen (***на*** П *j-m*); *Verantwortung* tragen; F das Bett hüten; ⁓ im Liegen; **-ся** F: ***не лежи́тся*** (Д *j-d*) kann nicht liegen *od.* liegenbleiben; **⁓чий** (17) liegend; bettlägerig; Liege-; ***под ⁓чий ка́мень вода́ не течёт*** *Spr.* rast' ich, so rost' ich; ***⁓чего не бьют*** *Spr.* wer am Boden liegt, den schlägt man nicht
лёж|бище *n* (11) Lagerplatz *m*; **⁓ебо́ка** F *m/f* (5) Faulenzer(in *f*); **⁓ень** *m* (4; -жня) Sohlbalken; ***⁓нем ⁓а́ть*** P alle viere von sich strecken; **⁓ка** *f* (5) Lagern *n*; ***⁓а́ть в ⁓ку*** F fest liegen; **⁓мя́** P: ***⁓мя́ лежа́ть*** hilflos daliegen
ле́звие *n* (12) Schneide *f*, Klinge *f*; Rasierklinge *f*; *Axt*: Blatt
лезть (24 *st.*; лез) klettern; kriechen; F eindringen; hineinpassen; sich hineindrängen *od.* aufdrängen; hineinlangen; hinaufsteigen, F hineinsteigen; runterrutschen; sich einmischen; ausfallen, herausfallen; auseinandergehen; hervorquellen; P belästigen (***к*** Д *j-n*); → ***ме́тить***; ***⁓ в*** *od.* ***на глаза́*** F unter die Augen kommen; sich bemerkbar machen → ***карма́н, рожо́н***
ле́йка *f* (5; ле́ек) Gießkanne; P Trichter *m*
лейкопла́стырь *m* (4) Heftpflaster *n*
лейтена́нт *m* (1) Leutnant
лека́ло *n* (9) Kurvenlineal; Lehre *f*
лека́р|ственный (14) Arznei-, Heil-; medikamentös; **⁓ство** *n* (9) Arznei *f* (***от*** P gegen *A*), Medikament, Heilmittel (*a. fig.*); **⁓ь** † *m* (4) Arzt; ***вре́мя – лу́чший ⁓ь*** *Spr.* die Zeit heilt alle Wunden
ле́кси|ка *f* (5) Wortschatz *m*, Lexikon *n*; **⁓ко́граф** *m* (1) Lexikograph; **⁓ко́лог** *m* (1) Lexikologe; **⁓ческий** (16) lexikalisch
ле́к|тор *m* (1) Referent, Vortragende(r); Lektor; **⁓то́рий** *m* (3; -и) Vor-

Л

tragsraum; **~цио́нный** (14) Vorlesungs-; **~ция** *f* (7) Vorlesung (***на*** П in *D*; ***по*** Д in *D*, über *A*)
леле́ять (27) hegen (u. pflegen), hätscheln; liebevoll hüten; erfreuen
ле́мёх *m* (1/1*e*., *Npl*. -á) Pflugschar *f*
лён *m* (1; льна) Flachs, Lein
лени́в|ец *m* (1; -ца) Faulenzer; *Zool.* Faultier *n*; **~ый** (14*K*.) faul, träge; lässig; gemächlich; *Kochk.* aus frischem Kohl
ленингра́д|ец *m* (1; -ца), **~ка** *f* (5; -ок) Leningrader(in *f*); **~ский** (16) Leningrader; aus Leningrad
лен|и́ться (13) faulenzen, faul sein; ***~и́ться*** + *Inf.* zu faul zum ... sein; **~ость** *f* (8) Faulheit, Trägheit
ле́нт|а *f* (5) Band *n* (***на*** П an *D*); Gurt *m*; Streifen *m*; Film *m*; *Tech.* Kette; **~очка** *f* (5; -чек) Bändchen *n*; Band *n*; **~очный** (14) Band-; Streifen-; Ketten-
лен|тя́й *m* (3) Faulenzer, Faulpelz; **~тя́йничать** F (1) faulenzen; **~ца́** F *f* (5) e-e gewisse Trägheit; ***с ~цо́й*** F ziemlich faul; gemächlich, lässig; **~ь** *f* (8) Faulheit, Trägheit; (Д) **~ь ...** F *j-d* ist zu faul ...; ***кому́*** *od.* ***все, кому́ не ~ь*** jeder beliebige; ***не ~ь*** (Д) ***...?*** F wie kommt *j-d* dazu ...?
лепесто́к *m* (1; -тка́) Blütenblatt *n*
ле́пет *m* (1) Lallen *n*; → **~а́ть** (4), ⟨про-⟩ lallen; stammeln; *fig.* säuseln, murmeln
лепёшк|а *f* (5; -шек) Fladen *m*; Plätzchen *n*; Pastille; F ***сде́лать ~у*** (***из*** Р aus *j-m*) Haschee machen; ***разби́ться в ~у*** F sich die Beine ausreißen
леп|и́ть (14) **1.** ⟨вы́-, с-⟩ formen, modellieren; **2.** ⟨с-⟩ kneten; bauen; **3.** ⟨на-⟩ F kleben, ankleben; (***в*** В) verkleben; verpassen; **-ся** sich anschmiegen; **~ка** *f* (5) Formen *n*, Modellieren *n*; Form; **~но́й** (14) modelliert; Stuck-
ле́пта *f* (5) *fig.* Scherflein *n*, Obolus *m*
лес *m* (1; -а/-у; в -у́; *pl. e., N* -á) Wald, Forst; (*nur sg.*) Holz *n*; **~ом** durch den Wald; ***как в ~у́*** im dunklen (*tappen*); ***кто в ~, кто по дрова́*** *Spr.* der eine sagt hü, der andere hott; ***~ ру́бят – ще́пки летя́т*** *Spr.* wo gehobelt wird, da fallen Späne
леса́[1] *pl.* (1) Baugerüst *n*
лёса[2] *f* (5; *pl. a.* -ы) Angelschnur *f*
ле́сенка *f* (5; -нок) kleine Leiter; Treppchen *n*
лес|и́стый (14*K*.) waldig, Wald-, bewaldet; **~ни́к** *m* (1*e*.) Waldhüter; **~ни́чество** *n* (9) Försterei *f*, Forstrevier; **~ни́чий** *m* (17) Förster; **~но́й** (14) Wald-, Forst-; Holz-; *Nuß*: Hasel-; ***~но́й царь*** *m* Erlkönig
лесо|ве́дение *n* (12) Forstwissenschaft *f*; **~во́д** *m* (1) Forstwirt; **~во́дство** *n* (9) Forstwirtschaft *f*; → ***ве́дение***; **~во́з** *m* (1) Langholzwagen; **~заво́д** *m* (1) Sägewerk *n*; **~загото́вки** *f/pl.* (5; -вок) Holzbeschaffung *f*; **~защи́тный** (14) Waldschutz-; **~к** *m* (1; -ска́) Wäldchen *n*; **~материа́лы** *m/pl.* (1) Nutzholz *n*; **~насажде́ние** *n* (12) Waldanpflanzung *f*, Aufforstung *f*; Waldstreifen *m*
лесопи́л|ка *f* (5; -ок) Sägemaschine; F → ***~ьня***; **~ьный** (14) Säge-; Gatter-; **~ьня** F *f* (6; -ен) Sägewerk *n*, Sägemühle
лесо|пито́мник *m* (1) Baumschule *f*; **~полоса́** *f* (5; *pl.* -ы, -óс, -áм) Waldgürtel *m*; **~поса́дка** *f* (5; -док) → ***~насажде́ние***
лесопромы́шленн|ик *m* (1) Holzindustrielle(r), Holzhändler; **~ость** *f* (8) Holzindustrie; **~ый** (14) Holz-, Holzindustrie-
лесо|разрабо́тки *f/pl.* (5; -ток) Holzeinschlag *m*; **~ру́б** *m* (1) Holzfäller; **~ру́б(оч)ный** (14) Fäll-; **~се́ка** *f* (5) Holzschlag *m*; **~спла́в** *m* (1) Holzflößerei *f*; **~сте́пь** *f* (8) Waldsteppe; **~ту́ндра** *f* (5) Waldtundra
ле́стни|ца [-sn-] *f* (5) Treppe; Leiter; *fig.* Rangordnung; *Bgb.* Fahrt; ***вверх по ~це*** die Treppe hinauf; ***~цей*** stufenförmig; **~чный** (14) Treppen-, Leiter-
ле́ст|ный [-sn-] (14; -ен, -на) schmeichelhaft; beifällig, positiv; ***быть ~ным*** schmeicheln (***для*** Р, Д *D*); **~ь** *f* (8) Schmeichelei
лёт *m* (1; -а/-у) Flug; ***на ~у́*** im Fluge; F auf die Schnelle; blitzschnell
лет|а́ *pl.* (5) Jahre *n/pl.* (→ ***год***); Alter *n*; ***сре́дних ~*** in mittleren Jahren; ***в ~а́х*** bejahrt; ***мы с ним одни́х ~*** wir sind gleichalt(e)rig; → ***ско́лько***
лет|а́тельный (14) Flug-; **~а́ть** (1) fliegen; fliegen können; F eilen, flit-

Л

zen, herumflitzen; *Flgw.* verkehren (***по*** Д auf *D*); **~е́ть** (11) fliegen; dahineilen, dahinjagen; F schnellen; hinsein
ле́тний (15) Sommer-, sommerlich
лётн|ый (14) Flug-; Flieger-; fliegend; Roll-; ***~ое де́ло*** *n* Fliegerei *f*
ле́т|о *n* (9) Sommer *m*; ***на ~о*** den Sommer über; ***нача́ло*** *n* ***~а*** Frühsommer; ***коне́ц*** *m* ***~а*** Spätsommer; ***ско́лько ~, ско́лько зим!*** F endlich sieht man sich wieder!; → ***~а́***; **~ом** im Sommer
летопи́с|ец *m* (1; -ца) Chronist, Annalenschreiber; **~ный** (14) Chronik-, Annalen-; **~ь** *f* (8) Chronik, Annalen *f/pl.*
летосчисле́ние [-ʃtʃ-] *n* (12) Zeitrechnung *f*
лету́|н F *m* (1*e.*) Flieger; *fig.* Zugvogel; **~чий** (17*K.*) fliegend; Flug-; *Chem., fig.* flüchtig; ***~чая мышь*** *f* Fledermaus; **~чка** F *f* (5; -чек) Flugblatt *n*; Kurzbesprechung (***на*** П in *D*); *Tech.* Wagen *m*; *Bot.* Samenkrone
лётчик *m* (1) Flieger, Pilot
леч|е́бница *f* (5) Heilanstalt, Klinik; **~е́бный** (14) Heil-; Kur-; → **~е́ние** *n* (12) Behandlung *f*; ***курс*** *m* ***~е́ния*** Kur *f* (***на*** В zu *D*; ***на*** П in *D*); **~и́ть** (16) behandeln; behandeln lassen; kurieren, heilen; **-ся** sich behandeln lassen (***от*** Р gegen *A*), in Behandlung sein; e-e Kur machen
лечь → ***ложи́ться***
ле́ший *m* (17) Waldgeist, Waldschrat; P → ***чёрт***
лещ *m* (1*e.*; -е́й) *Zool.* Brachse *f*
лже|нау́чный (14; -чен, -чна) pseudowissenschaftlich; **~прися́га** *f* (5) Meineid *m*; **~проро́к** *m* (1) falscher Prophet; **~свиде́тель** *m* (4) falscher *od.* meineidiger Zeuge; **~толкова́ние** *n* (12) Fehlinterpretation *f*; **~уче́ние** *n* (12) Irrlehre *f*
лж|ец *m* (1*e.*) Lügner; → **~и́вый** (14*K.*) verlogen, lügenhaft; lügnerisch; erlogen, falsch; Lügen-
ли, ль 1. *Part.* auch, wohl; *oft unübers.*; **2.** *Kj.* ob; wenn; lieber; **~ . . . ~** (ob) . . . oder
либера́л *m* (1) Liberale(r); **~ьничать** F (1) sich liberal geben; freisinnig sein; zu *od.* allzu nachsichtig sein (***с*** T gegen *A*); **~ьность** *f* (8) Liberalität; **~ьный** (14; -ен, -ьна) liberal; F zu nachsichtig
ли́бо oder; **~ . . . ~** entweder . . . oder
лива́н|ец *m* (1; -ца), **~ка** *f* (5; -ок) Libanese(-sin *f*); **~ский** (16) libanesisch
ли́вень *m* (4; -вня) Regenschauer, Platzregen; *fig.* Regen, Schauer
ли́вер *m* (1; -а/-у) Geschlinge *n*; → **~ный** (14) Leber-
ливи́|ец *m* (1; -йца), **~йка** *f* (5; -ек) Libyer(in *f*); **~йский** (16) libysch
ливмя́ F: ***~ лить*** in Strömen gießen
ливре́|йный (14) Livree-; livriert; **~я** *f* (6; -й) Livree
ли́га *f* (5) Liga; ***2 На́ций*** Völkerbund *m*
лигату́ра *f* (5) Ligatur; Legierung
ли́д|ер *m* (1) *Pol.* Führer; *Sp.* Tabellenführer, Spitzenreiter; Schrittmacher; ***го́нка*** *f* ***за ~ером*** *Sp.* Steherrennen *n*; **~ерство** *n* (9) Führung *f*; *Sp.* Tabellenspitze *f*; **~и́ровать** (7) *Sp.* führen, in Führung *od.* an der Spitze liegen
лиз|а́ть (3), *einm.* ⟨**~ну́ть**⟩ (20) lecken; ablecken, belecken; P küssen; F ***~а́ть пя́тки*** (Д vor *j-m*) kriechen; **~облю́д** F (1) Speichellecker; **~у́н** P *m* (1*e.*) Kriecher
лик *m* (1) Antlitz *n*; Gestalt *f*
ликвид|а́ция *f* (7) Liquidierung; → **~и́ровать** (7) *im(pf.)* liquidieren; auflösen, abschaffen; beseitigen
ликёр *m* (1; -а/-у) Likör; **~ный** (14) Likör-; mit Likör gefüllt
ликова́|ние *n* (12) Jubel(n) *m*; → **~ть** (7) frohlocken, jubeln, jauchzen
лиле́йный (14) *poet.* lilienweiß
лилипу́т *m* (1) Liliputaner
ли́лия *f* (7) Lilie
лилов|е́ть (8) **1.** lila schimmern; **2.** ⟨по-⟩ lila werden, sich lila färben; **~ый** (14) lila, lilafarben, violett
лима́н *m* (1) Haff *n*
лими́т *m* (1) Limit *n*; Kontingent *n*; ***~ на це́ны*** Preisgrenze *f*; **~и́ровать** (7) *im(pf.)* limitieren, begrenzen
лимо́н *m* (1) Zitrone *f*; Zitronenbaum; **~а́д** *m* (1; -а/-у) Limonade *f*; **~ка** F *f* (5; -ок) Handgranate; **~ница** *f* (5) Zitronenfalter *m*; **~ный** (14) Zitronen-; zitronengelb; **~овыжима́лка** *f* (5; -лок) Zitronenpresse

Л

лимузи́н *m* (1) Limousine *f*
ли́мфа *f* (5) Lymphe; **~ти́ческий** (16) lymphatisch, Lymph-; † phlegmatisch
лингафо́нный (14) Sprach-
лингв|и́ст *m* (1) Sprachwissenschaftler; **~и́стика** *f* (5) Sprachwissenschaft; **~исти́ческий** (16) sprachwissenschaftlich; **~острановéдение** *n* (12) Sprach- u. Kulturkunde *f*
линéй|ка *f* (5; -еек) **1.** gerade Linie; Reihe (**в** В in *D*); Lineal *n* (**по** Д mit *D*); Schieber *m*; Appell *m* (**на** П bei *D*; **на** В zu *D*); **в ~ку** liniert; ***в косу́ю ~ку*** schräg kariert; **~ный** (14) Linien-, Linear-, linear; Längen-; ***~ный кора́бль*** *m* → ***линко́р***; **2.** *ehm.* Kremser *m*
ли́нза *f* (5) Linse; Haftschale
ли́ния *f* (7) Linie (**по** Д in/auf *D*; **в** В in *D*); Strecke; *El., Fmw.* Leitung (**на** П in *D*); *Tech.* Straße; Reihe; Kette; Grenze (**на** П an *D*); Richtung; Weise; Bereich *m* (**по** Д in *D*); F Weg *m*, Los *n*; Geschichte; → ***крива́я, пряма́я***
линко́р *m* (1) Schlachtschiff *n*
лино́в|аный (14) liniert; **~а́ть** (7), ⟨на-⟩ linieren; **~ка** *f* (5) Linierung
линогравю́ра *f* (5) Linolschnitt *m*
Линч: ***суд*** *m* ***~а*** Lynchjustiz *f*
линь *m* (4*e.*) Leine *f*; *Zool.* Schleie *f*
ли́н|ька *f* (5) Haaren *n*; → ***~я́ть 2***; **~ю́чий** F (17*K.*) nicht farbecht, leicht verschießend; **~я́лый** F (14) verschossen, verblichen; gemausert; **~я́ть** (28) **1.** ⟨по-, с-⟩ verschießen, ausbleichen; abfärben; **2.** ⟨вы-⟩ sich mausern *od.* häuten; haaren; federn
ли́п|а *f* (5) Linde; F Fälschung, Blüte; **~ка:** ***ободра́ть как ~ку*** F *fig.* bis aufs Hemd ausziehen; **~кий** (16; -ок, -ка́) klebrig; zäh; *fig.* F aufdringlich; (*o. K.*) Heft-; Papp-; → ***~у́чка***; **~нуть** (21), ⟨при-⟩ kleben, haften, hängen (**к** Д an *D*); klebenbleiben, haftenbleiben; pappen; F klebrig; *fig.* aufdringlich sein, umlagern; **~овый** (14) Linden-; Lindenblüten-; aus Lindenholz; F gefälscht; **~у́чий** F (17*K.*) → ***~кий***; **~у́чка** F (5; -чек) Fliegenfänger *m*, Fliegenpapier *n*; Heftpflaster *n*
ли́ра *f* (5) Lyra; Leier
лири́|зм *m* (1) das Lyrische; lyrische Stimmung *f*; **˜к** *m* (1) Lyriker; **˜ка** *f* (5) Lyrik; → ***~зм***; F Sentimentalität(en *pl.*); **~ческий** (16) lyrisch; Gefühls-, gefühlvoll; **~чный** (14; -чен, -чна) lyrisch, lyrisch gestimmt
лис|а́ *f* (5; *pl. st.*) Fuchs *m*; *fig.* F schlauer Fuchs *m*; ***Ꙩа Патрикéевна*** *f* Reineke Fuchs *m*; **~ёнок** *m* (2) Füchslein *n*, junger Fuchs; **˜ий** (18), **~и́ный** F (14) Fuchs-; **~и́ца** *f* (5) Fuchs *m*; Füchsin; Fuchsfell *n*; **~и́чка** *f* (5; -чек) Füchslein *n*; *Bot.* Pfifferling *m*
лист *m* **1.** (1*e.*; *pl. st.*: -ья, -ьев; *a.* -ы́, -о́в) *Bot.* Blatt *n*; *pl.* Laub *n*; **2.** (1*e.*) Blatt *n* (**с** Р vom); Bogen; Blech *n*; Liste *f*, Schein, Zettel; Urkunde *f*; *Med.* Kurve *f*; **~а́ж** *m* (1*e.*) Bogenzahl *f*; **~а́ть** (1) blättern (В in *D*); **~ва́** *f* (5) Laub *n*; **˜венница** *f* (5) Lärche; **˜венный** (14) Laub-; Blatt-; **˜ик** *m* (1) → **~о́к**; **~о́вка** *f* (5; -вок) Flugblatt *n*; **~ово́й** (14) Blatt-, Blätter-; Bogen-; ***~ово́е желéзо*** *n* Eisenblech; **~о́к** *m* (1; -ка́) Blättchen *n*; Blatt *n*; → ***~ 2, ~о́вка***; **~опа́д** *m* (1) Laubfall
лита́вры *f/pl.* (5) Kesselpauke *f*
литéй|ный (14) Gießerei-, Gieß-, Guß-; ***~ный цех*** *m od.* ***заво́д*** *m* Gießerei *f*; **~щик** *m* (1) Metallgießer
ли́тер F *m* (1) Freifahrschein; Fahrkarte *f* mit Ermäßigung; **~а** *f* (5) Type
литера́т|ор *m* (1) Literat; **~у́ра** *f* (5) Literatur; Werke *n/pl.*; Quellen *f/pl.*; **~у́рный** (14) **1.** literarisch, Literatur-; *Ling.* Schrift-; **2.** (-рен, -рна) schriftsprachlich
литературовéд *m* (1) Literaturwissenschaftler; **~ение** *n* (12) Literaturwissenschaft; **~ческий** (16) literaturwissenschaftlich
литерату́рщина F *f* (5) Kitsch *m*
лито́в|ец *m* (1; -ца), **~ка** *f* (5; -ок) Litauer(in *f*); **~ский** (16) litauisch
литогра́ф|ия *f* (7) Lithographie; lithographische Werkstatt; **~ский** (16) lithographisch, Steindruck-; Fett-
лито́й (14) Guß-
литр *m* (1) Liter *n/m*; **~а́ж** *m* (1*e.*) Fassungsvermögen *n*; Hubraum; **~о́вка** F *f* (5; -вок) Literflasche; **~о́вый** (14) Einliter-
лить (лью, льёшь; → ***бить***; лила́; лита́); **1.** gießen; strömen, ausströmen, verbreiten; rinnen; triefen; *Tränen* vergießen; **2.** *Tech.* ⟨от-, вы-⟩ gie-

ßen; (***дождь***) ***льёт*** es gießt (→ ***ведро́***); ***пот лил гра́дом*** (***с*** P *j-m*) brach der Schweiß aus allen Poren; **~ё** *n* (10) Gießen; Guß *m*, Gußstücke *n/pl.*; **-ся** fließen, rinnen; → ***лить***

лиф *m* (1) Leibchen *n*, Mieder *n*

лифт *m* (1) Aufzug, Fahrstuhl; **~ёр** *m* (1) Fahrstuhlführer; Liftboy

ли́фчик *m* (1) → ***лиф***; Büstenhalter

лиха́ч *m* (1*e.*; -е́й) Draufgänger; forscher Fahrer, Raser; † Luxusdroschke *f*; **~ество** *n* (9) Tollkühnheit *f*; → ~

лихв|а́: ***с ~о́й*** F reichlich

ли́х|о P *n* (9) Unheil, Unglück; ***не помина́ть ~ом*** F in gutem Andenken bewahren; **~о́имец** † *m* (1; -мца) Wucherer; → ***взя́точник***; **~о́й** (14; -, -á) F kühn, verwegen; flott, flink; forsch, keck; P böse; schwer; (*o. K.*) *fig.* Teufels-; ***~á бедá начáло*** *Spr.* aller Anfang ist schwer

лихора́д|ить (15) fiebern; ***~ит*** (В *j-d*) hat Fieber; **~ка** *f* (5; -ок) Fieber *n*, Schüttelfrost *m*; *Med.* Griebe; F Malaria; *fig.* Hektik; Rausch *m*; **~очный** (14; -чен, -чна) fieb(e)rig, Fieber-; *fig.* fieberhaft, hektisch

ли́хо|сть *f* (8) Verwegenheit; → ***~й***

лице|ва́ть (6 -у́-) **1.** ⟨пере-⟩ wenden; **2.** ⟨об-⟩ verkleiden; **~во́й** (14) Gesichts-; Vorder-, Außen-, Stirn-; recht; Schein-, Fassaden-; Bild-; *Fin.* persönlich

лице|и́ст *m* (1) Lyzeumsschüler; **~й** *m* (3) Lyzeum *n*; **~йский** (16) Lyzeums-

лицеме́р *m* (1) Heuchler; **~ие** *n* (12) Heuchelei *f*; **~ить** (13) heucheln; **~ный** (14; -ен, -на) heuchlerisch

лице́нзия *f* (7) Lizenz (***на*** В für *A*)

лицеприя́тие *n* (12) Begünstigung *f*

лиц|о́ *n* (9; *pl. st.*) Gesicht (***на*** П in *D*), Antlitz; Charakter *m*; Person *f* (*a. Gr.*); Persönlichkeit *f*; Vorderseite *f*; → ***~ево́й***; ***в ~о́*** dem Ansehen nach; ***в ~ах*** lebendig, anschaulich; ***измени́ться в ~е́*** die Farbe wechseln; ***~о́м к ~у́*** von Angesicht zu Angesicht; ***быть к ~у́*** gut stehen *od.* anstehen; ***~á нет*** (***на*** П *j-d*) sieht ganz verstört aus; ***на одно́ ~о́*** einander zum Verwechseln ähnlich; ***от ~á*** im Namen; ***от пе́рвого ~á*** in der Ichform; ***перед ~о́м*** angesichts; in Gegenwart; ***перед ~о́м зако́на*** vor dem Gesetz; **~о́ванный** (14*K.*) gewendet

ли́ч|ико *n* (9; *pl.* -ки, -ков) Gesichtchen; **~и́на** *f* (5) Maske, Larve; **~и́нка** *f* (5; -нок) Larve, Made; **~но́й** (14 *K.*) Gesichts-; **~ность** *f* (8) Persönlichkeit; Person; einzelne(r); *Jur.* Identität; P Gesicht *n*; ***без ~ностей!*** nicht persönlich werden!; **~ный** (14; -ен, -на) persönlich; (*o. K.*) Personal-; Privat-; Leib-; *Sp.* Einzel-; ***~ный соста́в*** *m* Personal *n*; Besatzung *f*; *Mil.* Truppenstärke; ***я ~но*** ich für meine Person

лиша́й *m* (3*e.*) *Med.* Grind; *Bot.* → **~ник** *m* (1) Flechte *f*

лиш|а́ть (1), ⟨~и́ть⟩ (16*e.*) entziehen (В/Р *j-m A*), berauben (*A/G*), entkleiden; verweigern (*D/A*), aberkennen; bringen (*j-n* um *A*); (*j-m et.*) nehmen, rauben; ***~а́ть себя́*** (Р auf *et.*) verzichten; ***~а́ть себя́ жи́зни*** sich das Leben nehmen; ***~ать насле́дства*** enterben; ***быть ~ённым*** (Р) *et.* entbehren; bar *od.* ohne . . . sein; **-ся** (Р) verlieren, einbüßen; ***-ся чувств*** in Ohnmacht fallen; ***~и́лся да́ра ре́чи*** (И *j-m*) hat es die Sprache verschlagen; **~ек** Р *m* (1; -ка/-ку) Überschuß; ***~ку*** zu viel; → ***~ний***; **~е́ние** *n* (12) Entzug *m*; Verlust *m*; → ***~а́ть***; *pl.* Entbehrungen *f/pl.*; **~ний** (15; -не, -ни) überzählig, überflüssig, überschüssig; übrig; unnötig; zusätzlich; Über-; *Lit.* überflüssig, lebensuntüchtig; *Su. n* zuviel; ***с ~ним*** etwas über *od.* gut . . .; ***не ~не(е)*** . . . es ist angebracht *od.* schadet nicht . . .

лишь lediglich, bloß, nur; allein; erst; (*a.* ***~ то́лько***) kaum; sobald; ***~ бы*** (***то́лько***) wenn nur; nur um *od.* damit . . .; ***~ бы он пришёл*** wenn er nur käme!

лоб *m* (1; лба; на лбу) Stirn *f* (***на*** П *a.* an *D*; ***по*** Д vor *A*); ***в ~*** *Mil.* frontal; *fig.* F geradeheraus; ***пусти́ть себе́ пу́лю в ~*** sich e-e Kugel durch den Kopf jagen; F ***глаза́ на ~ ле́зут*** (***у*** Р *j-m*) gehen die Augen über; ***что в ~, что по́ лбу*** *Spr.* das ist Jacke wie Hose

лобза́ние *n* (12) *poet.* Kuß *m*

ло́бзик *m* (1) Laubsäge *f*

лобко́вый (14) *Anat.* Scham-

ло́б|ный (14) Stirn-; *hist.* Richt-; **~о-**

во́й (14) Frontal-; Vorder-; Gegen-
лобо́к *m* (1; -бка́) Schamhügel
лоботря́с P *m* (1) Tagedieb
лов *m* (1) Fang
ловела́с *m* (1) Herzensbrecher
лов|е́ц *m* (1; -ца́) Fänger; Fischer; ***на ~ца́ и зверь бежи́т*** *Spr.* Kunst bringt Gunst; **~и́ть** (14), ⟨пойма́ть⟩ (1) fangen, *impf. a.* zu fangen versuchen; *impf.* greifen, haschen (B nach *D*); einfangen, auffangen, *impf. a.* einfangen *od.* auffangen wollen; ertappen (***на*** П bei *D*); *Rdf.* einstellen; ausmachen; spüren; F suchen; ***~и́ть на сло́ве*** beim Wort nehmen; → ***вода́***; **-ся** *impf.* sich fangen lassen
ловк|а́ч F *m* (1*e.*; -е́й) Macher; Schlitzohr *n*; **˜ий** (16; ˜вок, -а́) geschickt, gewandt; F findig, pfiffig; raffiniert; bequem; **˜ость** *f* (8) Gewandtheit; Fertigkeit; → **˜ий**
ло́в|ля *f* (6; -ель) Fang *m*; **~у́шка** *f* (5; -шек) Falle (*a. fig.*); **~чий** (17) Fang-, Jagd-
ловчи́ть P (16*e.*), ⟨с-⟩ *et.* drehen; **-ся** alles versuchen, um . . .
лог *m* (1; *a.* в -у́; *pl. e.*, *N* -а́) Hohlweg
ло́ги|ка *f* (5) Logik; **˜ческий** (16), **˜чный** (14; -чен, -чна) logisch
ло́гов|ище *n* (11), **~о** *n* (9) Lager, Höhle *f*
ло́д|ка *f* (5; -ок) Boot *n*, Kahn *m*; **~очки** *f/pl.* (5; -чек) Pumps *m/pl.*; **~очник** *m* (1) Bootsmann; **~очный** (14) Boots-
лоды́жка *f* (5; -жек) Knöchel *m*
ло́дыр|ничать F (1) faulenzen; **~ь** F *m* (4) Faulpelz, Tagedieb
ло́жа *f* (5) Loge
ложби́на *f* (5) flacher Talkessel *m*
ло́же *n* (11) Bett; *Gewehr*: Schaft *m*
ло́жечк|а *f* **1.** (5; -чек) Löffelchen *n*, Kaffelöffel *m*; **2.**: ***под ~ой сосёт*** (***у*** P *j-d*) hat Schmerzen in der Herzgrube
ложи́ться (16*e.*), ⟨лечь⟩ (ля́гу, -жешь, -гут; ляг!; лёг, легла́) sich legen, sich hinlegen; gehen (***в, на*** B zu, zu *D*); sich senken; fallen, befallen; bilden, sich bilden, einsetzen; steuern; *fig.* zufallen (***на*** B *D*); *Mar.*, *Flgw.* ***~ в дрейф*** beidrehen
ло́жк|а *f* (5; -жек) Löffel *m*; Kelle; ***через час по ча́йной ~е*** F *fig.* tröpfchenweise; schleppend; ***~а дёгтю в бо́чке мёда*** *Spr.* ein Tropfen Wermut im Freudenbecher
ло́ж|ный (14; -ен, -на) falsch, irrig, unwahr; (*o. K.*) Schein-, Trug-; Pseudo-; ***стоя́ть на ~ном пути́*** auf dem Holzweg sein; **~ь** *f* (8; лжи; -ью) Lüge (***по*** Д mit *D*); Erfindung; ***у лжи коро́ткие но́ги*** *Spr.* Lügen haben kurze Beine
лоз|а́ *f* (5; *pl. st.*) Rebe, Rebstock *m*; Weidenzweig *m*, Rute; **~ня́к** *m* (1*e.*) Weidengebüsch *n*; **~охо́дец** *m* (1; -дца) Wünschelrutengänger
ло́зунг *m* (1) Parole *f*, Losung *f*; Transparent *n*, Spruchband *n*; Wahlspruch
лока́тор *m* (1) Ortungsgerät *n*
лока́ут *m* (1) Aussperrung *f*
локомоти́в *m* (1) Lokomotive *f*
ло́кон *m* (1) Locke *f* (T *pl.* in *D*)
лок|отни́к *m* (1*e.*) Armlehne *f*; **˜оть** *m* (4; ˜тя; *ab Gpl. e.*) Ellbogen (***на*** П an *D*); *ehm.* Elle *f*; ***рабо́тать ~тя́ми*** F s-e Ellbogen gebrauchen; **~тево́й** (14) Ellbogen-; Arm-; ***~тева́я кость*** *f* Elle
лом *m* **1.** (1; *pl. a. e.*) Brecheisen *n*, Brechstange *f*; **2.** (1) Bruch; Schrott; → ***металлоло́м***; **~а́ка** F *m/f* (5) Zieraffe *m*, Zierpuppe *f*; **˜аный** (14) gebrochen (*a. fig.*), zerbrochen; *Typ.* spitz, spitzwinklig; → ***сто́ить***
лома́|ть (1), ⟨с-, F по-⟩ brechen, abbrechen, zerbrechen; abreißen; stokken; *fig.* von Grund auf ändern; *impf.* F radebrechen (B in *D*, auf + *Adv.*); abziehen; P schuften; → ***кале́чить***; ***~ет*** (B *j-d*) hat Gliederreißen; ***~ть го́лову*** F sich den Kopf zerbrechen; ***~ть зу́бы*** F sich die Zähne ausbeißen; ***~ ру́ки*** die Hände ringen; ***~я ру́ки*** händeringend; **-ся** *impf.* Faxen machen; sich zieren; P drangsalieren (***над*** T *j-n*)
ломб|а́рд *m* (1) Pfandhaus *n*
ло́мберный (14) Karten-
лом|и́ть (14) brechen, knicken; P sich drängeln; drauflosstürmen; ***˜ит поясни́цу*** (***у*** P *j-d*) hat Schmerzen im Kreuz; **-ся** sich biegen, einknicken; F vollgestopft *od.* brechend voll sein; ***-ся в откры́тую дверь*** F *fig.* offene Türen einrennen; **˜ка** *f* (5; ˜мок) Brechen *n*; Abbruch *m*; radikale Umgestaltung; Überwindung; **˜кий** (16; -ок, -ка́) brüchig, zerbrechlich; sprö-

de; mürbe

ломов|и́к *m* F (1*e.*) Lastfuhrmann; **~о́й** (14) Last-; *Su. m* → **~и́к**

ломо́та *f* (5) Gliederreißen *n*

лом|о́ть *m* (4; -тя́) Scheibe *f*, Schnitte *f*; Stück *n*; **~тере́зка** *f* (5; -зок) Brotschneidemaschine; **~тик** *m* (1) Scheibchen *n*; Stückchen *n*

ло́н|о *n* (9) † Busen *m* (**на** П am), Schoß *m* (*a. fig.*); Tiefe *f*, Weite *f* (in *D*); ***на ~е приро́ды*** im Grünen

ло́пасть *f* (8; *ab Gpl. a. e.*) Schaufel; *Tech.* Blatt *n*; Flügel *m*; *Bot.* Lappe

лопа́т|а *f* (5) Schaufel; Spaten *m*; ***борода́ f ~ой*** Rauschebart *m*; ***грести́ ~ой*** F nur so scheffeln; **~ка** *f* (5; -ок) kleine Schaufel; Maurerkelle; *Anat.* Schulterblatt *n*; ***бежа́ть во все ~ки*** F rennen was das Zeug hält

ло́пать P (1) reinhauen, futtern

ло́п|аться (1), ⟨**~нуть**⟩ (20) platzen (*pf. fig.* P **со́** P vor), zerplatzen, bersten, (*pf. fig.* F **от** P) zerspringen; reißen; explodieren; aufbrechen; F zusammenkrachen; zu Ende sein; ***~ни глаза́!*** P möge ich erblinden!; ***хоть ~ни*** P um jeden Preis; u. wenn du dich auf den Kopf stellst

лопота́ть F (3) → ***лепета́ть***; drauflosreden, drauflosschwatzen

лопоу́хий (16*K.*) F mit abstehenden Ohren; P blöd

лопу́х *m* (1*e.*) *Bot.* Klette *f*; P Blödian

лорне́т *m* (1) Lorgnon *n*, Lorgnette *f*

лос|ёвый (14) Elch-; Elchleder-; **~ёнок** *m* (2) junger Elch; **~и́на** *f* (5) Elchleder *n*; Elchfleisch *n*; **~и́ный** (14) Elchleder-, sämischledern

лоск *m* (1; -а/-у) Glanz; *fig.* Schliff

лоску́т *m* (1*e.*; *pl. a.* -ья, -ьев) Fetzen; Flicken; Lumpen; **~** Abschnitte *m/pl.*

ло́сни́ться (13*e.*/13) glänzen (**от** P vor *D*)

лосос|ёвый (14) Lachs-; *pl. Su.* Lachse *m/pl.*; **~и́на** *f* (5) Lachsfleisch *n*, Lachs *m*; **~ь** *m* (4) Lachs

лось *m* (4; *ab Gpl. a. e.*) Elch

лот *m* (1) Lot *n*; ***броса́ть ~*** ausloten

лотере́|йный (14) Lotterie-; **~я** *f* (6; -й) Lotterie; Lotto *n*; Toto *n*; Tombola; *fig.* Glücksspiel *n*

лот|о́к *m* (1; -ка́) Tragebrett *n*, Bauchladen; Verkaufsstand; Rinne *f*; *Tech.* Mulde *f*, Trog; ***прода́жа с ~ка́*** Straßenverkauf *m*; **~о́чник** [-ʃn-] *m* (1) Straßenverkäufer; **~о́чный** [-ʃn-] (14) Straßen-

лоха́н|ка *f* (5; -ок), **~ь** *f* (8) Kübel

лохма́т|ить F (15), ⟨**вз-**⟩ zausen, zerzausen; **-ся** sich sträuben, zerzaust sein; **~ый** (14*K.*) zott(el)ig, zerzaust; F flauschig, wollig; Frottier-; Struwwel-

лохм|о́тья *pl.* (10; -тьев) Lumpen *m/pl*; Fetzen *m/pl.* (T in); ***в ~о́тьях*** zerlumpt; **~ы** P *pl.* (5) Strähnen *f/pl.*, Zotteln *f/pl.*

ло́цман *m* (1) Lotse; Lotsenfisch

лошад|ёнка F *f* (5; -нок) Mähre; **~и́ный** (14) Pferde-; **~ка** *f* (5; -ок) Pferdchen *n*; Steckenpferd *n*; **~ник** F *m* (1) Pferdeliebhaber; Pferdehändler; **~ь** *f* (8; *ab Gpl. e.*; *a.* -ьми́) Pferd *n*; *pl.* Kutsche *f* (**на** П in, mit *D*); ***бе́лая ~ь*** Schimmel *m*; ***ры́жая ~ь*** Fuchs *m*; ***~ь-кача́лка*** *f* Schaukelpferd *n*

лоша́к *m* (1*e.*) Maulesel

лощ|ёный (14*K.*) glänzend, Glanz-; poliert; *fig.* geschniegelt; **~и́льный** (14) Glätt-, Polier-

лощи́на *f* (5) Talsenke, Grund *m*

лощи́ть (16*e.*), ⟨**вы́-, на-**⟩ polieren, glätten; satinieren; ***~ во́ском*** bohnern

лоя́льный (14; -лен, -льна) loyal

луб *m* (1; *pl.* -ья, -ев) Bast; **~о́к** *m* (1; -ка́) Bastschicht *f*; *Med.* Schiene *f*; farbiger Holzschnitt, Volksbilderbogen; **~о́чный** (14) Bast-; primitiv; → **~о́к**; ***~о́чная литерату́ра*** *f* Volksbücher *n/pl.*; **~яно́й** (14) Bast-

луг *m* (1; на ~у́; *pl. e.*, *N* -а́) Wiese *f*; ***альпи́йский ~*** Alm *f*; **~ово́й** (14) Wiesen-; Gras-

луди́ть (15*e.*/15), ⟨**вы́-**⟩ verzinnen

лу́ж|а *f* (5) Pfütze, Tümpel *m*; Lache; ***сесть в ~у*** F in die Patsche geraten

лужа́йка *f* (5; -а́ек) kleine Wiese, Waldwiese

лужёный (14) verzinnt; P *Kehle*: ausgepicht; *fig.* Straußen- (*Magen*)

лу́жи|цкий (16) Lausitzer; sorbisch, wendisch; **~ча́нин** *m* (1; *pl.* -ча́не, -ча́н), **~ча́нка** *f* (5; -нок) Sorbe(-bin *f*), Wende(-din *f*)

лужо́к *m* (1; -жка́) kleine Wiese

лу́за *f* (5) Billardloch *n*

лук *m* **1.** (1; -а/-у) *koll.* Zwiebel(n *pl.*) *f*; Lauch; **2.** (1) Bogen (**из** P mit *D*); **~а́** *f* (5) Biegung, Kurve; Sattelbogen *m*

Л

лука́в|инка F → ***хитри́нка***; **~ить** (14) sich verstellen, Winkelzüge machen; **~ство** *n* (9) Schlauheit *f*; → **~ый** (14*K.*) schlau, schlitzohrig; hinterlistig; schelmisch, verschmitzt; *Su. m* Böse(r)
лу́ков|ица *f* (5) Zwiebel, Knolle; Zwiebelturm *m*; **~ичный, ~ый** (14) Zwiebel-
лукомо́рье † *n* (10; -ьев) Bucht *f*
луко́шко *n* (9; *pl.* -шки, -шек) Bastkorb *m*, Weidenkorb *m*
лун|а́ *f* (5; *pl. st.*) Mond *m* (***на*** B zum); ***с ~ы́ свали́лся*** F *j-d* lebt auf dem Mond; **~а́тик** (1) Mondsüchtige(r), Nachtwandler; **~ати́ческий** (16) mondsüchtig; **~ка** *f* (5; -ок) Aushöhlung; Eisloch *n*; Pflanzloch *n*; Zahnhöhle; **~ник** F *m* (1) Mondraumschiff; **~ный** (14) Mond-; mondhell, mondbeschienen; **~охо́д** *m* (1) Mondfahrzeug *n*
лунь *m* (4*e.*) *Zool.* Weih(e *f*); ***бе́лый как ~*** schneeweiß, schlohweiß
лу́па *f* (5) Lupe
луп|и́ть (14) **1.** ⟨об-, с-⟩ schälen, abschälen; **2.** ⟨с-⟩ P abverlangen (***с*** P *j-m*), herausschinden (bei *j-m*); **3.** ⟨от-⟩ P hauen, verhauen, dreschen; *impf.* flitzen; *Regen*: gießen; ***~и́ть глаза́*** (***на*** B *A*) anglotzen; **-ся**, ⟨об-⟩ F abblättern, abbröckeln; **~цева́ть** P (6 -у́-) → ***~и́ть 3***; **~огла́зый** P (14*K.*) glotzäugig
луч *m* (1*e.*; -е́й) Strahl; **~ево́й** (14) Strahlen-, strahlenförmig; ***~ева́я кость*** *f Anat.* Speiche; **~еза́рный** (14; -рен, -рна) strahlend, leuchtend; **~еиспуска́ние** *n* (12) Strahlungsemission *f*; **~епреломле́ние** *n* (12) Strahlenbrechung *f*; **~и́на** *f* (5): ***сосно́вая ~и́на*** Kienspan *m*; **~и́стый** (14*K.*) strahlend; strahlenförmig; Strahlungs-; **~и́ться** (16*e.*) strahlen, leuchten; glänzen
лу́чш|е (→ ***хоро́ший***) besser; lieber; ***как нельзя́ ~е*** bestens; ***~е моего́*** F besser als ich; ***~е не на́до*** lieber nicht!; F besser geht's nicht; → ***не́куда***; ***и того́ ~е*** F noch besser!; (***ста́ло***) ***~е*** (Д *j-m*) geht es besser; → ***всё, всего́, тем***; **~ий** (17; → ***хоро́ший***) bessere(r); beste(r); ***к ~ему*** zum besten; zu *j-s* Vorteil
лущи́ть (16*e.*) **1.** ⟨вы́-, об-⟩ schälen; **2.** ⟨вз-⟩ vertikutieren; *impf.* → ***грызть***
лы́ж|а *f* (5) Ski *m*; Kufe; *pl.* Skisport *m*; ***во́дные ~и*** *pl.* Wasserski; **~ник** *m* (1) Skifahrer; **~ный** (14) Ski-; **~ня́** *f* (6; -е́й) Loipe; Piste
лы́к|о *n* (9) Bast *m*; P ***не ~ом шит*** (И *j-d*) ist nicht von gestern; ***~а не вя́жет*** (И *j-m*) gehorcht die Zunge nicht; ***не вся́кое ~о в строку́ ста́вить*** *Spr.* nicht alles auf die Goldwaage legen
лыс|е́ть (8), ⟨об-, по-⟩ kahl *od.* kahlköpfig werden, e-e Glatze bekommen; **~ина** *f* (5) Glatze; Blesse; kahle Stelle; **~ый** (14; -, -а́) kahl, kahlköpfig, glatzköpfig; ***бе́са ~ого*** P den Teufel
ль → ***ли***
льв|ёнок *m* (2) Löwenjunge(s); **~и́ный** (14) Löwen-; **~и́ца** *f* (5) Löwin
льго́т|а *f* (5) Vergünstigung, Privileg *n*; **~ный** (14) Vorzugs-, Sonder-; *Hdl.* Präferenz-; (-ен, -на) † frei; ermäßigt
льд|и́на *f* (5) Eisscholle; **~и́нка** *f* (5; -нок) Eisstückchen *n*; **~и́стый** (14*K.*) eisbedeckt
льно|во́дство *n* (9) Flachsbau *m*; **~пряди́льня** *f* (6; -лен) Flachsspinnerei
льнуть (20), ⟨при-⟩ sich schmiegen *od.* anschmiegen (***к*** Д an *A*); sich hingezogen fühlen (zu *D*); sich halten (an *A*); kleben (an *D*)
льнян|о́й (14) Flachs-; Lein(en)-; ***~о́го цве́та*** flachsblond, hellblond
льст|ец *m* (1*e.*) Schmeichler; **~и́вый** (14*K.*) schmeichlerisch; **~ить** (15), ⟨по-⟩ schmeicheln; ***~ить себя́ наде́ждой*** sich der Hoffnung hingeben; **-ся** F (***на*** B auf *et.*) scharf *od.* aus sein
любвеоби́льный (14; -лен, -льна) liebreich, liebevoll
любе́зн|ичать F (1) flirten; liebenswürdig sein (***с*** T zu *D*); **~ость** *f* (8) Liebenswürdigkeit; *pl.* Komplimente *n/pl.*; Gefälligkeiten; ***не откажи́те в ~ости*** → **~ый** (14; -зен, -а) liebenswürdig (***с*** T zu *D*), freundlich; (*o. K.*)†, F lieb; *Su.* mein Lieber!; ***бу́дьте ~ы*** seien Sie so liebenswürdig
люби́м|ец *m* (1; -ца), **~ица** (5) Liebling *m*; **~чик** F *m* (1) Günstling; Liebling, Lieblingskind *n*; **~ый** (14) geliebt; Lieblings-; *Kochk.* Leib-; *Su.* Liebste(r)

люби́тель *m* (4) Liebhaber, Freund; Amateur; Dilettant; ***актёр-~*** Laienspieler; ***садово́д-~*** Hobbygärtner; ***худо́жник-~*** Freizeitmaler; ***~ поговори́ть*** *j-d* redet gern; **~ский** (16) Liebhaber-; Amateur-; Laien-; dilettantisch; **~ство** *n* (9) Liebhaberei *f*
люби́|ть (14) lieben; mögen, gern haben; ***~ть чита́ть*** gern lesen; ***≈шь ката́ться, ~ и са́ночки вози́ть*** *Spr.* ohne Fleiß kein Preis
лю́бо P es ist e-e Freude, es macht Freude; **~ва́ться** (7) bewundern (T, F ***на*** B *A*), sich weiden *od.* ergötzen (an *D*)
любо́в|ник *m* (1), **~ница** *f* (5) Liebhaber(in *f*), Geliebte(r); **~ный** (14) Liebes-; (-ен, -на) liebevoll; ***~ное отноше́ние*** *n* ***к де́лу*** (***у*** P *j-d*) liebt s-e Arbeit; **~ь** *f* (8; -бви́; -ью) Liebe (***по*** Д aus *D*); Zuneigung, Sympathie(n *pl.*) (***к*** Д für *A*); Vorliebe (für *A*)
любозна́тельн|ость *f* (8) Wißbegier; Wissensdrang *m*; **~ый** (14; -лен, -а) wißbegierig
любо́й (14) jeder, jeder beliebige, beliebige(r); *pl.* alle möglichen; *Su. n* alles
любопы́т|ный (14; -ен, -на) neugierig; interessant; aufschlußreich; *Su.* Schaulustige(r); ***мне ~но*** *od.* ***бы́ло бы ~но*** . . . ich möchte *od.* würde gern . . .; **~ство** *n* (9) Neugier(de *f*) *f*; Interesse (***к*** Д für *A*); **~ствовать** (7) neugierig sein
лю́бящий (17) liebend; liebevoll
люд F *m* (1; ≈а/≈у) *koll.* Volk *n*, Leute *pl.*; ***рабо́чий ~*** Arbeiter *m/pl.*; **≈и** *pl.* (-е́й, ≈ям, -ьми́, ≈ях) Menschen *m/pl.*, Leute (→ ***челове́к***); Männer *m/pl.*; → ***рабо́тник***; F andere; † Diener *m/pl.*; ***в ≈ях*** unter fremden Menschen; ***вы́йти в ≈и*** F e-e gute Lebensstellung erreichen; ***на ≈ях*** F vor aller Augen, öffentlich; **≈ный** (14; ≈ен, ≈на) dichtbevölkert; belebt; gut besucht; **~ое́д** *m* (1) Kannibale, Menschenfresser; **~ое́дство** *n* (9) Kannibalismus *m*; **~ско́й** (16) Menschen-, menschlich; der Leute; † *Su. f* Gesindestube
люк *m* (1) Luke *f*; *Thea.* Falltür *f*
люкс 1. *m* (1) Luxuskabine *f*; **2.** (*unv.*) Luxus-
лю́лька *f* (5; -лек) Wiege; Hängesitz *m*
люминесце́нтный (14) Leuchtstoff-
лю́стра *f* (5) Kronleuchter *m*, Lüster *m*
лютера́нский (16) lutherisch
лю́тик *m* (1) *Bot.* Hahnenfuß
лю́тня *f* (6; -тен) Laute
лю́тый (14*K.*; -, -а́) grausam, grimmig; wild; heftig
ляг|а́ть(ся) (1), *einm.* ⟨~ну́ть⟩ (20) ausschlagen, mit den Hufen schlagen (B nach *D*); *fig.* F *j-m* Seitenhiebe versetzen
лягуш|а́тник F *m* (1) Planschbecken *n*; **~а́чий, ≈ечий** (18) Frosch-; **≈ка** *f* (5; ≈ек) Frosch *m*; **~о́нок** *m* (2) Fröschlein *n*
ляд P: ***на кой ~ → кой***
ля́жка *f* (5; -жек) Schenkel *m*, Oberschenkel *m*; Schlegel *m*
лязг *m* (1) Klirren *n*; → **≈ать** (1), *einm.* ⟨~нуть⟩ (20) klirren; rasseln; klappern (***от*** P vor *D*)
ля́мзить P (13), ⟨с-⟩ klauen
ля́мк|а *f* (5; -мок) Traggurt *m*, Zuggurt *m*; Schleppseil *n*; *pl.* Träger *m/pl.*; *fig.* Tretmühle; ***тяну́ть ~у*** F in der Tretmühle stecken, schwere Routinearbeit verrichten
ля́п|ать P (1) **1.** *einm.* ⟨~нуть⟩ (20) herausplatzen (B mit *D*); entschlüpfen (И/В *j-m/N*); e-e runterhauen (B *j-m*); **-ся** hinplumpsen; **2.** ⟨с-⟩ pfuschen, zusammenpfuschen, hinschludern
ля́пис *m* (1) Höllenstein, Silbernitrat *n*; **~-лазу́рь** *f* (8) Lasurstein *m*
ля́пнуть(ся) → ***ля́пать(ся)***
ля́сы P: ***~ точи́ть*** schwatzen, dummes Zeug reden

Л

M

мавзоле́й *m* (3) Mausoleum *n*
мавр *m* (1) Maure; Mohr
маг *m* (1) Magier; Zauberer; **~ и волше́бник** *m* F Tausendkünstler
магази́н *m* (1) Geschäft *n*, Laden, Handlung *f*; → **универма́г**; *Tech.* Magazin *n*; Satz; **~ный** (14) Geschäfts-, Laden-; Einkaufs-
магары́ч P (1*e*.; -á/-ý) Bewirtung *f*; **поста́вить ~** e-n ausgeben *od.* *et.* springen lassen; (**с** P *j-d*) könnte ... (→ **поста́вить ~**)
магистра́ль *f* (8) Hauptverkehrsader; *Esb.* Hauptbahnstrecke; *Kfz.* Fernverkehrsstraße; *Mar.* Hauptwasserweg *m*; *Tech.* Hauptleitung; **~ный** (14) Haupt-; Fern-; Langstrecken-
маги́|ческий (16) magisch, Zauber-; **~я** *f* (7) Magie, Zauberei
магн|ети́ческий (16) magnetisch; **~иевый** (14) Magnesium-; **~ний** *m* (3; -и) Magnesium *n*
магни́т *m* (1) Magnet; **~ный** (14) Magnet-, magnetisch; Tonband-; **~о́ла** *f* (5) Radiorecorder; **~ора́диола** *f* (5) Kompaktanlage; **~офо́н** *m* (1) Tonbandgerät *n*; F Recorder; **~офо́нный** (14) Tonband-
магомета́н|ин *m* (1; *pl.* -е, -), **~ка** *f* (5; -ок) Mohammedaner(in *f*); **~ский** (16) mohammedanisch, moslemisch
мадья́р *m* (1), **~ка** *f* (5; -ок) Madjar(in *f*), Ungar(in *f*); **~ский** (16) madjarisch, ungarisch
маёвка *f* (5; -вок) *ehm.* Maifeier
мажо́р *m* (1) Dur *n*; F heitere Stimmung *f*; **~ный** (14; -ен, -на) Dur-; F heiter
ма́з|анка *f* (5; -нок) Lehmhütte; **~ать** (3), *einm.* ⟨**~ну́ть**⟩ (20) **1.** ⟨на-⟩ schmieren (T/B *A* auf *A*), streichen; einreiben, einschmieren; F schminken; **2.** mit Lehm bestreichen; **3.** F ⟨за-, из-⟩ beschmutzen, beschmieren; **4.** F pinseln, klecksen; **5.** P ⟨про-⟩ danebenhauen, nicht treffen (**по** Д *A*); **6.** *einm.* P e-e langen (В **по** Д *j-m* in *A*); **-ся** F abfärben, schmieren; **~и́ла** P *m/f* (5) Schmierfink *m*; Kleckser *m*; **~ня́** *f* (6) F Geschmiere *n*; P Pfusch *m*; **~о́к** *m* (1; -ка́) Pinselstrich; *Med.* Abstrich
мазу́рик P *m* (1) Dieb, Gauner
маз|ь *f* (8) Salbe; Schmiere; Stiefelwichse; Skiwachs *n*; **на ~и́** P *et.* läuft wie geschmiert
ма|й *m* (3) Mai; **в ~е ме́сяце** im Monat Mai; **в нача́ле** (**середи́не, конце́**) **~я** Anfang (Mitte, Ende) Mai; **Пе́рвое ~я** der Erste Mai, Maifeiertag *m*
ма́йка *f* (5; ма́ек) ärmelloses Turnhemd *n*, Trikot *n*; Unterhemd *n*
майоне́з [-'nɛs] *m* (1) Mayonnaise *f*
ма́йский (16) Mai-
мак *m* (1) Mohn
мака́р P → **о́браз**; ♀ → **телёнок**
макаро́ны *pl.* (5) Makkaroni
мак|а́ть (1), *einm.* ⟨**~ну́ть**⟩ (20) tauchen, eintauchen, eintunken
македо́н|ец *m* (1; -ца), **~ка** *f* (5; -ок) Makedonier(in *f*); **~ский** (16) makedonisch
маке́т *m* (1) Modell *n*, Nachbildung *f*; Entwurf; Attrappe *f*
макинто́ш *m* (1; -ей) Trenchcoat
макл|а́к P *m* (1*e*.) Zwischenhändler; Schieber, Trödler
макну́ть → **мака́ть**
ма́ков|ка *f* (5; -ок) Mohnkapsel; Zwiebelturm *m*; F → **маку́шка**; **~ый** (14) Mohn-
максим|а́льный (14; -лен, -льна) maximal, Höchst-, Spitzen-; *Adv.* höchstens; **~ум** *m* (1) Maximum *n*, Höchstmaß *n*, Höchstmenge *f* (**до** P auf *A*); → **~а́льный**
макулату́ра *f* (5) Makulatur; Altpapier *n*; *fig.* F Schundliteratur *f*
маку́шк|а *f* (5; -шек) Wipfel *m*; Gipfel *m*; F Scheitel *m*, Wirbel *m*; → **у́шко**
мала́|ец *m* (1; -йца), **~йка** *f* (4; -ек) Malaie(-iin *f*); **~йский** (16) malaiisch
малахи́товый (14) Malachit-

M

малева́ть F (6), ⟨на-⟩ pinseln, malen
мале́|йший (17) → ***ма́лый***; kleinst, geringst; **~к** *m* (1; -лька́) Jungfisch; *pl.* Fischbrut *f*; **~нький** (16; ме́ньше) klein; gering, geringfügig; Klein-; *Su. m* Kleine(r); ***по ~нькой*** F niedrig; ein bißchen; ***моё де́ло ~нькое*** F ich habe hier nicht zu bestimmen; **~нько** P ein klein wenig; **~ц** P *m* (1; -льца́) Kleiner, Bursche
мали́н|а *f* (5) *koll.* Himbeere(n *pl.*); Himbeertee *m*; P Bande, Clique; → ***прито́н***; ***не житье́, а ~а*** F prima Leben!; **~овка** *f* (5; -вок) Rotkehlchen *n*; **~овый** (14) Himbeer-; himbeerfarben, karmesinrot
ма́ло wenig; nicht genug, zu wenig; ***~ кто*** nur wenige, kaum jemand; ***~ что*** nur weniges, kaum etwas; ***~ где*** kaum irgendwo; ***~ ли где*** wer weiß, wo; ***~ ли что*** F (wer weiß,) was; (nicht) alles . . .; das macht nichts . . .; ***~ того́*** mehr noch; ***~ того́, что*** nicht genug daß . . .; ***~ ли чего́*** F was nicht noch; ***~ не*** P beinahe; **~-~** P ein klein bißchen; mindestens
мало|азиа́тский (16) kleinasiatisch; **~ва́жный** (14; -жен, -жна) unbedeutend, nebensächlich; **~ва́то** F recht wenig, et. zu wenig, nicht gerade viel; **~ве́рный** (14; -рен, -рна) kleingläubig; **~вероя́тный** (14; -тен, -тна) wenig wahrscheinlich; **~ве́сный** (14; -сен, -сна) leicht, zu leicht; **~во́дный** (14; -ден, -дна) wasserarm; **~вразуми́тельный** (14; -лен, -льна) schwerverständlich; **~габари́тный** (14; -тен, -тна) Klein-; **~говоря́щий** (17) wenig aussagekräftig; **~гра́мотный** (14; -тен, -тна) ungebildet, halbgebildet, *j-d*, der kaum lesen u. schreiben kann; stümperhaft; **~доказа́тельный** (14; -лен, -льна) wenig überzeugend; **~достове́рный** (14; -рен, -рна) kaum wahrscheinlich; wenig zuverlässig; **~досту́пный** (14; -пен, -пна) schwer zugänglich ; kaum erschwinglich; *fig.* unzugänglich; schwerverständlich; **~дохо́дный** (14; -ден, -дна) wenig einträglich
малоду́ш|ествовать (7) kleinmütig sein, verzagen; **~ие** *n* (12) Kleinmut *m*; **~ный** (14; -ен, -на) kleinmütig, mutlos
мало|заме́тный (14; -тен, -тна) kaum sichtbar; unauffällig; **~знако́мый** (14*K.*) kaum bekannt; **~зна́чащий** (17*K.*), **~значи́тельный** (14; -лен, -льна) unwichtig, geringfügig; **~изве́стный** [-sn-] (14; -тен, -тна) wenig bekannt; **~изу́ченный** (14*K.*) wenig erforscht; **~иму́щий** (17*K.*) minderbemittelt, arm; **~калори́йный** (14; -йен, -йна) kalorienarm
малокро́в|ие *n* (12) Blutarmut *f*; **~ный** (14; -ен, -на) blutarm; blaß
малоле́т|ний (15) Kindes-; minderjährig, klein; **~ок** F *m* (1; -ка) Kind, Kleine(r); **~ство** *n* (9) Kindesalter, Kindheit *f*
мало|литра́жка F (5; -жек) Kleinwagen *m*; **~лю́дный** (14; -ден, -дна) wenig bevölkert *od.* belebt; schwach besucht; **~-ма́льски** F ein ganz klein wenig; einigermaßen; **~-ма́льский** F (16) kleinst, geringst; **~ме́рный** (14) zu klein; **~метра́жный** (14) Klein-; **~мо́щный** (14; -щен, -щна) kraftlos, schwach; arm; *Tech.* Klein-, leistungsschwach; **~надёжный** (14; -жен, -жна) wenig verläßlich; **~населённый** (14*K.*) dünnbesiedelt; mit wenig Mietern; → ***~лю́дный***; **~обеспе́ченный** (14*K.*) minderbemittelt; **~образо́ванный** (14*K.*) halbgebildet; **~общи́тельный** (14; -лен, -льна) ungesellig, kontaktarm; **~о́пытный** (14; -тен, -тна) ziemlich unerfahren; **~пита́тельный** (14; -лен, -льна) wenig nahrhaft; **~подви́жный** (14; -жен, -жна) wenig beweglich, schwerfällig; ziemlich ausdruckslos
ма́ло|-пома́лу F nach u. nach; **~поня́тный** (14; -тен, -тна) schwerverständlich; **~ра́звитый** (14*K.*) unterentwickelt; zurückgeblieben, beschränkt; **~разгово́рчивый** (14*K.*) wortkarg; **~ро́слый** (14*K.*) klein von Wuchs; niedrig; **~ру́сский** (16) *ehm.* kleinrussisch, ukrainisch; **~си́льный** (14; -лен, -льна) schwach, kraftlos; Klein-; **~сне́жный** (14; -жен, -жна) schneearm; **~содержа́тельный** (14; -лен, -льна) inhaltsarm, wenig sinnvoll; **~со́льный** (14; -лен, -льна) wenig *od.* frisch gesalzen; Salz-; **~спосо́бный** (14; -бен, -бна) ziemlich un-

begabt
ма́ло|сть *f* (8) Kleinheit, F Kleinigkeit; Lappalie; Nichtigkeit; P ein klein wenig; **~тира́жный** (14) mit kleiner Auflage; **~употреби́тельный** (14; -лен, -льна) wenig gebräuchlich; **~урожа́йный** (14; -а́ен, -йна) ertragsarm; **~успева́ющий** (17) leistungsschwach; **~це́нный** (14; -е́нен, -нна) minderwertig; *fig.* von geringem Wert; **~чи́сленный** (14*K.*) zahlenmäßig klein, nicht zahlreich
ма́л|ый¹ (14; -, -а; → ***-е́йший***) klein, gering; Klein-; schwach; *Wasserstand*: niedrig; *präd.* zu klein; *Su. n* → ***~ость***; ***~ый ход*** *m Mar.* halbe Kraft *f*; ***са́мое ~ое*** F mindestens; ***без ~ого*** F fast, knapp; ***от ~а до вели́ка*** groß u. klein, alt u. jung; ***с ~ых лет*** von klein auf; ***~ ~а ме́ньше*** P einer kleiner als der andere; ***~, да уда́л*** *Spr.* klein, aber oho!; → ***золотни́к***; **~ый²** P *m* (14) Bursche, Junge, Kerl; **~ы́ш** F *m* (1*e.*; -е́й) Knirps, Kleine(r)
мальти́|ец *m* (1; -йца) Malteser; **~йский** (14) maltesisch; *hist.* Malteser-
ма́льч|ик *m* (1) Junge, Knabe; *ehm.* Bursche, Lehrjunge; ***~ик с па́льчик*** Däumling; **~и́шеский** (16) knabenhaft, jungenhaft; Knaben-, Jungen-; → **~и́шество** *n* (9) Bubenstreich *m*, Kinderei *f*; **~и́шечий** F (18) → ***~и́шеский***; **~и́шка** F *m* (5; -шек) → ***~ик***; Bengel; junger Springer; **~и́шник** *m* (1) Männerfete *f*; Abschiedsabend; **~уга́н** F *m* (1) Bürschchen *n*, Bengel
мал|ю́сенький F (16) winzig klein; **~ю́тка** *f* (5; -ток) Kleines *n*, Kindchen *n*; Kleinst-, Mini-; **~я́вка** F *m*/*f* (5; -вок) kleines Ding *n*, Krümel *m*
маля́р *m* (1*e.*) Maler, Anstreicher; **~ничать** F (1) malern; **~ный** (14) Maler-
ма́ма *f* (5) Mama, Mutti
мамалы́га *f* (5) Maisbrei *m*, Polenta
мам|а́ша *f* (5) F Mutti, Mami; P Muttchen *n*, Oma; **~енькин** F (19): ***~енькин сыно́к*** *m* Muttersöhnchen *n*; **~ин** (19) Mamas
ма́монт *m* (1) Mammut
ма́мочк|а *f* (5; -чек) Mutti, Mamachen *n*; ***~и!*** P ach du meine Güte!
мана́тки P *pl.* (5; -ток) Klamotten
мандари́н *m* (1) Mandarine *f*
манда́т *m* (1) Mandat *n*; Vollmacht (***на*** В für *A*) *f*; **~ный** (14) Mandatsprüfungs-, Mandats-
манёвр *m* (1) Manöver *n*; *fig.* Schachzug; F Husarenstück *n*; *pl. Esb.* Rangieren *n*; **~енный** (14) Manöver-; Bewegungs-; *Esb.* Rangier-; manövrierfähig, wendig; **~и́ровать** (7), ⟨с-⟩ manövrieren; *Esb.* rangieren; *fig.* lavieren, agieren; geschickt einsetzen (T *A*); **~о́вый** (14) Rangier-
мане́ж *m* (1; -ей) Manege *f*; Laufgitter *n*; **~ить** (16) einreiten; P hinhalten
манеке́н *m* (1) Gliederpuppe *f*; Schneiderpuppe *f*; Schaufensterpuppe *f*; **~щик** *m* (1) Dressman; **~щица** *f* (5) Mannequin *n*, Model *n*
мане́р → ***о́браз***; F ***на ~*** nach . . . Art; → ***наподо́бие***; **~а** *f* (5) Art; Manier; Angewohnheit; Stil *m*; *pl.* Umgangsformen; **~ничать** F (1) sich zieren; **~ный** (14; -ен, -на) affektiert, geziert; gekünstelt
маникю́р *m* (1) Maniküre *f*; **~ный** (14) Nagel-; **~ша** F *f* (5) Maniküre
мани́ловщина *f* (5) leere Träumereien *f*/*pl.*, müßige Phantasterei
манипули́ровать (7) manipulieren (T an, mit *D*), handhaben (*A*)
мани́ть (13) **1.** ⟨по-⟩ winken, herbeiwinken; **2.** F ⟨вз-⟩ locken, anlocken
манифест|а́ция *f* (7) Umzug *m*; Aufmarsch *m*; **~и́ровать** (7) demonstrieren
мани́шка *f* (5; -шек) Hemdbrust, Chemisett *n*
ма́ния *f* (7) Manie, Wahn *m*
ма́нка F *f* (5) Grieß *m*
манки́ровать (7) *im*(*pf.*) vernachlässigen (T *A*); verschmähen
ма́нн|ый (14) Grieß-; ***~ая крупа́*** *f* Grieß *m*
манове́ние *n* (12) Zeichen (***по*** Д auf *A*)
мано́метр *m* (1) Manometer *n*
ма́нт|ия *f* (7) Umhang *m*; Mantel *m*; **~о́** *n* (*unv.*) weiter Pelzmantel *m*
манья́к *m* (1) Wahnsinnige(r)
мара́|нье F *n* (10) Geschmiere; **~ть** (1) **1.** ⟨за-⟩ beschmieren, beschmutzen; *fig.* anschwärzen, in Verruf bringen; **2.** ⟨на-⟩ hinkritzeln, zusammenschmieren; **3.** vollkritzeln, vollschmie-

ren; streichen; **~ть ру́ки** sich die Hände schmutzig machen (**о** В mit *D*); **-ся** in die Windeln machen

марафо́н F *m* (1) Marathonlauf; **~ец** *m* (1; -ца) Marathonläufer

ма́рган|ец *m* (1; -ца) Mangan; **~цевый** (14) Mangan-; **~цо́вый** (14) Permangan-

маргари́н *m* (1) Margarine *f*

маргари́тка *f* (5; -ток) Gänseblümchen *n*

ма́рево *n* (9) Dunst *m*; Moorrauch; Höhenrauch *m*; Luftspiegelung *f*

ма́ри *m*/*f* (*unv.*), **~ец** *m* (1; -йца), **~йка** *f* (5; -ек) Mari *m*/*f*; **~йский** (16) marijisch

марин|а́д *m* (1) Marinade *f*; **~ова́ть** (7) ⟨за-⟩ marinieren, einmachen; *fig.* F auf Eis legen; **-ся** F schmoren

марионе́т|ка *f* (5; -ок) Marionette (*a. fig.*); **~очный** (14) Marionetten-

ма́рк|а *f* (5; -рок) Marke; Warenzeichen *n*, Markenzeichen *n*; Stempel *m*; Sorte, Qualität; Mark; **~ёр** *m* (1) Markör; *Comp.* Markierungsbit *n*; **~и́з** *m* (1) Marquis; **~и́за** *f* (5) Marquise; Markise

ма́ркий F (16; -рок, -рка) leicht schmutzend

марки́ров|а́ть (7) *im*(*pf.*), ⟨за-⟩ markieren; **~ка** *f* (5) Markierung

маркси́стский (16) marxistisch

ма́рля *f* (6) Mull *m*, Gaze

мармела́д *m* (1) Geleefrüchte *f*/*pl.*

мародёр *m* (1) F Preisschinder; **~ский** (16) F *Preis*: unverschämt; **~ствовать** (7) marodieren, plündern

маро́кка́н|ец *m* (1; -ца), **~ка** *f* (5; -ок) Marokkaner(in *f*); **~ский** (16) marokkanisch

ма́рочный (14) Marken-, Qualitäts-

март *m* (1) März; → **май**; **~овский** (16) März-

марты́шк|а *f* (5; -шек) Meerkatze; **~ин** (19): **~ин труд** *m* F Sisyphusarbeit *f*

марш *m* (1; -ей) Marsch (T in *D*); Treppenlauf (**в** В mit *D*); marsch!; F los!, auf!, ab!; **~евый** (14) Marsch-; **~ирова́ть** (7) marschieren; **~иро́вка** *f* (5) Marschieren *n*; **~ру́т** *m* (1) Marschroute *f*, Marschweg; Reiseroute *f*; Strecke *f*, Linie *f*; **~ру́тный** (14) Linien-; Strecken-; *Esb.* direkt

ма́ск|а *f* (5; -сок) Maske (**в** П mit *D*); Larve; **~ара́д** *m* (1) Maskenball, Kostümfest *n* (**в** П auf *D*); *fig.* Verstellung *f*; **~ирова́ть** (7), ⟨за-⟩ maskieren, verkleiden; tarnen; *fig.* verbergen, kaschieren; **~иро́вка** *f* (5) Maskierung; Tarnung; **~иро́вочный** (14) Tarn-

ма́сл|еная F (14), **~еница** *f* (5) Fastnachtswoche (**на** П in *D*); F **не житьё, а ~еница** (Д *j-d*) lebt wie die Made im Speck; **не всё коту́ ~еница** *Spr.* es ist nicht alle Tage Sonntag; **~ёнка** *f* (5; -нок) Butterdose; Öler *m*; **~еный** (14*K.*) fett, fettig, butt(e)rig; geölt, ölig; *fig.* lüstern; **~и́на** *f* (5) Olivenbaum *m*; Olive; **~и́новый** (14) Oliven-; **~ить** F (13), ⟨на-⟩ buttern, mit Butter bestreichen; ölen; **-ся** Fettflekke *od.* Ölflecke machen; glänzen; **~ичный** (14) Öl; Ölbaum-

ма́сл|о *n* (9; *pl. e.*, -сел) Öl; (**коро́вье ~о**) Butter *f* (**на** П mit *D*); F Ölgemälde (*a. pl.*); **как по ~у** glatt, wie geschmiert; **как ~ом по́ сердцу** herzerquickend; **ерунда́ на по́стном ~е** F totaler Blödsinn; **ка́шу ~ом не испо́ртишь** *Spr.* des Guten ist nie zuviel

ма́сло|ба́к *m* (1) Öltank; **~бо́йка** *f* (5; -бо́ек) Buttermaschine; F Ölmühle; **~насо́с** *m* (1) Ölpumpe *f*; **~указа́тель** *m* (4) Ölstandsmesser

маслян|и́стый (14*K.*) fett, fettig; ölig; glänzend; **~ый** (14) Fett-, fett, fettig; Öl-, ölig; Butter-, butt(e)rig

масо́н *m* (1) Freimaurer

ма́сс|а *f* (5) Masse (T *pl.* in *D*); Menge; Brei *m*; Stoff *m*; Koloß *m*; F Haufen *m*; **~ами** massenhaft; **в** (**о́бщей**) **~е** größtenteils

масса́ж *m* (1; -ей) Massage *f*; **~и́ст** *m* (1) Masseur; **~ный** (14) Massage-

масси́в *m* (1) Massiv *n*; großes Gebiet *n*; Landschaft *f*; Fläche *f*; *Comp.* Feld *n*; **жило́й ~** Neubaugebiet *n*; **~ный** (14; -ен, -на) massiv; Massiv-; massig, schwer; solide

масси́ровать (7) **1.** (*Prät. a. pf.*) massieren, kneten; **2.** *im*(*pf.*) *Mil.* massieren

массов|и́к *m* (1*e.*) Massenagitator (*SU*); Freizeitgestalter; **~ка** F *f* (5; -вок) Massenausflug *m*; Massenszene; **~ость** *f* (8) Massencharakter;

M

~ый (14) Massen-; Groß-; Durchschnitts-
маста́к P *m* (1*e.*) Kenner; Meister
ма́стер *m* (1; *pl. e.*, *N* -á) Meister (***на*** B in *D*); Ausbilder; ***золоты́х дел ~*** Goldschmied, Juwelier; ***~ на все ру́ки*** F Tausendkünstler; → ***боя́ться***; **~и́ть** F (13*e.*), ⟨c-⟩ basteln, anfertigen; **~и́ца** *f* (5) Meisterin; **~о́к** *m* (1; -кá) Maurerkelle; **~ска́я** *f* (16) Werkstatt; Werkraum *m*, Abteilung; (*a. pl.*) Betrieb *m*; **~ско́й** (16; *Adv.* -ски́) meisterhaft, vollendet; **~ство́** *n* (9) Handwerk, Gewerbe; Meisterschaft *f*; Können, Kunst *f*
масти́ка *f* (5) Mastix *m*, Mastixkitt *m*; Bohnerwachs *n*
масти́тый (14*K.*) ehrwürdig; namhaft
масть *f* (8; *ab Gpl. e.*) *Tiere*, *KSp.*: Farbe; *fig.* Schattierung, Spielart; P Sorte
масшта́б [-ʃʃt-] *m* (1) Maßstab; Ausmaß *n*, Dimension *f*; Format *m*; **~ность** *f* (8) Größe, Bedeutung; **~ный** (14; -ен, -на) groß, großangelegt, bedeutend
мат *m* (1) **1.** *Schach*: Matt *n*; matt; **2.** Matte *f*; ***наноси́ть ~*** mattieren (***на*** B *A*); **3.** P Unflätigkeit(en *pl.*) *f*, Zote(n *pl.*) *f*; ***крича́ть бла́гим ~ом*** P wie am Spieß brüllen
матема́т|ик *m* (1) Mathematiker; **~ика** *f* (5) Mathematik; **~и́ческий** (16) mathematisch
материа́л *m* (1) Material *n*, Stoff, Werkstoff; *pl.* Unterlagen *f/pl.*, Akten *f/pl.*; ***~ на пла́тье*** Kleiderstoff; **~ове́дение** *n* (12) Werkstoffkunde *f*; **~ьный** (14; -ен, -ьна) materiell, stofflich; technisch; (*o.K.*) Material-; Sach-
матери́к *m* (1*e.*) Kontinent, Festland *n*; **~о́вый** (14) Festlands-, kontinental
матери́нс|кий (16) mütterlich, Mutter-; der Mutter; **~тво** *n* (9) Mutterschaft *f*; Mütterlichkeit *f*
матери́ться P (13*e.*) ordinär fluchen
мате́ри|я *f* (7) Materie, Stoff *m*; Thema *n*, Gegenstand *m*; F → ***~а́л***
ма́терный P (14) ordinär, unflätig
матеро́й P (14) groß, ausgewachsen
мате́рчатый (14) Stoff-
матерщи́на P *f* (5) ordinäres Fluchen *n*
матёрый → ***матеро́й***; F geübt, erfahren; eingefleischt; ***~ враг*** *m* Erzfeind
ма́тка *f* (5; -ток) Weibchen *n*, Muttertier *n*; *Hirsche*: Kuh; *Bienen*: Königin; *Anat.* Gebärmutter; F Mutterpflanze; P Mutter
ма́товый (14) matt, Matt-; glanzlos, stumpf
матра́|с, ~ц *m* (1) Matratze *f*
матрёшка *f* (5; -шек) russische Puppe, Matr(j)oschka
ма́трица *f* (5) Matrize; Matrix
матро́с *m* (1) Matrose; **~ка** *f* (5; -ок) Matrosenbluse; **~ский** (16) Matrosen-
ма́тушк|а *f* (5; -шек) † Mutter; F Mütterchen *n*; Popenfrau; → ***ба́тюшка***
матч *m* (1; -ей) Spiel *n*, Match *n*
мат|ь *f* (*G/D* -ери, -ь, -ерью, -ери; *pl.* -ери, -ре́й) Mutter; Muttertier *n*; P (meine) Liebe; → ***роди́ть, честно́й***; ***~ь-и-ма́чеха*** *f Bot.* Huflattich *m*
мах *m* (1; -а/-у) Schwung; Schritt; Umdrehung *f*; ***одни́м ~ом*** F mit e-m Schlag, auf Anhieb; ***дать ~у*** F nicht treffen; *fig.* e-n Bock schießen; ***с ~у*** F mit Wucht; drauflos; **~ао́н** *m* (1) *Zool.* Schwalbenschwanz; **~а́ть** (3/F 1), *einm.* ⟨**~ну́ть**⟩ (20) schwingen; schwenken (T *A*); winken; wedeln; *Flügel*: schlagen; P zurücklegen
махи́на F *f* (5) Riesending *n*
махина́ция *f* (7) Machenschaft
мах|ну́ть → ***~а́ть***; F springen; P abdampfen, abhauen; → ***хвати́ть***; ***~ну́ть руко́й*** F aufgeben (***на*** B *A*); **~ови́к** *m* (1*e.*) Schwungrad *n*; **~ово́й** (14) Schwung-
ма́хонький P (16; -нек, -нька) winzig
махо́рка *f* (5) Machorka *m*, Knaster *m*
махро́вый (14) Frottee-; *Bot.* gefüllt; F *fig.* eingefleischt, ausgekocht, Erz-
махры́ F *pl.* (1) Fransen *f/pl.*
ма́чеха *f* (5) Stiefmutter
ма́чт|а *f* (5) Mast *m*; **~овый** (14) Mast-
маши́н|а *f* (5) Maschine; Auto *n*, Wagen (***на*** П mit, in *D*); *Comp.* Rechner *m*; *Tech.* Gerät *n*, Anlage; **~а́льный** (14; -лен, -льна) mechanisch, unbewußt; **~и́ст** *m* (1) Lokomotivführer; **~и́стка** *f* (5; -ток) Stenotypistin, Schreibkraft; **~ка** *f* (5; -ок) Maschine; ***печа́тать на ~ке*** tippen; **~ный** (14) maschinell, mechanisch; Maschinen-

M

машинопи́с|ный (14) maschinengeschrieben; Schreib-, Schreibmaschinen-; **~ь** *f* (8) Maschinenschreiben *n*, Maschinenschrift
машиностро|е́ние *n* (12) Maschinenbau *m*; **~и́тель** *m* (4): ***инжене́р -~и́тель*** Maschinenbauingenieur *m*; **~и́тельный** (14) Maschinenbau-
мая́к *m* (1*e.*) Leuchtturm; Leuchtfeuer *n*; ***плаву́чий ~*** Feuerschiff *n*
ма́ятник *m* (1) Pendel *n*; Unruh *f*; Perpendikel *n*
ма́яться F (27) sich abrackern; s-e liebe Not haben; leiden (T unter *D*)
мая́чить F (16) schimmern, sich abzeichnen; herumgeistern; *fig.* winken
мая́чный (14) Leuchtturm-
мгл|а *f* (5) Nebel *m*; Nebelschleier *m*; Dunst *m*; Dunkel *n*, Finsternis; **~и́стый** (14*K.*) neb(e)lig; dunstig; düster
мгнове́н|ие *n* (12) Augenblick *m*, Moment *m* (***на*** B für *A*); ***в одно́ ~ие*** *od.* ***в ~ие о́ка*** im Nu; **~ный** (14; -ен, -на) augenblicklich; jäh
ме́бел|ь *f* (8) *koll.* Möbel *n/pl.*; ***для ~и*** F als Staffage; **~ьный** (14) Möbel-; **~ьщик** *m* (1) Möbeltischler
меблиров|а́ть (7) *im(pf.)*, ⟨о(б)-⟩ möblieren, einrichten; **~ка** *f* (5) Möblierung; Möbel *n/pl.*, Einrichtung
мёд *m* (1; -а/-у; в -у́; *pl. e.*) Honig; Met; ***не ~*** F kein Honiglecken
медал|и́ст *m* (1) *Sp.* Medaillengewinner; **~ь** *f* (8) Medaille; Münze
медве́|дица *f* (5) Bärin; *Astr.* ♀ Bär *m*; **~дь** *m* (4) Bär (*a. fig.* F); F Bärenfell *n*, Bärenpelz; → ***бирю́к, шку́ра***; **~жатина** *f* (5) Bärenfleisch *n*; **~жа́тник** *m* (1) Bärenjäger; **~жий** (18) Bären-; ***~жий у́гол*** *m* F Krähwinkel; **~жо́нок** *m* (2; *pl.* -жа́та) Bärenjunge(s) *n*, junger Bär; Teddybär
ме́ди|к *m* (1) Arzt, Mediziner; Medizinstudent; **~ко-санита́рный** (14) Sanitäts-; **~нститу́т** *m* (1) medizinische Hochschule *f*; **~ци́на** *f* (5) Medizin; **~ци́нский** (16) medizinisch, ärztlich; Medizin(al)-; Heil-; Kranken-; Sanitäts-; **~чка** F *f* (5; -чек) Medizinerin; Medizinstudentin
ме́дл|енный (14*K.*) langsam; **~и́тельный** (14; -лен, -льна) langsam, gemächlich; träge; **~ить** (14) zögern, zaudern; → ***заде́рживаться***
ме́дн|ик *m* (1) Kupferschmied; **~оло́бый** F (14) engstirnig; **~ый** (14) Kupfer-, kupfern; ehern; *Mus.* Blech-; ***~ый грош*** *m fig.* roter Heller; ***~ый лоб*** F sturer Bock
медо́|вый (14) Honig-; honigsüß; ***~вый ме́сяц*** *m* Flitterwochen *f/pl.*
мед- → ***медици́нский*** (+ *Su.*)
мед|ь *f* (8) Kupfer *n*; *Mus.* Blech *n*; F Kupfergeld *n* (T in *D*); ***жёлтая ~ь*** Messing *n*; **~я́к** F *m* (1*e.*) Kupfermünze *f*; **~яни́ца** *f* (5) Blindschleiche; **~я́нка** *f* (5; -нок) Schlingnatter
меж → ***ме́жду***
межа́ *f* (5; *pl. a. e.*) Rain *m*, Grenze (***на*** П an *D*)
меж|библиоте́чный (14) Fernleih-; **~госуда́рственный** (14) zwischenstaatlich; **~доме́тие** *n* (12) Interjektion *f*; **~доусо́бие** *n* (12); **~доусо́бица** *f* (5) *hist.* innere Fehde
ме́жду (T, † P) zwischen (*D*; *A*); unter (*D*); ***~ собо́й*** untereinander; ***~ про́чим*** nebenbei; unter anderem; übrigens; ***~ тем*** unterdessen, inzwischen; ***~ тем как*** während; **~горо́дный** (14) Fern-; Überland-; **~наро́дник** F *m* (1) Völkerrechtler; ***журнали́ст-~наро́дник*** außenpolitischer Redakteur; **~наро́дный** (14) international; weltpolitisch, außenpolitisch; Auslands-; *Sp.* Länder-; *Jur.* Völker-; **~ца́рствие** *n* (12) Interregnum
межев|а́ние *n* (12) Landvermessung *f*; **~а́ть** (6 -у́-) vermessen; **~о́й** (14) Feldmeß-; Grenz-; Flur-
меже́нь *f* (8) Niedrigwasser *n*
межеу́мок *m* (1; -мка) F Zwischending *n*; P Schwachkopf
меж|континента́льный (14) Interkontinental-; **~плане́тный** (14) interplanetarisch; **~прави́тельственный** (14) auf Regierungsebene
мексика́н|ец *m* (1; -ца), **~ка** *f* (-ок) Mexikaner(in *f*); **~ский** (16) mexikanisch
мел *m* (1; -а/-у; в -у́) Kreide *f*
меле́ть (8), ⟨об-⟩ seicht werden
ме́лк|ий (16; -лок, -а́) fein, feinkörnig; klein(er), Klein-; seicht; flach; leicht; *fig.* kleinlich; unbedeutend; *Met.* Sprüh-; *fig.* Krämer-; ***~о пла́вать*** F *fig.* nur ein kleiner Fisch sein
мелко|буржуа́зный (14; -зен, -зна)

М

kleinbürgerlich; **~во́дный** (14; -ден, -дна) seicht, wasserarm; **~во́дье** *n* (10; -ий) Niedrigwasser *m*; Untiefe *f*; **~ле́сье** *n* (10) Kleingehölz; **~ро́слый** (14) klein von Wuchs, klein; **~та́** F *f* (5) Kleinzeug *n*; Kroppzeug *n*; kleine Leute *pl.*; → ***ме́лкий***

мелово́й (14) Kreide-; kreidebleich

мелоди́|ческий (16) melodisch; → ***~чный***; **~чность** *f* (8) Wohlklang *m*; **~чный** (14; -чен, -чна) wohlklingend, melodiös; **~я** *f* (7) Melodie, Weise; Wohlklang *m*

мело́к *m* (1; -лка́) Kreidestift *f*

мелоч|и́ться P (16*e.*) sich kleinlich zeigen, knapsen; **~но́й** (14) Klein-; Krämer-; **~ность** *f* (8) Kleinkrämerei; → **~ный** (14; -ен, -на) kleinlich, F kleinkariert; geringfügig; **~ь** *f* (8; *ab Gpl. e.*) Kleinigkeit(en *pl.*); Kleinkram *m*; Kleingeld *n*; ***по ~а́м*** in kleinen Summen

мел|ь *f* (8; на -и́) Sandbank, Untiefe; ***на ~и́*** F *fig.* auf dem trockenen

мельк|а́ть (1), *einm.* ⟨~ну́ть⟩ (20) durchschimmern, hindurchschimmern; flimmern; vorüberhuschen; aufblitzen; ***в глаза́х ~а́ет*** (***у*** P *j-m*) flimmert es vor den Augen; **~о́м** flüchtig; beiläufig

ме́льни|к *m* (1) Müller; **~ца** *f* (5) Mühle; **~чный** (14) Mühl(en)-

мельтеши́ть P (16*e.*) flimmern, herumgeistern; herumfuchteln; herumhetzen

мельч|а́ть (1) **1.** kleiner *od.* seichter werden; **2.** ⟨из-⟩ *fig.* verflachen; **~и́ть** (16*e.*), ⟨из-, раз-⟩ zerkleinern; *fig.* verflachen

мелюзга́ F *f* (5) → ***мелкота́***

мемориа́л *m* (1) Gedenkstätte *f*; **~ьный** (14) Gedenk-

мемуари́ст *m* (1) Memoirenschreiber

ме́на *f* (5) Tausch *m*

ме́нее weniger, minder; **~ *всего́*** am wenigsten *od.* allerwenigsten; → ***тем***

мензу́рка *f* (5; -рок) Meßglas *n*

меново́й (14) Tausch-

мент P *m* (1*e.*) *verä.* Bulle, Polyp

ме́нторский (16) Schulmeister-

ме́ньш|е kleiner (→ ***ме́нее, ма́лый, ма́ленький***); ***~е всех*** am kleinsten; **~еви́стский** (16) menschewistisch; **~ий** (17) kleiner, geringer; F jünger, jüngst; ***по ~ей ме́ре*** mindestens; zumindest; **~инство́** *n* (9) Minderheit *f*; **~о́й** P (17) → ***~ий*** F

меню́ *n* (*unv.*) Menü; Speisekarte *f*

меня́|ть (28) **1.** ⟨об-, по-⟩ tauschen, umtauschen, eintauschen (***на*** B gegen *A*); **2.** ⟨раз-⟩ *Geld* wechseln; **3.** ⟨переменить, сменить⟩ (13; -нённый) wechseln, auswechseln; **4.** ⟨изменить, переменить⟩ (13; -нённый) ändern, verändern; **-ся**, ⟨по-⟩ tauschen, austauschen (T *A*); → ***~ть*** (*v/i*)

ме́р|а *f* (5) Maß *n*, Maßeinheit; Maßstab *m*; Maßnahme; ***без ~ы*** unmäßig; maßlos; ***в ~у*** mäßig, nicht zu; ***не в ~у*** über die Maßen; ***в по́лной ~е*** vollauf; ***по ~е*** (P) nach Maßgabe; während + *Vb.*; ***по ~е того́ как*** während, in dem Maße wie . . .; ***ни в ко́ей*** *od.* ***како́й ~е*** → ***ника́к***; ***знать ~у*** maßhalten

мере́жка *f* (5; -жек) Hohlsaum *m*

мере́ть F → ***умира́ть, замира́ть***

мере́щиться F (16), ⟨по-, при-⟩ scheinen, erscheinen, vorkommen

мерза́в|ец F *m* (1; -ца) Schurke, Schuft; **~ка** F *f* (5; -ок) Aas *n*, Luder *n*; **~чик** P *m* (1) Schnapsfläschchen *n*

ме́рзкий (16; -зок, -зка́) ekelhaft, scheußlich

мерз|лота́ *f* (5) Frostboden *m*; **~лый** (14) gefroren; vereist; F durchgefroren; eisig; **~нуть** (21), ⟨за-⟩ frieren, gefrieren, erfrieren; F vor Kälte steif werden

ме́рзост|ный [-sn-] F (14; -ен, -на) widerlich, scheußlich; **~ь** *f* (8) Abscheulichkeit; Schurkerei; F scheußliches Zeug *n*; ***~ь запусте́ния*** völlige Verödung *f*

мери́ло *n* (9) Maß, Maßstab *m*

ме́рин *m* (1) Wallach; ***врёт как си́вый ~*** P *j-d* lügt wie gedruckt; ***глуп как си́вый ~*** P dumm wie Bohnenstroh

ме́р|ить (13) **1.** ⟨из-, F с-⟩ messen (T nach *D*; an *D*; *Fieber*: Д/В bei *j-m A*); **2.** ⟨при-⟩ anprobieren; **3.** *fig.* schreiten (B durch *A*), durchschreiten; ***~ить глаза́ми*** von oben bis unten messen; ***~ить вёрсты*** P große Strecken zurücklegen; **-ся:** ***-ся си́лами*** s-e Kräfte messen; **~ка** *f* (5; -ок) Maß *n* (T *a.* nach *D*)

меркантúльный (14; -лен, -льна) merkantil; *fig*. kleinlich, berechnend
мéрк|лый F (14) fahl; **~нуть** (21) **1.** ⟨по-⟩ verblassen, verlöschen, erlöschen, schwinden; **2.** ⟨с-⟩ dunkel werden
мерлýшка *f* (5; -шек) Lammfell *n*
мéрн|ый (14; -рен, -а) gemessen, gleichmäßig, rhythmisch; (*o. K.*) † Maß-; ***~ым шáгом*** gemessenen Schrittes
мероприя́тие *n* (12) Maßnahme *f*; Veranstaltung *f* (***на*** П in *D*)
мéртв|енный (14*K*.) leblos; totenblaß; (*o. K.*) Toten-; **~éть** (8) **1.** ⟨по-⟩ absterben, erstarren; **2.** ⟨о-⟩ veröden; **~éц** *m* (1*e*.) Tote(r); Leiche *f*; **~éцкая** F *f* (16) Totenzimmer *n*; **~éцки** F: ***~éцки пьян*** sternhagelvoll; **~ечúна** *f* (5) Aas *n*; *fig*. F Erstarrung; **~úть** (14*e*.) erstarren lassen; **~орождённый** (14) totgeboren (*a. fig*.); **≈ый** (14; ≈, ≈á, ≈ó) tot; leblos; unbelebt; fahl; lautlos; *Mar*. völlig; Würge-; Ruhe-; Tot(en)-; Sauregurken-; *Su*. → **~éц**; ***≈ые лю́ди*** *pl*. Karteileichen *f*/*pl*.; ***спать ≈ым сном*** wie ein Murmeltier schlafen; **~я́щий** (17) lähmend, beklemmend; starr
мерцáть F (1) flimmern, schimmern; flackern
мéрять F (28) → ***мéрить***
мéси|во F *n* (9) Gemisch; **≈ть** (15) kneten; ***≈ть грязь*** durch den Schlamm waten
мест|áми stellenweise, gebietsweise; **~éчко** *n* (9; *pl*. -ки, -чек) Plätzchen, Fleckchen; Städtchen, Flecken *m*; ***тёпленькое ~éчко*** *n* Pfründe *f*
ме|стú (25 -т-; ≈тший) **1.** ⟨под-⟩ kehren, fegen; **2.** treiben; ***~тёт*** es stöbert
месткóм *m* (1) Gewerkschaftsleitung *f*
мéстн|ость [-sn-] *f* (8) Gegend, Örtlichkeit; Gelände *n*; ***дáчная ~ость*** *f* Sommerfrische; **~ый** (14) lokal, örtlich; Orts-, Lokal-; Nah-, Nahverkehrs-; ortsansässig; ***~ый падéж*** *m* Lokativ
мéст|о *n* (9; *pl. e.*) Platz *m*, Ort *m*, Stelle *f* (***на*** П an *D*); Sitz *m*, Sitzplatz *m*; Bett *n*; Gepäckstück; *Jur*. Anstalt *f*; *pl*. Gegend *f*; Provinz *f* (***на*** П in *D*); ***на ~е*** an Ort u. Stelle; am rechten Ort *od*. Arbeitsplatz; *Jur*. standrechtlich; ***на ~áх*** vor Ort, bei den örtlichen Stellen; ***к ~у*** angebracht, am Platz; ***не к ~у*** unangebracht, fehl am Platz; ***по ~áм!*** auf die Plätze!; ***с ~а*** aus dem Stand; auf Anhieb; ***не ~о*** nicht der (richtige) Ort; (Д *j-d*) hat nichts zu suchen; ***знать своё ~о*** sich bescheiden benehmen; ***имéть ~о*** stattfinden; ***стáвить на ~о*** F in die Schranken weisen; ***сéрдце*** *od*. ***душá не на ~е*** (***у*** P *j-d*) ist voller Unruhe; **~ожúтельство** *n* (9) Wohnsitz *m*, Wohnort *m*
местоимéн|ие *n* (12) Pronomen, Fürwort; **~ный** (14) pronominal
место|нахождéние *n* (12) Standort *m*; Fundort *m*; **~положéние** *n* (12) Lage *f*; **~пребывáние** *n* (12) Aufenthalt *m*, Aufenthaltsort *m*; **~рождéние** *n* (12) Lagerstätte *f*, Lager, Vorkommen
месть *f* (8) Rache
мéся|ц *m* (1) Monat (***в*** В im); Mond; ***~цáми, по цéлым ~цáм*** monatelang; ***как молодóй ~ц*** F alle Jubeljahre einmal; **~чный** (14) Monats-, Einmonats-, monatlich; Mond-; *pl. Su*. P Tage *m*/*pl*.
метáлл *m* (1) Metall *n*; **~úст** *m* (1) Metallarbeiter; **~úческий** (16) metallisch; Metall-; metallen; ***~úческие дéньги*** *pl*. Hartgeld *n*; **~олóм** *m* (1) Altmetall *n*, Schrott; **~обрабáтывающий** (17) metallverarbeitend; **~опрокáтный** (14) Walz-; **~орéжущий** (17) metallabhebend
металлýрг *m* (1) Hüttenarbeiter, Hüttenwerker; **~úческий** (16) Hütten-; **~úя** *f* (7) Hüttenkunde, Hüttenwesen *n*; Hüttenindustrie
метá|ние *n* (12) Werfen, Wurf *m*; **~тель** *m* (4) Werfer; **~тельный** (14) Wurf-, Schleuder-; **~ть**[1] (3), *einm*. ⟨метнýть⟩ (20) **1.** werfen, schleudern (***в*** В nach *j-m*); **2.** ⟨вы́-⟩: ***~ть икрý*** laichen; *Junge* werfen; **3.** *Karten* geben; **~ть**[2] (1), ⟨на-⟩ nähen, heften, durchnähen; **-ся** sich werfen *od*. hin u. her werfen; sich wälzen; herumrennen; verwirrt sein
метáфора *f* (5) Metapher
метéлица F *f* (5) → ***метéль***
метёлк|а *f* (5; -лок) Besen *m*; Wedel *m*; *Bot*. Rispe; ***под ~у*** F restlos
метéль *f* (8) Schneesturm *m*, Schneegestöber *n*

метéние *n* (12) Kehren, Fegen
метео|рóлог *m* (1) Meteorologe; **~рологи́ческий** (16) meteorologisch, Wetter-, Witterungs-; **~рoлóгия** *f* (7) Meteorologie, Wetterkunde; **~слýжба** *f* (5) Wetterdienst *m*; **~спýтник** *m* (1) Wettersatellit
мети́с *m* (1) Mischling; Mestize
мéт|ить (15) **1.** ⟨на-, по-⟩ zeichnen, markieren; **2.** zielen (**в** B auf *A*); F (auf *A*) hinauswollen; (**в** И *pl. A*) werden wollen; **~ка** *f* (5; -ок) Zeichen *n*, Merkzeichen *n*, Markierung; **~кий** (16; -ок, -кá) treffsicher, sicher; *fig.* treffend
мет|лá *f* (5; *pl. st.* ¨лы, ¨ел) Besen *m*; ***нóвая ~лá чи́сто ~ёт*** *Spr.* neue Besen kehren gut; → ***~ёлка***
метнýть(ся) → ***метáть(ся)***
мéтод *m* (1) Methode *f*; Verfahren *n* (T in *D*); Vorgehensweise *f*; **~и́ст** *m* (1) Methodiker; **~и́ческий** (16) methodisch; → **~и́чный** (14; -чен, -чна) planmäßig, systematisch; **~олóгия** *f* (7) Methodologie
метр *m* (1) Meter *n*/*m*; Metermaß *n*; Metrum *n*, Versmaß *n*; Taktmaß *n*; **~áж** *m* (1*e*.) Länge *f* (in Metern); Fläche *f*, Größe *f*
метр|анпáж *m* (1; -ей) *Typ.* Metteur; **~дотéль** [-ˈtɛl̥] *m* (4) Oberkellner
мéтри|ка *f* (5) Geburtsurkunde; *Lit.* Metrik, Verslehre; **~́ческий** (16) metrisch; Geburts-; Personenstands-
метрó *n* (*unv.*), **~политéн** [-ˈtɛn] *m* (1) Untergrundbahn *f*, U-Bahn *f*, Metro *f* (**на** П mit *A*); F U-Bahnstation *f*
мех *m* **1.** (1; ¨а/¨у; на -ý; *pl. e.*, *N* -á) Fell *n*; Pelz (**на** П mit *D*); *pl.* Pelzwerk *n*, Rauchwaren *f*/*pl.*; ***на ры́бьем ~ý*** F sehr leicht; **2.** (1; *pl. e.*, *N a.* -á) Blasebalg; Weinschlauch; *Foto.* Balgen
механ|изáция *f* (7) Mechanisierung; **~изи́ровать** (7) *im*(*pf.*) mechanisieren; **~и́зм** *m* (1) Mechanismus; Vorrichtung *f*; Triebwerk *n*, Werk *n*; Getriebe *n*; *Pol.* Apparat; **~́ик** *m* (1) Mechaniker; ***инженéр-~́ик*** Maschineningenieur; **~и́ческий** (16) mechanisch (*a. fig.*), maschinell; Maschinen-; Selbst-; **~и́чный** (14; -чен, -чна) *fig.* mechanisch
мех|и́ → ***мех 2***; **~овóй** (14) Pelz-; Rauch-, Rauchwaren-; **~овщи́к** *m* (1*e.*) Kürschner; † Pelzwarenhändler
меценáт *m* (1) Mäzen; **~ство** *n* (9) Mäzenatentum
меч *m* (1*e.*; -éй) Schwert *n*
мéченый (14) gezeichnet; markiert
мечéть *f* (8) Moschee
мечтá *f* (5; *Gpl.* -ний) Wunschtraum *m*, Traum; Trugbild *n*, Hirngespinst *n*; **~ние** *n* (12) Träumerei *f*; **~тель** *m* (4) Träumer, Schwärmer; Phantast; **~тельность** *f* (8) Hang *m* zur Schwärmerei, Schwärmerei; → **~тельный** (14; -лен, -льна) schwärmerisch, träumerisch; verträumt; phantastisch; **~ть** (1) träumen, schwärmen (**о** П von *D*); **-ся: *~лось*** (Д *j-m*) träumte
мешá|лка F *f* (5; -лок) Rührholz *n*; *Tech.* Rührwerk *n*, Mischer *m*; **~ни́на** F *f* (5) Mischmasch *m*, Sammelsurium *n*; **~ть** (1) **1.** umrühren; **2.** ⟨с-⟩ mischen, vermischen; P verwechseln; **3.** ⟨по-⟩ stören, belästigen (Д *j-n*; + *Inf.* bei *D*); hindern (an *D*); ***не ~ет*** *od.* ***~ло бы*** es kann *od.* würde nicht schaden; **-ся** sich verwirren; sich einmischen; im Wege sein
мéшкать F (1) → ***мéдлить***
мешков|áтый (14*K*.) zu weit, sackartig; schwerfällig; **~и́на** *f* (5) Sackleinen *n*
мéшкотный F (14; -тен, -тна) saumselig, träge; zeitraubend
меш|óк *m* (1; -кá) Sack; Tränensack; *Anat.* Tasche *f*; *Mil.* Kessel; F Tolpatsch; ***~кóм*** sackartig; **~óчек** *m* (1; -чка) Säckchen *n*, Beutel; ***в ~óчек*** flaumweich
мещан|и́н *m* (1; *pl.* ¨е, ¨), **~́ка** *f* (5; ¨ок) Kleinbürger(in *f*); Spießer; **~́ский** (16) kleinbürgerlich, Kleinbürger-; bürgerlich; *fig.* spießbürgerlich; **~́ство** *n* (9) Kleinbürgertum; *fig.* Spießertum
миг *m* (1) Augenblick (**на** B *a.* für *A*); ***в оди́н ~*** im Nu; **~áлка** *f* (5; -лок) F Blinklicht *n*; Funzel; *pl.* P Augen *n*/*pl.*; **~áть** (1), *einm.* ⟨~нýть⟩ (20) blinzeln; zuzwinkern; F flimmern, flakkern; ***~нýть не успéл, как*** . . . eh' sich *j-d* versah . . .; ***стóит тóлько ~нýть*** (Д von *j-m*) genügt ein Wink . . .; **~ом** F im Nu

мизансце́на *f* (5) Inszenierung; *Film*: Aufnahmeposition
ми́зе́рный (14; ~рен, ~рна) äußerst dürftig, miserabel; armselig, erbärmlich
мизи́нец *m* (1; -нца) kleiner Finger; kleine Zehe *f*; ***с*** *od.* ***на ~*** minimal
микро|авто́бус *m* (1) Kleinbus; **~волно́вый** (14) Mikrowellen-; **~калькуля́тор** *m* (1) Taschenrechner; **~литра́жка** F (5; -жек) Kleinstauto *n*; **~по́рка** F *f* (5; -рок) Kreppsohle; **~скопи́чный** (14; -чен, -чна) winzig, winzig klein; **~телефо́н** *m* (1) Handapparat; **~фильми́ровать** (7) *im*(*pf.*) auf Mikrofilm aufnehmen; **~элеме́нт** *m* (1) Spurenelement *n*
мил|а́шка P *m*/*f* (5; -шек) nette Person; Liebe(r), Liebste(r); **~енький** F (16) hübsch, nett, niedlich; lieb, liebst; ***как ~енький*** P ganz brav
милитариза́ция (7) Militarisierung
милиц|е́йский (16) Miliz-; → **~ионе́р** *m* (1) Milizionär, Milizsoldat, Polizist; **~ия** *f* (7) Miliz, Polizei
миллиа́рд *m* (1) Milliarde *f*
милли|гра́мм *m* (1) Milligramm *n*; **~ме́тр** *m* (1) Millimeter *n*; **~метро́вый** (14) Millimeter-
миллио́н *m* (1) Million *f*; **~ный** (14) Millionen-; von e-r Million; millionste(r)
ми́ловать (7) **1.** schonen, verschonen; **2.** ~ *Folkl.* liebkosen; **-ся** F schmusen
милови́дн|ость *f* (8) Liebreiz *m*; **~ый** (14; -ден, -а) lieblich, liebreizend, niedlich; nett, hübsch, adrett
мило́к P *m* (1; -лка́) mein Lieber
милосе́рд|ие *n* (12) Barmherzigkeit *f*; ***сестра́ f ~ия*** Krankenschwester; ***без ~ия*** unbarmherzig; **~ный** (14; -ен, -на) barmherzig, mildtätig
ми́лост|ивый † (14*K.*) gnädig, gütig; wohlwollend; sehr geehrt
ми́лостын|я *f* (6) Almosen *n*; ***проси́ть ~ю*** betteln
ми́лост|ь *f* (8) Gunst; Gnade; Wohltat; milde Gabe(n *pl.*); ***на ~ь*** auf Gnade u. Ungnade; *iron.* ***по ~и*** (P *j-m*) hat *j-d* zu verdanken, daß . . .; ***~и про́сим!*** darf ich bitten!; ***сде́лай ~ь!*** sei so gut!; tu mir den Gefallen; ***скажи́ на ~ь!*** F nein, so was!; sieh mal einer an!
ми́лочка F *f* (5; -чек) hübsches Ding *n*; Liebste, liebes Kind
ми́л|ый (14; -, -а́) nett, lieb; teuer; *Su. m* Lieber; Liebster; ***~ое де́ло!*** P das beste; e-e schöne Bescherung!; ***вот*** (***э́то***) ***~о!*** F na so was!; ***наси́льно ~ не бу́дешь*** *Spr.* Liebe läßt sich nicht erzwingen
мильт(о́н) P *m* (1) *verä.* Bulle, Polyp
ми́ля *f* (6) Meile
миля́га P *m*/*f* (5) lieber Mensch *m*
мими́ст *m* (1) Pantomime
ми́мо **1.** *Adv.* vorbei, vorüber; daneben; **2.** *Prp.* (P) an (*D*) vorbei *od.* vorüber, neben (*A*); **~е́здом** F auf der Durchreise; **~лётный** (14; -тен, -тна) flüchtig; vorübergehend; **~хо́дом** im Vorübergehen; F beiläufig, nebenbei
ми́на *f* (5) **1.** Mine; **2.** Miene
миндал|еви́дный (14; -ден, -дна) mandelförmig; **~ина** *f* (5) Mandel; **~ь** *m* (4*e.*; -я́/-ю́) *koll.* Mandeln *f*/*pl.*; Mandelbaum; **~ьничать** F (1) Süßholz raspeln; zu viel Federlesens machen; **~ьный** (14) Mandel-; rosafarben; F süßlich
минёр *m* (1) Sprengmeister
минера́л *m* (1) Mineral *n*; **~ка** F *f* (5) Mineralwasser *n*; **~о́гия** *f* (7) Mineralogie; **~ьный** (14) Mineral-
ми́ни (*unv.*): ***ю́бка f ~*** Minirock *m*
миниатю́р|а *f* (5) Miniatur; Miniaturbild *n*; **~и́ст** *m* (1) Miniaturmaler; **~ный** (14; -ен, -на) zierlich; winzig; (*o. K.*) Miniatur-
миним|а́льный (14; -лен, -льна) minimal; kleinst; *Frist*: kürzest; (*o. K.*) Minimal-; Mindest-; *Adv.* mindestens; **~ум** *m* (1) Minimum *n*, Mindestmaß *n* (***до*** P auf *A*); → **~а́льный**
мини́ровать (7) *im*(*pf.*), ⟨за-⟩ verminen
минист|е́рский (16) Minister(ial)-, ministeriell; **~е́рство** *n* (9) Ministerium (P für *A*, *G*); **~р** *m* (1) Minister
ми́нный (14) Minen-
мин|ова́ть (7) *im*(*pf.*) **1.** *pf. a.* ⟨**~у́ть**⟩ (20) vorübergehen, vorüberfahren, vorbeikommen (B an *D*); verschonen; übergehen; *fig.* nicht eingehen (B auf *A*); **2.** F entgehen, (Д um *A*) herumkommen; **3.** *pf.* vergehen, vorbeisein; **~у́ть** → ***испо́лниться***
мино|иска́тель *m* (4) Minensuchgerät *n*; **~мёт** *m* (1) Granatwerfer; **~но́сец** *m* (1; -сца) Torpedoboot *n*

минóр *m* (1) Moll *n*; F traurige Stimmung *f*; **~ный** (14; -ен, -на) Moll-; F traurig, bedrückt
минýвший (17) vergangen, abgelaufen, vorig; *Su. n* Vergangenheit *f*
мúнус *m* (1) Minus *n*, Minuszeichen *n*; minus, weniger; F Mangel, Schattenseite *f*; **~овый** (14) Minus-; negativ
минýт|а *f* (5) Minute; F Augenblick *m* (***в*** B in *D*; ***на*** B für *A*); ***~ами*** zeitweise; ***~а в ~у*** pünktlich, auf die Minute genau; ***с ~ы на ~у*** F jeden Augenblick; ***сию́ ~у!*** F sofort!; ***однý ~у!*** F e-n Moment!; ***в однý ~у*** F im Nu; ***жить ~ой*** in den Tag hineinleben; **~(оч)ка** F *f* (5; -ок/-чек) → ***~а*** F; **~ный** (14) Minuten-; von e-r Minute; minutenlang; flüchtig, Augenblicks-
минýть → ***минова́ть***
мир¹ *m* (1; *pl. e.*) **1.** Welt *f* (***в*** П auf *D*), All *n*, Weltall *n*; Erde *f* (auf *D*); Reich *n*, Bereich; Kreise *m/pl.*; **2.** † (в -ý) Erdendasein *n*; ***в ~ý*** als Laie; **3.** (на -ý) *hist.* Dorfgemeinde *f*; → ***схóдка***; ***всем ~ом*** gemeinschaftlich; ***пойти́ по ~у*** zum Bettler werden; ***пусти́ть пó ~у*** an den Bettelstab bringen; ***на ~ý и смерть красна́*** *Spr.* geteiltes Leid ist halbes Leid
мир² *m* (1) Frieden (***с*** T in); ***~ во всём ~е*** Weltfrieden; **~ом** → **~ный**
мира́ж *m* (1; -ей) Luftspiegelung *f*, (*a. fig.*) Fata Morgana *f*
мир|и́ть (13*e.*), ⟨по-; при-⟩ versöhnen, aussöhnen; **-ся**, ⟨при-⟩ sich abfinden *od.* zufrieden geben; **~ный** (14; -ен, -на) friedlich; (*o. K.*) Friedens-
мировоззре́н|ие *n* (12) Weltanschauung *f*; **~ческий** (16) weltanschaulich
миро|вóй (14) Welt-; weltweit; P toll, prima; *Su. f* F gütliche Einigung, Vergleich *m*; **~восприя́тие** → ***~ощуще́ние***; **~зда́ние** *n* (12) Weltall; **~к** *m* (1; -рка́) Kreis; enge Sphäre *f*
миролюби́|вый (14*K.*) friedliebend, friedfertig; **~е** *n* (12) Friedfertigkeit *f*; Friedensliebe *f*
миро|ощуще́ние *n* (12) Weltempfinden; **~понима́ние** *n*, **~созерца́ние** *n* (12) Weltauffassung *f*; → ***~воззре́ние***; **~твóрец** *m* (1; -рца) Friedensstifter; **~твóрческий** (16) friedenstiftend, Friedens-
мирскóй (16) weltlich; *hist.* Gemeinde-
ми́ска *f* (5; -сок) Schüssel
мисси|оне́р *m* (1) Missionar; **~я** *f* (7) Mission, Sendung
мист|е́рия *f* (7) Mysterium *n*; **~ика** *f* (5) Mystik; F Mysteriöse(s) *n*; **~ифици́ровать** (7) *im(pf.)* mystifizieren, täuschen; **~и́ческий** (16) mystisch
ми́тинг *m* (1) Kundgebung *f*; **~ова́ть** F (7) e-e Kundgebung abhalten; Reden *od.* große Reden schwingen
митрополи́т *m* (1) Metropolit
миф *m* (1) Mythos; Sage *f*; *fig.* Fiktion *f*; **~и́ческий** (16) mythisch; legendär, sagenumwoben; F erfunden; **~ологи́ческий** (16) mythologisch; Sagen-; **~олóгия** *f* (7) Mythologie; Mythos *m*
ми́чман *m* (1) *Mar.* Fähnrich
мише́нь *f* (8) Zielscheibe (*a. fig.*)
ми́шка F *f* (5; -шек) Meister Petz *m*; Teddybär *m*
мишур|а́ *f* (5) Flittergold *n*, Flitter *m*; *fig.* Tand *m*, Talmi *n*; **~ный** (14) Flitter-; *fig.* Schein-
младе́н|ец *m* (1; -ца) Kleinkind *n*; Säugling; **~ческий** (16) Kinder-, Kindes-, kindlich; **~чество** *n* (9) Kindesalter, Säuglingsalter
млад|óй (14; -, -á) *poet.* → ***молодóй***; **~шекла́ссник** F *m* (1) Elementarschüler; **~шекýрсник** F *m* (1) Student im Grundstudium; **~ший** (17) jüngere(r), jüngste(r); Unter-, untere(r); *Su. m* Junior; → ***ста́рший***
мле́копита́ющее *n* (17) Säugetier
млеть (8) **1.** vergehen (***от*** P vor *D*); ermatten; **2.** erstarren; **3.** F ⟨за-⟩ absterben
мле́чный, *Astr.* ♀ (14) Milch-
мне́ни|е *n* (12) Meinung *f*, Ansicht *f*; Stellungnahme *f*; ***быть плохóго ~я*** (***о*** П auf *j-n*) schlecht zu sprechen sein; ***быть высóкого ~я о себе́*** sich viel einbilden; ***я тогó ~я, что . . .*** ich bin der Meinung, daß . . .; ***теря́ть во ~и*** (P in *j-s*) Augen verlieren
мни́|мый (14*K.*) angeblich; eingebildet; scheinbar; (*o. K.*) Schein-; *Math.* imaginär; **~тельность** *f* (8) Argwohn *m*; **~тельный** (14; -лен, -льна) argwöhnisch; **~ть** † (13) meinen; glauben; ***~ть о себе́*** sich viel einbilden
мнóг|ие *pl.* (16) viele (***из*** P von *D*); manch(e); ***во ~их отноше́ниях*** in vielerlei Hinsicht; **~о** (P) viel; viele; zu

М

viel; weit, weitaus; **~о** *od.* **~о-~о** F höchstens; ***ни ~о ни мáло*** nicht mehr u. nicht weniger; ***~ слов, а мáло дéла*** viel Geschrei u. wenig Wolle

много|бóрье *n* (10) Mehrkampf *m*; **~брáчие** *n* (12) Polygamie *f*; **~вáто** F etwas viel *od.* zu viel; **~вековóй** (14) jahrhundertealt; **~вóдный** (14; -ден, -дна) wasserreich; **~говорящий** (17) vielsagend; **~голóсие** *n* (12) Mehrstimmigkeit *f*; Stimmengewirr; **~грáнный** (14; -áнен, -нна) *fig.* vielseitig, vielschichtig; (*o. K.*) *Math.* vielflächig; **~дéтный** (14; -тен, -тна) kinderreich; **~днéвный** (14) mehrtägig; **~е** *n* (16) vieles; ***говорúт о ~ом*** *et.* sagt *j-m* viel; **~жёнство** *n* (9) Polygamie *f*

многознач|ительный (14; -лен, -льна) bedeutsam, bedeutungsvoll; vielsagend; **~ный** (14; -ен, -на) *Math.* mehrstellig; *Ling.* mehrdeutig

много|квартúрный (14) Appartements-, Mehrfamilien-; **~колéйный** (14) mehrgleisig; **~крáсочный** (14; -чен, -чна) mehrfarbig; *fig.* bunt; **~крáтный** (14; -тен, -тна) mehrmalig, vielfach; *Gr.* Iterativ-; *Adv.* vielmals; **~лéтний** (15) langjährig, mehrjährig; bejahrt

многолю́д|ный (14; -ен, -на) Massen-, groß; stark besucht; dichtbevölkert, volkreich; belebt, voller Menschen; **~ство** *n* (9), **~ье** *n* (10) Menschenmasse(n *pl.*) *f*

много|мéрный (14; -рен, -рна) mehrdimensional; **~мéстный** [-sn-] (14) mehrsitzig; **~миллиóнный** (14) Millionen-, millionenstark; **~национáльный** (14; -лен, -льна) multinational; Nationalitäten-; **~нóжка** *f* (5; -жек) Tausendfüßler *m*; **~обещáющий** (17) vielversprechend, verheißungsvoll

многообрáз|ие *n* (12) Vielfalt *f*; **~ный** (14; -ен, -на) mannigfaltig, vielfältig

много|óпытный (14; -тен, -тна) sehr erfahren; **~пóльный** (14) Vielfelder-; **~речúвый** (14*K.*) redselig; wortreich; **~семéйный** (14; -éен, -йна) kinderreich; mit großer Familie; **~слóвный** (14; -вен, -вна) wortreich, weitschweifig; redselig; **~слóжный 1.** (14) mehrsilbig; **2.** (14; -жен, -жна) vielschichtig; **~степéнный** (14; -éнен, -нна) mehrstufig; *Pol.* indirekt; **~сторóнний** (15; -óнен, -ння) vielseitig, vielfältig; (*o. K.*) *Math.* vielkantig, vielflächig; **~страдáльный** (14; -лен, -льна) leidgeprüft, schmerzensreich; **~ступéнчатый** (14*K.*) Mehrstufen-, mehrstufig

многотирáж|ка F *f* (5; -ек) auflagenstarke Betriebszeitung; **~ный** (14) auflagenstark

много|тóчие *n* (12) Pünktchen *n/pl.*; **~ты́сячный** (14) vieltausendköpfig; **~уважáемый** (14) sehr geehrt; **~угóльник** *m* (1) Vieleck *n*; **~цвéтный** (14; -тен, -тна) vielfarbig, bunt; *Typ.* mehrfarbig; **~чúсленность** *f* (8) Vielzahl; **~чúсленный** (14*K.*) zahlreich; vielköpfig; **~члéнный** (14) mehrgliedrig, vielgliedrig; **~этáжный** (14; -жен, -жна) mehrstöckig; **~язы́чный** (14; -чен, -чна) mehrsprachig, vielsprachig, polyglott; **~я́русный** (14; -сен, -сна) mehrstufig; ***~я́русный гарáж*** *m* Parkhaus *n*

мнóжеств|енность *f* (8) Vielheit, Vielfalt; **~енный** (14) vielfältig, zahlreich; ***~енное числó*** *n* *Gr.* Mehrzahl *f*, Plural *m*; **~о** *n* (9) e-e Menge, große Menge *f*, Masse *f*

мнóжи|мое *n* (14) Multiplikand *m*; **~тель** *m* (4) Multiplikator, Faktor; **~тельный** (14) Vervielfältigungs-; **~ть** (16) **1.** ⟨у-, по-⟩ multiplizieren, malnehmen (***на*** В mit *D*); **2.** ⟨у-⟩ mehren, vermehren

мобилиз|áция *f* (7) Mobilmachung; Aufbietung; **~óванный** *m* (14) Einberufene(r); **~овáть** (7) *im(pf.)*, ⟨от-⟩ mobilisieren, mobilmachen; einberufen; aufbieten (***на*** В für *A*)

могúл|а *f* (5) Grab *n* (***до*** Р bis über *A*); ***быть на краю́ ~ы, смотрéть в ~у*** F mit e-m Bein im Grabe stehen; ***сойтú в ~у*** sterben; **~ьник** *m* (1) Grabstätte *f*; Atommülldeponie *f*; **~ьный** (14) Grab(es)-; **~ьщик** *m* (1) Totengräber

могý|чий (17*K.*) mächtig, gewaltig; sehr kräftig, robust; **~щественный** (14*K.*) machtvoll; → ***~чий***; **~щество** *n* (9) Macht *f*

мóда *f* (5) Mode (***на*** В für *A*; ***в*** П *a. N*)

модел|úзм [-dɛ-] *m* (1) Modellbau; **~úровать** (7), *im(pf.)*, ⟨с-⟩ modellie-

М

ren; **~истка** *f* (5; -ток) Modellschneiderin; **~ь** *f* (8) Modell *n*; Muster *n*; **~ьер** *m* (1) Modemacher; **~ьный** (14) Modell-; modisch

модерн [-'dɛ-] *m* (1) Moderne *f*; F Moderne(s) *n*; modern; ***стиль*** *m* **~** Jugendstil; **~из(ир)овать** (7) *im(pf.)* modernisieren; **~изм** *m* (1) Moderne *f*; **~истский** (16) modernistisch; **~(ов)ый** P (14) modern

модн|ик F *m* (1) Modenarr; **~ица** F *f* (5) Modepuppe; **~ичать** (1) F sich herausputzen; P † sich zieren; **~ый** (14; -ден, -á) modisch; modisch gekleidet; populär; (*o. K.*) Mode(n)-; *präd.* im Schwange

моечный (14) Wasch-, Spül-

можжевельник *m* (1) Wacholder

можно man kann *od.* darf; ***если*** **~** wenn möglich, wenn es erlaubt ist; **~** (***мне***) darf ich?; ***как*** (***это***) **~**, ***разве*** **~!** F das geht doch nicht!

мозаи|ка *f* (5) Mosaik *n*; **~чный** (14; -чен, -чна) Mosaik-; mosaikartig

мозг *m* (1; -а/-у; в -ý; *pl. e.*) Gehirn *n*, Hirn *n*; Mark *n*; *pl. Kochk.* Gehirn *n*, Bregen *m*; P Verstand *m*; ***до ~а костей*** durch u. durch; **~овать** P (7) nachdenken (***над*** T über *A*), überlegen; **~овитый** P (14*K.*) mit Grips; **~овой** (14) Gehirn-, Hirn-; Mark-

мозж|ечок [-ʒʒ-] *m* (1; -чкá) Kleinhirn *n*; **~ить** F (16) → ***ломить***

мозол|истый (14*K.*) schwielig; **~ить** (13), ⟨на-⟩ schwielig machen; ***~ить глаза*** P ein Dorn im Auge sein; auf die Nerven gehen; **~ь** *f* (8) Schwiele; Hühnerauge *n*; ***наступить на любимую ~ь*** F *fig.* auf die Hühneraugen treten; **~ьный** (14) Hühneraugen-; → ***~истый***

мо|й *m*, **~я** *f*, **~ё** *n*, **-и** *pl.* (24) mein(e); der (die, das) meine *od.* meinige; **~ё** *n* (das) Mein(e); **~и** *pl.* die Meinen; ***с ~ё*** F so lange *od.* viel wie ich; → ***ваш***

мой|ка *f* (5) Waschen *n*; Waschanlage (***на*** П in *D*); Spüle; **~щик** *m* (1) Wäscher; ***~щик окон*** Fensterputzer

мокнуть (21) naß werden; durchnäßt sein; weichen; eitern

мокрица *f* (5) Assel; *Bot.* Vogelmiere

мокр|ота¹ *f* (5) Auswurf *m*, Schleim *m*; **~отá²** F *f* (5) Nässe; **~ый** (14; -, -á) naß; feucht; F *fig.* ***глаза на ~ом месте*** (***у*** P *j-d*) hat nah am Wasser gebaut

мол¹ *m* (1; на -ý) Mole *f*

мол² F sag(t)e ich (*usw.*); angeblich; → ***дескать***; **~вá** *f* (5) Gerücht(e *pl.*) *n*, Gerede *n*; **~вить** † (14) *pf.* sagen

молдав|анин *m* (1; *pl.* -áне, -áн), **~анка** *f* (5; -нок) Moldauer(in *f*); **~ский** (16) moldauisch

молебен *m* (1; -бна) kurzer Gottesdienst; Gebet *n*

молекула *f* (5) Molekül *n*

моление *n* (12) Gebet; Flehen

молит|ва *f* (5) Gebet *n* (***о*** П um *A*; ***на*** П bei *D*); ***вашими ~вами*** F danke der Nachfrage!; **~венник** *m* (1) Gebetbuch *n*; **~венный** (14) Gebet(s)-; **~ь** (13) flehen, inständig bitten (***о*** П um *A*); anflehen; **-ся 1.** ⟨по-⟩ beten (Д zu *D*); **2.** F anbeten (Д, ***на*** В *A*)

молкнуть (21/20) verstummen

моллюск *m* (1) Weichtier *n*

молни|еносный (14; -сен, -сна) blitzschnell, blitzartig, Blitz(es)-; **~езащита** *f* (5) Blitzschutz *m*; **~еотвод** *m* (1) Blitzableiter; **~я** *f* (7) Blitz *m*; Blitztelegramm *n*; Sonderausgabe; Reißverschluß *m* (***на*** П mit *D*); ***с быстротой ~и*** mit Windeseile; ***~я сверкает*** es blitzt

молод|ёжный (14) Jugend-; **~ёжь** *f* (8) Jugend; junge Leute *pl.*; **~енький** (16) jung, blutjung; **~еть** (8), ⟨по-⟩ jünger werden, sich verjüngen; **~éц¹** *m* (1; -цá) strammer junger Mann *od.* Bursche; *mst. pl.* F → ***~чик***; **~éц** F prima Kerl → ***~чина***; **~éц!** F bravo! toll!; **~цом** F flott; ***~éц к ~цý*** F lauter Prachtkerle *pl.*; **~ец²** *m* (1; -ца) *Folkl.* Held, tapferer Jüngling; **~ецкий** F (16) keck, beherzt, schneidig; **~ечество** *n* (9) Verwegenheit *f*, Draufgängertum; **~ить** (15*e.*) jünger machen; **-ся** auf jung machen; **~няк** *m* (1*e.*) Jungwald; Jungtiere *n/pl.*, Nachwuchs; **~ожёны** *m/pl.* (1) Jungverheiratete, Neuvermählte

молод|ой (14; -, -á) jung; F zu jung; (*o. K.*) Jung-, Nachwuchs-; jugendlich; *Astr.* Neu-; *Kartoffeln*: neu; *Su. m/f* → ***~ожёны***; → ***моложе***; **~ость** *f* (8) Jugend; ***не первой ~ости*** nicht mehr der *od.* die Jüngste; ***по ~ости лет*** aus Unerfahrenheit; **~уха** P *f* (5) junge Frau *od.* Bäuerin; Schwiegertochter; **~цеватость** *f* (8) Schneid *m*; **~цеватый** (14*K.*) schneidig, flott; **~чик** F *m* (1) Kerl, Gauner, Schlägertyp; ***хорош ~чик*** F ein sauberes Früchtchen!; **~чина** F *m*/*f* (5) → ***~ец***; patenter Bursche *m*, Pfundskerl *m*, tüchtiges Mädel *n*; **~ь** *f* (8) Fischbrut; junge Pflanzen *f*/*pl.*

моложав|ость *f* (8) jugendliches Aussehen *n*; **~ый** (14*K.*) jugendlich, jugendlich aussehend *od.* wirkend

моложе jünger; ***~ на два года*** *j-d* ist zwei Jahre jünger (P als *N*); ***~ своих лет*** (И *j-m*) sieht man sein Alter nicht an

молок|о *n* (9) Milch *f*; ***каша*** *f* ***на ~е*** *od.* ***с ~ом*** Milchbrei *m*; F ***~о на губах не обсохло*** (***у*** P *j-d*) ist noch nicht trokken hinter den Ohren; ***обжёгшись на ~е, будешь дуть и на воду*** *Spr.* ein gebranntes Kind scheut das Feuer; **~овоз** *m* (1) Milchauto *n*; **~осос** F *m* (1) Milchbart, Grünschnabel; Mistkerl

молот *m* (1) großer Hammer

молоти|лка *f* (5; -лок) Dreschmaschine; **~льный** (14) Dresch-; **~ть** (15), ⟨с-, об-⟩ dreschen; F (*o. pf.*) → ***колотить***; P → ***болтать***

молото|боец *m* (1; -бойца) Hammerschmied; **~вище** *n* (10) Hammerstiel *m*; **~к** *m* (1; -тка) Hammer; ***парень-~к*** P Pfundskerl; ***продаваться с ~ка*** unter den Hammer kommen; **~чек** *m* (1; -чка) Hämmerchen *n*; *Anat.* Hammer

молот|ый (14*K.*) gemahlen; **~ь** (17; мелю, мелешь; меля), ⟨с-⟩ mahlen; durch den Fleischwolf drehen; P reden, faseln; **~ьба** *f* (5) Dreschen *n*, Drusch *m*; Dreschzeit

молочай *m* (3) *Bot.* Wolfsmilch *f*

молочн|ая [-ʃn-] *f* (14) Milchgeschäft *n*; Milchbar; **~ик** *m* (1) **1.** Milchkrug; Milchkännchen *n*; **2.** Milchmann; **~ица** *f* (5) Milchfrau; **~ый** [-tʃn-] (14) Milch-; Molkerei-; milchig; *Su. n* Milchspeise(n *pl.*) *f*; ***страна*** *f* ***~ых рек и кисельных берегов*** Schlaraffenland *n*, ein Land, wo Milch u. Honig fließt

молч|а schweigend, wortlos, stumm; **~аливый** (14*K.*) schweigsam; lautlos, still; stillschweigend; **~альник** F *m* (1) schweigsamer Mensch, Schweiger; **~ание** *n* (12) Schweigen, Stillschweigen; ***~ание – знак согласия*** *Spr.* wer schweigt, stimmt zu; **~анка** F *f* (5) → ***~ание***; ***в ~анку*** F → ***~а***; ***играть в ~анку*** F → **~ать** (4*e.*) schweigen; stillbleiben, stillhalten; ***~ать!*** Mund halten!, halt die Klappe!; **~ком** F → ***~а***; **~ок** F: ***~!*** kein Wort!; **~ун** F *m* (1*e.*) → ***~альник***

моль *f* (8) Motte(n *pl.*)

мольба *f* (5) Flehen *n*; † Gebet *n*

мольберт *m* (1) Staffelei *f*

момент *m* (1) Moment, Augenblick (***в*** B in *D*); Moment *n*, Element *n*; Zeitpunkt, Zeit *f*; ***в настоящий ~*** gegenwärtig, momentan; → ***миг***; **~альный** (14; -лен, -льна) momentan, augenblicklich; (*o. K.*) Moment-

монархия *f* (7) Monarchie

мона|стырский (16) Kloster-, klösterlich; **~стырь** *m* (4*e.*) Kloster *n*; ***подвести под ~стырь*** P in Teufels Küche bringen; **~х** *m* (1) Mönch; **~хиня** *f* (6), **~шенка** F *f* (5; -нок) Nonne; **~шеский** (16) Mönchs-, mönchisch; Nonnen-; **~шество** *n* (9) Mönchswesen, Mönchtum; Nonnenstand *m*; Klosterleben; **~шка** P *f* (5; -шек) Nonne

монгол *m* (1); **~ка** *f* (5; -ок) Mongole(-lin *f*); **~ьский** (16) mongolisch

монет|а *f* (5) Münze, Geldstück *n*; Geld *n*, P Zaster *m*; *pl.* Moneten, Piepen; **~ный** (14) Münz-

монисто *n* (9) Halskette *f*

моно|гамия *f* (7) Monogamie; **~грамма** *f* (5) Monogramm *n*; **~графия** *f* (7) Monographie; **~литный** (14; -тен, -тна) monolithisch; *fig.* geschlossen, zusammengeschweißt; **~полия** *f* (7) Monopol *n*; **~польный** (14) Monopol-; **~тонный** (14; -онен, -нна) eintönig, monoton

монпансье [-a'ʂjɛ] *n* (*unv.*) Fruchtbonbon(s *pl.*)

монстр *m* (1) Monstrum *n*; Monster *n*

монт|аж *m* (1*e.*; -ей) Montage *f*, Aufbau, Zusammenbau; *Film*: Schnitt; **~ажёр** *m* (1) Cutter(in *f*); **~ажник** *m* (1) → ***~ёр***; **~ажный** (14) Montage-; **~ёр** *m* (1) Monteur; Elektroinstallateur; **~ировать** (7), ⟨с-⟩ montieren,

М

zusammenbauen; aufstellen; *Film* cutten; **~иро́вщик** *m* (1) Monteur
монуме́нта́льный (14; -лен, -льна) monumental; imposant; fundamental; (*o. K.*) Monumental-
мор P *m* (1) Seuche *f*
мора́ль *f* (8) Moral; Sittlichkeit; F Moralpredigt; **~ный** (14; -лен, -на) moralisch; sittlich
морг *m* (1) Leichenhalle *f*; Leichenschauhaus *n*
морг|а́ть (1), *einm.* (~ну́ть) (20) blinzeln, zwinkern; zublinzeln; flimmern; ***гла́зом не ~ну́ть*** F mit keiner Wimper zucken; ***не ~ну́в гла́зом*** F ohne mit der Wimper zu zucken
мо́рда *f* (5) Schnauze, Maul *n*; P Fresse, Visage; **~́стый** F (14*K.*) mit großer Schnauze *od.* P Fresse; **~́сы** P: ***по ~́сам*** in die Fresse; **~́шка** *f* (5; -́шек) kleiner Bullenbeißer *m*; F Frätzchen *n*
мордва́ *f* (5) *koll.* Mordwinen *pl.*
мордо|бо́й P *m* (3) Keilerei *f*; **~вать** P (7) ⟨за-⟩ durchhauen; peinigen
мордо́в|ец *m* (1; -ца), **~ка** *f* (5; -ок) Mordwine(-nin *f*); **~ский** (16) mordwinisch
мо́рд|очка *f* (5; -чек) Schnäuzchen *n*; F Gesichtchen *n*; → ***~а́шка***
мо́р|е *n* (10; *pl. e.*) Meer, See *f* (***на*** В/П *a.* an *A*/*D*; ***по́*** Д zur); ***~ем*** auf dem Seeweg; → ***откры́тый***; ***ждать у ~я пого́ды*** F die Hände in den Schoß legen, leere Hoffnungen hegen
морёный (14) gebeizt; P ausgemergelt
море|пла́вание *n* (12) Seefahrt *f*; **~пла́ватель** *m* (4) Seefahrer; **~хо́дный** (14) Seefahrts-, Navigations-, See-; seetüchtig
морж *m* (1*e.*; -е́й) Walroß *n*; Eislochschwimmer; **~о́вый** (14) Walroß-
мори́ть (13*e.*) **1.** vertilgen, vergiften; **2.** ⟨за-⟩ F schinden, *pf.* zu Tode schinden; *fig.* F arg zusetzen (В *D*); beizen; ***~ го́лодом*** hungern, *pf.* verhungern lassen
морко́в|ка F *f* (5; -ок) Möhre(n *pl.*); **~ный** (14) Möhren-; **~ь** *f* (8) *koll.* Möhren, Mohrrüben *f*/*pl.*; *Bot.* Mohrrübe
моро́жен|ица *f* (5) Eismaschine; **~ое** *n* (14) Speiseeis, Eis; ***кафе́-~ое*** Eisdiele *f*; **~щик** *m* (1), **~щица** *f* (5) Eisverkäufer(in *f*); **~ый** (14) gefroren, Gefrier-; erfroren
моро́з *m* (1; -а/-у) Frost; Kälte *f* (***на*** П in *D*); *pl.* Frostwetter *n*; → ***гра́дус***; F ***~ по ко́же подира́ет*** (***у*** P *j-m*) läuft es kalt über den Rücken; **~ец** *m* (1; -ца) leichter Frost; **~и́лка** F *f* (5; -лок) Gefrierfach *n*; **~и́льник** *m* (1) Tiefkühlschrank; **~и́льный** (14) Tiefkühl-; **~ить** (15) **1.** ⟨за-⟩ einfrieren; **2.** F frieren lassen; **3.**: ***~ит*** es friert; **~но** es herrscht Frost; **~ный** (14; -ен, -на) frostig, Frost-, kalt; **~остойкий** (16; -óек, -йка), **~оусто́йчивый** (14*K.*) frostbeständig, kältebeständig
моро́ка P *f* (5) Schererei, Plackerei
морос|и́ть (15): ***~и́т*** es nieselt; **~́ь** *f* (8) Nieseln *n*, Sprühregen *m*
моро́чить F (16) ⟨за-, об-⟩ täuschen, (*a.* ***~ го́лову***; Д *j-n*) zum Narren halten
моро́шка *f* (5) *koll.* Torfbeere(n *pl.*)
морс *m* (1; -́а/-́у) Fruchtsaft; Schorle *f*
морск|о́й (16) Meer(es)-, Seemanns-, See-; Marine-; Hochsee-; ***~и́м путём*** auf dem Seeweg; ***как песку́ ~о́го*** wie Sand am Meer; ***страда́ть ~о́й боле́знью*** seekrank sein
морти́ра *f* (5) *Mil.* Mörser *m*
морфе́ма *f* (5) Morphem *n*
мо́рфий *m* (3; -и) Morphium *n*
морфологи́|ческий (16) morphologisch; **~́я** *f* (7) Morphologie
морщи́|на *f* (5) Falte, Runzel; **~нистый** (14*K.*) runz(e)lig, faltig; **~нить(ся)** F (13) → ***~́ть(ся)***; **~нка** *f* (5; -нок) Fältchen *n*; *pl. fig.* Krähenfüße; **~́ть¹** (16) **1.** ⟨на-, с-⟩ runzeln, in Falten legen; *Nase* rümpfen; *Lippen* schürzen; **2.** kräuseln; **-ся** ⟨с-⟩ das Gesicht verziehen; F (*o. pf.*) sich verziehen; **~ть²** F (16) Falten ziehen
моря́|к *m* (1*e.*) Seemann; ***вое́нный ~к*** Marinesoldat; Marineoffizier; **~цкий** F (16) Seemanns-
москви́ч *m* (1*e.*; -е́й), **~ка** *f* (5; -ек) Moskauer(in *f*); **~** Moskwitsch (*Auto*)
моски́т *m* (1) Moskito
моско́вск|ий (16) Moskauer; ***по ~ому вре́мени*** Moskauer Zeit
мост *m* (1/1*e.*; на -у́; *pl. e.*) Brücke *f* (*a. fig.*); Zahnbrücke *f*; *Kfz.* Achse *f*; **~́ик** *m* (1) kleine Brücke *f*, Steg; *Mar.*, *Sp.* Brücke *f*; **~и́ть** (15*e.*), ⟨вы́-, за-⟩ pflastern, bepflastern; auslegen; **-ся** P →

располагáться; ~кú *pl.* (1) Steg *m*; Laufbrücke *f*; ~овáя *f* (14) Pflaster *n*; Fahrbahn; ~овóй (14) Brücken-
мóська F *f* (5; -сек) Mops
мот *m* (1) Verschwender
мот|áть¹ (1) **1.** ⟨на-⟩ wickeln, aufwikkeln, haspeln; **2.** *einm.* ⟨~нýть⟩ F *Kopf* schütteln (T *A*); wedeln; P schaukeln, rütteln; plagen; gehen, fahren, abhauen; *~áть (себé) на ус* F → *зарубúть*; **-ся** F hin u. her schaukeln, baumeln, sich wiegen; herumlaufen, herumfahren, herumirren; **~áть²** F (1), ⟨про-⟩ verschwenden, verprassen
мотúв *m* (1) Motiv *n*; *Mus.* Weise *f*, Melodie *f*; **~úровать** (7) *im(pf.)* motivieren, begründen; **~иróвка** *f* (5; -вок) Motivierung, Begründung
мотнýть → *мотáть¹*
мотов|áтый F (14*K.*) verschwendungssüchtig; **~ка** F *f* (5; -ок) Verschwenderin; **~скóй** F (16) verschwenderisch; **~ствó** *n* (9) Verschwendungssucht *f*, Verschwendung *f*
мотогóнки *f/pl.* (5; -нок) Motorradrennen *n*
мотóк *m* (1; -ткá) Docke *f*, Wickel
мото|пéд *m* (1) Moped *n*; **~пехóта** *f* (5) motorisierte Infanterie; **~пилá** *f* (5) Motorsäge; **~пробéг** *m* (1) Moto-Cross *n*
мотóр *m* (1) Motor; **~изáция** *f* (7) Motorisierung; **~из(úр)овáть** (7) *im(pf.)* motorisieren; **-ся** F sich e-n Wagen zulegen; **~úст** *m* (1) Elektromaschinist; **~ка** F *f* (5; -ок) Motorboot *n*; **~ный** (14) Motor-; Trieb-; motorisch
мото|рóллер *m* (1) Motorroller; **~сáни** *pl.* (8; *ab G e.*) Motorschlitten *m*; **~спóрт** *m* (1) Motorsport; **~цúкл** *m* (1) Motorrad *n*; **~циклúст** *m* (1) Motorradfahrer
моты́|га *f* (5) Hacke; **~жить** (16), ⟨про-⟩ häufeln
мотылёк *m* (1; -лькá) Falter
мох *m* (1; мха/-а; во мху) Moos *n*; *~ом обрастú fig.* F verwildern, herunterkommen
мохнáтый (14*K.*) zottig; behaart; buschig; flauschig → *махрóвый*
моховúк *m* (1*e.*) Röhrenpilz
моциóн *m* (1) Spaziergang; *для ~а* um sich Bewegung zu verschaffen
мочá *f* (5) Harn *m*, Urin *m*
мочáл|ить (13) **1.** ⟨раз-⟩ zerfasern; **2.** F drangsalieren; **~ка** *f* (5; -ок) Bastwisch *m*; *жевáть ~ку* P wiederkäuen; **~о** *n* (9) Lindenbast *m*
моче|вúна *f* (5) Harnstoff *m*; **~вóй** (14) Harn-; **~гóнный** (14) harntreibend; **~испускáтельный** (14) Harn-
мочёный (14) eingeweicht; eingelegt
мочетóчник *m* (1) Harnleiter
моч|úть (16) **1.** ⟨на-, за-⟩ benetzen, anfeuchten, naß machen; **2.** ⟨вы́-⟩ einweichen; wässern; *Flachs* rösten; **3.** einmachen, einlegen; **-ся**, ⟨по-⟩ Harn lassen, urinieren; **~ка¹** *f* (5) Einweichen *n*; Einlegen *n*
мóчка² *f* (5; -чек) Ohrläppchen *n*; *Bot.* Faser; Flachsbüschel *n*
мо|чь¹ (-гý, -жешь, -гут; -г, -глá, -глó; -гýщий), ⟨с-⟩ können; vermögen; wissen; dürfen; (+ не + *impf. Inf.*) nicht brauchen; (+ не + *pf. Inf.*) es kann sein, daß . . . nicht . . .; *не ~чь не* . . . nicht umhin können zu . . ., *~жет быть od. быть ~жет*, F *~жет* vielleicht; *óчень ~жет быть* es ist leicht möglich; *не ~жет быть!* unmöglich!, ausgeschlossen! *не могú* . . . P wage nicht . . .; **-ся** P (Д) sich fühlen
моч|ь² P *f* (8) Kraft; *изо всей ~и, что есть ~и* aus Leibeskräften; *~и нет j-d* kann nicht mehr; → *ýжас*
мошéнни|к *m* (1) Gauner, Schwindler, Spitzbube; **~чать** (1) schwindeln; betrügen; **~ческий** (16) betrügerisch, spitzbübisch; **~чество** *n* (9) Gaunerei *f*, Schwindel *m*
мóшка *f* (5; -шек) Kriebelmücke; → **~рá** *f* (5) *koll.* Schnaken *f/pl.*, Mücken *f/pl.*, Mückenschwarm *m*
мош|нá F *f* (5; -óн) Geldbeutel *m*; Geld *n*; **~óнка** *f* (5; -нок) Hodensack *m*
мощёный (14) gepflastert
мóщи *pl.* (8; *ab G e.*) Reliquien; *живы́е ~* F wandelndes Gerippe *n*
мóщ|ность *f* (8) Stärke; *Tech.* Leistung, Leistungsfähigkeit, Kapazität; *в od. на пóлную ~ность* mit voller Lautstärke; mit Hochdruck; **~ный** (14; -ен, -нá) mächtig, gewaltig, sehr stark; (*o. K.*) *Tech.* leistungsstark, Hochleistungs-; **~ь** *f* (8) Macht; Kraft
мóющий (17) Wasch-

М

мразь P *f* (8) Miststück *n*
мрак *m* (1) Dunkelheit *f*, Finsternis *f*; ***покры́то ~ом неизве́стности*** in Dunkel gehüllt; **~обе́с** *m* (1) Dunkelmann, Obskurant; **~обе́сие** *n* (12) Obskurantismus *m*
мра́мор *m* (1) Marmor; ***под~*** → **~ный** (14) Marmor-; marmoriert; marmorn
мрачн|е́ть (8), ⟨по-⟩ sich verfinstern, sich verdüstern; **~ый** (14; -чен, -á) finster, düster; trübe; mißmutig; ***~o*** *od.* ***в ~ом све́те*** *fig.* schwarz
мсти́т|ель *m* (4) Rächer; **~ельность** *f* (8) Rachsucht; **~ельный** (14; -лен, -льна) rachsüchtig; **~ь** (15), ⟨от(о)-⟩ sich rächen (Д/***за*** В an *j-m* für *et.*); rächen (***за*** В *j-n*, *et.*)
муда́к P *m* (1*e.*) Mistkerl
мудрен|ó F: ***~ó ли ...?*** ist es ein Wunder ...?; ***не ~ó ...*** es ist kein Wunder ...; **~ый** F (14; -, -á) schwierig, kompliziert; bizarr; schnörk(e)lig; → ***замыслова́тый***; ***что ~ого*** *od.* ***~ого нет*** kein Wunder; ***у́тро ве́чера ~е́е*** *Spr.* guter Rat kommt über Nacht, man muß die Sache überschlafen
мудр|е́ц *m* (1*e.*) Weise(r); *iron.* Neunmalkluge(r); **~и́ть** F (13*e.*) klügeln, tüfteln, herumtüfteln; Finten machen; zum Narren halten (***над*** T *j-n*); **~ость** *f* (8) Weisheit; F Problem *n*; **~ствовать** F (7) klug reden, klügeln; ***не ~ствуя лука́во*** ohne Wenn und Aber; **~ый** (14; -, -á) weise, klug
муж *m* **1.** (1; *pl.* -ья́, -е́й, -ья́м) Ehemann; Mann; Gatte; **2.** (1; *pl. e.*, -е́й) † Mann; → ***де́ятель***; **~а́ть** (1), ⟨воз-⟩ mannbar werden, sich entwikkeln; *fig.* erstarken; **-ся** *impf.* Mut fassen, sich ermannen; **~еподо́бный** (14; -бен, -бна) wie bei e-m Mann; Mann-
му́жеств|енный (14*K.*) mannhaft, mutig, tapfer; männlich; **~о** *n* (9) Mut *m*, Tapferkeit *f*; Courage *f*
мужеуби́йца *f* (5) Gattenmörderin
мужи́|к *m* (1*e.*) † Bauer; P Ehemann; Mannsbild *n*; **~кова́тый** F (14*K.*) bäuerisch; **~цкий** (16) Bauern-; bäuerlich, bäuerisch; **~чий** P (18) Bauern-; **~чка** † *f* (5; -чек) Bäuerin; **~чóк** F *m* (1; -чкá) Bäuerlein *n*; **~чьё** P *n* (10) *koll.* Bauernvolk; Mannsleute *pl.*; Pöbel *m*
муж|ла́н P *m* (1) grober Kerl; **~ний** P (15), **~нин** (19) des Mannes; **~ско́й** (16) männlich, Männer-, Mannes-, Herren-; Knaben-; Mönchs-; ***~ско́й род*** *m Gr.* Maskulinum *n*; **~чи́на** [-'ʃtʃi-] *m* (5) Mann; ***~чи́на с ~чи́ной*** von Mann zu Mann
му́за *f* (5) Muse
музе́й *m* (3) Museum *n*; ***дом-~*** Gedenkstätte *f*; ***~ Толсто́го*** Tolstoi-Museum; **~ный** (14) Museums-, museal
му́зык|а *f* (5) Musik (***под*** В zu *D*); P Kapelle; Sache, Geschichte; ***класть на ~у*** vertonen; ***с ~ой*** F mit wehenden Fahnen; **~а́льность** *f* (8) Musikbegabung; Musikalität, Wohlklang *m*; **~а́льный** (14; -лен, -льна) musikalisch; wohlklingend; (*o. K.*) Musik-; **~а́нт** *m* (1) Musiker
музыкове́д *m* (1) Musikwissenschaftler; **~ение** *n* (12) Musikwissenschaft
му́к|а[1] *f* (5) Qual, Plage, Pein; F ***~а*** (Д/***с*** T *j-d*) hat s-e liebe Not (mit *D*)
мук|а́[2] *f* (5) Mehl *n*; **~омóл** *m* (1) Müller; **~омóльный** (14) Mühlen-
мул *m* (1) Maultier *n*
мула́т *m* (1), **~ка** *f* (5; -ок) Mulatte(tin *f*)
мульт|ипликацио́нный (14) Zeichentrick-; Trickfilm-; **~фи́льм** *m* (1) Zeichentrickfilm
муля́ж *m* (1*e.*/1; -е́й/-ей) Attrappe *f*
мунди́р *m* (1) Uniform *f*; Dienstrock, Waffenrock; ***карто́фель*** *m* ***в ~е*** Pellkartoffeln *f/pl.*
мундшту́к [-nʃ-] *m* (1*e.*) Mundstück *n*; Zigarettenspitze *f*; Kandare *f*
муниципа́льный (14) Kommunal-, Gemeinde-
мура́ P *f* (5) Quatsch *m*, Käse *m*
мурава́[1] *f* (5) *poet.* junges Gras *n*
мурава́[2] *f* (5) Glasur, Schmelz *m*
мурavéй *m* (3; -вья́) Ameise *f*; **~ник** *m* (1) Ameisenhaufen
мура́вить (14) glasieren
муравь|е́д *m* (1) Ameisenbär; **~и́ный** (14) Ameisen-
мура́шк|и F: ***~и бе́гают по спине́*** (***у*** P *j-m*) läuft es kalt über den Rücken; ***покры́ться ~ами*** e-e Gänsehaut bekommen
му́р|(лы́)ка F *f* (5; -ок) Mieze; **~лы́кать** (3) schnurren; ***~лы́кать про себя́*** F vor sich hin summen

мурова́ть (7), ⟨об-⟩ mauern
муска́т *m* (1; -а/-у) Muskat, Muskatnuß *f*; Muskatwein; **~ный** (14) Muskat-
му́скул *m* (1) Muskel; **~и́стый** (14*K*.) muskulös; **~ьный** (14) Muskel-
му́скус *m* (1) Moschus
му́с(о́)лить F (13) **1.** befeuchten; **2.** ⟨за-⟩ beschmutzen; **3.** P *fig.* auf *et.* herumkauen
му́сор *m* (1) *koll.* Kehricht, Abfälle *m/pl.*, Müll; Schutt; **~ить** (13), ⟨на-⟩ Schmutz machen; **~ный** (14) Müll-, Schutt-; F verdreckt; **~опрово́д** *m* (1) Müllschlucker; **~осбо́рник** *m* (1) Mülltonne *f*; **~убо́рочный** (14) Müll-
мусс *m* (1) Mus *n*; Schaumspeise *f*; **~и́ровать** (7) perlen; *fig.* aufbauschen
муссо́н *m* (1) Monsun
мусульма́н|ин *m* (1; *pl.* -е, -), **~ка** *f* (5; -ок) Mohammedaner(in *f*); **~ский** (16) mohammedanisch; **~ство** *n* (9) Islam *m*, Mohammedanismus *m*
мута́ция *f* (7) Stimmbruch *m*
мут|и́ть (15/15*e*.) **1.** ⟨вз-, за-⟩ trüben; **2.** ⟨по-, за-⟩ benebeln; **3.** stören, beklemmen; F aufhetzen; F **~и́ло** (В *j-m*) war übel; **-ся** trübe *od.* matt *od.* wirr werden; F **~и́тся в глаза́х** (**у** Р *j-m*) wird es schwarz vor den Augen; **~не́ть** (8), ⟨по-⟩ sich trüben; schimmern; **~ный** (14; -ен, -на́) trübe; matt, getrübt; bläßlich, verschleiert; beklemmend; wirr; **~о́вка** *f* (5; -вок) Quirl *m*; **~орный** P (14; -рен, -рна) nervtötend; beklommen; **~ь** *f* (8) Trübe, Trübheit; Bodensatz *m*; Nebelschleier *m*; *fig.* Verworrenheit; F Quatsch *m*
му́фта *f* (5) Muff *m*; *Tech.* Muffe; Kupplung
му́х|а *f* (5) Fliege; *Spr.* Mücke; ***под ~ой*** P beschwipst; ***~и до́хнут*** F sterbenslangweilig; ***счита́ть ~*** F Maulaffen feilhalten; ***~у проглоти́л*** F *j-d* hat e-e saure Miene; ***кака́я ~а его́ укуси́ла?*** F was ist ihm in die Krone gefahren?, ihm ist e-e Laus über die Leber gekrochen; ***слы́шно, как ~а пролети́т*** man hätte e-e Nadel fallen hören; **~оло́вка** *f* (5; -вок) Fliegenfänger *m*; **~омо́р** *m* (1) Fliegenpilz; **~о́ртый** (14) *Pferd*: braun, braun u. gelbgefleckt
муч|е́ние *n* (12) Qual *f*, Plage *f*; **~еник** *m* (1) Märtyrer; **~енический** (16) Märtyrer-, märtyrerhaft; leidend; *Qual*: höllisch; **~еничество** *n* (9) Martyrium, Märtyrertum; **~и́тель** *m* (4) Peiniger; F Quälgeist; **~и́тельный** (14; -лен, -льна) qualvoll, quälend; **~ить** (16), ⟨за-, из-⟩ quälen, peinigen, martern; plagen; **-ся** sich abquälen (F ***над*** Т mit *D*); geplagt werden (Т von *D*)
мучн|и́стый (14*K*.) mehlig, mehlhaltig; (*o. K.*) *Bot.* Mehl-; **~о́й** (14) Mehl-; Teig-; *Su. n* Mehlspeise *f*
муш|и́ный (14) Fliegen-; **~ка** *f* (5; -ек) **1.** kleine Fliege; Schönheitspflästerchen *n*; Tupfen *m*; ***в чёрных ~ках*** schwarz gepunktet; **2.** Korn *n*
муштр|а́ *f* (5) Drill; **~ова́ть** (7), ⟨вы́-⟩ drillen; schleifen; strenghalten
мчать (4) schnell davontragen *od.* davonfahren *v/t*; jagen, treiben; **-ся** eilen, dahinjagen, dahinstürmen
мши́стый (14*K*.) moosig; buschig
мще́ние *n* (12) Rache *f*; Rachsucht *f*
мы (20) wir; ***~ с тобо́й*** ich u. du
мы́кать P (1) herumschleppen, herumstoßen; *Not* leiden; ***~ век*** P ein kümmerliches Dasein fristen; **-ся** P → ***скита́ться***; sich kümmerlich durchschlagen; abklappern (***по*** Д *pl. A*)
мы́л|ить (13), ⟨на-⟩ seifen, einseifen; **-ся** schäumen; **~о** *n* (9) Seife *f*; Schaum *m* (***от*** Р vor *D*); ***в ~е*** schaumbedeckt; P schweißbedeckt; **~ова́р** *m* (1) Seifensieder; **~ова́ренный** (14): ***~ова́ренный заво́д*** *m* → **~ова́рня** *f* (5; -рен) Seifensiederei; **~ьница** *f* (5) Seifenschale, Seifendose; **~ьный** (14) Seifen-, seifig; eingeseift; Schaum-
мыс *m* (1; *a.* на -у́) **1.** Kap *n*, Landzunge *f*; **2.** (*pl. e.*) Spitze *f*
мы́сл|енный (14) gedanklich; *Adv.* in Gedanken; **~имый** (14*K*.) denkbar; ***~имо(е) ли де́ло . . .?*** F ist es denn möglich . . .?; **~и́тель** *m* (4) Denker; **~и́тельный** (14) Denk-; **~ить** (15) denken; sich vorstellen; **~ь** *f* (8) Gedanke *m* (***о*** П an *D*), Idee; Denken *n*; Einfall *m*; *pl.* Ansichten; ***о́браз*** *m* ***~е́й*** Denkweise *f*; **~ящий** (17) denkend
мыта́р|ить F (13), ⟨за-⟩ drangsalieren, **-ся** sich abquälen; **~ство** F *n* (9) Strapaze *f*; Plackerei *f*

М

мыть (22) ⟨**вы́-, по-**⟩ waschen; abwaschen; scheuern; *Fenster* putzen; **~ё** *n* (10) Waschen, Wäsche *f*; ***не ~ём, так ка́таньем*** F um jeden Preis, auf Teufel komm raus
мыча́|ние *n* (12) Gebrüll; → **~ть** (4*e.*) brüllen, muhen; F brumme(l)n
мыш|астый (14*K.*) mausgrau; **~ело́вка** *f* (5; -вок) Mausefalle; **~ечный** (14) Muskel-; **~и́ный** (14) Maus(e)-, Mäuse-; *fig.* Ratten-; **~ка** *f* (5; -ек) Mäuschen *n*; ***под ~ку*** unter den Arm; ***под ~кой*** unter dem Arm
мышле́ние *n* (12) Denken (T in *D*)
мышо́нок *m* (2; *pl.* -а́та) Mäuschen *n*
мы́шца *f* (5) Muskel *m*
мышь *f* (8; *ab Gpl. e.*) Maus
мышья́к *m* (1*e.*) Arsen(ik *n*) *n*
мэр *m* (1) Bürgermeister; **~ия** *f* (7) Rathaus *n*
мя́г|кий [-xk̦-] (16; -ок, -ка́; -че; -ча́йший) weich; zart; lind; mürbe; *fig.* sanft, mild; nachgiebig; gedämpft; (*o. K.*) Weich-; Polster-; Schlapp-; ***~кий ваго́н*** *m* Wagen erster Klasse; ***~кий знак*** *m* Weichheitszeichen *n*; ***~ко выража́ясь*** gelinde gesagt; ***~ко сте́лет, (да) жёстко спать*** *Spr.* Honig im Mund, Galle im Herzen; **~косерде́чный** (14; -чен, -чна) weichherzig; **~кость** [-xk-] *f* (8) Weichheit; Sanftmut, Milde; [-xk-] **~коте́лость** *f* (8) *fig.* Charakterschwäche; [-xk-] **~коте́лый** (14*K.*) *fig.* willensschwach, charakterlos; **~чи́ть** [-xʧ̦-] (16*e.*) **1.** ⟨с-⟩ weich machen; **2.** mildern
мяк|и́на *f* (5) Spreu; **~иш** *m* (1) Krume *f*; das Weiche; **~нуть** F (21/20), ⟨на-⟩ weich werden; erschlaffen; **~оть** *f* (8) weiches Fleisch *n*; Fruchtfleisch *n*
мя́мл|ить F (13) nuscheln; trödeln; **~я** P *m/f* (5; -ей) Trödelfritze *m*, Trödelliese *f*; Schlappschwanz *m*, Heini *m*
мяс|и́стый (14*K.*) fleischig; F mollig; **~ни́к** *m* (1*e.*) Fleischer, Metzger; **~но́й** (14) Fleisch-; Mast-; *Su. n* Fleischgericht; **~на́я** F *f* Fleischerei, Metzgerei; **~о** *n* (9) Fleisch; ***пу́шечное ~о*** Kanonenfutter; **~опоста́вки** *f/pl.* (5; -вок) Fleischablieferung *f*; **~опу́ст** *m* (1) Fasttag; **~ору́бка** *f* (5; -бок) Fleischwolf *m*; *fig.* Gemetzel *n*
мя́та *f* (5) Minze; Pfefferminztee *m*
мяте́ж *m* (1*e.*; -е́й) Meuterei *f*, Aufruhr, Rebellion *f*; **~ник** *m* (1) Meuterer, Rebell; **~ный** (14; -ен, -на) aufrührerisch, rebellisch; *fig.* stürmisch, ruhelos
мя́тный (14) Pfefferminz-, Minz-
мя́т|ый (14*K.*) zerdrückt; ***~ый пар*** *m* Abdampf; **~ь** (мну, мнёшь; -ый) **1.** ⟨из-, с-, за-⟩ (изомну́, -нёшь; сомну́, -нёшь) knittern, zerknittern, zerknüllen; **2.** ⟨раз-⟩ (разомну́, -нёшь) kneten, quetschen; *Flachs* brechen; **3.** ⟨с-⟩ F pressen, knutschen; → ***намя́ть***; **-ся** knittern *v/i*; → ***топта́ться***; F nicht mit der Sprache herauswollen; ausweichen
мяу́к|ать (1), *einm.* ⟨**~нуть**⟩ (20) miauen
мяч *m* (1*e.*; -е́й) Ball; ***игра́ть в ~*** Ball spielen; **~ик** *m* (1) kleiner Ball

Н

на¹ **1.** (В) *Ort*: auf, an; über; in; auf . . . zu; *Himmelsrichtung*: nach, zu (*D*); *Zeit*: für, über; an, zu (*D*); *Wert*: für; gegen; *Vergleich*: um; pro, je; per; mal, durch; *Note*: mit, bei; ***~ что***? wozu?; ***~ всех*** für alle; **2.** (П) *Ort*: auf, an, in, bei, zu (*D*); unter; aus; F für; *Himmelsrichtung*, *Zeit*: in (*D*); *Auto*, *Schiff*: mit (*D*); ***дыра́ на дыре́*** F lauter *od.* voller Löcher; ***~ Кавка́зе*** im Kaukasus; *a.* ***~ Украи́не*** in der Ukraine
на², **~те** F da!; ***на́ (тебе́) кни́гу*** da hast du das Buch; ***~те (вам) спи́чки*** da haben Sie Streichhölzer; ***на́ тебе́!***, ***на́-ка***! sowas!, denk mal einer an!; →

вот

набáв|ка *f* (5; -ок) Aufschlag *m*; Zulage; **~лять** (28), ⟨**~ить**⟩ (14) aufschlagen; erhöhen; F zulegen

набалдáшник *m* (1) Knauf

набáт *m* (1) Sturmläuten *n*; ***бить в ~*** Sturm läuten; Alarm schlagen; **~ный** (14) Sturm-

набé|г *m* (1) Einfall; Überfall; ***разбóйничий ~г*** Raubzug; **~гáть** (1), ⟨**~жáть**⟩ (4*e*.; -гу́, -жи́шь, -гу́т) rennen (***на*** B gegen *A*), stoßen; aufprallen; sich schieben (vor *A*), heraufziehen; aufkommen; sich zeigen *od.* bilden; F zusammenlaufen; zusammenströmen; zusammenkommen; **~гаться** F (1) *pf.* sich auslaufen; sich müde laufen *od.* die Beine ablaufen

набедокýрить F (13) *pf.* anstellen, Unheil anrichten, Unfug stiften

набежáть → ***набегáть***

набекрéнь F schief, aufs Ohr; verdreht

нáбелó ins reine

нáбережная *f* (14) Kai *m*; Uferstraße; Strandpromenade

наби|вáть (1), ⟨**~ть**⟩ (-бью, бьёшь; → ***бить***) vollstopfen, füllen; polstern; viel ... einschlagen, annageln; *Stoff* bedrucken; *Reif* auftreiben; *Preis* überhöhen; F viel ... zerschlagen *od.* *Wild* erlegen; aufreiben; verpassen; vollhauen; ***~вáть (себé) кармáн*** F *fig.* sich die Taschen füllen; ***~ть рýку*** F den Bogen raushaben; **-ся** sich ansammeln (***в*** B in D), voll *od.* vollgepfropft sein (***в*** B/P, И/Т *N*/von *D*); F → ***навя́зывать(ся)***; **~вка** *f* (5) Polstern *n*, Polsterung; → ***~вáть***; **~внóй** (14) gepolstert; bedruckt, Druck-; → ***~вáть***

наб|ирáть (1), ⟨**~рáть**⟩ (-еру́, -ерёшь; → ***брать***) sammeln; füllen (P/***в*** B mit *et. A*); viel ... annehmen *od.* hereinnehmen; F schöpfen; *Tempo*: gewinnen (B an); zusammensetzen, zusammenkriegen; aufnehmen, einstellen, aufstellen; anwerben; *Truppen* ausheben; *Typ.* setzen (T in *D*); *Fmw.* wählen; **-ся** sich ansammeln *od.* einfinden; zusammenkommen; beisammen haben; (P) *Mut* fassen; *Geduld* aufbringen; *Kräfte* sammeln; ***-ся умá*** klüger werden; F erwischen; ausstehen; aufschnappen; auftreiben

наби́|ть(ся) → ***~вáть(ся)***; **~тый** → ***биткóм***; ***~тый дурáк*** *m* P Vollidiot

наблюд|áтель *m* (4) Beobachter; **~áтельность** *f* (8) Beobachtungsgabe; **~áтельный** (14; -лен, -льна) aufmerksam, scharfsichtig; (*o. K.*) Beobachtungs-; Aufsichts-; **~áть** (1) beobachten (*a.* ***за*** T *A*); überwachen, aufpassen (auf *A*); **-ся** zu beobachten sein; **~éние** *n* (12) Beobachtung *f*, Wahrnehmung *f*; Aufsicht *f*

нáбожн|ость *f* (8) Frömmigkeit; **~ый** (14; -жен, -а) fromm

набóйка *f* (5; -óек) bedruckter Stoff *m*; Druckmuster *n*; *Absatz*: Fleck *m*

нáбок zur Seite, seitlich, schief

наболé|вший (17) *fig.* brennend; → **~ть** (8/9) *pf.* sehr schmerzhaft *od.* wund werden; sich aufstauen

наболтáть F (1) *pf.* viel zusammenschwatzen; **-ся** F sich ausquatschen

набóр *m* (1) Aufnahme *f*; Einstellung *f*; → ***набирáть***; Satz; Garnitur *f*, Besteck *n*, Set *n*; Zierat; Mischung *f*; Kombination *f*; ***~ слов*** Wortgeklingel *n*; **~ная** *f* (14) Setzerei; **~ный** (14) Setz-; verziert; Flicken-; **~щик** *m* (1) Setzer

набр|áсывать (1) **1.** ⟨**~осáть**⟩ (1) voll ... werfen, überall hinwerfen; entwerfen, skizzieren; eilig zu Papier bringen; **2.** ⟨**~óсить**⟩ (15) werfen (***на*** B über *A*); überwerfen, (***на*** B um *A*) legen; **-ся** sich stürzen, herfallen, sich hermachen (***на*** B über A); überschütten

набрáть(ся) → ***набирáть(ся)***

набре|дáть (1), ⟨**~сти́**⟩ (25) stoßen; *fig.* kommen; zufällig zusammenkommen

наброс|áть, ~ить(ся) → ***набрáсывать(ся)***; **~ок** (1; -ка) Skizze *f*; Entwurf

набрю́шник *m* (1) Bauchbinde *f*

набух|áть (1) ⟨**~нуть**⟩ (21) schwellen, anschwellen; quellen, aufquellen (T von *D*)

наваждéние *n* (12) Sinnestäuschung *f*; Versuchung *f*; Teufelsspuk *m*

навáл|ивать (1) **1.** ⟨**~и́ть**⟩ (13) aufladen (*a. fig.*; ***на*** B *j-m*), auftürmen, aufhäufen; F (*a. unpers.*) (in Menge) her-

Н

beiströmen *od.* zusammenkommen; *Schnee*: viel fallen; **~ены** liegen herum; **-ся** F sich mit voller Wucht stürzen; hereinstürzen (***на*** В über *j-n*); P *j-n* übermannen; P herfallen (***на*** В über *A*); e-e Menge fallen; → ***налега́ть***; **2.** ⟨~я́ть⟩ (28) *pf.* viele *od.* mehrere ... walken; **~ом** F lose; in e-m Haufen; P jede Menge

нава́р *m* (1) Sud; Aufguß; Fettschicht *f*, Fettaugen *m/pl.*; **~ивать** (1), ⟨~и́ть⟩ (13) auf Vorrat *od.* e-e ordentliche Portion (P *N*) kochen; anschweißen

наве|ва́ть (1), ⟨~я́ть⟩ (27) anwehen, zuwehen, zufächeln; hervorrufen (***на*** В in *j-m*); ***~я́ть грусть*** (***на*** В *j-n*) traurig stimmen

наве́даться → ***наве́дываться***

наведе́ние *n* (12) Lenkung *f*; ***~ мосто́в*** Brückenschlag *m*; → ***наводи́ть, наво́дка***

наве́д|ываться, ⟨~аться⟩ F (1) sich erkundigen; vorbeikommen, vorbeischauen (***к*** Д bei *j-m*)

навезти́ → ***навози́ть***

наве́к, ~и für immer, auf ewig

наве́рно, ~е wahrscheinlich, wohl; sicher, sicherlich, bestimmt

наверну́ть(ся) → ***навёртывать(ся)***

наверняка́ F ganz sicher

навёрст|ывать, ⟨~а́ть⟩ (1) aufholen, nachholen; nacharbeiten

навёр|тывать (1) ⟨~ну́ть⟩ (20) aufwickeln; aufschrauben; **-ся** *Tränen*: treten (***у*** Р/***на*** В *j-m* in *A*); P sich einstellen; **2.** ⟨~те́ть⟩ (11) aufwickeln

наве́рх nach oben, hinauf, herauf; aufwärts; F (die) da oben; **~у́ 1.** *Adv.* oben; **2.** *Prp.* (P) auf (*D*)

наве́с *m* (1) Schutzdach *n*, Sonnendach *n*, Vordach *n*; Überdachung *f*; Vorsprung; Vorhang

навеселе́ F angeheitert, beschwipst

наве́|сить → ***~шивать***; **~ска** *f* (5; -сок) Türband *n*; Fensterband *n*; **~сно́й** (14) Vorhänge-; Einhänge-; **~сный** (14) Schutz-; *Mil.* Steil-

навести́ → ***наводи́ть***

навести́ть → ***навеща́ть***

наве́тренный (14) dem Wind zugekehrt; Luv-, luvwärts liegend

наве́чно auf ewig

наве́|шивать (1) **1.** ⟨~сить⟩ (15) vorhängen; einhängen; F → **2.** ⟨~шать⟩ (1) (P) viele ... aufhängen

наве|ща́ть (1), ⟨~сти́ть⟩ (15*e.*) besuchen, e-n Besuch machen (В bei *j-m*)

навея́ть → ***наве́ивать***

на́вз|нич rücklings, auf dem *od.* den Rücken; **~ры́д** schluchzend

нави|ва́ть (1), ⟨~ть⟩ (навью, -вьёшь; → ***вить***) aufwickeln; viele ... flechten

навигаци|о́нный (14) Navigations-; **~я** *f* Navigation, Schiffahrt

навида́ться F (1) *pf.* viel sehen *od.* erleben, durchmachen

нави́н|чивать (1), ⟨~ти́ть⟩ (15*e.*) aufschrauben, anschrauben

навис|а́ть (1), ⟨~нуть⟩ (21) überhängen; *fig.* sich zusammenballen; drohen (***над*** Т *D*); **~ший** [-ʃʃ-] (17) überhängend; *Brauen*: buschig

нави́ть → ***навива́ть***

навле|ка́ть (1), ⟨~чь⟩ (26) lenken

навод|и́ть (15), ⟨навести́⟩ (25) richten, leiten, lenken; hinführen, (*a.* В auf *A*) bringen; einflößen (***на*** В *A*), einstellen; errichten; überziehen (В mit *D*), auftragen; *Auskünfte* einholen; *Kritik* üben (***на*** В an *D*); F *Ordnung* schaffen; *Panik* stiften; ***~и́ть ску́ку*** (***на*** В *j-n*) langweilen; ***~и́ть тень*** *et.* verschleiern; ***~и́ть тоску́*** *j-n* traurig machen; **~ка** *f* (5) Richten *n*; Einstellung; Bau *m*; → ***~и́ть***

наводн|е́ние *m* (12) Überschwemmung *f*; **~я́ть** (28), ⟨~и́ть⟩ (13*e.*) überschwemmen, überfluten

наво́дчик *m* (1) Richtkanonier

наводя́щий (17) *fig.* Suggestiv-

навоева́ться F (6) *pf.* vom Krieg genug haben

наво́з *m* (1; -а/-у) Mist, Dung; **~ить¹** (15), ⟨у-⟩ düngen

нав|ози́ть² (15), ⟨~езти́⟩ (24) (P) viele ... heranschaffen *od.* mitbringen

наво́зн|ик *m* (1) Mistkäfer; **~ый** (14) Mist-, Dung-

на́волочка *f* (5; -чек) Kissenbezug *m*

наворова́ть F (7) *pf.* zusammenklauen

наворoти́ть F (15) *pf.* → ***навали́ть***

навостри́ть F (13*e.*) *pf.* scharf machen; *fig. Ohren* spitzen; ***~ лы́жи*** F ausreißen wollen; Reißaus nehmen; **-ся** P lernen (→ ***наловчи́ться***); aufmerken

навр|áть F (-ý, -ёшь; → ***врать***) *pf.* allerhand zusammenlügen *od.* zusammenquatschen; (e-n) Fehler machen
навреди́ть (15*e.*) *pf.* viel schaden
навря́д F, **~ ли** kaum, schwerlich
навсегдá für immer
навстрéчу entgegen (Д, ***к*** Д *j-m*); ***идти́ ~*** *fig.* entgegenkommen
навы́ворот F verkehrt; → ***ши́ворот***
нáвык *m* (1) Fertigkeit *f*, Übung *f*; Gewohnheit *f*; **~** (***у*** P *j-d*) ist geübt
навы́|кат(е): ***глазá*** *m/pl.* **~** Glotzaugen *n/pl.*; **~лет**: ***ранéние*** *n* **~лет** Durchschuß *m*; **~нос** F über die Straße; **~пуск** lose über dem Rock *od.* den Stiefeln getragen; **~тяжку** stramm-
навью́чивать (1) → ***вью́чить***
навяз|áть¹ (1), ⟨**~нуть**⟩ (21) hängenbleiben, klebenbleiben (***на*** П an *D*); F ***~ло в зубáх*** (***у*** P *j-m*) hängt *et.* schon zum Halse heraus; **~áть²** → ***~ывать***
навя́з|чивый [-ʃtʃ-] (14*K.*) aufdringlich, zudringlich; **~ывать** (1), ⟨**~áть**⟩² (3) binden; (***на*** B um *A*) umbinden; aufdrängen; aufschwatzen; (P) viele . . . stricken *od.* binden; **-ся** F am Halse haben (И *A*)
нагáйка *f* (5; -áек) Riemenpeitsche
нагáн *m* (1) Trommelrevolver
нагáр *m* (1) Lichtschnuppe *f*; Rußansatz; Ölkohle *f*
наг|ибáть (1), ⟨**~нýть**⟩ (20) beugen, niederbeugen, biegen, niederbiegen; **-ся** sich bücken *od.* ducken
нагишóм F nackt
наглáзник *m* (1) Augenklappe *f*
нагл|éть (8), ⟨**об-**⟩ frech *od.* frecher werden; **~éц** *m* (1*e.*) Frechling, Schnösel; **~ость** *f* (7) Frechheit; → **~ый**; ***э́то верх ~ости!*** F das ist die Höhe!
наглотáться (1) (P) e-e Menge . . . schlucken
нáглухо dicht, fest; ganz, durchgehend
нáглый (14; -, -á) unverschämt, unverfroren; frech
нагляд|éться (11) *pf.* → ***насмотрéться***; **~ный** (14; -ен, -на) anschaulich
нагнáть → ***нагоня́ть***
нагне|тáтельный (14) Druck-; **~тáть** (1), ⟨**~сти́**⟩ (25 -т-) *Tech.* drücken, unter Druck komprimieren
нагноéние *n* (12) Vereiterung *f*
нагнýть(ся) → ***нагибáть(ся)***
нагов|áривать (1), ⟨**~ори́ть**⟩ (13*e.*) zusammenreden, viel daherreden; besprechen; F schlecht machen (***на*** B *j-n*); **~óр** *m* (1) → ***заклинáние***; F Anschwärzung *f*
наг|óй (16; -, -á) nackt, bloß; kahl; **~олó** kahl; *Mil.* blank gezogen
нáголову aufs Haupt, vernichtend
нагóльный (14) mit dem Fell nach außen
нагоня́й F *m* (3) Rüffel, Anpfiff
наг|оня́ть (28) ⟨**~нáть**⟩ (-оню́, -óнишь; → ***гнать***) einholen; aufholen; zusammentreiben; e-e Menge herbeiholen; brennen; F *Angst* einjagen (***на*** B *j-m*); *Preis* hochtreiben; ***~нáть сон*** (***на*** B *j-n*) schläfrig machen; ***~нáть скýку*** *od.* ***тоскý*** *j-n* anöden
на-горá *Bgb.* zutage, über Tag
нагор|áть (1), ⟨**~éть**⟩ (9) Ruß ansetzen; F verbraucht werden; P ***~éло*** (Д *j-d*) hat was abbekommen
нагóрный (14) Berg-; hochgelegen
нагороди́ть (15) *pf.* F (P) viele . . . errichten; einrichten; P anhäufen; zusammenschwatzen, zusammenschmieren
нагóрье *n* (10; -ий) Hochebene *f*
наготá *f* (5) Nacktheit, Blöße
нагото́в|е bereit; **~ить** (14) *pf.* (P) viel *od.* viele . . . zurechtlegen *od.* zubereiten; Vorrat anlegen
награ́бить (14) *pf.* zusammenrauben
нагрá|да *f* (5) Belohnung (***в*** B zur, als); Auszeichnung; **~ждáть** (1), ⟨**~ди́ть**⟩ (15*e.*; -ждённый) belohnen; auszeichnen; bedenken; *Orden* verleihen (B/T *j-m A*); F bescheren; **~ждéние** *n* (12) → **~да**; Verleihung *f*
нагрé|в *m* (1) Erwärmung *f*; → **~вáть**; **~вáтель** *m* (4) Erhitzer; **~вáтельный** (14) Heiz-, Wärme-; **~вáть** (1), ⟨**~ть**⟩ (8; -тый) erwärmen, erhitzen; P anschmieren; ***~ть рýки*** F sein Schäfchen ins trockene bringen; **-ся** warm *od.* heiß werden
нагремéть F (10*e.*) *pf.* viel Lärm machen; großes Aufsehen erregen
нагрéть(ся) → ***нагревáть(ся)***
нагреши́ть F (16*e.*) *pf.* viel sündigen; anstellen; F ausfressen
нагроможд|áть (1) → ***громозди́ть***, ***нагороди́ть***; F überladen (P mit *D*);

Н

~éние *n* (12) Auftürmen *n*, Anhäufung *f*
нагрýдн|ик *m* (1) Brustlatz; Lätzchen *n*; Schwimmweste *f*; **~ый** (14) Brust-
нагру|жáть (1), ⟨**~зúть**⟩ (15/15*e.*) beladen, verladen; F mit e-r Funktion belasten; **-ся** F sich bepacken; P sich vollaufen lassen; **~́зка** *f* (5; -зок) Verladen *n*; Ladung, Last; Belastung; Auslastung; Stundensoll *n*; Stundendeputat *n*; Zweckbestimmung; F Funktion; *Hdl.* Zusatzartikel *m*
нагря́нуть (20) *pf.* auftauchen, F aufkreuzen (***к*** Д bei *D*); hereinbrechen
нагуля́ть (28) *pf.* Fett ansetzen; F sich zulegen; an der frischen Luft ... bekommen; **-ся** genug spazieren gewesen sein
над, ~о (T) über (*D*; *A*); an (*D*)
надавáть F (5) *pf.* (P) viele ... geben
надáв|ливать (1), ⟨**~úть**⟩ (14) drükken; (P) auspressen *od.* viel auspressen; F e-e Menge zerdrücken; Druck ausüben; → ***налегáть, давúть***
надарúть F (14) (P) viele ... schenken
надбáвка, надбавля́ть F → ***набáвка, набавля́ть***
надбúтый (14*K.*) angeschlagen
надви|гáть (1), ⟨**~́нуть**⟩ (20) schieben, rücken, ziehen; **-ся** heranrücken, näherrücken, sich nähern; heraufziehen; F auf *j-n* losgehen; anbrechen
надвóдный (14) Überwasser-
нáдвое entzwei; in zwei Hälften; F zweifach, ambivalent; → ***бáбушка***
надвя́з|ывать (1), ⟨**~áть**⟩ (3) anstrikken; anstücken, anstückeln
надгрóб|ие *n* (12) Grabstein *m*; † Grabinschrift *f*; **~ный** (14) Grab-
надгрыз|áть (1) ⟨**~́ть**⟩ (24; -ла) annagen, anknabbern
надда|вáть F (1), ⟨**~́ть**⟩ (-м, -шь; → ***дать***) zulegen, dazulegen, dazugeben; zusetzen
наде|вáть (1), ⟨**~́ть**⟩ (-ну, -нешь; -нь!; -тый) anziehen (***на*** B/B *j-m et.*), überziehen, *Tech.* aufziehen (*a.* B/***на*** B mit *D*/*A*); aufsetzen, aufstecken; anlegen; anstecken; *Sp.* anschnallen; *Tuch, Schürze* umbinden
надéж|да *f* (5) Hoffnung; F ***плохáя ~да*** (И auf *j-n*) ist wenig Verlaß; F ***вся ~да*** (***на*** B *j-d*) ist *j-s* einzige Hoffnung; **~́ный** (14; -ен, -на) zuverlässig, verläßlich; sicher
надéл *m* (1) Anteil; Parzelle *f*
надéлать F (1) *pf.* (B/P) viel *od.* viele ... machen, anfertigen, zubereiten; anrichten, anstellen; verursachen; zufügen
надел|éние *n* (12) Zuteilung *f* (T *G*, von *D*); → **~я́ть** (28), ⟨**~úть**⟩ (13*e.*) zuteilen (T *A*); versehen, ausstatten
надёр|гивать (1) **1.** ⟨**~гать**⟩ (1) (P) viel ... auszupfen *od.* zupfen; F zusammenstoppeln; **2.** ⟨**~нуть**⟩ F (20) schnell anziehen, hastig überziehen
надéть → ***надевáть***
надéя|ться (27) hoffen; bauen, sich verlassen; ***~сь*** in der Hoffnung
надзéмный (14) oberirdisch; Hoch-; Ober-
надз|ирáтель *m* (4) Aufseher; Inspektor; **~ирáть** (1) überwachen, beaufsichtigen (***за*** T *A*); **~óр** *m* (1) Aufsicht *f* (***за*** T über *A*); Überwachung, Beaufsichtigung *f* (*G*); Inspektion *f*
надивúться F (14*e.*) sich ... genug wundern (Д, F ***на*** B über *et., j-n*)
надколéнный (14) Knie-
надколóть (17) *pf.* anspalten, anstechen
надкóстница [-sn-] *f* (5) Beinhaut
надкусúть (15) *pf.* anbeißen
надл|áмывать (1), ⟨**~омúть**⟩ (14), F ⟨**~омáть**⟩ (1) anbrechen, knicken; *fig.* brechen; ruinieren; **-ся** einknicken; *fig.* zusammenbrechen; F e-n Knacks bekommen
надлеж|áть: ***~úт*** (Д *j-d*) muß, soll, hat zu ...; **~áщий** (17) gebührend, nötig; entsprechend; recht; ***~áщим óбразом*** wie es sich gehört
надл|óм *m* (1) Anbruch; Knick; → ***надры́в***; **~омáть, ~омúть(ся)** → ***~áмывать(ся)***
надмéнн|ость *f* (8) Arroganz; Hochmut *m*; → **~ый** (14; -нен, -а) hochmütig, hochnäsig; anmaßend, arrogant
нáдо[1] es ist nötig, man muß *od.* soll; ***мне ~*** ich brauche *od.* muß; **~** es *od.* das ist + *Inf.*; ***~ дýмать*** das will ich meinen; wahrscheinlich; ***так емý и ~!*** F das geschieht ihm recht; ***óчень-то мне ~!*** F *iron.* und wie ich das brauche!; (***ведь***) ***~ же!*** P nein, sowas!, war das denn nötig!; ***что ~?*** P was gibt's?, was wollen Sie *od.* willst du?; ***что ~***

P toll, prima; **~ быть** P wohl; **~²** → **над**

нáдобн|о P → **нáдо¹**; **~ость** *f* (8) Notwendigkeit; Bedarf *m* (**по мéре** P nach); *pl.* Bedürfnisse *n/pl.*; **нет ~ости** es ist nicht nötig, (Д *j-d*) braucht nicht zu . . .; **в слýчае ~ости** im Bedarfsfall; **~ый** P → **нýжный**

надоe|дáть (1), ⟨**~сть**⟩ (-м; -шь; → **есть¹**) langweilen (Д *j-n*), lästig fallen; **~ло** (Д *j-d*) hat *et.* satt; **~дливый** (14*K.*) lästig; langweilig

надóй *m* (3) Milchertrag

надóлго auf lange Zeit, für lange

надóмник *m* (1) Heimarbeiter

надорвáть(ся) → **надрывáть(ся)**

надоýмить F (14) *pf.* auf die Idee bringen, (В *j-m*) anraten

надпили́ть (13) *pf.* ansägen; anfeilen

надпи́с|ывать (1), ⟨**~áть**⟩ (3) überschreiben; beschriften, mit e-r Aufschrift versehen; → **~ь** *f* (8) Aufschrift; Inschrift; Überschrift; Anschrift; Unterschrift; Widmung; Indossament *n*

надпóчечник *m* (1) Nebenniere *f*

надрáть (-дерý, -рёшь; → **драть**) (P) viel . . . abschälen, abreißen; F **~ ýши** (Д *j-n*) an den Ohren ziehen

надрéз *m* (1) Einschnitt; Kerbe *f*; **~áть, ~ывать** (1), ⟨**~ать**⟩ (3) einschneiden; anschneiden; kerben

надругáт|ельство *n* (9) Schmähung *f* (**над** Т *G*); → **~ься** (1) *pf.* schmähen, schänden (**над** Т *A*)

надры́в *m* (1) Einriß; Pein *f*, Seelenpein *f*, Krise *f*; **с ~ом** → **~ный**; → **~áть** (1), ⟨надорвáть⟩ (-вý, -вёшь; → **рвать**) anreißen, einreißen; überanstrengen; ruinieren; *fig.* brechen; *Herz* zerreißen; *pf. Bauch* halten; **-ся** anreißen, einreißen; sich übernehmen *od.* verheben; zerbrechen; *impf.* sich zerquälen, erschöpft sein; *fig. Herz*: bluten; F sich abrackern; lauthals schreien; **~истый** (14*K.*), **~ный** (14; -ен, -на) heftig, krampfhaft; hysterisch; selbstquälerisch

надсá|да F *f* (5) äußerste Anspannung *od.* Lautstärke; **~живать(ся)** P (1), ⟨**~ди́ть(ся)**⟩ (15) → **надрывáть(ся)**

надсм|áтривать (1), **~óтр** *m* (1), **~óтрщик** *m* (1) → **надзирáть, надзóр, надзирáтель**

надсмeя́ться P → **насмeя́ться**

надстав|ля́ть (28), ⟨**~ить**⟩ (14) länger machen; ansetzen; **~ка** *f* (5; -ок) Ansatz *m*; **~нóй** (14) Ansatz-, angesetzt

надстр|áивать (1), ⟨**~óить**⟩ (13) aufstocken, aufsetzen; **~óйка** *f* (5; -óек) Aufstockung; Aufbau *m*, Überbau *m*

надтрéснутый (14*K.*) mit e-m kleinen Sprung; (*o. K.*) brüchig

наду|вáтельский F (16) betrügerisch; **~вáтельство** F *n* (9) Betrügerei *f*, Schwindel *m*; **~вáть** (1), ⟨**~ть**⟩ (18) aufblasen, aufpumpen; blähen, aufblähen; hereinwehen; zusammenwehen; F hereinlegen; beschummeln; *unpers.* entzünden (**в** В *A*); **~ть гýбы** F schmollen; **-ся** F anschwellen; schmollen (**на** В mit *j-m*); P sich (P mit *D*) vollaufen lassen; **-ся** *pf.*: **-ся как мышь на крупý** F die beleidigte Leberwurst spielen; **~внóй** (14) aufblasbar

надыми́ть (14*e.*) *pf.* viel, stark rauchen

надышáть (4) *pf.* die Luft verbrauchen; F anhauchen (**на** В *A*); **-ся** viel . . . einatmen (Т *A*); F *Luft* auftanken (Т *A*); **не -ся** sich berauschen *od.* nicht satt sehen können (**на** В an *D*)

нае|дáться (1), ⟨**~сться**⟩ (-мся, -шься; → **есть¹**) sich satt essen (P an *D*)

наединé allein; unter vier Augen

наéз|д *m* (1) kurzer Besuch, Stippvisite *f* (**в** В in *D*); **~дом** F besuchsweise; **~дник** [-zn-] *m* (1), **~дница** *f* (5) Reiter(in *f*); Kunstreiter(in *f*); **~жáть** [-ʒʒ-] (1) **1.** *a.* **~живать** (1), ⟨**~дить**⟩ (15) *Weg* einfahren; *Pferd* zureiten; *pf.* fahren; **-ся** *pf.* F viel *od.* genug fahren, herumfahren; **2.** ⟨наéхать⟩ (-éду, -дешь; -езжáй!) (**на** В *A*) anfahren, (gegen *A*) fahren; stoßen; F (P) viele . . .: kommen, zusammenkommen; *impf.* F ab u. zu kommen, vorbeischauen (**к** Д bei *j-m*; **в** В in *D*); **~женный** [-ʒʒ-] (14*K.*) eingefahren

наём *m* (1; нáйма) Mieten *n*; Anwerbung *f*, Einstellung *f*; (**по** Д) Lohn-; **~ник** *m* (1) Söldner; Söldling; *ehm.* Lohnarbeiter; Tagelöhner; **~ный** (14) Miet-, gemietet, angemietet, gepachtet; Lohn-; Söldner-; gedungen; käuflich

наéсться → **наедáться**

наéхать → **наезжáть 2**

Н

нажáри|вать (1), ⟨**~ть**⟩(13) (P) viel *od.* viele ... braten; P tüchtig heizen *od.* einheizen; **-ся** P: ***-ся на сóлнце*** in der Sonne braten
наж|áтие *n* (12) Druck *m* (P auf *A*); **~áть** → ***~имáть***
наждáчный (14) Schmirgel-
наж|éчь (26; -гý, -жёшь) *pf.* aufbrennen; F (P) viel ... brennen, verbrennen; erhitzen; entzünden
нажи́|ва *f* (5) Gewinn *m*, Profit *m*; **~вáть** (1), ⟨**~ть**⟩ (-вý, -вёшь; ~л, -лá, ~ло; ~тый: -тá) erwerben; verdienen; *Kapital* schlagen (***на*** П aus *D*); F (***себé*** sich) zuziehen; *Feinde* sich machen; *Husten* erwischen; **-ся** reich *od.* schwerreich werden (***на*** П an *D*); F lange *od.* lange genug leben; **~вка** *f* (5; -вок) Köder; **~внóй** F (14) erlangbar, erlernbar; Köder-
наж|и́м *m* (1) Druck; Nachdruck; Überzeichnung *f*; **~имáть** (1), ⟨**~áть**⟩ (-мý, -мёшь; -áтый) drücken (В, ***на*** В auf, gegen *A*); *Pedal* treten (***на*** В *A*, in *A*); *pf.* auspressen; F Druck ausüben, (***на*** В *j-n*) unter Druck setzen; vorantreiben, Dampf machen (bei *D*); P loslegen, draufgeben; (***на*** В) *Hebel* in Bewegung setzen
нажи́ть(ся) → ***наживáть(ся)***
нажр|áться (-ýсь, -ёшься; → ***жрать***) *pf.* F *Tiere*: sich satt fressen; P sich vollfressen
назáвтра F am nächsten Tag
назáд zurück, rückwärts; *Zeit*: vor; **~и́** P: ***быть ~и́*** zurückliegen; vorbeisein
назвá|ние *n* (12) Benennung *f*, Bezeichnung *f*; Name *m*; Titel *m*; **~ный** † (14) Adoptiv-; Wahl-; **~ть(ся)** → ***называ́ть(ся)***
назéм|ный (14) Land-, Boden-, Erd-; Oberflächen-; **~ь** P auf die Erde, zu Boden
назидá|ние *n* (12) Belehrung *f* (***в*** В zur); **~тельный** (14; -лен, -льна) belehrend, erbaulich
назлó, F **~** zum Trotz
назнач|áть (1), ⟨**~ить**⟩ (16) bestimmen, festlegen, festsetzen; aussetzen; ausmachen; ansetzen, anberaumen; vorsehen; ernennen (Т zum), einsetzen; *pf.* vorherbestimmen; F verordnen; **~éние** *n* (12) Bestimmung *f*; → ***~áть***; Ernennung *f* (***на*** В zu *D*); Anordnung *f* (***по*** Д auf *A*)); Verwendung *f*; Aufgabe *f*; Einsatz *m*
назóйливый (14*K.*) aufdringlich, zudringlich; lästig
назре|вáть (1), ⟨**~ть**⟩ (8) heranreifen; akut werden; † reifen
назубóк F auswendig, aus dem Effeff
наз|ывáть[1] (1), ⟨**~вáть**⟩ (-овý, -вёшь; → ***звать***) nennen (Т *A*; ***по*** Д, Т beim), benennen, bezeichnen (als *A*); e-n Namen *od.* Titel geben (В *D*); F (P) viele ... einladen, zusammenrufen; ***~вáть себя́*** → ***-ся*** sich vorstellen (Т als *A*) *od.* ausgeben (für *A*); s-n Namen nennen; bezeichnet werden; P sich einladen *od.* anbieten; *impf.* heißen; ***~ывáется*** man nennt; ***что ~ывáется*** wie man so sagt; → ***кýзов***; **~ывнóй** (14) Nominal-
наибóл|ее höchst-, meist-; am meisten; **~** ***вáжный*** wichtigste(r); → **~ьший** (17) größte(r), allergrößte(r); Meist-
наи́вн|ичать F (1) naiv tun; **~ость** *f* (8) Naivität; **~ый** (14; -вен, -а) naiv
наивы́сший [-ʃʃ-] (17) höchste(r), allerhöchste(r)
наигр|анный (14*K.*) gespielt; *Mus.* eingespielt; **~ывать,** ⟨**~áть**⟩ (1) vor sich hin spielen; bespielen; F erspielen; **~ыш** *m* (1; -ей) Volkstanzmelodie *f*; Künstelei *f*; ***с ~ышем*** F gekünstelt
наизнáнку verkehrt, verkehrt herum; auf die linke Seite
наизýсть auswendig
наилýчши|й (17) beste(r), allerbeste(r), optimal; ***~м óбразом*** aufs beste
наимéнее am wenigsten **~** ***вáжный*** unwichtigste(r)
наименовá|ние *n* (12) Name *m*; → ***назвáние***; **~ть** (7) *pf.* → ***назвáть***
наимéньший (17) kleinste(r), allerkleinste(r), geringste(r); Mindest-
нáискос|ь, F **~óк** schräg; schräg daneben; schräg (***от*** Р gegenüber *D*)
наи́ти|е *n* (12) Eingebung *f*; Einwirkung *f*; ***по ~ю*** e-r Eingebung folgend
наихýдший (17) schlechteste(r), allerschlechteste(r)
найдёныш F *m* (1; -ей) Findling
наймúт *m* (1) Söldner; † Knecht
найти́(сь) → ***находи́ть(ся)***

нака́з P *m* (1) Weisung *f*, Auftrag; **~а́ние** *n* (12) Strafe *f* (***в*** B zur); Bestrafung *f*; Züchtigung *f*; F e-e Plage *f*; F ***~а́ние*** (Д *j-d*) hat s-e liebe Not ...; **~у́емый** (14*K*.) strafbar; **~ывать** (1), ⟨**~а́ть**⟩ (3) bestrafen; P erleichtern (***на*** B um *A*); anordnen, (Д *j-n*) anweisen

нака́л *m* (1) Glühen *n*; Glut *f*; Lichtstärke *f*, Licht *n*; *fig*. Inbrunst *f*; Heftigkeit *f*; **~ивать** (1), **~я́ть** (28), ⟨**~и́ть**⟩ (13*e*.) glühend machen, erhitzen; *fig*. anheizen, äußerst anspannen; **-ся** glühend *od*. glühend heiß werden

нак|а́лывать (1), ⟨**~оло́ть**⟩ (17) (P) viele *od*. mehrere ... anstecken, anbringen (***на*** B an *D*); aufspießen; einstechen; anstechen; → **-ся**; tätowieren; spalten; abstechen; P erleichtern; **-ся** sich stechen (***на*** B an *D*)

накаля́ть(ся) → ***нака́ливать(ся)***

накану́не am Vortag, am Vorabend, tags zuvor; → ***кану́н***

нака́пать (1) *pf*. einträufeln, (***на*** B *A*) beträufeln; P verpfeifen

нака́пливать (1) → ***копи́ть***

нака́т|ывать (1) **1.** ⟨**~а́ть**⟩ (1) heranrollen; glattfahren; rändeln; P hinkritzeln, hinhauen; **-ся** F viel *od*. genug herumfahren *od*. spazierenfahren; **2.** ⟨**~и́ть**⟩ (15) hinaufrollen; F zusammenkommen; P überkommen (***на*** B *j-n*); F → **-ся** sich wälzen; P hereinbrechen

нака́ч|ивать, ⟨**~а́ть**⟩ (1) aufpumpen, vollpumpen; **-ся** P sich vollaufen lassen

наки́|дка *f* (5; -док) Umhang *m*, Pelerine, Überwurf *m*; Zierdeckchen *n*; F Aufschlag *m*; ***в ~дку*** umgehängt; **~дывать** (1) **1.** ⟨**~да́ть**⟩ (1) (P) viel *od*. viele ... hinwerfen, (*a*. ***на*** B *A*) vollwerfen; **2.** ⟨**~нуть**⟩ (20) überwerfen; umwerfen (***на*** B *j-m*); F draufschlagen; → ***набра́сывать(ся)***

накип|а́ть (1) ⟨**~е́ть**⟩ (10*e*.) sich ansetzen, Kalk *od*. Kalkstein ansetzen; *fig*. sich anstauen; **~ь** *f* (8) Schaum *m*, Abschaum *m*; Ansatz *m*, Kalk *m*, Kalkstein *m*, Kesselstein *m*

накла́д|ка *f* (5; -ок) Haaraufsatz *m*; Lasche; P Ausrutscher *m*; Reinfall *m*; **~на́я** *f* (14) Lieferschein *m*; Frachtbrief *m*; **~но** F nachteilig; **~но́й** (14) aufgelegt, aufgesetzt; ***~ны́е расхо́ды*** *m/pl*. Spesen *pl*.; **~ывать** (1), ⟨**нало-жи́ть**⟩ (16) auflegen, anlegen; aufsetzen; aufdrücken; füllen, beladen; → ***гипсова́ть***; *fig*. → ***налага́ть***

накле́|ивать (1), ⟨**~ить**⟩ (13) aufkleben; (P) viele ... kleben; **~йка** *f* (5; -ек) Aufkleber *m*; Etikett *n*

наклика́ть P (1), ⟨**~́**⟩ (3) berufen

накло́н *m* (1) Neigung *f*; Hang, Abhang; **~е́ние** *n* (12) Neigen; *Gr*. Modus *m*, Aussageweise *f*; **~ность** *f* (8) Neigung; Veranlagung; **~ный** (14; -ен, -на) geneigt; schräg, schief; abschüssig; **~я́ть** (28), ⟨**~и́ть**⟩ (13) neigen, beugen, niederbeugen; **-ся** sich beugen *od*. bücken (***над*** T über *A*)

наклю́каться P (1) *pf*. sich besaufen

накова́льня *f* (6; -лен) Amboß *m*

нако́жный (14) Haut-

накол|а́чивать (1), ⟨**~оти́ть**⟩ (15) → ***набива́ть***; P zusammenhauen; P ***~оти́ть ше́ю*** (Д *j-n*) verkloppen

наколе́нник *m* (1) Knieschützer

нако́л|ка *f* (5; -ок) Häubchen *n*; P Tätowierung; ***~о́ть*** → ***нака́лывать***; ***~оти́ть*** → ***~а́чивать***

наконе́|ц endlich, schließlich; ***~ц-то!*** na endlich!; **~чник** *m* (1) Spitze *f*; Zwinge *f*; *Tech*. Kappe *f*; Schuh

накоп|ле́ние *n* (12) Ansammlung *f*, Anhäufung *f*; Speicherung *f*; Anlegung *f*; Einsparung *f*; Akkumulation *f*; **~ля́ть** (28) → ***копи́ть***; (P *A*) zusammensparen; **-ся** sich ansammeln *od*. anstauen

накоротке́ F aus *od*. in geringer Entfernung; kurz, für kurze Zeit; auf du u. du

накра́пывать (1) tröpfeln

накрахма́ленный (14*K*.) gestärkt

накра́шивать (1) → ***кра́сить 2***

на́крепко F ganz fest; nachdrücklich, nachdrücklichst

на́крест kreuzweise

накрича́ть (4*e*.) herumschreien; → ***крича́ть*** F; **-ся** F sich sattschreien *od*. ausschreien

накру́|чивать (1), ⟨**~ти́ть**⟩ (15) aufwickeln; (P) viele ... drehen *od*. zusammendrehen, zusammenflechten; P ausknobeln, ausspinnen; P ***~ти́ть хвост*** (Д *j-n*) heruntermachen

Н

накры|ва́ть (1), ⟨**∴ть**⟩ (22) bedecken, zudecken, verdecken, *Mil.* eindecken; decken (***на*** В *A*; В zu *D*); F erwischen (***на*** П bei *D*)

накуп|а́ть (1) ⟨**~и́ть**⟩ (14) (P) viel *od.* viele . . . kaufen, zusammenkaufen

наку́р|ивать (1), ⟨**~и́ть**⟩ (13) (e-n Raum vollqualmen *od.* vollrauchen; ***∴ено*** (***в*** П *N*) ist voll Rauch; **-ся** F rauchen; genug rauchen

нал|ага́ть (1), ⟨**~ожи́ть**⟩ (16) auferlegen (***на*** В *j-m*), verhängen (über *j-n*); *Bann*: tun (***на*** В/В *j-n* in); *Tabu*: belegen (mit *D*); *Entscheid* treffen (***на*** В über *A*); *Visum* erteilen; *Stempel* aufdrücken

нала́|живать (1), ⟨**~дить**⟩ (15) richten, herrichten; in Ordnung *od.* in Gang bringen; **-ся** zustande kommen, in Ordnung sein; arrangieren; herstellen; F stimmen; **-ся** P sich einstellen; **~женный** (14*K.*) wohlgeordnet

налга́ть (-лгу́, -лжёшь; → ***лгать***) e-e Menge vorlügen *od.* zusammenlügen; → ***лгать 2***

нале́во nach links, links; *Mil.* linksum!; P schwarz; ~! P erledigen!

нале|га́ть (1), ⟨**∴чь**⟩ (-ля́гу, -я́жешь; → ***лечь***) sich stemmen (***на*** В gegen *A*) *od.* stützen; F sich werfen *od.* verlegen (auf *A*); sich hermachen (über *A*); *Ruder*: sich legen (in *A*); P drücken

налегке́ [-ch'kɛ] F ohne *od.* mit leichtem Gepäck; ohne Mantel, leicht gekleidet

налез|а́ть F (1), ⟨**∴ть**⟩ (24*st.*) (P) viele . . .: hinaufklettern *od.* hineinklettern; hinaufkriechen, hineinkriechen; sich schieben, rutschen; kaum passen, zu eng sein

налеп|ля́ть (28), ⟨**~и́ть**⟩ (14) (P) viele . . . formen; F aufkleben

налёт *m* (1) Überfall, Angriff; Anflug; Hauch; Belag; Bö *f*; ***с ~а*** mit voller Wucht; im Fluge; im ersten Moment; **∴а́ть** (1) **1.** ⟨**∴е́ть**⟩ angeflogen kommen; sich stürzen, (***на*** В *j-n*) überfallen, (über *j-n*) herfallen; angreifen; heranstürmen; rasen (***на*** В gegen *A*); sich ansetzen; *fig.* einstürmen; F stoßen, zusammenstoßen; sich einhandeln; **2.** *pf.* geflogen haben; **~чик** *m* (1) Räuber, Bandit

нале́чь → ***налега́ть***

нали́|в *m* (1) Einfüllen *n*; Eingießen *n*; Reifen *n*, Reife *f*; **~ва́ть** (1), ⟨**~ть**⟩ (-лью́, -льёшь; ∴л, -ла́, ∴о; -ле́й!; ∴тый: -та́) eingießen, einschenken; austun; verschütten; füllen, erfüllen; **-ся** einfließen, eindringen; sich füllen *od.* anfüllen; anschwellen, saftig *od.* F stramm werden; zunehmen; ***~вшийся кро́вью*** blutunterlaufen; **~вка** *f* (5; -вок) Fruchtlikör *m*; **~вно́й** (14) Tank-; reif; saftig; voll, stramm

нализа́ться (3) *pf.* F sich satt lecken (P an *D*); P sich vollaufen lassen

нали́м *m* (1) Quappe *f*, Aalraute *f*

налип|а́ть (1), ⟨**∴нуть**⟩ (20) kleben (***на*** П an *D*)

нали|то́й (14) → ***~вно́й***; stämmig; ***как свинцо́м ~то́й*** bleiern; **∴ть(ся)** → ***~ва́ть(ся)***

нали|цо́ vorhanden; anwesend, präsent; ***быть ~цо́*** → **∴чествовать** (7) vorliegen; auf der Hand liegen; **∴чие** *n* (12) Vorhandensein; ***в ∴чии*** → ***~цо́***; **∴чник** *m* (1) Verkleidung *f*; Einfassung *f*; **∴чность** *f* (8) Bestand *m*; Barbestand *m*, Barschaft; Schatz *m*; → ***∴чие***; **∴чный** (14) vorhanden, anwesend; verfügbar; Ist-; Bar-; *Su. pl.* Bargeld *n*; ***∴чными*** in bar

налови́ть (14) *pf.* (P) viele . . . fangen

наловчи́ться F (16*e.*) *pf.* e-e Fertigkeit entwickeln, den Bogen heraushaben

нало́г *m* (1) Steuer *f*, Abgabe *f*; **~овый** (14) Steuer-; **~обложе́ние** *n* (12) Besteuerung *f*; **~оплате́льщик** *m* (1) Steuerzahler

налож|е́ние *n* (12) Anlegen; Auferlegung *f*; → ***~и́ть***; **∴енный** (14): ***∴енным платежо́м*** per Nachnahme; ***~и́ть*** → ***накла́дывать, налага́ть***

нало́жница † *f* (5) Konkubine

налома́ть (1) *pf.* (P) viel *od.* viele . . . brechen *od.* abbrechen; ***~ бока́*** P die Hucke voll hauen; ***~ дров*** P *fig.* e-e Menge Blödsinn verzapfen

налюбова́ться (7) *pf.* sich satt sehen (***на*** В an *D*); nicht genug bewundern *od.* bewundern können (*a.* Т *A*)

наля́пать P (1) *pf.* hinschmieren

намагни́тить (15) *pf.* magnetisieren

нама́зывать (1) → ***ма́зать 1***

нама́тывать (1) → ***мота́ть 1***

нама́яться P (28) *pf.* todmüde werden; → ***ма́яться***

Н

наме́дни P neulich, vor kurzem
намёк *m* (1) Anspielung *f*; Andeutung *f* (T *pl.* in), Wink; F Spur; **~а́ть** (1), ⟨~ну́ть⟩ (20) andeuten; anspielen; zu verstehen geben, durchblicken lassen
намере|ва́ться (1) beabsichtigen; **~н**: **~н** *j-d* hat die Absicht *od.* vor, ...; **~ние** *n* (12) Absicht *f*, Vorsatz *m*; **~нный** (14*K*.) absichtlich, vorsätzlich
намерз|а́ть (1), ⟨~нуть⟩ (21) sich bilden; bedecken (*на* П *A*); F erstarren
на́мертво F tödlich; ganz fest
намести́ → ***намета́ть 1***
наме́стник [-sn-] *m* (1) Statthalter
намётанный (14*K*.) geübt
наме|та́ть (1) **1.** ⟨~сти́⟩ (25 -т-) zusammenkehren, zusammenwehen, anwehen; **2.** *pf.* (P) viel ... werfen *od.* vollwerfen; aufschütten; → ***мета́ть²***; *Auge* schärfen; **~та́ть ру́ку** F Fertigkeit gewinnen (*a.* **на** B in *D*); **~тка** *f* (5; -ток) Heften *n*; Heftfaden *m*; Heftnaht; Entwerfen *n*; Entwurf *m*; **~ча́ть** (1), ⟨~тить⟩ (15) abstecken; entwerfen, skizzieren; sich vornehmen, planen; aufstellen; → ***ме́тить 1***; **-ся** sich abzeichnen *od.* andeuten; F sich anschicken; *impf.* vorgesehen sein
намеша́ть F (1) *pf.* hineinmischen, zusammenmischen
намно́го viel; beträchtlich
намок|а́ть (1), ⟨~нуть⟩ (21) durchnäßt werden; durchweichen
намоло́ть (-мелю́, -е́лешь; → ***моло́ть***) *pf.* e-e Menge ... mahlen; F zusammenquasseln
намо́рдник *m* (1) Maulkorb
намот|а́ть *pf.* → ***мота́ть 1***; P *et.* anhängen; **~ка** *f* (5) Aufwickeln *n*; F → ***мото́к***
наму́читься F (16) viel mitmachen
намывно́й (14) angespült, Schwemm-
намы́ливать (1) → ***мы́лить***; P *fig. Kopf* waschen
намя́ть (-мну́, -нёшь; -я́тый) *pf.* (P) viel ... kneten; → ***мять***; P **~ *бока́*** (Д *j-n*) windelweich schlagen
нана́|ец *m* (1; -йца), **~йка** *f* (5; -ек) Nanaier(in *f*); **~йский** (16) nanaiisch
нанес|е́ние *n* (12) Auftragen, Eintragen; Zufügen; **~ти́** → ***наноси́ть***
нани́зывать (1) → ***низа́ть***
нанима́т|ель *m* (4) Mieter; Arbeitgeber; **~ь** (1), ⟨наня́ть⟩ (найму́, -мёшь; → ***заня́ть***) mieten, anmieten; einstellen, anstellen; *impf.* bewohnen, (B in *D*) leben; **-ся** sich verdingen (*a.* ***в*** И *pl.* als)
на́нковый (14) Nanking-
на́ново F von neuem, aufs neue
нано́с *m* (1) Anschwemmung *f*; Wehe *f*; **~и́ть** (15), ⟨нанести́⟩ (25 -с-; -нёс); (P) viel *od.* viele ... zusammentragen, heranschaffen *od.* anschwemmen, anwehen; auftragen; eintragen; übertragen; zuwehen; zufügen, beibringen; *Schlag* versetzen, *Stoß* führen; *Besuch* abstatten; *unpers.* F drükken (*на* B gegen *A*); P bescheren; ***нанести́ уда́р в спину́*** *fig. j-m* in den Rücken fallen; **~ный** (14; -ен, -на) angeweht; → ***намывно́й***; *fig.* fremd, übernommen
нанят|о́й F (14) gemietet; angestellt; **~ь(ся)** → ***нанима́ть(ся)***
наобеща́ть F (1) *pf.* (P) e-e Menge versprechen
наоборо́т umgekehrt; verkehrt, verkehrt herum; im Gegenteil
нао|бу́м F aufs Geratewohl; auf gut Glück; → ***зря***; **~тмашь** mit aller Wucht, mit von sich gestrecktem Arm; **~тре́з** rundweg, entschieden
напа|да́ть¹ (1), ⟨~сть¹⟩ (25; -л, -ла; -вший) angreifen, überfallen (**на** B *A*); *fig.* überkommen, befallen; stoßen; *fig.* kommen, verfallen; F herfallen (über *A*); **~дать²** (1) *pf.* (*a.* P) viel *od.* viele ... fallen; **~да́ющий** *f* (17) *Sp.* Stürmer; Angreifer; **~де́ние** *n* (12) Angriff *m*, Überfall *m*; *Sp.* Sturm *m*; ***центр m ~де́ния*** Mittelstürmer; **~дки** *pl.* (5; -док) Angriffe *m/pl.*, Attacken *f/pl.*
нап|а́ивать (1) **1.** ⟨~ая́ть⟩ (28) anlöten; **2.** ⟨~ои́ть⟩ (13*e*./13) betrunken machen; *fig.* erfüllen
напа́рник F *m* (1) Partner, Kumpel
напа́|сть¹ → ***~да́ть***; **~сть²** F *f* (8) Mißgeschick *n*, Plage; Pech *n*
напе́|в *m* (1) Melodie *f*, Weise *f*; **~ва́ть** (1), ⟨~ть⟩ (-пою́, -оёшь; -тый) vorsingen; besingen; *impf.* vor sich hin singen; **~вный** (14; -вен, -вна) melodisch
напер|ебо́й durcheinander, um die Wette; **~еве́с** gefällt; **~его́нки** F um die Wette; **~ёд** P nach vorn; im vor-

aus; **~кóр 1.** *Adv.* dagegen, wider-; **2.** *Kj.* (Д) zum Trotz, zuwider; entgegen; **~крёст** F über Kreuz; **~рéз** quer, schräg (Д, P zu *D*, hinüber zu *D*); um den Weg abzuschneiden; **~рыв** → ***~бóй***; **~хвáт** P → ***~рéз, ~бóй***; **~чёт** alle ohne Ausnahme; rar, nur wenig(e); (И, P *A*) kann man an den Fingern einer Hand abzählen

напéрсник † *m* (1) Busenfreund

напёрсток *m* (1; -тка) Fingerhut

напéть → ***напевáть***

напéчь (26) *pf.* (P) viele ... backen; F von der Sonne überhitzen

напи|вáться (1), ⟨**~́ться**⟩ (-пью́сь, -ьёшься; -лáсь, -́лóсь; -пéйся!) (P) viel ... trinken, sich satt trinken; F sich betrinken

напи́льник *m* (1) Feile *f*

напирáть F (1) (***на*** B *j-n*) bedrängen; drängeln; vordringen; eindringen; Nachdruck legen; *et.* deutlich aussprechen

написáние *n* (12) Schreibung *f*

напи|тáть (1) *pf.* durchtränken, durchweichen; F satt machen; **-ся** sich vollsaugen; F sich satt essen; **~́ток** *m* (1; -́тка) Getränk *n*; **~́ться** → ***~вáться***

напихáть F (1) *pf.* vollstopfen, vollpacken; (P) viel *od.* viele ... hineinstopfen

наплáка|нный F (14) verweint; **~ться** (3) *pf.* sich ausweinen; F schwer büßen müssen; s-e liebe Not haben werden

напластовáние *n* (12) Schichtung *f*

наплевá|тельский F (16) völlig gleichgültig, wurstig; **~ть** (6*e.*) *pf.* vollspucken (***на*** B *A*); P egal; **~̈но** (***в*** П *N*) ist vollgespuckt; P *fig.* **~ть** (Д/***на*** B *j-d*) pfeift auf *et.*

наплести́ (25 -т-) *pf.* (P) viele ... flechten *od.* klöppeln; P zusammenfaseln (***на*** B über *A*)

наплы́|в *m* (1) Andrang, Zulauf, Zustrom; Flut *f*; *Bot.* Auswuchs; *Film*: Überblendung *f*; **~вáть** (1), ⟨**~ть**⟩ (24) auffahren; verdecken (***на*** B *A*); herbeiziehen; herbeischwemmen; herbeiwehen; aufkommen; **~внóй** (14) angeschwemmt

напо|вáл mit e-m Hieb *od.* Schuß, auf der Stelle; **~дóбие** in der Art (P *G*, von *D*); ähnlich (*D*); **~и́ть** → ***напáивать 2***; **~кáз** zur Schau; um Eindruck zu machen

наполз|áть F (1), ⟨**~тú**⟩ (24) stoßen; sich schieben; aufziehen; viele: ... hineinkriechen

наполн|éние *n* (12) Füllen, Anfüllen; **~́енный** (14*K.*) voll; erfüllt; bedeutungsvoll; **~я́ть** (28), ⟨**~́ить**⟩ (13) anfüllen, ausfüllen, erfüllen; **-ся** sich füllen, voll werden

наполови́ну halb, zur Hälfte, um die Hälfte

напом|инáние *n* (12) Erinnerung *f* (***о*** П an *D*); Mahnung, Ermahnung *f*; **~инáть** (1), ⟨**~́нить**⟩ (13) erinnern (Д/***о*** П *j-n* an *D*); (bei *j-m et.*) anmahnen; (***о*** П sich) in Erinnerung bringen; *impf.* erinnern (B an *A*)

напóр *m* (1) Druck; Ansturm; F Tatkraft *f*, Tatendrang; **~истый** F (14*K.*) energisch, zielstrebig; **~ный** (14) Druck-

напорóться (17) *pf.* F rennen (***на*** B in *A*), laufen; stoßen; sich verletzen (an *D*); P geraten (in *A*)

напослéдок F zum Schluß, zu guter Letzt

направ|лéние *n* (12) Richtung *f* (***по*** Д/***к*** Д in/*N*; ***по*** Д *pl.* in, nach *D*); Einweisung *f*; Überweisung *f*, Überweisungsschein *m*; Weiterleitung *f*; Frontabschnitt (***на*** П in *D*); **~́ленность** *f* (8) Ausrichtung; Zielsetzung, Tendenz; **~ля́ть** (28), ⟨**~́ить**⟩ (14) richten (***к*** Д an *D*), lenken; schicken; verweisen (***к*** Д an *A*), weisen; überweisen; F abziehen, dengeln; **-ся** sich begeben; (***к*** Д auf *A*) zugehen *od.* zufahren; **~ля́ющий** (17) Leit-, Lenk-, Führungs-; Richt-; *Su. m* Richtungsmann *m*

напрáво nach rechts, rechts; *Mil.* rechtsum!; ***~ и налéво*** allen ohne Unterschied

напрáс|лина F *f* (5) falsche Beschuldigung, Anschwärzung; **~ный** (14; -ен, -на) vergeblich; unbegründet; † ungerecht; ***~но*** umsonst; ohne Grund; zu Unrecht; es macht nichts, daß ...

напр|áшиваться (1) **1.** sich aufdrängen; → **2.** F ⟨**~оси́ться**⟩ (15) sich anbieten; sich einhandeln (***на*** B *A*); *fig.* angeln; *pf.* sich durch Bitten verschaffen

напримéр zum Beispiel

напро|ка́т leihweise; → ***внаём***; **~лёт** F hindurch, durch; **~ло́м** F direkt hindurch; drauflos; rücksichtslos, hemmungslos; **~палу́ю** F → ***~ло́м***
напроси́ться → ***напра́шиваться***
напро́тив *Adv.* gegenüber; im Gegenteil, hingegen, dagegen; *Prp.* gegenüber (P *D*)
на́прочь F ganz, ganz u. gar
напру́житься F (16) sich anspannen
напря|га́ть (1), ⟨**∸чь**⟩ (26 -г/ж-; ∸г) spannen, anspannen; anstrengen; **-ся** s-e Kräfte anspannen; **~же́ние** *n* (12) Anstrengung *f*, Anspannung *f* (***с*** T unter *D*; ***от*** P vor *D*); Spannung *f*; Engpaß *m*; ***с ~же́нием*** angestrengt; **~жённость** *f* (8) *Pol.* Spannung(en *pl.*); Intensität; Belastung(en *pl.*); **~жённый** (14*K.*) gespannt, angespannt; anstrengend; intensiv; gezwungen; gepreßt
напрями́к F geradeaus, direkt; *fig.* geradeheraus
напря́чь(ся) → ***напряга́ть(ся)***
напу́ганный (14*K.*) erschreckt
напу́льсник *m* (1) Pulswärmer
на́пус|к *m* (1) Einschlag; Falten *f/pl.*; **~ка́ть** (1), ⟨**~ти́ть**⟩ (15) (P) viel *od.* viele ... hereinlassen *od.* herunterlassen *od.* herunterhängen lassen; F loslassen, aufhetzen (***на*** B gegen *A*); *Angst* einjagen; *Dunst* vormachen; *Miene* aufsetzen; ***~ти́ть на себя́ ва́жность*** sich wichtig machen; **-ся** F herfallen (***на*** B über *A*), *j-n* hart anfahren; **~кно́й** (14) gespielt, gekünstelt
напу́тать F (1) *pf.* (P) viel ... verwirren; Fehler machen; durcheinanderbringen
напу́тств|енный (14) Abschieds-; **~ие** *n* (12) Abschiedsworte *n/pl.*, Geleitworte *n/pl.*; **~овать** (7) *im(pf.)* auf den Weg wünschen *od.* raten (B/T *j-m et.*), mit auf den Weg geben; ***~уемый*** begleitet
напу́хнуть F (21) *pf.* anschwellen
напы́щенный (14*K.*) aufgeblasen, wichtigtuerisch; schwülstig
напя́ли|вать (1), ⟨**~ть**⟩ (13) spannen (***на*** B über *A*); F ankriegen, mühsam überziehen; aufstülpen
нарабо́таться F (1) genug arbeiten
наравне́ auf gleicher Höhe *od.* Stufe (***с*** T wie *N*); genauso, in gleicher Weise
нара́доваться (7) *pf.*: ***не ~*** sich nicht genug freuen können (***на*** B über *A*)
нараспа́шку F aufgeknöpft, offen; *fig.* auf großem Fuß; ***душа́ ~*** (***у*** P *j-d*) ist offenherzig, hat das Herz auf der Zunge
нараспе́в in singendem Tonfall
нараст|а́ть (1), ⟨**~и́**⟩ (25 -ст-; → ***расти́***) anwachsen; *pf.* (P) viel *od.* viele ...: wachsen; erwachsen; *impf.* zunehmen; heranreifen; **~и́ть** → ***нара́щивать***
нарасхва́т F: ***брать ~*** sich reißen (B um *A*); ***покупа́ться ~*** reißenden Absatz finden
нара́|щивать (1), ⟨**~сти́ть**⟩ (15*e.*) ansetzen, anstücken; F anhäufen; *impf.* steigern; verstärken
нарва́ть (-рву, -вёшь; → ***рвать***) *pf.* (P) viel *od.* viele ... pflücken *od.* zerreißen; eitern; **-ся** F stoßen; (***на*** B an *j-n*) geraten, (in *et.*) hineingeraten; sich *et.* einhandeln
нареве́ться F (-ву́сь, -вёшься) *pf.* sich ausheulen
наре́з *m* (1) Einschnitt; Zug; **~а́ть** (1), ⟨**~ать**⟩ (3) (P) viel *od.* viele ... aufschneiden, zuschneiden; einschneiden; schlachten; zuteilen; **~ка** *f* (5; -ок) Gewinde *n*; Züge *m/pl.*; → ***~а́ть***; **~но́й** (14) gezogen
наре|ка́ние *n* (12) Vorwurf *m*, Anschuldigung *f*; **~чённый** † *m* (14) Verlobte(r); **∸чие** *n* (12) Mundart *f*, Dialekt *m*; *Gr.* Adverb, Umstandswort; **∸чь** † (26) *pf.* → ***назва́ть***
нарица́тельный (14) *Gr.* Gattungs-; *Hdl.* Nenn-, Nominal-
нарко́з *m* (1) Narkose *f*, Betäubung *f*
нарко́м *m* (1) Volkskommissar
нарко|ма́н *m* (1) Drogenabhängige(r); **~ма́ния** *f* (7) Drogensucht, Rauschgiftsucht; **∸тик** *m* (1) Rauschgift *n*, Droge *f*; *Med.* Narkotikum *n*; **~ти́ческий** (16) Betäubungs-
наро́д *m* (1) Volk *n*, Nation *f*; F (*G* -у) Leute *pl.* (***на*** П vor *D*); **~и́ть(ся)** P → ***роди́ть(ся)***; **~ник** *m* (1) Volkstümler; **~ничество** *n* (9) Narodnikibewegung *f*; **~ность** *f* (8) Völkerschaft, Nationalität; Volkstümlichkeit; → ***~ный***; **~нохозя́йственный** (14) Volkswirtschafts-; **~ный** (14; -ен, -на) volkstümlich, volksverbunden; völkisch; (*o. K.*) Volks-; national;

Н

volkseigen; *ehm.* Volksschul-; Land-; **~онаселе́ние** *n* (12) Bevölkerung *f*

наро́ст *m* (1) Auswuchs; Ansatz; Geschwulst *f*, Beule *f*

наро́чи́т|о, **~ый** (14*K.*) absichtlich, vorsätzlich; betont; gespielt

наро́чно [-ʃn-] absichtlich; eigens; zum Trotz F; zum Schein; zum Spaß

на́рочный *m* (14) Eilbote (***с*** T durch *A*)

на́рты *f/pl.* (5) Rentierschlitten *m*; Hundeschlitten *m*

наруб|а́ть (1), ⟨**~и́ть**⟩ (14) (P) viel *od.* viele . . . hacken *od.* fällen; heraushauen; **~ка** *f* (5; -ок) Einschnitt *m*, Kerbe

нару́ж|ность *f* (8) Äußere(s) *n*; Aussehen *n* (***по*** Д in *D*); **~ный** (14; -ен, -на) äußer(lich); (*o. K.*) Außen-, für den äußerlichen Gebrauch; **~у** nach außen, ins Freie; an den Tag; zur Schau; ***весь ~у*** F ganz offen

нару|ка́вник *m* (1) Ärmelschoner; **~ка́вный** (14) Arm-; **~чники** *m/pl.* (1) Handschellen *f/pl.*; **~чный** (14): ***~ые часы́*** *pl.* Armbanduhr *f*

наруш|а́ть (1), ⟨**~ить**⟩ (16) stören; verletzen, (B gegen *A*) verstoßen, übertreten; brechen; **-ся** aussetzen; **~е́ние** *n* (12) Verletzung *f*; Störung *f*; Bruch *m*; **~и́тель** *m* (4) Verletzer *m*; Störer *m*; → ***~а́ть***

на́ры *pl.* (5) Pritsche *f*, Schlafbank *f*

нары́в *m* (1) Geschwür *n*, Abszeß; **~но́й** (14) blasenziehend, Zug-; ~

наря́|д *m* (1) Gewand *n*, Kleidung *f*; Putz, Schmuck; Auftrag, Order *f*; Anweisung *f*; Schein; *Mil.* Dienst, Einsatz, Kommando *n*; Außenstreifendienst, Streife *f*; Aufgebot *n*; **~ди́ть(ся)** → ***~жа́ть(ся)***; **~дный** (15; -ден, -дна) elegant, schmuck; herausgeputzt

наряду́ neben (***с*** T *D*); gleich (*D*); ***~ с э́тим*** zugleich, daneben

наря|жа́ть (1), ⟨**~ди́ть**⟩ **1.** (15) elegant kleiden, ausstaffieren, herausputzen; stecken; verkleiden (T als *A*); schmükken; **2.** (15*e.*) einteilen; beordern, entsenden; abkommandieren (***в*** B zu *D*); **-ся** anlegen (***в*** B *A*), festliche Kleidung anlegen *od.* anziehen

наса|жда́ть (1) einführen; verbreiten; beibringen (***в*** П *j-m*); **~жде́ние** *n* (12) Anpflanzung *f*; Waldstreifen *m*; *fig.* Einführung *f*; → ***~жда́ть***; **~живать** (1) **1.** ⟨**~ди́ть**⟩ (15) *u.* ⟨**~жа́ть**⟩ (1) (P) viele . . . pflanzen *od.* anpflanzen; **2.** ⟨**~ди́ть**⟩ aufsetzen, aufstecken; aufspießen; aufziehen; befestigen (***на*** B an *D*); **3.** ⟨**~жа́ть**⟩ (P) viele . . . setzen, (***в*** B in *D*) unterbringen; anfüllen (P mit *D*)

насви́стывать (1) vor sich hin pfeifen

насе|да́ть (1), ⟨**~сть**⟩ (25; → ***сесть***) sich setzen *od.* ansetzen, F sich hermachen (***на*** B über *j-n*); *j-m* auf die Pelle rücken; *pf.* (P) viele . . .: Platz nehmen; **~дка** *f* (5; -док) Bruthenne, Glucke

насе|ка́ть (1), ⟨**~чь**⟩ (26; → ***сечь***) einkerben, einhauen; F kleinhacken

насеко́мое *n* (14) Insekt

насел|е́ние *n* (12) Bevölkerung *f*; Einwohnerschaft *f*, F Bewohner *m/pl.*; Volk; **~ённость** *f* (8) Bevölkerungsdichte; **~ённый** (14): ***~ённый пункт*** *m* Ort, Ortschaft *f*; → **~я́ть** (28), ⟨**~и́ть**⟩ (13*e.*) besiedeln, bevölkern; *impf.* bewohnen

насе́ст *m* (1) Hühnerstange *f*

насе́сть → ***наседа́ть***

насе́|чка *f* (5; -чек) Kerbe; Einkerbung; Riffelung; **~чь** → ***~ка́ть***

наси|де́ться F (11) lange *od.* lange genug sitzen *od.* auskommen müssen; **~женный** (14) bebrütet; F altvertraut

наси́л|ие *n* (12) Gewalt *f*, Gewalttat *f*; Zwang *m*; Vergewaltigung *f*; **~овать** (7) **1.** zwingen, Gewalt antun (B *j-m*); **2.** ⟨из-⟩ vergewaltigen; **~у** F mit Müh u. Not, kaum; ***~у-то*** F endlich; **~ьник** *m* (1) Gewalttäter; Sexualverbrecher; **~ьно** mit Gewalt; ***~ьно мил не бу́дешь*** *Spr.* Liebe läßt sich nicht erzwingen; **~ьственный** (14*K.*) gewaltsam, erzwungen, gezwungen

насказа́ть F (3) *pf.* (P) viel *od.* viele . . . erzählen, zusammenreden; anschwärzen (***на*** B *j-n*)

наск|а́кивать (1), ⟨**~очи́ть**⟩ (16) anrennen, aufprallen (***на*** B gegen *A*), stoßen; *Mar.* laufen; F → ***набра́сываться***, ***нарва́ться***

насквóзь durch u. durch, völlig; durchgehend; ganz hindurch

наско́к F *m* (1; -а/-у) Angriff, Ausfall, Überfall; ***с ~а*** *od.* ***~у*** im Sturm; allzu hurtig, kurzerhand

наско́лько um wieviel; inwieweit, inwiefern; wie sehr; soweit, soviel; so . . .; **~ мне изве́стно – нет** nicht daß ich wüßte
на́скоро F in Eile, in aller Eile, hastig
наскочи́ть → наска́кивать
наскре|ба́ть (1), ⟨~сти́⟩ (25-б-; -б, -бла́) (*fig.* F) zusammenkratzen, zusammenscharren; zusammenbringen
наскуч|а́ться F (1) *pf.* sich zu Tode langweilen *od.* mächtig sehnen (**о**, **по** П nach *j-m*); **~и́ть** F (16) *pf.* → **надое́сть**
насла|жда́ться (1), ⟨~ди́ться⟩ (15*e.*) genießen (Т *A*); sich ergötzen (an *D*); **~жде́ние** *n* (12) Genuß *m*; Wonne *f*; Freude *f*, Vergnügen
насл|а́иваться (1), ⟨~о́иться⟩ (13*e.*) sich aufschichten; sich ablagern
насле́д|ие *n* (12) *fig.* Erbe, Nachlaß *m*; **~ник** *m* (1) Erbe; Nachfolger; F Stammhalter; **~ный** (14) Kron-, Erb-; **~ование** *n* (12) Erbfolge *f*; Nachfolge *f*; **~овать** (7) *im(pf.)* **1.** *a.* ⟨у-⟩ erben; **2.** nachfolgen; (Д *j-n*) beerben; **~ственность** *f* (8) Vererbung; → **~ственный** (14) Erb-, Erbschafts-; vererbt; erblich; **~ство** *n* (9) Erbschaft *f*, Erbe (**в** В als *A*); **лиши́ть ~ства** enterben; **переда́ть по ~ству** vererben; **получи́ть по ~ству** erben
насл|ое́ние *n* (12) Schichtung *f*; Schicht *f*; Überlagerung *f*; **~ои́ться → ~а́иваться**
наслужи́ться F (16) genug dienen
насл|у́шаться (1) *pf.* (P) viel, viele . . . *od.* genug hören; sich satt hören *od.* hören können (an *D*); **~ы́шаться** F (4) *pf.* (P) viel hören *od.* zu hören bekommen
насма́рку F zum Teufel, für die Katz
на́смерть tödlich; P *fig.* zu Tode; **стоя́ть ~** auf Tod u. Leben kämpfen
насме|ха́ться (1) spotten (**над** Т über *A*), *j-n* verspotten; **~ши́ть → смеши́ть**; **~шка** *f* (5; -шек) *a. pl.* Spott *m* (**над** Т über *A*; **в** В zum); **~шливость** *f* (8) Spottlust, Spott *m*; **~шливый** (14*K.*) spöttisch; spottlustig; **~шник** F *m* (1) Spötter; **~шничать** F (1) sich lustig machen (**над** Т über *A*); **~я́ться** (27) *pf.* verspotten, verhöhnen (**над** Т *A*); F sich krank lachen
на́сморк *m* (1) Schnupfen

насмотре́ться (9) *pf.* sich satt sehen *od.* sehen können (**на** В an *D*); genug sehen
насоба́читься P (16) *pf.* → **налови́читься**
насо́с *m* (1) Pumpe *f*; **~а́ться** (-у́сь, -ёшься) sich sattsaugen *od.* vollsaugen; P sich vollaufen lassen
на́спех in Eile; → **на́скоро**
наст *m* (1) Harsch, Schneekruste *f*
наста|ва́ть (5), ⟨~ть⟩ (~нет) anbrechen, hereinbrechen, eintreten; kommen, werden; **~ло вре́мя** es ist an der Zeit (**для** Р zu + *Inf.*)
настав|и́тельный (14; -лен, -льна) belehrend, schulmeisterlich; **~ле́ние** *n* (12) Belehrung *f*; Moralpredigt *f*, Leviten *pl.*; Anweisung *f*, Anleitung *f* (**по** Д für *A*); **~ля́ть** (28) **1.** belehren, instruieren; führen, **2.** ⟨~ить⟩ (14) ansetzen, länger machen; richten; (P) viele . . . aufstellen *od.* setzen; **~ник** *m* (1) Lehrer, Lehrmeister, Mentor; **~нический** (16) schulmeisterlich
наст|а́ивать (1), ⟨~оя́ть⟩ (-ою́, -ои́шь) **1.** bestehen (**на** П auf *D*); **~оя́ть на своём** auf s-r Meinung beharren; **2.** e-n Aufguß machen; ziehen lassen; (**на** П mit *D*) ansetzen; **-ся** ziehen; F sich die Beine in den Bauch stehen
наста́ть → настава́ть
на́стежь weit *od.* sperrangelweit offen
насте́нный (14) Wand-
насти|га́ть (1), ⟨~гнуть, ~чь⟩ (21/20) einholen; ereilen, überraschen
насти́л *m* (1), **~ка** *f* (5; -ок) Belag *m*, Auflage *f*; **~а́ть → стлать**
насти́чь → настига́ть
насто́й *m* (3) Aufguß; Tee; **~ка** *f* (5; -óек) Tinktur *f*; Likör *m*; Branntwein *m*
насто́йчивый (14*K.*) beharrlich, hartnäckig; nachdrücklich; inständig
насто́лько so, so sehr, so weit, sehr, dermaßen; in dem Maße; → **наско́лько**
насто́льн|ый (14) (*a. Sp.*) Tisch-; Brett-; **~ая кни́га** *f* Nachschlagewerk *n*; *fig.* (häusliche) Bibel
настор|а́живать (1), ⟨~ожи́ть⟩ (16*e.*) hellhörig machen; **-ся** aufmerken, die Ohren spitzen; **~оже́** auf der Hut
настоя́ни|е *n* (12): **по ~ю** auf Drängen
настоя́тель *m* (4) Abt, Vorsteher

Н

наст|оя́тельный (14; -лен, -льна) nachdrücklich, inständig; dringend; **~оя́ть → ~а́ивать**

настоя́щ|ий (17) echt, wahr, wirklich; richtig; rein, reinst; vorliegend; gegenwärtig, derzeitig, jetzig; ***~ее вре́мя*** *n Gr.* Präsens; ***в ~ее вре́мя*** zur Zeit; *Su. n* Gegenwart *f*; ***~им о́бразо́м*** richtig; wirklich

настрада́ться (1) *pf.* viel erleiden

настр|а́ивать (1), ⟨**~о́ить**⟩ (13) stimmen (*a. fig.*); einnehmen, einstellen; *Tech.* einrichten, abgleichen, abstimmen; aufbringen; (P) viele ... bauen; **-ся** gestimmt *od.* eingestellt sein

настраща́ть P (1) *pf.* ins Bockshorn jagen

настре́л|ивать (1), ⟨**~я́ть**⟩ (28) *pf.* (P) viele ... erlegen

на́строго F strengstens

настр|ое́ние *n* (12) Stimmung *f*, Verfassung *f*, Laune *f* (***в*** П *G*); Lust *f*; Einstellung *f*; Gesinnung *f*; **~о́ить(ся)** → ***~а́ивать(ся)***; **~о́й** F *m* (3) → ***~ое́ние***; **~о́йка** *f* (5) *Mus.* Stimmen *n*; Einstellung; → ***~а́ивать***; **~о́йщик** *m* (1) *Mus.* Stimmer; *Tech.* Einrichter

настря́п|ывать, ⟨**~ать**⟩ (1) (P) viel *od.* viele ... zubereiten; F zusammenbasteln; → ***стряпа́ть***

наступ|а́тельный (14) Angriffs-, offensiv; **~а́ть** (1), ⟨**~и́ть**⟩ (14) treten; auftreten; → ***настава́ть***; *impf.* angreifen (***на*** В *A*); vordringen (*a.* gegen *A*); *fig. j-n* bedrängen; ***~а́ющий*** bevorstehend, anbrechend; **~ле́ние** *n* (12) Offensive *f*, Vormarsch *m*, Angriff *m*; Eintritt *m*; Einbruch *m*; Anbruch *m* (***с*** Т bei); Beginn *m*

насты́рный P (14; -рен, -рна) zudringlich, stur; lästig

насу́пить(ся) F (14) *pf.* → ***хму́рить(ся)***

на́су|хо trocken, ganz trocken; **~ши́ть** (16) *pf.* (P) viel *od.* viele ... trocknen, dörren, rösten

насу́щный (14; -щен, -щна) lebenswichtig, wesentlich; dringend; täglich

насч|ёт [-ʃtʃ-] F bezüglich, wegen; ***как ~ёт*** ...? wie steht es mit ... (P *D*)?; **~и́тывать**, ⟨**~ита́ть**⟩ (1) zählen; *impf.* betragen; auf s-m Konto haben; **-ся** *impf.* (***в, на*** П *N*) haben; ***~и́тывается*** es gibt

насып|а́ть (1), ⟨**~ать**⟩ (2) vollschütten, aufschütten, vorschütten; **~ь** *f* (8) Damm *m*; Aufwurf *m*

насы|ща́ть (1), ⟨**~тить**⟩ (15 -т/щ-) satt machen, (*a. Chem.*) sättigen; ganz befriedigen; ausfüllen, erfüllen; ***~щенный*** durchsetzt, durchtränkt; **-ся** satt werden; genug haben (Т von *D*); gestillt *od.* gesättigt sein; **~ще́ние** *n* (12) Sättigung *f*

нат|а́лкивать (1), ⟨**~олкну́ть**⟩ (20) stoßen; F *fig.* bringen; **-ся** F stoßen, prallen (***на*** В *a.* an, gegen *A*); zusammenstoßen (mit *D*); treffen (auf *j-n*)

ната́|скивать, ⟨**~ска́ть**⟩ (1) **1.** *a.* F ⟨**~щи́ть**⟩ (P) viel *od.* ... viele herbeischleppen *od.* zusammenschleppen; *pf.* ***~ска́ть*** F zusammenklauen; an den Ohren *od.* Haaren ziehen; *pf.* ***~щи́ть на себя́*** F überziehen; **2.** abrichten; F eindrillen

натвори́ть F (13*e.*) *pf.* anrichten, anstellen; ausfressen; → ***наде́лать***

на́те F → ***на²***

нате|ка́ть (1), ⟨**~чь**⟩ (26) hineinfließen; sich ansammeln; vollaufen

нате́льный (14) Leib-

натере́ть → ***натира́ть***

натерпе́ться F (10) *pf.* (P) viel ... erleiden *od.* ertragen; ausstehen

нате́чь → ***натека́ть***

нате́шиться F (16) *pf.* viel Vergnügen haben (Т an *D*); sich ordentlich lustig machen (***над*** Т über *A*)

нат|ира́ть (1), ⟨**~ере́ть**⟩ (12) einreiben; bohnern; wundreiben *od. Blasen* laufen; (Д) sich wundreiben; *Schwielen* bekommen

на́тиск *m* (1) Druck, Andrang; Ansturm; *fig.* Drang; **~ать** F (1) *pf.* hineinpressen; vollstopfen

наткну́ть(ся) → ***натыка́ть(ся)***

натолкну́ть(ся) → ***ната́лкивать(ся)***

натопи́ть (14) *pf.* einheizen, gut heizen; (P) reichlich ... schmelzen *od.* zerlassen

натопта́ть F (3) *pf.* → ***следи́ть*** F

натоща́к auf nüchternen Magen

натра́в|ливать (1), ⟨**~и́ть**⟩ (14) hetzen; F aufhetzen (***на*** В gegen *A*)

натрепа́ться P (2) *pf.* e-e Menge quasseln

на́трий *m* (3; -и) Natrium

на́трое in drei Teile

Н

натруди́ть F (15/15*e*.; -у́женный) *pf.* ermüden; **-ся** F viel *od.* genug arbeiten
нату́га P *f* (5) Anstrengung (***с, от*** P vor)
на́туго F ganz fest; stramm; straff
нату́жить F (16) *pf.* anspannen; **-ся** sich anstrengen *od.* abhärmen
нату́р|а *f* (5) Natur (***по*** Д von; ***с*** P nach *D*), Wesen *n*, Wesensart, Charakter *m*; Modell *n*; ***в ~е, ~ой*** in natura *od.* (T) Naturalien; **~ализова́ть** (7) *im(pf.)* einbürgern; **-ся** sich einbürgern lassen; **~али́ст** *m* (1) Naturforscher; **~алисти́ческий** (16) naturalistisch; **~а́льный** (14; -лен, -льна) natürlich; natur-; rein, echt; (*o. K.*) Natur(al)-; Roh-; Bohnen-; Bienen-; Lebens-; Produkten-; → ***~ой***; **~ный** (14) Außen-, Freilicht-; **~щик** *m* (1), **~щица** *f* (5) Modell *n*
нат|ыка́ть (1) **1.** ⟨~ы́кать⟩ F (1) (P) viele . . . hineinstecken *od.* einschlagen; **2.** ⟨~кну́ть⟩ (20) aufstecken, aufspießen; **-ся** F stoßen (***на*** В *a.* an *A*); → ***напоро́ться, нарва́ться, ната́лкиваться***
натюрмо́рт *m* (1) Stilleben *n*
натя́|гивать (1), ⟨~ну́ть⟩ (19) anspannen, aufspannen; F straff *od.* mit Mühe anziehen; aufziehen, überziehen; sich zuziehen; *Note* gerade noch geben *od.* geben können; **~же́ние** *n* (12) Spannung *f*; Heilung *f*; **~жка** *f* (5; -жек) Übertreibung, Unglaubwürdigkeit; Gekünstelte(s) *n*; ***э́то ~жка*** das ist an den Haaren herbeigezogen; ***с*** (***большо́й***) ***~жкой*** wenn man ein (beide) Auge(n) zudrückt; → **~нутый** (14*K*.) gespannt; gezwungen, steif, unnatürlich
нау|га́д, **~далу́ю** F, **~да́чу** aufs Geratewohl, auf gut Glück; wahllos; ***~далу́ю*** tollkühn
нау́ка *f* (5) Wissenschaft; Wissen *n*; F **~** (Д) *et.* soll *j-m* e-e Lehre sein
нау́ськ(ив)ать F (1) → ***натра́вливать***
наутёк F: ***пусти́ться ~*** Reißaus nehmen
нау́тро F am nächsten Morgen
наутю́жить F (16) *pf.* gut bügeln
нау́чн|о-иссле́довательский (16), Forschungs-; **~о-популя́рный** (14) populärwissenschaftlich; Kultur-; **~о-фантасти́ческий** (16) utopisch; Zukunfts-; ***~о-фантасти́ческая литерату́ра*** *f* Science-fiction; **~ый** (14; -чен, -чна) wissenschaftlich
нау́шни|к *m* (1) Ohrenklappe *f*, Ohrenschützer; F Ohrenbläser; *Rdf., Fmw.* Kopfhörer; **~чать** F (1) verpetzen (***на*** В/Д *j-n* bei *D*)
наха́л F *m* (1) Frechling, Flegel; **~ьничать** P (1) unverschämt sein, sich flegelhaft benehmen; **~ьный** F (14; -ен, -ьна) frech, unverschämt; **~ьство** F *n* (9) Frechheit *f*, Unverschämtheit *f*
нахвали́ться F (13) *pf.* sich über den grünen Klee loben; ***не ~*** des Lobes voll sein (T über *A*), nicht genug loben (*A*)
нахвата́ть F (1) *pf.* (P) viele . . . zusammenraffen *od.* einheimsen; → **-ся** schnappen; aufschnappen (P *A*); → ***верх 1*** *pl. fig.*
нахлеб|а́ться P (1) *pf.* sich vollaufen lassen (P mit *D*); mitmachen, über sich ergehen lassen; **~ник** *m* (1) F Kostgänger; † Gnadenbrotempfänger
нахлеста́ться P (15) *pf.* sich tüchtig bearbeiten *od.* vollaufen lassen
нахлобу́ч|ить F (16) *pf.* aufstülpen; tief drücken; **~ка** F *f* (5; -ек) Rüffel *m*
нахлы́нуть (20) *pf.* herbeiströmen, herbeiziehen; herbeiwehen; einfallen (***в*** В in *D*); einstürmen (auf *j-n*)
нахму́ренный (14*K*.) → ***хму́рить(ся)***
на|ходи́ть (15), ⟨~йти́⟩ (-йду́, -дёшь; -шёл, -шла́; -ше́дший; -йдя́; -йденный) finden (***в*** П *fig.* an *j-m*); auffinden, vorfinden, herausfinden; befinden; entdecken; stoßen (***на*** В auf, an *A*); verdecken; zusammenkommen (***к*** Д bei *D*; ***в*** В in *D*); hereinbrechen; eindringen; *Boden*: fallen (В auf *A*); F überkommen (***на*** В *j-n*), in *j-n* fahren; ***блажь*** *f* ***~хо́дит*** (***на*** В *j-d*) hat Grillen im Kopf; ***не ~ходи́ть себе́ ме́ста*** *fig.* außer sich sein; ***нашёл чем хва́статься***! F u. damit brüstest du dich!; **-ся 1.** ⟨-сь⟩ sich zurechtfinden; antworten können; wissen; *impf.* sich befinden, sein; ***не ~йдётся ли у вас . . .***? hätten Sie vielleicht . . .?; **2.** *pf.* F genug, viel laufen *od.* herumlaufen
нахо́д|ка *f* (5; -ок) Fund *m*, Fundsache; Entdeckung; F gefundenes

Н

Fressen *n*; **~дчивый** (14*K*.) findig; schlagfertig
нахохлиться F (13) *pf*. → ***хмуриться***
нахохота́ться F (3) *pf*. sich satt lachen
нахра́пом P dreist, mit Gewalt
наце́ли|вать (1), ⟨~ть⟩ (13) zielen (***в*** B auf *A*); richten; *fig*. ausrichten; **-ся** F zielen; ansteuern (***на*** B *A*); sich anschicken
на́цело F restlos, ohne Rest
наце́нка *f* (5; -нок) Aufschlag *m*
нацеп|ля́ть (28), ⟨~и́ть⟩ (14) aufstekken, aufhaken; F anstecken, anlegen
национал|иза́ция *f* (7) Verstaatlichung; **~изи́ровать** (7) *im(pf.)* verstaatlichen; **~исти́ческий** (16) nationalistisch; **~ьность** [-'na-] *f* (8) Nationalität; **~ьный** [-'na-] (14; -ен, -ьна) national; National-, Nationalitäten-, Volks-
наци́ст *m* (1) Nazi; **~ский** (16) Nazi-
на́ция *f* (7) Nation, Volk *n*
начади́ть (15*e*.) *pf*. alles vollqualmen
нача́л|о *n* (9) Anfang *m* (***в*** П am; ***с*** P von . . . an), Beginn *m* (***в*** П zu), Anbeginn *m*; Ursache *f*; Prinzip, Grundsatz *m* (***на*** П *pl*. nach *D*); Grundlage *f* (auf *D*), Basis *f*; Grundstein *m*; ***брать ~о*** s-n Anfang nehmen, entspringen; ***под ~ом*** (P) unter *j-m*; ***в ~е пя́того*** kurz nach vier; ***до́брое ~о – полови́на де́ла*** *Spr*. frisch gewagt ist halb gewonnen
нача́ль|ник *m* (1) Vorgesetzte(r), Chef; Leiter, Vorsteher; Führer; ***~ник карау́ла*** Wachhabende(r); **~нический** (16) → ***~ственный***; **~ный** (14) Anfangs-; Anfänger-, Elementar-, Grund-, Grundschul-; Unter-; Initial-; *Ling*. An-; **~ственный** (14*K*.) obrigkeitlich; herrisch, gebieterisch, Befehls-; **~ство** *n* (9) Vorgesetzte *m/pl*., Obrigkeit *f*; F Chef *m*; ***под ~ством*** (P) unter *j-m*; ***по ~ству*** höheren Orts; **~ствующий** (17) Kommandeur-
нача́т|ки *m/pl*. (1) Anfangsgründe, Elementarkenntnisse *f/pl*.; **~ь(ся)** → ***начина́ть(ся)***
начеку́ auf der Hut, wachsam
на́черно ins unreine; im Entwurf
начерт|а́ние *n* (12) Schriftbild; † Abriß *m*; **~а́тельный** (14) darstellend; **~а́ть** (1) *pf*. vorzeichnen; → ***рисова́ть***; → **~и́ть** (15) *pf*. (P, B) viele . . . zeichnen
начёс|ывать (1), ⟨≈а́ть⟩ (3) aufrauhen, anrauhen; F toupieren; aufkratzen
начёт *m* (1) Abzug (***на*** B von *D*)
начётчик *m* (1) Buchstabengelehrte(r)
начина́|ние *n* (12) Unternehmung *f*; Initiative *f*; **~тель** *m* (4) Initiator; **~тельный** (14) *Gr*. ingressiv
нач|ина́ть (1), ⟨~а́ть⟩ (-ну́, -нёшь, ≈ал, -а́; ≈атый: -а́) anfangen, beginnen (B/T, ***с*** P *et*. mit *D*); anreißen; anzapfen; starten; einleiten; den Anfang machen; ***≈али***! *Sp*. los!; ***~иная с*** *od*. ***от*** (P) ab, von (*D*), angefangen mit (*D*); ***~а́ть с того́, что . . .*** F zunächst einmal; **-ся** anfangen, beginnen (*v/i*); einsetzen; anbrechen; s-n Anfang nehmen; F losgehen; **~ина́ющий** (17) angehend; *Su*. *m* Anfänger
начи́н|ка *f* (5; -ок) Füllung; **~я́ть** (28), ⟨~и́ть⟩ (13*e*.) füllen; F vollstopfen
начисл|е́ние *n* (12) Anrechnung *f*; Zuschlag *m*; **~я́ть** (28), ⟨≈ить⟩ (13) anrechnen; zuschlagen
начи́|стить → ***~ща́ть***; **≈сто** ins reine; F säuberlich; glatt-; total, F ratzekahl; P → **~стоту́** F ganz offen, rundheraus
начи́т|анный (14*K*.) belesen; **~ываться**, ⟨~а́ться⟩ (1) (P) viele . . . lesen; sich satt lesen (an *D*)
начиха́ть P (1) *pf*. *fig*. → ***наплева́ть***
начи|ща́ть F (1), ⟨~стить⟩ (15) blank putzen
наш *m*, ≈а *f*, ≈е *n*, ≈и *pl*. (25) unser, unsere; → ***ваш, мой***; ***~ с тобо́й*** . . . mein u. dein . . .; ***≈е вам***! F grüß euch!
нашаты́рь *m* (4*e*.) Salmiak
нашёпт|ывание *n* (12) Einflüsterung *f*; **~ывать** (1), ⟨≈а́ть⟩ (3) (B, P) eine Menge *od*. einiges flüstern *od*. einflüstern
наше́ствие *n* (12) Einfall *m*, Invasion *f* (***на*** B in *D*); F Überfall *m*
наши|ва́ть (1), ⟨≈ть⟩ (-шью, -ьёшь; → ***шить***) aufnähen, annähen; (P) viele . . . nähen; **≈вка** *f* (5; -вок) Litze, Tresse; **~вно́й** (14) aufgenäht
нашпи́ли|вать (1), ⟨~ть⟩ (13) aufspießen, aufstecken; anstecken
нашуме́|ть (10*e*.) *pf*. viel Lärm machen; herumschreien; *fig*. Aufsehen erregen, viel Staub aufwirbeln; ***~вший***

Н

aufsehenerregend, spektakulär, Sensations-

нащýп|ывать, ⟨**~ать**⟩ (1) ertasten; *Puls* fühlen; *fig.* aufspüren; herausfinden; *impf.* sondieren

наявý im Wachen; in Wirklichkeit; ***сон*** *m* **~** Wachtraum

не[1] nicht; kein; nichts; **~** + *Advp.* ohne zu + *Inf.*; ***~ быть*** (Д *et.*) darf *od.* wird es nicht geben; **~** + *Inf.* (Д *j-d*) kann nicht + *Inf.*; *Su.* + **~** + *Su.* nicht eigentlich + *Su. od. Vb.* + *Vb.*: *et.* will nicht richtig + *Inf.*; ***~ по áдресу*** an die falsche Adresse; ***~ без тогó*** F nicht ganz ohne; → ***до, то***; **нé**[2] → ***нéкого, нéчего***; ***~ за что***! keine Ursache!, bitte sehr!

не|аккурáтный (14; -тен, -тна) unpünktlich; nachlässig, schlampig; **~актúвный** (14; -вен, -вна) inaktiv; **~актуáльный** (14; -лен, -льна) inaktuell, nicht aktuell; **~аппетúтный** (14; -тен, -тна) unappetitlich

небез|опáсный (14; -сен, -сна) nicht ungefährlich; **~различный** (14; -чен, -чна) nicht gleichgültig; **~упрéчный** (14; -чен, -чна) nicht makellos; **~ызвéстный** [-sn-] (14; -тен, -тна) sattsam bekannt, nicht unbekannt; **~ынтерéсн|ый** (14; -сен, -сна) nicht uninteressant; *Adv.* **~о** es mag von Interesse sein . . .

небескорыстный [-sn-] (14; -тен, -тна) nicht uneigennützig

небéсн|ый (14) Himmels-; himmlisch; ***Царúца 2ая*** *f* Muttergottes; ***жить как птúца ~ая*** *Spr.* sorglos in den Tag hinein leben

небесполéзный (14; -зен, -зна) nicht unnütz; von einigem Nutzen

неблаго|вúдный (14; -ден, -дна) unschön; **~дáрный** (14; -рен, -рна) undankbar; **~желáтельный** (14; -лен, -льна) mißgünstig; **~звýчный** (14; -чен, -чна) mißtönend; **~надёжный** † (14; -жен, -жна) unzuverlässig; **~полýчный** (14; -чен, -чна) mißglückt; ungünstig; Unglücks-; *Adv.* → ***нелáдно***; **~пристóйный** (14; -óен, -йна) unanständig; **~приятный** (14; -тен, -тна) ungünstig; abfällig, negativ; **~разýмный** (14; -мен, -мна) unvernünftig; unklug; **~рóдный** (14; -ден, -дна) unedel; **~склóнный** (14; -óнен, -нна) nicht gewogen; übelwollend; **~устрóенный** (14*K.*) schlecht eingerichtet *od.* hergerichtet

нёб|ный (14) Gaumen-; *Ling.* palatal; **~о** *n* (9) Gaumen *m*

нéб|о *n* (9; *pl.* -есá) Himmel *m* (***на*** П am; *fig.* im; ***до*** Р *pl.* in *A*); ***как с ~а упáл*** F *j-d* lebt auf dem Mond; ***упáсть с ~а*** *od.* ***облакóв*** F hereinschneien; ***как ~о от землú*** F himmelweit, wie Tag u. Nacht

не|богáтый (14*K.*) nicht reich, minderbemittelt; bescheiden; bescheiden eingerichtet; dürftig, ärmlich; **~боеспосóбный** (14; -бен, -бна) kampfunfähig; **~большóй** (16) klein, kleiner; gering; kurz; leicht; unbedeutend; kein besondere(r); ***с ~большúм*** etwas über

небо|свóд *m* (1) Himmelsgewölbe *n*, Firmament *n*; **~склóн** *m* (1) Horizont (***на*** П, ***по*** Д am); **~скрёб** *m* (1) Wolkenkratzer

небóсь P wohl; sicher, sicherlich

небрéжн|ость *f* (8) Nachlässigkeit (***по*** Д aus); Verwahrlosung; → **~ый** (14; -жен, -а) nachlässig, lässig; schlampig; abweisend, gleichgültig

небрúтый (14*K.*) unrasiert

небы|вáлый (14*K.*) nie dagewesen; beispiellos; unerhört; unwirklich; **~вáльщина** F *f* (5), **~лúца** *f* (5) Erfindung, Märchen *n*, Lügengeschichte; **~тиé** *n* (12) Nichtsein; Vergessenheit *f*

небьющийся (17) unzerbrechlich

невáжный (14; -жен, -жнá) unwichtig, unbedeutend; F nicht besonders, nicht gerade gut, mäßig; *Adv.* so lala

невдалекé **1.** *Adv.* in der Nähe; **2.** *Prp.* unweit (***от*** Р G, von *D*)

невдомёк F: **~** (Д *j-d*) begreift nicht, kommt nicht drauf

невéд|ение *n* (12) Unkenntnis *f* (***по*** Д aus); → ***незнáние***; ***быть в блажéнном ~ении*** ein ahnungsloser Engel sein; **~омый** (14*K.*) unbekannt; geheim, geheimnisvoll, unerfindlich; *Adv.* man weiß nicht; weiß Gott

невéж|а *m/f* (5) Flegel *m*, Grobian *m*; † → **~да** *m/f* (5) Ignorant *m*, Unwissende(r) *m*; **~ественный** (14*K.*) unwissend; ungebildet; Ignoranten-; **~ество** *n* (9) Unwissenheit *f*, Ignoranz *f*; F

Н

→ **~ливость** *f* (8) Unhöflichkeit; **~ливый** (14*K*.) unhöflich
невез|éние F *n* (12) Pech, Pechsträhne *f*; **~ýчий** F (17*K*.) vom Pech verfolgt
невели́к|ий (16; -, -á, -ó) recht klein; ***~á беда*** F das ist halb so schlimm
невéрие *n* (12) Unglaube *m*; mangelnder Glaube *m* (***в*** B an *A*)
невéр|ность *f* (8) Untreue; → **~ный** (14; -ен, -нá) unrichtig, falsch; ungenau; unsicher; unbeständig; untreu, ungetreu, treulos; † ungläubig
не|вероя́тный (14; -тен, -тна) unwahrscheinlich, unglaublich; heillos; **~вéрующий** (17) ungläubig; **~весёлый** (14; -сел, -а) traurig; trist; **~весóмый** (14*K*.) schwerelos; unwägbar, federleicht; *fig*. belanglos
невéст|а *f* (5) Braut, Verlobte; F heiratsfähiges Mädchen *n*; **~ка** *f* (5; -ок) Schwiegertochter; Schwägerin
невéсть P Gott weiß; ***~ где*** P sonstwo; ***~ какóй*** P äußerst gering; ***~ скóлько*** P jede Menge; ***~ что*** P sonstwas
невзгóда *f* (5) Mißgeschick *n*; *pl*. Unbilden, Mühsal *f*
невзирáя (***на*** B) ungeachtet, trotz (*G*), ohne Rücksicht (auf *et*.); ***~ на ли́ца*** ohne Ansehen der Person; → ***несмотря́***
невзлюби́ть (14) *pf*. nicht leiden können
невзначáй F zufällig, unversehens; unbeabsichtigt
невзнóс *m* (1) Nichtbezahlung *f*
невзрáчный (14; -чен, -чна) unansehnlich, unscheinbar
невзыскáтельный (14; -лен, -льна) anspruchslos (***на*** B bei *D*)
нéвид|аль *f* (8) F Wunderding *n*; ***вот*** *od*. ***э́ка ~аль***! F was ist da schon dabei!; **~анный** (14*K*.) noch nie gesehen; ungeahnt; unvergleichlich, beispiellos; Wunder-, Märchen-; **~и́мка** *m*/*f* (5; -мок) unsichtbares Wesen *n*; ***шáпка-~и́мка*** Tarnkappe; **~имый** (14*K*.) unsichtbar, unmerklich; **~ный** (14; -ен, -нá) → ***~димый***; F (*o*. *K*.) → ***невáжный, невзрáчный***; **~ящий** (17) blind; abwesend
неви́н|ность *f* (8) Unschuld; → **~ный** (14; -ен, -на) unschuldig, schuldlos; jungfräulich, unberührt; naiv; harmlos; (*o*. *K*.) Unschulds-; **~óвный** (14; -вен, -вна) unschuldig (***в*** П an *D*)
невкýс|ный (14; -ен, -на) nicht schmackhaft; ***~но*** *et*. schmeckt nicht
невменя́емый (14*K*.) unzurechnungsfähig; F außer sich, von Sinnen
невмешáтельство *n* (9) Nichteinmischung *f*
невмо|гóту́ F, **~чь** P unerträglich; (Д *j-d*) kann es nicht länger ertragen
невнимá|ние *n* (12) Unachtsamkeit *f* (***по*** Д aus); → **~тельный** (14; -лен, -льна) unaufmerksam, unachtsam; zerstreut; nachlässig, flüchtig
невня́т|ица F *f* (5) undeutliche Laute *m*/*pl*.; unverständliches Zeug *n*; **~ный** (14; -ен, -на) undeutlich
нéвод *m* (1; *pl*. *e*., *N*. -á) Fischernetz *n*
невоз|брáнный (14; -áнен, -нна) ungehindert; **~врати́мый** (14*K*.), **~врáтный** (14; -тен, -тна) unwiederbringlich, unersetzlich; **~вращéнец** *m* (1; -нца) Nichtheimkehrer, Emigrant; **~дéланный** (14*K*.) unbebaut, brachliegend; **~дéржанный** (14*K*.) unmäßig; ausschweifend; ***~дéржан на язы́к*** *j-d* hat e-e lose Zunge
невозмóжн|ость *f* (8) Unmöglichkeit; ***до ~ости*** F über alle Maßen; **~ый** (14; -жен, -а) unmöglich; F unerträglich
невозмути́м|ый (14*K*.) unerschütterlich, gelassen; ungerührt; tiefst; ***~*** *j-d* läßt sich nicht aus der Ruhe bringen
невóл|ить F (13), ⟨при-⟩ nötigen, zwingen, Zwang antun; **~ьник** *m* (1) (5) Sklave *m*; † Gefangene(r); **~ьничий** (18) Sklaven-; **~ьный** (14; -ен, -ьна) unfreiwillig; unwillkürlich, ungewollt; **~я** *f* (6) Unfreiheit, Gefangenschaft; Sklaverei; P Not
невообрази́мый (14*K*.) unvorstellbar, unglaublich
невооружённ|ый (14) unbewaffnet; ***~ым глáзом*** mit bloßem Auge
невос|пи́танный (14*K*.) unerzogen, ungezogen; **~полни́мый** (14*K*.) unersetzlich; **~приимчивый** (14*K*.) unempfänglich (***к*** Д für *A*); immun (gegen *A*); **~трéбованный** (14) nicht abgeholt; uneingelöst
невпопáд F unpassend, ungelegen
невпроворóт P jede Menge, massig
невразуми́тельный (14; -лен, -льна) unverständlich, unklar

невреди́мый (14*K.*) unversehrt; heil
невсамде́лишный P (14; -шен, -шна) unecht
невтерпёж F nicht zum Aushalten; F **~** (Д *j-d*) kann es nicht länger aushalten *od.* ist voller Ungeduld ...; F ***ста́ло ~*** (Д *j-m*) riß die Geduld
невы́год|а *f* (5) Nachteil *m*; **~ный** (14; -ен, -на) unvorteilhaft, ungünstig
невы́держанный (14*K.*) unausgeglichen; unausgegoren, nicht ausgereift
невыноси́мый (14*K.*) unerträglich, unausstehlich; *Adv.* furchtbar
невыполн|е́ние *n* (12) Nichterfüllung *f*; Nichtbefolgung *f*; **~и́мый** (14*K.*) unerfüllbar
невырази́|мый (14*K.*) unaussprechlich, unsäglich; *Adv.* unendlich; **~тельный** (14; -лен, -льна) ausdruckslos
невысо́кий (16; -о́к, -ка́, -ко́) niedrig, klein; kleingewachsen; *fig.* gering; untergeordnet, subaltern; mittelhoch
невы́ход *m* (1) Fernbleiben *n* (***на*** В von *D*); Nichterscheinen *n*
невы́ясненный (14*K.*) ungeklärt
не́га *f* (5) Wohlleben *n*; Wonne
негармони́чный (14; -чен, -чна) unharmonisch
негати́в *m* (1) Negativ *n*; **~ный** (14; -ен, -на) negativ, verneinend; (*o. K.*) Negativ-
негашёный (14) ungelöscht; ungestempelt
не́где: *~(бы́ло) лечь* man *od.* (Д) *j-d* kann (konnte) sich nirgends hinlegen *od.* hat(te) keinen Platz zum Hinlegen; ***~ (бы́ло) доста́ть*** (P *et.*) ist (war) nirgends zu bekommen; → ***не́откуда***
не|ги́бкий (16; -бок, -бка́) unbiegsam, unschmiegsam; starr; **~гла́дкий** (16; -док, -дка́) uneben, rauh; holp(e)rig; **~гла́сный** (14; -сен, -сна) heimlich, geheim; **~глубо́кий** (16; -к, -ка́, -ко́) flach; seicht; *fig.* leicht; oberflächlich; **~глу́пый** (14; -п, -а́) recht gescheit
него́дн|ик F *m* (1) Bengel, Lausbub; **~ый** (14; -ден, -а́) unbrauchbar, untauglich; F nichtsnutzig
негод|ова́ние *n* (12) Entrüstung, Empörung *f*; ***привести́ в ~ова́ние*** entrüsten; ***прийти́ в ~ова́ние*** sich entrüsten; **~ова́ть** (7) entrüstet sein (***на*** В über *j-n*); ***~у́ющий*** entrüstet; der Entrüstung
негодя́й *m* (3), **~ка** *f* (5; -я́ек) Schuft, Schurke(-kin *f*)
негр *m* (1) Neger, Farbige(r)
негра́мотн|ость, ~ый → ***безгра́мотность, -ный***; *Su. m* Analphabet
негрит|ёнок *m* (2) Negerkind *n*, Negerjunge; **~я́нка** *f* (5; -нок) Negerin; **~я́нский** (16) Neger-, Farbigen-
негро́мкий (16; -мок, -мка́) gedämpft, leise
негусто́|й (14; -т, -а́) spärlich, schütter; dünnflüssig; *Adv.* **~** F nicht viel
неда́вн|ий (15) jüngst; neu, neuer, frisch; ***с ~их пор*** seit kurzem; **~о** vor kurzem *od.* kurz zuvor, unlängst, kürzlich, neulich
недалёк|ий (16; -, ~а́/-а, ~о́/-о) nahe, nahe gelegen; kurz, gering; jüngst; (*K. f* -а) nicht besonders gescheit, beschränkt; *präd.* → **~о́** nicht weit *od.* fern; unweit (***от*** P *G*, von *D*)
неда́льн|ий (16) → ***недалёкий***; **~ови́дный** (14; -ден, -дна) kurzsichtig
неда́ром nicht umsonst, nicht ohne Grund, nicht von ungefähr
недви́жим|ость *f* (8) Immobilien *f/pl.*; **~ый** (14*K.*) unbeweglich, regungslos; ***~ое иму́щество*** *n* → **~ость**
нед|вусмы́сленный (14*K.*) unzweideutig, eindeutig; **~ействи́тельный** (14; -лен, -льна) ungültig; unwirklich; **~елика́тный** (14; -тен, -тна) taktlos; **~ели́мый** (14*K.*) unteilbar
неде́л|ьный (14) Wochen-; einwöchig; **~я** *f* (6) Woche (***на*** П in *D*, *A*); ***по це́лым ~ям, ~ями*** wochenlang
недёшево ziemlich teuer; viel Geld; nicht wenig Mühe; → ***достава́ться***
недобо́р *m* (1) Ausfall; *Fin.* Rückstand; Aufnahmelücke *f*
недобр|ожела́тельный (14; -лен, -льна) übelwollend, mißgünstig; **~ожела́тельство** *n* (9) Mißgunst *f*, Antipathie *f*; **~ока́чественный** (14*K.*) minderwertig; **~осо́вестный** [-sn-] (14; -тен, -тна) pflichtvergessen; gewissenlos; fahrlässig; **~ый** (14; -, -а́) böse, boshaft; feindselig; schlimm, übel; ungut, unselig
недове́р|ие *n* (12) Mißtrauen (***к*** Д gegen *A*); **~чивость** *f* (8) Argwohn *m*; **~чивый** (14*K.*) mißtrauisch, argwöhnisch

Н

недове́|с *m* (1) Fehlgewicht *n*, Untergewicht *n*; **~шивать** (1), ⟨**~сить**⟩ (15) zu knapp *od.* zu wenig wiegen
недово́л|ьный (14; -ен, -ьна) unzufrieden; **~ьство** *n* Unzufriedenheit *f*
недовыполне́ние *n* (12) unvollständige Erfüllung *f*; P Rückstand *m*
недога́дливый (14*K*.) begriffsstutzig
недо|гляде́ть F (11) → ***~смотре́ть***
недогов|а́ривать (1), ⟨**~ори́ть**⟩ (13*e*.) nicht zu Ende *od.* ganz aussprechen
недода|ва́ть (5), ⟨**~ть**⟩ (-́м, -́шь; → ***дать***) zu wenig geben *od.* herausgeben; ausliefern; **~́ча** *f* (5) Fehlbetrag *m*; Rückstand *m*
недоде́лка F *f* (5; -лок) Manko *n*; unfertige Arbeit
недодержа́ть (4) *pf.* unterbelichten, unterentwickeln
недоеда́|ние *n* (12) Unterernährung *f*; **~ть** (1) **1.** sich schlecht ernähren; **2.** ⟨недое́сть⟩ (-е́м, -е́шь; → ***есть***[1]) sich nicht satt essen; nicht zu Ende essen
недозво́ленный (14*K*.) unerlaubt
недозре́лый (14) nicht ganz reif
недои́мка † *f* (5; -мок) Rückstand *m*
недока́з|анный (14*K*.) unbewiesen; **~у́емый** (14*K*.) unbeweisbar
недо́лг|ий (16; -лог, -а́) kurz, kürzer; **~а́** F: ***вот и вся ~а́***! u. damit basta!; **~о** nicht lange; F ***~о и*** + *Inf.* man kann leicht . . .; **~ове́чный** (14; -чен, -чна) kurzlebig, nicht von Dauer; **~овре́менный** (14; -енен, -нна) kurzzeitig
недоли|ва́ть (1), ⟨**~́ть**⟩ (-лью́, -льёшь; → ***лить***⟩ nicht voll *od.* zu wenig eingießen
недолю́бливать (1) nicht besonders mögen
недоме́рить (13) *pf.* zu knapp messen
недомога́|ние *n* (12) Unwohlsein, Unpäßlichkeit *f*; **~ть** (1) sich nicht wohl fühlen, kränkeln
недомо́лвка *f* (5; -вок) Andeutung; Auslassung
недомы́слие *n* (12) mangelnde Überlegung *f*; Unverstand *m*
недоно́сок *m* (1; -ска) Frühgeburt *f*
недооце́н|ивать (1), ⟨**~и́ть**⟩ (13; -ённый) unterschätzen; **~ка** *f* (5) Unterschätzung
недо|пи́тый (14*K*.) nicht ausgetrunken; **~плати́ть** (15) *pf.* zu wenig bezahlen, schuldig bleiben; **~получи́ть** (16) *pf.* zu wenig erhalten; **~понима́ть** F (1) nicht ganz verstehen; **~пусти́мый** (14*K*.) unzulässig, unstatthaft; **~рабо́тать** (1) *pf.* nicht vollenden; **~ра́звитый** (14*K*.) unterentwickelt; verkümmert
недоразуме́ние *n* (12) Mißverständnis (***по*** Д durch *A*); Verwechslung *f*
недорого́й (16; -́г, -а́) preiswert; niedrig; *fig.* wenig wertvoll
не́до|росль *m* (4) *hist.* minderjähriger Landjunker; F halbgebildeter junger Mann; **~сказа́ть** (3) *pf.* nicht zu Ende sagen, zurückhalten; **~слы́шать** (4) *pf.* überhören, sich verhören
недосмо́тр *m* (1) Versehen *n* (***по*** Д aus); Unachtsamkeit *f*; **~е́ть** (9) *pf.* übersehen; nicht aufpassen, nicht genug achtgeben (***за*** T auf *A*)
недоспа́ть → ***недосыпа́ть 2***
недоспе́лый (14) nicht ganz reif
недоста|ва́ть (5) fehlen (P an *D*), mangeln; vermissen (Д/Р *j-d j-n*); ***э́того ещё ~ва́ло***! das fehlte gerade noch!; **~́ток** *m* (1; -́тка) Mangel (P, ***в*** П an *D*, ***за*** T/P aus, wegen; an *D*); Fehler; Gebrechen *n*; F Entbehrung *f*; **~́точно** nicht genug; es genügt nicht; **~́точность** *f* (8) Mangel (***за*** T/P wegen *D* an *D*); *Med.* Insuffizienz; → **~́точный** (14; -́чен, -́чна) ungenügend, unzureichend, unzulänglich, mangelhaft; **~́ча** F *f* (5) Mangel *m*, Manko *n*; Fehlbetrag *m*; Ausfall *m*; **~ю́щий** (17) fehlend
недостижи́мый (14*K*.) unerreichbar
недостове́рный (14; -рен, -рна) unglaubwürdig, unzuverlässig, dubios
недосто́йный (14; -о́ин, -йна) unwürdig
недосту́пный (14; -пен, -пна) unzugänglich; unerschwinglich; unverständlich (Д für *A*), F zu hoch; unerreichbar; unnahbar
недосу́г F *m* (1) Zeitmangel (***за*** T aus); ~ (Д *j-d*) hat keine Zeit
недосчи́т|ываться [-ʃtʃ-], ⟨**~а́ться**⟩ (1) fehlen (И *od.* ***у*** P/P *j-m*/*N*), vermissen (*j-d A*)
недос|ы́п F *m* (1), **~ыпа́ние** *n* (12) Schlafmangel *m*; **~ыпа́ть** (1) **1.** ⟨**~ы́пать**⟩ (2) zu wenig schütten; **2.**

⟨~па́ть⟩ (-плю́, -пи́шь; → ***спать***) nicht genug schlafen, nicht ausschlafen
недосяга́емый (14*K.*) unerreichbar
недо|тёпа F *m/f* (5) Tolpatsch *m*, Trampel *n*; **~тро́га** F *m/f* (5) *fig.* Mimose *f*, Zimperliese *f*; **~ты́ка** P *m/f* (5) → ***~тёпа***
недотяну́ть (19) *pf.* zu wenig spannen; F es nicht ganz schaffen
недоу́здок *m* (1; -дка) Halfter *m/n*
недоум|ева́ть (1) stutzen, staunen, *et.* nicht fassen können; **~е́ние** *n* (12) Staunen, Befremden; Verlegenheit *f*, Zweifel *m*; Problem; ***вы́звать ~е́ние*** (***у*** P *j-n*) befremden; ***быть в ~е́нии***, ***прийти́ в ~е́ние***, → ***~ева́ть***; ***в ~е́нии*** → **~е́нный** (14) staunend, stutzig; erstaunt; **~´ок** F *m* (1; -´ка) Einfaltspinsel
недоуче́сть F (25; → ***проче́сть***) nicht ganz *od.* genügend berücksichtigen
недоу́чка F *m/f* (5; -чек) Halbgebildete(r *m*) *f*, halbwegs Gebildete(r *m*) *f*
недочёт *m* (1) Fehlbetrag; Mangel
не́дра *pl.* (9) Innere(s) *n*; Schoß *m*; Boden *m*, Bodenschätze *pl.*; *fig.* Innerste(s) *n*, Tiefe(n *pl.*) *f*
недре́млющий (17*K.*) wachsam
не́друг *m* (1) Feind, Widersacher
недружелю́б|ие *n* (12) Feindseligkeit; **~ный** (14; -ен, -на) feindselig; unfreundlich
неду́г *m* (1) Leiden *n*, Krankheit *f*; Gebrechen *n*; Leid *n*
недурн|о́й (14; -рён/-рен, -а́) nicht übel *od.* schlecht; (*o. K.*) ganz hübsch, nett
недю́жинный (14) außergewöhnlich
неесте́ственный (14*K.*) unnatürlich; ungewöhnlich
нежа́ркий (16) mäßig warm; kühl
нежда́нн|ый (14; -анен, -а) unerwartet, unverhofft; ***~о-нега́данно*** plötzlich, urplötzlich
нежела́|ние *n* (12) Abneigung *f*, Unlust *f*; **~тельный** (14; -лен, -льна) unerwünscht, unliebsam
не́жели † als, denn
нежена́тый (14) unverheiratet, ledig; Junggesellen-
не́женка F *m/f* (5; -нок) Weichling *m*
нежи|во́й (14) tot; anorganisch; schlaff, matt; **~´зненный** (14*K.*) lebensfremd; unwirklich; **~знеспосо́бный** (14; -бен, -бна) lebensunfähig; **~ло́й** (14) unbewohnt; unbewohnbar; unwohnlich
не́ж|ить (16) verhätscheln, verzärteln; → ***ласка́ть***; **-ся** sich rekeln *od.* aalen; **~ничанье** F *n* (10) Zärtelei *f*; **~ничать** F (1) zärtlich sein (***с*** T zu *D*), sich in Zärtlichkeiten ergehen; sich zieren; **~ность** *f* (8) → ***~ный***; ***что за ~ности***! F sei(en Sie) nicht so empfindlich!; **~ный** (14; -ен, -на́) zärtlich, liebevoll; zart; delikat; verzärtelt
незаб|ве́нный (14*K.* -е́нен, -нна) unvergeßlich; **~у́дка** *f* (5; -´док) Vergißmeinnicht *n*; **~ыва́емый** (14*K.*) → ***~ве́нный***
незави́дный (14; -ден, -дна) unerfreulich, mißlich; nicht zu beneiden
незави́с|имый (14*K.*) unabhängig; selbständig; selbstsicher; ***~имо*** *Prp.* unabhängig (***от*** P von *D*), ungeachtet, trotz (*G*); ganz gleich; **~ящий** (17) von *j-m* nicht zu vertretend, auf (*A*) *j-d* keinen Einfluß hat
незада́ч|а F → ***неуда́ча***; **~ливый** F (14*K.*) vom Pech verfolgt; unpraktisch, unbeholfen; → ***неуда́чливый***
незадо́лго: ***~ до*** (P) *od.* ***перед*** (T) kurz vor (*D*)
незаинтересо́ванный (14) uninteressiert; unbeteiligt
незаконн|орождённый † (14) unehelich, außerehelich; **~ый** (14; -о́нен, -´а) ungesetzlich, illegal; rechtswidrig; illegitim; Schwarz-
неза|ко́нченный (14*K.*) unvollendet; unfertig; **~медли́тельно** unverzüglich; **~мени́мый** (14*K.*) unersetzlich; **~мерза́ющий** (17) eisfrei
незаме́|тный (14; -тен, -тна) unsichtbar; unmerklich; unscheinbar; **~ченный** (14*K.*) unbemerkt
неза|му́жний (16) unverheiratet, ledig; ehelos; **~мыслова́тый** (14*K.*) einfach, schlicht, simpel; primitiv; **~´нятый** (14*K.*) frei, leerstehend; ohne Beschäftigung; **~па́мятный** (14) uralt, unvordenklich; denkwürdig; **~пя́тнанный** (14*K.*) unbefleckt, makellos, integer; **~ря́жённый** (14) ungeladen; **~слу́женный** (14*K.*) unverdient; unverschuldet; *Adv.* zu Unrecht; **~те́йливый** (14*K.*) einfach, unkompliziert; → ***~мыслова́тый***;

Н

~уря́дный (14; -ден, -дна) außergewöhnlich; hervorragend
не́зачем F es hat keinen Zweck *od.* lohnt sich nicht
незва́ный (14) ungeladen, ungebeten; ***~ гость ху́же тата́рина*** *Spr.* ungeladener Gast ist eine Last
незде́шний (16) fremd, nicht von hier
нездоро́в|иться (14): ***~ится*** (Д *j-d*) fühlt sich nicht wohl *od. j-m* ist unwohl; **~ый** (14*K.*) krank, kränklich; ungesund, krankhaft; morbid; **~ье** *n* (10) Krankheit *f*; → ***боле́знь***
неземно́й (14) kosmisch; überirdisch, himmlisch; jenseitig
незло́|би́вый (14*K.*) sanft, sanftmütig; → **~́й** (14; -зо́л, -зла́, -о́) gutmütig, gutherzig; → ***~би́вый***; **~па́мятный** (14; -тен, -тна) nicht nachtragend
незна́йка F *m*/*f* (5; -а́ек) Ahnungslose(r), Unwissende(r), Ignorant(in *f*)
незнако́м|ец *m* (1; -ца), **~ка** *f* (5; -ок) Unbekannte(r *m*) *f*; **~ый** (14*K.*) unbekannt; nicht bekannt; ~ *j-d* kennt (с Т *A*) nicht
незна́мо P → ***неизве́стно, неве́сть***
незна́ние *n* (12) Unkenntnis *f* (***по*** Д aus), Unwissenheit *f*
незна́ч|ащий (17) unwichtig; leer; **~и́тельный** (14; -лен, -льна) gering, geringfügig, knapp; unwesentlich, unbedeutend; klein; unscheinbar
незре́л|ость *f* (8) Unreife; **~ый** (14*K.*) unreif
незри́мый (14*K.*) unsichtbar
незря́чий (17*K.*) blind
незы́блемый (14*K.*) unerschütterlich; unverrückbar; unveränderlich
неиз|бе́жный (14; -жен, -жна) unvermeidlich; unausweichlich; obligat; **~бы́вный** (14; -вен, -вна) unstillbar; unauslöschlich; **~ве́данный** (14*K.*) unerforscht; ungekannt, unbekannt
неизве́стн|ый [-sn-] (14; -тен, -а) unbekannt, fremd; ungewiß; anonym; *Su. n Math.* Unbekannte *f*; ***~о*** es ist nicht bekannt, man weiß nicht
неиз|глади́мый (14*K.*) unauslöschlich; **~́данный** (14*K.*) unveröffentlicht, unediert; **~лечи́мый** (14*K.*) unheilbar; **~ме́нный** (14; -е́нен, -нна) unveränderlich, unverändert; unwandelbar; unabänderlich; obligat; beständig, treu; **~меня́емый** (14*K.*) unveränderlich; *Gr.* indeklinabel; **~мери́мый** (14*K.*) unermeßlich; **~расхо́дованный** (14) unverbraucht; **~у́ченный** (14*K.*) unerforscht; **~ъясни́мый** (14*K.*) unerklärlich
неиме́ние *n* (12) Ermangelung *f* (***за*** Т in); ***за ~м средств*** wegen fehlender Mittel; → ***недоста́ток***
неи|мове́рный (14; -рен, -рна) unglaublich; **~му́щий** (17) unbemittelt, besitzlos; **~нтере́сный** (14; -сен, -сна) uninteressant; F wenig attraktiv
неис|корени́мый (14*K.*) unausrottbar; **~́кренний** (16; -́енен, -́нна, -́не/ -́но; -́ни/-́ны) unaufrichtig; **~ку́сный** (14; -сен, -сна) ungeschickt; schlicht; **~кушённый** (14*K.*) unerfahren; **~поведи́мый** (14*K.*) unerforschlich
неисполн|е́ние *n* (12) Nichterfüllung *f*; Nichtausführung *f*; **~и́мый** (14*K.*) unerfüllbar; unausführbar; **~и́тельный** (14; -лен, -льна) nachlässig
неис|по́льзованный (14*K.*) ungenutzt, unausgenutzt; **~по́рченный** (14*K.*) unverdorben, rein; **~прави́мый** (14*K.*) unverbesserlich
неиспра́вн|ость *f* (8) Mangel *m* (***в*** П *a.* →) **~ый** (14; -вен, -а) defekt, schadhaft, kaputt; mangelhaft; unpünktlich; nachlässig; *präd.* nicht in Ordnung
неис|пы́танный (14*K.*) unerprobt; **~сле́дованный** (14*K.*) unerforscht; **~сяка́емый** (14*K.*) unversiegbar; unerschöpflich
неи́стов|ство *n* (9) Raserei *f*; → **~ствовать** (7) rasen, toben; wüten; **~ый** (14*K.*) rasend, wütend; tosend; blindwütig; gewaltig
неис|тощи́мый (14*K.*) unerschöpflich; **~треби́мый** (14*K.*) unausrottbar; unvertilgbar; fest verwurzelt; **~цели́мый** (14*K.*) unheilbar; **~черпа́емый** [-ʃtʃ-] (14*K.*) unerschöpflich; unermeßlich; **~числи́мый** [-ʃtʃ-] (14*K.*) unzählbar, unzählig
нейло́новый (14) Nylon-
неймётся P: ~ (Д *j-d*) kann es nicht lassen *od.* kaum erwarten
нейтрал|иза́ция *f* (7) Neutralisierung; **~изова́ть** (7) *im*(*pf.*) neutralisieren; **~ите́т** *m* (1) Neutralität *f*; **~́ьный** (14; -́ен, -́ьна) neutral

Н

нейтро́нный (14) Neutronen-
неказі́стый F (14*K*.) unansehnlich, unscheinbar; unschön
неквалифици́рованный (14*K*.) ungelernt; einfach
не́кий (24*st*.) ein gewisser, irgendein
не́когда 1.: ~ (Д *j-d*) hat keine Zeit; **2.** einst, einmal
не́к|ого (23) es ist niemand da, den man *od.* ich (+ *Inf.*) könnte; ***~ому*** …, der …; ***~ем*** …, durch den …; ***не́ у кого́*** (***с кем, о ком***) …, bei (mit) dem … (über den) …
не|компете́нтный (14; -тен, -тна) inkompetent; **~корре́ктный** (14; -тен, -тна) unkorrekt, inkorrekt
не́котор|ый (14) ein gewisser; einige(s); *pl.* einige, manche (***из*** P von *D*); ***~ое вре́мя*** e-e Zeitlang
некраси́вый (14*K*.) unschön, nicht schön; F *fig.* häßlich
некредитоспосо́бный (14; -бен, -бна) kreditunfähig
некре́пкий (16; -пок, -пка) schwach
некрещёный (14; -щён, -щена́) ungetauft; (*o. K.*) *Su.* Heide
некста́ти ungelegen; unpassend; unangebracht
не́кто jemand, irgend jemand; ein gewisser
не́куда: ***~ лечь*** man (*od.* Д *j-d*) kann sich nirgends hinlegen; → ***не́где***; ***спеши́ть ~*** es (Д *j-d*) hat keine Eile; F … geht's nicht *od.* nicht mehr
некульту́рн|ость *f* (8) Mangel *m* an Bildung *od.* Benimm; Unkultur; **~ый** (14; -рен, -а) ungebildet, unkultiviert; unzivilisiert; ungehobelt, grob, roh
некуря́щий *m* (17) Nichtraucher
нела́д|но F es stimmt etwas nicht, ist nicht in Ordnung; → **~ный** F (14; -ен, -на) unschön; ungut; ungefüge; *präd.* nicht gut; *Su. n* Unangenehme(s); ***будь ты ~ен***! der Kuckuck soll dich holen!; **~ы** F *pl.* (1) Unstimmigkeiten *f/pl.*; Reibereien *f/pl.*
нелега́ль|ность *f* (8) Illegalität; **~ный** (14; -лен, -на) illegal; Schwarz-; **~щина** F *f* (5) illegale Schriften *f/pl. od.* Aktivitäten *f/pl.*
нелёгк|ая [-xk-] P: ***заче́м*** (В) ***~ая несёт***? was zum Teufel treibt *j-n* her?; → ***нести́, дёрнуть***; **~ий** [-xḳ-] (16; -гок, ᵕá, ᵕó) schwer, schwierig, ziemlich schwer, nicht leicht
нелéп|ица F *f* (5), **~ость** *f* (8) Unsinn *m*; → **~ый** (14*K*.) unsinnig, sinnlos, ungereimt, absurd; albern; ungefüge
нелéстный [-sn-] (14; -тен, -тна) wenig schmeichelhaft
нелицеприя́тный (14; -тен, -тна) unparteiisch, objektiv
нели́шн|ий (15) angebracht; nützlich; ***~е*** man tut gut daran
нело́вк|ий (16; -вок, -á) ungeschickt; unbequem; peinlich; unpassend, unangebracht; **~ость** *f* (8) Ungeschicklichkeit; Verlegenheit; → ***~ий***
нелоги́чн|ость *f* (8) Unlogische(s) *n*, mangelnde Logik; **~ый** (14; -чен, -а) unlogisch; inkonsequent
нелоя́льный (14; -лен, -льна) illoyal
нельзя́ man (Д *j-d*) darf, kann, soll nicht; sich nicht … lassen; **~** es geht nicht; ***~ не*** … man kann nicht umhin *od.* muß …; ***~ли***? dürfte ich?; bitte
нелюб|éзный (14; -зен, -зна) unfreundlich; **~и́мый** (14*K*.) ungeliebt; verhaßt; **~о́вь** *f* (8; -ви; -о́вью) Abneigung (***к*** Д gegen *A*), Antipathie
нéлюди P *pl.* (*G* -ей) Unmenschen *m/pl.*; **~м** *m* (1) Menschenscheue(r); **~мость** *f* (8) Menschenscheu; → **~мый** (14*K*.) menschenscheu; menschenleer; ungesellig
нема́л|енький (16) ziemlich groß; **~о** nicht wenig *od.* wenige, recht viel *od.* viele, so manche; **~ова́жный** (14; -жен, -жна) nicht unbedeutend; → **~ый** (14; -, -á) nicht gering *od.* wenig; bedeutend, ziemlich bedeutend
немéдл|енный (14*K*.) umgehend, unverzüglich, sofortig; *Adv.*, **~я** sofort
немéркнущий (17) *Licht*: ewig; *Ruhm*: unvergänglich
немéть (8) ⟨о-⟩ **1.** stumm werden, verstummen; *j-m* die Sprache verschlagen; **2.** ⟨о-, за-⟩ steif werden; absterben
нéмец *m* (1; -мца) Deutsche(r); † Fremder, Ausländer; **~кий** (16) deutsch; † fremdländisch
немига́ющий (17) unbeweglich, starr
немил|осéрдный (14; -ден, -дна) unbarmherzig; F furchtbar; **~ость** *f* (8) Ungnade; **~ый** F (14; -, -á) ungeliebt, verhaßt

Н

немину́емый (14*K.*) unvermeidlich; unausweichlich
не́мка *f* (5; -мок) Deutsche
немно́г|ие *pl.* (16) wenige, einige wenige; **~им → ~о** ein wenig, ein bißchen, etwas; wenige, nur wenige; **~ое** *n* (16) wenige(s); **~осло́вный** (14; -вен, -вна) wortkarg; **~очи́сленный** (14*K.*) klein, kleiner; wenig, wenige
немно́жко F ein klein wenig *od.* bißchen
нем|о́й (14; -, -á) stumm; (*o. K.*) Stumm-; Taubstummen-; *fig.* Toten-
немолод|о́й (14; -, -á) nicht *od.* nicht mehr jung; in vorgerücktem Alter
немо́лчный (14; -чен, -чна) nicht *od.* nie verstummend, ewig rauschend
немота́ *f* (5) Stummheit; Stille
не́мо|чь P *f* (8) Krankheit; Sucht; **~щный** (14; -щен, -щна) schwach, kraftlos; krank, siech; **~щь** *f* (8) Schwäche; → **~щный**
немудр|ено́ F kein Wunder, es ist kein Wunder; → **~ёный** F (14; -ён, -енá) einfach; **~ый** (14; -, -á) unweise, schlicht, naiv
немузыка́льный (14; -лен, -льна) unmusikalisch
немы́слимый (14*K.*) undenkbar; unmöglich
ненави́|деть (11) hassen; **~стник** [-sn-] *m* (1) Hasser; **~стный** [-sn-] (14; -тен, -тна) verhaßt; haßerfüllt; **~сть** *f* (8) Haß (**к** Д gegen *A*); **с ~стью** voll(er) Haß
нена|гля́дный F (14) allerliebst, herzallerliebst; unvergleichlich; **~дёжный** (14; -жен, -жна) unzuverlässig; unsicher, unstabil; **~добность** *f* (8): (**за** T) wegen fehlenden Bedarfs; **~до́лго** für kurze Zeit; **~казу́емый** (14*K.*) nicht strafbar; **~ме́ренный** (14) unabsichtlich; **~паде́ние** *n* (12): (**о** П) Nichtangriffs-; **~ро́ком** F → ***невзнача́й***; **~руши́мый** (14*K.*) unverletzlich
нена́ст|ный [-sn-] (14; -ен, -на) regnerisch, trübe; **~ье** *n* (10) schlechtes Wetter, Regenwetter
ненасы́|тный (14; -тен, -тна) unersättlich; **~щенный** (14) ungesättigt
не́н|ец *m* (1; -ца), **~ка** *f* (5; -ок) Nenze(-zin *f*); **~ецкий** (16) Nenzen-
ненорма́л|ьный (14; -ен, -ьна) unnormal, anormal, abnorm; F nicht normal, geistesgestört
нену́жн|ый (14; -жен, -á) unnötig, unnütz; überflüssig
необ|ду́манный (14*K.*) unüberlegt, unbedacht; **~еспе́ченный** (14*K.*) unbemittelt; nicht gesichert; **~жито́й** (14; -т, -тá) unbesiedelt, unbewohnt; **~ита́емый** (14*K.*) unbewohnt; **~озри́мый** (14*K.*) unübersehbar; **~осно́ванный** (14*K.*) unbegründet; **~рабо́танный** (14*K.*) unbearbeitet; unbebaut; unausgefeilt; **~разо́ванный** (14*K.*) ungebildet; **~рати́мый** (14*K.*) irreversibel, nicht umkehrbar; unwiederbringlich; **~у́зданный** (14*K.*) unbändig; ungezügelt
необходи́м|ость *f* (8) Notwendigkeit; Bedarf *m*; ***по ~ости*** notwendigerweise, notgedrungen; ***в слу́чае ~ости*** notfalls; **~ый** (14*K.*) notwendig, unbedingt nötig; **~** (Д *j-d*) braucht (И *A*)
необ|щи́тельный (14; -лен, -льна) ungesellig; **~ъясни́мый** (14*K.*) unerklärlich; **~ъя́тный** (14; -тен, -тна) unermeßlich
необы|кнове́нный (14; -е́нен, -нна) außergewöhnlich, ungewöhnlich; sonderbar; **~ча́йный** (14; -а́ен, -йна) ungewöhnlich; erstaunlich; **~чный** (14; -чен, -чна) ungewöhnlich, ungewohnt
необяза́тельный (14; -лен, -льна) nicht unbedingt, nicht unbedingt notwendig; unverbindlich; fakultativ
неограни́ченный (14*K.*) unbeschränkt, unbegrenzt; grenzenlos
неодина́ковый (14*K.*) ungleich; unähnlich; verschieden
неодно|кра́тный (14; -тен, -тна) mehrmalig, wiederholt; *Adv.* mehrfach, mehrmals; **~ро́дный** (14; -ден, -дна) ungleichartig, verschiedenartig, heterogen
неодобр|е́ние *n* (12) Mißbilligung *f*; **~и́тельный** (14; -лен, -льна) mißbilligend
неодоли́мый (14*K.*) unüberwindlich; unbezwinglich, unbesiegbar
неодушевлённый (14) unbelebt, unbeseelt, leblos; **~ *предме́т*** *m Gr.* Ding *n*
неожи́данн|ость *f* (8) Überraschung;

~ый (14*K.*) unerwartet, unvermutet; unvermittelt, überraschend
неоко́нченный (14*K.*) unbeendet, unvollendet
нео́новый (14) Neon-, Leucht-
нео|па́сный (14; -сен, -сна) ungefährlich; **~пери́вшийся** (17) noch nicht flügge (*a. fig.*); **~пису́емый** (14*K.*) unbeschreiblich; **~пла́тный** (14; -тен, -тна) unbezahlbar; (*o. K.*) zahlungsunfähig; **~пла́ченный** (14*K.*) unbezahlt; **~по́знанный** (14*K.*) unbekannt, nicht identifiziert; **~поро́ченный** (14*K.*) unbescholten; unbestritten; **~пра́вданный** (14*K.*) ungerechtfertigt; unbegründet; nicht freigesprochen
неопредел|ённый (14; -ёнен, -нна) unbestimmt, vage; ungewiß; *Gr.* Indefinit-; ***~ённая фо́рма** f* ***глаго́ла*** Infinitiv *m*; **~и́мый** (14*K.*) undefinierbar
нео|проверж́имый (14*K.*) unwiderlegbar; **~пря́тный** (14; -тен, -тна) unsauber; schlampig; **~публико́ванный** (14*K.*) unveröffentlicht; **~пытный** (14; -тен, -тна) unerfahren
неорган|изо́ванный (14*K.*) unorganisiert; undiszipliniert; **~и́ческий** (16) anorganisch
нео|сведомлённый (14*K.*) uninformiert; **~се́длый** (14*K.*) nomadisch; **~слабева́ющий** (17) nicht nachlassend, unvermindert; **~сла́бный** (14; -бен, -бна) unablässig, anhaltend; ständig; **~смотри́тельный** (14; -лен, -льна) unvorsichtig, unbedacht; **~снова́тельный** (14; -лен, -льна) unbegründet; F leichtfertig; **~со́знанный** (14*K.*) unbewußt; **~спори́мый** (14*K.*) unbestreitbar; unwiderlegbar; **~сторо́жный** (14; -жен, -жна) unvorsichtig; **~существи́мый** (14*K.*) unerfüllbar; undurchführbar; **~сяза́емый** (14*K.*) ungreifbar; unmerklich
неот|врати́мый (14*K.*) unabwendbar; **~вя́зный**, **~вя́зчивый** [-ʃtʃ-] F (14*K.*; -зен, -зна) aufdringlich, zudringlich; ständig verfolgend; **~дели́мый** (14*K.*) untrennbar; **~ёсанный** (14*K.*) unbehauen; (F *fig.*) ungehobelt; **~зы́вчивый** (14*K.*) unaufgeschlossen, teilnahmslos
не́откуда: ~ *взять* man (*od.* Д *j-d*) kann *et.* nirgends *od.* nirgendwoher bekommen; → ***не́где***; F woher soll (Д *j-d*) auch (+ *Inf.*)?
неот|ло́жный (14; -жен, -жна) unaufschiebbar, dringlich; *Med.* → ***ско́рый***; **~лу́чный** (14; -чен, -чна) unzertrennlich; ständig anwesend; (*o. K.*) ständig; **~рази́мый** (14*K.*) nicht abzuwehrend, unaufhaltbar; *fig.* unwiderstehlich; unwiderlegbar; **~ры́вный** (14; -вен, -вна) untrennbar; anhaltend, ständig; → **~сту́пный** (14; -пен, -пна) unablässig; **~чётливый** (14*K.*) undeutlich, unklar; **~ъе́млемый** (14*K.*) unabdingbar, nicht wegzudenkend; integrierend, integral
неоф|ициа́льный (14; -лен, -льна) inoffiziell, nichtamtlich; **~о́рмленный** (14*K.*) *Jur.* nicht rechtskräftig
неохо́т|а *f* (5) Unlust; F ***~а*** (Д *j-d*) hat keine Lust; ***~но*** ungern, unlustig
неоцени́мый (14*K.*) unschätzbar
неощути́мый (14*K.*) unfühlbar, unmerklich
непа́рный (14) unpaarig
неparти́йный (14; -йен, -йна) parteilos; parteiwidrig, parteischädigend
непере|води́мый (14*K.*) unübersetzbar; **~дава́емый** (14*K.*) unaussprechlich; unsäglich; **~носи́мый** (14*K.*) unerträglich; **~хо́дный** (14) *Gr.* intransitiv
непеча́тный F (14; -тен, -тна) unflätig
непи́саный (14) ungeschrieben
неплатё|ж *m* (1*e.*; ~жéй) Nichtzahlung *f*; **~жеспосо́бный** (14; -бен, -бна) zahlungsunfähig; **~льщик** *m* (1) Nichtzahler
неплодо|ро́дный (14; -ден, -дна) unfruchtbar; **~тво́рный** (14; -рен, -рна) *fig.* unfruchtbar, unergiebig
непло́тный (14; -тен, -тна́) undicht; nicht fest; *El.* Wackel-
неплохо́й F (16; -, -á) nicht schlecht *od.* übel, passabel
непо|беди́мый (14*K.*) unbesiegbar; unüberwindlich; **~ва́дно** F: ***чтоб*** (Д) ***~ва́дно бы́ло*** damit *j-m* die Lust vergeht; **~ви́нный** F (14; -и́нен, -нна) unschuldig (***в*** П an *D*); **~винове́ние** *n* (12) Ungehorsam *m*; **~воро́тливый** (14*K.*) schwerfällig; langsam,

träge; **~втори́мый** (14*K*.) einmalig, einzigartig; unverwechselbar

непого́|да *f* (5) schlechtes Wetter *n*; **~жий** F (17) regnerisch, trüb

непо|греши́мый (14*K*.) unfehlbar; absolut richtig; **~далёку** F unweit (**от** P von *D*, *G*), in der Nähe; **~да́тливый** (14*K*.) unnachgiebig; **~дви́жный** (14; -жен, -жна) unbeweglich, regungslos; träge; starr; (*o. K.*) *Astr.* Fix-

непод|де́льный (14; -лен, -льна) echt, unverfälscht; **~ку́пный** (14; -пен, -пна) unbestechlich; **~оба́ющий** (17) ungehörig; **~ража́емый** (14*K*.) unnachahmlich; unvergleichlich; **~су́дный** (14; -ден, -дна) nicht justitiabel; → ***подсу́дный***; **~ходя́щий** (17*K*.) unpassend; **~чине́ние** *n* (12) Ungehorsam *m* (Д gegen *A*)

непо|зволи́тельный (14; -лен, -льна) unerlaubt, unstatthaft; **~кла́дистый** (14*K*.) widerspenstig; **~колеби́мый** (14*K*.) unerschütterlich, unbeugsam, standfest; **~ко́рный** (14; -рен, -рна) ungehorsam, unbotmäßig; widerspenstig; **~кры́тый** (14*K*.) unbedeckt, bloß; **~ла́дки** *f/pl.* (5; -док) Störungen; Mißstände *m/pl.*; F Unstimmigkeiten, Mißhelligkeiten; **~liти́чный** F (14; -чен, -чна) taktlos, undiplomatisch

неполн|огла́сие *n* (12) *Ling.* Nichtvollaut *m*; **~опра́вный** (14; -вен, -вна) nicht vollberechtigt; **~ота́** *f* (5) Unvollständigkeit; **~оце́нный** (14; -е́нен, -нна) nicht vollwertig, minderwertig; **~ый** (14; -лон, -á) nicht voll; unvollständig, nicht vollzählig; gedämpft; (*o. K.*) Kurz-; Achtklassen-

непоме́рный (14; -рен, -рна) übermäßig, unmäßig; maßlos

непон|има́ние *n* (12) Unverständnis; → **~я́тливый** (14*K*.) verständnislos, begriffsstutzig; ungelehrig; **~я́тный** (14; -тен, -тна) unverständlich, unbegreiflich; unerklärlich; merkwürdig

непо|пада́ние *n* (12) Fehlschuß *m*, Fehltreffer *m*; **~прави́мый** (14*K*.) irreparabel, nicht wiedergutzumachend; ausweglos; hoffnungslos verloren; **~пуля́рный** (14; -рен, -рна) unpopulär, unbeliebt; **~ро́чный** (14; -чен, -чна) rein, keusch; makellos; unbefleckt

непоря́д|ок *m* (1; -ка) Unordnung *f*; Mißstand; **~очный** (14; -чен, -чна) unanständig, unehrenhaft

непосвящённый (14*K*.) uneingeweiht

непосе́д|а F *m/f* (5) Quirl *m*; ohne Sitzfleisch, das reine Quecksilber; **~ливый** (14*K*.) quirlig, quecksilbrig; unstet, unruhig

непо|сеще́ние *n* (12) Nichtteilnahme *f* (P an *D*); Schwänzen; **~си́льный** (14; -лен, -льна) zu schwer *od.* hoch; **~сле́довательный** (14; -лен, -льна) inkonsequent; unlogisch

непослуш|а́ние *n* (12) Ungehorsam (Д gegen *A*); **~́ный** (14; -́ен, -́на) ungehorsam, unfolgsam; widerspenstig

непо|сре́дственный (14*K*.) unmittelbar, direkt; spontan; **~стижи́мый** (14*K*.) unbegreiflich, unfaßbar; ***уму́ ~стижи́мо*** das wissen die Götter; **~стоя́нный** (14; -я́нен, -нна) unbeständig, unstet, veränderlich; flatterhaft; **~тре́бный** P (14; -бен, -бна) → ***непристо́йный***; **~хо́жий** (17*K*.) unähnlich (***на*** B *D*); **~ча́тый** F (14) nicht angefangen *od.* angeschnitten, angerissen, angebrochen; riesig; ***~ча́тый край*** *m* F e-e Unmenge *f*; **~чти́тельный** (14; -лен, -льна) unehrerbietig, respektlos

непра́в|да *f* (5) Unwahrheit, Lüge; Lug u. Trug *m*; das ist nicht wahr; **~доподо́бный** (14; -бен, -бна) unwahrscheinlich, unglaubwürdig; unglaublich; **~ильный** (14; -лен, -льна) unrichtig, inkorrekt, falsch; unregelmäßig (*a. Gr.*); (*o. K.*) *Math.* unecht; *Jur.* Fehl-; **~оме́рный** (14; -рен, -рна) unrechtmäßig; **~омо́чный** (14; -чен, -чна) unbefugt, unberechtigt; **~ота́** *f* (5) Unrecht *n*, Irrtum *m*; **~ый** (14; -, -á) ungerecht; *präd.* im Unrecht; ***вы ~ы*** Sie haben unrecht

непракти́чный (14; -чен, -чна) unpraktisch

непревзойдённый (14*K*.) unübertroffen; unüberbietbar

непред|ви́денный (14*K*.) unvorhergesehen; **~наме́ренный** (14*K*.) nicht vorsätzlich, unabsichtlich; **~отврати́мый** (14*K*.) unabwendbar; **~сказу́емый** (14*K*.) nicht vorhersagbar;

~убеждённый (14) unvoreingenommen; **~усмотри́тельный** (14; -лен, -льна) unbedacht; nachlässig

непре|кло́нный (14; -о́нен, -нна) unbeugsam; **~ло́жный** (14; -жен, жна) unumstößlich; **~ме́нный** (14; -е́нен, -нна) unerläßlich, unumgänglich; ständig; *Adv.* unbedingt, ganz bestimmt; **~одоли́мый** (14*K.*) unüberwindlich; ***~одоли́мая си́ла*** *f* höhere Gewalt; **~река́емый** (14*K.*) unbestreitbar; allgemein anerkannt; **~ры́вный** (14; -вен, -вна) ununterbrochen, pausenlos; fortlaufend, durchgehend; *Math.* Ketten-; **~ста́нный** (14; -а́нен, -нна) fortwährend, unaufhörlich; ständig

непри|ве́тливый (14*K.*) unfreundlich; **~влека́тельный** (14; -лен, -льна) unansehnlich, reizlos

неприві́ч|ка F *f* (5; -ек) Mangel *m* an Gewohnheit (***с*** P, ***по*** Д aus *D*); **~ный** (14; -ен, -на) ungewohnt; ungewöhnlich

непри|гля́дный (14; -ден, -дна) unansehnlich, unschön; abstoßend; **~го́дный** (16; -ден, -дна) ungeeignet, untauglich, unbrauchbar; **~е́млемый** (14*K.*) unannehmbar, inakzeptabel; **~̈знанный** (14*K.*) nicht anerkannt; verkannt; **~ка́янный** F (14*K.*) rastlos, ruhelos (*a.* ***как ~ка́янный***)

неприкоснове́нн|ость *f* (8) Immunität; → **~ый** (14; -е́нен, -нна) unantastbar; unverletzlich; *fig.* eisern

непри|кра́шенный (14*K.*) ungeschminkt; **~кры́тый** (14*K.*) nicht ganz zu *od.* zugemacht; ungedeckt, unbedeckt; *fig.* unverhohlen, offenkundig, offen

неприли́ч|ие *n* (12) Unanständigkeit *f*; **~ный** (14; -ен, -на) unanständig; zotig

непри|мени́мый (14*K.*) unanwendbar; **~ме́тный** → ***незаме́тный***; **~мири́мый** (14*K.*) unversöhnlich; **~нуждённый** (14*K.*) ungezwungen, zwanglos; **~соедини́вшийся** (17) blockfrei; **~спосо́бленный** (14*K.*) unpraktisch; **~сто́йный** (14; -о́ен, -йна) unanständig, unschicklich; unflätig, zotig, obszön; **~сту́пный** (14; -пен, -пна) unzugänglich; uneinnehmbar; unbezwinglich; *fig.* unnahbar; **~тво́рный** (14; -рен, -рна) ungeheuchelt, aufrichtig; **~тяза́тельный** (14; -лен, -льна), **~хотли́вый** (14*K.*) anspruchslos, genügsam

неприча́стн|ость [-sn-] *f* (8) Nichtbeteiligung, Nichtanteilnahme (***к*** Д an *D*); Nichtzugehörigkeit; **~ый** (14; -тен, -а) unbeteiligt (***к*** Д an *D*)

неприя́зн|енный (14*K.*) feindselig; **~ь** *f* (8) Feindseligkeit, Feindschaft

неприя́тель *m* (4) Gegner, Feind; **~ский** (16) feindlich, gegnerisch

неприя́тн|ость *f* (8) Unannehmlichkeit; **~ый** (14; -тен, -а) unangenehm; ärgerlich, mißlich

непро|бу́дный (14; -ден, -дна) tief, fest; *fig.* ewig; F notorisch; **~гля́дный** (14; -ден, -дна) undurchdringlich; stockfinster; **~должи́тельный** (14; -лен, -льна) kurz, von kurzer Dauer; nächst; **~дукти́вный** (14; -вен, -вна) unproduktiv; **~е́зжий** [-ʒʒ-] (17) unbefahrbar; **~изводи́тельный** (14; -лен, -льна) unproduktiv; **~изво́льный** (14; -лен, -льна) unwillkürlich; **~ла́зный** F (14; -зен, -зна) undurchdringlich; unpassierbar; **~мока́емый** (14*K.*) wasserdicht; **~ница́емый** (14*K.*) undurchdringlich; unergründbar; verschlossen; dicht; **~порциона́льный** (14; -лен, -льна) disproportioniert, unverhältnismäßig; **~свещённый** (14 *K.*) ungebildet; **~сти́тельный** (14; -лен, -льна) unverzeihlich; **~тивле́ние** *n* (12) Nichtwiderstreben; **~ходи́мый** (14*K.*) unpassierbar; undurchdringlich; unwegsam; (*o. K.*) F völlig, Voll-; **~̈чный** (14; -чен, -чна́) instabil, nicht fest *od.* haltbar; brüchig; locker; **~̈шеный** F (14) ungebeten, ungeladen

непрямо́й (14; -̈, -а́) ungerade; indirekt; F unaufrichtig

непутёвый F (14) leichtfertig, locker; liederlich

непью́щий (17): ~ *j-d* trinkt nicht

нерабо|тоспосо́бный (14; -бен, -бна) arbeitsunfähig; **~̈чий** (17) arbeitsfrei

нера́в|енство *n* (9) Ungleichheit *f*; *Math.* Ungleichung *f*; **~но́** P sonst gar noch; **~ноду́шный** (14; -шен, -шна) nicht gleichgültig (И/***к*** Д *j-m*/*j-d*), engagiert; ***быть ~нодушным*** übrig haben (***к*** Д für *A*); **~номе́рный** (14; -рен, -рна) ungleichmäßig; **~нопра́вие** *n* (12) fehlende Gleichberechtigung *f*; **~нопра́вный** (14; -вен, -вна) nicht gleichberechtigt; **~ный** (14; -ен, -на́) ungleich

неради́вый F (14*K*.) nachlässig

нераз|бери́ха F *f* (5) Durcheinander *n*, Wirrwarr *m*; **~бо́рчивый** (14*K*.) unleserlich; undeutlich; wenig wählerisch, anspruchslos; skrupellos; **~вито́й** (14; ~вит, -та́) unentwickelt; zurückgeblieben, beschränkt; **~гаданный** (14*K*.) unergründet, nicht gelöst; rätselhaft; **~говорчивый** (14*K*.) wortkarg, schweigsam

нераздел|ённый (14*K*.) ungeteilt; unerwidert; **~и́мый** (14*K*.) unteilbar; **~ьный** (14; -ен, -ьна) untrennbar; unteilbar

нераз|личи́мый (14*K*.) ununterscheidbar, nicht zu unterscheiden; **~ложи́мый** (14*K*.) unzerlegbar; **~лу́чный** (14; -чен, -чна) unzertrennlich ; **~решённый** (14*K*., *f* -на́) ungeklärt, ungelöst; verboten; **~реши́мый** (14*K*.) unlösbar; **~ры́вный** (14; -вен, -вна) unzerreißbar; untrennbar; unverbrüchlich

неразу́мн|ость *f* (8) Unvernunft (***по*** Д aus *D*), Unlogik; **~ый** (14; -мен, -а) unvernünftig, unverständig; töricht

нераспол|оже́ние *n* (12) Abneigung (***к*** Д gegen *A*); **~о́женный** (14*K*.) abgeneigt, nicht gewogen

нераспростран|е́ние *n* (12) Nichtweiterverbreitung *f*; ***догово́р*** *m* ***о ~е́нии я́дерного ору́жия*** Atomsperrvertrag; **~ённый** (14) *Gr.* nichterweitert, einfach

нерас|суди́тельный (14; -лен, -льна) unvernünftig; **~твори́мый** (14*K*.) unlöslich, unauflöslich; **~торжи́мый** (14*K*.) unzerreißbar; unzerstörbar; unverbrüchlich; **~торо́пный** (14; -пен, -пна) langsam, träge; **~чётливый** [-ʃʃ-] (14*K*.) wenig umsichtig *od.* haushälterisch; nicht berechnend; **~члени́мый** [-ʃʃ-] (14*K*.) unteilbar

нерациона́льный (14; -лен, -льна) unrationell

нерв|и́ровать (7) nervös machen, auf die Nerven gehen; **~ничать** (1) nervös sein *od.* werden, sich aufregen; **~нобольно́й** (14) nervenkrank; *Su. m* Nervenkranke(r); **~ность** *f* (8) Nervosität; **~ный** (14; -ен, -на́) nervös; (*o. K.*) Nerven-, nervlich; → **~о́зный** (14; -зен, -зна) gereizt, überreizt; F hektisch

нере|а́льный (14; -лен, -льна) irreal, unwirklich; **~гуля́рный** (14; -рен, -рна) unregelmäßig; irregulär; **~дкий** (16; -док, -дка́) recht häufig, nicht selten; **~нта́бельный** (14; -лен, -льна) unrentabel; **~ст** *m* (1) Laichen *n*

нереши́|мость *f* (8) Unentschlossenheit; (***в*** П →) **~тельный** (14; -лен, -льна) unentschlossen, unsicher

нержаве́ющий (17) rostfrei

неро́бкий (16; -бок, -бка́) beherzt

неро́вн|ый (14; -вен, -а́) uneben; ungerade; ungleichmäßig, ungleich; regelmäßig; unausgeglichen; **~я́** F *f* (6): **~я́** (Д *N*) paßt nicht zu *j-m*, ist *j-m* nicht ebenbürtig

нерукотво́рный (14; -рен, -рна) nicht von Menschenhand geschaffen

неруши́мый (14*K*.) unverbrüchlich, unverletzlich; ungestört, tief

неря́|ха F *m*/*f* (5) Schmutzfink *m*, Schlampe *f*; **~шливый** (14*K*.) schlampig, schlud(e)rig; nachlässig, lässig

несамостоя́тельный (14; -лен, -льна) unselbständig

несбы́точный (14; -чен, -чна) unerfüllbar

несваре́ние *n* (12): ***~ желу́дка*** Verdauungsstörung *f*

несве́дущий (17*K*.) unkundig, unbewandert

несве́жий (17; -, -а́) alt, altbacken; faul; abgestanden; abgetragen; schmutzig; verdorben, nicht mehr frisch

несвобо́дный (14; -ден, -дна) unfrei, nicht frei

несво|евре́менный (14; -енен, -нна) unzeitig, unzeitgemäß; nicht rechtzeitig, verspätet; **~йственный** (14*K*.) untypisch (Д für *A*), wesensfremd

несвя́зный (14; -зен, -зна) unzusammenhängend, zusammenhanglos

несгиба́емый (14*K*.) *fig.* unbeugsam

несгово́рчивый (14*K*.) widerspenstig, halsstarrig

несгора́емый (14) feuerfest; ***~ шкаф***

m Panzerschrank, Safe, Tresor
несде́ржанный (14*K*.) nichteingehalten; impulsiv, unbeherrscht, heftig
несдоброва́ть *pf*. F: ~ (Д *j-d*) wird noch was erleben *od.* dran glauben müssen
несе́ние *n* (12) → ***нести́***
несерьёзный (14; -зен, -зна) unseriös, leichtfertig; geringfügig
несим|метри́чный (14; -чен, -чна) unsymmetrisch, asymmetrisch; **~пати́чный** (14; -чен, -чна) unsympathisch
несказа́нный (14; -а́нен, -нна) unaussprechlich; unsagbar
нескла́д|ица F *f* (5) Ungereimte(s) *n*; **~ный** (14; -ен, -на) ungefüge, unförmig; ungereimt; mißtönend
несклоня́емый (14*K*.) indeklinabel, nicht deklinierbar
не́сколько (32) einige, mehrere; wenige; *Adv*. ein wenig, etwas
не|сконча́емый (14*K*.) endlos; **~скро́мный** (14; -мен, -мна́) unbescheiden; vorlaut; indiskret, zudringlich; unschicklich; **~скрыва́емый** (14) unverhohlen; **~сло́жный** (14*K*.; -жен, -жна́) unkompliziert, einfach, schlicht; leicht; **~слы́ханный** (14*K*.) unerhört; beispiellos; **~слы́шный** (14; -шен, -шна) geräuschlos; **~сме́лый** (14*K*.) furchtsam, zaghaft; **~сменя́емый** (14*K*.) ständig, ständig präsent; **~сме́тный** (14; -тен, -тна) unzählig, unermeßlich; **~смина́емый** (14*K*.) knitterfrei; **~смолка́емый** (14*K*.) unaufhörlich; anhaltend, lang anhaltend
несмотря́ (***на*** В) trotz, ungeachtet (*G*); ~ ***на то́ что*** obwohl; ~ ***на э́то*** trotzdem; ~ ***ни на что́*** trotz allem *od.* alledem
не|смыва́емый (14*K*.) *fig*. ewig; **~смышлёный** F (14*K*.) naiv, unbedarft, töricht; **~сно́сный** (14; -сен, -сна) unerträglich; unausstehlich
несоблюде́ние *n* (12) Nichtbefolgung *f*, Nichtbeachtung *f*
несовершеннолéт|ие *n* (12) Minderjährigkeit *f*; **~ний** (15) minderjährig, unmündig
несоверше́н|ный (14*K*.) unvollkommen; fehlerhaft; *Gr*. unvollendet, imperfektiv; **~ство** *n* (9) Unvollkommenheit *f*
несовмести́мый (14*K*.) unvereinbar, unverträglich
несовпаде́ние *n* (12) Nichtübereinstimmung *f*, Inkongruenz *f*
несогла́с|ие *n* (12) Uneinigkeit *f*, Unstimmigkeit *f*, Diskrepanz *f* (P/***c*** T zwischen *D*/*D*); Verneinung *f*, Ablehnung *f*; **~ный** (14; -ен, -на) uneinig; schlecht abgestimmt; mißtönend; *präd.* nicht einverstanden; *Adv*. durcheinander; **~о́ванность** *f* (8) mangelnde Koordinierung; **~о́ванный** (14*K*.) nicht abgestimmt, unkoordiniert; *Gr*. inkongruent
несо|зна́тельный (14; -лен, -льна) unbewußt; nicht bewußt; nicht klassenbewußt (*SU*); **~измери́мый** (14*K*.) unvergleichbar; *Math*. inkommensurabel; **~круши́мый** (14*K*.) unzerstörbar; unbesiegbar; unüberwindlich; unerschütterlich; unverwüstlich
несо́|лоно P: ***~лоно хлеба́вши*** unverrichteterdinge; **~мне́нный** (14; -е́нен, -нна) unzweifelhaft, unbestreitbar, eindeutig; *Adv*. zweifellos, ohne Zweifel; **~образи́тельный** (14; -лен, -льна) begriffsstutzig; **~обра́зный** (14; -зен, -зна) unvereinbar; unsinnig; *Adv*. unpassend (***c*** T zu *D*); **~отве́тствие** *n* (12) Nichtübereinstimmung *f*; Diskrepanz *f*; **~разме́рность** *f* (8) Mißverhältnis *n*; **~разме́рный** (14; -рен, -рна) in keinem Verhältnis stehend (***c*** T zu *D*); **~стоя́тельный** (14; -лен, -льна) zahlungsunfähig; machtlos; haltlos; schwach; unvermögend
не|спе́лый (14*K*.) unreif; **~спе́шный** (14; -шен, -шна) langsam, gemächlich; **~сподру́чный** P (14; -чен, -чна) beschwerlich; → ***~удо́бный***; **~споко́йный** (14; -о́ен, -йна) unruhig, unstet, rastlos
неспосо́б|ность *f* (8) Unvermögen *n*; → **~ный** (14; -ен, -на) unfähig (***на*** В zu *D*), unbegabt, ungeeignet (***к*** Д für *A*); ***~ен*** *j-d* hat keine Begabung (***к*** Д für *A*) *od.* ist nicht fähig (***на*** В zu *D*)
несправедли́в|ость *f* (8) Unrecht *n*; → **~ый** (14*K*.) ungerecht (***к*** Д gegen *A*); unrichtig, falsch; *Adv*. zu Unrecht
неспроста́ F → ***неда́ром***; ***э́то*** ~ das hat etwas zu bedeuten

Н

несравн|е́нный (14; -е́нен, -нна) unvergleichlich; *Adv.* viel, bei weitem; **~и́мый** (14*K.*) unvergleichlich; unvergleichbar, nicht zu vergleichen

не|сро́чный (14; -чен, -чна) *Jur.* unkündbar; **~стандáртный** (14; -тен, -тна) kein(e) Normal- *od.* Standard-, Klischee-; **~ста́рый** (14; -, -á, -ó) ziemlich *od.* noch ziemlich jung; **~стерпи́мый** (14*K.*) unerträglich

нес|ти́ (25 -с-; нёс, неслá; нёсший) **1.** tragen; bringen; treiben, jagen; herbeiwehen, herbeitragen; ziehen; *Dienst* tun, versehen, *Mil.* ableisten; *Wache* halten; *Funktion* ausüben; *Pflicht* wahrnehmen; *Mar.* bestückt sein; F *Unsinn* daherreden; **~ёт** es (**от** P *j-d*) riecht stark (T nach *D*) *od. j-d* strotzt (vor *od.* von *D*); P → **слáбить**; **кудá тебя́ ~ёт**? P wohin zum Teufel willst du?; → **нелёгкая**; **2.** ⟨по-⟩ *Verlust* erleiden; *Strafe* verbüßen; **3.** ⟨с-⟩ *Ei* legen; **-сь 1.** dahineilen *od.* jagen, sausen, rasen; rennen; ziehen; rollen; kommen; sich ausbreiten; **2.** ⟨с-⟩ Eier legen

не|сто́йкий (16; -óек, -йка) unbeständig, flüchtig; labil; **~сто́ящий** F (17*K.*) belanglos, nicht lohnend; nichtsnutzig; **~строево́й** (14) *Mil.* Hilfs-; **~стро́йный** (14; -óен, -йнá) ungefüge; ungeordnet; wirr

несурáз|ица F *f* (5) Unsinn *m*, Blödsinn *m*; **~ный** F (14; -ен, -на) unsinnig, widersinnig, ungereimt; ungefüge, unförmlich

несуще́ственный (14*K.*) unwesentlich

нехо́д|ный (14; -ен, -на) unähnlich; F ungünstig, unannehmbar; **~ство** *n* (9) Unähnlichkeit *f*

несчаст|ли́вец [-ʃʃɪsl-] F *m* (1; -вца) Pechvogel; **~ли́вый** (14*K.*), **∸ный** [-'ʃʃasn-] (14; ∸ен, ∸на) unglücklich; Unglücks-; **∸ный** F unselig, unglückselig; erbärmlich; lumpig; **∸ье** *n* (10; -ий) Unglück, Unglücksfall *m*; Mißgeschick, Pech; **к ∸ью** leider; **товáрищ** *m* **по ∸ью** Leidensgenosse; F **∸ье** (Д *j-d*) hat s-e liebe Not; **∸ье в том** . . . F schade nur . . .

несчётный [-ʃʃ-] (14; -тен, -тна) unzählig; riesig; *Adv.* unermeßlich

несъедо́бный (14; -бен, -бна) ungenießbar, nicht eßbar

нет 1. nein; nicht; **2.** (нé было; не бу́дет) (P) es gibt nicht, kein (*A*); (*et.*, *j-d*) ist nicht *od.* nicht da; (**у** P *j-d*) hat kein (*A*); **на ~** F völlig; **да** *od.* **так ~ же**! F aber nein!; nicht doch!; F **~ да** *od.* **как ~** (P *N*) fehlt immer noch *od.* ist gar nicht da; **~-~ да и** + *pf. Präs.* F ab und zu + *Präs.*/*Prät.*; **а то ~**? F etwa nicht?; **~ так ~** F dann eben nicht; . . ., **что ~** daß dies nicht der Fall sei; **чего́ то́лько ~**! was es nicht alles gibt!

нетакти́чный (14; -чен, -чна) taktlos

нетвёрд|ый (14; -, ∸́á) weich, ziemlich weich; unsicher, schwankend, wankend; wankelmütig; nicht sattelfest

нетерп|ели́вый (14*K.*) ungeduldig; **~е́ние** *n* (12) Ungeduld *f*; **~и́мость** *f* (8) Intoleranz; → **~и́мый** (14*K.*) unduldsam (**к** Д gegen *A*), intolerant; inakzeptabel, unerträglich; nicht geduldet

не|тле́нный (14; -е́нен, -нна) unverweslich; *fig.* unvergänglich; **~торопли́вый** (14*K.*) gemächlich, langsam; behäbig; **~то́чный** (14; -чен, -чнá) ungenau; **~тре́бовательный** (14; -лен, -льна) genügsam, anspruchslos; nicht streng; **~тре́звый** (14*K.*) betrunken, alkoholisiert; **~тро́нутый** (14*K.*) unberührt, heil; keusch

нетру́д|ный (14; -ен, -нá) unschwer, nicht schwer, leicht, ziemlich leicht; **~ово́й** (14) nicht arbeitend *od.* erarbeitet; **~оспосо́бный** (14; -бен, -бна) arbeitsunfähig

не́ту F → **нет** 2

неубеди́тельный (14; -лен, -льна) wenig *od.* nicht überzeugend

неуваж|е́ние *n* (12) Nichtachtung *f*, Mißachtung *f* (**к** Д *G*); **~и́тельный** (14; -лен, -льна) respektlos, unehrerbietig; **по ~и́тельной причи́не** unentschuldigt

неу|ве́ренный (14*K.*) unsicher; wankend, schwankend; **~вядáемый** (14*K.*), **~вядáющий** (17) *fig.* unvergänglich; **~вя́зка** F *f* (5; -зок) Unstimmigkeit; **~гаси́мый** (14*K.*) unauslöschlich; nie verlöschend, ewig; **~го́дный** (14; -ден, -дна) unerwünscht, mißliebig; **~гомо́нный** (14; -óнен, -нна) rastlos, unermüdlich; unbändig

Н

неуда́ч|а *f* (5) Mißerfolg *m*, Fehlschlag *m*, Rückschlag *m*; Pech *n*; **~ливый** (14*K*.) vom Pech verfolgt; *präd. j-d* hat Pech (**на** B mit *D*); **~ник** *m* (1) Pechvogel, Unglücksrabe; **~ный** (14; -ен, -на) mißglückt, mißlungen; mißraten; erfolglos; unglücklich

неудержи́мый (14*K*.) unaufhaltsam; unbändig; unwiderstehlich

неудиви́тельно nicht *od.* es ist nicht verwunderlich

неудо́б|ный (14; -ен, -на) unbequem; unangenehm, peinlich; unpassend, unangebracht; **~овари́мый** (14*K*.) schwer verdaulich *od.* F *fig.* verständlich ; **~опроизноси́мый** (14*K*.) schwer auszusprechend; unanständig; **~очита́емый** (14*K*.) schwer lesbar, unleserlich; **~ство** *n* (9) Unbequemlichkeit *f*; → **~ный**; peinliches Gefühl

неудов|летворённый (14*K*.) unbefriedigt, unzufrieden; unerfüllt; **~летвори́тельный** (14; -лен, -льна) unbefriedigend, ungenügend; *Su. n Note* „ungenügend" (**на** B mit) **~о́льствие** *n* (12) Unzufriedenheit *f*, Mißvergnügen

неуёмный F (14; -мен, -мна) unbändig; unstillbar; rastlos, pausenlos

неуже́ли wirklich? tatsächlich?; P **~**! und ob!

неужи́вчивый (14*K*.) unverträglich

неу́жто P → ***неуже́ли***

неузнава́ем|ость: ***до ~ости*** bis zur Unkenntlichkeit; → **~ый** (14*K*.) ist nicht *od.* nicht wiederzuerkennen; unkenntlich

неу|кло́нный (14; -о́нен, -нна) unentwegt, unablässig; unbeirrt; strikt; **~клю́жий** (17*K*.) ungefüge, plump; ungeschickt, linkisch; unförmig, unbeholfen; **~косни́тельный** (14; -лен, -льна) strikt; **~кроти́мый** (14*K*.) unbezähmbar, unbändig; **~лови́мый** (14*K*.) nicht zu fassen(d), unerreichbar; unfaßbar; unmerklich

неуме́|лый (14*K*.) ungeschickt, unbeholfen; nicht sachkundig; **~ние** *n* (12) Unvermögen (***по*** Д aus *D*)

неу|ме́ренный (14*K*.) unmäßig, übermäßig; **~ме́стный** [-sn-] (14; -тен, -тна) unangebracht; **~́мный** (14; -мён, -мна́) unklug; **~моли́мый** (14*K*.) unerbittlich; unumstößlich; unausweichlich; **~молка́емый** (14*K*.), **~мо́лчный** (14; -чен, -чна) unaufhörlich; **~мы́шленный** (14*K*.) nicht vorsätzlich, unabsichtlich; **~нывающий** (17) munter, unverzagt; **~пла́та** *f* (5) Nichtzahlung; **~потреби́тельный** (14; -лен, -льна) ungebräuchlich; **~равнове́шенный** (14*K*.) unausgeglichen

неурожа́й *m* (3) Mißernte *f*; **~ный** (14) unfruchtbar, Mißernte-

неу|ро́чный (14; -чен, -чна) ungewohnt, ungelegen; nicht vereinbart; **~ря́дица** F *f* (5) Unordnung, Durcheinander *n*; Zwist *m*, Zwistigkeit *m*; **~си́дчивый** F (14*K*.) quirlig, ohne Sitzfleisch

неуспе|ва́емость *f* (8) mangelhafte Leistungen *f/pl.*; **~ва́ющий** (17) nachhinkend, zurückgeblieben; **~́х** *m* (1) Mißerfolg; **~́шный** (14; -́шен, -́шна) mißglückt, erfolglos

неу|ста́нный (14; -а́нен, -нна) unablässig, ständig, beständig; **~сто́йка** *f* (5; -о́ек) Konventionalstrafe; F Schlappe, Reinfall *m*; **~сто́йчивый** (14*K*.) wack(e)lig, schwankend; unbeständig; labil; **~страни́мый** (14*K*.) unüberwindlich; unabwendbar; unüberbrückbar; **~страши́мый** (14*K*.) unerschrocken, furchtlos

неустро́|енный (14*K*.) schlecht eingerichtet; ungeordnet, ungeregelt; **~йство** *n* (9) Unstimmigkeit(en *pl.*) *f*, Mißhelligkeit(en *pl.*) *f*; Unordnung *f*

неу|сту́пчивый (14*K*.) unnachgiebig, starrsinnig; **~сы́пный** (14; -пен, -пна) unermüdlich, ständig; **~теши́тельный** (14; -лен, -льна) unerfreulich; **~те́шный** (14; -шен, -шна) untröstlich; **~толи́мый** (14*K*.) unstillbar; brennend; **~томи́мый** (14*K*.) unermüdlich

не́уч F *m* (1; -ей) Ignorant; → **~ёный** (14) ungebildet, unwissend

неу|чти́вый (14*K*.) unhöflich; **~ю́тный** (14; -тен, -тна) ungemütlich, unwohnlich; **~язви́мый** (14*K*.) unverwundbar; unfehlbar; hieb- u. stichfest

нефт|едобыва́ющий (17) erdölfördernd; **~еналивно́й** → ***наливно́й***; **~еперераба́тывающий** (17) erdölverarbeitend; **~епрово́д** *m* (1) Erdölleitung *f*, Pipeline *f*; **~епромы́шлен-**

Н

ность *f* (8) Erdölindustrie; **~хи́мия** *f* (7) Petrochemie; **~ь** *f* (8) Erdöl *n*; **~яно́й** (14) Erdöl-

не|хва́тка F *f* (5; -ток) Mangel *m* (P, ***в*** П an *D*); **~хи́трый** (14; -тёр, -тра́) arglos, treuherzig; F einfach; **~хо́довка** F *f* (5; -вок) Ladenhüter *m*; **~хо́женый** F (14*K*.) unbetreten; **~хоро́ший** (17; -, -á, -ó) schlecht; böse; *präd.* nicht hübsch; *Adv.* nicht wohl *od.* gut; **~хотя** ungern, widerwillig; **~целесообра́зный** (14; -зен, -зна) unzweckmäßig; **~цензу́рный** (14; -рен, -рна) zensurwidrig; unanständig, schlüpfrig; **~церемо́нный** (14; -о́нен, -нна) zwanglos; rücksichtslos; **~ча́янный** (14*K*.) unerwartet, unverhofft; unabsichtlich, versehentlich

не́ч|его 1. (23): ***~его*** + *Inf.* (Д *j-d*) hat nichts + *Inf.*; ***~ем*** (***не́ о чём***) + *Inf.* ... es ist nichts da *od.* gibt nichts, womit *od.* worüber ... + *Inf.* könnte; ***не́ на что ...*** kein Geld, um ...; ***~ему удивля́ться*** kein *od.* das ist kein Wunder; ***~ем дыша́ть*** ... kann man ersticken; ***от ~его де́лать*** F aus Langeweile, zum Zeitvertreib; → ***де́лать***; **2.** F man (Д *j-d*) braucht *od.* soll nicht; es hat keinen Sinn *od.* Zweck, lohnt sich *od.* gilt nicht; ***~его́ спеши́ть*** es gibt keinen Grund zur Eile; ***~его*** (***и***) ***говори́ть*** F das steht außer Frage; da gibt's gar nichts! → ***сказа́ть*** (***об э́том***) ***и говори́ть ~его***! ausgeschlossen!

нечелове́ч|еский (16) nicht menschlich; übermenschlich; menschenunwürdig; → **~ный** (14; -ен, -на) inhuman, unmenschlich

нече́стный [-sn] (14; -ен, -на́) unehrlich; unredlich

нечёткий (16; -ток, -тка́) ungenau, undeutlich; unleserlich

нечётный (14) ungerade

нечист|оплóтный (14; -тен, -тна) unrein; unredlich, skrupellos; **~ота́** *f* (5; *pl. st.* -) Schmutz *m*; *pl.* Unrat *m*; → **~ый** (14; -, -á) unrein, unsauber, schmutzig; böse; † verhext; P *Su. m* Teufel *m*; ***~ на́ руку*** F *j-d* hat lange Finger; **~ь** F *f* (8) Teufelspack *n*

нечленоразде́льный (14; -лен, -льна) unartikuliert, undeutlich

не́что etwas; einiges

не|чувстви́тельный (14; -лен, -льна) unempfindlich (***к*** Д gegen *A*), unempfänglich (für *A*); **~чу́ткий** (16; -ток, -тка́) nicht sensibel; gefühllos, hartherzig; **~широ́кий** (16; -, -á, -ó) ziemlich schmal; **~што** P → ***ра́зве***; **~шу́точный** F (14; -чен, -чна) ziemlich ernst; **~ща́дный** (14; -ден, -дна) erbarmungslos, schonungslos; unheimlich; **~я́вка** *f* (5) Nichterscheinen *n* (***за*** Т wegen *G*; ***по*** Д aus *D*); **~я́ркий** (16; -рок, -рка́) matt, blaß; gedämpft; unscheinbar; **~я́сный** (14; -сен, -сна́) unklar, undeutlich; vage

ни 1. *Part.* nicht, nicht ein; kein, keinerlei; ~ ***оди́н*** kein *od.* kein einziger; **2.** *Kj.*: ~ ...(,) ~ ... weder ... noch ...; nicht ... und nicht ... (***как*** als); ***~ с того́ ~ с сего́*** F mir nichts dir nichts; ***~ то, ~ сё*** F weder Fisch noch Fleisch; **3.** *Part.* (~ был, -о, -и) auch, auch immer; ***кто*** (***что, где, как***) ***бы ~*** + *Prät. od.* ~ + *Imp.* wer (was, wo, wie) immer + *Präs. Konj.*; ***как ... ~*** + *Prät. od. Imp.* so sehr ... auch + *Prät. od. Präs.*; ***как бы то ~ было*** wie dem auch sei, gleichviel; ***что ~ сло́во, то ложь*** jedes Wort e-e Lüge; ***что ~*** (***на***) ***есть*** F beliebig, der denkbar + *Sup.*; ***~ с ме́ста***! keinen Schritt!; ~-~! F ja nichts sagen!; → ***что***

ни́ва *f* (5) Feld *n*, Flur; *fig.* → ***по́прище***

нигде́ nirgends, nirgendwo

нигери́|ец *m* (1; -йца), **~йка** *f* (5; -ек) Nigerianer(in *f*); **~йский** (16) nigerianisch

нидерла́ндец → ***голла́ндец***

ни́ж|е → ***ни́зкий***; niedriger, kleiner, tiefer (P als); unter (*D*); unten, weiter unten, unterhalb; nachstehend; abwärts; → ***вы́ше***; **~еподписа́вшийся** (17) Unterzeichnete(r); **~еслéдующий** (17) nachfolgend; **~естоя́щий** (17) nachgeordnet; **~еупомя́нутый** (14) untenerwähnt; **~ний** (15) unter, unterst; Unter-; *Mus.* tief, tiefst

низ *m* (1; -а/-у; на -у́; *pl. e.*) unterer Teil, Unterteil *n*; unteres Stockwerk *n*; *pl.* Niederung *f*; F untere Schichten *f/pl.*; *Pol.* Basis *f*; *Mus.* Tiefen *f/pl.*; ***в са́мом ~у́*** ganz unten

низа́ть (3), ⟨на-⟩ aufreihen, auffädeln

низвер|га́ть (1), ⟨~гнуть⟩ (21/20) hinabstürzen; *fig.* stürzen (*v/i* **-ся**), zu Fall

Н

bringen; **-ся** abstürzen; **~же́ние** *n* (12) Sturz *m*
низв|оди́ть (15), ⟨**~ести́**⟩ (25) herabsetzen; zurückwerfen (***до*** P auf *A*)
низи́на *f* (5) Niederung; Senke
ни́зк|ий (16; -зок, -á; *Komp.* ни́же; *Sup.* ни́зший) niedrig, nieder; untere(r); tief, tiefliegend, tiefstehend; klein, kleingewachsen; *fig.* minder, gering; niederträchtig, gemein; *präd.* F zu niedrig; (*o. K.*) Nieder-; Niedrig-; *Met.* Tief-; *Tech.* Unter-
низко|во́льтный (14) Niederspannungs-; **~покло́нничать** † (1) kriechen, liebedienern; **~про́бный** (14; -бен, -бна) geringhaltig; F *fig.* minderwertig; Schund-; **~ро́слый** (14*K.*) kleinwüchsig; niedrig, Zwerg-; **~со́ртный** (14; -тен, -тна) minderwertig; **~часто́тный** (14) Niederfrequenz-
низл|ага́ть (1), ⟨**~ожи́ть**⟩ (16) entthronen, stürzen
ни́зменн|ость *f* (8) Tiefebene, Tiefland *n*, Niederung; → **~ый** (14*K.*) tiefliegend; *fig.* niedrig
низо|во́й (14) Tief-; am Unterlauf gelegen; untere(r), Basis-; F der unteren Schichten; **~́вье** *n* (10; -́вьев/-вий) Unterlauf (***в*** П *pl.* am); Mündungsgebiet; **~йти́** → ***нисходи́ть***; **~́сть** *f* (8) Gemeinheit, Niedertracht
ни́зший [-ʃʃ-] (17) → ***ни́зкий***; niedrigst, tief, tiefst, unterst; primitivst; Tief-, Elementar-
ника́к **1.** *Adv.* auf keine *od.* keinerlei Weise, überhaupt *od.* ganz u. gar nicht; **2.** *Part.* P wohl, etwa; **~о́й** (16) kein, gar kein, keinerlei; mies; ***~о́й не*** F überhaupt kein; ***и ~и́х***! P → ***гвоздь***
ни́кел|евый (14) Nickel-; **~ирова́ть** (7) *im*(*pf.*), ⟨от-⟩ vernickeln
ни́кну|ть (21/20), ⟨по-⟩ sich neigen, welken; *fig.* erschlaffen, ermatten
никогда́ nie, niemals; ***как ~*** wie noch nie
нико́|й: ***~им о́бразом*** → ***ника́к***
никото́рый F (14) kein
никто́ (23) niemand, keiner; F Null *f*, Luft *f* (Д für *j-n*); ***~ как он*** kein anderer als er
никуд|á nirgendwohin, nirgends hin; F gar nichts, zu gar nichts; → **~ы́шный** F (14; -шен, -шна) mies; zu nichts zu gebrauchen
никчёмный F (14; -мен, -мна) unnütz, zu nichts tauglich; nichtsnutzig
нима́ло nicht im geringsten
ниотку́да nirgendwoher
нипочём F spottbillig, fast umsonst, umsonst; ein Kinderspiel (Д für *A*), kein Problem; egal, völlig egal; *et.* macht *j-m* nichts aus; P nie u. nimmer
ниско́лько überhaupt nicht; → ***нима́ло***
нис|посыла́ть † (1), ⟨**~посла́ть**⟩ (-шлю́, -шлёшь; → ***слать***) herabsenden, bescheren; **~проверга́ть** (1), ⟨**~прове́ргнуть**⟩ (21/20) → ***низверга́ть***); **~ходя́щий** (17) absteigend (***по*** Д in *D*)
ни́т|ка *f* (5; -ок) Faden *m*; Schnur; Strang *m*; Strähne; erhöhter Gewindegang *m*; F Leitung; *pl.* Zwirn *m*; Garn *n*; ***до ~ки*** bis auf die Haut *od.* F aufs Hemd; ***как по ~ке*** schnurgerade; ***на живу́ю ~ку*** *fig.* mit der heißen Nadel; ***ши́то бе́лыми ~ками*** durchsichtig sein; **~очка** *f* (5; -чек) Fädchen *n*, Schnürchen *n*; ***по ~очке*** F nach Strich u. Faden; ***ходи́ть по ~очке*** F aufs Wort gehorchen; → ***волосо́к***; → **~ь** *f* (8) Faden *m* (*a. fig.*); Kette; → **~ка**; **~я́ный** (14) Zwirn-
нич|его́ [-'vɔ-] nichts; → **~то́**; **~его́** *od.* ***~его́ себе́*** F nicht schlecht, leidlich, einigermaßen, einigermaßen gut; (es) geht; recht gut beisammen; (das) ist halb so schlimm, macht nichts *od.* nichts aus; P → **~у́ть**; ***~его́ себе́***! F so ist das also!; ***~его́ себе́ друг***! F *iron.* das ist mir aber ein feiner Freund!
нич|е́й *m*, -ья́ *f*, -ьё *n*, -ьи́ *pl.* (26) niemandem gehörig; von niemandem; *präd.* gehört niemand(em); Niemands-; **~е́йный** F (14) → **~е́й**; unentschieden
ничко́м mit dem Gesicht nach unten, bäuchlings; Bauch-
нич|то́ (23) nichts; *Su. n* Nichts; Niemand *m*, Null *f*; ***из ~его́*** F aus dem Nichts; . . . um nichts; ***ни к чему́*** F zu nichts nutze, überflüssig; ***ко́нчиться ~е́м*** F zu nichts führen; ***ни при чём*** *j-d* kann nichts dafür *od.* hat nichts damit zu tun; ***ни с чем*** F unverrichteterdinge

ничто́ж|ество *n* (9) Nichtigkeit *f*; Null *f*; → **~ный** (14; -ен, -на) winzig, verschwindend *od.* winzig klein, geringfügig; nichtig, nichtssagend
ничу́ть F → ***ниско́лько***; ***~ не быва́ло*** F nichts dergleichen, keine Spur
ничья́ *f* (26) Unentschieden *n*; Remis *n*
нищ|а́ть (1), ⟨об-⟩ verarmen; **~е́нка** *f* (5; -нок) Bettlerin; **~е́нский** (16) Bettler-, bettelarm; armselig, elend, miserabel; **~е́нство** *n* (9) Betteln; Armut *f*; **~е́нствовать** (7) betteln; Not leiden; **~ета́** *f* (5) Elend *n*, Armut *f*; **~ий** (17; -, -á) bettelarm, bettelnd; *fig.* arm (T in *D*); *Su. m* Bettler
но 1. *Kj.* aber; sondern; P → ***ра́зве***; F *Su. n* Aber; **2.** *Int.* hü!; **~ - ~** na, na!, he!
нова́тор *m* (1) Neuerer; **~ский** (16) innovativ, innovatorisch, Neuerer-; **~ство** *n* (9) Innovation *f*, Neuerertum
но́в|енький F (16) nagelneu; *Su. m* → ***~ичо́к***; **~изна́** *f* (5) Neuheit, Neuartigkeit; Neue(s) *n*; **~и́нка** *f* (5; -нок) Neuheit, Neuerscheinung; F ***в ~и́нку*** (Д für *j-n*) neu; **~ичо́к** F *m* (1; -чка́) neu Zugezogene(r); Neuling; neuer Schüler; Anfänger
ново|бра́нец *m* (1; -нца) Rekrut; **~бра́чный** *m* (14) Neuvermählte(r); **~введе́ние** *n* (12) Neuerung *f*; **~го́дний** (15) Neujahrs-; Silvester-; **~заве́тный** (14; -тен, -тна) neutestamentlich
новозела́нд|ец *m* (1; -ца), **~ка** *f* (5; -ок) Neuseeländer(in *f*); **~ский** (16) neuseeländisch
ново|испечённый F (14) frischgebakken; **~лу́ние** *n* (12) Neumond *m*; **~мо́дный** (14; -ден, -дна) neumodisch; **~образова́ние** *n* (12) Neubildung *f*; **~обращённый** (14) neubekehrt; **~прибы́вший** (17) neuangekommen; **~рождённый** (14) neugeboren; **~сёл** *m* (1) Neusiedler; **~се́лье** *n* (10) neue Wohnung *f* (***на*** П in *D*); Einzugsfeier *f*; Einzugsparty *f*; **~стро́йка** *f* (5; -óек) Neubau *m*
но́в|ость *f* (8; *ab Gpl. e.*) Neuheit, Neuigkeit; *et.* Neues *n*; ***вот*** (***ещё***) ***~ости***! F das ist ja ganz was Neues!; **~оя́вленный** (14*K.*) neuerschienen; frischgebacken; **~шество** *n* (9) Neuerung *f*; **~ый** (14; -, -á) neu; Neu-; neuartig; erneut; modern; ***что ~ого***? was gibt es Neues?; ***с ~ым го́дом***! viel Glück im Neuen Jahr!; → ***стиль***; **~ь** *f* (8) Neuland *n*
ног|а́ *f* (5; -у; *pl.* -и, -, -áм) Bein *n*; Fuß *m* (***под*** B *pl.* vor *A*; ***под*** T *pl.* zwischen *D*; ***у*** P *pl.* zu *D*); ***в ~у*** im Gleichschritt; Schritt (*halten*); ***в ~и*** F tief; ***в ~а́х*** am Fußende; kniefällig; ***на ~а́х*** im Stehen; ***к ~е́***! Gewehr ab!; ***~а́ за́ ~у*** P schleppend; ***~а́ на́ ~у*** mit übereinandergeschlagenen Beinen; ***с ~и́ на́ ~у*** von e-m Fuß auf den anderen; ***лёгок на́ ~у*** F leicht *od.* gut zu Fuß; ***на широ́кую*** *od.* ***ба́рскую ~у*** auf großem Fuß; ***с ле́вой*** *od.* ***не той ~и́*** mit dem linken Bein; ***~и не де́ржат*** (B *j-d*) kann sich kaum auf den Beinen halten; ***хрома́ть на о́бе ~и́*** *fig.* mehr schlecht als recht gehen; F ganz schön danebenhauen; ***со всех ~*** F Hals über Kopf; was das Zeug hält; ***дава́й Бог ~и*** F die Beine unter die Arme nehmen; ***~и́ не бу́дет*** (P) *od.* F ***ни ~о́й*** *j-d* wird s-n Fuß nie wieder (***у*** P, F ***к*** Д) über *j-s* Schwelle setzen; ***что́бы ~и́ твое́й не́ было***! F laß dich hier ja nicht mehr sehen!; ***без за́дних ~*** P hundemüde; stockbesoffen; elend, elend krank; → ***верте́ться***; → ***голова́***
ногот|о́к *m* (1; -ка́) kleiner Nagel; *pl.* Ringelblume *f*; ***с ~о́к*** winzig, winzig klein; ***мужичо́к*** *m* ***с ~о́к*** Däumling; **~ь** *m* (4; -тя; *ab Gpl. e.*) Fingernagel; *fig.* Fuchtel *f*; ***до ко́нчиков ногте́й*** bis in die Haarspitzen hinein
нож *m* (1*e.*; -éй) Messer *n*; Schneide *f*; Öffner; *fig.* Stich; Dolchstoß; ***на ~а́х*** im Streit, bis aufs Messer; ***хоть ~о́м режь*** F zum Schneiden; **~ик** *m* (1) Messer *n*, kleines Messer *n*
но́жка *f* (5; -жек) Bein *n*, Beinchen *n*, Füßchen *n*, Fuß *m* (***на*** П an *D*; mit *D*); *Bot.* Stiel *m*; *Zirkel*: Schenkel *m*
но́жницы *pl.* (5) Schere *f* (*a. fig.*)
ножно́й (14) Fuß-; Bein-; mit Fußantrieb
но́жны *pl.* (5; -жен) Scheide *f*
ножо́вка *f* (5; -вок) Handsäge, Fuchsschwanz *m*
ноздр|ева́тый (14*K.*) porös; löch(e)rig; **~я́** *f* (6; *Npl. st.*) Nasenloch *n*; Nüster
нокаути́ровать (7) *pf.* k.o. schlagen

Н

нол|ево́й (14) Null-; gleich Null; **~ь** *m* (4*e*.) Null *f* (*a. fig.*); Nullpunkt; F kein; keinerlei; nichts; **~ь-~ь** Punkt; ***под ~ь*** F ganz kahl

номенклату́ра *f* (5) Verzeichnis *n*; Führungskräfte *f/pl.* (*SU*); Prominenz, Privilegierte *m/pl.*

но́мер *m* (1; *pl. e., N* -á) Nummer *f*; Hotelzimmer *n*; *Zeitung*: Ausgabe *f*; *Zeitschrift*: Heft *n*; Größe *f*; Stärke *f*; *Bus, Straßenbahn*: Linie *f*; Programmnummer *f*, Darbietung *f*; *Mil.* Kanonier; F Ding *n*; *pl.* † Hotel *n*; **~но́й** (14) Nummern-; **~о́к** *m* (1; -ка́) Marke *f*, Nummer *f*

нор|а́ *f* (5; ⁓у; *pl. st.*) Höhle; Bau *m*; Loch (*a. fig.* F)

норве́ж|ец *m* (1; -ца), **~ка** *f* (5; -ек) Norweger(in *f*); **~ский** (16) norwegisch

но́р|ка *f* (5; -ок) **1.** *dim. v.* **~а́**; **2.** Nerz *m*; **~ковый** (14) Nerz-

но́рм|а *f* (5) Norm; Soll *n*; Satz *m*; Rate; Quote; *pl.* Bestimmungen; ***в ~е*** F normal; ***войти́ в ~у*** zur Regel werden; **~ализа́ция** *f* (7) Normalisierung; **⁓льный** (14; -лен, -льна) normal; **~ати́в** *m* (1) Richtsatz; **~ати́вный** (14; -вен, -вна) normativ; Norm-; **~ирова́ть** (7) *im(pf.)* normen, normieren

но́ров P *m* (1) → ***нра́в(ы)***; ***с ~ом*** P mit Mucken; → **~и́стый** P (14*K*.) störrisch, eigensinnig; **~и́ть** F (14*e*.) danach trachten, darauf aus sein

нос *m* (1; ⁓а/⁓у; в -у́; *pl. e.*) Nase *f* (***под*** T vor *D*; ***из-под*** P vor *D* weg; ***в*** B durch *A*; ***с*** P, ***на ~*** P pro *A*); Schnabel; *Mar., Flgw.* Bug; *fig.* Nasenspitze *f*; → ***⁓ик***, ***~о́к***; F → ***ве́шать*** *fig.*; ***на ~у́*** F vor der Tür; *et.* steht bevor; F ***не по́ ~у*** (Д) nicht nach *j-s* Sinn; ***по́д ~*** F in den Bart; ***показа́ть ~*** F e-e lange Nase machen; F ***оста́вить с ⁓ом*** (B), P ***натяну́ть ~*** (Д) *j-m* e-e Nase drehen *od. j-n* hereinlegen; ***оста́ться с ⁓ом*** F leer ausgehen, mit langer Nase abziehen; ***кровь идёт ⁓ом*** (***у*** P *j-d*) hat Nasenbluten; (***хоть***) ***кровь из ~у*** P um jeden Preis; **~а́тый** (14*K*.) langnasig, mit großer Nase; **⁓ик** *m* (1) Näschen *n*; Tülle *f*, Schnauze *f*; Spitze *f*

носи́|лки *pl.* (5; -лок) Tragbahre *f*; Sänfte *f*; **~льный** (14) Leib-; **~льщик** *m* (1) Gepäckträger; **~тель** *m* (4) Träger

нос|и́ть (15) tragen; → ***нести́***; haben; *Titel* führen; **-ся** → ***нести́сь***; *fig.* in der Luft liegen; **⁓ка** *f* (5) Tragen *n*; Legen *n*; **⁓кий** F (16; ⁓ок, ⁓ка) haltbar

носо|во́й (14) Nasen-; Nasal-; Bug-; Taschen-; **~гло́тка** *f* (5; -ток) Nasenrachenraum *m*; **⁓к** *m* (1; -ска́) **1.** → ***но́сик***; **2.** Fußspitze *f*, Zehenspitze *f*; **3.** (*Gpl.* ⁓к) Socke *f*; **~ро́г** *m* (1) Nashorn *n*

но́та *f* (5) Note

нотари|а́льный (14) notariell; ***~а́льная конто́ра*** *f* Notariat *n*; **⁓ус** *m* (1) Notar

нота́ция *f* (7) Rüge; Leviten *pl.*

но́тка *f* (5; -ток) Unterton *m*

но́тный (14) Noten-

ноч|ева́ть (6 -у́-), ⟨пере-⟩ übernachten; F ***и не ~ева́л(а)*** (И von *et.*) gab es keine Spur; **~ёвка** *f* (5; -вок) Übernachtung (***на*** B zu *D*); **~ле́г** *m* (1) Nachtlager *n*, Nachtquartier *n*; → ***~ёвка***; **~ле́жка** P *f* (5; -жек) Nachtasyl *n*; **~ни́к** *m* (1*e*.) Nachtlampe *f*; F Nachtarbeiter; F Nachtflieger; **~но́й** (14) nächtlich; Nacht-, Schlaf-

ноч|ь *f* (8; в -и́; *ab Gpl. e.*) Nacht (***за́*** B über; ***на́*** B für *A*); *Uhrzeit*: **⁓и** nachts; → ***по ~а́м*** nachts; ***в ~ь на*** (B) in der Nacht zum; ***на́ ~ь*** vor dem Schlafengehen *od.* Einschlafen; ***на́ ~ гля́дя*** spätabends; **~ью** in der Nacht, bei Nacht

но́ш|а *f* (5) Last; Bürde; **~е́ние** *n* (12) Tragen; **~еный** (14) getragen

но́ющий (17) dumpf, quälend

ноя́брь *m* (4*e*.) November (→ ***май***); **~ский** (16) November-

нрав *m* (1) Gemüt *n*, Wesen *n*, Charakter; *pl.* Sitten *f/pl.*; ***по ~у*** F gefällt; ***не по ⁓у*** geht *j-m* gegen den Strich; **⁓иться** (14), ⟨по-⟩ gefallen; Spaß machen; **~оуче́ние** *n* (12) Moralpredigt *f*, Moral *f*; Belehrung *f*; **~оучи́тельный** (14; -лен, -льна) belehrend, erbaulich; **⁓ственность** *f* (8) Moral; → **⁓ственный** (14*K*.) moralisch, sittlich; ethisch

ну F nun, na; (*a.* **⁓-ка**) los, na los, nun denn; ja, ja; (*a.* **~ и**) aber; also; nun, sagen wir; ***~ и . . .*** und da . . . eben . . .; *iron.* . . . schön(e) . . .; ***~*** (***уж***) ***и . . .!***

nein, . . . aber . . .!; ~ ***тебя́***! ach geh!; geh doch!; scher dich!; ~ ***его́***! hol ihn der Kuckuck!, zum Teufel mit ihm!, er kann mich gern haben; ~-~ schon gut; ~ ***и*** ~! sieh mal e-r an!; ~? ja?; ***да*** ~? nanu?, nein, wirklich?; ~ ***и что*** (***же***) ?, ~ ***так что ж***? na und?, na wenn schon!; (***а***) ~, ***как*** . . . und was ist, wenn . . .?; . . . (***и***) ~ + *Inf*. . . . und gleich fing(en) . . . an + *Inf*.

нуд|á P *m/f* (5) Nerventöter(in *f*) *m*; **~ить** P (15) auf die Nerven gehen, anöden; **~ный** F (14; -ен, -нá) nervtötend, todlangweilig

нуж|дá *f* (5; *pl. st.*) Not, Armut, Elend *n*; Bedürfnis *n* (***в*** П nach *D*), Bedarf *m* (an *D*); P Notdurft; ***без ~ды́*** unnötigerweise; ***по ~дé*** notgedrungen; ***~ды́ мáло*** (Д *j-n*) bekümmert es wenig; ***нет ~ды́*** es erübrigt sich; ***~ды́ нет*** † macht *od.* schadet nichts; **~дáться** (1) bedürftig sein, Not leiden; brauchen, benötigen (***в*** П *A*), bedürfen (*G*), nötig haben; **~ник** P *m* (1) Klo *n*; **~ный** (14; -ен, -нá) notwendig, nötig, erforderlich; dringend gebraucht; geeignet, entsprechend; ***~ен стол*** *m*, ***~нá кни́га*** *f* (Д *j-d*) braucht e-n Tisch, ein Buch; **~но** es ist nötig, man muß *od.* braucht; ***~но бы́ло ви́деть*** man hätte sehen sollen; ***что вам ~но***? was wünschen Sie?; ***óчень*** *od.* ***кудá как ~но***! F das fehlte noch!; ***~но же бы́ло, чтóбы*** . . . mußte es ausgerechnet sein, daß . . .; → ***нáдо***

нул|евóй, **~ь** → ***нолевóй***, ***ноль***

нумер|áция *f* (7) Numerierung; **~овáть** (7), ⟨за-, про-⟩ numerieren; paginieren

нутр|ó *n* (9) F Innerste(s), Seele *f* (***по*** Д in *D*); P Innere(s), Eingeweide *pl.*; → ***нрав***; ***всем ~óм*** F mit allen Fibern

ны́н|е heutzutage, jetzt; P heute; **~ешний** F (15) jetzig, heutig, derzeitig; diesjährig, heurig; **~че** F → **~е**; in diesem Jahr, heuer; → ***сегóдня***

нырóк *m* (1; -кá) Tauchente *f*; *Sp.* Kopfsprung; *Boxen*: Ducken *n*; F Taucher; **~я́ть** (28), *einm.* ⟨~нýть⟩ (20) tauchen, eintauchen, untertauchen; *pf.* huschen; verschwinden

ны́т|ик F *m* (1) Nörgler, Meckerer, Miesmacher; **~ь** (22) schmerzen, weh tun (***у*** P *j-m*); heulen; F jammern, zetern; ***душá нóет*** (***у*** P *j-m*) ist es weh ums Herz; **~ьё** *n* (10) Nörgelei *f*; → **~ь**

нэ́пман *m* (1) *ehm.* Privatunternehmer

нюáнс *m* (1) Nuance *f*; Schattierung *f*; Abstufung *f*

ню́н|и P: ***распусти́ть ~*** P flennen, herumheulen; **~я** F *m/f* (6; *a.* -ей) Trauerkloß *m*, Heulsuse *f*; Jämmerling *m*

нюх *m* (1) Spürsinn, Witterung *f*; F Riecher (***на*** В für *A*); **~альщик** F *m* (1) Schnupfer; Kiffer; **~ательный** (14) Schnupf-; **~ать** (1), ⟨по-⟩, *einm.* F ⟨~нýть⟩ (20) riechen (В *a.* an *D*); inhalieren; schnüffeln, schnuppern; *Tabak* schnupfen; P durch eigene Erfahrung kennen; von innen kennenlernen

ня́н|чить (16) hüten, pflegen; **-ся** F sich abgeben *od.* viel beschäftigen; sich abrackern; **~ька** F *f* (5; -ек); → **~я**; ***у семи́ ~ек дитя́ без глáзу*** *Spr.* viele Köche verderben den Brei; **~я** *f* (6) Kinderfrau, Amme; Kinderwärterin; F Krankenpflegerin; Putzfrau

О

о¹, об, óбо **1.** (В) an, gegen; über, an, in (*D*); *Zeit*: um; **2.** (П) über (*a.* von *D*); an, um, für (*A*); zu (*D*); mit (*D pl.*); *Zeit*: in, an (*D*)

о² *Int.* o(h)!, ach!; o weh!, au!

оáзис *m* (1) Oase *f*

óб|а *m/n*, **~е** *f* (37) beide; ***смотрéть в ~а*** F scharf aufpassen, auf der Hut sein

обагр|я́ть (28), ⟨~и́ть⟩ (13*e.*) rot *od.* purpurrot färben; beflecken, besudeln

обалдé|ть P (8) *pf.* benommen *od.* verwirrt sein; **~лый** P (14*K.*) verwirrt; → ***одурéлый***
обанкрóтиться (15) *pf.* Bankrott machen; *fig.* Schiffbruch erleiden
обая́|ние *n* (12) Zauber *m*, Reiz *m*; Faszination *f*; **~тельный** (14; -лен, -льна) charmant, bezaubernd
обвáл *m* (1) Erdrutsch; Einsturz; Lawine *f*; **~ивать** F (1) **1.** ⟨~и́ть⟩ (13) → ***обрýшивать***; **-ся** einstürzen; abbröckeln; **2.** ⟨~я́ть⟩ (28) → ***валя́ть 2***
обвáри|вать (1), ⟨~ть⟩ (13) abbrühen; verbrühen
обве|вáть (1) ⟨~я́ть[1]⟩ (27) umwehen; **~и́вать** (1), ⟨~я́ть[2]⟩ worfeln
обвёртывать F → ***обёртывать***
обвезти́ → ***обвози́ть***
обвéсить → ***обвéшивать 1***
обвести́ → ***обводи́ть***
обвéтриться (13) *pf.* verwittern; vom Wind rauh werden; bräunen
обветшáлый (14*K.*) baufällig, altersschwach; *fig.* veraltet, obsolet
обвé|шивать (1) **1.** ⟨~сить⟩ (15) zu knapp wiegen, *j-n* beim Wiegen betrügen; **2.** ⟨~шать⟩ (1) behängen
обвéять[1,2] → ***обвевáть, обвéивать***
обви|вáть (1), ⟨~ть⟩ (обовью́, -вьёшь; → ***вить***) umwickeln; umranken; umfangen; einhüllen; **-ся** sich winden *od.* schlingen; → ***~вáть***
обвин|éние *n* (12) Beschuldigung *f*, Anschuldigung *f* (***по*** Д unter *D*; ***в*** П *G*); *Jur.* Anklage *f*; ***свидéтель*** *m* ***~éния*** Belastungszeuge; **~и́тель** *m* (4) Ankläger; **~и́тельный** (14) Anklage-; **~я́емый** *m* (14) Angeklagte(r), Beschuldigte(r); **~я́ть** (28), ⟨~и́ть⟩ (13*e.*) beschuldigen, *Jur.* anklagen (***в*** П wegen *G*, *G*); anlasten, zur Last legen (В/***в*** П *j-m et.*); vorwerfen; *pf.* verurteilen; **-ся** *impf.* angeklagt sein (***в*** П wegen *G*)
обвис|áть (1), ⟨~нуть⟩ (21) herabhängen; **~лый** F (14*K.*) schlaff; herabhängend
обви́ть(ся) → ***обвивáть(ся)***
обв|óд *m* (1) Einfassung *f*, Umrandung *f*; *Mil.* Ring; *pl. Mar.* Umrisse; **~оди́ть** (15), ⟨~ести́⟩ (25) herumführen; umkreisen (Т *N*); umringeln; umgeben; umreißen; *Sp.* umspielen; F wickeln; P hereinlegen; → ***оки́дывать***
обводн|éние *n* (12) Bewässerung *f*; **~и́тельный** (14) Bewässerungs-; **~ый** (14) Umleitungs-; **~я́ть** (28), ⟨~и́ть⟩ (13*e.*) bewässern
обв|ози́ть (15), ⟨~езти́⟩ (24) herumfahren (*v*/*t*)
обвол|áкивать (1), ⟨~óчь⟩ (26) einhüllen, verhüllen; bedecken; **-ся** (Т) sich bewölken
обвор|áживать (1), ⟨~ожи́ть⟩ (16*e.*) bezaubern, verzaubern; entzücken
обворóв|ывать F (1), ⟨~áть⟩ (7) beklauen
обвор|ожи́тельный (14; -лен, -льна) bezaubernd, entzückend; **~ожи́ть** → ***~áживать***
обвя́з|ывать (1), ⟨~áть⟩ (3) umwickeln (В/Т um *A*/*A*); umhäkeln
обгл|áдывать (1), ⟨~одáть⟩ (3) abnagen, benagen
обгоня́ть (28), ⟨обогнáть⟩ (обгоню́, -ишь; → ***гнать***) überholen; F überflügeln, übertreffen
обгор|áть (1), ⟨~éть⟩ (9) ankohlen, durch Feuer beschädigt werden; F schwere Verbrennungen *od.* e-n Sonnenbrand bekommen
обгрыз|áть (1), ⟨~ть⟩ (24; *Prät. st.*) abnagen, benagen
обда|вáть (5), ⟨~ть⟩ (-м, -шь; → ***дать***; -л, -лá; -нный: -нá) übergießen, begießen; bespritzen; entgegenschlagen (В *j-m*); umgeben; *unpers.* befallen (Т *N*); (Т) abbrühen; strafen; ***~ло хóлодом*** (В *j-n*) überlief es kalt; → ***оки́дывать***
обдéлать → ***обдéлывать***
обдели́ть → ***обделя́ть***
обдéл|ывать, ⟨~ать⟩ (1) F bearbeiten, arbeiten; einfassen, fassen (Т *a.* in *D*); verkleiden; *fig.* F deichseln, drehen; P hereinlegen; vollmachen; **-ся** P ins Lot kommen
обдел|я́ть (28), ⟨~и́ть⟩ (13; -ённый) zu wenig *od.* nichts bekommen (Т *A*); benachteiligen, zu kurz kommen lassen
об|дирáть (1), ⟨~одрáть⟩ (-деру́, -рёшь; → ***драть***) abrinden, abziehen; F zerkratzen; P ausplündern; → ***ли́пка***; **-ся** abreißen; F zerreißen; abgehen
обду|вáть (1), ⟨~ть⟩ (18) umwehen;

wegblasen; durchblasen; P → ***наду-ва́ть***

обду́м|анный (14*K.*) überlegt, wohlüberlegt; **~ывать**, ⟨~ать⟩ (1) überlegen, sich gut überlegen; bedenken

обду́ть → ***обдува́ть***

о́бе → ***о́ба***

обе|га́ть F (1) **1.** ⟨~́гать⟩ (1) ablaufen, abklappern; **2.** ⟨~жа́ть⟩ (4*e.*; -гу́, -жи́шь, -гу́т; → ***бежа́ть***) um . . . herumlaufen; e-n Bogen machen (B um *A*); → ***~га́ть 1, оки́дывать***

обе́д *m* (1) Mittagessen *n* (***на*** B zu *D*; ***за*** T bei *D*); Diner *n*; Tisch; F Mittag (***в*** B am; ***на*** B über); ***до ~а*** am Vormittag, vormittags; ***по́сле ~а*** am Nachmittag, nachmittags; **~ать** (1), ⟨по-⟩ zu Mittag essen; dinieren; **~енный** (14) Mittags-

обедни́ть → ***обедня́ть***

обе́дня *f* (6; -ден) Messe (***на*** П in *D*)

обедн|я́ть (28), ⟨~и́ть⟩ (13*e.*) arm machen; ***~е́вший*** verarmt

обежа́ть → ***обега́ть 2***

обезбо́ли|вать (1), ⟨~ть⟩ (13) betäuben, anästhesieren; **~вающий** (17) Betäubungs-

обез|во́дить (15) *pf.* entwässern; **~вре́живать** (1), ⟨~вре́дить⟩ (15) entschärfen; unschädlich machen; **~гла́вить** (14) *pf.* enthaupten, köpfen; **~до́ленный** (14*K.*) elend; **~до́лить** (13) *pf.* elend *od.* unglücklich machen; **~жи́рить** [-ʒʒ-] (13) *pf.* entfetten; **~зара́зить** (15) *pf.* desinfizieren; **~ли́чивать** (1), ⟨~ли́чить⟩ (16) entpersönlichen; der Individualität *od.* persönlichen Verantwortung berauben; **~лю́деть** (8) *pf.* menschenleer *od.* entvölkert werden *od.* sein; **~лю́дить** (15) *pf.* entvölkern

обезо|бра́живать (1), ⟨~бра́зить⟩ (15) entstellen; verunstalten, verstümmeln; **~па́сить** (15) *pf.* sichern, schützen (***от*** P vor *D*); **~ру́живать** (1), ⟨~ру́жить⟩ (16) entwaffnen (*a. fig.*)

обезу́меть (8) *pf.* den Verstand verlieren, wie von Sinnen sein

обезья́н|а *f* (5) Affe *m*; **~ий** (18) Affen-; **~ничать** F (1) nachäffen (***на*** B/P, ***c*** P *j-n, et.*)

обел|я́ть (28), ⟨~и́ть⟩ (13*e.*) weiß machen; F reinwaschen, weißwaschen

обере|га́ть (1), ⟨~чь⟩ (26 -г/ж-) hüten, behüten; bewahren (***от*** P vor *D*), beschützen; bewachen

оберну́ть(ся) → ***обора́чивать(ся)***

обё́р|тка *f* (5; -ток) Hülle; Einwickelpapier *n*; Schutzumschlag *m*; Packung; → **~точный** (14) Pack-, Einschlag-; **~тывать** (1), ⟨~ну́ть⟩ (20) **1.** einwickeln, einschlagen (T in *A*); umwickeln; **2.** wenden, zuwenden; verwandeln; **-ся** sich drehen *od.* umdrehen; laufen, ablaufen; F werden (T *A*); sich herausstellen; sich verwandeln (*a.* T in *A*); F es schaffen

обескро́вить (14) *pf.* blutlos *od.* blutleer machen; ausbluten lassen

обескура́жи|вать F (1), ⟨~ть⟩ (16) entmutigen

обеспе́ч|ение *n* (12) Sicherung *f*; Versorgung *f*; Deckung *f*, Kaution *f*; → **~енность** *f* (8) gutes Auskommen *n*; ausreichende Versorgung; **~енный** (14*K.*) bemittelt, wohlhabend; **~ивать** (1), ⟨~ить⟩ (16) versorgen; sichern, sicherstellen, gewährleisten; decken

обеспоко́енный (14) beunruhigt

обесси́л|еть (8) *pf.* von Kräften kommen; **~ивать** (1), ⟨~ить⟩ (13) entkräften, schwächen

обессм|е́ртить (15) *pf.* unsterblich machen; **~ы́сливать** (1), ⟨~ы́слить⟩ (13) des Sinnes berauben

обесцве́|чивать (1), ⟨~тить⟩ (15) entfärben; *fig.* ausdruckslos machen

обесце́ни|вать (1), ⟨~ть⟩ (13) entwerten, wertlos machen; **-ся** wertlos werden

обе́т *m* (1) Gelübde *n*; Gelöbnis *n*; **~ова́нный** (14) gelobt; *bibl. Land*: Gelobt

обеща́|ние *n* (12) Versprechen; **~ть** (1) *im(pf.)*, ⟨по-⟩ versprechen; zusichern

обжа́лова|ние *n* (12) *Jur.* Beschwerde *f*; **~ть** (7) *pf.* Beschwerde *od.* Berufung einlegen (B gegen *A*), anfechten

обжа́ри|вать (1), ⟨~ть⟩ (13) anbraten

обже́чь(ся) → ***обжига́ть(ся)***

обжи|ва́ть F (1), ⟨~ть⟩ (-ву́, -вёшь; → ***жить***) bewohnbar *od.* wohnlich machen; **-ся** sich einleben

обж|и́г *m* (1) Brennen *n*; **~ига́тельный** (14) Brenn-; Röst-; **~ига́ть** (1), ⟨~е́чь⟩ (26; обожгу́, -жжёшь; →

жечь) verbrennen; versengen; verbrühen; verätzen; *Tech.* brennen; rösten; *fig.* entbrennen (B in *D*); aufblitzen; durchzucken; **-ся** F sich die Finger verbrennen (***на*** П an *D*)

об|жира́ться P (1), ⟨**~ожра́ться**⟩ (-жру́сь, -рёшься) sich überfressen

обжи|то́й (14) besiedelt; **˜ть(ся)** → ***~ва́ть(ся)***

обжо́р|а F *m*/*f* (5) Vielfraß *m*; **~ливый** F (14*K*.) gefräßig; **~ство** F *n* (9) Freßsucht *f*, Völlerei *f*

обзав|оди́ться F (15), ⟨**~ести́сь**⟩ (25) sich zulegen (T *A*); *Familie* gründen; *Bekanntschaften* machen

обзо́р *m* (1) Überblick, Übersicht *f*; Blickfeld *n*; Rundschau *f*; Rückschau *f*; ***~ печа́ти*** Presseschau *f*; **~ный** (14) Überblicks-

об|зыва́ть F (1), ⟨**~озва́ть**⟩ (-зову́, -вёшь; → ***звать***) nennen (T *A*); belegen

оби|ва́ть (1), ⟨**˜ть**⟩ (обобью́, -бьёшь; → ***бить***) beschlagen; beziehen, überziehen; tapezieren; verschlagen; herabschlagen, abschlagen; abschütteln; F abstoßen; ***~ва́ть поро́ги*** F *fig.* Klinken putzen, (***у*** P *j-m*) die Bude einrennen; **˜вка** *f* (5; -вок) Bezug *m*, Überzug *m*; **˜вочный** (14) Bezugs-

оби́|да *f* (5) Kränkung, Beleidigung; → ***доса́да***; ***в ~де*** böse *od.* verärgert (***на*** B über *j-n*); ***не в ~ду будь ска́зано*** F nichts für ungut; ***не дать в ~ду*** F nicht beleidigen lassen; ***не дать себя́ в ~ду*** F für sich eintreten können; F → **~дно** es kränkt (Д *j-n*); schade; **~дный** (14; -ден, -дна) kränkend, beleidigend; F ärgerlich; **~дчивый** (14*K*.) empfindlich, leicht gekränkt; **~дчик** *m* (1) Beleidiger; **~жа́ть** (1), ⟨**~деть**⟩ (11) kränken, beleidigen; F benachteiligen, zu kurz kommen lassen; **-ся** gekränkt sein (***на*** B über *A*), sich beleidigt fühlen; übelnehmen (***на*** B/***за*** B *j-m et.*)

оби́л|ие *n* (12) Fülle *f*, Überfluß *m*, Reichtum *m* (P an *D*); **~ьный** (14; -ен, -ьна) reichlich, ausgiebig; ergiebig; reich (T an *D*)

обиня́к † *m* (1*e*.): ***~и́*** *pl.* F Umschweife; ***говори́ть ~а́ми*** Ausflüchte machen

об|ира́ть (1), ⟨**~обра́ть**⟩ (-еру́, -рёшь; → ***брать***) F ausnehmen; P absammeln

обит|а́емый (14*K*.) besiedelt, bewohnt; bewohnbar; **~а́тель** *m* (4) Bewohner; **~а́ть** (1) wohnen, leben; **˜ель** † *m* (4) Kloster *n*; *scherz.* Heim *n*

оби́ть → ***обива́ть***

обихо́д *m* (1) Lebensgewohnheiten *f*/*pl.*; Gebrauch (***из*** P außer); Gang; Umlauf; P Haushalt, Hauswirtschaft *f*; **~ный** (14) Alltags-; Umgangs-; Bedarfs-

обк|а́рмливать (1), ⟨**~орми́ть**⟩ (14) überfüttern

обка́т|ывать, ⟨**~а́ть**⟩ (1) glätten; glattwalzen; einfahren; F panieren; abrunden

об|кла́дывать (1), ⟨**~ложи́ть**⟩ (16) umlegen; kacheln; überziehen, bedekken; belagern; belegen; umzingeln; P beschimpfen; **-ся** sich umgeben

обко́м *m* (1) Gebietskomitee *n* (*SU*)

обкорми́ть → ***обка́рмливать***

об|кра́дывать (1), ⟨**~окра́сть**⟩ (25; -краду́, -дёшь; → ***красть***) bestehlen

обку́ри|вать (1), ⟨**~ть**⟩ (13) anrauchen; ausräuchern; → ***окури́ть***

обку́с|ывать, ⟨**~а́ть**⟩ (1) benagen

обла́ва *f* (5) Treibjagd; Razzia

обл|ага́ть (1), ⟨**~ожи́ть**⟩ (16) belegen

облаго|де́тельствовать (7) *pf.* e-e Wohltat erweisen (B *j-m*); **~ражи-ва́ть** (1), ⟨**~ро́дить**⟩ (15) veredeln

облада́|ние *n* (12) Besitz *m* (T *G*), Beherrschung *f*; **~тель** *m* (4) Besitzer, Inhaber; **~ть** (1) besitzen, haben (T *A*), verfügen (über *A*); sich erfreuen (*G*); → ***владе́ть***

обла́зить F (15) überall (B in *D*) herumklettern *od.* herumkriechen; abklappern

о́блак|о *n* (9; *pl. e.*, *G* -о́в) Wolke *f*; *fig.* Schleier *m*; **под ~а́ми** hoch in den Wolken; F → ***не́бо***

обл|а́мывать, ⟨**~ома́ть**⟩ (1), ⟨**~оми́ть**⟩ (14) abbrechen (**-ся** *v*/*i*); P herumkriegen, hinkriegen; *fig.* sich ausbeißen (***о*** B an *D*); ***~ома́ть бока́*** P die Hosen strammziehen

облапо́шить P (16) schröpfen

обласка́ть (1) *pf.* (B *j-m*) s-e Gunst erweisen

област|но́й [-sn-] (14) Gebiets-; regional; mundartlich; **˜ь** *f* (8; *ab Gpl. e.*) Gebiet *n* (*a. fig.*; ***в*** П auf *D*); Region;

О

Anat. Gegend; *fig.* Bereich *m*, Sphäre; Reich *n*; F Gebietshauptstadt

облáтка *f* (5; -ток) Oblate, Hostie; *Med.* Kapsel; F Tablette

облач|áть (1), 〈**~и́ть**〉 (16*e.*) bekleiden (***в*** B mit *D*); **-ся** anlegen, anziehen (***в*** B *A*); **~éние** *n* (12) Ornat *m*, Meßgewand

óблач|ко *n* (9; *pl. e.*, *G* -кóв) Wölkchen; **~ность** *f* (8) Bewölkung; **~ный** (14; -ен, -на) bewölkt; Wolken-

облáять (27) *pf.* F anbellen; P anschnauzen, heruntermachen

обл|егáть (1), 〈**~éчь**〉 (-я́жет, -я́гут; → ***лечь***) überziehen; umschließen; sich anschmiegen, anliegen (B an *D*)

облегч|áть [-xtʃ-], (1), 〈**~и́ть**〉 (16*e.*) erleichtern; mildern; lindern; vereinfachen; **~éние** *n* (12) Erleichterung *f*; → ***~áть***

обледенéлый (14*K.*) vereist

облез|áть F (1), 〈**~ть**〉 (24 *st.*: ¹) kahl werden; haaren, mausern; abgehen; die Farbe verlieren; **~лый** F (14*K.*) spärlich behaart, kahl; schäbig

обле|кáть (1), 〈**~чь**〉 (26) kleiden; hüllen, einhüllen; ausstatten; *Vertrauen* schenken (B/T *j-m* A); † bedecken; **-ся** sich verkörpern, Gestalt annehmen (***в*** B in *D*)

обленúться (13) *pf.* träge werden

облеп|ля́ть (28), 〈**~и́ть**〉 (14) bedekken, überziehen; eng anliegen; F umzingeln, umschwärmen

облесéние *n* (12) Aufforstung *f*

облёт *m* (1) Flug; Umkreisung *f*; **~áть¹** (1), 〈**~éть**〉 (11) umfliegen; umkreisen; befliegen; e-n Rundflug *od.* die Runde machen; sich im Nu verbreiten (in *D*); abfallen; kahl sein **~ывать**, 〈**~áть²**〉 (1) einfliegen; befliegen; P herumsausen (B in *D*)

облéчь(ся) → ***облегáть, облекáть(ся)***

обли|вáть (1), 〈**~ть**〉 (оболью́, -льёшь; ~л, -лá; облéй!; ~тый: -тá) begießen, übergießen, überschütten, überströmen; *Schmutz*: ziehen (T in *A*); **~тый пóтом** schweißgebadet; **-ся** (~лся, -лáсь) vergießen (T *pl. A*); ***-ся крóвью*** blutüberströmt sein; → ***сéрдце***; **~вка** *f* (5) Glasur; **~внóй** (14) glasiert

обли́|зывать (1), 〈**~зáть**〉 (3), *einm.* 〈**~зну́ть**〉 (20) lecken, belecken; ***пáльчики ~жешь*** F man würde sich die Finger danach lecken; **-ся** *impf.* sich die Lippen belecken

óблик *m* (1) Erscheinung *f*; Gesicht *n*, Antlitz *n*, Gestalt *f*; Charakter

облип|áть (1), 〈**~нуть**〉 (21) bedeckt werden *od.* sein; kleben

обли́ть(ся) → ***обливáть(ся)***

облиц|óвка *f* (5) Verkleidung; **~óвывать** (1), 〈**~евáть**〉 (6 -у́-) verkleiden

облич|áть (1), 〈**~и́ть**〉 (16*e.*) anprangern; entlarven; verraten; **~éние** *n* (12) Anprangerung *f*; **~и́тель** *m* (4) Ankläger; **~и́тельный** (14; -лен, -льна) anklagend; (*o. K.*) Anklage-; **~ье** P *n* (10; -ий) Aussehen; *fig.* → ***óблик***

облобызáть P (1) *pf.* abküssen

облож|éние *n* (12) Besteuerung *f*; → **~и́ть** → ***обклáдывать, облагáть***; **~ка** *f* (5; -ек) Umschlag *m*; Einband *m*; Hülle; **~нóй** F (14) *Met.* Dauer-

облок|áчивать(ся) (1), 〈**~оти́ть(ся)**〉 (15*e.*) sich auf die (***на, о*** B mit *D sg./pl.*) Ellbogen stützen

облом|áть(ся) → ***облáмывать(ся)***; **~овщина** *f* (5) Trägheit, Apathie; Oblomowerei; **~ок** *m* (1; -ка) Bruchstück *n*; Rest; *pl.* Trümmer; Wrack *n*

облуч|áть (1), 〈**~и́ть**〉 (16*e.*) bestrahlen; **~éние** *n* (12) Bestrahlung *f*

облучóк *m* (1; -чкá) Kutschbock

облюбовáть (7) *pf.* Gefallen finden (B an *D*); sich aussuchen

обмáз|ывать (1), 〈**~ать**〉 (3) beschmieren, bestreichen; tünchen

обмакну́ть (20) *pf.* eintauchen, tunken

обмáн *m* (1) Betrug; Täuschung *f*, Irreführung *f*; ***ввести́ в ~*** → ***~ывать***; ***впасть в ~*** sich hinters Licht führen lassen; ***не дáться в ~*** sich nicht täuschen lassen; **~ный** (14; -ен, -нна) betrügerisch; Täuschungs-; **~чивый** (14*K.*) trügerisch, täuschend; **~щик** *m* (1) Betrüger; **~ывать** (1), 〈**~у́ть**〉 (19) täuschen, hinters Licht führen; betrügen, hintergehen; enttäuschen; verführen; **-ся** sich getäuscht sehen

обм|áтывать, 〈**~отáть**〉 (1) umwikkeln, um (B *A*) wickeln

обмáх|ивать (1), *einm.* 〈**~ну́ть**〉 (20) fächeln, befächeln; abstauben

обм|áчивать (1), 〈**~очи́ть**〉 (16) naß machen, anfeuchten

обме́н *m* (1) Umtausch, Eintausch, Austausch (***в*** B/***на*** B im/gegen *A*); Wechsel; F Stoffwechsel; ***~ опытом*** *od.* ***мне́ниями*** Erfahrungs- *od.* Meinungsaustausch; **~ивать** (1), ⟨**~я́ть**⟩ (28) umtauschen, eintauschen, austauschen (***на*** B gegen *A*); → **-ся** tauschen, austauschen, wechseln (T *A*); **~ный** (14) Austausch-, Tausch-, Wechsel-

обме́р *m* (1) Vermessung *f*

обмерз|а́ть (1), ⟨**~̃нуть**⟩ (21) F überfrieren; → ***индеве́ть***; P frieren, erfrieren

обме́р|ивать (1), **~я́ть** (28), ⟨**~ить**⟩ (13) ausmessen, vermessen; F beim Messen betrügen

обме|та́ть (1), ⟨**~сти́**⟩ (25 -т-) abkehren

обм|ира́ть F (1), ⟨**~ере́ть**⟩ (12; обомру́, -рёшь; → ***умере́ть***) erstarren (***от*** P vor *D*)

обмозгова́ть P (7) *pf.* → ***обду́мать***

обмо́кнуть P → ***намо́кнуть***

обмола́чивать (1) → ***молоти́ть***

обмо́лв|иться F (14) *pf.* sich versprechen *od.* verplappern; flüchtig äußern (T *A*); ***не ~иться*** (***сло́вом***) kein Wort verlieren; **~ка** *f* (5; -ок) Versprecher *m*

обмоло́т *m* (1) Drusch

обмор|а́живать (1), ⟨**~о́зить**⟩ (15) sich abfrieren *od.* erfrieren

о́бморок *m* (1) Ohnmacht *f*

обм|ота́ть → ***~а́тывать***; **~о́тка** *f* (5; -ток) Wickeln *n*; Wickelung; Wickelgamasche

обмочи́ть → ***обма́чивать***

обмундир|ова́ние *n* (12) Uniform *f*; → **~ова́ть** (7) *pf.* einkleiden, uniformieren; **~о́вка** F *f* (5) → ***~ова́ние***

обмы|ва́ть (1), ⟨**~̃ть**⟩ (22) waschen, abwaschen; P begießen, (B auf *A*) trinken

обнадёжи|вать (1), ⟨**~ть**⟩ (16) Hoffnung(en) machen (B/***в*** П *j-m* auf *A*); ***~вающий*** ermutigend, vielversprechend

обнаж|а́ть (1), ⟨**~и́ть**⟩ (16*e.*) entblößen; entlauben; aufdecken, bloßlegen; *Schwert* ziehen; **-ся** kahl werden; zutage treten; **~ённый** (14*K.*) nackt, bloß; bar; kahl; blank; freiliegend

обнаро́довать (7) *pf.* bekanntmachen

обнару́жи|вать (1), ⟨**~ть**⟩ (16) offenbaren, an den Tag legen; entdecken, aufdecken; feststellen; **-ся** sich finden *od.* finden lassen; sich herausstellen; entdeckt werden

обнести́ → ***обноси́ть***

обн|има́ть (1), ⟨**~я́ть**⟩ (-иму́, -и́мешь; → ***поня́ть***) umarmen, umfassen (***за*** B um *A*); *fig.* erfassen; → ***оки́нуть***; **~и́мка** F: ***в ~и́мку*** umschlungen, (***с*** T *j-n*) umarmend

обнища́|лый (14*K.*) verarmt, verelendet; **~ние** *n* (12) Verarmung *f*

обно́в|(к)а F *f* (5; -ок) Neuanschaffung, et. Neues *n*; **~ле́ние** *n* (12) Erneuerung *f*; **~ля́ть** (28), ⟨**~и́ть**⟩ (14*e.*) erneuern; renovieren; wiederbeleben; auffrischen; F einweihen; **-ся** ergänzt werden

обн|оси́ть (15) **1.** ⟨**~ести́**⟩ (25 -с-) umgeben, einzäunen; um (*A*) tragen; servieren (B/T *j-m A*); übergehen (T bei *D*); **2.** F *pf.* einlaufen; **-ся** abgerissen, abgetragen, schäbig sein *od.* werden; **~о́ски** *m/pl.* F (1) abgetragene Kleidungsstücke *n/pl. od.* Schuhe

обню́х|ивать, ⟨**~ать**⟩ (1) beschnuppern

обня́ть → ***обнима́ть***

об|обра́ть → ***~ира́ть***; **-ся** F (-еру́сь, -рёшься; → ***брать***) *pf.*: ***не -ся*** nicht loswerden (P *A*), sich nicht retten können (vor *D*)

обобщ|а́ть (1), ⟨**~и́ть**⟩ (16*e.*) verallgemeinern; zusammenfassen; **~е́ние** *n* (12) Verallgemeinerung *f*; Schlußfolgerung(en *pl.*) *f* (P aus *D*); **~ествля́ть** (28), ⟨**~естви́ть**⟩ (14*e.*) vergesellschaften

обога|ща́ть (1), ⟨**~ти́ть**⟩ (15*e.* -т/щ-) reich machen, bereichern; *Tech.* anreichern, aufbereiten

обогна́ть → ***обгоня́ть***

обогну́ть → ***огиба́ть***

обоготворя́ть (28) → ***обожествля́ть***

обогре|ва́ть F (1), ⟨**~̃ть**⟩ (8; -̃тый) erwärmen; *fig.* sich annehmen (B *G*); → ***приласка́ть***

о́бод *m* (1; *pl.* -̃ья, -̃ьев) Reifen; Felge *f*; **~о́к** *m* (1; -ка́) Reif; Rand

обо́дра|нный F (14*K.*) abgerissen, schäbig, zerlumpt; zerschunden; abgewohnt, schadhaft; **~̃ть(ся)** → ***обдира́ть***(***ся***)

ободр|ение *n* (12) Ermunterung *f*; **~ительный** (14; -лен, -льна) ermutigend; **~ять** (28), ⟨**~ить**⟩ (13*e*.) ermutigen, aufmuntern; **-ся** Mut fassen
обое|го [-və] beiderlei; **~полый** (14) *Bio.* doppelgeschlechtlich
обожа|ние *n* (12) Anbetung *f*; **~тель** F *m* (4) Verehrer; **~ть** (1) anbeten, vergöttern; schwärmen (B für *A*)
обождать F → ***подождать***
обожеств|лять (28), ⟨**~ить**⟩ (14*e*.) vergöttlichen
обожраться → ***обжираться***
обоз *m* (1) Wagenzug; Troß; *Mil.* Nachschubkolonne *f*
обозвать → ***обзывать***
обозна|ваться F (5), ⟨**~ться**⟩ (1) sich täuschen, *j-n* für e-n anderen halten
обознач|ать (1), ⟨**~ить**⟩ (16) bezeichnen, kennzeichnen; angeben; *Math.* benennen; (T) beziffern; datieren (→ ***задний***); *impf.* bedeuten; *pf.* hervortreten lassen; **-ся** sich abzeichnen; hervortreten, sichtbar *od.* deutlich werden; **~ение** *n* (12) Bezeichnung; → **~ать**
обозре|ватель *m* (4) Berichterstatter; Kommentator; **~вать** (1), ⟨**~ть**⟩ (9) überschauen, überblicken; e-n Überblick geben (B über *A*); **~ние** *n* (12) Besichtigung *f*; Rundschau *f*; Kommentar *m*; Revue *f*
обои *pl.* (3) Tapete(n *pl.*) *f*
обойма *f* (5) Patronenstreifen *m*; Schelle, Bügel *m*
обойти(сь) → ***обходить(ся)***
обойщик *m* (1) Tapezierer
обокрасть → ***обкрадывать***
оболванить P (13) *pf.* übertölpeln
оболгать F (-лгу, -лжёшь; → ***лгать***) *pf. fig.* anschwärzen
оболочка *f* (5; -чек) Schale; Hülle; Haut; *Tech.* Mantel *m*
оболтус P *m* (1) Blödian; Tagedieb
оболь|ститель *m* (4), **~стительница** *f* (5) Verführer(in *f*); **~стительный** (14; -лен, -льна) verführerisch; bezaubernd; **~щать** (1), ⟨**~стить**⟩ (15*e*.) verführen, verleiten; **-ся** sich verführen *od.* verleiten lassen; sich wiegen *od.* berauschen (T an *D*); *impf.* sich Illusionen hingeben; **~щение** *n* (12) Verlockung *f*
обомлеть F (8) *pf.* erstarren
обомшелый (14*K*.) bemoost
обоня|ние *n* (12) Geruchssinn *m*, Geruch *m*; **~тельный** (14) Riech-; **~ть** (28) riechen
об|орачивать (1), ⟨**~ернуть**⟩ (20), P ⟨**~оротить**⟩ (15) **1.** (**-ся**) → ***обёртывать 2, -ся***; *refl.* umschlagen; **2. -ся** ⟨**~ернуться**⟩ F zurückkehren; hinkommen
оборв|анец F *m* (1; -нца) Zerlumpte(r); Landstreicher; **~анный** (14*K*.) zerrissen, zerlumpt; **~ать(ся)** → ***обрывать(ся)***; **~ыш** F *m* (1; -ей) zerlumptes Kind *n*; Fetzen
оборка *f* (5; -рок) Rüsche, Volant *m*
обормот P *m* (1) Nichtsnutz, Heini
оборон|а *f* (5) Verteidigung, Abwehr; Abwehrstellungen *f/pl.*; **~ительный** (14) Abwehr-, Defensiv-; → **~ный** (14) Rüstungs-; Verteidigungs-; **~оспособность** *f* (8) Verteidigungsbereitschaft; **~ять** (28), † ⟨**~ить**⟩ (13*e*.) verteidigen
оборот *m* (1) Umdrehung *f*; Umlauf, Umschlag; Umsatz; Wendung *f*; Windung *f*; Rückseite *f*; ***на ~е*** bitte wenden; ***взять в ~*** F in die Mangel nehmen; **~ень** *m* (4; -ня) Werwolf; **~ить(ся)** → ***оборачивать(ся)***; **~истый, ~ливый** F (14*K*.) wendig, gewieft; geschäftstüchtig; **~ный** (14) Umlauf-; Umsatz-; Rück-, Kehr-
оборудова|ние *n* (12) Ausrüstung *f*; Ausstattung *f*; Einrichtung(en *pl.*) *f*; **~ть** (7) *im(pf.)* ausrüsten, ausstatten; einrichten
обоснов|ание *n* (12) Begründung *f*; **~ывать** (1), ⟨**~ать**⟩ (7) begründen, motivieren; fundieren; → ***основываться***
обособ|ление *n* (12) Absonderung *f*; **~ленность** *f* (8) Sonderstellung; **~лять** (28), ⟨**~ить**⟩ (14) absondern; isolieren
обостр|ение *n* (12) Verschärfung *f*; **~ять** (28), ⟨**~ить**⟩ (13*e*.) schärfen; verschärfen, zuspitzen; verstärken; verschlimmern; **-ся** schärfer werden, spitz *od.* spitzer werden
обочина *f* (5) Wegrand *m*, Straßenrand *m* (***по*** Д am); Rand *m*
обоюд|ный (14; -ен, -на) gegenseitig,

beiderseitig; **~óострый** (14) zweischneidig

обраб|áтывать, ⟨**~óтать**⟩ (1) bearbeiten, verarbeiten; behandeln; *Agr.* bestellen; *fig.* ausfeilen; P *j-n* bearbeiten; *et.* drehen; **~áтывающий** verarbeitend; **~óтка** *f* (5) Bearbeitung; → ***~áтывать***; ***взять в ~óтку*** F ins Gebet nehmen

óбраз *m* **1.** (1) Gestalt *f*; Bild *n* (T *pl.* in *D*); Form *f*; Art *f*, Art u. Weise *f* (T auf *A*); ***таки́м ~ом*** so, somit; ***некоторым ~ом*** gewissermaßen; → ***~éц***; **2.** (1; *pl. e.*, *N* -á) Heiligenbild *n*; **~éц** *m* (1; -цá) Muster *n*, Musterbeispiel *n*; Vorbild *n* (***за*** B zu *D*); Bauart *f*; Modell *n*; Probe *f*; **~и́на** P *f* (5) Fratze; Affe *m*; **~нóй** (14) Ikonen-; **~ный** (14; -ен, -на) bildlich, bildhaft; Bilder-

образов|áние *n* (12) Bildung *f*, Ausbildung *f*; Gebilde; **~́анность** *f* (8) Bildungsgrad *m*, Bildung; → **~́анный** (14*K.*) gebildet; kultiviert, Kultur-; **~áтельный** (14) Bildungs-; **~́ывать** (1), **~áть** (7) *im*(*pf.*; *Prät. pf.*) bilden; schaffen; **-ся** entstehen; F ins Lot kommen

образу́мить F (14) *pf.* zur Vernunft bringen; **-ся** zur Vernunft kommen

образ|цóвый (14*K.*) mustergültig, beispielhaft; Muster-; Meister-; **~́чик** [-ʃtʃ-] *m* (1) → ***~éц***; F Beispiel *n*

обрам|лéние *n* (12) Umrahmung *f*, Rahmen *m*; **~ля́ть** (28), ⟨**~́ить**⟩ (14) rahmen, einrahmen, umrahmen; umsäumen

обраст|áть (1), ⟨**~и́**⟩ (25 -ст-; → ***расти́***) bewachsen *od.* bedeckt sein; umwachsen; F *Fett* ansetzen (T *A*); sich vergrößern *od.* ausweiten; sich zulegen (T *A*); umranken

обра|ти́мый (14*K.*) umkehrbar; Umkehr-; reversibel; **~́тно** zurück; rückwärts; P wieder; ***билéт m тудá и ~́тно*** Rückfahrkarte *f*; → **~́тный** (14) Rück-; Rückwärts-; umgekehrt; entgegengesetzt; Gegen-; gegenteilig; *Math.* reziprok; *Jur.* rückwirkend; *Ling.* rückläufig; **~щáть** (1), ⟨**~ти́ть**⟩ (15 -т/щ-) wenden, zuwenden (***к*** Д *D*; auf *A*); richten, lenken; verwandeln, umwandeln; bekehren (***в*** B zu *D*); *Flucht*: schlagen (***в*** B in *A*); *Asche*: legen (in); *Scherz*: betrachten (als); **-ся** sich wenden (***к*** Д an *j-n*) *od.* richten (***на*** B gegen *A*) *od.* widmen (***к*** Д *D*); werden (***в*** B zu); *Flucht* ergreifen (***в*** B *A*); ***-ся в слух*** *od.* ***в зрéние*** F ganz Ohr *od.* Auge sein; *impf.* umgehen, umlaufen, in Umlauf sein; umkreisen; handhaben (T *A*); **~щéние** *n* (12) Hinwendung *f*; Handhabung *f*; *Math.* Umkehrung *f*; Umgang *m*; Umlauf *m*; Verkehr *m*; Zirkulation *f*; Aufruf *m*, Appell *m*; Anrede *f*, Adresse *f*

обрéз *m* (1) Schnitt; Stutzen; ***в ~*** F knapp bemessen, kein (P *A*) übrig; **~áние** *n* (12) Beschneidung *f*; **~áть, ~ывать** (1), ⟨**~ать**⟩ (3) beschneiden, abschneiden; stutzen; → ***порéзать***; F (B *j-m*) scharf entgegnen; **~ок** *m* (1; -ка) Schnittrest, Rest; Schnipsel

обре|кáть (1), ⟨**~́чь**⟩ (26) verurteilen, verdammen (***на*** B zu *D*), weihen (*D*)

обремен|и́тельный (14; -лен, -льна) beschwerlich; **~я́ть** (28), ⟨**~и́ть**⟩ (13*e.*) belasten; belästigen; aufbürden (B/T *j-m et.*); **~ённый** (*K.*) beschwert

обре|тáть (1), ⟨**~сти́**⟩ (25 -т-) finden

обре|чённый (14*K.*) verloren, dem Tode geweiht; **~́чь** → ***~кáть***

обрисóв|ывать (1), ⟨**~áть**⟩ (7) umranden; umreißen, schildern; **-ся** → ***обозначáться***

обри́ть → ***сбрить***

обрóк *m* (1) *ehm.* Grundzins, Abgabe *f*

оброни́ть F (13) *pf.* fallen lassen, verlieren; hinwerfen, bemerken

обрóсший [-ʃʃ-] (17) bewachsen

обруб|áть (1), ⟨**~и́ть**⟩ (14) behauen; abhacken; besäumen; **~́ок** *m* (1; -ка) Stumpf, Stummel

обругáть (1) *pf.* beschimpfen; F heruntermachen

обрусéлый (14*K.*) russifiziert, zum Russen geworden

óбруч *m* (1; -éй, -áм) Reif, Reifen

обруч|áльный (14) Verlobungs-; **~áть** (1), ⟨**~и́ть**⟩ (16*e.*) verloben; **~éние** *n* (12) Verlobung *f*

обру́ши|вать (1), ⟨**~ть**⟩ (16) zum Einsturz bringen, niederreißen; schütten, ausschütten, (***на*** B *A*) überschütten; *Schlag* mit großer Wucht führen (gegen *A*); stürzen, einstürzen, hinunterstürzen; hereinbrechen, hereinfallen (***на*** B über *A*)

О

обры́в *m* (1) Steilhang; Bruch; Unterbrechung *f*; **~а́ть** (1), ⟨оборва́ть⟩ (-рву́, -вёшь; → ***рвать***) abreißen, zerreißen; abbrechen, jäh unterbrechen; F (В *j-m*) das Wort abschneiden; *Telefon* blockieren; ***~а́ть у́ши*** (Д *j-n*) an den Ohren ziehen; **-ся** reißen; abstürzen; stocken; F verstummen; zerlumpen; **~истый** (14*K.*) abschüssig, steil; abgerissen; **~ок** *m* (1; -ка) Bruchstück *n*, Stück *n*; Fetzen; **~очный** (14) bruchstückhaft, fragmentarisch
обры́згать (1) *pf.* bespritzen
обрю́зглый (14*K.*) schlaff; beleibt
обря́д *m* (1) Brauch; Ritus; Zeremonie *f*; **~овый** (14) rituell; Brauchtums-
обсади́ть (15) *pf.* umpflanzen
обс|а́сывать (1) ⟨~оса́ть⟩ (-су, -сёшь) absaugen; belutschen; P ausgiebig studieren *od.* plaudern
обса́харить F (13) *pf.* überzuckern
обсе|ка́ть (1), ⟨~́чь⟩ (26; → ***сечь***) abhacken, abhauen; behauen
обсемени́ть (13) *pf.* besäen, besamen
обсервато́рия *f* (7) Observatorium *n*, Sternwarte
обсе́чь → ***обсека́ть***
обсе́ять (27) *pf.* besäen, übersäen
обскака́ть (3) *pf.* (В um *A*) galoppieren; (an *A*) vorbeigaloppieren; überholen, F übertreffen; F bereiten
обсле́дова|ние *n* (12) Untersuchung *f*; Revision *f*; → **~ть** *im*(*pf.*) überprüfen; untersuchen; F besehen, prüfen
обслу́жи|вание *n* (12) Bedienung *f*; Betreuung *f*; Wartung *f*; **~вать** (1), ⟨~ть⟩ (16) bedienen; betreuen; **~вающий** (17) Bedienungs-; Pflege-
обсоса́ть → ***обса́сывать***
обсо́хнуть → ***обсыха́ть***
обста|вля́ть (28), ⟨~́вить⟩ (14) umstellen, umgeben; ausstatten, einrichten; F arrangieren; P ausstechen; **~но́вка** *f* (5) Einrichtung, Ausstattung; Umgebung; Verhältnisse *n/pl.*; Lage; Atmosphäre; Rahmen *m*
обстоя́т|ельный (14; -лен, -льна) ausführlich; umständlich; F gründlich, solide; **~ельственный** (14) adverbial; **~ельство** *n* (9) Umstand *m* (***при*** П unter *D*); *Gr.* Umstandsbestimmung *f*, Adverbiale; *pl.* Verhältnisse; ***~ельства pl. де́ла*** Sachverhalt *m*; **~ь** (-ойт) stehen, gehen, sich verhalten
обстре́л *m* (1) Beschuß; **~ивать** (1), ⟨~ять⟩ (28) beschießen; **~янный** (14*K.*) kampferprobt
обстр|ига́ть F → ***острига́ть***; **~ога́ть** (1) *pf.* behobeln; **~о́ить** F (13) umbauen, bebauen; **-ся** F sich ein Haus bauen; bebaut werden
обступ|а́ть (1), ⟨~и́ть⟩ (14) umringen; umgeben; *fig.* bedrängen
обсу|жда́ть (1), ⟨~ди́ть⟩ (15; ~ждённый) besprechen, erörtern, diskutieren; **~жде́ние** *n* (12) Erörterung *f*; Diskussion *f*, Debatte *f* (***на*** В zu *D*)
обсу́ши|вать (1), ⟨~ть⟩ (16) trocknen
обсчи́т|ывать [-ʃtʃ-], ⟨~а́ть⟩ (1) übervorteilen, prellen (***на*** В um *A*); berechnen; **-ся** F sich verrechnen
обсыпа́ть → ***осыпа́ть***
обс|ыха́ть (1), ⟨~о́хнуть⟩ (21) trocknen, trocken werden
обта́|ивать (1), ⟨~ять⟩ (27) abtauen
обтека́|емый (14) Stromlinien-, stromlinienförmig; (*K.*) F schwammig; **~ть** (1) umfließen; *fig.* umgehen
обтере́ть(ся) → ***обтира́ть(ся)***
обтёс|ывать (1), ⟨~а́ть⟩ (3) behauen; F *fig.* abschleifen
обт|ира́ние *n* (12) Abreibung *f*; **~ира́ть** (1), ⟨~ере́ть⟩ (12; оботру́; -ёр) abwischen; abtrocknen; abreiben; F abnutzen; **-ся** F sich abschleifen; **~и́рка** F *f* (5; -рок) Wischlappen *m*
обточи́ть (16) *pf.* abdrechseln, abdrehen; glattschleifen
обтрёпа|нный (14*K.*) zerschlissen, abgerissen; **~ть** (2) → ***трепа́ть 4***
обтя́|гивать (1), ⟨~ну́ть⟩ (19) beziehen, überziehen; bespannen, umspannen; **-ся** spitz werden; **~жка** *f* (5) Bezug *m*; ***в ~жку*** stramm, enganliegend
обу|ва́ть (1), ⟨~ть⟩ (18) Schuhe anziehen; F mit Schuhwerk versorgen; **~вно́й** (14) Schuh-; **~вь** *f* (8) Schuhe *m/pl.*, Schuhwerk *n*
обу́гл|енный (14*K.*) verkohlt; **~ивать** (1), ⟨~ить⟩ (13) verkohlen (**-ся** *v/i*)
обу́з|а F *f* (5) Last, Bürde; ***быть*** *od.* ***стать ~ой*** (***для*** Р *j-m*) zur Last fallen
обу́зд|ывать, ⟨~а́ть⟩ (1) Zügel anlegen (В *D*); *fig.* zügeln, bändigen
обу́зить (15) *pf.* enger machen
обурева́ть (1) packen, überwältigen

обусло́в|ливать (1), 〈**~ить**〉 (14) bedingen, ausbedingen; abhängig (Т von *D*) *od.* zur Bedingung (Т/В *N*/*G*) machen; hervorrufen
обу́ть → ***обува́ть***
о́бу́х *m* (1/1*e.*) Beilrücken; F ***как ~ом по голове́ уда́рили*** (В *j-d*) war wie vor den Kopf geschlagen
обуч|а́ть (1), 〈**~и́ть**〉 (16) lehren (Д *et.*), beibringen (В *j-m*); → ***учи́ть***; **-ся** *impf.* studieren; besuchen (***в*** П *A*); *pf.* erlernen (Д *A*), ausgebildet sein (in *D*); **~е́ние** *n* (12) Ausbildung *f*; Unterricht *m*; Studium; Lehre *f*
обуя́ть (28) *pf.* packen, ergreifen
обха́живать F (1) umschmeicheln
обхва́т *m* (1) Umfang; **~ывать** (1), 〈**~и́ть**〉 (15) umfassen, erfassen
обхо́д *m* (1) Rundgang; *Med.* Visite *f*; Umweg; Umgehung *f* (***в*** В unter); ***в~*** um (Р *A*) herum; **~и́тельный** (14; -лен, -льна) umgänglich; zuvorkommend; **~и́ть** (15), 〈обойти́〉 (-ойду́, -дёшь; -ошёл, -шла́, -о́; -ойдя́; -дённый: -ена́) herumgehen (В um *A*), umgehen (*A*); vorbeigehen (an *D*); *fig.* übergehen; ausweichen (В *D*); ablaufen (*pf.* F); die Runde machen (В unter, in *D*); durch (*A*) gehen; F überholen, übertreffen; hereinlegen; **-ся**, 〈-сь〉 umgehen, (***с*** Т *j-n*) behandeln; abgehen; F kosten, zu stehen kommen (Д *j-n*; ***в*** В *A*); auskommen; schon gehen, klappen; ***не -ся*** (И/***без*** Р/***что́бы не*** + *Inf.*) nicht ausbleiben können (bei *D*/daß + *Ind.*); **~но́й** (14) Lauf-; F → **~ный** (14) Umgehungs-, Umleitungs-, Um-; **~чик** *m* (1) Wärter
обхожде́ние *n* (1) Umgang *m*
обчи|ща́ть (1), 〈**~стить**〉 (15) F reinigen, säubern; schälen; P beklauen
обша́ри|вать F (1), 〈**~ть**〉 (13) durchsuchen, durchwühlen
обша́рпанный P (14*K.*) schäbig
обши|ва́ть (1), 〈**~ть**〉 (обошью́, -шьёшь; → ***шить***) besetzen; beziehen; verkleiden, auskleiden; F Kleider nähen (В für *j-n*); **~вка** *f* (5; -вок) Besatz *m*; Verkleidung; *Mar.* Haut
обши́рн|ость *f* (8) Umfang *m*; → **~ый** (14; -рен, -а) geräumig; weitläufig; ausgedehnt; umfangreich; umfassend
обши́ть → ***обшива́ть***
обшла́г *m* (1*e.*, *Npl.* -а́) Aufschlag
обща́ться (1) verkehren, Umgang haben
обще|досту́пный (14; -пен, -пна) erschwinglich; allgemeinverständlich; **~европе́йский** (16) gesamteuropäisch; **~жи́тие** *n* (12) Wohnheim; Gemeinschaftsleben; Alltag *m*; **~изве́стный** [-sn-] (14; -тен, -тна) allgemein bekannt; **~наро́дный** (14) Volks-; *Ling.* Gemein-
обще́ние *n* (12) Umgang *m*, Verkehr *m*; Verständigung *f*, Kommunikation *f*
обще|образова́тельный (14) allgemeinbildend; **~обяза́тельный** (14; -лен, -льна) allgemeinverbindlich, Pflicht-; **~поле́зный** (14; -зен, -зна) gemeinnützig; **~поня́тный** (14; -тен, -тна) allgemeinverständlich; **~при́нятый** (14*K.*) allgemeingültig, landläufig; üblich; **~сою́зный** (14) Allunions- (*SU*)
обще́ственн|ик *m* (1) ehrenamtlicher Funktionär; **~ость** *f* (8) Öffentlichkeit; **~ый** (14) gesellschaftlich, Gesellschafts-; sozial; öffentlich; ehrenamtlich; Geistes-, Sozial-; F gesellig
о́бщество *n* (9) Gesellschaft *f*, Gemeinschaft *f*; Kreis *m*; Vereinigung *f*, Verein *m*; vornehme Welt *f*; † → ***мир[1] 3***; **~ве́дение** *n* (12) Gemeinschaftskunde *f*, Sozialkunde *f*; → **~ве́дческий** (16) sozialwissenschaftlich
обще|употреби́тельный (14; -лен, -льна) allgemein gebräuchlich; **~челове́ческий** (16) allgemeinmenschlich
о́бщ|ий (17; -, -а́, -е/-о́) allgemein; gemein, gemeinsam; Allgemein-, Gesamt-; gemeinschaftlich, Gemeinschafts-; vereint; Voll-; Ur-; Massen-; ***в ~ем*** im ganzen; F alles in allem; **~и́на** *f* (5) Gemeinde; **~и́нный** (14) Gemeinde-
общи́п|ывать (1), 〈**~а́ть**〉 (2) rupfen
общ|и́тельный (14; -лен, -льна) umgänglich, gesellig, aufgeschlossen; **~ность** *f* (8) Gemeinsamkeit; Gemeinschaft
объего́рить P (13) *pf.* beschummeln
объе|да́ть (1), 〈**~сть**〉 (-м, -шь; → ***есть[1]***) benagen; F zerfressen; P *j-n* arm essen, **-ся** sich überessen *od.* über-

fressen (T an *D*); **~де́ние** F *n* (12) Leckerbissen *m*

объедин|е́ние *n* (12) Vereinigung *f*; Bund *m*; Union *f*; **~ённый** (14*K*.) vereint, vereinigt; gemeinsam; Einheits-; **~я́ть** (28), ⟨**~и́ть**⟩ (13*e*.) vereinen, vereinigen; zusammenlegen, zusammenschließen

объе́дки F *m/pl.* (1) Speisereste

объе́|зд *m* (1) Umweg, Umleitung *f*; **~здчик** [-ʃʃ-] *m* (1) berittener Wächter; Bereiter; **~зжа́ть** [-ʒʒ-] (1) **1.** ⟨**~хать**⟩ (-ду, -дешь) umfahren, (B um *A*) herumfahren; bereisen; abfahren; F überholen; **2.** ⟨**~здить**⟩ (15) → **~хать**; zureiten; einfahren

объе́кт *m* (1) Objekt *n* (*a. Gr.*), Gegenstand; *Gr.* Ergänzung *f*; **~и́вность** *f* (8) Objektivität; **~и́вный** (14; -вен, -вна) objektiv, sachlich; unvoreingenommen

объём *m* (1) Umfang; *Math.* Rauminhalt; *Phys.* Volumen *n*; **~истый** F (14*K*.) umfangreich, voluminös; **~ный** (14; -ен, -на) Raum-; Volum-, Volumen-

объе́сть(ся) → ***объеда́ть(ся)***

объе́хать → ***объезжа́ть***

объяв|ле́ние *n* (12) Erklärung *f*, Bekanntmachung *f*; Aushang *m*; Anzeige *f*; ***доска́ f ~ле́ний*** Schwarzes Brett *n*; **~ля́ть** (28), ⟨**~и́ть**⟩ (14) erklären (T für); bekanntgeben, verlautbaren; anzeigen (***о*** П *A*); ankündigen; *Urteil* verkünden; *Wettbewerb* ausschreiben; *Dank* aussprechen; *Kampf* ansagen; *Boykott* verhängen; *Trauer* anordnen; *Alarm* geben; *Verweis* erteilen; *Schach* bieten; *matt* setzen (Д *j-n*); *Streik* ausrufen; *Hungerstreik*: treten (B in *A*); **-ся** F sich einfinden, auftauchen

объясн|е́ние *n* (12) Erklärung *f* (Д für *A*); Erläuterung *f*; Aussprache *f*; Auseinandersetzung *f*; **~и́мый** (14*K*.) erklärbar; **~и́тельный** (14) erklärend; *Erklärung*: schriftlich; → **~я́ть** (28), ⟨**~и́ть**⟩ (13*e*.) erklären, erläutern; **-ся** sich aussprechen *od.* klären, aufklären; klar werden; ***-ся в любви́*** e-e Liebeserklärung machen; *impf.* sich verständigen; sich erklären lassen; zurückzuführen sein (T auf *A*)

объя́т|ие *n* (12) *mst pl.* Umarmung *f*; *pl. fig.* Arme *m/pl.* (***в*** П/***у*** P in *D/G*); **~ь** F (-л, -ла) → ***обнима́ть***; packen; ***~т(а) пла́менем*** steht in Flammen

обыва́тель *m* (4) Spießer; *ehm.* Einwohner; **~ский** (16) → ***меща́нский***; **~щина** *f* (5) Spießertum *n*

обы́гр|ывать, ⟨**~а́ть**⟩ (1) schlagen (***в*** B in *D*); gewinnen (B gegen; B/***на*** B von *j-m A*); *Mus.* einspielen; *Thea.*, *fig.* ausspielen

обы́ден|ный (14*K*.) alltäglich, Alltags-; **~щина** *f* (5) Alltäglichkeit; Alltag *m*, Alltagstrott *m*

обыкнове́н|ие *n* (12) Gewohnheit *f* (***в*** B zu *D*); ***по ~ию*** wie gewöhnlich; **~ный** (14*K*.; -ен, -на) gewöhnlich; üblich; gewohnt; einfach; Dutzend-; *Bot.*, *Zool.* gemein

о́быск *m* (1) Durchsuchung *f*; Haussuchung *f*; Leibesvisitation *f*; **~ивать** (1), ⟨**~а́ть**⟩ (3) durchsuchen; absuchen

обы́ч|ай *m* (3) Brauch, Sitte *f*; F Gewohnheit *f*; ***быть в ~ае*** Brauch sein, die Gewohnheit haben; **~ный** (14; -ен, -на) gewohnt; gewöhnlich; üblich; konventionell; (*o. K.*) Gewohnheits-

обя́з|анность *f* (8) Pflicht, Schuldigkeit; Verpflichtung; ***по ~анности*** pflichtgemäß; **~анный** (14*K*.) verpflichtet; verbunden; **~ан(а)** (Д/Т) *j-d* verdankt (*j-m et.*); **~а́тельный** (14; -лен, -льна) verbindlich, obligatorisch; obligat; gefällig; (*o. K.*) Pflicht-; Adv. unbedingt, bestimmt, ganz bestimmt; **~а́тельство** *n* (9) Verpflichtung *f*; *Jur.* Brief *m*; ***без ~а́тельства*** freibleibend; **~ывать** (1), ⟨**~а́ть**⟩ (3) verpflichten; zu Dank verpflichten; verbunden sein (И/В *j-m N*); das Versprechen abnehmen; **-ся** sich verpflichten (***перед*** Т *j-m* gegenüber)

ова́льный (14; -лен, -льна) oval

овдове́ть (8) *pf.* verwitwen

овёс *m* (1; овса́) Hafer

ове́ч|ий (18) Schaf(s)-; *fig.* sanft; **~ка** *f* (5; -ек) Schäfchen *n*; *fig.* Lamm *n*

ове́|ивать (1), ⟨**~ять**⟩ (27) umwehen; *fig.* bedecken

ови́н *m* (1) Korndarre *f*, Getreidedarre *f*

О

овладе|вáть (1), ⟨**~ть**⟩ (8) sich bemächtigen (T *G*); in s-e Gewalt bekommen; an sich reißen; ergreifen (T *A*); sich aneignen, meistern; ***~ть собóй*** sich in die Gewalt bekommen, sich beherrschen; **~ние** *n* (12) Aneignung *f* (T *G*); Besetzung *f*

óвод *m* (1; *pl. a. e., N* -á) *Zool.* Bremse *f*

овощ|евóдство *n* (9) Gemüseanbau *m*; **~и** *m/pl.* (*1*; *ab G e.*) Gemüse *n*; ***всякому ~у своё врéмя*** *Spr.* alles zu seiner Zeit; **~нóй** (14) Gemüse-

оврáг *m* (1) Schlucht *f*, Senke *f*

овсян|ка *f* (5; -ок) Ammer; F Haferbrei *m*; Hafergries *m*; **~ый** (14) Hafer-

ов|цá *f* (5; *pl. st., G* -éц) Schaf *n*; **~цевóд** *m* (1) Schafzüchter; **~цевóдство** *n* (9) Schafzucht *f*; **~чáр** *m* (1) Schafhirt; **~чáрка** *f* (5; -рок) Schäferhund *m*; **~чáрня** *f* (6; -рен) Schafstall *m* **~чúн(к)а** *f* (5; -нок) Schaffell *n*; ***нéбо с ~чúнку показáлось*** F *j-m* wurde schwarz vor Augen; → ***стóить***; **~чúнный** (14) Schaf(s)-

огáрок *m* (1; -рка) Kerzenstummel

огибáть (1), ⟨обогнýть⟩ (20) umgehen, (B um *A*) gehen *od.* herum gehen; um (*A*) biegen; umfahren; umschiffen

оглавлéние *n* (12) Inhaltsverzeichnis

оглá|ска *f* (5): ***получúть ~ску*** publik werden; ***предáть ~ске*** publik machen; **~шáть** (1), ⟨~сúть⟩ (15*e.*) bekanntgeben, verkünden; füllen, erfüllen; **-ся** erschallen, widerhallen (T von *D*); **~шéние** *n* (12) Verkündung *f*; ***не подлежúт ~шéнию***! vertraulich!; **~шéнный** P (14) irre

оглóбл|я *f* (6; -бель) Deichsel; ***поверну́ть ~и*** P unverrichteterdinge abziehen; ***заворáчивай ~и***! P hau ab!

оглуш|áть (1) → ***глушúть 1***; **~úтельный** (14; -лен, -льна) ohrenbetäubend; schallend

огля́|дка F *f* (5) Umsicht; ***без ~дки*** F aus Leibeskräften; ohne lange zu überlegen; **~дывать** (1), ⟨~дéть⟩ (11), *einm.* ⟨~нýть⟩ (19) sich ansehen, (B in *D*) sich umsehen; mustern; **-ся** sich umschauen *od.* umtun; sich zurechtfinden; *einm.* zurückblicken, F um sich blicken; *impf.* P *fig.* schielen (***на*** B zu *D*); ***не успéл ~нýться, как*** ... F ehe *j-d* sich's versah ...; im Handumdrehen

огне|вóй (14) → **~нный**; **~дышащий** (17) feuerspeiend; **~мёт** *m* (1) Flammenwerfer; **~нный** (14) Feuer-; (*K.*) *fig.* feurig, flammend; feuerrot; **~опáсный** (14; -сен, -сна) feuergefährlich; **~припáсы** *pl.* (1) Munition *f*; **~стóйкий** (16; -óек, -йка) feuerfest; **~стрéльный** (14) Feuer-, Schuß-; **~тушúтель** *m* (4) Feuerlöscher; **~упóрный** (14; -рен, -рна) feuerfest

огнú|во *n* (9) Stein *m*, Stahl *m*; **~стый** (14*K.*) feuerrot; **~ще** *n* (11) Feuerstelle *f*

огó [ɔ'hɔ] oho!; nanu!

огов|áривать (1), ⟨~орúть⟩ (13*e.*) ausmachen; erläutern, klarstellen; F anschwärzen; **-ся** vorausschicken; sich versprechen; **~óрка** *f* (5; -рок) Vorbehalt *m* (***с*** T unter *D*); *Jur.* Klausel; Versprecher *m*; ***без ~óрок*** rückhaltlos

огол|ённый (14*K.*) entblößt, nackt; kahl; blank; **~úть(ся)** → ***~я́ть(ся)***

оголтéлый F (14*K.*) rasend, wild

огол|я́ть (28), ⟨~úть⟩ (13*e.*) entblößen; entlauben; blank machen; blankziehen; **-ся** kahl werden; hervortreten

огон|ёк *m* (1; -ькá) Flämmchen *n*; Licht *n*; Schalk; *fig.* Blitz; Schwung; ***зайтú на ~ёк*** F kurz vorbeischauen (***к*** Д bei *j-m*); **~ь** *m* (4; огня́) Feuer *n* (***под*** T im); Licht *n*; Glanz; Fieber *n*; → **~ёк**; ***днём с огнём не сы́щешь*** F wie e-e Stecknadel suchen; ***из огня́ да в пóлымя*** F vom Regen in die Traufe; ***в*** *od.* ***сквозь ~ь и вóду*** F durch dick u. dünn; ***прошёл ~ь и вóду и мéдные трýбы*** *j-d* ist mit allen Wassern gewaschen

огор|áживать (1), ⟨~одúть⟩ (15) einfrieden, einzäunen; umgeben

огорóд *m* (1) Gemüsegarten; **~úть** → ***огорáживать***; **~ник** *m* (1) Gemüsegärtner; **~ничать** F (1) Gemüse anbauen; im Garten arbeiten; **~ничество** *n* (9) Gemüseanbau *m*; **~ный** (14) Gemüse-

огорóши|ть F (16) *pf.* verblüffen

огорч|áть (1), ⟨~úть⟩ (16*e.*) bekümmern, verdrießen, (B *j-m*) Verdruß bereiten; **-ся** bekümmert sein, Verdruß empfinden (T über *A*); **~éние** *n* (12)

Verdruß *m*, Kummer *m*; **~и́тельный** (14; -лен, -льна) betrüblich; ärgerlich
ограбля́ть (28) → ***гра́бить***
огра́|да *f* (5) Umzäunung, Zaun *m*; Mauer; **~ди́тельный** (14) Schutz-; **~жда́ть** (1), ⟨~ди́ть⟩ (15*e.*; ждён-ный) einfrieden, umzäunen; schützen, beschützen (***от*** P vor *D*); **-ся** sich abgrenzen (***от*** P gegen *A*); **~жде́ние** *n* (12) → ***~да***
огранич|е́ние *n* (12) Einschränkung *f*, Beschränkung *f*; → **~́енный** (14*K.*) begrenzt, beschränkt (*a. fig.*); knapp; *fig.* borniert; **~́ивать** (1), ⟨~́ить⟩ (16) begrenzen, beschränken, einschränken (T auf *A*); **-ся** sich begnügen; **~и́тельный** (14; -лен, -льна) einschränkend
огре́т|ь P (8; -ый) *pf.* eins überziehen
огре́х *m* (1) P *fig.* → ***недоде́лка***
огро́мный (14; -мен, -мна) riesig, Riesen-; gewaltig, kolossal, ungeheuer
огрубе́лый (14*K.*) rauh, grob; *fig.* verroht, verhärtet
огрыз|а́ться (1), *einm.* ⟨~ну́ться⟩ (24) knurren, die Zähne fletschen; F bissig antworten; **~́ок** F *m* (1; -́ка) abgenagtes Stück *n*; Rest, Stummel
огу́л|ом F, **~ьный** (14; -лен, -льна) pauschal; wahllos, unterschiedslos
огур|е́ц *m* (1; -ца́) Gurke *f*; ***из ~цо́в*** → **~е́чный** (14) Gurken-; **~́чик** *m* (1) P *fig.*: ***как ~́чик*** prächtig aussehend; stocknüchtern
одар|ённый (14*K.*) begabt, talentiert; **~я́ть** (28), ⟨~и́ть⟩ (13*e.*) beschenken; *fig.* begaben, ausstatten
оде|ва́ть (1), ⟨~́ть⟩ (-́ну, -́нешь; -́нь!; -́тый) anziehen (B/***в*** B *j-m A*); bekleiden, verkleiden (***в*** B mit *D*; T als *A*); bedecken; einhüllen; einkleiden, mit Kleidung versorgen; **-ся** sich ankleiden *od.* kleiden; anziehen (***в*** B *A*); **~́жа** F, **~́жда** *f* (5) Kleidung, Bekleidung, Kleider *pl.*; Decke, Belag *m*; **~́жка** F: ***по ~́жке протя́гивай но́жки*** *Spr.* strecke dich nach der Decke
одеколо́н *m* (1) Kölnischwasser *n*
одел|я́ть (28), ⟨~и́ть⟩ (13*e.*) (P) viele ... beschenken, (B an *j-n*) verteilen
одёр F (1; одра́) Klepper
одеревене́лый (14*K.*) erstarrt, steif
одерж|а́ть (4) *pf.* gewinnen, erringen (***над*** T über *A*); **~и́мый** (14*K.*) besessen (T von *D*)
одёрнуть (20) *pf.* zurechtziehen; F zurechtweisen
оде́|тый (14*K.*) angezogen; gekleidet; **~т** (***в*** B) *j-d* hat (*A*) an; **~ть(ся)** → ***~ва́ть(ся)***; **~я́ло** *n* (9) Bettdecke *f*
од|и́н *m*, ~на́ *f*, ~но́ *n*, ~ни́ *pl.* (33) ein(e); eins; allein, alleinstehend; einzig; gleich, derselbe; bloß, nur; nichts als; *pl.* lauter; ***~и́н за други́м*** hintereinander, nacheinander; ***~и́н к ~ному́*** F e-r schöner *od.* besser als der andere; ***~но́ к ~ному́*** F eins kommt zum anderen; ***~и́н на ~и́н*** unter vier Augen; Mann gegen Mann; ***как ~и́н, все как ~и́н*** einmütig; alle zusammen, alle ohne Ausnahme; ***по ~ному́*** einzeln, e-r nach dem anderen; ***~и́н в по́ле не во́ин*** *Spr.* einer ist keiner; ***~-~ёшенек*** F mutterseelenallein
одина́ков|о gleich, gleichermaßen, ebenso; ***~о не*** ebensowenig **~ый** (14*K.*) gleich; ***~ого ро́ста*** gleichgroß
одина́рный (14) einfach
оди́ннадцат|ый (14) elfte(r); → ***пя́тый***; **~ь** (35) elf
одино́|кий (16*K.*) einsam, vereinsamt; alleinstehend; → **~чка**; **~чество** *n* (9) Einsamkeit *f*, Alleinsein; **~чка** *m/f* (5; -чек) einzelne(r); Einzelgänger(in *f*); *Sp.* Einer *m*; Einspänner *m*; F Einzelzelle *f*; Alleinstehende(r); **...~чка** Einzel; ***~чкой, в ~чку*** allein, getrennt; → **~чный** (14) einzeln, Einzel-; vereinzelt; Einmann-
одича́лый (14*K.*) verwildert; irre
одна́жды einmal, einst; e-s Tages; ***~ у́тром*** e-s Morgens
одна́ко 1. *Kj.* jedoch, doch, aber, allein; (*a.* ***~ же***) indessen, gleichwohl; **2.** *Int.* nein!, da hört sich doch alles auf!
одно|бо́кий (16*K.*) einseitig; **~бо́ртный** (14) einreihig; **~вре́ме́нный** (14; -е́нен/-́енен, -́е́нна) gleichzeitig; (*o. K.*) Simultan-; *Adv.* zugleich; **~гла́зый** (14) einäugig **~годи́чный** (14) einjährig; Einjahres-; **~голо́с(н)ый** (14) einstimmig; **~дне́вка** *f* (5; -вок) Eintagsfliege; **~дне́вный** (14) eintägig; Eintags-; Tages-; **~зву́чный** (14; -чен, -чна) eintönig, monoton; **~зна́чный** (14; -чен, -чна) gleichbedeutend; *Math.* einstellig; **~имённый** (14; -ёнен,

-нна) gleichnamig; **~ка́шник** F *m* (1) Studienkollege, Kommilitone; **~кла́ссник** *m* (1) Klassenkamerad, Mitschüler; **~коле́йный** (14) einspurig, eingleisig; **~ко́лка** *f* (5; -лок) zweirädriger Wagen *m*; **~ко́мнатный** (14) Einzimmer-; **~ко́нный** (14) einspännig; **~кра́тный** (14; -тен, -тна) einmalig; *Gr.* momental, Momentan-; **~ку́рсник** *m* (1) Studienkamerad; **~ле́тний** (15) einjährig, Einjahres-; **~ле́ток** F *m* (1; -тка) → ***рове́сник***; **~ме́стный** [-sn-] (14) einsitzig; mit e-m Platz; Einbett-

однообра́з|ие *n* (12) Monotonie *f*, Einerlei; **~ный** (14; -ен, -на) eintönig, einförmig, monoton

одно|племе́нник *m* (1) Stammesgenosse; **~полча́нин** *m* (1; *pl.* -а́не, -а́н) Regimentskamerad; **~по́лый** (14) eingeschlechtig; **~ро́дный** (14; -ден, -дна) gleichartig, homogen; **~сельча́нин** *m* (1; *pl.* -а́не, -а́н) Dorfgenosse; **~ска́тный** (14) *Arch.* Pult-; **~сло́жный** (14; -жен, -жна) einsilbig; wortkarg; **~соста́вный** (14) *Gr.* eingliedrig; **~спа́льный** (14) Einzel-; **~ство́льный** (14) einläufig; **~ство́рчатый** (14) einflügelig; **~сторо́нний** (15; -о́нен, -ння) einseitig; Einbahn-; **~ти́пный** (14; -пен, -пна) typengleich, gleichartig; **~то́мный** *m* (14) einbändig; **~фами́лец** *m* (1; -льца) Namensvetter; **~цве́тный** (14; -тен, -тна) einfarbig; *fig.* eintönig; **~эта́жный** (14) eingeschossig, ebenerdig

одобр|е́ние *n* (12) Billigung *f*, Zustimmung *f*; **~и́тельный** (14; -лен, -льна) beifällig, zustimmend; **~я́ть** (28), ⟨**~и́ть**⟩ (13) gutheißen, billigen; zustimmen (B *D*)

одоле|ва́ть (1), ⟨**~ть**⟩ (8) überwältigen, (B über *j-n*) die Oberhand gewinnen; *fig.* überwinden; F bewältigen, schaffen, fertigmachen

одолж|и́ть (16*e.*) *pf.* leihen, borgen; † → ***обяза́ть***; **~е́ние** *n* (12) Gefallen *m*, Gefälligkeit *f*; ***сде́лайте ~е́ние***! tun Sie mir den Gefallen!

одр † *m* (1*e.*) Bett *n*

одува́нчик *m* (1) Löwenzahn

оду́м|ываться, ⟨**~аться**⟩ (1) sich besinnen, sich anders *od.* e-s Besseren besinnen; F zur Besinnung kommen

одур|е́лый P (14*K.*) benommen, übergeschnappt; **~ма́нивать** (1) → ***дурма́нить***; **~ь** *f* F (8) Benommenheit, Betäubung; Trunkenheit *f*; **~я́ть** (28) betäuben, berauschen

одутлова́тый (14*K.*) aufgedunsen

одухотвор|ённый (14*K.*) vergeistigt, durchgeistigt; **~я́ть** (28), ⟨**~и́ть**⟩ (13*e.*) vergeistigen; beseelen

одушев|лённый (14*K.*) belebt, beseelt; ***~лённый предме́т*** *m Gr.* Lebewesen *n*; **~ля́ть** (28), ⟨**~и́ть**⟩ (14*e.*) beseelen; vergeistigen; † begeistern

оды́шка *f* (5) Atemnot; Asthma *n*

ожере́лье *n* (10; -лий) Halskette *f*

ожесточ|а́ть (1), ⟨**~и́ть**⟩ (16*e.*) erbittern; **-ся** erbittert werden; sich verhärten; **~е́ние** *n* (12) Erbitterung *f*; **~ённый** (14*K.*) erbittert, verbittert; verbissen

оже́чь(ся) P → ***обже́чь(ся)***

ожи|ва́ть (1), ⟨**~ть**⟩ (-ву́, -вёшь; -л, -ла́) aufleben; erwachen; munter *od.* aktiv werden; **~вля́ть** (28), ⟨**~ви́ть**⟩ (14*e.*) erwecken, auferwecken; beleben, ankurbeln; animieren, reanimieren; auffrischen; **-ся** aufleben; lebhaft *od.* lebhafter werden; **~вле́ние** *n* (12) Belebung *f*; Leben, reges Leben; **~влённый** (14*K.*) belebt; lebhaft; angeregt, animiert; rege

ожига́ть(ся) P → ***обжига́ть(ся)***

ожида́|ние *n* (12) Erwartung *f*; → **~ть** (1) warten, hoffen (P, *a.* B auf *A*); erwarten; ***~ющий*** erwartungsvoll

ожире́ние *n* (12) Verfettung *f*

ожи́ть → ***ожива́ть***

ожо́г *m* (1) Verbrennung *f*; Brandwunde *f*, Brand

озабо́|ченный (14*K.*) besorgt, bekümmert; **~чивать** (1), ⟨**~тить**⟩ (15) bekümmern, mit Sorge erfüllen; **-ся** → ***забо́титься***

озагла́вить (1) (14) *pf.* betiteln

озада́ч|енный (14*K.*) bestürzt, betreten; **~ивать** (1), ⟨**~ить**⟩ (16) verblüffen; in Verlegenheit bringen

озар|е́ние *n* (12) Erleuchtung *f*; **~я́ть** (28), ⟨**~и́ть**⟩ (13*e.*) erleuchten, erhellen; verklären; durchzucken; ***~и́ло*** (B *j-m*) ging ein Licht auf; **-ся** erstrahlen, aufleuchten; erhellen; *Lächeln*: ***~и́лось*** (И/Т *A*) erhellte (*N*)

озверé|лый (14*K.*) brutalisiert, vertiert; **~ть** (8) *pf.* zur Bestie werden
озвýч|ение *n* (12) Vertonung *f*; **~ивать** (1), ⟨**~ить**⟩ (16) vertonen
оздоров|ительный (14) Sanierungs-; **~лéние** *n* (12) Gesundung *f*; **~лять** (28), ⟨**~ить**⟩ (14*e.*) heilen, gesund *od.* gesünder machen; sanieren
озелен|ять (28), ⟨**~ить**⟩ (13*e.*) begrünen
озёр|ный (14) See-, Seen-; **~о** *n* (9; *pl.* -а) See *m*
озúмый (14) Winter-; *pl. Su.* Wintersaat *f*; Wintergetreide *n*
озирáть (1) betrachten; sich umsehen (В in *D*); **-ся** um sich blicken
озлоб|лéние *n* (12) Erbitterung *f*, Grimm *m*; **~ленный** (14*K.*) erbost; verbissen; **~лять** (28), ⟨**~ить**⟩ (14) erbittern, erzürnen
ознаком|лéние *n* (12) Einsichtnahme *f* (**для** Р zur); **~лять** (28), ⟨**~ить**⟩ (14) bekanntmachen, vertraut machen; **-ся** kennenlernen (**с** Т *et.*), sich informieren (über *A*); Einsicht nehmen (in *A*)
ознаменовá|ние: ***в ~ние*** zu Ehren *od.* zur Feier; zum Gedenken (Р an *A*); **~ть** (7) *pf.* feiern, begehen; auszeichnen; → ***знаменовáть***; **-ся** im Zeichen (Т *G*) stehen
означ|áть (1), ⟨**~ить**⟩ (16) bezeichnen, markieren; *impf.* bedeuten
озно́б *m* (1) Frösteln *n*, Schüttelfrost
озолотúть (15) *pf.* vergolden; F mit Geld überschütten; **-ся** reich werden
озор|ник *m* (1*e.*) F Wildfang, Schlingel; P Rowdy; **~ничáть** (1) F Unfug treiben, ausgelassen sein, umgehen; P randalieren; räubern; **~нóй** (14) F ausgelassen, mutwillig; keck; P zügellos; **~ствó** *n* (9) F Bubenstreiche *m/pl.*; P Unfug *m*; Rowdytum
ой au!; ach!; oh!; ei, ei!; hu; ***~ ли***? P (nein,) wirklich?
оказ|áние *n* (12): ***~áние пóмощи*** Hilfeleistung *f*; → **~áть(ся)** → ***~ывать(ся)***
окáзи|я F *f* (7) Mitfahrgelegenheit; ***послáть с ~ей*** F mit *j-m* mitschicken; ***вот так ~***! F nein sowas!
окáз|ывать (1), ⟨**~áть**⟩ (3) erweisen, leisten; bezeigen; *Einfluß* ausüben; *Vertrauen* schenken; *Vorzug* geben; *Empfang* bereiten; **-ся** sich herausstellen *od.* erweisen (Т als); sich finden *od.* befinden; geraten, hingeraten (***в, на*** П in, auf *A*); (Р) ***не ~áлось*** . . . (*N*) fehlte(n) *od.* gab es kein(e) (*A*); ***-ся вы́нужденным*** sich gezwungen sehen
окайм|лять (28), ⟨**~ить**⟩ (14*e.*) umsäumen, umranden; besetzen
окамене́|лость *f* (8) Fossil *n*; → **~лый** (14*K.*) versteinert; erstarrt, starr; **~ние** *n* (12) Versteinerung *f*; Erstarrung *f*; **~ть** → ***каменéть***
окантóвка *f* (5) Umrandung
ок|áнчивать (1), ⟨**~óнчить**⟩ (16) beenden, schließen, abschließen; absolvieren; **-ся** enden, zu Ende gehen *od.* sein; ablaufen
ок|áпывать, ⟨**~опáть**⟩ (1) umgraben, mit e-m Graben umgeben; **-ся** sich verschanzen
окáт|ывать (1), ⟨**~ить**⟩ (15) übergießen, überschütten
окаянный P (14) verflucht, verdammt
океáн *m* (1) Ozean; *poet.* Meer *n*; ***за ~ом*** in Übersee; **~ский** (16) Ozean-; Übersee-
окúнуть (20): ***~ взóром*** e-n Blick werfen (В auf *A*), *j-n* mustern
окис|лéние *n* (12) Oxydation *f*; **~лять** (28), ⟨**~лить**⟩ (13*e.*/13), **-ся** oxydieren; **~ь** *f* (8) Oxyd *n*
оккуп|áция *f* (7) Besetzung; Besatzung; **~úровать** (7) *im(pf.)* besetzen
оклáд *m* (1) Gehalt *n*; *Ikone*: Beschlag
оклáдистый (14) Voll- (*Bart*)
оклеветáть (3 -щ-) *pf.* verleumden (***перед*** Т bei *j-m*)
óклик *m* (1) Anruf, Zuruf; **~áть** (1), ⟨**~нуть**⟩ (20) anrufen, beim Namen rufen
ок|нó *n* (9; *pl. st.*, *G* -он) Fenster (***в, за*** В zu, aus *D*; an *A*); Fensterbrett; Öffnung *f*, Aussparung *f*; *fig.* Loch; ***в два ~нá*** mit zwei Fenstern; **~о** *n* (9; *pl.* óчи, очéй) *poet.* Auge (И/ ***за*** В *N* um *A*); ***вúдит ~ó, да зуб неймёт*** *Spr.* die Trauben hängen zu hoch
окóв|ка *f* (5) Beschlag *m*; **~ы** *pl.* (5) Fesseln *f/pl.*, † Ketten *f/pl.*; **~ывать** (1), ⟨**~áть**⟩ (7*e.*) beschlagen; → ***скóвывать***
околáчиваться P (1) sich herumtreiben (***по*** Д in *D*), herumlungern

околдова́ть (7) *pf.* verzaubern, behexen, bezaubern
околёсица F *f* (5) Unsinn *m*
околе́ть P (8) *pf.* verrecken, krepieren
око́лица *f* (5) Dorfrand *m* (***на*** П an *D*); Zaun *m*; Tor *n*; P Umweg *m*
околи́чности *f/pl.* (8) Umschweife
о́коло 1. *Prp.* (P) neben, an (*D/A*), bei (*D*); etwa, ungefähr; gegen, an (*A*); um (*A*); **2.** *Adv.* daneben, nahebei, in der Nähe
околпа́чить P (16) *pf.* → ***дура́чить***
око́лыш *m* (1; -ей) Mützenrand
око́льный (14): ***~ путь*** *m* Umweg (T auf *D*)
оконе́чность *f* (8) Ende *n* (***в*** П an *D*); *pl.* Extremitäten
око́нный (14) Fenster-
оконфу́зить P (15) *pf.* konfus machen, verwirren; **~ся** sich blamieren
око́нце *n* (11; *pl.* -цы, -в) Fensterchen
оконч|а́ние *n* (12) Beendigung *f*; Schluß *m*, Abschluß *m*; *Gr.* Endung *f*; **~а́тельный** (14; -лен, -льна) endgültig, definitiv; End-, letzte(r); P komplett; **~ить(ся)** → ***ока́нчивать(ся)***
око́п *m* (1) Schützengraben; **~а́ть(ся)** → ***ока́пывать(ся)***
о́корок *m* (1; *pl. e.*, *N* -á) Schinken
окостене́лый (14*K.*) verknöchert; erstarrt
окочене́лый (14*K.*) steif, erstarrt
око́шко *n* (9; *pl.* -ки, -шек) Fensterchen; Schalter *m*
окра́ин|а *f* (5) Rand *m* (***на*** П an *D*); Randgebiet *n*, Grenzgebiet *n* (in *D*); **~ный** (14) Rand-, Grenz-; Außen-; Vorstadt-
окра́|ска *f* (5) Anstreichen *n*; Anstrich *m*; Färbung; **~шивать** (1) → ***кра́сить 1***; *fig.* prägen; ***окра́шено***! frisch gestrichen!
окре́пший (17) erstarkt; erholt
окрести́ть (15) *pf.* → ***крести́ть 1***; F (В/Т *D*) den Beinamen *od.* Spitznamen ... geben
окре́стн|ость [-sn-] *f* (8) *mst pl.* Umgebung; Gegend; **~ый** (14) umliegend; benachbart
о́крик *m* (1) Anruf, Zuruf; Zurechtweisung *f*; **~нуть** (20) *pf.* anrufen, (В *j-m*) zurufen
окрова́вленный (14*K.*) blutig, blutbefleckt, blutüberströmt
окропля́ть (28) → ***кропи́ть***
окро́шка *f* (5) kalte Kwaßsuppe; F Mischmasch *m*
о́круг *m* (1; *pl. e.*, *N* -á) Bezirk; Kreis
окру́гл|ость *f* (8) Rundung; → **~ый** (14*K.*) rund, rundlich, abgerundet; **~я́ть** (28), ⟨**~и́ть**⟩ (13*e.*) abrunden, aufrunden; → ***кругли́ть***; **-ся** rund werden
окруж|а́ть (1), ⟨**~и́ть**⟩ (16*e.*) umgeben, umringen; umzingeln; ***~а́ть забо́той*** umsorgen; **~а́ющее** *n* (17) Umgebung *f*, Umwelt *f*; **~а́ющий** (17) → ***окре́стный***; ***~а́ющая среда́*** *f* Umwelt; **~е́ние** *n* (12) Umgebung *f*, Milieu; Rahmen *m*; Einkreisung *f*; *Mil.* Kessel *m*; ***в ~е́нии*** (P) umgeben von (*D*); **~но́й** (14) Bezirks-; Kreis-; Ring-; **~ность** *f* (8) Kreis *m*, Umkreis *m*; Umfang *m*
окрыл|я́ть (28), ⟨**~и́ть**⟩ (13*e.*) beflügeln, beschwingen; **-ся** sich begeistern
окры́ситься P (15) *pf.* → ***огрыза́ться***; (***на*** В *j-n*) anfauchen
октя́брь *m* (4*e.*) Oktober; → ***май***; **~ский** (16) Oktober-
окули́ст *m* (1) Augenarzt
окун|а́ть (1), ⟨**~у́ть**⟩ (20) eintauchen (*v/i* **-ся**); untertauchen; *fig.* sinken, versinken; aufgehen (***в*** В in *D*); **~ь** *m* (4; *ab Gpl. e.*) Barsch
окуп|а́ть (1), ⟨**~и́ть**⟩ (14) die Kosten decken (В *G*); **-ся** sich bezahlt machen, sich rentieren
окур|и́ть (13) *pf.* beräuchern ***~и́ть се́рой*** schwefeln; **~ок** *m* (1; -ка) Zigarettenstummel, F Kippe *f*
оку́т|ывать, ⟨**~ать**⟩ (1) einwickeln, umhüllen; ***~анный*** (T) umwoben
оку́чи|вать (1), ⟨**~ть**⟩ (16) häufeln
ола́дья *f* (6; -дий) Pfannkuchen *m*
оледене́лый (14*K.*) vereist; steif
олен|ево́дство *n* (9) Rentierzucht *f*; **~ий** (18) Hirsch-; Rentier-; **~ина** *f* (5) Hirschfleisch *n*; Rentierfleisch *n*; **~ь** *m* (4) Hirsch; ***се́верный ~ь*** Rentier *n*
оли́в|(к)а *f* (5; -ок) Ölbaum *m*; Olive; **~ковый** (14) Oliven-; olivgrün
олимпи́йский (16) olympisch
оли́фа *f* (5) Ölfirnis *m*
олицетвор|е́ние *n* (12) Personifizierung *f*; in Person; **~я́ть** (28), ⟨**~и́ть**⟩

(13*e.*) (*a.* ***~я́ть собо́й***) verkörpern; personifizieren
о́лов|о *n* (9) Zinn; **~я́нный** (14) Zinn-, zinnern; Staniol-; *fig.* trübe
о́лух P *m* (1) Tölpel, Trottel, Stoffel
ольха́ *f* (5; *pl. st.*) Erle
ома́р *m* (1) Hummer
оме́ла *f* (5) Mistel
омерз|е́ние *n* (12) Ekel *m*, Abscheu *m*; **~и́тельный** (14; -лен, -льна) widerlich, ekelhaft; F mies
омертве́лый (14*K.*) abgestorben; leblos, starr; menschenleer, leer
омеща́ниться F (13) *pf.* verspießern
омове́ние *n* (12) Waschung *f*
омол|а́живать (1), ⟨~оди́ть⟩ (15*e.*) verjüngen; **~оже́ние** *n* (12) Verjüngung *f*
омо́ним *m* (1) Homonym *n*
омо́новец F *m* (1; -вца) Angehöriger e-r Spezialeinheit der Miliz (***омо́н***)
омрач|а́ть (1), ⟨~и́ть⟩ (16*e.*) verdunkeln, verfinstern; trüben
о́мут *m* (1) tiefe Stelle *f*, Loch *n*; Strudel; ***в ти́хом ~е че́рти во́дятся*** *Spr.* stille Wasser sind tief
омы|ва́ть (1), ⟨:ть⟩ (22) abwaschen; *impf.* umspülen
он *m*, -á *f*, -ó *n*, -и́ *pl.* (22) er, sie, es
онда́тра *f* (5) Bisamratte
онеме́|лый (14*K.*) stumm; erstarrt, abgestorben; **~чить** (16) *pf.* eindeutschen; germanisieren
ону́ча *f* (5) Fußlappen *m*
о́н|ый † (14) jener, dieser; derselbe; ***во вре́мя ~о*** *scherz.* Anno dazumal
опа|да́ть (1), ⟨:сть⟩ (25; *Prät. st.*) abfallen; abnehmen; F abmagern
оп|а́здывать (1), ⟨~озда́ть⟩ (1) sich verspäten (***на*** В um *A*, *A*), zu spät kommen; Verspätung haben; *impf.* *Uhr*: nachgehen; *pf.* *Zug* verpassen (***на*** В *A*)
оп|а́ивать (1), ⟨~ои́ть⟩ (13*e.*/13) zuviel zu trinken geben; betrunken machen; † vergiften
опа́ла *f* (5) Ungnade, Acht
опа́л|ивать (1), **~я́ть** (28) → ***пали́ть 1***; flambieren; bräunen
опа́ловый (14) Opal-; opalfarben
опа́лубить (14) *pf.* verschalen
опа́льный (14) in Ungnade gefallen
опас|а́ться (1) befürchten (Р *A*); sich fürchten *od.* in acht nehmen (vor *D*); Angst haben (***за*** В um *j-n*); **~е́ние** *n* (12) Befürchtung *f*; Besorgnis *f*; Bedenken; Angst *f*; **:ка** F *f* (5) Vorsicht; ***с ~кой*** → **:ливый** F (14*K.*) zaghaft; bange; **:ность** *f* (8) Gefahr; **:ный** (14; -ен, -на) gefährlich; Gefahren-
опа́сть → ***опада́ть***
опаха́ло *n* (9) Wedel *m*; † Fächer *m*
опе́к|а *f* (5) Vormundschaft (***над*** Т über *j-n*); Obhut; Bevormundung; Treuhänderschaft; **~а́емый** *m* (14) Mündel *n*/*m*; **~а́ть** (1) bevormunden; sich kümmern (В um *j-n*); in *j-s* Obhut sein (В *N*); **~у́н** *m* (1*e.*) Vormund; Treuhänder; **~у́нство** *n* (9) → **~а**
опёнок *m* (1; -нка) Eierpilz
о́пер|а *f* (5) Oper; ***э́то из друго́й ~ы*** F das gehört nicht hierher
опера|ти́вный (14; -вен, -вна) operativ; taktisch; zügig, effizient; Operations-; Einsatz-; Kriegs-; **:тор** *m* (1) Kameramann; Maschinenführer; **~цио́нная** *f* (14) Operationssaal *m*; **~цио́нный** (14) → ***~ти́вный***; **:ция** *f* (7) Operation (***на*** П bei *D*; an *D*); Kampfhandlungen *pl.*; *Hdl.* Geschäft *n*; *Tech.* Arbeitsvorgang *m*; F Verrichtung
опере|жа́ть (1), ⟨~ди́ть⟩ (15*e.*) überholen, übertreffen; zuvorkommen (В *j-m*)
опере́ние *n* (12) Gefieder; *Flgw.* Leitwerk
опере́т|очный (14) Operetten-; operettenhaft; **~та** *f* (5) Operette
опере́ть(ся) → ***опира́ть(ся)***
опери́ровать (7) *im*(*pf.*), ⟨про-, с-⟩ operieren (*a. fig.*); *fig.* handhaben (Т *A*); **-ся** sich operieren lassen
о́перный (14) Opern-; theatralisch
опер|я́ться (28), ⟨~и́ться⟩ (13*e.*) sich befiedern; *fig.* flügge werden, auf eigenen Beinen stehen
опеча́ленный (14*K.*) traurig, betrübt
опеча́т|ка *f* (5; -ок) Druckfehler *m*, Tippfehler *m*; **~ывать**, ⟨~ать⟩ (1) versiegeln
опе́шить F (16) *pf.* verdutzt sein
о́пий *m* (3; -и) Opium *n*
опи́лки *pl.* (5; -лок) Sägemehl *n*
оп|ира́ть (1), ⟨~ере́ть⟩ (12; **обопру́, -рёшь; -ёр; -ерла́/-ёрла**) stützen, aufstützen; **-ся** ⟨:ерся, -ёрла́сь⟩ sich stützen *od.* (***в*** В gegen *A*) stemmen

опис|а́ние *n* (12) Beschreibung *f*, Schilderung *f*; **~а́тельный** (14; -лен, -льна) beschreibend, deskriptiv; **~ка** *f* (5; -ок) Schreibfehler *m*; **~ывать** (1), ⟨**~а́ть**⟩ (3) beschreiben, schildern; Math. umschreiben; *Inventar* aufnehmen; mit Beschlag belegen; pfänden; **~ь** *f* (8) Liste, Verzeichnis *n*; Beschlagnahme; Pfändung

опи́ться F → ***напи́ться***

опла́к|ивать (1), ⟨**~ать**⟩ (3) beweinen, betrauern, (B um *A*) trauern

опла́|та *f* (5) Bezahlung; Entlohnung; Lohn *m*; **~чивать** (1), ⟨**~ти́ть**⟩ (15) bezahlen; begleichen; entlohnen; frankieren

оплева́ть F (6*e*.) *pf*. bespucken; in den Schmutz ziehen

опле|та́ть (1), ⟨**~сти́**⟩ (25 -т-) umflechten, überziehen; P ausschmieren

оплеу́ха P *f* (5) Ohrfeige

оплодотвор|е́ние *n* (12) Befruchtung *f*; **~я́ть** (28), ⟨**~и́ть**⟩ (13*e*.) befruchten

опло́т *m* (1) Bollwerk *n*; Hochburg *f*

опло́шность *f* (8) Fehler *m*, Fehlgriff *m*; Versehen *n* (***по*** Д aus *D*)

оплы|ва́ть (1), ⟨**~ть**⟩ (23) **1.** *v/i* schwellen, tropfen; → ***заплыва́ть***, ***оползать***; **2.** *v/t* umschiffen

опове|ща́ть (1), ⟨**~сти́ть**⟩ (15*e*.) benachrichtigen, in Kenntnis setzen (***о*** П von *D*); **~ще́ние** *n* (12) Bekanntmachung *f*

опозда́|ние *n* (12) Verspätung *f* (***с*** Т/***на*** В mit ... *N*); **~ть** → ***опа́здывать***

опозна|ва́тельный (14) Erkennungs-; **~ва́ть** (5), ⟨**~ть**⟩ (1) erkennen; identifizieren; **~ние** *n* (12) Erkennung *f*

опои́ть → ***опа́ивать***

опо́йковый (14) Kalbs-, Kalbsleder-

ополз|а́ть (1), ⟨**~ти́**⟩ (24) herabrutschen, abrutschen; herumkriechen (B um *A*); **~ень** *m* (4; -ня) Erdrutsch; ***~ень в гора́х*** Bergrutsch

ополч|а́ться (1), ⟨**~и́ться**⟩ (16*e*.) zu Felde ziehen (***на*** В gegen *A*), herfallen (über *A*); **~е́нец** *m* (1; -нца) Landwehrmann; **~е́ние** *n* (12) *hist*. Landwehr *f*; *ehm*. Reserve *f*

опо́мниться (13) *pf*. zu sich *od*. zur Besinnung kommen; Vernunft annehmen; → ***огляну́ться***

опо́р: ***во весь ~*** in vollem Galopp, in rasendem Tempo

опо́р|а *f* (5) Stütze, Halt *m*; ***в ~е*** gestützt; ***то́чка ф ~ы*** *Phys*.

опор|а́жнивать (1), ⟨**~о́жни́ть**⟩ (13/13*e*.) entleeren, leeren; **-ся** leer werden *od*. sein

опо́рки F *m/pl*. (1) zerfetzte Schuhe

опо́рный (14) Stütz-

опоро́жни́ть(ся) → ***опора́жнивать(ся)***

опоро́чивать (1) → ***поро́чить***

опосре́д(ств)ова|нный (14*K*.) mittelbar; **~ть** (7) *im*(*pf*.) vermitteln

опосты́ле|ть F (8) *pf*. satt haben (И *A*); ***~вший*** überdrüssig geworden

опохмел|я́ться F (28), ⟨**~и́ться**⟩ (13*e*.) den Kater (*fig*.) vertreiben

опошл|я́ть (28), ⟨**~ить**⟩ (13) banalisieren; **-ся** verflachen, banal werden

опоя́с|ывать (1), ⟨**~ать**⟩ (3) umgürten; umgeben; **-ся** umbinden (Т *A*)

оппозицион|е́р *m* (1) Oppositionelle(r); **~ный** [-ˈɔn-] (14; -о́нен, -на) oppositionell; Oppositions-

опра́в|а *f* (5) Fassung, Einfassung, Rahmen *m* (***в*** П mit *D*); ***в золото́й ~е*** goldgefaßt

оправд|а́ние *n* (12) Freispruch *m*; Rechtfertigung *f*, Entschuldigung *f* (***в*** В zu *D*, als); **~а́тельный** (14) *Jur*. Frei-; Beweis-; **~ывать**, ⟨**~а́ть**⟩ (1) rechtfertigen, entschuldigen; freisprechen; belegen; *Kosten* decken; gerecht werden (В *D*); ***~а́ть себя́*** sich bewähren; ***не ~а́ть себя́*** enttäuschen; **-ся** sich bewahrheiten *od*. erfüllen; sich lohnen

оправ|ля́ть (28), ⟨**~ить**⟩ (14) einfassen, fassen; zurechtmachen, zurechtrücken; **-ся** s-e Kleidung in Ordnung bringen; sich fangen, sich fassen; sich erholen; F austreten

опр|а́шивать (1), ⟨**~оси́ть**⟩ (15) befragen, abfragen; P ausfragen; vernehmen

определ|е́ние *n* (12) Bestimmung *f*, Festsetzung *f*; Definition *f*; *Jur*. Beschluß *m*; *Gr*. Attribut; **~ённый** (14; -ёнен, -нна) bestimmt; festgesetzt, fest; scharf umrissen; **~и́мый** (14*K*.) bestimmbar; definierbar; **~я́ть** (28), ⟨**~и́ть**⟩ (13*e*.) bestimmen; definieren; feststellen; festlegen, festsetzen (***в*** В auf *A*); ermitteln; P beschließen; zu-

weisen, zuteilen; unterbringen; **-ся** sich herausbilden; sich klären; sich orientieren; P *Dienst*: treten (***на*** B in *A*); e-e Anstellung finden
опресни́ть (13*e.*) *pf.* entsalzen
опро́бовать (7) *im*(*pf.*) erproben
опровер|га́ть (1), ⟨**~**́гнуть⟩ (21) widerlegen; **~же́ние** *n* (12) Widerlegung *f*; Dementi; Widerruf *m*
опроки́|дывать (1), ⟨**~**нуть⟩ (20) umwerfen, umstürzen; kippen, umkippen; umrennen; umstoßen; umstülpen; *Mil.* überrennen; **-ся** umfallen; herfallen (***на*** B über *A*); kentern
опроме́т|чивый (14*K.*) ungestüm; unüberlegt, übereilt; **~**́**ью** Hals über Kopf
опр|о́с *m* (1) Befragung *f*; Umfrage *f*; **~оси́ть** → ***~а́шивать***; **~о́сный** (14) Frage-
опрост|а́ть P (1) *pf.* leeren; **~и́ть** (15*e.*) *pf.* vereinfachen; **-ся** einfacher werden; verbauern; **~оволо́ситься** F (15) *pf.* sich e-e Blöße geben
опротесто́вывать (1) → ***протестова́ть 2***
опроти́веть (8) *pf.* zuwider werden
опры́с|киватель *m* (4) Zerstäuber; **~кивать**, ⟨**~**кать⟩ (1), *einm.* ⟨**~**нуть⟩ (20) bespritzen, besprengen; sprayen
опря́тный (14; -тен, -тна) sauber; reinlich, ordentlich
о́птик *m* (1) Optiker; **~а** *f* (5) Optik
оптим|а́льный (14; -лен, -льна) optimal; **~исти́ческий** (16), **~исти́чный** (14; -чен, -чна) optimistisch
опти́ческий (16) optisch
опто́|вый (14) Groß-, Großhandels-; **~**́**м** en gros, im großen; F restlos
опублик|ова́ние *n* (12) Veröffentlichung *f*; **~о́вывать** (1) → ***публикова́ть***
опу|ска́ть (1), ⟨**~**сти́ть⟩ (15) senken, sinken lassen; herablassen, herunterlassen; einwerfen; einstecken; *Kragen* herunterschlagen; *Math.* fällen; auslassen, weglassen; ***как в во́ду ~**́**щенный*** F wie ein begossener Pudel; **-ся** sinken, herabsinken, sich herabsenken; sich niederlassen; heruntersteigen; *fig.* herunterkommen
опусте́лый (14*K.*) leer; verödet
опусти́ть(ся) → ***опуска́ть(ся)***
опустош|а́ть (1), ⟨**~**и́ть⟩ (16*e.*) verwüsten, verheeren; F leeren; *fig.* zugrunde richten; **~е́ние** *n* (12) Verwüstung *f*; Verderbnis *f*; → **~ённый** (14*K.*) *fig.* kraftlos, ausgebrannt; **~и́тельный** (14; -лен, -льна) verheerend
опу́т|ывать, ⟨**~**ать⟩ (1) umwinden, umwickeln; umgarnen
опух|а́ть (1), ⟨**~**́нуть⟩ (21) schwellen, anschwellen (***у*** P *j-s*); **~**́**оль** *f* (8) Schwellung, Geschwulst; Tumor *m*
опу́шка *f* (5; -шек) Verbrämung; Pelzbesatz *m*; Waldrand *m* (***на*** П an *D*)
опу|ще́ние *n* (12) Senkung *f*; → ***~ска́ть***
опыл|я́ть (28), ⟨**~**и́ть⟩ (13*e.*) bestäuben
о́пыт *m* (1) Erfahrung(en *pl.*) *f* (***на*** П, ***по*** Д aus *D*); Versuch, Experiment *n*; **~ность** *f* (8) → **~**; → **~ный** (14; -ен, -на) erfahren; routiniert; geübt, scharf; (*o. K.*) Versuchs-; Probe-; Experimental-, experimentell; empirisch
опьян|е́лый F (14) betrunken; *fig.* trunken (***от*** P vor *D*), berauscht; **~е́ние** *n* (12) Rausch *m*; Taumel *m*; Ekstase *f*; **~я́ть** (28), ⟨**~**и́ть⟩ (13*e.*) berauschend (*a. fig.*)
опя́ть wieder, wiederum; ***~ же, ~-таки*** F dazu, dazu noch
ора́ва P *f* (5) Haufen *m*, Schar, Bande
ора́нже|вый (14*K.*) orange, orangefarben; **~ре́я** *f* (6; -е́й) Gewächshaus *n*
ора́тор *m* (1) Redner; **~**́**ия** *f* (7) Oratorium *n*; **~ский** (16) Rede-; **~ствовать** F (7) das große Wort führen
ора́ть F (-ру́, -рёшь) brüllen; (***на*** B *j-n*) anbrüllen; grölen; † pflügen
орби́та *f* (5) Umlaufbahn; Augenhöhle; *fig.* Sphäre, Kreis *m*
о́рган[1] *m* (1) Organ *n*; Gremium *n*; Behörde *f*, Stelle *f*; **~**́[2] *m* (1) Orgel *f*
организ|а́тор *m* (1) Veranstalter; Manager; **~а́торский** (16) organisatorisch; → **~ацио́нный** (14) Organisations-; **~а́ция** *f* (7) Organisation; Einrichtung, Gestaltung; Gliederung; Struktur; Gremium *n*; **~о́ванный** (14*K.*) diszipliniert; (*o. K.*) organisiert; **~о́вывать** (1), **~ова́ть** (7) *im*(*pf.*; *Prät. pf.*), F ⟨с-⟩ gründen, einrichten, bilden; in die Wege leiten; aufziehen; veranstalten; **-ся** entstehen; sich zusammenschließen (***в*** B zu *D*)

органи́ческий (16) organisch
орга́нный (14) Orgel-
орда́ *f* (5; *pl. st.*) *hist., fig.* Horde
о́рден *m* **1.** (1; *pl. e., N* -á) *Pol.* Orden; **2.** (1) *Rel.* Orden
о́рдер *m* (1; *pl. e., N* -á) Order *f*; Befehl; Zuweisung *f*; Einweisungsschein; Bezugsschein
ордина́р|ец *m* (1; -ца) Ordonnanz *f*, Melder; **~ный** (14; -ен, -на) gewöhnlich; † ordentlich
ордина́торская *f* (16) Ärzteraum *m*
орёл *m* (1; орла́) Adler; *fig.* Mordskerl; F *Münze*: Wappen *n*
орео́л *m* (1) *Astr.* Hof; *fig.* Aureole *f*
оре́|х *m* (1) Nuß *f*; Nußbaum; F → ***достава́ться*** F; **~ховый** (14) Nuß-, Nußbaum-; nußbraun; **~шек** *m* (1; -шка) Nüßchen *n*; *fig.* Nuß *f*; **~шник** *m* (1) Haselnußstrauch, Haselnußsträucher *m/pl.*
оригина́л *m* (1) Original *n*, Urschrift *f*, Urfassung *f*; F Sonderling; **~ьничать** F (1) originell sein wollen; **~ьность** *f* (8) Originalität; **~ьный** (14; -ен, -ьна) original; originell; (*o. K.*) Original-
ориент|ация *f* (7) Orientierung; **~и́р** *m* (1) Orientierungspunkt; **~и́ровать** (7) *im(pf.)*, ⟨с-⟩ orientieren, ausrichten (***на*** B *a.* nach *D*); **-ся** sich zurechtfinden; sich richten *od.* ausrichten; **~иро́вка** *f* (5) → ***~а́ция***; **~иро́вочный** (14; -чен, -чна) Orientierungs-; Richt-; annähernd
орке́стр *m* (1) Orchester *n*; **~о́вый** (14) Orchester-
орл|ёнок *m* (2) junger Adler, Adlerjunge(s) *n*; **~и́ный** (14) Adler-
оро|си́тельный (14) Bewässerungs-; **~ша́ть** (1), ⟨~си́ть⟩ (15*e.*) benetzen; bewässern; **~ше́ние** *n* (12) Bewässerung *f*
ортопеди́ческий (16) orthopädisch
ору́д|ие *n* (12) Werkzeug, Instrument; Gerät; Geschütz; **~и́йный** (14) Geschütz-, Artillerie-; **~овать** F (7) handhaben (T *et.*); schalten u. walten, (T *A*) unter sich haben, managen; operieren
оруж|е́йник *m* (1) Waffenschmied; **~е́йный** (14) Waffen-; Rüst-; **~ено́сец** *m* (1; -сца) *hist.* Schildknappe; **~ие** *n* (12) Waffe(n *pl.*) *f*; *Sp.* Geräte *n/pl.*; *fig.* Säbel *m*
орфографи́|ческий (16) orthographisch, Rechtschreib-; **~я** *f* (7) Orthographie, Rechtschreibung
оса́ *f* (5; *pl. st.*) Wespe
оса́|да *f* (5) Belagerung; **~дка** *f* (5) Senkung; *Mar.* Tiefgang *m*; **~дный** (14) Belagerungs-; **~док** *m* (1; -дка) Niederschlag, Bodensatz; *fig.* Nachgeschmack; *pl. Met.* Niederschläge; **~дочный** (14) Niederschlags-; *Geol.* sedimentär; **~жда́ть** (1), ⟨~ди́ть¹⟩ (15; -ждённый) belagern; *fig. Chem.* niederschlagen; F bestürmen; **~жива́ть** (1), ⟨~ди́ть²⟩ (15; -женный) anhalten, stoppen; zügeln; zurückdrängen; F zurechtweisen, in die Schranken weisen
оса́н|истый (14*K.*) stattlich, würdevoll; **~ка** *f* (5) Körperhaltung
осатане́лый F (14*K.*) höllisch; brutal
осв|а́ивать (1), ⟨~о́ить⟩ (13) sich aneignen; erschließen; einführen, meistern; auswerten; **-ся** sich eingewöhnen *od.* akklimatisieren (***с*** T in *D*); sich nicht mehr fremd fühlen; sich vertraut machen
осведом|и́тель *m* (4) Informant; **~и́тельный** (14) informativ; Aufklärungs-; **~ле́ние** *n* (12) Benachrichtigung *f*; **~лённый** (14*K.*) informiert, unterrichtet; **~ля́ть** (28), ⟨~ить⟩ (14) informieren, (***о*** П von *D*) benachrichtigen
освеж|а́ть (1), ⟨~и́ть⟩ (16*e.*) erfrischen, auffrischen; beleben, wiederbeleben; erneuern; **-ся** frisch werden *od.* sein; sich erholen *od.* erquicken; e-e Erfrischung zu sich nehmen; lebendig werden; **~и́тельный** (14) Erfrischungs-
осве|ти́тель *m* (4) Beleuchter; **~ти́тельный** (14) Beleuchtungs-; Leucht-; Licht-; Leuchtspur-; **~ща́ть** (1), ⟨~ти́ть⟩ (15*e.*; -т/щ-) beleuchten, erleuchten, erhellen; **-ся** erstrahlen; **~ще́ние** *n* (12) Beleuchtung *f*, Licht
освиде́тельствование *n* (12) Untersuchung *f*; Musterung *f*; Begutachtung *f*
освиста́ть (3) *pf.* auspfeifen
освобо|ди́тель *m* (4) Befreier; **~ди́тельный** (14) Befreiungs-, Freiheits-; **~жда́ть** (1), ⟨~ди́ть⟩ (15*e.*; -ждён-

ный) befreien; freilassen, entlassen; erlassen (В/**от** Р *j-m et.*); erlösen; entlasten; entheben (*G*); entbinden; räumen, freimachen; freistellen, freisetzen; **-ся** freiwerden; loswerden (**от** Р *A*), aufgeben; **~жде́ние** *n* (12) Befreiung *f*; Freilassung *f*; → ***~жда́ть***

осв|ое́ние *n* (12) Aneignung *f*, Erschließung *f*; → **~о́ить(ся)** → ***~а́ивать(ся)***

освя|ща́ть (1), ⟨**~ти́ть**⟩ (15*e*.; -т/щ-) weihen; einweihen; heiligen; **~ще́ние** *n* (12) Weihe *f*

осе|да́ние *n* (12) Senkung *f*; **~да́ть** (1), ⟨**~́сть**⟩ (25; ося́ду, -дешь; → ***сесть***) sich senken, sinken, einsinken; sich setzen *od.* niederschlagen; **~́длый** (14*K*.) seßhaft

осе|ка́ться (1), ⟨**~́чься**⟩ (26; *Prät. st.*) F stocken; versagen; P reinsausen

осёл *m* (1; осла́) Esel

осемен|я́ть (28), ⟨**~и́ть**⟩ (13*e*.) besamen, befruchten

осени́ть → ***осеня́ть***

осе́н|ний (15) Herbst-, herbstlich; **~ь** *f* (8) Herbst *m*; → ***ле́то***; **~ью** im Herbst

осен|я́ть (28), ⟨**~и́ть**⟩ (13*e*.) *Gedanke*: plötzlich kommen, aufblitzen (В *j-m*); erleuchten; *Schatten*: fallen (В auf *A*); *fig.* umfangen

осе́сть → ***оседа́ть***

осети́н *m* (1; *Gpl.* -), **~ка** *f* (5; -ок) Ossete(-tin *f*); **~ский** (16) ossetisch

осётр *m* (1*e*.; ~́á) Stör; **~и́на** *f* (5) Störfleisch *n*

осе́|чка *f* (5; -чек) Versager *m*; F Reinfall *m*; **~чься** → ***~ка́ться***

оси́ли|вать (1), ⟨**~ть**⟩ (13) überwältigen; bewältigen; → ***одолева́ть***

оси́н|а *f* (5) Espe; **~овый** (14) Espen-

оси́ный (14) Wespen-

оси́плый (14*K*.) heiser

осироте́лый (14*K*.) verwaist; verlassen

оска́ливать (1) → ***ска́лить***

оскверн|я́ть (28), ⟨**~и́ть**⟩ (13*e*.) entweihen; besudeln, mit Schande bedekken

оскла́биться F (14) *pf.* grinsen

оскобли́ть (13/13*e*.) *pf.* abschaben

оско́ло|к *m* (1; -лка) Splitter; Scherbe *f*; **~чный** (14) Splitter-

оско́мин|а *f* (5) *fig.* Überdruß *m*; ***наби́ть ~у*** F *fig.* stumpfe Zähne bekommen; (Д *j-n*) anöden

оскопи́ть (14*e*.) *pf.* kastrieren

оскорб|и́тель *m* (4) Beleidiger; **~и́тельный** (14; -лен, -льна) verletzend, kränkend; **~ле́ние** *n* (12) Beleidigung *f*, Kränkung *f*; **~ля́ть** (28), ⟨**~и́ть**⟩ (14*e*.) beleidigen, kränken; verletzen; entweihen; ***~и́ть де́йствием*** tätlich werden; **-ся** gekränkt sein

оскуде|ва́ть (1), ⟨**~́ть**⟩ (8) verarmen; verkümmern; **~́лый** (14*K*.) verarmt; **~́ние** *n* (12) Verarmung *f*

ослаб|ева́ть (1), ⟨**~е́ть**⟩ (8) schwach werden; nachlassen, abnehmen; lokker werden; erschlaffen; **~ле́ние** *n* (12) Abschwächung *f*; Lockerung *f*; **~ля́ть** (28), ⟨**~́ить**⟩ (14) schwächen, abschwächen; herabsetzen, vermindern; lockern

осла́вить F (14) *pf.* in Verruf bringen

ослёнок *m* (2) Eselchen *n*, Eselfohlen *n*

ослеп|и́тельный (14; -лен, -льна) blendend, blendend weiß; grell; glänzend; **~ле́ние** *n* (12) Blendung *f*; *fig.* Verblendung *f*; **~ля́ть** (28), ⟨**~и́ть**⟩ (14*e*.) blenden; *fig.* verblenden, betören

осли́злый (14*K*.) schleimig, glitschig

осли́|ный (14) Esels-; **~ца** *f* (5) Eselin

осложн|е́ние *n* (12) Komplikation *f*; **~я́ть** (28), ⟨**~и́ть**⟩ (13*e*.) komplizieren; erschweren; **-ся** verwickelt *od.* kompliziert *od.* komplizierter werden

ослу́ш|иваться P, ⟨**~аться**⟩ (1) nicht gehorchen (В *j-m*)

ослы́шаться (4) *pf.* sich verhören

осм|а́тривать (1), ⟨**~отре́ть**⟩ (9) sich ansehen, mustern; besichtigen; untersuchen; **-ся** sich umschauen *od.* umsehen; sich zurechtfinden

осме́|ивать (1), ⟨**~я́ть**⟩ (27*e*.) verspotten, auslachen

осме́ли|ваться (1), ⟨**~ться**⟩ (13) wagen, sich erlauben

осмея́|ние *n* (12) Verspottung *f*; **~ть** → ***осме́ивать***

осмо́тр *m* (1) Besichtigung *f*; Untersuchung *f*; Überprüfung *f*; Kontrolle *f*; Inspektion *f*, Schau *f*; **~е́ть(ся)** → ***осма́тривать(ся)***; **~и́тельность** *f* (8) Umsicht; → **~и́тельный** (14; -лен, -льна) umsichtig, vorsichtig, behutsam

осмысл|е́ние *n* (12) Innewerden, Erfassen; **˜е́нный** (14*K*.) verständig; sinnvoll; **~я́ть** (28), ⟨**˜ить**⟩ (13) begreifen, den Sinn verstehen, sich klarmachen

осна́|стка *f* (5) Takelage, Takelwerk *n*; **~ща́ть** (1), ⟨**~сти́ть**⟩ (15*e*.) ausstatten, ausrüsten; betakeln; **~ще́ние** *n* (12) Ausrüstung *f*

осне́жённый (14*K*.) schneebedeckt

осно́в|а *f* (5) Grundlage; Grundstock *m*; Basis; *Text*. Kette, Kettenfaden *m*; *Gr*. Stamm *m*; ***класть в ~у*** zugrunde legen; ***лежа́ть в ~е*** zugrunde liegen; **~а́ние** *n* (12) Gründung *f*; Fundament; Grund *m* (***на*** П aus *D*); *Math*. Grundlinie *f*, Grundfläche *f*; Fußpunkt *m*; *Chem*. Base *f*; ***до ~а́ния*** bis auf die Grundmauern; ***на ~а́нии*** aufgrund; ***с по́лным ~а́нием*** völlig zu Recht; → ***~а***; **~а́тель** *m* (4) Gründer, Begründer; **~а́тельный** (14; -лен, -льна) gründlich, solide; begründet; triftig, stichhaltig; gehörig, ganz schön *od*. schön groß; **~но́й** (14) Grund-, Haupt-; Stamm-; Primär-; wesentlich; ***в ~но́м*** im großen u. ganzen; **~ополага́ющий** (17) grundlegend; **~оположник** *m* (1) Begründer; **~ывать** (1) ⟨**~а́ть**⟩ (7*e*.) gründen (***на*** П *a*. auf *A*), begründen; **-ся** sich niederlassen *od*. ansiedeln; sich einrichten; entstehen; *impf*. sich stützen (***на*** П auf *A*), fußen; beruhen

осо́ба *f* (5) Person; Persönlichkeit

осо́бенн|о besonders, insbesondere; **~ость** *f* (8) Besonderheit; ***в ~ости*** → ***~о***; **~ый** (14) besonder; eigenartig, eigentümlich; außergewöhnlich; sonderlich

особня́к *m* (1*e*.) Villa *f*; Einfamilienhaus *n*; **~о́м** abseits, abgesondert; für sich allein

осо́б|ый (14) besonder; eigen; getrennt Sonder-, Spezial-; Extra-; *Adv*. gesondert; für sich; → ***~енный***; **˜ь¹** *f* (8) Individuum *n*; **~ь²**: ***~ь статья́*** P et. ganz anderes

осове́лый F (14*K*.) stier, stumpf

осозна|ва́ть (5), ⟨**~ть**⟩ (1) sich bewußt werden (B *G*), einsehen

осо́ка *f* (5) Riedgras *n*

о́спа *f* (5) Pocken *pl*.; Pockennarben *f*/*pl*.

осп|а́ривать (1), ⟨**~о́рить**⟩ (13) bestreiten, abstreiten; anfechten; *impf*. streitig machen (***у*** P *j-m*); kämpfen (um *A*)

оста|ва́ться (5), ⟨**˜ться**⟩, (**-́нусь, -́нешься**) bleiben, verbleiben; übrigbleiben, zurückbleiben; zufallen (***за*** T *j-m*); nehmen (***за*** T *N*); ***˜лось*** (***за*** T *j-d*) schuldet noch ...; ***˜лось*** (***после*** P *j-d*) hinterließ ...; ***˜ться ни при чём*** F leer ausgehen; ***˜ться ни с чем*** alles verlieren; ***˜ться на второ́й год*** sitzenbleiben

остав|ля́ть (28), ⟨**˜ить**⟩ (14) lassen; belassen, überlassen, übriglassen; zurücklassen, hinterlassen; seinlassen, bleibenlassen; alleinlassen, in Ruhe lassen; verlassen, im Stich lassen; aufgeben, aufhören; aufheben; beiseitelegen; (***за*** T *A*) reservieren, belegen; behalten; sich vorbehalten; ***~ля́ть жела́ть лу́чшего*** zu wünschen übrig lassen; → ***~а́ться***

остально́|й (14) übrig; **~е** *n* Rest *m*

остан|а́вливать (1), ⟨**~ови́ть**⟩ (14) anhalten, aufhalten; abhalten, zurückhalten; *Motor* abstellen; *Blut* stillen; *Blick* heften, lenken (***на*** П auf *A*); *Wahl*: fallen (B/***на*** П auf *A*); **-ся** halten, anhalten; stehenbleiben (***на*** П bei *D*); stocken; aufhören; zufrieren; absteigen, einkehren; verweilen (***на*** П bei *D*); eingehen (auf *A*); haften, haften bleiben; sich entschließen; zurückschrecken

оста́нки *pl*. (1) Gebeine; Überreste

остан|ови́ть(ся) → ***~а́вливать(ся)***; **~о́вка** *f* (5; -вок) Anhalten *n*, Halt *m*; Unterbrechung; Haltestelle (***на*** П an *D*); ***~о́вка*** (***за*** T) F es fehlt *od*. liegt (an *D*)

оста́т|ок *m* (1; -ка) Rest, Überrest; *pl*. Überbleibsel *n*/*pl*.; Rückstände, Abfälle; ***без ~ка*** restlos; ***~ки сла́дки*** *Spr*. das Letzte ist das Beste; **~ься** → ***остава́ться***

остекли́ть (13*e*.) *pf*. verglasen

остепени́ться (13*e*.) *pf*. vernünftig *od*. vernünftiger werden

остервене́|лый F (14*K*.) rasend, wild; **~ние** *n* (12) Raserei *f*; ***с ~нием*** wie besessen; **~ть** (8) *pf*. in Raserei geraten

остере|га́ть (1), ⟨**~чь**⟩ (26 -г/ж-) warnen (***от*** P vor *D*); **-ся** sich hüten *od*.

vorsehen, sich in acht nehmen (P vor *D*); meiden

о́стов *m* (1) Gerippe *n*; Gerüst *n*, Gestell *n*; Rumpf; Skelett *n*; Grundstock

остолбене́|лый F (14*K.*) erstarrt; **~ть** F (8) *pf.* erstarren; ganz baff sein

остоло́п F *m* (1) Tölpel, Trottel

осторо́жн|о → ***~ый***; ***~о***! Vorsicht!; **~ость** *f* (8) Vorsicht; **~ый** (14; -жен, -а) vorsichtig, behutsam

осточерте́ть P (8) *pf.* überhaben (Д *N*)

остране́ние *n* (12) *Lit.* Verfremdung *f*

остра́стка F *f* (5) Abschreckung (***для*** P zur), Abreibung

остригать (1) → ***стричь 2***

остри|ё *n* (12; -ёв) Spitze *f*; Schneide; **~ть¹** (13*e.*) schärfen

остри́ть² (13*e.*), ⟨с-⟩ Witze machen, witzeln

о́стров *m* (1; *pl. e., N* -á) Insel *f*; **~итя́нин** *m* (1; -я́не, -я́н) Inselbewohner; **~но́й** (14) Insel-; **~о́к** *m* (1; -ка́) kleine Insel *f*; ***~о́к безопа́сности*** Verkehrsinsel *f*

остро́г *m* (1) *ehm.* Zuchthaus *n*

остро|гла́зый F (14*K.*) scharfsichtig; **~гу́бцы** *pl.* (1; -цев) Beißzange *f*; **~коне́чный** (14; -чен, -чна) spitz zulaufend; **~ли́ст** *m* (1) Stechpalme *f*; **~но́сый** (14*K.*) spitznasig; **~сло́в** *m* (1) → ***остря́к***; **~сло́вие** *n* (12) → ***~у́мие***; **~та́¹** *f* (5) Schärfe; **~та²** *f* (5) Witz *m*; Geistesblitz *m*; **~уго́льный** (14) spitzwinklig

остроу́м|ие *n* (12) Scharfsinn *m*, Esprit *m*; **~ничать** F (1) witzeln, sich geistreich geben; **~ный** (14; -ен, -на) geistreich, scharfsinnig; witzig

о́стр|ый (14; -тёр/-, -á, -о́) scharf; spitz; fein, hellhörig; heftig; brennend; gespannt, angespannt; bissig, schneidend; *Med., fig.* akut; ***нож ~ый*** (Д für *j-n*) ist *et.* Salz auf die Wunde; **~я́к** F *m* (1*e.*) Witzbold

остужа́ть (1) → ***студи́ть***

оступ|а́ться (1), ⟨~и́ться⟩ (14) stolpern; *fig.* F straucheln

осты|ва́ть (1), ⟨~ть, ~нуть⟩ (21; -л) kalt werden; abkühlen (*a. fig.*); gleichgültig werden

осу|жда́ть (1), ⟨~ди́ть⟩ (15; -ждённый) verurteilen (***на*** B zu *D*); tadeln; mißbilligen; **~жде́ние** *n* (12) Verurteilung *f*; Tadel *m*; **~ждённый** *m* (14) Verurteilte(r)

осу́нуться (20) *pf.* abmagern

осуш|а́ть (1), ⟨~и́ть⟩ (16) trocknen; trockenlegen; *Glas* leeren

осуществ|и́мый (14*K.*) realisierbar; erfüllbar; **~ле́ние** *n* (12) Verwirklichung *f*; → **~ля́ть** (28), ⟨~и́ть⟩ (14*e.*) verwirklichen, realisieren; durchführen, ausführen; *Jur.* ausüben; **-ся** sich erfüllen, in Erfüllung gehen

осчастли́вить [əʃtʃɪsl̥-] (14) *pf.* beglücken, glücklich machen

осып|а́ть (1), ⟨~ать⟩ (2) bestreuen; überschütten, überhäufen, übersäen; bedecken, zudecken; **-ся** abbröckeln; herunterfallen, herabfallen; Blätter *od.* Blüten verlieren; **~ь** *f* (8) Geröll *n*

ось *f* (8; *ab Gpl. e.*) Achse

осьмино́г *m* (1) Krake *f*

осяза́|емый (14*K.*) fühlbar, tastbar; **~ние** *n* (12) Tastsinn; **~тельный** (14; -лен, -льна) spürbar; (*o. K.*) Tast-; **~ть** (1) fühlen, wahrnehmen, befühlen

от, ~о (P) von (*D*); vor (*D*); *Grund*: aus (*D*), an; *Mittel*: gegen, für (*A*); seit (*D*); ***но́жка f ~ стола́*** Tischbein *n*

ота́пливать (1) → ***топи́ть 1***

ота́ра *f* (5) Schafherde

отбав|ля́ть (28), ⟨~ить⟩ (14) wegnehmen; abgießen; ***хоть ~ля́й*** F jede Menge

отбараба́нить F (13) *pf.* herunterleiern, herunterrasseln

отбе|га́ть (1), ⟨~жа́ть⟩ (4; -гу́, -жи́шь, -гу́т; → ***бежа́ть***) weglaufen, laufen

отби|ва́ть (1), ⟨~ть⟩ (отобью́, -бьёшь; → ***бить***) abschlagen, zurückschlagen, abwehren; freikämpfen; zurückerobern (***у*** P von *D*); F ausspannen, wegschnappen (***у*** P *j-m*); abwerben (von *D*); *Takt* schlagen; *Fleisch* klopfen; *Sense* dengeln; *Lust* nehmen; *Appetit* verderben; F *Geruch* neutralisieren; **-ся** sich wehren *od.* erwehren (***от*** P *G*, gegen *A*); zurückbleiben; getrennt werden; abbrechen; F loswerden (***от*** P *A*); sich nicht mehr kümmern (um *A*); ***-ся от рук*** F nicht mehr gehorchen; **~вно́й** (14): ***~вна́я котле́та*** *f* Kotelett *n*

от|бира́ть (1), ⟨~обра́ть⟩ (-беру́, -рёшь; → ***брать***) wegnehmen, abnehmen (***у*** P *j-m*); aussuchen, auswählen

отби́ть(ся) → ***отбива́ть(ся)***

отблагодари́ть (13*e.*) *pf.* sich bedanken (***у*** P bei *j-m*) *od.* erkenntlich zeigen

о́тблеск *m* (1) Abglanz, Widerschein; Farbton

отбо́|й *m* (3) Schlußsignal *n*; Zapfenstreich; Entwarnung *f*; ***бить ~й*** zum Rückzug blasen; die Jagd abblasen; F ***~ю нет*** (***у*** P/***от*** P *j-d*) kann sich *j-s* kaum erwehren

отбо́р *m* (1) Auswahl *f*, Auslese *f*; **~ный** (14) auserlesen, ausgesucht; Elite-; gewählt; F Schimpf-, gemeinst; **~очный** (14) Auswahl-, Ausscheidungs-, Qualifikations-

отбоя́риться F (13) *pf.* loswerden (***от*** P *A*); sich drücken (vor *D*, um *A*)

отбр|а́сывать (1), ⟨**~о́сить**⟩ (15) wegwerfen; zurückwerfen; zur Seite werfen; aufgeben; fallenlassen; F verwerfen; **~о́сы** *m/pl.* (1) Abfälle; *fig.* Abschaum *m*

отбреха́ться P (3) sich herausreden

отбри́ть P (-бре́ю, -е́ешь; → ***брить***) *pf. fig.* abfahren lassen

отбы|ва́ть (1), ⟨**~́ть**⟩ (-бу́ду, -дешь; ~́л, -ла́) abreisen; ableisten; absitzen; abbüßen; *Reise* antreten (***в*** B *A*); **~́тие** *n* (12) Abreise *f*, Abfahrt *f*; Abbüßung *f*

отва́|га *f* (5) Kühnheit, Wagemut *m*; **~живаться** (1), ⟨**~житься**⟩ (16) sich erkühnen (***на*** B zu *D*); wagen; **~жный** (14; -жен, -жна) kühn, mutig, wagemutig, tapfer

отва́л *m* (1) Halde *f*; ***до ~а*** F zum Platzen; ***нае́сться до ~а*** F sich vollstopfen; **~ивать** (1), ⟨**~и́ть**⟩ (13) wegwälzen, wegräumen; *Mar.* ablegen; *Flgw.* abdrehen; P spendieren; **-ся** herabfallen; F sich zurücklehnen

отва́р *m* (1) Brühe *f*; Absud; **~ивать** (1), ⟨**~и́ть**⟩ (13) abkochen; **~но́й** (14) gekocht, abgekocht

отве́д|ывать †, ⟨**~ать**⟩ (1) kosten; erleben, ertragen

отвезти́ → ***отвози́ть***

отвер|га́ть (1), ⟨**~́гнуть**⟩ (21/20) ablehnen, abweisen; → ***~́женный***

отверде|ва́ть (1), ⟨**~́ть**⟩ (8) hart *od.* fest werden; **~́лый** (14*K.*) verhärtet

отве́рженный (14) ausgestoßen, verstoßen; verschmäht; *Su. m* Ausgestoßene(r)

отверну́ть(ся) → ***отвёртывать, отвора́чивать(ся)***

отве́рстие *n* (12) Öffnung *f*, Loch; Spalt *m*, Ritze *f*

отверте́ться F (11) *pf.* (***от*** P um *et.*) herumkommen; kneifen (vor *D*)

отвёр|тка *f* (5; -ток) Schraubenzieher *m*; **~тывать** (1), ⟨**~̈ну́ть**⟩ (20) abdrehen, aufdrehen; abschrauben; → ***отвора́чивать(ся)***

отве́|с *m* (1) Senkblei *n*; Steilhang; ***в ~с, по ~су*** senkrecht; **~сить** → ***~шивать***; **~сный** (14; -сен, -сна) senkrecht; steil, extrem steil

отвести́ → ***отводи́ть***

отве́т *m* (1) Antwort *f* (***в*** B zur); Erwiderung *f* (***в*** B/***на*** B in/*G*), Beantwortung *f*; Resonanz *f*; Verantwortung *f*; ***в ~е*** verantwortlich; ***держа́ть ~*** Rede u. Antwort stehen; ***ни ~а ни приве́та*** F kein Lebenszeichen

ответв|ле́ние *n* (12) Abzweigung *f*; **~ля́ться** (28), ⟨**~и́ться**⟩ (14*e.*) sich abzweigen

отве́|тить → ***~ча́ть***; **~тный** (14) Antwort-; Gegen-

отве́тственн|ость *f* (8) Verantwortung; Haftung; ***возлага́ть ~ость*** (***на*** B *j-n*) verantwortlich machen; **~ый** (14*K.*) verantwortlich (***в*** П für *A*); verantwortungsvoll, verantwortungsbewußt; haftbar; entscheidend

отве́тчик *m* (1) Beklagte(r); *präd.* F verantwortlich

отве|ча́ть (1), ⟨**~́тить**⟩ (15) antworten, (***на*** B *A*) beantworten; erwidern; reagieren; *Aufgabe* hersagen, aufsagen; *impf.* haften, einstehen; Verantwortung tragen; entsprechen; *pf.* büßen müssen

отве́|шивать (1), ⟨**~сить**⟩ (15) abwiegen; P verpassen; † machen

отви́ливать F → ***увиливать***

отви́н|чивать (1), ⟨**~ти́ть**⟩ (15*e.*) abschrauben; **-ся** sich lockern *od.* lösen

отвис|а́ть (1), ⟨**~́нуть**⟩ (21) herabhängen; **~́лый** (14) schlaff; Hänge-

отвле|ка́ть (1), ⟨**~́чь**⟩ (26) ablenken; abstrahieren; **-ся** abschweifen; absehen; **~чённый** (14*K.*) abstrakt

отв|о́д *m* (1) Ableitung *f*; *Jur.* Ablehnung *f*; → **~оди́ть** (15), ⟨**~ести́**⟩ (25) wegbringen; abführen, wegführen; beiseiteschieben; *fig.* abbringen; ableiten; abwenden, abwehren; abwei-

О

sen, ablehnen (*a. Jur.*); ablenken; zuweisen, zur Verfügung stellen (***под*** T als *A*; ***на*** B für *A*); verlegen; **~***ести́ глаза́* (Д *j-n*) irreführen; **~***ести́ ду́шу* s-m Herzen Luft machen; **~óдный** (14) Ableitungs-; Zweig-; **~óдок** *m* (1; -дка) *Bot.* Ableger
отвоёв|ывать (1), ⟨**~ева́ть**⟩ (6) zurückerobern; abringen (***у*** P *D*); F kämpfen
отв|ози́ть (15), ⟨**~езти́**⟩ (24) wegbringen, fahren, abtransportieren
отв|ора́чивать (1) **1.** ⟨**~ерну́ть**⟩ (20) zurückbiegen, zurückschlagen; aufkrempeln; wenden, abwenden; **2.** ⟨**~ороти́ть**⟩ (15) F → ***~а́ливать***; P → ***~ора́чивать***; **-ся** sich abkehren; **~оро́т** *m* (1) Aufschlag; Manschette *f*; Stulpe *f*
отвор|я́ть (28), ⟨**~и́ть**⟩ (13) öffnen, aufmachen, aufsperren; **-ся** aufgehen
отвра|ти́тельный (14; -лен, -льна) widerlich, scheußlich; F mies; **~ща́ть** (1), ⟨**~ти́ть**⟩ (15*e.*; -т/щ-) abwenden; verhüten; **~ще́ние** *n* (12) Abneigung *f*, Abscheu *f*, Widerwille *m*; Ekel *m*
отвык|а́ть (1), ⟨**~нуть**⟩ (21) sich abgewöhnen (***от*** P *et.*); **~** (И/***от*** P *j-m*) ist et. fremd geworden
отвя́|зывать (1), ⟨**~за́ть**⟩ (3) losbinden; lösen; **-ся** sich losmachen; F loswerden (***от*** P *A*); e-n in Ruhe lassen, Ruhe geben; ***~жи́сь!*** F laß mich!
отга́д|ка *f* (5; -ок) Lösung; **~ывать**, ⟨**~а́ть**⟩ (1) erraten; lösen
от|гиба́ть (1), ⟨**~огну́ть**⟩ (20) geradebiegen; zurückbiegen; zurückschlagen; aufkrempeln; **-ся** sich biegen
отглаго́льный (14) *Ling.* Verbal-
отгов|а́ривать (1), ⟨**~ори́ть**⟩ (13*e.*) *impf.* auszureden versuchen (B/***от*** P *j-m et.*), abraten (*j-m* von *et.*); *pf.* ausreden, abbringen; **-ся** sich herausreden (T mit *D*), entschuldigen; *et.* vorschützen; **~о́рка** *f* (5; -рок) Ausrede, Ausflucht; **~о́ры** F *pl.* (1) Abraten *n*, Einwände *m/pl.*
отголо́сок *m* (1; -ска) Widerhall, Echo *n*; *fig.* Nachhall
от|гоня́ть (28), ⟨**~огна́ть**⟩ (-гоню́, ~нишь; → ***гнать***) **1.** wegjagen, wegtreiben; vertreiben, verscheuchen; **2.** destillieren
отгор|а́живать (1), ⟨**~оди́ть**⟩ (15/15*e.*) abzäunen, abteilen; abschirmen; **-ся** sich absondern *od.* abkapseln
отграни́чить (16) *pf.* abgrenzen
отгре|ба́ть (1), ⟨**~сти́**⟩ (25 -б-) wegschaufeln; wegharken; wegrudern
отгру|жа́ть (1), ⟨**~зи́ть**⟩ (15/15*e.*) verladen, zum Versand bringen; **~зка** *f* (5) Verladung; Verschiffung; ... **~зки** Verlade-
отгрыз|а́ть (1), ⟨**~ть**⟩ (24; *Prät. st.*) abnagen, abknabbern
отгу́л|ивать F (1), ⟨**~я́ть**⟩ (28) abfeiern, abbummeln; *Urlaub* verbringen
отда|ва́ть (5), ⟨**~ть**⟩ (~м, ~шь; → ***дать***) abgeben, weggeben; zurückgeben, übergeben; hergeben, hingeben; stellen (***в*** B, ***под*** B unter *A*, zu, vor *D*); einsetzen; opfern; zurückerstatten; erteilen, erlassen; einreichen (***в*** B bei *D*), schicken; *Mar.* losmachen; *Anker* werfen; *Gewehr*: stoßen; *Besuch* abstatten; *Rechenschaft* ablegen; *Urteil*: überlassen (***на*** B *D*); *Tribut* zollen; *Gerechtigkeit* widerfahren lassen; *Herz* verschenken; *Seele* aushauchen; *Schmerz*: zu spüren sein (***в*** B in *D*); *impf.* F riechen, schmecken (T nach *D*); erinnern (an *A*); ***~ть!*** Leinen los!; → ***коне́ц***; ***~ть шить*** nähen lassen; ***~ть до́лжное*** nach Gebühr würdigen; → ***за́муж***; **-ся** sich widmen, aufgehen (Д in *D*); widerhallen, Resonanz finden
отдави́ть (14) *pf.* abquetschen
отдал|е́ние *n* (12) Entfernung *f*; Ferne *f*; **~ённый** (14*K.*) fern, entfernt, entlegen; ausgedehnt; distanziert; **~я́ть** (28), ⟨**~и́ть**⟩ (13*e.*) entfernen; hinausschieben; entfremden; **-ся** abkommen; sich zurückziehen
отда́|ть(ся) → ***~ва́ть(ся)***; **~ча** *f* (5) Rückgabe; Rückstoß *m*; Abgabe; Hingabe; Erteilung; Nutzeffekt *m*
отде́л *m* (1) Abteilung *f*; Teil; Abschnitt; Rubrik *f*; Amt; **~ать(ся)** → ***~ывать(ся)***; **~е́ние** *n* (12) Trennung *f*, Abtrennung *f*, Ablösung *f*; Abteilung *f*, Abteil; Zweigstelle *f*; Fach; Raum *m*; *Mil.* Gruppe *f*; **~и́ть(ся)** → ***~я́ть(ся)***
отде́л|ка *f* (5) Schmuck *m*; Besatz *m*; **~ывать**, ⟨**~ать**⟩ (1) fertigstellen, (B an *A*) letzte Hand anlegen; feilen, ausfeilen; einrichten, herrichten; malen (***под*** B in); besetzen; P rüffeln; ver-

sohlen; **-ся** F loswerden (**от** P *A*); fertigwerden; sich aus der Affäre ziehen; abspeisen

отде́л|ьность: ***в ~ьности*** im einzelnen; → **~ьный** (14) einzeln, Einzel-; besonder, Sonder-; Separat-; eigen, selbständig; **~я́ть** (28), ⟨**~и́ть**⟩ (13; -ённый) ablösen, abtrennen, trennen; absondern, abteilen; s-n Anteil überlassen; auszahlen; **-ся** sich selbständig machen

отдёр|гивать (1), ⟨~нуть⟩ (20) schnell zurückziehen, wegziehen

от|дира́ть (1), ⟨~одра́ть⟩ (-деру́, -рёшь; → ***драть***) abreißen, losreißen

отдохну́ть → ***отдыха́ть***

отду|ва́ть (1), ⟨~́ть⟩ (18) fortblasen, wegblasen; **-ся** *impf.* schwer atmen, schnaufen; P den Kopf hinhalten; **~́шина** *f* (5) Abzugsöffnung, Abzug *m*; *fig.* Ventil *n*

о́тдых *m* (1) Ruhe *f*, Erholung *f*; Rast *f*; *Mil.* Quartier *n* (**на** П in *D*); → ***досу́г***; ***без ~а*** pausenlos; ***на ~е*** im Urlaub; im Ruhestand; **~а́ть** (1), ⟨отдохну́ть⟩ (20) ausruhen, ausspannen; sich erholen; rasten; **~а́ющий** *m* (17) Feriengast, Kurgast

отдыша́ться (14) *pf.* verschnaufen

отё|к *m* (1) Ödem *n*; **~ка́ть** (1), ⟨~́чь⟩ (26) anschwellen, schwellen; → ***оплыва́ть 1***; absterben

оте́ль [a'tɛl] *m* (4) Hotel *n*

отепл|я́ть (28), ⟨~и́ть⟩ (13*e.*) winterfest machen; beheizen

оте́|ц *m* (1; отца́; *V*†, *Rel.* о́тче) Vater; Pate; P Opa; **~ческий** (16) väterlich; Vater-; der Väter; **~чественный** (14) vaterländisch; heimisch, Inlands-; **~чество** *n* (9) Vaterland

оте́чь → ***отека́ть***

отжа́ть → ***отжима́ть***

отжи|ва́ть (1), ⟨~́ть⟩ (-ву́, -вёшь; ~́л, -ла́; ~́тый: -та́) s-n Leben hinter sich haben; überlebt sein; absterben; *impf.* zu Ende gehen; **~́вший** (17) abgelebt; überholt

отж|има́ть (1), ⟨~а́ть⟩ (отожму́, -мёшь; -а́тый) ausdrücken, auspressen; auswringen

отжи́ть → ***отжива́ть***

о́тзву|к *m* (1) Widerhall, Nachhall; Nachklang; Nachwirkung *f*; Echo *n*; Resonanz *f*; **~ча́ть** (4*e.*) *pf.* verhallen

о́тзыв[1] *m* (1) Äußerung *f*, Stellungnahme *f*; Besprechung *f*; Gutachten *n*; *Mil.* Parole *f*; ***кни́га f ~ов*** Gästebuch *n*; → ***о́тклик***; **~́**[2] *m* (1) Abberufung *f*; **~а́ть** (1), ⟨отозва́ть⟩ (отзову́, -вёшь; → ***звать***) abberufen; zurückrufen, zurückziehen ***~а́ть в сто́рону*** beiseite nehmen; **-ся** antworten; erwidern (**на** B *A*); positiv reagieren; widerhallen; sich melden *od.* rühren; sich auswirken *od.* äußern; **~́чивый** (14*e.*) aufgeschlossen; → ***чу́ткий***

отка́з *m* (1) Absage *f*, Ablehnung *f* (**от** P *G*); Weigerung *f*, Verweigerung *f* (**в** П *G*); Verzicht (**от** P auf *A*); *Mus.* Auflösungszeichen *n*; *Tech.* Anschlag; ***без ~а*** einwandfrei; ***до ~а*** zum Bersten; bis zum äußersten; **~ник** *m* (1) *Pol.* Verweigerer; **~ывать** (1), ⟨~а́ть⟩ (3) absagen, abschlagen, verweigern (**в** П *et.*); *Vertrauen* entziehen; *Talent* absprechen; versagen; ***~а́ть себе́*** (**в** П) → **-ся** verzichten (**от** P auf *A*); ablehnen, sich weigern *od.* lossagen; abrücken, Abstand nehmen; aufgeben; ***-ся служи́ть*** den Dienst versagen; ***не откажу́сь*** F gerne

отк|а́лывать (1), ⟨~оло́ть⟩ (17) abspalten, abschlagen; loslösen, lösen; P sich leisten; loslassen; aufs Parkett legen; **-ся** abbrechen, abgehen

отк|а́пывать, ⟨~опа́ть⟩ (1) ausgraben; F aufstöbern

отк|а́рмливать (1), ⟨~орми́ть⟩ (14) mästen (**на** B zu *D*); **-ся** dick werden

отка́т *m* (1) Rückstoß; **~а́ть** P (1) *pf.* verprügeln; **~и́ть** (15) *pf.* wegrollen; **-ся** zurückweichen; zurückfahren

отка́ч|ивать, ⟨~а́ть⟩ (1) auspumpen, abpumpen; wiederbeleben

отка́шл|ивать (1), ⟨~януть⟩ (20) heraushusten; **-ся**, ⟨~яться⟩ (28) sich räuspern

отки|дно́й (14) aufklappbar, Klapp-; **~́дывать** (1), ⟨~́нуть⟩ (20) zur Seite werfen, wegwerfen; zurückwerfen; zurückschlagen; wegschieben; aufklappen, herunterklappen; F weglassen, fallenlassen; **-ся** sich zurücklehnen

от|кла́дывать (1), ⟨~ложи́ть⟩ (16) beiseitelegen, weglegen; zurücklegen; verschieben, vertagen; *Sp.* abbrechen; *Geol.* ablagern; *Bio.* ablegen; *Math.*

abgreifen; **~клáдывать в дóлгий ящик** auf die lange Bank schieben
отклéить (13) *pf.* loslösen
óтклик *m* (1) Antwort *f*; → **óтзвук, óтзыв**; Anklang; *pl.* Stimmen *f/pl.*; **~áться** (1), ⟨**~нуться**⟩ (20) → **отзывáться**
отклон|éние *n* (12) Abweichung *f*; Ablehnung *f*; → **~ять** (28), ⟨**~ить**⟩ (13; -ённый) zur Seite schieben, wegschieben, wegrücken; abbringen; ablehnen, ausschlagen; **-ся** abweichen; ausweichen (**от** P *D*); abkommen
отключ|áть (1), ⟨**~ить**⟩ (16*e.*) abschalten, ausschalten; *Anschluß* sperren
отк|олотить F (15) *pf.* abhauen; verhauen; **~олóть(ся)** → **~áлывать(ся)**; **~óль** P woher; **~опáть** → **~áпывать**; **~ормить(ся)** → **~áрмливать(ся)**; **~óрмленный** (14*K.*) wohlgenährt, feist
откóс *m* (1) Böschung *f*; **пустить под ~** zum Entgleisen bringen
открéщиваться F (1) sich sträuben (**от** P gegen *A*); loszuwerden suchen
откровéн|ие *n* (12) Offenbarung *f*; Erleuchtung *f*; Geständnis; **~ничать** F (1) sich anvertrauen (**с** T *j-m*), sein Herz ausschütten; **~ность** *f* (8) Offenheit; → **~ный** (14; -ен, -на) offen, offenherzig, aufrichtig; freimütig; unverhohlen
откру́|чивать F (1), ⟨**~тить**⟩ (15) abwickeln; abschrauben; **-ся** sich lösen
откры|вáть (1), ⟨**~ть**⟩ (22) öffnen, eröffnen, aufmachen; aufsperren; auftun; aufklappen; aufschlagen, aufspannen; aufdecken, entdecken; enthüllen; freigeben; preisgeben, freilegen; *fig.* erschließen; einleiten; *Herz* ausschütten; F aufdrehen; einschalten; **~ть счёт** *Sp.* den ersten Treffer erziehen; **-ся** aufgehen; aufbrechen, ausbrechen; entstehen; sich zeigen *od.* bieten; sich anvertrauen; eröffnet, geöffnet *od.* entdeckt *od.* klar werden; einsetzen, beginnen; **~тие** *n* (12) Eröffnung *f*; Entdeckung *f*; Einweihung *f*; Beginn *m*; → **~вáть(ся)**; **~тка** *f* (5; -ток) Postkarte; **~тка с видом** Ansichtskarte; **~тый** (14*K.*) offen; geöffnet, eröffnet; bloß; frei; *fig.* treuherzig, offenherzig; unverhohlen; Frei-; *Mar.* hoch; *Bgb.* Tage-; *Jur.* öffentlich; *Feind*: erklärt; **в ~тую** F offen
откýда woher, von wo *od.* wo aus; aus *od.* von dem aus; **~ я знаю?, ~ мне знать?** F woher soll ich das wissen?; **~-либо, ~-нибудь, ~-то** irgendwoher
откýпорить (13) *pf.* entkorken
откýсывать (1) → **кусáть 2**
отлагáтельство *n* (9) Aufschub *m*
отл|áмывать, ⟨**~омáть**⟩ (1) abbrechen (*v/i* **-ся**)
отлежá|ть (4*e.*) *pf.* F das Bett hüten; **~л (себé)** (B *j-s N*) ist vom Liegen steif geworden; **-ся** F wieder zu Kräften kommen; nachreifen
отлепить F (14) *pf.* ablösen, loslösen
отлёт *m* (1) Abflug, Start; **на ~е** F abgelegen, abseits; **~áть** (1), ⟨**~éть**⟩ (11) wegfliegen; zurückspringen; F abspringen, abreißen
отлé|чь: F **~глó от сéрдца** (**у** P *j-m*) fiel ein Stein vom Herzen
отли|в *m* (1) Ebbe *f*; Rücklauf, Rückgang; Leere *f*; → **~вáть** (1) **1.** schillern; **2.** ⟨**~ть**⟩ (отолью, -льёшь; ~л, -лá; ~тый: -тá; → **бить**) abgießen; zurückfluten; F zum Bewußtsein bringen; P pinkeln; **-ся** sich ergießen; *Gestalt* annehmen (**в** B *pl. A*); **~вка** *f* (5; -вок) Gießen *n*; Guß *m*, Gußstück *n*
отлип|áть F (1), ⟨**~нуть**⟩ (21) sich ablösen, abgehen
отлить(ся) → **отливáть(ся) 2**
отлич|áть (1), ⟨**~ить**⟩ (16*e.*) unterscheiden; auszeichnen (**от** P *a.* vor *D*); **-ся** sich hervortun; **~ие** *n* (12) Unterschied *m* (**в** B/**от** P zum/von); Auszeichnung *f*; Ehrenzeichen *n*; *pl. Mil.* Einsatz *m*; **~ительный** (14) Unterscheidungs-, Kenn-; *Mar.* Positions-; **~ник** *m* (1) bester Schüler *od.* Student; **~ный** (14; -ен, -на) verschieden; ausgezeichnet; vorzüglich, vortrefflich; glänzend; **~но** → **хорóший**; *Su. n Note* „sehr gut" (**на** B mit)
отлóгий (16*K.*) leicht abfallend
отлож|éние *n* (12) Ablagerung *f*; **~ожить** → **отклáдывать**; **~нóй** (14) Umlege-
отлом|áть(ся) → **отлáмывать(ся)**; **~омить** (14) *pf.* abbrechen
отлуч|áть (1), ⟨**~ить**⟩ (16*e.*) trennen; **~áть от цéркви** exkommunizieren; **-ся** weggehen, sich entfernen; **~ка** *f*

(5; -ек) Fernbleiben *n*; ***в** ~**ке*** abwesend
отлынивать P (1) sich drücken (***от*** P vor *D*)
отм|áлчиваться F (1), ⟨~олчáться⟩ (4*e*.) sich ausschweigen, sich in Schweigen hüllen
отм|áтывать, ⟨~отáть⟩ (1) abwickeln
отмах|áть P (1) *pf.* hinter sich bringen; **~ивать** (1), *einm.* ⟨~нýть⟩ (20) verscheuchen; **-ся** sich wehren (***от*** P gegen *A*), abwehren, abwinken; F sich verschließen (***от*** P *D*)
отм|áчивать (1), ⟨~очи́ть⟩ (16) abweichen, einweichen; P loslassen; Ding drehen
отмежёв|ывать (1), ⟨~áть⟩ (6 -ý-) abgrenzen; **-ся** sich distanzieren
óтмель *f* (8) Untiefe; Sandbank
отмéн|а *f* (5) Aufhebung; Abschaffung; → ***~я́ть***; **~ный** † (14; -ен, -на) vorzüglich; außerordentlich, ausnehmend; **~я́ть** (28), ⟨~и́ть⟩ (13; -ённый) abschaffen, aufheben; absagen; rückgängig machen; widerrufen; außer Kraft setzen; *Streik* abblasen
отмерéть → ***отмирáть***
отмерз|áть (1), ⟨~нуть⟩ (21) erfrieren; F vor Kälte absterben
отмéр|ивать (1), **~я́ть** (28), ⟨~ить⟩ (13) abmessen, abschreiten; F zurücklegen; ***семь раз ~ь, оди́н раз отрéжь*** *Spr.* erst wägen, dann wagen
отмéстк|а F *f* (5): ***в ~у*** aus Rache
отме|тáть (1), ⟨~сти́⟩ (25 -т-) wegfegen; *fig.* verwerfen
отмé|тина *f* (5) Mal *n*, Fleck *m*; Markierung; Abdruck *m*; **~тка** *f* (5; -ток) Zeichen *n*, Marke; Vermerk *m*; Spur; Note; **~чáть** (1), ⟨~тить⟩ (15) kennzeichnen; anmerken, vermerken; feststellen, festhalten; hinweisen; würdigen; begehen, feiern; **-ся** sich eintragen *od.* eintragen lassen; F sich abmelden; ***~тим*** . . . es sei erwähnt . . .
отм|ирáние *n* (12) Absterben; **~ирáть** (1), ⟨~ерéть⟩ (отомрёт; -ер, -рлá; -ёрший) absterben; *fig.* aussterben
отмокáть → ***размокáть***
отмолчáться → ***отмáлчиваться***
отмор|áживать (1), ⟨~óзить⟩ (15) sich abfrieren
отмотáть → ***отмáтывать***
отмочи́ть → ***отмáчивать***
отмы|вáние *n* (12) *Geld*: Wäsche *f*; → **~вáть** (1), ⟨~ть⟩ (22) abwaschen, auswaschen; sauberkriegen; **-ся** herausgehen; sauber werden
от|мыкáть F (1), ⟨~омкнýть⟩ (20) aufsperren, aufschließen; öffnen; *Mil.* abnehmen; **~мы́чка** *f* (5; -чек) Dietrich *m*
отмы́ть(ся) → ***отмывáть(ся)***
отмя́кнуть (21) *pf.* weich werden
отнéкиваться F (1) ablehnen (*a.* ***от*** P *et.*); nicht zugeben (***в*** П *et.*)
отнести́(сь) → ***относи́ть(ся)***
отн|имáть (1), ⟨~я́ть⟩ (-имý, -мешь; -ял, -лá; -ятый: -тá) wegnehmen, abnehmen (***у*** P *j-m*); wegziehen; *Zeit* kosten (***у*** P *j-n*), in Anspruch nehmen; stehlen; *Hoffnung* rauben; *Math.* F abziehen; F amputieren; ***~я́ть от груди́*** entwöhnen; ***нельзя́ ~я́ть*** (***у*** P *j-m et.*) schon lassen müssen; **-ся** gelähmt sein (***у*** P *j-s*); F → ***немéть***
относи́тельн|о in bezug (P auf *A*), bezüglich, hinsichtlich; **~ость** *f* (8) Relativität; → **~ый** (14; -лен, -льна) relativ; mäßig; verhältnismäßig; (*o. K.*) *Gr.* Relativ-, Beziehungs-
отн|оси́ть (15), ⟨~ести́⟩ (25 -с-) hintragen, wegtragen, wegbringen; abtreiben; zurechnen, zuschreiben (***к*** Д *D*); beziehen (auf *A*); zurückführen (***к*** Д auf *A*); F abhauen; **-ся**, ⟨-сь⟩ sich verhalten (***к*** Д *a. D* gegenüber); *Mitleid* haben (***с*** T *A*); **-ся** + *Adv.* sein; nehmen, gegenüberstehen; *impf.* gehören; betreffen (***к*** Д *A*), sich beziehen (auf *A*); gelten (*D*); angehen (*j-n*)
отношéни|е *n* (12) Verhalten, Verhältnis (***к*** Д gegen *A*, gegenüber *D*); Einstellung *f*; Beziehung *f*, Bezug *m* (***к*** Д *a.* auf *A*); Schreiben; ***имéть ~е*** *od.* ***~я*** zu tun haben, in Verbindung stehen; ***быть в хорóших ~ях*** auf gutem Fuß stehen; ***в ~и*** (P), ***по ~ю*** (***к*** Д *D*) gegenüber; → ***относи́тельно***; ***во всех ~ях*** in jeder Hinsicht
отны́не von nun an; → ***впредь***
отнюдь: ***~ не*** *od.* ***нет*** durchaus *od.* überhaupt nicht, keineswegs; ***~*** F → ***~ не***
отня́т|ие *n* (12), **~ь** → ***отнимáть***
ото → ***от***
отобра|жáть (1), ⟨~зи́ть⟩ (15*e*.) abbilden; → ***отражáть, изображáть***

отобра́ть → ***отбира́ть***
отовсю́ду von überall her
отогна́ть → ***отгоня́ть***
отогну́ть(ся) → ***отгиба́ть(ся)***
отогре|ва́ть (1), ⟨~́ть⟩ (8; -́тый) aufwärmen, erwärmen; *fig.* nähren (***на*** П an *D*)
отодви|га́ть (1), ⟨~нуть⟩ (20) wegschieben, beiseite schieben; zurückschieben, zurückrücken; F zurückdrängen; verschieben; **-ся** wegrücken, abrücken; F sich hinauszögern
отодра́ть(ся) → ***отдира́ть(ся)***
отождеств|ля́ть (28), ⟨~и́ть⟩ (14*e.*) gleichsetzen, identifizieren
отозва́|ние *n* (12) Abberufung *f*; **~ть(ся)** → ***отзыва́ть(ся)***
отойти́ → ***отходи́ть***
отомкну́ть → ***отмыка́ть***
отоп|и́тельный (14) Heiz-, Heizungs-; **~и́ть** → ***ота́пливать***; **~ле́ние** *n* (12) Heizung *f*, Heizungsanlage *f*; Heizen, Beheizen
отор|а́чивать (1), ⟨~очи́ть⟩ (16*e.*) *pf.* einfassen; besetzen
оторва́ть(ся) → ***отрыва́ться***
оторопе́|лый F (14*K.*) verdutzt; **~ть** F (8) *pf.* stutzen (***от*** P vor *D*)
оторочи́ть → ***ора́чивать***
отосла́ть → ***отсыла́ть***
отоспа́ться → ***отсыпа́ться***
отоща́лый F (14*K.*) abgemagert
отпа|да́ть (1), ⟨~́сть⟩ (25; *Prät. st.*) abfallen, abgehen; wegfallen, entfallen; hinfällig werden; *Lust*: vergehen (***у*** P *j-m*)
отпа́|ивать (1), ⟨~я́ть⟩ (28) ablöten
отпа́рить (13) *pf.* feucht bügeln
отп|а́рывать (1), ⟨~оро́ть⟩ (17) abtrennen, lostrennen; *pf.* P durchprügeln
отпа́сть → ***отпада́ть***
отпая́ть → ***отпа́ивать***
отпе|ва́ние *n* (12) Totenmesse *f*; **~ва́ть** (1), ⟨~́ть⟩ (→ ***петь***) die Totenmesse lesen (B über *A*); *pf.* absingen
отпере́ть(ся) → ***отпира́ть(ся)***
отпе́|тый F (14*K.*) erledigt; hoffnungslos; hartgesotten; **~ть** → ***~ва́ть***
отпечат|ле́ться (8) *pf.* → ***~́ываться***; **~́ок** *m* (1; -́ка) Abdruck; Stempel, Gepräge *n*; **~́ывать**, ⟨~́ать⟩ (1) abdrucken, abtippen; *Foto* abziehen; entsiegeln; **-ся** sich abdrücken *od.* abzeichnen; sich eingraben *od.* einprägen
отпи|ва́ть (1), ⟨~́ть⟩ (отопью́, -ьёшь; -́л, -ла́; -пе́й!; -́тый: -та́) abtrinken; nippen
отпи́ли|вать (1), ⟨~ть⟩ (13) absägen
отпира́т|ельство *n* (9) Leugnen, Ableugnen; **~ь** (1), ⟨отпере́ть⟩ (12; отопру́, -рёшь; о́тпер, -рла́; -́рший; -́ртый: -та́) aufsperren, aufmachen; öffnen; **-ся 1.** (-перся́, -рла́сь) aufgehen; **2.** F (-пёрся, -рлась) leugnen (***от*** P *et.*), in Abrede stellen
отпи́с|ка *f* (5; -ок) Schrieb *m*; **~ывать** (1), ⟨~а́ть⟩ (3) P antworten; vermachen; † einziehen; **-ся** F e-e nichtssagende Antwort schreiben
отпи́ть → ***отпива́ть***
отпи́х|ивать F (1), ⟨~ну́ть⟩ (20) zurückstoßen, abstoßen; wegschieben
отпла́|та *f* (5) Vergeltung; Gegenleistung (***в*** B als); **~чивать** (1), ⟨~ти́ть⟩ (15) sich revanchieren (Д bei *j-m*); vergelten; heimzahlen
отплы|ва́ть (1), ⟨~́ть⟩ (23) wegschwimmen; *Mar.* ablegen, in See stechen; **~́тие** *n* (12) Abfahrt *f*; Ausfahrt *f*
отпля́сывать F (1) begeistert tanzen
о́тповедь *f* (8) Abfuhr *f*, Verweis *m*
отполз|а́ть (1), ⟨~ти́⟩ (24) wegkriechen
отпо́р *m* (1) Abfuhr *f*; Widerstand
отпоро́ть → ***отпа́рывать***
отпоте́ть F (8) *pf.* anlaufen, beschlagen
отправ|и́тель *m* (4) Absender; **~́ка** *f* (5), **~ле́ние** *n* (12) Absendung *f*; Versand *m*; Abfahrt *f*; ***~ле́ние*** Abflug *m*; Sendung *f*; Funktion *f*; **. . . *~ле́ния*** Ausgangs-; **~ля́ть** (28), ⟨~́ить⟩ (14) absenden, abschicken; abfertigen, befördern; *Med.* einweisen; **-ся** sich begeben *od.* machen (***в*** B auf *A*); abfahren, abfliegen; *Reise* antreten (***в*** B *A*); *Mar.* in See stechen; *impf.* ausgehen; ***~́иться на тот свет*** F das Zeitliche segnen; **~но́й** (14) Ausgangs-; **~́очный** (14) Versand-
отпр|а́шиваться F (1), ⟨~оси́ться⟩ (15) sich freigeben lassen, freibekommen (***у*** P von *D*; ***на*** B *A*); *impf.* um die Erlaubnis bitten; *pf.* die Erlaubnis erhalten (+ *Inf.*)

отпры́г|ивать (1), ⟨**~нуть**⟩ (20) zurückspringen, beiseite springen

о́тпрыск *m* (1) Sproß, Sprößling

отпря|га́ть (1), ⟨**~́чь**⟩ (26 -г/ж-) ausspannen, abspannen

отпря́нуть (20) *pf.* zurückfahren

отпря́чь → ***отпряга́ть***

отпу́г|ивать (1), ⟨**~ну́ть**⟩ (20) abschrecken; verscheuchen

о́тпус|к *m* (1; *a.* в -у́; *pl. e., N* -а́) Urlaub; Auslieferung *f*; → **~ка́ть** (1), ⟨**~ти́ть**⟩ (15) gehen *od.* laufen lassen; wachsen lassen; *Zügel* schleifen lassen; loslassen, freilassen; entlassen; nachlassen; lockern; wegschicken; bewilligen (***на*** В für *A*); ausgeben; ausliefern; schärfen; *Bremse* lösen; *Stahl* anlassen; F bedienen, abfertigen; *Witz* reißen; *Nadelstiche* versetzen; ***~ти́ть с рабо́ты*** freistellen; **~кни́к** *m* (1*e.*) Urlauber; **~кно́й** (14) Urlaubs-; Verkaufs-; ***~кны́е*** *pl.* F Urlaubsgeld *n*

отпуще́ни|е *n* (12) Vergebung *f*, Erlassung *f*; ***козёл*** *m* ***~я*** Sündenbock

отраб|а́тывать, ⟨**~о́тать**⟩ (1) abarbeiten; durcharbeiten; F erarbeiten; ausfeilen; *pf.* die Arbeit beenden; **~о́танный** (14) geleistet; verbraucht; *Tech.* Ab-; Alt-

отра́в|а *f* (5) Gift *n*; **~и́тель** *m* (4) Giftmischer; **~ле́ние** *n* (12) Vergiftung *f*; **~ля́ть** (28), ⟨**~и́ть**⟩ (14) vergiften; verseuchen, verpesten; verderben; **~ля́ющий** (17) Gift-; Kampf-

отра́д|а *f* (5) Freude; **~ный** (14; -ен, -на) erfreulich, erquicklich; der Freude

отра|жа́тель *m* (4) Reflektor; **~жа́ть** (1), ⟨**~зи́ть**⟩ (15*e.*) widerspiegeln, reflektieren; zurückwerfen; zurückweisen; zurückschlagen, abwehren; **-ся** sich auswirken; **~же́ние** *n* (12) Widerspiegelung *f*; → ***~жа́ть***; Spiegelbild, Abbild; Widerschein *m*; *fig.* Niederschlag

о́трасль *f* (8) Zweig *m*, Branche

отра|ста́ть (1), ⟨**~сти́**⟩ (25 -ст-; → ***расти́***) nachwachsen, wachsen; **~́щивать** (1), ⟨**~сти́ть**⟩ (15*e.*) wachsen lassen

отре́бье *n* (10) *fig.* Auswurf *m*, Abschaum *m*

отре́з *m* (1) Stoff (***на*** В für *A*); Schnitt, Schnittstelle *f* (***в*** П an *D*); **~а́ть** (1), ⟨**~́ать**⟩ (3) abschneiden, abteilen; F abnehmen; barsch erwidern; ***как ~а́ло*** F plötzlich Schluß sein

отрезв|ля́ть (28), ⟨**~и́ть**⟩ (14*e.*) nüchtern machen; *fig.* ernüchtern; **-ся** nüchtern werden

отре́зок *m* (1; -зка) Abschnitt; Strekke *f*; Stück *n*, Rest

отре|ка́ться (1), ⟨**~́чься**⟩ (26) verleugnen, abschwören (***от*** Р *A*); widerrufen; verzichten (auf *A*); sich lossagen (von *D*)

отре́пье F *n* (10) *koll.* Lumpen *m/pl.*

отре|че́ние *n* (12) Verzicht *m*; Abdankung *f*; Askese *f*; **~́чься** → ***~ка́ться***; **~ша́ться** (1), ⟨**~ши́ться**⟩ (16*e.*) sich freimachen; → ***~ка́ться***; **~шённый** (14*K.*) entrückt

отри́нуть † (20) *pf.* → ***отверга́ть***

отрица́|ние *n* (12) Verneinung *f*; **~тельный** (14; -лен, -льна) negativ, verneinend; abfällig; **~ть** (1) verneinen, negieren; leugnen, ableugnen; ablehnen; (***в*** П *j-m*) absprechen; bestreiten

отро́г *m* (1) Ausläufer

о́троду F: ***~ не*** noch nie im Leben

отро́дье F *n* (10) Ausgeburt *f*; Pack

о́трок † *m* (1) Knabe

отро́сток *m* (1; -тка) Schößling; *Anat.* Fortsatz; Auswuchs; Ende *n*

о́трочес|кий (16) Knaben-; **~тво** *n* (9) Knabenjahre *m/pl.*; Mädchenalter

отруб|а́ть (1), ⟨**~и́ть**⟩ (14) abhauen, abschlagen; F barsch entgegnen; **~́и** *pl.* (8; *ab G e.*) Kleie *f*

отры́в *m* (1) Loslösung *f*; ***в ~е*** losgelöst; ***без ~а от произво́дства*** berufsbegleitend; **~а́ть** (1) **1.** ⟨**оторва́ть**⟩ (-орву́, -вёшь; → ***рвать***) abreißen, losreißen; trennen, loslösen; ablenken; P ergattern; ***с рука́ми ~а́ть*** F aus den Händen reißen; **-ся** sich jäh lösen, den Blick abwenden; **2.** ⟨**отры́ть**⟩ (22) ausgraben; **~истый** (14*K.*) abgerissen, abgehackt; bruchstückhaft; **~но́й** (14) Abreiß-; **~ок** *m* (1; -ка) Bruchstück *n*, Fragment *n*; Auszug, Ausschnitt; **~очный** (14; -чен, -чна) fragmentarisch, lückenhaft; unzusammenhängend; → ***~истый***

отры|га́ть, ~́гивать (1), ⟨**~гну́ть**⟩ (20), **-ся** aufstoßen, rülpsen; **~́жка** *f*

(5) Rülpsen *n*; F Überbleibsel *n*
отры́ть → ***отрыва́ть 2***
отря́|д *m* (1) Abteilung *f*; Trupp(e *f*), Kommando *n*; Gruppe *f*; *Bio*. Ordnung *f*; **~жа́ть** (1), ⟨**~ди́ть**⟩ (15*e*.) entsenden; abkommandieren
отря́х|ивать (1), ⟨**~ну́ть**⟩ (20) abschütteln, ausschütteln; abwischen
отса́|живать (1), ⟨**~ди́ть**⟩ (15) wegsetzen; umpflanzen
о́тсве́|т *m* (1) Widerschein, Lichtreflex; **~́чивать** (1) reflektieren; schimmern (T in *D*)
отсебя́тина F *f* (5) Eigenes *n*, eigene Zusätze *m*/*pl*.; Eigenmächtigkeit(en *pl*.)
отсе́|в *m* (1) *Agr*. Durchfall; *fig*. Durchfallquote *f*; **~вки** *pl*. (1) Spreu *f*; **~ивать** (1), ⟨**~ять**⟩ (27) aussieben, ausscheiden (*v*/*i* **-ся**)
отсе́|к *m* (1) Zelle *f*; Raum; Abteil *n*; **~ка́ть** (1), ⟨**~чь**⟩ (26; -̈к, -кла́; -кший) abhauen, abschneiden
отсе́сть (→ ***сесть***) *pf*. sich wegsetzen
отсе|че́ние *n* (12): ***дать го́лову*** *od*. ***ру́ку на ~че́ние*** F s-e Hand ins Feuer legen; **~́чь** → ***~ка́ть***
отси́|живать (1), ⟨**~де́ть**⟩ (11) absitzen; F sitzen, sitzenbleiben; ***~де́л*** (B *j*-*s N*) ist vom Sitzen steif geworden; **-ся** F in Sicherheit abwarten; weit vom Schuß bleiben
отск|а́кивать (1), ⟨**~очи́ть**⟩ (16) abprallen, zurückprallen; zurückspringen; F abgehen
отскрести́ (25 -б-) *pf*. abschaben
отсл|а́иваться (1), ⟨**~ои́ться**⟩ (13*e*.) sich schichtweise ablösen, abblättern
отслужи́ть (16) *pf*. abdienen, ausdienen; *Mil*. ableisten; *Rel*. abhalten
отсове́товать (7) *pf*. abraten
отсоедин|я́ть (28), ⟨**~и́ть**⟩ (13*e*.) abklemmen, trennen; abkuppeln
отсоса́ть (-су́, -сёшь; -́анный) *pf*. absaugen
отсо́хнуть → ***отсыха́ть***
отсро́ч|ивать (1), ⟨**~ить**⟩ (16) verschieben; *Fin*. stunden; *Paß* verlängern; **~ка** *f* (5; -ек) Aufschub *m*; → **~ивать**
отста|ва́ние *n* (12) Rückstand *m* (*a*. *pl*.); → **~ва́ть** (5), ⟨**~́ть**⟩ (-́ну, -́нешь) zurückbleiben (***от*** P hinter *j*-*m*); nicht nachkommen *od*. mitkommen; nachstehen (***от*** P *j*-*m*), nachhinken; *Uhr*: nachgehen; sich ablösen; *impf*. weichen; *pf*. F in Ruhe lassen; abgehen; ***не ~ва́ть*** (***от*** P mit *D*) Schritt halten; ***от свои́х ~́ть, к чужи́м не приста́ть*** *Spr*. sich zwischen zwei Stühle setzen
отста́в|ка *f* (5; -ок) Abschied *m*; Rücktritt *m*; ***в ~ке*** außer Dienst; im Ruhestand; **~ля́ть** (28), ⟨**~ить**⟩ (14) wegstellen, wegrücken, wegschieben; spreizen; F entbinden; verabschieden; ***~ить!*** Kommando zurück! **~но́й** (14) verabschiedet
отст|а́ивать (1), ⟨**~оя́ть**⟩ (-ою́, -о́ишь) **1.** verteidigen, *pf*. erfolgreich verteidigen; *impf*. eintreten (B für *A*); *pf*. behaupten, halten; durchsetzen, auf *et*. bestehen; **2.** abstehen; ***~оя́ть себе́ но́ги*** F sich die Beine in den Bauch stehen; **-ся** sich setzen; sich herausbilden
отста́|лый (14*K*.) zurückgeblieben; rückständig; *Su*. *m* Versprengte(r); **~ть** → ***~ва́ть***; **~ю́щий** (17) *Schüler*: schwach; *Su*. *m* Nachzügler
отстёг|ивать (1), ⟨**~̈ну́ть**⟩ (20) aufknöpfen; abschnallen; **-ся** aufgehen
отстира́ть (1) *pf*. auswaschen; **-ся** herausgehen; sauber werden
отсто́й *m* (3) Bodensatz
отст|оя́ть (-ою́, -ои́шь) **1.** entfernt sein, e-n Abstand haben; **2.** → ***~а́ивать 1, 2***
отстр|а́ивать (1), ⟨**~о́ить**⟩ (13) fertigstellen; aufbauen, wiederaufbauen
отстран|е́ние *n* (12) Enthebung *f*; → **~я́ть** (28), ⟨**~и́ть**⟩ (13*e*.) beiseite schieben; entfernen (***от*** P aus *D*), entheben (*G*); (*j*-*m et*.) entziehen; **-ся** weichen, ausweichen (***от*** P *D*); sich zurückziehen
отстрели́ть (13) *pf*. abschießen
отстро́ить → ***отстра́ивать***
отсту́кать F (1) *pf*. heruntertippen
о́тступ *m* (1) *Typ*.: ***с ~ом*** eingerückt
отступ|а́тельный (14) Rückzugs-; **~а́ть** (1), ⟨**~и́ть**⟩ (14) zurücktreten, zurückweichen (***от*** P vor *D*); sich zurückziehen; abweichen; *Typ*. einrükken; **-ся** ablassen; sich lossagen; *Wort* brechen (***от*** P *A*); **~ле́ние** *n* (12) Rückzug *m*; Abweichung *f*; Abschweifung *f*, Digression *f*; **~́ник** *m* (1)

Abtrünnige(r), Renegat; **~я́** in einigem Abstand; entfernt; *Typ.* eingerückt
отсу́тств|ие *n* (12) Abwesenheit *f* (***в*** B in *D*); Fehlen; Mangel *m* (***за*** T/P aus/an); ***в ~ии*** → **~овать** (7) abwesend sein; fehlen (***у*** P *j-m*); **~ующий** (17) abwesend; *Su. m* Abwesende(r)
отсч|ёт [-ʃtʃ-] *m* (1) *Raumf.* Countdown; **. . . *~ёта*** Ausgangs-; **~и́тывать**, ⟨~итáть⟩ (1) abzählen, abmessen; *impf.* anzeigen
от|сылáть (1), ⟨~ослáть⟩ (-ошлю́, -лёшь; → ***слать***) abschicken, wegschicken, fortschicken; verweisen (***к*** Д auf *A*); **~сы́лка** *f* (5; -лок) Absendung; Verweis *m*
отсыпáть (1), ⟨~̀⟩ (2) abschütten, einschütten
от|сыпáться F (1), ⟨~оспáться⟩ (→ ***спать***) sich ausschlafen
отсыре́лый (14*K.*) feucht geworden
отс|ыхáть (1), ⟨~óхнуть⟩ (21) abdorren, verdorren; F absterben (***у*** P *j-s*)
отсю́да von hier *od.* hier aus, entfernt; daraus, hieraus; daher
оттá|ивать (1), ⟨~ять⟩ (27) abtauen, auftauen (*a. fig.*); erweichen
отт|áлкивать (1), ⟨~олкну́ть⟩ (20) wegstoßen, abstoßen, verstoßen; *pf.* e-n Stoß *od.* Tritt versetzen
отт|áптывать F (1), ⟨~оптáть⟩ (3) abtreten, ablaufen; **~аскáть** F (1) *pf.* ziehen, zerren (***зá*** B *pl.* an *D*); **~áскивать** (1), ⟨~ащи́ть⟩ (16) wegschleppen, wegzerren; **~áчивать** (1) → ***точи́ть 1***
оттéн|ок *m* (1; -ка) Schattierung *f*, Nuance *f*; Farbton; Unterton; Stich; **~я́ть** (28), ⟨~и́ть⟩ (13*e.*) abschatten, nuancieren; betonen
óттепель *f* (8) Tauwetter *n* (*a. fig.*)
оттерéть → ***оттирáть***
оттесн|я́ть (28), ⟨~и́ть⟩ (13*e.*) abdrängen, wegdrängen; zurückdrängen; *fig.* verdrängen
отт|ирáть (1), ⟨~ерéть⟩ (12; ототру́, -рёшь) abreiben, ausreiben; warm reiben; F → ***~еснять***
óттис|к *m* (1) Abdruck; *Typ.* Abzug; Sonderdruck; **~̀кивать** (1), ⟨~̀нуть⟩ (20) abdrücken; *Typ.* abdrucken, Abzüge machen; F abdrängen
оттогó deshalb, daher; **~ *что*** weil
оттолкну́ть → ***оттáлкивать***
оттоптáть → ***оттáптывать***
оттопы́р|ивать F (1), ⟨~ить⟩ (13) sträuben; spreizen; *Lippen* spitzen; **-ся** abstehen
отторг|áть (1), ⟨~̀нуть⟩ (21) entreißen (***от*** P *D*); annektieren; *Med.* abstoßen
отту́да von dort *od.* dort aus; daher
оття́|гивать (1), ⟨~ну́ть⟩ (19) wegziehen; zurückziehen; ablenken, binden; hinausziehen, hinauszögern; *Zeit* gewinnen; **~жка** *f* (5; -жек) Abspannseil *n*; F Verzögerung
отупе́лый F (14*K.*) stumpfsinnig
отуч|áть (1), ⟨~и́ть⟩ (16) abgewöhnen (***от*** P *A*); **-ся** ablegen; *pf.* F auslernen
отхвáт|ывать (1), ⟨~и́ть⟩ (15) F abhauen, abschneiden; sich unter den Nagel reißen; ergattern; P hinlegen
отхлебну́ть F (20) *pf.* abtrinken
отхлестáть F (3) *pf.* auspeitschen
отхлы́нуть (20) *pf.* zurückweichen
отхóд *m* (1) Abgang, Abfahrt *f*; *fig.* Abkehr *f*; *Mil.* Rückzug; → **~ы**; **~и́ть** (15) **1.** ⟨отойти́⟩ (-ойду́, -дёшь; → ***идти́***) weggehen, abgehen; beiseite treten, zurücktreten; wegfahren, abfahren; abweichen, zurückweichen, (***от*** P von *j-s* Seite) weichen; sich zurückziehen *od.* entfernen; sich abwenden *od.* ablösen, abfallen; (in *j-s* Besitz) übergehen; geraten; F wieder werden *od.* warm werden, zu sich kommen; sich beruhigen *od.* legen; zu Ende sein; (***в*** B *D*) angehören **2.** F *pf.* wiederherstellen, gesundpflegen; **~чи́вый** (14*K.*): ***~чив*** *j-d* beruhigt sich *od.* *j-s* Zorn legt sich schnell wieder; **~ы** *m/pl.* (1) Abfallprodukte *n/pl.*, Abfälle
отхóж|ий (17) Wander-, Saison-; ***~ее мéсто*** *n* F Plumpsklo
отцве|тáть (1), ⟨~сти́⟩ (25 -т-) abblühen, verblühen; F verbleichen
отцéживать (1) → ***цеди́ть 2***
отцеп|ля́ть (28), ⟨~и́ть⟩ (14) loshaken; abhängen, abkuppeln; **-ся**: ***~и́сь ты от меня́!*** P laß mich in Ruhe!
отцеуби́й|ство *n* (9) Vatermord *m*; **~ца** *m/f* (5) Vatermörder(in *f*)
отцóв|ский (16) väterlich, Vater-; **~ство** *n* (9) Vaterschaft *f*
отчá|иваться (1), ⟨~яться⟩ (27) verzweifeln (***в*** П an *D*); die Hoffnung aufgeben (auf *A*)

отчáли|вать (1), ⟨**~ть**⟩ (13) *Mar.* ablegen; **~вай**! P zieh Leine!
отчáсти zum Teil, teilweise
отчá|яние *n* (12) Verzweiflung *f* (**в** В zu *D*); **в ~янии** → **~янный** (14*K*.) verzweifelt; F hoffnungslos; toll, tollkühn, halsbrecherisch; hartgesotten; zu allem fähig; fürchterlich; **~яться** → **~иваться**
отчегó weshalb, weswegen; wovon; → **почемý**; **~-то** aus irgendeinem Grund
отчекáнивать (1) → **чекáнить 1, 2**
отчёрк|ивать (1), ⟨**~нýть**⟩ (20) anstreichen
óтчество *n* (9) Vatersname *m* (**по** Д mit *D*), Patronymikon
отчёт *m* (1) Rechenschaft *f* (**в** П über *A*); Rechenschaftsbericht, Bericht; **отдать** *od.* **дать себé ~** sich bewußt sein *od.* werden (**в** П *G*)
отчётливый (14*K*.) deutlich, klar, klar umrissen; präzise, bestimmt
отчётн|о-вы́борный (14): Jahreshaupt-; **~ость** *f* (8) Rechnungslegung; **~ый** (14) Rechenschafts-; Berichts-
отчи́|зна *f* (5) Vaterland *n*; **~й** (17) Vater-; **~м** *m* (1) Stiefvater
отчисл|éние *n* (12) Abzug *m*; → **~я́ть** (28), ⟨**~ить**⟩ (13) abziehen, einbehalten; abführen; entlassen, relegieren; **-ся** ausscheiden
отчи́стить (15) *pf.* säubern; entfernen
отчи́т|ывать, ⟨**~áть**⟩ (1) F abkanzeln; **-ся** Rechenschaft ablegen (**перед** Т *j-m*); Bericht erstatten
отчужд|áть (1) entfremden (В/**от** Р *j-m A*); *Jur.* enteignen; **~éние** *n* (12) Entfremdung *f*, Verfremdung *f*; Enteignung *f*; **~ённый** (14*K*.) entfremdet; fremd, abwesend
отшатнýться (20) *pf.* zurückwanken, zurückfahren; F den Rücken kehren (**от** Р *j-m*)
отшвартовáться (7) *pf.* → **отчáлить**
отшвырнýть F (20) *pf.* wegschmeißen
отшéльник *m* (1) Einsiedler
отши́б F: **на ~е** weit abseits, abgelegen
отшиб|áть (1), ⟨**~и́ть**⟩ (-ý, -ёшь; -, -ла) F schwer prellen; rauben; betäuben; verschlagen; P abschlagen; F **~ло** (В *et.*) ist weg
от|ши́ть P (-ошью, -ьёшь; → **бить**) *pf.* abhängen, abblitzen lassen
отшпи́лить F (13) *pf.* losstecken
отшумéть (10*e*.) *pf.* verrauschen, verstummen
отшý|чиваться F (1), ⟨**~ти́ться**⟩ (15) *et.* mit e-m Scherz abtun
отщеп|éнец *m* (1; -нца) → **отстýпник**; **~ля́ть** (28), ⟨**~и́ть**⟩ (14*e*.) abspalten
отщипнýть (20) *pf.* abzupfen
отъе|дáть (1), ⟨**~éсть**⟩ (-м, -шь; → **есть**[1]) abfressen; wegätzen, F entfernen; **-ся** sich herausfüttern
отъé|зд *m* (1) Abreise *f*, Abfahrt *f*; **в ~зде** verreist; **~зжáть** [-ʒʒ-] (1), ⟨**~хать**⟩ (-ду, -дешь) abfahren, wegfahren, fahren; P sich lösen
отъéсть(ся) → **отъедáть(ся)**
отъéхать → **отъезжáть**
отъя́вленный F (14) abgefeimt, Erz-
оты́гр|ывать, ⟨**~áть**⟩ (1) zurückgewinnen; *Ball*: wieder abnehmen (**у** Р *j-m*); **-ся** s-n Verlust wettmachen; Revanche nehmen; sich schadlos halten (**на** П an *D*); **~ыш** F *m* (1; -ей) Revanche f; zurückgewonnene Summe *f*
отымённый (14) *Ling.* denominal
оты́ск|ивать (1), ⟨**~áть**⟩ (3) auffinden, ausfindig machen; *impf.* suchen, aufsuchen; **-ся** sich finden *od.* wiederfinden; gefunden sein
отяг|ощáть (1), ⟨**~оти́ть**⟩ (15*e*.; -т/щ-) beschweren, belasten; **~чáть** [-xtʃ-] (1), ⟨**~чи́ть**⟩ (16*e*.) beschweren; erschweren; **~чáющий** *Jur.* erschwerend
офéня *m* (6) *ehm.* Hausierer
офицéр *m* (1) Offizier; F *Schach*: Läufer; **~ский** (16) Offiziers-; **~ство** *n* (9) Offizierskorps; F Offiziersrang *m*
офици|áльный (14; -лен, -льна) offiziell, amtlich; förmlich; (*o. K.*) Amts-; Dienst-; **~áнт** *m* (1) Kellner; **~óзный** (14; -зен, -зна) halbamtlich, offiziös
оформ|лéние *n* (12) Gestaltung *f*; → **~ля́ть** (28), ⟨**~ить**⟩ (14) gestalten, ausgestalten, ausstatten; fassen; rechtskräftig machen, legalisieren; ausfertigen; sich ausstellen lassen; **~ить докумéнты** → **-ся** die Formalitäten erledigen; sich ausbilden *od.* herausbilden (**в** В zu *D*)
офóрт *m* (1) Radierung *f*
ох ach!, o weh!; **~áнье** *n* (10) Ächzen
охáпк|а *f* (5; -пок) Armvoll *m*; **в ~у** mit beiden Armen

óх|ать F (1), *einm.* ⟨**~нуть**⟩ (20) ächzen, krächzen; seufzen, stöhnen
охвáт *m* (1) Erfassung *f*; → **~ывать** (1), ⟨**~и́ть**⟩ (15) umfassen, erfassen; umgeben; ergreifen, packen, überkommen
охвóстье *n* (10) Helfershelfer *m/pl.*
охла|девáть (1), ⟨**~дéть**⟩ (8) abkühlen, erkalten; gleichgültig werden (И/**к** Д *j-m N*); **~ди́тельный** (14) Kühl-; **~ждáть** (1), ⟨**~ди́ть**⟩ (15*e.*; -ждённый) kühlen, abkühlen; erkalten lassen; dämpfen, mäßigen; **-ся** kalt werden; **~ждéние** *n* (12) Kühlung *f*, Abkühlung *f*
охмеля́ть (28) → ***хмели́ть***
óхнуть → ***óхать***
охорáшиваться F (1) sich schönmachen
охóт|а *f* (5) Jagd; Lust (**к** Д *Inf.*); ***с ~ой*** mit Vergnügen, gern; ***по своéй ~е*** aus eigenem Antrieb; ***~а пить*** F ich habe Durst; F ***~а*** (Д *j-d*) hat Lust . . .; ***взялá ~а*** (В *j-d*) hat Lust bekommen . . .; ***~а тебé . . ., что за ~а . . .*** F was hast du davon (*Inf.* daß . . .)?; ***~а былá . . . !*** F wozu eigentlich . . .?; ***~а пýще невóли*** *Spr.* des Menschen Wille ist sein Himmelreich; **~иться** (15) jagen (***на*** В *sg./pl. Apl.*); Jagd machen (auf *j-n*); F auf *et.* aus sein; **~ник** *m* (1) Jäger; F Interessent (***на*** В für *A*); Liebhaber, Fan (***до*** P *pl.* von *D*); ***~ник до шýток*** F *j-d* scherzt gern; ***~ник поéсть*** F *j-d* ißt gern; **~ницкий** P (16), **~ничий** (18) Jagd-, Jäger-; **~но** gern
óхра *f* (5) Ocker *m*
охрáн|а *f* (5) Bewachung; Wache; Schutz *m*; Wahrung; ***~а прирóды*** Naturschutz *m*; ***быть под ~ой*** bewacht werden; **~éние** *n* (12) → ***~а***; *Mil.* Sicherung *f*; **~и́тель** *m* (4) Beschützer; **~и́тельный** (14) Schutz-; † konservativ; **~ка** F *f* (5) *ehm.* Geheimpolizei; **~ный** (14) Schutz-; **~я́ть** (28), ⟨**~и́ть**⟩ (13*e.*) bewachen; schützen, beschützen; wahren; *Mil.* sichern; ***~я́емый*** geschützt
охри́плый F (14*K.*) heiser; krächzend
оцéн|ивать (1), ⟨**~и́ть**⟩ (13; -ённый) schätzen (***в*** В auf *A*), veranschlagen; bewerten, beurteilen; würdigen, zu schätzen wissen; **~ка** *f* (5; -ок) Bewertung; → ***~ивать***; Einschätzung; Werturteil *n*; Note (***по*** Д in *D*; ***на*** В mit *D*); **~очный** (14) Taxations-; **~щик** *m* (1) Taxator
оцепенé|лый (14*K.*) erstarrt, starr; **~ние** *n* (12) Erstarrung *f*
оцеп|ля́ть (28), ⟨**~и́ть**⟩ (14) abriegeln, absperren; umzingeln; **~лéние** *n* (12) Umzingelung *f*; Absperrkette *f*
оцинкóванный (14*K.*) verzinkt
очáг *m* (1) Herd; Stätte *f*
очаров|áние *n* (12) Zauber *m*; → **~áтельный** (14; -лен, -льна) bezaubernd, reizend, charmant; **~ывать** (1), ⟨**~áть**⟩ (7) bezaubern
очеви́д|ец *m* (1; -ца) Augenzeuge; **~ный** (14; -ен, -на) offensichtlich, offenkundig, evident; eindeutig
очеловéчить (16) *pf.* vermenschlichen
óчень sehr; ***не ~*** F nicht besonders *od.* so sehr; ***не то*** *od.* ***так, чтóбы ~*** F nicht gerade sehr; → ***нáдо, нýжно***
очер|еднóй (14) anstehend, nächstfolgend, nächst, fällig; ordentlich; neu, neuest; diensttuend; derzeitig; Routine-; Jahres-; **~ёдность** *f* (8) Reihenfolge
óчередь *f* (8; *ab Gpl. e.*) Reihe (***на*** П an *D*; И/***за*** Т *N* an *j-m*; ***по*** Д *D* nach; → ***поочерёдно***); Reihenfolge, Folge; Schlange (*stehen*: ***в*** П *A*); *Arch.* Abschnitt *m*, Stufe; *Mil.* Feuerstoß *m*; ***твоя́ ~*** du bist an der Reihe; ***я, в свою́ ~*** ich meinerseits; ***в пéрвую ~*** in erster Linie; ***на ~и*** vorgemerkt; auf der Warteliste; ***стать в ~, заня́ть ~*** sich anstellen
óчерк *m* (1) Skizze *f*; Essay; Reportage *f*; *a. pl.* Abriß (***по*** Д *G*); **~и́ст** *m* (1) Essayist; Reporter
очерня́ть (28) → ***черни́ть 2***
очерствéлый (14*K.*) verhärtet
очер|тáние *n* (12) *mst pl.* Umriß *m*; **~чивать** (1), ⟨**~ти́ть**⟩ (15) umranden, umreißen; skizzieren, entwerfen; ***~тя́ гóлову*** F Hals über Kopf
оч|éчник *m* (1) Brillenetui *n*; **~и** → ***óко***
очиня́ть (28) → ***чини́ть 2***
очи|сти́тель *m* (4) Reiniger; **~стка** *f* (5) Reinigung; **~стки** *pl.* (1) Schalen *f/pl.*, Abfälle *m/pl.*; **~щáть** (1), ⟨**~стить**⟩ (15) reinigen, säubern; raffinieren; läutern (*a. fig.*); schälen; räumen, ausräumen; leeren, entleeren; **-ся** klar werden, aufklaren; ***-ся ото***

льда eisfrei werden; **~ще́ние** *n* (12) → ***~стка***

очк|а́стый F (14*K*.) bebrillt; **~и́** *pl.* (1) Brille *f* (**в** П mit *D*); ***ходи́ть*** *od.* ***быть в ~а́х*** e-e Brille tragen *od.* aufhaben; **~о́** *n* (9; *pl.* -и́, -о́в) *KSp.* Auge; *Sp.* Punkt *m*; Loch; P 17 u. 4 (*Spiel*); ***дать сто ~о́в вперёд*** F haushoch überlegen sein; **~овтира́тель** F *m* (4) Blender; Schaumschläger (*fig.*); **~овтира́тельство** F *n* (9) Augenwischerei *f*; **~о́вый** (14) Brillen-

очну́ться (20) *pf.* erwachen (***от*** P aus *D*); zu sich, zur Besinnung kommen

о́чн|ый (1) Direkt-; ***~ая ста́вка*** *f* Gegenüberstellung

очуме́|лый P (14) verrückt geworden, besessen; **~ть** P (8) *pf.* überschnappen (***от*** P vor *D*)

очути́ться (15) *pf.* geraten (**в** П in *A*); sich finden

очу́хаться P (1) *pf.* zu sich kommen

ошале́лый F (14*K*.) von Sinnen, halb wahnsinnig, irre; verständnislos

ошара́ши|вать P (1), ⟨**~ть**⟩ (16) verblüffen; eins überziehen

оше́йник *m* (1) Halsband *n*

ошелом|ля́ть (28), ⟨**~и́ть**⟩ (14*e*.) überraschen, überrumpeln; überwältigen; niederschmettern; **~ля́ющий** (17) verblüffend; erschütternd; → ***~ля́ть***

ошиб|а́ться (1), ⟨**~и́ться**⟩ (-у́сь, -ёшься; -́ся, -́лась) sich irren, sich täuschen; fehlgehen; **~ка** *f* (5; -́ок) Fehler *m*, Irrtum *m*; Versehen *n* (***по*** Д aus); **~очный** (14; -чен, -чна) falsch, irrig, fehlerhaft; irrtümlich; Fehl-

оши́кивать F (1) *pf.* → ***ши́кать***

ошпа́ривать F (1) → ***шпа́рить***

ощу́п|ывать, ⟨**~ать**⟩ (1) befühlen, betasten; **~ь**: ***на ~ь*** beim Betasten; *et.* fühlt sich ... an; **~ью** tastend; aufs Geratewohl

ощу|ти́мый (14*K*.) spürbar; wahrnehmbar; greifbar; merklich; **~ти́тельный** (14; -лен, -льна) empfindlich; → ***~ти́мый***; **~ща́ть** (1), ⟨**~ти́ть**⟩ (15*e*.; -т/щ-) wahrnehmen, spüren; empfinden, fühlen; **-ся** *impf.* spürbar sein, sich bemerkbar machen; **~ще́ние** *n* (12) Empfindung *f*, Gefühl; Wahrnehmung *f*

П

па́в|а *f* (5) Pfauhenne; ***~ой*** wie ein Pfau

павильо́н *m* (1) Pavillon; Gartenhaus *n*; Filmatelier *n*; Markthalle *f*

павли́н *m* (1) Pfau; **~ий** (18) Pfauen-; ***воро́на в ~ьих пе́рьях*** mit fremden Federn geschmückt

па́водок *m* (1; -дка) Hochwasser *n*

па́губный (14; -бен, -бна) verderblich, unheilvoll, verhängnisvoll

па́даль *f* (8) Kadaver *m*(*pl.*), Aas *n*

па́да|ть (1) **1.** ⟨упа́сть⟩ (25; *Prät. st.*) fallen, hinfallen; herunterfallen; umfallen, *impf.* abfallen; stürzen, umstürzen, einstürzen; *impf.* zu stürzen drohen; sinken, herabsinken; nachlassen; *Hdl.* zurückgehen; **2.** ⟨пасть⟩ (25; *Prät. st.*) fallen; entfallen; zufallen; verenden; *fig.* sinken; *Mut* verlieren (T *A*); **3.** *Fin.* fallen, sinken; *Regen*: niedergehen; *Straße*: hinunterführen; *Wind*: nachlassen; *Schatten* werfen (***от*** P/И *N*/*A*); ***~ющая звезда́*** *f* Sternschnuppe

паде́ж 1. *m* (1*e*.) Kasus, Fall; **2.** **~** *m* (1*e*.) Viehseuche *f*; **~ный** (14) Kasus-

паде́ние *n* (12) Fallen, Fall *m*; Einsturz *m*, Sturz *m*; *El.* Abfall *m*; *Phys.* Einfall *m*; *fig.* Verfall *m*; *Fin.* Rückgang *m*; *fig.* Niedergang *m*

па́дкий (16; -док, -дка́) erpicht, F scharf (*a.* ***до*** P auf *A*); (***на*** В) süchtig, lüstern

па́дчерица *f* (5) Stieftochter

пае|во́й (14) Anteil-, anteilig; **~к** *m* (1; пайка́) Ration *f*; Verpflegung *f*

паз *m* (1; в -у́; *pl. e.*) Fuge *f*; Falz

па́зух|а *f* (5) Brust (***за*** T auf *D*), Busen

m (**за** B in *A*); *Anat.* Höhle; *Bot.* Achsel; **как у Христа́ за ~ой** F wie Gott in Frankreich; → **ка́мень**
па́инька F*m*/*f* (5; -нек) artiges Kind *n*
па|й *m* (3; *a.* в -ю́; *pl.* -и́, -ёв) Anteil; **на ~я́х** auf gemeinsame Kosten
па́йка *f* (5) Löten *n*; P → **паёк**
па́йщик *m* (1) Teilhaber; Mitglied *n*
пакга́уз *m* (1) Lagerhaus *n*, Lager *n*
паке́т *m* (1) Paket *n*; Tüte *f*; Päckchen *n*; versiegeltes Kuvert *n*; Dienstschreiben *n*; Bündel *n*
пакиста́н|ец *m* (1; -ца), **~ка** *f* (5; -ок) Pakistaner(in *f*); **~ский** (16) pakistanisch
па́кля *f* (6) Werg *n*
паков|а́ть (7), ⟨у-, за-⟩ einpacken, verpacken; **~ый** (14) Pack-
па́кост|ить (15) **1.** ⟨на-⟩ F gemein handeln (Д an *j-m*), Gemeinheiten begehen; P → **га́дить**; **2.** ⟨за-⟩ P verschmutzen; **~ник** [-sn-] F *m* (1) infamer Typ; → **~ный** [-sn-] F (14; -ен, -на) niederträchtig, gemein; scheußlich, mies; infam; **~ь** *f* (8) Gemeinheit; Sauerei; Zote
пала́т|а *f* (5) Kammer; Haus *n*; Amt *n*; Krankensaal *m*, Krankenzimmer *n*; † Gemach *n*; F **ума́ ~а** (**у** P *j-d*) ist ein heller Kopf; **~ка** *f* (5; -ок) Zelt *n*; Kiosk *m*; **~очный** (14) Zelt-
пала́ч *m* (1*e.*; -е́й) Henker
па́левый (14*K.*) strohgelb
палёный (14) angebrannt, versengt
па́л|ец *m* (1; -ьца) Finger (**по** Д *pl.* an *D*; **из** P *fig.* aus *Dpl.*); Zehe *f*; *Tech.* Stift; Zapfen, Bolzen; **как свой пять ~ьцев** F wie die eigene Westentasche, durch u. durch; **~ец о ~ец не уда́рить** *od.* **~ьцем не шевельну́ть** keinen Finger rühren; **смотре́ть сквозь ~ьцы** ein Auge zudrücken; F **~ьца в рот не клади́** (Д mit *j-m*) ist nicht gut Kirschen essen; **попа́сть ~ьцем в не́бо** F ins Blaue treffen; **крути́ть ~ьцем о́коло виска́** F *j-m* den Vogel zeigen; → **five на большо́й ~ец**
палиса́дник *m* (1) Vorgarten
пали́тра *f* (5) Palette
пали́ть (13*e.*) **1.** ⟨о-⟩ absengen, versengen; **2.** ⟨с-⟩ F niederbrennen; **3.** brennen (B *fig.* in *D*), sengen; **4.** F feuern
па́л|ица *f* (5) *hist.* Streitkeule; **~ка** *f* (5; -ок) Stock *m* (**с** T am); Spazierstock *m*; Skistock *m*; Stab *m*; Stiel *m*; Stange; **из-под ~ки** F gezwungenermaßen; **вставля́ть ~ки в колёса** F Knüppel zwischen die Beine werfen; → **коне́ц**
пало́мни|к *m* (1) Pilger; **~чать** (1) pilgern; **~чество** *n* (9) Wallfahrt *f*
па́лоч|ка *f* (5; -ек) Stöckchen *n*, Stäbchen *n*; *Mus.* Stab *m*; Schlegel *m*; Stiel *m* (**на** П am); Bazillus *m*; F Strich *m*; **~ный** (14) Stock-; *fig.* Kadaver-
па́луба *f* (5) Deck *n* (**на** П an *D*)
пальба́ F *f* (5) Feuer *n*, Schießerei
па́льма *f* (5) Palme
пальто́ *n* (*unv.*) Mantel *m*
паля́щий (17) sengend, glühend
памфле́т *m* (1) Schmähschrift *f*
па́мят|ка *f* (5; -ок) Merkblatt *n*, Merkzettel *m*; Merkbuch *n*; F Souvenir *n*; **~ливый** F (14 *K.*) mit gutem Gedächtnis; **~ник** *m* (1) Denkmal *n*; Mahnmal *n*, Grabmal *n*; **~ник Пу́шкину** Puschkindenkmal *n*; **~ный** (14; -ен, -на) denkwürdig; erinnerlich; (*o. K.*) Gedenk-, Erinnerungs-; Denk-; Notiz-, Merk-; **~уя** eingedenk (**о** П *G*); **~ь** *f* (8) Gedächtnis *n* (**на** B, **по** Д aus *D*); Andenken *n*, Gedenken *n* (**в** B/P *od.* **на** B/**о** П zum/an *A*); Erinnerung (**в** П in *A*); Besinnung (**в** П bei *D*); Gewohnheit (**по** Д aus *D*); *Comp.* Speicher *m*; **без ~и** (F **от** P) besinnungslos *od.* F wahnsinnig; F in *j-n* vernarrt *od.* von *j-m* begeistert; **на ~ь** auswendig; in den Sinn; **на ~и** (**у** P *j-d*) erinnert sich noch; **оста́вить по себе́ до́брую ~ь** in angenehmer Erinnerung bleiben
панеги́рик *m* (1) Lobrede *f*; Loblied *n*
пане́ль *f* (8) Bürgersteig *m*; Täfelung; Platte; **~ный** (14) Platten-; Decken-
панибра́тский F (16) kumpelhaft, ungeniert; unverfroren; → **запанибра́та**
па́ник|а *f* (5) Panik; **~ёр** F *m* (1) Panikmacher; **~ёрство** F *n* (9) Panikmache *f*
панихи́да *f* (5) Totenmesse
пани́ческий (16) panisch, Panik-
пансио́н *m* (1) Pension *f* (**на** П mit *D*); *ehm.* Pensionat *n* **~а́т** *m* (1) Pension *f*; Ferienheim *n*
панталы́к F → **сбива́ть(ся)**
панте́ра *f* (5) Panther *m*, Leopard *m*

П

па́нцирь *m* (4) Panzer, Harnisch
па́па *m* (5) **1.** Papa, Vati; **2.** Papst
папа́ха *f* (5) Pelzmütze (*Kosaken*)
папа́ша P *m* (5) Papachen *n*, Papi
папильо́тка *f* (5; -ток) Lockenwickel *m*
па́пин (19) Papas
папиро́с|а *f* (5) Zigarette, Papirossa; **~ница** *f* (5) Zigarettenetui *n*; **~ный** (14) Zigaretten-
па́пка *f* (5; -пок) Mappe; Aktendeckel *m*
па́поротник *m* (1) Farn, Farnkraut *n*
па́пс|кий (16) päpstlich; **~тво** *n* (9) Papsttum
пар *m* **1.** (1; -a/-y; в -у́; *Tech. pl. e.*) Dampf; ***на всех ~а́х*** mit Volldampf; ***идёт ~*** (***от*** P *N*) dampft; F → ***му́ха***; **2.** (1; *pl. e.*) Brache *f*; ***под ~ом*** brachliegend, brach, Brach-
па́р|а *f* (5) Paar *n* (T *pl.* in *D*); Doppelgespann *n* (***на*** П mit *D*); Zweiteiler *m*; Radsatz *m*; Pendant *n*; *präd.* F paßt (И/Д *j-d* zu *j-m*); ***~ами*** paarweise; ***~а брю́к*** F Hose; P ein paar; ***на ~у слов*** P auf ein Wort
парагва́|ец *m* (1; -йца), **~йка** *f* (5; -ек) Paraguayer(in *f*); **~йский** (16) paraguayisch
пара́д *m* (1) Parade *f* (***на*** П bei *D*); Aufmarsch, Umzug, Zug; F Gala *f*; Kluft *f*, Ornat, Wichs; **~ный** (14; -ен, -на) feierlich; (*o. K.*) Parade-, Gala-, Fest-, Prunk-, Haupt-; *Su. n* Haupteingang *m*
парадокса́льный (14; -лен, -льна) paradox
парази́т *m* (1) Schmarotzer; **~и́ровать** (7) schmarotzen; **~и́ческий** (16) parasitär, schmarotzerhaft
парали|зова́ть (7) *im(pf.)* lähmen; *fig.* lahmlegen; **~тик** F *m* (1) Gelähmte(r); **~ч** *m* (1*e.*; -ча́) Lähmung *f*, Paralyse *f*; ***разби́тый ~чо́м*** gelähmt
паралле́л|ь *f* (8) Parallele; *fig.* Vergleich *m*; *Geogr.* Breitenkreis *m*; **~ьный** (14; -ен, -ьна) parallel, Parallel-; → ***брус***
парапе́т *m* (1) Brüstung *f*, Geländer *n*; *hist.* Brustwehr *f*
пара́ша P *f* (5) Latrinenkübel *m*
парашю́т [-'ʃut] *m* (1) Fallschirm; **~и́ст** *m* (1) Fallschirmspringer; *Mil.* Fallschirmjäger; **~ный** (14) Fallschirm-
паре́ние *n* (12) Schweben
па́рен|ый (14) gedämpft; ***деше́вле ~ой ре́пы*** P spottbillig; ***про́ще ~ой ре́пы*** P kinderleicht
па́рень F *m* (4; -рня; *ab Gpl. e.*) junger Mann, Bursche; Kerl
пари́ *n* (*unv.*) Wette *f*; ***держа́ть** od.* ***идти́ на ~*** wetten; ***~** od.* ***хо́чешь ~?*** wetten wir?
париж|а́нин *m* (1; *pl.* -а́не, -а́н), **~а́нка** *f* (5; -нок) Pariser(in *f*); **~ский** (16) Pariser
пари́к *m* (1) Perücke *f*; **~ма́хер** *m* (1) Friseur; **~ма́херская** *f* (14) Friseursalon *m*; **~ма́херша** F *f* (5) Friseuse
пари́ровать (7), ⟨от-⟩ abwehren
па́рит|ь[1] (13) **1.** ⟨у-⟩ dämpfen; **2.** ⟨вы́-⟩ → ***выпа́ривать***; **~** es ist schwül, drückend heiß; **-ся**, ⟨вы́-⟩ F im Dampfbad schwitzen; **~ь**[2] (13*e.*) schweben; *Flgw.* segeln
парк *m* (1) Park, Parkanlage *f*; Depot *n*; Betriebshof; Bestand
парке́т *m* (1) Parkett *n*, Parkettboden
парла́мент *m* (1) Parlament *n*; **~а́рный** (14) parlamentarisch; **~ёр** *m* (1) Unterhändler; **~ский** (16) Parlaments-; → ***~а́рный***
парни́к *m* (1*e.*) Frühbeet *n*; **~о́вый** (14) Treibhaus-
парни́шка F *m* (5; -шек) Bürschchen *n*
парно́й (14) Frisch-; kuhwarm
парн|окопы́тные *pl.* (14) Paarhufer *m/pl.*; **~ый** (14) paarig; gepaart; zweispännig; *Sp.* Paar-, Doppel-
парово́|з *m* (1) Dampflokomotive *f*; **~й** (14) Dampf-; gedämpft; *Agr.* Brach-
пароди́|йный (14; -ен, -йна) parodistisch; **~ровать** (7) *im(pf.)* parodieren; **~я** *f* (7) Parodie; Karikatur (***на*** В *G*)
паро́ль *m* (4) Parole *f*, Losungswort *n*
паро́м *m* (1) Fähre *f*; Fährschiff *n*; **~щик** *m* (1) Fährmann
парохо́д *m* (1) Dampfer (***на*** П mit *D*); **~ный** (14) Dampfer-; Schiffs-; → **~ство** *n* (9) Schiffahrtsgesellschaft *f*, Reederei *f*; † Schiffahrt *f*
па́рочка F *f* (5; -чек) Pärchen *n*
па́рта *f* (5) Schulbank (*a.* ***за*** T auf *D*)
парт|акти́в *m* (1) Parteiaktiv *n*, Partei-

funktionäre *m/pl.* (*SU*); **~биле́т** *m* (1) Parteibuch *n*; **~бюро́** *n* (*unv.*) Parteileitung *f*
парте́р [-'tɛr] *m* (1) *Thea.* Parkett *n*
парти́|ец F *m* (1; -йца) Parteimitglied *n*; **~за́нский** (16) Partisanen-; **~йность** *f* (8) Parteizugehörigkeit; **~йный** (14; -ен, -йна) parteimäßig; parteilich; (*o. K.*) Partei-; *Su. m* F → **~ец**; **~я** *f* (7) Partei; Trupp *m*, Gruppe; *Hdl.*, *Sp.* Partie (T *pl.* in *D*), Posten *m*; *Sp.* Satz *m*; *Mus.* Part *m*, Partie
партнёр *m* (1) Partner; Mitspieler, Gegenspieler; **~ство** *n* (9) Partnerschaft *f*; **~ша** F *f* (5) Partnerin
па́рус *m* (1; *pl. e.*, *N* -а́) Segel *n*; → ***идти́, пар 1***; **~и́на** *f* (5) Segeltuch *n*; **~и́новый** (14) aus Segeltuch; Leinen-; **~ник** *m* (1) Segelschiff *n*, Segler; **~ный** (14) Segel-
парфюме́р|ия *f* (7) Parfümerie; **~ный** (14) Parfüm-, Parfümerie-; ***~ный магази́н*** *m* Parfümerie *f*
парч|а́ *f* (5; -ей) Brokat *m*; **~о́вый** (14) Brokat-
парш|а́ *f* (5) Grind *m*, Schorf *m*; **~и́веть** F (8), 〈за-, о-〉 räudig werden; **~и́вец** P *m* (1; -вца) Mistkerl; **~и́вка** P *f* (5; -вок) Luder *n*; **~и́вый** (14*K.*) grindig, räudig; F mies, elend
па́се|ка *f* (5) Bienenstand *m*, Imkerei; **~чник** *m* (1) Imker, Bienenzüchter
па́сквиль *m* (4) Schmähschrift *f*
паску́д|а P *m/f* (5) Miststück *n*; **~ить** P (15) → ***па́чкать***; versauen; **~ный** P (14; -ен, -на) widerlich, ekelhaft, hundsgemein
па́смурный (14; -рен, -рна) trübe; dunkel; *fig.* finster, düster
пасова́ть (7) 〈с-〉 passen; *Sp.* geben (Д zu *D*); *fig.* sich geschlagen geben
па́спорт *m* (1; *pl. e.*, *N* -а́) Paß; Stammkarte *f*; Datenblatt *n*; *Kfz.* Brief; **~ный** (14) Paß-; Melde-
пасса́ж *m* (1; -ей) Passage *f*; Durchgang; Basar; F † Überraschung *f*
пассажи́р *m* (1) Fahrgast, Fluggast, Reisende(r); **~ский** (16) *Esb.* Personen-; Reise-, Reisezug-; *Flgw.* Verkehrs-
пасси́в *m* (1) *Fin.* Passiva *n/pl.*; *Gr.* Passiv *n*, Leideform *f*; *fig.* Minus *n*; **~ность** *f* (8) Passivität; **~ный** (14; -ен, -на) passiv; (*o. K.*) *Gr.* passivisch
па́стбище *n* (11) Weide *f*; Alm *f*
па́ства *f* (5) *Rel.* Gemeinde
пасте́ль [-'tɛl] *f* (8) Pastellstift *m*
пастериз|а́ция [-tɛ-] *f* (7) Pasteurisierung; **~ова́ть** (7) *im(pf.)* pasteurisieren
пастерна́к *m* (1) Pastinake *f*
пасти́ (25 -с-) weiden (*v/i* **-сь**), hüten
пастила́ *f* (5; *pl. st.* ~) Fruchtkonfekt *n*
пасту́|х *m* (1*e.*) Hirt; **~шеский** (16), **~ший** (18) Hirten-; Schäfer-
па́стырь *m* (4) Seelsorger
пасть[1] → ***па́дать 2***
пасть[2] *f* (8) Rachen *m*
Па́сха *f* (5) Ostern *n* (***на*** B zu); ♀ Osterkuchen *m*; Passahfest *n*; **~льный** (14) Oster-, österlich
па́сынок *m* (1; -нка) Stiefsohn; *fig.* Stiefkind *n*
пате́нтова́ть (7) *im(pf.)*, 〈за-〉 patentieren
патети́ческий [-tɛ-] (16) pathetisch
па́тока *f* (5) Melasse, Sirup *m*
пато́лог *m* (1) Pathologe; **~и́ческий** (16) pathologisch; **~ия** *f* (7) Pathologie
патриар|ха́льный (14; -лен, -льна) patriarchalisch; **~хия** *f* (7) Patriarchat *n*; **~ший** (17) Patriarchen-
патриоти́ческий (16) patriotisch
патро́н *m* (1) Patrone *f*; Hülse *f*; *El.* Fassung *f*; *Tech.* Einsatz; Futter *n*; Schnittmuster *n*; **~та́ш** *m* (1; -ей) Patronengürtel, Patronentasche *f*
патрул|и́ровать (7) patrouillieren (B vor *D*); **~ь** *m* (4*e.*) Streife *f*, Patrouille *f*; **~ьный** (14) Patrouillen-, Streifen-
па́уза *f* (5) Pause
пау́|к *m* (1*e.*) Spinne *f*; **~ти́на** *f* (5) Spinngewebe *n*
па́фос *m* (1) Pathos *n*; Schwung, Begeisterung *f*; Idee *f*, Gehalt
пах *m* (1; в -у́) *Anat.* Leiste *f*
па́ха|рь *m* (4) Pflüger, Ackerbauer; **~ть** (3), 〈вс-〉 pflügen, ackern
па́хн|уть[1] (21) riechen (*a. fig.*; T nach *D*); duften; F stinken; blühen (T/***для*** P *N j-m*); ***де́ло ~ет кероси́ном*** P *et.* sieht schlecht aus; **~у́ть**[2] (20) *pf.* wehen; strömen, einströmen; schlagen (T *N*)
пахово́й (14) Leisten-
па́хот|а *f* (5) Pflügen *n*, Ackern *n*; Akker *m*; **~ный** (14) Acker-

П

пáхта *f* (5) Buttermilch
пахýчий (17*K.*) duftend, stark riechend
пацáн P *m* (1*e.*) Bengel
пáче → ***тем, чáяние***
пáчка *f* (5; -чек) Päckchen *n*, Packung; Bündel *n*, Stoß *m*; Brief *m*; Ballettröckchen *n*, Tutu *n*
пáчк|ать (1) **1.** ⟨вы́-, за-, ис-⟩ beschmutzen, sich beschmutzen; **2.** ⟨за-⟩ *fig.* beflecken, besudeln; **3.** ⟨на-⟩ → ***гáдить***; **-ся**, ⟨за-, ис-⟩ schmutzig werden; *impf.* F *fig.* sich die Hände schmutzig machen; **~отня́** F *f* (6) Schmiererei; **~ýн** F *m* (1*e.*) Schmierfink; Pfuscher
пáшня *f* (6; -шен) Acker *m*
паштéт *m* (1; -а/-у) Pastete *f*
пáюсный (14) gepreßt (*Kaviar*)
пая́|льник *m* (1) Lötkolben; **~льный** (14) Löt-; **~ние** *n* (12) Löten
пая́сничать F (1) Faxen machen
пая́ть (28) löten
пая́ц *m* (1) F Hanswurst; † Clown
пев|éц *m* (1; -цá), **~и́ца** *f* (5) Sänger(in *f*); **~ýн** F *m* (1*e.*) sangesfreudiger Mensch; → **~éц**; **~ýчий** (17*K.*) melodisch, wohlklingend; singend; **~́ческий** (16) Gesangs-; Sänger-; **~́чий** (17) Sing-; *Su. m* Chorsänger
пéгий (16*K.*) scheckig; *Su. f* Schecke *m*
педагóг *m* (1) Pädagoge(-gin *f*), Lehrer(in *f*); **~и́ческий** (16) pädagogisch; Lehr-, Lehrer-; **~и́чный** (14; -чен, -чна) pädagogisch wirksam; lehrhaft
педáль *f* (8) Pedal *n*, Fußhebel *m*
педанти́|зм *m* (1) Pedanterie *f*; **~ческий** (16), **~чный** (14; -чен, -чна) pedantisch, peinlich genau
педиáтр *m* (1) Kinderarzt
педикю́р *m* (1) Pediküre *f*
пединститýт *m* (1) pädagogische Hochschule *f*
пейзáж *m* (1; -ей) Landschaft *f*; Landschaftsbild *n*; *Lit.* Naturschilderung *f*; **~и́ст** *m* (1) Landschaftsmaler; **~ный** (14) Landschafts-
пекáр|ный (14) Back-; **~ня** *f* (6; -ен) Bäckerei; **~́ский** (16) Bäcker-; **~́ь** *m* (4; *pl. a. e.*, *N* -я́) Bäcker
пéкло F *n* (9) Hölle *f*, Inferno; infernalische Glut *f od.* Hitze *f*
пеленá *f* (5; -лён) Schleier *m*; Decke; *fig.* Schuppen *f/pl.* (***у*** P *j-m*)
пеленáть (1), ⟨за-, с-⟩ wickeln
пéленг *m* (1) Peilung *f*; **~овáть** (7) *im(pf.)*, ⟨за-⟩ peilen, anpeilen
пелён|ка *f* (5; -ок) Windel; ***с ~ок*** von klein auf; ***вы́йти из ~ок*** aus den Kinderschuhen heraus sein
пельмéни *m/pl.* (4) Maultaschen *f/pl.*
пéмза *f* (5) Bimsstein *m*
пéна *f* (5) Schaum *m* (***с*** T / ***у*** P *fig.* mit *D* vor *D*); Gischt *m*
пенáл *m* (1) Federkasten
пенáльти *m* (*unv.*) Elfmeter
пéние *n* (12) Singen, Gesang *m*
пéн|истый (14*K.*) schaumig, Schaum-; schäumend; **~иться** (13), ⟨вс-⟩ schäumen, *pf.* aufschäumen; perlen; sprudeln; **~ка** *f* (5; -ок) Haut; Meerschaum *m*; *pl. fig.* Rahm *m*
пéночка *f* (5; -чек) Laubsänger *m*
пенси|онéр *m* (1) Rentner; **~óнный** (14) Renten-; **~́я** Rente (***на*** B in); Ruhestand *m* (***на*** П im); Ruhegehalt *n*
пенснé [-'nɛ] *n* (*unv.*) Kneifer *m*
пéнтюх P *m* (1) Tölpel; Trampel
пень *m* (4; пня) Baumstumpf; P *fig.* Klotz; ***через ~ колóду*** F mehr schlecht als recht
пеньк|á *f* (5) Hanf *m*; **~óвый** (14) Hanf-
пéня *f* (6; -ней) Verzugszinsen *m/pl.*, Geldstrafe
пеня́|ть F (28) **1.** ⟨по-⟩ Vorwürfe machen (***за*** B wegen *G*), *et.* vorwerfen; **2.** sich beklagen *od.* beschweren (***на*** B bei *D*); ***~й на себя́!*** F das hast du dir selber zuzuschreiben!
пéпел *m* (1; -пла) Asche *f*; **~и́ще** *n* (11) Brandstätte *f* (***на*** П an *D*); *fig.* heimischer Herd *m*; **~ьница** *f* (5) Aschenbecher *m*; **~ьный** (14) aschgrau, aschblond
первé|йший F (17) allerbester; allerwichtigster; **~́нец** *m* (1; -нца) Erstgeborene(r); *fig.* Erstling; Erstlingswerk *n*; **~́нство** *n* (8) Vorrang *m*; erster Platz *m*, Führung *f*; ***. . . ~́нства*** Sieges-; ***~́нство по футбóлу*** Fußballmeisterschaft *f* (***на*** B um *A*, *G*); **~́нствовать** (7) Erster *od.* Sieger sein; in Führung liegen; **~́нствующий** (17) vorrangig, führend; wesentlichste(r)
перви́чный (14; -чен, -чна) primär; (*o. K.*) Primär-; Ur-, Grund-; Erst-
перво|бы́тный (14; -тен, -тна) ur-

П

sprünglich; primitiv; einfach; (*o. K.*) Ur-; **～е** *n* (14) *Kochk.* erster Gang *m* (***на*** В als); **～зда́нный** (14; -а́нен, -нна) ursprünglich, rein; F reinst; **～исто́чник** *m* (1) Urquelle *f*; Urtext, Original *n*; **～кла́ссник** *m* (1) Schüler der ersten Klasse; **～кла́ссный** (14; -сен, -сна) erstklassig, erstrangig; (*o. K.*) Spitzen-; erster Klasse; **～ку́рсник** *m* (1) Student im ersten Studienjahr (*1./2. Semester*); **Ձма́й** *m* (3) Erste(r) Mai; **～ма́йский** (16) Mai-; **～-на́перво** P zuallererst, zunächst; **～нача́льный** (14; -лен, -льна) ursprünglich; anfänglich; eigentlich; (*o. K.*) Elementar-, Grund-; Erst-; *Fin.* Stamm-; **～о́браз** *m* (1) Prototyp, Urbild *n*; **～осно́ва** *f* (5) Urgrund *m*; **～очередно́й, ～очерёдный** (14; -ёден, -дна) vordringlich, vorrangig; **～печа́тный** (14) *Typ.* Erst-; Wiegen-; **～причи́на** *f* (5) Grundursache; **～разря́дный** (14) erstklassig; **～ро́дный** (14) angeboren; † erstgeboren; Ur-; → ***～зда́нный***; **～со́ртный** (14; -тен, -тна) erster Qualität; F → ***～кла́ссный***; **～степе́нный** (14; -е́нен, -нна) erstrangig, überragend; **～цве́т** *m* (1) Primel *f*

пе́рв|ый (14) erste(r) (T als); erstere(r), jener; beste(r); größte(r); erstbeste(r); Vorder-; *Arch.* Erd-; *Mar.* Jungfern-; *Su. m* Primus; → ***пя́тый***; ***～ое вре́мя*** zuerst, anfangs; ***～ым де́лом*** *od.* ***до́лгом*** vor allem, zunächst; ***с ～ого взгля́да*** auf den ersten Blick; → ***встре́чный***

пер|де́ть V (15*e.*), *einm.* ⟨**～нуть**⟩ (20) V furzen

переадресо́в|ывать (1), ⟨**～а́ть**⟩ (7) umadressieren; weiterleiten (Д an *A*)

перебази́ровать (7) *im*(*pf.*) verlegen

перебаллотиро́вка *f* (5) Stichwahl

переб|а́рщивать P (1), ⟨**-орщи́ть**⟩ (16*e.*) übertreiben; → ***перестара́ться***

перебе|га́ть (1), ⟨**-жа́ть**⟩ (-гу́, -жи́шь, -гу́т) hinüberlaufen, (В, ***через*** В über, durch *A*) laufen, rennen; **～жка** *f* (5; -жек) Überlaufen *n*; **～жчик** [-ʃtʃ-] *m* (1) Überläufer

перебеси́ться (15) *pf.* tollwütig *od.* F toll werden; F sich die Hörner abstoßen

переб|ива́ть (1), ⟨**～и́ть**⟩ (-бью́, -бьёшь; → ***бить***) erschlagen; alles *od.* viel ... zerschlagen, zusammenschlagen; brechen, zerbrechen; unterbrechen; neu beziehen; F wegschnappen (***у*** P *j-m*); überqueren; **-ся** F sich durchschlagen, durchkommen; stocken; *impf.* abwechseln; ***-ся с хле́ба на квас*** F von der Hand in den Mund leben

перебинтова́ть (7) *pf.* neu verbinden

переб|ира́ть (1), ⟨**～ра́ть**⟩ (-еру́, -ерёшь; → ***брать***) sichten, durchsehen, durchmustern; auslesen, aussortieren; *Typ.* neu setzen; *fig.* Revue passieren *od.* vorüberziehen lassen; alles *od.* zuviel nehmen; *impf.* gleiten (В über *A*); nesteln (an *D*); zappeln; **-ся** F durchqueren, überqueren (***через*** В *A*); hinübergelangen; umziehen

переби́ть(ся) → ***перебива́ть(ся)***

перебо́|й *m* (3) Stockung *f*, Unterbrechung *f*; Störung *f*, Schwierigkeit *f*; *pl.* *Med.* Aussetzen *n*; ***с ～ями*** unregelmäßig

переболе́ть (8) *pf.* überstehen (T *A*); reihum durchmachen

перебо́р F *m* (1) Überschuß; Anschlagen *n*; **～ка** *f* (5; -ок) Trennwand; *Mar.* Schott *n*; → ***перебира́ть***

переборо́ть (17) *pf.* überwinden; *fig.* bezwingen

переборщи́ть → ***переба́рщивать***

перебра́н|иваться F (1) miteinander keifen; **～и́ться** F (13*e.*) *pf.* sich mit allen ... verzanken; **～ка** F *f* (5; -ок) Gezänk *n*, Geplänkel *n*, Wortwechsel *m*

перебр|а́сывать (1), ⟨**～о́сить**⟩ (15) hinüberwerfen, (***через*** В über *A*) werfen; eilig versetzen, verlegen; schleusen; *Brücke* schlagen; F hinschaffen; → **-ся** hinüberspringen, überspringen; übergreifen, sich ausbreiten; sich zuwerfen (T *A*), *fig.* wechseln; F im Eilmarsch überqueren; sich begeben

перебра́ть(ся) → ***перебира́ть(ся)***

переброди́ть (15) *pf.* ausgären, übergären

перебр|оса́ть (1) *pf.* alle *od.* alles ... werfen; **～о́сить(ся)** → ***～а́сывать(ся)***; **～о́ска** *f* (5) Verlegung *f*; → ***～а́сывать***

перебуди́ть (15) *pf.* alle ... aufwecken

перебыва́ть (1) *pf.* alle *od.* viele ... besuchen (***у*** P *A*; ***в, на*** П *A*); sein; haben (***у*** P *N*)

перевáл *m* (1) Paß; Übergang; **~ивать** (1), ⟨**~и́ть**⟩ (13) überqueren (***через*** B *A*), steigen (über *A*; F ***за*** B auf, über *A*), F wälzen, schieben, ziehen; F *unpers.* vorbei sein; ***~и́ло*** (Д/***за*** B *j-d*) ist *od.* war (über *A*); **-ся** *impf.* F watscheln; **~ка** *f* (5) Umladen *n*; → **~очный** (14) Umschlag-

перевáр|ивать (1), ⟨**~и́ть**⟩ (13) verdauen; noch einmal kochen; zerkochen; *impf.* F ausstehen *od.* riechen können; **-ся** *pf.* zerkocht *od.* verdaut sein

перевезти́ → ***перевози́ть***

перевёр|тывать (1), ⟨**~ну́ть**⟩ (20) umdrehen, wenden; umkehren; umblättern; F umkippen; durchwühlen; *fig.* umkrempeln; *pf.* aus den Angeln heben; **-ся** sich drehen; kippen, *Mar.* kentern; F sich total verändern; **~тыш** F *m* (1; -ей) Wendehals

перевéс *m* (1) Übergewicht *n*, Übermacht *f*; *fig.* Überlegenheit *f* (***над*** T über *A*); **~сить(ся)** → ***~шивать(ся)***

перевести́(сь) → ***переводи́ть(ся)***

перевé|шать (1) *pf.* alle . . . aufhängen; **~шивать** (1), ⟨**~сить**⟩ (15) umhängen; nachwiegen, überwiegen; F mehr wiegen (B als *N*); **-ся** sich beugen (***через*** B über *A*); überhängen

переви|вáть (1), ⟨**-́ть**⟩ (-вью́, -вьёшь; → ***вить***) umwinden; durchflechten, verflechten

перевидáть F (1) *pf.* viel . . . sehen

перев|ирáть F (1), ⟨**~рáть**⟩ (-ру́, -ёшь; -́ранный) falsch singen; entstellen

переви́ть → ***перевивáть***

перевóд *m* (1) Versetzung *f*; → ***~и́ть***; Übersetzung *f* (***с*** P/***на*** B aus *D* ins); *Fin.* Überweisung *f*, Anweisung *f*; **~и́ть** (15), ⟨перевести́⟩ (25) hinüberführen, (***через*** B über *A*) führen, bringen; umstellen; versetzen, verlegen, verlagern; übersetzen; dolmetschen; *Fin.* überweisen; transferieren, umrechnen (***на*** B in *A*); überschreiben (***на*** B *j-m*); *Blick* wenden (zu *D*); *Atem* holen; durchpausen, *Bild* abziehen; F vertilgen; vergeuden; ***не ~я́ дыхáния*** in e-m Atemzug; **-ся**, ⟨-сь⟩ überwechseln; sich versetzen lassen; umgestuft werden; F aussterben; ausgehen (***у*** P *j-m*), alle sein; ***не ~и́тся*** es gibt (***у*** P *j-d* hat) immer reichlich; **~нóй** (14) Paus-, Kohle-; Abzieh-; → **~дный** (14) übersetzt, Übersetzungs-; *Fin.* gezogen; transferabel; → **~**; **~ческий** (16) Übersetzer-; → **~чик** *m* (1), **~чица** *f* (5) Übersetzer(in *f*); Dolmetscher(in *f*)

перевóз *m* (1) Beförderung *f*, Transport; Überfahrt *f*; F Fähre *f*; **~и́ть** (15), ⟨перевезти́⟩ (24) hinüberfahren, (***через*** B über *A*) fahren, bringen; übersetzen; befördern; **~ка** *f* (5; -ок) Transport *m*; → **~**; **~очный** (14) Beförderungs-; → ***~ка***; **~чик** [-ʃʃ-] *m* (1) Fährmann

перевооруж|éние *n* (12) Umrüstung *f*; → **~áть** (1), ⟨**~и́ть**⟩ (16*e.*) umrüsten, wiederaufrüsten; neu bewaffnen *od.* ausrüsten

перевопло|щáться (1), ⟨**~ти́ться**⟩ (15*e.*; -т/щ-) sich hineinleben, hineinwachsen; → **~щéние** *n* (12) Verwandlung *f*; Reinkarnation *f*

перев|орáчивать(ся) → ***~ёртывать(ся)***; **~орóт** *m* (1) Umwälzung *f*, Umsturz; Revolution *f*; *Pol.* Streich

перевоспит|áние *n* (12) Umerziehung *f*; **~ывать** [-'pi-], ⟨**~áть**⟩ (1) umerziehen

переврáть → ***перевирáть***

перевы́боры *pl.* (1) Neuwahlen *f/pl.*

перевыполн|éние *n* (12) Übererfüllung *f*; **~я́ть** (28), ⟨**~ить**⟩ (13) übererfüllen

перевя́з|ка *f* (5, -ок) Verbinden *n*; Verband *m*; **~очный** (14) Verband(s)-; *Su. f* Verbandraum *m*; **~ывать** (1), ⟨**~áть**⟩ (3) verbinden; zubinden, abbinden; umbinden; zuschnüren, zusammenschnüren; umstricken, umhäkeln; alle . . . fesseln; **~ь** *f* (8) Schulterriemen *m*; Schlinge (***на*** П in *D*); Schärpe

перегáр F *m* (1; -а/-у) Alkoholgeruch

перег|и́б *m* (1) Biegung *f*; Knick (***на*** П an *D*); Überspitzung *f*, Übergriff; **~ибáть** (1), ⟨**~ну́ть**⟩ (20; -́нутый) umbiegen; falten; neigen; F überzogen handeln (***с*** T gegenüber *D*), zu weit gehen; ***~ну́ть пáлку*** F den Bogen überspannen; **-ся** sich biegen *od.* beugen (***через*** B über *A*)

перегля́|дываться F (1), *einm.* ⟨**~ну́ться**⟩ (19) *impf.* Blicke, *pf.* e-n Blick wechseln

П

перегна́ть → ***перегоня́ть***

перегн|ива́ть (1), ⟨**~и́ть**⟩ (-иёт; -ила́) vermodern; F durchfaulen; **~о́й** *m* (3) Humus; **~о́йный** (14) Humus-

перегну́ть(ся) → ***перегиба́ть(ся)***

перегов|а́риваться (1) sich unterhalten, plaudern; **~ори́ть** (13*e.*) *pf.* sprechen, kurz sprechen; F im Reden überbieten *od.* übertönen; **~о́рный** (14) Fernsprech-; Sprech-; **~о́ры** *pl.* (1) Verhandlungen *f/pl.*; Gespräch(e *pl.*) *n*; *fig.* Handel *m*

перег|о́н *m* (1) Austreiben *n*; Fahrt *f*; Streckenabschnitt (***на*** П in *D*); **~о́нка** *f* (5) Destillation; **~о́нный** (14) Destillier-; **~оня́ть** (28), ⟨**~на́ть**⟩ (-оню́, -́нишь; -ла́; -́нанный) treiben, hinübertreiben; überholen; *fig.* übertreffen; destillieren (***на*** В zu *D*); F fahren, fliegen, bringen; überanstrengen

перегор|а́живать (1), ⟨**~оди́ть**⟩ (15) durch e-e Zwischenwand trennen, abteilen; absperren, abzäunen

перегор|а́ть (1), ⟨**~е́ть**⟩ (9) durchbrennen; verbrennen; *fig.* abklingen, abstumpfen; F anbrennen; **~е́лый** (14) verbrannt; faulig

перегор|оди́ть → ***~а́живать***; **~о́дка** *f* (5; -док) Trennwand, Zwischenwand; Verschlag *m*; *fig.* Scheidewand

перегре́|в *m* (1) Überhitzung *f*; **~ва́ть** (1), ⟨**~ть**⟩ (8; -тый) überhitzen

перегру|жа́ть (1), ⟨**~зи́ть**⟩ (15/15*e.*) umladen; überladen, überlasten; **-ся** überladen *od.* überlastet sein; **~́зка** *f* (5) Umladung; Überladung; → ***~жа́ть***

перегруппиро́в|ывать (1), ⟨**~а́ть**⟩ (7) *pf.* umgruppieren; **~ка** *f* (5; -ок) Umgruppierung

перегрыз|а́ть (1), ⟨**~́ть**⟩ (24; *Prät. st.*) durchnagen, durchbeißen; alle ... reißen *od.* knacken; *fig.* F abschneiden; **-ся** F sich herumbeißen *od.* herumzanken; sich an die Gurgel springen

пе́ред[1], **~о** (T) vor (*D*; *A*); gegenüber (*D*); *Zeit*: *a.* gegen (*A*); im Vergleich zu *od.* verglichen mit (*D*); in *j-s* Anwesenheit; ***~ тем как*** (*a.* + *Inf.*) bevor (+ *Ind.*)

перёд[2] *m* (1; ''-а; *pl. e.*, *N* -а́) Vorderteil; Vorderseite *f*

переда|ва́ть (5), ⟨**~́ть**⟩ (-́м, -́шь; → ***дать***; -л, -ла́; -́нный: -на́) übergeben, überreichen; überbringen, übermitteln; übereignen; weitergeben; durchgeben; *fig.* wiedergeben; zuleiten, weiterleiten, weiterreichen (***в*** В *D*, an *A*), vermitteln; mitteilen, ausrichten; *Med.* übertragen; *Rdf.* senden (***по*** Д über *A*, in *D*); *Sp.* passen; *Tech.* nehmen; *Jur.* bringen (***в*** В vor *A*); *fig.* anheimstellen (***на*** В *D*); F zuviel geben; **-ся** übergehen (В auf *j-n*), sich vererben; **~́точный** (14) Übertragungs-, Übersetzungs-; → ***~́ча***; **~́тчик** *m* (1) Sender; Überbringer; **~́ча** *f* (5) Wiedergabe; Übergabe, Übermittlung, Übertragung; → ***~ва́ть***; Sendung; Funk *m*; Paket *n*, Sachen *f/pl.*; *Tech.* Antrieb *m*, Transmission; Übersetzung

передви|га́ть (1), ⟨**~́нуть**⟩ (20) verschieben (*a. fig.*), rücken; *Uhrzeiger* stellen; *Termin* verlegen; F versetzen; **-ся** *impf.* sich fortbewegen; *pf.* den Standort wechseln; **~же́ние** *n* (12) Bewegung *f*, Fortbewegung *f*; Verschiebung *f*; Verlegung *f*; Transport(e *pl.*) *m*; ***... ~же́ния*** Beförderungs-, Verkehrs-; **~́жка** F *f* (5; -́жек) Verschiebung *f*; ***...-~́жка*** → **~жно́й** (14) Wander-; verschiebbar; verstellbar; fahrbar, Fahr-

переде́л *m* (1) Umverteilung *f*; Neuaufteilung *f*

переде́лать → ***переде́лывать***

переддели́ть → ***переделя́ть***

переде́л|ка *f* (5; -ок) Umarbeitung; Umbau *m*; → ***~ывать***; F Zwickmühle, Schlamassel *m*; **~ывать,** ⟨**~ать**⟩ (1) umarbeiten, ändern *od.* umändern lassen; umbauen, umgestalten, umformen; F erledigen; schmeißen

передел|я́ть (28), ⟨**~и́ть**⟩ (13) umverteilen; neu aufteilen; trennen

передёр|гивать (1), ⟨**~нуть**⟩ (20) zucken (*a.* В mit *D*; Т *a.* *A*); ziehen, verziehen; F unterschieben; mogeln; verdrehen; *unpers.* → **-ся** zusammenzucken, zusammenfahren

переде́рж|ивать (1), ⟨**~а́ть**⟩ (4) zu lange lassen, belassen; *Fot.* überbelichten, überentwickeln; *Examen* nochmals ablegen; **~ка** *f* (5; -ек) Überbelichtung; F Mogelei; Verdrehung

передёрнуть(ся) → ***передёргивать(ся)***

пере́дн|ий (15) vordere(r), Vorder-; *Tech.* Vorwärts-; *Mil.* vorderste(r); **~ик** *m* (1) Schürze *f*; **~яя** *f* (15) Vorzimmer *n*

пе́редо → ***пе́ред***[1]; **~ва́я** *f* (14) → ***~ви́ца***; vorderste Linie (***на*** П in *D*); **~веря́ть** (28), ⟨~ве́рить⟩ (13) delegieren (Д an *j-n*); **~ви́к** *m* F (1*e.*) Bestarbeiter; *präd.* → ***~во́й***; **~ви́ца** F *f* (5) Leitartikel *m*; **~во́й** (14) vorderst; Vor-; *Mil.* vorgeschoben; fortschrittlich; modern; führend, Spitzen-, Best-; Leit-; **~́к** *m* (1; -дка́) Vorderteil, Vordergestell *n*; *Mil.* Protze *f*

передохну́ть[1] (20) *pf.* Atem holen; e-n Seufzer tun; F verschnaufen, sich etwas erholen; **~́**[2] F (21) viele: ... verenden, krepieren

передра́зн|ивать (1), ⟨~и́ть⟩ (13; *a.* -́ённый) nachäffen, nachmachen

передря́га F *f* (5) → ***переде́лка*** F

переду́м|ывать, ⟨~ать⟩ (1) es sich anders überlegen, s-e Meinung ändern; F nachdenken (*a.* В über *A*)

передуши́ть F (16) *pf.* alle *od.* viele ... erwürgen

переды́шка *f* (5; -шек) Atempause, Verschnaufpause; F Unterbrechung

перее|да́ть (1), ⟨~́сть⟩ (-́м, -́шь; → ***есть***[1]) zuviel essen; sich (Р an *D*) überessen; zerfressen; F aufessen

перее́|зд *m* (1) Überfahrt *f*, (***через*** В *G*) Überquerung *f*; Umzug; *a. Esb.* Übergang (***на*** П an *D*); **~зжа́ть** [-ʒʒ-] (1), ⟨~хать⟩ (-ду, -дешь; -зжа́й!) überqueren, (***через*** В über *A*) fahren; umziehen, ziehen; F überfahren

перее́сть → ***перееда́ть***

перее́хать → ***переезжа́ть***

пережа́рить (13) *pf.* zu stark braten, verbraten (**-ся** *v/i*); F alle ... braten

пережда́ть → ***пережида́ть***

пережёв|ывать (1), ⟨~̈а́ть⟩ (6*e.*; -у-) zerkauen; F (*fig. impf.*) wiederkäuen

пережéчь → ***пережига́ть***

пережи|ва́ние *n* (12) Erlebnis; Gemütsbewegung *f*; → **~ва́ть** (1), ⟨~ть⟩ (-ву́, -вёшь; -́л, -ла́; -́тый: -та́) erleben, durchleben, durchmachen; überleben, überstehen, überdauern; sich hineinleben (В in *A*); *impf.* F sich zu Herzen nehmen, sich (***за*** В um *A*) Sorgen machen; ***~́ть себя́*** weiterleben

переж|ига́ть (1), ⟨~е́чь⟩ (26 -г/ж-; -гу́, -жёшь; → ***жечь***) zu stark brennen *od.* rösten; durchbrennen *od.* durchbrennen lassen; durchätzen; alles ... verbrennen; zuviel ... verbrauchen

переж|ида́ть (1), ⟨~да́ть⟩ (-ду́, -дёшь; -ла́) abwarten, warten; ein wenig warten

пережи́|ток *m* (1; -тка) Überbleibsel *n*, Überrest; **~ть** → ***~ва́ть***

перезабы́|ть F (-бу́ду, -дешь; -тый) *pf.* alles vergessen, total vergessen

перезаключи́ть (16*e.*) *pf.* erneuern

перезаря|жа́ть (1), ⟨~ди́ть⟩ (15*e.*/15) durchladen, neu aufladen; ***~ди́ть фотоаппара́т*** e-n neuen Film einlegen

перезво́н *m* (1) Glockengeläut *n*; **~и́ть** F (13*e.*) zurückrufen, nochmals anrufen (Д *j-n*); alle ... anrufen

перезимо́вывать (1) → ***зимова́ть***

перезнако́мить F (14) *pf.* alle ... *od.* miteinander bekannt machen

перезре́ть (8) *pf.* überreif werden

переигр|ывать, ⟨~а́ть⟩ (1) *Spiel* wiederholen; alle ... spielen; *Thea.* überzeichnen; F überspielen

переизб|ира́ть (1), ⟨~ра́ть⟩ (-еру́, -рёшь; -ла́; -́ранный) neu wählen, wiederwählen; **~ра́ние** *n* (12) Wiederwahl *f*, Neuwahl *f*

переизд|ава́ть (5), ⟨~а́ть⟩ (-а́м, -а́шь; → ***дать***; -ла́; -́анный: -ана́) wieder auflegen; **~а́ние** *n* (12) Neuauflage *f*; Neudruck *m*

переимен|ова́ние *n* (12) Umbenennung *f*; **~о́вывать** (1), ⟨~ова́ть⟩ (7) umbenennen

переи́мчивый F (14*K.*) gelehrig

переина́чи|вать F (1), ⟨~ть⟩ (16) umändern, ummodeln

перейти́ → ***переходи́ть***

перек|а́пывать, ⟨~опа́ть⟩ (1) umgraben; **~а́рмливать** (1), ⟨~орми́ть⟩ (14) überfüttern

перека́т *m* (1) Sandbank *f*; Kuppe *f*; *pl.* Rollen *n*; **~а́ть** (1) *pf.* F hinüberrollen; P abschreiben; **~и́-по́ле** *n* (10; *pl. e.*) Brachdistel *f*; F Wandervogel *m*; **~истый** (14*K.*) rollend; **~ывать** (1), ⟨~и́ть⟩ (15) rollen, hinüberrollen

перекача́ть (1) *pf.* umpumpen

перек|а́шивать (1), ⟨~оси́ть⟩ (15*e.*) verziehen, verzerren; ***~оси́ло*** (***у*** Р/В *j-s N*) verzog sich; **-ся** schief werden *od.* sitzen; sich werfen

переквалифици́ровать (7) *pf.* umschulen; **-ся** umsatteln

переки|дáть (1) *pf.* alles *od.* alle … herumwerfen; bewegen; **~дно́й** (14) Umlege-; Pack-; *Arch.* Klapp-; **~́дывать** (1), ⟨~́нуть⟩ (20); → ***перебрáсывать(ся)***; F zu weit werfen; flüchtig umblättern; **-ся** F überlaufen; (**в** B *pl.*) ein Spielchen (*N*) machen

перекип|áть (1), ⟨~éть⟩ (10*e.*) auskochen; F sich austoben

перекис|áть (1), ⟨~́нуть⟩ (21) sauer werden; **~ь** *f* (8) Peroxyd *n*

перекла́д|ина *f* (5) Querbalken *m*; Quersteg *m*; *Arch.* Sturz *m*; *Sp.* Reck *n*; **~ка** *f* (5) Umlegen *n*; → ***~ывать***; **~ны́е** *pl.* (14) *ehm.* Postpferde *n/pl.* (**на** П mit *D*); **~ывать** (1), ⟨переложи́ть⟩ (16) umlegen, verlegen, legen; umlagern; umsetzen; umpacken, verpacken (B/T *A* in *A*); F zu viel hineintun; → ***перелагáть***

переклéи|вать (1), ⟨~ть⟩ (13 *st.*) umkleben; *Tapeten* wechseln

перекли|кáться (1), *einm.* ⟨~́кнуться⟩ (20) Zurufe tauschen, einander zurufen; abwechselnd krähen; *impf. fig.* nahekommen, gleichen (**с** T *D*); **~́чка** *f* (5; -́чек) Appell *m* (**на** B zu *D*); Namensaufruf *m*; Zurufe *m/pl.*

переключ|áтель *m* (4) Umschalter, Schalter; Wähler; **~áть** (1), ⟨~и́ть⟩ (16*e.*) umschalten, schalten (**на** B in *A*); *fig.* umstellen; umleiten, umlenken; **-ся** *fig.* umsteigen, sich verlegen; **~éние** *n* (12) Umschaltung *f*; Umstellung *f*

перекóв|ывать (1), ⟨~áть⟩ (7*e.*) umschmieden; alle … *od.* neu beschlagen; *fig.* F von Grund auf verwandeln, umkrempeln; **~ка** *f* (5; -ок) *fig.* Umerziehung; → ***~ывать***

перекоди́ровать (7) *im(pf.)* umkodieren

перекoлóть (17) *pf.* umstecken; abstechen; zerstechen; zerstückeln; spalten

перекопáть → ***перекáпывать***

перекорми́ть → ***перекáрмливать***

перекóры F *pl.* (1) Wortwechsel *m*

перек|оси́ть(ся) → ***~áшивать(ся)***; **~óс** *m* (1) Verkantung *f*; F Fiasko *n*

перекр|áивать (1), ⟨~ои́ть⟩ (13*e.*; -óенный) neu zuschneiden; F umkrempeln

перекрá|шивать (1), ⟨~сить⟩ (15) umfärben, neu anstreichen; **-ся** werden (**в** B *Adv.*); F die Farbe wechseln

перекрё|стный [-sn-] (14) Kreuz-; über Kreuz; **~сток** *m* (1; -тка) Straßenkreuzung *f* (**на** П an *D*); Kreuz *n*; Kreuzweg; **~́стье** *n* (10; -ий) Fadenkreuz; **~́щивать** (1), ⟨~сти́ть⟩ (15; -щённый: -щенá, -ó) umtaufen; F kreuzweise anbringen; → ***крести́ть-(ся)***, ***скрéщивать***

перекричáть (4*e.*) *pf.* überschreien

перекрои́ть → ***перекрáивать***

перекру́|чивать (1), ⟨~ти́ть⟩ (15) zusammendrehen; F überdrehen, abdrehen; P zubinden, zusammenbinden

перекры|вáть (1), ⟨~ть⟩ (22) umdekken; abdecken, überdecken; sperren, absperren, abriegeln; abdämmen; F stechen, ausstechen; überbieten; ausgleichen; **~́тие** *n* (12) Überdeckung *f*; → ***~вáть***; Decke *f*

перекувырну́ть F (20) *pf.* umkippen; → **-ся** sich überschlagen, e-n Purzelbaum schlagen

перекуп|áть (1), ⟨~и́ть⟩ (14) aufkaufen; zurückkaufen; F wegschnappen (**у** P *j-m*); **~́щик** *m* (1) Aufkäufer

перекýр F *m* (1) Zigarettenpause *f*; **~и́ть** (13) *pf.* alle … rauchen, aufrauchen; F e-e Zigarettenpause einlegen

перекус|áть (1) *pf.* alle … beißen *od.* reißen; **~́ывать** (1), ⟨~и́ть⟩ (15) durchbeißen, durchzwicken; F e-n Bissen zu sich nehmen

пере|лагáть (1), ⟨~ложи́ть⟩ (16) übertragen (**на** B *j-m*); abwälzen; transponieren; ***~лагáть на мýзыку*** vertonen

перел|áмывать (1), ⟨~оми́ть⟩ (14) zerbrechen, entzweibrechen, sich *et.* brechen; *fig.* zwingen, bezwingen; von Grund auf ändern; F überwinden; **-ся** gebrochen sein; F stark nachlassen

перележáть F (4*e.*) *pf.* zu lange liegen

перелез|áть (1), ⟨~ть⟩ (24*st.*; -) hinüberklettern, (***через*** B über *A*) klettern; einsteigen, eindringen, gelangen

перелéсок *m* (1; -ска) Waldstück *n*

перелёт *m* (1) Flug; Überfliegung *f* (***через*** B *G*); Zug; Weitschuß; **~́áть** (1), ⟨~́éть⟩ (11) überfliegen (B, ***через***

П

über *A*) fliegen; ziehen; F sausen, flitzen; **~ный** (14) Zug-

перелéчь (26; → ***лечь***) sich legen

перели́|в *m* (1): **~вы** *pl. fig.* Spiel *n*; Schmelz *m*; → ***~ва́ть*(*ся*)**; **~ва́ние** *n* (12) Transfusion *f*; → **~ва́ть** (1), ⟨**~ть**⟩ (-лью́, -льёшь; → ***лить***) umgießen, gießen; zuviel eingießen, über den Rand gießen; *Blut, fig.* übertragen; *impf.* → ***-ся***; ***~ва́ть из пусто́го в поро́жнее*** F leeres Stroh dreschen; **-ся** überfließen, überlaufen, (***через*** В über *A*) fließen; *impf.* schillern (Т in *D*), changieren; klangreich tönen, ertönen, erschallen; **~вчатый** (14*K.*) schillernd; modulationsreich

перели́ст|ывать, ⟨**~а́ть**⟩ (1) umblättern, durchblättern; *impf.* blättern (В in *D*)

перели́ть(ся) → ***перелива́ть*(*ся*)**

перелиц|о́вка *f* (5) Wenden *n*; → **~о́вывать** (1), ⟨**~ева́ть**⟩ (6 -у́-; ~о́ванный) wenden lassen; F ummodeln

перелови́ть (14) *pf.* alle . . . fangen

перелож|е́ние *n* (12) Bearbeitung *f*, Umsetzung *f*; → **~и́ть** → ***перекла́дывать***, ***перелага́ть***

перело́м *m* (1) Bruch; *fig.* Wende *f* (***на*** П an *D*), Umbruch, Umschwung; **~а́ть** (1) *pf.* alle . . . zerbrechen, kaputtmachen; **-ся** kaputtgehen; **~и́ть(ся)** → ***перела́мывать*(*ся*)**; **~ный** (14) kritisch; Wende-, umwälzend

перема́зать F (3) *pf.* → ***перепа́чкать***

перем|а́лывать (1), ⟨**~оло́ть**⟩ (17; -елю́, -´лешь; -ля́) mahlen; F zerschlagen, zertrümmern; **-ся** F *fig.* sich wieder einrenken

перема́н|ивать (1), ⟨**~и́ть**⟩ (13) herüberlocken, weglocken; abwerben; ziehen

перема́х|ивать F (1), ⟨**~ну́ть**⟩ (20) springen, sich schwingen (***через*** В über *A*); hinübersetzen, (über *A*) setzen; flitzen; abhauen

перемежа́|ть(ся) (1) wechseln, abwechseln, alternieren; **~ющийся** (17) *Med.* Wechsel-

переме́н|а *f* (5) Änderung, Veränderung; Wechsel *m*, Wandlung; Wendung; Umschlag *m*; Pause (***на*** П in *D*); F *Wäsche* zum Wechseln; **~и́ть(ся)** → ***меня́ть*(*ся*) *3, 4 u.*** **~я́ть(ся)**; **~ный** (14) veränderlich; wechselhaft, wechselnd; *El.* Wechsel-; *Math., Fin.* variabel; **~чивый** F (14*K.*) → ***~ный***; unbeständig; wetterwendisch; **~я́ть** (28), ⟨**~и́ть**⟩ (13; -ённый: -нена́) wechseln, auswechseln; umtauschen; **-ся** F tauschen (Т *A*); abgelöst werden

пере|мерза́ть (1), ⟨**~мёрзнуть**⟩ (21) alle . . . erfrieren; ganz zufrieren; F durchfroren sein

переме́рить (13) *pf.* neu vermessen; erneut anprobieren

перемести́ть(ся) → ***перемеща́ть*(*ся*)**

пере|метну́ться F (20) *pf.* → ***перема́хивать***; **~мётный** (14) Pack-, Sattel-

переме́ш|ивать, ⟨**~а́ть**⟩ (1) vermischen, vermengen; durchrühren; durcheinanderbringen; schüren; **-ся** sich verwirren, durcheinandergeraten; vermischt sein

переме|ща́ть (1), ⟨**~сти́ть**⟩ (15*e.*) umstellen; versetzen, verlegen, verlagern; **-ся** sich schieben *od.* verschieben; s-n Standort *od.* Aufenthalt verlegen; **~ще́ние** *n* (12) Verlagerung *f*; → ***~ща́ть*(*ся*)**; **~щённый** (14): ***~щённые ли́ца*** *n/pl.* Verschleppte *m/pl.*, Vertriebene *m/pl.*

переми́г|иваться F (1), *einm.* ⟨**~ну́ться**⟩ (20) sich zublinzeln; *pf.* e-n Blick wechseln

перемина́ться (1): ***~ с ноги́ на́ ногу*** F von e-m Fuß auf den anderen treten

переми́рие *n* (12) Waffenstillstand *m*

перемо|га́ть F (1), ⟨**~́чь**⟩ (-гу́, -´жешь; → ***мочь***[1]) *impf. et.* zu verwinden suchen, *pf.* verwinden; **-ся** s-e Leiden zu verwinden suchen *od. pf.* verwinden

перемо́лвить(ся) F (14) *pf.* ein paar Worte wechseln (Т *A*)

перемоло́ть → ***перема́лывать***

перемота́ть (1) *pf.* umwickeln; neu wickeln; zurückspulen

перемо́чь(ся) → ***перемога́ть*(*ся*)**

перемудри́ть (13*e.*) *pf.* F zuviel ausklügeln; P übertreffen

перемы|ва́ть F (1), ⟨**~ть**⟩ (22) von neuem *od.* alle . . . aufwaschen; ***~ва́ть ко́сточки*** F durchhecheln (Д *j-n*)

перенапр|яга́ть (1), ⟨**~я́чь**⟩ (26 -г/ж-; -я́г) überanstrengen; **~яже́ние**

n (12) Überanstrengung *f*; *El.* Überspannung *f*
перенасел|е́ние *n* (12), **~ённость** *f* (8) Überbevölkerung *f*; → **~я́ть** (28), ⟨**~и́ть**⟩ (13*e.*) überbevölkern; überbelegen
перенасы́щенный (14*K.*) übersättigt
перен|есе́ние *n* (12) Verlegung *f*; → **~ести́(сь)** → ***~оси́ть(ся)***
пере|нима́ть (1), ⟨**~ня́ть**⟩ (-йму́, -мёшь; -ня́л, -а́; -нятый; -та́) übernehmen (***у*** P von *j-m*), entlehnen; sich aneignen; F ergreifen, schnappen, aufschnappen; P abfangen
перен|о́с *m* (1) Verlagerung *f*, Verlegung *f*; Silbentrennung *f*; *Lit.* Enjambement *n*; → **~оси́ть¹** (15), ⟨**~ести́**⟩ (25 -с-; -ёс) hinübertragen, (***через*** B über *A*) tragen, hinüberbringen; versetzen (*a.* ***к*** Д in *A*), verlegen, verlagern; vertagen; ertragen, aushalten; durchmachen, überstehen; weitergeben (***на*** B an *A*); *Blick* wenden; *impf.* ***не ~оси́ть*** (P *A*) nicht leiden *od.* ausstehen können *od.* mögen; nicht vertragen; **-ся**, ⟨**-сь**⟩ sich zurückversetzen; F hinübersetzen; hinüberjagen; sich jäh zuwenden (***на*** B *D*); **~оси́ть²** (15) *pf.* nach u. nach tragen *od.* bringen; *Kind* übertragen; F viele . . . abtragen
перено́сица *f* (5) Nasenwurzel
перено́с|ка *f* (5) Tragen *n*; **~но́й**, **~ный** (14) tragbar, Trag-; Koffer-; *fig.* übertragen; **~чик** [-ʃtʃ-] *m* (1) *Med.* Überträger
перенумерова́ть (7) *pf.* umnumerieren; durchnumerieren
переня́ть → ***перенима́ть***
переоб|мундирова́ть (7) *pf. Mil.* neu einkleiden; **~ору́довать** (7) *pf.* neu ausstatten, umrüsten; umbauen
переобремени́ть (13*e.*) *pf.* überlasten
переоб|ува́ть (1), ⟨**~у́ть**⟩ (18) andere Schuhe anziehen (B *j-m*); **-ся** das Schuhwerk wechseln
переод|ева́ть (1), ⟨**~е́ть**⟩ (-е́ну, -нешь; -е́тый) umkleiden, (T *od.* ***в*** B als *N*) verkleiden; *Kleid* wechseln; **-ся** sich umkleiden, (***в*** B *et.*) anziehen, anlegen
переосвиде́тельствовать (7) *impf. Med* nachuntersuchen; *Mil.* nachmustern
переосмы́сли|вать (1), ⟨**~ть**⟩ (13) neu begreifen, umdenken, umdeuten, (B *D*) e-n neuen Sinn geben
переоце́н|ивать (1), ⟨**~и́ть**⟩ (13; -ённый) umwerten; *Ware* neu auszeichnen; überschätzen; ***тру́дно ~и́ть*** man kann . . . nicht hoch genug einschätzen; **~ка** *f* (5) Überbewertung; → ***~ивать***
перепа|да́ть (1), ⟨**~сть**⟩ (25; *Prät. st.*): ***~да́ет дождь*** *od.* ***снег*** es regnet *od.* schneit zeitweise; F abfallen; ***~да́ть на до́лю*** abkriegen (P *N*)
перепа́лка F *f* (5; -лок) Geplänkel *n*
перепа́сть → ***перепада́ть***
перепаха́ть (3) *pf.* nachpflügen; ganz pflügen
перепа́чкать (1) *pf.* über u. über beschmutzen
перепе́|в *m* (1) Wiederholung *f*; Wiederkäuen *n*; Nachklang; Wohlklang; **~ва́ть** (1), ⟨**~ть**⟩ (-пою́, -ёшь; -тый) alle . . . singen; *impf.* nachmachen; → ***~в***
пе́репел *m* (1; *pl. e.*, *N* -а́) Wachtel *f*; **~и́ный** (14) Wachtel-
переп|ёлка *f* (5; -ок) Wachtelweibchen *n*; **~еля́тник** *m* (1) Sperber
перепе́рчить (16) *pf.* zu stark pfeffern
перепеча́т|ка *f* (5; -ок) Nachdruck *m*; → **~ывать**, ⟨**~ать**⟩ (1) wiederabdrukken, nachdrucken; abtippen
перепе́чь (26) *pf.* zu lange backen
перепили́ть (13) *pf.* durchsägen
перепи́с|ка *f* (5; -ок) Briefwechsel *m*, Korrespondenz; Schriftverkehr *m*; → ***~ывать***; ***та́йна*** *f* ***~ки*** Briefgeheimnis *n*; **~чик** [-ʃtʃ-] *m* (1) Abschreiber, Schreiber, Kopist; **~ывать** (1), ⟨**~а́ть**⟩ (3) abschreiben, umschreiben, schreiben; abtippen; abmalen; alles *od.* alle . . . erfassen, (B *G*) e-e Liste anlegen; *Jur.* überschreiben; **-ся** *impf.* einander schreiben, im Briefwechsel stehen; **~ь** *f* (8) Zählung; Erfassung
перепи́ться F (-пью́сь, -пьёшься; → ***пить***) *pf.* sich betrinken
переплав|ля́ть, ⟨**~ить**⟩ (14) umschmelzen; abflößen
перепланирова́ть (7) *pf.* umplanen, neu planen
перепла́|чивать (1), ⟨**~ти́ть**⟩ (15) zuviel bezahlen, überbezahlen

П

переплё|т *m* (1) Einband; Binden *n* (**в** В zum); *Fenster*: Kreuz *n*; F → ***переде́лка***; **~та́ть** (1), ⟨**~сти́**⟩ (25 -т-) binden, einbinden; ineinander verflechten, verschlingen; *fig.* miteinander verquicken; **~те́ние** *n* (12) Verflechtung *f*; Geflecht; *Text.* Bindung *f*; **~тный** (14) Buchbinder-; Einband-; *Su. f* Buchbinderei; **~тчик** *m* (1) Buchbinder

переплы|ва́ть (1), ⟨**~ть**⟩ (23) hinüberschwimmen, (В, ***через*** В über *A*) schwimmen *od.* fahren *od.* setzen; durchschwimmen

переподгото́вка *f* (5) Fortbildung

перепо́|й P: ***с ~ю*** im *od.* vom Suff

переполз|а́ть (1), ⟨**~ти́**⟩ (24) hinüberkriechen, (В, ***через*** В über, durch *A*) kriechen

переполн|я́ть (28) ⟨**~ить**⟩ (13) überfüllen, überladen; *Maß* übersteigen; *fig.* überwältigen; erfüllen; **-ся** übervoll werden; überwältigt sein

переполо́|х F *m* (1) Aufruhr, Tumult; **~ши́ть** F (16*e.*) *pf.* in große Unruhe *od.* Aufruhr versetzen; erschrecken, aufschrecken (**-ся** *v/i*); **-ся** in Aufruhr geraten

перепо́нка *f* (5; -нок) Häutchen *n*; Membran; *Zool.* Haut; *Anat.* Fell *n*

перепоро́ть F (17) *pf.* alle . . . auftrennen *od.* durchprügeln, durchpeitschen

перепоручи́ть (16) *pf.* übertragen, delegieren; weiterreichen (Д an *A*)

перепра́в|а *f* (5) Übersetzen *n*; Überfahrt (***на*** П an *D*); Fähre; **~ка** *f* (5) Beförderung; **~ля́ть** (28), ⟨**~ить**⟩ (14) übersetzen (**-ся** *v/i*), hinüberbringen, (***через*** В über *A*) bringen, schaffen *od.* schaffen lassen, schleusen; F korrigieren, verbessern, ausbessern; umändern (***на*** В in *A*); **-ся** überqueren (***через*** В *A*)

перепре́лый (14*K.*) verfault

перепро́бовать (7) *pf.* durchprobieren

перепрове́рить (13) *pf.* nachprüfen

перепрод|ава́ть (5), ⟨**~а́ть**⟩ (-а́м, -а́шь; → ***дать***; -́ал, -а́; -́анный: -на́) wiederverkaufen, weiterverkaufen; **~а́жа** *f* (5) Wiederverkauf *m*; Zwischenhandel *m*

перепроизво́дство *n* (9) Überproduktion *f*

перепры́г|ивать (1), ⟨**~нуть**⟩ (20) hinüberspringen, überspringen, (***через*** В über *A*) springen

перепря|га́ть (1), ⟨**~чь**⟩ (26 -г/ж-; -́г) umspannen; *Pferde* wechseln

перепу́г F *m* (1; -а/-у) großer Schreck (***с*** P vor *D*); **~а́ть** (1) *pf.* stark erschrecken, (В *j-m*) e-n Schreck einjagen; **-ся** e-n Schreck bekommen

перепу́т|ывать, ⟨**~ать**⟩ (1) verwikkeln, F verfitzen; *fig.* → ***пу́тать 2***

перепу́тье *n* (10; -ий) Kreuzweg *m*, Scheideweg *m* (***на*** П am)

перераб|а́тывать, ⟨**~о́тать**⟩ (1) umarbeiten, überarbeiten; verarbeiten; zuviel arbeiten; verdauen; F verändern; sich überarbeiten *od.* überanstrengen; **~о́тка** *f* (5; -ток) Umarbeitung; → ***~а́тывать***; Bearbeitung; F Mehrarbeit

перераспредел|е́ние *n* (12) Umverteilung *f*; → **~я́ть** (28), ⟨**~и́ть**⟩ (13*e.*) umverteilen, neuverteilen; neu einteilen

перераст|а́ть (1), ⟨**~и́**⟩ (-у́, -ёшь; -ро́с, -сла́) größer werden (В als *N*), *j-m* über den Kopf wachsen, (В über *A*) hinauswachsen; sich entwickeln *od.* ausweiten (***в*** В zu *D*); zu alt sein (В für *A*)

перерасхо́д *m* (1) Mehrverbrauch, Mehrausgabe(n *pl.*) *f*; **~овать** (7) *pf.* zuviel *od.* zuviele . . . verbrauchen *od.* aufwenden

перерасчёт [-ʃtʃ-] *m* (1) Neuberechnung *f*

перерва́ть(ся) → ***перерыва́ть(ся) 1***

перерегистр|а́ция *f* (7) Neuregistrierung; **~и́ровать** (7) *im(pf.)* neu registrieren, neu eintragen lassen

перерез|а́ть, ~ывать (1), ⟨**~ать**⟩ (3) durchschneiden; *Weg* abschneiden; überqueren; durchziehen; F viele . . . schlachten *od.* niedermetzeln; P reißen

перереш|а́ть F (1) **1.** ⟨**~и́ть**⟩ (16*e.*) es sich anders überlegen; anders lösen; **2.** *pf.* alle *od.* viele . . . lösen

перержаве́ть F (8) *pf.* durchrosten

перерисова́ть (7) *pf.* abzeichnen; neu zeichnen

переро|жда́ть (1), ⟨**~ди́ть**⟩ (15*e.*; -ждённый) umgestalten, neugestalten; **-ся** sich völlig verwandeln; ein anderer Mensch werden; ausarten, entarten; **~жде́ние** *n* (12) Verwandlung *f*; Neugeburt *f*, Wiedergeburt *f*; Entartung *f*, Ausartung *f*

переруб|а́ть (1), ⟨**~и́ть**⟩ (14) durchhauen; F zerhacken; niedermachen

переруг|а́ться F (1) *pf.* sich verzanken; **~́иваться** F (1) miteinander keifen

перер|ы́в *m* (1) Unterbrechung *f*; Pause *f* (*Dauer*: ***на*** B von *D*); ***без ~ы́ва*** durchgehend; **~ыва́ть** (1) **1.** ⟨**~ва́ть**⟩ (-ву́, -вёшь; -ла́; -́ванный) zerreißen; F unterbrechen, abbrechen; **-ся** reißen; F stocken; **2.** ⟨**~ы́ть**⟩ (22) umgraben; F durchwühlen, durchsuchen, absuchen

переряди́ть F (15) *pf.* → ***переоде́ть***

переса́|дка *f* (5; -док) Umpflanzung, Verpflanzung; *Med.* Transplantation; Umsteigen *n*; ***без ~дки*** ohne umzusteigen; ***две ~дки*** zweimal umsteigen; **~дочный** (14) Umsteige-; **~живать** (1), ⟨**~ди́ть**⟩ (15) umsetzen; umpflanzen, verpflanzen; *Med.* transplantieren (***на*** B *a.* in *A*); beim Umsteigen helfen (B *j-m*); verweisen; F versetzen, verlegen; umstecken; **-ся**, ⟨пересе́сть⟩ (25*st.*; -ся́ду, -́дешь; -се́л) sich setzen, s-n Platz wechseln; umsteigen (***на*** B in *A*)

перес|а́ливать (1), ⟨**~оли́ть**⟩ (13/13*e.*; -о́ленный) versalzen; F übertreiben; → ***переста́раться***

переда|ва́ть (5), ⟨**~ть**⟩ (-́м, -́шь; → ***сдать***; -ла́; -на́, -но́) untervermieten, weitervermieten; weiterverpachten; *KSp.* neu ausgeben; F *Prüfung* wiederholen

пересе|ка́ть (1), ⟨**~чь**⟩ (26; -́к) überqueren, durchqueren; durchkreuzen; durchziehen; überschneiden, abschneiden (*Math. impf.*); F zerhauen; **-ся** sich kreuzen; stocken

пересел|е́нец *m* (1; -нца) Umsiedler; Auswanderer; **~е́ние** *n* (12) Übersiedlung *f*, Umsiedlung *f*; Umzug *m*; *hist.* Wanderung *f*; **~я́ть** (28), ⟨**~и́ть**⟩ (13*e.*) umsiedeln; zuweisen (***в*** B *A*), unterbringen (in *D*); **-ся** übersiedeln; umziehen; auswandern

пересе́сть → ***переса́живаться***

пересе|че́ние *n* (12) Überquerung *f*; → ***~ка́ть***; Kreuzung *f* (***на*** П an *D*); *Math.* Durchschnitt *m*; ***. . . ~че́ния*** Schnitt-; **~чённый** (14*K.*) durchschnitten; **~чь(ся)** → ***~ка́ть(ся)***

переси́|живать F (1), ⟨**~де́ть**⟩ (11) über die Zeit (B *G*), zu lange *od.* F länger (B als *N*) sitzenbleiben; → ***отси́живать***

переси́ли|вать (1), ⟨**~ть**⟩ (13) bezwingen; überwinden; überwältigen

переска́з *m* (1) Nacherzählung *f*; → **~ывать** (1), ⟨**~а́ть**⟩ (3) nacherzählen, wiedererzählen, wiedergeben; F von neuem *od.* alles erzählen

переск|а́кивать (1), ⟨**~очи́ть**⟩ (16) hinüberspringen, überspringen, (***через*** über *A*) springen, hüpfen; F jäh wechseln (***на*** B *a.* zu *D*), kommen

пересла́ть → ***пересыла́ть***

пересм|а́тривать (1), ⟨**~отре́ть**⟩ (9) alle . . . *od.* nochmals durchsehen *od.* ansehen; überprüfen; revidieren

пересме́|ивать F (1) bespötteln; **-ся** spötteln; **~шник** F *m* (1) Spötter

пересм|о́тр *m* (1) nochmalige Durchsicht *f*; Überprüfung *f*; Revision *f*; **~отре́ть** → ***~а́тривать***

пересн|има́ть (1), ⟨**~я́ть**⟩ (-иму́, -и́мешь; -яла́; -ята́) nochmals aufnehmen; reproduzieren; *Kopie* anfertigen

пересозд|ава́ть (5), ⟨**~а́ть**⟩ (-а́м, -а́шь; → ***дать***; -ала́; -́анный: -ана́) neugestalten, umgestalten

пересоли́ть → ***переса́ливать***

пересо́хнуть → ***пересыха́ть***

переспа́ть → ***пересыпа́ть 2***

переспе́(ва́)ть → ***перезре́(ва́)ть***

переспо́ри|ть F (13) *pf.* (im Streit) die Oberhand behalten (B über *j-n*); ***не ~шь*** (B *j-d*) ist *od.* bleibt stur

переспр|а́шивать (1), ⟨**~оси́ть**⟩ (15) nochmals fragen (B nach *D*), zurückfragen; F abfragen

перессо́рить F (13) *pf.* alle . . . entzweien; **-ся** sich mit allen . . . verzanken

переста|ва́ть (5), ⟨**~ть**⟩ (-́ну, -́нешь) aufhören; ***не ~ва́я*** unaufhörlich

переста|вля́ть (28), ⟨**~вить**⟩ (14) umstellen, verstellen, stellen; versetzen; *impf.* bewegen; **~но́вка** *f* (5; -вок) Umstellung; Umstecken *n*; *Math.* Permutation

переста́раться F (1) *pf.* des Guten zuviel tun, Übereifer an den Tag legen; es zu weit treiben

перестáть → ***переставáть***
перест|илáть (1), ⟨**~елúть**⟩, ⟨**~лáть**⟩ (-елю́, -éлешь; ÷ланный) neu machen *od.* legen, pflastern, dielen
перестирáть (1) *pf.* nochmals *od.* alle . . . waschen
перестлáть → ***перестилáть***
перестоя́ть (-ою́, -ои́шь) *pf.* zu lange stehen; abständig sein; F abwarten
перестрадáть (1) *pf.* viel . . . erdulden *od.* ertragen, durchmachen
перестр|áивать (1), ⟨**~óить**⟩ (13) umbauen (***под*** B zu *D*); umstellen; umgestalten, umformen, umstrukturieren; *Mil.* umgruppieren; *Mus.* umstimmen; *Rdf.* umschalten
перестрахóв|ка *f* (5; -ок) Rückversicherung; **~щик** F *m* (1) Rückversicherer; **~ывать** (1), ⟨**~áть**⟩ (7) neu versichern; rückversichern
перестрéл|иваться (1) sich beschießen, Schüsse wechseln; **~ка** *f* (5; -ок) Schußwechsel *m*, Feuergefecht *n*; P → ***перебрáнка***; **~я́ть** (28) *pf.* alle . . . niederschießen, über den Haufen *od.* F zusammenschießen
перестр|óить → ***~áивать***; **~óйка** *f* (5; -óек) Umbau *m*, Umgestaltung; → **~óечный** (14) der Perestroika; → ***~áивать***
перестýкиваться (1) sich durch Klopfzeichen verständigen
переступ|áть (1), ⟨**~и́ть**⟩ (14) überschreiten, übertreten, (B, ***через*** B über *A*) schreiten, treten; *fig.* sich hinwegsetzen; ***~и́ть через труп*** *fig.* über Leichen gehen

П

пересýды F *pl.* (1) Tratsch *m*, Gerede *n*
пересуши́ть (16) *pf.* nochmals *od.* zu lange, F alles . . . trocknen *od.* dörren, trocknen *od.* dörren lassen
пересч|ёт [-ʃʃ-] *m* (1) Nachzählung *f*; ***в ~ёте*** umgerechnet; → **~и́тывать**, ⟨**~итáть**⟩ (1) nachrechnen; abrechnen, durchrechnen (***по*** Д an *D*); aufzählen, herzählen; umrechnen; ***не ~итáть*** e-e Unmenge, unzählige; ***~итáть кóсти*** P durchbleuen (Д *j-n*)
перес|ылáть (1), ⟨**~лáть**⟩ (-ешлю́, -лёшь; ÷ланный) übersenden, übermitteln, schicken; **~ы́лка** *f* (5; -лок) Übersendung; Versand *m*; F → **~ы́льный** (14) Etappen-; Durchgangs-
перес|ыпáть (1) **1.** ⟨**~ы́пать**⟩ (2) umschütten; F zuviel schütten; bestreuen; reichlich einstreuen (T/B *A* in *A*); **2.** F ⟨**~пáть**⟩ (-плю́, -пи́шь; -палá) zuviel *od.* zu lange schlafen; übernachten; F *Nacht* durchschlafen; schlafen, bis (B *et.*) vorbei ist
перес|ыхáть (1), ⟨**~óхнуть**⟩ (21) austrocknen, vertrocknen; ***в гóрле ~óхло*** (***у*** P *j-d*) hat e-e ganz trockene Kehle
перета|скáть F (1) *pf.* → ***переноси́ть²***; fortschleppen; **~́скивать** (1), ⟨**~щи́ть**⟩ (16) hinüberschleppen, (***через*** B über *A*) schleppen, ziehen; F → ***перемáнивать***
перетерéть → ***перетирáть***
перетерпéть F (10) *pf.* viel . . . erleiden *od.* durchmachen, ertragen; überstehen
перет|ирáть (1), ⟨**~ерéть**⟩ (12) durchscheuern, zerreiben, reiben; F alle *od.* alles . . . trocken wischen, abtrocknen
перетóлк|и F → ***пересýды***; **~óвывать** (1), ⟨**~овáть**⟩ (7) mißdeuten, falsch auslegen; F reden
перетрýсить F (15) → ***перепугáться***
перетря|сти́ (25 -с-) *pf.* ausschütteln; F durchstöbern; **~́хивать** (1), ⟨**~хнýть**⟩ (20) durchschütteln; aufschütteln; F wieder aufrollen
перéть P (12) **1.** drängen, vorwärtsdrängen; nach außen drängen; drauflosmarschieren; drücken; sprießen, hervorquellen; aufblähen; schleppen; quatschen; **2.** ⟨с-, у-⟩ klauen, mitgehen lassen
перетя́|гивать (1), ⟨**~нýть**⟩ (19) hinüberziehen, (***через*** B über *A*) ziehen; zusammenschnüren; neu aufziehen; festziehen, fest zubinden *od.* verbinden; überwiegen, mehr wiegen; *fig.* bringen; F packen; → ***перемáнивать***
переубе|ждáть (1), ⟨**~ди́ть**⟩ (16*e.*; *o. 1. Pers. sg.*; -ждённый) *impf.* umzustimmen versuchen; *pf.* umstimmen, von s-r Meinung abbringen; **-ся** s-e Meinung ändern
переýлок *m* (1; -лка) Gasse *f*
переусéрдствовать F (7) → ***перестарáться***
переустрóйство *n* (9) → ***перестрóйка***
переутом|лéние *n* (12) Übermüdung *f*; Überarbeitung *f*; **~ля́ть** (28),

⟨~и́ть⟩ (14*e.*) übermüden, überanstrengen
переучёт *m* (1) Inventur *f*, Bestandsaufnahme *f*; Neuregistrierung *f*
переу́ч|ивать (1), ⟨~и́ть⟩ (16) viele ... unterrichten *od.* ausbilden; umschulen, (В *j-m*) neu beibringen ; neu lernen; → **-ся** umschulen; F überstudiert sein
переформирова́ть (7) *pf.* umbilden, umgestalten; *Mil.* gliedern
перефрази́ровать (7) *im*(*pf.*) paraphrasieren, umschreiben
перехвали́ть (13) F *pf.* zu sehr loben
перехва́т|ывать (1), ⟨~и́ть⟩ (15) abfangen; abschneiden; *Mil.* abhorchen; ergreifen, erwischen, erhaschen; wegschnappen; abschnüren, zuschnüren (***у*** P *j-m*); umschlingen; absperren; durchziehen; F e-n Bissen zu sich nehmen, futtern; borgen; übertreiben; P durchschneiden; **~чик** *m* (1): ***лётчик-~чик*** Abfangjäger; ***раке́та-~чик*** Abfangflugkörper
перехитри́ть (13*e.*) *pf.* überlisten
пере|хо́д *m* (1) Übergang (*a.* ***в*** В zu *D*), Übertritt, Überquerung *f*; Marsch, Reise *f*; ***подзе́мный ~хо́д*** Unterführung *f*; → **~ходи́ть** (15), ⟨~йти́⟩ (-йду́, -дёшь; → ***идти́***; -йдённый: -ена́) hinübergehen, übergehen, gehen (***через*** В über *A*; *fig.* ***к*** Д *a.* auf *A*), überschreiten; überqueren, überwechseln, (***в*** В zu *D*) übertreten, übergreifen; umsteigen; umziehen; *fig.* umschlagen; ausarten; sich wandeln; *Flgw.* ansetzen; *Gespräch*: kommen; **~ходно́й**, **~хо́дный** (14) Übergangs-, Übertritts-; Zwischen-; ***~хо́дный*** *Phys.* Wechsel-; *Gr.* transitiv; **~ходя́щий** (17) Wander-; *Fin.* übertragbar
пе́р|ец *m* (1; -ца/-цу) Pfeffer; Paprika
пе́речень *m* (4; -чня) Verzeichnis *n*
перечёрк|ивать (1), ⟨~нуть⟩ (20) durchstreichen; *fig.* zunichte machen
перечерти́ть (15) *pf.* umzeichnen
перече́сть → ***пересчита́ть, ~чита́ть***
перечисл|е́ние *n* (12) Aufzählung *f*; → **~я́ть** (28) ⟨~ить⟩ (13) aufzählen, (***по*** Д an *D*) abzählen; versetzen, zuweisen; umbuchen; transferieren, überweisen
переч|и́тывать, ⟨~ита́ть⟩ (1), F ⟨~е́сть⟩ (-ту́, -тёшь; -ёл, -ла́; -тя́; -тённый: -ена́) abermals lesen, wiederlesen; alle *od.* viele ... lesen
пере́чить P (16) widersprechen
пе́речница *f* (5) Pfefferbüchse; ***чёртова ~*** P alte Hexe
перешагну́ть (20) *pf.* → ***переступа́ть***
переше́ек *m* (1; -е́йка) Landenge *f*
перешёптываться (1) tuscheln
перешиб|а́ть F (1), ⟨-и́ть⟩ (-у́, -ёшь; → ***ушиби́ть***) zerschlagen, entzweischlagen
переш|ива́ть (1), ⟨-и́ть⟩ (-ью, -ьёшь; → ***бить***) umarbeiten, umnähen; umarbeiten lassen
перещеголя́ть F (28) *pf.* überbieten
переэкзамено́вка F *f* (5; -вок) Wiederholungsprüfung, Nachprüfung
пери́ла *pl.* (9) Geländer *n*
пери́на *f* (5) Federbett *n*
пери́од *m* (1) Periode *f* (***в*** В in *D*), Zeitraum, Zeit *f*; Phase *f*; *Hdl.* Sicht *f*, Dauer *f*; *Astr.* Zirkel; *Geol.* Formation *f*; **~ика** *f* (5) Periodika *n*/*pl.*, Zeitschriften *f*/*pl.*; **~и́ческий** (16) periodisch; ***~и́ческое изда́ние*** *n* Periodikum
перипети́и *f*/*pl.* (7) Wechselfälle *pl.*
периско́п *m* (1) Sehrohr *n*, Periskop *n*
пе́ристый (14) gefiedert; Feder-
перифери́|йный (14) peripher; Provinz-; **~ческий** (16) peripherisch; **~я** *f* (7) Peripherie (***на*** П an *D*); Randgebiet *n* (in *D*)
перифра́за *f* (5) Paraphrase
перл F *m* (1) *iron.* Perle *f*; **~аму́тр** *m* (1) Perlmutter *f*, *n*; **~аму́тровый** (14) Perlmutter-; **~о́вый** (14) Perl-; Perlgraupen-
перлюстра́ция *f* (7) Briefzensur
пермане́нт *m* (1) Dauerwelle *f*
перна́тый (14) gefiedert; Vogel-
пёрнуть → ***перде́ть***
пер|о́ *n* (9; *pl.* -ья, -ьев) Feder *f*; Federn *pl.*; Flosse *f*; *Tech.* Blatt; ***по ~у́*** Schriftsteller-; ***про́ба*** *f* ***~а́*** erster Schreibversuch *m*; ***~о́м не описа́ть*** unbeschreiblich ; ***что напи́сано ~о́м, того́ не вы́рубишь топоро́м*** *Spr.* Schreiben tut bleiben; **~очи́нный** (14) Taschen-, Feder-
перпендикуля́р *m* (1) Senkrechte *f*, Lot *n*; Perpendikel *m*, *n*; **~ный** (14; -рен, -рна) senkrecht, lotrecht

П

перрóн *m* (1) Bahnsteig
перс *m* (1) Perser; **~и́дский** (16) persisch; Perser-; **~и́к** *m* (1) Pfirsich; Pfirsichbaum; **~и́ковый** (14) Pfirsich-; **~ия́нка** *f* (5; -нок) Perserin
персóна *f* (5) Person (T in *D*; ***на*** B für *A*); Persönlichkeit; **~́ж** *m* (1; -жей) Gestalt *f*, Figur *f*; **~́л** *m* (1) Personal *n*, Belegschaft *f*; → ***состáв***; **~́льный** (14) persönlich; Personal-
перспекти́в|а *f* (5) Perspektive; Aussicht; **~ный** (14; -ен, -на) perspektivisch; aussichtsreich; (*o. K.*) Perspektiv-
перст *m* (1*e.*) *poet.* Finger; Fingerzeig; **~́ень** *m* (4; -ня; *ab G pl. a. e.*) Ring
перуáн|ец *m* (1; -ца), **~ка** *f* (5; -ок) Peruaner(in *f*); **~ский** (16) peruanisch
перфорá|тор *m* (1) Locher; **~циóнный** (14) Loch- (*vgl.* ***перфокáрта*** *f*)
перхáть F (1) hüsteln, sich räuspern
пéрхоть *f* (8) *koll.* Schuppen *f/pl.*
перцóв|ка *f* (5; -ок) Pfefferbranntwein *m*; **~ый** (14) Pfeffer-
перчáтка *f* (5; -ток) Handschuh *m*; *fig.* Fehdehandschuh *m*
пéрчи́ть (16/16*e.*), ⟨по-⟩ pfeffern
перши́т|ь F: ~ (***у*** P *j-m*) kratzt es . . .
пёрыш|ко *n* (9; *pl.* -ки, -ек) Federchen; ***лёгкий как ~ко*** federleicht
пёс *m* (1; пса) Hund; Köter; P → ***чёрт***
пéсен|ка *f* (5; -ок) Liedchen *n*; F ***~ка спéта*** (P) mit *j-m* ist es aus; **~ник** *m* (1) Liederbuch *n*; Liedersänger; **~ный** (14) Lied-, Lieder-; liedhaft
песéц *m* (1; -цá) Polarfuchs
пескáрь *m* (4*e.*) Gründling
песн|опéние *n* (12) *Rel.* Gesang *m*; **~ь** *f* (8) *poet.* Lied *n*; ***~ь ~́ей*** Hohelied *n*; → **~́я** *f* (6; -сен) Lied *n*; Gesang *m*; F Leier; Geschichte
песó|к *m* (1; -скá/-скý) Sand; *pl.* Sandwüste (n *pl.*) *f*, Sandmassen *f/pl.*; F → ***сáхарный***; **~чница** *f* (5) Sandkasten *m*; † Sandstreuer *m*; **~чный** (14) Sand-; mürbe; F sandfarben
пессимисти́ч|еский (16), **~ный** (14; -ен, -на) pessimistisch
пéстик *m* (1) Stößel, Mörserkeule *f*; *Bot.* Stempel
пестр|éть¹ (8) bunt schimmern *od.* werden; → **~éть²** (9*e.*) prangen; reich sein (T an), wimmeln (von *D*); **~и́ть** (13*e.*) schmücken, ausschmücken (*a. fig.*); ***~и́т*** es flimmert (***у*** P/***в*** Π *j-m* vor *D*); **~отá** *f* (5) Buntheit; → **~́ый** (14; -́, -́á) bunt, buntfarbig; bunt zusammengewürfelt
песцóвый (14) Polarfuchs-
песч|áник [-ʃtʃ-] *m* (1) Sandstein; **~áный** (14) sandig; Sand-; **~и́нка** *f* (5; -нок) Sandkörnchen *n*
петербýрж|ец *m* (1; -ца), **~ка** *f* (5; -ек) Petersburger(in *f*); **~ский** (16) Petersburger; aus Petersburg
петл|и́стый (14*K.*) geschlängelt; **~и́ца** *f* (5) Knopfloch *n*; Kragenspiegel *m*; **~́я** *f* (6; *pl. st.*; -тель) Schlinge; Schlaufe, Schleife; Masche; Knopfloch *n*; Öse; *Tür*: Angel; *Flgw.* Looping *m*, *n*; ***хоть в ~́ю лезь!*** F da kannst du dich gleich aufhängen!; **~я́ть** F (28) in Schlangenlinien laufen; sich schlängeln; herumreden
петрýшка *f* **1.** (5) Petersilie; **2.** (5; -шек) Kasperle *m*; Kasperletheater *n*; P Humbug *m*
петý|х *m* (1*e.*) Hahn; F Streithammel; *pl.* erster Hahnenschrei; ***пусти́ть ~хá*** F *Mus.* umwerfen; ***пусти́ть крáсного ~хá*** F den roten Hahn aufs Dach setzen; **~ший** (18) Hahnen-; **~ши́ный** (14) → ***~ший***; streitsüchtig; sich überschlagend; **~ши́ться** F (16*e.*) sich ereifern *od.* echauffieren; **~шóк** F *m* (1; -шкá) Hähnchen *n*; ***~шкóм*** F aufgeplustert; unterwürfig
петь (пою, поёшь; пой!; пéтый) **1.** ⟨с-⟩ singen (T *A*); **2.** ⟨про-⟩ krähen; **3.** ⟨вос-⟩ besingen; **4.** F tönen
пехóт|а *f* (5) Infanterie; **~и́нец** *m* (1; -нца) Infanterist; **~ный** (14) Infanterie-
печáл|ить (13), ⟨о-⟩ traurig machen, betrüben; **-ся** traurig sein; **~ь** *f* (8) Kummer *m*, Leid *n*, Trauer; F → ***забóта, дéло***; **~ьный** (14; -ен, -ьна) traurig, betrübt; betrüblich; trist, öde
печáт|ание *n* (12) Drucklegung *f*, Druck *m*; → **~ать** (1), ⟨на-⟩ drukken; tippen, schreiben (***на*** Π *a. A*); *Fot.* Abzüge machen, kopieren; (*a.* **-ся**) veröffentlichen, publizieren; **-ся** *impf.* im Druck sein; s-e Werke drukken lassen; **~ка** *f* (5; -ок) Siegel *n*; **~ник** *m* (1) Drucker; **~ный** (14) gedruckt; Druck-; **~ь** *f* (8) Stempel *m*; Siegel *n* (*fig.* ***за*** T *pl.* mit *D*); Druck *m*;

Presse; *fig.* Gepräge *n*, Spuren *f/pl.*
пече́н|ие *n* (12) Backen; → **~ье**
печёнка *f* (5; -нок) Leber; ***всеми ~ми*** P zutiefst; ***сиде́ть в ~х*** P schwer im Magen liegen
печёный (14) gebacken
пе́чень *f* (8) Leber
пече́нье *n* (10) Gebäck; Kekse *m/pl.*
пе́ч|ка *f* (5; -ек) Ofen *m*; ***от ~ки*** F im alten Schlendrian; **~ни́к** *m* (1*e.*) Ofensetzer; **~но́й** (14) Ofen-; **~у́рка** F *f* (5; -рок) Öfchen *n*; **~ь¹** *f* (8; в -и́; *ab Gpl. e.*) Ofen *m*; ***лежа́ть на ~и́*** F *fig.* hinter dem Ofen sitzen; **~ь²** (26) **1.** ⟨ис-, P с-⟩ backen; **2.** brennen, sengen; heiß sein; ***~ь как блины́*** F wie geschmiert; **-ся 1.** ⟨ис-⟩ backen; *pf.* fertiggebakken sein; **2.** braten; **3.** sich kümmern (***о*** П um *A*), sorgen (für *A*)
пеш|ехо́д *m* (1) Fußgänger; **~ехо́дный** (14) Fußgänger-; Fuß-, zu Fuß; **~е́чком** F auf Schusters Rappen; **~ий** (17) Fuß-; zu Fuß, zu Fuß gehend; *Su. pl.* Fußvolk *n*; **~ка** *f* (5; -ек) *Schach*: Bauer *m*; → ***ша́шка***; F *fig.* Marionette, Schachfigur; kleiner Mann *m*; **~ко́м** zu Fuß; **~о́чком** → ***~е́чком***
пеще́р|а *f* (5) Höhle; **~ный** (14) Höhlen-
пиани́|но *n* (*unv.*) Klavier; **~ст** *m* (1) Klavierspieler, Pianist
пив|на́я *f* (14) Bierlokal *n*; **~но́й** (14) Bier-; **~о** *n* (9) Bier; F → ***ка́ша***; **~ова́р** *m* (1) Bierbrauer; **~ова́ренный** (14): ***~ова́ренный заво́д*** *m* Bierbrauerei *f*
пигме́й *m* (3) Pygmäe, Zwerg
пиджа́к *m* (1*e.*) Jacke *f*, Sakko *m*, *n*
пижа́ма *f* (5) Schlafanzug *m*
пижо́н F *m* (1) Laffe, Geck
пизда́ V *f* (5; *pl. st.*) Scham, V Fotze
пик *m* (1) Bergspitze *f*; ***часы́*** *m/pl.* **~** Hauptverkehrszeit *f* (***в*** B zur)
пи́к|а *f* (5) Pike, Lanze; ***в ~у*** F zum Trotz
пика́нтный (14; -тен, -тна) pikant
пике́т *m* (1) Streikposten *m/pl.*; **~и́ровать** (7) blockieren; **~чик** *m* (1) Streikposten; Blockierer
пи́ки *pl.* (5) Pik *n*, Pique *n*
пики́р|овать (7) *im(pf.)*, ⟨с-⟩ im Sturzflug niedergehen; **-ся** *impf.* sich sticheln; **~о́вка** *f* (5) Stichelei(en *pl.*); **~о́вщик** F *m* (1) Sturzkampfflugzeug *n*, Stuka; → **~ующий** (17) Sturz-
пикни́к *m* (1*e.*) Picknick *n*
пи́кнуть F (20) *pf.* mucksen, e-n Muckser von sich geben; aufmucken
пи́ков|ый (14) Pik-, Pique; Spitzen-; F peinlich; ***оста́ться при ~ом интере́се*** F das Nachsehen haben
пи́кули *pl.* (*G* -лей) Pickles
пил|а́ *f* (5; *pl. st.*) Säge; P Nervensäge; **~ёный** (14) Schnitt-; Würfel-; **~и́кать** F (1) fiedeln, kratzen; zirpen; quietschen; **~и́ть** (13) sägen; feilen; F herummeckern, herumkritteln (B an *j-m*); zusetzen (*j-m*); → ***~и́кать***; **~ка** *f* (5; -ок) Sägen *n*; Laubsäge; Feile
пило́т *m* (1) Pilot, Flugzeugführer, Flieger; **~а́ж** *m* (1; -ей) Kunstflug; *Flgw.* Führung *f*; **~и́ровать** (7) *Flgw.* führen; **~и́руемый** (14) bemannt; **~ка** *f* (5; -ок) Feldmütze, Schiffchen *n*
пи́льщик *m* (1) Säger, Sägearbeiter
пилю́ля *f* (6) Pille; *fig.* bittere Pille
пино́к *m* (1; -нка́) Fußtritt; Stoß
пинце́т *m* (1) Pinzette *f*
пио́н *m* (1) Pfingstrose *f*
пионе́р *m* (1) junger Pionier (*SU*); **~вожа́тый** (14) Pionierleiter (*SU*); **~ский** (16) Pionier-
пипе́тка *f* (5; -ток) Pipette
пир *m* (1; на -у́; *pl. e.*) Festmahl *n*, Schmaus (***на*** П bei *D*); F Gelage *n*; **~ *горо́й*** F e-e Riesenfete *f*; ***~ на весь мир*** *Spr.* ein fürstliches Mahl *n*
пирами́д|а *f* (5) Pyramide; **~а́льный** (14; -лен, -льна) pyramidenförmig; (*o. K.*) Pyramiden-
пира́тский (14) Piraten-
пирова́ть (7) tafeln, schmausen
пиро́|г *m* (1*e.*) Kuchen; Pirogge *f*; **~жное** *n* (14) Kuchen *m*; **~жо́к** *m* (1; -жка́) Pastete *f*; → ***~жное***
пи́рров (19): ***~а побе́да*** *f* Pyrrhussieg *m*
пир|у́шка F *f* (5; -шек) Fete; **~шество** *n* (9) → ***пир***
писа́|ка F *m* (5) Schreiberling, Federfuchser; **~ние** *n* (12) Schreiben; Schrift *f*; **~ни́на** F *f* (5) Geschreibsel *n*, Wisch *m*; **~ный** F (14) geschrieben; bemalt; bildschön, bildhübsch; ***как по ~ному*** wie ein Buch, wie gedruckt; **~рь** *m* (4; *pl. a. e.*, *N* -ря́) Schreiber; **~тель** *m* (4), **~тельница** *f* (5) Schriftsteller(in *f*); **~тельский** (16) Schriftsteller-, schriftstellerisch; **~тельство**

П

F *n* (9) Schriftstellerei *f*; **~ть** (3), ⟨на-⟩ schreiben; malen (Т *a.* in); → ***сочиня́ть***; ***не про тебя́ ~но*** F das ist zu hoch für dich *od.* nicht für dich; ***пиши́ пропа́ло*** F das kannst du in den Schornstein schreiben; **-ся**: ***пи́шется*** man schreibt; ***не пи́шется*** (Д *j-d*) hat keine Lust zu schreiben
писк *m* (1) Piepsen *n*; **~ли́вый** (14*K.*) piepsend; → **~нуть** → ***пища́ть***; **~отня́** F *f* (6) Gequietsche *n*; **~у́н** F *m* (1*e.*) Piepmatz, Piepvogel
пистоле́т *m* (1) Pistole *f*
писто́н *m* (1) Zündhütchen *n*; Zündblättchen *n*; *Mus.* Klappe *f*
писч|ебума́жный [-ʃtʃ-] (14) Papierwaren-, Schreibwaren-; **~ий** (17) Schreib-
пи́сьменн|ость *f* (8) Schrift; Schrifttum *n*; **~ый** (14) schriftlich; Schrift-, Sprach-; Schreib-
письмо́ *n* (9; *pl. st.*, *G* -сем) Brief *m* (**к** Д an *j-n*); Schreiben; Schrift *f*; Schreibweise *f*; Malweise *f*; Schein *m*; **~вник** *m* (1) Briefsteller; **~но́сец** *m* (1; -сца) Briefträger
пита́|ние *n* (12) Nahrung *f*, Kost *f*; Ernährung *f*; Verpflegung *f*; Speisung *f*; **~тельность** *f* (8) Nährwert *m*; → **~тельный** (14; -лен, -льна) nahrhaft; (*o. K.*) Nähr-; Verpflegungs-; *Tech.* Speise-; **~ть** (1) ernähren, (*a. fig.*) nähren; verpflegen, versorgen, speisen; *fig.* hegen (**к** Д *a.* für *od.* gegen *j-n*), haben, empfinden; **-ся** sich ernähren (Т von *D*)
пито́м|ец *m* (1; -ца) Zögling; **~ник** *m* (1) Baumschule *f*; Pflanzstätte *f*; Zucht *f*
пи|ть (пью, пьёшь; -ла́; *a.* не́ -л[и]; пей!; -та́) trinken (***за*** В auf *A*); leeren; *fig.* saugen; ***как ~ть дать*** F todsicher; ***дать ~ть*** P einheizen; **~тьё** *n* (10; *pl. nur G* -те́й) Trinken; Getränk; **~тьево́й** (14) Trink-; trinkbar
пих|а́ть F (1), *einm.* ⟨~ну́ть⟩ (20) stoßen, schubsen; stopfen; **-ся** drängeln
пи́хта *f* (5) Edeltanne, Weißtanne
пи́чкать F (1), ⟨на-⟩ vollstopfen; vollpumpen; füttern
пичу́жка F *f* (5; -жек) Vöglein *n*
пи́шущий (17) Schreib-; *Su. m* Schreiber
пи́ща *f* (5) Nahrung, Kost; Speise
пища́ль *f* (8) *hist.* Hakenbüchse
пи|ща́ть (4*e.*) *einm.* ⟨~скнуть⟩ (20) piepsen, quieken; quietschen; quäken
пищев|аре́ние *n* (12) Verdauung *f*; **~ари́тельный** (14) Verdauungs-; **~о́д** *m* (1) Speiseröhre *f*; **~о́й** (14) Nahrungs-, Lebensmittel-; Speise-; Ernährungs-; → ***проду́кт***
пи́щик *m* (1) Lockpfeife *f*
пия́вка *f* (5; -вок) Blutegel *m*
пла́ва|ние *n* (12) Schwimmen; *Mar.* Fahrt *f*, Reise *f*; Umsegelung *f*; → **~тельный** (14) Schwimm-; **~ть** (1) schwimmen; schwimmen können; fahren; schweben; *fig.* F ins Schwimmen geraten; **~ющий** (17) Schwimm-; Amphibien-
пла́вико́вый (14) Fluß-
плав|и́льный (14) Schmelz-; **~и́льня** *f* (6; -лен) Schmelzerei; **~ить** (14) **1.** ⟨рас-⟩ schmelzen; **2.** ⟨вы́-⟩ ausschmelzen; **~ка** *f* (5; ~ок) Schmelzen *n*; Abstich *m*
пла́вки *pl.* (5; *G* -вок) Badehose *f*
пла́в|кий (16; -ок, -ка) schmelzbar; **~ле́ние** *n* (12) → **~ка**; **~леный** (14) Schmelz-
плавни́к *m* (1*e.*) Flosse *f*
пла́вн|ый (14; -вен, -а) sanft, schwebend; fließend; *Tech.* stoßfrei; stufenlos; ***~ый звук*** *m Ling.* Liquida *f*
плаву́ч|есть *f* (8) Schwimmkraft; **~ий** (17) Schwimm-; Treib-; Floß-; → ***мая́к***
пла́кальщица *f* (5) Klageweib *n*
плака́т *m* (1) Plakat *n*; Aushang, Schild *n*; **~ный** (14; -ен, -на) plakativ; (*o. K.*) Plakat-
пла́|кать (3) weinen (***от*** Р vor *od.* aus *D*; ***о*** П um *A*); nachweinen (*j-m*), beweinen (*j-n*); schluchzen, heulen; F schon lange warten (***по*** Д auf *j-n*); futsch *od.* im Eimer sein; ***хоть ~чь!*** F es ist zum Heulen!; **-ся** F klagen, jammern, sich beklagen (***на*** В über *A*); **~кса** F *m/f* (5) Heulpeter *m*, Heulsuse *f*; **~кси́вый** F (14*K.*) weinerlich; **~ку́чий** (17) Trauer-
плам|ене́ть (8) flammen, lodern; *fig.* entflammen (Т in *D*); **~енный** (14; -енен, -нна) flammend, glühend, feurig; feuerrot; **~я** *n* (13) Flamme *f*; *fig.* Feuer, Glut *f*
план *m* (1) Plan, Grundriß; Planziel *n*,

П

Plansoll *n*; Disposition *f*, Gliederung *f*; Grund (**на** П im); *Film*: Aufnahme *f* (T in); Sicht *f* (**в** П auf *D*); Ebene *f*; Rahmen, Dimension(en *pl.*) *f*; Fach *n*

планёр *m* (1) Segelflugzeug *n*; **≈и́зм** *m* (1) Segelflugsport; **≈и́ст** *m* (1) Segelflieger; **~ка** F *f* (5; -ок) → ***лету́чка***; **~ный** (14) Segelflug-

плане́т|а *f* (5) Planet *m*; **~а́рий** *m* (3; -и) Planetarium *n*; **~ный** (14) Planeten-

плани́ров|ание *n* (12) **1.** Planung *f*; **2.** Gleitflug *m*, Segelflug *m*; **~ать¹** (7) **1.** ⟨за-⟩ planen, entwerfen, projektieren; **2.** ⟨с-⟩ *Flgw.* gleiten, segeln; **~а́ть²**, ⟨рас-⟩ planieren; → ***распла-ни́ровать***; **~ка** *f* (5) → ***~ание***; Anordnung, Disposition

пла́нка *f* (5; -нок) Leiste, Latte

плано|ви́к *m* (1*e.*) Planer; **~вый** (14) Plan-, Planungs-; → **~ме́рный** (14; -рен, -рна) planmäßig; systematisch

планта́|тор *m* (1) Plantagenbesitzer; Pflanzer; **~ция** *f* (7) Plantage

планше́т *m* (1) Kartentasche *f*; Meßtischplatte *f*; Meßtischplan

пласт *m* (1*e.*) Schicht *f*; Lage *f* (T *pl.* in *D*); *Bgb.* Flöz *n*; **~о́м** F matt, kraftlos; **~ик** *m* (1) → ***~ма́сса***; **~ика** *f* (5) Bildhauerei, Plastik; → ***~и́чность***; **~и́нка** *f* (5; -нок) Platte, Scheibe; Lamelle; **~и́ческий** (16) plastisch; → ***~ма́сса***; **~и́чность** *f* (8) Plastizität; **~и́чный** (14; -чен, -чна) wohlproportioniert; anschaulich, einprägsam; anmutig, elegant; → **~ма́сса** *f* (5) Kunststoff *m*, Plastik *n*; **~ма́ссовый** (14) Plastik-

пла́стырь *m* (4) Pflaster *n*

пла́та *f* (5) Zahlung, Bezahlung; Lohn *m*; Geld *n*, Gebühr; Zins *m*

плата́н *m* (1) Platane *f*

платёж *m* (1*e.*; ≈е́й) Zahlung *f*; → ***пла́та***; ***долг ≈о́м кра́сен*** *Spr.* e-e Liebe ist die andere wert; **~еспосо́бный** (14; -бен, -бна) zahlungsfähig; **~ный** (14) Zahlungs-, Zahl-

плате́льщик *m* (1) Zahler

пла́тина *f* (5) Platin *n*

плат|и́ть (15) **1.** ⟨за-, у-⟩ zahlen, (**за** В *a. A*) bezahlen; *Schuld* begleichen; *Scheck* einlösen (**по** Д *A*); **2.** ⟨за-⟩ vergelten, lohnen; heimzahlen; **-ся** ⟨по-⟩ büßen, *fig.* bezahlen; **≈ный** (14) kostenpflichtig, gebührenpflichtig, gegen Bezahlung; bezahlt; zahlend, selbstzahlend

плато́|к *m* (1; -тка́) Tuch *n*; ***на чужо́й рото́к не наки́нешь ~к*** *Spr.* man kann den Leuten nicht den Mund verbieten; **~чек** *m* (1; -чка) Tüchlein *n*

платфо́рма *f* (5) Bahnsteig *m*; Rampe; Plattform (*a. fig.*); Flachwagen *m*; Haltepunkt *m*

пла́т|ье *n* (10; -ьев) Kleid; Kleidung *f*, Bekleidung *f*; ***~ье-костю́м*** *m* Jakkenkleid *n*; **~ьице** *n* (11) Kleidchen; **~яно́й** (14) Kleider-

плафо́н *m* (1) Stuckdecke *f*, bemalte Decke *f*; Deckenleuchtenkugel *f*

пла́ха *f* (5) Richtblock *m*; Scheit *m*

плац *m* (1; на -у́) Exerzierplatz; **~да́рм** *m* (1) Aufmarschgelände *n*, Aufmarschgebiet *n*; Brückenkopf; *fig.* Ausgangspunkt; **~ка́ртный** (14) Platzkarten-, Platz-; Liege-; reserviert

плач *m* (1; -ей) Weinen *n*; Klage *f*, Klagelied *n*; **~е́вный** (14; -вен, -вна) kläglich, jämmerlich, beklagenswert; Klage-

плашмя́ mit der flachen Seite, flach, platt; der Länge nach

плащ *m* (1*e.*; -е́й) Regenmantel; Umhang; ***~-пала́тка*** *f* Zeltbahn

плеб|е́й *m* (3) Plebejer; **~е́йский** (16) plebejisch; **~исци́т** *m* (1) Volksabstimmung *f*

плева́ *f* (5) Häutchen *n*

плева́|тельница *f* (5) Spucknapf *m*; **~ть** (6*e.*), *einm.* ⟨плю́нуть⟩ (20) spukken, speien; ausspucken (T *A*); P *fig.* pfeifen; → ***наплева́ть*** P; **-ся** spukken; F einander anspucken; e-e feuchte Aussprache haben; rumschimpfen

пле́вел *m* (1; *mst. pl.*, *G* -) Unkraut *n*

плево́к *m* (1; -вка́) Spucke *f*

пле́вр|а *f* (5) Brustfell *n*, Rippenfell *n*; **~и́т** *m* (1) Rippenfellentzündung *f*

плёвый P (14) mies; lächerlich, lächerlich klein; kinderleicht; wurstig; → ***пустя́к***

плед *m* (1) Reisedecke *f*, Plaid *n*

плем|енно́й (14) Stamm(es)-; Zucht-, Rasse-; **≈я** *n* (13) Stamm *m*, Volksstamm *m*; → **род**; F Zunft *f*, Volk; ***на ~я*** zur Zucht; ***без ро́ду, без ≈ени*** ohne Heimat u. Verwandte; **~я́нник** *m* (1) Neffe; **~я́нница** *f* (5) Nichte

плен *m* (1; в -ý) Gefangenschaft *f*; *fig.* Bann; ***взять в ~*** gefangennehmen; ***держáть в ~ý*** gefangenhalten
пленáрный (14) Plenar-
плен|éние *n* (12) Gefangennahme *f*; **~ительность** *f* (8) Reiz *m*, Charme *m*; **~ительный** (14; -лен, -льна) reizend, bezaubernd; fesselnd; **~úть(ся)** → ***~ять(ся)***
плёнка *f* (5; -нок) Häutchen *n*, Haut, Folie; Film *m*; Tonband *n*
плéн|ник *m* (1) Gefangene(r); **~ный** (14) gefangen; *Su.* → ***~ник***; **~ять** (28), ⟨**~úть**⟩ (13*e.*) gefangennehmen; *fig.* fesseln, bezaubern, bezirzen; *Herz* erobern; **-ся** hingerissen sein (T von *D*)
плёс *m* (1) Flußstrecke *f*
плéсень *f* (8) Schimmel *m*; Moder *m*
плес|к *m* (1) Plätschern *n*; → **~кáть** (3) **1.** plätschern; rieseln; schlagen (***в, о*** B an, gegen *A*); **2.** *einm.* ⟨**~нýть**⟩ (20) spritzen, gießen, *pf.* F etwas . . . eingießen; verschütten; **-ся** planschen; überschwappen; flattern
плéсневеть (8), ⟨за-⟩ verschimmeln
плеснýть → ***плескáть 2***
пле|стú (25 -т-), ⟨с-; за-⟩ flechten; knüpfen; klöppeln; F spinnen; *impf.* F faseln; **-сь** *impf.* sich schleppen *od.* dahinschleppen; **~тéльщик** *m* (1) Flechter; **~тéние** *n* (12) Flechten; → ***~стú***; Flechtwerk, Geflecht; **~тёный** (14) geflochten, Flecht-; Korb-; **~тéнь** *m* (4; -тня́) Flechtzaun; **˘˘тка** *f* (5; ˘˘ток), **~ть** *f* (8; *ab Gpl. e.*) Peitsche; ***~ть*** Ranke
плеч|евóй (14) Schulter-, Achsel-; Oberarm-; **˘ики** F *pl.* (1) Kleiderbügel *m*; Träger *m/pl.*; **~úстый** (14*K.*) breitschultrig; **~ó** *n* (9; *pl.* ˘и, -, -áм) Schulter *f* (***через, на*** B über *A*; T/***к*** Д *N* an *D*), Achsel *f*; Oberarm *m*; *Zool.* Blatt; *Tech.* Arm *m*, Schenkel *m*; Hang *m*; F → ***˘ики***; ***за ~áми*** (***у*** P, P*j-d*) hat . . . hinter sich *od.* auf dem Buckel; ***на ~ó***! Gewehr über!; ***на ~é*** geschultert; ***на ~áх*** auf den Fersen (***у*** P *D*); ***с ~ долóй*** F erledigt; ***со всегó ~á*** F mit voller Wucht; F ***не по ~ý*** (Д *j-d*) ist e-r Sache nicht gewachsen; ***лéвое ~ó вперёд***! links schwenkt!; ***вы́нести на своúх ~áх*** allein tragen müssen
плеш|úветь (8), ⟨о-⟩ → ***лысéть***; **~úвый** (14*K.*) glatzköpfig, kahl; **~úна** P *f* (5) kahle Stelle (***на*** П an *D*); → **~ь** *f* (8) Glatze; P → ***~úна***
плúнтус *m* (1) Fußleiste *f*
плиссúрованный (14) Falten-
плит|á *f* (5; *pl. st.*) Platte; Fliese; Herd *m*, Kochherd *m*; **˘ка** *f* (5; ˘ок) Kachel, Fliese; Tafel; Kochplatte; **˘очный** (14) Fliesen-; → ***˘ка***
пловéц *m* (1; -вцá) Schwimmer
плод *m* (1*e.*) Frucht *f*; *pl.* Obst *n*; **~úть** (15*e.*) **1.** ⟨рас-⟩ ziehen, züchten; **2.** hervorbringen, schaffen; **3.** F ⟨на-⟩ viele . . . in die Welt setzen; **-ся** F sich vermehren; **~овúтый** (14*K.*) fruchtbar; **~овóдство** *n* (9) Obstbau *m*; **~óвый** (14) Frucht-; Obst-; **~онóсный** (14; -сен, -сна) fruchtbringend, fruchtbar; **~орóдие** *n* (12) Fruchtbarkeit *f*; **~орóдный** (14; -ден, -дна) fruchtbar; **~отвóрный** (14; -рен, -рна) → ***~онóсный***; befruchtend, ersprießlich, ergiebig
плóмба *f* (5) Zahnfüllung
пломбúр *m* (1) Eis *n* mit Früchten
пломбировáть (7) **1.** ⟨о-⟩ plombieren; **2.** ⟨за-⟩ *Zahn* füllen
плóск|ий (16; -сок, -á) flach, eben, platt; Flach-; Platt-; *fig.* schal, seicht; **~огóрье** *n* (10; -ий) Hochebene *f*; **~огýбцы** *pl.* (1; -цев) Flachzange *f*; **~одóнный** (14) Flach-; **~остóпие** *n* (12) Plattfüßigkeit *f*; **~ость** *f* **1.** (8; *ab Gpl. e.*) Fläche, Ebene; **2.** (8; *ab Gpl. a. e.*) Bereich *m*, (***в*** П auf *D*) Gebiet *n*; Aspekt *m* (unter *D*), Gesichtspunkt *m* (von *D* aus); **3.** † (8) Platitüde
плот *m* (1*e.*) Floß *n*
плотвá *f* (5) Plötze
плотúна *f* (5) Wehr *n*, Staudamm *m*
плóтни|к *m* (1) Zimmermann; **~цкий** (16) Zimmermanns-; **~чать** (1) zimmern; **~ческий** (16) Zimmer-; **~чий** (18), **~чный** (14) → ***~цкий***
плóтн|ость *f* (8) Dichte; → **~ый** (14; -тен, -á) dicht; fest, kompakt; stark; prall; stämmig; F → ***сы́тный***; *Adv.* eng
плотовщúк *m* (1*e.*) Flößer
плот|оя́дный (14; -ден, -дна) fleischfressend; grob sinnlich, wollüstig; **˘ский** (16) fleischlich, sinnlich; **~ь** † *f* (8; во -ú) Fleisch *n*; Leib *m*; Haut; ***~ь от ˘и*** *j-s* eigen Fleisch u. Blut; ***во ~и*** leibhaftig

плох|о́й (16; -, -á; *Komp.* ху́же; *Sup.* ху́дший) schlecht; schlimm, übel; abfällig; schwach; *Su. n* Schlechte(s); Böse(s); ***дела́ ~и*** (P um *j-n od. j-s* Sache) steht es schlimm; F ~ (И *j-m*) geht es schlecht; ***~о не клади́*** *Spr.* Gelegenheit macht Diebe

плоша́ть P (1), ⟨о-⟩ Fehler machen

площа́д|ка *f* (5; -ок) Platz *m*; *Arch.* Absatz *m*; Podest *n*; Diele; Rampe; *Esb.* Plattform; *Mil.* Stand *m*; **~но́й** (14) unflätig, unanständig, grob; **~ь** *f* (8; *ab Gpl. e.*) Platz *m*; Fläche; Flächeninhalt *m*; F Wohnraum *m*

плуг *m* (1; *pl. e.*) Pflug

плут *m* (1/1*e.*) Gauner; F Schelm

плута́ть F (1) herumirren, umherirren

плут|и́шка F *m* (5; -шек) Schelm, Schlingel; **~ни** F *pl.* (6; *G* -ей) Gaunereien *f/pl.*; **~ова́тый** F (14 *K.*) durchtrieben, gerissen; schelmisch; **~ова́ть** F (7) mogeln, schummeln; **~о́вка** F *f* (5; -вок) Schelmin; **~овско́й** (16) schalkhaft, spitzbübisch; Gauner-; Schelmen-; **~овство́** *n* (9) Gaunerei *f*; Mogelei *f*; Schelmenstück

плуто́ний *m* (3; -и) Plutonium *n*

плыть (23) schwimmen; *Mar.* fahren; → ***идти́***; schweben, dahinschweben, ziehen, vorbeiziehen; dringen; zerrinnen (***между*** T *pl.* unter *D*); ***~ в ру́ки*** F mühelos zufallen

плюга́вый P (14*K.*) mick(e)rig

плюма́ж *m* (1; -ей) Federbusch

плю́нуть → ***плева́ть***

плюс *m* (1) Plus *n*, Pluszeichen *n*; plus; F Vorteil, Vorzug; **~овый** (14) Plus-; positiv

плю́хнуться P → ***шлёпнуться***

плю́шевый (14) Plüsch-; Teddy-

плю́шка *f* (5; -шек) Milchbrötchen *n*

плющ *m* (1*e.*) Efeu

плю́щить (16), ⟨с-⟩ abplatten

пляж *m* (1; -ей) Badestrand, Strand (***на*** П an *D*); **~ный** (14) Strand-

пляс|а́ть (3), ⟨с-⟩ tanzen; tänzeln; hüpfen; **~ка** *f* (5; -ок) Tanz *m*, Volkstanz *m*; **~ово́й** (14) Tanz-; *Su. f* Tanzlied *n*; **~у́н** *m* F (1*e.*), **~у́нья** F (6; -ний) Tänzer(in *f*)

пневмати́ческ|ий (16) Preß-, Druckluft-; ***~ая по́чта*** *f* Rohrpost

по 1. (Д) über (*A*); auf, in (*A*); auf, an, in (*D*); (*A*) entlang, durch, hindurch; gegen (*A*); für (*A*); nach (*D*), laut, gemäß; mit (*D*), per; aus (*D*), wegen (*G*), -halber; zu (*D*); je; F nach *j-s* Meinung *od.* Geschmack; → ***това́рищ; ~ отцу́*** väterlicherseits; **2.** (В) bis an (*A*), bis zu (*D*); bis; auf (*D*); zu, je; P nach, um; **3.** (П) nach; P → ***~ 1*** F

поба́иваться F (1) ein wenig Angst haben *od.* sich fürchten (P vor *D*)

поба́ливать F (1) etwas *od.* ab u. zu schmerzen, weh tun

побасёнка F *f* (5; -нок) Histörchen *n*, Lügengeschichte; Märchen *n*

побе́г *m* (1) Flucht *f*; *Bot.* Trieb, Schößling; **~ать** (1) *pf.* ein wenig *od.* e-e Zeitlang herumlaufen; **~у́шки** F: ***быть на ~у́шках*** Laufbursche sein

побе́|да *f* (5) Sieg *m* (***над*** T über *A*); Erfolg; ***~да за на́ми*** der Sieg ist unser; **~ди́тель** *m* (4) Sieger; **~ди́ть** → ***~жда́ть***; **~дный** (14) Sieges-; → **~доно́сный** (14; -сен, -сна) siegreich; triumphierend

побе|жа́ть (4*e.*; -гу́, -жи́шь, -гу́т) *pf.* losrennen, loslaufen, losstürzen; laufen, rennen, stürzen; die Flucht ergreifen, das Weite suchen; sich in Trab setzen; ***~жа́ли***! los!, laufen wir!

побе|жда́ть (1), ⟨**~ди́ть**⟩ (15*e.*; *o. 1. Pers. sg.*; -ждённый) siegen (В über *A*), besiegen, bezwingen; für sich gewinnen, erobern; überwinden

побе́лка *f* (5) Weißen *n*; F Tünche

побере́жье *n* (10; -ий) Küste *f* (***на*** П an *D*)

побере́чь (26 -г/ж-; -егу́, -жёшь) *pf.* noch *od.* e-e Zeitlang aufheben; ein wenig schonen *od.* (В auf *A*) aufpassen; **-ся** sich etwas in acht nehmen; → ***бере́чь(ся)***

побесе́довать (7) *pf.* sich ein wenig *od.* e-e Weile unterhalten

побеспоко́ить → ***беспоко́ить 2***; **-ся** sich kümmern (***о*** П um *A*), F bemühen

поб|ива́ть (1), ⟨**~и́ть**⟩ (-бью, -бьёшь; → ***бить***) viele(e) *od.* alle . . . erlegen, erschlagen *od.* zerschlagen *od. Agr.* vernichten; F *Sp.* schlagen; überbieten, übertreffen; *pf.* zerfressen; **-ся** sich ein wenig schlagen; → ***би́ться***; zerschlagen sein; *Obst*: Druckstellen bekommen

побир|а́ться F (1) sich durchbetteln; **~у́шка** P *m/f* (5; -шек) Bettler(in *f*)

П

побить(ся) → ***побивать(ся)***
поблажка F *f* (5; -жек) *a. pl.* Nachsicht (Д mit *D*); Vorzugsbehandlung
поблёклый, ≈ (14) welk; → ***блёклый***
поблёскивать, ≈ (1) aufblitzen
поблизости in der Nähe (***от*** P *G*)
побои *pl.* (3) Prügel *m/pl.*, Schläge *m/pl.*; **~ще** *n* (11) *hist.* Schlacht *f*; F Keilerei *f*
поболтать F (1) *pf.* ein wenig plaudern
побольше mehr *od.* etwas mehr, größer; möglichst viel *od.* groß
побор|ник *m* (1) Verfechter, Vorkämpfer; **~оть** (17) *pf.* bezwingen, besiegen; aus dem Feld schlagen; die Oberhand behalten (B über *A*); überwinden, verwinden; **-ся** noch kämpfen
побочный (14; -чен, -чна) nebensächlich, zweitrangig; (*o. K.*) Neben-; Begleit-
побояться *pf.* → ***бояться***; sich ein wenig fürchten, sich nicht trauen
побранить (13*e.*) *pf.* schelten; **-ся** sich e-e Weile zanken
побратим *m* (1) Blutsbruder; ***города~ы*** *pl.* Partnerstädte *f/pl.*; **~ство** *n* (9) Blutsbrüderschaft *f*; Partnerschaft *f*
по-братски brüderlich
побрести (25) *pf.* sich fortschleppen *od.* langsam begeben, bewegen
побродить F (15) *pf.* e-e Weile herumschlendern *od.* herumspazieren
побросать (1) *pf.* alle *od.* die ... hinschmeißen *od.* verlassen; e-e Weile werfen
побряк|ивать F (1) leise *od.* zuweilen klirren, klappern; **~ушка** F *f* (5; -шек) Kinderklapper; *pl.* Klimperzeug *n*; Kleinkram *m*
побу|дительный (14) Beweg-; → ***~ждение***; **~дка** *f* (5; -док) *Mil.* Wecksignal *n*; **~ждать** (1), ⟨**~дить**⟩ (15*e.*; -ждённый) bewegen, veranlassen; anregen, animieren; **~ждение** *n* (12) Antrieb *m* (***по*** Д aus *D*), Beweggrund *m*; Ansporn *m*, Anstoß *m*; Veranlassung *f*
побы|вать (1) *pf.* sein, weilen; besuchen (***у*** P *od.* ***в, на*** П *A*); teilnehmen (an *D*); **~вка** P *f* (5; -вок) Kurzurlaub *m*; Besuch *m*; **~ть** (-буду, -дешь; -ла) *pf.* e-e Weile bleiben, weilen, verweilen
побыстрее schneller; → ***побольше***
повад|иться F (15) *pf.* sich angewöhnen; oft (als ungebetener Gast) vorbeischauen (***к*** *D* bei *j-m*; ***в*** B in *D*), besuchen (*A*); **~ка** *f* (5; -ок) F Angewohnheit; *a. pl.* Verhalten *n*; P → ***поблажка***; **~но** P gut; ***чтоб не было ~но*** F daß *j-m* die Lust dazu vergeht
повал|ить F (13) *pf.* **1.** → ***валить 1***; **2.** in dichten Flocken zu schneien *od.* stark zu hageln beginnen; **~ьный** (14; -ен, -ьна) Massen-, massenhaft; epidemisch
повар *m* (1; *pl. e.*, *N* -á) Koch; **~енный** (14) Koch-; **~ёнок** *m* (2) Küchenjunge; **~иха** *f* (5) Köchin; **~ской** (16) Koch-; Küchen-
по-вашему Ihrer *od.* eurer Meinung nach; nach Ihrem, eurem Willen *od.* Wunsch; so wie Sie *od.* ihr
поведать (1) *pf.* erzählen, mitteilen
поведение *n* (12) Benehmen (***с*** T *j-m* gegenüber), Betragen; Verhalten, Auftreten; Lebenswandel *m*
повезти (24) *pf.* abtransportieren, wegschaffen, bringen; losschieben; → ***везти***
повел|евать (1) **1.** ⟨**~еть**⟩ (9) befehlen; **2.** gebieten (T über *A*); **~ение** → ***веление***; **~итель** *m* (4) Gebieter; Herrscher; **~ительный** (14; -лен, -льна) gebieterisch; zwingend; (*o. K.*) Befehls-; ***~ительное наклонение*** *n* Imperativ *m*
поверг|ать (1), ⟨**~нуть**⟩ (21) niederwerfen, zu Boden werfen; *fig.* versetzen, stürzen; **-ся** geraten, verfallen
повер|енный *m* (14) Bevollmächtigte(r); Vertraute(r); ***~енный в делах*** Geschäftsträger; **~ить** → ***поверять***, ***верить***; **~ка** *f* (5; -ок) Nachprüfung, Überprüfung, Kontrolle; *Mil.* Appell *m* (***на*** П bei *D*); *Zeit*: Vergleich *m*; ***на ~ку*** F in Wirklichkeit
повернуть(ся) → ***поворачивать(ся)***
поверочный (14) Prüfungs-, Kontroll-
повертеть (11) *pf.* einige Male *od.* ein wenig drehen (T *A*, an *D*)
повёртывать(ся) → ***поворачивать(ся)***
поверх (P über (*A*) *od.* über (*A*) hinweg, über *D*), oberhalb (*G*); ***~ очков*** über den Brillenrand; **~ностный** [-sn-] (14; -тен, -тна) oberflächlich; (*o. K.*) Oberflächen-; **~ность** *f* (8) Oberfläche (***на*** П an *D*); Fläche;

П

на ~ности *Bgb.* über Tage; *fig.* über Wasser
пове́р|ье *n* (10; -ий) Volksglaube *m*, Glaube *m*; **~я́ть** (28), ⟨~ить⟩ (13) anvertrauen
пове́са F *m* (5) Windbeutel
повествова́|ние *n* (12) Erzählung *f*; Erzählen; *Lit.* Erzählertext *m*; **~тель** *m* (4) Erzähler; **~тельный** (14) erzählend, narrativ; *Gr.* Aussage-; **~ть** (7) erzählen (***о*** П *a.* von *D*)
пов|ести́ (25) *pf.* zu führen, lenken *od.* steuern beginnen; → ***вести́***; → ***~оди́ть***; **-сь** üblich werden; → ***вести́сь***; F → ***подружи́ться***
пове́ст|ка *f* (5; -ок) Vorladung (*Jur.* ***в*** B vor); F → ***~ка дня*** Tagesordnung (***на*** П *fig.* an *D*); → ***встава́ть***; **~ь** *f* (8; *ab Gpl. a. e.*) längere Erzählung, Kurzroman *m*; Geschichte
пове́трие *n* (12) F Fimmel *m* (***на*** B für *A*), Modeerscheinung *f*; † Seuche *f*
пове́шен|ие *n* (12) Erhängen; Strang *m*; **~ный** *m* (14) Gehenkte(r)
пове́ять (27) *pf.* aufkommen (***с*** T *N*); ausgehen; anwehen (***на*** B/T *j-n N*)
пови|ва́льный † (14) → ***~ту́ха***
повида́ть F (1) → ***вида́ть***; kurz sehen; **-ся** sich treffen (***с*** T *j-n*)
по-ви́димому allem Anschein nach, offensichtlich; anscheinend ja
пови́дло *n* (9) Marmelade *f*
пови́н|ная *f* (14) Geständnis *n*, Schuldbekenntnis *n*; ***яви́ться с ~ной*** sich selbst stellen; **~ность** *f* (8) Pflicht, Verpflichtung; **~ный** (14; -ен, -на) schuldig, schuld (***в*** П an *D*); ***ни в чём не ~ный*** völlig unschuldig; **~ова́ться** (7) gehorchen; Folge leisten; **~ове́ние** *n* (12) Gehorsam *m*; Zucht *f*; ***в ~овении*** untertan (P *j-m*)
повис|а́ть (1)→ ***ви́снуть***; hängenbleiben, hängen; stehen; **~е́ть** (11) *pf.* e-e Weile hängen, hängenbleiben
повиту́ха F † *f* (5) Hebamme
повле́чь (26) *pf.* anziehen, hinziehen, hinschleppen; → ***влечь***
по́вод *m* **1.** (1) Anlaß (***по*** Д aus *D*); Vorwand; Sache *f* (***по*** Д in *D*); ***по ~у*** anläßlich; in bezug auf; **2.** (1; в -у́; *pl.* ́-ья, ́-ьев) Zügel (***на, в*** П an *D*); ***быть на ~у́*** sich gängeln lassen (***у*** P von *j-m*); **~и́ть** (15) **1.** ⟨повести́⟩ (25) bewegen; zucken (T *A*); *Ohren* spitzen; **2.** *pf.* e-e Zeitlang führen; hin u. her fahren; **~о́к** *m* (1; -ка́) Leine *f* (***на*** B an *A*); **~ы́рь** *m* (4*e.*) Führer
пово́зка *f* (5; -зок) Fuhrwerk *n*
поволо́к|а: ***с ~ой*** umflort
пов|ора́чивать, ~ёртывать (1), ⟨~ерну́ть⟩ (20; -ёрнутый) umdrehen, umwenden, umkehren; drehen, wenden; abbiegen, biegen; F wechseln; **-ся** (***к*** Д/T *j-m A*) zukehren; ***-ся круго́м*** kehrtmachen; F *impf.* sich rühren; F ***язы́к ~ерну́лся*** (***у*** P *j-d*) machte den Mund auf
поворо́т *m* (1) Umdrehung *f*; Drehung *f*; Wendung *f*, Schwenkung *f*; Biegung *f* (***на*** П an *D*), Kurve *f* (in *D*); Abzweigung *f*; *fig.* Wende *f*; ***ле́гче на ~ах!*** F Obacht geben!; **~ливый** (14*K.*) beweglich; wendig; F flink, rührig, **~ный** (14) Wende-; *Esb.* Dreh-
поворча́ть (4*e.*) *pf.* ein wenig brummen *od.* knurren; anknurren (***на*** B *A*)
повре|жда́ть (1), ⟨~ди́ть⟩ (15*e.*; -ждённый⟩ beschädigen; verletzen; **~жде́ние** *n* (12) Beschädigung *f*; Verletzung *f*; Schaden *m* (P an *D*); *Tech.* Störung *f*
повремен|и́ть F (13*e.*) *pf.* ein wenig abwarten *od.* sich gedulden; **~́ный** (14) periodisch erscheinend; Zeit-, Stunden-; zeitweise, stundenweise
повсе|дне́вный (14; -вен, -вна) alltäglich, Alltags-; Tages-; **~ме́стный** [-sn-] (14; -тен, -тна) im gesamten Gebiet, allerorts; allgemein
повста́н|ец *m* (1; -ца) Aufständische(r); **~ческий** (16) Rebellen-
повстреча́ть F (1) *pf.* zufällig treffen
повсю́ду überall, allenthalben
повто́р F, *Lit.* *m* (1), **~е́ние** *n* (12) Wiederholung *f*; ***~е́ние – мать уче́ния*** *Spr.* Übung macht den Meister; **~и́тельный** (14) Wiederholungs-; → **~ный** (14; -ен, -на) wiederholt, nochmalig; rückfällig; Nach-; **~я́ть** (28), ⟨~и́ть⟩ (13*e.*) wiederholen; nachsprechen (***за*** T *j-m*); repetieren, replizieren; **-ся** nochmals ertönen
повы|ша́ть (1), ⟨~́сить⟩ (15) anheben, erhöhen, steigern; ***~́сить по слу́жбе*** befördern; ***~́сить го́лос*** lauter sprechen; ***~́сить тон*** e-n schärferen Ton anschlagen; **-ся** ansteigen, steigen; F aufsteigen (***в*** И *pl.* zu *D*); **~ше́ние** *n*

(12) Erhöhung *f*; → **~ша́ть**; Anstieg *m*; **~ше́ние квалифика́ции** Weiterbildung *f*; **~шенный** (14*K*.) erhöht, gesteigert; gehoben; Hoch-
повя́з|ка *f* (5; -ок) Binde; Verband *m*; Stirnband *n*; **~ывать** (1), ⟨**~а́ть**⟩ (3) binden (**на** В um *A*), umbinden (В/Т *j-m A*)
пога́н|ец P *m* (1; -ца) Schuft; Dreckskerl; **~ить** P (13), ⟨о-⟩ beschmutzen, besudeln; **~ка** *f* (5; -ок) Giftpilz *m*; P Ekel *n*; **~ый** (14*K*.) unrein; giftig; F mies, elend, ekelhaft; † unchristlich; (*o. K.*) F Müll-; **~ь** P *f* (8) Dreck *m*; Pack *n*
пога|са́ть (1) → **га́снуть**; **~ша́ть** (1) → **гаси́ть**; **~ше́ние** *n* (12) Tilgung *f*, Begleichung *f*
погиб|а́ть (1) → **ги́бнуть**; **~ель** P → **ги́бель**, **про́пасть**; **согну́ть в три ~ели** F grausam unterdrücken; **согну́ться в три ~ели** F e-n krummen Buckel machen
погла́живать (1) leicht streicheln
погло|ща́ть (1), ⟨**~ти́ть**⟩ (15/15*e*.; -т/щ-; -щённый) verschlingen; aufsaugen, einsaugen; absorbieren; ganz in Anspruch nehmen, fesseln; **~щён** vertieft (Т in *A*); **~ще́ние** *n* (12) Absorption *f*; Aufgehen (P/Т *G* in *D*); → **~ща́ть**
погля́дывать F (1) → **посма́тривать**
погна́|ть (-гоню́, -о́нишь; -ла́; ´нный) *pf*. losjagen, lostreiben; F deportieren; → **гна́ть(ся)**
погов|а́ривать F (1) Stimmen laut werden; munkeln; **~ори́ть** (13*e*.) *pf*. e-e Weile sprechen *od*. reden; **мы ещё ~ори́м!** wir sprechen uns noch!; **~о́рка** *f* (5; -рок) sprichwörtliche Redensart
пого́д|а *f* (5) Wetter *n* (**в** В bei *D*), Witterung; *fig*. Wetterlage; F heiteres Wetter *n*; P schlechtes Wetter *n*; **де́лать ~у** entscheidend sein
погод|и́ть F (15*e*.) warten; **~я́** später
пого́|дный (14) alljährlich, Jahres-; Wetter-; **~жий** F (17*K*.) heiter
поголо́в|ный (14) total; **~но** ausnahmslos; → **~ье** *n* (10; -вий) Bestand *m*, Viehbestand *m*
пого́н *m* (1) Schulterklappe *f*
пого́нный (14) laufend
пого́н|щик *m* (1) Treiber; **~я** *f* (6) Verfolgung; Jagd (**в** П/**за** Т auf *D*/nach *D*); Verfolgerschar; **~я** (**за** Т) -gier, -sucht, -hascherei; **~я́ть** (28) antreiben; F zur Eile drängen
погоре́|лец *m* (1; -льца) Brandgeschädigte(r); **~ть** (9) *pf*. e-e Weile brennen; F abbrennen, verbrennen, verfaulen; P reinfliegen (**на** П mit *D*)
пого́ст *m* (1) Dorffriedhof
погости́ть (15*e*.) *pf*. e-e Zeitlang zu Gast sein *od*. besuchen
пограни́чн|ик *m* (1) Grenzsoldat; **~ый** (14) Grenz-; → **сме́жный**
по́гре|б *m* (1; *pl*. *e*., *N* -а́) Keller; *Mil*. Magazin *n*; **~ба́льный** (14) Beerdigungs-; Leichen-; Toten-; **~ба́ть** (1), ⟨**~сти́**⟩ (25 -б-; ¨б, -бла́) begraben, beerdigen; **~бе́ние** *n* (12) Beerdigung *f*, Begräbnis; **~бо́к** *m* (1; -бка́) Weinkeller
погрему́шка *f* (5; -шек) Klapper
погре́ть (8; -тый) *pf*. ein wenig wärmen, aufwärmen *od*. erwärmen
погре́шность *f* (8) Fehler *m*; Mangel *m*
погро́м *m* (1) Verwüstung *f*; → **разгро́м**; **~щик** *m* (1) Pogromheld
погру|жа́ть (1), ⟨**~зи́ть**⟩ (15/15*e*.) eintauchen, untertauchen; versenken; → **грузи́ть**; **-ся** sinken, versinken; → **грузи́ться**; **~жно́й** (14) Tauch-; **~зка** *f* (5) Beladen *n*, Verladen *n*; Einschiffung, Verschiffung; **~зочный** (14) Lade-, Verlade-; **~зчик** [-ʃtʃ-] *m* (1) Lader; Stapler
погряз|а́ть (1), ⟨**~нуть**⟩ (21) tief einsinken, versinken; *fig*. versumpfen; stecken
погуля́ть (28) *pf*. ein wenig spazierengehen *od*. sich amüsieren
под[1], **~о** **1.** (В) unter; *Ort*: bis an, vor, in die Nähe (*G*); gegen , gegen . . . zu; an, an die . . .; am Vorabend (*G*); passend zu (*D*); nach (*D*); à la, nach Art (*G*); -artig, als -imitation; *fig*. in; gegen; *Gefäß*: → **из-под**; **2.** (Т) unter (*D*); *Ort*: bei, vor (*D*); in (*D*); an (*D*); mit (*D*); durch (*A*); → **из-под**
под[2] *m* (1; на -у́) Ofenboden
подава́льщица *f* (5) Serviererin
пода|ва́ть (5), ⟨**~ть**⟩ (´м, ´шь → **дать**; ´л, -ла́; ´нный: -на́) reichen, geben; anbieten; servieren, auftragen; helfen (В in *A*); bereitstellen, (В *A*) vorfah-

ren; anliefern; *Tech.* zuführen; einreichen; *Sp.* angeben, zuspielen; *fig.* eingeben; abgeben; leisten; *Lit.* zeichnen; *Jur.* erstatten; einlegen (***в*** В bei *D*); ***~ть в суд*** (***на*** В *j-n*) verklagen; ***~ть го́лос*** sich melden; F schieben, treiben; *Kfz.* rücken, setzen; präsentieren; *impf. fig.* wecken; berechtigen (В zu *D*); **-ся** nachgeben; weichen; sich lehnen; F ziehen, gehen

подав|ле́ние *n* (12) Niederschlagung *f*; → ***~ля́ть***; **~ленный** (14*K.*) niedergeschlagen, deprimiert; gedrückt; **~ля́ть** (28), ⟨**~и́ть**⟩ (14) niederschlagen, niederwerfen; *Mil.* niederhalten; *fig.* unterdrücken, erdrücken, bedrükken; verbeißen; **~ля́ющий** (17) überwältigend, erdrückend

пода́вно F erst recht; schon gar nicht

пода́гр|а *f* (5) Gicht; **~ик** *m* (1) Gichtkranke(r); **~и́ческий** (16) gichtisch

пода́льше F möglichst weit weg; ***иди́*** (***ты***) ***куда́ ~!*** P scher dich!; → ***чёрт***

пода́ро|к *m* (1; -рка) Geschenk *n* (***в*** В als, zum); ***в~к*** geschenkt; **~чный** (14) Geschenk-, Präsent-

пода́|тель *m* (4) Überbringer; **~тливый** (14*K.*) nachgiebig, geschmeidig, elastisch; leicht formbar; empfänglich (***на*** В für *A*); **~ть** *f* (8) *hist.* Abgabe, Steuer; **~ть(ся)** → ***~ва́ть(ся)***; **~ча** *f* (5) Einreichung; Abgabe; *Sp.* Angabe; Aufschlag *m*; Zuspiel *n*; *Tech.* Zufuhr; → ***~ва́ть***; **~чка** F *f* (5; -чек), **~я́ние** *n* (12) Almosen

подбав|ля́ть (28), ⟨**~ить**⟩ (14) *et.* hinzutun *od.* hinzugeben; nachlegen

подб|а́дривать (1), **~одря́ть** (28), ⟨**~одри́ть**⟩ (13*e.*) etwas aufmuntern *od.* Mut zusprechen; **-ся** Mut fassen

подбе|га́ть (1), ⟨**~жа́ть**⟩ (4; -гу́, -жи́шь, -гу́т) (***к*** Д auf *A*) zulaufen; herbeilaufen, herbeirennen

подберёзовик *m* (1) Birkenpilz

подби|ва́ть (1), ⟨**~ть**⟩ (-добью, -бьёшь; -дбе́й; -тый) unten *od.* von unten beschlagen *od.* annageln; aufschütteln; F füttern; anschießen; anfahren; (***на*** В zu *D*) anstiften; treffen, verletzen

под|бира́ть (1), ⟨**~обра́ть**⟩ (-беру́, -рёшь; -обрала́; -о́бранный: -ана́) auflesen, aufsammeln; aufschürzen, hochschieben, hochheben; straffziehen; einziehen, einrollen; passende ... aussuchen *od.* auswählen; zusammentragen, zusammenstellen; zurechtlegen; F aufnehmen; mitnehmen; **-ся** sich heranschleichen (***к*** Д an *A*) *od.* unbemerkt nähern (*D*); → ***составля́ться***, ***приоса́ниться***, F ***забира́ться***

подби́|ть → ***~ва́ть***; **~тый** (14) *Auge*: blau

подбодр|и́ть, **~я́ть** → ***подба́дривать***

подбо́р *m* (1) Auswahl *f*, Auslese *f*; Sammlung *f*; Zusammenstellung *f*; ***на ~*** wie ausgesucht; **~ка** *f* (5; -ок) Artikelauswahl (*unter e-m Kopf*); F → **~**

подборо́док *m* (1; -дка) Kinn *n*

подбоче́ниться F (13) *pf.* die Arme in die Hüften stemmen

подбр|а́сывать (1), ⟨**~о́сить**⟩ (15) in die Höhe werfen, F hochwerfen; hinzuwerfen; nachlegen; unterschieben, zuschieben; heimlich auslegen; *Kind* aussetzen; F heranschaffen, bringen

подва́л *m* (1) Kellergeschoß *n*, Keller; *Zeitung*: untere(r) Teil der Seite, Artikel im unteren Teil der Seite; **~ивать** (1), ⟨**~и́ть**⟩ (13) *Mar.* anlegen (***к*** Д an *A*); F hinzuschütten, P hinzufügen, hinzukommen; herbeiströmen; → ***подка́тывать***, ***обру́шиваться***, ***везти́*** F; **~ьный** (14) Keller-

подведе́ние *n* (12) *Fin.* Abschluß *m*; → ***подводи́ть***

подве́домственный (14*K.*) nachgeordnet, untergeordnet, unterstellt

подвезти́ → ***подвози́ть***

подвене́чный (14) Braut-

подвер|га́ть (1), ⟨**~гнуть**⟩ (21) unterziehen; aussetzen; ziehen, bringen, tun (Д in *A*); stellen (auf *A*; zu *D*); *Mil.* nehmen (unter *A*); *Jur.* verhängen (В/Д über *j-n A*); **-ся** ausgesetzt sein; geraten, fallen (Д in *A*); werden (+ *Ptp.*); **~женный** (14*K.*) ausgesetzt, gefährdet; anfällig (Д für *A*)

подвёр|тывать (1), ⟨**~ну́ть**⟩ (20; -нутый) aufkrempeln, umkrempeln; umschlagen, einschlagen; unterlegen; sich *et.* verknacksen; *Tech.* anziehen; zurückdrehen; P abbiegen; **-ся** umknikken; sich verknacksen (*v/i*); F sich bieten; über den Weg laufen; in die Hände fallen; geraten

подве́|сить → ***~шивать***; **~ска** *f* (5;

-сок) Anhänger *m*; *Tech.* Aufhängung; **~сно́й** (14) Hänge-, Schwebe-; Außenbord-
подвести́ → ***подводи́ть***
подве́тренный (14) windgeschützt; Lee-, leewärts liegend
подве́|шивать (1), ⟨**~сить**⟩ (15) aufhängen, anhängen, hängen (***к*** Д, ***на*** В an *A*, *D*); F ***язы́к хорошо́ ~шен*** (***у*** Р *j-d*) hat ein gutgeschmiertes Mundwerk
по́двиг *m* (1) Großtat *f*, Heldentat *f* Tat *f*; aufopfernder Akt
подви|га́ть¹ (1) ⟨**~́нуть**⟩ (20) heranrücken; zur Seite rücken; zuschieben; F voranbringen; **-ся** vorankommen; **~́гать²** (1) *pf.* ein wenig *od.* mehrmals bewegen
подви́д *m* (1) *Bio.* Unterart *f*; *Gr.* Aktionsart *f*
подви́жни|к *m* (1) Asket; selbstloser Streiter *od.* Verfechter; **~чество** *n* (1) asketisches Leben; aufopferndes Wirken
подвижн|о́й (14) beweglich; fahrbar, mobil; *Esb.* rollend; Bewegungs-; → **~́ый** (14; -́жен, -́а) lebhaft, munter; wendig, rührig; flexibel
подвиза́ться (1) sich betätigen
подвинти́ть (15*e.*) *pf.* anziehen, (***к*** Д an *A*) anschrauben
подви́нуть(ся) → ***подвига́ть(ся)***
подвла́стный [-sn-] (14; -тен, -тна) untertan, unterstellt; *fig.* unterwürfig
подво́да *f* (5) Fuhrwerk *n*
подв|оди́ть (15), ⟨**~ести́**⟩ (25) heranführen (***к*** Д *a.* an *A*); zuleiten, verlegen; lenken, vorfahren (***к*** Д an *D*); *Fin.* ziehen; abschließen, machen; *Brauen* nachziehen; *fig. et.* in Einklang bringen (***под*** В mit *D*); *Basis* schaffen (für *A*); ***~ести́ ми́ну*** unterminieren; ***~ести́ фунда́мент*** *et.* untermauern; F aufsitzen lassen *od.* im Stich lassen; fabrizieren; bringen
подво́дн|ик *m* (1) U-Boot-Mann; **~ый** (14) Unterwasser-; Untersee-; ***~ый ка́мень*** *m* Riff *n*, Klippe *f*
подв|о́з *m* (1) Anfuhr *f*; Nachschub; **~ози́ть** (15), ⟨**~езти́**⟩ (24) heranfahren, anfahren, heranschaffen; F hinbringen, mitnehmen
подвор|а́чивать(ся) → ***подвёртывать(ся)***; **~отничо́к** *m* (1; -чка́) Kragenbinde *f*; **~о́тня** *f* (6; -тен) Torweg *m*, Torbogen *m*
подво́х F *m* (1) Falle *f*; Kniff
подвы́пивший P (17) angeheitert
подвя́з|ка *f* (5; -ок) Strumpfband *n*; **~ывать** (1), ⟨**~а́ть**⟩ (3) von unten anbinden; umbinden; verbinden, zusammenbinden; F binden (***к*** Д an *A*); anstricken
подга́дить P (15) *pf.* verpatzen; viel schaden; → ***подводи́ть*** F
под|гиба́ть (1), ⟨**~огну́ть**⟩ (20) nach unten biegen; leicht beugen, knicken; einziehen; → ***подвёртывать***; **-ся** einknicken, zusammenknicken
подгля́д|ывать (1), ⟨**~е́ть**⟩ (11) spähen, (***за*** Т *j-n*) belauern; *pf.* bemerken
подгни|ва́ть (1), ⟨**~́ть**⟩ (-ёт; -ла́) unten *od.* leicht anfaulen
подгов|а́ривать (1), ⟨**~ори́ть**⟩ (13*e.*) *impf.* anstiften wollen, *pf.* anstiften (***на*** В zu *D*), verleiten; → ***угова́ривать***
подголо́вник *m* (1) Kopfstütze *f*
подголо́сок *m* (1; -ска) Füllstimme *f*; *fig.* Nachbeter
под|гоня́ть (28), ⟨**~огна́ть**⟩ (-гоню́, -го́нишь; -огнала́; -о́гнанный) herantreiben; anpassen (***по*** Д *D*); F antreiben, vorantreiben; vorfahren (***к*** Д an *D*); verbinden (mit *D*); aufholen
подгор|а́ть (1), ⟨**~е́ть**⟩ (9) anbrennen; **~е́лый** (14) angebrannt; verbrannt
подгот|а́вливать (1), **~овля́ть** (28), ⟨**~о́вить**⟩ (14) vorbereiten; bereitstellen; → ***гото́вить 2***; **-ся** sich vorbereiten (***к*** Д für, auf *A*); ***~о́вились***! *Sp.* fertig!; **~ови́тельный** (14) Vorbereitungs-, Vor-; **~о́вка** *f* (5) Vorbereitung (***к*** Д für, auf *A*); Ausbildung; Vorbildung
подгуля́ть (28) F sich e-n ansäuseln; P mißraten, mißlingen
подда|ва́ть (5), ⟨**~́ть**⟩ (-́м, -́шь; → ***дать***; -́л, -ла́; -́нный: -на́) nach oben stoßen *od.* werfen; F hergeben, hinzugeben, hinzufügen; P e-n heben, kippen; ***~́ть жа́ру*** P Dampf machen; **-ся** nachgeben; geraten, verfallen (Д in *A*); ***~́ться*** (Д/Р) sich durch (*A* + *Vb.*) lassen; ***не ~́ться*** (*D*) widerstehen; sich ergeben *od.* F einlassen; ***не ~ва́ться описа́нию*** jeder Beschreibung spotten

П

подда́к|ивать F (1), *einm.* ⟨**~нуть**⟩ (20) beipflichten, zustimmen, ja sagen
по́дда|нный *m* (14) Untertan; Staatsangehörige(r); **~нство** *n* (9) Staatsangehörigkeit *f*; **∴ть(ся)** → ***~ва́ть(ся)***
подде|ва́ть (1), ⟨**∴ть**⟩ (-ну, -нешь; -тый) aufgabeln; hochheben; F sticheln; *j-n* aufziehen; hereinlegen, um *et.* bringen
поддёвка *f* (5; -вок) *ehm.* Mantel *m*
odде́л|ка *f* (5; -ок) Fälschung; Nachahmung; Imitation (***под*** B *G*); **~ыватель** *m* (4) Fälscher; **~ывать**, ⟨**~ать**⟩ (1) fälschen, verfälschen; → **-ся** nachahmen, nachmachen (***под*** B *A*); F → ***подла́живаться***; **~ьный** (14; -ен, -ьна) gefälscht; unecht, künstlich, falsch; Falsch-; gestellt
подде́рж|ивать (1), ⟨**~а́ть**⟩ (4) stützen (***за́*** B an *D*), unterstützen; festhalten (B an *D*), unterhalten; aufrechterhalten; *fig.* befürworten; *j-m* beistehen; **~ка** *f* (5; -ек) Unterstützung (***при*** П mit *D*); Stütze
подде́ть → ***поддева́ть***
поддо́н, ~ник *m* (1) Untersatz
поддра́зни|вать F (1), ⟨**~ть**⟩ (13) ein wenig necken *od.* aufreizen
поддува́ло *n* (9) Zugloch
поде́л|ать F: ***ничего́ не ~аешь*** da ist nichts zu machen (***с*** T mit *j-m* . . . anzufangen); **~о́м** F (Д) das geschieht *j-m* ganz recht; zu Recht; **~очный** (14) Nutz-; **~ывать** F (1) treiben; ***что ~ываешь***? wie geht's, wie steht's?
подёнка *f* (5; -ок) Eintagsfliege
подёрг|ать (1) *pf.* einige Male zupfen, zerren *od.* zucken; **~ивание** *n* (12) leichtes Zucken; **~ивать** (1) leicht zupfen *od.* (*a.* **-ся**) zucken
подержа́|ние *n* (12) zeitweilige Nutzung *f* (***на*** B zu *D*); **∴нный** (14*K.*) gebraucht, getragen; Gebraucht-; *fig.* verlebt; **~ть** (4) *pf.* e-e Weile halten *od.* behalten (**-ся** *a.* aushalten)
подёрну|ть (20) *pf.* leicht überziehen, bedecken; einhüllen
поджа́ри|вать (1), ⟨**~ть**⟩ (13) anbraten; toasten, rösten; grillen; **~стый** (14*K.*) braungebraten; knusprig
поджа́рый F (14*K.*) hager, mager
поджа́ть → ***поджима́ть***
поджелу́дочный (14) Bauchspeichel-
под|жига́тель *m* (4) Brandstifter (*a. fig.*); *fig.* Anstifter; **~жига́ть** (1), ⟨**~же́чь**⟩ (26 -г/ж-; -ожгу́, -ожжёшь; -жёг, -ожгла́; -ожжённый) anzünden, in Brand stecken; F anbrennen lassen
поджида́ть F (1) warten (P auf *A*), abwarten, abpassen
поджи́лки F: ***~ трясу́тся*** (***у*** P *j-m*) zittern die Knie
подж|има́ть (1) ⟨**~а́ть**⟩ (-дожму́, -мёшь; -а́тый) einziehen; unterschlagen; *Lippen* aufeinanderpressen
поджо́г *m* (1) Brandstiftung *f*
подзаголо́вок *m* (1; -вка) Untertitel
подзадо́ри|вать F (1), ⟨**~ть**⟩ (13) aufstacheln, aufreizen
подзаты́льник F *m* (1) Schlag ins Genick
подзащи́тный *m* (14) Mandant
подзем|е́лье *n* (10; -лий) Verlies; **∴ный** (14) unterirdisch; Untergrund-; Unter-; *Bgb.* Untertage-; *Arch.* Tiefbau-, Tief-; Erd-
подзерка́льник *m* (1) Spiegeltisch
подзо́л *m* (1) Bleicherde *f*, Podsol
подзо́рный (14) Fern-
под|зыва́ть (1), ⟨**~озва́ть**⟩ (-зову́, -вёшь; -озвала́; -о́званный) herbeirufen (***к*** Д *a.* an *A*); herbeibitten; herbeiwinken
поди́ F geh, geh mal, komm; wohl; ***~-ка, ~-ж(е)*** siehe da; sieh mal an
подк|а́лывать (1), ⟨**~оло́ть**⟩ (17) aufstecken; beiheften (***к*** Д *D*)
подк|а́пывать, ⟨**~опа́ть**⟩ (1) untergraben, (B *a.* unter *od.* bis unter *A*) graben; unterminieren; aufgraben; **-ся** e-n Gang graben; F intrigieren (***под*** B gegen *j-n*); draufkommen *od. j-m* beikommen (*a.* . . . können)
подкарау́ли|вать F (1), ⟨**~ть**⟩ (13) auflauern (B *j-m*); abpassen
подк|а́рмливать (1), ⟨**~орми́ть**⟩ (14) nachdüngen; F auffüttern; aufpäppeln; **-ся** sich herausfuttern
подка́т|ывать (1), ⟨**~и́ть**⟩ (15) anrollen, heranrollen, heranwälzen (***к*** Д *a.* an *A*); F vorfahren (an *D*); P heranrücken; → ***щеми́ть***; **-ся** rollen; F herbeirennen, herbeieilen
подка́ч|ивать, ⟨**~а́ть**⟩ (1) nachpumpen; *pf.* P schlappmachen, versagen;

П

enttäuschen; ***не ~а́й!*** P nur Mut!, halt die Ohren steif!

подк|а́шивать (1), ⟨~оси́ть⟩ (15) abmähen; niederwerfen, niederstrecken; knicken; **-ся** zusammenknicken; versagen (***у*** P *j-m*)

подки́|дывать F (1), ⟨~нуть⟩ (20) → ***подбра́сывать***; **~дыш** *m* (1; -ей) Findelkind *n*

подкла́д|ка *f* (5; -ок) *Text.* Futter *n*; *Tech.* Unterlage; *fig.* → ***подопле́ка***; F → ***изна́нка***; **~но́й** (14) Unterlege-; → ***су́дно 2***; **~очный** (14) Futter-; **~ывать** (1), ⟨подложи́ть⟩ (16) unterlegen; nachlegen; unterschieben

подкле́и|вать (1), ⟨~ть⟩ (13) darunterkleben, unter (*A*) kleben; ankleben; zusammenkleben, zukleben

подключ|а́ть (1) ⟨~и́ть⟩ (16*e.*) anschließen (***к*** Д an *A*); F einsetzen (bei *D*)

подко́в|а *f* (5) Hufeisen *n*; Beschlag *m*; **~ообра́зный** (14; -зен, -зна) hufeisenförmig; Hufeisen-; **~ывать** (1), ⟨~а́ть⟩ (7*e.*) beschlagen; **-ся** F beschlagen sein

подко́жный (14) Unterhaut-; subkutan

подколе́нный (14) Knie-

подковы́рка F *f* (5; -рок) Stichelei

подколо́ть → ***подка́лывать***

подк|о́п *m* (1) Mine *f*, unterirdischer Gang; *pl.* F Ränke, Schliche; **~опа́ть(ся)** → ***~а́пывать(ся)***

подк|о́рм *m* (1) Beifutter *n*; **~орми́ть(ся)** → ***~а́рмливать(ся)***

подкоси́ть(ся) → ***подка́шивать(ся)***

подкра́|дываться (1), ⟨~сться⟩ (25; -лась) sich heranschleichen (***к*** Д an *A*); herannahen *od.* sich heranmachen

подкра́|шивать (1), ⟨~сить⟩ (15) leicht färben, nachstreichen; *Lippen* nachziehen; *fig.* F nachbessern

подкреп|ле́ние *n* (12) Verstärkung *f*; → **~ля́ть** (28), ⟨~и́ть⟩ (14*e.*) verstärken, stärken; stützen; bestärken, bekräftigen, untermauern

подкузьми́ть P (14*e.*) *pf.* → ***подводи́ть*** F

по́дкуп *m* (1) Bestechung *f*; **~а́ть** (1), ⟨~и́ть⟩ (14) bestechen; für sich einnehmen *od.* gewinnen; bezaubern; F *et. od.* einige . . . dazukaufen; ***~а́ющий*** gewinnend; **~но́й** (14) käuflich, bestechlich

подла́|живаться F (1), ⟨~диться⟩ (15) sich anpassen (***к*** Д *D*) *od.* einstellen (auf *A*) *od.* einschmeicheln (bei *j-m*)

подл|а́мываться (1), ⟨~оми́ться⟩ (14) knicken, einknicken, einbrechen; F → ***подка́шиваться***

по́дле 1. *Prp.* (P) neben, bei, an (*D*); **2.** *Adv.* daneben

подлежа́|ть (4*e.*) unterliegen; ***~ть*** (Д) -bar *od.* -pflichtig sein; *Jur.* ***~ть*** . . . möglich sein (И/Д gegen *A*/*N*); **~щее** *n* (17) Subjekt, Satzgegenstand *m*; **~щий** (17) → ***~ть***; ***~щий упла́те*** *Fin.* fällig

подлез|а́ть (1), ⟨~ть⟩ (24*st.*) unterkriechen, unter (*A*) kriechen

подле́сок *m* (1; -ска) Unterholz *n*

подлет|а́ть (1), ⟨~е́ть⟩ (11) heranfliegen (***к*** Д *a.* an *A*) fliegen; F herbeieilen, herbeistürzen

подле́ц *m* (1*e.*) Schurke, Schuft

подле́чи|вать F (1), ⟨~ть⟩ (16) behandeln lassen, ein wenig kurieren

подли|ва́ть (1), ⟨~ть⟩ (-долью́, -ьёшь; -л, -ла́; -тый: -та́) zugießen, nachgießen; *fig.* gießen; **~вка** *f* (5; -вок) Soße, Tunke

подли́з|а F *m*/*f* (5) Speichellecker(in *f*); **~ываться** F (1) sich einschmeicheln (***к*** Д bei *D*), liebedienern

по́длинн|ик *m* (1) Original *n*; Urtext; **~ый** (14; -инен, -нна) echt, authentisch; Original-; (*o. K.*) wahr, wirklich; eigen; ***с ~ым ве́рно*** für die Richtigkeit, Abschrift beglaubigt

подли́ть → ***подлива́ть***

по́дличать F (1) gemein handeln

подло́г *m* (1) Fälschung *f*

подло́дка *f* (5; -док) U-Boot *n*

подлож|и́ть → ***подкла́дывать***; **~ный** (14; -ен, -на) gefälscht, falsch

подлоко́тник *m* (1) Armlehne *f*

подломи́ться → ***подла́мываться***

по́дл|ость *f* (8) Gemeinheit, Niedertracht; **~ый** (14; -, -а́) gemein, infam, niederträchtig; P mies

подма́з|ывать (1), ⟨~ать⟩ (3) einfetten, einschmieren; P schmieren, (В *j-m*) Schmiergelder geben; F leicht schminken; **-ся** → ***подли́зываться***

подманда́тный (14) Mandats-

подма́ни|вать F (1), ⟨~ть⟩ (13) herbeilocken, anlocken; herbeiwinken

подмáсливать P → ***подмáзывать*** P
подмастéрье *m* (10; -в) Geselle
подмахнýть (20) *pf.* F eilig unterzeichnen; P flüchtig kehren
подм|áчивать (1), ⟨**~очи́ть**⟩ (16) ein wenig naß machen, anfeuchten
подмéн|а *f* (5) Unterschiebung; → **~ивать** (1), **~я́ть** (28), ⟨**~и́ть**⟩ (13; -ённый) unterschieben, heimlich vertauschen; F ablösen, auswechseln; sich aufschwingen (В zu *D*)
подмерз|áть (1), ⟨**~нуть**⟩ (21) leicht gefrieren, anfrieren
подме|тáльщик *m* (1) Straßenkehrer; **~тáть** (1) → ***мести́ 1***; zusammenkehren, zusammenfegen
подмéтить → ***подмечáть***
подмёт|ка *f* (5; -ок) Schuhsohle; ***в ~ки не годи́ться*** F *j-m* nicht das Wasser reichen können
подме|чáть (1), ⟨**~тить**⟩ (15) bemerken, wahrnehmen, erkennen
подмéш|ивать, ⟨**~áть**⟩ (1) beimischen, beimengen; panschen (***в*** В/В *A* mit *D*)
подми́г|ивать (1), *einm.* ⟨**~нýть**⟩ (20) zublinzeln, zuzwinkern; ***~ивая*** augenzwinkernd
подм|инáть (1), ⟨**~я́ть**⟩ (-домнý, -нёшь; -я́тый) unter sich begraben; F unterwerfen, niederdrücken
подмóга P *f* (5) Hilfe (***на*** В zu *D*)
подмок|áть (1), ⟨**~нуть**⟩ (21) naß *od.* feucht werden
подмор|áживать (1), ⟨**~óзить**⟩ (15) leicht gefrieren lassen; *unpers.* frieren
подмоскóвный (14) bei Moskau
подмóстки *pl.* (1) Gerüst *n*; Bühne *f*
подм|óченный F (14*K.*) *fig.* ramponiert; **~очи́ть** → ***~áчивать***
подмы|вáть (1), ⟨**~ть**⟩ (22) unterspülen; F aufwaschen; *impf.* F ***так и ~вáть*** jucken, (В *N*) darauf brennen
подмы́ш|ка *f* (5; -ек) Achselhöhle; **~ник** *m* (1) Schweißblatt *n*
подмя́ть → ***подминáть***
поднажáть → ***нажáть*** F
поднебéсье *n* (10) Firmament
поднево́льный (14; -лен, -льна) F unfrei, abhängig; (*o. K.*) Zwangs-; Fron-
подн|есéние *n* (12), **~ести́** → ***~оси́ть***
подн|имáть (1), ⟨**~я́ть**⟩ (-имý, -и́мешь; -ял, -лá; -ятый: -ятá) aufheben, heben, emporheben, hochheben; erheben; hinaufbringen, hinaufziehen, hinaufbefördern; hochziehen, hochstellen, hochklappen; aufrichten, (В *j-m*) aufhelfen; aufwirbeln; aufstöbern; *fig.* aufwerfen; aufwecken, wekken (*a. fig.*); *fig.* erregen, mitreißen; bewegen; erhöhen, steigern; anstimmen; anzetteln; *fig.* anschneiden; *Jur.* anstrengen; *Mar.* hieven; lichten; *Agr.* umbrechen, erschließen; *Mil.* greifen (В zu *D*); *Fahne* hissen; *Segel* setzen; *Alarm* schlagen; *Lärm* machen; *Toast* ausbringen (***за*** В auf *A*); *Mil.* jagen (***на*** В in *D*); F schaffen; sichten, großziehen; *Nase* hochtragen; ***~я́ть нá ноги*** auf die Beine bringen; ***~я́ть нá смех*** lächerlich machen; ***~я́ть с постéли*** aus dem Bett holen; **-ся** (-я́лся́, -ялáсь) hinaufsteigen, hinaufgehen, hinaufkommen; hinauffahren; aufstehen; aufgehen; aufkommen; entstehen, erwachsen; ansteigen; *Bot.* stehen; F heranwachsen; auf die Beine kommen; wiedererstehen; sich aufmachen; F ***рукá не ~имáется*** (***у*** Р *j-d*) bringt es nicht fertig
поднов|ля́ть (28), ⟨**~и́ть**⟩ (14*e.*) erneuern; auffrischen, F aufmöbeln
подногóтная F *f* (14) alle Einzelheiten *f/pl. od.* Geheimnisse *n/pl.*; das wahre Antlitz
поднóж|ие *n* (12) Fuß *m* (***у*** Р am); Sockel *m*, Postament; **~ка** *f* (5; -ек) Trittbrett *n*; F Beinstellen *n*, Tritt *m*; **~ный** (14) Gras-, Grün-, Weide-
подн|óс *m* (1) Tablett *n*; **~оси́ть** (15), ⟨**~ести́**⟩ (25 -с-) bringen, tragen; halten (***к*** Д an *A*); überreichen, darbringen; anbieten, bewirten; F heranschaffen; **~ошéние** *n* (12) Präsent, Geschenk
подн|я́тие *n* (12) Heben, Aufheben; Zeichen (*Hand*); Hebung *f*; Steigerung *f*; → ***~я́ть(ся)*** → ***~имáть(ся)***
подобá|ть (1) sich ziemen *od.* gebühren, anstehen, sich gehören; zukommen; **~ющий** (17) gebührend
подóб|ие *n* (12) *et.* Ähnliches; Abklatsch *m*, Kopie *f*; Ebenbild, Gestalt *f*; *Math.*, † Ähnlichkeit *f*; → ***наподóбие*** *u.* **~ный** (14; -ен, -на) ähnlich, analog; solch, solch ein, derlei; ***~ен*** gleicht; ***и томý ~ное*** und dergleichen

П

mehr; ***ничего́ ~ного***! F keine Spur!; ***~но*** ebenso wie (Д *N*); gleich
подобостра́ст|ие *n* (12) Liebedienerei *f*; → **~ный** [-sn-] (14; -ен, -на) liebedienerisch, servil, kriecherisch
подобра́ть(ся) → ***подбира́ть(ся)***
подобру́ F im Guten; ***~-поздоро́ву!*** ..., sonst passiert was!
подогна́ть → ***подгоня́ть***
подогну́ть(ся) → ***подгиба́ть(ся)***
подогре|ва́ть (1), ⟨**~ть**⟩ (8; -тый) aufwärmen, vorwärmen; F erwärmen; stärken
пододви|га́ть (1), ⟨**~нуть**⟩ (20) heranrücken, näherrücken (**-ся** *v/i*); näherschieben (***к*** Д *a.* an *A*)
пододея́льник *m* (1) Bettbezug
подожд|а́ть (-ду́, -дёшь) *pf.* abwarten, ein wenig warten; ***~и́ писа́ть*** F schreib nicht *od.* noch nicht; → ***повремени́ть***
подозва́ть → ***подзыва́ть***
подозр|ева́ть (1) verdächtigen (***в*** П *G*, wegen *G*); vermuten, ahnen; ***не ~ева́ть*** keine Ahnung haben (***о*** П von *D*); ***~ева́емый*** *m* Verdächtigte(r); **~е́ние** *n* (12) Verdacht *m* (***на*** В gegen *j-n*; ***в*** П *G*), Verdächtigung *f*; **~и́тельность** *f* (8) Argwohn *m*; → **~и́тельный** (14; -лен, -льна) verdächtig; argwöhnisch, mißtrauisch
подо́йник *m* (1) Melkeimer
подойти́ → ***подходи́ть***
подоко́нник *m* (1) Fensterbrett *n*
подо́л *m* (1) Schoß; Zipfel (*Rock*); ***держа́ться за ~*** (P) an j-s Rockzipfel hängen (*a. fig.*)
подо́лгу lange, längere Zeit
подоль|ща́ться F (1), ⟨**~сти́ться**⟩ (15*e.*) sich einschmeicheln (***к*** Д bei *D*)
подо́нки *m/pl.* (1) Bodensatz *m*; *fig.* Abschaum *m*, Auswurf *m*
подопе́чный (14) unter Vormundschaft stehend; Treuhand-; *Su. m/f Jur.* Mündel *m/n*; *fig.* Schützling *m*
подоплёка *f* (5) *fig.* Hintergründe *m/pl.*, Zusammenhänge *m/pl.*
подо́пытный (14) Versuchs-
подорва́ть → ***подрыва́ть 1***
подоро́жник *m* (1) Wegerich
подоси́новик *m* (1) Rotkappe *f*
подосла́ть → ***подсыла́ть***
подоспе́ть F (8) *pf.* kommen, anstehen; zur rechten Zeit eintreffen, im richtigen Moment zur Stelle sein
подостла́ть → ***подстила́ть***
подоткну́ть → ***подтыка́ть***
подотчётный (14; -тен, -тна) rechenschaftspflichtig, abrechnungspflichtig
подохо́дный (14) Lohn-, Einkommen(s)-
подо́шва *f* (5) Schuhsohle (***на*** П mit *D*); *fig.* Fuß *m* (***у*** P am); Boden *m*
подпа|да́ть (1), ⟨**~́сть**⟩ (25; *Prät. st.*) fallen, geraten
подп|а́ивать F (1), ⟨**~ои́ть**⟩ (13/13*e.*; -о́енный) leicht betrunken machen
подпа́ли|вать F (1), ⟨**~ть**⟩ (13*e.*) anzünden, in Brand stecken; ansengen; **~на** *f* (5) Fleck *m*; ***с ~нами*** gescheckt
подпа́сок *m* (1; -ска) Hirtenjunge
подпа́сть → ***подпада́ть***
подпева́|ла F *m/f* (5) *fig.* Handlanger (-in *f*), Helfershelfer(in *f*); → **~ть** (1) mitsingen (Д mit *D*); F *fig.* einstimmen, beistimmen
подпере́ть(ся) → ***подпира́ть(ся)***
подпи́ли|вать (1), ⟨**~ть**⟩ (13) ansägen, absägen; anfeilen
подп|ира́ть F (1), ⟨**~ере́ть**⟩ (12; -допру́; -пёр, -ла) abstützen; stemmen (В in *A*); **-ся** sich stützen (Т auf *A*)
подпис|а́ние *n* (12) Unterzeichnung *f*; **~́ка** *f* (5; -ок) Zeichnung; Subskription; Abonnement *n* (***по*** Д im); Bestellung(en *pl.*); schriftliche Verpflichtung, Revers *m*; ***~́ка на газе́ту*** Zeitungsabonnement *n*; **~но́й** (14) Subskriptions-; Abonnements-; Bezugs-; Sammel-; signiert; **~́чик** [-ʃtʃ-] *m* (1) Abonnent, Bezieher; **~́ывать** (1), ⟨**~а́ть**⟩ (3) unterschreiben, unterzeichnen; signieren; darunterschreiben; **-ся** abonnieren (***на*** В *A*), subskribieren; zeichnen; sich eintragen; **~́ь** *f* (8) Unterschrift (***на*** В, ***для*** P zur; ***за*** Т mit *D*); ***~́ь в печа́ть*** Imprimatur *n*
подплы|ва́ть (1), ⟨**~́ть**⟩ (23) heranschwimmen (***к*** Д *a.* an *A*), heranfahren; schwimmen; F heranschweben; P ganz naß sein
подпля́сывать F (1) tänzeln
подпои́ть → ***подпа́ивать***
подполз|а́ть (1), ⟨**~ти́**⟩ (24) herankriechen (***к*** Д *a.* an *A*, zu *D* hin); kriechen
подполко́вник *m* (1) Oberstleutnant
подпо́ль|е *n* (10; -лий/-ев) Keller *m*; Kellerloch; Untergrund *m*, Illegalität

f; Untergrundbewegung *f*; **~ный** (14) illegal, Untergrund-; **~щик** *m* (1) Untergrundkämpfer
подпо́рка *f* (5; -ок) Stütze; Pfeiler *m*
подпору́чик *m* (1) *hist.* Leutnant
подпо́чв|а *f* (5) Untergrund *m*; **~енный** (14) Grund-
подпоя́с|ывать (1), ⟨**~ать**⟩ (3) umgürten, *Gürtel* anlegen
подправ|ля́ть (28), ⟨**~́ить**⟩ (14) ein wenig ausbessern *od.* F verbessern *od.* F herrichten
подпру́га *f* (5) Sattelgurt *m*
подпры́г|ивать (1), ⟨**~нуть**⟩ (20) hochspringen; heranspringen, (**к** Д auf *A* zu) springen
подпус|ка́ть (1), ⟨**~ти́ть**⟩ (15) heranlassen (**к** Д an *A*); F hinzugeben; einfließen lassen, anbringen; versetzen; P dreschen
подраб|а́тывать F, ⟨**~о́тать**⟩ (1) dazuverdienen; weiterarbeiten (B an *D*); **~о́тка** F *f* (5) Bearbeitung, Behandlung
подр|а́внивать (1), ⟨**~овня́ть**⟩ (28) geradeschneiden; ausrichten
подража́|ние *n* (12) Nachahmung *f* (Д *G*); **~тель** *m* (4) Nachahmer; **~тельный** (14; -лен, -льна) nachahmend, Nachahmungs-; **~ть** (1) nachahmen (Д *A*), nachmachen; (Д *j-s*) Beispiel folgen
подраздел|е́ние *n* (12) Einteilung *f*; Unterabteilung *f*; *Mil.* Einheit *f*; → **~я́ть** (28), ⟨**~и́ть**⟩ (13*e.*) einteilen, unterteilen, gliedern (**на** B in *A*)
подразни́ть (13) *pf.* ein wenig necken
подразумева́|ть (1) darunter verstehen; meinen; ***~ть себя́*** sich wähnen; **-ся** gemeint sein; ***~ется*** versteht man
подраст|а́ть (1), ⟨**~и́**⟩ (25; -у́; -ро́с, -ла́) heranwachsen; **~а́ющий** (17): ***~а́ющее поколе́ние*** *n* Nachwuchs *m*
подрез|а́ть, **~́ывать** (1), ⟨**~́ать**⟩ (3) beschneiden; F abschneiden, stutzen
подрема́ть (2) *pf.* ein wenig schlummern
подрисо́в|ывать (1), ⟨**~а́ть**⟩ (7) nachzeichnen; F nachziehen, schminken
подро́бн|ость *f* (8) Einzelheit, Detail *n*; *pl.* Näheres *n*; → **~ый** (14; -бен, -а) ausführlich, eingehend, detailliert
подровня́ть → ***подра́внивать***
подро́сток *m* (1; -тка) Jugendliche(r), Halbwüchsige(r); junges Mädchen *n*
подруб|а́ть (1), ⟨**~и́ть**⟩ (14) unten anhauen *od.* abhauen; einsäumen
подру́га *f* (5) Freundin; Gefährtin
по-друго́му anders, auf andere Weise
по-дру́жески freundschaftlich
подру́жка F *f* (5; -жек) → ***подру́га***
подрумя́ни|вать (1), ⟨**~ть**⟩ (13) röten; rot schminken; bräunen
подру́чный *m* (14) Handlanger, Gehilfe
под|ры́в *m* (1) Sprengung *f*; → **~рыва́ть** (1) **1.** ⟨**~орва́ть**⟩ (-орву́, -вёшь; -ала́; -о́рванный) sprengen; *fig.* untergraben, ruinieren; **-ся** durch e-e Explosion umkommen; *Mar.* (**на** П) auf e-e Mine laufen; Schaden leiden, ruiniert sein; **2.** ⟨**~ры́ть**⟩ (22) → ***подка́пывать***; tiefer graben; ein wenig aufgraben; F noch etwas graben; **~но́й** (14) Spreng-; Wühl-, subversiv
подря́д¹ *m* (1) Auftrag (**на** B über *A*); Kontrakt, Vertrag; **~²** *Adv.* hintereinander; ohne Ausnahme; **~ный** (14) Vertrags-, Auftrags-; **~чик** *m* (1) Lieferant, Unternehmer
подря́сник *m* (1) Leibrock
подс|а́живать (1), ⟨**~ади́ть**⟩ (15) hinaufhelfen, hochhelfen; in den Sattel helfen; dazupflanzen (**к** Д neben *A*); F hinsetzen; mitnehmen (**на** B mit *D*); **-ся**, ⟨**~е́сть**⟩ (-я́ду, -дешь; -е́л) sich setzen (**к** Д *a.* an *A*); F aufsteigen, sich (**на** B von *D*) mitnehmen lassen, (mit *D*) mitfahren
подсве́|чивать (1), ⟨**~ти́ть**⟩ (15) von unten *od.* seitlich beleuchten; **~чник** [-ʃn-] *m* (1) Leuchter; Kerzenhalter
подсви́стывать (1) nachpfeifen, mitpfeifen; leise pfeifen; *JSpr.* herbeipfeifen
подсе|ва́ть (1), ⟨**~́ять**⟩ (27) nachsäen
подсе́дельный (14) Sattel-
подсе|ка́ть (1), ⟨**~́чь**⟩ (26; **~**к, -кла́; -чённый: -чена́) unten anhauen *od.* abhauen, umhauen; beschneiden, stutzen; F *fig.* vor den Kopf stoßen
подсе́сть → ***подса́живаться***
подсе́чь → ***подсека́ть***
подсе́ять → ***подсева́ть***
подси́|живать (1), ⟨**~де́ть**⟩ (11) auflauern (B *D*); F vergraulen
подси́нивать (1) → ***сини́ть***

подска́з|ка F *f* (5; -ок) Vorsagen *n*; Einflüsterung (**по** Д auf); **~ывать** (1), ⟨**~а́ть**⟩ (3) vorsagen; vorgeben; verraten; nahelegen
подск|ака́ть (3) *pf.* heransprengen (**к** Д an *A*); **~а́кивать** (1), ⟨**~очи́ть**⟩ (16) aufspringen; hochfahren; zuspringen (**к** Д auf *A*), zurennen; F hochschnellen; *impf.* hüpfen
подсласти́ть (15*e.*) *pf.* ein wenig süßen
подсле́дственный (14) Untersuchungs-; *Su. m* Untersuchungshäftling
подслеповáтый (14*K.*) sehr kurzsichtig; matt, trübe; undeutlich
подслу́жи|ваться F (1), ⟨**~ться**⟩ (16) sich einschmeicheln *od.* lieb Kind machen (**к** Д bei *D*)
подслу́ш|ивать, ⟨**~ать**⟩ (1) belauschen, mithören, abhören; ***~ивающий*** Abhör-
подсм|а́тривать (1), ⟨**~отре́ть**⟩ (9) spähen, (**за** T *j-n*) heimlich beobachten, belauern; abgucken (**у** P *j-m*)
подсме́иваться (1) sich lustig machen, spötteln
подсмотре́ть → ***подсма́тривать***
подсне́жник *m* (1) Schneeglöckchen *n*
подсо́бный (14) Hilfs-, Neben-
подс|о́вывать (1) ⟨**~у́нуть**⟩ (20) unterschieben, schieben; nachlegen; F zuschieben, hinschieben; zustecken, andrehen
подсозна́|ние *n* (12) Unterbewußtsein; **~тельный** (14; -лен, -льна) unterbewußt
подсоли́ть (13/13*e.*) *pf.* leicht salzen *od.* nachsalzen; noch etwas einsalzen
подсо́лн|ечник *m* (1) Sonnenblume *f*; **~ечный** (14) Sonnenblumen-; **~ух** *m* (1) → ***~ечник***; *pl.* → ***се́мечко***
подсо́хнуть → ***подсыха́ть***
подспо́рье F *n* (10) Stütze *f*; Hilfe *f*
подспу́дный (14; -ден, -дна) unterschwellig, verborgen
подста́в|ка *f* (5; -ок) Gestell *n*; Ständer *m*; Unterlage, Untersatz *m*; Stütze; Bänkchen *n*; **~ля́ть** (28), ⟨**~ить**⟩ (14) unterstellen, (*a.* F *Bein*) stellen, untersetzen; heranrücken (**к** Д an *A*); anlegen, anlehnen; anbieten; unterschieben; aussetzen; *Math.* substituieren; **~но́й** (14) untergeschoben, falsch; Anstell-; ***~но́е лицо́*** *n* Strohmann *m*
подстака́нник *m* (1) Teeglashalter
подстано́вка *f* (5) Vertauschung
подстёг|ивать (1), ⟨**~ну́ть**⟩ (20; -нутый) → ***стега́ть***; F anschnallen, anknöpfen; *fig.* anregen, antreiben
подстере|га́ть (1), ⟨**~чь**⟩ (26 -г/ж-) auflauern (В *D*); erhaschen; *impf.* lauern
под|стила́ть (1), ⟨**~остла́ть**⟩ [*a.* -sł-] (-стелю́, -е́лешь; -о́стланный), **~стели́ть** (13) darunterlegen, ausbreiten; darunterstreuen; **~сти́лка** *f* (5; -ок) Unterlage; Streu
подстр|а́ивать (1), ⟨**~о́ить**⟩ (13) anbauen (**к** Д an *A*); stimmen (**под** В nach *D*); abstimmen; F aushecken, inszenieren; **-ся** F sich einreihen (**к** Д in *A*)
подстрек|а́тель *m* (4) Anstifter; → **~а́тельство** *n* (9) Anstiftung *f*; → **~а́ть** (1), ⟨**~ну́ть**⟩ (20) anstiften, aufhetzen, aufwiegeln, aufstacheln (**на** В zu *D*); anstacheln
подстре́ли|вать (1), ⟨**~ть**⟩ (13) anschießen, niederstrecken
подстри|га́ть (1), ⟨**~чь**⟩ (26 -г/ж-; -гла; -женный) ein wenig schneiden, (В *j-m*) die Haare schneiden; beschneiden, stutzen; **-ся** → ***стри́чься***
подстро́ить → ***подстра́ивать***
подстро́чн|ик *m* (1) Interlinearübersetzung *f*; **~ый** (14) Fuß-; → ***~ик***
по́дступ *m* (1) Zugang, Zugangsweg; P ***~а нет*** (**к** Д *j-d*) ist unnahbar; **~а́ть** (1), ⟨**~и́ть**⟩ (14) (**к** Д an *A*) herantreten, (auf *A*) zutreten; heranrücken, (**под** В bis) vorrücken; losgehen (auf *A*); gelegen sein (**к** Д an *D*), *et.* umgeben; F kommen, da sein; ***~и́ть к се́рдцу*** → ***щеми́ть***; **-ся** sich nähern; ***не ~ишься*** → ***~***, ***~а нет***
подсуд|и́мый *m* (14) Angeklagte(r); **~ность** *f* (8) Gerichtsstand *m*; **~ный** (14; -ен, -на) justitiabel; unter (Д *j-s*) Gerichtsbarkeit stehend; zuständig (И/Д für *A*/*N*)
подсу́нуть → ***подсо́вывать***
подсу́ши|вать (1), ⟨**~ть**⟩ (16) ein wenig trocknen *od.* abtrocknen lassen; **-ся** F trocknen, austrocknen
подсч|ёт [-ʃtʃ-] *m* (1) Berechnung *f*; Zählung *f*, Auszählung *f*; **~и́тывать**, ⟨**~ита́ть**⟩ (1) ausrechnen, berechnen, zusammenrechnen; auszählen

под|сылáть (1), ⟨**~ослáть**⟩ (-ошлю́, -шлёшь; → ***слать***) heimlich entsenden; (F vorbei)schicken
подсыпáть (1), ⟨**~**⟩ (2) noch hineintun, hineingeben; nachschütten, nachstreuen
подс|ыхáть (1), ⟨**~óхнуть**⟩ (21) etwas trocknen *od.* trocken werden
подтá|ивать (1), ⟨**~ять**⟩ (27) leicht *od.* ein wenig tauen *od.* schmelzen
подт|áлкивать (1), ⟨**~олкнýть**⟩ (20) leicht anstoßen; F stoßen; *fig.* anspornen, antreiben
подтасóв|ка *f* (5; -ок) Verdrehung; → **~ывать** (1), ⟨**~áть**⟩ (7) falsch mischen; *fig.* verdrehen
подт|áчивать (1), ⟨**~очи́ть**⟩ (16) nachschleifen, anspitzen; zerfressen, benagen; aushöhlen; *fig.* untergraben, auszehren
подтáять → ***подтáивать***
подтвер|ждáть (1), ⟨**~ди́ть**⟩ (15*e.*; -ждённый) bestätigen, bekräftigen, belegen, erhärten; **-ся** sich bewahrheiten; **~ждéние** *n* (12) Bestätigung *f*
подтё|к *m* (1) blauer Fleck, blutunterlaufene Stelle *f*; Klecks; **~кáть** (1), ⟨**~чь**⟩ (26) fließen; lecken; F leicht anschwellen; → ***~к***
подтерéть → ***подтирáть***
подтéчь → ***подтекáть***
подт|ирáть (1), ⟨**~ерéть**⟩ (12; -дотрý, -рёшь) aufwischen; abwischen; F wegradieren, (В an *D*) radieren
подтолкнýть → ***подтáлкивать***
подтопи́ть F (14) *pf.* kurz aufheizen, nachheizen
подточи́ть → ***подтáчивать***
подтрýни|вать F (1), ⟨**~ть**⟩ (13*e.*) sich lustig machen, spötteln (***над*** Т über *A*)
под|тыкáть F (1), ⟨**~откнýть**⟩ (20) stecken, stopfen (*a.* В unter *A*); unterschlagen; aufschürzen
подтя́|гивать (1), ⟨**~нýть**⟩ (19) heranziehen, (***к*** Д *a.* an *A*) ziehen; nachziehen, anziehen, festziehen; hochziehen; *Mil.* zusammenziehen; einziehen; einstimmen, (Д mit *j-m*) mitsingen; F auf Vordermann bringen; *Disziplin* heben; abmagern (В *N*); **-ся** aufrücken, aufschließen; sich bessern, verbessern *od.* zusammennehmen; **~жки** *pl.* (5; -жек) Hosenträger *m/pl.*; **~нутый** (14*K.*) eingefallen; *fig.* stramm; korrekt
подýм|ать (1) *pf.* → ***дýмать***; ***и не ~аю***! F fällt mir gar nicht ein!; ***кто бы мог ~ать***! F wer hätte das gedacht!; ***~ать тóлько***! F denk mal einer an!; ***~аешь***! F pah!; na und?; wennschon!; **~ывать** F (1) zuweilen denken (***о*** П an *D*); vorhaben
подýть (18) *pf.* zu wehen beginnen, aufkommen; ein wenig blasen
подучи́ть F (16) *pf.* ein wenig beibringen (В *j-m*) *od.* noch lernen; anstiften; **-ся** dazulernen, noch lernen
подýшка *f* (5; -шек) Kopfkissen *n*; Polster *n*; *Tech.* Lager *n*
подфáрник *m* (1) *Kfz.* Parkleuchte *f*
подхали́м *m* (1) Kriecher; **~ничать** F (1) liebedienern (***перед*** Т *j-m*); **~ство** *n* (9) Kriecherei *f*, Liebedienerei *f*
подхвáт|ывать (1), ⟨**~и́ть**⟩ (15) fassen (***зá*** В an *D*), ergreifen; *fig.* aufgreifen, auffangen; hochheben, hochbinden; fortreißen, mitreißen; P mitnehmen; lostraben; einfallen, einstimmen (В in *A*); erwischen, ergattern
подхлёст|ывать (1), ⟨**~нýть**⟩ [-sn-] (20) mit der Peitsche antreiben
подхóд *m* (1) Herantreten *n*, Heranrücken *n*; → ***пóдступ***; Einflug; Einflugsschneise *f* (***на*** П in *D*); *fig.* Herangehen (***к*** Д an *A*); Ansatz, Methode *f*, Betrachtungsweise *f* (bei *D*); Behandlung *f*; *pl.* F Schliche; ***на ~е*** in der Nähe (***к*** Д von); ***быть на ~е*** *fig.* vor der Tür stehen; **~и́ть** (15), ⟨**подойти́**⟩ (-йдý, -дёшь; -ошёл, -шлá; -ошéдший; -йдя́) (***к*** Д auf *j-n*) zutreten, (zu *D*, an *A*) herantreten, (*a. fig.*) herangehen, herankommen; heranrücken (an *A*), anrücken, (*a. fig. D*) sich nähern; *Esb.* einfahren; *Mar.* einlaufen; *fig.* umgehen (mit *j-m*); passen, recht sein; *Abend*: werden; *Alter* erreichen (Д/И *N*/*A*); *Ereignis*: kommen; F eintreffen; (***к*** Д auf *A*) zugehen; *Teig*: gehen, aufgehen; P reif sein; **~я́щий** (17*K.*) passend, geeignet; P ordentlich
подцеп|ля́ть (28), ⟨**~и́ть**⟩ (14) anhängen, anhaken; fassen; F aufgabeln, erwischen; schnappen; aufschnappen; klauen
подчáс zuweilen, mitunter
подчёрк|ивать (1), ⟨**~нуть**⟩ (20) unterstreichen; betonen, hervorheben

подчин|éние *n* (12) Unterordnung *f* (Д unter *A*); Subordination *f* (*a. Gr.*), *Gr.* Hypotaxe *f*; (**у** P) ***в ~éнии*** → **~ённый** (14) *j-m* unterstellt; abhängig; *Gr.* untergeordnet; *Su. m* Untergebene(r); **~úтельный** (14) *Gr.* unterordnend, hypotaktisch; **~я́ть** (28), ⟨**~úть**⟩ (13*e.*) unterordnen, unterstellen; unterwerfen; **-ся** sich fügen *od.* (Д von *D*) leiten lassen; *impf.* unterstehen
подчи|щáть (1), ⟨**~́стить**⟩ (15) ein wenig säubern *od.* reinigen; wegradieren, abschaben; F verputzen
подшéф|ный (14; -ен, -на) Paten-; ***~ен*** steht unter der Patenschaft (Д *G*)
подшиб|áть P (1), ⟨**~úть**⟩ (-ý, -ёшь; -́, -́ла; -́ленный) umstoßen; verletzen; niederschlagen; zur Strecke bringen
подши|вáть (1), ⟨**~ть**⟩ (-дошью, -ьёшь; -дшéй!; -шúтый) annähen, einnähen; einsäumen; besohlen; abheften, ablegen; verkleiden, verschalen; annageln; **~́вка** F *f* (5; -́вок) zusammengeheftetes Bündel *n*; Saum *m*
подшúпник *m* (1) *Tech.* Lager *n*
подшúть → ***подшивáть***
подшпúлить F (13) *pf.* aufstecken
подшý|чивать (1), ⟨**~тúть**⟩ (15) sich lustig machen (***над*** T über *j-n*), *j-m* e-n Streich spielen
подъé|зд *m* (1) Anfahrt *f*, Auffahrt *f*, Zufahrt *f*; Eingang, Aufgang, Portal *n*; **~зднóй** [-zn-] (14) Anfahrts-, Zufahrts-; *Esb.* Anschluß-, Neben-; **~зжáть** [-ʒʒ-] (1), ⟨**~хать**⟩ (-ду, -дешь⟩ heranfahren (***к*** Д *a.* an *A*), heranreiten; angefahren kommen, ankommen; vorfahren (an, bei *D*); P sich heranmachen (an *j-n*)
подъём *m* (1) Aufstieg, Anstieg; Steigung *f*; Hebung *f*, Steigerung *f*; *Bgb.* Förderung *f*; *Mil.* Wecken *n*; *Anat.* Spann; *Agr.* Aufbruch; *fig.* Aufschwung, Elan, Begeisterung *f*; → ***поднимáть***; ***лёгок на ~*** F flink, flott; ***тяжёл на ~*** schwerfällig; **~ник** *m* (1) Aufzug; **~ный** (14) *Tech.* Hebe-; Trag-; Förder-; Zug-; *Chem.* Füll-; *Fin.* Umzugs-
подъéхать → ***подъезжáть***
подыгр|ывать F, ⟨**~áть**⟩ (1) leise begleiten (Д *A*); zuspielen; **-ся** *impf.* → ***подлáживаться***
подымáть(ся) F → ***поднимáть(ся)***
подыск|ивать (1), ⟨**~áть**⟩ (3) aussuchen; *pf.* finden, ausfindig machen; *Stelle* verschaffen
подытóжи|вать (1), ⟨**~ть**⟩ (16) summieren; zusammenfassen
подыхáть (1) → ***дóхнуть***[1]
подышáть (4) *pf.* ein wenig atmen F (T *A*) schnappen; anhauchen (***на*** B *A*)
пое|дáть (1), ⟨**~́сть**⟩ (-́м, -́шь; → ***есть***[1]) alle . . . aufessen *od.* auffressen; F zerfressen; *impf.* → ***есть***[1]; *pf* ein wenig essen
поедúнок *m* (1; -нка) Zweikampf, Duell *n* (***на*** B zum; ***на*** П im); *fig.* Kampf, Gefecht *n*
поедóм P: ***~ есть*** arg zusetzen (B *D*)
пóезд *m* (1; *pl. e., N* -á) Zug (***на*** П mit *D*; ***на*** B/***с*** P in *A*/aus *D*); **~́ить** (15) *pf.* e-e Zeitlang *od.* viel herumreisen *od.* herumreiten; **~́ка** *f* (5; -́ок) Reise (***в*** B auf *A*; ***из*** P von *D*); Fahrt; Ausflug *m*; ***в ~́ке*** auf Reisen, unterwegs; **~нóй** [-zn-] (14) Zug-
поёмный (14) Auen-
поéние *n* (12) Tränken
поéсть → ***поедáть***
поéхать *pf.* **1.** → ***éхать 1***; **2.** anfahren, abfahren, losfahren; P loslegen; hinunterrutschen
пожáлуй wohl; am Ende; meinetwegen; lieber; **~ста** [-łus-] bitte, bitte sehr *od.* schön; ***скажú, ~ста***! F was du nicht sagst!; sieh mal e-r an!; **~те** † kommen *od.* geben Sie bitte *od.* mir bitte . . .
пожáр *m* (1) Brand, Feuer *n*, Feuersbrunst *f*; **~**! es brennt!; ***как на ~*** F hastig, so hastig; ***не на ~*** F es brennt ja nicht; **~ище** *n* (11) Brandstätte *f*; **~ник** F (1) Feuerwehrmann; **~ный** (14) Brand-; Feuer-; Lösch-; Not-; *Su. m* → ***~ник***; ***~ная komáнда*** *f* Feuerwehr; ***~ная дружúна*** *f* freiwillige Feuerwehr; ***в ~ном порядке*** F brandeilig; ***на всякий ~ный*** *od.* ***~ный слýчай*** F für den Notfall
пож|áтие *n* (12) → ***рукопожáтие***; **~áть**[1,2] → ***~имáть, ~инáть***
пождáть F → ***подождáть***
пожевáть (6*e.*; -у-) *pf.* kauen; P futtern
пожелáние *n* (12) Wunsch *m*
пожелтéлый (14*K.*) vergilbt
пожéртвование *n* (12) Spende *f*

пожи́ва F *f* (5) Gewinn *m*, Beute
пожива́|ть (1) † leben; ***как ~ете?*** wie geht es Ihnen?
поживи́ться F (14*e*.) *pf*. sich bereichern (T an *D*) *od*. gesundstoßen; sich gütlich tun (an *D*)
пожи́зненный (14*K*.) lebenslänglich; auf Lebenszeit, Leib-
пожило́й (14) älter, betagt; vorgerückt
пож|има́ть (1), ⟨~а́ть[1]⟩ (-му́, -мёшь; -а́тый) drücken; zucken (T *A*)
пож|ина́ть (1), ⟨~а́ть[2]⟩ (-ну́, -нёшь; -а́тый) ernten; *pf*. P abernten
пожира́ть (1) verschlingen, verzehren; fressen; → ***жрать***
пожи́|тки F *pl*. (1) Habseligkeiten *f*/*pl*., Siebensachen; Sack u. Pack *n*; **~ть** (-ву́, -вёшь; ~л, -ла́) *pf*. e-e Zeitlang leben; F das Leben genießen; ***~вём – уви́дим*** *Spr*. kommt Zeit, kommt Rat
по́за *f* (5) Pose, Positur; Haltung
позабо́титься (15) *pf*. sich die Mühe machen
позавчера́ vorgestern; **~шний** (15) vorgestrig
позади́ 1. *Adv*. hinten, dahinter; hinterher; ***оста́ться ~*** vorbei sein; **2.** *Prp*. (P) hinter (*D*)
позапро́шлый (14) vorvorig
позвол|е́ние *n* (12) Erlaubnis *f* (***с*** P mit *D*), Genehmigung *f*; ***с ~е́ния*** mit Verlaub; ***с ва́шего ~е́ния*** wenn Sie erlauben; **~и́тельный** (14; -лен, -льна) statthaft, erlaubt; zulässig; *Adv*. es sei erlaubt; **~я́ть** (28), ⟨~и́ть⟩ (13) gestatten, erlauben, ermöglichen; ***~и́ть себе́*** sich leisten *od*. gönnen od. herausnehmen; ***~ьте ...*** darf ich ...
позвоно́|к *m* (1; -нка́) Wirbel; **~чник** *m* (1) Wirbelsäule *f*, Rückgrat *n*; **~чные** *pl*. (14) Wirbeltiere *n*/*pl*.; **~чный** (14) Wirbel-
по́здн|ий [-zn-] (15) spät; Spät-; vorgerückt; verspätet; *Adv*. zu spät; ***до ~ей но́чи*** bis tief in die Nacht
поздоро́вит|ься F: ***не ~ся*** (Д *j-d*) wird dran glauben müssen
поздрав|и́тель *m* (4) Gratulant; **~и́тельный** (14) Glückwunsch-, Gratulations-; **~ле́ние** *n* (12) Glückwunsch *m*, Gratulation *f* (***с*** T zu *D*); **~ля́ть** (28), ⟨~и́ть⟩ (14) beglückwünschen, (B *j-m*) gratulieren (***с*** T zu *D*); ***с чем вас и ~ля́ю***! F da haben wir's!
поземе́льный (14) Grund-, Boden-
позёр *m* (1) Wichtigtuer; **~ство** *n* (9) Wichtigtuerei *f*
по́зже [-ʒʒ-] später; ***не ~, чем ...*** spätestens ...; → ***по́здно***
пози́ровать (7) Modell stehen *od*. sitzen; schauspielern, sich produzieren
позити́вный (14; -вен, -вна) positiv, bejahend; Positiv-
позици|о́нный (14) Stellungs-; → **~я** *f* (7) Position, Stellung (***на*** П in *D*); *pl*. *Mil*. Linie; *a*. *pl*. Standpunkt *m*, Einstellung, Haltung
позна|ва́емый (14*K*.) erkennbar; **~ва́тельный** (14; -лен, -льна) kognitiv; Erkenntnis-; **~ва́ть** (5), ⟨~ть⟩ (1) erkennen; erfahren, erleben; näher kennenlernen; **~ние** *n* (12) Erkennen (***для*** P zu *D*), Erkenntnis *f*; *pl*. Kenntnisse *f*/*pl*., Wissen *n*
позоло́та *f* (5) Vergoldung; Goldanstrich *m*, Goldauflage
позо́р *m* (1) Schmach *f*, Schande *f*, Schimpf u. Schande *f*; Schandfleck; **~ить** (13), ⟨о-⟩ Schande antun (B *j-m*), in Verruf bringen; F bloßstellen; **~ный** (14; -ен, -на) schändlich, schmählich, schmachvoll; schimpflich; Schand-
позы́в *m* (1) Verlangen *n*, Drang (***к*** Д nach *D*); Reiz; **~ны́е** *pl*. (14) *Rdf*. Rufzeichen *n*/*pl*.; Pausenzeichen *n*
поигра́ть (1) *pf*. ein wenig spielen
поимённый (14) Namen-; namentlich
по́имка *f* (5) Fangen *n*; Ergreifung
поиму́щественный (14) Vermögens-
по-ино́му anders, auf andere Weise
по́иск *m* (1) *Mil*. → ***разве́дка***; *fig*. → ***~и*** *pl*. Suche *f* (P nach *D*; ***в*** П auf *D*); Suchaktion *f*; *Bgb*. Prospektierung *f*; **~овый** (14) Such-, Schürf-
пои́стине wahrhaft, wahrlich
по|и́ть (13*e*./13) **1.** ⟨на-⟩ zu trinken geben (B/T *j-m et*.); bewirten; tränken; **2.** ⟨вы-⟩ säugen; **~и́ло** *n* (9) Trank *m*; P Gesöff
по́йма *f* (5) Aue
пойма́ть → ***лови́ть***
пойти́ *pf*. **1.** → ***идти́ 2***; **2.** abgehen, losgehen, hingehen; abfahren; beginnen, zu ziehen beginnen, in Gang kommen; Verlauf nehmen; geraten (***в*** B nach *j-m*); es ankommen lassen; es ... bringen; ***е́сли уж на то пошло́*** F wo

П

od. wenn wir schon dabei *od.* so weit sind; ***пошли́!*** F gehen wir!; ***пошёл***!, ***пошёл вон!*** F geh!, hau ab!, raus!, raus hier!; † los!, vorwärts!

пока́ 1. *Adv.* (*a.* ~ ***что***) vorläufig, einstweilen, vorerst einmal, fürs erste; unterdessen; bislang; **2.** *Kj.* während, solange; (*mst.* ~ ***не***) bis, bevor; **3.** *Part.* F ~! bis dann!, bis später!, tschüs!

пока́з *m* (1) Vorführung *f*, Schau *f*; Zeigen *n*, Aufzeigen *n*; **~а́ние** *n* (12) Angabe *f*; *Jur.* (*a. pl.*) Aussage *f*; *Tech.* Anzeige *f*, Wert *m*, Stand *m*; *Med.* Indikation *f*; **~а́тель** *m* (4) Kennziffer *f*, Wert; Merkmal *n*; Gradmesser (P für *A*); Heilanzeige *f*; *Math.* Exponent; **~а́тельный** (14; -лен, -льна) bezeichnend, kennzeichnend, aufschlußreich; (*o. K.*) Muster-, Schau-; Anschauungs-; **~но́й** (14) zur Schau gestellt, vorgetäuscht, vorgespiegelt; **~у́ха** P *f* (5) Schau, Augenwischerei; **~ывать** (1), ⟨~а́ть⟩ (3) zeigen; aufzeigen; aufweisen, erweisen; hinweisen; vorweisen; bekunden; vorführen; darstellen; *Jur.* angeben; aussagen (***на*** B gegen *j-n*); ***~а́ть себя́*** sich bewähren; sein wahres Gesicht zeigen; ***глаз не ~ывать*** sich nicht blicken lassen; **~ан** angezeigt; ***я ему́ покажу́*** (***ку́зькину мать***)***!*** F dem werd ich's zeigen!; → ***рак***; **-ся** erscheinen; sich sehen *od.* ansehen lassen (Д bei, von *j-m*); *Thea.* herauskommen; P gefallen; → ***каза́ться***

пока́мест P → ***пока́ 1, 2***

покат|и́ть(ся) (15) *pf.* losfahren; → ***кати́ть***(***ся***); **~́ость** *f* (8) Abhang *m*; → **~́ый** (14*K.*) leicht abfallend; fliehend

покач|а́ть (1) *pf.* e-e Weile schaukeln; → ***кача́ть***(***ся***); **~́ивать** (1) ab u. zu *od.* leicht schaukeln; → ***кача́ть***(***ся***); **~ну́ть** (20) *pf.* leicht beugen; ins Wanken bringen; **-ся** ins Wanken geraten; F sich neigen, schief sein; sich verschlechtern

пока́шл|ивать (1) hüsteln; sich räuspern; **~ять** (28) *pf.* mehrmals *od.* e-e Zeitlang husten

покая́н|ие *n* (12) Buße *f*; Beichte *f* (***на*** П in *D*); Reue *f*; ***отпусти́ть ду́шу на ~ие*** F *j-n* in Ruhe lassen; **~ный** (14; -ен, -на) bußfertig, reuig, reuevoll; der Reue

поквита́ться F (1) *pf.* abrechnen, quitt sein; heimzahlen (***с*** T *j-m*)

поки|да́ть (1) **1.** ⟨~́нуть⟩ (20) verlassen, im Stich lassen; liegenlassen; sich abwenden (B von *j-m*); aufgeben, (von *D*) Abschied nehmen; **2.** F *pf.* → ***поброса́ть***

покла|да́я: ***не ~да́я рук*** F unermüdlich, ohne Unterlaß; **~́дистый** (14*K.*) fügsam, nachgiebig, umgänglich; **~́жа** *f* (5) Fracht; Gepäck *n*

поклёп F *m* (1) Verleumdung *f*

покло́н *m* (1) Verbeugung *f*; Gruß; ***идти́ на ~*** e-n Bittgang machen; **~е́ние** *n* (12) Anbetung *f* (Д *G*), Kult *m*; Verehrung *f*; **~и́ться** → ***кла́няться***; **~ник** *m* (1) Verehrer, Bewunderer; Liebhaber; → **~я́ться** (28) anbeten, verehren, bewundern (Д *A*)

поко́|иться (13) ruhen, beruhen; liegen, sich befinden; **~й** *m* (3) Ruhe *f*, Frieden; Ruhestand (***на*** B in *A*); Raum; † Gemach *n*; **~йник** *m* (1) Verstorbene(r); **~йницкая** *f* (14) Leichenhalle, Totenkammer; **~йный** (14; -ен, -йна) ruhig, friedlich; → ***споко́йный***; verstorben, selig; *Su. m* → **~йник**

поколе́ние *n* (12) Generation (***из*** P/***в*** B von/zu)

поко́нчить (16) *pf.* beenden, abschließen, erledigen (***с*** T *et.*); Schluß machen; ~ ***с собо́й*** sich das Leben nehmen

покор|е́ние *n* (12) Eroberung *f*; Unterwerfung *f*; **~и́тель** *m* (4) Eroberer, Bezwinger; *fig.* Brecher; **~́ность** *f* (8) Gehorsam *m*, Demut; ***с ~́ностью*** → **~́ный** (14; -ен, -на) ergeben, unterwürfig, untertan; gefügig, gehorsam; demütig; *Adv.* ergebenst, bestens; **~я́ть** (28), ⟨~и́ть⟩ (13*e.*) erobern, bezwingen; unterwerfen; bezaubern; **-ся** sich fügen (Д *D*, in *A*)

поко́с *m* (1) Mähen *n*, Mahd *f* (***в*** B zu *D*); Mähwiese *f*, Heuschlag

покри́|кивать F (1) von Zeit zu Zeit schreien; (***на*** B *j-n*) anschreien, herumkommandieren; **~ча́ть** (4*e.*) *pf.* e-e Weile schreien *od.* rufen

покро́в *m* (1) Decke *f*; Belag; Hülle *f*; *fig.* Schutz, Deckmantel; ♀ *Rel.* Mariä Schutz u. Fürbitte

покрови́тель *m* (4) Gönner, Beschützer; **~ственный** (14*K.*) gönnerhaft; (*o. K.*) Schutz-; protektionistisch; **~ство** *n* (9) Schutz *m*, Protektion *f*, Fittiche *m/pl.*; Patronat, Schirmherrschaft *f*; → **~ствовать** (7) protegieren, fördern (Д *j-n*); beschützen, begünstigen

покро́|й *m* (3) Schnitt; ***на оди́н ~й, одного́ ~я*** F vom gleichen Schlag

покры|ва́ло *n* (9) Tagesdecke *f*; Hülle *f*; Schleier *m*; **~ва́ть** (1), ⟨**~́ть**⟩ (22) → ***кры́ть(ся)***; ausgleichen; begleichen; übertönen; F überschütten; zurücklegen; hüllen (T in *A*); auf sich laden (***себя́***/T); **~́тие** *n* (12) Abdeckung *f*, Decke *f*; Deckung *f*; → ***крыть, ~ва́ть***; **~́шка** *f* (5; -́шек) Reifen *m*; *Ball*: Hülle; F Haube, Überzug *m*; Deckel *m*

поку́д(ов)а P → ***пока́ 1, 2***

покуп|а́тель *m* (4) Käufer; Kunde; Abnehmer; **~а́тельный** (14) Kauf-; **~а́ть¹** (1), ⟨**купи́ть**⟩ (14) kaufen (***у*** P *a.* von *D*), einkaufen; **~а́ть²** F (1) *pf.* e-e Weile baden; **~́ка** *f* (5; -́ок) Einkauf *m*; ***за ~́ками*** einkaufen; **~но́й** (14) Kauf-

поку́ри|вать F (1) ab u. zu *od.* gemächlich rauchen; **~ть** (13) *pf.* ein wenig rauchen

покуса́ть (1) mehrmals beißen *od.* stechen; sich (B auf *A*) beißen

поку|ша́ться (1), ⟨**~си́ться**⟩ (15*e.*) trachten (***на*** B nach *D*); sich vergreifen (an *D*); → **~ше́ние** *n* (12) Anschlag *m*, Attentat; Versuch *m*

пол *m* **1.** (1; -́а/-́у; на́ -; на -́у; *pl. e.*) Fußboden; **2.** (1; *ab Gpl. e.*) Geschlecht *n*; **3. ~-** (+*G*) halb

пол|а́ *f* (5; *pl. st.*) Rockschoß *m*, Schoß *m*; ***из-под ~ы́*** F unter der Hand; Schwarz-

полага́ть (1) meinen, glauben; vorhaben; halten (T für *A*); † sehen; → ***класть***; ***на́до ~*** es ist anzunehmen; **-ся** ⟨**положи́ться**⟩ (16) sich verlassen; *impf.* sich gehören; nötig *od.* vorgesehen sein; müssen, dürfen (Д *j-d*)

пола́дить F (15) sich verständigen (***на*** П auf *et.*); ***не ~*** sich überwerfen

пола́зить (15) *pf.* e-e Zeitlang klettern *od.* kriechen

пола́ти *pl.* (8) Hängepritsche *f*

пол|беды́ F: ***э́то ещё ~беды́*** das wäre nur halb so schlimm; **~ве́ка** *m* (*G* -уве́ка) ein halbes Jahrhundert *n*; **~го́да** *m* (*G* -уго́да) ein halbes Jahr *n*; **~́день** *m* (*G* -у́дня/-́дня, *Gpl.* -́дней) Mittag (***в*** B am); ***в ~́день*** mittags; ***до ~у́дня*** vormittags; ***после ~у́дня*** nachmittags; **~́дник** *m* (1) Vesper *f*, Zwischenmahlzeit *f*; **~дня́** *m* (*G a.* -удня́) ein halber Tag; **~доро́ги** *f*: ***на ~доро́ге*** auf halbem Wege; F mittendrin; **~дю́жины** *f* (*G a.* **~удю́жины**) ein halbes Dutzend *n*

по́ле *n* (10; *pl. e.*) Feld (***в*** П *a.* auf *D*); Acker *m*; Grund *m*; *Sp.*, *Flgw.* Platz *m*; *mst pl.* Rand *m* (***на*** П an *D*); *pl.* Krempe *f*; **~́вка** *f* (5; -́вок) Wühlmaus; **~во́дство** *n* (9) Ackerbau *m*, Feldwirtschaft *f*; **~во́й** (14) Feld-; *Mil.* Melde-

полег|о́ньку F sachte, behutsam; leicht; allmählich; **~ча́ть** [-xtʃ-] P → ***легча́ть***; **~ча́ло** (Д *j-d*) fühlt *od.* fühlte sich besser

полежа́ть (4*e.*) *pf.* e-e Weile liegen *od.* sich hinlegen

полезащи́тный (14) Feldschutz-

поле́з|ный (14; -ен, -на) nützlich, nutzbringend; nutzbar; (*o. K.*) Nutz-; *Adv.* von Nutzen, nützt; ***чем могу́ быть ~ен?*** womit kann ich dienen?

поле́зть (-зу, -зешь; → ***лезть***) *pf.* losklettern, hinkriechen

поле́ми|ка *f* (5) Polemik (***с*** T gegen *A*); **~́ческий** (16), **~́чный** (14; -́чен, -́чна) polemisch

поле́н|ница *f* (5) Holzstoß *m*; **~о** *n* (9; *pl.* -ья, -ьев) Holzscheit

поле́сье *n* (10) waldiges Sumpfland

полёт *m* (1) Flug; ***с пти́чьего ~а*** aus der Vogelperspektive; **~а́ть** (1) *pf.* ein wenig fliegen; **~е́ть** (11) *pf.* losfliegen, abfliegen; F losrennen; dahinsein

полечи́ться (16) *pf.* sich e-e Zeitlang behandeln lassen

поле́чь (-ля́жет; → ***лечь***) *pf.* alle ...: fallen; F sich hinlegen

по́лз|ать (1) herumkriechen; F herumscharwenzeln; **~ко́м** kriechend, robbend; auf allen vieren; **~ти́** (24) kriechen; sich ranken; abrutschen; F sich schleppen *od.* dahinschleppen; schleichen; auseinandergehen; **~унки́** F *pl.* (1) Strampelanzug *m*; **~у́чий** (17) kriechend; rankend, Kriech-

П

поли|вáть (1), ⟨**~ть**⟩ (-лью́, -ьёшь; -лéй!; **~**л, -лá; **~**тый: -тá) begießen, besprengen; *pf.* **~ *дождь*** ein starker Regen setzte ein; **-ся** *pf.* sich ergießen, strömen; **~вка** *f* (5) Gießen *n*; Sprengen *n*; **~вно́й** (14) bewässert, berieselt; Spreng-

поли|гáмия *f* (7) Polygamie; **~го́н** *m* (1) Schießplatz, Truppenübungsplatz; Versuchsgelände *n*; *Mar.* Übungsgebiet *n*; *Math.* Vieleck *n*; **~графи́я** *f* (7) graphisches Gewerbe *n*

полизáть (3) *pf.* ein wenig lecken

поликли́ника *f* (5) Poliklinik

полинези́|ец *m* (1; -йца), **~йка** *f* (5; **~**ек) Polynesier(in *f*); **~йский** (16) polynesisch

полиня́лый (14*K.*) verschossen

полиров|áть (7), ⟨от-⟩ polieren; **~ка** *f* (5) Polieren *n*; Politur; **~очный** (14) Polier-; **~щик** *m* (1) Polierer

по́лис *m* (1) Police *f*

полисемантúческий (16) mehrdeutig, polysemantisch

политзаключённый *m* (14) politischer Gefangene(r)

поли́ти|к *m* (1) Politiker; **~ка** *f* (5) Politik; **~кáн** *m* (1) Politikaster; **~ческий** (16) politisch; ***~ческий дéятель*** *m* → **~к**; ***~ческая эконо́мия*** *f* Volkswirtschaftslehre; **~чный** F (14; -чен, -чна) diplomatisch; taktvoll

полит|каторжáнин *m* (1; *pl.* -áне, -áн) → ***~заключённый***; **~ру́к** *m* (1) Politleiter, Politkommissar (*SU*)

политу́ра *f* (5) Politur

поли́ть(ся) → ***поливáть(ся)***

полит|эконо́мия *f* (7) → ***~и́ческий***; **~эмигрáнт** *m* (1) politischer Emigrant

полиц|éйский (16) Polizei-; *Su. m* Polizist; **~ия** *f* (7) Polizei (***в*** B zur)

поли́чн|ое *n*: ***с ~ым*** auf frischer Tat

полишинéл|ь *m*: ***секрéт*** *m* ***~я*** offenes Geheimnis *n*

полк *m* (1*e.*; в -ý) Regiment *n*; F Heer *n*; ***нáшего ~ý при́было*** F wir sind mehr geworden

по́лка *f* (5; -лок) Fach *n*, Regal *n* (***на*** П in *D*); Brett *n*, Bord *n*, Wand; *Esb.* Liegebank, Liegeplatz *m*

полко́в|ник *m* (1) Oberst; **~о́дец** *m* (1; -дца) Feldherr, Heerführer; **~о́й** (14) Regiments-

пол|-ли́тра *m* (*G a.* -ули́тра) ein halber Liter; P → **~литро́вка** P *f* (5; -вок) Halbliterflasche; **~мéсяца** *m* (*G a.* -умéсяца) ein halber Monat

полн|éйший F (17) vollständig; **~éть** (8), ⟨по-⟩ dick *od.* dicker werden, zunehmen; **~о¹** → **~ый**; F genug!, schon gut!; ***~о тебé!*** hör auf!; ach wo!, wo denkst du hin!; **~о́²** F e-e Menge (P *N*), (***в*** П/P *N*/*G*) voll, voller

полно|вéсный (14; -сен, -сна) voll; wichtig; gewichtig; F kraftvoll; vollgültig; **~влáстный** [-sn-] (14; -тен, -тна) unumschränkt herrschend *od.* waltend; **~во́дный** (14; -ден, -дна) wasserreich; **~во́дье** *n* (10) Hochwasser; **~глáсие** *n* (12) *Ling.* Vollaut *m*; **~гру́дый** (14 *K.*) vollbusig; **~зву́чный** (14; -чен, -чна) klangvoll; **~кро́вный** (14; -вен, -вна) vollblütig; kraftvoll, lebensvoll; gehaltvoll; **~лу́ние** *n* (12) Vollmond *m*; **~мо́чие** *n* (12) *a. pl.* Vollmacht *f*; Mandat; **~мо́чный** (14; -чен, -чна) bevollmächtigt; **~прáвный** (14; -вен, -вна) vollberechtigt; **~стью** vollständig, völlig, ganz, voll u. ganz; vollinhaltlich; **~тá** *f* (5) Körperfülle, Fülle; Vollständigkeit; Überfluß *m* (***от*** P im); **~те** F → ***по́лно***; **~цéнный** (14; -éнен, -нна) vollwertig, vollgültig; wertvoll

полно́ч|и *f* (*G a.* -луно́чи) die halbe Nacht; **~ный** (14) mitternächtlich, Mitternachts-; *poet.* nördlich, nordisch; **~ь** *f* (8; *G a.* -лу́ночи) Mitternacht (***в*** B um; ***зá*** B nach)

по́лн|ый (14; -лон, -á) voll, voller; vollbesetzt; gefüllt, angefüllt, erfüllt; umfassend; wohlbeleibt, korpulent, dick; (*o. K.*) vollständig, völlig, absolut; unumschränkt; *Fahrt*: groß; *Grund*: gut; *Sinn*: wahrst; Voll- (***на*** П mit *D*); Gesamt-; Kehrt-; *Gr.* Lang-; ***~ый сил*** kraftstrotzend; ***~ым хо́дом, в ~ую си́лу*** mit Volldampf *od.* Hochdruck, auf vollen Touren; → ***состáв***; ***~ы́м-~о́*** F über u. über *od.* gerammelt voll

по́ло *n* (*unv.*): ***во́дное ~*** Wasserball *m*

поло́ва *f* (5) Spelze; Spreu

по́лов|ец *m* (1; -ца), **~чáнка** *f* (5; -нок) Polowzer(in *f*); **~éцкий** (16) Polowetzer

половúк *m* (1*e*.) Läufer; Matte *f*
половúн|а *f* (5) Hälfte; Mitte (***в*** П *A*); halb; ***два с ~ой*** zweieinhalb; ***в ~е пя́того*** um halb fünf; **~ка** *f* (5; -ок) *Tür*: Flügel *m*; **~ный** (14) halb; **~чатость** *f* (8) Halbheit; → **~чатый** (14*K*.) halbherzig, unentschlossen; (*o. K.*) zweiteilig
половúца *f* (5) Dielenbrett *n*
полóвник *m* (1) Schöpfkelle *f*
половóдье *n* (10) Hochwasser; Flut *f*
половóй (14) **1.** Fußboden-; Scheuer-; **2.** Geschlechts-, geschlechtlich, sexuell
пóлог *m* (1) Bettvorhang; Schleier
полóгий (16*K*.) leicht abfallend
полож|éние *n* (12) Lage *f*, Situation *f*; Stellung *f*, Position *f*; Zustand *m* (***на*** П im), Stand *m*; Zustände *m*/*pl*., Umstände *m*/*pl*.; Ordnung *f*; Verordnung *f*, Bestimmung(en *pl*.) *f*; These *f*, Leitsatz *m*; *Math*. Satz *m*; *fig*. Adel *m*; ***в ~éнии, в интерéсном ~éнии*** F guter Hoffnung, in anderen Umständen, schwanger; **~éнный** (14) festgesetzt, festgelegt; **~úтельный** (14; -лен, -льна) positiv, bejahend; praktisch, nüchtern; (*o. K.*) bestimmt, definitiv; *Gr*. → ***стéпень***; *Adv*. durchaus; überaus; wirklich; **~úть** (16) *pf*. → ***класть 1***; *Ende* bereiten; *Feder* niederlegen; sich machen (***себé за*** B zur); **~úм** nehmen wir an, angenommen; auch wenn; ***~úть ду́шу*** *od*. ***гóлову*** s-n Leben hingeben; ***~úть нóгу нá ногу*** die Beine übereinanderschlagen; ***~á ру́ку на сéрдце*** Hand aufs Herz; **~éно** F, **-ся** → ***полагáться***
пóлоз *m* (1; *pl*. -ья, -ьев) Kufe *f*
полом|áть(ся) → ***ломáть(ся)***; **~ка** *f* (5; -ок) Bruch *m*; Panne, Schaden *m*
полос|á *f* (5; *a*. -у; *pl*. -ы, -, -áм) Streifen *m*; Band *n*; Landstrich *m*, Zone; *Flgw*. Bahn, Piste; *Mil*. Gürtel *m*; Periode, Abschnitt *m*; *Typ*. Kolumne, Seite; F Stimmung; *fig*. Strähne; **~áтый** (14*K*.) gestreift; ***чёрт*** *m* ***~áтый*** P verrückter Kerl; **~ка** *f* (5; -ок) kleiner Streifen *m*; ***в ~ку*** → ***~áтый***
полоскá|ние *n* (12) Spülen; Mundwasser; **~тельница** *f* (5) Spülnapf *m*; **~ть** (3), ⟨про-⟩ spülen, *pf*. durchspülen; gurgeln; *impf*. bewegen; **-ся** planschen, plätschern; flattern
полоснýть P (20) *pf*. zustechen; ***~ по сéрдцу*** *fig*. mitten ins Herz treffen
пóлость *f* (8; *ab Gpl. e*.) Höhle
полотéнце *n* (11; -нец) Handtuch
полотёр *m* (1) Bohnermaschine *f*
полóт|нище *n* (11) Stoffbahn *f*; Zeltbahn *f*; Fahnentuch; Flügel *m*; *Tech*. Blatt; **~нó** *n* (9; *pl*. -на, -ен) Leinwand *f*, Leinen; Gemälde; *Esb*. Bahnkörper *m*; Fahrbahn *f*; *Tech*. Band; → ***~нище***; ***бéлый как ~нó*** kreidebleich; **~ня́ный** (14) Lein-, Leinen-, leinen
полóть (17), ⟨вы́-, про-⟩ jäten, *pf*. ausjäten
полоу́мный F (14; -мен, -мна) schwachsinnig; irre, verrückt
пол|путú *m*: ***на ~путú*** auf halbem Wege; **~свéта** *m* die halbe Welt *f*; **~слóва** *n*: ***на ~слóва*** F auf ein Wort; ***на ~(у)слóве*** mitten in der Rede; ***ни ~ слóва*** kein Sterbenswörtchen; ***с ~(у)слóва*** F auf Anhieb; **~сóтни** *f* (*G a*. -усóтни; *Gpl*. -тен) ein halbes Hundert *n*
полтúн|а P *f* (5), **~ник** F *m* (1) fünzig Kopeken; Fünfzigkopekenstück *n*
полтор|á *m*/*n*, **~ы́** *f* (*G* полу́тора) anderthalb; **~áста** (*G* полу́тораста) hundertfünfzig
полу|ботúнки *m*/*pl*. (1; *G* -нок) Halbschuhe; **~вековóй** (14) ein halbes Jahrhundert während; **~глáсный** *m* (14) *Ling*. Halbvokal; **~глухóй** (16; -у́х, -á) halbtaub
полугóд|ие *n* (12) halbes Jahr; Halbjahr; Semester; **~úчный, ~овóй** (14) halbjährig, halbjährlich; Halbjahr(es)-; **~овáлый** (14) halbjährig
полу|гóлый (14; -гóл, -á) halbnackt; **~грáмотный** (14*K*., *f* -тна) mit vielen Fehlern; halbgebildet; *Su. m* halber Analphabet; **~денный** (14) Mittags-, mittäglich; *poet*. südlich; **~дéтский** (16) kindlich; **~дúкий** (16*K*., *f* -á) halbwild; **~дремотá** *f* (5) Halbschlummer *m*; **~живóй** (14; -жúв, -á) halbtot, mehr tot als lebendig; **~забы́тый** (14*K*.) halbvergessen; **~забытьё** *n* (10; в -ьи) Halbschlaf *m*; **~защúта** *f* (5) *Sp*. Läuferreihe; **~защúтник** *m* (1) *Sp*. Läufer; **~крóвка** *f* (5; -вок) Halbblut *n*; **~кру́г** *m* (1) Halbkreis (T im); **~кру́глый** (14*K*., *f* -á) halbrund; (*o. K.*) *Tech*. Hohl-; **~лежáть** (4*e*.) halb

П

liegen; ***~лёжа*** halb im Liegen; **~литро́вый** (14) Halbliter-
полу|мгла́ *f* (5) → ***~мра́к***; **~ме́ра** *f* (5) halbe Maßnahme; **~мёртвый** (14*K*., *f* ⁻́а) halbtot; **~ме́сяц** *m* (1) Halbmond; **~ме́сячный** (14) halbmonatlich; **~мра́к** *m* (1) Halbdunkel *n*; **~наго́й** (16*K*., *f* -á) halbnackt; halbkahl; **~намёк** *m* (1) vage Andeutung *f*; **~ни́щий** (17*K*., *f* -á, *n* -e) bettelarm; **~но́чник** [-ʃn-] F *m* (1) Nachtschwärmer; **~оборо́т** *m* (1) Viertelwendung *f*; **~оде́тый** (14*K*.) halbbekleidet; **~о́стров** *m* (1; *pl. e.*, *N* -á) Halbinsel *f*; **~отво́ренный** (14*K*.), **~откры́тый** (14*K*.) halboffen, halb geöffnet; **~официа́льный** (14; -лен, -льна) halbamtlich, offiziös
полу|пальто́ *n* (*unv.*) kurzer Mantel *m*; **~подва́л** *m* (1) Souterrain *n*; **~пра́вда** *f* (5) die halbe Wahrheit; **~прице́п** *m* (1) Sattelanhänger; **~проводни́к** *m* (1*e*.) Halbleiter; **~прозра́чный** (14; -чен, -чна) durchscheinend; **~пусто́й** (14*K*., *f* -á) halbleer; **~пусты́ня** *f* (6) Halbwüste; **~пья́ный** (14*K*., *f* -á) angetrunken; **~разде́тый** (14*K*.) halb entkleidet; **~сапо́жки** *m*/*pl*. (1; -жек) Stiefeletten *f*/*pl*.; **~све́т** *m* (1) Dämmerlicht *n*; Halbwelt *f*; **~сиде́ть** (11) halb sitzen; → ***~лежа́ть***; **~сла́дкий** (16; -док, -дка́) halbsüß; **~слепо́й** (14*K*., *f* -á) halbblind; **~сло́во** *n* (9; *pl. e.*) → ***полсло́ва***; *pf*. F abgerissene Rede *f*; **~сме́рть**: ***до ~сме́рти*** F halbtot, windelweich; **~сознá́тельный** (14; -лен, -льна) halb ohnmächtig *od.* halb unbewußt
полу|со́н *m* (1; -сна́) Halbschlaf; **~со́нный** (14) schlaftrunken, schläfrig; **~сре́дний** (16) *Sp*. Halbmittel-; Innen-; **~ста́нок** *m* (1; -нка) *Esb.* kleine Station *f*; **~сти́шие** *n* (12) Halbvers *m*; **~сухо́й** (16) halbtrokken; **~тёмный** (14; -мен, ⁻́мна́) halbdunkel; **~те́нь** *f* (8; в -́ни́; *ab Gpl. a. e.*) Halbschatten *m*; **~то́н** *m* (1; *pl. a. e.*, *N* -á) Halbton; **~́торка** F *f* (5; -́рок) Eineinhalbtonner *m*; **~́торный** (14) anderthalbfach; **~тьма́** *f* (5) → ***~мра́к***; **~фабрика́т** *m* (1) Halbfabrikat *n*; kochfertiges Gericht *n*; **~фина́л** *m* (1) Halbfinale *n*; **~часово́й** (14) halbstündig
получ|а́тель *m* (4) Empfänger, Adressat; **~а́ть** (1), ⟨**~и́ть**⟩ (16) bekommen, erhalten, in Empfang nehmen; beziehen; *Med.* sich zuziehen; *Chem.*, *fig.* gewinnen; finden; verliehen bekommen (B zu *D*); F kriegen, sich holen; **-ся** werden; herauskommen, sich ergeben; **~́ка** F *f* (5; -́ек) Lohntag *m* (***в*** B am); F Lohn *m*, Gehalt *n*
полу|ша́рие *n* (12) Halbkugel *f*, Hemisphäre *f*; **~шерстяно́й** (14) aus Mischwolle; **~шёпотом** halb flüsternd; **~шу́бок** *m* (1; -бка) Pelzjacke *f*; **~шутя́** halb im Scherz
пол|фу́нта *m* (*G* -уфу́нта) ein halbes Pfund *n*; **~цены́** F *f*: ***за ~цены́*** zum halben Preis; **~часа́** *m* (*G a.* -уча́са) e-e halbe Stunde *f*
по́лчище *n* (11) Heerschar *f*, Horde *f*; *fig.* Schar *f*, Menge *f*
по́лый (14) hohl, Hohl-; Hoch-
полы́нь *f* (8) Beifuß *m*; Wermut *m*
полынья́ *f* (6; -не́й) eisfreie Stelle
полых|а́ть (1) lodern, flammen; **~ну́ть** (20) *pf.* auflodern, aufblitzen
по́льз|а *f* (5) Nutzen *m* (***для*** P zu *D*; ***на*** B von *D*; ***с*** T/***для*** P zum/*G*), Vorteil *m*; ***в ~у*** (P) zugunsten *od.* für *j-n*; ***кака́я от э́того ~а?*** was nützt das?, was hat man davon?; ***для твое́й ~ы*** zu deinem Besten; ***пойти́ на ~у*** (Д *j-m*) nützen, helfen
по́льзова|ние *n* (12) Nutzung *f*, Benutzung *f* (***в***, ***на*** B zu *D*, für *A*); Gebrauch *m*; Verwendung *f*; **~ться** (7), ⟨вос-⟩ nutzen, benutzen, gebrauchen (T *A*); in Anspruch nehmen, (von *et.*) Gebrauch machen, sich (*G*) bedienen; *impf. Ruf* genießen, besitzen; *Erfolg* haben; ***~ться изве́стностью*** bekannt sein
по́ль|ка *f* (5; -лек) **1.** Polin; **2.** Polka; **~ский** (16) polnisch
поль|сти́ться F (15*e*.) *pf.* sich verlokken lassen (***на*** B von *D*); **~щённый** (14*K*.): ***~щён*** *j-d* fühlt sich geschmeichelt (T von *D*, durch *A*)
полюб|и́ть (14) *pf.* liebgewinnen, ins Herz schließen; sich verlieben (B in *A*); **-ся** F Gefallen finden (Д/И *j-d* /an *D*); **~ова́ться** (7) *pf.* sich e-e Weile erfreuen (***на*** B an *D*); ***~у́йся***! sieh dir das an!; ***~у́йтесь на*** (B)! sehen Sie

П

sich diesen ... an!; **~о́вный** (14; -вен, -вна) gütlich, einvernehmlich
по́люс *m* (1; *pl. a. e.*, *N* -á) Pol (**на** П am)
поля́к *m* (1) Pole
поля́на *f* (5) kleine Waldwiese; Lichtung
поля́рн|ик *m* (1) Polarforscher; **~ый** (14; -рен, -а) polar; polar entgegengesetzt; (*o. K.*) Polar-
пома́з|ать (3) *pf.* beschmieren, einschmieren, einfetten; → **ма́зать**; *Rel.* salben; **~о́к** *m* (1; -ка́) Pinsel
помале́ньку F langsam, allmählich; **живём ~** es geht so (einigermaßen)
пома́лкивать F (1) stumm bleiben, den Mund halten, nichts sagen
пома́рка *f* (5; -рок) Verbesserung, Korrektur; Streichung
поме́ньше weniger *od.* etwas weniger, kleiner; möglichst wenig *od.* klein
помера́нец *m* (1; -нца) Pomeranze *f*
помере́ть P → **умере́ть**
помёрзнуть (21) *pf.* eine Weile frieren; F viel *od.* viele ...: erfrieren
помертве́лый (14*K.*) erstarrt; leichenblaß; vom Tod gezeichnet
поме|сти́тельный (14; -лен, -льна) geräumig; **~сти́ть(ся)** → **~ща́ть(ся)**; **~́стный** [-sn-] (14) Guts-, Land-; **~́стье** *n* (10; -тий) Landgut (**в** П auf *D*)
по́месь *f* (8) Kreuzung, Mischling *m*, Bastard *m*; F Gemisch *n*
поме́сячный (14) monatlich
помёт *m* (1; -а/-у) Mist, Kot; Wurf
поме́|та *f* (5) Zeichen *n*, Vermerk *m*; → **~тка**; Bemerkung (**на** П an *D*); Kennzeichnung; **~тить** → **~ча́ть**; **~тка** *f* (5; -ток) Merkzeichen *n*; → **~та**
поме́ха *f* (5) Hindernis *n*, Störung
поме|ча́ть (1), ⟨**~́тить**⟩ (15) bezeichnen, vermerken; anstreichen; **~ча́ть число́м** datieren; → **за́дний**
помечта́ть (1) *pf.* ein wenig träumen
поме́ша|нный (14*K.*) verrückt, wahnsinnig; F versessen (**на** П auf *A*), verbiestert; **~н** *j-d* hat die fixe Idee *od.* e-n Fimmel; *Su. m* Geisteskranke(r); **~́тельство** *n* (9) Wahnsinn *m*; F Fimmel *m*; **~́ть** → **меша́ть 3**; **-ся** (1) *pf.* den Verstand verlieren, verrückt werden; F e-n Narren gefressen haben (**на** П an *D*)
поме|ща́ть (1), ⟨**~сти́ть**⟩ (15*e.*) unterbringen (**в** В in *D*); hinstellen, stellen, hinsetzen, hinlegen; Platz *od.* Plätze anbieten (В *j-m*); einliefern; deponieren, anlegen (**в** В auf *D*); veröffentlichen, bringen; *Inserat* setzen (**в** П in *A*); **-ся** Platz finden, (**в** П in *A*) hineingehen; sich einquartieren *od.* einrichten; es sich bequem machen; *impf.* sich befinden, untergebracht sein; **~ще́ние** *n* (12) Raum *m*; Bau *m*; Unterbringung *f*; *Fin.* Anlage *f*; → **~ща́ть**
поме́щи|к *m* (1) Gutsbesitzer, Gutsherr; **~чий** (18) Guts-; Gutsbesitzer-
помидо́р *m* (1) Tomate *f*; **из ~ов** → **~ный** (14) Tomaten-
поми́л|ование *n* (12) Begnadigung *f*; Gnade *f*; **~овать** (7) *pf.* begnadigen; **~уй**! *Rel.* erbarme Dich!; F aber ich bitte dich!; **~уй Бог!** Gott bewahre!
поми́мо (P) außer, abgesehen von (*D*); **~ всего́** neben allem übrigen; gegen (*A*); an (*D*) vorbei, *j-n* übergehend, ohne *j-s* Wissen
поми́н P *m* (1) Gedenken (**на** B/P zum/an *A*); **лёгок на ~е** F *j-d* kommt wie gerufen; F **и ~у нет** (**о** П von *D*) ist keine Rede, (an *A*) denkt man nicht im Traum; F **и в ~е нет** (P von *D*) gibt es keine Spur; **~а́льный** (14) *Rel.* Gedächtnis-; Leichen-; **~а́ть** (1), ⟨помяну́ть⟩ (19) gedenken (В, **о** П *j-s*); *Rel.* beten (für *A*); F *et.* erwähnen, (an *A*, P sich an *A*) erinnern; F **~а́ть добро́м** *od.* **до́брым сло́вом** *od.* **не ~а́ть ли́хом** in gutem Andenken behalten; **~а́й как зва́ли!** F → **след** F; **помяни́ моё сло́во!** du wirst schon sehen; **~ки** *pl.* (5; -ок) Leichenschmaus *m* (**на** П bei *D*); **~ове́ние** *n* (12) → **поми́н**
помину́тно jeden Augenblick
помира́ть P → **умира́ть**
по́мнить (13) sich erinnern (**о** П an *A*), daran denken; kennen; **~ себя́** s-e Kindheit bewußt erleben; **не ~ себя́** außer sich sein (**от** P vor *D*); **-ся** erinnerlich sein
помно́|гу F viel, e-e Menge; **~жа́ть** (1) → **мно́жить**
помо|га́ть (1), ⟨**~́чь**⟩ (-гу́, -́жешь, -́гут; -́г, -гла́) helfen (**в** П bei *D*; *Not*: Д aus *D*), beistehen; **~ги́те**! Hilfe!
по-|мо́ему → (**мой** +) **~ва́шему**

П

помо́|и *pl.* (3) Spülwasser *n*; **~йка** F *f* (5; -ек) Müllgrube; **~йный** (14) Müll-; Putz-
помо́л *m* (1) Mahlen *n*; Ausmahlung *f*
помо́лв|ить (14) *pf.* verloben (*a.* **за** В mit *j-m*); **~ка** *f* (5; -ок) Verlobung
помолча́ть (4*e.*) *pf.* e-e Weile schweigen
помо́рье *n* (10; -рий) Küstengebiet
помо́ст *m* (1) Podium *n*, Podest *n*; Gerüst *n*; Schafott *n*; Fahrbahn *f*
по́моч|и *pl.* (8; *ab G e.*) Tragband *n*; Hosenträger *m/pl.*; Haltegurt *m*; ***на ~а́х*** F am Gängelband; ***быть на ~а́х*** sich gängeln lassen (***у*** Р von *j-m*)
помо́|чь → ***~га́ть***; **~щник** *m* (1) Helfer; Gehilfe; Assistent; Hilfs-; **~́щь** *f* (8) Hilfe (*a.* ***при*** П mit *D*), Unterstützung; Beistand *m*; ***на ~́щь***! Hilfe!
по́мп|а *f* (5) Pomp *m*, Prunk *m*; *Tech.* Pumpe; **~е́зный** (14; -зен, -зна) pompös, prunkhaft; **~о́н** *m* (1) Quaste *f*
помрач|а́ть (1), ⟨**~и́ть**⟩ (16*e.*) verdüstern; trüben, verwirren
помутне́ние *n* (12) Trübung *f*
помча́ться (4) *pf.* losrennen, losstürmen
помыка́ть F (1) umspringen (Т mit *D*)
по́мы|сел *m* (1; -сла) Gedanke, Absicht *f*; *pl.* Sinnen u. Trachten *n*; **~шля́ть** (28), ⟨**~́слить**⟩ (13) denken, daran denken; sich vorstellen; *pf.* e-e Weile nachdenken; → ***замышля́ть***
помяну́ть → ***помина́ть***
пом|я́тый F (14*K.*) zerknittert, zerbeult; angestoßen; **~я́ть** (-ну́, -нёшь; -я́тый) *pf.* ein wenig knittern *od.* zerknittern; → ***мять***
понабра́ть F (-беру́, -рёшь; → ***брать***) *pf.* nach u. nach e-e Menge sammeln; → ***брать***
пона́добиться (14) *pf.* benötigen, brauchen (Д/И *N/A*); nötig werden
понапра́сну F → ***напра́сно***
понаслы́шке F vom Hörensagen
по-настоя́щему richtig; wirklich
поначáлу F anfangs
по-|на́шему → (***наш*** +) ***~ва́шему***
понево́ле notgedrungen
понеде́льн|ик *m* (1) Montag (***в*** В am; → ***вто́рник***); **~ый** (14) wöchentlich; Wochen-
по-неме́цки deutsch, auf deutsch
понемно́|гу, F **~жку** ein wenig, in kleinen Mengen; nach u. nach, allmählich; F → ***помале́ньку***
понес|ти́ (25 -с-) *pf.* → ***нести́ 2***; davontragen, dahintragen, tragen; ein wenig tragen; losjagen (В mit *D*); *Pferd*: durchgehen; zu wehen beginnen; zu riechen beginnen; ***куда́ его ~ло́***? F wo ist er denn hin?; **-сь** losrennen; → ***нести́сь***
пони|жа́ть (1), ⟨**~́зить**⟩ (15) herabsetzen, senken, vermindern; zurückstufen; *Mil.* degradieren; *Mus.* tiefer stimmen; **-ся** sinken, fallen, abfallen, abnehmen; **~же́ние** *n* (12) Herabsetzung *f*, Minderung *f*, → ***~жа́ть(ся)***; Senke *f*; **~́женный** (14*K.*) ermäßigt; *fig.* gedrückt; Unter-
поник|а́ть (1) → ***ни́кнуть***; *Kopf* hängen lassen; ***~́нув голово́й*** mit hängendem Kopf
понима́|ние *n* (12) Verständnis (Р für *A*; ***в*** П nach *D*), Auffassung *f*; **~ть** (1), ⟨**поня́ть**⟩ (пойму́, -мёшь; по́нял, -ла́; по́нятый: -та́) verstehen (***в*** П von *D*), begreifen; *impf.* auffassen; meinen (***под*** Т mit *D*); sich auskennen (В in *D*); → ***вообража́ть; вот э́то я ~ю!*** F so ist's recht!; ***по́нял?*** verstanden?; **~ющий** F (17) kundig; verständnisvoll
по-но́вому auf neue Art *od.* Art u. Weise
поножо́вщина F *f* (5) Messerstecherei
понома́рь *m* (4*e.*) Küster
поно́с *m* (1) Durchfall
поно|си́ть¹ (15) beschimpfen, schmähen; **~ше́ние** *n* (12) Schmähung(en *pl.*) *f*
поно|си́ть² (*15*) *pf.* e-e Zeitlang tragen; **~́шенный** (14*K.*) getragen, abgetragen, abgenutzt; F verlebt
пону|жда́ть (1), ⟨**~́дить**⟩ (15; -ждённый) zwingen, nötigen; **~жде́ние** *n* (12) Zwang *m*
понука́ть F (1) antreiben; drängen
пону́р|ить (13) *pf. Kopf* hängen lassen; → **~ый** (14*K.*) geknickt, bedrückt; hängend, gebeugt
по́нчик *m* (1) Krapfen
поны́не bis jetzt, bis heute
поню́|хать (1) *pf.* → ***ню́хать***; *Luft* einziehen; F hineinriechen (in *A*); ***и ~хать не дать*** F keinen Tropfen geben; **~шка** F *f* (5; -шек) Prise

поня́т|ие *n* (12) Begriff *m*, Auffassung *f*; Vorstellung *f*, Idee *f*; F Ahnung *f* (**о** П von *D*); Meinung *f*; **~ливый** (14*K*.) verständig, aufgeweckt; **~ный** (14; -ен, -на) verständlich, begreiflich; klar; ***~но***, F ***~ное де́ло*** *n* natürlich; ***~но?*** F verstanden?; **~о́й** *m* (14) Zeuge; Beistand; **~ь** → ***понима́ть***

поо́даль in einiger Entfernung

поодино́чке einzeln

поочерёдно der Reihe nach, nacheinander, hintereinander; abwechselnd

поощр|е́ние *n* (12) Förderung *f*; → ***~я́ть***; Belohnung *f*; **~и́тельный** (14; -лен, -льна) aufmunternd, ermunternd; Förderungs-; **~я́ть** (28), ⟨**~и́ть**⟩ (13*e*.) fördern; ermuntern, aufmuntern, stimulieren

поп F *m* (1*e*.) Pope; *verä*. Pfaffe; ***како́в ~, тако́в и прихо́д*** *Spr*. wie der Herr, so's G(e)scherr

попа|да́ние *n* (12) Treffer *m*; → **~да́ть¹** (1) **1.** ⟨**~́сть**⟩ (25; *Prät. st*.) geraten, gelangen, (***на*** В *a*. gegen *A*) stoßen; treffen (***в*** В *A*; Д/***в*** В *j-n* an *D*); finden (***в*** В *A*); kommen (Д + *Inf*. *N* + *Ind*.; *Jur*. ***под*** В vor *A*; *Mil*. ***в*** В zu *D*); *Schule*: ankommen (***в*** В an *D*); fallen (unter *A*); werden (***в*** И *pl*. *N*); F was abkriegen; ***не ~́сть*** verfehlen (***в*** В *A*); ***я не туда́ ~́л*** ich bin hier falsch *od*. falsch verbunden; ***где*** *od*. ***как*** *od*. ***что ~́ло*** F wo *od*. wie es *od*. was gerade kommt; ***как ~́ло*** → ***ко́е-ка́к, науга́д***; kunterbunt; ***како́й ~́ло*** F irgendwelche(r), ein beliebige(r); ***кто ~́ло*** *f* der erste beste; ***куда́ ~́ло*** F ganz gleich wohin, wahllos; ***чем ~́ло*** F was *e-m* gerade unter die Hände kommt; **-ся** gehen, hineingeraten; ertappt werden (***на***, ***в*** П bei *D*); kommen (***на*** В unter *A*); F begegnen, (Д/И *N* auf *A*) stoßen; in die Hände fallen; erwischen (Д/И *N*/*A*), geraten (*N* an *A*); F ***~́лся*** (И *j-n*) hat's erwischt; ***~́вшийся*** -beste(r); **2. ~́дать²** (1) *pf*. nacheinander fallen *od*. umfallen

попадья́ F *f* (6; -де́й) Popenfrau

попа́рно paarweise, in Paaren

попере́к 1. *Adv*. quer, querdurch, querüber; F dagegen; **2.** *Prp*. (Р) querüber *od*. durch (*A*); *Weg*: in (*A*)

попереме́нно abwechselnd

попере́ч|ина *f* (5) Querbalken *m*, Quersteg *m*; **~ник** *m* (1) Durchmesser; **~ный** (14) Quer-

поперхну́ться (20) *pf*. sich verschlucken (Т an *D*); stocken

попеч|е́ние *n* (12) Fürsorge *f*; Obhut *f* (***на*** П/***у*** Р in *D*/*G*), Pflege *f*; **~и́тель** *m* (4) Fürsorger, Pfleger; † Kurator; **~и́тельство** *n* (9) Pflegschaft *f*; Kuratel *f*

попива́ть F (1) süffeln

попира́ть (1) treten (В auf *A*); *fig*. mit Füßen treten; → ***попра́ние***

попи|са́ть (3) *pf*. e-e Weile schreiben *od*. malen; ***тут уж ничего́ не ~́шешь*** F da beißt die Maus keinen Faden ab; **~́сывать** F (1) ab u. zu schreiben *od*. malen

по́пка F *f* (5; -пок) Papagei *m*

поплаво́к *m* (1; -вка́) Schwimmer

popла́кать (3) *pf*. ein wenig weinen

поплести́сь F (25 -т-) → ***побрести́***

поплы́ть (23) *pf*. losschwimmen, fortschwimmen; zu schwimmen beginnen; → ***плыть***

попля|са́ть (3) *pf*. e-e Weile tanzen; ***ты у меня́ ~́шешь!*** F ich werde dir was geigen!

попо́в|ич F *m* (1; -ей) Popensohn *m*; **~на** F *f* (5; -ен) Popentochter *f*; **~ский** (16) Popen-; **~щина** *f* (5) Pfaffentum *n*

попо́йка F *f* (5; -о́ек) Sauferei

попола́м in zwei Hälften; zu gleichen Teilen; halb, halbpart; F halbe halbe

поползнове́ние *n* (12) Versuch *m*; Anspruch *m* (***к*** Д auf *A*), Prätention *f*; ***име́ть ~*** trachten (***на*** В nach *D*)

поползти́ (24) *pf*. zu kriechen beginnen, hinkriechen; loskriechen

пополн|е́ние *n* (12) Ergänzung *f* → **~я́ть** (28), ⟨**~́ить**⟩ (13) auffüllen, ergänzen, erweitern

пополу́|дни nachmittags; **~ночи** nach Mitternacht, nachts

попо́мнить F (13) *pf*. nicht vergessen; nachtragen; heimzahlen; denken (В an *A*); → ***помина́ть*** (***помяни́*** . . .)

попо́на *f* (5) Pferdedecke

поправ|и́мый (14*K*.) reparabel; → ***~ля́ть***; **~́ка** *f* (5; -ок) Verbesserung, F Ausbesserung, Korrektur; Besserung; *Tech*. Abweichung; *Pol*. Zusatzantrag *m*; → **~ля́ть** (28), ⟨**~́ить**⟩ (14) verbessern, ausbessern; berichtigen, korrigieren; reparieren; ändern; wieder-

П

gutmachen, wiederherstellen; zurechtrücken, in Ordnung bringen; **-ся** sich bessern, sich machen, besser gehen; genesen, gesund werden; sich erholen; F zunehmen (***на*** В *A*); sich bequemer hinsetzen; ***~ля́йтесь!*** gute Besserung!
попра́ние *n* (12) grobe Verletzung *f*
по-пре́жнему wie früher, wie bisher, nach wie vor; beim alten
попрёк F, **~а́ть** F → ***упрёк, упрека́ть***
попридержа́ть F (4) *pf.* etwas halten *od.* zurückhalten
по́прище *n* (11) Bereich *m* (***на*** П in *D*); Wirkungsbereich *m*, Wirkungskreis *m*; Wirken; Lebenswerk
по́просту F einfach, ganz einfach, schlicht; ohne Umstände, ungeniert; kurzerhand
попроша́й|ка F *m*/*f* (5; -а́ек) Bettler(in *f*), Schnorrer(in *f*); **~ничать** F (1) betteln, schnorren; **~ничество** F *n* (9) Bettelei *f*
попры́г|ать (1) *pf.* ein wenig hüpfen *od.* herumhüpfen; nacheinander springen; **~ивать** F (1) ein wenig, ab u. zu hüpfen *od.* hochspringen; **~у́н** F *m* (1*e.*) Springinsfeld, Quirl; **~у́нья** F *f* (6; -ний) flatterhaftes Ding *n*
попря́тать F (3) *pf.* alle *od.* viele ... verstecken
попуга́й *m* (3) Papagei; F Nachbeter; **~ничать** F (1) nachplappern
попуга́ть (1) *pf.* leicht erschrecken
попу́дрить (13) *pf.* ein wenig pudern
популяр|из(и́р)ова́ть (7) *im*(*pf.*) popularisieren; allgemein bekannt machen; **~́ный** (14; -́ен, -́на) populär, beliebt, bekannt; gemeinverständlich, leichtfaßlich
попурри́ *n* (*unv.*) Potpourri
попусти́тельство *n* (9) allzu große Nachsicht *f* (Д mit *j-m*, *j-m* gegenüber); Duldung *f* (***при*** П unter *D*); **~вать** (7) Vorschub leisten, (Д mit *D*) Nachsicht üben *od.* haben
по́пусту F unnütz, umsonst
попу́та|ть P (1) *pf.* verleiten, verführen; ***чёрт -л*** der Teufel hat *j-n* geritten
попу́т|ный (14) günstig, Fahr-, Rükken-; an der Strecke liegend; in gleicher Richtung fahrend; *fig.* beiläufig; gleichzeitig; *Adv.* nebenher, dabei; F unterwegs; ***~ная маши́на*** *f* Mitfahrgelegenheit; ***на ~ной маши́не*** per Anhalter; **~чик** *m* (1) Weggenosse, Reisegefährte; *fig.* Mitläufer
попыт|а́ть F (1) *pf.* versuchen; **~́ка** *f* (5; -́ок) Versuch *m*; ***~́ка не пы́тка*** *Spr.* Probieren geht über Studieren
попя́тный F: ***идти́ на ~*** e-n Rückzieher machen
пор|а́ *f* (5; -́у; *pl.* -́ы, -, -а́м) Zeit (***в*** В in *od.* zu *D*), Stunde; Zeiten *pl.*; ***ле́тняя ~а́*** Sommer *m*; *präd.* es ist Zeit, ***давно́ ~а́*** es ist höchste Zeit (Д für *j-n od. j-d* muß jetzt ...); ***до*** *od.* ***с каки́х ~?*** bis *od.* seit wann?, wie lange?; ***до сих ~*** bisher, bis jetzt *od.* hierher; ***до тех ~ как*** *od.* ***пока́*** solange, solange bis; ***с тех ~*** seither; ***с тех ~ как*** seitdem; ***в ~́у, в са́мую ~́у*** gerade zur rechten Zeit; ***в ~е́, в са́мой ~е́*** F in den besten Jahren; ***до ~ы́ до вре́мени*** einstweilen, bis auf weiteres; ***на пе́рвых ~а́х*** anfangs
порабо́тать (1) *pf.* e-e Zeitlang arbeiten
порабо|ти́тель *m* (4) Unterdrücker; **~ща́ть** (1), ⟨**~ти́ть**⟩ (15*e.*; -т/щ-) unterjochen, unterwerfen, versklaven; **~ще́ние** *n* (12) Versklavung *f*, Knechtung *f*
пора́довать (7) *pf.* ein wenig erfreuen; → ***ра́довать(ся)***
пора|жа́ть (1), ⟨**~зи́ть**⟩ (15*e.*) treffen (***в*** В an *D*); durchbohren; schlagen; *Med.* befallen, angreifen; *fig.* verblüffen, überraschen; **-ся** staunen (Д über *A*), erstaunt *od.* verblüfft sein; **~же́нец** *m* (1; -нца) Defätist; **~же́ние** *n* (12) Niederlage *f*; *Med.* Verletzung *f*, Affektion *f*; *Jur.* Aberkennung *f* (*a.* ***в*** П *pl. G*); **~же́нческий** (16) defätistisch; **~же́нчество** *n* (9) Defätismus *m*; **~зи́тельный** (14; -лен, -льна) verblüffend, frappierend, erstaunlich
поразмы́|слить F (13) *pf.* gründlich nachdenken; **~шля́ть** F (28) *pf.* ein wenig nachdenken
пораз|мя́ть F (-омну́, -нёшь) *pf.* sich die Beine ein wenig vertreten
пора́нить (13) *pf.* leicht verletzen
пораст|а́ть (1), ⟨**~и́**⟩ (25; -у́; -ро́с, -сла́; -ро́сший) bewachsen sein
порва́ть(ся) → ***порыва́ть(ся)***
поре́з *m* (1) Schnitt; Schnittwunde *f*; **~ать** (3) *pf.* sich schneiden (В in *A*); F

aufschneiden; viele . . . schlachten, abschlachten *od.* reißen
поре́й *m* (3) Porree
пореши́ть P (16*e.*) *pf.* beschließen
по́ристый (14*K.*) porös; großporig
порица́|ние *n* (12) *a. pl.* Tadel *m*; **~ть** (1) tadeln, mißbilligen
по́рка *f* (5) Auftrennen *n*; F Züchtigung, Prügel *pl.*, Prügelstrafe
порнографи́|ческий (16) pornographisch; **~́я** *f* (7) Pornographie
по́ровну zu gleichen Teilen
поро́г *m* (1) Schwelle *f* (***через, за, на*** В über *A*; ***на*** П an *D*); Stromschnelle *f*; *fig.* Haus *n*, Herd; ***на ~е*** vor der Tür
поро́|да *f* (5) Rasse; Gattung, Art; Schlag *m*, *fig.* Holz *n*; *Geol.* Gestein *n*; † → ***род***; **~дистый** (14*K.*) rassig, reinrassig, Rasse-, Zucht-; **~днённый** (14) Partner-; **~жда́ть** (1), ⟨**~ди́ть**⟩ (15*e.*; -ждённый) hervorbringen, hervorrufen, erregen, erzeugen; schaffen; **~жде́ние** *n* (12) Produkt; Ausgeburt *f*
поро́жн|ий F (15) leer; Leer-; **~я́к** F *m* (1*e.*) Leerraum; **~яко́м** F unbeladen
по́рознь getrennt, einzeln; für sich
поро́й bisweilen, zeitweise
поро́к *m* (1) Laster *n*; Mangel, Fehler; ***бе́дность не ~*** *Spr.* Armut ist keine Schande
порос|ёнок *m* (2) Ferkel *n*; **~и́ться** (15), ⟨о-⟩ ferkeln, Ferkel werfen
по́росль *f* (8) junge Triebe *m/pl.*; Unterholz *n*, Jungwald *m*; Gestrüpp *n*; *fig.* Nachwuchs *m*; F Haarwuchs *m*
порося́|тина *f* (5) Ferkelfleisch *n*; Spanferkel *n*; **~чий** (18) Ferkel-
поро́ть (17) **1.** ⟨рас-⟩ trennen, auftrennen; **2.** F ⟨вы́-⟩ hauen, versohlen; **3.** P daherreden, quatschen; ***~ горя́чку*** F hetzen
по́рох *m* (1; -а/-у) Schießpulver *n*; F Hitzkopf; *fig.* Krieg; Puste *f*; **~ово́й** (14) Pulver-; → ***вы́думать***
поро́ч|ить (16), ⟨о-⟩ beflecken, in Verruf bringen; schlechtmachen, (В über *A*) lästern; **~ный** (14; -ен, -на) lasterhaft, fehlerhaft; (*o. K.*) unzulänglich; Teufels-
поро́ш|а *f* (5) Neuschnee *m*; **~и́нка** F *f* (5; -нок) Pulverkorn *n*; Stäubchen *n*; **~и́ть** (16), ⟨за-⟩ bestäuben, bedekken; *impf.* **~и́т** es grießelt, es fällt Pulverschnee; **~ко́вый** (14) Pulver-; **~о́к** *m* (1; -ка́) Pulver *n* (***в*** В zu *D*); ***в ~ке*** in Pulverform, gemahlen; ***стере́ть в ~о́к*** F *j-n* zu Brei schlagen, zermalmen
поро́ю → ***поро́й***
порт *m* (1; в -у́; *Npl. a. e.*, *ab G e.*) Hafen
портати́вный (14; -вен, -вна) tragbar; (*o. K.*) Koffer-; Reise-
по́ртик *m* (1) Säulenhalle *f*
по́ртить (15), ⟨ис-⟩ verderben (***себе́*** sich, s-e . . .), verpfuschen, ruinieren; F kaputtmachen; F vermiesen; *impf.* häßlich machen; ***~ кровь*** böses Blut machen; **-ся** faulen; e-n Stich bekommen; F kaputtgehen; schlecht *od.* schlechter werden; schlechte Angewohnheiten annehmen
портки́ P *pl.* (1/5; -то́к) Hose *f*
портн|и́ха *f* (5) Schneiderin; **~о́й** *m* (14) Schneider; **~я́жничать** F (1) schneidern; **~я́жный** (14) Schneider-
порто|ви́к *m* (1*e.*) Hafenarbeiter; **~́вый** (14) Hafen-; **~-фра́нко** *n* (*unv.*) Freihafen *m*
портре́т *m* (1) Bildnis *n*, Porträt *n*; *Lit.* Äußere(s) *n*; Charakter; ***писа́ть ~*** (Р *j-n*) malen; **~и́ст** *m* (1) Porträtmaler; **~ный** (14) Porträt-, Bild-
портсига́р *m* (1) Zigarr(ett)enetui *n*
португа́л|ец *m* (1; -ьца), **~ка** *f* (5; -ок) Portugiese(-sin *f*); **~ьский** (16) portugiesisch
портупе́я *f* (6; -е́й) Schulterriemen *m*; Koppel *n*
портфе́ль *m* (4) Aktentasche *f*, Mappe *f*; Portefeuille *n*; Geschäftsbereich
портье́ра *f* (5) Vorhang *m*
портя́нка *f* (5; -нок) Fußlappen *m*
поруб|и́ть F (14) *pf.* alle . . . fällen, abholzen *od.* niedermachen; zerhacken, hacken (В in *A*); e-e Weile hacken; **~́ка** F *f* (5; -ок) Waldfrevel *m*; Holzschlag *m* (***на*** П in *D*); **~́щик** F *m* (1) Holzfäller; Waldfrevler
поруга́|ние *n* (12) Schändung *f*; Schimpf *m*; **~́нный** (14*e.*) entweiht, geschändet; **~ть** F (1) *pf.* e-e Weile schelten, ausschimpfen; **-ся** F sich verzanken; e-e Weile schimpfen
пору́ка *f* (5) Bürgschaft (***на*** В *pl.* gegen *A*); Gewähr (***в*** П für *A*)
по-ру́сски russisch, auf russisch
поруч|а́ть (1), ⟨**~и́ть**⟩ (16) beauftragen

П

(Д/В *j-n* mit *D*), betrauen; anvertrauen; auftragen; **~́ено** (Д *j-d*) ist beauftragt; **-ся** → ***руча́ться***; **~е́ние** *n* (12) Auftrag *m* (***по*** Д in *D*)
пору́чик *m* (1) *hist*. Oberleutnant
поруч|и́тель *m* (4) Bürge, Gewährsmann; **~и́тельство** *n* (9) Bürgschaft *f* (***за*** T mit *D*; ***под*** В gegen *A*), Kaution *f*; **~и́ть** → **~а́ть**
по́ручни *m/pl.* (4) Haltestange(n *pl.*) *f*, Griff(e *pl.*) *m*, Geländer *n*
порфи́ра *f* (5) Purpurmantel *m*
порх|а́ть (1), *einm.* ⟨~ну́ть⟩ (20) flattern, umherflattern; schweben
порци|о́н *m* (1) Ration *f*; **~о́нный** (14) rationenweise; auf besondere Bestellung; **~́я** *f* (7) Portion (***по*** Д *pl.* in *D*); Ration; ***по ~́ям*** portionsweise
по́рч|а *f* (5) Beschädigung, Schaden *m*, Verderben *n*; → **~еный** F (14) verdorben, ungenießbar, schlecht, schlecht geworden; kaputt; † behext
по́ршень *m* (4; -шня) *Tech.* Kolben
поры́в *m* (1) Windstoß *m*, Bö *f*; *fig.* Anfall, Ausbruch, Aufwallung *f*; Regung *f*; Elan, Schwung; **~а́ть** (1), ⟨порва́ть⟩ (-ву́, -вёшь; → ***рвать***) abbrechen (zu *D*), brechen; *Vertrag* lösen; *pf.* zerreißen; F alle ... pflükken; **-ся** zerbrechen; *pf.* F reißen, zerreißen, abreißen; *impf.* sich stürzen *od.* (***на*** П von *D*) losreißen wollen; streben (***к*** Д nach *D*), bemüht sein; **~истый** (14*K.*) böig, heftig, ungestüm; ruckartig; impulsiv; *Adv.* stoßweise
порыже́лый (14*K.*) rötlich verfärbt
поря́д|ковый (14) laufend; *Gr.* Ordnungs-, Ordinal-; **~ком** F gehörig, ordentlich; **~ок** *m* (1; -ка) Ordnung *f* (***для*** P *D* halber); Reihenfolge *f*, Reihe *f* (***по*** Д *D* nach); Folge *f*; *fig.*, *Adm.* Weg (T, ***в*** П auf *D*); Art *f*, Weise *f*; Gang (T *A*); Brauch; Natur *f*; P in Ordnung, alles klar; *pl.* Verhältnisse *n/pl.*, Zustände; Bestimmungen *f/pl.*; Regime *n* (***при*** П unter *D*); ***~ка*** in der Größenordnung; ***по ~ку*** fortlaufend; ***в рабо́чем ~ке*** während der Arbeit; ***в сро́чном ~ке*** dringend; → ***вид***; ***в ~ке веще́й*** ganz normal *od.* in Ordnung; ***в ~ке обсужде́ния*** zur Diskussion gestellt; ***в ~ке по́мощи*** als Hilfsmaßnahme; **~очность** *f* (8) Anstand *m*, Redlichkeit; **~очный** (14; -чен, -чна) anständig; F ziemlich groß, gut, stark; (*o. K.*) ordentlich, gehörig, F ganz schön
поса́д *m* (1) *hist.* Burgflecken; Vorstadt *f*; **~и́ть** → ***сажа́ть***; **~ка** *f* (5; -ок) Anpflanzung, Pflanzung; → ***сажа́ть***; Einsteigen *n*; Einschiffung; Landung (***на*** В auf *D*); Sitz *m*, Haltung; **~ник** *m* (1) *hist.* Statthalter; Stadthauptmann; **~очный** (14) Pflanz-, Setz-; Saat-; Lande-; Bord-
посажёный (14) Braut-
посвети́ть (15) *pf.* etwas *od.* e-e Weile scheinen *od.* leuchten
посвист|е́ть (11) *pf.* etwas *od.* einige Male pfeifen; **~́ывать** (1) von Zeit zu Zeit *od.* vor sich hin pfeifen
по-сво́|ему auf s-e *od.* nach s-r Art; nach s-m *od.* eigenem Gutdünken, wie er will *od.* es wünscht; P in s-r Sprache; **~йски** F wie zu Hause, in familiärer Weise, ohne Umstände; → ***~ему***
посвя|ща́ть (1), ⟨~ти́ть⟩ (15*e.*; -т/щ-) widmen; einweihen; weihen (***в*** И *pl.* zu *D*), *Ritter*: schlagen; ***~ща́ется*** (Д) für *j-n od. j-m* zugeeignet; **~ще́ние** *n* (12) Widmung *f*; Weihe *f*; ***~ще́ние в ры́цари*** Ritterschlag *m*; → ***~ща́ть***
посе́в *m* (1) Aussaat *f*, Saat *f*; **~но́й** (14) Saat-; *Su. f* Saatkampagne
поседе́лый (14) ergraut
посел|е́нец *m* (1; -нца) Siedler; *ehm.* Zwangsansiedler; **~е́ние** *n* (12) Ansiedlung *f*, Siedlung *f*; **~̈ок** *m* (1; -̈ка) Siedlung *f*; **~я́ть** (28), ⟨~и́ть⟩ (13*e.*) ansiedeln; einweisen, einquartieren, unterbringen; *fig.* wecken, (***в*** П *j-m*) einflößen; aufkommen lassen, säen; **-ся** sich niederlassen; einziehen, ziehen (***в*** П in *A*; ***у*** P zu *j-m*); *fig.* aufkommen, sich einstellen
посереди́не in der Mitte
посе|ти́тель *m* (4) Besucher; **~ща́емость** *f* (8) Besucherzahl, Besuch *m*; Präsenz, Anwesenheit; **~ща́ть** (1), ⟨~ти́ть⟩ (15*e.*; -т/щ-) besuchen, aufsuchen; hospitieren (В bei *j-m*); überkommen; erscheinen (В auf *D*); **~ще́ние** *n* (12) Besuch *m*; Hospitation *f*
посе́|ять (27) *pf.* → ***се́ять 1***; F verlieren; ***~ял дождь*** es begann zu nieseln;

что ~ешь, то и пожнёшь *Spr.* wie die Saat, so die Ernte

поси|де́ть (11) *pf.* e-e Weile sitzen; **~́живать** F (1) sich von Zeit zu Zeit niedersetzen *od.* ausruhen

поси́л|ьный (14; -ен, -ьна) nach Kräften *od. j-s* Möglichkeiten; ***~ен*** (И/ ***для*** Р *D*/*j-d*) ist (*D*) gewachsen, schafft *et.*

посине́лый (14) blau geworden

поскака́ть (3) *pf.* loshüpfen, losspringen; davongaloppieren, davonjagen

поскида́ть Р (1) *pf.* alle … nach u. nach abwerfen *od.* ausziehen

поскользну́ться (20) *pf.* ausrutschen

поско́льку soweit, sofern; da, weil

поскоре́е schnell *od.* schneller; möglichst schnell *od.* bald

поскри́пывать (1) leise knarren

поскуча́ть (1) *pf.* sich e-e Zeitlang langweilen

послабле́ние *n* (12) *mst pl.* Nachsicht *f*; Erleichterung *f*

посла́|нец *m* (1; -нца) Sendbote; Abgesandte(r); **~ние** *n* (12) Botschaft *f*; Schreiben; Epistel *f*, Sendschreiben; **~нник** *m* (1) Gesandte(r); **~ть** → ***посыла́ть***

по́сле 1. *Prp.* (Р) nach (*D*); nach j-s Tod *od.* Abreise; ***~ того́ как*** nachdem; **2.** *Adv.* nachher, später; danach; **~вое́нный** (14) Nachkriegs-

после́д *m* (1) Nachgeburt *f*; **~и́ть** (15*e.*) *pf.* e-e Weile nachblicken (***за*** Т *D*); → ***следи́ть***; **~ки** Р *pl.* (1) Rest(e *pl.*) *m*

после́дн|ий (15) letzte(r); letztere(r), dieser; jüngst, neuest; höchst, äußerst; F schlechtest, schlimmst; *Rdf.* ***~ие изве́стия*** *n*/*pl. Rdf.* Nachrichten *f*/*pl.*

после́дователь *m* (4) Anhänger, Nachfolger; **~ность** *f* (8) Aufeinanderfolge, Reihenfolge; Konsequenz; **~ный** (14; -лен, -льна) folgerichtig, konsequent; (*o. K.*) aufeinanderfolgend, sukzessiv; Konsekutiv-; *El.* Reihen-; *Adv.* nacheinander

после́д|ствие *n* (12) Folge *f*, Konsequenz *f*; Auswirkung *f*, Ergebnis; ***без ~ствий*** unberücksichtigt; **~ующий** (17) folgend, nachfolgend; anschließend; Folge-; **~ыш** *m* (1; -ей) F Epigone; Р Nachkömmling; Nesthäkchen *n*

после|за́втра übermorgen; **~за́втрашний** (15) übermorgig; **~обе́денный** (14) Nachmittags-; Mittags-; **~октя́брьский** (16) nach der Oktoberrevolution; **~операцио́нный** (14) postoperativ; **~революцио́нный** (14) nachrevolutionär; → ***~октя́брьский***; **~сло́вие** *n* (12) Nachwort

посло́виц|а *f* (5) Sprichwort *n*; ***войти́ в ~у*** sprichwörtlich werden

послуж|и́ть (16) *pf.* e-e Zeitlang dienen; → ***служи́ть 2***; **~но́й** (14) Dienst-

послуш|а́ние *n* (12) Gehorsam *m*; *Rel.* Dienst *m*; **~́ать** (1) *pf.* ein wenig horchen *od.* (В *j-m*) zuhören; ***~́ай!*** hör mal!; → ***слу́шать***(***ся***); **~́ник** *m* (1) Novize; **~́ный** (14; -ен, -на) gehorsam, folgsam, fügsam; *fig.* willfährig, gefügig; *poet.* hörig, untertan

послы́шаться (4) *pf.* vernehmbar *od.* laut werden; vorkommen; → ***слы́шаться***

посма́тривать (1) ab u. zu schauen *od.* (***на*** В *j-n*) anschauen, blicken, e-n Blick werfen; sehen (nach *j-m*)

посме́иваться (1) zuweilen vor sich hin lachen *od.* (***про себя́***) in sich hinein lachen; sich ein wenig lustig machen (***над*** Т über *j-n*)

посме́нно schichtweise

посме́ртный (14) postum; nachgelassen; Nach-

посме|ши́ть (16*e.*) *pf.* e-e Weile erheitern; **~́шище** *n* (11) Gespött (Т zum; ***из*** Р/В *j-n* zum), Zielscheibe *f* des Spottes; F Bruchbude *f*; **~я́ние** *n* (12) Spott *m* (Д/***на*** В zu *j-s D*); **~я́ться** (27*e.*) *pf.* ein wenig lachen; → ***~́иваться***

посмотре́ть (9) *pf.* → ***смотре́ть***; e-e Zeitlang schauen; F Rücksicht nehmen

посо́б|ие *n* (12) Unterstützung *f*, Beihilfe *f*; Geld *n*; Rente *f*; Lehrbuch (***по*** Д *G*); ***нагля́дные ~ия*** *pl.* Anschauungsmaterial *n*; ***уче́бные ~ия*** pl. Lehrmittel; **~ля́ть** Р (28), 〈**~и́ть**〉 (14*e.*) helfen; abhelfen; **~ник** *m* (1) Handlanger, Helfershelfer; **~ничество** *n* (9) Beihilfe *f*, Mithilfe *f*; Begünstigung *f*

посо́л *m* (1; -сла́) Botschafter; **~ьский** (16) Botschafter-; Botschafts-; **~ьство** *n* (9) Botschaft *f*

пососáть (-сý, -сёшь) *pf.* ein wenig *od.* e-e Zeitlang saugen
пóсох *m* (1) Stab
посóхнуть F (21) *pf.* e-e Weile trocknen; alles vertrocknen
посошóк F *m* (1; -шкá) Abschiedsschluck
поспáть (-сплю́, -пи́шь; -алá) *pf.* ein wenig schlafen
поспе|вáть F (1), ⟨*~*ть⟩ (8) **1.** reif werden, reifen, ausreifen; **2.** F zurechtkommen, (**в** В in *D*) rechtzeitig ankommen, nachkommen *od.* (**за** Т mit *j-m*) mitkommen; ***не ~ть*** zu spät kommen, *et.* verpassen; → ***успевáть***
поспеш|и́ть (16*e.*) *pf.* → ***спеши́ть 1, 2***; F (**с** Т *et.*) übereilen; ***~и́шь – людéй насмеши́шь*** *Spr.* eile mit Weile; ***~***ность *f* (8) Hast, Eile; **~ный** (14; -ен, -на) hastig, eilig; voreilig, übereilt, überstürzt
посплéтничать (1) *pf.* ein bißchen klatschen
поспóрить (13) *pf.* → ***спóрить***; zu streiten beginnen; e-e Zeitlang streiten
посрам|ля́ть (28), ⟨*~*и́ть⟩ (14*e.*) bloßstellen, blamieren; *pf.* entweihen; Schande machen (В *D*)
посред|и́, **~и́не** (P) in der Mitte, mitten in (*D*); P → ***среди́***; **~ник** *m* (1) Vermittler; Schiedsrichter, Schlichter; **~ничать** (1) vermitteln; **~нический** (16) vermittelnd, Vermittlungs-; **~ничество** *n* (9) Vermittlung *f* (***при*** П durch *A*); Mitwirkung *f*, Mithilfe *f*; **~ственность** *f* (8) F Dutzendmensch *m*; → **~ственный** (14*K.*) mittelmäßig, mäßig, durchschnittlich; mittelbar; *Su. n Note* „befriedigend" (***на*** В mit) **~ство** → ***~ничество***; ***при ~стве*** mittels, mit Hilfe; **~ством** durch, mittels
пост *m* **1.** (1*e.*; на -ý) Wachposten; Stand, Platz, Stelle *f*; Stellung *f* (***на*** П in *D*); Raum; Wache *f*; *Esb.* Stellwerk *n*; **2.** (1*e.*; *a.* в -ý) Fastenzeit *f*
постáв|ить → ***стáвить*** *u.* ***~ля́ть***; **~ка** *f* (5; -ок) Lieferung (Д an *A*); Ablieferungssoll *n*; **~ля́ть** (28), ⟨*~*ить⟩ (14) liefern; **~щи́к** *m* (1*e.*) Lieferant; ***. . . ~щик*** Liefer-, Zuliefer-
постамéнт *m* (1) Sockel, Postament *n*
постанóв|ка *f* (5; -ок) Aufstellung; Organisation; *Mus.* Satz *m*; Schulung; Haltung; Inszenierung; Aufführung; *Rdf.* Spiel *n*; → ***стáвить***; **~лéние** *n* (12) Beschluß *m*, Entschließung *f*; Verordnung *f* (***по*** Д laut, gemäß *D*); Erlaß *m*; **~ля́ть** (28), ⟨*~*и́ть⟩ (14) beschließen; anordnen, verordnen; **~очный** (14) Aufführungs-; Regie-; F Ausstattungs-; **~щик** *m* (1) Regisseur
по-стáрому beim alten; wie zuvor
постéль *f* (8) Bett *n*; **~ный** (14) Bett-
постепéнн|ый (14; -éнен, -нна) allmählich; *Adv.* nach u. nach
пости|гáть (1), ⟨*~*гнуть, *~*чь⟩ (21/20) begreifen, erfassen, fassen; sich aneignen; treffen, ereilen; **~жи́мый** (14*K.*) faßlich, begreiflich
постилáть (1) → ***стлать***
пости́ться (15*e.*; -т/щ-) fasten
пости́чь → ***постигáть***
пóстный [-sn-] (14) Fast-, Fasten-; Pflanzen-; ohne Fleisch; F mager; *fig.* (*K.* -тен, -тна) trist, fade; scheinheilig, heuchlerisch
постовóй (14) Posten-, Wach-; Schilder-; *Su. m* Wachposten, Posten
постóльку: ***~, поскóльку*** insofern als, sofern
посторóнний (15) fremd, außenstehend; sachfremd, nebensächlich, Neben-; Fremd-; *Su. m* Unbefugte(r)
постоя́н|ный (14; -ен, -на) beständig, ständig, stetig, konstant; dauernd, fortwährend, immerwährend; *Platz*: fest; (*o. K.*) *Mil.* stehend; Dauer-; *Tech.*, *El.* Gleich-; Stamm-; *Math. Su. f* † Konstante; **~ство** *n* (9) Beständigkeit *f*; → ***~ный***
посто|я́ть (-ою́, -ои́шь) *pf.* e-e Zeitlang stehen *od.* stehenbleiben *od.* anhalten; ***~й*(*те*)*!*** warte(n Sie) mal! → ***стоя́ть***
пострадáвший *m* (17) Geschädigte(r); Verunglückte(r), Opfer *n*
пострéл F *m* (1) Schlingel, Lausebengel; ***наш ~ вездé поспéл*** *Spr. j-d* ist Hansdampf in allen Gassen; **~ивать** F (1) ab u. zu schießen; ***~ивает*** es sticht; **~я́ть** (28) *pf.* e-e Zeitlang schießen (**в** В auf *A*); F (P) e-e Anzahl . . . erlegen; P → ***перестреля́ть***
постри|гáть (1), ⟨*~*чь⟩ (26 -г/ж-; *Prät. st.*) → ***стричь***; weihen (**в** И *pl.* zu *D*); **-ся** → ***стри́чься***; die Mönchsweihe empfangen; *Nonne*: den Schleier nehmen

П

постро|éние *n* (12) Aufbau *m*, Bau *m*; Struktur *f*; Konstruktion *f*; *Mil.* Aufstellung *f*; → ***стрóить***; **~́йка** *f* (5; ´ек) Bau *m*, Gebäude *n*; Bauart

пострóмка *f* (5; -мок) Zugriemen *m*

постýкивать (1) ab u. zu *od.* leicht klopfen; → ***стучáть***

поступ|áтельный (14; -лен, -льна) fortschreitend, Vorwärts-; **~áть** (1) ⟨~ить⟩ (14) handeln; verfahren, vorgehen, umgehen, (***с*** T *j-n*) behandeln; tun, anfangen; eintreten, (***на*** B *A*) antreten; *Thea.* gehen (zu *D*); zu studieren beginnen (***в*** B an *D*); eingehen, eintreffen (***в*** B in *D*; ***к*** Д bei *D*); *Jur.* kommen (vor *A*); *Hdl.* gelangen (zu *D*); fallen, zufallen (*a. D*); **-ся** verzichten (T auf *A*), *et.* aufgeben *od.* sich (*G*) begeben; **~лéние** *n* (12) Eintritt *m*; Antritt *m*; Eingang *m*; Zugang *m*; Einnahme *f*; Aufnahme *f*; → ***~áть***; **~́ок** *m* (1; ´ка) Tat *f*; Handlung *f*; Benehmen *n* (***с*** T *j-m* gegenüber); **~́ь** *f* (8) Gang *m*, Schritt *m*; *fig.* Vorwärtsbewegung

пост́ыдный (14; -ден, -дна) schändlich

пост́ылый F (14*K.*) verhaßt (***для*** P *j-m*), ungeliebt; widerlich

посýд|а *f* (5) Geschirr *n*; F Flasche(n *pl.*); → **~ина** F *f* (5) Gefäß *n*; *Mar.* Schiff *n*, Fahrzeug *n*; **~ник** *m* (1) Tellerwäscher; **~ный** (14) Geschirr-; **~омóечный** (14) Geschirrspül-

посýл P *m* (1) Versprechen *n*

пóсу|ху F im Trocknen; **~шúть** (16) *pf.* e-e Weile trocknen; F trocknen

посчастлúвиться [-ʃtʃɪsl-] (14) *pf.* Glück haben (Д *j-d*); gelingen (*D*)

посыл|áть (1), ⟨послáть⟩ (пошлю́, -лёшь; пóсланный) schicken, senden; entsenden; holen lassen (***за*** T *A*); *Ball* schießen, befördern; *Kußhand* zuwerfen; **~́ка** *f* (5; ´ок) Absendung, Entsendung; Sendung; Paket *n*, Päckchen *n*; *fig.* Prämisse; ***быть на ~́ках*** F Laufbursche sein; **~́очный** (14) Paket-; Versand-; **~́ьный** *m* (14) Bote; *Mil.* Melder

посыпá|ть (1), ⟨~́ть⟩ (2) bestreuen; *pf.* etwas ... streuen, schütten; F → **-ся** *pf.* herabzufallen *od.* herabzurieseln beginnen; zu sprühen, *fig.* hageln *od.* regnen beginnen; ***~́лись ...*** es hagelte ... (И *A*)

посяг|áтельство *n* (9) Anschlag *m*; Eingriff *m* (***на*** B in *A*); **~áть** (1), ⟨~нýть⟩ (20) es absehen, (***на*** B nach *D*) trachten; antasten, sich (an *et.*) vergreifen; e-n Anschlag verüben

пот *m* (1; ´а/-у; в -ý; *pl. e.*) Schweiß; ***весь в ~ý, обливáясь ~́ом*** schweißgebadet; ***~́ом и крóвью*** mit größter Müh u. Not; → ***лить***

потайнóй (14) Geheim-

потакáть F (1) nachsichtig *od.* zu nachsichtig sein (Д gegen *A*, mit *D*); durchgehen lassen (***в*** П *A*)

потанцевáть (7) *pf.* ein wenig tanzen

потáск|анный F (14*K.*) abgetragen, schäbig; verlebt; **~ýха** P *f* (5) Nutte

потасóвка F *f* (5; -вок) Rauferei

потáчк|а F *f* (5; -чек) Nachsicht; ***давáть ~у*** → ***потакáть***

по-|твóему → (***твой*** +) ***~вáшему***

потвóрство *n* (9) Nachsicht *f* (Д mit *D*); **~вать** (1) → ***потакáть, попустúтельствовать***

потёмк|и *pl.* (5; *G* -мок) Dunkel *n*, Finsternis *f*; ***в ~ах*** *fig.* im dunkeln

потенци|áльный [-tɛ-] (14; -лен, -льна) potentiell; **~́я** *f* (7) Potenz

потеплéние *n* (12) Erwärmung *f*

потерéть → ***потирáть***

потерпé|вший *m* (17) → ***пострадáвший***; **~ть** (10) *pf.* sich ein wenig gedulden; über sich ergehen lassen; hinnehmen; → ***терпéть***

потёртый (14*K.*) abgetreten, abgetragen, abgeschabt; F zerknittert

потéря *f* (6) Verlust *m* (P, ***в*** П an *D*), Einbuße; Schwund *m*; **~нный** (14*K.*) verloren, verlassen; *fig.* verwirrt; ratlos; → ***терять***

потеснúть (13*e.*) *pf.* → ***теснúть***; F ein wenig zurückdrängen *od.* zusammendrängen; **-ся** zusammenrücken; wegrücken; Platz machen; → ***теснúться***

потéть (8) **1.** ⟨вс-⟩ schwitzen (***у*** P/И *j-d*/an, in *D*); **2.** ⟨за-⟩ anlaufen; **3.** *impf.* P sich abplagen (***над*** T mit *D*)

потéха *f* (5) Spaß *m*, Ulk *m* (***для*** P aus *D*); Vergnügung, Gaudium *n*, F Gaudi; ***и пошлá ~!*** F und schon ging's los!

потéчь (26) *pf.* anfangen zu fließen *od.* strömen; leck werden

потеш|áть F (1) belustigen, amüsieren; **~́ить** F (16) *pf.* ein wenig erfreuen, e-e Freude machen; **-ся** F *impf.* sich lustig

machen (***над*** T über *A*); F **∴ный** (14; ∸ен, ∸на) spaßig, drollig, komisch, amüsant
пот|ирáть (1), ⟨**~ерéть**⟩ (12) mehrmals aneinanderreiben; *impf.* sich reiben (*a.*, F, *fig.*); *pf.* ein wenig einreiben *od.* F aufreiben *od.* F reiben; **-ся** *pf.* sich abscheuern
потихóньку F leise; sacht, gemächlich; allmählich, nach u. nach; unbemerkt, heimlich
пот|ли́вый (14*K.*) leicht schwitzend; **~ни́к** *m* (1*e.*) Sattelunterlage *f*; **∴ный** (14; ∸ен, -нá) schweißig, schweißbedeckt; verschwitzt; angelaufen; feucht; **~ово́й** (14) Schweiß-; **~огóнный** (14) schweißtreibend, Schwitz-; *fig.* kräftezehrend; Antreiber-
потóк *m* (1) Strom; Bach, Gießbach; *fig.* Flut *f*, Schwall; Fluß; Jahrgang; *Tech.* Fließbandfertigung *f*
потол|óк *m* (1; -кá) Zimmerdecke *f* (***на*** П an *D*); *Flgw.* Gipfelhöhe *f*; Obergrenze *f*; F Maximum *n*; ***с ~кá*** F aus der Luft; **~óчный** (14) Decken-
потóм dann, danach; nachher, später (***на*** für); **~ок** *m* (1; -ка) Nachkomme, Nachfahre; **~ственный** (14) Erb-, erblich; aus e-r alten Erbfamilie, angestammt; **~ство** *n* (9) Nachkommen *m/pl.*, Nachkommenschaft *f*; Nachwelt *f*; Nachwuchs *m*
потомý deshalb, darum; ***~ что*** weil
потóп *m* (1) Sintflut *f* (*a.*, F, *fig.*); F Riesenüberschwemmung *f*
поторáпливать F (1) immer wieder *od.* ein wenig drängen; → ***торопи́ть***; **-ся** F sich ein wenig beeilen
потóчный (14) *Tech.* Fließ-; Fließband-
потрáва *f* (5) Feldfrevel *m*
потраф|ля́ть P (28), ⟨**∴ить**⟩ (14) treffen (Д *et.*); → ***угождáть***; → ***везти́ 2***
потреб|и́тель *m* (4) Verbraucher, Konsument; Abnehmer, Käufer; **~и́тельный** (14) Gebrauchs-; **~и́тельский** (16) Konsumenten-, Gebrauchs-; Verbraucher-; **~лéние** *n* (12) Verbrauch *m* (***на*** B für *A*), Konsum *m*; Bedarf *m*; **~ля́ть** (28), ⟨**~и́ть**⟩ (14*e.*) verbrauchen; konsumieren, verzehren; **∴ность** *f* (8) Bedürfnis *n* (***в*** П nach *D*); Bedarf *m* (an *D*); **~ный** (14; -ен, -на) notwendig, erforderlich
потрёпа|нный F (14*K.*) abgetragen, abgenutzt; abgelebt; elend
потрепáть F *pf.* → ***трепáть 3, 5***; klopfen (В/***по*** Д *j-m* auf *A*); arg mitnehmen; *Mil.* schwer anschlagen
потрéскивать (1) ab u. zu *od.* leicht knistern; → ***трещáть***
потрóгать (1) *pf.* e-e Weile *od.* mehrmals berühren
потро|хá *m/pl.* (1) Eingeweide *n* (*mst pl.*), Gekröse *n*; Klein *n*; P Kram *m*; **~ши́ть** (16*e.*) **1.** ⟨вы́-⟩ ausweiden, ausnehmen; **2.** F ⟨рас-⟩ leeren
потруди́|ться (15) *pf.* → ***порабóтать***; sich die Mühe machen; ***~тесь*** (+ *Inf.*) bitte (+ *Imp.*), haben Sie die Güte; ***стóит ~ться*** es lohnt die Mühe
потряс|áть (1), ⟨**~ти́**⟩ (25 -с-) erschüttern; schütteln; *impf.* fuchteln; **~áющий** (17*K.*) erschütternd, ergreifend; F kolossal, toll; **~éние** *n* (12) Erschütterung *f*; Schock *m*; Umwälzung *f*
потря́хивать F (1) ab u. zu *od.* leicht schütteln
потýги *f/pl.* (5) Wehen; *fig.* Mühe(n) *f*, Bemühungen (***на*** B *Adj.* + zu sein)
потуп|ля́ть (28), ⟨**∴ить**⟩ (14) senken, hängen lassen; **-ся** den Blick senken; ***∴ившись*** mit gesenktem Blick
потускнéлый (14*K.*) matt, glanzlos
потусторóнний (15; -óнен, -ння) jenseitig, überirdisch, übernatürlich
потух|áть (1), ⟨**∴нуть**⟩ (21) erlöschen; **∴ший** (17) erloschen; leblos
пóтчевать F (7 -у-), ⟨по-⟩ bewirten
потя́|гивать F (1) ab u. zu *od.* leicht ziehen *od.* einziehen; → ***тянýть***; schlürfen, süffeln; schmauchen; **-ся** sich rekeln; **~нýть** (19) *pf.* losziehen; aufziehen; → ***тянýть***; F schaffen; **-ся** dahinziehen, sich hinziehen; → ***тянýться***
поутрý F morgens, früh
поуч|áть (1) belehren; schulmeistern; F unterweisen; **~éние** *n* (12) Belehrung *f*; Erbauung *f*; **~и́тельный** (14; -лен, -льна) lehrreich, aufschlußreich; erbaulich; belehrend, lehrhaft, schulmeisterlich
похáб|ничать P (1) schweinigeln; **~ный** P (14; -ен, -на) zotig, unflätig; **~ство** P *n* (9) Obszönität *f*, Schamlosigkeit *f*; **~щина** P *f* (5) Zote(n *pl.*)
похáживать F (1) hin u. her gehen *od.*

П

schlendern; ab u. zu kommen *od.* gehen
похвал|á *f* (5) *a. pl.* Lob *n*; ***с ~óй*** lobend; **~ивать** F (1) immer wieder loben; → ***хвали́ть(ся)***; **~ьбá** F *f* (5) Prahlerei; → ***~á***; **~ьный** (14; -ен, -ьна) lobenswert, löblich; Lob-, lobend; Belobigungs-
похвáрывать F (1) kränkeln
похéрить P (13) *pf.* streichen
похи|ти́тель *m* (4) Räuber, Dieb; Entführer; **~щáть** (1), ⟨**~тить**⟩ (15; -т/щ-) rauben, entwenden, entführen; **~щéние** *n* (12) Raub *m*; Entführung *f*
похлеб|áть P (1) *pf.* ein wenig essen *od.* trinken; **~ка** *f* (5; -ок) Suppe; *fig.* Gericht *n*
похлóп|ать (1) *pf.* mehrmals klopfen; → ***хлóпать***; **~ывать** F (1) ab u. zu klatschen; → ***хлóпать***
похмéль|е *n* (10) Kater *m*, Katzenjammer *m*; ***с ~я*** verkatert; ***на ~е*** F → ***опохмеля́ться***; ***в чужóм пиру́ ~е*** *Spr.* der bittere Rest vom fremden Fest
похóд *m* (1) Feldzug (***в*** П auf *D*); Zug; *Mil.* Feld *n*; Marsch; *Mar.* Fahrt *f*; Wanderung *f*, Tour *f*; Ausflug; *fig.* Kampagne *f*; F Besuch; **~и́ть** (15) **1.** *pf.* e-e Weile *od.* ein wenig herumgehen *od.* auf u. ab gehen; → ***ходи́ть***; **2.** *impf.* ähnlich sein *od.* sehen (Т/***на*** В in *D j-m*), ähneln, gleichen; **~ка** *f* (5; -ок) Gang *m*, Gangart *f*; Schritte *m/pl.*; **~ный** (14) Marsch-, Feld-; feldmäßig, feldmarschmäßig; ***~ный мешóк*** *m* Rucksack; **~я** F im Vorübergehen
похождéние *n* (12) Abenteuer
похóж|ий (17*K.*) ähnlich (***на*** В *D*); **~(а)** → ***походи́ть 2***; ***на себя́ не ~*** *j-d* ist nicht wiederzuerkennen; **~е** P wohl, es scheint so; ***~е на*** *od.* ***на то*** F es sieht nach *od.* danach aus; ***не ~е*** (***на*** В) *et.* würde man *j-m* nicht zutrauen; ***на что э́то ~е?*** F was soll das denn?; ***э́то ни на что не ~е!*** F da hört sich doch alles auf!; ***на что*** *od.* ***когó ты ~?*** F wie siehst du denn aus?
похолодá|ние *n* (12) Abkühlung *f*; Temperaturrückgang *m*; → ***холодáть***
похорóн|ный (14) Begräbnis-; → **~ы**; Leichen-; Trauer-; F traurig; *Su. f* F Gefallenenmeldung; **~ы** *pl.* (5; -, -áм) Beerdigung *f* (***на*** П), Begräbnis *n*, Bestattung *f*; F Leichenzug *m*
по-хорóшему F im guten; gut
похот|ли́вый (14*K.*) lüstern, geil; **~ь** *f* (8) Wollust, Begierde
похудáние *n* (12) Abmagerung *f*
поцелу́й *m* (3) Kuß (***в*** В auf *A*)
почасовóй (14) Stunden-
почáток *m* (1; -тка) *Bot.* Kolben
пóчв|а *f* (5) Boden *m*, Grund *m*; Erde; Grundlage; *Geol.* Sohle; Terrain *n*; *fig.* Bereich *m* (***на*** П in *D*); Gründe *m/pl.* (***на*** П aus *D*); ***на ~е*** infolge (P von *D*); **~овéдение** *n* (12) Bodenkunde *f*
почём F: ***~?*** was kostet?; zu welchem Preis?; ***~ я знáю?*** woher soll ich das wissen?; ***~ знать*** wer weiß; ***~ зря*** P tüchtig; → ***зря***
почему́ warum, weshalb; F deshalb, deswegen; ***~ же*** F wieso denn; **~-либо**, **~-нибудь**, **~-то** aus irgendeinem Grund
пóчерк *m* (1) Handschrift *f*
почернéлый (14) schwarz geworden
почерп|áть, ⟨**~нýть**⟩ → ***черпáть***
почерствéть (8) *pf.* et. hart werden
почесáть (3) *pf. et. od.* e-e Weile kratzen; sich kratzen; → ***чесáть(ся)***
пóчесть[1] *f* (8) Ehre, Ehrenbezeigung
почéсть[2] → ***почитáть 3***
почёт *m* (1) Ehre *f*; hohes Ansehen *n*; → ***пóчесть***; **~ный** (14; -ен, -на) ehrenvoll; ehrenamtlich; (*o. K.*) Ehren-; Toten-
пóчечный (14) Nieren-; Knospen-
почи́н *m* (1) Initiative *f*, Antrieb (***по*** Д aus *D*); P Anfang; ***для ~а*** um e-n Anfang zu machen; ***~ дорóже дéнег*** *Spr.* frisch gewagt ist halb gewonnen
почи́н|ка *f* (5; -ок) Reparatur, Ausbesserung; → **~я́ть** F (28) → ***чини́ть 1***
почи́стить (15) *pf.* ein wenig *od.* e-e Weile putzen, säubern; F schälen
почитáй P fast; wohl
почитá|ние *n* (12) Achtung *f*; → ***~ть 1***; **~тель** *m* (4) Verehrer; **~ть** (1) **1.** ehren, achten, schätzen; verehren; **2.** *pf.* e-e Weile *od.* ein wenig lesen; **3.** ⟨**почéсть**⟩ → ***считáть 3***; ***почтёт за честь*** (И *j-m*) wird es e-e Ehre sein ...
почи́ть (-и́ю, -и́ешь) *pf.* † entschlafen, sterben; *fig.* ruhen (Т in *D*), sich ausruhen

П

по́чк|а *f* (5; -чек) *Bot.* Knospe; *Anat.* Niere; **~ова́ться** (7) knospen
по́чт|а *f* (5) Post (T, ***по*** Д mit *D*, per; ***на*** B *a.* zu *D*); ***обра́тной ~ой*** postwendend; **~альо́н** *m* (1) Briefträger, Postbote; **~а́мт** *m* (1) Postamt *n*
почте́н|ие *n* (12) Achtung *f*, Respekt *m* (***к*** Д vor *D*); Ehrerbietung *f*, Ehrfurcht *f*; † Empfehlung *f*; Hochachtung *f*; Höflichkeitsbesuch *m* (***с*** T zu *D*); ***моё ~ие!*** F (ich) habe die Ehre *od.* empfehle mich!; **~ный** (14; -ен, -на) ehrenwert, ehrwürdig; F beachtlich, beträchtlich
почти́ fast, beinahe, nahezu; etwa; ***~ что*** F → ~; so gut wie
почти́т|ельность *f* (8) → ***почте́ние*** *u.* **~ельный** (14; -лен, -льна) ehrerbietig (***к*** Д gegen *A*), respektvoll; **~ь** (-чту́, -ти́шь) *pf.* ehren; beehren; → ***чтить***
почто́в|о-телегра́фный (14) Post- u. Telegraphen-; **~ый** (14) Post-; Brief-; *Mil.* Feldpostnummer *f*; „Nummernbetrieb" *m*
пошали́|вать F (1) ab u. zu *od.* ein wenig unartig sein; → ***шали́ть***; zu schaffen machen (***у*** P *j-m*); **~́ть** F (13*e.*) *pf.* e-e Weile ausgelassen sein; → ***шали́ть***
пошат|а́ть (1) *pf.* e-e Weile hin u. her bewegen; **~ну́ть** (20) *pf.* leicht ins Wanken bringen; *fig.* erschüttern, untergraben; **-ся** wanken, schwanken; ins Wanken geraten; e-n Knacks bekommen; F schief werden; **~́ывать** F (1) leicht schütteln *od.* rütteln; *unpers.* → **-ся** schwanken; torkeln
пошеве́л|ивать F (1) von Zeit zu Zeit, leicht bewegen; → ***шевели́ть***; ***~ива́йся!*** F rühr dich!, rührt euch!, nun aber dalli!; **~и́ть** (13/13*e.*) *pf.* ein wenig bewegen; → ***шевели́ть***; F wachrütteln; **-ся** sich rühren
пошепта́ть F (3) *pf.* ein wenig flüstern; **-ся** tuscheln
поши́б *m* F (1) Schlag, Sorte *f*
поши́вочный (14) Näh-, Schneider-
по́шлина *f* (5) Zoll *m* (***на*** B für *A*); Abgabe, Gebühr(en *pl.*)
по́шл|ость *f* (8) Banalität; Platitüde; Infamie; *pl.* Zoten; → **~ый** (14; -, -á) banal, platt, fade; geschmacklos, vulgär; unflätig; → ***изби́тый***; **~я́к** F *m* (1*e.*) Banause, fader Kerl; Zotenreißer; **~я́тина** P *f* (5) abgeschmacktes Zeug *n*
пошту́чный (14) Stück-, per Stück
поща́да *f* (5) Gnade
пощёчина *f* (5) Ohrfeige, Backpfeife; *fig.* Schlag *m* ins Gesicht
пощип|а́ть F (2) *pf.* ein wenig *od.* einige Male zupfen *od.* rupfen; **~́ывать** F (1) ab u. zu *od.* leicht zupfen *od.* zwicken
пощу́пать (1) *pf.* ein wenig betasten *od.* befühlen; F vorfühlen
поэ́|зия *f* (7) Poesie (*a. fig.*), Versdichtung, Lyrik; **~ма** *f* (5) Dichtung; Verserzählung; **~т** [*a.* pɔ-] *m* (1) Dichter, Lyriker; **~те́сса** [-'tɛ-] *f* (5) Dichterin, Lyrikerin; **~тика** *f* (5) Poetik; **~ти́ческий** (16) dichterisch; → **~ти́чный** (14; -чен, -чна) poetisch
поэ́тому deshalb, darum
появ|ле́ние *n* (12) Erscheinen; → **~ля́ться** (28), ⟨**~и́ться**⟩ (14) erscheinen; auftauchen, auftreten, hervortreten, sich zeigen *od.* einstellen; aufkommen; ankommen; ***~и́ться на свет*** zur Welt kommen
по́яс *m* (1; *pl. e.*, *N* -á) Gürtel, Gurt; Gürtellinie *f*; Zone *f*; ***в ~*** tief; ***заткну́ть за ~*** F *fig.* in die Tasche stecken
поясн|е́ние *n* (12) Erläuterung *f*, Erklärung *f* (***для*** P zur); **~и́тельный** (14) erläuternd; **~и́ть** → ***~я́ть***
поясн|и́ца *f* (5) *Anat.* Kreuz *n*; **~о́й** (14) Gürtel-, Gurt-; Zonen-; tief; *Fot.* Brust-; Leib-; Sitz-(*Bad*)
поясн|я́ть (28), ⟨**~и́ть**⟩ (13*e.*) erläutern (T an *D*), erklären, illustrieren
праба́б|ка *f* (5; -ок), **~ушка** *f* (5; -шек) Urgroßmutter
пра́вд|а **1.** *f* (5) Wahrheit; Gerechtigkeit, Recht *n*; → ***~и́вость***; F ***твоя́ ~а*** F du hast recht; **2.** *präd.* wahr; ***э́то ~а?*** stimmt das?; ***не ~а ли?*** nicht wahr?; **3.** *Kj.* zwar, freilich; **4.** *Part.* wirklich, tatsächlich; ***по ~е*** F ehrlich, aufrichtig; ***по ~е говоря́*** F um die Wahrheit zu sagen; ***все́ми ~ами и непра́вдами*** mit allen Mitteln; ***что ~а, то ~а*** F alles was recht ist; **~и́вый** (14*K.*) wahr, wahrhaftig, wahrheitsgetreu; wahrheitsliebend; aufrichtig, treuherzig; **~олю́бие** *n* (12) Wahrheitsliebe *f*; **~оподо́бный** (14; -бен, -бна) wahrscheinlich; glaubwürdig

пра́ведн|ик *m* (1) Gerechte(r); **~ный** (14; -ден, -а) gerecht, gottesfürchtig

пра́вил|о¹ *n* (9) Regel *f*; Richtlinie *f*, Vorschrift *f*, Anweisung *f*; Grundsatz *m*, Prinzip; *Math.* Art *f*; Ordnung *f*; ***как ~о*** in der Regel; ***по всем ~ам*** wie es sich gehört; **~о²** *n* (9) Richtscheit *m*, Richtbaum *m*; Setzlatte *f*; Steuerruder; **~ьный** (14; -ен, -ьна) richtig, korrekt, fehlerfrei; regelmäßig, regelrecht, regulär; ebenmäßig; F gleichmäßig; *Flgw.* glatt; *Bruch*: echt; F gerecht, gut

прави́тель *m* (4) Herrscher; Regent; **~ственный** (14) Regierungs-; **~ство** *n* (9) Regierung *f*

пра́в|ить (14) **1.** regieren (T *A*); lenken, steuern; leiten, führen; **2.** ⟨вы́-⟩ korrigieren; *Korrektur* lesen; geradebiegen; richten; **3.** ⟨на-⟩ abziehen, schärfen; **~ка** *f* (5; -ок) Korrektur; → ***~ить 2, 3***; **~ле́ние** *n* (12) Regierung *f*, Herrschaftsform *f*; Vorstand *m*; F Vorstandssitzung *f* (***на*** П in *D*); Verwaltung *f*

пра́вну|к *m* (1) Urenkel; **~чка** *f* (5; -чек) Urenkelin

пра́в|о 1. *n* (9; *pl. e.*) Recht (***по*** Д mit *od.* zu *D*); Anrecht; Befugnis *f*, Berechtigung *f*; Facultas *f*; Jus; Rechte *pl.*; *pl.* Führerschein *m*; ***на ~а́х*** (in *j-s* Eigenschaft) als (P *N*); ***на ра́вных ~а́х*** gleichberechtigt; **2.** *Part.* F wirklich, in der Tat

право|ве́д *m* (1) Rechtsgelehrte(r); **~ве́дение** *n* (12) Rechtswissenschaft *f*; **~ве́рный** (14; -рен, -рна) rechtgläubig, strenggläubig; **~во́й** (14) Rechts-; juristisch; **~защи́тник** *m* (1) Bürgerrechtler; **~ме́рный** (14; -рен, -рна) rechtmäßig, gesetzmäßig; legitim; **~мо́чный** (14; -чен, -чна) machtbefugt, befugt, kompetent; bevollmächtigt; beschlußfähig; gerechtfertigt; **~наруше́ние** *n* (12) Rechtsverletzung *f*; **~наруши́тель** *m* (4) Rechtsbrecher; **~писа́ние** *n* (12) Rechtschreibung *f*, Orthographie *f*; **~сла́вие** *n* (12) orthodoxe Religion *f*; **~сла́вный** (14) orthodox; *Su. m* Orthodoxe(r); **~су́дие** *n* (12) Rechtspflege *f*, Justiz *f*; Recht; → **~та́** *f* (5) Gerechtigkeit; Richtigkeit der Meinung

пра́в|ый 1. (14) recht; Rechts-; *Pol.* rechtsgerichtet; *Mar.* Steuer-; *Su. m* Rechte(r); → ***ле́вый***; **2.** (14; -, -á) gerecht; unschuldig; *präd.* im Recht; *Su. m* Unschuldige(r); ***вы ~ы*** Sie haben recht

пра́вящий (17) herrschend, regierend

прагмати́ческий (16) pragmatisch

пра́дед *m* (1) Urgroßvater; *pl.* Vorfahren, Ahnen; **~овский** (16) altväterlich

пра́здн|ество [-zn-] *n* (9) Feierlichkeit *f*, Fest; **~ик** *m* (1) Feiertag, Festtag (***в*** В *od.* ***по*** Д *pl.*, F ***на*** П *pl.* an *D*); Fest *n*, Festival *n*; *fig.* helle Freude *f*; ***с ~иком!*** gratuliere zum Fest!; ***бу́дет и на на́шей у́лице ~ик!*** *Spr.* auch unser Weizen wird einmal blühen!; **~ичный** (14; -чен, -чна) Fest-, Feier-, Feiertags-; festlich; freudig, euphorisch; **~ование** *n* (12) Begehung *f*; → **~овать** (7) feiern, festlich begehen; **~осло́вие** → ***пустосло́вие***; **~ость** *f* (8) Müßiggang *m*, Nichtstun *n*; → ***~ый***; **~ошата́ющийся** F (17) müßiggängerisch; *Su. m* Müßiggänger; **~ый** (14; -ден, -дна) müßig; untätig; ungenutzt, unnütz, nutzlos; eitel, leer

пра́кти|к *m* (1) Praktiker; praktisch veranlagter Mensch; **~ка** *f* (5) Praxis (***на*** П in *D*); Praktikum *n*; **~кова́ть** (7) praktizieren, anwenden; **-ся** praktiziert werden; üben, sich üben; **~кум** *m* (1) Übung (***по*** Д zu *D*); → ***~ка***; **~ческий** (16) praktisch; **~чность** *f* (8) praktischer Sinn *m*; → **~чный** (14; -чен, -чна) praktisch, praktisch veranlagt; brauchbar

пра́отец *m* (1; -тца) Urvater

пра́порщик *m* (1) Fähnrich

прароди́тели † *m/pl.* (4) Ahnen

прах *m* (1) Staub; Asche *f*; sterbliche Hülle *f od.* Überreste *m/pl.*; ***пойти́ ~ом*** F hin sein; P → ***чёрт***

пра́ч|ечная [-ʃn-] *f* (14) Wäscherei; Waschküche; **~ка** *f* (5; -ек) Wäscherin, Waschfrau

праща́ *f* (5; -ще́й) *hist.* Schleuder

пра́щур *m* (1) Urahn

праязы́к *m* (1*e.*) *Ling.* Ursprache *f*

пребыва́|ние *n* (12) Aufenthalt *m*; Verbleib *m*; **~ть** (1) sich befinden *od.* aufhalten, sein; bleiben, verbleiben

превали́ровать (7) → ***преоблада́ть***

превзойти́ → ***превосходи́ть***

превозмо|гáть (1), ⟨**-́чь**⟩ (-гý, -́жешь, -́гут; **~́г**, -глá, -ó) überwinden, bezwingen, bewältigen; die Oberhand gewinnen (В über *A*)
превозн|оси́ть (15), ⟨**~ести́**⟩ (25 -с-) lobpreisen, rühmen (***до*** Р *pl.* in *Asg.*)
превосход|и́тельство *n* (9) Exzellenz *f*; **~и́ть** (15), ⟨превзойти́⟩ (-йдý, -дёшь; -ошёл, -шлá, -ó; -ошéдший; -ойдя́; -йдённый) übertreffen, überbieten (Т in *D*), übersteigen; überlegen sein (В/***в*** П *od.* ***по*** Д *j-m* in *D*); **~́ный** (14; -ен, -на) vortrefflich, ausgezeichnet; großartig, fein; *Gr.* → ***стéпень***; **~́ство** *n* (9) Überlegenheit *f* (***в*** П an *D*); ***~́ство сил*** Übermacht *f*; **~я́щий** (17) überlegen (В/***в*** П *j-m* an *D*)
преврати́ть(ся) → ***превращáть(ся)***
превра́тн|ость *f* (8) → **~ый**; *pl.* Launen *f/pl.*, Wechselfälle *m/pl.*; **~ый** (14; -тен, -а) unbeständig, wandelbar; falsch, irrig, verkehrt
превра|щáть (1), ⟨**~ти́ть**⟩ (15*e.*; -т/щ-) verwandeln, umwandeln; machen (***в*** В zu *D*); *Math.* reduzieren; ***~ти́ть в ýголь*** verkohlen; **-ся** werden (***для*** Р/***в*** В *j-m* zu *D*); ***весь ~ти́лся в слух*** *j-d* war ganz Ohr; **~щéние** *n* (12) Umwandlung *f*, Verwandlung *f* (***из*** Р/***в*** В von *D* zu *D*)
превы|шáть (1), ⟨**~́сить**⟩ (15) übersteigen, übertreffen, überbieten; überschreiten (*a. Pol.*); *Fin.* überziehen; **~́ше** über (Р *A od. D*); **~шéние** *n* (12) Überschreitung *f*; → ***~шáть***; Überschuß *m*
прегрá|да *f* (5) Hindernis *n*, Schranke; Sperre; Scheidewand; ***грудобрю́шная ~да*** Zwerchfell *n*; **~ждáть** (1), ⟨**~ди́ть**⟩ (15*e.*; -ждённый) versperren
прегрешéние † *n* (12) → ***грех***
пред → ***пéред***
преда|вáть (5), ⟨**~́ть**⟩ (-́м, -́шь; → **подáть**) übergeben; preisgeben; anheimgeben; überantworten; *Bann* verhängen (Д *A*); verraten; ausrotten (Д mit *D*); ***~́ть глáсности*** an die Öffentlichkeit bringen; ***~́ть землé*** beerdigen; ***~́ть кáзни*** hinrichten lassen; hinrichten; **-ся** sich hingeben *od.* ergeben; anheimfallen; *Laster*: frönen; *Gedanken*: nachhängen **~́ние** *n* (12) Überlieferung *f*; Sage *f*, Legende *f*; → ***~вáть***; **~́нность** *f* (8) Hingabe *f* (Д an *A*); → **~́нный** (14*K.*) ergeben; treu; zugetan; ***~́нный Вам*** Ihr ergebener
предáтель *m* (4) Verräter; **~ский** (16) verräterisch; tückisch; Meuchel-; **~ство** *n* (9) Verrat *m*
предáть(ся) → ***предавáть(ся)***
предбáнник *m* (1) Ankleideraum
предвар|и́тельный (14; -лен, -льна) vorausgehend, vorherig; vorläufig; einleitend; (*o. K.*) *Fin.* Roh-; *Jur.* Vor-; Untersuchungs-; *Adv.* vorher, zuvor; **~я́ть** (28), ⟨**~и́ть**⟩ (13*e.*) zuvorkommen (В *D*); *impf.* vorangehen; † → ***предупреждáть***
предвесéнний (15) Vorfrühlings-
предвéст|ие *n* (12) Vorzeichen; Omen; → **~ник** [-sn-] *m* (1) Vorbote, Vorzeichen *n*; Verkünder
предвечéрний (15) Spätnachmittags-
предвещáть (1) verheißen
предвзя́тый (14*K.*) vorgefaßt; voreingenommen
предви́де|ние *n* (12) Voraussicht *f*; ***дар*** *m* ***~ния*** Sehergabe *f*; → **~ть** (11) voraussehen, vorhersehen, absehen; **-ся** bevorstehen, abzusehen *od.* in Aussicht sein
предвку|шáть (1), ⟨**~си́ть**⟩ (15) sich freuen (В auf *A*), im voraus genießen; **~шéние** *n* (12) Vorgefühl, Vorgenuß *m*, Vorfreude *f*
предводи́тель *m* (4) Anführer; *hist.* Marschall; **~ство** *n* (9) Führung *f*, Kommando; **~ствовать** (7) anführen, befehligen (Т *A*); das Kommando führen
предвоéнный (14) Vorkriegs-
предвозвéстник → ***предвéстник***
предвосхи|щáть (1), ⟨**~ти́ть**⟩ (15 -т/щ-) vorwegnehmen; zuvorkommen (В mit *D*); **~щéние** *n* (12) Vorwegnahme *f*
предвы́борный (14) Wahl-
предгóрье *n* (10; -рий) Vorgebirge
преддвéрие *n* (12) Vorhof *m*; *fig.* Eingangstor (Р zu *D*); Vorabend *m*, Schwelle *f* (***в*** П an *D*)
предéл *m* (1) Grenze *f*; Ende *n*; Rand *m*; Höchstmaß *n*, Gipfel; *Math.* Grenzwert; *pl.* Gebiet *n*, Bereich; Rahmen; ***в ~ах*** innerhalb; ***за ~ами*** außerhalb; ***всемý есть ~*** alles hat s-e Grenzen; ***на ~е*** höchst gespannt *od.* erregt; **~ьный** (14; -ен, -ьна) äußerst,

П

extrem, höchst; (*o. K.*) Grenz-; Höchst-, Spitzen-; ***~ьный во́зраст*** *m* Altersgrenze *f*

предзи́мний (15) vorwinterlich

предзнаменова́ние *n* (12) Vorzeichen; Omen

предисло́ви|е *n* (12) Vorwort, Vorrede *f*; ***вме́сто ~я*** zum Geleit; ***без ~й*** F ohne viel Gerede, direkt zur Sache

предл|ага́ть (1), 〈**~ожи́ть**〉 (16) vorschlagen, vorlegen, unterbreiten; anbieten; bitten; auffordern, ersuchen; *Frage, Aufgabe* stellen; *Toast* ausbringen; ***~ожи́ть сесть*** Platz anbieten; **~о́г** *m* (1) Vorwand; *Gr.* Präposition *f*, Verhältniswort *n*; **~оже́ние** *n* (12) Vorschlag *m*; Angebot, Anerbieten; Antrag *m* (***по*** Д auf *A od. A* hin); Heiratsantrag *m*; Urteil; *Gr.* Satz *m*; **~о́жный** (14) präpositional; ***~о́жный паде́ж*** *m* Präpositiv

предме́стье *n* (10; -тий) Vorort *m*

предме́т *m* (1) Gegenstand, Objekt *n*; Sache *f*, Ding *n*; Artikel; Thema *n*; Sujet *n*; Fach *n* (***по*** Д in *D*); ***сде́лать*** *od.* ***стать, быть ~ом то́лков*** ins Gerede bringen *od.* kommen; ***на ~*** zwecks; **~ный** (14; -ен, -на) gegenständlich, objektiv; Sach-; Fach-, fachbezogen; Anschauungs-, anschaulich

предназнач|а́ть (1), 〈**~ить**〉 (16) bestimmen; vorherbestimmen, vorausbestimmen (*a.* ***на*** В zu *D*); **~е́ние** *n* (12) Bestimmung *f*; Vorherbestimmung *f*

преднаме́ренный (14*K.*) vorsätzlich, vorbedacht, absichtlich

предначерта́|ние *n* (12) Vorgabe *f*, Vorschrift *f*; Vorherbestimmung *f*; → **~ть** (1) *pf.* vorzeichnen, vorgeben; vorherbestimmen

предобе́денный (14) vormittäglich

пре́док *m* (1; -дка) Vorfahr, Ahn

предопла́та *f* (5) Vorauszahlung

предопредел|е́ние *n* (12) Vorherbestimmung *f*, Prädestination *f*; **~я́ть** (28), 〈**~и́ть**〉 (13*e.*) vorausbestimmen, vorherbestimmen, prädestinieren

предостав|ле́ние *n* (12) Gewährung *f*; → **~ля́ть** (28), 〈**~ить**〉 (14) überlassen (***на*** В *D*); lassen; geben, gewähren, einräumen; *Wort* erteilen; zur Verfügung stellen; zuweisen

предостер|ега́ть (1), 〈**~е́чь**〉 (26 -г/ж-; → ***стере́чь***) warnen (***от*** Р vor *D*); ermahnen; **~еже́ние** *n* (12) Warnung *f*

предосторо́жност|ь *f* (8) Vorsicht; Vorsichtsmaßnahme; ***ра́ди ~и*** vorsichtshalber

предосуди́тельный (14; -лен, -льна) anstößig, ungebührlich, verurteilungswürdig

предотвра|ща́ть (1), 〈**~ти́ть**〉 (15*e.*; -т/щ-) verhüten, abwenden; vorbeugen (В *D*); **~ще́ние** *n* (12) Verhütung; → ***~ща́ть***

предохран|е́ние *n* (12) Schutz *m* (***от*** Р vor *D od.* gegen *A*); **~и́тель** *m* (4) *El.* Sicherung *f*; **~и́тельный** (14) Schutz-; Sicherheits-; Verhütungs-, vorbeugend; **~я́ть** (28), 〈**~и́ть**〉 (13*e.*) schützen, behüten (***от*** Р vor *D*); sichern

предпис|а́ние *n* (12) Vorschrift *f*; Anordnung *f* (***по*** Д auf); → **~ывать** (1), 〈**~а́ть**〉 (3) vorschreiben; anordnen, verordnen; befehlen

предпле́чье *n* (10; -чий) Unterarm *m*

предпол|ага́емый (14) voraussichtlich, mutmaßlich; **~ага́ть** (1), 〈**~ожи́ть**〉 (16) annehmen, vermuten; *impf.* voraussetzen; vorhaben, beabsichtigen; **-ся** *impf.* geplant *od.* vorgesehen sein, stattfinden sollen; **~оже́ние** *n* (12) Vermutung *f*, Annahme *f*; Plan *m*, Vorhaben, Absicht *f*; **~ожи́тельный** (14; -лен, -льна) vermutlich, hypothetisch; → ***~ага́емый***

предпосла́ть → ***предпосыла́ть***

предпосле́дний (15) vorletzte(r)

предпос|ыла́ть (1), 〈**~ла́ть**〉 (-шлю́, -лёшь; -ланный) vorausschicken, voranschicken; **~ы́лка** *f* (5; -лок) Voraussetzung; Prämisse

предпоч|ита́ть (1), 〈**~е́сть**〉 (-ту́, -тёшь; -ёл, -ла́; -тённый: -ена́) vorziehen, (В/Д *j-m* vor *D*) den Vorzug geben; **~те́ние** *n* (12) Bevorzugung *f* (Р/Д *G* gegenüber *D*); Vorzug *m*; **~ти́тельный** (14; -лен, -льна) bevorzugt; Vorzugs-; *präd.* ... vorzuziehen (*D*); *Adv.* vorzugsweise

предприи́мчив|ость *f* (8) Unternehmungsgeist *m*; **~ый** (14*K.*) unternehmungslustig, rührig

предпри|нима́тель *m* (4) Unternehmer; Arbeitgeber; → ***деле́ц***; **~ни-**

ма́ть (1), ⟨**~ня́ть**⟩ (-му́, -́мешь; -́нял, -ла́; -́нятый: -та́) unternehmen, vornehmen; in Angriff nehmen, einleiten; **~я́тие** *n* (12) Unternehmen, Unternehmung *f*; Betrieb *m* (***на*** П in *D*)

предраспол|ага́ть (1), ⟨**~ожи́ть**⟩ (16) von vornherein einnehmen (***к*** Д für *A*); prädisponieren; ***~о́женный*** veranlagt, (***к*** Д für *A*) empfänglich; **~оже́ние** *n* (12), **~о́женность** *f* (8) Veranlagung *f*

предрассве́тный (14) Morgen-; vor Tagesanbruch; → ***рассве́т***

предрассу́д|ок *m* (1; -ка) Vorurteil *n*; ***без ~ков*** vorurteilslos

предре|ка́ть (1), ⟨**~́чь**⟩ (26) voraussagen, prophezeien

предреш|а́ть (1), ⟨**~и́ть**⟩ (16*e*.) im voraus entscheiden; vorherbestimmen

председа́тель *m* (4) Vorsitzende(r), Präsident; **~ство** *n* (9) Vorsitz *m*; **~ствовать** (7) den Vorsitz führen, präsidieren; **~ствующий** *m* (17) → **~**; Versammlungsleiter

предсе́рдие *n* (12) Vorhof *m* (*Herz*)

предсказ|а́ние *n* (12) Vorhersage, Voraussage *f*; Weissagung *f*; → **~́ывать** (1), ⟨**~а́ть**⟩ (3) vorhersagen, voraussagen; weissagen, prophezeien

предсме́ртный (14) Todes-; letzte(r)

предста|ва́ть (5), ⟨**~́ть**⟩ (-́ну, -́нешь; -́нь!) erscheinen, auftauchen; sich zeigen *od.* offenbaren

представи́тель *m* (4) Vertreter, Repräsentant; Beauftragte(r); **~ный** (14; -лен, -льна) repräsentativ; ansehnlich, stattlich; **~ство** *n* (9) Vertretung *f*, Repräsentation *f*

представ|ле́ние *n* (12) Vorstellung *f* (***о*** П von *D*), *Thea. a.* Aufführung (***на*** П in *D*); Auffassung *f* (***в*** П nach *D*), Begriff *m*, Idee *f*; Vorlage *f*; Vorschlag *m* (***по*** Д auf *A*); Beibringung *f*; → **~ля́ть** (28), ⟨**~́ить**⟩ (14) vorstellen; vorführen, aufführen; darstellen, hinstellen (T als *A*), wiedergeben; zeigen; machen, nachmachen; vorlegen (***на*** В zu *D*), vorweisen; (***к*** Д für *A*) vorschlagen; beibringen, einbringen; entsenden (***на*** В zu *D*)

предста́ть → ***представа́ть***

предстоя́|ть (-ои́т) bevorstehen; → ***надлежа́ть***; **~щий** (17) bevorstehend, kommend

предте́ча *m*/*f* (5) Vorläufer(in *f*); Vorbote(-tin *f*); ♀ *bibl.* der Täufer

предубежд|е́ние *n* (12) Vorurteil; **~ённый** (14*K*.) voreingenommen

предуга́д|ывать, ⟨**~ать**⟩ (1) vorausahnen, voraussehen; voraussagen

предуда́рный (14) *Ling.* vortonig

предупре|ди́тельный (14; -лен, -льна) zuvorkommend, gefällig, liebenswürdig; (*o. K.*) Warn-; vorbeugend, Vorbeugungs-; **~жда́ть** (1), ⟨**~ди́ть**⟩ (15*e*.; -ждённый) vorher aufmerksam machen *od.* benachrichtigen; warnen (***о*** П vor *D*); ermahnen; verhüten, (В *D*) vorbeugen; zuvorkommen (В *D*); von den Augen ablesen; **~жде́ние** *n* (12) Warnung *f*; Verwarnung *f*; Verhütung *f*; → ***~жда́ть***

предусм|а́тривать (1), ⟨**~отре́ть**⟩ (9) voraussehen; vorsehen; **~отри́тельность** *f* (8) Umsicht; **~отри́тельный** (14; -лен, -льна) umsichtig; vorsorglich

предчу́вств|ие *n* (12) Vorahnung *f*, Vorgefühl; **~овать** (7) ahnen

предше́ств|енник *m* (1) Vorgänger, Vorläufer; **~овать** (7) vorangehen; **~ующий** (17) vorangehend, vorhergehend, vorangegangen; Vor-

предъяв|и́тель *m* (4) Überbringer, Vorzeiger; Inhaber; **~ля́ть** (28), ⟨**~и́ть**⟩ (14) vorzeigen, vorweisen, vorlegen; *Fin.* präsentieren; zu *Protest* gehen lassen; *Ultimatum*, (В unter) *Anklage*, *impf.* (***к*** Д an *A An-*)*Forderungen* stellen; *Ansprüche* geltend machen; *Klage* einreichen (Д gegen *A*); **~ле́ние** *n* (12) Vorlage *f* (***по*** П gegen); → ***~ля́ть***

предыду́щий (17) vorangegangen, vorherig, vorig; Vor-

предысто́рия *f* (7) Vorgeschichte

пре́ем|ник *m* (1) Nachfolger; **~ственность** *f* (8) Nachfolge; Aufeinanderfolge; **~ственный** (14*K*.) ererbt, erblich; Erb-; aufeinanderfolgend; **~ство** *n* (9) → ***~ственность***

пре́ж|де 1. *Adv.* früher, vorher, einst; zuerst, zunächst; **2.** *Prp.* vor (Р *D*); ***~де всего́*** vor allem; ***~де всех*** vor allen anderen; **3.** *Kj.* ***~де чем*** (*a.* + *Inf.*) bevor (+ *Ind.*); → **~девре́менный** (14; -енен, -нна) vorzeitig, frühzeitig; verfrüht; Früh-; **~ний**

П

(15) früher, ehemalig; vorig, vorherig; bisherig
президе́нтский (16) Präsidenten-
през|ира́ть (1), ⟨**~ре́ть**⟩ (9) trotzen, spotten (B *D*); *impf.* verachten; **~ре́ние** *n* (12) Verachtung *f* (**к** Д gegen *A*); Geringschätzung *f* (gegenüber *D*); **~ре́нный** (14*K.*) verachtenswert; ***~ре́нный мета́лл*** *m* schnöder Mammon; **~ри́тельный** (14; -лен, -льна) verächtlich
преиму́ществ|енно vorzugsweise, hauptsächlich; → **~енный** (14*K.*) vorwiegend, überwiegend; (*o. K.*) *Jur.* Vorzugs-; **~о** *n* (9) Vorzug *m* (***перед*** T *j-m* gegenüber), Vorteil *m*; Vorrecht, Privileg; ***по ~у*** → ***~енно***
преиспо́дняя † *f* (15) Unterwelt
преиспо́лн|енный (14*K.*) voll, erfüllt; **~ять** (28), ⟨**~ить**⟩ (13) erfüllen; **-ся** erfüllt *od.* ergriffen werden (T, P von *D*)
прейскура́нт *m* (1) Preisliste *f*
преклон|е́ние *n* (12) Verneigung *f*; → ***~я́ть(ся)***; **~́ный** (14; -́ен, -́на) vorgerückt; ***~́ные го́ды*** *m/pl.* hohes Alter *n*; ***~́ных лет*** hochbetagt; **~я́ть** (28), ⟨**~и́ть**⟩ (13*e.*) neigen, beugen, senken; *Haupt* niederlegen; **-ся** sich verneigen, (***перед*** T *D*) huldigen, (*A*) verehren
прекосло́вить † (14) widersprechen
прекрасн|оду́шие *n* (12) gefühlsselige Schöngeisterei *f*; **~́ый** (14; -́сен, -́а) sehr schön, herrlich; vortrefflich, ausgezeichnet; *Adv.* sehr gut; ***из ~́ого далёка*** aus sicherer Ferne; ***в оди́н ~́ый день*** e-s schönen Tages
прекра|ща́ть (1), ⟨**~ти́ть**⟩ (15*e.*; -т/щ-) aufhören (B mit *D*); beenden, einstellen; abbrechen, unterbinden; aufheben; ***~ти́те разгово́ры!*** hört auf zu reden!; **-ся** aufhören; abbrechen; zu Ende sein; **~ще́ние** *n* (12) Einstellung *f*; → ***~ща́ть***
преле́ст|ный [-sn-] (14; -ен, -на) reizend, entzückend; **~́ь** *f* (8) Reiz *m*, Anmut; F Liebe(r) *m*; *präd.* herrlich, wunderschön; ***кака́я ~ь!*** wie reizend!
прелом|ле́ние *n* (12) Brechung *f*; → **~ля́ть** (28), ⟨**~и́ть**⟩ (14; -лённый) brechen; *fig.* filtern; abwandeln
пре́лый (14*K.*) faulig, angefault
прель|ща́ть (1), ⟨**~сти́ть**⟩ (15*e.*) bezaubern, verzaubern, verlocken, verführen; **-ся** sich verführen lassen (T, ***на*** B von *D*)
прелюбоде́яние *n* † (12) Ehebruch *m*
прелю́дия *f* (7) *Mus.* Präludium *n*; *fig.* Auftakt *m*, Vorspiel *n*
премиа́льный (14) Prämien-; *Su. pl.* Prämiengelder *n/pl.*
преми́нуть † (20) *pf.*: ***не ~*** nicht verfehlen *od.* versäumen; es sich nicht entgehen lassen
преми|рова́ть (7) *im(pf.)* prämieren; mit e-m Preis auszeichnen; **~́я** *f* (7) Preis *m*; Prämie
прему́др|ость *f* (8) Weisheit; ***невелика́ ~ость!*** F das ist kein Kunststück!; **~ый** † (14*K.*) weise, allweise
премье́р *m* (1) → ***~-мини́стр***; *Thea.* Hauptdarsteller; **~а** *f* (5) Premiere, Erstaufführung, Uraufführung (***на*** П in *D*); **~-мини́стр** *m* (1) Ministerpräsident
пренебре|га́ть (1), ⟨**~́чь**⟩ (26 -г/ж-) verschmähen, geringschätzen (T *A*); nicht beachten; **~же́ние** *n* (12) Geringschätzung *f*; Vernachlässigung *f* (T *G*); → **~жи́тельный** (14; -лен, -льна) geringschätzig, verächtlich; nachlässig
пре́ние *n* (12) Faulen, Fäulnis *f*
пре́ния *pl.* (12) Diskussion *f*, Aussprache *f*; Debatte *f*; Streit *m*
преоблада́|ние *n* (12) Übergewicht; → **~ть** (1) vorherrschen, überwiegen, dominieren (***над*** T über *A*)
преобра|жа́ть (1), ⟨**~зи́ть**⟩ (15*e.*) verwandeln, umwandeln, umgestalten; **~же́ние** *n* (12) Umgestaltung *f*; → ***~жа́ть***; ***♀же́ние*** *Rel.* Verklärung *f*; **~зова́ние** *n* (12) → ***~же́ние, ~зо́вывать***; Reform *f*; **~зова́тель** *m* (4) Reformator, Reformer; *El.* Wandler, Umformer; **~зо́вывать** (1), ⟨**~зова́ть**⟩ (7) umgestalten, umwandeln, umbilden; *El.* transformieren, umformen
преодол|ева́ть (1), ⟨**~е́ть**⟩ (8) überwinden; bewältigen, bezwingen; **~е́ние** *n* (12) Überwindung *f*; → ***~ева́ть***; **~и́мый** (14*K.*) überwindbar
преосвяще́нство *n* (9) Eminenz *f*
препина́ни|е *n* (12): ***знак*** *m* ***~я*** Satzzeichen *n*, Interpunktionszeichen *n*
препира́т|ельство F *n* (9) Streiterei *f*,

П

Streit *m*, Wortwechsel *m*; **~ься** F (1) sich zanken *od.* herumzanken

препода|ва́ние *n* (12) Unterricht *m*; Lehre *f*; **~ва́тель** *m* (4), **~ва́тельница** *f* (5) Lehrer(in *f*), Lehrkraft *f*; Lektor(in *f*); **~ва́тельский** (16) Lehrer-; Lehr-; **~ва́ть** (5) **1.** unterrichten (Д/В *j-n* in *D*), lehren; **2.** ⟨~ть⟩ (-́м, -́шь; → ***пода́ть***) *pf.* beibringen; erteilen

преподн|оси́ть (15), ⟨~ести́⟩ (25 -с-) feierlich überreichen

преподо́б|ие *n* (12) Ehrwürden; **~ный** (14) ehrwürdig; heilig

препо́на † *f* (5) Hemmnis *n*

препрово|ди́тельный (14) Begleit-; **~жда́ть** (1), ⟨~ди́ть⟩ (15; -ждённый) übersenden, überstellen, verbringen; weiterleiten, weitergeleiten; **~жде́ние** → ***времяпрепровожде́ние***

препя́тств|ие *n* (12) Hindernis; *Sp.* ***с ~иями*** Hindernis-; **~овать** (7), ⟨вос-⟩ behindern, *pf.* hindern (Д *A*; Д/***в*** П *j-n* bei *od.* an *D*), verhindern, im Wege stehen

прерва́ть(ся) → ***прерыва́ть(ся)***

пререка́ние *n* (12) → ***препира́тельство***

прер|ыва́тель *m* (4) *El.* Unterbrecher; **~ыва́ть** (1), ⟨~ва́ть⟩ (-ву́, -вёшь; → ***рвать***) unterbrechen, abbrechen; **-ся** verstummen; stocken; versagen (***у*** P *j-m*); **~ы́вистый** (14*K.*) gebrochen, abgebrochen, unterbrochen; stockend; *El.* intermittierend

пресе|ка́ть (1), ⟨~́чь⟩ (26; -к/-́к, -кла́, -о́) unterbinden, abstellen; ausrotten (***в*** П mit *D*); **-ся** jäh abbrechen *od.* stocken; plötzlich verstummen; **~че́ние** *n* (12) *Jur.* Vorbeugung *f*; → ***~ка́ть***

пресле́дова|ние *n* (12) Verfolgung *f*; **~тель** *m* (4) Verfolger; **~ть** (7) verfolgen; nachstellen, keine Ruhe lassen (В *j-m*); ***~ть по суду́*** gerichtlich vorgehen (В gegen *j-n*)

пресловýтый (14*K.*) berüchtigt; vielzitiert

пресмыка́|ться (1) kriechen, katzbuckeln; **~ющееся** *n* (17) Reptil

пресн|ово́дный (14) Süßwasser-; **~́ый** (14; -сен, -а́) ungesalzen, ungesäuert; *fig.* schal, fade; Süßwasser-

преспоко́йно F seelenruhig

пресс *m* (1) Presse *f*; *fig.* Schraube *f*; **~́а** *f* (5) Presse; **~-бюро́** *n* Pressebüro; **~-конфере́нция** *f* (7) Pressekonferenz; **~ова́ть** (7), ⟨с-⟩ pressen; **~-папье́** *n* (*unv.*) Briefbeschwerer *m*; Löscher *m*

престаре́лы|й (14*K.*) hochbetagt; ***дом*** *m* ***для ~х*** Altersheim *n*, Seniorenheim *n*

прести́ж *m* (1) Ansehen *n*, Prestige *n*

престо́л *m* (1) Thron; *Rel.* Altartisch; ♀ Stuhl; P → ***~ьный***; **~онасле́дник** *m* (1) Thronfolger; **~ьный** (14) Thron-; des Schutzpatrons

преступ|а́ть (1), ⟨~и́ть⟩ (14) übertreten, verletzen; **~ле́ние** *n* (12) Verbrechen, Vergehen, Straftat *f*; ***на ме́сте ~ле́ния*** auf frischer Tat; **~́ник** *m* (1) Verbrecher; **~́ность** *f* (8) Kriminalität; **~́ный** (14; -́ен, -́на) verbrecherisch; Verbrecher-; Straf-; sträflich

пресы|ща́ть (1), ⟨~́тить⟩ (15 -т/щ-) übersättigen; **-ся** übersättigt sein; **~ще́ние** *n* (12) Übersättigung *f*, Überdruß *m*; **~́щенный** (14*K.*) blasiert

претвор|я́ть (28), ⟨~и́ть⟩ (13*e.*): ***~я́ть в жизнь*** *od.* ***де́ло*** verwirklichen, in die Tat umsetzen

претен|де́нт *m* (1) Bewerber, Anwärter; *Sp.* Herausforderer; **~дова́ть** (7) sich bewerben (***на*** В um *A*); Anspruch erheben, *et.* für sich in Anspruch nehmen; **~́зия** *f* (7) Anspruch *m*; Anmaßung; Ambition, Ehrgeiz *m*; Wunsch *m*, Forderung; Beschwerde, Reklamation; ***с ~́зиями*** anspruchsvoll; ***без ~́зий*** anspruchslos; ***быть в ~́зии*** (***на*** В/***за*** В *j-m et.*) übelnehmen; **~цио́зный** [-tɛ-] (14; -зен, -зна) prätentiös, geziert, gesucht; affektiert, selbstgefällig

претерпе|ва́ть (1), ⟨~ть⟩ (10) viel . . . erleiden, erdulden; durchmachen, erfahren

прети́т|ь: ~ widert an (Д *j-n*; ***от*** P *et.*), ist zuwider

преткнове́ни|е: **. . . ~я** . . . des Anstoßes

преть (8) **1.** ⟨со-⟩ faulen, modern; *pf.* verfaulen; **2.** F ⟨у-⟩ garen, köcheln; **3.** P ⟨взо-⟩ schwitzen; *pf.* ins Schwitzen geraten

преувел|иче́ние *n* (12) Übertreibung *f*; **~и́ченный** (14*K.*) übertrieben;

~и́чивать (1), ⟨**~и́чить**⟩ (16) übertreiben
преуменьш|а́ть (1), ⟨**~и́ть**⟩ (16) untertreiben, unterschätzen, bagatellisieren; **~е́ние** *n* (12) Unterschätzung *f*
преуспе|ва́ние *n* (12) Fortschritte *m/pl.*; Wohlstand *m*; **~ва́ть** (1), ⟨**~ть**⟩ (8) Fortschritte machen, vorankommen; *impf.* ein schönes Leben führen
пре́фикс *m* (1) Präfix *n*, Vorsilbe *f*; **~а́ция** *f* (7) Präfigierung
преходя́щий (17*K.*) vorübergehend, zeitweilig; vergänglich
прецеде́нт *m* (1) Präzedenzfall
при (П) bei, an (*D*); vor (*D*), in *j-s* Beisein *od.* Gegenwart; unter, in, mit (*D*); zu *j-s* Zeit; ***~ э́том*** dabei; ***~ сём*** anbei; ***быть ~*** (П *A*) haben; angeschlossen *od.* beigegeben sein; ***быть ~ сме́рти***, ***~ после́днем издыха́нии*** im Sterben *od.* in den letzten Zügen liegen
приба́в|ка *f* (5) (5; -ок) Zulage, Zugabe; Zunahme; ***в ~ку*** F → ***вдоба́вок***; **~ле́ние** *n* (12) → ***~ка***; Zusatz *m*; F Zuwachs *m*; → **~ля́ть** (28), ⟨**~ить**⟩ (14) hinzugeben, hinzufügen, nachlegen; zusätzliche . . . geben; *Fin.* erhöhen; *Kleid* weiten; F zunehmen (***в*** П an *D*); übertreiben; ***~ить ша́гу*** s-e Schritte beschleunigen; **-ся** hinzukommen; zunehmen, anwachsen, wachsen; **~очный** (14) Zusatz-; Mehr-
прибалти́йский (16) baltisch; Ostsee-
приба́утка *f* (5; -ток) Witzwort *n*, scherzhafte Redensart
прибе|га́ть (1) **1.** ⟨**~жа́ть**⟩ (4; -гу́, -жи́шь, -гу́т; → ***бежа́ть***) herbeilaufen; hereinlaufen, hereingelaufen kommen; **2.** ⟨**~гнуть**⟩ (20) greifen (***к*** Д zu *D*); zurückgreifen (auf *A*); *et.* in Anspruch nehmen; Hilfe suchen (bei *j-m*); **~жище** *n* (11) Zufluchtsort *m*; Zuflucht f
прибере|га́ть (1), ⟨**~чь**⟩ (26 -г/ж-) aufsparen, beiseite legen; aufheben; freihalten
приби|ва́ть (1), ⟨**~ть**⟩ (-бью́, -бьёшь; -бе́й!; -тый) annageln, anschlagen; niederschlagen; festigen; spülen (***к*** Д an *A*), verschlagen; P → ***избива́ть***
приб|ира́ть F (1), ⟨**~ра́ть**⟩ (-еру́, -ерёшь; → ***брать***) aufräumen, wegräumen; in Ordnung bringen; → ***уби-ра́ть***; P an sich reißen; ***~ра́ть к рука́м*** an die Kandare nehmen; **-ся** F aufräumen; sich zurechtmachen, sich schön anziehen
приби́ть → ***прибива́ть***
прибли|жа́ть (1), ⟨**~зить**⟩ (15) näherschieben, näherrücken (***к*** Д an *A*); näherbringen (*D*), annähern (*D*); in *j-s* Kreis ziehen, zum Vertrauten machen; **-ся** sich nähern (***к*** Д *D*), nahen; herankommen (an *D*), heranrücken; **~же́ние** *n* (12) Herannahen, Nahen; Annäherung *f* (*a. Math.*); **~жённый** (14*K.*) annähernd, angenähert; (*o. K.*) *fig.* Vertrauens-; *Su. m* Vertraute(r); *pl.* engster Kreis *m*; **~зи́тельный** (14; -лен, -льна) ungefähr, annähernd; *Adv.* etwa, rund
приблу́дный P (14) zugelaufen
прибо́й *m* (3) Brandung *f*
прибо́р *m* (1) Gerät *n*; Besteck *n*, Gedeck *n*; ***бри́твенный ~*** Rasierzeug *n*; ***пи́сьменный ~*** Schreibzeug *n*; **~острое́ние** *n* (12) Gerätebau *m*
прибра́ть(ся) → ***прибира́ть(ся)***
прибре|да́ть (1), ⟨**~сти́**⟩ (25) sich herbeischleppen
прибре́жный (14) küstennah, Küsten-; Ufer-, am Ufer gelegen
прибрести́ → ***прибреда́ть***
прибы|ва́ть (1), ⟨**~ть**⟩ (-бу́ду, -дешь; -л, -ла́) ankommen, eintreffen (***в, на*** В in, auf *D*); sich einfinden *od.* melden (***к*** Д bei *j-m*); steigen, ansteigen, zunehmen; *unpers.* noch (P *N*) hinzukommen
при́быль *f* (8) Gewinn *m*, Profit *m*; Vorteil *m*, Nutzen *m*; Zuwachs *m*, Zunahme; Anstieg *m*; → ***у́быль***; **~ный** (14; -лен, -на) einträglich, gewinnbringend, rentabel
прибы́|тие *n* (12) Ankunft *f*, Eintreffen (***в*** В in *D*); ***о своём ~тии*** zur Stelle (*sich melden*); **~ть** → ***~ва́ть***
прива́л *m* (1) Rast *f* (***на*** П bei *D*); Rastplatz; **~ивать** (1), ⟨**~и́ть**⟩ (13) heranwälzen (***к*** Д an *A*); *Mar.* anlegen; F herbeiströmen; anlehnen; kommen
привари́ть (13) *pf.* anschweißen
прив|еде́ние *n* (12) Anführung *f*, Zitierung *f*; → ***~оди́ть***
привезти́ → ***привози́ть***
привере́д|ливость *f* (8) Mäkelei; →

П

~ливый (14*K.*) nörglerisch, mäkelig; wählerisch; **~ник** F *m* (1) Meckerer; **~ничать** F (1) mäkeln; wählerisch sein

приве́ржен|ец *m* (1; -ца) Anhänger; **~ность** *f* (8) Verbundenheit (***к*** Д mit *D*); Anhänglichkeit, Treue; → **~ный** (14*K.*) ergeben (***к*** Д *D*); zugetan (*D*), verbunden (mit *D*)

привёр|тывать (1), ⟨**~ну́ть**⟩ (20; -нутый) herunterdrehen; F anschrauben

приве́|сить → ***~шивать***; **~сок** F *m* (1; -ска) Anhängsel *n*

привести́ → ***приводи́ть***

приве́т *m* (1) Gruß; F **~!** hallo!, grüß dich!; tschüs! P nanu!; Tick; **~ливый** (14*K.*) freundlich (***с*** T zu *D*); **~ственный** (14) Begrüßungs-, Gruß-; **~ствие** *n* (12) Gruß *m*; Grußwort, Grußadresse *f* (Д an *A*); Begrüßung *f*, Begrüßungsworte *n/pl.*; *Mil.* Ehrenbezeigung *f*; **~ствовать** (7; *Prät. a. pf.*), ⟨по-⟩ begrüßen; willkommen heißen; *Mil.* salutieren

приве́|шивать (1), ⟨**~сить**⟩ (15) anhängen, aufhängen (***к*** Д an *A*; *D*)

приви|ва́ть (1), ⟨**~ть**⟩ (-вью́, -вьёшь; → ***вить***) pfropfen, aufpfropfen (***к*** Д *D*), okulieren; impfen (Д/В *j-n* gegen *A*); *fig.* anerziehen, beibringen; **-ся** anwachsen; *Med.* wirken; *Bot.* → ***прижива́ться***; *fig.* sich durchsetzen *od.* einbürgern; **~вка** *f* (5; -вок) Impfung (*a.* ***от*** P gegen *A*); → ***~ва́ть***; **~вочный** (14) Pfropf-; Impf-

привиде́|ние *n* (12) Gespenst, Geist *m*; **~ться** (9) *pf.* im Traum *od.* Geist erscheinen *od.* sehen

привилеги|ро́ванный (14*K.*) privilegiert; (*o. K.*) Vorzugs-; **~я** *f* (7) Privileg *n* (Д für *A*), Vorrecht *n*, Vorzug *m*

приви́н|чивать (1), ⟨**~ти́ть**⟩ (15*e.*; -ченный) anschrauben, festschrauben

прив|ира́ть F (1), ⟨**~ра́ть**⟩ (-ру́, -рёшь; → ***врать***) aufschneiden

приви́ть(ся) → ***привива́ть(ся)***

при́вкус *m* (1) Beigeschmack (*a. fig.*)

привле|ка́тельность *f* (8) Reiz *m*, Attraktivität, Charme *m*; **~ка́тельный** (14; -лен, -льна) anziehend, attraktiv; fesselnd; **~ка́ть** (1), ⟨**~чь**⟩ (26) heranziehen, anziehen, ziehen (***к*** Д an, in, auf [*a.* sich] *A*); anlocken; *Jur.* stellen (***к*** Д vor *A*); **~че́ние** *n* (12) Heranziehung *f*; Hinzuziehung *f*; Werbung *f*; Anziehungskraft *f*; → ***~ка́ть***

привн|оси́ть (15), ⟨**~ести́**⟩ (25 -с-) einbringen, mit hineinbringen; herantragen

прив|о́д *m* (1) *Jur.* Vorführung *f*; *Tech.* Antrieb; → **~оди́ть** (15), ⟨**~ести́**⟩ (25) bringen (***к*** Д *fig. a.* auf *A*; ***в*** В zu *D*), mitbringen; holen, herholen, herschaffen, führen; anführen (***в*** В als *A*); *Jur.* vorführen (***на*** В zu *D*); beibringen, erbringen; setzen, versetzen; stürzen (***к*** Д in *A*); *Nachweis* führen; *Eid* abnehmen (В/***к*** Д *j-m A*); fügen; ***~оди́ть в испра́вность*** instandsetzen; ***~оди́ть в тре́пет*** erbeben lassen; **-сь** *pf.* F → ***прийти́сь***; **~одно́й** (14) Antriebs-, Treib-

прив|о́з *m* (1) Einfuhr *f*; Anlieferung *f*; P Markt; **~ози́ть** (15), ⟨**~езти́**⟩ (24) mitbringen, anfahren, anliefern; **~озно́й** (14) eingeführt, Einfuhr-; auswärtig, Liefer-

приво́й *m* (3) Pfropfreis *n*

привокза́льный (14) Bahnhofs-

привол|а́кивать F (1), ⟨**~о́чь**⟩ (26) herbeischleppen, heranschleppen, herschleppen

приво́лжский (16) Wolga-

приволо́чь → ***привола́кивать***

приво́ль|е *n* (10) Weite(n *pl.*) *f*; → ***раздо́лье***; **~е** (Д *j-d*) hat freien Auslauf, kann sich frei tummeln; **~ный** (14; -лен, -на) weit, weitläufig; frei, sorglos

привороже́ть F (16*e.*) *pf.* bezaubern, betören; fesseln, an sich fesseln

привра́тник *m* (1) Pförtner

привра́ть → ***привира́ть***

привск|а́кивать (1), ⟨**~очи́ть**⟩ (16) jäh aufspringen, hochfahren, F hochschnellen; *impf.* hüpfen

привста|ва́ть (5), ⟨**~ть**⟩ (-ну, -нешь; -нь!) sich ein wenig erheben

привходя́щий (17) → ***посторо́нний***

привы|ка́ть (1), ⟨**~кнуть**⟩ (21) sich gewöhnen (***к*** Д an *A*), sich *et.* angewöhnen; gewohnt *od.* an *et.* gewöhnt sein; **~чка** *f* (5; -чек) Gewohnheit (***по*** Д *a.* aus *D*); Übung (***к*** Д mit *D*); **~чный** (14; -чен, -чна) gewohnt, gewöhnt (***к*** Д an *A*), gewohnheitsmäßig; geübt; vertraut

привя́з|анность *f* (8) Sympathie (***к*** Д

für *A*), Zuneigung; Bindung; F Liebe; → **~анный** (14*K*.) angebunden (***к*** Д an *D*); *fig*. verbunden (mit *D*); anhänglich; zugetan (*j-m*); ***~ан*** *j-d* hängt (***к*** Д an *j-m*); **~но́й** (14) Fessel-; Anschnall-; **~чивый** [-ʃ͜tʃ-] F (14*K*.) sehr anhänglich; aufdringlich; mäkelig, kritt(e)lig; **~ывать** (1), ⟨**~а́ть**⟩ (3) binden, anbinden, festbinden (***к*** Д an *A*); fesseln; *fig*. festnageln (in *D*); abstimmen (auf *A*); **-ся** s-n Herz hängen (***к*** Д an *A*), Zuneigung empfinden (für *A*), liebgewinnen; F belästigen (***к*** Д *j-n*), aufdringlich sein; verfolgen, *et*. auszusetzen haben (***к*** Д an *D*), *et*. bemäkeln; **~́ь** *f* (8) Leine (***на*** П an *D*)

при́гарь: ***с ~ю*** angebrannt

прига|ша́ть (1), ⟨~си́ть⟩ (15) dämpfen

пригво|жда́ть (1), ⟨~зди́ть⟩ (15*e*.; -ждённый) annageln, nageln, anheften, anspießen (***к*** Д an *A*); *fig*. festnageln (an *D*), festbannen, erstarren lassen; *Pranger*: stellen (***к*** Д an *A*)

приг|иба́ть (1), ⟨~ну́ть⟩ (20) beugen, niederdrücken; **-ся** sich ducken

пригла́|живать (1), ⟨~дить⟩ (15) glattstreichen, glätten

пригла|си́тельный (14) Einladungs-; **~ша́ть** (1), ⟨~си́ть⟩ (15*e*.) einladen (***на*** В zu *D*); bitten, auffordern; rufen, kommen lassen; die Stelle (В *G*) anbieten; *pf*. einstellen, berufen; **~ше́ние** *n* (12) Einladung *f* (***по*** Д auf *A*); → ***~ша́ть***

приглуш|а́ть (1), ⟨~и́ть⟩ (16*e*.) dämpfen; drosseln; betäuben; F löschen

пригля́|дывать(ся) F (1), ⟨~де́ть(ся)⟩ (11) → ***присма́тривать(ся)***; **~ну́ться** F (20) *pf*. Gefallen finden (Д/И *j-d* an *D*)

пригна́ть → ***пригоня́ть***

пригну́ть(ся) → ***пригиба́ть(ся)***

пригов|а́ривать (1), ⟨~ори́ть⟩ (13*e*.) verurteilen (*a*. ***на*** В zu *D*); *impf*. F dabei sagen *od*. sprechen; **~о́р** *m* (1) Urteil *n*; Spruch

пригод|и́ться (15*e*.) *pf*. nützlich *od*. brauchbar sein; gebrauchen können (Д/И *j-d A*); **~́ный** (14; -ен, -на) tauglich (*a*. ***для*** Р zu *D*), brauchbar, geeignet

приго́жий F (17*K*.) hübsch, schön

приголу́бить F (14) *pf*. → ***приласка́ть***

приг|оня́ть (28), ⟨~на́ть⟩ (-оню́, -о́нишь; → ***гнать***) herantreiben, heimtreiben, treiben (***к*** Д an *A*; nach); mitbringen, bringen; einpassen, (***к*** Д an *A*) anpassen, zusammenpassen; P → ***примча́ться***

пригор|а́ть (1), ⟨~е́ть⟩ (9) anbrennen; P ausdörren; **~е́лый** (14*K*.) angebrannt

при́город *m* (1) Vorort, Vorstadt *f*; **~ный** (14) Vorort-

приго́рок *m* (1; -рка) Anhöhe *f*

при́горшня *f* (6; -шен/-ней) hohle Hand; Handvoll; ***~ми*** mit vollen Händen

пригорю́ни|ться F (13) den Kopf hängen lassen; ***~вшись*** F traurig

приготов|и́тельный (14) Vorbereitungs-, vorbereitend, Vor-; **~ле́ние** *n* (12) Vorbereitung *f* (***к*** Д für *A*); Zubereitung *f*; **пригота́вливать** (1), **~ля́ть** (28), ⟨~ить⟩ (14) vorbereiten (***к*** Д für *A*); zubereiten; bereitstellen, bereitlegen, bereithalten; fertigmachen, zurechtmachen; sich zurechtlegen; **-ся** sich anschicken, ansetzen; bereit sein; sich gefaßt machen (***к*** Д auf *A*)

пригранѝчный (14) Grenz-, grenznah

пригре|ва́ть (1), ⟨~́ть⟩ (8; -тый) erwärmen; F in Obhut nehmen; nähren

пригрози́ть (15*e*.) *pf*. androhen (Т *A*), drohen

пригу́бить (14) *pf*. nippen (В an *D*)

прида|ва́ть (5), ⟨~́ть⟩ (-м, -шь; → ***пода́ть***) hinzugeben, hinzufügen; verleihen, geben; beimessen; *Wert* legen (Д auf *A*); *Mut* einflößen

прида́в|ливать (1), ⟨~и́ть⟩ (14) niederdrücken, drücken (***к*** Д an *A*), F zerdrücken; quetschen, zerquetschen, einklemmen; beschweren

прида́|ное *n* (14) Mitgift *f* (***в*** В als), Aussteuer *f*; Ausstattung *f*; **~ток** *m* (1; -тка) Anhängsel *n*; *Bio*. Fortsatz; **~точный** (14) *Gr*. Neben-; **~ть** → ***~ва́ть***; **~ча** *f* (5) Beigabe, Zugabe (***в*** В als); Aufzahlung; ***в ~чу*** obendrein

придви|га́ть (1), ⟨~́нуть⟩ (20) heranschieben, heranrücken (***к*** Д an *A*); **-ся** näherrücken, sich (***к*** Д *D*) nähern

придво́рный (14) Hof-, höfisch; *Su*. *m* Höfling

приде́л *m* (1) Seitenaltar, Nebenaltar

приде́л|ывать, ⟨~ать⟩ (1) anbringen

(**к** Д an *A*), ansetzen, anfügen; anbauen

придéрж|ивать (1), ⟨**~áть**⟩ (4) kurz festhalten (**за** В an *D*) *od.* anhalten; zurückhalten (für *A*), freihalten; F *Zunge* zügeln; **-ся** *impf. fig.* sich halten (P an *A*), festhalten (an *D*); *Meinung*: sein, (P *A*) vertreten; *Mode*: gehen (P nach *D*)

прид|и́ра F *m*/*f* (5) Mäkler(in *f*) → **~ирáться** (1), ⟨**~рáться**⟩ (-ерýсь, -рёшься; -ралáсь) mäkeln, herummäkeln, nörgeln, kritteln, *et.* aussetzen *od.* auszusetzen haben (**к** Д an *D*); an *et.* Anstoß *od. et.* zum Anlaß *od.* Vorwand nehmen; *j-n* schikanieren; **~и́рка** *f* (5; -рок) *mst pl.* Mäkelei, Nörgelei; Schikane; **~и́рчивость** *f* (8) Tadelsucht; **~и́рчивый** (14*K.*) nörglerisch, kritt(e)lig; schikanös

придорóжный (14) am Wege

придрáться → ***придирáться***

придýм|ывать, ⟨**~ать**⟩ (1) *impf.* nachdenken, *pf.* sich ausdenken; *impf.* nachsinnen, *pf.* ersinnen, erfinden; *pf.* einfallen (И/*j-m*), sich einfallen lassen; daraufkommen, auf die Idee kommen; begreifen; ***хýже не ~аешь*** *et.* ist denkbar schlecht; **~щик** F *m* (1) → ***вы́думщик***

придур|ковáтый F (14*K.*) trottelig, dümmlich, blöd; **~óк** P *m* (1; -ка) Blödian, Hornochse; **~ь** F *f* (8) Einfalt; Mucke(n *pl.*), Spinnerei; → ***~ковáтый***

придуши́ть F (16) *pf.* erwürgen

придыхáние *n* (12) *Ling.* Aspiration *f*

прие|дáться F (1), ⟨**~стьcя**⟩ (-стся; → ***есть***[1]) zuwider *od.* langweilig werden

приé|зд *m* (1) Ankunft *f* (**в** В in *D*); Besuch (bei *D*); **~зжáть** [-зз-] (1), ⟨**~хать**⟩ (-ду, -дешь) ankommen, eintreffen (**в** В in *D*), anreisen; kommen (nach); **~зжий** [-зз-] (17) angereist; *Su. m* Fremde(r), Zugereiste(r)

приём *m* (1) Annahme *f*; Aufnahme *f*; Einnahme *f*; Übernahme *f*; Empfang (**на** В zu *D*; **на** П *a.* bei *D*); Sprechstunde(n *pl.*; **на** В für *A*) *f*; Besprechung *f*; Verfahren *n*, Methode *f*, Manier *f*; *Sp.* Übung *f*; Ansatz, *fig.* Gang (**в** В in *D*); Schlag (auf *A*), Zug (*a.* mit *D*); *fig.* Griff (mit *D*); → ***принимáть***; **~ка** *f* (5) Annahme *f*, Abnahme *f*; Aufnahme *f*; **~млемый** (14*K.*) annehmbar, akzeptabel; **~ная** *f* (14) Empfangszimmer *n*; Sprechzimmer *n*; Wartezimmer *n*, Anmeldung; **~ник** *m* (1) Empfänger, Gerät *n*; **~ный** (14) Empfangs-; Sprech-; Annahme-, Aufnahme-; Adoptiv-, Pflege-; **~очный** (14) Abnahme-; **~ыш** *m* (1; -ей) Ziehkind *n*, Pflegekind *n*, Adoptivkind *n*

приéсться → ***приедáться***

приéхать → ***приезжáть***

прижáть(ся) → ***прижимáть(ся)***

прижéчь → ***прижигáть***

прижи|вáл F *m* (1) → ***нахлéбник***; **~вáть** P (1), ⟨**~ть**⟩ (-вý, -вёшь; -л, -лá; -тый) zeugen; **~тый** unehelich; **-ся** sich eingewöhnen *od.* einleben; anwachsen; sich akklimatisieren; sich durchsetzen

приж|игáть (1), ⟨**~éчь**⟩ (26 -г/ж-; -гý, -жёшь; → ***жечь***) ausbrennen; ätzen

прижи́зненный (14) zu Lebzeiten erschienen *od.* erfolgt *od.* veranstaltet

приж|имáть (1), ⟨**~áть**⟩ (-му, -мёшь; -áтый) niederdrücken, andrücken; drücken (**к** Д an, auf *A*); F bedrücken; abdrängen, bedrängen; beschweren; in die Enge treiben; einklemmen; ***~áть к нóгтю*** F in die Zange nehmen; **-ся** sich schmiegen; **~и́мистый** F (14*K.*) knaus(e)rig

прижи́ть(ся) → ***приживáть(ся)***

приз *m* (1) Preis; *Mar.* Prise *f*

призадýм|ываться, ⟨**~аться**⟩ (1) nachdenklich werden, gründlich nachdenken

приз|вáние *n* (12) Neigung *f*, Talent (**к** Д für *A*); Berufung *f*, Bestimmung *f*; **~вáть** → ***~ывáть***

призéм|истый (14*K.*) niedrig; untersetzt, stämmig; **~лéние** *n* (12) Landung *f*; **~ля́ть** (28), ⟨**~ли́ть**⟩ (13*e.*) landen (**-ся** *v*/*i*)

призёр *m* (1) Preisträger; *Sp.* Medaillengewinner; Plazierte(r)

при́зм|а *f* (5) Prisma *n*; ***сквозь ~у*** unter dem Blickwinkel

призна|вáть (5), ⟨**~ть**⟩ (1) anerkennen; zugeben, zugestehen (**за** Т *j-m*); erklären, halten (Т für); feststellen; F erkennen, wiedererkennen; ***~ть правотý*** recht geben (P *j-m*); **-ся** gestehen, eingestehen (**в** П *A*), bekennen;

∴ться offen gestanden; **∼к** *m* (1) Anzeichen *n*, Zeichen *n*; Kennzeichen *n*, Merkmal *n*; Symptom *n*; **∴ние** *n* (12) Anerkennung *f*; Eingeständnis; Geständnis; Bekenntnis; Ansicht *f*; **∴нный** (14*K*.) anerkannt; **∴тельный** (14; -лен, -льна) dankbar, erkenntlich

призовóй (14) Preis-; *Mar.* Prisen-

призóр *m*: ***без ∼а*** F unbeaufsichtigt

пр́изра|к *m* (1) Erscheinung *f*, Traumbild *n*, Bild *n*; Gespenst *n*; Trugbild *n*, Phantom *n*; Umriß, Umrisse *m*/*pl.*; **∼чный** (14; -чен, -чна) geisterhaft, gespenstisch; illusorisch, Schein-; verschwommen

приз|ы́в *m* (1) Ruf; Aufruf, Appell; Parole *f*, Losung *f*; Einberufung *f* (***на*** В zu *D*); *Pol.* Aufgebot *n*; *Mil.* Jahrgang; *a. pl.* Flehen *n*, Bitte *f*; **∼ывáть** (1), ⟨∼вáть⟩ (-ову́, -овёшь; → ***звать***) herbeirufen; aufrufen; einberufen (***на*** В zu *D*); auffordern; *impf.* anrufen (***в*** И *pl.* zu *D*, als *A*); ***∴ван*** dazu berufen *od.* bestimmt, gehalten; **∼ывни́к** *m* (1*e*.) Einberufene(r); Rekrut; **∼ывнóй** (14) Einberufungs-; **∼ы́вный** (14) Ruf-, rufend

при́иск *m* (1) Grube *f*, Mine *f*; **∴ивать** F (1), ⟨∼áть⟩ (3) → ***поды́скивать***; **∼óвый** (14) Gruben-

прийти́(сь) → ***приходи́ть(ся)***

прикáз *m* (1) Befehl (***по*** Д auf *A*, laut *G*/*D*); Verordnung *f*, Anordnung *f*, Verfügung *f*; *hist.* Amt *n*; **∼áние** *n* (12) Anweisung *f*; → **∼**; **∼чик** [-ʃtʃ-] *m* (1) *ehm.* Handlungsgehilfe; Verwalter; **∼ывать** (1), ⟨∼áть⟩ (3) befehlen, anordnen; heißen (Д *j-n*), gebieten; lassen; P vererben; † wünschen; ***прикáжете*** soll man, ist zu . . .; → ***подéлать***

прик|áлывать (1), ⟨∼олóть⟩ (17) anstecken, anheften (***к*** Д, ***на*** В an *A*); F erstechen, abstechen

прик|áнчивать F (1), ⟨∼óнчить⟩ (16) beenden; aufessen; aufbrauchen; erledigen, abmurksen

прикармáни|вать P (1), ⟨∼ть⟩ (13) in die eigene Tasche stecken

прик|áрмливать (1), ⟨∼ормúть⟩ (14) durch Füttern anlocken; F für sich einnehmen; *impf.* aufpäppeln

прик|асáться (1), ⟨∼оснýться⟩ (20) berühren, anrühren (***к*** Д *A*); streifen

прикáт|ывать (1), ⟨∼и́ть⟩ (15) herrollen, heranrollen (***к*** Д *a.* an *A*); F kommen, ankommen, (***в*** В in, auf *D*) eintreffen; herbeibrausen; hereinschneien

прики́|дывать F (1), ⟨∼нуть⟩ (20) nachwerfen, nachlegen, zulegen; kurz abwiegen; *fig.* abwägen, abschätzen; überschlagen, überlegen; ***∼дывать на глаз(óк)*** F über den Daumen peilen; **-ся** (T) sich stellen, den . . . spielen; so tun

приклáд *m* (1) Gewehrkolben; Zutaten *f*/*pl.*; **∼нóй** (14) angewandt; **∼ывать** (1), ⟨приложи́ть⟩ (16) auflegen, legen (***к*** Д an, auf *A*); Hand anlegen; ***∼ывать рýку*** † unterzeichnen; **-ся** pressen (T/***к*** Д an, auf *A*); küssen (***к*** Д *A*); *Gewehr* anlegen; P e-n kippen

прикле́и|вать (1), ⟨∼ть⟩ (13) ankleben, aufkleben (***к*** Д, ***на*** П an *A*, *D*); F anhängen; **-ся** kleben (***к*** Д an *D*); F hängenbleiben

приклепá|ть (1; ∸нный) *pf.* annieten

приклони́ть (13; -нённый) *pf.* † leicht neigen *od.* senken; F ***нéгде гóлову ∼*** (Д *j-d*) hat keine Bleibe

приключ|áться F (1), ⟨∼и́ться⟩ (16*e*.) passieren, zustoßen (***с*** T *j-m*); **∼éние** *n* (12) Abenteuer; Vorfall *m*, Begebenheit *f*; ***искáтель*** *m* ***∼éний*** Abenteurer; Forschungsreisende(r); **∼éнческий** (16) Abenteuer-

прикóв|ывать (1), ⟨∼áть⟩ (7*e*.) anschmieden, anketten (***к*** Д an *A*); fesseln, bannen; fixieren (auf *A*); sich rühren können (И/В/***к*** Д vor *D*/*N*/von *D*); **-ся** fixiert sein

прикол|áчивать F (1), ⟨∼оти́ть⟩ (15) annageln, anschlagen (***к*** Д an *A*)

приколóть → ***прикáлывать***

прикомандирóв|ывать (1), ⟨∼áть⟩ (7) abkommandieren, (***к*** Д *D*) zuordnen, zuteilen

прикóнчить → ***прикáнчивать***

прик|óрм *m* (1) Beikost *f*; Beifutter *n*; **∼орми́ть** → ***∼áрмливать***

прикорнýть F (20) *pf.* einnicken; (***к*** Д an *A*) angelehnt liegen

прик|основéние *n* (12) Berührung *f*; **∼основéнный** † → ***причáстный***; **∼оснýться** → ***∼асáться***

прикрá|сы F *f*/*pl.* (5) Ausschmükkung(en *pl.*) *f*; Beschönigung(en *pl.*) *f*; ***без ~с*** ungeschminkt; **~шивать** (1), ⟨**~сить**⟩ (15) beschönigen, ausschmücken

прикреп|и́тельный (14) Anmelde-; Überweisungs-; **~ле́ние** *n* (12) Befestigung *f*; → **~ля́ть** (28), ⟨**~и́ть**⟩ (14*e.*) befestigen, festmachen (***к*** Д, ***за*** В an *D*); anbinden; zuteilen, zuweisen (*D*; in *A*); anmelden, eintragen *od.* eintragen lassen (in *D*)

прикри́кнуть (20) *pf.* anschreien, F anschnauzen (***на*** В *j-n*)

прикру́|чивать F (1), ⟨**~ти́ть**⟩ (15) festbinden (***к*** Д an *D*); herunterdrehen

прикры|ва́ть (1), ⟨**~́ть**⟩ (22) zudekken, bedecken; abdecken, verdecken, *Mil.* decken; schützen (***от*** Р vor *D*); *Tür* anlehnen; F schließen, einstellen; *fig.* bemänteln, verschleiern; **-ся** sich verschanzen (Т hinter *D*); F sich leicht schließen; **~́тие** *n* (12) Bedeckung *f*; Abdeckung *f*; Verdeckung *f*; Dekkung *f*; Schutz *m* (***под*** Т im); *fig.* Deckmantel *m*; Bemäntelung *f* (***для*** Р zu *D*)

прикуп|а́ть (1), ⟨**~и́ть**⟩ (14) dazukaufen

прику́ри|вать (1), ⟨**~ть**⟩ (13) anrauchen; e-e Zigarette anzünden

прику́с *m* (1) *Anat.* Biß; **~ывать** (1), ⟨**~и́ть**⟩ (15) abbeißen; F sich beißen (В auf *A*); pressen (Т *pl.* zwischen *D*)

прила́в|ок *m* (1; -ка) Ladentisch; Theke *f*; ***рабо́тник*** *m* ***~ка*** Verkäufer

прил|ага́тельное *n* (14) Adjektiv, Eigenschaftswort; **~ага́ть** (1), ⟨**~ожи́ть**⟩ (16) beilegen, beifügen (***к*** Д *D*); anwenden, verwenden (*a.* in *D*); sich . . . geben, aufbieten, machen; F dazulegen; ***~ага́емый*** beiliegend; ***ума́ не ~ожу́*** F ich weiß *od.* begreife nicht

прила́|живать F (1), ⟨**~дить**⟩ (15) anbringen (***к*** Д an *D*), anmachen; **-ся** sich anpassen *od.* gewöhnen; sich niederlassen

приласка́ть (1) *pf.* kosen, liebkosen, streicheln; freundlich behandeln

приле|га́ть (1) **1.** angrenzen (***к*** Д an *A*); eng anliegen, sich anschmiegen; **2.** ⟨**~́чь**⟩ (26; -ля́гу, -ля́жешь; → ***лечь***) sich anlehnen (***на*** В an *A*) *od.* niederbeugen (zu *D*), niederwerfen; *pf.* sich ein wenig hinlegen *od.* niederlegen; sich neigen; **~га́ющий** (17) enganliegend; angrenzend; **~жа́ние** *n* (12) Fleiß *m*; **~жа́щий** (17) → ***~га́ющий***; *Math.* Neben-; **~́жный** (14; -жен, -жна) fleißig; emsig, eifrig

прилеп|ля́ть (28), ⟨**~и́ть**⟩ (14) → ***прикле́и(ва)ть***, F ***прила́живать***; **-ся** F → ***привя́зываться*** F

прилёт *m* (1) Ankunft *f* (***в*** В in *D*); → **~а́ть** (1), ⟨**~е́ть**⟩ (11) heranfliegen, herbeifliegen; F heransausen, angeflogen kommen

приле́чь → ***прилега́ть***

прили́|в *m* (1) Flut *f*; Andrang; Anstieg; Anfall; Zufluß, Zustrom; **~ва́ть** (1), **~ть** (-лью́, -льёшь; → ***лить***) hinzufließen, zufließen; herbeiströmen; *fig.* sich ergießen (***к*** Д in *A*); *Blut*: steigen; **~вный** (14) Flut-, Gezeiten-

прили́з|ывать (1), ⟨**~а́ть**⟩ (3) belekken; F glatt kämmen *od.* striegeln; ***~анный*** F geleckt; *fig.* geglättet

прилип|а́ть (1), ⟨**~́нуть**⟩ (21) festkleben (***к*** Д an *D*), klebenbleiben; *fig.* hängenbleiben; F sich hängen (***к*** Д an *A*); P *j-n* belästigen; **~́чивый** F (14*K.*) klebrig; ansteckend; lästig, zudringlich

прили́ть → ***прилива́ть***

прили́ч|ие *n* (12) Anstand *m* (***для, ради*** Р aus *D*); *pl.* Anstandsregeln *f/pl.*; **~ный** (14; -ен, -на) anständig, ordentlich; schicklich, geziemend; F recht anständig, ganz ordentlich; † passend, angemessen

прил|оже́ние *n* (12) Anwendung *f*, Verwendung *f*; → ***~ожи́ть***; Beilage *f*, Anlage *f*; *Gr.* Apposition *f*, Beifügung *f*; **~ожи́ть(ся)** → ***прикла́дывать(ся)***, ***~ага́ть***

прилун|е́ние *n* (12) Mondlandung *f*; **~и́ться** (13*e.*) *pf.* auf dem Mond landen

при́ма *f* (5) erste Geige

прима́заться P (1) *pf.* sich einschleichen (***к*** Д in, bei *D*) *od.* anbiedern (bei *j-m*)

прима́н|ивать (1), ⟨**~и́ть**⟩ (13; *a.* -ённый) anlocken, F verlocken; F herbeiwinken; **~ка** *f* (5; -ок) Köder *m*, Lockspeise; *fig.* Lockmittel *n*

примелька́ться F (1) *pf.* vertraut *od.* allzu vertraut werden *od.* sein

примен|е́ние *n* (12) Anwendung *f*, Verwendung *f* (**с** Т/Р unter/von *D*); **в** П → **~и́тельно**); Einsatz *m*; **~и́мый** (14*K*.) anwendbar; **~и́тельно** (**к** Д) in bezug auf (*A*); **~я́ть** (28), ⟨**~и́ть**⟩ (13; -ённый) anwenden (**к** Д auf *A*), verwenden; einsetzen, (**к** Д in *A*) umsetzen; anpassen; **-ся** sich richten (**к** Д nach *D*)

приме́р *m* (1) Beispiel *n* (**для** Р zum, als; **на** П an *D*; **с** Р an *j-m*; И/**э́того** *N* dafür); Musterbeispiel *n*, Muster *n*, Vorbild *n* (**в** В als *A*; **с** Р/В *j-n* zum); Exempel *n*; Beleg (**на** В für *A*); Belehrung (**для** Р zu *D*); **не в ~** F ungleich, viel; im Unterschied (Д zu *D*); **за ~ами недалеко́ ходи́ть** F Beispiele dafür gibt es mehr als genug, ein Beispiel ist schnell zur Hand

примерз|а́ть (1), ⟨**~̈нуть**⟩ (21) anfrieren; *pf.* angefroren sein

приме́р|ивать (1) → **ме́рить 2**; **-ся** F Augenmaß nehmen, sich darauf einstellen; **~ка** *f* (5; -ок) Anprobe; **~ный** (14; -ен, -на) vorbildlich, mustergültig, Muster-; annähernd, ungefähr; **~но** etwa, rund; **~я́ть** (28) → **ме́рить 2**

при́месь *f* (8) Beimischung; Zusatz *m*; *fig.* Unterton *m*

приме́т|а *f* (5) Kennzeichen *n*, Vorzeichen *n*, Zeichen *n*, Merkmal *n*; **наро́дная ~а** Bauernregel; **. . . ~** Personen-; **на ~е** *fig.* im Auge, F auf dem Kieker

примета́|ть (1; ~̈нный) *pf.* anheften

приме́|тливый F (14*K*.) aufmerksam; **~тный** (14; -тен, -тна) merklich, sichtbar; auffallend; **~ча́ние** *n* (12) Anmerkung *f*, Bemerkung *f*; Fußnote *f*; Glosse *f*; **~ча́тельный** (14; -лен, -льна) bemerkenswert, sehenswert; **~ча́ть** F (1), ⟨**~тить**⟩ (15) bemerken; merken, sich merken

приме́ш|ивать, ⟨**~а́ть**⟩ (1) beimischen, beimengen (**к** Д *D*); zusetzen, hinzutun; F verwickeln (**к** Д in *A*)

прим|ина́ть (1), ⟨**~я́ть**⟩ (-ну́, -нёшь; -я́тый) leicht niederdrücken *od.* eindrücken; ein wenig niedertreten

примир|е́нец *m* (1; -нца) Versöhnler; **~е́ние** *n* (12) Versöhnung *f*, Aussöhnung *f*, Vergleich *m*; **~е́нческий** (16) versöhnlerisch; **~е́нчество** *n* (9) Versöhnlertum; **~и́тельный** (14; -лен, -льна) versöhnlich; (*o. K.*) Schlichtungs-; **~я́ть** (28), ⟨**~и́ть**⟩ (13*e*.) versöhnen, aussöhnen, ausgleichen; in Einklang bringen; **-ся** sich abfinden *od.* zufriedengeben

примити́вн|ость *f* (8) Primitivität; → **~ый** (14; -вен, -а) einfach, simpel

примкну́ть → **примыка́ть**

примо́лкнуть F (21) *pf.* verstummen

примо́р|ский (16) See-, Küsten-; **~ье** *n* (10) Küstengebiet (**на** П in *D*)

примости́ться F (15*e*.) sich niederlassen (**к** Д an *D*)

примо́чка *f* (5; -чек) feuchter Umschlag *m*; *Med.* Wasser *n*, Tropfen *m/pl.*

при́мула *f* (5) Primel

при́мус *m* (1) Petroleumkocher

примча́ть F (4*e*.) *pf.* eilends herbeibringen; Р → **-ся** herbeisausen; angerannt *od.* angerast *od.* angesprengt kommen

прим|ыка́ние *n* (12) Anschluß *m*; *Gr.* Adjunktion *f*; → **~ыка́ть** (1), ⟨**~кну́ть**⟩ (20) sich anschließen (**к** Д *D*), dazustoßen; *Mil.* aufpflanzen; *impf.* angrenzen (**к** Д an *A*)

примя́ть → **примина́ть**

принадлеж|а́ть (4*e*.) gehören; angehören; zustehen, zukommen; stammen (Д von *j-m*; aus *D*); eigen sein; **~̈ность** *f* (8) Zugehörigkeit; Eigenschaft; *pl.* Zubehör *n*, Gerät(e *pl.*) *n*, Ausrüstung *f*; Bedarf *m*, Artikel *m/pl.*; → **прибо́р**; **по ~̈ности** an die zuständige Stelle

прин|есе́ние *n* (12) Erbringung *f*; → **~ести́(сь)** → **~оси́ть(ся)**

прини|жа́ть (1), ⟨**~̈зить**⟩ (15) erniedrigen, demütigen; herabwürdigen

прин|има́ть (1), ⟨**~я́ть**⟩ (приму́, -мешь; -нял, -á; -нятый: -тá) annehmen, entgegennehmen; aufnehmen; (*a.* **на себя́**) auf sich nehmen, übernehmen; einnehmen, nehmen; abnehmen (**от** Р *j-m*); zu sich nehmen; akzeptieren; empfangen; halten (**за** В für *A*); *Mil.* ausweichen; *Jur.* verabschieden; fassen; beschließen; ablegen; *Med.* entbinden (**у** Р *j-n*); *Rel.* treten (В in *A*); *Partei*, *Maßnahmen* ergreifen; *in Betracht* ziehen; *Miene* aufsetzen; *Spaß*: auffassen (**в** В als *A*); *Regel*: sich machen (**за** В zur); *Mühe*:

sich unterziehen (***на*** B/B *D*); P wegräumen; e-n heben; ***~я́ть на рабо́ту*** einstellen; ***~я́ть на свой счёт*** auf sich beziehen; **-ся** (***за*** B *et.*) beginnen, anfangen, in Angriff nehmen, F sich vornehmen; sich machen (an *A*) *od.* F hermachen (über *A*); *Med.* wirken; Wurzeln schlagen; F angehen

принор|а́вливать F (1), ⟨**~ови́ть**⟩ (14*e.*; -о́вленный) anpassen (***к*** Д *D*); abstimmen (auf *A*); anberaumen; **-ся** Übung bekommen

прин|оси́ть (15), ⟨**~ести́**⟩ (25 -с-) bringen, mitbringen; überbringen; einbringen, erbringen; vorbringen; darbringen (***в*** B als); holen; herantragen, herbeitragen; herbeitreiben, herbeiwehen (***к*** Д an *A*); *fig.* eintragen; *Jur.*, *Rel.* ablegen; tun; *Anat.* werfen; *Dank* abstatten; *Geschenk*: machen (***в*** B zum); P ***~есло́*** (B *j-d*) kommt her; **-ся**, ⟨-сь⟩ F → ***примча́ться, доноси́ться***; **~оше́ние** *n* (12) Gabe *f*, Geschenk

прину|ди́ловка P *f* (5) Zwangsarbeit, Fronarbeit; **~ди́тельный** (14; -лен, -льна) Zwangs-, Fron-; zwangsläufig, zwangsweise; **~жда́ть** (1), ⟨**~ди́ть**⟩ (15; -ждённый) zwingen, nötigen; bringen; **~жде́ние** *n* (12) Zwang *m* (***по*** Д unter *D*), Nötigung *f*; **~ждённый** (14*K.*) gezwungen, genötigt; gespielt

при́нцип *m* (1) Prinzip *n*, Grundsatz; System *n*; **~иа́льность** *f* (8) grundsätzliche Bedeutung; → **~иа́льный** (14; -лен, -льна) grundsätzlich, prinzipiell; prinzipienfest, prinzipientreu; mit Grundsätzen

прин|я́тие *n* (12) Annahme *f*; Entgegennahme *f*; Abnahme *f*; → ***~има́ть***; **~я́тый** (14; -ят, -ята́) angenommen; aufgenommen; → ***~има́ть***; eingeführt; üblich, gebräuchlich; ***~я́то*** es ist Brauch *od.* Sitte; man pflegt (+*Inf.*); **~я́ть(ся)** → ***~има́ть(ся)***

приободр|я́ть (28), ⟨**~и́ть**⟩ (13*e.*) ein wenig aufmuntern *od.* (B *j-m*) Mut machen; **-ся** etwas Mut fassen *od.* schöpfen

приобре|та́ть (1), ⟨**~сти́**⟩ (25 -т-) erwerben, erlangen; sich anschaffen *od.* zulegen; gewinnen, finden; bekommen, annehmen; *Erfahrungen* sammeln; **~те́ние** *n* (12) Erwerb *m*; Anschaffung *f*; Gewinn *m*; Einkauf *m*; → ***~та́ть***

приобщ|а́ть (1), ⟨**~и́ть**⟩ (16*e.*) heranführen (***к*** Д an *A*); einführen, einweihen (in *A*); beilegen, beifügen (*D*); *Rel.* → ***причаща́ть(ся)***; **-ся** teilnehmen, teilhaben (***к*** Д an *D*); sich anschließen (*D*, an *A*), teilhaftig werden (*G*)

приоде́ть F (-е́ну, -нешь) *pf.* → ***наряжа́ть***

приоса́ниться F (13) *pf.* sich in Pose setzen, Haltung annehmen

приостан|а́вливать (1), ⟨**~ови́ть**⟩ (14) stoppen, aufhalten, vorübergehend anhalten *od.* einstellen; *Jur.* aussetzen; **-ся** kurz halten, innehalten; stehenbleiben; stocken; kurze Zeit stehenbleiben; aufhören; **~о́вка** *f* (5; -вок) Stockung; → **~овле́ние** *n* (12) vorübergehende Einstellung *f*; Aussetzung *f*

приот|воря́ть (28), ⟨**~вори́ть**⟩ (13) → **~крыва́ть** (1), ⟨**~кры́ть**⟩ (22) ein wenig *od.* e-n Spaltbreit öffnen; **-ся** ein wenig aufgehen

приохо́тить F (15) *pf.* das Interesse wecken (B/***к*** Д in *j-m*/für *A*), *j-m* Lust machen; **-ся** Gefallen finden (***к*** Д an *D*); Lust bekommen

припа|да́ть (1), ⟨**~́сть**⟩ (25; *Prät. st.*; -́вший) sinken, fallen; sich beugen (***к*** Д *a.* über *A*) *od.* niederwerfen, werfen (auf *A*); sich *od.* (*Ohr*: T *A*) drücken, pressen (an *A*); **~́док** *m* (1; -́дка) Anfall, Attacke *f*, Anwandlung *f*

припа́рка *f* (5; -рок) heißer Umschlag *m*; Packung

припас|а́ть F (1), ⟨**~ти́**⟩ (25 -с-) zurücklegen, aufsparen, sparen; vorrätig haben; *fig.* bereithalten

припа́сть → ***припада́ть***

припа́сы *m/pl.* (1) Vorräte; Proviant *m*; Munition *f*

припа́хивать F (1) leicht riechen *od.* stinken (T nach *D*)

припая́ть (28) *pf.* anlöten (***к*** Д an *A*); P anhängen; aufbrummen

припе́в *m* (1) Refrain, Kehrreim; **~а́ть** F (1) dazu *od.* vor sich hin singen; ***~а́ючи*** F sorglos, sorgenfrei

припёк: ***на ~е*** in der prallen Sonne;

~а́ть F (1) brennen, stechen; stark erwärmen; leicht anbrennen lassen
прип|ира́ть (1), ⟨**~ере́ть**⟩ (12) F drükken; (*a.* an die Wand) drängen (**к** Д); abstützen; verrammeln; *fig.* in die Enge treiben, bedrängen; P herbeischleppen; aufkreuzen (**к** Д bei *j-m*)
припи́с|ка *f* (5; -ок) Nachschrift, Postskriptum *n*, Zusatz *m*; *mst pl.* geschönte Angaben *od.* Zahlen; **~ывать** (1), ⟨**~а́ть**⟩ (3) dazuschreiben; in e-r Nachschrift hinzufügen; registrieren (**к** Д in *D*); *fig.* zuschreiben, zuschieben; **-ся** sich anmelden (**к** Д bei *D*); F sich zurechnen (**в** И *pl. D*)
припла́|та *f* (5) Zuzahlung, Zuschlag *m*; **~чивать** (1), ⟨**~ти́ть**⟩, (15) dazuzahlen, zuzahlen, draufzahlen
припле|та́ть (1), ⟨**~сти́**⟩ (25 -т-) einflechten (В/ **к** Д *A* in *A*); F hinzudichten, Zeug *n* anbringen; **-ся**, ⟨-сь⟩ P sich mühsam herschleppen
припло́д *m* (1) Zuwachs; Wurf
приплы|ва́ть (1), ⟨**~ть**⟩ heranschwimmen; heranfahren, heransegeln (**к** Д an *A*); ankommen, eintreffen (**в** В in *D*)
приплю́снут|ый (14*K.*) platt, plattgedrückt; **~ь** (20) *pf.* plattdrücken
приплюсова́ть F (7) *pf.* hinzurechnen
припля́сывать (1) tänzeln
приподн|има́ть (1), ⟨**~я́ть**⟩ (-иму́, -и́мешь; → **подня́ть**) ein wenig *od.* leicht anheben, hochheben; aufheben; *Hut* lüften; F aufmuntern; **-ся** sich ein wenig erheben *od.* aufrichten
приполз|а́ть (1), ⟨**~ти́**⟩ (24) herankriechen, herbeikriechen (**к** Д *a.* bis an *A*)
припом|ина́ть (1), ⟨**~нить**⟩ (13) sich erinnern (В an *A*) *od.* besinnen, kommen (auf *A*); einfallen (И/В *j-m N*); wiedererkennen; *pf.* F nicht vergessen; → **отвеча́ть**, *pf.*; **~нил!** ich hab's!; **-ся** → **вспомина́ться**
припра́в|а *f* (5) Zutat(en *pl.*), Gewürz(e *pl.*) *n*, (*a. fig.*) F Würze; **~ля́ть** (28), ⟨**~ить**⟩ (14) würzen, abschmekken, anrichten; *Typ.* zurichten
припры́г|ивать F (1), *einm.* ⟨**~нуть**⟩ (20) heranhüpfen; *pf.* e-n Hüpfer tun
припря́т|ывать F (1), ⟨**~ать**⟩ (3) heimlich wegstecken *od.* verstecken; aufheben; auf die hohe Kante legen
припря́чь (26 -г/ж-) *pf.* zuspannen
припугну́ть F (20) *pf.* leicht erschrecken *od.* einschüchtern
припус|ка́ть (1), ⟨**~ти́ть**⟩ (15) zugeben; *Saum* auslassen; *Kochk.* dämpfen; *Met.* stärker werden; F losjagen; P heranlassen (**к** Д an *A*); **-ся** F losrennen
припу́т|ывать, ⟨**~ать**⟩ F (1) → **приплета́ть**; hineinziehen (**к** Д in *A*)
припух|а́ть (1), ⟨**~нуть**⟩ (21) leicht anschwellen; **~лый** F (14*K.*) etwas rundlich *od.* leicht schwellend
прираб|а́тывать, ⟨**~о́тать**⟩ F (1) dazuverdienen; **~оток** F *m* (1; -тка) Nebenverdienst
прира́вн|ивать (1), ⟨**~я́ть**⟩ (28) gleichstellen; gleichsetzen (**к** Д *D*)
прира|ста́ть (1), ⟨**~сти́**⟩ (25; -сту́, -тёшь; -ро́с, -сла́) anwachsen (**к** Д an *A*); *fig.* zusammenwachsen (mit *D*); sich vermehren; **~ще́ние** *n* (12) Anwachsen; Zuwachs *m*; *Math.* Inkrement
приревнова́ть (7) *pf.* eifersüchtig werden (**к** Д/В auf *j-n*/wegen *G*, F *D*)
прирез|а́ть, **~ывать** (1), ⟨**~ать**⟩ (3) zuteilen; F einverleiben (**к** Д *D*); die Kehle durchschneiden; abstechen
прире́чный (14) am Fluß
приро́|да *f* (5) Natur (**по** Д, **от** Р von *D*); Wesen *n*, Naturell *n*; *fig.* Blut *n* (**у** Р/**от** Р *j-m* im); **~дный** (14) Natur-, natürlich; angeboren; urwüchsig; *Chem.* Erd-; Selbst- (*Farbe*); **~дове́дение** *n* (12) Naturkunde *f*; **~ждённый** (14*K.*) angeboren; geboren, echt
приро́ст *m* (1) Zuwachs
прируч|а́ть (1), ⟨**~и́ть**⟩ (16*e.*) zähmen; dressieren; F zutraulich machen; **-ся** zahm *od.* F zutraulich werden
прис|а́живаться (1), ⟨**~е́сть**⟩ (25; -я́ду, -дешь; → **сесть**) sich ein wenig hinsetzen *od.* dazusetzen; Platz nehmen
прис|а́сываться (1), ⟨**~оса́ться**⟩ (-осу́сь, -сёшься) sich festsaugen (**к** Д an *D*); F sich einnisten (in *D*)
присв|а́ивать (1), ⟨**~о́ить**⟩ (13) sich aneignen, an sich nehmen; sich anmaßen; verleihen, zuerkennen; geben
присва́таться P (1) *pf.* anhalten (**к** Д um *j-n*)
присви́ст|ывать (1) ⟨**~нуть**⟩ [-sn-] (20) dazu pfeifen, mitpfeifen, leise *od.*

П

vor sich hin pfeifen; *pf.* e-n leisen Pfiff ausstoßen

присв|ое́ние *n* (12) Aneignung *f*; Verleihung *f*; **~о́ить** → ***~а́ивать***

присе|да́ние *n* (12) Kniebeuge *f*; Knicks *m*; **~да́ть** (1), ⟨**~́сть**⟩ (-ся́ду, -дешь; → ***сесть***) in die Knie gehen; → ***ко́рточки***; knicksen, e-n Knicks machen

прис|е́ст: ***в*** *od.* ***за оди́н ~е́ст*** F in e-m Zug; **~е́сть** → ***~а́живаться***, ***~еда́ть***

при́сказка *f* (5; -зок) *Folkl.* Eingang *m*; Eingangsformel; Schluß *m*; Schlußformel; → ***прибау́тка***

приск|а́кивать (1) **1.** ⟨**~aка́ть**⟩ (3) heranhüpfen; herbeisprengen; F heranrennen; **2.** ⟨**~очи́ть**⟩ (16) → ***подскочи́ть***, ***подскака́ть***

приско́рб|ие *n* (12) Bedauern, Leidwesen; Trauer *f* (***с*** T in *D*); **~ный** (14; -ен, -на) traurig, betrüblich; ***мне ~но*** es tut mir leid

прискочи́ть → ***приска́кивать 2***

прию́чи|ть F (16) *pf.* langweilig werden; **~л(*а*, *-о*)** (Д *j-d*) hat(te) *et.* satt

присла́ть → ***присыла́ть***

присло́вье F *n* (10; -вий) Redensart *f*

прислон|я́ть (28), ⟨**~и́ть**⟩ (13*e.*/13) anlehnen (***к*** Д an *A*), heranrücken

прислу́|га *f* (5) *ehm.* Dienstmädchen *n*; Dienerschaft; *Mil.* Bedienung, Bedienungsmannschaft; **~живать** (1) bedienen (Д *j-n*), aufwarten; **-ся** F liebedienern, sich (Д bei *j-m*) einschmeicheln; **~жник** *m* (1) F Handlanger; † Hausdiener

прислу́ш|иваться, ⟨**~аться**⟩ (1) lauschen (***к*** Д *D*), horchen; hinhören, hineinhören, hören, auf *et.* hören; ein Ohr haben (für *A*); sein Ohr leihen (*j-m*); *pf.* F unempfindlich werden (gegen *A*)

присм|а́тривать (1), ⟨**~отре́ть**⟩ (9) aufpassen, achtgeben (***за*** T auf *A*), sich kümmern (um *A*); F aussuchen, ins Auge fassen (Д für *j-n*); auftreiben; **-ся** genau *od.* genauer hinsehen, sich (***к*** Д *A*) ansehen *od.* anschauen, (*A*) beobachten; sich umsehen *od.* gewöhnen (an *A*) *od.* orientieren (über *A*); *pf.* F gleichgültig werden *od.* (von *D*) genug haben

присмире́ть (8) *pf.* sich beruhigen; still werden

присм|о́тр *m* (1) Aufsicht *f* (***за*** T über *A*), Beaufsichtigung (*G*); → ***уха́живание***; **~отре́ть(ся)** → ***~а́тривать(ся)***

при́сные F *pl.* (14) *j-s* Leute

присоба́чить P (16) *pf.* dranmachen (***к*** Д an *A*)

присовокуп|ля́ть (28), ⟨**~и́ть**⟩ (14*e.*) beilegen, beifügen (***к*** Д *D*)

присоедин|е́ние *n* (12) Anschluß *m*; Zusammenschluß *m*; Beitritt *m*; → **~я́ть** (28), ⟨**~и́ть**⟩ (13*e.*) anschließen (***к*** Д an *A*), (*D*) angliedern, (in *A*) eingliedern, (*D*) einverleiben; dazulegen; **-ся** beitreten (***к*** Д *D*)

присоса́ться → ***приса́сываться***

присо́хнуть → ***присыха́ть***

присочини́ть (16*e.*) *pf.* hinzudichten

приспе|ва́ть (1), ⟨**~́ть**⟩ (8) F kommen, einsetzen; P → ***подоспе́ть***, ***поспева́ть 1***

приспе́шник *m* (1) Helfershelfer, Handlanger; Spießgeselle

приспи́чи|ть P (16) *pf.*: **~ло** (Д *j-d*) will unbedingt ..., *j-n* juckt(e) es ...; ***что тебе́ ~ло***? wo brennt's denn?

приспос|а́бливать (1), **~обля́ть** (28), ⟨**~о́бить**⟩ (14) anpassen (***к*** Д *D*), F anbringen (an *D*); einrichten (für *A*; ***под*** B als *A*), umbauen (zu *D*); **-ся** sich einstellen (***к*** Д auf *A*) *od.* an *et.* gewöhnen; Übung bekommen; **~обле́нец** *m* (1; -нца) Konjunkturritter; Opportunist, Wendehals; **~обле́ние** *n* (12) Anpassung *f* (***к*** Д an *A*), Anwendung *f*; Einrichtung *f*, Vorrichtung *f*; **~о́бленный** (14*K.*) tauglich; ***~о́бленный к жи́зни*** lebenstüchtig; **~обле́нческий** (16) Konjunktur-, opportunistisch; **~обля́емость** *f* (8) Anpassungsfähigkeit (***к*** Д an *A*)

приспус|ка́ть (1), ⟨**~ти́ть**⟩ (15) ein wenig herunterlassen *od.* herunterdrehen; herablassen; *Fahne* halbmast setzen

при́став *m* (1) *ehm.* Polizeihauptmann; ***ча́стный ~*** Reviervorsteher

приста|ва́ть (5), ⟨**~́ть**⟩ (-́ну, -́нешь; -́нь!) kleben, haften (***к*** Д an *D*); hängenbleiben; *Mar.* anlegen; F *j-n* bedrängen, belästigen; sich *j-m* anschließen *od.* zugesellen; zulaufen; *Med.* *j-n* erwischen; *pf.* F anstehen, sich (für *j-n*) schicken; ***~́ть ножо́м к го́рлу*** (***к*** Д *j-m*) das Messer an die Kehle setzen;

не ~вáй! laß mich!, laß mich in Ruh!; → *бáнный*

пристáв|ка *f* (5; -ок) *Gr.* Präfix *n*, Vorsilbe; *Tech.* Zusatzgerät *n*; → **~лять** (28), ⟨**~ить**⟩ (14) heranstellen (*к* Д an *A*); anlehnen; ansetzen (am, auf *A*); F beauftragen, einsetzen, *j-m* beigeben; **~нóй** (14) Anlege-; zusätzlich aufgestellt; **~очный** (14) angesetzt; *Gr.* präfigiert

прúстальный (14; -лен, -льна) unverwandt, starr; aufmerksam, konzentriert

пристá|нище *n* (11) Zuflucht *f*; Obdach, F Bleibe *f*; **~нь** *f* (8; *ab Gpl. e.*) Anlegestelle, Kai *m* (*на* П an *D*); Hafen *m*; *fig.* Plätzchen *n*; **~ть** → *~вáть*

пристёг|ивать (1), ⟨**~нýть**⟩ (20; -нутый) anknöpfen; anschnallen; anstekken; F zuspannen; P zulegen; dranhängen; *~нúте ремнú! Flgw.* schnallen Sie sich an!

пристóйный (14; -óен, -йна) anständig, schicklich

пристр|áивать (1), ⟨**~óить**⟩ (13) anbauen (*к* Д an *A*); *Mil.* aufschließen lassen; F hinsetzen, hinlegen (*в, на* П in, auf *A*); anbringen, (*в* B in *D*) unterbringen; verheiraten (*за* B mit *j-m*); **-ся** sich einreihen *od.* anschließen; F sich niederlassen *od.* einrichten; unterkommen (*к* Д in, bei *D*)

пристрáст|ие *n* (12) Vorliebe *f* (*к* Д für *A*), Voreingenommenheit *f* (gegen *A*); *с~ ием* ganz gründlich; *hist.* hochnotpeinlich; **~иться** F (15) *pf.* sich verlegen (*к* Д auf *A*), zum Freund *od.* Liebhaber werden; **~ный** [-sn-] (14, -ен, -на) eingenommen (*к* Д für *A*); voreingenommen (gegen *A*); parteiisch, befangen; ungerecht

пристращáть P (1) *pf.* → *припугнýть*

пристрéл|ивать (1) **1.** ⟨**~ить**⟩ (13) niederschießen, F erschießen; den Gnadenschuß geben (B *D*); **2.** ⟨**~ять**⟩ (28) einschießen, sich einschießen (*в, по* Д auf *A*); **~ка** *f* (5) Einschießen *n* (P auf *A*); Probeschießen *n*

пристр|óить(ся) → *~áивать(ся)*; **~óйка** *f* (5; -óек) Anbau *m*, Nebengebäude *n*, Dependance; Flügel *m*

пристрочúть (16/16*e.*) *pf.* ansteppen

пристрýнить F (13) *pf.* zurechtweisen

пристýкнуть (20) *pf.* leicht aufschlagen *od.* aufstampfen (T *A*), zusammenschlagen; P erschlagen, (B *j-m*) den Schädel einschlagen

прúступ *m* (1) Anfall, Attacke *f*; *Mil.* Ansturm, Sturm (T im); *Ling.* Einsatz; *идтú на~* stürmen; F *~у нет* (*к* Д *et.*) ist unerschwinglich; (an *j-n*) ist nicht heranzukommen; → **~áть** (1), ⟨**~úть**⟩ (14) beginnen (*к* Д mit *D*), *et.* in Angriff nehmen, sich an *et.* machen, (an *A*) gehen; herantreten, antreten; F → *приставáть* F; **-ся** sich nähern (*к* Д *D*); F herangehen, herankommen; → ~ F; **~óк** *m* (1; -ка) Stufe *f*; Trittbrett *n*

пристыдúть (15*e.*) *pf.* beschämen

пристяжнáя *f* (14) Beipferd *n*

прису|ждáть (1), ⟨**~дúть**⟩ (15; -ждённый) verurteilen; zuerkennen, (F *Jur.*) zusprechen; verleihen; **~ждéние** *n* (12) Verleihung *f*; → *~ждáть*

присýтств|енный (14) Amts-, Büro-; **~ие** *n* (12) Anwesenheit *f*, Gegenwart *f*, Beisein; Präsenz *f*, Vorhandensein (*от* P wegen *G*); *hist.* Amt; **~овать** (7) anwesend *od.* zugegen sein; beiwohnen (*на* П *D*); vorhanden sein; **~ующий** *m* (17) Anwesende(r)

присýщий (17*K.*) eigen

присчúт|ывать [-ʃtʃ-], ⟨**~áть**⟩ (1) dazuzählen, dazurechnen; zulegen

прис|ылáть (1), ⟨**~лáть**⟩ (-шлю, -лёшь; -ланный) zuschicken, herschicken, hersenden; **~ылка** *f* (5; -лок) Zusendung, Sendung

присып|áть (1), ⟨**~ать**⟩ (2) dazuschütten; leicht bestreuen, pudern; **~ка** *f* (5) Streupulver *n*, Puder *m* (F *a. n*)

прис|ыхáть (1), ⟨**~óхнуть**⟩ (21) antrocknen, ankleben, haften

присяг|а *f* (5) Eid *m*, Schwur *m*; *Mil.* Gelöbnis *n*; *под ~гой Jur.* eidlich; **~гáть** (1), ⟨**~гнýть**⟩ (20) e-n Eid leisten *od.* ablegen; schwören; **~жный** (14) F stadtbekannt, eingeschworen; Gewohnheits-; *Jur.* vereidigt; *Su. m* Geschworene(r)

притаúть F (13*e.*) *pf.* verbergen; *Atem* anhalten; **-ся** sich verstecken

прит|áптывать (1), ⟨**~оптáть**⟩ (3) zertreten, zerstampfen

притá|скивать (1), ⟨**~щúть**⟩ (16) herbeischleppen, heranschleppen; F anbringen; **-ся** sich schleppen *od.* herschleppen; P antanzen

притво́р *m* (1) Vorhalle *f* (*Kirche*); **~ный** (14; -ен, -на) geheuchelt, vorgetäuscht, simuliert; *Adv.* zum Schein; **~ство** *n* (9) Verstellung *f*; Heuchelei *f*; **~щик** *m* (1) Heuchler; **~я́ть** (28), ⟨**~и́ть**⟩ (13) anlehnen, nicht ganz zumachen; → **-ся 1.** leise *od.* langsam zugehen; **2.** (13*e.*) sich verstellen *od.* stellen; so tun, so tun als ob

прите|ка́ть (1), ⟨**~́чь**⟩ (26) zufließen, zuströmen, herbeiströmen

притерпе́ться F (10) *pf.* → ***привыка́ть***

притёртый (14) eingeschliffen

притесн|е́ние *n* (12) Unterdrückung *f*; *pl.* Schikanen *f/pl.*; **~и́тель** *m* (4) Bedrücker; **~я́ть** (28), ⟨**~и́ть**⟩ (13*e.*) bedrücken, bedrängen, drangsalieren

прите́чь → ***притека́ть***

притира́ть (1) einreiben, einschmieren

прити́с|кивать F (1), ⟨**~нуть**⟩ (20) andrücken, drücken (***к*** Д an, gegen *A*); *fig.* bedrücken

притих|а́ть (1), ⟨**~́нуть**⟩ (21) verstummen; → ***стиха́ть***

приткну́ть (21) F anstecken (***к*** Д an *A*); schieben; P verstauen (***в*** В in *D*); **-ся** sich anlehnen *od.* anschmiegen (***к*** Д an *A*); stoßen (auf *A*), anstoßen; P sich hinhocken *od.* niederlassen; unterkommen, unterschlüpfen (***в*** В in *D*)

прито́к *m* (1) Nebenfluß, Zufluß; Zuwachs, Zufuhr *f*; *fig.* Andrang

при́толока *f* (5) Sturz *m*, Pfosten *m*

прито́м dabei; außerdem, obendrein

прито́н *m* (1) Spelunke *f*; Höhle *f*

притоп|та́ть → ***прита́пывать***; **~́ывать** (1), ⟨**~нуть**⟩ (20) aufstampfen; *impf.* im Takt stampfen

притормози́ть F (15*e.*) *pf.* abbremsen

при́торный (14; -рен, -рна) übersüß, allzu süß; süßlich, zuckersüß

притр|а́гиваться (1), ⟨**~о́нуться**⟩ (20) leicht berühren, anrühren (***к*** Д *A*)

притули́ться P (13*e.*) → ***приткну́ться***

притуп|ля́ть (28), ⟨**~и́ть**⟩ (14) stumpf machen; **-ся** stumpf werden; *fig.* abstumpfen, sich abschwächen

притуши́ть F (16) *pf.* löschen; dämpfen, abblenden; leiser stellen

при́тча *f* (5) Gleichnis *n*, Parabel; ***что за ~?*** F was soll das heißen?; ***э́то ~ во язы́цех*** in aller Munde; *Spr.* die Spatzen pfeifen es schon von allen Dächern

притя|га́тельный (14; -лен, -льна) anziehend; (*o. K.*) Anziehungs-; **~́гивать** (1), ⟨**~ну́ть**⟩ (19) heranziehen, anziehen (***за́*** В *pl.* an *D*), herbeiziehen (***к*** Д an *A*); festbinden, fesseln (an *D*); F vorladen; zur Verantwortung ziehen; → ***привлека́ть***; **~жа́тельный** (14) *Gr.* Possessiv-, besitzanzeigend; **~же́ние** *n* (12) Anziehung *f*; Anziehungskraft *f*

притяза́|ние *n* (12) Anspruch *m*; **~тельный** (14; -лен, -льна) anspruchsvoll, prätentiös

притяну́ть → ***притя́гивать***

приудар|я́ть (28), ⟨**~́ить**⟩ (13) F leicht schlagen *od.* hauen; P loslegen, losflitzen; nachlaufen (***за*** Т *j-m*); *pf.* e-n Flirt beginnen (mit *D*)

приукра́|шивать F (1), ⟨**~сить**⟩ (15) ein wenig schmücken; *fig.* ausschmükken, beschönigen

приуменьш|а́ть (1), ⟨**~́ить**⟩ (16) etwas verkleinern *od.* bagatellisieren

приумнож|а́ть (1), ⟨**~́ить**⟩ (16) vermehren, mehren, vergrößern

приумо́лкнуть F (20) *pf.* jäh *od.* zeitweilig verstummen

приуны́ть F (-ы́л, -ла) *pf.* traurig werden, den Kopf hängen lassen

приуро́чи|вать (1), ⟨**~ть**⟩ (16) anberaumen, ansetzen; abstimmen (***к*** Д mit *D*)

приуса́дебный (14): ***~ уча́сток*** *m* persönliche Nebenwirtschaft *f* (*SU*)

приуч|а́ть (1), ⟨**~и́ть**⟩ (16) beibringen (В/***к*** Д *j-m et.*); abrichten (auf *A*); **-ся** sich angewöhnen; lernen

прифранти́ться F (15*e.*) *pf.* sich herausputzen *od.* in Schale werfen

прифронтово́й (14) Front-

прихва́рывать F (1) kränkeln

прихвастну́ть [-sn-] F (20) *pf.* ein bißchen angeben; dazufabulieren

прихва́т|ывать (1), ⟨**~и́ть**⟩ (15) mitnehmen, F dazunehmen; locker zusammenbinden, festbinden; F schnappen, erwischen; abzwacken; abbekommen

прихворну́ть F (20) *pf.* leicht erkranken, kränkeln

при́хвостень F *m* (4; -тня) Kriecher

прихлеб|а́тель F *m* (4) Schmarotzer; **≈ывать** F (1), ⟨**~ну́ть**⟩ (20) nippen (В, Р von *D*); *pf.* e-n Schluck nehmen, *impf.* ab u. zu . . .; *impf.* gemächlich trinken, süffeln

прихло́пнуть (20) *pf.* leicht klatschen (В, ***по*** Д auf *A*); zuschlagen, zuwerfen; F einklemmen, einquetschen; P erledigen, abmurksen

прихлы́нуть (20) *pf.* herbeifluten, herbeiströmen; herbeidrängen, drängen (***к*** Д in *A*)

прихо́д *m* (1) Ankunft *f*, Eintreffen *n* (***в*** В in *D*); Einzug; Antritt; Einnahme(n *pl.*) *f*; *Fin.* Haben *n*, Kredit (***на*** В als *A*); *Rel.* Gemeinde *f*, Pfarrei *f*; ***~ и расхо́д*** *m* Soll u. Haben *n*; **~и́ть** (15), ⟨прийти́⟩ (-иду́, -дёшь; → ***идти́***) kommen (***к*** Д *fig.* an *D*; ***на*** В zu *D*; Т als *N*); ankommen (***в*** В in *D*), eintreffen; zurückkommen; eintreten, (***в, на*** В zu *D*) gehen; holen, abholen (***за*** Т *A*); erreichen (***к*** Д *A*); anlangen (bei *D*), gelangen, stoßen; *fig.* kommen (Д/И *j-d* auf *A*); bekommen (***в*** В *A*); *Wut*: geraten (in *A*); ***~и́ть в него́дность*** unbrauchbar werden; ***~и́ть в себя́*** *od.* ***в чу́вство*** zu sich kommen; ***не мо́жет прийти в себя́*** *j-d* ist außer sich; **-ся**, ⟨-сь⟩ fallen (***в*** В auf *A*), kommen; entfallen; ergehen; P zu stehen kommen; *Geschmack*: sein (Д/***по*** Д nach *j-s D*); *impf. Verwandtschaft*: sein (Д/Т *j-s N*); ***-сь к сло́ву*** *od.* ***по ноге́*** F passen; ***-сь по нра́ву*** gefallen; ***~и́тся*** (Д *j-d*) muß *od.* soll; ***где*** *od.* ***как придётся*** F wo *od.* wie es gerade kommt; **~ный** (14) Einnahme-; **~ова́ть** (7), ⟨за-, о-⟩ als Einnahme buchen

прихо́|дский (16) Pfarr-, Gemeinde-; **~дя́щий** (17) extern, Tages-; Zugeh-; **~жа́нин** *m* (1; *pl.* -а́не, -а́н) Gemeindemitglied *n*; **~жая** *f* (17) Diele, Vorzimmer *n*

прихора́шивать F (1) zurechtmachen

прихот|ли́вый (14*K.*) launenhaft; wählerisch; bizarr, verschnörkelt; **≈ь** *f* (8) Laune, Grille

прихра́мывать (1) leicht hinken (***на*** В auf *D*)

прице́л *m* (1) Ziel *n*; Zielen *n*; Visier *n* (***на*** П im); Aufsatz; ***на ~*** aufs Korn; **~иваться** (1) → ***це́литься***, F ***наце́ливаться***; F richten (Т/***к*** Д *A* auf *A*); **~ьный** (14) Ziel-, Visier-

прице́ни|ваться F (1), ⟨**~ться**⟩ (13*e.*) sich nach dem Preis (***к*** Д *G*) erkundigen

прице́п *m* (1) Anhänger; **~ка** *f* (5; -ок) Ankupplung; → ***~ля́ть***; F Anhängsel *n*; Anlaß *m* zur Schikane, Schikane; **~ля́ть** (28), ⟨**~и́ть**⟩ (14) anhängen, ankuppeln (***к*** Д an *A*); **-ся** hängen; F → ***пристава́ть, придира́ться***; **~но́й** (14) Anhänge(r)-, angehängt

прича́л *m* (1) Anlegestelle *f*, Anlegeplatz, Kai, Pier; Sorrtau *n*; → **~ивать** (1), ⟨**~ить**⟩ (13) anlegen (***к*** Д an *A*); vertäuen (an *D*); **~ьный** (14) Anlege-, Sorr-

прича́|стие *n* (12) *Gr.* Partizip, Mittelwort; *Rel.* Abendmahl, Kommunion *f*; **~стность** [-sn-] *f* (8) Beteiligtsein *n* (***к*** Д an *D*), Verbindung, (in *D*) Rolle; **~стный** [-sn-] (14; -тен, -тна) beteiligt (***к*** Д an *D*), verwickelt (in *D*), teilhaftig (*G*); *Gr.* Partizipial-; ***~стен*** *j-d* hat zu tun (***к*** Д mit *D*) *od.* die Hand im Spiel (bei, in *D*); **~ща́ть** (1), ⟨**~сти́ть**⟩ (15*e.*) das Abendmahl spenden; **-ся** das Abendmahl empfangen

причём wobei; dabei; ***~ ещё*** u. . . . auch noch

причёс|ка *f* (5; -ок) Frisur; Haarschnitt *m* → **~ывать** (1), ⟨**≈а́ть**⟩ (3) kämmen, bürsten; frisieren; F glätten

приче́тник *m* (1) Küster

причи́н|а *f* (5) Ursache; Grund *m* (Р, Д für *A*; ***по*** Д aus *D*, wegen, aufgrund *G*); ***~а в том . . .*** der Grund liegt darin . . .; ***в чём ~а?*** woran liegt es?; **~ность** *f* (8) Kausalität; → **~ный** (14) kausal, ursächlich; Kausal-; **~я́ть** (28), ⟨**~и́ть**⟩ (13*e.*) verursachen; zufügen, antun, anrichten

причисл|я́ть (28), ⟨**≈ить**⟩ (13) hinzuzählen, hinzurechnen, zurechnen; beordern, (***к*** Д *D*) zuteilen; einstufen (***к*** Д *pl.* als *Asg.*)

причита́|ние *n* (12) Wehklage *f*; *Folkl.* Klagelied; **~ть** (1) wehklagen, laut jammern; Klagelieder singen

причита́|ться (1) zustehen, zukommen; zu bekommen (Д *N*) *od.* zu zahlen (***с*** Р) haben; F ***~ется*** (***с*** Р *j-d*) muß e-n ausgeben

причмо́к|ивать (1), ⟨**~нуть**⟩ (20) schmatzen, schnalzen

причт *m* (1) Klerisei *f*; F Anhang
причу́д|а *f* (5) Schrulle, Grille; → **~ли́вый** (14*K*.) wunderlich, bizarr; schrullig
прише́лец *m* (1; -льца) Ankömmling
пришеп|ётывать F (1) leicht lispeln; **~тывать** (1) F dazu flüstern
прише́стви|е *n* (12) Ankunft *f*, Erscheinen; ***до Второ́го ~я*** F bis zum Jüngsten Gericht
пришиб|и́ть P (-у́, -ёшь; -б, -ла; -ленный) verletzen, prellen; zerquetschen; erschlagen; niederknallen; *fig*. F niederdrücken, deprimieren; ***~ло*** (В *j-n*) hat's erwischt
приши|ва́ть (1), ⟨**~ть**⟩ (-шью́, -ьёшь; → ***шить***) annähen, ansetzen (***к*** Д an *A*); annageln; P *fig*. in die Schuhe schieben, anhängen; umlegen
при́шлый (14) zugereist; fremd
пришпи́ли|вать (1), ⟨**~ть**⟩ (13) anstecken, anheften (***к*** Д an *A*)
пришпо́ри|вать (1), ⟨**~ть**⟩ (13) die Sporen geben (В *D*); F anspornen
прищёлк|ивать F (1), ⟨**~нуть**⟩ (20) leicht schnalzen *od*. schnippen, knallen
прищем|ля́ть (28), ⟨**~и́ть**⟩ (14*e*.) einklemmen; F *fig*. ***~и́ть хвост*** (Д *j-n*) in die Klemme treiben
прищеп|ля́ть (28), ⟨**~и́ть**⟩ (14*e*.) anklammern; pfropfen; **~ка** *f* (5; -ок) Wäscheklammer; **~о́к** *m* (1; -ка) Pfropfreis *n*
прищу́ри|вать (1), ⟨**~ть**⟩ (13) zukneifen; **-ся** die Augen zusammenkneifen
прию́т *m* (1) Zuflucht *f*, Zufluchtsort; Obdach *n*, Unterkunft *f*; Asyl *n*; *ehm*. Waisenhaus *n*, Heim *n*; **~и́ть** (15*e*.) *pf*. Obdach gewähren (В *j-m*), aufnehmen; **-ся** unterkommen; sich niederlassen *od*. einnisten
прия́знь *f* (8) Sympathie (***к*** Д für *j-n*)
прия́тель *m* (4), **~ница** *f* (5) gute(r) Bekannte(r), Kamerad(in *f*), Freund(in *f*); **~ский** (16) kameradschaftlich, freundschaftlich, Freundschafts-
прия́тн|ый (14; -тен, -а) angenehm (***на*** В im); gefällig, sympathisch; wohlig; ***~о*** es freut (Д *j-n*) . . .; ***~ого аппети́та!*** guten Appetit!
про (В) von (*D*), über (*A*); F für (*A*), bei (*D*); **~ себя́** *sagen*: sich; *Vorrat*: als
про́б|а *f* (5) Probe (***на*** В zur), Kostprobe; Test *m*, Versuch *m*; *Hdl*. Muster *n*; Feingehalt *m*; ***с ~ой*** gestempelt; ***56-й ~ы*** 14karätig; *fig*. → ***высокопро́бный, низкопро́бный***
пробавля́ться F (28) auskommen; sich durchschlagen; die Zeit verbringen
пробе́|г *m* (1) Lauf; Rennen *n*; Fahrt *f*; Fahrstrecke *f*, Laufstrecke *f*; Fahrzeit *f*, Laufzeit *f*; Fahrleistung *f*; *Flgw*. Auslauf; **~га́ть¹** (1), ⟨**~жа́ть**⟩ (4*e*.; -гу́, -жи́шь, -гу́т) durchlaufen, laufen; vorbeilaufen, vorbeieilen, vorbeihuschen; gehen (***по*** Д durch *A*); verfliegen; an sich vorüberziehen lassen; F überfliegen; → ***мура́шки***; **-ся** ein wenig laufen *od*. herumlaufen; ausrollen, rollen; F gleiten; **~га́ть²** (1) *pf*. . . . hindurch, herumlaufen; F durch Herumlaufen versäumen
пробе́л *m* (1) Lücke *f*; Zwischenraum; *Typ*. Durchschuß
проби|ва́ть (1), ⟨**~ть**⟩ (-бью́, -бьёшь; -бе́й!; -тый) durchschlagen, durchstoßen; durchbrechen, durchdringen; *Esb*. lochen, knipsen; *Bresche* schlagen; F *Weg* bahnen; durchsetzen; → ***бить 5***; *pf*. F *Sp*. schießen; **-ся** sich durchdrängen *od*. durchzwängen; durchdringen, durchkommen; aufsprießen; *pf*. F rackern, sich abrackern (***над*** Т *a*. mit *D*); → ***лю́ди***; **~вно́й** (14) Durchschlags-; F resolut
проб|ира́ть F (1), ⟨**~ра́ть**⟩ (-еру́, -рёшь; → ***брать***) vorknöpfen, abkanzeln (***за*** В wegen *G*); durchdringen, durchgehen; F ***моро́з ~ира́ет*** (В *j-n*) friert; ***дрожь ~рала́*** (В *j-d*) zittert am ganzen Leib; F ***хо́лод ~ра́л*** (В *j-d*) ist ganz durchfroren; F ***не ~ерёшь*** (В *j-d*) hat ein dickes Fell; **-ся** sich hindurcharbeiten *od*. vorarbeiten; vordringen, eindringen, einsteigen; sich einschleichen; durchkommen
проби́р|ка *f* (5; -ок) Reagenzglas *n*; **~ный** (14) Probier-; Eich-
проби́ть(ся) → ***пробива́ть(ся)***
про́бк|а *f* (5; -бок) Kork(en) *m*, Pfropfen *m*, Stöpsel *m*; Zapfen *m*; Verschluß *m*; *El*. Sicherung; F Stau *m*; ***глуп как ~а*** F stockdumm; **~овый** (14) Kork-
пробле́м|а *f* (5) Problem *n*, Frage; **~а́тика** *f* (5) Problematik; Problem-

П

kreis *m*; **~ати́ческий** (16), **~ати́чный** (14; -чен, -чна) problematisch; fraglich, zweifelhaft; **~ный** (14) problemstellend, problemhaft, problemorientiert
про́блес|к *m* (1) *a. pl.* Lichtschimmer, Schein; Funke, Fünkchen *n*; **~ну́ть** (20) *pf.* aufleuchten, aufblitzen
проблужда́ть (1) *pf.* herumirren
про́б|ный (14) Probe-; Test-, Versuchs-; Prüf-; gestempelt; **~овать** (7) **1.** ⟨по-, ис-⟩ ausprobieren, erproben; prüfen, testen (***на*** П an *D*); **2.** ⟨по-⟩ kosten, verkosten; versuchen; ***попро́буй то́лько!*** F versuch's doch mal!
пробо|де́ние *n* (12) *Med.* Durchbruch *m*; **~и́на** *f* (5) Durchschuß *m*, Einschuß *m*; Loch *n*, Leck *n*; **~й** *m* (3) Klammer *f*; *El.* Durchschlag; **~йник** *m* (1) Locheisen *n*
проболе́ть (8) *pf.* . . . lang krank sein
проболта́ть F (1) *pf.* verplaudern; ausplaudern; **-ся** sich verplappern; P sich herumtreiben
пробо́р *m* (1) Scheitel
про́бочник F *m* (1) Korkenzieher
пробра́ть(ся) → ***пробира́ть(ся)***
пробужд|а́ть (1) → ***буди́ть 2***; **-ся** aufwachen, erwachen; *fig.* sich regen; **~е́ние** *n* (12) Aufwachen, Erwachen
пробы́ть (-бу́ду, -дешь; -бу́дь!; -ы́л, -а́) *pf.* sich aufhalten, weilen; sein (***в*** П *pl.* unter, bei *D*)
прова́л *m* (1) Einsturz; Einsturzstelle *f*; Loch *n*, Senke *f*; *fig.* Mißerfolg, Durchfall, Blamage *f*; Lücke *f*; → **~ивать** (1), ⟨**~и́ть**⟩ (13) zum Einsturz *od.* F Scheitern, zu Fall bringen; F durchkreuzen, durchfallen lassen; ablehnen; ***~ивай!*** P hau ab!; → **-ся** einstürzen, einbrechen, einfallen; eingedrückt sein; F scheitern; durchfallen (***по*** Д in); auffliegen; P stecken (В *D*); verschwinden; ***гото́в сквозь зе́млю ~и́ться*** *j-d* schämt sich in Grund u. Boden; ***как сквозь зе́млю ~и́ться*** F wie vom Erdboden verschluckt sein; ***~и́сь!*** P geh zum Teufel!; ***~и́сь я!*** P der Teufel soll mich holen!; ***~и́сь э́ти де́ньги!*** P zum Teufel mit diesem Geld!; **~я́ться** F (28) *pf.* herumliegen, sich herumsielen
прованс|а́ль *m* (4) Mayonnaise *f*; **~кий** (16) Oliven-
провари́ть (13) *pf.* garkochen; kochen
прове́дать → ***прове́дывать***
пров|еде́ние *n* (12) Durchführung *f*; → ***~оди́ть***; Bau *m*
прове́д|ывать, ⟨**~ать**⟩ F (1) besuchen; erfahren
провезти́ → ***провози́ть***
прове́р|енный (14*K.*) bewährt; → **~ить** → ***~я́ть***; **~ка** *f* (5; -ок) Überprüfung, Prüfung, Nachprüfung; Durchsicht; Kontrolle; ***вы́держать ~ку вре́менем*** sich bewähren
проверну́т|ь (20; -ы́й) *pf.* durchbohren; F durchdrehen; P schmeißen, deichseln
прове́рочный (14) Kontroll-, Prüfungs-; Probe-, Test-, Versuchs-
провер|я́ть (28), ⟨**~ить**⟩ (13) überprüfen, prüfen, nachprüfen; durchsehen; kontrollieren; testen, erproben; *Uhren* vergleichen
провести́ → ***проводи́ть***
прове́три|вать (1), ⟨**~ть**⟩ (13) lüften, belüften, auslüften; *Bgb.* bewettern; **-ся** auslüften; gelüftet sein; frische Luft schnappen; F sich amüsieren, Abwechslung haben
провиде́|ние¹ *n* (12) Vorsehung *f*; **~ние²** *n* (12) Voraussicht *f* (***с*** T in *D*); **~нциа́льный** [-dɛ-] (14; -лен, -льна) vorherbestimmt; **~ть** (15) vorhersehen; **~ц** *m* (1; -дца) Seher, Prophet
прови́зия † *f* (7) Lebensmittel *n/pl.*
провин|и́ться (13*e.*) *pf.* antun, tun (***перед*** T/***в*** П *od.* T *j-m et.*), sich schuldig machen (*G*) *od. et.* zuschulden kommen lassen (*j-m* gegenüber); **~ность** F *f* (8) Vergehen *n*, Verschulden *n*
провинци|а́льность *f* (8) Provinzialität, Provinzlertum *n*; → **~а́льный** (14; -лен, -льна) provinziell, hinterwäldlerisch; (*o. K.*) Provinz-; **~я** *f* (7) Provinz
провис|а́ть (1), ⟨**~нуть**⟩ (21) durchhängen; **~е́ть** (11) *pf.* . . . lang hängen, hängen bleiben
про́во|д *m* (1; *pl. e., N* -а́) Leitung *f*; Draht; Kabel *n*; **~ди́мость** *f* (8) Leitfähigkeit; **~ди́ть** (15), ⟨**провести́**⟩ (25) hindurchführen, führen, herumführen (***под, за́*** B an *D*; ***на*** B zu *D*), einführen; geleiten, leiten; *Mar.* lot-

П

sen; verbringen; durchbringen; anlegen, verlegen; streichen, fahren (**по** Д über *A*); *Fmw.* anschließen; *Strich* ziehen; *Bgb.* vortreiben; *Fin.* buchen; *fig.* vornehmen, abhalten; anstellen; zur Diskussion stellen; umsetzen; F hinters Licht führen, hereinlegen; *impf. Pol.* machen, betreiben; *Kurs* steuern; → ***~жа́ть***; **~́дка** *f* (5; -́док) Verlegung; → ***~ди́ть***; → ***~д***; **~дни́к** *m* (1*e.*) Fremdenführer; *Esb.* Schaffner; *Phys.* Leiter; *fig.* Vermittler; → ***~жа́тый***; **~́ды** *pl.* (1) Abschied *m*, Abschiedsfeier *f* (***на*** П bei *D*); Verabschiedung *f*; Geleit *n*; Vorbereitungen *f/pl.* für die Abreise; **~жа́тый** *m* (14) Begleiter; **~жа́ть** (1), ⟨**~ди́ть**⟩ (15) begleiten (***на*** В zu *D*, in *A*); geleiten; verabschieden, sich verabschieden (В *a.* von *D*); ziehen lassen, schicken; *j-m* das Geleit *od.* das letzte Geleit geben; das Ende (В *G*) begehen, feiern; *Blick*: folgen

прово́з *m* (1) Beförderung *f*, Transport (***по*** Д auf *D*); ***за ~*** Fracht-

провозве́|стник [-sn-] *m* (1) Künder, Verkünder; Vorbote, Bote; **~ща́ть** (1), ⟨**~сти́ть**⟩ (15*e.*) prophezeien; verkünden

провозгла|ша́ть (1), ⟨**~си́ть**⟩ (15*e.*) verkünden, proklamieren; ausrufen, erklären (Т zu *D*); *Toast* ausbringen; **~ше́ние** *n* (12) Ausrufung *f*; → ***~ша́ть***

пров|ози́ть (15), ⟨**~езти́**⟩ (24) hinfahren, hinbringen, fahren, bringen, befördern; **~ози́ться** F (15) *pf.* sich e-e Weile abplagen; → ***вози́ться***

провока́|тор *m* (1) Lockspitzel; Provokateur, Hetzer; Hetzredner; **~торский** (16) Spitzel-; → **~цио́нный** (14) provokatorisch; Hetz-; Fang-; **~ция** *f* (7) Provokation; Hetzkampagne

про́воло|ка *f* (5) Draht *m*; **~́чка** F *f* (5; -́чек) Verzögerung, Verschleppung; ***без ~чек*** unverzüglich; **~чный** (14) Draht-

прово́рный (14; -рен, -рна) flink, fix, gewandt (***на*** В bei *D*)

проворова́ться F (7) *pf.* e-r Diebstahlserie überführt werden

проворо́нить P (13) *pf.* verpassen

прово́рство *n* (9) Flinkheit *f*, Gewandtheit *f*

проворча́ть (4*e.*) kurz brummen; . . . lang brummen

провоци́ровать (7) *im*(*pf.*), ⟨с-⟩ provozieren, heraufbeschwören

провра́ться P (→ ***завра́ться***) sich beim Lügen verplappern

прога́д|ывать, ⟨**~ать**⟩ F (1) sich verrechnen *od.* verkalkulieren; den kürzeren ziehen (***на*** П bei *D*)

прога́лина *f* (5) Waldlichtung, Waldwiese; freie Stelle

прог|иба́ть (1), ⟨**~ну́ть**⟩ (20) durchbiegen, krümmen

прогл|а́тывать (1) → ***глота́ть***; ***язы́к ~о́тишь*** F daß e-m das Wasser im Mund zusammenläuft

прогля́|дывать (1) **1.** ⟨**~де́ть**⟩ (11) F überfliegen, durchblättern; *pf.* sich anschauen (***на*** В *A*); F übersehen (***в*** П an *D*); P sich verderben; ***~де́ть все глаза́*** F sich die Augen ausgucken; **2.** ⟨**~ну́ть**⟩ (19) hervorblicken (***из-за*** Р zwischen *D*), zum Vorschein kommen

прогна́ть → ***прогоня́ть***

прогни|ва́ть (1), ⟨**~́ть**⟩ (-ёт; -́л, -ла́) durchfaulen, verfaulen

прогно́з *m* (1) Prognose *f*; Vorhersage *f*; **~и́ровать** (7) *im*(*pf.*) prognostizieren, voraussagen

прогну́ть → ***прогиба́ть***

прогов|а́ривать (1), ⟨**~ори́ть**⟩ (13*e.*) sagen, sprechen, aussprechen; . . . hindurch reden *od.* sich unterhalten; **-ся** *et.* ausplaudern, sich verplappern

проголода́ть (1) *pf.* . . . lang hungern; **-ся** hungrig werden, Hunger bekommen

прог|о́н *m* (1) Trift *f*; *Arch.* Unterzug; Pfette *f*; *Thea.* Durchlaufprobe *f*; → **~оня́ть** (28), ⟨**~на́ть**⟩ (-оню́, -о́нишь; → ***гнать***) wegjagen, fortjagen; treiben; F vertreiben; fahren; flößen; *fig.* verscheuchen; ***~на́ть сквозь строй*** *ehm.* Spießruten laufen lassen

прогор|а́ть (1), ⟨**~е́ть**⟩ (9) verbrennen; niederbrennen; durchbrennen; F Pleite machen (***на*** П mit *D*); fehlschlagen, ins Wasser fallen; *pf.* brennen

прого́рклый (14) ranzig; → ***го́ркнуть***

програ́мм|а *f* (5) Programm *n*; Programmheft *n*, Programmzettel *m*; Plan *m* (***по*** Д für *A*); **~и́ровать** (7), ⟨за-⟩ programmieren, einprogrammieren; **~и́ст** *m* (1) Programmierer;

П

~ный (14) Programm-; programmatisch

прогре|ва́ть (1), ⟨ ́-ть⟩ (8; ́-тый) durchheizen, durchwärmen; **-ся** durchwärmt sein; warmlaufen

прогре́сс *m* (1) Fortschritt(e *pl.*); **~и́вный** (14; -вен, -вна) progressiv, fortschrittlich; (*o. K.*) Progressiv-; **~и́ровать** (7) fortschreiten, sich entwickeln; **~ия** *f* (7) *Math.* Reihe

прогре́ть(ся) → ***прогрева́ть(ся)***

прогрыз|а́ть (1), ⟨ ́~ть⟩ (24; *Prät. st.*) durchnagen, durchbeißen

прогуде́ть (11) *pf.* kurz hupen, tuten; vorbeisurren; → ***гуде́ть***

прогу́л *m* (1) Arbeitsversäumnis *n*; → **~ивать** (1), ⟨~я́ть⟩ (28) . . . lang *od.* hindurch spazierengehen *od.* bummeln; F versäumen, verbummeln; schwänzen; blaumachen; P durchzechen; verprassen; **-ся** e-n Spaziergang machen, sich die Füße vertreten; F mitkommen; **~ка** *f* (5; -ок) Spaziergang *m* (**на** П bei *D*), Spazierfahrt; Ausflug *m*; Wanderung; Bummel *m*; **~очный** (14) Ausflugs-; *Mar.* Promenaden-; **~ьный** F (14) verbummelt; **~ьщик** *m* (1) Bummelant

прода|ва́ть (5), ⟨ ́~ть⟩ (́-м, ́-шь; → ***дать***; ́-л, -ла́; ́-нный: -на́) verkaufen; *Esb.* ausgeben; *fig.* verraten; ***~ва́ть с торго́в*** versteigern; *Thea.* . . . ***́~ны*** . . . ausverkauft; **-ся** *fig.* sich verkaufen (Д an *A*); ***~ётся*** zu verkaufen; **~ве́ц** *m* (1; -вца́) Verkäufer; Händler

прода́в|ливать (1), ⟨~и́ть⟩ (14) eindrücken, durchdrücken

прода|вщи́ца *f* (5) Verkäuferin; Händlerin; **́~жа** *f* (5) Verkauf *m*; Handel *m*; → ***~ва́ть***; **́~жный** (14; ́-жен, ́-жна) verkäuflich, bestechlich; (*o. K.*) Verkaufs-; **́~ть(ся)** → ***~ва́ть(ся)***

продви|га́ть (1), ⟨ ́~нуть⟩ (20) vorrükken, durchschieben (**к** Д an *A*); F voranbringen; befördern; **-ся** vorgehen; sich durchzwängen; F vorankommen, vorwärtskommen; aufrücken, avancieren; **~же́ние** *n* (12) Vorwärtsbewegung *f*, Vormarsch *m*; Beförderung *f*, Aufstieg *m*; → ***~га́ть(ся)***

проде|ва́ть (1), ⟨ ́~ть⟩ (́-ну, ́-нешь; ́-нь!; ́-тый) durchziehen, durchstekken; einfädeln

проде́л|ка F *f* (5; -ок) Gaunerstück *n*, Schwindel *m*; Streich *m*, Possen *m*; **~ывать**, ⟨~ать⟩ (1) durchbrechen, durchstoßen; antun (***с*** T *j-m*); machen, mitmachen; leisten; F zeigen; *Streich* spielen (***с*** T *j-m*)

продёр|гивать F (1), ⟨~нуть⟩ (20) → ***продева́ть***; heruntermachen

продержа́ть (4) *pf.* . . . lang halten *od.* behalten, durchhalten; **-ся** sich halten können

продёрнуть → ***продёргивать***

проде́ть → ***продева́ть***

прод|ира́ть (1), ⟨~ра́ть⟩ (-еру́, -ерёшь; → ***драть***) F zerreißen, durchreißen; durchscheuern; P durchhecheln; machen; **-ся** F sich durcharbeiten

продл|ева́ть (1), ⟨~и́ть⟩ (13*e.*) verlängern; hinausziehen, in die Länge ziehen; **-ся** → ***дли́ться***; verweilen; **~е́ние** *n* (12) Verlängerung *f*; *Fin.* Prolongation *f*

продово́льств|енный (14) Lebensmittel-; → **~ие** *n* (12) Lebensmittel *n/pl*, Nahrungsmittel *n/pl.*; Verpflegung *f*

продол|гова́тый (14*K.*) länglich; **~жа́тель** *m* (4) Fortsetzer; **~жа́ть** (1), ⟨ ́~жить⟩ (16) fortsetzen, fortführen, (В mit *D*) fortfahren; verlängern; → ***продлева́ть***; *impf.* **~жа́ть** (+ *Inf.*: *Ind.* +) weiter *od.* weiterhin; ***~жа́й!*** weiter!; **-ся** anhalten, dauern, andauern, fortdauern, s-n Fortgang nehmen; *impf.* weitergehen; **~же́ние** *n* (12) Fortsetzung *f* (***с*** T *pl.* in *D*), Fortdauer *f*; → ***~жа́ть***; Verlauf *m* (***в*** В im); **~жи́тельность** *f* (8) Dauer; → **~жи́тельный** (14; -лен, -льна) lang, länger; anhaltend, langanhaltend; langwierig; **́~ьный** (14) Längs-

продра́ть(ся) → ***продира́ть(ся)***

проду|ва́ть (1), ⟨ ́~ть⟩ (18) ausblasen, durchblasen; P verspielen; *impf.* F wehen (В durch *A*); stark ziehen; → ***просквози́ть***; **-ся** P verlieren; **~вно́й** P (14) durchtrieben, gerissen, abgefeimt

проду́к|т *m* (1) Erzeugnis *n*; *fig.* Ergebnis *n*; Rückstand; ***~ты*** *pl.* ***пита́ния*** Nahrungsmittel *n/pl.*, Lebensmittel *n/pl.*, Eßwaren *f/pl.*; **~ти́вность** *f* (8) Produktivität; Leistung; **~ти́вный**

П

(14; -вен, -вна) produktiv, ertragreich; leistungsfähig; **~то́вый** (14) Lebensmittel-; **~ция** *f* (7) Produktion; Erzeugnisse *n/pl.*

проду́м|анный (14*K.*) durchdacht; **~ывать**, 〈**~ать**〉 (1) durchdenken, (В über *A*) gründlich nachdenken

проду́ть(ся) → ***продува́ть(ся)***

продыми́ть (14*e.*) *pf.* verräuchern

продыря́вить F (14) *pf.* durchlöchern

прое|да́ть (1), 〈**~́сть**〉 (-́м, -́шь; → ***есть***[1]) zerfressen, zernagen; F für Essen ausgeben; **-ся** P sich arm essen

прое́|зд *m* **1.** (1; -а/-у) Durchfahrt *f*; Durchreise *f* (Т auf *D*); **2.** (1) Querstraße *f*; Benutzung *f* (***в*** П *G*); **~здно́й** [-zn-] (14) Fahr-, Reise-; **~зжа́ть** [-ʒʒ-] (1) **1.** 〈**~́хать**〉 (-́ду, -́дешь; -зжа́й!) durchfahren, (Т durch, über *A*) fahren; kurz hinfahren *od.* hinreiten; passieren; zurücklegen; verpassen; **-ся** F ein wenig spazierenfahren, e-e Spazierfahrt *od.* e-n Spazierritt machen; F → ***пройти́сь***; **2.** F verfahren; einfahren; *pf.* . . . lang reisen, unterwegs sein (***по*** Д in *D*); **~зжий** [-ʒʒ-] (17) befahrbar, Fahr-; *Su. m* Durchreisende(r)

прое́к|т *m* (1) Projekt *n*, Entwurf; Vorlage *f*; Vorhaben *n*, Plan, Planung *f*; **~ти́ровать** (7) **1.** 〈с-〉 projektieren, entwerfen; projizieren; **2.** 〈за-〉 planen, vorhaben; **~тный** (14) Entwicklungs-; Entwurfs-; projektiert; **~тор** *m* (1) Bildwerfer; **~цио́нный** (14) Projektions-; → ***~тор***; Vorführ-; **~ция** *f* (7) Projektion

проём *m* (1) *Arch.* Öffnung

прое́сть(ся) → ***проеда́ть(ся)***

прое́хать(ся) → ***проезжа́ть(ся)***

прожа́ри|вать (1), 〈**~ть**〉 (13) durchbraten; **-ся** durchgebraten sein

прожд|а́ть (-у́, -ёшь; -ала́) *pf.* warten (Р, В bis zu *D*; auf *j-n*)

прожёв|ывать (1), 〈**~̈а́ть**〉 (6*e.*; -у-) zerkauen, gut durchkauen

прожект|ёр *m* (1) Projekte(n)macher, Pläneschmied; **~́ор** *m* (1; *pl. a. e., N* -á) Scheinwerfer

прож|е́чь → ***~ига́ть***; **~же́нный** F (14*K.*) abgefeimt; gewieft

прожи|ва́ть (1), 〈**~́ть**〉 (-ву́, -вёшь; -́л, -ла́; -́тый: -та́) leben (Т von *et.*), . . . lang leben; verleben; überleben; . . . lang wohnen; sich aufhalten; **~́тое** *n* Erlebtes; **-ся** F (-́лся, -ла́сь) sich völlig verausgaben

прож|ига́ть (1), 〈-е́чь〉 (26 -г/ж-) durchbrennen; einbrennen (***в*** П in *A*); . . . hindurch brennen; versengen; *fig.* durchzucken; ***~ига́ть жизнь*** F in Saus u. Braus leben, prassen

прожи́лка *f* (5; -лок) Äderchen *n*, Ader; *Bot.* Nerv *m*; *Holz*: Maser

прожи́|точный (14) Existenz-; **~ть(ся)** → ***~ва́ть(ся)***

прожо́рливый (14*K.*) gefräßig

прожужжа́ть (4*e.*) *pf.* kurz summen; vorbeisummen; . . . lang summen; F *fig. Ohren* voll blasen

про́за *f* (5) Prosa (Т in *D*); *fig.* Alltag *m*; **~́ик** *m* (1) Prosaist; **~и́ческий** (16) Prosa-, in Prosa; → **~и́чный** (14; -чен, -чна) prosaisch; alltäglich, eintönig; nüchtern, sachlich

проз|ва́ние *n* (12) Beiname *m* (***по*** Д mit *D*); **~ва́ть** → ***~ыва́ть***; **~́вище** *n* (11) Spitzname *m*

прозвони́ть (13*e.*) *pf.* kurz läuten, (В zur) läuten; einläuten; P ausposaunen

прозвуча́ть (4*e.*) *pf.* kurz ertönen, erklingen; → ***звуча́ть***

прозева́ть F (1) *pf.* verpassen; übersehen; . . . lang gähnen

прозорли́в|ость *f* (8) Scharfblick *m*; → **~ый** (14*K.*) scharfsichtig, scharfsinnig

прозра́чн|ость *f* (8) Transparenz; → **~ый** (14; -чен, -а) durchsichtig, durchscheinend; klar; eindeutig

прозре|ва́ть (1), 〈**~́ть**〉 (9) das Augenlicht erlangen *od.* wiedererlangen; *fig.* ein Licht aufgehen (И *j-m*); **~́ние** *n* (12) Weitsicht *f*; Erleuchtung *f*

прозяб|а́ть (1) vegitieren, dahinvegetieren; **~́нуть** F (21) *pf.* durchgefroren sein

пройгрыватель *m* (4) Plattenspieler

проигр|ывать, 〈**~а́ть**〉 (1) verspielen, verlieren; einbüßen; *Mus.* spielen, F abspielen; blasen; *fig.* sinken (***в*** П in *j-s D*); *pf.* . . . lang spielen; **-ся** F alles *od.* viel verspielen; **~́ыш** *m* (1; -ей) Verlust; Niederlage *f*; ***оста́ться в ~́ыше*** verlieren, das Nachsehen haben; **~́ышный** (14) Verlust-; aussichtslos

произв|еде́ние *n* (12) Werk; Produkt; Hervorbringung *f*; **~ести́** → ***~оди́ть***

производ|и́тель *m* (4) Produzent, Erzeuger, Hersteller; Leiter; **~и́тельность** *f* (8) Produktivität; Leistung; **~и́тельный** (14; -лен, -льна) produktiv; (*o. K.*) Produktiv-; **~и́ть** (15), ⟨произвести́⟩ (25) produzieren, erzeugen; zeugen; hervorbringen (***на*** B zu *D*); hervorrufen, *Eindruck* machen, erwecken; durchführen, ausführen, vornehmen; *Fin.*, *Arbeit* leisten; *Schuß*, *impf. Gutachten* abgeben; *Beobachtung* anstellen; befördern (***в*** И *pl.* zu *Dsg.*); *impf.* ableiten, herleiten; **-ся**, ⟨-сь⟩ erfolgen, vor sich gehen; **~́ный** (14) abgeleitet; *Su. f Math.* Ableitung; *Su. n Chem.* Derivat; **~́ственник** *m* (1) Produktionsarbeiter; *in Zssgn* Betriebs-, Werks-; **~́ственный** (14) Produktions-, Fabrikations-, Betriebs-; beruflich; fachlich, Fach-; Studien-; Dienst-; Pausen-, Ausgleichs-; **~́ство** *n* (9) Produktion *f*, Fertigung *f*, Fabrikation *f*, Erzeugung *f*; Durchführung *f*, Ausführung *f*; Betrieb *m* (***на*** П in *D*); *Jur.* Verfahren; → ***~и́ть***

произво́л *m* (1) Willkür *f*; ***на ~ судьбы́*** s-m Schicksal; ***по ~у*** → **~ьный** (14; -ен, -ьна) willkürlich, selbstherrlich; frei; arbiträr; *Sp.* Kür-; *Adv.* nach Belieben *od.* Lust u. Laune

произн|оси́тельный (14) Sprech-; Aussprache-; **~оси́ть** (15), ⟨~ести́⟩ (25 -с-) aussprechen; sagen; *Toast* ausbringen; *Laut* artikulieren; *Rede* halten; *Urteil* verkünden; **~оше́ние** *n* (12) Aussprache *f*; Artikulation *f*

произойти́ → ***происходи́ть***

произраста́ть (1) wachsen, gedeihen

про́иски *pl.* (1) Umtriebe, Ränke

происте|ка́ть (1), ⟨~́чь⟩ (26) erwachsen (***от, из*** P aus *D*), herrühren (von *D*); folgen

прои|сходи́ть (15), ⟨~зойти́⟩ (-ойдёт; -ошёл, -шла́, -о́) sich ereignen, geschehen, vorfallen, passieren, F los sein; entstehen (***от*** P durch *A*), kommen, daher kommen, herrühren; stammen, abstammen; *impf.* vor sich gehen, stattfinden; *pf.* eintreten, erfolgen; **~схожде́ние** *n* (12) Herkunft *f*, Abstammung *f* (***по*** Д der *D* nach); Entstehung *f*, Ursprung *m*; **~ше́дшее** [-ʃʃ-] *n* (12) Vorgefallene(s); **~communicatorше́ствие** *n* (12) Vorfall *m*, Vorkommnis, Begebenheit *f*, Ereignis; ***ме́сто n ~ше́ствия*** Tatort *m*

пройдо́ха F *m*/*f* (5) Schlawiner *m*, durchtriebenes Weib *n*, P Aas *n*

про́йма *f* (5) Ärmelloch *n*

пройти́(сь) → ***проходи́ть, проха́живаться***

прок F *m* (1; ~́а/~́у) Nutzen; → ***толк***

прока|жённый *m* (14) Aussätzige(r), Leprakranke(r); **~́за** *f* (5) Aussatz *m*, Lepra; *mst pl.* Streich *m*, Possen *m*; **~́зить** P (15) → ***~́зничать***; **~́зливый** F (14*K.*) schelmisch, schalkhaft; **~́зник** F *m* (1) Schelm, Schlingel; **~́зничать** F (1) Schabernack treiben (***над*** T mit *j-m*), Streiche *od.* dumme Streiche machen

прокали́ть (13*e.*) *pf.* durchglühen

прок|а́лывать (1), ⟨~оло́ть⟩ (17) durchstechen, durchbohren

прок|а́пывать, ⟨~опа́ть⟩ (1) ausgraben, durchgraben, graben, ausheben; **-ся** F herumgraben; *fig.* herumtrödeln

прока́рмливать (1) → ***корми́ть 2***

прока́т *m* (1) Verleih; *Tech.* Walzgut *n*; Walzstraße *f*; . . . ***~а*** Ausleih-; → **~ка** *f* (5) Walzen *n*; **~ный** (14) Leih-, Ausleih-, Verleih-; *Tech.* Walz-; **~чик** *m* (1) Walzwerker; **~ывать** (1) **1.** ⟨~а́ть⟩ (1) mangeln; *Tech.* walzen; *pf.* spazierenfahren (**-ся** *v/i*); **2.** ⟨~и́ть⟩ (15) vorbeirollen, dahinrollen, rollen (**-ся** *v/i*); spazierenfahren; F heruntermachen; vorbeisausen, durchsausen; *fig.* durchsausen lassen; **-ся** ein wenig spazierenfahren; sich ausbreiten *od.* verbreiten; → ***пройти́сь*** F

прока́шляться (28) *sp.* sich räuspern

прокип|е́ть (10*e.*) *pf.* gut durchkochen; **~яти́ть** (15*e.*) *pf.* aufkochen

прокис|а́ть (1), ⟨~́нуть⟩ (21) sauer werden; **~́лый** F (14) sauer; säuerlich

прокла́д|ка *f* (5; -ок) Verlegung; Einlage, Zwischenlage; Dichtung, Ring *m*; → **~ывать** (1), ⟨проложи́ть⟩ (16) verlegen, anlegen; legen (В/Т zwischen *A*/*A*); bauen; *fig.* gehen; *Weg* bahnen; *Bahn* brechen; *Kurs* abstekken; *Typ.* durchschießen

проклам|а́ция *f* (7) Flugblatt *n*; †

Aufruf *m*; **~ировать** (7) *im(pf.)* verkünden, proklamieren
прокл|инать (1), ⟨**~ясть**⟩ (-яну́, -нёшь; ̶ял, -ла́; ̶ятый: -та́) verfluchen, verdammen; ***будь* (*ты*) *~ят*!** F zur Hölle mit dir!; → **~ятие** *n* (12) Fluch *m*, Verwünschung *f*; *Rel.* Bann *m*; ***~ятие!*** Teufel!; F **~ятый** (14) verdammt, verflucht; *fig. Frage*: ewig
прок|ол *m* (1) Durchstich; Loch *n*; F Fehler; **~олоть** → ***~алывать***
прокопать → ***прокапывать***
прокопт|елый F (14) verrußt; → **~ить** (15*e.*) *pf.* durchräuchern, verräuchern, vollqualmen; **-ся** verrußt *od.* gut geräuchert sein
прокорм F *m* (1; -а/-у) Unterhalt (***на*** В für *A*)
прокра|дываться (1), ⟨**~сться**⟩ (25; *Prät. st.*) sich einschleichen
прокричать (4*e.*) *pf.* kurz *od.* laut schreien; → ***кричать***; ausposaunen; F *fig. Ohren* voll blasen
прокрустово *n* Prokrustes-
прокрутить (15) *pf.* abspielen
прокуратура *f* (5) Staatsanwaltschaft
прокурить F (13) *pf.* verräuchern, verrauchen; . . . lang rauchen
прокурор *m* (1) Staatsanwalt
прокусить (15) *pf.* durchbeißen
прокутить F (15) *pf.* durchzechen; verjubeln, verprassen
пролагать (1) → ***прокладывать***
пролаза F *m/f* (5) Schleicher(in *f*)
прол|амывать (1) **1.** ⟨**~омать**⟩ (1) durchbrechen; **2.** ⟨**~омить**⟩ (14) einbrechen (**-ся** *v/i*); eindrücken, einschlagen
проле|гать (1) ⟨**~чь**⟩ (-ля́жет; ̶г, -гла́, -о́) führen, sich erstrecken; **~жать** (4*e.*) *pf.* liegen, liegenbleiben; F (sich) durchliegen; **~жень** *m* (4; ̶жня) durchgelegene *od.* wundgelegene Stelle *f*
пролез|ать (1), ⟨**~ть**⟩ (24 *st.*) durchkriechen; sich durchzwängen; F durchgehen; eindringen, sich einschleichen, (***в*** И *pl. A/G*) erschleichen
пролёт *m* (1) Vorbeiflug; Strich, Vogelzug; *Arch.* Öffnung *f*; Spannweite *f*
пролетар|ий *m* (3; -и) Proletarier; **~ский** (16) proletarisch
пролет|ать (1), ⟨**~еть**⟩ (11) vorbeifliegen (В an *D*), überfliegen; wie im Flug vergehen; *Flgw.* zurücklegen; F vorbeisausen, durchsausen, (В durch *A*) sausen; *Gedanke*: schießen (***в*** П durch *A*); **~ка** *f* (5; ̶ок) einspännige Droschke
пролечь → ***пролегать***
проли|в *m* (1) Meerenge *f*, Straße *f*; **~вать** (1), ⟨**~ть**⟩ (-лью, -льёшь; -лей!; ̶л, -ла́; ̶тый: -та́) vergießen, verschütten; *fig. Licht* bringen (***на*** В in *A*); F → **-ся** überlaufen, überschwappen; F niedergehen; **~вной** (14) strömend, Platz-; in Strömen
пролог *m* (1) Prolog, Vorspiel *n*
проложить → ***прокладывать***
пролом *m* (1) Durchbruch; Bresche *f*, Öffnung *f*; **~ать, ~ить(ся)** → ***проламывать(ся)***
промазать (3) *pf.* gut schmieren *od.* ölen; verkitten; P → ***мазать 5***
промасленный (14) öldurchtränkt
проматывать F (1) → ***мотать²***; **-ся** F s-n Geld durchbringen, pleite sein
промах *m* (1) Fehlschuß, Fehltreffer; *fig.* Fehlgriff, Fehlschlag; F Schnitzer, Schlappe *f*; ***без ~а*** treffsicher; ***малый не ~*** F *j-d* ist nicht auf den Kopf gefallen; ***дать ~*** F → **~нуться** (20) *pf.* nicht treffen, verfehlen; F e-n Schnitzer machen *od.* Bock schießen
промедлени|е *n* (12) Verzögerung *f*, Verzug *m*; ***без ~я*** unverzüglich
промеж|(ду) P → ***между***; **~ность** *f* (8) *Anat.* Damm *m*; **~уток** *m* (1; -тка) Zwischenraum; Zwischenzeit *f*, Zeitraum; Abstand (***в*** В *pl.* in *D*); Zwischenpause *f*; *El.* Strecke *f*; **~уточный** (14) Zwischen-, Mittel-; ***~уточной дальности*** Mittelstrecken-
промелькнуть (20) *pf.* → ***мелькать***; verfliegen, im Flug vergehen; durchklingen, durchscheinen
промен|ивать (1), ⟨**~ять**⟩ (28) eintauschen, umtauschen (***на, за*** В gegen *A*); vorziehen (В/***на*** В *D/A*); ***~ять кукушку на ястреба*** *Spr.* e-n schlechten Tausch machen
промер *m* (1) Vermessung *f*, Messung *f*; Meßfehler
промерз|ать (1), ⟨**~нуть**⟩ (21) durchfrieren, durchgefroren sein; **~лый** (14*K.*) hartgefroren; durchgefroren
промер|ять (28), ⟨**~ить**⟩ (13) vermessen, messen; sich vermessen

промо́зглый (14*K.*) naßkalt; moderig
промо́ина *f* (5) Rinne; Eisloch *n*
промок|а́тельный (14) Lösch-; **~а́ть** (1) **1.** ⟨**~́нуть**[1]⟩ (21) ganz naß werden, durchnäßt sein; *impf.* undicht sein; **2.** ⟨**~ну́ть**[2]⟩ löschen; **~а́шка** F *f* (5; -шек) Löschpapier *n*, Löschblatt *n*
промо́лвить F (14) *pf.* sagen, aussprechen, sprechen
промолча́ть (4*e.*) *pf.* stillschweigen, schweigen; nichts erwidern
проморга́ть P (1) *pf.* verpassen, verschwitzen; übersehen
промота́ть(ся) → ***прома́тывать(ся)***
промочи́ть (16) *pf.* durchnässen; nasse ... bekommen; F *Kehle* anfeuchten
промтова́р|ный (14) Kauf-; **~ы** *pl.* (1) Industriewaren *f/pl.*; Bedarfsartikel *m/pl.*
промча́ться (4) *pf.* vorbeirennen, vorbeisausen (***мимо*** P an *D*); sich im Nu verbreiten; F im Flug vergehen
промы|ва́ние *n* (12) Spülung *f*; → **~ва́ть** (1), ⟨**~́ть**⟩ (22) auswaschen; durchspülen; unterspülen; **~́вка** *f* (5) Wäsche; → ***~ва́ть***
про́мысел *m* (1; -ла) Gewerbe *n*, Handwerk *n*; Industrie *f*; Erwerb; Jagd *f*; Fang; *Bgb. pl.* Werke *n/pl.*; *Öl*: Felder *n/pl.* **~ло́вый** (14) gewerblich, Gewerbe-; Fang-, Jagd-
промы́ть → ***промыва́ть***
промы́шленн|ик *m* (1) Industrielle(r); gewerbsmäßiger Jäger *od.* Angler; **~ость** *f* (8) Industrie; *Bgb.* Bau *m*; **~ый** (14) Industrie-, industriell
промышля́ть (28) treiben, betreiben; handeln; jagen; sich beschäftigen; leben (T von *D*)
пром|я́ть (-ну́, -нёшь; -я́тый) *pf.* durchkneten; eindrücken, einfahren; austreten, vertreten; ausführen; **-ся** F sich die Beine vertreten
пронести́(сь) → ***проноси́ть(ся)***
прон|за́ть (1), ⟨**~зи́ть**⟩ (15*e.*) durchbohren, durchstechen; *fig.* durchdringen; **~зи́тельный** (14; -лен, -льна) durchdringend, bohrend; gellend, schrill, grell; stechend; aufwühlend; **~и́зывать** (1), ⟨**~иза́ть**⟩ (3) durchdringen → ***пробира́ть***; **~и́зывающий** (17) → ***~зи́тельный***
проник|а́ть (1), ⟨**~́нуть**⟩ (21) eindringen, durchdringen; vordringen; gelangen; durchschauen (***в*** B *A*); **-ся** durchdrungen *od.* erfüllt sein (T von *D*), erfaßt werden; empfinden (T/***к*** Д *A*/für *j-n*), hegen (gegen *j-n*); **~нове́ние** *n* (12) Eindringen; Vordringen; → **~нове́нность** *f* (8) Eindringlichkeit; **~нове́нный** (14; -е́нен, -нна) eindringlich, verständnisinnig, innig, zu Herzen gehend
прон|има́ть F (1), ⟨**~я́ть**⟩ (-ойму́, -мёшь; -́ял, -ла́; -́ятый: -та́) → ***пробира́ть***; *fig.* packen, rühren
проница́|емый (14*K.*) durchlässig; **~тельность** *f* (8) Schärfe, Scharfsinn *m*; **~тельный** (14; -лен, -льна) scharf, scharfsinnig, durchdringend
прон|оси́ть (15) **1.** ⟨**~ести́**⟩ (25 -с-) vorbeitragen, (***мимо*** P an *D*), tragen, hintragen; bewahren (***через*** B für *A*); **~есло́** (B *N*) ist vorüber *od.* vorübergezogen; P → ***сла́бить***; **-ся**, ⟨-сь⟩ → ***промча́ться***; rasen; *fig.* schießen (***в*** П durch *A*); vorbei sein; **2.** *pf.* tragen; abtragen; durchlaufen
проны́р|а F *m/f* (5) Schleicher(in *f*); → ***пройдо́ха***; **~ливый** F (14 *K.*) gerissen, durchtrieben, raffiniert
проню́х|ивать, ⟨**~ать**⟩ P (1) ausschnüffeln; Wind bekommen (***о*** П von *D*); durchschauen
проня́ть → ***пронима́ть***
прообраз *m* (1) Vorbild *n*; Urbild *n*, Prototyp
пропага́нд|а *f* (5) Propaganda; Propagierung; **~и́ровать** (7) propagieren, (B für *A*) Propaganda machen; **~и́стский** (16) propagandistisch, Propaganda-
пропа|да́ть (1), ⟨**~́сть**[2]⟩ (25; *Prät. st.*) verlorengehen, abhanden kommen, weg *od.* hin sein, verloren *od.* umsonst sein; verschwinden, (***у*** P *j-m*) vergehen; *Rdf.* ausfallen; F verfallen; umkommen, zugrunde gehen; F (B *D*) stecken; geliefert sein, vor die Hunde gehen; ***~́сть бе́з вести*** verschollen sein, vermißt werden; ***пан или ~́л!*** F ich riskier' alles!; ***где на́ша не ~да́ла?*** F frisch gewagt!; ***~ди́ ~́дом!*** F hol dich der Teufel!; **~́жа** *f* (5) Verlust *m*; F verlorener Gegenstand *m*; **~́сть**[1] *f* (8; *ab Gpl. e.*) Abgrund *m*, Kluft; F Unmenge, Haufen *m*; → ***тьфу***; P ***~́и нет*** (***на*** B *j-n*) soll der

Teufel holen; **∴сть²** → ***∼да́ть***
пропаха́ть (3) *pf.* durchpflügen, durchackern; *Furche* ziehen
пропа́хнуть (21) *pf.* stark riechen (T nach *D*), den Geruch (von *D*) annehmen
пропа́ш|ка *f* (5) Durchpflügen *n*; **∼но́й** (14) Hack-, Hackfrucht-
пропа́щий F *m* (17) hoffnungslos verloren; verkorkst, verpatzt; verkommen
пропе|ка́ть (1), ⟨∴чь⟩ (26) durchbakken; backen; F durchwärmen; **-ся** durchgebacken sein; F *fig.* braten
пропи|ва́ть (1), ⟨∴ть⟩ (-пью́, -пьёшь; -пе́й!; ∸л, -ла́; ∸тый: -та́) vertrinken, versaufen; durch Trinken einbüßen
пропи́с|ка *f* (5; -ок) Anmeldung; Aufenthaltserlaubnis; ***без ∼ки*** unangemeldet; ***для ∼ки*** → **∼но́й** (14) Anmelde-; Groß- (→ ***бу́ква***); *fig.* Binsen-; Spießer-; **∼ывать** (1), ⟨**∼а́ть**⟩ (3) anmelden; verschreiben, verordnen; . . . lang *od.* hindurch schreiben; P geben, zeigen; herziehen (B über *A*); **∼ь** *f* (8) Schreibvorlage; *fig.* Gemeinplatz *m*; ***∴сью*** in Worten
пропит|а́ние *n* (12) Nahrung *f*, (***на*** B in) Kost *f*; Lebensunterhalt *m* (***на*** B s-n *A*); **∼о́й** (14) Säufer-, versoffen; **∴ывать**, ⟨∼а́ть⟩ (1) durchtränken; *Tech.* imprägnieren; *fig.* F durchdringen; → ***пропа́хнуть***; **-ся** durchtränkt sein; →**∴ывать**; **∴ь** → ***пропива́ть***
пропихну́ть F (20) → ***протолкну́ть***
пропла́вать (1) *pf.* . . . lang schwimmen *od.* zur See fahren
пропла́кать (3) *pf.* . . . lang *od.* hindurch weinen; ***∼ все глаза́*** F sich die Augen ausweinen
проплы́|в *m* (1) Wettschwimmen *n*; → **∼ва́ть** (1), ⟨∼ть⟩ (23) . . . weit *od. pf.* . . . lang schwimmen; durchschwimmen, hinschwimmen, (B an *D*) vorbeischwimmen *od. Mar.* vorbeifahren; *fig.* vorbeischweben, vorbeiziehen
пропове́д|ник *m* (1) Prediger; Verkünder, Verfechter; **∼овать** (7) predigen; *fig.* propagieren, verbreiten, verfechten; **∸ь** *f* (8) Predigt; Propagierung
пропо́йца P *m* (5) Säufer
пропо́лз|а́ть (1), ⟨∼ти́⟩ (24) durchkriechen, hinkriechen, (B, ***ми́мо*** P an *D*) vorbeikriechen; hereinkriechen
пропо́лка *f* (5) Ausjäten *n*, Jäten *n*
пропорци|она́льный (14; -лен, -льна) proportional; ebenmäßig, gleichmäßig, proportioniert; ausgewogen; angemessen; (*o. K.*) *Pol.* Verhältnis-; **∴я** *f* (7) Verhältnis *n*; *pl.* Ebenmaß *n*
пропоте́ть (8) *pf.* durchschwitzen; verschwitzt *od.* durchgeschwitzt sein
про́пус|к *m* **1.** (1; *pl. e.*, *N* -а́) Passierschein (***по*** Д auf); Ausweis; Parole *f*, Losung *f*; **2.** (1) Durchlaß, Einlaß; Auslassung *f*; Versäumnis *n*; → **∼ка́ть** (1), ⟨∼ти́ть⟩ (15) durchlassen, einlassen; vorlassen; auslassen; herauslassen; zulassen; F passieren lassen; durchschleusen; durchziehen; versäumen, verpassen; übersehen; *El.* leiten; *Fleisch* durchdrehen; F abfertigen; ***∼ка́ть ми́мо уше́й*** überhören; → ***процеди́ть***; P kippen; **∼кно́й** (14) Durchlaß-; Aufnahme-; Verkehrs-; Passier-; Lösch-
прора́б *m* (1) Arbeitsleiter, Bauleiter; **∼а́тывать**, ⟨∼о́тать⟩ (1) durcharbeiten, durchnehmen; *pf.* . . . lang arbeiten; F heruntermachen; **∼о́тка** *f* (5; -ток) Ausarbeitung; Durchnahme; F Abreibung
прораст|а́ть (1), ⟨∼и́⟩ (25; -ёт; -ро́с, -сла́) aufkeimen, sprießen; bewachsen, durchwachsen
про́рва P *f* (5) Loch *n*; Schlund *m*; Faß *n* ohne Boden; Vielfraß *m*; Unmenge; ***∴ть(ся)*** → ***прорыва́ть(ся)***
проре́з *m* (1) Ausschnitt; Einschnitt; Schlitz; **∼а́ть** (1), ⟨∼ать⟩ (3) durchschneiden; einschneiden; ausschneiden; aussägen; durchqueren; **-ся** sprießen; *Zähne*: durchbrechen; F dringen
прорези́ненный (14*K.*) gummiert; imprägniert
прорез|но́й (14) durchbrochen; **∴ывать(ся)** → ***∴ать(ся)***; **∸ь** *f* (8) Schlitz *m*; Kimme
проре́ха F *f* (5) Riß *m*, Loch *n*; Hosenschlitz *m*; *fig.* Mangel *m*, Versäumnis *n*
проржа́веть (8) *pf.* durchrosten, verrosten
прор|ица́ть (1) prophezeien, weissagen; **∼о́к** *m* (1) Prophet
пророни́ть (13) *pf.* sprechen, verlieren; sich entgehen lassen

проро́ч|еский (16) prophetisch; **~ество** *n* (9) Prophezeiung *f*; → **~ествовать** (7), **~ить** (16), ⟨на-⟩ prophezeien, weissagen
проруб|а́ть (1), ⟨**~и́ть**⟩ (14) durchschlagen, durchhauen; ausästen; **~ь** *f* (8) Eisloch *n*
проруха P *f* (5) Mißstand *m*
прор|ы́в *m* (1) Durchbruch; Rückstand; **~ыва́ть** (1) **1.** ⟨**~ва́ть**⟩ (-ву́, -вёшь; -вала́; -ванный) zerreißen, durchreißen; durchbrechen; F ***~ва́ло*** (B *j-d*) ging hoch; **-ся** reißen, zerreißen, platzen; aufbrechen; einbrechen; F hervorbrechen; zum Ausbruch kommen; ***-ся нару́жу*** F *Gefühl*: *j-m* durchgehen; **2.** ⟨**~ы́ть**⟩ (22) durchgraben; *pf*. . . . lang graben, ausheben
просади́ть P (15) verpulvern; → ***проби́ть***
проса́ли|вать (1), ⟨**~ть**⟩ (13) einfetten
прос|а́чиваться (1), ⟨**~очи́ться**⟩ (16*e*.) durchsickern, einsickern
просве́рли|вать (1), ⟨**~ть**⟩ (13*e*.) durchbohren, (B in *A*) ein Loch bohren
просве́|т *m* (1) Lichtstreif, Lichtschimmer; *fig*. Lichtblick; Durchblick; Abstand, Lücke *f*; *Arch*. Öffnung *f*; *Kfz*. Bodenfreiheit *f*; *Mil*. Längsstreifen; **~ти́тель** *m* (4) Aufklärer; **~ти́тельный** (14), **~ти́тельский** (16) aufklärerisch, Aufklärungs-; **~ти́ть1, 2** → ***~чивать, ~ща́ть***
просветле́|ние *n* (12) Aufhellung *f*; Erleuchtung *f*; (geistige) Klarheit *f*; **~ённый** (14*K*.) heiter, verklärt; **~ть** (8) *pf*. → ***светле́ть***; sich aufhellen; aufleuchten
просве́|чивание *n* (12) Durchleuchtung *f*; **~чивать** (1), ⟨**~ти́ть**[1]⟩ (15) durchleuchten, röntgen; *impf*. durchscheinen, durchschimmern
просве|ща́ть (1), ⟨**~ти́ть**[2]⟩ (15*e*.; -т/щ-) aufklären, bilden; erleuchten; **~ще́ние** *n* (12) Aufklärung *f*; Bildung *f*; **~щённый** (14*K*.) aufgeklärt, gebildet; kultiviert
просвисте́ть (15*e*.) *pf*. vorbeipfeifen
про́седь *f* (8) angegraute Haare *n/pl*.; ***с ~ю*** graumeliert
просе́|ивать (1), ⟨**~ять**⟩ (27) durchsieben; *pf*. . . . lang sieben
про́сека *f* (5) Schneise
просёло|к *m* (1; -лка) Feldweg; **~чный** (14) Feld-
просе́ять → ***просе́ивать***
проси́|живать (1), ⟨**~де́ть**⟩ (11; -женный) . . . lang *od*. hindurch sitzen bleiben, aufbleiben; zubringen; F durchsitzen, durchscheuern
проси́т|ель *m* (4) Bittsteller; **~ельный** (14) bittend, flehend; Bitt-; **~ь** (15), ⟨по-⟩ bitten (P, ***о*** П um *et*.; ***у*** P *j-n*); ersuchen; sich verwenden, (B bei *j-m*) ein gutes Wort einlegen; einladen; sich . . . lassen; *Tanz*: auffordern (***на*** B zum); *Wort*: sich melden (P zu); *impf*. verlangen (P nach *D*); ***~ь руки́*** (P um j-s) Hand anhalten; ***про́сят*** es wird gebeten; **-ся** F um die Erlaubnis bitten (***у*** P *j-n*; ***в*** B in *D*); *Urlaub*: bitten (***в*** B um *A*); sich versuchen (***в*** И *pl*. als *N*); *impf*. drängen; ***про́сится*** *j-d* möchte gerne; ***на язы́к про́сится*** *et*. liegt *j-m* auf der Zunge
просия́ть (28) *pf*. erstrahlen, strahlen
проск|а́кивать (1) **1.** ⟨**~ака́ть**⟩ (3) vorbeisprengen (***ми́мо*** P an *D*), vorbeisausen; vorbeihüpfen; **2.** ⟨**~очи́ть**⟩ (16) vorbeisausen (B an *D*); durchspringen, durchschlüpfen; F durchrutschen; F sich einschleichen; verfliegen
проск|а́льзывать (1), ⟨**~ользну́ть**⟩ (20) durchrutschen, durchgleiten, durchschlüpfen; vorbeihuschen; anklingen
просквози́|ть F: **~ло** (B *j-d*) ist in (den) Zug gekommen *od*. hat sich in der Zugluft erkältet
проскользну́ть → ***проска́льзывать***
проскочи́ть → ***проска́кивать***
прослав|ля́ть (28), ⟨**~ить**⟩ (14) → ***сла́вить***; berühmt machen; besingen; **~ле́ние** *n* (12) Verherrlichung *f*; **~ленный** (14) berühmt
проследи́ть (15*e*.; -е́женный) *pf*. → ***следи́ть***; nachspüren (***за*** T *D*); nachzeichnen; F aufspüren
просле́довать (7) *pf*. schreiten, ziehen; vorbeiziehen, vorbeirollen
прослези́ться (15*e*.) *pf*. zu Tränen gerührt sein
просло́йка *f* (5; -оек) Zwischenschicht, Schicht
прослужи́ть (16) *pf*. . . . lang dienen
прослу́ш|ивать, ⟨**~ать**⟩ (1) anhören,

П

sich anhören, hören; abhören; F überhören; *Med.* abhorchen
прослы́ть (23) *pf.* (T, *за* B für *A*) gehalten *od.* (als *N*) bekannt werden, in den Ruf (*G*) kommen
прослы́шать P (4) *pf.* auf Umwegen erfahren, vom Hörensagen wissen
просм|а́тривать (1), ⟨**~отре́ть**⟩ (9) durchsehen; nachsehen; übersehen; überfliegen; → ***прогля́дывать***; **~о́тр** *m* (1) Durchsicht *f*; *Film*: Vorführung *f*; Fehler, Versehen *n*
просну́ться → ***просыпа́ться***
про́со *n* (9) Hirse *f*
прос|о́вывать (1), ⟨**~у́нуть**⟩ (20) durchstecken, (***под*** B unter *D*) durchschieben; **-ся** sich hereinschieben (***в*** B durch *A*, zu *D*)
просоли́ть (13/13*e.*) *pf.* einsalzen, durchsalzen
просо́хнуть → ***просыха́ть***
просочи́ться → ***проса́чиваться***
проспа́ть(ся) → ***просыпа́ть(ся)***
проспе́кт *m* (1) Avenue *f*; Ausfallstraße *f*; Plan, Programm *n*, Prospekt
проспирто́в|ывать (1), ⟨**-а́ть**⟩ (7) in Spiritus legen
проспо́рить (13) *pf.* . . . lang streiten; verwetten (Д an *j-n*)
просро́ч|ивать (1), ⟨**~ить**⟩ (16) überschreiten; verfallen lassen; im Verzug sein (B mit *D*); ***~енный*** abgelaufen; überfällig; **~ка** *f* (5; -ек) Überschreitung; Verzug *m*, Verfall *m*
простав|ля́ть (28), ⟨**~́ить**⟩ (14) eintragen (***в*** П in *A*); versehen (B mit *D*)
прост|а́ивать (1), ⟨**~оя́ть**⟩ (-ою́, -ои́шь) . . . lang stehen *od.* stehenbleiben; abstehen; *Mil.*, *Mar.* liegen; *Tech.* stillstehen; *pf.* sich halten
проста́к F *m* (1*e.*) Einfaltspinsel
просте́нок *m* (1; -нка) Zwischenwand *f*; Pfeiler
прост|ира́ть (1) **1.** ⟨**~ере́ть**⟩ (12) ausstrecken; *fig.* ausdehnen; **-ся** sich erstrecken, hinstrecken *od.* ausbreiten; reichen; **2.** *pf.* F durchwaschen
прости́тельный (14; -лен, -льна) verzeihlich, läßlich
проститу́|тка *f* (5; -ток) Prostituierte, Hure; **~ция** *f* (7) Prostitution
прости́ть(ся) → ***проща́ть(ся)***
про́сто → ***~́й***[1]; F direkt, geradezu; ***о́чень ~*** ein leichtes; ***~-на́просто*** schlichtweg, kurzerhand; **~ва́тый** F (14 *K.*) einfältig, naiv; **~воло́сый** F (14 *K.*) barhäuptig, ohne Kopfbedeckung; **~ду́шие** *n* (12) Treuherzigkeit *f*; **~ду́шный** (14; -шен, -шна) treuherzig, arglos; ungekünstelt; **~́й**[1] (14; -т, -та́; *Komp.* про́ще) einfach, schlicht; gewöhnlich; bloß; *Math.* Prim-; F naiv
просто́й[2] *m* (3) Arbeitsausfall *m*; Standzeit *f*; ***за ~*** Liege-
простоква́ша *f* (5) saure Milch
простона́ть (-ну́, ́-нешь) *pf.* aufstöhnen, stöhnen
просто́р *m* (1) Weite *f*, Raum; → ***раздо́лье***
простоpе́ч|ие *n* (12) Volkssprache *f*; **~ный** (14) volkssprachlich, derb
просто́рный (14; -рен, -рна) geräumig; weit
простосерде́ч|ие *n* (12) Treuherzigkeit *f*; **~ный** (14; -ен, -на) treuherzig, offenherzig
простота́ *f* (5) Einfachheit; Einfalt, Naivität
простофи́ля F *m/f* (6) Einfaltspinsel *m*, Stoffel *m*, einfältige Person *f*
простоя́ть → ***проста́ивать***
простра́н|ный (14; -ен, -на) ausgedehnt, weitläufig; *fig.* weitschweifig; ausführlich; **~ственный** (14) räumlich; Raum-; **~ство** *n* (9) Raum *m*; Fläche *f*; Winkel *m*; . . . ***~ства*** Platz-
простре́л *m* (1) Hexenschuß; **~ивать** (1), ⟨**~и́ть**⟩ (13) durchschießen; *impf.* beschießen
просту́|да *f* (5) Erkältung; **~жа́ть, ~живать** (1), ⟨**~ди́ть**⟩ (15) erkälten
проступ|а́ть (1), ⟨**~и́ть**⟩ (14) hervortreten, treten (***у*** P/***на*** П *j-m* auf *A*); zum Vorschein kommen; sich ansetzen *od.* abzeichnen; **~́ок** *m* (1; ́-ка) Fehltritt; Vergehen *n*, Verstoß
просты|ва́ть P (1), ⟨**~́ть, ~́нуть**⟩ (21; ́-л) abkühlen, kalt werden; sich erkälten
простыня́ *f* (6; *pl.* ́-и, ́-ь/-е́й, -я́м) Bettlaken *n*; Badetuch *n*
просты́ть → ***простыва́ть***
просу́нуть(ся) → ***просо́вывать(ся)***
просу́ши|вать (1), ⟨**~ть**⟩ (16) austrocknen, durchtrocknen
просуществова́ть (7) *pf.* . . . lang existieren *od.* bestehen

просфора́ *f* (5; *pl.* ´-ы, ´-, -а́м) Hostie

просч|ёт [-ʃtʃ-] *m* (1) Rechenfehler; Fehlgriff, Fehlkalkulation *f*; **~и́тывать**, ⟨**~ита́ть**⟩ (1) nachzählen, nachrechnen; **-ся** sich verrechnen (*a. fig.*; ***на*** В um *A*) *od.* verzählen; *fig.* die Rechnung ohne den Wirt machen

про́сып F: ***без ~у*** *od.* ***~а*** ganz fest, ohne aufzuwachen; pausenlos; **~а́ть** (1) **1.** ⟨**проспа́ть**⟩ (-плю́, -пи́шь; -ала́) verschlafen (В *a.* um *A*); *pf.* . . . lang schlafen; **-ся** F s-n Rausch ausschlafen; **-ся**, ⟨**просну́ться**⟩ (20) aufwachen, erwachen; *fig.* aufkeimen; **2.** ⟨**´-ать**⟩ (2) verschütten, verstreuen

прос|ыха́ть (1), ⟨**~о́хнуть**⟩ (21) austrocknen, durchtrocknen, trocken werden

про́сьб|а *f* (5) Bitte (***к*** Д an *j-n*; ***по*** Д/Р auf *j-s A od. A* hin); Anliegen *n*; ***~а*** es wird gebeten; ***я к вам с ~ой*** ich habe e-e Bitte an Sie

просяно́й (14) Hirse-

прота́лина *f* (5) abgetaute Stelle

прот|а́лкивать, ⟨**~олка́ть**⟩ F (1), *einm.* ⟨**~олкну́ть**⟩ (20) durchstoßen, hineinstoßen; F vorantreiben, durchboxen; **-ся** sich durcharbeiten

прот|а́пливать (1), ⟨**~опи́ть**⟩ (14) durchheizen

прот|а́птывать (1), ⟨**~опта́ть**⟩ (3) austreten; F durchtreten, durchlaufen

прота|ска́ть F (1) *pf.* . . . lang tragen *od.* herumschleppen; **´-скивать** (1), ⟨**~щи́ть**⟩ (16) durchschleppen (***в*** В durch *A*), vorbeischleppen (***мимо*** Р an *D*), vorbeischleifen; F einschmuggeln, durchschmuggeln; durchpeitschen; durchhecheln

проте́з [-'tɛs] *m* (1) Prothese *f*

проте|ка́ть (1), ⟨**´-чь**⟩ (26) durchfließen, (***мимо*** Р an *D*) vorbeifließen; eindringen, einsickern; undicht, leck sein *od.* werden; verlaufen, vergehen; *impf.* vor sich gehen

протере́ть(ся) → ***протира́ть(ся)***

проте́ст *m* (1) Protest; Protestschreiben *n*; **~а́нтский** (16) protestantisch; **~а́нтство** *n* (9) Protestantismus *m*; **~ова́ть** (7) **1.** protestieren, Protest einlegen; **2.** *im(pf.)*, ⟨**о-**⟩ *Fin.* zu Protest gehen lassen; *Jur.* Berufung einlegen (В gegen *A*)

проте́чь → ***протека́ть***

про́тив 1. *Prp.* (Р) gegen, wider (*A*); entgegen (*D*); gegenüber (*D*); im Vergleich zu (*D*); neben (*D*); **2.** *präd.* dagegen; **3.** *Su. n* Wider, Contra

про́тивень *m* (4; -вня) Backblech *n*

противи́тельный (14) *Gr.* adversativ

проти́в|иться (14) sich widersetzen *od.* sträuben; **~ник** *m* (1) Gegner, Widersacher

проти́в|но[1] *Prp.* (Д) gegen, wider (*A*); entgegen (*D*); **~но**[2] *Adv.* zuwider; → **~ный** (14; -ен, -на) entgegengesetzt; Gegen-, gegenteilig; *Sp.* gegnerisch; *Jur.* -widrig; widerlich, ekelhaft; *Su. n* Gegenteil; ***в ~ном слу́чае*** andernfalls, widrigenfalls

противо|а́томный (14) Atomschutz-, Atom-; **~бо́рство** *n* (9) Widerstreit *m*, Kampf *m*; **~бо́рствовать** (7) entgegenwirken, (Д sich) bekämpfen; **~ве́с** *m* (1) Gegengewicht *n*; *fig.* Gegensatz (***в*** В/Д im/zu *D*); **~возду́шный** (14) Luftabwehr-, Fliegerabwehr-, Flieger-; **~га́з** *m* (1) Gasmaske *f*; **~де́йствие** *n* (12) Widerstand *m* (Д gegen *A*); Gegenwirkung *f*; **~де́йствовать** (7) sich widersetzen, entgegenwirken; **~есте́ственный** (14 *K.*) widernatürlich; **~зако́нный** (14; -о́нен, -нна) gesetzwidrig, widerrechtlich; **~зача́точный** (14) empfängnisverhütend; **~лежа́щий** (17) gegenüberliegend; Gegen-; **~пожа́рный** (14) Brand-, Brandschutz-; **~пока́занный** (14 *K.*) kontraindiziert; F ungeeignet (Д für *A*)

противопол|ага́ть (1), ⟨**~ожи́ть**⟩ (16) gegenüberstellen; **~о́жность** *f* (8) Gegensatz *m* (Д, ***с*** Т zu *D*; ***в*** В/Д im/zu *D*); Gegensätzlichkeit; **~о́жный** (14; -жен, -жна) gegenüberliegend; gegensätzlich, gegenteilig, entgegengesetzt

противопост|авля́ть (28), ⟨**~а́вить**⟩ (14) gegenüberstellen, (Д/В *A* mit *D*) vergleichen; entgegenstellen, entgegensetzen; **~авле́ние** *n* (12) Gegenüberstellung *f*, (Д mit *D*) Vergleich *m*

противо|прави́тельственный (14) regierungsfeindlich; **~раке́тный** (14) Antiraketen-; **~речи́вый** (14*K.*) widersprüchlich, widerspruchsvoll; **~ре́чие** *n* (12) Widerspruch *m* (***с*** Т *a.* zu *D*); Gegensatz *m*; Widerrede *f* (Д

П

gegen *A*); **~ре́чить** (16) widersprechen; im Widerspruch stehen (Д zu, mit *D*); **~стоя́ние** *n* (12) Konfrontation *f*; *Astr.* Opposition *f*; **~стоя́ть** (-ою́, -ои́шь) widerstehen; einander gegenüberstehen; sich widersetzen; **~та́нковый** (14) Panzerabwehr-, Panzer-; **~уда́рный** (14) stoßgesichert; **~хими́ческий** (16) Gasschutz-, Gas-; **~я́дие** *n* (12) Gegengift

прот|ира́ть (1), ⟨**~ере́ть**⟩ (12) durchreiben; abreiben, blankreiben; F *Augen* sich reiben; aufwachen; auswischen; durchscheuern; abtreten, abschaben; passieren; P durchhecheln; **-ся** abgewetzt sein, schäbig werden; Löcher bekommen; P → ***~и́скаться***

проти́с|киваться, ⟨**~каться**⟩ F (1), ⟨**~нуться**⟩ (20) sich hindurchzwängen, durchzwängen *od.* hineinzwängen

проткну́ть → ***протыка́ть***

прото́к *m* (1) Durchfluß; Nebenarm; Verbindungskanal; *Anat.* Gang

протоко́л *m* (1) Protokoll *n*; **~и́ровать** (7) *im(pf.)*, ⟨**за-**⟩ protokollieren; **~ьный** (14; -лен, -льна) Protokoll-, protokollarisch; (*o. K.*) Akten-

протолка́ть(ся), протолкну́ть(ся) → ***прота́лкивать(ся)***

протопи́ть → ***прота́пливать***

протопта́ть → ***прота́птывать***

проторгова́ться F (7) *pf.* ein Verlustgeschäft *od.* Pleite machen

проторённый (14*K.*) ausgetreten; eingefahren

проточи́ть (16) *pf.* durchfressen, durchnagen; auswaschen; durchbohren

прото́чный (14) fließend; mit Abfluß

протра́в|а *f* (5) Beize; → **~ля́ть** (28), ⟨**~и́ть**⟩ (14) durchätzen; beizen

протрезв|ля́ть (28), ⟨**~и́ть**⟩ (14*e.*) nüchtern machen; **-ся** nüchtern werden

протреща́ть (4*e.*) *pf.* kurz knarren *od.* knattern; → ***треща́ть***

протруби́ть (14*e.*) *pf.* kurz *od.* . . . lang blasen, trompeten; → ***труби́ть***

протух|а́ть (1), ⟨**~нуть**⟩ (21) verfaulen, verderben; **~ший** (17) faul, faulig

прот|ыка́ть (1), ⟨**~кну́ть**⟩ (19) durchstechen, durchbohren

протя́|гивать (1), ⟨**~ну́ть**⟩ (19) ziehen, spannen; ausstrecken; entgegenstrecken (**к** Д *j-m*); reichen; → ***тяну́ть 2***; F vorbeischleppen; *pf.* P es noch machen; durchhecheln; ***~ну́ть ру́ку*** *od.* ***ру́ку по́мощи*** zu Hilfe kommen; ***~ну́ть но́ги*** P abkratzen; **-ся** → ***тяну́ться 1***; **~же́ние** *n* (12) Ausdehnung *f*; Strecke *f*; Verlauf *m* (***на*** П im); **~жённость** *f* (8) Ausdehnung; **~жный** (14; -жен, -жна) gedehnt; langgezogen

проу́лок P *m* (1; -лка) Gasse *f*

проучи́ть (16) *pf.* . . . lang unterrichten *od.* lernen, studieren; F *fig.* e-e Lektion erteilen, e-n Denkzettel verpassen (В *j-m*)

проу́шина *f* (5) Öse; Ohr *n*

профа́н *m* (1) Laie, Uneingeweihte(r)

профбиле́т *m* (1) Gewerkschaftsbuch *n*

професс|иона́л *m* (1) Profi; → **~иона́льный** (14; -лен, -льна) beruflich, Berufs-, Profi-; professionell, berufsmäßig; fachlich, Fach-; Gewerkschafts- (→ ***профсою́з***); **~ия** *f* (7) Beruf *m* (***по*** Д von); **~ор** *m* (1; *pl. e.*, *N* -а́) Professor; **~орский** (16) Professoren-; **~у́ра** *f* (5) Professur; Professoren *m/pl.*, Professorenschaft

профила́кт|ика *f* (5) Prophylaxe; → **~и́ческий** (16) Vorbeugungs-

про́филь *m* (4) Profil *n* (***в*** В im); Seitenansicht *f*; Fächerspektrum *n*; Spezialisierung *f*; ***в ~*** von der Seite

проф|ко́м *m* (1) Gewerkschaftskomitee *n* (*SU*); **~ориента́ция** *f* (7) Berufsberatung

профо́рм|а *f* (5) Formsache; ***для ~ы*** der Form halber, pro forma

профсою́з *m* (1) Gewerkschaft *f*; **~ник** F *m* (1) Gewerkschafter; **~ный** (14) Gewerkschafts-

про|ха́живаться (1), ⟨**~йти́сь**⟩ (-йду́сь, -дёшься; -шёлся, -шла́сь; → ***пройти́***) auf u. ab *od.* spazieren gehen; *impf.* promenieren; *pf.* e-n Spaziergang machen; F e-e Tour drehen; herziehen (***насчёт*** Р über *A*); *pf.* streichen, gleiten

прохарчи́ть P (16*e.*) *pf.* → ***проеда́ть***

прохва́т|ывать (1), ⟨**~и́ть**⟩ (15) F durchdringen, (В *j-m*) durch Mark u. Bein gehen; P heruntermachen; ***~и́ло*** (В *j-d*) hat e-e Erkältung erwischt

прохвора́ть F (1) *pf.* → ***проболе́ть***

прохво́ст F *m* (1) Schuft, Halunke

прохла́|да *f* (5) Kühle, Frische; **~ди́тельный** (14; -лен, -льна) kühlend, erfrischend; (*o. K.*) Erfrischungs-; **~дный** (14; -ден, -дна) kühl, frisch; *fig.* reserviert, zurückhaltend; **~дца** F: ***с ~дцей*** lasch, lau, flau; **~жда́ться** (1), ⟨~ди́ться⟩ (15*e.*) sich abkühlen *od.* erfrischen; *impf.* F müßig sein

прохóд *m* (1; -а/-у) Durchgang; Durchmarsch; *Mar.* Durchfahrt *f*; Paß; F ***~у нет*** (***от*** P *j-d*) läßt *j-m* keine Ruhe; **~и́мец** F *m* (1; -мца) Gauner; Hochstapler; Hergelaufene(r); **~и́мость** *f* (8) Geländegängigkeit; → **~и́мый** (14*K.*) passierbar; **~и́ть** (15) **1.** ⟨пройти́⟩ (-йду́, -дёшь; -ошёл, -шла́, -ло́; -ше́дший; -йденный *u.* -йдённый: -ена́, -но́; -йдя́) durchgehen, hindurchgehen; durchkommen; vorbeigehen (***мимо*** P an *D*); hineingehen, hineinkommen; hineinlaufen; hineinfahren; hineinfliegen; abfließen; abziehen, sich abziehen, abrükken; passieren; zu Fuß zurücklegen; wischen, streichen; huschen; durchnehmen; durchmachen; ableisten, absolvieren; vorbeischauen (***на*** B in *D*); sich verbreiten, kursieren (***по*** Д in *D*); tanzen; *Met.* niedergehen; *Zeit*: vergehen, vorübergehen; vor sich gehen, verlaufen; aufhören, vorbei sein; *Thea.* aufgeführt *od.* F gewählt *od.* angenommen werden; *impf.* nachlassen; *pf.* bestehen (***по*** Д in *D*); ***~и́ть ми́мо*** *fig.* übergehen; ***как мне пройти́ . . . ?*** wie komme ich . . .?; ***э́то*** *od.* ***э́тот но́мер не пройдёт*** das geht nicht, daraus wird nichts; → ***да́ром***; **2.** *pf.* . . . lang gehen *od.* laufen *od.* herumlaufen; F bleiben (***в*** П *pl. N*); **~ка** *f* (5) *Bgb.* Vortrieb *m*; Abteufung; **~ная** *f* (14) Pförtnerloge; **~но́й** (14) Durchgangs-; Wander-; Eignungs-; ***~но́й двор*** *m fig.* Taubenschlag

прохож|де́ние *n* (12) Durchgang *m*; Durchlauf *m*; Vorbeimarsch *m*; Laufbahn *f*; → ***проходи́ть***; **~ий** (17) durchziehend; *Su. m* Passant

процве|та́ние *n* (12) Blütezeit *f*, Blüte *f*; Aufschwung *m*; → **~та́ть** (1) blühen, blühen u. gedeihen, florieren; F herrlich leben; im Schwange sein

процеду́р|а *f* (5) Verfahren *n*; *Med.* Heilverfahren *n*; **~ный** (14) Verfahrens-; Behandlungs-

проце́живать (1) → ***цеди́ть 1***

проце́нт *m* (1) Prozent *n* (***на*** B/P zu; ***под*** B *pl.* auf *A*), Prozentsatz *m*; vom Hundert; Prämie *f*; Quote *f*; *mst pl.* Zinsen; ***на все сто ~ов*** F hundertprozentig; **~ный** (14) Prozent-, prozentual; Zins-, verzinslich

проце́сс *m* (1) Prozeß; Vorgang; Verlauf; Verfahren *n*; ***в ~е*** während; **~ия** *f* (7) Aufzug *m*, Umzug *m*, Zug *m*, Prozession; **~уа́льный** (14) *Jur.* Prozeß-

про́черк *m* (1) Strich

прочеса́ть (3) *pf.* durchkämmen

проче́сть → ***прочи́тывать***

про́ч|ий (17) sonstig, übrig, andere(r); *Su. n* der Rest *m*; ***и ~ее*** u. dergleichen

прочи́стить → ***прочища́ть***

прочи́т|ывать F (1) → ***чита́ть***; **~а́ть** *pf.* (1) → ***чита́ть***; . . . lang *od.* hindurch lesen

про́чить F (16) aussehen (***за*** B für *A*); voraussagen; vorsehen (***на, в*** B als *od.* für *A*)

прочи|ща́ть (1), ⟨~стить⟩ (15) durchputzen, reinigen; bahnen; lichten

про́чн|ость *f* (8) Festigkeit; → **~ый** (14; -чен, -á) fest, haltbar; solide, stabil; dauerhaft, beständig

прочте́ние *n* (12) Durchlesen, Lektüre *f*; Lesart *f*; *Jur.* Verlesung *f*

прочу́вствовать (7) *pf.* tief empfinden

прочь weg, fort; *Weg*: aus (***с*** P *D*); beiseite!; ***~ с мои́х глаз!*** F geh mir aus den Augen!; ***не ~*** F nicht abgeneigt, nichts dagegen

проше́дш|ий (17) vergangen; ***~ее вре́мя*** *n Gr.* Präteritum; → ***про́шлый***

проше́ние † *n* (12) Gesuch (***о*** П um *A*)

проше́стви|е: ***по ~и*** nach Ablauf

прошиб|а́ть F (1), ⟨~и́ть⟩ (-у́, -ёшь; -, -ла; -ленный) einschlagen; durchschlagen; *fig.* durchbohren; durchschütteln; → ***пробира́ть***; ***пот ~*** (B *j-m*) brach der Schweiß aus; ***слеза́ ~ла*** *j-m* traten Tränen in die Augen

проши|ва́ть (1), ⟨~ть⟩ (-шью, -ьёшь; → ***шить***) durchnähen, durchsteppen; F durchschießen; **~вка** *f* (5; -вок) Spitzeneinsatz *m* (***в*** П *pl.* mit *Dsg.*)

прошипе́ть *pf.* → ***шипе́ть***; kurz zischen

прошл|ого́дний (15) vorjährig, vom

П

letzten Jahr; **~ый** (14) vergangen; vorig, Vor-; *Su. n* Vergangenheit *f*, Vergangene(s); Vergessenheit *f*; ***де́ло ~ое*** F *et.* gehört schon der Vergangenheit an

прошля́пить P (14) *pf.* verpassen, *fig.* verschlafen, schlafen

прошмыгну́ть F (20) *pf.* vorbeihuschen, vorbeischlüpfen; durchschlüpfen

прошнурова́ть (7) *pf.* durchschnüren

проштра́фиться P (14) *pf.* → ***провини́ться***

прошуме́ть (10*e.*) kurz rauschen, vorbeirauschen; ... lang rauschen; → ***шуме́ть***

про|щай(те)! lebe(n Sie) wohl!; **~ща́льный** (14) Abschieds-; **~ща́ние** *n* (12) Abschied *m* (***с*** T von *D*; ***на*** B zum); **~ща́ть** (1), ⟨**~сти́ть**⟩ (15*e.*) verzeihen (B/ ***за*** B *j-m A*), vergeben; erlassen; ***~сти́!*** † → ***~ща́й!***; *Su. n* Lebewohl; **-ся**, *pf. a.* ⟨попроща́ться⟩ sich verabschieden (***с*** T von *D*) *od.* trennen, Abschied nehmen; vergeben werden; ***не ~ща́ясь*** grußlos

прощелы́га P *m/f* (5) → ***пройдо́ха***

проще́ние *n* (12) Verzeihung *f*, Vergebung *f*

прощу́п|ывать, ⟨**~ать**⟩ (1) abtasten, ertasten; F sondieren, ausforschen, auskundschaften; auf den Zahn fühlen (B *j-m*)

прояв|и́тель *m* (4) *Fot.* Entwickler; **~ле́ние** *n* (12) Äußerung *f*; *Fot.* Entwicklung *f*; → **~ля́ть** (28), ⟨**~и́ть**⟩ (14) zeigen, an den Tag legen; bekunden; walten lassen; *Fot.* entwickeln; ***~и́ть себя́*** sich bewähren; **-ся** sich äußern *od.* kundtun, zutage treten

проясн|е́ние *n* (12) Aufhellung *f*, Aufheiterung *f*; → **~я́ть** (28), ⟨**~и́ть**⟩ (13*e.*) aufhellen, aufklären; **-ся** aufklaren, sich aufheitern; klar werden

пруд *m* (1*e.*/1; в -у́) Teich, Weiher; **~и́ть** (15/15*e.*), ⟨за-⟩ stauen, eindämmen; ***хоть ~ ~и́*** F wie Sand am Meer

пружи́н|а *f* (5) Sprungfeder, Feder; *fig.* Triebfeder; treibende Kraft, Hebel *m*; **~истый** (14 *K.*) federnd; elastisch; **~ить** (13) **1.** (*a.* **-ся**) federn; **2.** ⟨на-⟩ anspannen; **~ный** (14) Feder-, Sprungfeder-

руса́к *m* (1*e.*) Schabe *f*, Hausschabe *f*

прусс|а́к *m* (1*e.*), **~а́чка** *f* (5; -чек) Preuße(-ßin *f*); **~кий** (16) preußisch

прут *m* (1*e.*) **1.** (*pl.* -ья, -ьев) Gerte *f*, Rute *f*; **2.** (*pl. e.*) Stab, Stange *f*; **~ко́вый** (14) Stab-

пры|г F hopp; → **~га́ть** (1) **1.** hüpfen; F beben; → **2.** *einm.* ⟨**~гнуть**⟩ (20) springen; **~гу́н** *m* (1*e.*) Springer; **~жо́к** *m* (1; -жка́) Sprung (T mit *D*), Satz

пры́с|кать F (1), *einm.* ⟨**~нуть**⟩ (20) spritzen, sprengen, (***в, на*** B *A*) bespritzen, besprengen; stieben; loslachen; ***~кать со́ смеху*** in Gelächter ausbrechen

пры́т|кий F (16; -ок, -ка́) fix, flink, hurtig; **~ь** F *f* (8) schneller Lauf *m*; Hurtigkeit; Schwung *m*; ***во всю ~ь*** in vollem Galopp; → ***лопа́тка*** F

прыщ *m* (1*e.*; -е́й) Pickel, Finne *f*; **~а́вый, ~ева́тый** F (14 *K.*) pick(e)lig

пряд|е́ние *n* (12) Spinnen; **~и́льный** (14) Spinn-; **~и́льщица** *f* (5) Spinnerin; **~ь** *f* (8) Strähne; Strang *m*

пря́жа *f* (5) Garn *n*; Gespinst *n*

пря́жка *f* (5; -жек) Schnalle; Spange

пря́лка *f* (5; -лок) Spinnrad *n*, Spinnrocken *m*

прям|а́я *f* (14) Gerade; **~изна́** *f* (5) Geradheit; **~ико́м** F geradewegs, schnurstracks; **~о** geradeaus; *fig.* geradeheraus, geradezu; → ***~о́й***; **~оду́шный** (14; -шен, -шна) offenherzig; freimütig; **~о́й** (14; -, -а́) gerade; direkt (*a. Gr.*), unmittelbar; aufrecht; *fig.* aufrichtig, offen, offenherzig; wahr, echt; *Haar*: glatt; *Rock*: geradefallend; *Winkel*: recht; *Esb.* Durchgangs-, D-; *Rdf.* Direkt-, Live-; *Mil.* Voll-; Mast- (*Darm*); Mittel- (*Scheitel*); Hemd- (*Kleid*); ***по ~о́й*** Luftlinie; ***~ы́м путём*** geradewegs; F ***~о́й расчёт*** (Д für *j-n*) lohnt es sich wirklich

прямо|лине́йный (14; -е́ен, -е́йна) geradlinig; **~та́** *f* (5) Geradheit; Offenheit; **~уго́льник** *m* (1) Rechteck *n*; **~уго́льный** (14) rechtwinklig, rechteckig

пря́н|ик *m* (1) Pfefferkuchen, Lebkuchen; ... ***кнута́ и ~ика*** von Zuckerbrot u. Peitsche; **~ичный** (14) Lebkuchen-; Knusper-; **~ость** *f* (8) Würze; Gewürz *n*; **~ый** (14 *K.*) würzig; *fig.* pikant; (*o. K.*) Gewürz-

прясть (25; ·ла́; ·денный), ⟨с-, вы́-⟩ spinnen
пря́т|ать (3), ⟨с-⟩ verstecken (***за*** B hinter *D*), verbergen; aufbewahren (***в*** B in *D*); stecken; **-ся** Schutz suchen; sich verschanzen (***в*** П, ***за*** T hinter *A*) *od.* vergraben *od.* verschwinden; **~ки** *pl.* (5; -ок) Versteckspiel *n*; ***в ~ки*** Versteck (*spielen*)
пря́ха *f* (5) Spinnerin
псал|о́м *m* (1; -ма́) Psalm; **~о́мщик** *m* (1) Küster; **~ты́рь** *f* (8) Psalter *m*
пса́р|ня *f* (6; -ен) Hundestall *m*, Hundezwinger *m*; **~ь** *m* (4*e.*) Hundeknecht
псевдо|нау́чный (14; -чен, -чна) pseudowissenschaftlich; **~ни́м** *m* (1) Pseudonym *n*
пси́на F *f* (5) Hundefleisch *n*; Hundefell *n*; P Hund *m*
псих P *m* (1) Spinner; **~иа́тр** *m* (1) Psychiater; **~иатри́ческий** (16) psychiatrisch, Nerven-; **~́ика** *f* (5) Psyche, Seelenleben *n*; **~и́ческий** (16) psychisch, seelisch; Geistes-; **~оана́лиз** *m* (1) Psychoanalyse *f*; **~ова́ть** P (7) die Nerven verlieren, durchdrehen, ausflippen; **~о́з** *m* (1) Psychose *f*; **~о́лог** *m* (1) Psychologe; **~ологи́ческий** (16) psychologisch; **~оло́гия** *f* (7) Psychologie; Psyche, Mentalität; **~отерапи́я** *f* (7) Psychotherapie; **~у́шка** P *f* (5; -шек) Klapsmühle
псо́вый (14) Hunde-; Hetz-
пта́шка F *f* (5; -шек) Vögelchen *n*, Vöglein *n*; ***ра́нняя ~*** Frühaufsteher(in *f*) *m*
птене́ц *m* (1; -нца́) Junge(s) *n*, Nestling; Sprößling; → ***желторо́тый***
пти́|ца *f* (5) Vogel *m*; *a. pl.* Geflügel *n*, Federvieh *n*; F Typ *m*; *fig.* Tier *n*; ***невелика́ ~ца*** F ein unbedeutender Mensch; **~цево́д** *m* (1) Geflügelzüchter; **~цево́дство** *n* (9) Geflügelzucht *f*; **~цело́в** *m* (1) Vogelfänger; **~цефе́рма** *f* (5) Geflügelfarm; **~чий** (18) Vogel-; Geflügel-; vogelähnlich; **~чка** *f* (5; -чек) → ***пта́шка***; F Häkchen *n*; **~чник** *m* (1) Geflügelstall; Geflügelwärter; Vogelhaus *n*, Voliere *f*
пу́бли|ка *f* (5) Publikum *n*; Zuschauer *m/pl.*, Zuhörer *m/pl.*; F Leute *pl.*; **~ка́ция** *f* (7) Veröffentlichung; **~кова́ть** (7), ⟨о-⟩ veröffentlichen, publizieren; **~ци́стика** *f* (5) Publizistik; **~цисти́ческий** (16) publizistisch; **~́чный** (14; -чен, -чна) öffentlich; Freuden-; → ***проститу́тка***
пу́г|ало *n* (9) Vogelscheuche *f*; Scheusal; *fig.* Schreckgespenst, Popanz *m*; **~а́ть** (1), ⟨ис-, на-⟩, F *einm.* ⟨**~ну́ть**⟩ (20) erschrecken, schrecken, zurückschrecken; änstigen, beängstigen, (B *j-m*) Angst machen; **-ся** Angst haben *od. pf.* bekommen (P vor *D*); erschrekken; *Pferd*: scheuen; **~а́ч** *m* (1*e.*) Uhu; Schreckpistole *f*, Kinderpistole *f*; **~ли́вый** (14 *K.*) scheu, furchtsam; ängstlich
пу́гов|ица *f* (5) Knopf *m*; ***на ~ицах*** Knopf-; *dim.* **~ка** *f* (5; -ок); ***нос*** *m* ***~кой*** Stupsnäschen *n*
пуд *m* (1; *pl. e.*) *ehm.* Pud *n* (*= 16,38 kg*); **~ово́й, ~о́вый** (14) ein Pud schwer; *fig.* sehr schwer
пу́др|а *f* (5) Puder *m*; **~еница** *f* (5) Puderdose; **~ить** (13), ⟨на-⟩ pudern
пуз|а́тый (14 *K.*) F bauchig; P dickbäuchig, dickwanstig; **~́о** P *n* (9) Bauch *m*, Wanst *m*
пузыр|ёк *m* (1; -ька́) Bläschen *n*; Fläschchen *n*; **~́истый** F → ***~́чатый***; **~́иться** (13), ⟨вс-⟩ Blasen werfen *od.* ziehen; F sich bauschen *od.* aufbauschen; **~́чатый** (14*K.*) mit Blasen bedeckt, blasig; **~́ь** *m* (4*e.*) Blase *f*; Beutel; F Knirps
пук *m* (1; *pl. e.*) Bündel *n*; Büschel *n*
пуле|мёт *m* (1) Maschinengewehr *n*; **~мётчик** *m* (1) Maschinengewehrschütze; **~непроница́емый** (14 *K.*) kugelsicher
пульвериза́тор *m* (1) Zerstäuber
пу́л|ька *f* (5; -ек) *Ksp.* Partie; → **~я**
пульс *m* (1) Puls, Pulsschlag; **~а́ция** *f* (7) Pulsieren *n*; **~и́ровать** (7) pulsieren
пу́ля *f* (6) Kugel; Geschoß *n*; ***под ~ми*** im Kugelhagel
пункт *m* (1) Punkt (***по*** Д *pl.* in *D*; *A* für *A*); Platz, Stelle *f*, Betreuungsstelle *f*; Ort; *Mil.* Stand; **~́ик** F *m* (1) Tick, Marotte *f*; **~и́р** *m* (1) punktierte Linie *f*; **~и́рный** (14) punktiert; gestrichelt; **~уа́льный** (14; -лен, -льна) pünktlich; sorgfältig; **~уа́ция** *f* (7) Interpunktion, Zeichensetzung
пунцо́вый (14*K.*) hochrot
пуп *m* (1*e.*) Nabel; **~ови́на** *f* (5) Nabel-

schnur; **~óк** *m* (1; -кá) Nabel; Vogelmagen

пургá *f* (5) starker Schneesturm *m*, Schneegestöber *n*

пýрпýр|ный, ~овый (14) purpurn, purpurrot; Purpur-

пус|к *m* (1) Inbetriebnahme *f*; Start; → ***~кáть, зáпуск***; **~кáй** F → ***~ть***; **~кáть** (1), ⟨**~тúть**⟩ (15) lassen; loslassen; hinlassen; hineinlassen, hereinlassen, einlassen; entlassen, gehen *od.* fahren *od.* steigen *od.* entweichen lassen; werfen, schleudern (T/***в*** B *A* nach *j-m*); von sich geben; *Bot.* treiben, schlagen; *Hdl.* bringen (***в*** B *a.* zu *D*); *Mil.* abschießen; *Kugel* jagen (***в*** B durch *A*); *Bewegung*: setzen (T in *A*); *Tech.* anlassen, in Betrieb setzen *od.* nehmen; *Kreisel* aufziehen; *Träne* herauspressen; *Gerücht* verbreiten; *fig. Ente* in die Welt setzen; F vermieten (***в*** B *A*); *Farbton*: gehalten sein (B *N* in *D*); ***~кáть кровь*** zur Ader lassen (Д *j-n*); ***~кáть слю́ни*** F geifern, sabbern; ***~кáть на слом*** verschrotten; **-ся** F losziehen, losrennen; anfangen (***в*** B *Inf.*); nachsetzen (***за*** T *j-m*), setzen; *Verfolgung* aufnehmen (***в*** B *A*); *Reise* antreten; sich aufmachen, ***-ся в путь*** sich auf den Weg machen; sich einlassen (***в*** B auf *A*) *od.* widmen (*D*); *List*: greifen (***на*** B zu *D*); **~ковóй** (14) Anlaß-, Anlauf-; Auslöse-

пустéть (8), ⟨о-⟩ leer werden, sich leeren; veröden

пустúть(ся) → ***пускáть(ся)***

пустобрёх P *m* (1) Quatschkopf

пусто|вáть (7) leerstehen; brachliegen; **~головый** F (14 *K.*) hohlköpfig; **~звóн** F *m* (1) Schwätzer; **~звóнство** F *n* (9) Wortgeklingel, Blabla

пуст|óй (14; -, -á) leer; leerstehend; hohl, hohlköpfig; öde, brachliegend; *Bot., Geol.* taub; *Med.* nüchtern; *fig.* nichtssagend; gehaltlos; grundlos; nutzlos; nichtig; *Ausrede*: faul; F rein, bloß; frei, Frei-; *Su. n* → ***~я́к*** *pl.*; ***~óй билéт*** *m od.* ***нóмер*** *m* Niete *f*; ***~óе мéсто*** *n* F e-e Null *f*; ***на ~óм мéсте*** aus dem Nichts heraus; ***чтоб тебé ~о бы́ло***! F hol dich der Kuckuck!

пусто|мéля F *m/f* (6; *a.* -ей) Schwätzer(in *f*), Plappermaul *n*; **~порóжний** F (15) leer, inhaltsleer; **~слóвие** *n* (12) leeres Geschwätz, Phrasendrescherei *f*; **~слóвить** F (14) schwatzen, quasseln; **~тá** *f* (5; *pl. st.* ~ты) Leere; Hohlraum *m*; *Phys.* Vakuum *n*; **~тéлый** (14) hohl, Hohl-; **~цвéт** *m* (1) taube Blüte *f*; *fig.* taube Nuß *f*; **~шь** *f* (8) Ödland *n*

пусты́н|ник *m* (1) Einsiedler; **~ный** (14; -ен, -на) öde; menschenleer; (*o. K.*) Wüsten-; **~ь** *f* (8) Einsiedelei; **~я** *f* (6) Wüste; Einöde

пусты́рь *m* (4*e.*) unbebautes Gelände *n*, brachliegendes Grundstück *n*

пусты́шка F *f* (5; -шек) Schnuller *m*, Lutscher *m*; Null, Niete

пусть 1. *Part.* soll, sollen, mag, möge, mögen; ***~!, ну и ~!*** F na schön!, nun gut!; na wenn schon!, meinetwegen!; ***~ так*** F schon möglich; ***~ себé*** *od.* ***егó*** (+ *Präs.*) von mir aus kann er ruhig (+ *Inf.*); ***~ бýдет, что бýдет*** mag kommen, was da will; **2.** *Kj.* wenn *od.* mag auch; sei es, sei es auch

пустя́|к F *m* (1*e.*) Kleinigkeit *f*, Lappalie *f*, Bagatelle *f*; Nichtigkeit *f*; Spielerei *f*; *pl.* Krimskrams *m*; Unsinn *m*, dummes Zeug *n*; macht nichts, ist halb so schlimm; **~кóвый** F, **~чный** [-ʃn-] F (14) geringfügig, nichtig, lächerlich; kinderleicht

пýта|ник F *m* (1) Wirrkopf; **~ница** *f* (5) Gewirr *n*; Verwirrung, Wirrwarr *m*; **~ный** (14*K.*) verwirrt, verworren, wirr; **~ть** (1) **1.** ⟨за-, с-⟩ verwickeln, verwirren; F irreführen; **2.** ⟨с-, пере-⟩ durcheinanderbringen; verwechseln; **3.** ⟨с-⟩ *Pferd* fesseln; **4.** ⟨в-⟩ F hineinziehen; **-ся** durcheinandergeraten; F sich irren *od.* verirren *od.* verheddern; sich einmischen *od.* einlassen; F herumstehen, im Wege stehen; P herumirren; herumhuren

путё|вка *f* (5; -вок) Einweisungsschein *m*, Überweisungsschein *m* (***в*** B für *A*); Ferienplatz *m*, Ferienscheck *m* (*SU*); *Kfz.* Fahrbefehl *m*; Auftrag *m*; *Sp. fig.* Fahrkarte; *fig.* Rüstzeug *n* (***в*** B für *A*); **~водúтель** (4) *m* Reiseführer (***по*** Д durch *A*); Wegweiser; Katalog; *Esb.* Kursbuch *n*; **~вóдный** (14) Leit-, leitend; → **~вóй** (14) Weg-; Reise-; *Esb.* Bahn-; Strecken-; **~ец** F *m* (1; ~йца) Eisenbahningenieur; Streckenarbeiter; **~м** mittels, (P *A*) durch; F ordentlich, wie es sich gehört; **~обхо́дчик** *m* (1) Streckenwärter; **~прово́д** *m* (1) Überführung *f*

путеше́ств|енник *m* (1) Reisende(r); Forschungsreisende(r); **~ие** *n* (12) Reise *f* (**по** Д durch *A*); → **~овать** (7) reisen (**по** Д durch *A*)

пу́тник *m* (1) Wanderer; Reisende(r)

пу́тный F (14) brauchbar, vernünftig, gescheit; tüchtig, ordentlich

пу́ты *pl.* (5) Fessel *f*, Fesseln *f/pl.*

пут|ь *m* (8*e.*; -ём) Weg (**по** Д, Т auf *D*, *fig.* *A*; **в** В auf *A*; P/**на** П *j-m* in *D*), Straße *f*; Bahn *f*; Reise *f*, Fahrt *f*; Weise *f* (Т auf *A*); *Esb.* Gleis *n*; Strekke *f*; *Flgw.* **в ~и́** zwischen; **по ~и́** unterwegs; im Vorbeigehen; zugleich; **по ~и́ домо́й** auf dem Nachhauseweg; **нам по ~и́** wir haben den gleichen Weg; **нам не по ~и́** unsere Wege trennen sich; **во́дным ~ём** zu Wasser; **сухи́м ~ём** zu Lande; → **~ём**; → **доро́га**

пух *m* (1; -а/-у; в -у́) Flaum; Daunen *f/pl.*; **в ~** (**и прах**) F total, restlos; **в ~ и прах** F tipptopp; **ни ~а ни пера́!** F Hals- u. Beinbruch!; → **расфран-ти́ться**; **~лый** (14; -л, -ла́) rundlich, mollig, füllig; schwellend, üppig; flaumig; voluminös; **~нуть** (21), ⟨вс-, рас-⟩ schwellen, anschwellen, aufschwellen; **~ови́к** *m* (1*e.*) Daunenbett *n*; **~о́вка** *f* (5; -вок) Puderquaste; **~о́вый** (14) Daunen-

пучегла́зый F (14 *K.*) glotzäugig

пучи́на *f* (5) Strudel *m*, Untiefe *f*, Schlund *m* (*a. fig.*), Abgrund *m*

пу́чи|ть F (16) **1.** weit aufreißen; → **тара́щить**; **2.** ⟨вс-⟩ blähen, aufblähen; sich aufblähen; F **~т** (В *j-d*) hat Blähungen

пучо́к *m* (1; -чка́) Bündel *n*; Büschel *n*; Bund *n*; *Haar*: Knoten

пу́шечный (14) Kanonen-; F *fig.* **не подпуска́ть на ~ вы́стрел** (**к** Д von *D*) möglichst fernhalten; → **мя́со**

пуши́|нка *f* (5; -нок) Flaumfeder; Flaumhaar *n*; Flocke; Fussel *n*; **~стый** (14 *K.*) flaumig, flaumhaarig; flauschig; flockig; wollig

пу́ш|ка *f* (5; -шек) Kanone; **как из ~ки** F ganz pünktlich; **взять на ~ку** P hereinlegen; **из ~ек по воробья́м стреля́ть** *Spr.* mit Kanonen auf Spatzen schießen

пушн|и́на *f* (5) Pelzwerk *n*; Rauchwaren *f/pl.*; **~о́й** (14) Pelztier-; → **~и́на**

пушо́к *m* (1; -шка́) Flaum

пу́ща *f* (5) Dickicht *n*, dichter Wald *m*

пу́щ|е P mehr, noch mehr, stärker; → **бо́льше**; **~ий**: **для ~ей ва́жности** F des größeren Nachdrucks wegen

пчел|а́ *f* (5; *pl. st.* -) Biene; **~и́ный** (14) Bienen-; **~ово́д** *m* (1) Bienenzüchter, Imker; **~ово́дство** *n* (9) Bienenzucht *f*, Imkerei *f*; **~ьник** *m* (1) Bienenstand

пшен|и́ца *f* (5) Weizen *m*; **~и́чный** (14) Weizen-; Weiß-; **~ный** (14) Hirse-; **~о́** *n* (9) Hirse

пшик F *m* (1) Klacks; → **ку́киш**

пы́житься F (16), ⟨на-⟩ sich abmühen, alle Kräfte anspannen; *impf. fig.* sich aufblasen *od.* aufpustern

пыл *m* (1; -а/-у; в -у́) Eifer, Hitze *f*, Glut *f*, Feuer *n*; Elan, Schwung; Anfall; **~а́ть** (1) lodern, flammen; lichterloh brennen; glühen (Т vor *D*; **к** Д/Т für *j-n*/in *D*)

пыл|ево́й (14) Staub-; **~есо́с** *m* (1) Staubsauger; **~и́нка** *f* (5; -нок) Stäubchen *n*, Staubpartikel; *Bot.* → **~ьца́**; **~и́ть** (13*e.*), ⟨на-, за-⟩ stauben; *impf.* Staub aufwirbeln; **-ся**, ⟨за-⟩ verstauben, staubig werden; *impf.* → **~и́ть**

пы́лкий (16; -лок, -лка́) feurig, glühend, leidenschaftlich; heftig, hitzig

пыл|ь *f* (8; в -и́) Staub *m*; Mull *m*; **в ~и́** verstaubt, staubig; **пуска́ть ~ь в глаза́** *fig.* F Sand in die Augen streuen; **~ьник** *m* (1) Staubmantel; *Bot.* Staubbeutel; **~ьный** (14; -ен, -ьна́) staubig; verstaubt, staubbedeckt; Staub-; **~ьца́** *f* (5) Blütenstaub *m*, Pollen *m*

пыре́й *m* (3) Quecke *f*

пырну́ть P (20) *pf.* zustoßen, zustechen

пыт|а́ть (1) foltern, martern; *fig.* F plagen, quälen; *Glück* (P): → **-ся**, ⟨по-⟩ versuchen, suchen; **~ли́вость** *f* (8) Wißbegier; Forscherdrang *m*; **~ли́вый** (14*K.*) wißbegierig; forschend; (*o. K.*) Forscher-

пы́|хать F (3) → **~ла́ть**; strotzen (Т vor *D*); **~шущий гне́вом** wutschnaubend

пыхте́ть F (11) keuchen, schnaufen, pusten; paffen (Т mit *D*); → **корпе́ть**

пы́ш|ка *f* (5; -ек) Krapfen *m*; F Pummelchen *n*; **~ность** *f* Pracht, Prunk *m*;

→ **~ный** (14; -ен, -нá) üppig, füllig; bauschig; prächtig, prunkvoll; schwülstig; **~ущий** (17) → ***пыхать***
пьедестáл *m* (1) Sockel; Podest *n*
пьéса *f* (5) Theaterstück *n*; Musikstück *n*
пью́щий F *m* (17) Trinker, Säufer
пьян|éть (8), ⟨о-⟩ betrunken werden, *pf.* betrunken sein; *fig.* trunken werden, (***от*** P an *D*) sich berauschen; **~и́ть** (13*e.*), ⟨о-⟩ berauschen, (В *j-m*) zu Kopfe steigen; **ˇица** *m/f* (5) Trinker(in *f*), Säufer(in); **ˇка** P *f* (5; -ок) Saufgelage *n*; → **ˇство** *n* (9) Trunksucht *f*, F Sauferei *f*; **ˇствовать** (7) trinken, saufen; **~чýга** P *m/f* (5) Säufer(in *f*), Saufbold *m*; **ˇый** (14; -, -á) betrunken, F besoffen; trunken, berauscht; F berauschend; *Su. m* → ***ˇица***
пюпи́тр *m* (1) Pult *n*; Notenständer
пюрé [-'rɛ] *n* (*unv.*) Mus; Brei *m*
пяд|ь *f* (8; *ab Gpl. e.*) Spanne; *fig.* Fußbreit *m*; ***семи́ ~éй во лбу*** F superklug
пя́лить (13) **1.** → ***напя́ливать***; **2.** → ***распя́лить***; P recken; hervorkehren; P ***~ глазá*** starren, glotzen, (***на*** В *j-n*) anstarren
пя́льцы *pl.* (*G* -лец) Stickrahmen *m*
пят|á *f* (5; *Npl. st.*) † → ***ˇка***; *fig.* Joch *n*; ***по ~áм*** auf den Fersen; ***до ~*** bis zur Sohle; → ***головá***
пят|áк F *m* (1*e.*) Fünfkopekenstück *n*, Fünfer; **~ачóк** F *m* (1; -чкá) → ***~áк***; Schweinerüssel; kleiner Platz; **~ёрка** *f* (5; -рок) Fünf (*a. Schulnote* „sehr gut"); F Fünfergruppe; → ***~ирублёвка***; F → ***восьмёрка***; **~ерня́** P *f* (6; -нéй) fünf Finger *m/pl.*, Hand, F Pfote; **ˇеро** (37) fünf; → ***двóе***; **~ёрочник** F *m* (1) → ***отли́чник***
пяти|бóрье *n* (10) Fünfkampf *m*; **~десятилéтие** *n* (12) fünfzig Jahre *n/pl.*; fünfzigster Jahrestag *m od.* Geburtstag *m*; **~десятилéтний** (15) fünfzigjährig; **~деся́тый** (14) fünfzigste(r); → ***пя́тый, двадцáтый***; **~днéвный** (14) fünftägig, Fünftage-; **~знáчный** (14) fünfstellig; **~клáссник** *m* (1) Schüler der fünften Klasse; **~конéчный** (14) fünfzackig; **~копéечный** (14) Fünfkopeken-; für fünf Kopeken; **~крáтный** (14) fünffach, fünfmalig; **~лéтие** *n* (12) Jahrfünft; fünfter Jahrestag *m*; **~лéтка** *f* (5; -ток) Fünfjahrplan *m* (*SU*); F → **~лéтний** (15) fünfjährig; Fünfjahres-; **~мéсячный** (14) fünfmonatig; **~минýтный** (14) fünfminütig; **~недéльный** (14) fünfwöchig; **~рублёвка** F *f* (5; -вок) Fünfrubelschein *m*; **~слóжный** (14) fünfsilbig; **~сотлéтие** *n* (12) fünfhundert Jahre *n/pl.*; Fünfhundertjahrfeier *f*; **~сотлéтний** (15) fünfhundertjährig; **~сóтый** (14) fünfhundertste(r); **~стóпный** (14) fünfhebig, fünffüßig; **~тóнка** F *f* (5; -нок) Fünftonner *m*; **~ты́сячный** (14) fünftausendste(r); → ***ты́сячный***
пя́титься (15), ⟨по-⟩ zurückweichen, rückwärts gehen
пяти|угóльник *m* (1) Fünfeck *n*; **~угóльный** (14) fünfeckig; **~часовóй** (14) fünfstündig; → ***восьмичасовóй***; **~этáжный** (14) fünfstöckig
пя́тк|а *f* (5; -ток) Ferse, Hacke; stumpfes Ende *n*; F ***душá в ~и ушлá*** (***у*** P *j-m*) rutschte das Herz in die Hose; ***тóлько ~и сверкáют*** F → ***лопáтка*** F
пятнадцат|илéтний (15) fünfzehnjährig; **ˇый** (14) fünfzehnte(r); → ***пя́тый***; **ˇь** (35) fünfzehn
пятн|áть (1), ⟨за-⟩ beflecken, beschmutzen; F haschen; → **~áшки** *pl.* (5; -шек) Fangspiel *n*; **~и́стый** (14 *K.*) fleckig, gefleckt, gesprenkelt
пя́тниц|а *f* (5) Freitag *m* (***в*** В am); → ***втóрник***; F ***семь ~ на недéле*** (***у*** P *j-d*) ist wetterwendisch
пятн|ó *n* (9; *pl. st.*, *G* ˇтен) Fleck *m*, Flecken *m*; Klecks *m*; Mal; *fig.* Makel *m*; ***в ˇах*** → ***~и́стый***
пят|óк F *m* (1; -кá) fünf, fünf Stück; **ˇый** (14) fünfte(r); *Seite*, *Nummer*: fünf; *Stock*: vierte(r); ***ˇое мáя*** der fünfte Mai; ***ˇого мáя*** am *od.* den fünften Mai; ***ˇого*** *od.* ***ˇого числá*** am fünften; ***чéтверть ˇого*** Viertel nach vier; ***ˇый час*** nach vier; ***в ˇом часý*** zwischen vier u. fünf; ***ˇая часть*** *f*, ***однá ˇая*** *f* ein Fünftel *n*; ***ˇый деся́ток*** (Д *j-d*) ist in den Vierzigern; ***из ˇого в деся́тое*** vom Hundertsten ins Tausendste; **ˇь** (35) fünf; *Note*: → ***~ёрка***; **~ьдеся́т** (35) fünfzig; → ***три́дцать***; **~ьсóт** (36) fünfhundert; **ˇью** fünfmal

П

Р

раб *m* (1*e.*) Sklave; Knecht; *fig.* Tier *n*; **~á** *f* (5) Sklavin; **~ий** (18) sklavisch
рабовладе́л|ец *m* (1; -ьца) Sklavenhalter; **~ьческий** (16) Sklavenhalter-
работе́п|ие *n* (12) Unterwürfigkeit *f*.; → **~ный** (14; -ен, -на) kriecherisch; sklavisch; **~ство** *n* (9) → **~ие**; **~ствовать** (7) kriechen, katzbuckeln
рабо́т|а *f* (5) Arbeit (***на*** B zur; ***на*** П in *D*); Werk *n*; Wirken *n*, Tätigkeit; Funktion; *Tech.* Betrieb *m*; Stunden *f/pl.*; Aufgabe; F Gebet *n*; ***... ~ы*** Geschäfts-; **~ать** (1) arbeiten (***над*** T, *Sp.* ***на*** П an *D*; ***на*** B für *A*; *Tech.* ***на*** П mit *D*; T als *N*), tätig sein, wirken; fahren (***на*** П *A*); laufen, funktionieren; geöffnet sein; ***не ~ает*** außer Betrieb; **-ся** F: ***~ается*** die Arbeit klappt; **~ник** *m* (1) Arbeiter, Mitarbeiter; Werksangehörige(r), Betriebsmitglied *n*, Beschäftigte(r); → ***де́ятель***; *pl.* Personal *n*; † Knecht; ***шко́льный ~ник*** Pädagoge; **~ница** *f* (5) Arbeiterin; Angestellte; → **~ник**; † Magd; **~ода́тель** *m* (4) Arbeitgeber
работорго́вля *f* (6) Sklavenhandel *m*
работоспосо́бный (14; -бен, -бна) arbeitsfähig; leistungsfähig; tüchtig
работя́|га F *m/f* (5) Arbeitstier *n*; **~щий** F (17*K.*) arbeitsam
рабо́ч|е-крестья́нский (16) Arbeiter- u. Bauern- (*SU*); **~ий** (17) Arbeiter-; Arbeits-; Werk-, Werkstatt-; Zug-; *Tech.* Trieb-; Betriebs-; *Su. m* Arbeiter; *pl.* Arbeiterschaft *f*
ра́бс|кий (16) Sklaven-; sklavisch; **~тво** *n* (9) Sklaverei *f*; Knechtschaft *f*; ***в ~тве*** (***у*** P *j-s*) Sklave
рабы́ня *f* (6) Sklavin
равви́н *m* (1) Rabbiner
ра́венство *n* (9) Gleichheit *f*; *Math.* Gleichung *f*
равне́ние *n* (12) Ausrichtung *f*; ***~ напра́во!*** *Mil.* Augen rechts!
равни́н|а *f* (5) Ebene; **~ный** (14) Flachland-
равно́ gleich, gleichermaßen, egal; ***~ как*** *od.* ***~ как и*** ebenso wie; ***всё ~ что ...*** soviel *od.* so gut wie ...; → ***весь***
равно|бе́дренный (14) gleichschenk(e)lig; **~ве́сие** *n* (12) Gleichgewicht; **~де́йствующая** *f* (17) Resultante; **~де́нствие** *n* (12) Tagundnachtgleiche *f*; **~ду́шие** *n* (12) Gleichgültigkeit *f*; **~ду́шный** (14; -шен, -шна) gleichgültig (***к*** Д gegen *A*, gegenüber *D*), **~зна́чащий** (17), **~зна́чный** (14; -чен, -чна) gleichbedeutend (Д mit *D*), gleichwertig; **~ме́рный** (14; -рен, -рна) gleichmäßig, gleichförmig; **~пра́вие** *n* (12) Gleichberechtigung *f*; **~пра́вный** (14; -вен, -вна) gleichberechtigt; **~си́льный** (14; -лен, -льна) → ***~зна́чный***; gleich stark; **~сторо́нний** (15) gleichseitig; **~уго́льный** (14) gleichwinklig; **~це́нный** (14; -е́нен, -нна) gleichwertig; ebenbürtig
ра́вн|ый (14; -вен, -á) gleich; gleichgestellt, gleichwertig; seinesgleichen; ***~ым о́бразом*** gleichermaßen; **~я́ть** (28) **1.** ⟨с-⟩ gleichmachen; *Mil.* richten, ausrichten; **2.** gleichsetzen, vergleichen; **-ся 1.** sich messen; gleichkommen; sich zum Vorbild nehmen (***по*** Д, ***на*** B *j-n*), sich richten (nach *j-m*); gleich sein; F es aufnehmen; ***~я́йсь***! *Mil.* richt euch!; **2.** ⟨по-⟩ einholen (***с*** T *j-n*); erreichen
рад *m*, **~а** *f* froh, erfreut (Д über *A*); ***я ра́д(а)*** ich freue mich; ***он бы ~ ...*** er würde gern ...; ***и сам не ~*** F *j-d* bereut es selber schon; ***~ не ~*** F wohl od. übel; ***~-~ёхонек*** F heilfroh, hocherfreut
рада́рный (14) Radar-
раде́ть † (8), ⟨по-⟩ sorgen (***о*** П für *A*); sich eifrig bemühen (um *A*)
ра́ди (P) wegen; um ... willen, *j-m* zuliebe; F -halber; ***~ него́*** seinetwegen; ***~ чего́*** wozu, weshalb; → ***Бог***
радиа́|льный (14) radial, strahlenförmig; *Tech.* Radial-; Ring-; **~тор** *m* (1) Heizkörper; Kühler, **~цио́нный** (14) Strahlen-; **~ция** *f* (7) Strahlung
ра́дий *m* (3; -и) Radium *n*

радика́л *m* (1) Radikale(r); *Math.* ... **~а** Wurzel-; **~ьный** (14; -ен, -ьна) radikal; Radikal-
радикули́т *m* (1) Bandscheibenschaden
ра́дио *n* (*unv.*) Radio, Rundfunk *m* (***по*** im, über *A*; ***на*** im); Funk *m* (***по*** per, über); **~акти́вный** (14; -вен, -вна) radioaktiv; Atom-; **~ве́рсия** *f* (7) Rundfunkbearbeitung; **~веща́ние** *n* (12) Rundfunk *m*, Funk *m*; **~гра́мма** *f* (5) Funkspruch *m*; **~́ла** *f* (5) Musiktruhe; **~лока́тор** *m* (1) Radargerät *n*, Funkmeßgerät *n*; **~люби́тель** *m* (4) Funkamateur; Radiobastler; **~мая́к** *m* (1*e.*) Funkfeuer *n*; **~пеленга́тор** *m* (1) Funkpeilanlage *f*; **~переда́тчик** *m* (1) Rundfunksender; **~переда́ча** *f* (5) Rundfunksendung *f*; **~перехва́т** *m* (1) Abhördienst; **~постано́вка** *f* (5; -вок) Hörspiel *n*; **~приёмник** *m* (1) Rundfunkgerät *n*, Rundfunkempfänger, Radio *n*; **~пье́са** *f* (5) Hörspiel *n*; **~свя́зь** *f* (8) Funkverbindung, Funkverkehr *m*; **~се́ть** *f* (8) Rundfunknetz *n*; **~слу́шатель** *m* (4) Rundfunkhörer; **~ста́нция** *f* (7) Rundfunksender *m*; Funkstelle; **~сту́дия** *f* (7) Studio *n*, Aufnahmeraum *m*; **~телеграфи́я** *f* (7) drahtlose Telegraphie; **~телефо́н** *m* (1) Funksprechgerät *n*; **~то́чка** *f* (5; -чек) Funkanschluß *m*; **~у́зел** *m* (1; -зла́) Funkzentrale *f*; **~фотогра́мма** *f* (5) Funkbild *n*; **~це́нтр** *m* (1) → ***~у́зел***
ради́|ровать (7) *im*(*pf.*) funken; **~ст** *m* (1) Funker
ра́до|вать (7) ⟨об-⟩ freuen, erfreuen, (В *j-m*) Freude bereiten; **-ся** sich freuen (Д über, auf *A*); **~стный** [-sn-] (14; -тен, -тна) froh, fröhlich, freudig; Freuden-; **~сть** *f* (8) Freude (***от*** Р vor *D*); ***на ~стях*** F aus lauter Freude
ра́ду|га *f* (5) Regenbogen *m*; **~жный** (14; -жен, -жна) regenbogenfarbig; *fig.* rosig; (*o. K.*) Regenbogen-
раду́ш|ие *n* (12) Gastlichkeit *f*; → **~ный** (14; -ен, -на) gastfreundlich, gastlich; herzlich, leutselig
раз 1. *m* (1; ∸а/∸у; *pl. e.*, *G* -) Mal *n* (***в*** В zum); einmal, mal; eins; -faches *n* (***в*** В um *A*); ***в сто ~*** hundertmal; ***не ~, не́сколько ~*** mehrmals, wiederholt; ***на э́тот ~*** diesmal; ***ино́й ~*** mitunter; ***~*** (***и***) ***навсегда́*** F ein für allemal; ***~-друго́й*** F ein paarmal; ***ни ∸у*** F kein einziges Mal; ***~ за ∸ом*** F einmal über das andere; ***~ от ∸у*** F mit jedem Mal; ***в са́мый ~*** F genau passend, im richtigen Moment; **2.** *Adv.* einmal, e-s Tages; **3.** *Kj.* F wenn, wenn ... schon; **4.** *präd.* F klatsch!; schwupp!
разбав|ля́ть (28), ⟨∸ить⟩ (14) verdünnen, versetzen; F verwässern
разбаза́рить F (13) *pf.* vergeuden, verplempern, verpulvern
разб|а́лтывать, ⟨~олта́ть⟩ F (1) durch Schütteln lösen, verrühren; lokkern; ausplaudern; **-ся** *pf.* ins Schwatzen kommen
разбе́|г *m* (1) Anlauf; Start; ***с ~а*** *od.* ***~у*** in vollem Lauf; **~га́ться** (1), ⟨~жа́ться⟩ (4*e.*; -гу́сь, -жи́шься; → ***бежа́ть***) e-n Anlauf nehmen; in Fahrt geraten; auseinanderlaufen, auseinanderstieben; ***глаза́ ~жа́лись*** (***у*** Р *j-d*) wußte nicht, wo er hinsehen sollte
разби|ва́ть (1), ⟨∸ть⟩ (разобью́, -бьёшь; → ***бить***) zerschlagen; zerschmettern, zerstören; aufteilen (***на*** В in *A*), gliedern; verteilen (***по*** Д auf *A*); anlegen; *Zelt* aufschlagen; *Typ.* sperren; F widerlegen; vereiteln; abtragen; ausfahren; **-ся** zerbrechen, in Scherben gehen; zersplittern, zerschellen; stürzen, *Flgw.* abstürzen; sich verletzen; F kaputtgehen; **∸вка** *f* (5) Anlegung, Aufteilung; → ***~ва́ть***
разбинтова́ть (7) *pf.* den Verband abnehmen (В von *D*); **-ся** sich lösen
раз|бира́тельство *n* (9) Untersuchung *f*; *Jur.* Verhandlung *f*, Verfahren; **~бира́ть** (1) ⟨~обра́ть⟩ (-беру́, -рёшь; → ***бра́ть***) auseinandernehmen, zerlegen (***на*** В, ***по*** Д in *A*); abtragen; ordnen, sortieren; sichten; ausverkaufen (***~о́бранный*** vergriffen); erkennen; entziffern; begreifen; analysieren; erörtern, besprechen; untersuchen; *Jur.* verhandeln; F packen, erfassen; *impf.* F aussuchen, genau besehen; wählerisch sein; **-ся** sich zurechtfinden *od.* auskennen, sich klarwerden (***в*** П über *A*), klug werden (aus *D*); F auspacken, sich einrichten
разбит|но́й F (14) flott, forsch; **∸ый** (14*K.*) zerschlagen; F kaputt; müde; **∸ь(ся)** → ***разбива́ть(ся)***

Р

разбо́й *m* (3) Raubüberfall, Raub; **~ник** *m* (1) Räuber; F Schlingel; **~ничать** (1) Räubereien verüben, räubern; sein Unwesen treiben; **~нический** (14) räuberisch, Raub-; → **~ничий** (18) Räuber-
разболе́ться F **1.** (8) *pf.* schwer erkranken; **2.** (9) *pf.* stark schmerzen *od.* zu schmerzen beginnen
разболта́ть(ся) → ***разба́лтывать(ся)***
разбомби́ть (14*e.*) *pf.* zerbomben
разбо́р *m* (1; -а/-у) Sichtung *f*; Analyse *f*; Besprechung *f*; Untersuchung *f*; ***без ~а*** wahllos; ***с ~ом*** wählerisch; **~ка** *f* (5) Zerlegung *f*, Sortierung *f*; → ***разбира́ть***; **~ный** (14) zerlegbar; Montage-; Falt-; **~чивость** *f* (8) hohe Ansprüche *m/pl.*; → **~чивый** (14*K.*) leserlich, deutlich; wählerisch, heikel; anspruchsvoll
разбрани́ть F (13) *pf.* stark ausschimpfen; **-ся** sich völlig verzanken
разбр|а́сывать, ⟨**~оса́ть**⟩ (1) verstreuen; F vergeuden; → ***раски́дывать 2***; **-ся** F ausgestreckt *od.* hingebreitet daliegen; sich verzetteln
разбре|да́ться (1), ⟨**~сти́сь**⟩ (25) sich zerstreuen; auseinandergehen; einzeln gehen
разбро́д *m* (1) Zerstrittenheit *f*; F Zerfahrenheit *f*
разбр|о́санный (14*K.*) verstreut, zerstreut; **~оса́ть(ся)** → ***~а́сывать(ся)***
разбры́зг|ивать, ⟨**~ать**⟩ (1) verspritzen, versprühen; zerstäuben
разбух|а́ть (1), ⟨**~́нуть**⟩ (21) aufquellen; F anschwellen; sich aufblähen
разбушева́ться (6 -у́-) *pf.* stürmisch werden, tosen; F in Raserei geraten
разва́л *m* (1) Einsturz; Zerfall; Zusammenbruch; *Kfz.* Sturz; F Chaos *n*; **~ивать** (1), ⟨**~и́ть**⟩ (13) umwerfen, zerstören; ruinieren, zerrütten; F einreißen, abreißen; **-ся** auseinanderfallen; einstürzen; *fig.* zerbrechen, verfallen; F sich rekeln *od.* hinflegeln; **~ина** *f* (5) *mst pl.* Ruine; *pl.* Trümmer; F *fig.* Wrack *n*
разва́р|ивать (1) ⟨**~и́ть**⟩ (13) zerkochen; weich kochen; **-ся** zerkocht *od.* gar sein
ра́зве denn, etwa; vielleicht; **~?** wirklich?; (*a.* **~ *то́лько***) außer, es sei denn
развева́ть (1) flattern lassen; **-ся** wehen, flattern (***по*** Д in *D*)
разве́дать → ***разве́дывать***
разв|еде́ние *n* (12) Anbau *m*; Zucht *f*; Verdünnung *f*; → ***~оди́ть***; **~едённый** (14) geschieden; *Su. m* Geschiedene(r)
разве́д|ка *f* (5; -ок) Aufklärung; Erkundung; *Geol.* Schürfung; Spähtrupp *m*; Nachrichtendienst *m*, Spionagedienst *m*; **~очный** (14) Aufklärungs-; Schürf-; **~чик** *m* (1) Aufklärer; Späher, Kundschafter; Spion; Schürfer; → **~ывательный** (14) Aufklärungs-; Späh-; Spionage-; **~ывать**, ⟨**~ать**⟩ (1) auskundschaften, erkunden (F *a.* ***о*** П *et.*)
развезти́ → ***развози́ть***
разве́|ивать (1), ⟨**~ять**⟩ (27) verwehen; *fig.* vertreiben; zerstreuen
разве́нч|ивать, ⟨**~а́ть**⟩ (1) den Nimbus nehmen (В *j-m*), entthronen
разве́рзнуться † (21) *pf.* sich auftun
развёр|нутый (14*K.*) umfassend; ausführlich; **~ну́ть(ся)** → ***~тывать(ся)***
развёрст|ка *f* (5) Verteilung; Verteilerschlüssel *m*; **~а́ть** (1) *pf.* aufteilen, aufschlüsseln; umlegen (***по*** Д auf *A*)
развёр|тывать (1) ⟨**~ну́ть**⟩ (20) entfalten, entrollen; öffnen, aufmachen; *Buch* aufschlagen; auswickeln; *fig.* entwickeln; groß aufziehen; wenden; **-ся** anwachsen; sich entspinnen
развесёлый F (14) mordsfidel
разве́|систый (14*K.*) breitästig; weitverzweigt; P → ***клю́ква*** P; **~сить** → ***~шивать***; **~ска** *f* (5) Abwiegen *n*; **~сно́й** (14) lose, nach Gewicht
развести́(сь) → ***разводи́ть(ся)***
разветв|ле́ние *n* (12) Verzweigung *f*, Verästelung *f*; Gabelung *f*; **~ля́ться** (28), ⟨**~и́ться**⟩ (14*e.*) sich verzweigen, sich gabeln
разве́|шивать (1) **1.** ⟨**~сить**⟩ (15) abwiegen; aufhängen; ausbreiten; F *Ohren* aufsperren; **2.** ⟨**~шать**⟩ (1) aufhängen, vollhängen
разве́ять → ***разве́ивать***
разви|ва́ть (1) ⟨**~́ть**⟩ (разовью, -вьёшь; → ***вить***) entwickeln, entfalten; fördern; ausbilden, ausbauen; schulen, trainieren; *a. Mil.* vortragen (***перед*** Т *j-m*); abwickeln; **-ся** sich lösen; erwachsen; heranreifen; gedei-

Р

hen; **~ва́ющийся** (17) Entwicklungs-
разви́л|ина *f* (5), **~ка** *f* (5; -ок) Astgabel; Gabelung (***на*** П an *D*)
разви́н|чивать (1), ⟨**~ти́ть**⟩ (15*e*.; -ченный) losschrauben, auseinanderschrauben; lockern; **-ся** F sich gehen lassen; → **~ченный** F (14*K*.) überreizt, überdreht; wie gerädert; schlott(e)rig
разви́|тие *n* (12) Entwicklung *f*; Ablauf *m*; → ***~ва́ть***; **~то́й** (14; ~т, -та́) entwickelt; gebildet; aufgeweckt; reif; **~ть(ся)** → ***~ва́ть(ся)***
развле|ка́тельный (14; -лен, -льна) unterhaltend; (*o. K.*) Unterhaltungs-; **~ка́ть** (1), ⟨**~́чь**⟩ (26) unterhalten, zerstreuen; amüsieren; **-ся** sich vergnügen; **~че́ние** *n* (12) Unterhaltung *f*; Amüsement
разв|о́д *m* (1) Wachaufzug; Scheidung *f*; Aufzucht *f* (***на*** В zu *D*); *pl.* Muster *n*; *Frost*: Blumen *f*/*pl.*; **~оди́ть** (15), ⟨**~ести́**⟩ (25) auseinanderbringen, auseinanderführen; auseinanderbiegen; trennen; scheiden; auflösen, lösen; anrühren; verdünnen; anlegen, anpflanzen; züchten; *Brücke* öffnen, aufziehen; *Wache* aufführen; *Feuer* anmachen; *Dampf* anlassen; F *Amtsschimmel* reiten; *Panik*: in (*A*) machen; P *Phrasen* dreschen; vom Stapel lassen; ***~оди́ть рука́ми*** ratlos sein; **-ся**, ⟨**-сь**⟩ sich scheiden lassen (***с*** T von *j-m*); sich vermehren, (И von *D*) wimmeln; **~одно́й** (14) Zug-; Dreh-; **~о́дный** (14) Scheidungs-
разв|о́з *m* (1) Transport, Versand; **~ози́ть** (15), ⟨**~езти́**⟩ (24) hinfahren, hinbringen; zustellen; P mitnehmen; **~о́зка** *f* (5) → ***~о́з***
разволнова́ться F (7) *pf.* in heftige Erregung geraten
развора́чивать(ся) (1) → ***развёртывать(ся)***
разворова́ть F (7) *pf.* alles klauen
разворо́т *m* (1) Wenden *n*; Kurve *f*; Innenseite *f*; Entfaltung *f*; **~и́ть** P (15) *pf.* aufreißen; umwühlen; durcheinanderwerfen; zerstören; zerschmettern
развороши́ть F (16*e*.) *pf.* zerwühlen; *fig.* aufwühlen
развра́|т *m* (1) Unzucht *f*; Ausschweifung(en *pl.*) *f*; Verderbnis *f*, Lasterhaftigkeit *f*; **~ти́тель** *m* (4) Verführer; **~тник** *m* (1) Wüstling; **~тница** *f* (5) liederliches Frauenzimmer *n*; **~тничать** F (1) herumhuren; **~тный** (14; -тен, -тна) ausschweifend, unzüchtig; lasterhaft; **~ща́ть** (1), ⟨**~ти́ть**⟩ (15*e*.; -т/щ-) verführen, verderben, korrumpieren; **-ся** sittlich verkommen; verdorben sein; **~ще́ние** *n* (12) Verführung *f*; Verderbnis *f*; **~щённость** *f* (8) Verderbtheit; **~щённый** (14*K*.) → ***~тный***
развя́з|ка *f* (5; -ок) Ausgang *m*, Lösung (*a. Lit.*); kreuzungsfreier Verkehr *m*; **~ный** (14; -ен, -на) ungeniert, keck; unschicklich; **~ывать** (1), ⟨**~а́ть**⟩ (3) lösen, aufbinden; losbinden; freisetzen; *Krieg* entfesseln; ***~а́ть ру́ки*** F freie Hand lassen; **-ся** aufgehen; F loswerden; sich vom Halse schaffen (***с*** T *A*)
разга́д|ка *f* (5; -ок) Lösung; → **~ывать**, ⟨**~а́ть**⟩ (1) lösen; enträtseln, erraten; durchschauen
разга́р *m* (1) Höhepunkt *m* (***в*** П auf *D*); *fig.* Eifer; ***~ сезо́на*** Hochsaison *f*; ***в по́лном ~е*** in vollem Gange; ***рабо́та в по́лном ~е*** es wird mit Hochdruck gearbeitet
разгиба́|ть (1), ⟨**разогну́ть**⟩ (20) geradebiegen; auseinanderbiegen; ***~ть спи́ну*** → **-ся** sich aufrichten; ***~ющий*** Streck-; ***не ~я спины́*** F unermüdlich
разгильдя́й F *m* (3) Schlamper, Liederjan; **~ство** F *n* (9) Schlamperei *f*
разглаго́льствова|ние F *n* (12) *mst pl.* Tirade(n *f*/*pl.*); hochtrabendes Geschwätz *n*; **~ть** F (7) schwätzen, sich auslassen; schwadronieren
разгла́|живать (1), ⟨**~дить**⟩ (15) glattbügeln; glätten
разгла|ша́ть (1), ⟨**~си́ть**⟩ (15*e*.) ausplaudern, preisgeben; *Gerücht* verbreiten; **~ше́ние** *n* (12) Verbreitung *f*; → ***~ша́ть***; *fig.* Verletzung *f*
разгляд|е́ть (11) *pf.* erkennen, bemerken; **~́ывать** (1) mustern, genau betrachten
разгне́вать (1) *pf.* erzürnen
разгов|а́ривать (1) reden; sich unterhalten; ***не ~а́ривать! → молча́ть! не́чего ~а́ривать!*** genug geredet!; **~о́р** *m* (1; -а/-у) Gespräch *n*; Unterhaltung *f*, Aussprache *f*; Rede *f*; Thema *n*; Geschichte *f*; *pl.* Worte *n*/*pl.*; F

Gerede *n*; ***без ли́шних ~о́ров*** ohne viel zu reden; ***без*** *od.* ***никаки́х ~о́ров!*** F ohne Widerrede!; ***о чём*** *od.* ***како́й*** *od.* ***что за ~о́р!*** F aber ich bitte Sie!; keine Spur!; → ***об э́том и ~о́ру нет*** F das versteht sich doch von selbst; ***вот и весь ~о́р*** F u. basta; **~ори́ться** F (13*e.*) *pf.* ins Gespräch kommen; gesprächig werden; **~о́рник** *m* (1) Sprachführer, Gesprächsbuch *n*; **~о́рный** (14) Gesprächs-, Konversations-; Umgangs-, umgangssprachlich; **~о́рчивый** (14*K.*) gesprächig, redselig

разго́н *m* (1) Anlauf; Abstand; Auflösung *f*; ***в ~е*** unterwegs; → ***разбе́г***, F ***разно́с***; **~я́ть** (28), ⟨разогна́ть⟩ (-ю́, -ишь; → ***гнать***) auseinandertreiben, vertreiben, versprengen; auflösen; auf Trab *od.* Touren bringen; mit Vollgas fahren; F den Laufpaß geben (В *j-m*); **-ся** e-n Anlauf nehmen; Tempo gewinnen, auf Touren kommen

разгор|а́живать (1), ⟨~оди́ть⟩ (15/15*e.*; -о́женный) abteilen, abzäunen

разгор|а́ться (1), ⟨~е́ться⟩ (9) entbrennen, anbrennen; entflammen, auflodern; erglühen; funkeln; *fig.* auftauen; in Wallung geraten

разгороди́ть → ***разгора́живать***

разгорячённый (14*K.*) erhitzt

разграб|ля́ть (28), ⟨~́ить⟩ (14) ausrauben, ausplündern

разграни́чи|вать (1), ⟨~ть⟩ (16) abgrenzen; die Grenzen ziehen (В zwischen *D*)

разгре|ба́ть (1), ⟨~сти́⟩ (25 -б-; ~́б, -бла́) aufscharren, aufgraben; wegschaufeln

разгримирова́ть (7) *pf.* abschminken

разгро́м *m* (1) Zerschlagung *f*; vernichtende Niederlage *f*; Verwüstung *f*; F Chaos *n*; → ***громи́ть***

разгру|жа́ть (1), ⟨~зи́ть⟩ (15/15*e.*) entladen; *Mar.* löschen; F entlasten; **~́зка** *f* (5) Entladung; F Entlastung; **~́зочный** (14) Entlade-, Lösch-

разгрыз|а́ть (1), ⟨~́ть⟩ (24; ~́ла) zerbeißen, zernagen; knacken

разгу́л *m* (1) Ausschweifung(en *pl.*) *f*; Orgie *f*; Wüten *n*, Toben *n*; Zügellosigkeit *f*; **~ивать** F (1) **1.** herumspazieren, herumbummeln; ***~ивать на свобо́де*** frei herumlaufen; **2.** ⟨~я́ть⟩ zerstreuen; munter machen; **-ся** munter werden; aus sich herausgehen (***на*** П bei *D*); stürmisch werden; *Wetter*: sich aufheitern; **~ье** P *n* (10; -ий) Fete *f*; **~ьный** F (14; -ен, -ьна) ausschweifend; ausgelassen, feuchtfröhlich

разда|ва́ть (5), ⟨~́ть⟩ (~́м, ~́шь; → ***дать***; *Prät. a.* ро́здал, -о; ро́зданный: ~́н, раздана́, ~́но) verteilen, austeilen; herumreichen; **-ся** ertönen, erschallen; dröhnen, krachen; *Schuß*: fallen; F sich ausweiten; zurücktreten, Platz machen; F → ***растолсте́ть***

раздави́ть (14) *pf.* → ***дави́ть 3, 4***; erdrücken; zerschmettern; P kippen

разда́ри|вать (1), ⟨~ть⟩ (13) alles *od.* alle *od.* viel verschenken

разда́|точный (14) Ausgabe-; Durchreiche-; Verteilungs-; **~тчик** *m* (1) Verteiler; Ausgeber; **~ть(ся)** → ***~ва́ть(ся)***; **~ча** *f* (5) Verteilung, Austeilung

раздва́ивать (1) → ***двои́ть 1***; zweiteilen; spalten; **-ся** → ***двои́ться***

раздви|га́ть (1) ⟨~́нуть⟩ (20) auseinanderschieben; beiseiteschieben; aufschieben, ausziehen; spreizen; ausweiten; **-ся** sich öffnen; aufgehen; zurückweichen; **~жно́й** (14) Auszieh-, Schiebe-

раздв|ое́ние *n* (12) Zweiteilung *f*; Gabelung *f*; Spaltung *f*; **~о́енный** (14*K.*) *Bot.* gabelförmig; *fig.* zwiespältig; → ***~ои́ть(ся)*** → ***двои́ть(ся)***, ***~а́ивать***

разде|ва́лка F *f* (5; -лок); **~ва́льня** *f* (5; -лен) Garderobe; Umkleideraum *m*; **~ва́ть** (1), ⟨~́ть⟩ (~́ну, ~́нешь; ~́тый) ausziehen, entkleiden; **-ся** *Mantel* ablegen

разде́л *m* (1) Aufteilung *f*, Teilung *f*; Abschnitt, Teil

разде́лать → ***разде́лывать***

раздел|е́ние *n* (12) Einteilung *f* (***на*** В in *A*); → ~; Verteilung *f*; **~и́мый** (14*K.*) trennbar; **~и́тельный** (14) Trennnungs-; *Gr.* disjunktiv; **~и́ть(ся)** → **~я́ть(ся)**

разде́л|ывать, ⟨~ать⟩ (1) herrichten, zurichten, zurechtmachen; → ***отде́лывать***; **-ся** F davonkommen (***с*** Т *j-m*); → ***расправля́ться***, ***развя́зываться*** F

разде́л|ьный (14; -ен, -ьна) getrennt; gemessen; deutlich artikuliert; **~я́ть** (28), ⟨~и́ть⟩ (13; -ённый) einteilen,

Р

aufteilen, verteilen (***на*** B in *A*; durch *A*; → ***дели́ть***); trennen; **-ся** zerfallen; sich spalten; auseinandergehen; den Besitz teilen; → ***дели́ться***
разде́ть(ся) → ***раздева́ть(ся)***
раз|дира́ть F (1), ⟨~одра́ть⟩ (-деру́, -рёшь; → ***драть***) zerreißen, in Stücke reißen; zerfetzen; **-ся** zerfetzt sein
раздо́бриться F (13) *pf.* freigiebig werden
раздобы|ва́ть F (1), ⟨~ть⟩ (-бу́ду, -дешь; -́ла; -́тый; → ***быть***) auftreiben, organisieren
раздо́л|ье *n* (10; -ий) Weite(n *pl.*; ***на*** П in *D*) *f*; freie *od.* offene Landschaft *f*; uneingeschränkte Freiheit *f*; F reinste Freude *f*, Wonne *f*; ***~ье*** (Д *j-d*) hat es herrlich; **-ьный** (14; -ен, -ьна) weit, weitläufig; frei, ungebunden, sorglos
раздо́р *m* (1) Zwist, Zwietracht *f*; ***я́блоко*** *n* ***~а*** Zankapfel *m*
раздоса́довать F (7) *pf.* verärgern
раздраж|а́ть (1), ⟨~и́ть⟩ (16*e.*) reizen; ärgern, aufbringen; **-ся** sich entzünden; gereizt sein; in Zorn geraten, verärgert sein; **~а́ющий** (17) aufreizend; Reiz-; **~е́ние** *n* (12) Reiz *m*, Reizung *f*; Erregung *f*; Gereiztheit *f* (***в*** П, ***с*** T →) **~ённый** (14*K.*) gereizt; erregt; **~и́мый** (14*K.*) reizbar, erregbar; **~и́тельный** (14; -лен, -льна) reizbar, leicht aufgebracht
раздразн|и́ть F (13; -ённый) *pf.* aufreizen, reizen; erregen
раздроб|ле́ние *n* (12) Zerkleinerung *f*; → ***дробле́ние***; → ***~лённость*** *f* (8) Zersplitterung; **~ля́ть** (28) → ***дроби́ть***; zertrümmern, zerschlagen; aufteilen
разду|ва́ть (1), ⟨~́ть⟩ (18) anfachen; verwehen; aufblasen; F aufblähen; *fig.* aufbauschen; ***~́ло*** (***у*** P/B *j-s N*) ist geschwollen; **-ся** F prall *od.* prallvoll werden; anschwellen
разду́м|ывать (1) **1.** ⟨~ать⟩ (1) es sich anders überlegen; die Absicht aufgeben; **2.** nachdenken; hin u. her überlegen; ***не ~ывая*** kurz entschlossen; **~ье** *n* (10; -ий) Überlegung *f*; Reflexion *f*; Gedanke(n *pl.*) *m*
разду́ть(ся) → ***раздува́ть(ся)***
раз|ева́ть F (1), ⟨~и́нуть⟩ (20) aufsperren, aufreißen; ***~и́нуть рот*** F gaffen; Bauklötze(r) staunen; das Maul aufmachen
разжа́лобить [-ʒʒ-] (14) *pf.* erweichen; Mitleid erwecken (B bei *j-m*); **-ся** Mitleid empfinden
разжа́ловать [-ʒʒ-] (7) *pf.* degradieren (***в*** И *pl.* zum)
разжа́ть(ся) → ***разжима́ть(ся)***
разжёв|ывать [-ʒʒ-], ⟨~̈а́ть⟩ (6*e.*; -у-) zerkauen; F vorkauen
раз|жига́ть [-ʒʒ-] (1), ⟨~же́чь⟩ (26; -ожгу́, -жжёшь; -жёг, -ожгла́; -ожжённый: -жена́) anzünden; *fig.* schüren, entfachen
разжи|жа́ть [-ʒʒ-] F (1), ⟨~ди́ть⟩ (15*e.*) verdünnen
раз|жима́ть [-ʒʒ-] (1), ⟨-жа́ть⟩ (-ожму́, -мёшь; -жа́тый) öffnen, aufmachen; *Feder* loslassen, aufspringen lassen; **-ся** sich entspannen
разжи́|ться [-ʒʒ-] F (-ву́сь, -вёшься; -ла́сь) *pf.* reich werden (***на*** П von *D*); ein auskömmliches Leben beginnen; P auftreiben (T *et.*)
раззадо́рить F (13) *pf.* aufstacheln; anspornen; **-ся** in Eifer geraten
раззвони́ть F (13*e.*) *pf.* ausposaunen
раззнако́миться F (14) *pf.* die Bekanntschaft aufgeben, sich entfremden
раз|и́нуть → ***~ева́ть***; **~и́ня** F *m*/*f* (6) Schlafmütze *f*, Stoffel *m*
рази́т|ельный (14; -лен, -льна) auffallend, frappant; schlagend, kraß; **~ь** (15*e.*) schlagen, zuschlagen; treffen; bezwingen; P stark riechen (T nach *D*)
разл|ага́ть (1), ⟨~ожи́ть⟩ (16) zerlegen (***на*** B in *A*); *fig.* zersetzen; **-ся** zerfallen; *fig.* verfallen, verkommen; verwesen
разла́д *m* (1) Zwietracht *f*, Zwiespalt, Diskrepanz *f*; → ***нелады́***; **~ить** F (15) *pf.* kaputtmachen; vereiteln; entzweien; **-ся** kaputtgehen, F schiefgehen; sich verschlechtern; verstimmt sein
разла́комить F (14) *pf.* auf den Geschmack bringen; **-ся** auf den Geschmack kommen
разл|а́мывать (1) **1.** ⟨~ома́ть⟩ (1) zerbrechen (***на*** B in *A*); abreißen, niederreißen; **2.** ⟨~оми́ть⟩ (14) brechen, zerbrechen; P ***~оми́ло*** (B *j-d*) spürt *od.* spürte ein Reißen (B in *D*)

Р

разлез|а́ться P (1), 〈**∴ться**〉 (→ ***лезть***) auseinandergehen, aufgehen, aufbrechen
разлени́ться F (13) *pf.* faul werden
разлет|а́ться (1) 〈**~е́ться**〉 (11) auseinanderfliegen, auseinanderstieben; sich zerstreuen, zerstieben; zerspringen, zersplittern; zerfallen; F sich mit Windeseile verbreiten; mit Schwung fahren; stürzen, sich stürzen
разле́чься F (→ ***лечь***) *pf.* sich hinstrecken; sich erstrecken
разли́|в *m* (1) Hochwasser *n* (***в*** B bei *D*); *fig.* Flut *f*; → ***~ва́ть***; ***в ~в*** vom Faß; **~ва́тельный** (14) Schöpf-; **~ва́ть** (1), 〈**~ть**〉 (разолью́, -льёшь; → ***лить***) ausgießen, vergießen; eingießen, einschenken; austun, austeilen; abziehen (***по*** Д auf *A*); sich ausbreiten, überziehen; F ***водо́й не ~ть*** (B *j-d*) hält zusammen wie Pech u. Schwefel; **-ся** über die Ufer treten; sich ergießen; **~тие** *n* (12) Überschwemmung *f*; *Med.* Erguß *m*
различ|а́ть (1), 〈**~и́ть**〉 (16*e.*) unterscheiden; wahrnehmen; **-ся** *impf.* sich unterscheiden (***по*** Д in *D*); wahrnehmbar sein; **∴ие** *n* (12) Unterschied *m*; Verschiedenheit *f*; . . . **∴ия** Dienstgrad-; **~и́тельный** (14) Unterscheidungs-; **∴ный** (14; -ен, -на) verschieden, verschiedenartig
разлож|е́ние *n* (12) Zerlegung *f* (***на*** B in *A*), Zersetzung *f*; **~и́ть(ся)** → ***разлага́ть(ся)***, ***раскла́дывать(ся)***
разл|о́м *m* (1) Bruch; Bruchstelle *f* (***на*** П an *D*); F → ***~а́д***; **~ома́ть**, **~оми́ть** → ***~а́мывать***
разлу́|ка *f* (5) Trennung (***с*** T von *D*); Abschied *m*; ***в ~ке*** getrennt; **~ча́ть** (1), 〈**~чи́ть**〉 (16*e.*) trennen (***с*** T von *D*)
разлюби́ть (14) *pf.* nicht mehr lieben, aufhören zu lieben
размагни́|чивать (1), 〈**~тить**〉 (15) entmagnetisieren; **-ся** F sich gehen lassen
размаз|ня́ F *f* (6*e.*; -не́й) **1.** dünner Brei *m*; **2.** *m/f* Waschlappen *m*; **3.** Wischiwaschi *n*; **∴ывать** (1), 〈**∴ать**〉 (3) verschmieren, verstreichen; F breittreten
размалёв|ывать (1), 〈**∺а́ть**〉 (6) bepinseln, anmalen
разм|а́тывать, 〈**~ота́ть**〉 (1) abwickeln, loswickeln; abspulen, abhaspeln
разма́х *m* (1; -a/-y) Schwingung *f*; Spannweite *f*; *fig.* Schwung, Elan; Wucht *f* (***с*** P mit *D*); → **~ивать** (1), *einm.* 〈**~ну́ть**〉 (20) ausholen (*a.* **-ся**), ausbreiten; *impf.* schwingen, schwenken; herumfuchteln
разма́шистый F (14 *K.*) weit ausholend; schwungvoll; weitläufig
размежёв|ывать (1), 〈**∺а́ть**〉 (6 -у́-) vermessen; abgrenzen
размельч|а́ть (1), 〈**~и́ть**〉 (16*e.*) zerkleinern, zerstoßen; fein mahlen
разме́н *m* (1) Wechsel; Austausch; *Sp.* Abtausch; **~ивать** (1), 〈**~я́ть**〉 (28) wechseln (***на*** B in *A*); austauschen; abtauschen; verschleudern; **-ся** austauschen (T *A*); F sich (***на*** B *pl.* in *A*) verzetteln, s-e Kräfte verplempern; **~ный** (14) Wechsel-, Klein-
разме́р *m* (1) Maß *n*; Ausmaß *n*; Abmessung(en *pl.*) *f*; Größe *f*; Höhe *f*; Umfang; Zeitmaß *n*; *Lit.* Versmaß *n*; **~енный** (14 *K.*) gemessen; **~я́ть** (28), 〈**~ить**〉 (13) vermessen, ausmessen; berechnen
размеси́ть → ***разме́шивать 1***
размести́ть(ся) → ***размеща́ть(ся)***
размета́ть (3) *pf.* schleudern, wegschleudern; verwehen; zerstören; → ***разбра́сывать(ся)***, ***раски́дывать 2***
разме́|тка *f* (5; -ток) Markierung; **~ча́ть** (1), 〈**~тить**〉 (15) markieren; anreißen
размечта́ться F (1) *pf.* sich Träumen *od.* Träumereien hingeben
разме́|шивать (1) **1.** 〈**~си́ть**〉 (15) durchkneten; **2.** 〈**~ша́ть**〉 (1) umrühren, durchrühren; auflösen
разме|ща́ть (1), 〈**~сти́ть**〉 (15*e.*) aufstellen; verteilen (***по*** Д auf *A*); unterbringen, *Mil.* einquartieren; **-ся** unterkommen; Platz finden; die Plätze einnehmen; **~ще́ние** *n* (12) Unterbringung *f*; Anordnung *f*; → ***~ща́ть***
раз|мина́ть (1) 〈**~мя́ть**〉 (-омну́, -нёшь; -мя́тый) weichkneten, weichdrücken; zerquetschen; F sich vertreten; **-ся** weich *od.* schmiegsam werden; F sich Bewegung verschaffen; *Sp.* sich aufwärmen
размини́ровать (7) *im(pf.)* entminen
разми́нка *f* (5) *Sp.* Warmlaufen *n*
размину́ться F (20) *pf.* sich verfehlen;

Р

sich kreuzen; aneinander vorbei *od.* vorbeikommen können
размнож|áть (1), ⟨**~ить**⟩ (16) vervielfältigen; vermehren; **-ся** sich fortpflanzen; **~éние** *n* (12) Vermehrung *f*; → ***~áть(ся)***
размозжи́ть F [-ʒʒ-] (16*e.*) *pf.* zerschmettern, zerquetschen
размок|áть (1), ⟨**~нуть**⟩ (21) aufweichen
размóл *m* (1) Mahlen *n*; → ***помóл***
размóлвка *f* (5; -вок) Verstimmung
размолóть (17; -мелю́) *pf.* zermahlen
размори́ть F (13*e.*) *pf.* schlapp machen; **-ся** schlappmachen
размотáть → ***размáтывать***
размочи́ть (16*e.*) *pf.* aufweichen
размы́|в *m* (1) Unterspülung *f*; → **~вáть** (1), ⟨**~ть**⟩ (22) unterspülen, wegspülen; aufweichen; verwaschen
раз|мыкáть¹ (1), ⟨**~омкнýть**⟩ (20) trennen, öffnen; *El.* unterbrechen; **~мы́кать²** F (1) verscheuchen
размы́ть → ***размывáть***
размы|шлéние *n* (12) Überlegung *f*, Betrachtung *f*, Reflexion *f*; Gedanke *m*; → **~шля́ть** (28) nachdenken, nachsinnen, (***о*** П *A*) sich überlegen; reflektieren
размя|гчáть [-xtʃʃ-] (1), ⟨**~гчи́ть**⟩ (16*e.*) aufweichen, erweichen; **~гчéние** *n* (12) Erweichung *f*; **~кáть** (1) → ***мя́кнуть***
размя́ть(ся) → ***размин́ать(ся)***
разнаря́дка *f* (5; -док) Zuteilung; Zuteilungsschlüssel *m* (***на*** В für *A*)
разн|áшивать (1), ⟨**~оси́ть**⟩ (15) *Schuhe* austreten; **-ся** ausgetreten sein
разнéж|ивать F (1), ⟨**~ить**⟩ (16) verzärteln, verweichlichen; zärtlich stimmen; **-ся** sentimental werden; **~ничаться** F (1) allzu zärtlich werden
разнести́(сь) → ***разноси́ть(ся)***
разн|имáть (1), ⟨**~я́ть**⟩ (-имý, -ймешь; -ялá; -ятá) trennen; F auseinandernehmen
рáзни|ться (13) sich unterscheiden; verschieden sein; **~ца** *f* (5) Unterschied *m* (P *a.* in *D*), Differenz; ***какáя ~ца?*** F das ist doch egal
рáзно F verschieden; **~бóй** *m* (3) Diskrepanz *f*; mangelnde Koordinierung *f*; **~ви́дность** *f* (8) Abart, Spielart; **~глáсие** *n* (12) Meinungsverschiedenheit *f*; Widerspruch *m*; *pl.* Differenzen *f/pl.*; **~глáсия** (**у** P) *j-d* ist sich nicht einig; **~голóсица** *f* (5) Mißklang *m*; Uneinigkeit; **~е** *n* (14) Verschiedenes; **~кали́берный** (14; -рен, -рна) *fig.* F verschiedenartig; bunt; **~мáстный** [-sn-] (14; -тен, -тна), verschiedenfarbig; **~мы́слие** *n* (12) Meinungsunterschied(e *pl.*) *m*
разнообрáз|ие *n* (12) Mannigfaltigkeit *f*, Vielfalt *f*; Abwechslung *f* (***для*** P zur); **~ить** (15) Abwechslung bringen (B in *A*); **~ный** (14; -ен, -на) verschiedenartig, mannigfaltig; reichhaltig; abwechslungsreich
разно|плéмённый (14) aus *od.* von verschiedenen Volksstämmen; international; vielsprachig; **~рабóчий** *m* (17) Hilfsarbeiter; **~речи́вый** (14 *K.*) einander widersprechend; **~рóдный** (14; -ден, -дна) verschiedenartig, heterogen
разн|óс *m* (1) Austragen *n*; F Anpfiff; Verriß; **~оси́ть** (15) **1.** ⟨**~ести́**⟩ (25 -с-) austragen; zustellen; servieren; eintragen (***по*** Д in *A*); verwehen; zerstreuen; verbreiten; F zerreißen, zerschmettern; verwüsten; heruntermachen, verreißen; P ***~еслó*** (В *j-d*) ist in die Breite gegangen; **-ся**, ⟨-сь⟩ ertönen; F → ***разгоня́ться***; **2.** → ***~áшивать(ся)***; **~óска** F *f* (5) → ***~óс***; **~óсный** (14) Liefer-; Hausier-; F Verriß-
разносторóнний (15; -óнен, -ння) vielseitig; *Math.* ungleichseitig
рáзность *f* (8) Verschiedenheit, Unterschied *m*; *Math.* Differenz
разнóсчик [-ʃtʃ-] *m* (1) Austräger, Zusteller; Bote; Hausierer; Träger
разно|ти́пный (14; -пен, -пна) verschiedener Typen; **~харáктерный** (14; -рен, -рна) verschiedenartig; **~цвéтный** (14; -тен, -тна) mehrfarbig, bunt; Mehrfarben-; **~чи́нец** *m* (1; -нца) *hist.* nichtad(e)liger Intellektuelle(r); **~чтéние** *n* (12) Lesart *f*; **~шёрстный** [-sn-] (14; -тен, -тна) → ***~мáстный***; gescheckt; F bunt, buntgemischt; **~язы́чный** (14; -чен, -чна) verschiedensprachig, vielsprachig
разнýзд|анный F (14*K.*) zügellos; **~áть** (1) *pf.* abzäumen; F entfesseln
рáзный (14; *K. pl.* -ы) verschieden,

unterschiedlich; allerlei
разнюхать (1) *pf.* F aufspüren, ausschnüffeln; P dahinterkommen
разнять → ***разнимáть***
разоблач|áть (1), ⟨~ить⟩ (16*e.*) entlarven; enthüllen; **~éние** *n* (12) Entlarvung *f*; Aufdeckung *f*; **~ительный** (14; -лен, -льна) entlarvend
разобрáть(ся) → ***разбирáть(ся)***
разобщ|áть (1), ⟨~ить⟩ (16*e.*) trennen, absondern; entfremden; lösen; isolieren; **-ся** sich loslösen
рáзовый (14) einmalig; Einweg-
разогнáть(ся) → ***разгонять(ся)***
разогнуть(ся) → ***разгибáть(ся)***
разогре|вáть (1), ⟨~ть⟩ (8; -тый) erhitzen; aufwärmen; F erwärmen; **-ся** heiß werden
разодé|ть F (-ну, -нешь) *pf.* herausputzen; **-ся** → ***расфрантиться***
разодрáть(ся) → ***раздирáть(ся)***
разойтись → ***расходиться***
рáзом F auf einmal; zugleich; auf e-n Schlag; in e-m Zug
разомкнуть → ***размыкáть***
разомлéть F (8) *pf.* erschöpft sein
разопрéть (8) *pf.* F aufquellen; P stark schwitzen
разорвáть(ся) → ***разрывáть(ся)***
разор|éние *n* (12) Zerstörung *f*; → ***~ять***; Ruin *m*; **~ительный** (14; -лен, -льна) verheerend; ruinös; **~ить(ся)** → ***~ять(ся)***
разоруж|áть (1), ⟨~ить⟩ (16*e.*) entwaffnen (*a. fig.*); *Mar.* abtakeln; **-ся** abrüsten; **~éние** *n* (12) Abrüstung *f*; → ***~áть***
разор|ять (28), ⟨~ить⟩ (13*e.*) zerstören, verwüsten; ruinieren; **-ся** ruiniert sein, F Pleite gehen (***на*** П mit *D*); F et. springen lassen
разослáть → ***рассылáть***
разостлáть → ***расстилáть***
разохóтить F (15) *pf.* Lust machen (В/***на*** В *j-m* zu *D*); **-ся** Lust bekommen
разочаров|áние *n* (12) Enttäuschung *f* (***в*** П über *A*); **~ывать** (1), ⟨~áть⟩ (7) enttäuschen; desillusionieren; **-ся** enttäuscht sein *od.* werden; ***я в нём ~áлся*** er hat mich enttäuscht
разраб|áтывать, ⟨~óтать⟩ (1) bearbeiten, ausarbeiten, erarbeiten; *Bgb.* abbauen, ausbeuten; *Tech.*, *fig.* entwickeln; **~óтка** *f* (5; -ток) Bearbeitung; → ***~áтывать***; Abbau *m*, Gewinnung *f*; Bau *m*; *pl.* Abbaufelder *n/pl.*
разра|жáться (1), ⟨~зиться⟩ (15*e.*) ausbrechen (T in *A*); sich entladen; hereinbrechen; F vom Stapel lassen (T *A*)
разраст|áться (1), ⟨~ись⟩ (25-ст-; → ***расти***) stark anwachsen *od.* wachsen; sich ausbreiten; wuchern
разревéться F (-вусь, -вёшься) *pf.* losheulen
разре|жáть (1), ⟨~дить⟩ (15*e.*) lichten; verdünnen; **~жéние** *n* (12) Unterdruck *m*; → ***~жáть***
разрéз *m* (1) Schnitt; Einschnitt; Schlitz; Profil *n*; *Bgb.* Tagebau; *fig.* Gesichtspunkt (***в*** П unter *D*); **~áть** (1), ⟨~ать⟩ (3) zerschneiden, aufschneiden; → ***рéзать***; **~нóй** (14) Schlitz-; Papier-
разреш|áть (1), ⟨~ить⟩ (16*e.*) erlauben, gestatten; genehmigen; lösen; entscheiden; beseitigen, reinigen; † entbinden; ***~ите...*** darf ich ... *od.* ... haben; ... bitte; **-ся** sich klären *od.* aufklären, sich regeln; enden; F hervorbringen (T *A*); † niederkommen; *impf.* erlaubt sein; ***~áется*** man darf; **~éние** *n* (12) Erlaubnis *f* (***с*** P mit *D*), Genehmigung *f*; Lösung *f*; → ***~áть***; F Schein *m*; **~имый** (14 *K.*) lösbar
разрисовáть (7) *pf.* bemalen, ausmalen
разрóзненный (14*K.*) vereinzelt, voneinander getrennt; unvollständig
разруб|áть (1) ⟨~ить⟩ (14) spalten; zerhauen, durchhauen; zerteilen
разругáть F (1) *pf.* ausschimpfen; verreißen; **-ся** sich überwerfen
разрý|ха *f* (5) Zerrüttung, Ruin *m*; **~шáть** (1), ⟨~шить⟩ (16) zerstören; ruinieren, zerrütten; zunichte machen; zerstreuen; → ***нарушáть***; **-ся** zerfallen, verfallen, auseinanderfallen; einstürzen; ruiniert sein; scheitern; verlorengehen; **~шéние** *n* (12) Zerstörung *f*; → ***~шáть***; **~шительный** (14; -лен, -льна) verheerend, verderblich
раз|рыв *m* (1) Riß, Sprung; Abbruch, Bruch; Explosion *f*, Einschlag; Abstand, Spanne *f*; Diskrepanz *f*; Infarkt; → **~рывáть** (1) **1.** ⟨~орвáть⟩ (-рвý, -вёшь; → ***рвать***) zerreißen,

zerfetzen; sprengen; abbrechen, brechen; **-ся** explodieren; F ***не ~орва́ться же*** (Д *j-d*) kann sich doch nicht zerreißen; ***хоть ~орви́сь*** F *j-d* kann sich noch so viel Mühe geben; **2.** ⟨~ры́ть⟩ (22) aufgraben, ausgraben, ausheben; F durchwühlen
разрыда́ться (1) *pf.* in Schluchzen ausbrechen
разры́ть → ***разрыва́ть 2***
разрыхля́ть (28) → ***рыхли́ть***
разря́|д *m* (1) Kategorie *f*; Rang; Leistungsklasse *f*; Lohngruppe *f*; *Math.* Ordnung *f*; *El.* Entladung *f*; **~дка** *f* (5; -док) *Typ.* Sperrung; ***~дка напряжённости*** *Pol.* Entspannung; → **~жа́ть** (1), ⟨~ди́ть⟩ **1.** (15*e.*/15) entladen; *fig.* entspannen; **2.** F (15) herausputzen
разубе|жда́ть (1), ⟨~ди́ть⟩ (15*e.*; -ждённый) ausreden (В/***в*** П *j-m et.*), abbringen (*j-n* von *D*); **-ся** s-e Meinung ändern (***в*** П über *A*)
разу|ва́ть (1), ⟨~́ть⟩ (18) die Schuhe ausziehen (В *j-m*)
разувер|я́ть (28), ⟨~́ить⟩ (13) von dem Glauben abbringen (***в*** П an *A*); **-ся** den Glauben verlieren; → ***разубежда́ть(ся)***
разузна|ва́ть F (5), ⟨~́ть⟩ (1) herausbekommen, herauskriegen
разукра́|шивать F (1), ⟨~сить⟩ (15) mit vielen . . . *od.* reich schmücken *od.* verzieren; P übel zurichten
разукрупн|я́ть (28), ⟨~и́ть⟩ (13*e.*) verkleinern; dezentralisieren
ра́зум *m* (1) Vernunft *f*, Verstand; F ***ум за ~ захо́дит*** (***у*** P *j-d*) ist nicht recht bei Trost; **~е́ние** F *n* (12) Verständnis; **~е́ться** (8) gemeint sein; ***~е́ется*** *od.* ***само́ собо́й ~е́ется*** selbstverständlich, natürlich; freilich; **~́ный** (14; ~́ен, ~́на) vernünftig, verständig; gescheit; (*o. K.*) Vernunfts-
разу́|тый (14*K.*) barfuß; → **~ть(ся)** → ***~ва́ть(ся)***
разуха́бистый P (14*K.*) forsch
разу́чи|вать (1), ⟨~́ть⟩ (16) einstudieren, einüben; **-ся** verlernen
разъе|да́ть (1), ⟨~́сть⟩ (~́ст; -дя́т; ~́денный) zerfressen, anfressen; zersetzen
разъедин|я́ть (28), ⟨~и́ть⟩ (13*e.*) trennen (***с*** T von *D*); unterbrechen
разъе́|зд *m* (1) Abreise *f*; Aufbruch; *Esb.* Ausweichstelle *f*; *Mil.* berittene Patrouille *f*; *pl.* Reisen *f/pl.* (***в*** П auf *D*); **~здить** F (15) *pf.* ausfahren; **~здно́й** [-zn-] (14) Reise-; *Esb.* Ausweich-; **~зжа́ть** [-ʒʒ-] (1) herumreisen, herumfahren (***по*** Д in *D*); **-ся**, ⟨~хаться⟩ (-дусь, -дешься; → ***е́хать***) wegfahren, abreisen; aufbrechen; sich trennen (***с*** T von *D*); aneinander vorbeifahren; ausweichen; sich verfehlen; F auseinandergehen; auseinanderfallen
разъе́сть → ***разъеда́ть***
разъе́хаться → ***разъезжа́ться***
разъяр|ённый (14*K.*) wutentbrannt; wütend, rasend; tosend; **~я́ть** (28), ⟨~и́ть⟩ (13*e.*) in Wut bringen, wütend *od.* rasend machen; **-ся** in Wut geraten, wütend werden
разъясн|е́ние *n* (12) Erklärung *f*; Aufklärung *f*; **~и́тельный** (14) erläuternd; Aufklärungs-; **~я́ть** (28), ⟨~и́ть⟩ (13*e.*) erklären; aufklären
разы́гр|ывать, ⟨~а́ть⟩ (1) spielen (*Sp. a.* В um *A*); *Sp.* austragen; (*a.* ***~ывать в лотере́ю***) verlosen; abgeben, vorgeben; F zum Narren halten; **-ся** in Spieleifer *od.* Wallung geraten; ausbrechen, heftiger werden; sich abspielen; F sich einspielen
разыск|а́ние → ***изыска́ние***; **~́ивать** (1), ⟨~а́ть⟩ (3) auffinden, ausfindig machen; *impf.* suchen
рай *m* (3; в раю́) Paradies *n* (*a. fig.*)
рай|ко́м *m* (1) Bezirkskomitee *n* (*SU*); **~о́н** *m* (1) Bezirk; Kreis; Gebiet *n*, Region *f*, Raum, Zone *f*; Bereich; *Mil.* Abschnitt; *Bgb.* Revier *n*; F Kreisstadt *f*; **~о́нный** (14) Bezirks-; Kreis-
ра́йский (16) paradiesisch, Paradies-
райсове́т *m* (1) Bezirkssowjet (*SU*)
рак *m* (1) *Zool.*, *Med.* Krebs; ***. . . где ~́и зиму́ют*** F . . . wo Barthel den Most holt; . . . wo der Pfeffer wächst; ***когда́ ~ сви́стнет*** F am Sankt-Nimmerleins-Tag
раке́т|а *f* (5) Rakete; Tragflügelboot *n* (***на*** П mit *D*); ***сигна́льная ~*** Leuchtkugel; ***~а-носи́тель*** *f* Trägerrakete; → **~ка** *f* (5; -ок) Tennisschläger *m*; **~ный** (14) Raketen-
раки́та *f* (5) Bruchweide, Knackweide
ра́ко|вина *f* (5) Muschel; *Zool.* Haus

Р

n; Waschbecken *n*, Spülbecken *n*; Ausguß *m*; **~вый** (14) Krebs-; **~обрáзные** *pl.* (14) Krebstiere *n/pl.*, Krustentiere *n/pl.*
рáкýрс *m* (1) Verkürzung *f*
ракýшка *f* (5; -шек) kleine Muschel
рáм|а *f* (5) Rahmen *m*; **~ка** *f* (5; -ок) kleiner Rahmen *m*, Rähmchen *n*; Rand *m*; *pl. fig.* Rahmen *m*; Schranken
рáмп|а *f* (5) *Thea.* Rampe; ***увúдеть ~у*** zur Aufführung gelangen
рáна *f* (5) Wunde
ранг *m* (1) Rang; → ***разря́д***; *Mar.* ... ***пéрвого, вторóго, трéтьего ~а*** ... zur See, Fregatten-, Korvetten-
рáнее → ***рáньше***
ранéн|ие *n* (12) Verwundung *f*, Verletzung *f*; **~ый** *m* (14) verwundet; *Su. m* Verletzte(r)
рáнец *m* (1; -нца) Schulranzen; *Mil.* Tornister
ранжúр *m* (1) Ordnung *f*; ***по ~у*** der Größe nach; ***подвестú под одúн ~*** über e-n Kamm scheren
ранú|мый (14*K.*) verletzbar; **~ть** (13) *im(pf.)* verwunden, verletzen (***в*** В an *D*)
рáн|ний (15) früh; frühzeitig; Früh-; Vor-; ***с ~них лет*** von klein auf; **~о** (*Komp.* **~ьше, ~ее**) früh; zu früh; ***~о или пóздно*** F früher oder später, über kurz oder lang
рант *m* (1; на -ý) Rand; Kante *f*; ***на ~ý*** randgenäht
рантьé *m* (*unv.*) Rentner
рань F *f* (8) Frühe; ***в такýю ~*** so zeitig; **~ше** früher, eher; vor, vorher; ***~ше, чем*** ... bevor; ***не ~ше, чем*** ... frühestens ...
рапúра *f* (5) Florett *n* (***на*** П *pl.* mit *Dsg.*)
рáпорт *m* (1) Meldung *f*; Bericht; **~овáть** (7) *im(pf.)*, ⟨от-⟩ melden, Meldung erstatten; berichten
рáпсовый (14) Raps-
рапсóдия *f* (7) Rhapsodie
рáс|а *f* (5) Rasse; **~úстский** (16) rassistisch
раскабал|я́ть (28), ⟨**~úть**⟩ (13*e.*) vom Joch befreien
раскá|иваться (1), ⟨**~яться**⟩ (27) bereuen (***в*** П *et.*)
раскалённый (14*K.*) glühend, glühend heiß
раскáлывать (1) → ***колóть 1***
раскаля́ть (28) → ***калúть 1***
раск|áпывать, ⟨**~опáть**⟩ (1) aufgraben, ausgraben
раскáт *m* (1) *mst pl.* Grollen *n*, Rollen *n*; Salve *f* (*Lachen*); Trillern *n*; → ***разбéг***; **~истый** (14*K.*) rollend; schallend; **~ывать** (1) **1.** ⟨**~áть**⟩ (1) aufrollen, ausrollen; → **2.** ⟨**~úть**⟩ (15) → ***разгоня́ть***; **-ся** auseinanderrollen; erdröhnen, losdonnern; ausbrechen
раскáч|ивать, ⟨**~áть**⟩ (1) stark schaukeln (**-ся** *v/i*), in Schwingung *od. fig.* Schwung bringen, schwingen; F rütteln, aufrütteln; lockern; **-ся** in Schwung kommen; sich aufraffen; **~ка** F *f* (5) Anlauf *m*; Anlaufzeit
раскáшляться (28) *pf.* stark husten
раскá|яние *n* (12) Reue *f*; ***с ~янием*** reumütig; ***~яться*** → ***~иваться***
расквартировáть (7) *pf.* einquartieren
расквáсить P (15) *pf.* blutig schlagen
расквитáться (1) *pf.* abrechnen
раскú|дистый → ***развéсистый***; **~днóй** (14) Klapp-; **~дывать** (1) **1.** ⟨**~дáть**⟩ (1) verstreuen, zerstreuen; wegräumen; **2.** ⟨**~нуть**⟩ (21) weit ausbreiten; verbreiten; spreizen; aufschlagen, aufstellen; anlegen; ***~нуть умóм*** F gründlich überlegen; **-ся** sich erstrecken; F → ***разбрáсываться***
раскис|áть F (1), ⟨**~нуть**⟩ (21) aufweichen; schlappmachen; schwach werden
расклáд|ка *f* (5) Umlage; → ***развёрстка***; → ***~ывать***; **~нóй** (14) Klapp-; **~ýшка** F *f* (5; -шек) Klappbett *n*; **~ывать** (1) ⟨разложúть⟩ (16) auslegen; ausbreiten; aufteilen, verteilen (***в*** В auf *A*); **-ся** F → ***разбирáться*** F
расклáн|иваться (1), ⟨**~яться**⟩ (28) sich verbeugen, eine Verbeugung machen; sich verabschieden (***с*** Т von *D*)
расклéи|вать (1), ⟨**~ть**⟩ (13; -éю, -éишь) ankleben, aufkleben; **-ся** abgehen, aufgehen, aus dem Leim gehen; F schiefgehen; sich nicht wohl fühlen, schlappmachen
расковáть (7*e.*) *pf.* die Hufeisen abschlagen; von den Fesseln befreien
расковыря́ть F (28) *pf.* aufstochern, zerstochern; aufkratzen
раскóл *m* (1) Spaltung *f*; Riß *m*; *hist.*

Kirchenspaltung *f*, Schisma *n*; . . . **~а** Spalter-; **~ьник** *m* (1) Spalter; Altgläubige(r); Sektierer; **~ьнический** (16) Altgläubigen-; Spalter-
раск|опа́ть → ***~а́пывать***; **~о́пки** *f/pl.* (5; -пок) Ausgrabung(en *pl.*) *f*
раскорми́ть (14) *pf.* mästen; auffüttern
раскоря́ка P *m/f* (5) Krummbeinige(r)
раско́сый (14*K.*) schlitzäugig; Schlitz-
раскоше́литься F (13) *pf. et.* springen lassen, blechen
раскр|а́ивать (1), ⟨**~ои́ть**⟩ → ***крои́ть***; F spalten
раскраса́вица F *f* (5) Allerschönste
раскра́|ска *f* (5) Bemalung; **~сне́ться** (8) *pf.* stark erröten, glühen; **~сть** (→ ***красть***) *pf.* alles klauen; **~шивать** (1), ⟨**~сить**⟩ (15) bemalen, ausmalen
раскрепо|ща́ть (1), ⟨**~сти́ть**⟩ (15*e.*) aus der Leibeigenschaft entlassen; *fig.* emanzipieren; **~ще́ние** *n* (12) Befreiung *f*; *fig.* Emanzipation *f*
раскритикова́ть (7) *pf.* scharf kritisieren, kein gutes Haar lassen (B an *D*), verreißen
раскрича́ться F (4*e.*) *pf.* in lautes Geschrei ausbrechen; herumschreien; anbrüllen (***на*** B *j-n*)
раскрои́ть → ***раскра́ивать***
раскру́|чивать (1) ⟨**~ти́ть**⟩ (15) abwickeln; aufdröseln; F antreiben; P aufdrehen
раскры|ва́ть (1), ⟨**~́ть**⟩ (22) aufmachen; aufschlagen; aufdecken; aufspannen; aufziehen; öffnen; bloßlegen, enthüllen; entdecken, lüften; erschließen; ***~́тый*** offen; **-ся** aufgehen; sich zeigen, erweisen; s-n Herz ausschütten; **~́тие** *n* (12) Aufdeckung *f*; → ***~ва́ть***
раскула́чить (16) *pf.* entkulakisieren
раскуп|а́ть (1), ⟨**~и́ть**⟩ (14) aufkaufen, alle . . . kaufen
раску́пори|вать (1), ⟨**~ить**⟩ (13) entkorken, öffnen
раску́ри|вать (1), ⟨**~ть**⟩ (13) anrauchen, anstecken
раску́с|ывать (1), ⟨**~и́ть**⟩ (15) zerbeißen; aufbeißen; knacken; *pf.* F klug werden (B aus *D*), durchschauen, kapieren
раску́т|ывать, ⟨**~ать**⟩ (1) auswickeln, loswickeln

ра́совый (14) Rassen-
распа́|д *m* (1) Zerfall; **~да́ться** (1), ⟨**~сться**⟩ (-дётся; -лся) zerfallen, verfallen; auseinanderbrechen
распако́в|ывать (1), ⟨**~а́ть**⟩ (7) auspacken
распал|я́ть, ⟨**~и́ть**⟩ F (13*e.*) anzünden; glühend machen; *fig.* erhitzen, entflammen
распа́ри|вать (1), ⟨**~ть**⟩ (13) dämpfen; bähen; F zum Schwitzen bringen; **-ся** aufweichen, weich werden; schwitzen
расп|а́рывать (1), ⟨**~оро́ть**⟩ (17) auftrennen, zertrennen; F aufschlitzen; **-ся** aufplatzen
распа́сться → ***распада́ться***
распа́х|ивать (1) **1.** ⟨**~а́ть**⟩ (3) aufpflügen, umpflügen; umbrechen; **2.** ⟨**~ну́ть**⟩ (20) aufreißen, aufstoßen; aufschlagen; zurückschlagen; F ausbreiten; **-ся** aufgehen, sich weit öffnen; *Mantel* aufschlagen
распая́ть (28) *pf.* loslöten
распева́ть F (1) immerzu singen
распе|ка́ть F (1), ⟨**~́чь**⟩ (26) herunterputzen, gehörig ausschimpfen
распелена́ть (1) *pf.* aufwickeln
распере́ть → ***распира́ть***
распетуши́ться F (16*e.*) *pf.* aufbrausen
распе́ться F (-пою́сь, -оёшься; → ***петь***) *pf.* sich einsingen; in Singlaune geraten
распеча́т|ывать, ⟨**~ать**⟩ (1) entsiegeln; aufmachen, aufreißen; öffnen
распе́чь → ***распека́ть***
распи|ва́ть F (1), ⟨**~́ть**⟩ (разопью́, -пьёшь; -ла́; ~́тый: ~́т, ~́та́, ~́то/ро́спит[о]) gemeinsam leeren, austrinken
распи́ли|вать (1), ⟨**~ть**⟩ (13) zersägen, durchsägen
расп|ина́ть (1), ⟨**~я́ть**⟩ (-ну, -нёшь; -я́тый) kreuzigen; **-ся** F *impf.* sich die Beine ausreißen; sich total engagieren; steif u. fest behaupten
расп|ира́ть (1), ⟨**~ере́ть**⟩ (12; разопру́, -рёшь) F auseinanderspannen; auseinandersprengen; P aufblähen; *impf.* bis zum Bersten füllen *od.* erfüllen
распис|а́ние *n* (12) Plan *m*; ***~а́ние поездо́в*** *Esb.* Fahrplan *m*; ***по ~а́нию*** fahrplanmäßig; **~́ка** *f* (5; ~́ок) Quit-

tung (**под** B gegen); Bestätigung; Schein *m*; → **∴ывать**; **~ной** (14) bemalt, ausgemalt; **∴ывать** (1), ⟨**~ать**⟩ (3) aufschreiben, ausschreiben; eintragen, verzeichnen; verteilen; ausmalen, bemalen; F *fig.* ausmalen; → **-ся** quittieren; bestätigen (**в** П *A*); unterschreiben; F sich standesamtlich trauen lassen; zusammenschreiben (**на** П *A*)

распи́ть → ***распива́ть***

распиха́ть F (1) *pf.* stecken, stopfen; wegdrängen, zur Seite drängen

расплавля́ть (28) → ***пла́вить 1***

распла́каться (3) *pf.* in Tränen ausbrechen

распланиров|ать¹ (7) *pf.* einplanen, einteilen; **~а́ть²** (7) *pf.* anlegen

распласта́ть (1) *pf.* ausbreiten; F langstrecken, langlegen; **-ся** sich der Länge nach ausstrecken

распла́|та *f* (5) Abrechnung; → **~чиваться** (1), ⟨**~ти́ться**⟩ (15) bezahlen (**с** T *D*, bei *D*); abrechnen; begleichen (**по** Д *A*); *Schulden* abzahlen (*j-m*); büßen; F *fig.* heimzahlen (*j-m*)

расплёс|кивать (1), ⟨**∵ка́ть**⟩ (3), *einm.* ⟨**∵ну́ть**⟩ (20; **~нутый**) verschütten, vergießen, verspritzen; **-ся** überfließen, überschwappen

распле|та́ть (1), ⟨**~сти́**⟩ (25 -т-) aufflechten, entflechten; lösen

расплы|ва́ться (1), ⟨**∴ться**⟩ (23) zerfließen, verschwimmen; sich ausbreiten; F → ***растолсте́ть***; ***∴ться в улы́бке*** F übers ganze Gesicht strahlen; **∴вчатый** (14 *K.*) verschwommen, vage

расплю́щи|вать (1), ⟨**~ть**⟩ (16) plattdrücken, plattschlagen; **-ся** platt werden

распозна|ва́ть (5), ⟨**~ть**⟩ (1) erkennen, unterscheiden; F erkunden

распол|ага́ть (1) **1.** ⟨**~ожи́ть**⟩ (16) anordnen; aufstellen; einnehmen (**к** Д für *A*); **-ся** sich niederlassen; es sich bequem machen; liegen; *Lager* aufschlagen; F Sympathien empfinden; **2.** verfügen (T über *A*), haben; geneigt machen, (**к** Д *D*) förderlich sein; † vorhaben; **~ага́ющий** (17) einnehmend, sympathisch

располз|а́ться (1), ⟨**~ти́сь**⟩ (24) auseinanderkriechen; F auseinandergehen, auseinanderfallen; sich ausbreiten

располож|е́ние *n* (12) Anordnung *f*, Aufstellung *f*; *Mil.* Stellung(en *pl.*) *f*, Standort(e *pl.*) *m*; Lage *f*; Zuneigung *f*, Sympathie *f*; Verfassung *f*; F Stimmung *f*, Laune *f* (**в** П *G*); **∴енный** (14 *K.*) gelegen; *fig.* geneigt, (**к** Д *j-m*) gewogen; aufgelegt; **~и́ть(ся)** → ***располага́ть(ся)***

распо́рка *f* (5; -рок) Spreize, Strebe

распоро́ть(ся) → ***распа́рывать(ся)***

распоряди́тель *m* (4) Ordner; Leiter, Verantwortliche(r); *Fin.* Verfügungsberechtigte(r); **~ность** *f* (8) Umsicht; Organisationstalent *n*; **~ный** (14; -лен, -льна) umsichtig; geschickt; Verwaltungs-

распоря́|док *m* (1; -дка) Ordnung *f*; Plan; ***пра́вила*** *n/pl.* ***вну́треннего ~дка*** Hausordnung *f*; **~жа́ться** (1), ⟨**~ди́ться**⟩ (15*e.*) anordnen, veranlassen; verfügen (T über *A*); verfahren; *impf.* verwalten, leiten (T *A*); **~же́ние** *n* (12) Anordnung *f* (**по** Д auf *A*); Verfügung *f* (**в** B zu *D*); ***быть в ~же́нии*** (P *j-m*) zur Verfügung stehen

распоя́с|ываться (1), ⟨**~аться**⟩ (3) den Gürtel ablegen; F → ***распуска́ться*** F

распра́в|а *f* (5) Abrechnung; Repressalie(n *pl.*), Vergeltungsmaßnahme(n *pl.*); → ***~ля́ться***; F ***~а коро́ткая*** (***у*** P/**с** T *j-d*) macht mit *j-m* kurzen Prozeß

расправ|ля́ть (28), ⟨**∴ить**⟩ (14) glätten, geradebiegen; ausbreiten; aufrichten; herausrecken, recken

расправ|ля́ться (28), ⟨**∴иться**⟩ (14) abrechnen; fertigwerden; niederknüppeln, niedermachen (**с** T *j-n*); F schaffen

распредел|е́ние *n* (12) Verteilung *f* (**по** Д auf *A*); → **~я́ть**; **~и́тельный** (14) Verteilungs-; *El.* Schalt-; Verteiler-; **~я́ть** (28), ⟨**~и́ть**⟩ (13*e.*) verteilen (**по** Д auf *A*); einteilen, aufteilen; austeilen; F zugeteilt werden (B/**в** B *j-d*/*D*)

распрода|ва́ть (5), ⟨**~ть**⟩ (-́м, -́шь; → ***дать***; -́л, -ла́; -́на) alle . . . verkaufen, ausverkaufen; **∴н(о)** *et.* ist vergriffen; **∴жа** *f* (5) Ausverkauf *m*

распрост|ира́ть (1), ⟨**~ере́ть**⟩ (12) ausbreiten, weit ausstrecken; ausdehnen; **-ся** sich hinlegen *od.* hinwerfen; sich erstrecken; **~ёртый** offen; → ***~ира́ть***

распрости́ться F (15*e.*) *pf.* sich verabschieden, Abschied nehmen (***с*** T von *D*)
распростран|е́ние *n* (12) Verbreitung *f*, Ausbreitung *f*; Vertrieb *m*; **~ённый** (14*K.*) verbreitet; (*o. K.*) *Gr.* erweitert; **~я́ть** (28), ⟨**~и́ть**⟩ (13*e.*) verbreiten, ausbreiten; ausdehnen, erweitern; ausstreuen; **-ся** sich erstrecken *od.* fortpflanzen; F sich auslassen
распро|ща́ться F (1) *pf.* → ***~сти́ться***
ра́спря *f* (6; -ей) Zwist *m*, Streit *m*
распряга́ть → ***отпряга́ть***
распрям|ля́ть (28), ⟨**~и́ть**⟩ (14*e.*) geradebiegen; strecken, aufrichten
распря́чь → ***отпря́чь***
распуга́ть F (1) *pf.* verscheuchen, aufscheuchen
распус|ка́ть (1), ⟨**~ти́ть**⟩ (15) entlassen (***на*** B in *A*); frei laufenlassen; auflösen; zerlassen, auslassen; auftrennen, aufziehen; ausbreiten; *Schirm* aufspannen; *Fahne* entrollen; *Segel* entfalten; *Rad* schlagen; F lockern; zerreißen; ausstreuen, verbreiten; verziehen; **-ся** ausschlagen; aufblühen; aufgehen; F zergehen; sich öffnen; sich gehenlassen; außer Rand u. Band geraten, ungezogen sein
распу́тать(ся) → ***распу́тывать(ся)***
распу́тица *f* (5) Schlammzeit, Schlammwetter *n*; Unwegsamkeit
распу́тный → ***развра́тный, разгу́льный***
распу́тство *n* (9) → ***развра́т***
распу́т|ывать, ⟨**~ать**⟩ (1) lösen, entwirren; die Fesseln lösen; klären; **-ся** F loskommen (***с*** T von *D*)
распу́тье *n* (10; -тий) Kreuzweg *m*, Scheideweg *m* (***на*** П am)
распух|а́ть (1), ⟨**~нуть**⟩ (21) anschwellen, aufquellen; **~ший** (17) geschwollen, gequollen, aufgedunsen
распу́|щенный F (14*K.*) ungezogen; locker, zügellos; → ***~ска́ть(ся)***
распыл|е́ние *n* (12) Zerstäubung *f*, Zersplitterung *f*; → ***~я́ть***; **~и́тель** *m* (4) Zerstäuber; Spraydose *f*; **~я́ть** (28), ⟨**~и́ть**⟩ (13*e.*) zerstäuben, pulverisieren; zersplittern, zerstreuen; verzetteln
распя́лить (13) *pf.* F ausspannen, spannen; P weit aufsperren
расп|я́тие *n* (12) Kreuzigung *f*; Kruzifix (***на*** B vor *D*); **~я́ть** → ***~ина́ть***
расса́|да *f* (5) Setzlinge *m/pl.*; **~дка** *f* (5) Anpflanzung; **~живать**; **~дник** *m* (1) Baumschule *f*; Pflanzstätte *f* (*a. fig.*), Zucht *f*; *fig.* Brutstätte *f*; **~живать** (1), ⟨**~ди́ть**⟩ (15) die Plätze anweisen, hinsetzen; auseinandersetzen; anpflanzen; **-ся**, ⟨**рассе́сться**⟩ (→ ***сесть***) sich niederlassen, setzen; die Plätze einnehmen; F sich breitmachen
рассве́|т *m* (1) Morgendämmerung *f*, Morgengrauen *n* (***на*** П in *D*), Tagesanbruch (bei); → ***заря́***; **~та́ть** (1), ⟨**~сти́**⟩ (25) dämmern, tagen, Tag werden
рассе|ва́ть, **~ивать** (1), ⟨**~ять**⟩ (27) aussäen; verstreuen
рассёдла́ть (1) *pf.* absatteln
рассе́|ивать (1), ⟨**~ять**⟩ (27) zerstreuen; versprengen, vertreiben; streuen; → ***~ва́ть***; **-ся** sich lichten *od.* verziehen; nachlassen, schwinden
рассе|ка́ть (1), ⟨**~чь**⟩ (26) zerhauen, zerhacken, spalten; zerteilen; verletzen
рассел|е́ние *n* (12) Ansiedeln; → ***~я́ть***
рассе́лина *f* (5) Riß *m*, Spalt(e) *m*
рассел|я́ть (28), ⟨**~и́ть**⟩ (13*e.*) getrennt ansiedeln; einquartieren (***по*** Д in *D*), unterbringen; **-ся** sich niederlassen; sich ausbreiten
рассе́сться → ***расса́живаться***
рассе́чь → ***рассека́ть***
рассе́|янность *f* (8) Zerstreutheit (***по*** Д in *j-s D*); → **~янный** (14*K.*) verstreut; zerstreut; diffus; **~ять(ся)** → ***~ва́ть, ~ивать(ся)***
расска́з *m* (1) Erzählung *f*; Geschichte *f*; **~чик** [-ʃtʃ-] *m* (1), **~чица** *f* (5) Erzähler(in *f*); **~ывать** (1), ⟨**~а́ть**⟩ (3) erzählen
расслаб|ле́ние *n* (12) Schwächung *f*; → **~ленный** (14*K.*) abgespannt, schlaff; → **~ля́ть** (28), ⟨**~ить**⟩ (14) schwächen, entkräften, entspannen; lockern; **-ся** ausspannen; F → **~нуть** F (21) *pf.* erschlaffen
расслав|ля́ть F (28), ⟨**~ить**⟩ (14) ausposaunen; ins Gerede bringen
рассл|а́ивать (1), ⟨**~ои́ть**⟩ (13*e.*) in Schichten zerlegen *od.* spalten
рассле́дова|ние *n* (12) Untersuchung *f*; **~ть** (7) *im*(*pf.*) eingehend untersuchen, eruieren, (B *D*) nachgehen

Р

расслоéние *n* (12) Schichtung *f*; Differenzierung *f*; **~ои́ть** → **~áивать**

расслы́шать (16) *pf.* deutlich hören, vernehmen; recht verstehen

рассм|áтривать (1), ⟨**~отрéть**⟩ (9) betrachten (**в** B in *D*); prüfen; behandeln; *impf.* ansehen, besehen; *fig.* halten (**как** B für *A*); *pf.* erkennen, unterscheiden

рассмея́ться (27*e.*) *pf.* laut auflachen, in Gelächter ausbrechen

рассм|отрéние *n* (12) Betrachtung *f* → **~áтривать**; Durchsicht *f*, Prüfung *f* (**на** B zu *D*); **без ~отрéния** unberücksichtigt; **~отрéть** → **~áтривать**

расснасти́ть (15*e.*) *pf.* abtakeln

рассóв|ывать F (1), ⟨**~áть**⟩ (7*e.*) stekken, stopfen (**по** Д *pl.* in *D*)

рассóл *m* (1) Salzlake *f*, Lauge *f*; Sole *f*; **~ьник** *m* (1) Fleischsuppe *f od.* Fischsuppe *f* mit sauren Gurken

рассóрить F (13) *pf.* auseinanderbringen; **-ся** sich verzanken *od.* verfeinden

рассосáться (→**сосáть**) *pf.* zurückgehen; sich auflösen; F sich verkrümeln

расспр|áшивать (1), ⟨**~оси́ть**⟩ (15) sich erkundigen (**о** П nach *D*); ausfragen; → **вывéдывать**; **~óсы** *m/pl.* (1) Fragen *f/pl.*, Fragerei *f*; Nachforschungen *f/pl.*

рассредотóчить (16) *pf.* dezentralisieren; *Mil.* auseinanderziehen

рассрóч|ивать (1), ⟨**~ить**⟩ (16) auf Raten stunden; → **~ка** *f* (5) Stundung auf Raten; Ratenzahlung(en *pl.*); **в ~ку** auf Raten; Raten-

расста|вáние *n* (12) Abschied *m*, Trennung *f* (**с** T von *D*); **~вáться** (5), ⟨**~ться**⟩ (-нусь, -нешься) sich trennen, scheiden (**с** T von *D*); Abschied nehmen; verlassen; aufgeben; ablegen

расста|вля́ть (28), ⟨**~вить**⟩ (14) aufstellen; anordnen; verteilen; spreizen; *Kommas* setzen; *Netze* auswerfen; *Kleid* weiter machen; **~нóвка** *f* (5; -вок) Aufstellung; Stellung; Pause, Unterbrechung

расстáться → **расставáться**

расстёг|ивать (1), ⟨**~нýть**⟩ (20) aufknöpfen, aufmachen; öffnen, lösen; **-ся** aufgehen; sich den Mantel, die Jacke *usw.* aufknöpfen

расст|илáть (1), ⟨**разостлáть**⟩ [*a.* -sł-] (-елю́, -éлешь; разóстланный) ausbreiten

расстоя́ни|е *n* (12) Entfernung *f* (**на** П in *D*); Abstand *m*; Strecke *f*; **на ~и** Fern-, fern-; von weitem; (P . . .) entfernt; **на ~и вы́стрела** auf Schußweite; **держáть на почти́тельном ~и от себя́** sich *j-n* vom Leibe halten

расстр|áивать (1), ⟨**~óить**⟩ (13) verstimmen; verwirren; verderben; vereiteln; zerrütten; durcheinanderbringen; **-ся** durcheinandergeraten; verstimmt sein; ruiniert sein; scheitern, sich zerschlagen; abreißen; mißmutig werden

расстрéл *m* (1) Erschießung *f*, Tod *m* durch Erschießen; → **~ивать** (1), ⟨**~я́ть**⟩ (28) erschießen; niederschießen; zusammenschießen; verschießen

расстр|óить(ся) → **~áивать(ся)**; **~óйство** *n* (9) Verstimmung *f*, Verwirrung *f*, Verdruß *m*; Zerrüttung *f*; Störung *f*

расступ|áться (1), ⟨**~и́ться**⟩ (14) zurücktreten, zur Seite treten; Platz machen (**перед** T *j-m*); sich auftun

рассу|ди́тельный (14; -лен, -льна) besonnen, bedächtig; verständig, vernünftig; **~ди́ть** (15) *pf.* entscheiden; schlichten; überlegen, nachdenken; **~дóк** *m* (1; -дка) Verstand (**в** П bei *D*), Vernunft *f*; **~дóчный** (14; -чен, -чна) verstandesmäßig; rational; rationalistisch; **~ждáть** (1) überlegen, reflektieren; argumentieren; F reden; diskutieren; **~ждéние** *n* (12) Erörterung *f*; Überlegung *f*, Argumentation *f*; *pl.* F lange Reden *f/pl.*, Gerede *n*; Widerrede *n*

рассчи́т|ывать [-ʃʃ-], ⟨**~áть**⟩ (1) ausrechnen, berechnen; richtig einschätzen; bestimmen (**на** B für *A*); entlohnen, entlassen; *impf.* rechnen (**на** B *a.* mit *D*); bauen (auf *A*); spekulieren; beabsichtigen; **-ся** bezahlen (**с** T *D*, bei *D*); → **расплáчиваться**; *Mil.*, *Sp.* abzählen; F *fig.* abrechnen; kündigen

рассыл|áть (1), ⟨**разослáть**⟩ (-ошлю́, -лёшь; → **слать**) aussenden, versenden; wegschicken; **~ка** *f* (5) Versand *m*; **~ьный** (14) Versand-; Lauf-; *Su. m* Bote

рассып|áть (1), ⟨**~ать**⟩ (2) verstreuen; schütten; **-ся** zerfallen, zerstieben; sich verstreuen; ausbrechen (T in *A*); F sich ergehen (**в** П *pl.* in *D*); *impf.* sich überschlagen (**в** П vor *Dsg.*); **~чатый**

Р

(14*K*.) bröck(e)lig, krüm(e)lig; mürbe
раст|áлкивать F, ⟨~олкáть⟩ (1) beiseite stoßen, zur Seite drängen; wachrütteln
растáпливать (1) → ***топи́ть 1, 2***
раст|áптывать (1), ⟨~оптáть⟩ (3) zertreten; *fig.* mit Füßen treten; P austreten
растá|скивать (1), ⟨~щи́ть⟩ (16), F ⟨~скáть⟩ (1) fortschleppen; auseinandernehmen; plündern, klauen
раствóр *m* (1) Lösung *f*; Mörtel; Öffnung *f*; **~и́мый** (14*K*.) lösbar, löslich; **~и́тель** *m* (4) Lösungsmittel *n*; **~я́ть** (28) **1.** ⟨~и́ть⟩ (13) öffnen, aufmachen, aufsperren; **2.** ⟨~и́ть⟩ (13*e*.) lösen, auflösen
расте|кáться (1), ⟨~́чься⟩ (26) auseinanderfließen, zerfließen; wegströmen
растéние *n* (12) Pflanze *f*, Gewächs; **~вóдство** *n* (9) Pflanzenanbau *m*
растерéть → ***растирáть***
растéрз|анный (14*K*.) zerrissen; F zerzaust; → **~ывать** (1) → ***терзáть***
растéря|нный (14*K*.) ratlos, fassungslos; verwirrt; **~́ть** (28) *pf.* (nach u. nach) verlieren; **-ся** verlorengehen; in Verlegenheit geraten, den Kopf verlieren, ratlos sein ; **~́ха** P *m*/*f* (5) Schlampe(r), der *od.* die alles verliert
растéчься → ***растекáться***
расти́ (25) (-сту́; рос, -слá), ⟨вы́-⟩ wachsen; heranwachsen; zunehmen; steigen; *impf.* sich entwickeln
раст|ирáть (1) ⟨~ерéть⟩ (12; разотру́; -ёр) zerreiben, verreiben; abreiben; einreiben; massieren, frottieren; sich wundreiben
расти́т|ельность *f* (8) Pflanzenwelt, Vegetation, Flora; F Haarwuchs *m*; Bartwuchs *m*; **~ельный** (14) Pflanzen-, pflanzlich, vegetativ, Vegetations-; **~ь** (15*e*.) züchten; aufziehen, großziehen, heranziehen; entwickeln
растл|евáть (1), ⟨~и́ть⟩ (13*e*.) schänden, entehren; verderben; **~éние** *n* (12) Notzucht *f*; Verfall *m*, Verderbnis *f*
растолкáть → ***растáлкивать***
растолкóв|ывать (1), ⟨~áть⟩ (7) klarmachen, begreiflich machen, auseinandersetzen
растолстéть (8) *pf.* in die Breite gehen
растóпка *f* (5) Anheizen *n*
растоптáть → ***растáптывать***
растопы́ривать F (1) → ***топы́рить 1***
растор|гáть (1), ⟨~́гнуть⟩ (21) auflösen; kündigen, annullieren; **~жéние** *n* (12) Auflösung *f*; → **~гáть**
растормоши́ть F (16*e*.) *pf.* wachrütteln, aufrütteln; durchwühlen
расторóпный (14; -пен, -пна) flink, fix
расточ|áть (1), ⟨~и́ть⟩ (16*e*.) verschwenden, durchbringen; *impf.* sich ergehen (B in *D*); überhäufen (***перед*** T/B *j-n* mit *D*); **~и́тель** *m* (4) Verschwender; **~и́тельность** *f* (8) Verschwendungssucht; **~и́тельный** (14; -лен, -льна) verschwenderisch; **~и́тельство** *n* (9) Verschwendung *f*
растрав|ля́ть (28), ⟨~и́ть⟩ (14) reizen; aufreißen; F aufwühlen
растранжи́ривать (1) → ***транжи́рить***
растрá|та *f* (5) Unterschlagung; → **~чивать** (1), ⟨~тить⟩ (15) vergeuden, verschwenden; unterschlagen, veruntreuen; **-ся** sich verausgaben
растревóжить F (16) *pf.* → ***тревóжить, береди́ть***
растрёп|а P *m*/*f* (5) Schlampe(r), Liederjan; → **~анный** (14*K*.) zerzaust, struppig; → **~̈áть** (2) *pf.* zerzausen, zerraufen; zerfetzen, zerfledern; **-ся** zerzaust sein; → **~̈áть**
растрéскаться (1) *pf.* an vielen Stellen aufplatzen, Risse bekommen
растрóгать (1) *pf.* tief anrühren *od.* rühren; **-ся** sentimental werden; gerührt sein (***до*** P *pl.* zu *D*)
растру́б *m* (1) Schalltrichter; Stulpe *f*
раструби́ть F (14*e*.) *pf.* ausposaunen
растряс|áть (1), ⟨~ти́⟩ (25 -с-) breit hinstreuen; P durchbringen; durchschütteln; *pf.* wachrütteln
растушевáть (6 -у́-) *pf.* austuschen
растя́|гивать (1), ⟨~нуть⟩ (19) strekken, ausdehnen, ausweiten; ausleiern; ausbreiten; hinausziehen, in die Länge ziehen; überdehnen, überziehen; sich *et.* zerren; **-ся** sich ausstrecken; F lang hinschlagen; **~жéние** *n* (12) Dehnung *f*, Ausdehnung *f*; → **~гивать**; **~жи́мый** (14*K*.) dehnbar; **~жка** *f* (5; -жек) Spannseil *n*; → **~гивать**
растя́па F *m*/*f* (5) Tolpatsch *m*, Schlafmütze *f*
расфасóванный (14*K*.) abgepackt

расформировáть (7) *pf.* auflösen
расфран|тúться F (15*e.*) *pf.* sich herausputzen; ***~тúться в пух*** F sich in Schale werfen; **~чённый** F (14*K.*) aufgedonnert
расфуфы́р|енный P (14*K.*) aufgetakelt; **~иться** P (13) *pf.* sich auftakeln
расхáживать (1) umhergehen, auf u. ab gehen, wandeln
расхвáли|вать (1), ⟨**~ть**⟩ (13) über die Maßen loben, anpreisen
расхвáстаться F (1) den Mund zu voll nehmen
расхвáт|ывать, ⟨**~áть**⟩ F (1) wegputzen; wie warme Semmeln weggehen (B *N*)
расхворáться F (1) *pf.* → ***разболéться***
расхи|тúтель *m* (4) Veruntreuer; → **~щáть** (1), ⟨**~тúть**⟩ (15) rauben, plündern; veruntreuen; **~щéние** *n* (12) Veruntreuung *f*; → ***~щáть***
расхлёб|ывать, ⟨**~áть**⟩ (1) F ausbaden; P auslöffeln
расхля́банный F (14*K.*) ausgeleiert; schlott(e)rig; latschig, lax
расхóд *m* (1) Verbrauch; Aufwand; Ausgabe *f*; *Hdl.* Absatz; *Fin.* Soll *n*, Debet *n*; *pl.* Kosten, Spesen (***в*** B als); ***ввестú в ~*** in Unkosten stürzen; ***вы́вести в ~*** P erschießen; → ***~úться*** (15) **1.** ⟨разойтúсь⟩ (-ойдýсь, -дёшься; -ошёлся; → ***идтú***) auseinandergehen, sich trennen (***с*** T von *D*); sich zerstreuen *od.* verziehen; sich auflösen *od.* glätten; → ***разминýться***; sich verbreiten; ausverkauft *od.* vergriffen sein; *Geld*: ausgehen, F draufgehen (***на*** B für *A*); F auf Touren *od.* in Fahrt kommen, an Stärke zunehmen; aufplatzen (***по*** Д *pl.* an *D*); ***~úться во взгля́дах*** verschiedener Meinung sein; ***не ~úться*** *fig.* eins sein; ***разойдúсь!*** auseinander!; **2.** auseinanderlaufen; **3.** *pf.* ständig auf u. ab gehen; außer Rand u. Band geraten; **~ный** (14) Ausgabe-; Verbrauchs-; **~овáние** *n* (12) Verbrauch *m*; → **~овать** (7), ⟨из-⟩ ausgeben, verausgaben, verbrauchen; aufwenden; **~ся** verbraucht sein
расхождéние *n* (12) Auseinandergehen (*a. fig.*); *fig.* Dissens *m*, Divergenz *f*; ***~ во взгля́дах*** Meinungsverschiedenheit *f*
расхóжий F (17*K.*) Alltags-; gängig; gefragt; für laufende Ausgaben
расхолодúть F (15*e.*) *pf.* abkühlen, abkühlen lassen
расхотéть F (-очý, -óчешь; → ***хотéть***) nicht mehr mögen, keine Lust mehr haben; **-ся** → **~** (P *A*, auf *A*)
расхохотáться (3) *pf.* loslachen
расцарáпать (1) *pf.* stark zerkratzen
расцвé|т *m* (1) Blüte *f*, Blütezeit *f*; *fig.* Aufschwung; Vollbesitz; ***в ~те сил*** in den besten Jahren; **~тáть** (1), ⟨**~стú**⟩ (25 -т-) aufblühen, erblühen; sich aufheitern; e-n Aufschwung nehmen
расцвé|тка *f* (5) Farbmuster *n*; **~чивать** (1), ⟨**~тúть**⟩ (15*e.*) ausschmükken; kolorieren
расцеловáть (7) *pf.* abküssen
расцéн|ивать (1), ⟨**~úть**⟩ (13; -ённый) den Preis (B *G*) festsetzen; abschätzen, einschätzen; halten (***как*** B für *A*), werten; **~ка** *f* (5; -ок) Preis *m*, Preislage; Schätzung *f*; Tarif *m*
расцепúть (14) *pf.* loskuppeln, abkuppeln
расчёс|ка [-ʃtʃ-] *f* (5; -ок) kleiner Kamm *m*, Kämmchen *n*; **~ывать** (1), ⟨**~áть**⟩ (3) durchkämmen, auskämmen; sich aufkratzen; **-ся** F sich die Haare kämmen
расчёт [-ʃtʃ-] *m* (1) Berechnung *f*; Abrechnung *f*, Verrechnung *f*; Zahlung *f* (***за*** B gegen); Rechnungsführung *f*; Entlohnung *f*; Entlassungsgeld *n*; Plan, Absicht *f* (***в*** П/***на*** B mit *D* + *Inf.*); Erwartung *f*; Hoffnung *f*; Erwägung *f*; Sparsamkeit *f*; *Mil.* Bedienung *f*; F Zweck; *pl.* Zahlungsausgleich; → ***распрáва***; ***из ~а*** ausgehend von, unter Berücksichtigung; umgerechnet; ***по ~у*** berechnend; Geld-, Vernunft-; ***дать ~*** entlassen; ***получúть ~*** entlassen werden; ***взять ~*** → ***увольня́ться***; ***входúть в ~ы*** (P *j-s*) Absicht sein, mit *et.* rechnen; ***в ~е*** F quitt; **~ливый** (14*K.*) sparsam; umsichtig; berechnend; wohlberechnet; **~ный** (14) Rechen-; Lohn-; Berechnungs-; Verrechnungs-; berechnet, vorausberechnet
расчú|стка [-ʃtʃ-] *f* (5) Räumung; → **~щáть** (1) ⟨**~стить**⟩ (15) aufräumen, räumen, säubern; roden, lichten; eb-

Р

nen; **-ся** frei *od.* sauber werden
расчлен|я́ть [-ʃtʃ-] (28), ⟨**~и́ть**⟩ (13*e.*) zergliedern, gliedern (***на*** B in *A*); zerstückeln; spalten
расчу́вствоваться [-ʃtʃ-] F (7) *pf.* in Rührung geraten, gerührt sein
расшали́ться [-ʃʃ-] F (13*e.*) *pf.* übermütig werden, außer Rand u. Band geraten
расша́ркаться [-ʃʃ-] (1) *pf.* e-n Kratzfuß machen; F katzbuckeln
расша́т|анный [-ʃʃ-] (14*K.*) wack(e)lig; locker; zerrüttet; **~ывать,** ⟨**~áть**⟩ (1) lockern; untergraben; zerrütten; **-ся** wack(e)lig werden; zerrüttet sein
расшвыря́ть [-ʃʃ-] F (28) *pf.* durcheinanderwerfen, herumschmeißen; beiseite stoßen; *Geld* zum Fenster hinauswerfen
расшевели́ть F [-ʃʃ-] (13*e.*/13) *pf.* wachrütteln, aufrütteln; anregen, animieren; **-ся** sich rühren, in Bewegung kommen
расшиб|áть [-ʃʃ-] (1), ⟨**~и́ть**⟩ (-ý, -ёшь; → ***ушибáть***) F stark verletzen; P zerschlagen, zerschmettern
расши|вáть [-ʃʃ-] (1), ⟨**~ть**⟩ (разошью́, -шьёшь; → ***шить***) besticken; F auftrennen
расшир|éние [-ʃʃ-] *n* (12) Ausweitung *f*, Ausdehnung *f*; Ausbau *m*; Erweiterung *f*; **~енный** (14*K.*) erweitert; **~и́тельный** (14) *Jur.* extensiv; **~я́ть** (28), ⟨**~ить**⟩ (13) erweitern, verbreitern; ausdehnen, ausbreiten; ausbauen; ausweiten; **-ся** breiter werden
расши́ть → ***расшивáть***
расшифро́в|ывать [-ʃʃ-] (1), ⟨**~áть**⟩ (7) entziffern, entschlüsseln; enträtseln
расшнуро́в|ывать [-ʃʃ-] (1), ⟨**~áть**⟩ (7) aufschnüren
расшумéться [-ʃʃ-] F (10*e.*) *pf.* toben, viel Lärm machen
расщéдриться [-ʃtʃ-] F (13) *pf.* sich freigebig zeigen, großzügig sein
расщéлина [-ʃtʃ-] *f* (5) Spalt(e) *m*
расщеп|лéние *n* [-ʃtʃ-] (12) Spaltung *f*; → **~ля́ть** (28), ⟨**~и́ть**⟩ (14*e.*) spalten; zersplittern; **~ля́ющийся** (17) spaltbar
ратифи|кациóнный (14) Ratifizierungs-; **~кáция** *f* (7) Ratifizierung; **~ци́ровать** (7) *im*(*pf.*) ratifizieren
рáт|ный (14) Kriegs-, Schlacht-; **~овать** (7) sich einsetzen; kämpfen
рáтуша *f* (5) Rathaus *n*
рáунд *m* (1) Runde *f*
рафин|áд *m* (1) Würfelzucker; **~и́рованный** (14*K.*) raffiniert; → **~и́ровать** (7) *im*(*pf.*) raffinieren; reinigen
рахи́т *m* (1) Rachitis *f*; **~ик** *m* (1) Rachitiker; **~и́ческий** (16) rachitisch
рациóн *m* (1) Ration *f*, Verpflegungssatz; **~ализáторский** (16) Rationalisierungs-, Verbesserungs-; **~áльный** (14; -лен, -льна) rational, vernünftig; rationell
рáция *f* (7) Funkstelle; Funkgerät *n*
рáчий (18) Krebs-; *fig.* F Glotz-
рачи́тельный (14; -лен, -льна) fürsorglich; sorgfältig; eifrig; sparsam
рáшпиль *m* (4) Raspel *f*
рва|ну́ть (20) *pf.* jäh reißen (***за*** B an *D*) *od.* ziehen; F losstürmen; hochgehen (*a.* **-ся**); P loslegen; **~ный** (14) zerrissen; Riß-; **~нь** F *f* (8) Lumpen *m/pl.*, Fetzen *m/pl.*; **~ть** (рву, рвёшь; -лá); **1.** ⟨разо-⟩ (-óрванный) reißen, zerreißen (***на*** B in *A*); sprengen; **2.** ⟨*a.* по-⟩ abbrechen, brechen; **3.** ⟨со-⟩ pflücken; lesen; P einstreichen; **4.** reißen (B an *D*), zerren; ausreißen; herunterreißen; *Haare* ausraufen; ***~ть и метáть*** F Gift u. Galle spucken; F ***рвёт*** (B *j-d*) muß brechen; → ***ломи́ть*** *unpers.*; **-ся** (-лóсь) reißen; abreißen; explodieren; drängen; **~ч** F *m* (1*e.*; -чéй) Raffer; **~ческий** F (16) raffgierig
рвéние *n* (12) Eifer *m*
рвóт|а *f* (5) Erbrechen *n*; Erbrochene(s) *n*; **~ное** *n* (15) Brechmittel; **~ный** (14) Brech-
рдеть (8) → ***краснéть***; glühen
ре *n* (*unv.*) *Mus.* D
реабилит|áция *f* (7)Rehabilitierung; **~и́ровать** (7) *im*(*pf.*) rehabilitieren
реаги́ровать (7), ⟨от-, с-⟩ reagieren
реакти́в *m* (1) Reagens *n*; **~ный** (14; -ен, -на) reaktiv; (*o. K.*) Reaktions-; Überdruck-; Rückstoß-, Schub-; Düsen-, Strahl-; Raketen-
реакци|óнный (14; -óнен, -нна) reaktionär; (*o. K.*) *Chem.* Reaktions-; **~я** *f* (7) Reaktion
реализ|áция *f* (7) Realisierung; → **~овáть** (7) *im*(*pf.*) realisieren, ver-

Р

wirklichen; *Hdl.* absetzen, verkaufen
реал|исти́ческий (16), **~листи́чный** (14; -чен, -чна) realistisch; **~ьность** *f* (8) Realität; → **~ьный** (14; -ен, -ьна) real, wirklich; reell; realistisch; (*o. K.*) Real-, Sach-
ребён|ок *m* (2; *pl.* → де́ти; F ребя́та, -я́т) Kind *n*; ***вы́плеснуть ~ка вме́сте с водо́й*** *Spr.* das Kind mit dem Bade ausschütten
рёб|ерный (14) Rippen-; **~ри́стый** (14*K.*) gerippt; Rippen-; **~ро́** (9; *pl. st.* -ра, -ер) Rippe *f*; Kante *f*, Rand *m*; ***на ~ро́, ~ро́м*** hochkant; *fig.* scharf, mit aller Schärfe
ребя́|та → ***ребёнок***; Jungen; F Jungs; **~ти́шки** F *pl.* (*G* -шек) Kinder *n/pl.*, Kinderchen *n/pl.*; **~ческий** (16) kindlich, Kindes-; kindisch; **~чество** *n* (9) Kinderei(en *pl.*) *f*; **~чий** F (18) Kinder-; kindisch; **~читься** F (16) sich wie ein Kind *od.* kindisch benehmen; **~чливый** F (14*K.*) kindisch
рёв *m* (1) Brüllen *n*; Heulen *n*; F Geheul *n*, Heulerei *f*; → ***~е́ть***; **~а** F *m/f* (5) Heulpeter *m*, Heulsuse *f*
реванши́стский (16) revanchistisch
реве́нь *m* (4*e.*) Rhabarber
ревера́нс *m* (1) Knicks; Reverenz *f*
реве́ть (-ву́, -вёшь) brüllen; heulen; tosen; röhren; F flennen
ревиз|ио́нный (14) Revisions-; **~ия** *f* (7) Revision, Überprüfung; Inspektion; **~ова́ть** (7) *im(pf.)* revidieren; überprüfen; inspizieren; **~о́р** *m* (1) Revisor; Buchprüfer; Kontrolleur
ревмати́|зм *m* (1) Rheumatismus, Rheuma *n*; **~к** *m* (1) Rheumatiker, **~ческий** (16) rheumatisch
ревн|и́вец F *m* (1; -вца) Eifersüchtige(r); **~и́вый** (14*K.*) eifersüchtig; eifrig bedacht (**к** Д auf *A*); ängstlich besorgt (um *A*); **~и́тель** *m* (4) Verfechter; **~ова́ть** (7) eifersüchtig *od.* neidisch sein (**к** Д/В auf *j-n* wegen *G*); **~остный** [-sn-] (14; -тен, -тна) eifrig; dienstbeflissen; **~ость** *f* (8) Eifersucht
револьве́р *m* (1) Revolver
революци|оне́р *m* (1) Revolutionär; **~о́нный** (14; -о́нен, -нна) revolutionär; Revolutions-; **~я** *f* (7) Revolution; Umwälzung
реву́н *m* (1*e.*) Brüllaffe; Sirene *f*
ре́гент *m* (1) Regent; Dirigent; **~ство** *n* (9) Regentschaft *f*
регио́н *m* (1) Region *f*; **~а́льный** (14) regional, Regional-
реги́стр *m* (1) Register; → ***рее́стр***; **~а́тор** *m* (1) Registrator; Registriergerät *n*; Ordner, Mappe *f*; **~ацио́нный** (14) Anmelde-; **~а́ция** *f* (7) Eintragung; → **~и́ровать** (7), ⟨за-⟩ registrieren, eintragen; anmelden; *Med.* aufnehmen; **-ся** sich eintragen; F sich standesamtlich trauen lassen
регла́мент *m* (1) Reglement *n*, Dienstordnung *f*, Geschäftsordnung *f*; Redezeit *f*; **~и́ровать** (7) *im(pf.)* reglementieren, regeln
регре́сс *m* (1) Rückschritt, Rückschlag; **~и́вный** (14; -вен, -вна) regressiv, rückschrittlich; rezessiv; **~и́ровать** (7) sich rückentwickeln
регули́р|ование *n* (12) Regelung *f*; → **~овать** (7) **1.** regeln, regulieren; **2.** ⟨от-⟩ einstellen, abgleichen; **~о́вка** → ***~ование***; **~о́вочный** (14) Regelungs, Regel-; **~о́вщик** *m* (1) Verkehrspolizist
регуля́|рный (14; -рен, -рна) regelmäßig, geregelt; regulär; **~тор** *m* (1) Regler
редак|ти́ровать (7), ⟨от-⟩ redigieren; **~тор** *m* (1) Redakteur; ***отве́тственный ~тор*** Schriftleiter; Herausgeber; **~цио́нный** (14) Redaktions-; redaktionell; **~ция** *f* (7) Redaktion; Fassung; ***от ~ции*** Die Redaktion
реде́ть (8), ⟨по-⟩ sich lichten; dünner *od.* kleiner werden
реди́с *m* (1), **~ка** F *f* (5; -ок) Radieschen *n*
ре́дк|ий (16; -док, -á; *Komp.* ре́же; *Sup.* редча́йший) selten, rar; dünn, spärlich; licht; grobzinkig; fast jeder; nur wenige; → ***~остный***; *Adv.* selten
редколле́гия *f* (7) Redaktionskollegium *n* (***на*** П im)
ре́дк|остный [-sn-] (14; -тен, -тна) außergewöhnlich, außergewöhnlich gut; → ***~ий***; **~ость** *f* (8) Seltenheit, Rarität; ***на ~ость → ~остный***
ре́дьк|а *f* (5; -дек) Rettich *m*; ***надое́ло ху́же го́рькой ~и*** F *et.* hängt *j-m* zum Halse heraus
рее́стр *m* (1) Register *n*; Verzeichnis *n*, Liste *f*
режи́м *m* (1) Regime *n* (***при*** П unter

Р

D); Regierungsform *f*; Lebensweise *f*; Arbeitsweise *f*; Hausordnung *f*; Plan; *Med.* Art *f*; Ruhe *f*; *Tech.* Betrieb; Betriebsbedingungen *f/pl.*; Bestimmungen *f/pl.*; *Fin.* Haushalt; *Met.* Verhältnisse *n/pl.*

режисс|ёр *m* (1) Regisseur; **~ёрский** (16) Regie-; **~и́ровать** (7) Regie führen; **~у́ра** *f* (5) Regie

ре́жущий (17) schneidend; Schneid-

ре́за|ный (14) Schnitt-; *Sp.* angeschnitten; → **~ть** (3) **1.** ⟨раз-⟩ schneiden, zerschneiden (***на*** В in *A*); F aufschneiden; **2.** ⟨за-⟩ schlachten; erlegen; F hereinreiten; **3.** abschneiden, abstechen; fällen; schnitzen, gravieren, eingravieren (***по*** Д, ***на*** П in); schneiden (В in *A*), stechen; reizen, zerreißen; F ins Gesicht sagen; P drauflosknallen; **4.** F ⟨с-⟩ durchsausen lassen; *Sp.* anschneiden; **-ся 1.** ⟨про-⟩ zahnen (***у*** P *N*); **2.** F sich schlagen (***на*** П mit *D*); *KSp.* dreschen (***в*** В *A*), leidenschaftlich spielen

резв|и́ться (14*e.*) ausgelassen sein, herumtollen; **~́ость** *f* (8) Lebhaftigkeit, → **~́ый** (14; -, -á) lebendig, munter; schnell, flink; ausgelassen, mutwillig

резе́рв *m* (1) Reserve *f*; Vorrat; **~ный** (14) Reserve-; Vorrats-; **~уа́р** *m* (1) Behälter, Tank, Reservoir *n*

резе́ц *m* (1; -зцá) Stichel; Meißel; Schneidestahl; Schneidezahn

рези́н|а *f* (5) Gummi *m*; F Bereifung; **~ка** *f* (5; -ок) Radiergummi *m*; Gummizug *m*, Gummiband *n*; **~овый** (14) Gummi-; F *fig.* Kautschuk-

ре́зка *f* (5) Schneiden *n*; Häcksel *m*

ре́з|кий (16; -ок, -кá) scharf, schneidend, einschneidend; heftig; stark, kraß; grell, schrill, gellend; schroff, barsch; **~кость** *f* (8) Schärfe; → **~кий**; Grobheit; **~но́й** (14) geschnitzt; Schnitz-; → **~ать**; **~ня́** *f* (6) Gemetzel *n*; Handgemenge *n*

резолю́ция *f* (7) Entschließung, Resolution; Entscheid *m*; Vermerk *m*

резо́н F *m* (1; -а/-у) Grund; **~ёр** *m* (1) Räsoneur (*a. Lit.*); Moralprediger; **~ёрствовать** (7) räsonieren; moralisieren; **~ный** F (14; -ен, -на) sinnvoll, einsichtig

результа́т *m* (1) Ergebnis *n* (***в*** П als), Resultat *n*; Befund; Auswirkung *f*; ***в ~е*** infolge; im Endergebnis

ре́з|чик [-ʃtʃ-] *m* (1) Schnitzer (***по*** Д *Zssg*); Graveur; **~ь** *f* (8) schneidender Schmerz *m*, Kolik; Grimmen *n* (***в*** П *Zssg*); **~ьба́** *f* (5) Schnitzwerk *n*; Schnitzerei; Gravieren *n*; → **~ать**; *Tech.* Gewinde *n*

резюм|е́ *n* (*unv.*) Resümee, Zusammenfassung *f*; **~и́ровать** (7) *im(pf.)* zusammenfassen, resümieren

рейд *m* (1) Reede *f*; Streifzug *m*, Überfall; Kontrollaktion *f*

ре́йка *f* (5; ре́ек) Leiste; Meßlatte

рейс *m* (1) Fahrt *f*, Reise *f*; Flug; Route *f*; **~́овый** (14) Linien-

рейту́зы *pl.* (5) Reithose *f*; Strumpfhose *f*

рек|á (5; ́-у/-ý; *pl. st.*) Fluß *m* (***нá, зá*** В zu *D*, über *A*; ***на*** П *a.* an *D*); Strom *m* (*a. fig.*); ***~óй*** in Strömen

реквизи́|ровать (7) *im(pf.)* requirieren; **~ция** *f* (7) Beschlagnahme

рекла́м|а *f* (5) Reklame, Werbung; **~а́ция** *f* (7) Reklamation, Beanstandung; **~и́ровать** (7) *im(pf.)* Reklame machen, werben (В für *A*); F anpreisen; **~ный** (14) Werbe-; Annoncen-

рекогносциро́вка *f* (5) Rekognoszierung, Erkundung; Aufklärung

рекоменд|а́тельный (14) Empfehlungs-; Auswahl-; **~а́ция** *f* (7) Empfehlung; Referenz; → **~ова́ть** (7) *im(pf.)* **1.** ⟨от-⟩ empfehlen; † vorstellen; **2.** ⟨по-⟩ empfehlen, anempfehlen, anraten; eine . . . Empfehlung sein (В für *j-n*); ***~у́ется*** es wird empfohlen; ***не ~у́ется*** ist nicht zu empfehlen

реконстру|и́ровать (7) *im(pf.)* wiederaufbauen, umbauen; rekonstruieren; modernisieren; **~́кция** *f* (7) Umgestaltung, Neugestaltung; Wiederaufbau *m*; Rekonstruktion

реко́рд|ный (14) Rekord-, Spitzen-, Höchst-; **~сме́н** *m* (1) **~сме́нка** *f* (5; -нок) Rekordhalter(in *f*), Rekordler(in *f*)

религи|о́зный (14; -зен, -зна) religiös; (*o. K.*) Glaubens-; **~́я** *f* (7) Religion

релье́ф *m* (1) Relief *n*; Form *f*, Gestaltung *f*; **~ный** (14; -ен, -на) reliefartig, erhaben; *fig.* plastisch; (*o. K.*) Relief-

рельс *m* (1) Schiene *f*; *pl.* Gleise *n/pl.*; *fig.* Bahnen *f/pl.*; ***сойти́ с ~́ов*** entglei-

Р

sen; ***поставить на ~ы*** *fig.* in Gang bringen; **~овый** (14) Schienen-
ремарка *f* (5; -рок) Anmerkung, Bemerkung; Bühnenanweisung
ремён|ный (14) Riemen-; → **~ь** *m* (4; -мня) Riemen; Gurt, Gürtel
ремесл|енник *m* (1) Handwerker; → **~енный** (14) Handwerks-; handwerklich, gewerblich; handwerksmäßig; klischeehaft; **~ó** *n* (9; *pl.* ~а, ~сел) Handwerk; Gewerbe; Beruf *m* (***по*** Д von)
ремешок *m* (1; -шка) kleiner, schmaler Riemen; Lederarmband *n*
ремилитариз|ация *f* (7) Remilitarisierung, Wiederaufrüstung; **~ировать** (7) *im(pf.)* wiederaufrüsten, remilitarisieren
ремонт *m* (1) Reparatur *f* (***на*** П in); Instandsetzung *f*, Renovierung *f* (***на*** В wegen); Überholung *f* (***для*** Р zur); **~ировать** (7), ⟨от-⟩ reparieren, ausbessern; instandsetzen, renovieren; überholen; **~ный** (14) Reparatur-; Instandsetzungs-
ренегатство *n* (9) Renegatentum
рента *f* (5) Rente; **~бельность** *f* (8) Rentabilität; **~бельный** (14; -лен, -льна) rentabel, einträglich, gewinnbringend
рентген [-ng-] *m* (1) Röntgen *n*; F Röntgenstrahlen *m/pl.*; Röntgenbestrahlung *f*; Röntgenapparat; ***сделать ~*** röntgen (Д *j-n*); sich röntgen lassen; **~ов** (19), **~овский** (16) Röntgen-; **~ограмма** *f* (5) Röntgenbild *n*; **~олог** *m* (1) Röntgenarzt
реорганизация *f* (7) Neugestaltung, Umgestaltung, Reorganisation
репа *f* (5) Rübe
репарационный (14) Reparations-
репатри|ация *f* (7) Repatriierung; **~ировать** (7) *im(pf.)* repatriieren
репей F *m* (3; -пья; *pl.* -пьи, -пьёв), **~ник** *m* (1) Klette *f*
репертуар *m* (1) Spielplan (***в*** П auf *D*)
репети|ровать (7) *Thea.* proben; Nachhilfestunden geben (В *j-m*); **~ция** *f* (7) Probe (***на*** П in *D*)
реплика *f* (5) Erwiderung, Antwort; Zwischenruf *m*; *Thea.* Stichwort *n*
репорт|аж *m* (1; -ей) Reportage *f*; Berichterstattung *f*; **~ёр** *m* (1) Reporter
репресси|вный (14; -вен, -вна) repressiv; **~рованный** (14) gemaßregelt; **~я** *f* (7) Repressalie
репродуктор *m* (1) Lautsprecher
репс *m* (1) Rips
репутация *f* (7) Ruf *m*, Ansehen *n*
репчатый (14) Knollen-
ресница *f* (5) Wimper
республик|а *f* (5) Republik; **~анец** *m* (1; -нца) Republikaner; **~анский** (16) republikanisch; Republik-
рессор|а *f* (5) Feder *f*; *pl.* Federung *f* (***на*** П mit *D*); ***на ~ах*** gefedert; **~ный** (14) Feder-
реставр|ация *f* (7) Restaurierung; *Pol.* Restauration; → **~ировать** (7) *im(pf.)* restaurieren, wiederherstellen
ресторан *m* (1) Restaurant *n*, Gaststätte *f*; ***вагон-~*** *Esb.* Speisewagen
ресурсы *m/pl.* (1) Hilfsmittel *n/pl.*, Quellen *f/pl.*; Vorräte, Reserve(n *pl.*) *f*; Schätze; Kräfte *f/pl.*
ретивый (14*K.*) eifrig, beflissen; munter; *Roß*: feurig
ретина *f* (5) Netzhaut
ретироваться (7) *im(pf.)* F den Rückzug antreten; † sich zurückziehen
ретро|градный (14; -ден, -дна) rückschrittlich, reaktionär; **~спективный** (14; -вен, -вна) retrospektiv, rückblickend
ретуш|ировать (7) *im(pf.)*, ⟨от-⟩ retuschieren; **~ь** *f* (8) Retusche
рефер|ат *m* (1) Referat *n*, Vortrag; **~ендум** *m* (1) Volksbefragung *f*, Volksentscheid; **~и** *m* (*unv.*) Schiedsrichter
рефлектор *m* (1) Rückstrahler; Heizsonne *f*; **~ный** (14) Reflex-
реформ|а *f* (5) Reform; **~атор** *m* (1) Reformator; Reformer; **~аторский** (16) reformatorisch, Reform-; **~ировать** (1) *im(pf.)* reformieren
рефракция *f* (7) Strahlenbrechung
рефрен *m* (1) Refrain, Kehrreim
рефрижератор *m* (1) Kühlschiff *n*; Kühlwagen; **~ный** (14) Kühl-
рехнуться P (20) *pf.* überschnappen
рецензи|ровать (7), ⟨про-⟩ besprechen, rezensieren; **~я** *f* (7) Rezension, Besprechung (***на*** В über *A*)
рецепт *m* (1) Rezept *n* (***по*** Д auf *A*)
рецидив *m* (1) Rückfall; **~ист** *m* (1) Rückfällige(r), Rückfalltäter
реч|евой (14) Sprech-; Sprach-; **~и-**

стый F (14*K.*) redselig; beredsam
ре́ч|ка *f* (5; -ек) Flüßchen *n*; **~но́й** (14) Fluß-, Binnen-; Linien-; Hafen-
реч|ь *f* (8; *ab Gpl. e.*) Rede; Sprache; Aussprache; Wort(e *pl.*) *n*; F Gespräch *n*; **. . . ~и** Sprech-; ***о чём ~ь?*** worum geht es?; ***~ь идёт о том, что́бы . . .*** es handelt sich darum, daß . . .; F → ***разгово́р***
реш|а́ть (1) ⟨**~и́ть**⟩ (16*e.*) beschließen; entscheiden (B *a.* über *A*); den Ausschlag geben (bei *D*); lösen; *impf. a.* zu lösen versuchen, sich mit dem Lösen von . . . befassen; P → ***лиша́ть; ~ено́!*** abgemacht!; **-ся** sich entschließen *od.* entschließen können (***на*** B zu *D*); **~а́ющий** (17) entscheidend, ausschlaggebend; durchschlagend; beschließend; **~е́ние** *n* (12) Entscheidung *f*; Entschluß *m*; Entschließung *f*, Beschluß *m*; *Jur.* Spruch *m*, Urteil; Lösung *f*
решё́т|ка *f* (5; -ок) Gitter *n*; Rost *m*; Rechen *m*; ***за ~кой*** F hinter Gittern; **~о́** *n* (9; *pl. st.* -а) Sieb; **~чатый** (14*K.*) gitterförmig; siebartig; vergittert; (*o. K.*) Gitter-; Sieb-; Fachwerk-
реши́|мость *f* (8) Entschlossenheit; **~тельный** (14; -лен, -льна) entschlossen, entschieden; entscheidend; definitiv, fest; kategorisch; F eindeutig; (*o. K.*) Entscheidungs-; *Adv.* absolut, völlig; rundweg; in der Tat; **~ть(ся)** → ***реша́ть(ся)***
ре́шка F *f* (5; -шек) *Münze*: Zahl
ре́я *f* (6; рей) Rahe
ре́ять (27) schweben; wehen
ржав|е́ть (8), ⟨за-⟩ rosten, *pf.* verrosten; **~чина** *f* (5) Rost *m*; **~ый** (14*K.*) rostig; rostbraun; (*o. K.*) Rost-
ржа́ние *n* (12) Wiehern
ржано́й (14) Roggen-
ржать (ржу, ржёшь) wiehern
ри́га *f* (5) Getreidedarre
ри́з|а *f* (5) Meßgewand *n*; **~ница** *f* (5) Sakristei
рикоше́т *m* (1) Abpraller, Querschläger; ***~ом*** als *od.* von e-m Abpraller; *fig.* indirekt
ри́м|лянин *m* (1; *pl.* -яне, -ян), **~лянка** *f* (5; -нок) Römer(in *f*); **~ский** (16) römisch; katholisch
ри́нуться (20) *pf.* stürzen, sich stürzen
рис *m* (1) Reis
риск *m* (1) Risiko *n*; Wagnis *n*; ***с ~ом*** auf die Gefahr hin; ***с ~ом для жизни*** unter Lebensgefahr; **~о́ванный** (14*K.*) riskant, gewagt; **~ова́ть** (7) *einm.* ⟨**~ну́ть**⟩ (20) riskieren, ein Risiko eingehen; aufs Spiel setzen (T *A*); *impf.* Gefahr laufen
рисов|а́льный (14) Zeichen-; **~а́льщик** *m* (1) Zeichner; **~а́ние** *n* (12) Zeichnen; **. . . *для ~а́ния*** Zeichen-; **~а́ть** (7), ⟨на-⟩ zeichnen (***с*** P nach *D*); ausmalen; umreißen, darstellen; **-ся** *impf.* sich abzeichnen; erscheinen; sich produzieren, paradieren; **~ка** *f* (5) Pose, Ziererei
ри́совый (14) Reis-
рису́нок *m* (1; -нка) Zeichnung *f*; Abbildung *f*; Muster *n*; Strich; Umrisse *m/pl.*; Züge *m/pl.*; Ausdrucksform(en *pl.*) *f*
ритм *m* (1) Rhythmus; **~ика** *f* (5) Rhythmik; **~и́ческий** (16), **~и́чный** (14; -чен, -чна) rhythmisch; → ***сла́женный***
рито́ри|ка *f* (5) Rhetorik; **~ческий** (16), **~чный** (14; -чен, -чна) rhetorisch; schwülstig
ритуа́л *m* (1) Ritual *n*; Zeremoniell *n*
риф *m* (1) Riff *n*, Klippe *f*
рифлё́ный (14) geriffelt; Riffel-
ри́фм|а *f* (5) Reim *m*; **~а́ч** F (1*e.*; -е́й) → ***~оплёт***; **~о́ванный** (14*K.*) gereimt; **~ова́ть** (7), ⟨за-⟩ reimen; **~оплёт** F *m* (1) Reimschmied
роб|е́ть (8), ⟨о-, F с-⟩ Angst haben, *pf.* Angst bekommen; ängstlich *od.* schüchtern sein; ***не ~е́й!*** nur Mut!; **~кий** (16; -ок, -ка́) schüchtern, scheu; zaghaft; ängstlich, bange; ***не ~кого деся́тка*** F kein Hasenfuß; **~ость** *f* (8) Scheu; → ***~кий***
ров *m* (1; рва; во рву) Graben
рове́сник *m* (1) Altersgenosse; ***он мне*** *od.* ***мой ~*** wir sind gleichaltrig
ро́вн|о genau; *Zeit*: Punkt *m*; *Sp.* Punktgleichheit *f*; F absolut, rein, rein gar; P wie, gleichwie; → **~ый** (14; -вен, -а́) eben, glatt; gerade; gleich, gleichmäßig; gemessen; ruhig, gelassen; ***~ым счётом*** F → ***~о; для ~ого счёта*** rund, rund gerechnet; ***не ровён час*** P wer weiß . . .; es kann passieren; **~я́** F *m/f* (6; -е́й) Ebenbürtige(r), deinesgleichen; **~я́ть** (28) **1.** ⟨вы-, раз-⟩ eb-

Р

nen; planieren; **2.** → ***равня́ть 2***

рог *m* (1; *pl. e., N* -á) Horn *n*; *pl.* Geweih *n*; **~а́тина** *f* (5) Jagdspieß *m*; **~а́тка** *f* (5; -ток) Sperre; Schleuder; *pl.* Hindernisse *n/pl.*, Schranken *f/pl.*; **~а́тый** (14*K.*) gehörnt; (*o. K.*) Horn-; **~а́ч** *m* (1*e.*; -е́й) Hirschkäfer; **~ови́ца** *f* (5) Hornhaut; **~ово́й** (14) Horn-

рого́ж|а *f* (5) Bastmatte; **~ный** (14) Bast-, Bastmatten-

рогоно́сец F *m* (1; -сца) Hahnrei

род *m* **1.** (1; ˘-а/˘-у; в ˘-е/в, на -у́; *pl. e.*) Gens *f*, Sippe *f*; Geschlecht *n* (Т von *D*); Generation *f* (***из*** Р/***в*** В von/zu); F Herkunft *f*; **2.** (1; *ab Gpl. e.*) Art *f*, Gattung *f*; *Gr.* Genus *n*, Geschlecht *n*; ***˘ом*** von Geburt, gebürtig; stammt; ***от ~у*** (Д ... *j-d*) ist ... alt; im Alter von (Р *Dpl.*); zeit *j-s* Lebens; ***вся́кого ˘а*** allerlei; ***своего́ ˘а*** ein gewisser; ***в не́котором ˘е*** gewissermaßen F; ***на ~у́ напи́сано*** (Д) ist *j-s* Schicksal; → ***пле́мя***

роди́льн|ица *f* (5) Wöchnerin; **~ый** (14) Entbindungs-; Kindbett-; Kreiß-

роди́|мый (14) Mutter-; F heimatlich; → ***родно́й, ˘нка***; **˘на** *f* (5) Heimat (***на*** Д in *D*), Vaterland *n*; ***изме́на ˘не*** *f* Landesverrat *m*; **˘нка** *f* (5; ˘-нок) Muttermal *n*; **~тели** *pl.* (4) Eltern; **~тель** Р *m* (4) Vater; **~тельный** (14): ***~тельный паде́ж*** *m* Genitiv; **~тельский** (16) Eltern-, elterlich; Vater-; **~ть** (15*e.*; -ла/*pf.* -ла́; рождённый) *im*(*pf.*) gebären, zur Welt bringen; niederkommen; *fig.* erzeugen, hervorbringen, hervorrufen; F tragen; ***в чём мать ~ла́*** F splitternackt; **-ся** (*pf. a.* -ля́, -ла́сь, -ло́сь) geboren werden (***у*** Р *j-m*) *od.* sein; entstehen, aufkommen; *Idee*: kommen (***у*** Р *j-m*); wachsen, gedeihen; ***-ся в руба́шке*** *od.* ***соро́чке*** F ein Sonntagskind sein

родни́к *m* (1*e.*) Quelle *f*; *fig.* Quell, Born; **~о́вый** (14) Quell-

родн|и́ть (13*e.*), ⟨по-, с-⟩ näherbringen, verbinden; **-ся 1.** ⟨по-⟩ sich verschwägern; **2.** ⟨с-⟩ sich annähern *od.* aneinander gewöhnen; **~о́й** (14) leiblich, eigen; blutsverwandt; heimatlich, Heimat-; heimisch; Vater-; lieb, teuer; *Ling.* Mutter-; *Su. m* mein Lieb(st)e(r), Teure(r); *pl.* Angehörige; **~я́** *f* (6) Verwandte *pl.*; F ***~я́*** (Д mit *j-m*) verwandt

родо|ви́тый (14*K.*) hochgeboren, aus altem Adel; **~во́й** (14) Stamm-, Erb-, Familien-; Gentil-; Geburts-; *Bio.* Gattungs-; *Gr.* Genus-, Geschlechts-; **~нача́льник** *m* (1) Ahnherr, Stammvater; Begründer; **~сло́вный** (14) genealogisch; Stamm-, Ahnen-; *Su. f* Stammbaum *m*

ро́дственн|ик *m* (1), **~ица** *f* (5) Verwandte(r); → ***родня́***; **~ый** (14*K.*) verwandtschaftlich, Verwandtschafts-; verwandt (Д mit *D*); *fig.* warmherzig, innig, inniglich

родств|о́ *n* (9) Verwandtschaft *f*; ***в ~е́*** verwandt

ро́ды *pl.* (1) Geburt *f*; Entbindung *f* (***в*** П bei *D*)

рое́ние *n* (12) Schwärmen

ро́жа *f* (5) Р Fresse, Visage; Fratze; Scheusal *n*; *Med.* Rose

рож|а́ть F (1) → ***~да́ть***; **~да́емость** *f* (8) Geburtenziffer, Geburtenzahl; **~да́ть(ся)** (1) *impf.* → ***роди́ть(ся)***; **~де́ние** *n* (12) Geburt *f* (***по*** Д von; ***от*** Р von ... an); Geburtstag *m*; ***год*** *m* ***~де́ния*** Jahrgang *m*; **♀де́ственский** (16) Weihnachts-; **♀дество́** *n* (9) Weihnachten (***на*** В zu); **~ени́ца** *f* (5) Wöchnerin; Gebärende

рожо́к *m* (1; -жка́) Hörnchen *n*; *Mus.* Horn *n*; Hörrohr *n*; Schuhlöffel; Saugflasche *f* (***на*** П mit *D*); Brause *f*; *Fmw.* Gabel *f*; *Tech.* Brenner; ***ро́жки да но́жки*** F fast gar nichts

рожо́н: ***лезть*** *od.* ***идти́ на ~*** F wider den Stachel löcken; mit dem Kopf durch die Wand rennen wollen

рожь *f* (8; ржи; ˘-ю) Roggen *m*

ро́за *f* (5) Rose; Rosenstock *m*

ро́звальни *pl.* (6; -ей) breiter Bauernschlitten *m*

ро́зга *f* (5; -зог) Rute

розе́тка *f* (5; -ток) Rosette; Schälchen *n*; *El.* Steckdose

ро́зни|ца: ***в ~цу*** im kleinen, en détail; → **~чный** (14) Einzelhandels-; Einzel-

рознь *f* (8) Zwietracht, Zwist *m*; Hader *m*, Streit *m*; ***конь коню́ ~*** F Pferd ist nicht gleich Pferd

розов|е́ть (8) **1.** rosig schimmern; **2.** ⟨по-⟩ sich rosig färben; **˘ый** (14*K.*) rosa, rosafarben; rosig; rosarot; rotwangig; (*o. K.*) Rosen-

Р

ро́зыгрыш *m* (1; -ей) Ziehung *f*, Verlosung *f*, Auslosung *f*; *Sp.* Spiel *n*; Austragung *f*; F Streich
ро́зыск *m* (1) Suche *f*; Auffindung *f*; Fahndung *f*; Nachforschung *f*, Ermittlung *f*; ***уголо́вный ~*** Kriminalpolizei *f*
ро|и́ться (13*e*.) schwärmen, ausschwärmen; herumschwärmen; schwirren; **~й** *m* (3; *pl. e.*) Schwarm
рок *m* (1) Schicksal *n*, Verhängnis *n*
рокиров|а́ться (7) *im*(*pf.*) rochieren; **~ка** *f* (5; -ок) Rochade
роково́й (14) verhängnisvoll, fatal; schicksalhaft, Schicksals-; folgenschwer; tödlich, Todes-
ро́кот *m* (1) Getöse *n*; Dröhnen *n*; Gemurmel *n*; Klang *m*; → **~а́ть** (3) rollen, tosen; dröhnen; rattern, rasseln; surren; murmeln
ро́лик *m* (1) Rolle *f*; *Film*: Spule *f*; *pl.* Rollschuhe
роль *f* (8; *ab Gpl. e.*) Rolle (***на*** П in *D*; ***в*** П bei *D*); F Funktion
ром *m* (1; -а/-у) Rum
рома́н *m* (1) Roman; F Liebesgeschichte *f*, Romanze *f*; **~и́ст** *m* (1) Romanautor, Romancier; → **~и́стика** *f* (5) Romanistik; **~и́ческий** (16) romanhaft; Liebes-; **~с** *m* (1) Lied *n*, Kunstlied *n*; **~ский** (16) romanisch; **~ти́зм** *m* (1) Romantik *f*; **~ти́ческий** (16), **~ти́чный** (14; -чен, -чна) romantisch
рома́шка *f* (5; -шек) Kamille
ромб *m* (1) Rhombus; Raute *f*
ро́мовый (14) Rum-; Punsch-
роня́ть (28), ⟨урони́ть⟩ (13) fallen *od.* sinken lassen; verlieren; von sich geben; herabsetzen, (***себя́*** sich) erniedrigen; *Ruf* schädigen; *Tränen* vergießen; *Würde*: (B unter *D*) handeln; ***не ~*** (P *A*) wahren
ро́п|от *m* (1) Murren *n*; Murmeln *n*; **~та́ть** (3; -щу́, -щешь) murren (***на*** B über *A*); hadern (mit *D*); rascheln
рос|а́ *f* (5; *pl. st.*) Tau *m*; **~и́нка** *f* (5; -нок) Tautropfen *m*; → ***ка́пля***; **~и́стый** (14*K*.) betaut, taufeucht
роско́ш|ествовать (7) Luxus treiben; **~ный** (14; -ен, -на) luxuriös; prächtig; kostspielig; F üppig; (*o. K.*) Luxus-, Pracht-; **~ь** *f* (8) Luxus *m* (***с*** T in *D*); Pracht, Prunk *m*; → ***~ный***
ро́слый (14; *K. f* -ла) hoch, hochgewachsen, lang
ро́спись *f* (8) Ausmalen *n*; Malerei; † Verzeichnis *n*; F → ***по́дпись***
ро́спуск *m* (1) Auflösung *f*; → ***распуска́ть***
росси́|йский (16) russisch; **~я́нин** *m* (1; *pl.* -я́не, -я́н), **~я́нка** *f* (5; -нок) Russe(-sin *f*)
ро́ссказни F *pl.* (6; -ей) Geschwätz
ро́ссыпь *f* (8) *Geol.* Feld *n*, Lager *n*; F e-e Menge verstreuter . . .
рост *m* (1) Wachstum *n*, Wachsen *n*; Wuchs, Größe *f* (***в*** B in *D*), Gestalt *f*; Anstieg, Aufstieg; Entwicklung *f*; ***~ом в . . .*** . . . groß; ***~ом*** (***с*** B) so groß wie; ***во весь ~*** in voller Größe *od.* Lebensgröße; F der Länge nach; ***не по ~у*** F zu groß *od.* klein; ***в ~*** † auf Zinsen; **~овщи́к** *m* (1*e*.) Wucherer; **~овщи́ческий** (16) Wucher-; **~о́к** *m* (1; -ка́) Keim, Trieb; Reis *n*, Schößling
ро́счерк [-ʃtʃ-] *m* (1) Strich; Schnörkel
рот *m* (1; рта; во рту) Mund (T durch *A*); P Maul *n*; → ***го́рло, вода́***
ро́та *f* (5) Kompanie
рота́|тор *m* (1) Vervielfältigungsgerät *n*; **~цио́нный** (14) Rotations-
ро́тный (14) Kompanie-
ротозе́й F *m* (3) Gaffer; Schlafmütze *f*; **~ничать** F (1) gaffen
ро́хля F *m*/*f* (6; -ей) Tolpatsch *m*; Schlafmütze *f*
ро́ща *f* (5) Hain *m*, Gehölz *n*
роя́ль *m* (4) Flügel
рту́т|ный (14) Quecksilber-; **~ь** *f* (8) Quecksilber *n*
руба́ка F *m* (5) Haudegen
руба́нок *m* (1; -нка) Hobel
руба́|ха *f* (5) Hemd *n*; ***~ха-па́рень*** *m* F → ***нараспа́шку***; **~шка** *f* (5; -шек) Hemd *n*; *Tech.* Mantel *m*; Hülle, Schale; Jacke; ***оста́ться в одно́й ~шке*** alles bis aufs Hemd verlieren; ***своя́ ~шка бли́же к те́лу*** *Spr.* jeder ist sich selbst der Nächste; **~шо́нка** F *f* (5; -нок) Hemdchen *n*
рубе́ж *m* (1*e*.; -е́й) Grenze *f* (***на*** П an *D*); Schwelle *f*; Wende *f* (um *A*); *Mil.* Linie *f*, Abschnitt; ***за ~о́м*** im Ausland
рубе́ц *m* (1; -бца́) Naht *f*; Saum; Narbe *f*; Striemen; Pansen; Kaldaune *f*
руби́льник *m* (1) Hebelschalter

Р

руби́новый (14) Rubin-; rubinrot
руб|и́ть (14) **1.** hacken, hauen; aushakken, kleinhacken; niedermachen; F → **бря́кать**; **2.** ⟨c-⟩ fällen, abholzen; abschlagen; bauen, zimmern; → **сук**; **-ся** kämpfen, sich schlagen; F → **ре́заться**; **ˇище** *n* (11) zerlumpte Kleidung *f*; **ˇка** *f* (5) Fällen *n*, Schlag *m*; *Mar.* Deckshaus *n*; Raum *m*; → **~и́ть(ся)**; **~лёвый** (14) Rubel-; zum Preis von e-m Rubel; F billig; **ˇленый** (14) gehackt; abgehackt, kleingehackt, Hack-; Block-
рубль *m* (4*e.*) Rubel
ру́брика *f* (5) Rubrik (**под** T in *D*), Spalte
руб|цева́ться (6 -ý-), ⟨за-⟩ vernarben; **ˇчатый** (14*K.*) genarbt, gerippt; Profil-; **ˇчик** *m* (1) *dim. v.* **~е́ц**; **в ˇчик** → **ˇчатый**; **ˇящий** (17) Hieb-
ру́га|нь *f* (8) Schimpfen *n*; Geschimpfe *n*; **ˇтельный** (14) Schimpf-, Schmäh-; **ˇтельство** *n* (9) Schimpfwort; Fluch *m*; **ˇть** (1) **1.** schimpfen (B über, auf *A*); **2.** ⟨вы́-⟩ beschimpfen; **-ся** schimpfen; aufeinander schimpfen; fluchen; sich zanken
руд|а́ *f* (5; *pl. st.*) Erz *n*; **~ни́к** *m* (1*e.*) Bergwerk *n*; → **~нико́вый, ~ни́чный** (14) Gruben-; **ˇный** (14) Erz-; **~око́п** † *m* (1) Bergmann; **~оно́сный** (14; -сен, -сна) erzhaltig
руж|е́йник *m* (1) Büchsenmacher; **~е́йный** (14) Gewehr-; **~ьё** *m* (10; *pl. st.*, *G* -ей) Flinte *f*, Gewehr *n* (**из** P mit *D*); **в ~ьё!** an die Gewehre!; **под ~ьём** unter Waffen
руи́на *f* (5) Ruine
рук|а́ *f* (5; -у; *pl.* -и, -, -áм) Hand (**от** P mit *D*; **за́** B an *D*; **под** T bei *D*; **в** B *pl.* zu *D*); Arm *m*; Handschrift; Seite (**по** Д, **с** P auf *D*); F Güte, Größe, Kaliber *n*; Laune, Zustand *m* (**под** B in *D*); *pl.* Kräfte; *fig.* Faust, Macht; Mut *m*; → **опуска́ть**; **~а́ в ˇу, ~а́ о́б ~у** Hand in Hand; **в ˇи** persönlich; **в две ~и́** zweihändig; **в свои́ ˇи** in die Hand; **взять себя́ в ˇи** sich zusammennehmen; **за́ ~у** mit Handschlag; **из ~ в ˇи, с ~ на́ ~и** von Hand zu Hand; **из пе́рвых ~** aus erster Hand; **из ~ вон пло́хо** F unter aller Kritik; **на́ ~у** F zupaß; **на́ ~и** auf den Arm *od.* Schoß; ausgehändigt; → **выдава́ть; на ~а́х** auf dem Arm; (**у** P in *j-s*) Händen *od.* Obhut; *nähen*: von Hand, mit der Hand; **име́ть на ~а́х** (B für *j-n*) zu sorgen haben; **быть на́ ~у** zustatten kommen; **на живу́ю ˇу** mit lässiger Hand; → **лёгкий**; **ходи́ть по ~а́м** F die Besitzer wechseln; → **ходи́ть**; **по ~а́м!** abgemacht!; **уда́рить по ~а́м** durch Handschlag bekräftigen; **по пра́вую ˇу** F rechter Hand; **по ~а́м и нога́м** an Händen u. Füßen; **по́д ~у** Arm in Arm, eingehakt; in die Hände; **взять по́д ~у** (B) sich bei *j-m* einhaken; **под ~о́й** zur Hand; F ganz in der Nähe; **~о́й пода́ть** F ein Katzensprung; **с ~а́ми и нога́ми** F mit Haut u. Haaren; **обе́ими ~а́ми** *fig.* F sehr gern; **де́ло ~** (P *j-d*) hat die Hand im Spiel; **~а́ ˇу мо́ет** *Spr.* e-e Hand wäscht die andere
рука́в *m* (1*e.*; *Npl.* -á) Ärmel (**на** П an *D*); Flußarm; Schlauch; **засучи́в ~а́** mit Eifer; **спустя́ ~а́** F nachlässig; **~и́ца** *f* (5) Fausthandschuh *m*, Fäustling *m*
руковод|и́тель *m* (4) Leiter, Führer; führende Persönlichkeit *f*; → **заве́дующий**; → **~и́ть** (15) leiten, führen (T *A*); lenken; anleiten, betreuen; → **-ся** → **~ствоваться**; **ˇство** *n* (9) Leitung *f*, Führung *f* (T *G*); Lenkung *f*; Anleitung *f*, Betreuung *f*; Leitfaden *m*, Handbuch (**по** Д *G*); Richtschnur *f*; **ˇствоваться** (7) sich leiten lassen (T von *D*), sich richten (nach *D*); **~я́щий** (17) führend, leitend; Führungs-; Leit-; richtungweisend
рукоде́л|ие *n* (12) Handarbeit(en *pl.*) *f*, Nadelarbeit(en *pl.*) *f*; **~ьница** *f* (5) Handarbeiterin; **~ьничать** F (1) sich mit Handarbeiten beschäftigen; **~ьный** (14) Handarbeits-; handgefertigt
руко|мо́йник *m* (1) Waschwasserbehälter; **~па́шный** (14) Nah-; *Su.* *f* F Handgemenge *n*, Prügelei; **~пи́сный** (14) handschriftlich, handgeschrieben; Manuskript-; Handschriften-; **ˇпись** *f* (8) Manuskript *n*; Handschrift *f*; **машинопи́сная ˇпись** Typoskript *n*; **~плеска́ния** *n/pl.* (12) Beifall *m*, Applaus *m*; **~плеска́ть** (1) Beifall klatschen; **~пожа́тие** *n* (12) Händedruck *m*; Handschlag *m*; **~я́тка** *f* (5; -ток), **~я́ть** *f* (8) Griff *m*;

Stiel *m*, Schaft *m*; ***~ятка*** Hebel *m*; Kurbel *f*; *Pflug*: Sterz *m*
рул|евóй (14) Lenk-; Steuer-; *Su. m* Steuermann (*a. fig.*); Rudergänger; **~ёт** *m* (1) Rollschinken; Hackbraten; ***~ёт с мáком*** Mohnrolle *f*; **~ётка** *f* (5; -ток) Bandmaß *n*; Roulett(e) *n*; **~ить** (13*e.*) steuern; rollen, anrollen, ausrollen; **~óн** *m* (1) Rolle *f*; **~ь** *m* (4*e.*) Lenkrad *n*; Lenkstange *f*; *Mar.* Steuer *n*, Steuerruder *n* (**на** П an *D*) *n*; *Sp.* Steuermann; ***без ~я́ и без ветрúл*** ohne Zweck u. Ziel
румы́н *m* (1), **~ка** *f* (5; -ок) Rumäne(-nin *f*); **~ский** (16) rumänisch
румя́н|а *pl.* (9) rote Schminke *f*, Rouge *n*; **~ец** *m* (1; -ца) Röte *f*; ***заливáться ~цем*** erröten; **~ить** (13), ⟨на-⟩ röten; rot schminken; **~ый** (14*K.*) rotwangig, rotbackig; hellrot, rot; goldbraun
рунúческий (16) Runen-
рунó *n* (9; *pl. st.*) Vlies
ру́пор *m* (1) Megaphon *n*; *fig.* Sprachrohr *n*; ***~ом*** zu e-m Trichter
русáк *m* (1*e.*) Feldhase; F Russe
русáлка *f* (5; -лок) Nixe
русúстика *f* (5) russische Philologie, Russistik
ру́сло *n* (9; -сел) Flußbett; *fig.* Bahn *f*, Geleise
ру́сск|ая *f* (16) Russin; russischer Tanz *m*; **~ий** (16) russisch; Russen-; *Su. m* Russe; ***~им языкóм*** F klipp u. klar
ру́сый (14*K.*) dunkelblond
рутúн|а *f* (5) Schablone; Schlendrian *m*; **~ёр** *m* (1) konservativ eingestellter Mensch; **~ёрство** *n* (9) Routinemäßigkeit *f*; Klischeehafte(s); **~ный** (14) klischeehaft, stereotyp; konservativ, an alten Gewohnheiten festhaltend
ру́хлядь F *f* (8) altes Gerümpel *n*
ру́хнуть (20) *pf.* einstürzen, zusammenstürzen; umstürzen; *fig.* sich zerschlagen; auseinanderbrechen
ручáт|ельство *n* (9) Bürgschaft *f*, Kaution *f* (***под*** В gegen *A*); Gewähr *f*; **~ься** (1), ⟨поручúться⟩ (16) bürgen, sich verbürgen (Д bei *j-m*), einstehen; die Gewähr übernehmen; ***-ься головóй*** F s-n Kopf dafür geben
руч|éй *m* (3; -ья́; -ьёв) Bach; Strom (T in *Dpl.*); ***плáкать в три ~ья́*** F in Tränen zerfließen
ру́чка *f* (5; -чек) Händchen *n*; Ärmchen *n*; Griff *m*, Klinke; Henkel *m*, Bügel *m*; Stiel *m*; Kurbel; Armlehne; Federhalter *m*; ***шáриковая ~*** Kugelschreiber *m*
ручн|óй (14) Hand-; Armband-; manuell; handgefertigt; zahm, zutraulich; *Mil.* leicht; *Hdl.* Straßen-; rezeptfrei; ***~ы́м спóсобом*** von Hand, manuell, hand-
ру́шить (16) niederreißen; zerstören; *Agr.* hülsen; **-ся**, ⟨об-⟩ einfallen, einbrechen; herunterkrachen, stürzen; → ***ру́хнуть, обру́шивать***
ры́б|а *f* (5) Fisch(e *pl.*) *m*; ***ни ~а ни мя́со*** F weder Fisch noch Fleisch; **~áк** *m* (1*e.*) Fischer; ***~áк ~акá вúдит издалекá*** *Spr.* gleich u. gleich gesellt sich gern; **~áлка** F *f* (5) Angeln *n* (***на*** В zum); **~áцкий** (16), **~áчий** (18) Fischer-; **~áчить** F (16) Fischfang treiben; angeln; **~ёшка** F *f* (5; -шек) Fischlein *n*; *fig.* Fisch *m*; **~ий** (18) Fisch-; Leber-; **~ный** (14) Fisch-, Fischerei-; fischreich; F fischig; **~ovóдство** *n* (9) Fischzucht *f*; **~озавóд** *m* (1) Fischkonservenfabrik *f*
рыболóв *m* (1) Angler; Fischer; **~ный** (14) Fischfang-, Fischerei-, Fisch-; Angel-, Angler-; **~ство** *n* (9) Fischfang *m*, Fischerei *f*
рыбопромыслóвый (14) Fischerei-
рыв|óк *m* (1; -кá) Ruck *m*; Sprung nach vorn; *Sp.* Spurt; Reißen *n*; F Zerren *n*; ***~кáми*** ruckweise
рыг|áть P (1), *einm.* ⟨~ну́ть⟩ (20) rülpsen, aufstoßen
рыдá|ние *n* (12) Schluchzen; **~ть** (1) schluchzen
рыдвáн *m* (1) Kutsche *f*; F Karre *f*
рыж|евáтый (14*K.*) rotblond; **~еволóсый** (14*K.*) → **~ий**; **~éть** (8) **1.** rötlich schimmern; **2.** ⟨по-⟩ rotblond werden; → **~ий** (17; -, -á) rothaarig, rot; fuchsrot; verblichen; *Su. m* F dummer August; **~ик** *m* (1) Reizker
рыкáть (1) brüllen; kreischen
ры́л|о *n* (9) Rüssel *m*, Schnauze *f* (*a.* P →) P Fresse *f*; Nase *f* (***с*** P pro); **~ьце** *n* (11; -ец) *Bot.* Narbe *f*; F → **~о**; F ***~ьце в пуху́*** (**у** P *j-d*) hat Dreck am Stecken
ры́но|к *m* (1; -нка) Markt; ***кры́тый ~к*** Markthalle *f*; **~чный** (14) Markt-
ры́паться P (1) sich rühren

Р

рыса́к *m* (1*e*.) Traber
ры́сий (18) Luchs-
рыс|и́стый (14*K*.) Trab-; → **~а́к**
ры́скать (1) umherschweifen; herumsuchen; F sich herumtreiben
рыс|ца́ *f* (5) leichter Trab *m* (T in *D*); **~ь** *f* (8; на -и́) Trab *m* (**на** B in *A*; T *od.* **на** П *pl.* im); *Zool.* Luchs *m*
ры́твина *f* (5) Radspur; Rinne
рыть (22) **1.** ⟨вы́-⟩ graben, ausheben; *fig. Grab* schaufeln; **2.** ausgraben; scharren; F → **-ся** wühlen; herumwühlen, herumkramen; *fig. Wäsche* waschen (**в** П *A*)
рыхл|е́ть (8) ⟨по-, раз-⟩ locker *od.* F schlaff werden; **~и́ть** (13*e*.) auflokkern; **~ый** (14; -, -á) locker; mürbe, bröck(e)lig; porös; ungefüge; F schlaff, schlapp; *Met.* Pulver-
ры́цар|ский (16) Ritter-; ritterlich; **~ство** *n* (9) Rittertum; Ritterlichkeit *f*; **~ь** *m* (4) Ritter
рыча́г *m* (1*e*.) Hebel; *Kfz.* Schaltung *f*; *Fmw.* Gabel *f*
рыча́|ние *n* (12) Brüllen; → **~ть** (4*e*.) brüllen; knurren; P anknurren (**на** B *A*)
рья́ный F (14*K*.) eifrig, übereifrig; → **ре́звый**
рэ́кет *m* (1) räuberische Erpressung *f*, organisiertes Verbrechen *n*
рю́м|ка *f* (5; -ок) Schnapsglas, Weinglas *n*; Becher *m*; **~очка** *f* (5; -чек) Gläschen *n*; **~очкой** F *fig.* Wespen-
рюш *m* (1; -ей) Rüsche *f*
ряби́на *f* (5) Eberesche *f*; Vogelbeere(n *pl.*); *Med.* Pockennarbe
ряб|и́ть (14*e*.) kräuseln, sich kräuseln; flimmern (**у** P *j-m*; **в** П *pl. a.* vor *D*); **~о́й** (14; -, -á) pockennarbig; scheckig; gefleckt, gesprenkelt; gekräuselt
ря́бчик *m* (1) Haselhuhn *n*
рябь *f* (8) Kräuseln *n*; Flimmern *n*
ря́вк|ать (1), *einm.* ⟨~нуть⟩ (20) brüllen, *pf.* aufbrüllen; P anbrüllen (**на** B *A*)
ряд *m* (1; -а/-у; *2, 3, 4* -á; *pl. e.*) **1.** (в -ý) Reihe *f* (T *pl.* in *D*); Folge *f*, Serie *f*; Ladenzeile *f*; *Mil.* Rotte *f*; **в ~ы́** *pl.* in Reih u. Glied; **2.** (в -е) Anzahl *f*, (*a.* **це́лый ~**) zahlreich; **~а́ми** reihenweise; **в ~а́х** (P) unter (*a.* **в ~ý**), bei, in (*D*); **в пе́рвых ~а́х** *fig.* in vorderster Front; **по четы́ре в ~** in Viererreihen; **из ~а вон** *od.* **вон выходя́щий** F unmöglich, unter aller Kanone; hervorragend, toll
ряди́ться †/P (15) **1.** sich verkleiden *od.* herausputzen; **2.** sich verdingen
ряд|ко́м F → **~ом**; in e-r Reihe
рядово́й (14) gewöhnlich, alltäglich; einfach; *Agr.* Drill-; *Su. m* Gemeine(r), Soldat; **~ соста́в** *m Mil.* Mannschaft(en *pl.*) *f*
ря́дом **1.** *Adv.* nebeneinander, daneben; nebenan; ganz in der Nähe; **2.** *Prp.* (**с** T) neben (*D*; *A*)
ря́женый (14) verkleidet, maskiert
ря́са *f* (5) Priesterrock *m*; Kutte

С

с, со **1.** (T) mit (*D*); mit-; bei (*D*), *Zeit*: in (*D*); an; unter (*Dpl.*); -end, -(s)voll; **с собо́й** mit, mit-, dabei; **что с ним**? was fehlt ihm *od.* hat er?; **2.** (P *D*) von ... aus *od.* her; von ... herab *od.* herunter; von ... an, seit, ab; mit; nach; vor, aus; je, pro; **со дня ...** gerechnet vom Tage ...; **с чего́ ты взял**? F wie kommst du darauf?; **3.** (B) etwa, rund; → **рост**
са́бля *f* (6; -бель) Säbel *m*
сабот|а́ж *m* (1; -ей) Sabotage *f*; **~а́жник** (*m*) Saboteur; **~и́ровать** (7) *im*(*pf.*) sabotieren
са́ван *m* (1) Leichentuch *n*
савра́сый (14) rehbraun, rehfarben
сад *m* (1; в -ý; *pl. e.*) Garten
садану́ть P (20) *pf.* mit Wucht stoßen *od.* hauen; knallen
сад|и́ть P (15) → **сажа́ть**; **-ся** (15*e*.),

⟨сесть⟩ (25*st.*; ся́ду, -дешь; сел) sich setzen (***за*** В an *A*, zu *D*), sich hinsetzen; sich niederlassen; landen; einsteigen; *Mar.* sich einschiffen, an Bord gehen; eingehen, einlaufen; nachlassen; *Sonne*: untergehen; *Sandbank*: auflaufen; *Gefängnis*: kommen; *Steckenpferd* reiten (***на*** В *A*); ***-ся за рабо́ту*** sich an die Arbeit machen; ***~и́сь!*** nimm Platz!; *Mil.* aufgesessen!

садо́в|ник *m* (1) Gärtner; **~о́д** *m* (1) Gartenbaumeister; **~о́дство** *n* (9) Gartenbau *m*; Gärtnerei *f*; **~ый** (14) Garten-; ***голова́*** *f* ***~ая*** P → ***рази́ня***

садо́к *m* (1; -дка́) Fischbehälter; Käfig, kleiner Stall; Heckbauer

са́жа *f* (5) Ruß *m*

саж|а́ть (1) ⟨посади́ть⟩ (15) setzen (***за*** В an *D*); e-n Platz anbieten; beim Einsteigen helfen (В *j-m*); *Bot.* pflanzen, stecken; *Haft*: nehmen; *Gefängnis*: stecken, sperren; *Flgw.* zur Landung bringen, aufsetzen; *Mar.* einschiffen; *Kette*: legen (***на*** В an *A*); *Ofen* schieben; F *Klecks* machen; ***поса́жен(а)*** *j-d* sitzt; ***посади́ть на зе́млю*** seßhaft machen; **~́енец** *m* (1; -нца) Setzling, Steckling

сажён|ка: ***плыть ~ками*** kraulen; **~ный** (14) sehr groß, tief, hoch, breit; → **'~ь** *f* (8; *Gpl. a.* '~н) Klafter *m*, *n* (= *2,134 m*); ***кося́я '~ь в плеча́х*** F breitschult(e)rig; hühnenhaft

саза́н *m* (1) Karpfen

са́йка *f* (5; са́ек) Semmel

саквоя́ж *m* (1; -ей) Reisetasche *f*

са́кля *f* (6; -ей) kaukasische Hütte

саксо́н|ец *m* (1; -ца) Sachse; **~ка** *f* (5; -ок) Sächsin; **~ский** (16) sächsisch

сала́зки *pl.* (5; -зок) Rodelschlitten *m*

сала́тница *f* (5) Salatschüssel

са́ло *n* (9) Speck *m*; Fett; Talg *m*; ***топлёное ~*** Schmalz

салфе́тка *f* (5; -ток) Serviette

са́льн|ость *f* (8) Zote; → **~ый** (14; -лен, -льна) fett, fettig; *fig.* zotig, schlüpfrig; dreckig, obszön; (*o.K.*) Fett-; Talg-

салю́т *m* (1) Salut, Ehrensalve *f*; Gruß; **~ова́ть** (7) *im(pf.)*, ⟨от-⟩ salutieren; Salut schießen (Д zu *j-s* Ehren)

сам *m*, -á *f*, -ó *n*, -́и *pl.* (30) selbst, selber; allein, selbst, persönlich; in Person; *su.* F Chef(in *f*); ***~ себе́ . . .*** sein eigener . . .; ***~ по себе́*** für sich, an u. für sich; e-e Sache . . .; ***~ собо́й*** von allein *od.* selbst; ***~о́ собо́й*** F e-e Sache für sich; von selbst; P → ***разуме́ться***; ***~ не свой*** F ganz außer sich

сам|е́ц *m* (1; -ца́) Männchen *n*; **~́ка** *f* (5; -́ок) Weibchen *n*; Kuh

самобы́тн|ость *f* (8) Eigenart; → **~ый** (14; -тен, -на) eigenständig, urwüchsig

самовла́ст|ие *n* (12) Autokratie *f*; → **~ный** [-sn-] (14; -ен, -на) selbstherrlich, unumschränkt; herrschsüchtig, autoritär; gebieterisch

само|внуше́ние *n* (12) Autosuggestion *f*; **~возгора́ние** *n* (12) Selbstentzündung *f*

самово́л|ие *n* (12) Willkür *f*; **~ьничать** F (1) eigenmächtig handeln; **~ьный** (14; -ен, -ьна) eigenwillig, eigenmächtig; unerlaubt

само|воспита́ние *n* (12) Selbsterziehung *f*; **~воспламене́ние** → ***~возгора́ние***; **~восхвале́ние** *n* (12) Eigenlob; **~го́н** *m* (1), **~го́нка** F *f* (5; -нок) selbstgebrannter Schnaps; **~дви́жущийся** (17) → ***~хо́дный***; **~де́йствующий** (17) selbsttätig, automatisch; **~де́лка** F *f* (5; -лок) Selbstgedrehte; → **~де́льный** (14) selbstgemacht, selbstgebastelt

самодерж|а́вие *n* (12) Autokratie *f*; **~а́вный** (14; -вен, -вна) autokratisch; unumschränkt; **~́ец** *m* (1; -́ца) Selbstherrscher, Monarch

самоде́ятельн|ость *f* (8) Eigeninitiative; Selbstbetätigung; Laienkunst; **~ый** (14; -лен, -льна) selbsttätig; durch eigene Initiative; Laien-, Laienkunst-, Laienspiel-; Liebhaber-

самодисципли́на *f* (5) Selbstzucht

самодов|ле́ющий (17) selbstgenügsam, autark; sich selbst genügend; **~о́льный** (14; -лен, -льна) selbstzufrieden, selbstgefällig

самоду́р *m* (1) Tyrann, Haustyrann; **~ство** *n* (9) Herrschsucht *f*

само|забве́нный (14; -е́нен, -нна) selbstvergessen, selbstlos; **~заря́дный** (14) Selbstlade-; **~защи́та** *f* (5) Selbstverteidigung; Notwehr; **~зва́нец** *m* (1; -нца) Usurpator; Pseudo-, falsche(r); **~ка́т** *m* (1) Roller; **~кри́тика** *f* (5) Selbstkritik; **~кру́тка** F *f* (5; -ток) → ***~де́лка***

С

самолёт *m* (1) Flugzeug *n*; **~ный** (14) Flugzeug-; **~острое́ние** *n* (12) Flugzeugbau
самоли́чно F höchstpersönlich
самолюб|и́вый (14*K*.) ehrliebend, ehrgeizig; sehr empfindlich; **~ие** *n* (12) Ehrgefühl, Ehrgeiz *m*; F Selbstachtung; **~ова́ние** *n* (12) Selbstbewunderung *f*
само|мне́ние *n* (12) Dünkel *m*, Eigendünkel *m*, Einbildung *f*; ***с ~мне́нием*** eingebildet; **~наде́янный** (14*K*.) anmaßend, überheblich; selbstbewußt, selbstsicher; **~обвине́ние** *n* (12) Selbstanklage *f*, Selbstbezichtigung *f*; **~облада́ние** *n* (12) Selbstbeherrschung *f*, Fassung *f*; **~обма́н** *m* (1) Selbstbetrug *m*, Selbsttäuschung *f*; **~обольще́ние** *n* (12) → ***~обма́н***; Verblendung *f*; **~оборо́на** *f* (5) → ***~защи́та***; **~оплёвывание** *n* (12) Nestbeschmutzung *f*; **~образова́ние** *n* (12) Selbstunterricht *m*; **~обслу́живание** *n* (12) Selbstbedienung *f*; **~ограниче́ние** *n* (12) Selbstbeschränkung *f*; **~окупа́емость** *f* (8) Rentabilität; **~определе́ние** *n* (12) Selbstbestimmung *f*
самоотв|ерже́ние *n* (12), **~е́рженность** *f* (8) Selbstaufopferung *f*; → **~е́рженный** (14*K*.) selbstlos, aufopfernd; → ***беззаве́тный***
само|отрече́ние *n* (12) Selbstverleugnung *f*; **~оце́нка** *f* (5; -нок) Selbsteinschätzung; **~пи́ска** F *f* (5; -сок) Füller *m*; **~поже́ртвование** *n* (12) Selbstaufopferung *f*; **~позна́ние** *n* (12) Selbsterkenntnis *f*; **~произво́льный** (14; -лен, -льна) spontan, aus eigenem Antrieb; Ur-
саморо́д|ный (14; -ен, -на) gediegen; urwüchsig; **~ок** *m* (1; -ка) gediegenes Metall *n*; Klumpen; Naturtalent *n*
само|са́д F *m* (1) Tabak Marke Eigenbau; **~сва́л** *m* (1) Kipper. **~созна́ние** *n* (12) Selbstbewußtsein; **~сохране́ние** *n* (12) Selbsterhaltung *f*
самостоя́тельн|ость *f* (8) Selbständigkeit; → **~ый** (14; -лен, -а) selbständig, eigenständig; eigen; Still-; *Adv*. allein, von allein; für sich; im Selbstunterricht
самосу́д *m* (1) Lynchjustiz *f*
самотёк *m* (1) freier Lauf; **~ом** von selbst, spontan; wie es kommt
самотка́ный P (14) hausgewebt
самоуби́й|ство *n* (9) Selbstmord *m*; **~ца** *m*/*f* (5) Selbstmörder(in *f*)
самоуваже́ние *n* (12) Selbstachtung *f*
самоуве́ренн|ость *f* (8) Selbstvertrauen *n*; → **~ый** (14*K*.) selbstbewußt, selbstsicher; anmaßend
само|уни(чи)же́ние *n* (12) Selbsterniedrigung *f*; **~управле́ние** *n* (12) Selbstverwaltung *f*; Autonomie *f*; **~упра́вство** *n* (9) Willkür *f*, Willkürakt(e *pl*.) *m*, Eigenmacht *f*; **~усоверше́нствование** *n* (12) Selbstvervollkommnung *f*; **~успоко́енность** *f* (8) Selbstgenügsamkeit; **~утвержде́ние** *n* (12) Selbstbehauptung *f*; **~учи́тель** *m* (4) Lehrbuch *n* für den Selbstunterricht; **~у́чка** *m*/*f* (5; -чек) Autodidakt *m*; **~хва́л** F *m* (1) Prahlhans; **~хва́льство** *n* (9) Eigenlob, Prahlerei *f*; **~хо́дный** (14) Selbstfahr-, selbstfahrend, Fahr-; vollmotorisiert; Motor-; **~цве́т** *m* (1) Halbedelstein; **~це́ль** *f* (8) Selbstzweck *m*
самочи́н|ный (14; -ен, -на) eigenmächtig, unbefugt; **~ство** *n* (9) → ***самоупра́вство***
самочу́вствие *n* (12) Befinden; ***как ва́ше ~?*** wie geht es Ihnen?, wie fühlen Sie sich?
са́м|ый (14) **1.** ***тот ~ый*** ebenjener; → ***э́тот ~ый*** ebendieser, genau derselbe; **2.** ganz, gleich; gerade, genau; direkt; mitten; allein; früh; *Sup*. -ste(r), aller-; ***~ое бо́льшее*** höchstens; ***~ое ме́ньшее*** mindestens; ***~ое по́зднее*** spätestens; **3.** selbst; → ***де́ло, раз***
сан *m* (1) Rang, Würde *f*, Amt *n* u. Würde *f*; *Rel*. Stand
санато́рий *m* (3; -и) Sanatorium *m*; Heilstätte *f*, Heilanstalt *f*
санда́лии *f*/*pl*. (7) Sandalen
са́ни *pl*. (8; *ab G e*.) Schlitten *m*; ***гото́вь ~ ле́том, а теле́гу зимо́й*** *Spr*. der kluge Mann baut vor; ***не в свой ~ не сади́сь*** *Spr*. Schuster, bleib bei deinem Leisten
санита́р *m* (1), **~ка** *f* (5; -ок) Sanitäter(in *f*), Krankenpfleger(in *f*), Krankerwärter(in *f*); **~ный** (14) Sanitäts-, Gesundheits-; Hygiene-; sanitär; Lazarett-; Verbands-
са́нки *pl*. (5; -нок) Rodelschlitten *m*

С

санкци|они́ровать (7) *im(pf.)* sanktionieren, bestätigen; **ꜗя** *f* (7) Sanktionierung; Genehmigung (***с*** P mit *D*); Sanktion → ***о́рдер***
са́нный (14) Schlitten-
сано́вн|ик *m* (1) Würdenträger; *pl.* Honoratioren; **~ый** (14; -вен, -а) vornehm, würdevoll
са́ночный (14) Schlitten-
санте́хник *m* (1) Installateur
сантиме́тр *m* (1) Zentimeter *n*; Bandmaß *n*, Metermaß *n*
сан|у́зел *m* (1) → ***у́зел***; **~ча́сть** *f* (8; *ab Gpl. e.*) Sanitätseinheit
сап *m* (1) Rotz; Schnaufen *n*
сапёр *m* (1) *Mil.* Pionier; **~ный** (14) Pionier-
сапо́|г *m* (1*e.*; -г) Stiefel; *fig.* Joch *n*; ***Кот m в ~га́х*** Gestiefelte(r) Kater; ***два ~а́ па́ра*** F gleich u. gleich gesellt sich gern; ***~и́ всмя́тку*** F totaler Unsinn *m*; **~жник** *m* (1) Schuhmacher, Schuster; **~жный** (14) Schuster-; Stiefel-, Schuh-
сапфи́р|ный, **~овый** (14) Saphir-
сара́й *m* (3) Schuppen; Scheune *f*
саранча́ *f* (5) Heuschrecke(n *pl.*)
сарафа́н *m* (1) Trägerrock, Kleiderrock
сард|е́лька *f* (5; -лек) Knackwurst; **~и́н(к)а** *f* (5; -нок) Sardine
саркасти́ч|еский (16), **~ный** (14; -ен, -на) sarkastisch
сатан|а́ *m* (5) Satan, Teufel; **~и́нский** (16) satanisch, teuflisch
сати́новый (14) Satin-
сати́р *m* (1) Satyr; **~а** *f* (5) Satire; **~ик** *m* (1) Satiriker; **~и́ческий** (16) **~и́чный** (14; -чен, -чна) satirisch; spöttisch, höhnisch
сафья́н *m* (1) Saffianleder *n*, Saffian
са́хар *m* (1; -а/-у) Zucker; F ***не ~*** (Д für *j-n*) kein Zuckerlecken; **~и́н** *m* (1) Süßstoff; **ꜗистость** *f* (8) Zuckergehalt *m*; **ꜗи́стый** (14*K.*) zuckerhaltig; **~ить** (13), ⟨по-⟩ zuckern; **~ница** *f* (5) Zukkerdose; **~ный** (14) Zucker-; ***~ный песо́к*** *m* Streuzucker; ***~ная пу́дра*** *f* Puderzucker *m*
сачо́к *m* (1; -чка́) Kescher, Fangnetz *n*
сба́в|ка *f* (5; -ок) Nachlaß *m*; → **~ля́ть** (28), ⟨~ить⟩ (14) nachlassen; herabsetzen, vermindern; ermäßigen; verlieren (***в*** B an *D*); *Gas* wegnehmen, zurücknehmen
сбе|га́ть¹ (1) ⟨~жа́ть⟩ (4; -гу́, -жи́шь, -гу́т) hinunterlaufen, hinablaufen; hinabfließen; fliehen, entlaufen, F abhauen; weichen; F überlaufen; *impf.* hinunterführen; herabhängen; **-ся** herbeilaufen, zusammenlaufen; **ꜗгать²** F (1) *pf.* hinlaufen, laufen; mal schnell holen (***за*** T *A*)
сбер|ега́тельный (14) Spar-; **~ега́ть** (1), ⟨~е́чь⟩ (26 -г/ж-) aufbewahren, bewahren; aufheben; beschützen; schonen; sparen, einsparen; **~еже́ние** *n* (12) Aufbewahrung *f*; → ***~ега́ть***; *pl.* Ersparnisse *f/pl.*; **~ка́сса** *f* (5) Sparkasse; **~кни́жка** *f* (5; -жек) Sparbuch
сби|ва́ть (1), ⟨~ть⟩ (собью́, -бьёшь; → ***бить***) abschlagen, herunterschlagen; umwerfen; abbringen; verschieben; verstellen; abschießen; verwirren; zusammennageln; *Sahne* schlagen; F zusammendrängen, zusammenstellen; abtreten; abschürfen; P zusammenkriegen; *Preis* drücken; *Hochmut* austreiben (***с*** P *j-m*); ***~ть ма́сло*** buttern; ***~ть с ног*** zu Boden werfen, über den Haufen rennen; ***-ть с то́лку*** *od.* F ***с панталы́ку*** aus dem Konzept bringen; **-ся** abkommen; verrutschen; verfallen (***на*** B in *A*) *Takt*: kommen (***с*** P aus *D*); sich verwandeln; sich verhaspeln; F sich verfilzen; sich zusammenrotten, P sich zusammenleppern; ***-ся с ноги́*** aus dem Schritt kommen; ***-ся с ног*** F sich die Hacken ablaufen; vor Müdigkeit umfallen; ***-ся с то́лку*** *od.* F ***панталы́ку*** irre werden; → ***срыва́ться***; **ꜗвчивый** (14*K.*) konfus, verworren; unregelmäßig
сбли|жа́ть (1), ⟨ꜗзить⟩ (15) nähern, annähern (***с*** T an *A*, *D*); einander näherbringen; stellen (zu *D*); **-ся** sich näherkommen sich anfreunden; intim *od.* intimer werden
сбо́ку seitlich, von der Seite; neben, daneben; ***вид*** *m* ~ Seitenansicht *f*
сболтну́ть F (20) *pf.* ausplappern
сбор *m* (1) Sammeln *n*, Einsammeln *n*; Sammlung *f*; Versammlung *f*; Erhebung *f*; Einnahme *f*; Ertrag; Ernte *f*, Lese *f*; Gebühr *f*, Abgabe *f*; Kollekte *f*; *Mil.* Appell; Lehrgang; *Sp.* Lager;

С

pl. Vorbereitungen *f/pl.*; . . . **~а** Stell-; **в ~е** versammelt, anwesend; **~ище** F *n* (11) Auflauf *m*; Zusammenkunft *f* (**в** П bei *D*), Treffen *n*; **~ка** *f* (5; -ок) Montage; Falte; **~ник** *m* (1) Sammelband, Sammlung *f*; *Tech.* Sammler; **~ный** (14) Sammel-, Treff-; Stell-; Montage-, Fertig-; Falt-; zusammengewürfelt, vermischt; *Sp.* Auswahl-; → *Su. f* Auswahlmannschaft, Nationalmannschaft; **~очный** (14) Montage-; **~чатый** (14) Falten-; **~щик** *m* (1) Sammler; Einnehmer; Pflücker; Monteur

сбр|áсывать (1), ⟨**~óсить**⟩ (15) abwerfen, hinunterwerfen; F zuwerfen; zusammenwerfen; drosseln; *Wasser* ableiten; *Maske* ablegen; *Joch* abschütteln; ***~óсить кóжу*** sich häuten

сбри|вáть (1), ⟨**~ть**⟩ (→ ***брить***) abrasieren

сброд F *m* Pack *n*; Sammelsurium *n*

сбр|ос *m* (1) Abwurf; → ***~áсывать***; *Geol.* Verwerfung *f*; **~óсить** → ***~áсывать***

сбрýя *f* (6) Pferdegeschirr *n*

сбры́згивать F (1) → ***спры́скивать***

сбы|вáть (1), ⟨**~ть**⟩ (сбýду, -дешь; -лá) absetzen, verkaufen; F loswerden; ***~ть с рук*** sich vom Halse schaffen; abschieben; **-ся** in Erfüllung gehen; † geschehen; **~т** *m* (1) Absatz, Vertrieb

свáд|ебный (14) Hochzeits-; **~ьба** *f* (5; -еб) Hochzeit; ***до ~ьбы заживёт*** F das ist halb so schlimm, das heilt wieder

свáйный (14) Pfahl-

свáл|ивать (1), ⟨**~и́ть**⟩ (13) umwerfen, niederwerfen; hinwerfen; fällen; niederstrecken; F abladen, abwälzen; stürzen; umhauen; → **-ся** herunterfallen, fallen; stürzen, einstürzen; lasten (**на** В auf *j-m*); sich senken; hereinschneien; ernsthaft erkranken; ***-ся с ног*** zusammenbrechen; → ***нéбо***; **~ка** *f* (5; -ок) Schuttabladeplatz *m*; Müllhaufen *m*; Mülldeponie; F Rauferei, Schlägerei

свáр|ивать (1), ⟨**~и́ть**⟩ (13) zusammenschweißen; **~ка** *f* (5) Schweißen *n*

сварли́вый (14*K.*) zänkisch, streitsüchtig

свар|нóй (14), **~очный** (14) Schweiß-; **~щик** *m* (1) Schweißer

свáстика *f* (5) Hakenkreuz *n*

сва|т *m* (1) Brautwerber; Vater des Schwiegersohns *od.* der Schwiegertochter; ***ни ~т ни брат*** (И/Д *j-d*) geht *j-n* nichts an; **~тать** (1) **1.** ⟨по-, со-⟩ freien (*a.* **-ся к** Д *j-n*), um *j-s* Hand anhalten; anbieten; **2.** F sich eifrig bewerben (В um *A*); machen wollen (В/**в** И *pl.* zum); *pf.* sich verschaffen; **~товствó** *n* (9) Brautwerbung *f*, Freien; **~ха** *f* (5) Heiratsvermittlerin

свáя *f* (6; свай) Pfahl *m*

сведéние[1] *n* (12) Abschluß *m*, Ausgleich *m*; Reduktion *f*; → ***своди́ть***

свéд|ение[2] *n* (12) Nachricht *f*; Kenntnis *f* (***до*** Р, ***для*** Р zur); *pl.* Angaben *f/pl.*, Daten; Meldungen *f/pl.*; Wissen *n*; ***до ~ения*** (Р *j-m*) zu Ohren . . .; **~ущий** (17*K.*) bewandert; sachkundig, kompetent

свеже|вáть (6 -ý-), ⟨о-⟩ abbalgen; **~морóжен(н)ый** (14) Tiefkühl-, Feinfrost-; **~испечённый** (14) frischgebacken; *fig.* F neugebacken; brühwarm; **~сть** *f* (8) Frische; Kühle; ***не пéрвой ~сти*** nicht mehr ganz frisch *od.* jung; **~ть** (8), ⟨по-⟩ frisch, frischer *od.* kühl, kühler werden; auffrischen, zunehmen

свéж|ий (17; -, -á, -ó) frisch, Frisch-; kühl; neu, neuest; ***~ий человéк*** *m* Neuling

свезти́ → ***свози́ть***

свёк|ла *f* (5) Rübe(n *pl.*); **~лови́ца** *f* (5) Zuckerrübe(n *pl.*); **~óльный** (14) Rüben-; rotlila

свёк|ор *m* (1; -ра) Schwiegervater; **~ρóвь** *f* (8) Schwiegermutter

свербéть P (9) jucken, brennen

свер|гáть (1), ⟨**~гнуть**⟩ (21/20) stürzen; abschütteln; **~жéние** *n* (12) Sturz *m*; ***~жéние с престóла*** Entthronung *f*

свéр|ить → ***~я́ть***; **~ка** *f* (5) Vergleich *m*; Kontrolle

сверк|áние *n* (12) Glitzern; → **~áть** (1), *einm.* ⟨**~нýть**⟩ (20) blitzen, *pf.* aufblitzen; glitzern, funkeln, leuchten; *Blitz*: zucken; **~áющий** (17) glänzend, blendend

сверл|éние *n* (12) Bohren; **~и́льный** (14) Bohr-; **~и́льщик** → ***~óвщик***; **~и́ть** (13*e.*), ⟨про-⟩ bohren, *pf.* durchbohren; **~ó** *n* (9; *pl. st.* -ё-) Bohrer;

С

~о́вщик *m* (1) Bohrer; **~я́щий** (17) bohrend
сверну́ть(ся) → ***свёртывать(ся)***
све́рстник [-sn-] *m* (1) Altersgenosse
свёр|ток *m* (1; -тка) Rolle *f*; Paket *n*; **~тывание** *n* (12) Gerinnen; Abbau *m*; → **~тывать** (1), ⟨**~ну́ть**⟩ (20) zusammenrollen, einrollen; abbauen, drosseln; einstellen, stillegen; auflösen; abbiegen, einbiegen; lenken; abdrehen, überdrehen; F umdrehen; verstauchen; (***себе́*** sich) brechen; *Zigarette*: sich ... drehen; **-ся** gerinnen; abgebaut, reduziert werden
сверх (P) über (*A*); über ... hinaus *od.* hinweg; über alle *od.* seine ...; entgegen (*D*), wider; ***~ всего́*** über alledem; ***~ ме́ры*** übermäßig; ***~ того́*** überdies
сверх|держа́ва *f* (5) Supermacht; **~звуково́й** (14) Überschall-; **~компле́ктный** (14; -тен, -тна) überzählig; **~мо́дный** (14; -ден, -дна) hypermodern; **~мо́щный** (14) Höchstleistungs-; **~пла́новый** (14) überplanmäßig; **~при́быль** *f* (8) Extraprofit *m*; **~скоростно́й** [-sn-] (14) superschnell; **~сро́чный** (14) *Mil.* verlängert; F äußerst dringend
све́рху 1. *Adv.* von oben; oben; **2.** *Prp.* (P) über, oberhalb; ***смотре́ть ~ вниз*** (***на*** B *j-n*) von oben herab ansehen
сверх|уро́чный (14) Überstunden-; *pl. Su.* Überstundenlohn *m*; **~челове́ческий** (14) übermenschlich; **~шта́тный** (14) überplanmäßig, überetatmäßig; **~ъесте́ственный** (14*K.*) übernatürlich; Super-; F außergewöhnlich
сверчо́к *m* (1; -чка́) Heimchen *n*, Grille *f*; ***всяк ~ знай свой шесто́к*** *Spr.* Schuster, bleib bei deinem Leisten
сверш|а́ться (1), ⟨**~и́ться**⟩ (16*e.*) sich erfüllen; → ***соверша́ться***; **~е́ние** *n* (12) → ***соверше́ние***; *pl.* Leistungen *f/pl.*, Großtaten *f/pl.*
сверя́ть (28), ⟨**~ить**⟩ (13) vergleichen; kollationieren; kontrollieren
све́сить(ся) → ***све́шивать(ся)***
свести́(сь) → ***своди́ть(ся)***
свет *m* **1.** (1; -а/-у; на -у́) Licht *n* (***на*** B ins; gegen *A*); Schein; ***чуть ~***, F ***чем ~***, F ***ни ~ ни заря́*** bei Tagesanbruch, in aller Frühe; ***высота́ f в ~у́*** lichte Höhe; P → **~ик**; **2.** (1) Welt *f* (***на*** П *a.* in *D*); Erde *f*; vornehme Gesellschaft *f*; F Leute *pl.*; ***тот ~*** Jenseits *n* (***на*** П im); ***нет на ~е*** (P *j-d*) lebt nicht mehr; ***на чём ~ стои́т*** F ganz gehörig; **~а́ть** (1) tagen, hell werden; anbrechen; **~ик** F *m* (1) Schatz, mein Lieb(st)er; **~и́ло** *n* (9) Licht; *fig.* Leuchte *f*, Koryphäe *f*; **~и́льник** *m* (1) Leuchte, Leuchter; *ehm.* Öllampe *f*; **~и́льный** (14) Leucht-
свет|и́ть (15) leuchten; scheinen; brennen; **-ся** schimmern; glänzen, funkeln; scheinen; *fig.* strahlen (T vor *D*); **~ле́ть** (8) **1.** *a.* **-ся** hell schimmern; **2.** ⟨по-⟩ hell *od.* heller werden; sich aufheitern
светл|о́ es ist hell; → **~ый**; **~о-** hell-; **~ота́** *f* (5) Helle; → **~ый** (14; -тел, -а́) hell; klar; licht; *fig.* heiter; abgeklärt, verklärt; edel, nobel; (*o.K.*) ♀ Oster-; **~я́к, ~ячо́к** *m* (1; -чка́) Glühwürmchen *n*, Leuchtkäfer
свето|во́й (14) Licht-, Leucht-; **~ко́пия** *f* (7) Lichtpause; **~лече́ние** *n* (12) Lichttherapie; **~маскиро́вка** *f* (5; -вок) Verdunk(e)lung; **~непроница́емый** (14*K.*) lichtdicht; **~преставле́ние** *n* (12) Weltuntergang *m*; F Tohuwabohu; **~сигна́льный** (14) Blinklicht-, Blink-; **~си́ла** *f* (5) Lichtstärke; **~сто́йкий** (16; -о́ек, -йка) lichtbeständig; **~те́нь** *f* (8) Helldunkel *n*; **~фи́льтр** *m* (1) Lichtfilter, Farbfilter *m/n*; **~фо́р** *m* (1) Verkehrsampel *f*; **~ч** *m* (1; -чей) Fackel *f*, Leuchte *f*; *fig.* Koryphäe *f*; **~чувстви́тельный** (14; -лен, -льна) lichtempfindlich
све́тск|ий (16) weltlich; mondän, Welt-, von Welt; weltmännisch, kultiviert; **~ость** *f* (8) feine Manieren *f/pl.*
светя́щийся (17) Leucht-
свеч|а́ *f* (5; *Npl. st.*, *G* -е́й) Kerze, Licht *n*; Zäpfchen *n*; ***~о́й*** kerzengerade; **~е́ние** *n* (12) Leuchten; **~ка** *f* (5; -ек) Kerze; → ***~а́***
све́|шивать (1), ⟨**~сить**⟩ (15) herabhängen *od.* baumeln lassen; **-ся** herabhängen; F sich weit herauslehnen *od.* herabbeugen
сви|ва́ть (1), ⟨**~ть**⟩ (совью́, -ьёшь; → ***вить***) winden, flechten; zusammenrollen; *Nest* bauen
свида́ни|е *n* (12) Wiedersehen (***до*** P auf *A*); Treffen, Zusammenkunft *f*;

С

Rendevous, Stelldichein (***на*** П bei *D*); Besuch *m*; . . . **~я** Treff-; . . . ***для ~ия*** *Jur.* Sprech-

свиде́тель *m* (4) Augenzeuge; **~ский** (16) Zeugen-; **~ство** *n* (9) Zeugnis; Aussage *f*; Bezeugung *f*; Urkunde *f*, Attest; ***~ство о рожде́нии*** Geburtsschein *m*, Geburtsurkunde *f*; **~ствовать** (7) **1.** zeugen (***о*** П von *D*); *et.* bezeugen; sprechen (***о*** П für *A*); **2.** ⟨за-⟩ beglaubigen, bescheinigen; **3.** ⟨о-⟩ untersuchen, begutachten

свина́р|ка *f* (5; -ок) Schweinewärterin; **~ник** *m* (1) Schweinestall

свине́ц *m* (1; -нца́) Blei *n* (T wie *N*)

свини́на *f* (5) Schweinefleisch *n*

сви́нка *f* (5; -нок) Schweinchen *n*; *Med.* Mumps *m*, Ziegenpeter *m*

свиново́д *m* (1) Schweinezüchter; **~ство** *n* (9) Schweinezucht *f*; **~ческий** (16) Schweinezucht-

свин|о́й (14) Schweine-, Schweins-; **~ома́тка** *f* (5; -ток) Muttersau, Zuchtsau; **~опа́с** *m* (1) Schweinehirt; **~́ский** F (16) schweinisch, säuisch; **~́ство** F *n* (9) Schweinerei *f*, Sauerei *f*; Lumperei *f*

свинти́ть → ***сви́нчивать***

свинцо́вый (14) Blei-, bleiern; bleigrau, bleifarben; *fig.* bleischwer

сви́н|чивать (1), ⟨**~ти́ть**⟩ (15*e.*/15; -ченный) zusammenschrauben; F abschrauben

свинь|я́ *f* (6; *pl. st.*, *G* -не́й) Schwein *n*; Sau; *fig.* F Ferkel *n*; Lump *m*; ***подложи́ть ~ю́*** F *fig.* ein Bein stellen

свире́ль *f* (8) Hirtenflöte, Schalmei

свиреп|е́ть (8) ⟨о-, рас-⟩ wütend, wütender *od.* wild, wilder werden; **~́ость** *f* (8) Grimm *m*; → **~́ый**; **~́ствовать** (7) wüten, toben; grassieren; **~́ый** (14*K.*) grimmig, grausam; rasend, wütend; heftig; erbittert, verbissen; furchtbar

свис|а́ть (1), ⟨**~́нуть**⟩ (21) herabhängen

свист *m* (1) Pfiff; Pfeifen *n*; **~а́ть** (3), **~е́ть** (11), *einm.* ⟨**~́нуть**⟩ [-sn-] (20) pfeifen; herbeipfeifen; auspfeifen (Д *j-n*); *pf.* F klauen, stibitzen; hauen; ***иди́ свищи́*** F da kannst du lange suchen; **~о́к** *m* (1; -ка́) Trillerpfeife *f*; Pfiff; **~опля́ска** F *f* (5; -сок) Hexentanz *m*; Wirrwarr *m*; **~у́лька** F *f* (5; -лек) Pfeife; **~у́н** F *m* (1*e.*) Pfeifer; Schwätzer; Nichtstuer; **~я́щий** (17) Pfeif-; Zisch-

сви́та *f* (5) Gefolge *n*

сви́тер [-tɛr] *m* (1; *pl. a.* -а́, -о́в) Pullover

сви́ток *m* (1; -тка) Rolle *f*

сви́ть(ся) → ***свива́ть(ся)***

свихну́ть F (20) *pf.* sich . . . verknacksen; ***~ с ума́*** überschnappen; **-ся** e-n Knacks bekommen *od.* haben; → ***помеша́ться***; abkommen, abdriften

свищ *m* (1*e.*; -е́й) Astloch *n*; Fistel *f*

свобо́д|а *f* (5) Freiheit (***на*** В/П in *A*/*D*); → **~ный**; F Muße, Freizeit; ***~а вы́бора*** freie Wahl; ***~а де́йствий*** freie Hand; ***на ~е*** frei, auf freiem Fuß; **~ный** (14; -ен, -на) frei, Frei-; ungebunden; ungehindert; ungezwungen, ungeniert; geräumig; weit, lose; *Fin.* flüssig, disponibel; F übrig; ***~ный от*** (Р) -frei; *Adv.* fließend; leicht; ***~ен . . .*** (И *j-m*) steht es frei . . .

свободо|люби́вый (14*K.*) freiheitsliebend; **~любие** *n* (12) Freiheitsliebe *f*; **~мы́слие** *n* (12) Freisinn *m*; Freidenkertum; **~мы́слящий** (17*K.*) freisinnig, freidenkend

свод *m* (1) Gewölbe *n*, Bogen; Sammlung *f*, Kodex, Buch *n*

своди́ть¹ (15), ⟨свести́⟩ (25) hinunterführen; hinführen; zusammenführen, zusammenbringen; zusammenziehen; zusammenpressen; zusammenfassen (***в*** В in *D*); reduzieren (***к*** Д auf *A*); entfernen, abholzen; zu sprechen kommen; *Arch.* schließen; *Fin.* ziehen; begleichen (*a. fig.*); *scherz.* verwandeln (***к*** Д in *A*); F *Kopf* verdrehen (***с*** Р/В *j-m*), verrückt machen; → ***заводи́ть***; ***~ на нет*** *od.* ***к нулю́*** zunichte machen; *impf.* ***не ~ глаз*** kein Auge wenden *od.* abwenden; → ***коне́ц***; **~²** (15) *pf.* führen, bringen; **-ся**, ⟨-сь⟩ zusammenschmelzen; sich beschränken (***к*** Д auf *A*); verschwinden; *impf.* hinauslaufen (***к*** Д auf *et.*); bestehen (in *D*); sich ergeben (***к*** Д aus *D*)

сво́дка *f* (5; -док) Zusammenstellung; Zusammenfassung; Übersicht; Bericht *m*; *Typ.* Revisionsbogen *m*

сво́дни|ца F *f* (5) Kupplerin; **~чать** F (1) kuppeln; **~чество** *n* (9) Kuppelei

С

сво́дный (14) Sammel-; Übersichts-; vereinigt; Stief-, Halb-
сво́дня P *f* (6; -ней) Kupplerin
сво́дчатый (14) gewölbt; Gewölbe-
своево́л|ие *n* (12) Eigenwille *m*, Eigensinn *m*; **~ьничать** F (1) eigenwillig *od.* eigenmächtig handeln; **~ьный** (14; -лен, -льна) eigenwillig, eigensinnig; eigenmächtig
своевре́менный (14; -енен, -нна) rechtzeitig; zeitgerecht, termingerecht, termingemäß; aktuell
своекоры́ст|ие *n* (12) Eigennutz *m*; **~ный** [-sn-] (14; -ен, -на) eigennützig
своенра́в|ие *n* (12) Eigensinn *m*; → **~ный** (14; -ен, -на) eigensinnig, eigenwillig; launenhaft
своеобра́з|ие *n* (12) Eigenart *f*; → **~ный** (14; -ен, -на) eigenartig, eigentümlich; originell; eine Art
свози́ть¹ (15), ⟨свезти́⟩ (24) hinfahren; hinunterfahren, hinunterbringen; zusammenbringen; wegfahren, wegschaffen; **~²** F (15) *pf.* bringen, fahren
сво|й *m*, **~я́** *f*, **~ё** *n*, **~и́** *pl.* (24) sein(e), mein(e), dein(e), ihr(e), unser(e), eur(e); der seine *od.* seinige; eigene(r), sein eigene(r); geeignet; gegeben; recht; selbstgebacken; selbstgeerntet; selbstgemacht; *Tod*: natürlich; *su. n* seine Meinung *f od.* Wirkung *f*; sein Ziel *od.* Recht; *su. pl.* Angehörige *m*/*pl.*; ***~й челове́к*** *m* wie zu Hause; ***не ~*** fremd; ***не ~и́м го́лосом*** F aus Leibeskräften; ***~ими имена́ми*** beim Namen *od.* richtigen Namen; ***тут все ~и́*** hier sind wir unter uns; ***~и́ лю́ди – сочтёмся*** Spr. es bleibt ja in der Familie; **~и́ский** P (16) e-r *od.* wie e-r von uns; kumpelhaft; **~и́ственник** *m* (1) verwandt, verschwägert (Д mit *D*)
сво́йств|енный (14*K.*) eigen, eigentümlich; charakteristisch (Д für *A*); **~о¹** *n* (9) Eigenschaft *f*; F Art *f*; **~о́²** *n* (9) Verschwägerung *f*; ***в ~е́*** verschwägert
сво́лочь¹ *f* (8; -е́й) P Lump *m*, Schuft *m*; † Pack *n*, Gesindel *n*; **~²** P (26) *pf.* hinunterschleppen; zusammenschleppen
сво́ра *f* (5) Meute; Koppel
свор|а́чивать(ся) → ***свёртывать(ся)***; **~оти́ть** F (15) *pf.* verziehen, verdrehen; umstürzen, niederreißen
своя́|к *m* (1*e.*) Schwager; → ***сво́йственник***; **~ченица** *f* (5) Schwägerin
свык|а́ться (1) ⟨~нуться⟩ sich gewöhnen (***с*** T an *A*)
свы|сока́ von oben herab, geringschätzig; **~ше** **1.** *Adv.* von oben; höher; **2.** *Prp.* (P) über (*A*)
свя́з|анный (14) gebunden; verbunden; gehemmt, befangen; ***~ано ...*** hängt ... zusammen, steht ... in Verbindung; **~и́ст** *m* (1) Fernmelder, Nachrichtensoldat; **~ка** *f* (5; -ок) Bündel *n*; Bund *n*; *Anat.* Band *n*; *Gr.* Kopula; ***~ка грана́т*** geballte Ladung; **~но́й** *m* (14) Melder, Verbindungsmann; **~ный** (14) zusammenhängend, bündig; **~у́ющий** (17) Binde-; **~ывать** (1), ⟨~а́ть⟩ (3) zubinden, zusammenbinden; verbinden, verschnüren (***в*** B zu *D*), verknüpfen; fesseln (***по*** Д an *D*); (**себя́** sich) binden (T an *A*), *Wort*: verpfänden; in Verbindung bringen; **-ся** in Verbindung treten, sich in Verbindung setzen; F sich einlassen; sich *et.* aufhalsen; **~ь** *f* (8; в -и/-и́) Verbindung, Kontakt; Zusammenhang *m*; Verhältnis *n*; Beziehung; Liaison, wilde Ehe; *Fmw.* Verkehr *m*; Post- u. Fernmeldewesen *n*; *Mil.* Nachrichtenwesen *n*, Nachrichtendienst *m*; *Phys.* Kohärenz; *Tech.* Verband; ***... ~и*** Verbindungs-; Melde-; ***в ~и́ с*** (T) wegen, infolge (*G*); ***в ~и́ с тем что*** weil; ***в ~и́ с э́тим*** in diesem Zusammenhang; ***на ~*** in der Leitung
свя|ти́лище *n* (11) Tempel *m*; → **~ты́ня**; **~ти́ть** (15*e.*), ⟨о-⟩ weihen; **~тки** *pl.* (5; -ток) Weihnachtszeit *f* (***на*** П in *D*); **~о** hoch u. heilig; wie ein Heiligtum; → **~то́й** (14; -т, -та́) heilig, geheiligt; gerecht; rein; hoch, erhaben; *Lüge*: fromm; (*o.K.*) **2то́й** Weih-; Oster-; *Su.* Heilige(r); ***~та́я ~ты́х*** das Allerheiligste; ***хоть ~ы́х выноси́*** F zum Davonlaufen; **~тота́тство** *n* (9) Gotteslästerung *f*; Frevel *m*; **~точный** (14) Weihnachts-; **~то́ша** *m*/*f* (5) Scheinheilige(r), Frömmler(in *f*); **2тцы** *pl.* (1) Kirchenkalender *m*; **~ты́ня** *f* (6) Heiligtum *n*; **~ще́нник** *m* (1) Geistliche(r), Priester; **~щенноде́йствие** *n* (12) Ritual; **~ще́нный** (14*K.*) heilig, geheiligt; sakrosankt; → ***~то́й***

С

сгиб *m* (1) Biegung *f*; Beuge *f*; Knick; Falte *f*; Gelenk *n*; **~а́ть** (1), ⟨согну́ть⟩ (20) zusammenbiegen, krümmen; beugen (*Joch*: ***в*** B unter *A*); falten; → ***бара́ний***; **-ся** sich ducken *od.* zusammenducken; ***согну́вшись*** gebeugt; → ***го́рбиться***

сги́нуть F (20) *pf.* verschwinden

сгла́|живать (1), ⟨~дить⟩ (15) glätten; ebnen; ausgleichen, ausbügeln; abschwächen, mildern; **-ся** sich verwischen; nachlassen

сгла́з|ить (15) *pf.* durch den bösen Blick behexen; F beschreien; ***не ~ь(те)***! unberufen!, toi, toi, toi!

сглупи́ть F (14*e.*) *pf.* e-e Dummheit machen

сгнива́ть (1) → ***гнить***

сгов|а́риваться (1), ⟨~ори́ться⟩ (13*e.*) verabreden (***о*** П *et.*), ausmachen; einig *od.* sich werden, auskommen; **~ор** *m* (1) Abmachung *f*; Komplott *n*; † Verlobung *f*; **~о́рчивый** (14*K.*) nachgiebig, umgänglich

сгоня́ть (28), ⟨согна́ть⟩ (сгоню́, сго́нишь; → ***гнать***) vertreiben, verscheuchen; entfernen; hinabflößen; zusammentreiben; *Gewicht* herunterdrücken

сгор|а́ние *n* (12) Verbrennung *f*; **~а́ть** (1), ⟨~е́ть⟩ (9) verbrennen, abbrennen; ausgebrannt sein; verfaulen; *fig.* vergehen, verbrennen; **~яча́** in der Hitze des Gefechts, im Eifer, in *j-s* Aufregung

сгре|ба́ть (1), ⟨~сти́⟩ (25 -б-) zusammenharken; zusammenschaufeln; zusammenraffen; P packen

сгруди́ться F (15*e.*) *pf.* sich zusammendrängen *od.* ansammeln

сгру|жа́ть (1), ⟨~зи́ть⟩ (15/15*e.*) ausladen, abladen; *Mar.* löschen

сгрыз|а́ть (1), ⟨~ть⟩ (24) zernagen, zerbeißen; F abnagen

сгу́|сток *m* (1; -тка) Klumpen; Gerinnsel *n*; *fig.* Konzentrat *n*; *pl.* Schwaden; **~ща́ть** (1), ⟨~сти́ть⟩ (15*e.*) verdicken, eindicken, kondensieren; verdichten, konzentrieren; dick auftragen; **-ся** dicht, dichter *od.* dick, dicker werden; **~ще́ние** *n* (12) Verdickung *f*; → ***~ща́ть***; **~щённый** (14) Büchsen-, Kondens-

сда́бривать (1), ⟨сдо́брить⟩ (13) würzen; schmackhaft machen

сда|ва́ть (5), ⟨~ть⟩ (-м, -шь; → ***дать***) *v/t* übergeben, abgeben, abliefern; aufgeben; zurückgeben; herausgeben, ausgeben; vermieten; *Tech.* nehmen, stellen; *Examen* ablegen, *pf.* bestehen; *Testat* bekommen; *v/i* nachlassen, schlappmachen; ausfallen, aussetzen; *Nerven*: versagen; F *v/t* zurücksetzen; **-ся** sich ergeben; aufgeben, nachgeben; ***-ся в плен*** sich in Gefangenschaft begeben; ***~ётся*** zu vermieten *od.* verpachten; F scheint, scheint's

сда́в|ливать (1), ⟨~и́ть⟩ (14) zusammendrücken, zusammenpressen; zuschnüren; beklemmen; ***~ленный*** gepreßt; unterdrückt

сда́|ть(ся) → ***~ва́ть(ся)***; **~ча** *f* (5) Übergabe; Aufgabe; → ***~ва́ть(ся)***; Wechselgeld *n*, Rest *m*; ***дать ... ~чи*** ... herausgeben; F *fig.* zurückhauen; ***получи́ть ... ~чи ...*** herausbekommen; F *fig.* eins auf die Nase bekommen

сдва́ивать (1) → ***удва́ивать***

сдви|г *m* (1) Schub, Ruck; Rutsch; Verschiebung *f*, Verlagerung *f*; Wandlung *f*, Umschwung; **~га́ть** (1), ⟨~нуть⟩ (20) schieben, rücken; bewegen; zusammenrücken; zusammenziehen; **-ся** sich rühren; sich verschieben; zur Seite rücken

сдвои́ть → ***сдва́ивать***

сде́л|ать(ся) → ***де́лать(ся)***; **~ка** *f* (5; -ок) Geschäft *n*, Abschluß *m*; Abmachung; Vergleich *m*; ***пойти́ на ~ку с со́вестью*** wider besseres Wissen handeln; **~ьный** (14) Akkord-, Stück-; **~ьщина** F *f* (5) Akkordarbeit

сдёр|гивать (1), ⟨~нуть⟩ (20) herunterreißen, herunterziehen; abziehen

сде́рж|анность *f* (8) Zurückhaltung; → **~анный** (14*K.*) verhalten; zurückhaltend, reserviert; beherrscht; **~ивать** (1), ⟨~а́ть⟩ (4) festhalten, aufhalten, zurückhalten; zügeln, unterdrücken, beherrschen; sich verkneifen; *Wort* halten

сдёрнуть → ***сдёргивать***

сдира́ть (1), ⟨содра́ть⟩ (сдеру́, -рёшь; → ***драть***) abziehen, abschälen; F abschürfen; herunterreißen; abnehmen; P → ***драть***

сдо́б|а *f* (5) Butterwecken *m*; → **~ный** (14) Butter-; Milch-
сдо́брить → ***сда́бривать***
сдружи́ться (16*e*.) *pf.* sich anfreunden
сду|ва́ть (1), ⟨**~ть**⟩ (18), F *einm.* ⟨**~нуть**⟩ (20) wegblasen, wegwehen; P abspicken; F ***как ве́тром ~ло*** (B *j-d*) war wie weggeblasen
сду́ру P törichterweise
сдуть → ***сдува́ть***
сдыха́ть P (1) → ***до́хнуть***
сеа́нс *m* (1) Vorstellung *f* (***на*** П in *D*), Vorführung *f*; Sitzung *f*; *Med.* Behandlung *f*; *Schach*: Spiel *n*
себ|е́ F ruhig; so für sich hin; gemütlich; **~есто́имость** *f* (8) Selbstkosten *pl.*; **~я́** (21) sich, mich, dich, uns, euch; ***в ~е́*** an sich; ***не в ~е́*** außer sich; ***к ~е́*** nach Hause, in s-n Zimmer; *Tür*: „ziehen"; ***на ~е́*** am eigenen Leib; ***от ~я́*** für sich, in eigenem Namen; *Tür*: „drücken"; ***по ~е́*** passend; ***не по ~е́*** nicht recht wohl; ***про ~я́*** für sich; vor sich hin; still; ***у ~я́*** zu Hause, in s-m Zimmer
себялю́б|ец *m* (1; -ца) Egoist; **~и́вый** (14*K*.) selbstsüchtig, egoistisch; **~ие** *n* (12) Egoismus *m*; Eigenliebe *f*
сев *m* (1) Aussaat *f*, Saat *f*
се́вер *m* (1) Norden (***на*** П im; → ***восто́к, юг***); **~ный** (14) Nord-, nördlich; nordisch; **~о-восто́к** *m* (1) Nordosten; **~о-восто́чный** (14) nordöstlich, Nordost-; **~о-за́пад** *m* (1) Nordwesten; **~о-за́падный** (14) nordwestlich, Nordwest-; **~я́нин** *m* (1; *pl.* -я́не, -я́н) Nordländer
севооборо́т *m* (1) Saatfolge *f*
севрю́га *f* (5) Sternhausen *m*
сего́дня [-'vɔ-] heute (***на*** für); heutzutage; *su. n* Heute; ***не ~ за́втра*** F jeden Tag, in diesen Tagen; → ***ны́нче***; **~шний** (15) heutig; ***с ~шнего утра́*** seit heute früh; ***с ~шнего числа́*** ab heute
седа́лищный (14) Gesäß-; Ischias-
седе́льный (14) Sattel-
сед|е́ть (8), ⟨по-⟩ ergrauen, grau werden; **~ина́** *f* (5) graue Haare *n/pl.*; *pl.* hohes Alter *n*; → ***дожива́ть***; ***~ина́ в бо́роду, а бес в ребро́*** *Spr.* Alter schützt vor Torheit nicht
седл|а́ть (1; сёдланный), ⟨о-⟩ satteln; *pf. Steckenpferd* reiten; **~о́** (9; *pl. st.* -ё-, *G* -дел) Sattel *m*; *Tech.* Sitz *m*; **~ови́на** *f* (5) Bergsattel *m*, Joch *n*
седо|боро́дый (14*K*.) graubärtig; **~воло́сый** (14*K*.) weißhaarig, grauhaarig; **~голо́вый** (14*K*.) grauköpfig; **~́й** (14; сед, -á) grau, weiß, weißhaarig; silbergrau, Silber-
седо́к *m* (1*e*.) Reiter; Fahrgast
седьмо́й (14) sieb(en)te(r); → ***пя́тый***
сезо́н *m* (1) Saison *f*, Jahreszeit *f* (***на*** B für *A*); *Thea.* Spielzeit *f*; Periode *f*; **~ник** *m* (1) Saisonarbeiter; **~ный** (14) Saison-; Zeit-
сей *m*, сия́ *f*, сие́ *n*, сии́ *pl.* † (29) → ***э́тот***; ***при сём*** anbei; → ***вре́мя, пора́, день***
сейсм|и́ческий (16) Erdbeben-; **~о́граф** *m* (1) Seismograph
сейф *m* (1) Panzerschrank, Tresor
сейча́с jetzt; gleich, sofort, augenblicklich; eben, eben erst; unmittelbar, direkt; ***~ же*** sogleich; ***~ то́лько*** soeben
секве́стр *m* (1) Beschlag (B mit *D*)
секи́ра *f* (5) *hist.* Streitaxt
секре́т *m* (1) Geheimnis *n*; Hehl *n*; Verfahren; *Mil.* Horchposten; *Tech.* ***с ~ом*** Geheim-; ***в ~е*** geheim-; ***по ~у*** im Vertrauen; ***под больши́м ~ом*** unter dem Siegel der Verschwiegenheit; ***под стро́гим ~ом*** streng geheim
секрета́р|ша F *f* (5) Sekretärin; **~ь** *m* (4*e*.) Sekretär; Schriftführer, Protokollführer
секре́тн|ичать F (1) geheimtun; tuscheln; **~ость** *f* (8) Geheimhaltung; → **~ый** (14; -тен, -а) geheim; vertraulich; (*o.K.*) Geheim-; Verschluß-
сексо́т P *m* (1) Spitzel; → ***стука́ч***
сексуа́льн|ость *f* (8) Sexualität; **~ый** (14; -лен, -на) sexuell, Sexual-
се́кта *f* (5) Sekte; **~́нт** *m* (1) Sektierer; **~́нтский** (16) sektiererisch; **~́нтство** *n* (9) Sektierertum
се́ктор *m* (1) Sektor; Abschnitt, Feld *n*; Abteilung *f*
секу́нд|а *f* (5) Sekunde; → ***мину́та***; **~ный** (14) Sekunden-; **~оме́р** *m* (1) Stoppuhr *f*
секу́щая *f* (17) *Math.* Sekante
секци|о́нный (14) Sektions-; Anbau-; **~́я** *f* (7) Sektion
селёд|ка *f* (5; -ок) Hering *m*; **~очный** (14) Herings-

селезёнка *f* (5; -нок) Milz
се́лезень *m* (4; -зня) Erpel
селект|и́вность *f* (8) *Rdf.* Trennschärfe; **~о́р** *m* (1) *El.* Wähler
селе́ние *n* (12) Siedlung *f*
сели́тр|а *f* (5) Salpeter *m*; **~овый, ~яный** (14) Salpeter-
сел|и́ть (13*e.*), ⟨по-⟩ ansiedeln; **-ся** sich niederlassen; **~о́** *n* (9; *pl. st.* -ё-) Dorf, *ehm.* Kirchdorf; ***на ~е́*** auf dem Lande; ***ни к ~у́ ни к го́роду*** F unpassend; → ***коро́ва***
сельдере́й *m* (3) Sellerie
сельд|ь *f* (8; *ab Gpl. e.*) Hering *m*; **~яно́й** (14) Herings-
сель|ко́р *m* (1) Dorfkorrespondent; **~по́** *n* (*unv.*) Dorfkonsum *m*; **~ский** (16) Dorf-, Land-; ländlich; **~скохозя́йственный** (14) landwirtschaftlich, Landwirtschafts-; **~сове́т** *m* (1) Dorfsowjet (*SU*)
се́льтерский (16) Selter-, Mineral-
сел|ьча́нин *m* (1; *pl.* -а́не, -а́н), **~яни́н** *m* (1; -я́не, -я́н) Landmann, Dorfbewohner
сема́нти|ка *f* (5) Semantik; **~ческий** (16) semantisch
семафо́р *m* (1) *Esb.* Signal *n*; *Mar.* Winker
сёмга *f* (5) Salm *m*, Lachs *m*
семе́й|ный (14) Familien-; ***челове́к*** *m* ***~ный*** *j-d* hat Familie, ist Familienvater; **~ственность** *f* (8) Familienleben *n*; Familiensinn *m*; Vetternwirtschaft; **~ство** *n* (9) Familie *f*
семени́ть (13*e.*) trippeln
семен|ни́к *m* (1*e.*) Samenträger; *Anat.* Hoden; **~но́й** (14) Samen-, Saat-; **~ово́дство** *n* (9) Saatzucht *f*, Samenzucht *f*
семёр|ка *f* (5; -ок) Sieben; F → ***восьмёрка***; **'~o** (37) sieben; → ***дво́е***; ***'~o одного́ не ждут*** *Spr.* wer zu spät kommt, hat das Nachsehen
семе́стр *m* (1) Semester *n*
се́мечко *n* (9; *pl.* -ки, -чек) Samen *m*, Samenkorn; Kern *m*; *pl.* Sonnenblumenkerne *m/pl.*
семи|десятиле́тие *n* (12) siebzig Jahre; siebzigste(r) Jahrestag *m*, Geburtstag *m*; **~десятиле́тний** (15) siebzigjährig; **~деся́тый** (14) siebzigste(r); → ***пя́тый, двадца́тый***; **~дне́вный** (14) siebentägig; **~кла́ссник** *m* (1) Schüler der sieb(en)ten Klasse; **~кра́тный** (14) siebenfach; **~ле́тка** → ***десятиле́тка***; **~ле́тний** (15) siebenjährig; **~ме́сячный** (14) Siebenmonats-; **~ми́льный** (14) Siebenmeilen-
семина́рия *f* (7) *Rel.* Seminar *n*
семио́тика *f* (5) Semiotik
семисо́тый (14) siebenhunderste(r)
семи́т(и́че)ский (16) semitisch
семи|ты́сячный (14) siebentausendste(r); → ***ты́сячный***; **~уго́льник** *m* (1) Siebeneck *n*; **~часово́й** (14) Siebenstunden-; → ***восьмичасово́й***; **~эта́жный** (14) siebenstöckig
семнадцат|иле́тний (15) siebzehnjährig; **~ый** (14) siebzehnte(r); → ***пя́тый***; **~ь** (35) siebzehn
семь (35*e.*) sieben; **~десят** (35) siebzig; → ***три́дцать***; **~со́т** (36) siebenhundert; **~ю** siebenmal
семья́ *f* (6; *pl. st.*, *G* семе́й) Familie; Haushalt *m*; Elternhaus *n*; **~ни́н** *m* (1; *pl.* -не, -н) Familienvater
се́мя *n* (13; -н) Samen *m*; *pl.* Saatgut; F Brut *f*
се́ни *pl.* (8; *ab G e.*) Flur *m*; Diele *f*
сен|но́й (14) Heu-; **~o** *n* (9) Heu; **~ова́л** *m* (1) Heuboden; **~око́с** *m* (1) Heuernte *f*, Mahd *f*; **~окоси́лка** *f* (5; -лок) Grasmäher *m*; **~убо́рка** *f* (5) Heuernte
сенсаци|о́нный (14; -о́нен, -нна) sensationell, aufsehenerregend; **~я** *f* (7) Sensation
сенте́нция [-'tɛ-] *f* (7) Sentenz
сентимента́льн|ичать F (1) rührselig sein; mit Samthandschuhen anfassen; **~ость** *f* (8) Sentimentalität; F *pl.* Gefühlsduselei; sentimentales Zeug *n*; → **~ый** (14; -лен, -а) sentimental, empfindsam; rührselig
сентя́бр|ь *m* (4*e.*) September; → ***май***; ***смотре́ть ~ём*** F ein Gesicht wie vierzehn Tage Regenwetter machen; **~ьский** (16) September-
сень *f* (8; в -и́) *poet.* Schatten *m*; Schutzdach *n*, Schutz *m*; Heim *n*
се́ра *f* (5) Schwefel *m*; Ohrenschmalz *n*
серб *m* (1), **~ка** *f* (5; -ок) Serbe(-bin *f*); **~ский** (16) serbisch
сервиров|а́ть (7) *im*(*pf.*) decken; servieren; **~ка** *f* (5) Gedeck *n*, Geschirr *n*
серде́чн|ик *m* (1) *Tech.* Kern; F Herzkranke(r); Herzspezialist; **~ый** (14;

С

-чен, -а) herzlich, innig; warmherzig; seelisch; (*o.K.*) Herz(ens)-; *Su. m* [-ʃn-] P Ärmste(r); *Adv.* von Herzen
серди́т|ый (14*K.*) zornig, böse; verärgert (***на*** B über *A*), aufgebracht; F stark, scharf; **~ь** (15), ⟨рас-⟩ ärgern, erzürnen; **-ся** böse sein (***на*** B *a. j-m*)
сердобо́льный (14; -лен, -льна) mitleidig
се́рдц|е [-rc-] *n* (11; *pl. e.*, *G* -де́ц) Herz (***на*** П am); *fig.* Herzstück; Seele *f*; F Zorn (***с*** T im); ***в ~а́х*** F im Zorn, zornerfüllt; ***по́ ~у, по ~у → душа́***; ***тяжело́ на ~е*** schwer ums Herz; ***~е не на ме́сте*** (***у*** P *j-d*) findet keine Ruhe; ***~е не лежи́т → душа́***; ***как ножо́м по́ ~у*** wie ein Stich ins Herz; F *fig.* ***~е кро́вью облива́ется*** (***у*** P *j-m*) blutet das Herz; ***~е ~у весть подаёт*** *Spr.* zwei Seelen, ein Gedanke; **~ебие́ние** *n* (12) Herzklopfen; **~еве́д** *m* (1) Menschenkenner; **~еви́на** *f* (5) Mark *n*; Kern *m*, Gehäuse *n*; Mitte, Herzstück *n*, Herz *n*; **~ее́д** F *m* (1) Herzensbrecher
серебр|и́стый (14*K.*) silb(e)rig; silberfarben; silberhell; (*o.K.*) Silber-; **~и́ть** (13*e.*), ⟨по-, вы́-⟩ versilbern; in silbernes Licht tauchen; **-ся** *impf.* silbern schimmern; **~о́** *n* (9) Silber (T in); ***~о́м → ~и́стый***; **~́яный** (14) Silber-, silbern; → ***~и́стый***
серед|и́на *f* (5) Mitte (***в*** П, *N*, in *D*; mitten in *D*, inmitten *G*); ***~и́на ле́та*** Hochsommer *m*; ***в ~е пути́*** auf halbem Wege; ***на ~и́не*** mittendrin; → ***май***; **~и́нка** P: ***~и́нка на полови́нку*** nichts Halbes, nichts Ganzes; **~и́нный** (14) mittlere(r), Mittel-; **~́ка** P *f* (5; -ок) → ***~и́на***; **~ня́к** *m* (1*e.*) Mittelstandsbauer
серёжка *f* (5; -жек) Ohrring *m*; *Bot.* Kätzchen *n*
сере́ть (8) **1.** grau schimmern; **-ся** F → **~**; **2.** ⟨по-⟩ grau werden
сержа́нт *m* (1) Feldwebel, Sergeant
сери́|йный (14) Serien-, serienmäßig, in Serie gefertigt; Reihen-; **~я** *f* (7) Serie, Reihe; *Film*: Teil *m*, Folge
се́рна *f* (5) Gemse
серн|и́стый (14) schwef(e)lig, schwefelhaltig; Schwefel-; **~оки́слый** (14) schwefelsauer; ***~оки́слый на́трий*** *m* Natriumsulfat *n*; **~ый** (14) Schwefel-; → ***~и́стый***
серова́тый (14*K.*) gräulich
сероводоро́д *m* (1) Schwefelwasserstoff
серо|гла́зый (14*K.*) grauäugig; **~сть** *f* (8) Grau *n*; → ***се́рый***
серп *m* (1*e.*) Sichel *f*; ***~ и мо́лот*** *m* Hammer u. Sichel
серпанти́н *m* (1) Serpentine *f*; Papierschlange *f*
се́р|ый (14; -, -á) grau; aschfahl; *fig.* blaß, fade, farblos; F unwissend, ungebildet; *Su. m* Graue(r), Graupelz
серьга́ *f* (5; *Npl. st.*, *G* -рёг, *ab D a. e.*) Ohrring *m*, Ohrgehänge *n*; *Tech.* Lasche
серьёзн|ость *f* (8) Ernst *m* (T *a. G*); **~ый** (14; -зен, -а) ernsthaft, ernstlich, ernstzunehmend; seriös; gewichtig, wichtig; echt; wesentlich, umfassend; schwerwiegend; wirksam; empfindlich; *Adv.* im Ernst
се́ссия *f* (7) Tagung; Sitzungsperiode, Sitzung; Prüfungen *f/pl.*; *Jur.* Termin *m*
сестр|а́ *f* (5; *pl. st.*: ~ры, -тёр) Schwester (*a. Med.*); → ***брат***; **~ин** F (19) der Schwester; → **~инский** (16) schwesterlich; Schwestern-; **~и́ца** F *f* (5), **~и́чка** F *f* (5; -чек) Schwesterchen *n*, Schwesterlein *n*
сесть → ***сади́ться***
се́тка *f* (5; -ток) kleines Netz *n*, (*a. fig.*) Netz *n*; Einkaufsnetz *n*; F Netzhemd *n*; *Tech.* Gitter *n*; Glühstrumpf *m*
се́товать (7), ⟨по-⟩ klagen, sich beklagen (***на*** B über *A*); *impf.* traurig *od.* betrübt sein; bedauern
сет|ча́тка *f* (5; -ток) Netzhaut; **~ча́тый** (14) Netz-, netzartig; Sieb-, Siebdruck-; **~ь** *f* (8; в -и́; *ab Gpl. e.*) Netz *n* (*fig. a. pl.*); *pl.* Fallstricke *m/pl.*, Fesseln
сеч|е́ние *n* (12) Schnitt *m*; **~ка** *f* (5; -ек) Hackmesser *n*; Häcksel *m*, *n*; **~ь** (26; сёк, секла́; -ённый: -ена́) **1.** ⟨вы́-⟩ peitschen, auspeitschen, prügeln; **2.** hacken, abhacken, hauen, einhauen; häckseln; zerteilen; **-ся** sich fasern *od.* brechen, brüchig werden
се́я|лка *f* (5; -лок) Sämaschine; **~нец** *m* (1; -нца) Sämling; **~тель** *m* (4) Sämann; **~ть** (27) **1.** ⟨по-⟩ säen, aussäen, besäen; sprühen; **2.** ⟨про-⟩ sieben, *pf.* durchsieben

сжа́литься [ʒʒ-] (13) *pf.* sich erbarmen (**над** T *a.* *G*), Mitleid haben (mit *D*)
сжа́т|ие [ʒʒ-] *n* (12) Kompression *f*; Beklemmung *f*; → **сжима́ть**; **~ость** *f* (8) Kürze; → **~ый** (14*K.*) knapp, gedrängt; (*o.K.*) *Tech.* Druck-, Preß-; → **~ь(ся)** → **сжима́ть(ся)**
сжи|ва́ть [ʒʒ-] F (1), ⟨**~ть**⟩ (→ **жить**; **-тый**: **-та́**) hinausekeln; **~ть со све́та** unter die Erde bringen; **-ся** sich einleben *od.* gewöhnen (**с** T an *A*) *od.* eingewöhnen; hineinwachsen (in *A*)
сжига́ть [ʒʒ-] (1) → **жечь 1**; verdörren; F → **обжига́ть**; → **кора́бль**
сжи|жа́ть [ʒʒ-] (1), ⟨**~ди́ть**⟩ (15*e.*) verflüssigen; **~же́нный** (14) Flüssig-
сжима́ть [ʒʒ-] (1), ⟨**сжать**⟩ (→ **жать¹**); zusammendrängen; komprimieren, verdichten (*a.* *Tech.*); beklemmen; zuschnüren; *Faust* ballen; *Arme*: fest schließen (**в** П in *A*); → **сти́снуть**; **-ся** sich zusammenkrampfen *od.* zusammenziehen, zusammenschrumpfen
сжи́ть(ся) → **сжива́ть(ся)**
сза́ди 1. *Adv.* von hinten; hinten; hinterher, dahinter; **2.** *Prp.* (P) hinter (*D*)
сзыва́ть → **созыва́ть**
си *n* (*unv.*) *Mus.* H
сиа́мский (16) siamesisch
сибари́тствовать (7) wie ein Sybarit leben, schwelgen
сиби́р|ский (16) sibirisch; *Med.* Milz-; **~я́к** *m* (1*e.*), **~я́чка** *f* (5; **-чек**) Sibirier(in *f*)
си́в|ка F *m*/*f* (5; **-ок**) Grauschimmel *m*; **~у́ха** P *f* (5) Fusel *m*; **~ый** (14; **-**, **-а́**) aschgrau; grauschwarz; → **ме́рин**
сиг *m* (1) Renke *f*
сига́р|а *f* (5) Zigarre; **~е́та** *f* (5) Zigarette; **~ка** *f* (5; **-ок**) Zigarillo *m*
сигна́л *m* (1) Signal *n*; Alarmzeichen *n*; Hupen *n*; Hupe *f*; Ruf; *Met.* Warnung *f*; **пожа́рный ~** Feuermelder; **~иза́ция** *f* (7) Signalgebung; Signalanlage; Signalwesen *n*; **~изи́ровать** (7) *im*(*pf.*), ⟨**про-**⟩ Signale *od.* Zeichen geben; **~ьный** (14) Signal-, Alarm-, Warn-; Winker-; Leucht-; Melde-; *Typ.* Voraus-
сид|е́лка *f* (5; **-лок**) Krankenpflegerin; **~е́ние** *n* (12) Sitzen; Herumsitzen; **~е́нье** *n* (10; **-нии**) Sitz *m*; Sitzpolster *m*; **~е́ть** (11; **-я́**) sitzen (**за** T an, bei *D*; über *D*; **с** T bei *D*); dasitzen; herumsitzen; stecken; F sein (T *N*); auskommen müssen; **глубоко́ ~е́ть** *Mar.* großen Tiefgang haben; **~е́ть ~нем** F ständig *od.* lange sitzen *od.* hocken; **~е́ть сложа́ ру́ки** die Hände in den Schoß legen; untätig zusehen; **~я** im Sitzen; **-ся** F: **не ~и́тся** (Д *j-n*) hält es nicht; **не ~и́тся на ме́сте** (Д *j-d*) hat kein Sitzfleisch; **~я́чий** (17) sitzend; F Sitz-
сизи́фов (19) Sisyphus-
си́зый (14; **-з**, **-а́**) graublau, taubenblau
си́л|а *f* (5) Kraft (**в** П *pl.* bei; T *pl. a.* aus *Dsg.*; **по** Д in *D*); Stärke (T/**в** B in *D* von), Intensität; Wucht; *a. pl.* Macht, Gewalt; Fähigkeit; Gültigkeit; *pl.* Mühe *f*; Elemente *n*/*pl.*; *Mil.* Streitkräfte; **рабо́чая ~а** Arbeitskräfte *f*/*pl.*; F → **суть**; P Unmenge; **~а**! P toll!; **в ~у** (P) kraft, infolge; Inkraft-; **в ~у того́ что** weil; **в ~е** F *j-d* hat viel zu sagen; **в ~ах** imstande; **не под ~у** *od.* **по ~ам** (Д *j-d*) ist nicht imstande, *et.* geht über *j-s* Kräfte; **через ~у** kaum, mit Mühe *od.* Überwindung; mit Mühe ... können; **~ами** unter Einsatz *od.* Mitwirkung; **изо всех ~**, F **что бы́ло ~** unter Aufbietung aller Kräfte; nach Kräften; **что есть ~ы** F mit voller Wucht; **свы́ше ... ~** *et.* übersteigt *j-s* Kräfte; **от ~ы** F höchstens; **~ нет ...** F unheimlich; **~а́ч** *m* (1*e.*; **-чей**) Athlet, Kraftmensch
силе́з|ец *m* (1; **-ца**), **~ка** *f* (5; **-ок**) Schlesier(in *f*); **~ский** (16) schlesisch
си́л|иться F (13) sich anstrengen; **~ко́м** P → **~ой**; **~ово́й** (14) Kraft-; Macht-; Leistungs-; **~ой** mit Gewalt, gewaltsam; **~о́к** *m* (1; **-ка́**) Fangschlinge *f*; **~оме́р** *m* (1) Kraftmesser
си́лос *m* (1) Silo *m*, *n*; Silofutter *n*; **~ный** (14) Silo-; Gär-, Gärfutter-; **~ова́ть** (7) *im*(*pf.*), ⟨**за-**⟩ silieren, einsäuern
силуэ́т *m* (1) Silhouette *f*, Umriß; Scherenschnitt
си́л|ьный (14; **-ён**/**-ен**, **-ьна́**) stark, kräftig; mächtig; heftig; *Mar.* steif; *fig.* wichtig, bedeutend; gut; F beschlagen; stärker; deftig; *Su.* *m* Mächtige(r)
си́мвол *m* (1) Symbol *n*, Sinnbild *n*;

С

Inbegriff; Wahrzeichen *n*; **~изи́ровать** (7) symbolisieren, versinnbildlichen; **~́ика** *f* (5) Symbolik; **~и́ческий** (16), **~и́чный** (14; -чен, -чна) symbolisch, sinnbildlich

симметри́|ческий (16), **~чный** (14; -чен, -чна) symmetrisch; **~я** *f* (7) Symmetrie

симпати|зи́ровать (7) sympathisieren (Д mit *D*); **~́ческий** (16), **~́чный** (14; -́чен, -́чна) sympathisch; **~́я** *f* (7) Sympathie (**к** Д für *A*)

симптомати́чный (14; -чен, -чна) symptomatisch

симул|и́ровать (7) *im(pf.)* simulieren, vortäuschen; **~я́ция** *f* (7) Simulierung

симфони́|ческий (16) symphonisch; Symphonie-; **~́я** *f* (7) Symphonie

синаго́га *f* (5) Synagoge

син|ева́ *f* (5) Blau *n*, Bläue; **~ева́тый** (14*K.*) bläulich; **~е́ть** (8) **1.** blauen, blau schimmern; **-ся** F → **~е́ть**; **2.** ⟨по-⟩ blau werden *od.* anlaufen; **~́ий** (15; -ь, -я́) blau; (*o.K.*) Blau-; **~и́льный** (14) Blau-; **~и́ть** (13*e.*) **1.** blau färben; **2.** ⟨под-⟩ bläuen; **~и́ца** *f* (5) Meise

сино́ним *m* (1) Synonym *n*; **~и́ческий** (16), **~и́чный** (14; -чен, -чна) synonym

сино́птик *m* (1) Meteorologe, Wetterfrosch

си́нтакси|с *m* (1) Syntax *f*, Satzlehre *f*; **~ческий** (16) syntaktisch

си́нте|з [-tɛs] *m* (1) Synthese; **~ти́ческий** (14) Synthese-, Chemie-

синхрон|изи́ровать (7) *im(pf.)* synchronisieren; **~́ный** (14; -́ен, -́на) synchron; Simultan-, *K.* simultan

син|ь *f* (8) → **~ева́**; **~́ька** *f* (5; -́ек) Waschblau *n*; F Blaupause; **~я́к** *m* (1*e.*) blauer Fleck; **~яки́** *pl.* **под глаза́ми** Augenringe

сип|е́ть (10*e.*) heiser sprechen, krächzen; zischen; **~́лый** (14; -л) heiser, belegt, **~́нуть** (21), ⟨о-⟩ heiser werden

сире́на *f* (5) Sirene (*a. Myth.*); Nebelhorn *n*; Hupe

сире́н|евый (14) Flieder-; fliederfarben; **~ь** *f* (8) Flieder *m*

сири́|ец *m* (1; -йца), **~йка** *f* (5; -ек) Syrer(in *f*); **~йский** (16) syrisch

сиро́п *m* (1) Sirup

сирот|а́ *m/f* (5; *pl. st.* -́) Waise *f*, Waisenkind *n*; **~е́ть** (8), ⟨о-⟩ verwaisen; → **~ли́вый** (14*K.*) einsam, verlassen; **~ский** (16) Waisen-, e-r Waisen; ärmlich; **~ство** *n* (9) Waisenstand *m*; Verwaisung *f*

систе́м|а *f* (5) System *n*; Ordnung; Methode; *Pol.* Form; F Regel; **~атиза́ция** *f* (7) Systematisierung; **~атизи́ровать** (7) *im(pf.)* systematisieren; klassifizieren; **~а́тика** *f* (5) Systematik **~ати́ческий** (16) systematisch; → **~ный** (14) System-

си́с|ька P *f* (5; -ек), **~я** P *f* (6) Zitze

си́тец *m* (1; -тца) Kattun

си́т|ечко *n* (9; -чек) Teesieb; **~ник** *m* (1) *Bot.* Binse *f*; → F **~ный** (14) gesiebt; *Brot*: Weiß-; **~о** *n* (9) Sieb

ситро́ *n* (*unv.*) Zitronenlimonade *f*

ситуа́ция *f* (7) Situation, Lage

си́тцевый (14) Kattun-, kattunen

сия́|ние *n* (12) Schein *m*; Glanz *m*; Licht; Lichthof *m*; **~ть** (28) strahlen, leuchten; scheinen, glänzen; **~ющий** glückstrahlend, freudestrahlend

скабрёзный (14; -зен, -зна) schlüpfrig, zotig

сказ *m* (1) volkstümliche Erzählung *f*; *Lit.* mündlich stilisierte Erzählweise *f*; **~а́ние** *n* (12) Sage *f*, Legende *f*; Erzählung *f*; **~а́ть** → **говори́ть 2**; ***так ~а́ть*** sozusagen; ***как ~а́ть*** F wie man's nimmt; ***доста́точно ~а́ть*** nur so viel sei gesagt; ***верне́е** od.* ***лу́чше ~а́ть*** genauer *od.* besser gesagt; ***не́чего ~а́ть*** in der Tat; F *iron.* eine schöne ...!; na, ich danke! **~́ано** es heißt; steht, steht geschrieben; wie befohlen; ***как вы ~а́ли?*** wie bitte?; ***ска́жешь!*** F ach wo!; ***скажи́те!*** F was Sie nicht sagen!; sagen Sie mal!; sieh mal einer an!; ***и то ~а́ть*** F tatsächlich; → ***ма́ло***; **~и́тель** *m* (4) Erzähler; Sänger; **~́ка** *f* (5; -́ок) Märchen *n*; ***ни в ~́ке ~а́ть, ни перо́м описа́ть*** das ist unbeschreiblich; **~́очник** *m* (1) Märchenerzähler; **~́очный** (14; -́чен, -́чна) Märchen-; Fabel-; märchenhaft, sagenhaft; **~у́емое** *n* (14) Prädikat, Satzaussage *f*; **~́ываться** (1), ⟨**~а́ться**⟩ (3) sich offenbaren, zutage treten, zum Ausdruck kommen; sich auswirken; F sich ausgeben (Т für *A*); sich melden

скак|а́лка *f* (5; -лок) Springseil *n*; **~а́ть** (3), *einm.* ⟨**~ну́ть**⟩ (20) springen, hüpfen; galoppieren; *pf.* e-n Sprung tun; **~ово́й** (14) Renn-; **~у́н** *m* (1*e.*) Rennpferd *n*; Sandkäfer

скал|а́ *f* (5; *pl. st.*) Fels *m*, Felsen *m*; **~и́стый** (14*K.*) felsig, Felsen-

ска́лить (13), ⟨о-⟩ fletschen; **~ *зу́бы*** P grinsen; **-ся** F die Zähne fletschen

ска́лка *f* (5; -лок) Rolle; Mangel

ска́лывать (1), ⟨сколо́ть⟩ (17) abhauen, abhacken; zusammenstecken; zusammenheften ; *Muster* abstechen

скам|е́ечка *f* (5; -чек) Bänkchen *n*; Schemel *m*; **~е́йка** *f* (5; -е́ек), **~ья́** *f* (6; *pl. a. st.*, *G* -е́й) Bank

сканда́л *m* (1) Skandal, Krach, Radau, Krawall; **~и́ст** *m* (1) Radaubruder, Krakeeler; **~ить** F (13) randalieren, Krach machen *od.* haben; **-ся** F, ⟨о-⟩ sich blamieren; **~ьный** (14; -ен, -ьна) skandalös, anstößig; F krakeelig; skandalsüchtig; (*o.K.*) Skandal-

скандина́вский (16) skandinavisch

ска́пливать (1), ⟨скопи́ть⟩ (14) zusammensparen; → ***копи́ть 2***

скарб F *m* (1) Habseligkeiten *f/pl.*

ска́ред F *m* (1), **~а** F *m/f* (5), **~ник** F *m* (1) Knauser(in *f*); **~ничать** F (1) knausern; **~ность** F *f* (8) Knauserei; **~ный** F (14; -ен, -на) knaus(e)rig; ärmlich

скарлати́на *f* (5) Scharlach *m*

ска́рмливать (1), ⟨скорми́ть⟩ (14) verfüttern

скат *m* (1) Hang, Abhang (***на*** П an *D*); Gefälle *n*; Abdachung *f*; *Zool.* Rochen; **~а́ть** → ***~ывать 1***

ска́терть *f* (8) Tischdecke, Tischtuch *n*; ***~-самобра́нка*** Tischleindeckdich *n*; ***~ю доро́га!*** F zieh Leine!

ска́т|ка *f* (5; -ок) Mantelrolle; **~ывать** (1) **1.** ⟨~а́ть⟩ (1) zusammenrollen; → ***ката́ть 2***; P abspicken; **2.** ⟨~и́ть⟩ (15) hinunterrollen (*v/i* **-ся**); **-ся** hinunterfahren, hinunterrutschen; *fig.* abgleiten

скафа́ндр *m* (1) *Mar.*, *Raumf.* Anzug

ска́ч|ка *f* (5; -ек) Galopp *m*; *pl.* Pferderennen *n*, Wettrennen *n* (***на*** П bei *D*); **~кообра́зный** (14; -зен, -зна) sprunghaft; **~о́к** *m* (1; -ка́) Sprung

ска́шивать (1) → ***коси́ть 1, 2***

сква́жина *f* (5) Spalte, Ritze; Loch *n*

сквер *m* (1) Grünanlage *f*

скверн|осло́вие *n* (12) unflätige Reden *f/pl.*, Zoten *f/pl.*; **~осло́вить** (14) fluchen, unflätig reden; **~ый** (14; -рен, -á) übel, widerlich; unflätig; F mies, elend

сквита́ть F (1) *pf.* zurückzahlen; *fig.* heimzahlen; *Sp.* ausgleichen; **-ся** abrechnen; quitt sein *od.* werden

сквоз|и́ть (15*e.*) blasen; durchscheinen, durchschimmern; durchsichtig sein *od.* werden; ausgehen (***в*** П von *D*); mitschwingen; **~и́т** es zieht; **~но́й** (14) durchgehend, Durchgangs-; durchscheinend; → ***навы́лет***; → **~ня́к** *m* (1*e.*) Zug, Zugluft *f* (***на*** П in *D*); Durchzug; → ***~и́т***

сквозь (В) durch, durch ... hindurch; unter (*D*); P → ***насквозь***

скворе́|ц *m* (1; -рца́) Star; **~чник** [-ʃn̩-] *m* (1), **~чница** [-ʃn̩-] *f* (5), **~чня** [-ʃn̩-] *f* (6; -чен) Starkasten *m*

скеле́т *m* (1) Skelett *n*; Gerippe *n*; *fig.* Gerüst *n*

ске́пти|к *m* (1) Skeptiker; **~ческий** (16) skeptisch

ски́|дка *f* (5; -док) Preisnachlaß *m*, Preisermäßigung, Rabatt *m*; Zugeständnis *n* (***на*** П an *A*); **~дывать** (1), ⟨~нуть⟩ (20) abwerfen, hinunterwerfen; → ***сбра́сывать***; F ablegen, ausziehen; nachlassen; abnehmen, abziehen

ски́петр *m* (1) Zepter *n*

скипида́р *m* (1) Terpentin *n*

скирд *m* (1*e.*), **~а́** *f* (5; *pl. a. st.*) Schober *m*, Feim(e *f*) *m*

скис|а́ть (1), ⟨~нуть⟩ (21) sauer werden; F schlappmachen

скит *m* (1*e.*; в -у́) Einsiedelei *f*

скита́|лец *m* (1; -льца) Wanderer; **~льческий** (16) Wander-; **~ние** *n* (12) *mst pl.* Wanderdasein *n*; → **~ться** (1) umherwandern, umherirren; F sich herumtreiben

скиф *m* (1) Skythe; **~ский** (16) skythisch

склад *m* **1.** (1) Lager *n* (***на*** П in *D*), Magazin *n*; Depot *n*; Speicher; **2.** (1; -а/-у) Aussehen *n*, Äußere(s) *n*; Eigenart *f*, Art *f*, Weise *f*; Wesen *n*, Charakter; Schlag; F Einklang; ***~ ума́*** Mentalität *f*; ***ни ~у ни ла́ду*** F ohne Sinn, ohne Sinn u. Verstand; **~ка** *f* (5; -ок) Falte; Runzel; Welle; ***в ~ку*** Falten-; **~но́й** (14) Klapp-; Falt-; ***~но́й зо́н-***

С

тик *m* Taschenschirm; ***~но́й метр*** *m* Schmiege *f*; **~ный** (14; ~ен, -на́) flüssig, gewandt; F stattlich, wohlgebaut, hübsch; wohlklingend; **~очный** (14), **~ско́й** (16) Lager-; **~чатый** (14) Falten-; **~чина** *f* (5): ***в ~чину*** auf gemeinsame Rechnung; → **~ывать** (1), ⟨сложи́ть⟩ (16) zusammenlegen, zusammenfügen; zusammenfalten (T zu *D*), zusammenklappen; zusammenzählen, addieren; zusammenpacken, packen; aufschichten, stapeln; *Arme* kreuzen; → ***класть 3, слага́ть***; **-ся** sich herausbilden, entstehen; bestehen; sich entwickeln *od.* gestalten; ausreifen; F Geld zusammenlegen

склева́ть (6*e.*) *pf.* aufpicken; schnappen

скле́и|вать (1), ⟨~ть⟩ (13) zusammenkleben, zusammenleimen; F zusammenstoppeln; zusammenkitten; verkleben; → ***кле́ить(ся)***

склеп *m* (1) Grabgewölbe *n*, Gruft *f*

склепа́ть (1) *pf.* zusammennieten

склеро́|з *m* (1) Sklerose *f*; **~зный** (14), **~ти́ческий** (16) sklerotisch

склика́ть P (1), ⟨~⟩ (3) zusammenrufen

скло́к|а F *f* (5) Zank *m*, Stänkerei; ***заводи́ть ~у*** stänkern (***на*** В gegen *A*)

склон *m* (1) Abhang, Hang (***на*** П an *D*); Ende *n*; ***на ~е лет*** am Lebensabend; **~е́ние** *n* (12) *Gr.*, *Phys.* Deklination *f*; → ***~я́ть***; **~ность** *f* (8) Neigung, Hang *m*; Veranlagung; Anlagen *f/pl.*; Zuneigung; **~ный** (14; ~ен, ~на́) geneigt; veranlagt; bereit; **~я́емый** (14*K.*) deklinierbar; **~я́ть** (28) **1.** ⟨~и́ть⟩ (13; -ённый) neigen, senken, beugen; bewegen, überreden; *impf.* zu bewegen *od.* überreden suchen; (***на, в*** В für sich) gewinnen; **2.** ⟨про-⟩ deklinieren; **-ся** sich beugen (***перед*** Т *D*); überleiten; sich schlagen; F sich bereit erklären

скло́чник F *m* (1) Stänker

скля́нка *f* (5; -нок) *Mar.* Glas *n*; F Fläschchen *n*

скоб|а́ *f* (5; *Npl. st.*, *ab Dpl. a. st.*) Klammer, Bügel *m*; *Mar.* Schäkel *m*; **~ка** *f* (5; ~ок) *Typ.* Klammer, Parenthese; ***в ~ках*** *fig.* nebenbei; → ***~а́***

скобли́ть (13/13*e.*) schaben

скобяно́й (14) Eisen-

ско́в|анный (14) gehemmt; befangen; → ***~а́ть*** → ***~ывать***

сковорода́ *f* (5; *pl.* ~ы, ~, -а́м) Pfanne

ско́в|ывать (1), ⟨~а́ть⟩ (7*e.*) zusammenschmieden, zusammenketten, fesseln; binden; lähmen; mit Eis bedekken; ***ре́ку ~а́ло льдом*** der Fluß fror zu; ***страх ~а́л ...*** der Schreck fuhr (В *j-m*) in alle Glieder

скол|а́чивать (1), ⟨~оти́ть⟩ (15) zusammenschlagen, zimmern; F abschlagen; zusammenkratzen; zusammenraffen; zusammentrommeln

сколо́ть → ***ска́лывать***

сколь → ***наско́лько***

сколь|же́ние *n* (12) Gleiten; ... ***~же́ния*** Gleit-; → **~зи́ть** (15*e.*), *einm.* ⟨~зну́ть⟩ (20) gleiten, rutschen; ausgleiten, ausrutschen; *Flgw.* abrutschen; *fig.* bleiben (***по*** Д an *D*); *pf.* huschen; streifen (***по*** Д *A*); **~зкий** (16; ~зок, ~зка́) rutschig, glatt; glitsch(er)ig; *fig.* aalglatt; schlüpfrig; heikel; ***вступи́ть на ~зкий путь*** *fig.* sich aufs Glatteis begeben; **~зя́щий** (17) gleitend, Gleit-; *Gang*: schwebend

ско́лько (32) wieviel; soviel, soweit, so viel; solange, so lange, wie ...; ***~ раз?*** wie oft?; ***~ вре́мени ...?*** wie lange?; F wie spät?; ***~ вам лет?*** wie alt sind Sie?; → ***ле́то***; ***~-либо*** einigermaßen; ***~-нибудь*** ein wenig, etwas; → ***~-либо***; **~-то** etwas

скоморо́х *m* (1) *hist.* Spielmann; Gaukler; F → ***балагу́р***

сконфу́женный (14*K.*) verlegen, verwirrt

сконча́ться (1) *pf.* versterben

скопе́ц *m* (1; -пца́) Kastrat; Skopze

скоп|идо́м F *m* (1) Knauser; **~идо́мство** F *n* (9) Knauserei *f*; **~и́ть** → ***ска́пливать***; **~ище** *n* (11) Schar *f*, Rotte *f*, Haufen *m*; → **~ле́ние** *n* (12) Ansammlung *f*; Auflauf *m*; **~ом** F alle zusammen, gemeinsam

скорб|е́ть (10*e.*) sich grämen (***о*** П um *A*), trauern; → **~ный** (14; ~ен, ~на) gramvoll, leidvoll, kummervoll; traurig; **~ь** *f* (8) Gram *m*, Kummer *m*, Schmerz *m*

скор|е́е → ***~ый***; eher; lieber; vielmehr; ***~е́е всего́*** höchstwahrscheinlich

скорлуп|а́ *f* (5; *pl. st.* ~) Schale; ***уйти́ в свою́ ~у́*** sich abkapseln

скорми́ть → ***ска́рмливать***
скорня́жный (14) Kürschner-
скороговóрк|а *f* (5; -рок) Zungenbrecher *m*; ***говори́ть ~ой*** F herunterrasseln
скорóмный (14; -мен, -мна) Fleisch-
скоро|пали́тельный F (14; -лен, -льна) überstürzt, voreilig: **~пись** *f* (8) Schnellschrift, **~пóртящийся** (17) leichtverderblich; **~пости́жный** (14; -жен, -жна) plötzlich, jäh; **~преходя́щий** (17 *K.*) vergänglich; **~спéлый** (14*K.*) frühreif; Früh-; F übereilt; **~стни́к** [-sn-] *m* (1*e.*) Schnellarbeiter (*SU*); **~стнóй** [-sn-] (14) Schnell-; Geschwindigkeits-; Zeitlupen-; *Sp.* Abfahrts-; → **~сть**; **~стрéльный** (14) Schnellfeuer-
скóро|сть *f* (8; *ab Gpl. e.*) Geschwindigkeit (*a.* ***на*** П mit *D*); Schnelligkeit, Tempo *n*; *Kfz.* Gang *m* (***на*** П im); ***большóй ~сти*** *Esb.* Eil-; ***мáлой ~сти*** *Esb.* Fracht-; **~сшивáтель** [-ʃʃ-] *m* (4) Schnellhefter; **~тéчный** (14; -чен, -чна) flüchtig; kurz; *Med.* galoppierend; **~хóд** *m* (1) Schnelläufer; ***сапоги́-~хóды*** *pl.* Siebenmeilenstiefel
скóр|ый (14; -, -á) schnell, rasch, geschwind; Schnell-; baldig; F flink, hurtig (***в*** П, ***на*** В bei *D*); ***в ~ом врéмени***, *Adv.* **~о** bald, demnächst; ***~ая пóмощь*** *f* Erste Hilfe, Unfallhilfe; Krankenwagen *m*; ***на ~ую рýку*** in aller Eile; flüchtig, nachlässig; → ***~ée***
скот *m* (1*e.*) Vieh *n*; Tiere *n/pl.*; Kühe *f/pl.*; ***крýпный рогáтый ~*** Rinder *n/pl.*, Rindvieh *n*; P → **~и́на** *f* (5) Vieh *n*; P Mistkerl *m*, Schwein *n*; **~ник** *m* (1) Viehwärter, Viehpfleger; F Viehhof; **~ный** (14) Vieh-; **~обóйня** *f* (6; -óен) Schlachthof *m*
скотовóд *m* (1) Viehzüchter; **~ство** *n* (9) Viehzucht *f*; **~ческий** (16) Viehzucht-
скот|олóжство *n* (9) Sodomie *f*; **~опромы́шленник** *m* (1) Viehhändler; **~ский** (16) Vieh-; F viehisch; schweinisch; **~ство** *n* (9) viehisches Dasein; F rohe Sitten *f/pl.*; Sauerei *f*
скрáдывать (1) verwischen; dämpfen
скрá|шивать (1), ⟨**~сить**⟩ (15) verschönen; mildern, abmildern, erträglicher machen
скреб|ни́ца *f* (5) Striegel *m*; **~óк** *m* (1; -кá) Schaber; Schippe *f*; Kratzeisen *n*
скрéже|т *m* (1) Knirschen *n*; **~тáть** (3 -т/щ-; -щá) knirschen
скрéп|а *f* (5) *Tech.* Verband *m*; **~ка** *f* (5; -ок) Büroklammer; **~лéние** *n* (12) Befestigung *f*; → **~ля́ть** (28), ⟨**~и́ть**⟩ (14*e.*) verbinden, verklammern; zusammenheften; zusammenstecken; bekräftigen; besiegeln; ***~я́ сéрдце*** F schweren Herzens, widerstrebend
скрести́ (25 -б-; -рёб, -ребла́) kratzen; schaben; striegeln; scharren; *fig.* nagen (В an *D*); F sich kratzen
скре|щéние *n* (12) Kreuzung *f* (***на*** П an *D*), Schnittpunkt *m*; **~щивание** *n* (12) *Bio.* Kreuzung *f*; **~щивать** (1), ⟨**~сти́ть**⟩ (15*e.*) kreuzen (***на*** П über *D*), verschränken; übereinanderschlagen
скрип *m* (1) Knarren *n*; → ***~éть***
скрипáч *m* (1*e.*; -éй) Geiger
скрип|éть (10*e.*), *einm.* ⟨**~нуть**⟩ (20) knarren; kratzen; knirschen; schnarren; ***~и́т*** F *j-d* macht's noch
скрип|и́чный (14) Violin-, Geigen-; **~ка** *f* (5; -ок) Geige, Violine
скри́п|нуть → ***~éть***; **~ýчий** (17*K.*) knarrend; → ***~éть***
скрóмн|ик F *m* (1) bescheidener *od.* sich bescheiden gebender Mensch; **~ица** F *m* (5) die Bescheidenheit selbst; **~ичать** F (1) bescheiden *od.* zu bescheiden sein *od.* tun; **~ость** *f* (8) Bescheidenheit; → **~ый** (14; -мен, -á) bescheiden; anspruchslos, einfach; zurückhaltend; dürftig; kärglich; diskret
скрупулёзный (14; -зен, -зна) äußerst gewissenhaft; peinlich genau
скрý|чивать (1), ⟨**~ти́ть**⟩ (15) zusammendrehen; festbinden; fesseln; kirre machen; erwischen
скры|вáть (1), ⟨**~ть**⟩ (22) verbergen (***от*** Р vor *D*), verheimlichen, verhehlen, (*j-m*) verschweigen; verdecken; **-ся** sich verstecken; verschwinden; untertauchen; entgehen (***от*** Р *D*); stecken; **~тие** *n* (12) Verheimlichung *f*; **~тничать** F (1) heimlichtun (***перед*** Т *j-m* gegenüber); **~тность** *f* (8) Heimlichtuerei; F Geheimhaltung; → **~тный** (14; -тен, -тна) verschlossen, zurückhaltend; heimlich, unauffällig; **~тый** (14*K.*) versteckt, verborgen, ver-

kappt; latent; *Fin.* schleichend; *Phys.* gebunden; → ***~ва́ть***

скря́|га F *m/f* (5) Geizhals *m*, Knauser(in *f*); **~жничать** F (1) knausern; **~жничество** F *n* (9) Knauserei *f*

скуд|е́ть (8), ⟨о-⟩ karger werden; **~̶ный** (14; -ен, -на́) dürftig, spärlich, kärglich; knapp, arm (T an *D*); ärmlich; **~оу́мие** *n* (12) Stumpfsinn *m*; **~оу́мный** (14; -мен, -мна) geistig beschränkt, einfältig

ску́ка *f* (5) Langeweile; ***~ одоле́ла*** (B *j-d*) langweilt(e) sich tödlich

скула́ *f* (5; *pl. st.*) Backenknochen *m*; **~стый** (14*K.*) mit hervorstehenden Backenknochen

скули́ть (13*e.*) winseln; F flennen, jammern

ску́льпт|ор *m* (1) Bildhauer; **~у́ра** *f* (5) Plastik, Skulptur; Bildhauerkunst

ску́мбрия *f* (7) Makrele

скуп|а́ть (1), ⟨~и́ть⟩ (14) aufkaufen

скуп|е́ц *m* (1; -ца́) Geizhals; **~и́ться** (14*e.*), ⟨по-⟩ geizig sein; knausern, geizen (***на*** B mit *D*)

ску́пка *f* (5) Ankauf *m*, Aufkauf *m*

скуп|ердя́й P *m* (3) Knauser, Knicker; **~о́й** (14; -, -á) geizig, knaus(e)rig; kärglich, spärlich; ***~о́й на слова́*** wortkarg; **~̶ость** *f* (8) Geiz *m*, Knauserei

ску́пщик *m* (1) Aufkäufer

скуфья́ *f* (6; -фе́й) Kappe; Kalotte

скуча́|ть (1) sich langweilen; → ***тоскова́ть***; ***~ет*** (И/***о***, ***по*** П *j-m*) fehlt *j-d*

ску́ч|енный (14*K.*) zusammengedrängt, zusammengepfercht; **~иться** (16) *pf.* sich ansammeln

ску́чн|е́ть (8), ⟨по-⟩ gelangweilt werden; sich zu langweilen beginnen; → **~ый** [*a.* -ʃn-] (14; -чен, -á) langweilig, fade; mißgestimmt; gelangweilt, trist; **~о** (Д *j-d*) langweilt sich

С

сла́б|енький F (16) schwächlich; **~е́ть** (8), ⟨о-⟩ schwächer *od.* schwach werden, nachlassen, erschlaffen; **~и́тельное** *n* (14) Abführmittel; **~ить** (14) abführen; ***~ит*** (B *j-d*) hat Durchfall; **~нуть** F (21/20; ~нул) → ***~е́ть***; **~ова́тый** (14*K.*) recht schwach

слабо|во́лие *n* (12) Willensschwäche *f*; **~во́льный** (14; -лен, -льна) willensschwach; **~гру́дый** (14*K.*) schwachbrüstig; **~не́рвный** (14; -вен, -вна) schwachnervig; **~ра́звитый** (14*K.*) unterentwickelt; **~си́льный** (14; -лен, -льна) kraftlos, schwach, leistungsschwach; **~̶сть** *f* (8) Schwäche (***от*** P vor *D*); *fig.* Faible *n* (***к*** Д für *A*); ***в мину́ту ~̶сти*** in e-m schwachen Augenblick; **~у́мие** *n* (12) Schwachsinn *m*; **~у́мный** (14; -мен, -мна) geistesschwach, schwachsinnig; **~хара́ктерность** *f* (8) Charakterschwäche; **~хара́ктерный** (14; -рен, -рна) charakterlos, mit schwachem Charakter

сла́б|ый (14; -, -á) schwach (T von; ***по*** Д in *D*; ***на́*** B *od.* T *pl.* auf *D*); Schwach-; schlaff, schlapp; schwächlich, kränklich; *Tabak*: leicht; *Punkt*: wund; *Saite fig.*: empfindlich; *Knoten*, P *Zunge*: lose; F *Schraube*: lokker; *Geschlecht*: schwächer; F scharf (***на*** B, ***до*** P auf *A*)

сла́в|а *f* (5) Ruhm *m* (***во*** B zum), Ehre; Ruf *m*; F Gerücht *n*; P leeres Gerede *n*; ***на ~у*** F reichlich; bestens; ***~а Бо́гу***! Gott sei Dank!; F in Ordnung

слави́ст|ика *f* (5) Slawistik; **~и́ческий** (16) slawistisch; **~ка** *f* (5; -ок) Slawistin

сла́в|ить (14), ⟨про-⟩ rühmen, preisen; **-ся** berühmt *od.* gepriesen sein (T *a.* für *A*, wegen *G*); **~ный** (14; -ен, -на́) ruhmreich; berühmt (T *a.* für A); F famos, fein, nett, toll; (*o.K.*) Ruhmes-; **~олюби́вый** (14*K.*) ruhmsüchtig; **~олю́бие** *n* (12) Ruhmsucht *f*; **~сло́вие** *n* (12) Lobpreisung *f*; **~осло́вить** (14) preisen, lobpreisen, sich in Lobpreisungen ergehen

славян|и́н *m* (1; *pl.* ́-е, ́-), **~̶ка** *f* (5; ́-ок) Slawe(-win *f*); **~ове́дение** *n* (12) Slawistik; **~офи́л** *m* (1) Slawophile(r); **~офи́льство** *n* (9) Slawophilentum; **~̶ский** (16) slawisch; kirchenslawisch; **~̶ство** *n* (9) Slawentum

слага́емое *n* (14) *Math.* Summand *m*; *fig.* Komponente *f*, Bestandteil *m*

слага́ть (1) ⟨сложи́ть⟩ (16) dichten, komponieren; niederlegen, sich (B *G*) entledigen; übertragen (***на*** B *D*); *Waffen* strecken; ***~ го́лову*** sein Leben lassen; → ***скла́дывать***; **-ся** *impf.* sich zusammensetzen

слад F: ***~̶у нет*** nicht zurechtkommen können; **~̶ить** → ***сла́живать***

сла́д|кий (16; -ок, -ка́) süß; *fig.* F zuckersüß, süßlich; **~кова́тый** (14*K.*) süßlich; **~кое** *n* (14) Süßspeise *f*; Süßigkeiten *f/pl.*; Nachtisch *m* (***на*** B zum); **~коёжка** F *m/f* (5; -жек) Leckermaul *n*; **~козву́чный** (14; -чен, -чна) wohlklingend; **~остный** [-sn-] (14; -тен, -тна) wonnig, süß, süßlich
сладостра́ст|ие *n* (12) Wollust *f*; **~ник** [-sn] *m* (1) Wollüstling; **~ный** [-sn-] (14; -ен, -на) wollüstig; sinnlich
сла́дость *f* (8) Süße; Wonne; *pl.* Süßigkeiten, Zuckerwerk *n*
сла́ж|енность *f* (8) Geschlossenheit, harmonisches Zusammenwirken *n*; → **~енный** (14*K.*) abgestimmt, gut eingespielt *od.* organisiert; harmonisch; reibungslos; **~ивать** F (1), ⟨сла́дить⟩ (15) einrichten, gestalten; *pf.* fertig werden; **-ся** *pf.* miteinander harmonieren
сла́зить F (15) *pf.* hinaufklettern, steigen; hinabklettern; hineinlangen
слайд *m* (1) Dia *n*, Lichtbild *n*
сла́мывать (1), ⟨сломи́ть⟩ (14) brechen; *fig.* bezwingen; niederwerfen; ***сломя́ го́лову*** F Hals über Kopf
сла́нец *m* (1; -нца) Schiefer
сласт|ёна F *m/f* (5) Leckermaul *n*; **~и** *f/pl.* (8; *ab G e.*) → ***сла́дость***; **~и́ть** F (15*e.*) **1.** *v/t* ⟨на-⟩ süßen; **2.** *v/i* e-n süßlichen Geschmack haben
сластолю́б|ец † *m* (1; -ца) Genußmensch; → **~и́вый** † (14*K.*) wollüstig, genußsüchtig; † **~ие** *n* (12) Wollust *f*, Genußsucht *f*
сла|сть *f* (8; ab *Gpl. e.*) → ***~дость***; F süßer Geschmack *m*; Genuß *m*; → ***всласть***
слать (шлю, шлёшь; -сланный), ⟨по-⟩ schicken, senden; holen lassen (***за*** T *A*)
слаща́вый (14*K.*) süßlich, zuck(e)rig
сле́ва von links; links; *Sp.* Rückhand-
слегка́ [-xk-] leicht, leichthin; ein wenig; leise; beiläufig
след *m* (1*e.*/1; *a.* -у; -ом; на -у́; *pl. e.*) Spur *f* (***по*** Д auf *D*); Fährte *f*; Fußstapfe *f* (***по*** Д *pl.* in *A*); Fuß, (auf *Dsg.*) Fußspur *f*; → ***~ом***; Fußsohle *f*; *pl.* F Dreck *m*; P → ***~овать***; ***без ~а́*** spurlos; F ***и ~ просты́л*** (P *j-d*) ist längst über alle Berge; **~и́ть** (15*e.*) **1.** folgen (***за*** T *D*); verfolgen (*A*); beobachten; achten, achtgeben, aufpassen (auf *A*); überwachen; bespitzeln, beschatten; **2.** ⟨на-⟩ F Schmutzspuren hinterlassen
сле́дова|ние *n* (12) Fahrt *f*; Marsch *m*; Verfolgung *f* (Д *G*); Einhaltung (Д *G*); . . . ***~ния*** Beförderungs-; ***да́льнего ~ния*** *Esb.* Fern-; → **~ть**; **~тель** *m* (4) Untersuchungsrichter; **~тельно** folglich, mithin; also; **~ть** (7) **1.** folgen, nachfolgen (***за*** T *D*); sich begeben, fahren, (*Weg*: T *A*) gehen, marschieren; gebühren; zu zahlen haben, schuldig sein (***с*** P *j-d*); **2.** ⟨по-⟩ folgen (***за*** T *D* auf *A*), *j-m* nachfolgen; befolgen, verfolgen (Д *A*); hervorgehen; *pf.* + ***не***: ausbleiben; ***сле́дует*** man (Д *j-d*) muß *od.* soll, es ist nötig *od.* gilt; das ist (*j-d* hat) zu + *Inf.*; ***как сле́дует*** F wie es sich gehört, ordentlich; ***куда́ сле́дует*** F an die zuständige Stelle
сле́дом hinterdrein, gleich hinterher *od.* darauf; ***идти́ ~ за*** (T *j-m*) auf dem Fuße folgen
следопы́т *m* (1) Pfadfinder, Fährtensucher
сле́дств|енный (14) Untersuchungs-; **~ие** *n* (12) Untersuchung *f*, Ermittlungsverfahren; Beweisaufnahme *f*; Folge *f*, Folgerung *f*, Schluß *m*; ***под ~ием*** in Untersuchungshaft
сле́ду|емый (14) zustehend; **~ющий** (17) folgende(r), nächste(r); ***~ющим о́бразом*** folgendermaßen, wie folgt
слежа́ться (4) *pf.* zusammengepreßt *od.* verdrückt sein
сле́жка *f* (5) Beschattung (***за*** T *G*)
слез|а́ (5; *Npl. st.* -ы, *G* -) Träne (T, ***до*** P *pl. A*, zu *D*; ***в*** П, ***сквозь*** B *pl.* unter); *pl.* Weinen *n*; ***вся*** *f* ***в ~а́х*** tränenüberströmt, in Tränen aufgelöst; → ***~и́нка***
слез|а́ть (1) ⟨**~ть**⟩ (24*st.*) heruntersteigen, herabsteigen; herabklettern; rutschen; F aussteigen; abgehen, abfallen
слез|и́нка *f* (5; -нок) Träne; Tröpfchen *n*; **~и́ться** (15*e.*) tränen; **~ли́вый** (14*K.*) weinerlich, larmoyant; **~ный** (14) Tränen-; F flehentlich; *Adv.* unter Tränen; **~оточи́вый**

С

(14*K*.) tränend; weinerlich; (*o.K.*) Tränen-
слезть → ***слеза́ть***
слепе́нь *m* (4; -пня́) *Zool*. Bremse *f*
слеп|е́ц *m* (1; -ца́) Blinde(r); **~и́ть**[1] (14*e*.) blenden; die Sicht nehmen
слеп|ля́ть (28), ⟨**~и́ть**[2]⟩ zusammenkleben (**-ся** *v/i*); → ***лепи́ть 1, 2***
сле́п|нуть (21), ⟨о-⟩ blind werden, erblinden; **~о́й** (14; -, -а́) blind (***на*** В auf *D*); undeutlich, unleserlich; (*o.K.*) Blind-; Sack-; *Met*. Sonnen-; fensterlos; *Adv*. blindlings; *Su*. *m* → ***~е́ц***
сле́пок *m* (1; -пка) Abdruck
слепота́ *f* (5) Blindheit (***по*** Д aus)
слеса́р|ничать F (1) schlossern; **~ный** (14) Schlosser-; *Su*. *f* → ***~ня*** F *f* (6; -ен) Schlosserei; **~ский** (16) → ***~ный***; **~ь** *m* (4; *pl*. F *e*., *N* -я́) Schlosser
слёт *m* (1) Treffen *n*; → **~а́ть** (1) **1.** ⟨**~е́ть**⟩ (11) herabfliegen; wegfliegen; F herunterstürzen, herunterfallen; entschlüpfen (***с*** Р *D*); F weichen; **-ся** zusammenfliegen; herbeifliegen; F herbeilaufen; **2.** *pf*. e-n Flug unternehmen, e-e Flugreise machen; F schnell mal vorbeischauen (***к*** Д bei *j-m*); flink holen (***в*** В/***за*** Т in *D et*.)
слечь (сля́гу, -жешь; → ***лечь***) *pf*. ernsthaft erkranken, bettlägerig werden
сли́ва *f* (5) Pflaumenbaum *m*; Pflaume
сли|ва́ть (1), ⟨-ть⟩ (солью́, -ьёшь; → ***лить***) zusammengießen; abgießen; zusammenlegen, vereinigen, verschmelzen; F gießen; abfließen; **-ся** zusammenfließen; sich verwischen
сли́вки *pl*. (5; *G* -вок) Sahne *f*, Rahm *m*; *fig*. Creme *f*
сли́вовый (14) Pflaumen-
сли́вочн|ик *m* (1) Sahnekännchen *n*; **~ый** (14) Sahne-; Tafel- (*Butter*)
сли́з|истый (14*K*.) Schleim-, schleimig; **~ня́к** *m* (1*e*.) Egelschnecke *f*; F Waschlappen; **~ывать** (1), ⟨**~а́ть**⟩ (3), *einm*. ⟨**~ну́ть**⟩ (20) ablecken, auflecken; **~ь** *f* (8) Schleim *m*
слип|а́ться (1), ⟨**~нуться**⟩ (21) zusammenpappen; *Augen*: zufallen (***у*** Р *j-m*)
сли́т|ие *n* (12) → ***слия́ние, слива́ть***; **~ный** (14; -ен, -на) einheitlich, geschlossen; Zusammen-; *Adv*. zusammen; **~ок** *m* (1; -ка) Barren; Stange *f*; Block; **~ь(ся)** → ***слива́ть(ся)***
слич|а́ть (1), ⟨**~и́ть**⟩ (16*e*.) vergleichen; kollationieren
сли́шком zu, allzu, viel zu, zu sehr; Р über; → ***чересчу́р***
слия́ние *n* (12) Zusammenfluß (***на*** П am); Verschmelzung *f*; Fusion *f*
слобода́ *f* (5; *Npl*. *st*. -́, *G* -́) *ehm*. Vorstadt; Dorf *n*, Siedlung
слова́к *m* (1) Slowake
слова́р|ик *m* (1) kleines Wörterbuch *n*; **~ный** (14) Wörterbuch-; Lexikon-; lexikographisch; Wort-, lexikalisch; **~ь** *m* (4*e*.) Wörterbuch *n*; Lexikon *n*; Wortschatz
слова́|цкий (16) slowakisch; **~чка** *f* (5; -чек) Slowakin
слове́н|ец *m* (1; -ца), **~ка** *f* (5; -ок) Slowene(-nin *f*); **~ский** (16) slowenisch
слове́сн|ик *m* (1) Philologe; Literaturlehrer, Russischlehrer; **~ость** *f* (8) Literatur; Dichtung; Philologie; **~ый** (14) Wort-; verbal; mündlich; *fig*. Lippen-; † → ***~ость***
слове́ч|ко F *n* (9; *pl*. -ки, -ек) gutes Wort; ***ни ~ка*** kein Sterbenswörtchen
сло́вник *m* (1) Wortbestand; Wörterverzeichnis *n*
сло́вно Р wie; als ob (+ *Konj*.); F irgendwie; ***~ бы*** gleichsam
сло́в|о *n* (9; *pl*. *e*.) Wort(e *pl*.; Т, ***на*** П *pl*. in; ***на́*** В aufs); Vokabel *f*; Rede(n) *f*, Ansprache *f*; Sprache *f*; Ausdruck *m*; Versprechen; Stand *m*; Rat *m*; *Lit*. Erzählung *f*; Mär *f*; Predigt *f*; Epistel *f*; *pl*. Text *m* (***на*** В zu *D*); **…** ***~а*** Rede- ; Redner-; *pl*. Wort-; ***ни ~а*** keine Silbe; keinen Laut!; ***без ~*** ohne weiteres; ***к ~у*** apropos; nebenbei, nebenbei gesagt; ***на ~а́*** nach e-m Gedicht; ***на ~а́х*** mündlich; mit Worten; → ***де́ло***; ***~о в ~о*** Wort für Wort; ***~о за*** (Т *j-d*) hat das Wort *od*. zu entscheiden; ***~о за́ ~о*** ein Wort gab das andere; ***~ом, одни́м ~ом*** mit e-m Wort, kurzum; ***~ нет*** F kein Zweifel; ***со ~*** (Р *j-s*) Worten nach *od*. nach *j-s* Erzählung; → ***чужо́й***
слово|блу́дие *n* (12) leeres Geschwätz; **~изверже́ние** *n* (12) Wortschwall *m*; **~измене́ние** *n* (12) Wortbeugung *f*, Flexion *f*; **~м** → **~**; **~образова́ние** *n* (12) Wortbildung *f*;

~охо́тливый (14*K*.) gesprächig, redselig; **~пре́ние** *n* (12) Wortstreit *m*; **~произво́дство** *n* (9) Wortableitung *f*, Derivation *f*; **~сочета́ние** *n* (12) Wortverbindung *f*; **~тво́рчество** *n* (9) Wortschöpfung *f*; **~употребле́ние** *n* (12) Wortgebrauch *m*

словц|о́ F *n* (9; *pl. e., o. N, G* -ве́ц) Witzwort, Bonmot; ***для кра́сного ~а́*** um der schönen Worte willen

слог *m* **1.** (1; *ab Gpl. e.*) Silbe; **2.** (1) Stil, Diktion *f*

слоёный (14) Blätterteig-, Blätter-

слож|е́ние *n* (12) Addition *f*; Körperbau *m*, Statur *f*; Struktur *f*; **~ённый** (14; -ён, -ена́) gebaut; **~и́ть(ся)** → ***скла́дывать(ся), слага́ть(ся)***

сложн|оподчинённый (14): ***~оподчинённое предложе́ние*** *n* Satzgefüge; **~осокращённый** (14) Kurz-; **~осочинённый** (14): ***~осочинённое предложе́ние*** *n* Satzreihe *f*; **~ость** *f* (8): ***в о́бщей ~ости*** insgesamt, im ganzen; → **~ый** (14; -жен, -а́) kompliziert, verwickelt; schwierig; zusammengesetzt; (*o.K.*) *Fin.* Zinses-

сло|и́стый (14*K*.) Schicht(en)-; **~и́ться** (13*e*.) in Schichten lagern; sich blättern; **~й** *m* (3; *pl.* -и́, -ёв) Schicht *f* (T in *D*), Lage *f*; ***~я́ми*** schichtweise; **~йка** *f* (5; -ек) Blätterteigbrötchen *n*

слом *m* (1) Abbruch (***на*** B zum); **~а́ть** → ***лома́ть***, F ***сла́мывать***

слон *m* (1*e*.) Elefant; *Schach*: Läufer; F Hauptsache *f*; **~ёнок** *m* (2) Elefantenjunge(s) *n*; **~ик** *m* (1) Rüsselkäfer; **~и́ха** *f* (5) Elefantenkuh; **~о́вость** *f* (8) Elefantiasis; **~о́вый** (14) Elefanten-; Elfenbein-, Elfen-

слоня́ться F (28) herumschlendern; herumlungern

слуга́ *m* (5; *pl. st.*) Diener; † Kellner

служ|а́ка F *m* (5) alter Degen *m*; **~а́нка** *f* (5; -нок) Dienstmädchen *n*; **~ащий** *m* (17) Angestellte(r); Beamte(r); **~ба** *f* (5) Dienst *m* (***на*** П im; Д an *D*); Arbeit (***на*** B zur; ***со*** P von *D*), Büro *n* (ins), Amt *n*, Dienststelle; *Mil.* Dienstzeit; *Rel.* Messe; *Tech.* Service *m*; *pl.* Wirtschaftsgebäude *n/pl.*; ***по ~бе, по до́лгу ~бы*** dienstlich; ***не в ~бу, а в дру́жбу*** *j-d* bittet *j-n* um e-n Freundschaftsdienst; **~би́ст** F *m* (1) Kommißhengst; **~е́бник** *m* (1) Meßbuch *n*; **~е́бный** (14; -бен, -бна) Dienst-, Amts-, dienstlich; Hilfs-, dienend, untergeordnet; *Ling.* synsemantisch, Hilfs-; **~е́ние** *n* (12) Dienst *m* (Д an *D*); **~и́тель** *m* (4) Wärter, Diener; **~и́ть** (16) **1.** dienen (***в*** П *a.* bei *D*), (Д in *j-s*) Diensten stehen; angestellt sein, arbeiten; zelebrieren; Männchen machen; **2.** ⟨по-⟩ dienen (***для*** P zu *D*); es tun; *Nutzen*: gereichen (***на*** B zum); **~ка** *m* (5; -ек) Meßdiener; Klosterdiener

слух *m* (1) Gehör *n* (***на*** B *a.* nach *D*, durch *A*), Ohr *n*; Gerücht *n* (***по*** Д *pl. D* zufolge); Kunde *f*; ***по ~ам*** gerüchtweise, wie man hört; F ***ни ~у ни ду́ху*** (***о*** П *j-d*) läßt nichts von sich hören; **~ово́й** (14) Gehör-, Hör-; *Arch.* Dach-

слу́ча|й *m* (3) Fall (***на*** B für *A*; *Jur.* im); Vorfall, Begebenheit *f*; Gelegenheit *f*; Anlaß (***в*** П *pl. a.* bei *D*); ***по ~ю*** anläßlich; wegen, infolge; ***при ~е*** gelegentlich; ***в ~е чего́*** F nötigenfalls, notfalls; ***в лу́чшем ~е*** bestenfalls; ***в ху́дшем ~е*** schlimmstenfalls; → ***вся́кий, кой***; **~йность** *f* (8) Zufall *m* (***по*** Д durch *A*); → **~йный** (14; -ен, -йна) zufällig, Zufalls-; Gelegenheits-, gelegentlich; Überraschungs-; *Adv.* durch Zufall; ***не ~йно*** kein Zufall, es ist kein Zufall; nicht von ungefähr

случ|а́ть (1), ⟨~и́ть⟩ (16*e*.) paaren

случ|а́ться (1), ⟨~и́ться⟩ (16*e*.) sich ereignen *od.* zutragen, geschehen, vorfallen, (***с*** T *a.* bei *D*) vorkommen; passieren, zustoßen (***с*** T *j-m*); *Ohnmacht*: fallen (***с*** T/И *N*/in); F zufällig dasein, anwesend sein; sich einstellen; ***~и́тся*** es trifft sich; F ***~и́лось*** (Д *j-d*) hatte Gelegenheit *od.* mußte; F ***не ~и́лось*** (***при*** П, ***у*** P *j-d*) hatte kein . . . (P *A*); ***~и́вшееся*** *n* Geschehen(es), Vorkommnis

слу́чка *f* (5) Deckung, Beschälung

слу́ша|ние *n* (12) Hören; *Jur.* Verhandlung *f*; *Pol.* Anhörung *f*; **~тель** *m* (4) Hörer; Zuhörer; Teilnehmer; Student; **~ть** (1) **1.** hören; zuhören (B *j-m*); horchen; *Bericht* entgegennehmen; *Kurs* besuchen; *Jur.* verhandeln; **2.** ⟨по-⟩ hören (B auf *j-n*); F → **-ся**; **3.** ⟨вы-⟩ abhorchen; ***~ю!*** hallo!; *Mil.* zu Befehl!; ***~й!*** Achtung!; ***~ть во все***

С

у́ши F ganz Ohr sein; **-ся**, ⟨по-⟩ gehorchen (P *j-m*), hören (auf *j-n*); *Rat* befolgen

слыть (23) gelten (T als *N*), im Ruf (*G*) stehen; F bekannt sein

слы|ха́ть F (*o. Präs.*) → **~шать, ~шно**; **~хано ли де́ло?** P hat man sowas schon gehört?; **где э́то ~ано**? P wo gibt's denn sowas? **~хом** P: **~хом не ~хано** das gab's noch nie; keine Spur (P von *D*)

слы́ш|ать (4), ⟨у-⟩ hören, vernehmen; F spüren; riechen; **~ать** + *Su.* (P *j-n*) + *Inf.* hören; → **звон**; **-ся**, ⟨по-⟩ zu hören sein; ertönen; F anklingen; **~ится** (Д *j-d*) hört; (**от** Р/И + Р *N*) riecht nach (*D*); **~имость** *f* (8) Hörbarkeit, Verständlichkeit; *Fmw.* Verständigung; *Rdf.* Empfang *m*; Hörweite; **~но** F man hört *od.* kann hören; → **~аться**; **что ~но?** F was gibt's Neues?; → **~ный** (14; -ен, -на́) hörbar, vernehmbar; F wahrnehmbar; **~ь** P hörst *od.* weißt du; heißt's

слюд|а́ *f* (5) Glimmer *m*; **~яно́й** (14) Glimmer-; glimmerartig

слюн|а́ *f* (5), **~и** *pl.* (6; *ab G e.*) Speichel *m*; **распусти́ть ~и** P losflennen, flennen; gefühlsdus(e)lig werden; sich gehenlassen; **~и́ть** (13*e.*) ⟨на-⟩ mit Speichel anfeuchten, begeifern; **~ки**: F **~ки теку́т** (**у** Р *j-m*) läuft das Wasser im Munde zusammen; **~ный** (14) Speichel-; **~отече́ние** *n* (12) Speichelfluß *m*; **~тя́й** F *m* (3) Schlappschwanz; **~я́вить** F (14) → **~и́ть**; **~я́вый** F (14*K.*) geifernd, sabbernd; begeifert

сля́кот|ный F (14; -ен, -на) matschig; naßkalt; **~ь** *f* (8) Schlamm *m*, Matsch *m*, Matschwetter *n*; F Pack *n*

сма́з|ать → **~ывать**; **~ка** *f* (5) Abschmieren *n*, Einschmieren *n*, Schmieren *n*; Schmiermittel *n*

смазли́вый F (14*K.*) hübsch, niedlich

смаз|но́й, **~очный** (14) Schmier-; **~ывать** (1), ⟨**~ать**⟩ (3) schmieren, einschmieren, abschmieren, einölen, einfetten; *Kehle* einpinseln; abwischen; F *fig.* verwischen, vertuschen; *Fot.* verwackeln; schmieren; P hauen

смак F *m* (1; -а/-у) Genuß; Reiz, Würze *f*; **со ~ом** F genüßlich; **~ова́ть** F (7) genießen, sich (В an *D*) laben; genüßlich auskosten

сма́лец *m* (1; -льца) Schmalz *n*

сма́ни|вать F (1), ⟨**~ть**⟩ (13) locken; weglocken, verlocken (**на** В zu *D*); abwerben, abspenstig machen; entführen

сма́тывать, ⟨смота́ть⟩ (1) aufwikkeln; abwickeln; **~ у́дочки** P Leine ziehen; → **-ся** P abhauen; → **слета́ть 2** F

смах|а́ть P (1) *pf.* → **слета́ть 2** F; **~ивать** (1) **1.** ⟨**~ну́ть**⟩ (20) wegwischen; F wegputzen; **2.** F ähneln (**на** В *D*), gleichen; erinnern (an *A*)

сма́чивать (1), ⟨смочи́ть⟩ (16) anfeuchten, befeuchten

сма́чн|ый F (14; -чен, -а́) wohlschmeckend; satt; kernig

смеж|а́ть (1), ⟨**~и́ть**⟩ (16*e.*) schließen; **~ный** (14; -ен, -на) angrenzend (**с** Т an *A*), benachbart (*D*); Neben-; kooperierend

смек|а́листый F (14*K.*) gescheit, aufgeweckt; **~а́лка** F *f* (5) Geist *m*, Intelligenz; Grips *m*, Köpfchen *n*; Mutterwitz *m* ; **~а́ть** F (1), ⟨**~ну́ть**⟩ (20) kapieren, mitkriegen; was loshaben

смел|е́ть (8), ⟨о-⟩ kühn *od.* kühner, dreist werden; **~о** F ohne weiteres; getrost; **~е́й!** F nur Mut!; → **~ый**; **~ость** *f* (8) → **~ый**; Freiheit (**на** В *D*); **брать на себя́ ~ость** wagen; **~ость города́ берёт** *Spr.* frisch gewagt ist halb gewonnen; **~ый** (14; -, -а́) kühn, mutig, tapfer; gewagt; dreist; **~ьча́к** F *m* (1*e.*) Wagehals, Kühne(r)

сме́н|а *f* (5) Wechsel *m*; Ablösung; Schicht (**в** В in *D*); Nachwuchs *m*; Garnitur; **на ~у** (Д an *j-s*) Stelle; **~ный** (14) Schicht-; Wechsel-; → **~я́емый** (14*K.*) auswechselbar; absetzbar; **~я́ть** (28), ⟨**~и́ть**⟩ (13; -ённый: -ена́) wechseln; auswechseln, austauschen (**на** В gegen *A*); ablösen; ersetzen, an *j-s* Stelle treten; → **гнев**; **-ся** wechseln; abgelöst werden; folgen (И/Т auf *A*/*N*)

смерде́ть (11) stinken, übel riechen

смерк|а́ться (1), ⟨**~нуться**⟩ (21) dunkel *od.* finster werden; *impf.* dämmern

смерт|е́льный (14 ; -лен, -льна) tödlich, Tod(es)-; *Adv.* sterbens-, tod-; F zum Sterben; unheimlich; **~ник** *m* (1) Todeskandidat; Todgeweihte(r); **~ность** *f* (8) Sterblichkeit; **~ный** (14;

С

-ен, -на) sterblich; Tod(es)-, Sterbe-; *Kampf*: auf Leben u. Tod; F tödlich, furchtbar; → **~оно́сный** (14; -сен, -сна) todbringend; **~ь** *f* (8; *ab Gpl. e.*) Tod *m*; P ***~ь как*** *od.* ***како́й*** → ***~е́льный*** F, ***~ный*** F; für mein Leben gern; ***до́ ~и*** zu Tode; tod-, tot-
смерч *m* (1; -ей) Windhose *f*; Wirbelsturm; ***водяно́й ~*** Wasserhose *f*
смеси́тельный (14) Misch-
смести́ → ***смета́ть***
смести́ть → ***смеща́ть***
смесь *f* (8) Mischung; Gemisch *n*; Vermischte(s) *n*
сме́та *f* (5) Kostenanschlag *m*
смета́на *f* (5) saure Sahne, Sauerrahm *m*
сме|та́ть¹ (1), ⟨**~сти́**⟩ (25 -т-) abfegen, wegfegen; zusammenfegen, zusammenkehren *od.* wischen; *fig.* hinwegfegen; → ***стира́ть***; **~та́ть²** → ***~тывать***
смёт|ка F (5), **~ли́вость** *f* (8) → ***смека́лка***; → **~ли́вый** (14 *K.*) gescheit, rasch auffassend; anstellig
сме́тный (14) veranschlagt
смёт|ывать, ⟨**~а́ть**⟩ (1) heften
сме|ть (8), ⟨по-⟩ wagen, sich trauen; dürfen; ***как ты ~ешь***! F was erlaubst du dir!; ***не ~й!, посме́й то́лько!*** F untersteh dich nur!; ***не ~ть дохну́ть*** erstarren
смех *m* (1; -а/-у) Lachen *n* (***со́*** P vor); Gelächter *n*; Heiterkeit *f*; F Spaß (***ра́ди*** P zum); Spott (***на́*** B zum); ***~у подо́бно*** lächerlich; ***и ~ и грех*** F es ist zum Lachen u. zum Weinen; ***тут уж не до ~у*** F da vergeht e-m das Lachen; → ***ку́рица***; **~отво́рный** (14; -рен, -рна) komisch; lächerlich
сме́ш|анный (14*K.*) gemischt, vermischt; Misch-; **~е́ние** *n* (12) Vermischung *f*; Verwirrung *f*; → ***смесь***; → **~ивать**, ⟨**~а́ть**⟩ (1) vermischen, vermengen; in Unordnung bringen, durcheinanderbringen, verwirren; verwechseln; **-ся** verschmelzen; *pf.* (***с*** T in, unter *D*) verschwinden; durcheinandergeraten, in Verwirrung *od.* F in Verlegenheit geraten
смеш|и́ть (16*e.*), ⟨рас-⟩ zum Lachen bringen, belustigen; **~ли́вый** (14 *K.*) lachlustig; **~но́й** (14; -о́н, -на́, -но́) komisch, lustig, drollig; lächerlich, ulkig; ***~но́*** (Д *j-d*) findet es komisch *od.* lustig, muß lachen; ***э́то же ~но́***! F das ist zum Lachen!; ***до ~но́го*** F unwahrscheinlich, lächerlich; **~о́к** F *m* (1; -ка́) Lache *f*; *pl.* Spitzen *f/pl.*
сме|ща́ть (1), ⟨**~сти́ть**⟩ (15*e.*) absetzen, entlassen; verrücken, verschieben; **~ще́ние** *n* (12) Absetzung *f*; → ***~ща́ть***
сме|я́ться (27*e.*) lachen (***над*** T über *A*); sich lustig machen; F spaßen; ***хорошо́ ~ётся тот, кто ~ётся после́дний*** *Spr.* wer zuletzt lacht, lacht am besten
сми́ло|ваться † (7) *pf.*, **~стивиться** † (14) *pf.* sich erbarmen (***над*** T über *A*)
смина́ть (1), ⟨смять⟩ (сомну́, -нёшь; смя́тый; → ***мять***) niedertreten, zertreten, zertrampeln; bezwingen; aufreiben; aufbrechen, brechen; **-ся** zerknittert sein
смир|е́ние *n* (12) Demut *f*; Sanftmut *f*; → ***~я́ть***; **~е́нный** (14 *K.*) demütig; sanft, sanftmütig, unterwürfig; **~и́тельный** (14) Zwangs-; **~ный** (14; -ен, -на́) still, ruhig; sanft; artig; *Pferd*: fromm; ***~но!*** Achtung!, stillgestanden!; **~я́ть** (28), ⟨**~и́ть**⟩ (13*e.*) bändigen, besänftigen, beschwichtigen; **-ся** klein beigeben; sich legen; sich abfinden
смо́к|ва *f* (5) Feige; → **~о́вница** *f* (5) Feigenbaum *m*
смол|а́ *f* (5; *pl. st.*) Harz *n*; Teer *m*; Pech *n*; F Klette; **~ёный** (14) geteert, gepicht; **~и́стый** (14 *K.*) harzig; **~и́ть** (13*e.*), ⟨о-, вы́-⟩ teeren, pichen
смолк|а́ть (1), ⟨**~нуть**⟩ (21/20) verstummen; ***не ~а́ющий*** anhaltend
смо́лоду F von Jugend auf; in jungen Jahren
смолоку́р *m* (1) Teerbrenner
смолча́ть (4*e.*) *pf.* schweigen, nichts erwidern; ***не ~*** die Antwort nicht schuldig bleiben
смол|ь: ***как ~ь, чёрный как ~ь*** pechschwarz, rabenschwarz; **~яно́й** (14) Harz-, harzig; → ***~ёный, ~ь***
сморка́ться (1) ⟨вы́-⟩ sich schneuzen
сморо́дин|а *f* (5) Johannisbeere(n *pl.*); **~ный**, **~овый** (14) Johannisbeer-
сморчо́к *m* (1; -чка́) Morchel *f*
смо́рщенный (14*K.*) runz(e)lig, zusammengeschrumpft
смота́ть(ся) → ***сма́тывать(ся)***
смотр *m* **1.** (1; на -у́; *pl. e.*) Inspektion

С

f; Schau *f* (Д *G*); **2.** (1) Leistungsschau *f*; Ausscheid; **~е́ть** (9) ⟨по-⟩ schauen, sehen; (*a.* sich) anschauen, ansehen (***на*** В *A*), anblicken, betrachten, *j-m* zuschauen; achtgeben, beachten; aufpassen (***за*** Т auf *A*), beaufsichtigen; besichtigen; hineinschauen, hinausschauen (*Fenster*: ***в*** В zum, durch *A*); *Med.* untersuchen; (***на*** В/***как на*** В in *j-m A*) sehen, (für *A*) halten); F sich ein Beispiel nehmen (***на*** В an *j-m*); *impf.* hinausgehen; F aussehen (Т wie *N*); *Sache* sehen (***на*** В); ***как вы на э́то ~ите?*** was meinen Sie dazu?; ***~и́!*** paß auf!; sieh dich vor!; sieh mal!, sieh mal e-r an!; F (*a.* -ю́, ~ишь) sieh da!; ***~и́, …*** (*Imp.*) schau zu, daß … (*Ind.*); ***~я́ по …*** je nach …; ***~я́ по тому́***, F ***~я́ как*** je nachdem; **-ся** *impf.* sich besehen (***в*** В in *D*); sich spiegeln; ansehenswert sein; aufgenommen werden; F nach et. aussehen; ***видне́ться***; **~и́ны** *pl.* (5) Brautschau *f*; **~и́тель** *m* (4) Wärter, Aufseher; **~ово́й** (14) Seh-; Schau-

смочи́ть → ***сма́чивать***

смрад *m* (1) Gestank; **~ный** (14; ~ен, ~на) stinkend, übelriechend

сму́гл|ый (14; -, -а́) braungebrannt; dunkel, dunkelhäutig

сму́т|а *f* (5) Verwirrung, Unruhe; Zwist *m*, Zwietracht; † Aufruhr *m*; *hist.* → ***~ный***; **~и́ть(ся)** → ***смуща́ть(ся)***; **~ный** (14; -ен, -на́) undeutlich, vage; dunkel; unruhig, wirr; aufrührerisch; ***2ное вре́мя*** *n hist.* Zeit der Wirren; **~ья́н** F *m* (1) Aufwiegler

сму́шка *f* (5; -шек) Karakul *m*

сму|ща́ть (1), ⟨~ти́ть⟩ (15*e.*; -т/щ-) verwirren, verlegen machen, irremachen, irritieren; *Ruhe* stören; † aufwiegeln; P verleiten; **-ся** verlegen *od.* irre werden; verwirrt sein; ***не ~ща́йтесь!*** genieren Sie sich nicht!; **~ще́ние** *n* (12) Verlegenheit *f*; → **~щённый** (14*K.*) verwirrt, verlegen; betreten, betroffen

смы|ва́ть (1), ⟨~ть⟩ (22) abwaschen; wegspülen; *fig.* sühnen, tilgen; **-ся** herausgehen; P abhauen, verduften

смыка́ть (1) ⟨сомкну́ть⟩ (20) schließen; ***не ~*** *pf.* ***глаз*** kein Auge zutun; **-ся** sich schließen *od.* zusammenschließen; *Augen*: zufallen

смысл *m* (1) Sinn, Bedeutung *f*; Zweck; Menschenverstand; ***в ~е*** hinsichtlich; ***в том ~е …*** dahin *od.* dahingehend …; **~ить** F (13) verstehen (***в*** П von *D et.*), sich auskennen; **~ово́й** (14) Bedeutungs-, Sinn-, sinngemäß

смы́ть(ся) → ***смыва́ть(ся)***

смы́ч|ка *f* (5; -ек) Zusammenfügung, Zusammenschluß *m*; Bündnis *n*; **~ко́вый** (14) *Mus.* Streich-; **~ный** (14) *Ling.* Verschluß-; **~о́к** *m* (1; -ка́) Violinbogen

смышлёный F (14 *K.*) gescheit, aufgeweckt; verständig, intelligent

смягч|а́ть [-xtʃ-] (1), ⟨~и́ть⟩ (16*e.*) weich machen; erweichen (*a. Ling.*); abmildern, mildern, lindern; abschwächen, dämpfen; lockern; besänftigen; *Ling.* palatalisieren; **-ся** weich *od.* weicher, sanft *od.* sanfter, mild *od.* milder werden; nachgeben, nachlassen; **~а́ющий** (17) *Jur.* mildernd; **~е́ние** *n* (12) Erweichung; → ***~а́ть***; **~ённый** (14) *Ling.* palatalisiert, erweicht

смят|е́ние *n* (12) Verwirrung *f*; Tumult *m*; Panik *f*; **~ь(ся)** → ***мять, смина́ть(ся)***

снаб|жа́ть (1), ⟨~ди́ть⟩ (15*e.*) versorgen, versehen; beliefern; ausrüsten, ausstatten; bestücken; **~же́ние** *n* (12) Versorgung *f*; ***отде́л*** *m* ***~же́ния*** Abteilung *f* Einkauf *m*

сна́добье F *n* (10; -бий) Heiltrank *m*, Heilmittel; Mixtur (***от*** Р gegen *A*)

сна́йпер *m* (1) Scharfschütze

снару́жи **1.** *Adv.* von außen; außen, draußen; **2.** *Prp.* (Р) von außerhalb, außerhalb; außen an (*D*)

снаря́|д *m* (1) Geschoß *n*, Granate *f*; Rakete *f*; *Sp.*, *Tech.* Gerät *n*; Bagger; **~жа́ть** (1), ⟨~ди́ть⟩ (15*e.*) ausrüsten, ausstatten; F schicken; **-ся** F sich versehen *od.* rüsten; aufbrechen; **~же́ние** *n* (12) Ausrüstung *f*; → ***~жа́ть***

снасть *f* (8; *ab Gpl. e.*) Tau *n*; Gerät *n*; *pl.* Takelwerk *n*

снача́ла zuerst, zunächst; von neuem

сна́шивать F (1), ⟨сноси́ть⟩ (15) abtragen, abnutzen; *pf.* bringen, (В/***к*** Д mit *D* bei *D*) gewesen sein; ***не сноси́ть головы́*** (Д *j-n*) wird es den Kopf kosten

снег *m* (1; ~а/~у; в -у́; *pl. e.*, *N* -а́) Schnee; *pl.* Schneemassen *f/pl.*,

Schneefelder *n/pl.*; ***идёт ~*** es schneit *od.* fällt Schnee; ***как ~ на́ голову*** F wie ein Blitz aus heiterem Himmel; → ***сва́ливаться***
снеги́рь *m* (4*e.*) Dompfaff, Gimpel
снего|во́й (14) Schnee-; **~очисти́тель** *m* (4) Schneepflug, Schneeräumer; **~па́д** *m* (1) Schneefall, Schneefälle *pl.*; **~убо́рочный** (14) Schneeräum-
Снегу́рочка *f* (5) Schneeflöckchen *n*
снеда́ть (1) *fig.* verzehren
снеж|и́нка *f* (5; -нок) Schneeflocke; **~ный** (14) Schnee-; verschneit; schneereich; schneeweiß; blütenrein; **~о́к** *m* (1; -ка́) leichter Schneefall; Schneeball; ***игра́ть в ~ки́*** e-e Schneeballschlacht machen
снести́(сь) → ***сноси́ть(ся)***
сни|жа́ть (1), ⟨**~зить**⟩ (15) senken, herabsetzen, reduzieren (***до*** P *a.* auf *A*); zurückschrauben; **-ся** sinken, fallen; zurückgehen, sich vermindern; heruntergehen, niedergehen; **~же́ние** *n* (12) Senkung *f*; → ***~а́ть(ся)***; Rückgang *m*; Sinkflug *m*; **~зойти́** → ***~сходи́ть***; **~зу 1.** *Adv.* von unten; unten; **2.** *Prp.* (P) im unteren Teil
сним|а́ть (1), ⟨снять⟩ (-у́, -ешь; сняла́; сня́тый: -та́) abnehmen, herunternehmen; holen; ausziehen, ablegen; entfernen; *Ring* abstreifen; *Hut* ziehen; *Maß* nehmen; *Sp.* abschnallen; *Siegel*, *Nähte* lösen; *Rahm* abschöpfen; *Mil.* abschießen; *Erde*, *Karten*, *Hörer*, *Geld* abheben; *Posten* ablösen; *Einheit*, *Fell* abziehen; *Lager* abbrechen; *Belagerung*, *Verbot* aufheben; *Fot.* aufnehmen; *Kopie* machen; *Film* drehen; *Wert* ablesen; *Strafe* erlassen; *Stück* absetzen; *Antrag*, *Kandidatur* zurückziehen; *Flug*, (***с*** P aus *D*) *Verpflegung* streichen; *Tagesordnung*: absetzen (***с*** P von *D*); *Obst*, *Getreide* abernten; *Ernte* einbringen; *Schwur*: entbinden (***с*** P/B *j-n* von *D*), (***с себя́***/B sich *G*) entledigen; *Verkauf*: ziehen (***с*** P aus *D*); ***~а́ть грим*** sich (***с*** P *A*) abschminken; ***~а́ть показа́ние*** verhören (***с*** P *j-n*); ***~ать с рабо́ты*** entlassen; F ***снять го́лову*** (***с*** P *j-d*) muß schwer büßen *od.* hat *j-n* ganz schön hereingeritten; ***как руко́й сня́ло*** F wie weggewischt; **-ся** sich fotografieren lassen; filmen; aufbrechen; auffliegen, aufsteigen; abankern, (***с*** P *Anker*) lichten; *fig.* genommen werden (***с*** P *j-m*); ***~а́ть с ме́ли*** *Mar.* flottmachen; ***-ся с ме́ли*** flott werden; **~ок** *m* (1; -ка) Aufnahme *f*, Fotografie *f*, Foto *n*, Bild *n*; Abdruck, Abguß
сни́ск|ивать (1), ⟨**~а́ть**⟩ (3) erlangen, erwerben; einbringen
снисхо|ди́тельность *f* (8) Nachsicht (***к*** Д mit *D*); Herablassung; **~ди́тельный** (14; -лен, -льна) nachsichtig (***к*** Д gegen *A*); gütig, gnädig; herablassend, gönnerhaft; **~ди́ть** (15), ⟨снизойти́⟩ (-ойду́, -дёшь; -ошёл; → ***идти́***) sich herablassen *od.* bequemen; **~жде́ние** *n* (12) → ***~ди́тельность***
сни́|ться (13*e.*), ⟨при-⟩ träumen; ***~тся*** (Д *j-d*) träumt (И von *D*) *od.* sieht im Traum (*A*); *Traum* haben; ***и во сне не ~лось*** (И/Д an *A*) hat *j-d* nicht einmal im Traum gedacht
сно́ва erneut, wieder, von neuem, aufs neue; ***~ и ~*** immer wieder
снова́ть (7*e.*) hin u. her eilen, laufen
сновиде́ние *n* (12) Traumgesicht, Traum *m*
сногсшиба́тельный [-ʃʃ-] F (14; -лен, -льна) spektakulär, sensationell; unheimlich
сноп *m* (1*e.*) Garbe *f*; Bündel *n*; ***как ~*** wie ein Sack; **~овяза́лка** *f* (5; -лок) Garbenbindemaschine, Mähbinder *m*
сноро́в|истый F (14 *K.*) fix, gewandt; **~ка** *f* (5) Routine, Fertigkeit
снос *m* (1) Abbruch; F ***~у нет*** (Д *et.*) ist unverwüstlich; **~и** P: ***на ~ях*** hochschwanger; **~и́ть** (15) **1.** ⟨снести́⟩ (25 -с-) hintragen; hinuntertragen; *pf.* zusammentragen, zusammenbringen; wegschwemmen, wegreißen; abtreiben; forttragen; abreißen, niederreißen; auflösen; *KSp.* ablegen; *fig.* ertragen, F einstecken; *pf.* → ***нести́ 3***; **-ся** sich in Verbindung setzen; → ***нести́сь 2***; **2.** *pf.* → ***сна́шивать***; **~ка** *f* (5; -ок) Fußnote; **~ный** F (14; -ен, -на) erträglich, leidlich
снотво́рный (14; -рен, -рна) Schlaf-; F einschläfernd
снoха́ *f* (5; *pl. st.*) Schwiegertochter
сноше́ние *n* (12) Verkehr *m*; *mst pl.* Beziehungen *f/pl.*, Verbindungen *f/pl.*
сню́хаться P (1) *pf. fig.* sich einlassen

С

сня́т|ие *n* (12) Aufhebung *f*; Abnahme *f*; → ***снима́ть(ся)***; **~о́й** (14) Mager-; **~ь(ся)** → ***снима́ть(ся)***

соа́втор *m* (1) Mitverfasser, Mitautor

соба́|ка *f* (5) Hund *m*; F Hundesohn; P Könner (***на*** B in *D*); ***го́лоден как ~ка*** F *j-d* hat e-n Mordshunger; ***уста́л как ~ка*** F *j-d* ist hundemüde; ***~ку съел*** F *j-d* versteht sich (***на*** П auf *et.*); F ***ве́шать всех ~к*** (***на*** B *j-m*) alles in die Schuhe schieben; → ***зарыва́ть***; **~ково́д** *m* (1) Hundezüchter; **~ково́дство** *n* (9) Hundezucht *f*; **~чий** (18) Hunde-; hündisch; **~чина** *f* (5) Hundefleisch *n*; Hundefell *n*; **~чка** *f* (5; -чек) Hündchen *n*; *Tech.* Abzug *m*; Klinke, Sperrhaken *m*; **~чник** F *m* (1) Hundefänger; Hundeliebhaber

собесе́д|ник *m* (1) Gesprächspartner; **~ование** *n* (12) Aussprache *f*; Beratung *f*

собира́|ние *n* (12) Sammeln; **~тель** *m* (4) Sammler; **~тельный** (14; -лен, -льна) Sammel-; kollektiv; **~ть** (1), ⟨собра́ть⟩ (-беру́, -рёшь; -брала́; со́бранный: -ана́) sammeln; versammeln; aufsammeln, auflesen; ansammeln; lesen, pflücken; ernten, einbringen; zusammenstellen; zusammentragen; zusammenstecken; zusammenziehen; stapeln; *Tech.* zusammenbauen, montieren; *Geld* zusammenbekommen; *Steuern* einnehmen, einziehen, einholen; *Weinlese* halten; *Stoff* raffen, *Falten*: legen (B in *A*); *Kräfte* aufbieten; *Körper* anspannen; F pakken; → ***-ся***; decken, servieren (*a.* ***на*** B); **-ся** zusammenkommen, zusammentreten, sich zusammentun (***на, в*** B zu *D*); sich fertig machen; vorhaben, sich anschicken; im Begriff sein, gerade ... wollen; ansetzen (***для*** P zu *D*); *Gewitter*: aufziehen; *Falten*: sich bilden; *Kräfte*, *Gedanken* sammeln (***с*** T *A*); *Mut* fassen; ***-ся в доро́гу*** sich reisefertig machen, *pf.* reisefertig sein; ***-ся в комо́к*** F → ***съёживаться***

собла́зн *m* (1) Versuchung *f*, Verlockung *f*; **~и́тель** *m* (4) Verführer, Versucher; **~и́тельный** (14; -лен, -льна) verlockend, verführerisch; **~я́ть** (28), ⟨**~и́ть**⟩ (13*e.*) verlocken, verführen; **-ся** sich verleiten lassen (***на*** B durch *A*)

соблю|де́ние *n* (12) Beachtung; → **~да́ть** (1), ⟨**~сти́**⟩ (25) beachten, befolgen; einhalten, halten; wahren; walten lassen; ***~да́йте тишину́!*** Ruhe bitte!

соболе́знова|ние *n* (12) Beileid (***по слу́чаю*** P zu *D*), Mitgefühl; Anteilnahme *f*; **~ть** (7) mitfühlen (Д mit *D*), Mitgefühl haben, s-n Mitgefühl ausdrücken

собо́л|ий (18), **~и́ный** (14) Zobel-; **~ь** *m* (4; *pl. a. e.*, *N* -я́) Zobel

собо́р *m* (1) Kathedrale *f*, Dom; Konzil *n*; Konferenz *f*; Versammlung (***на*** П in *D*); **~ность** *f* (8) orthodoxe Gemeinsamkeit *od.* Gemeinschaft; **~ный** (14) Kathedral-, Dom-; Konzils-; allgemein, gemeinschaftlich; **~ование** *n* (12) Letzte Ölung *f*; **~овать** (7) *im(pf.)* (B *j-m*) die Letzte Ölung geben; **-ся** die letzte Ölung empfangen

собра́н|ие *n* (12) Versammlung *f* (***на*** П in *D*); Zusammenkunft *f*; Sammlung *f*; Stunde *f*, Abend *m*; ***~ие сочине́ний*** gesammelte Werke *n/pl.*; ***по́лное ~ие сочине́ний*** sämtliche Werke *n/pl.*; **~ный** (14*K.*) *fig.* gesammelt; angespannt; diszipliniert

собра́т *m* (1; *pl.* -ья, -ьев) Kollege; Mitbruder, Bruder; F Artgenosse

собра́ть(ся) → ***собира́ть(ся)***

со́бственн|ик *m* (1) Eigentümer, Eigner; Besitzer; **~ический** (16) Eigentums-; Eigentümer-; Besitzer-; Besitz-; **~о**: ***~о, ~о говоря́*** eigentlich, im Grunde, im Grunde genommen; im eigentlichen Sinne; speziell; **~oру́чный** (14; -чен, -чна) eigenhändig; **~ость** *f* (8) Eigentum *n*, Besitz *m* (***на*** B an *D*); **~ый** (14) eigen; Eigen-; eigentlich; *Lauf*: frei

собуты́льник F *m* (1) Zechbruder

собы́ти|е *n* (12) Ereignis; Begebenheit *f*; *pl.* Geschehen; **~йный** (14; ~ен, ~йна) ereignisreich; *Lit.* episch; der Vorgänge

сова́ *f* (5; *pl. st.*) Eule

сова́ть (7*e.*), ⟨су́нуть⟩ (20) stecken, einstecken, hineinstecken, stopfen; F zustecken, zuschieben; andrehen wollen; stoßen; P hauen; → **-ся** *fig.* die Nase hineinstecken, sich einmischen; sich vorwagen *od.* heranwagen; sich heranmachen; sich aussuchen (***к*** Д/***с***

С

T *j-n* für *A*); sich auslassen (***в*** B über *A*); hereinrennen, hereinplatzen; P *impf.* → ***вози́ться***

соверш|а́ть (1), ⟨**~и́ть**⟩ (16*e.*) vollbringen, vollziehen; begehen, verüben, üben; *Hdl.* abschließen; *Rel.* abhalten, verrichten; *Reise* machen, unternehmen; **-ся** geschehen, erfolgen; eintreten; stattfinden; ***~и́вшийся*** vollendet; **~е́ние** *n* (12) Abschluß *m*; Schließung *f*; Verübung *f*; → ***~а́ть***; **~еннол́етие** *n* (12) Volljährigkeit *f*; → **~еннолéтний** (16) volljährig, mündig; **~е́нный** (14; -е́нен, -нна) vollendet (*a. Gr.*), vollkommen; vollständig, völlig; ganz, komplett; *Brief*: vorzüglich; *Gr.* perfektiv; F richtig, richtiggehend; **~е́нство** *n* (9) Vollkommenheit *f*, Vollendung *f*; Meisterleistung *f*; Meister *m*; *pl.* Vorzüge *m/pl.*; **~е́нствование** *n* (12) Vervollkommnung *f*; **~е́нствовать** (7), ⟨у-⟩ vervollkommnen, verbessern

со́вест|иться F (1) **1.** ⟨у-⟩ Gewissensbisse haben *od. pf.* bekommen; **2.** sich genieren *od.* schämen; **~ливый** [-sl-] (14 *K.*) gewissenhaft; **~но** [-sn-]: ***~но*** (Д *j-d*) schämt *od.* geniert sich, es ist *j-m* peinlich; **~ь** *f* (8) Gewissen *n* (***по*** Д mit *D*); ***по ~и*** gewissenhaft; Hand aufs Herz!; ***по ~и говоря́*** um die Wahrheit zu sagen; ***на ~ь*** F tadellos; ***на́до и ~ь знать, ~ь на́до име́ть*** man muß wissen, was sich gehört; P ***~и хвати́ло*** (***у*** P *j-d*) hat es über sein Gewissen gebracht …; → ***честь*** F

сове́т *m* (1) Rat, Ratschlag, Anraten *n* (***по*** Д auf); Beirat; Senat; Sowjet; † Eintracht *f*; **~ник** *m* (1) Ratgeber, Berater; *Adm.* Rat; **~овать** (7), ⟨по-⟩ raten, *pf.* e-n Rat geben; **-ся** sich beraten; um Rat fragen (***с*** T *j-n*, bei *j-m*), *j-n* zu Rate ziehen; **~ский** (16) Sowjet-, sowjetisch; Staats- (*SU*); **~чик** *m* (1) → ***~ник***

совеща́|ние *n* (12) Beratung *f*, Rat *m*; Besprechung *f*, Konferenz *f* (***на*** П in *D*); **~тельный** (14) beratend; Beratungs-; **~ться** (1) beraten, sich beraten, konferieren

сови́ный (14) Eulen-; eulenhaft

совко́вый F (14) → ***сово́к 2***

совлад|а́ть F (1) *pf.* fertig werden; (***с собо́й*** sich) beherrschen, bezwingen; **~е́лец** *m* (1; -льца) Mitinhaber

совме|сти́мый (14 *K.*) vereinbar, verträglich, kompatibel; **~сти́тельство** *n* (9) Doppelbeschäftigung *f*; ***по ~сти́тельству*** nebenamtlich; **~́стный** [-sn-] (14; -́тен, -́тна) gemeinsam, vereint; Gemeinschafts-, Ko-; **~ща́ть** (1), ⟨**~сти́ть**⟩ (15*e.*) vereinen, vereinigen, verbinden; *Math.* übereinanderlegen; **-ся** zusammenfallen, sich dekken; verschmelzen; **~ще́ние** *n* (12) Vereinigung *f*, Verbindung *f*; *Math.* Kongruenz *f*

сово́к *m* (1; -вка́) **1.** Handschaufel; **2.** F *verä.*, *iron.* Sowjetmensch; sowjetische Lebensart *f*

совокуп|ле́ние *n* (12) Begattung *f*, Koitus *m*; **~́ность** *f* (8) Gesamtheit; ***в ~́ности*** insgesamt; **~́ный** (14; -́ен, -́на) vereint

совпа|да́ть (1), ⟨**~́сть**⟩ (25; *Prät. st.*) zusammenfallen, zusammentreffen; übereinstimmen, sich decken; *Math.* kongruieren; **~де́ние** *n* (12) Übereinstimmung *f*; Koinzidenz *f*; → ***~да́ть***

совра|ща́ть (1), ⟨**~ти́ть**⟩ (15*e.*; -т/щ-) verleiten, verführen; abbringen

совреме́нн|ик *m* (1) Zeitgenosse; **~ость** *f* (8) Gegenwart; Aktualität; Zeitnähe; ***… ~ости*** von heute; → **~ый** (14; -е́нен, -а) zeitgenössisch; zeitgemäß; Gegenwarts-, gegenwärtig, heutig; aktuell; modern; der Gegenwart; → ***~ость***; (Д) seiner Zeit

совсе́м ganz, völlig; richtig; F für ganz; ***~ не, ~ нет*** gar *od.* überhaupt nicht

совхо́з *m* (1) Sowchos(e *f*), Staatsgut *n*

согла́|сие *n* (12) Zustimmung *f* (***с*** P mit *D*), Einwilligung *f* (***на*** B zu *D*), Einverständnis; Eintracht *f*, Einvernehmen; Einklang *m*; ***в ~сии*** einträchtig; **~си́тельный** (14) Schlichtungs-; **~си́ться** → ***~ша́ться***

согла́с|но 1. *Prp.* (Д) gemäß, laut, zufolge; **2.** *Adv.* zustimmend; → ***~ие***; → **~ный** (14; -ен, -на) **1.** einträchtig, einmütig; harmonisch; übereinstimmend, entsprechend; *Gr.* konsonantisch; *Su. m* Konsonant, Mitlaut; **2.** *mst präd.* einverstanden (***с*** T, ***на*** B mit *D*); willens, bereit; → ***соглаша́ться***

согласов|а́ние *n* (12) Koordinierung *f*; → ***~́ывать***; *Gr.* Kongruenz *f*;

С

Consecutio *f*; **~́анный** (14*K*.) koordiniert, einmütig; → **~́ывать** (1), ⟨**~а́ть**⟩ (7) abstimmen, aufeinander abstimmen, koordinieren, in Einklang bringen; *Gr*. in Kongruenz bringen; abklären; **~а́ться** *im*(*pf*.) übereinstimmen, in Einklang stehen, konform sein; *pf*. sich absprechen; *Gr*. *impf*. kongruieren

соглаша́тель *m* (4) Kompromißler; **~ский** (16) kompromißlerisch

согла|ша́ться (1), ⟨**~си́ться**⟩ (15*e*.) einwilligen (***на*** B in *A*), einverstanden sein, sich einverstanden erklären, (auf *A*) eingehen; zustimmen, beipflichten (***с*** T *D*); zugeben; F sich einigen (***на*** П auf *A*); P übereinkommen; **~ше́ние** *n* (12) Übereinkunft *f*, Übereinkommen; Vereinbarung *f*, Abmachung *f*; Abkommen, Vertrag *m*; Agreement; Einvernehmen (***по*** Д in *D*); Schluß *m*

согляда́тай *m* (3) Späher, Spitzel

согна́ть → ***сгоня́ть***

согну́ть(ся) → ***сгиба́ть(ся)***

согражда́н|и́н *m* (1; *pl*. ~́е, ~́), **~́ка** *f* (5; ~́ок) Mitbürger(in *f*)

согрева́|ние *n* (12) Erwärmung *f*; **~ть** (1) → ***греть 1***; **~ющий** warm

соде́йств|ие *n* (12) Unterstützung *f* (***при*** П mit *D*), Beistand *m*; Mithilfe *f*, Mitwirkung *f* (unter *D*); Förderung *f*; **~овать** (7) *im*(*pf*.) beitragen (Д zu *D*), förderlich sein; Vorschub leisten, (*A*) unterstützen

содерж|а́ние *n* (12) Inhalt *m*, Gehalt *m*; Inhaltsverzeichnis; Haltung *f*; Unterhaltung *f*; → ***~а́ть***; Lohn *m*; Besoldung *f*; **~́ательный** (14; -лен, -льна) inhaltsreich, aufschlußreich; gehaltvoll; **~а́ть** (4) unterhalten, erhalten, aushalten; halten; instandhalten; (*a*. ***в себе́***) enthalten; ***~а́ть в чистоте́*** sauberhalten; ***~а́ть ...*** (P) e-n ... -gehalt haben; **-ся** gehalten, gefangengehalten *od*. aufbewahrt werden; enthalten sein, sich befinden; **~и́мое** *n* (14) Inhalt *m*

со́довый (14) Soda-

содокла́д *m* (1) Korreferat *n*

содо́м F *m* (1) Tohuwabohu *n*, Höllenspektakel *n*; † Sodom u. Gomorrha *n*

содра́ть → ***сдира́ть***

содрог|а́ние *n* (12) Schauder(n) *m*; **~а́ться** (1), ⟨**~ну́ться**⟩ erbeben, erschaudern (***от*** P vor *D*)

содру́жество *n* (9) Zusammenwirken, Zusammenarbeit *f*; Gemeinschaft *f*; Vereinigung *f*

со́евый (14) Soja-

соедин|е́ние *n* (12) Verbindung *f*, Vereinigung *f*; *Tech*. Kupplung *f*; *El*. Schaltung *f*; *Math*. Kombination *f*; *Mil*. Verband *m*; **~ённый** (14) vereinigt, vereint; **~и́тельный** (14) Verbindungs-; Binde-; *Gr*. kopulativ; **~я́ть** (28), ⟨**~и́ть**⟩ (13*e*.) vereinigen, vereinen, verbinden; vermischen; *Tech*. kuppeln; *El*. schalten; *Esb*. Verbindung herstellen (T *A*); ***~и́ть винта́ми*** verschrauben; **-ся** sich in Verbindung setzen; *Chem*. e-e Verbindung eingehen

сожале́|ние *n* (12) Bedauern; Mitleid; ***без ~ния*** erbarmungslos; ***к ~нию*** leider; ***с ~нием*** mitleidig; **~ть** (8) bedauern (***о*** П *A*), bereuen; ***~ет*** (И *j-m*) tut es leid ...

сожже́ние *n* (12) Verbrennung *f*

сожи́тель *m* (4) Hausgenosse, Zimmergenosse, Mitbewohner; P Geliebte(r); **~ство** *n* (12) Zusammenleben; Wohngemeinschaft *f*, Lebensgemeinschaft *f*; Verhältnis, wilde Ehe *f*

созва́ниваться F (1), ⟨**~они́ться**⟩ (13*e*.) sich telefonisch in Verbindung setzen; sich zusammenrufen

созва́ть → ***созыва́ть***

созве́здие *n* (12) Sternbild, Gestirn

созву́ч|ие *n* (12) Gleichklang *m*; *fig*. Anklang *m*; Harmonie *f*; → **~ный** (14; -ен, -на) gleichklingend, (Д an *A*) anklingend; harmonisch; wesensverwandt, *fig*. verwandt; ***~ный вре́мени*** zeitnah

созда|ва́ть (5), ⟨**~́ть**⟩ (~́м, ~́шь; → ***дать***; ~́л, -ла́; ~́нный: -на́) schaffen; gründen, begründen, ins Leben rufen; *Ruf* einbringen, *Namen* machen; *Eindruck* erwecken; *Gefahr* heraufbeschwören; *impf*. F *Amtsschimmel* reiten; **-ся** entstehen, sich herausbilden; *Eindruck* gewinnen (***у*** P *N*); **~́ние** *n* (12) Schaffung *f*; → ***~ва́ть***; Schöpfung *f*, Werk; Geschöpf; **~́тель** *m* (4) Schöpfer (*Rel*. ***2тель***); Begründer

созерца́|ние *n* (12) Betrachtung *f*; Kontemplation *f*; **~тельный** (14; -лен, -льна) beschaulich, kontempla-

tiv; besinnlich; **~ть** (1) betrachten; nachsinnen (**В** über *A*)
созида|ние *n* (12) Schaffen; **~тель** *m* (4) Schöpfer; Erbauer; **~тельный** (14; -лен, -льна) schöpferisch; (*o.K.*) Schaffens-; Aufbau-; **~ть** (1) schaffen; erbauen
созна|ва́ть (5), ⟨**~ть**⟩ (1) sich bewußt sein (В *G*), sich dessen bewußt sein *od. pf.* werden, erkennen; einsehen; (**себя́** sich) fühlen (Т als *A*); **-ся** eingestehen, gestehen (**в** П *A*); s-e Schuld bekennen, zugeben; **~ние** *n* (12) Bewußtsein (**в** П bei *D*; **с** Т in *D*); Besinnung *f* (**в** В zu *D*); Einsicht *f* (Р in *A*), Erkenntnis (von *D*); Geständnis; ***без ~ния*** bewußtlos, besinnungslos; **~тельность** *f* (8) Pflichtbewußtsein; → **~тельный** (14; -лен, -льна) bewußt, pflichtbewußt, verantwortungsbewußt; überzeugt; absichtlich, vorsätzlich; klassenbewußt (*SU*)
созре|ва́ние *n* (12) Heranreifen *n*, Reifen; Reife *f*; **~ва́ть** (1); → ***зреть 1***; **~вший** (14) herangereift, reif
соз|ы́в *m* (1) Einberufung *f*; **~ыва́ть** (1), ⟨**~ва́ть**⟩ (-ову́, -вёшь; → ***звать***) zusammenrufen; einladen, (**у** Р zu sich) bitten; einberufen, versammeln
соизво́лить (13) *pf. iron.* geruhen
соизмери́мый (14*K.*) vergleichbar, kommensurabel
соиска́|ние *n* (12) Erlangung *f* (**на** В zu *D*); **~тель** *m* (4) Bewerber (Р für *A*)
со́йка *f* (5; со́ек) Eichelhäher *m*
сойти́(сь) → ***сходи́ть(ся)***
сок *m* (1; -а/-у; *a.* в -у́) Saft; F Lebenskraft *f*; ***в по́лном ~у́*** *Bot.* im Saft stehend; **~овыжима́лка** *f* (5; -лок) Saftpresse
со́кол *m* (1) Falke; *Folkl.* → ***мо́лодец²***; ***гол как ~*** F arm wie e-e Kirchenmaus; **~и́ный** (14) Falken-; **~ьник** *m* (1) Falkner
сокра|ща́ть (1), ⟨**~ти́ть**⟩ (15*e.*; -т/щ-) kürzen; abkürzen, verkürzen; herabsetzen, verringern, reduzieren; einschränken, drosseln; abbauen, ***~ти́ть с рабо́ты*** F entlassen; **-ся** kürzer *od.* kleiner werden; zurückgehen; sich zusammenziehen; *impf. Math.* reduzierbar sein; **~ще́ние** *n* (12) Kürzung *f*; Abkürzung *f*, Verkürzung *f*; → ***~ща́ть(ся)***; ***без ~ще́ний*** ungekürzt; **~щённый** (14*K.*) kurz, kurzgefaßt; (*o.K.*) Kurz-; *Gr.* verkürzt
сокрове́нный (14 *K.*; -е́нен, -нна) geheim; verborgen; innig, innigst, intim
сокро́вищ|е *n* (11) Schatz *m*; Kostbarkeit *f*; **~ница** *f* (5) Schatzkammer; → ***~е***
сокруш|а́ть (1), ⟨**~и́ть**⟩ (16*e.*) zerschmettern, zermalmen, zerstören; zerknirschen, zerbrechen; **-ся** *impf.* untröstlich sein (Т in *D*; **о** П wegen *G*), sich grämen; jammern; **~е́ние** *n* (12) Vernichtung *f*; → ***~а́ть***; Erschütterung *f*; Verärgerung *f*; ***с ~е́нием*** tief bekümmert, geknickt; **~и́тельный** (14; -лен, -льна) vernichtend, verzehrend; zerstörerisch
солда́|т *m* (1; -т) Soldat; **~тик** *m* (1) Soldat (*Spielzeug*); **~тня́** P *f* (6) Soldateska; **~тский** (16) Soldaten-, soldatisch; **~фо́н** F *m* (1) Kommißhengst
соле|ва́р *m* (1) Salzsieder; **~ва́рня** *f* (6; -рен) Salzsiederei, Saline; **~во́й** (14) Salz-; **~ние** *n* (12) Salzen; Einsalzen; **~ный** (14*K.*) salzig; Salz-; gesalzen; eingesalzen; sauer; F *fig.* gepfeffert; hart; **~нье** F *n* (10) Eingesalzene(s)
солидар|из(и́р)ова́ться (7) *im(pf.)* sich solidarisieren *od.* solidarisch erklären; **~ность** *f* (8) Solidarität; ... ***~ности*** Sympathie-; **~ный** (14; -ен, -на) solidarisch
соли́дн|ость *f* (8) Solidität; **~ый** (14; -ден, -а) solide, gediegen; gründlich; seriös, gesetzt; stattlich; F fortgeschritten; groß; ***~ых лет*** bei Jahren
солитёр *m* (1) Bandwurm
сол|и́ть (13/13*e.*; -енный) **1.** ⟨по-, за-⟩ salzen; einsalzen, einmachen; **2.** ⟨на-⟩ F *j-m* übel mitspielen *od.* die Suppe versalzen; **~ка** *f* (5) Einsalzen *n*, Einlegen *n*
со́лн|ечный (14; -чен, -чна) sonnig; *fig.* heiter, glücklich; (*o.K.*) Sonnen-; **~це** ['sɔn-] *n* (11) Sonne *f* (**на** П in *D*); Sonnenlicht, Sonnenschein *m*; ***до ~ца*** vor Sonnenaufgang; **~цеворо́т** [sən-] *m* (1) Sonnenwende *f*; **~цепёк** [sən-]: ***на ~цепёке*** in der prallen Sonne; **~цестоя́ние** [sən-] *n* (12) → ***~цеворо́т***; **~ышко** F *n* (9) liebe Sonne *f*; Schatz *m*
солов|е́й *m* (3; -вья́) Nachtigall *f*; ***~ья́***

С

бáснями не кóрмят *Spr.* von schönen Worten wird man nicht satt; **~éть** F (8) ⟨о-, по-⟩ glanzlos werden **~ьи́ный** (14) Nachtigallen-
сóлод *m* (1; ̶-а/̶-у) Malz *n*; **~и́ть** (15*e.*) mälzen; **~óвенный** (14) Malz-; **~óвня** *f* (6; -вен) Mälzerei; **~óвый** (14) Malz-
солóдка *f* (5; -док) Süßholz *n*
солóм|а *f* (5) Stroh *n*; **~енный** (14) Stroh-; strohblond; ***~енный вдовéц*** *m* Strohwitwer; **~инка** *f* (5; -нок) Strohhalm *m*; **~ка** *f* (5) Stroh *n*; Stangen *f/pl.*; **~орéзка** *f* (5; -зок) Häckselmaschine
солон|и́на *f* (5) Pökelfleisch *n*; **~̶ка** *f* (5; ̶-ок) Salzfaß *n*, Salzstreuer *m*; **~̶о** F: ***~̶о пришлóсь*** (Д *j-d*) hatte nichts zu lachen; → ***уходи́ть***; **~чáк** *m* (1*e.*) Salzboden
соль¹ *f* (8; *ab Gpl. e.*) Salz *n*; *fig.* Witz *m*, Würze, Pointe
соль² *n* (*unv.*) *Mus.* G
сóльный (14) Solo-
соля́н|ка *f* (5; -ок) Salzkraut *n*; *Art* Fischsuppe *od.* Fleischsuppe, Soljanka; **~óй, ~ый** (14) Salz-
соля́рий *m* (3; -и) Solarium *n*
сом *m* (1*e.*) Wels, Waller
сóмкнут|ый (14*K.*) geschlossen; **~̶ь(-ся)** → ***смыкáть(ся)***
сомн|евáться (1) zweifeln (***в*** П an *D*), *et.* bezweifeln; unschlüssig sein; **~éние** *n* (12) Zweifel *m* (***в*** П an *D*); ***в э́том нет ~éния*** darüber gibt es keinen Zweifel; **~и́тельный** (14; -лен, -льна) zweifelhaft, fragwürdig; verdächtig; (*o.K.*) Zweifels-
сомнóжитель *m* (4) *Math.* Faktor
сон *m* (1; сна) Schlaf (***сквозь*** В im; T/P *A*/*G*; ***перед*** T → ***грядýщий***); Traum; *fig.* Stille *f*, Ruhe *f*, Frieden; ***крéпким сном*** fest; ***без сна*** schlaflos; ***со сна*** F noch schlaftrunken; ***~ в рýку*** F der Traum ist eingetroffen; ***ни сном ни дýхом*** F kein bißchen, überhaupt nicht *od.* nichts; **~ли́вый** (14*K.*) schläfrig; → ***~̶ный, сни́ться***; **~м** † *m* (1) Menge *f*; Myriade *f*; **~̶ный** (14) Schlaf-; schlafend, im Schlaf; (̶-ен, ̶-на) verschlafen; schlaftrunken; *Anat.* Hals- (→ ***артéрия***); ***как ~̶ная мýха*** F matt wie e-e Fliege; **~̶я** (6; ̶-ей) **1.** *m*/*f* F Schlafmütze *f*, Langschläfer *m*, Transuse *f*; **2.** *f* Siebenschläfer *m*
сообра|жáть (1), ⟨~зи́ть⟩ (15*e.*) erfassen, begreifen; überlegen, (В † über *A*) nachdenken; F kapieren; organisieren; P e-n heben; *impf.* → ***смы́слить***; auffassen, F gut auffassen; ***плóхо ~жáть*** schwer von Begriff sein; **~жéние** *n* (12) Überlegung *f* (***по*** Д *pl.* aus *D*, aus *D* heraus), Erwägung *f*; Auffassung *f*; Grund *m*; **~зи́тельность** *f* (8) Auffassungsgabe, Intelligenz; → **~зи́тельный** (14; -лен, -льна) findig, aufgeweckt; intelligent
сообрáз|но (Д, ***с*** Т) gemäß, entsprechend, je nach (*D*); **~ность** *f* (8) Übereinstimmung; **~ный** (14; -ен, -на) angemessen, adäquat (***с*** Т *D*), übereinstimmend (mit *D*); ***ни с чем не ~ный*** völlig unsinnig; **~овáть** (7) *im*(*pf.*) abstimmen, aufeinander abstimmen, in Einklang bringen; sich richten (***с*** Т nach *D*), *et.* berücksichtigen; **-ся** in Einklang stehen
сообщá gemeinsam, zusammen
сообщ|áть (1), ⟨~и́ть⟩ (16*e.*) mitteilen (*a.* ***о*** П *et.*), benachrichtigen; melden; verleihen; **-ся** *impf.* Verbindung haben; ***~áющийся*** *Phys.* kommunizierend; **~éние** *n* (12) Mitteilung *f*, Nachricht *f*; *Presse*: Meldung *f*; *Met.* Bericht *m*; *Tech.* Verkehr *m*, Verbindung(en *pl.*) *f*
сообщ|ество *n* (9) Gemeinschaft *f*; ***в ~естве*** → ***~á***; **~ник** *m* (1) Mittäter, Komplice; **~̶ничество** *n* (9) Mittäterschaft *f*
соору|жáть (1), ⟨~ди́ть⟩ (15*e.*) errichten; F anfertigen, zimmern; herrichten; **~жéние** *n* (12) Errichtung *f*, Bau *m*; Gebäude; Anlage *f*; F Vorrichtung *f*
соотвéтств|енно (Д, ***с*** Т) entsprechend, gemäß (*D*); beziehungsweise; **~енный** (14*K.*) entsprechend, angemessen; nötig; **~ие** *n* (12) Übereinstimmung *f*, Entsprechung *f*; ***в ~ии*** → ***~енно***; aufgrund (*G*); **~овать** (7) entsprechen, genügen; *Zeit*: fallen (Д in *A*); **~ующий** (17) entsprechend; passend
соотéчественни|к *m* (1) Landsmann; **~ца** *f* (5) Landsmännin *f*
соотн|оси́тельный (14; -лен, -льна) korrelativ, wechselseitig; **~оси́ть** (15),

⟨~ести́⟩ (25 -с-⟩ in Wechselbeziehung bringen; **-ся**, ⟨-сь⟩ in Wechselbeziehung stehen, korrelieren; **~оше́ние** *n* (12) Wechselbeziehung *f*, Korrelation *f*; Verhältnis

сопе́ние *n* (12) Schnaufen

сопе́рни|к *m* (1) Rivale, Nebenbuhler; Konkurrent; **~чать** (1) rivalisieren, wetteifern; konkurrieren; sich messen *od.* messen können, es mit *j-m* aufnehmen können; **~чество** *n* (9) Rivalität *f*; Wettbewerb *m*, Wettstreit *m*; Konkurrenz *f*

сопе́ть (10*e.*) schnaufen, schnauben; schmauchen (T *A*)

со́пка *f* (5; -пок) Kuppe; Vulkan *m*

со́пл|и P *f*/*pl.* (6; *ab G e.*) Rotz *m*; **~и́вый** F (14 *K.*) rotzig, rotznasig; **~о́** *n* (9; *pl. st.*, *G a.* -пел) Düse *f*, Mundstück; **~я́к** P *m* (1*e.*) Rotznase *f*, Rotzjunge

соподчинённый (14) *Gr.* beigeordnet

сопостав|и́мый (14 *K.*) vergleichbar, Vergleichs-; **~и́тельный** (14) kontrastiv, konfrontativ; **~ле́ние** *n* (12) Gegenüberstellung *f*, Vergleich *m*; Konfrontation *f*; **~ля́ть** (28), ⟨~́ить⟩ (14) gegenüberstellen (**с** T *D*), vergleichen

сопра́но *n* (*unv.*) Sopran *m*, Sopranstimme *f*

сопреде́льный (14; -лен, -льна) angrenzend, benachbart; Grenz-, Nachbar-

соприк|аса́ться (1), ⟨~осну́ться⟩ (20) sich berühren, in Berührung kommen; **~основе́ние** *n* (12) Berührung *f*, Fühlung *f*, Kontakt *m*

сопричастный [-sn-] (14; -тен, -тна) mitbeteiligt (Д an *D*), teilhaftig (*G*)

сопрово|ди́тельный (14) Begleit-; **~жда́ть** (1), ⟨~ди́ть⟩ (15*e.*; -ждённый) begleiten; geleiten, eskortieren; versehen; bedenken; **-ся** *impf.* nach sich ziehen, zur Folge haben; **~жда́ющий** (17) Begleit-; Geleit-; *Su. m* Begleiter, Betreuer; **~жде́ние** *n* (12) Begleitung *f* (**в** П/P *Mus.* mit *D*); *Mil.* Geleitschutz *m*, Begleitschutz *m*

сопротивл|е́ние *n* (12) Widerstand *m* (*a. El.*; Д gegen *A*); *Tech.* Festigkeit *f*; **~я́емость** *f* (8) Widerstandsfähigkeit; **~я́ться** (28) Widerstand leisten; sich widersetzen; ankämpfen (Д gegen *A*); widerstehen

сопря|га́ть (1), ⟨~́чь⟩ (26 -г/ж-) verbinden; koppeln; **~же́ние** *n* (12) *Tech.* Kopp(e)lung *f*; **~жённый** (14*K.*) gekoppelt

сопу́тств|овать (7) begleiten (Д *A*), begleitet sein (Д/И *N*/von *D*); **~ующий** (17) Begleit-

сор *m* (1; -а/-у) Kehricht *m*, *n*, Unrat, Schmutz; Plunder; ***выноси́ть ~ из избы́*** *Spr.* s-e schmutzige Wäsche vor allen Leuten waschen

соразме́р|ный (14; -ен, -на) gemäß, entsprechend, angemessen; ebenmäßig, proportioniert, wohlproportioniert; **~я́ть** (28), ⟨~ить⟩ (13) abstimmen, (**с** T gegenüber *D*) richtig abschätzen; anpassen (*D*)

сора́тник *m* (1) Kampfgefährte, Kampfgenosse; Mitkämpfer, Mitstreiter

сорване́ц F *m* (1; -нца́) Wildfang, Schlingel, Range

сорва́ть(ся) → ***срыва́ть(ся)***

сорвигол|ова́ F *m*/*f* (5; *Npl. st.* -, *G* -о́в) Tollkopf *m*, Draufgänger *m*

соревнова́|ние *n* (12) Wettbewerb *m*, Wettstreit *m*; Kampf *m*, Spiel, Turnier; *pl.* Wettkämpfe *m*/*pl.* (**по** Д in *D*); → ***состяза́ние***; **~ться** (7) im Wettbewerb stehen; wetteifern, sich messen

сори́|нка *f* (5; -нок) Staubkorn *n*, Stäubchen *n*; Fädchen *n*; Krümel *m*, *n*; **~ть** (13*e.*), ⟨на-⟩ schmutzen, Schmutz machen; F verpulvern, (T mit *D*) *Geld*: um sich werfen

со́рн|ый (14) Abfall-, Müll-; *Bot.* → **~я́к** *m* (1*e.*) *mst pl.* Unkraut *n*

соро́дич *m* (1; -ей) Verwandte(r); Landsmann

со́рок (35) vierzig; → ***три́дцать***

соро́ка *f* (5) Elster; → ***воровско́й***

сорок|але́тие *n* (12) vierzig Jahre *pl.*; vierzigster Jahrestag *m*; **~але́тний** (15) vierzigjährig; **~ово́й** (14) vierzigste(r); → ***пя́тый, двадца́тый***; **~оно́жка** *f* (5; -жек) Tausendfüßler *m*; **~опу́т** *m* (1) Neuntöter

соро́чка *f* (5; -чек) Hemd *n*

сорт *m* (1; *pl. e.*, *N* -а́) Sorte *f*; Qualität *f*, Güteklasse *f*, Wahl *f*; Type *f*; F Art *f*

сорти́р P *m* (1) Klo *n*, Lokus (**в** П auf *D*)

С

сортиров|áть (7), ⟨рас-⟩ sortieren, aussortieren; **~́ка** *f* (5; -́ок) Sortierung; *Esb.* Rangieren *n*; F Sortiermaschine; Getreidereiniger *m*; **~́очный** (14) Sortier-; *Esb.* Rangier-

сортовóй (14) Sorten-; Qualitäts-; Typen-; *Tech.* Profil-, Form-, Stab-

сосáть (-сý, -сёшь; сóсанный) **1.** saugen (B *a.* an *D*); lutschen; *fig.* nagen; F schlürfen; → ***лóжечка***; P ~ ***вóдку*** picheln; **2.** ⟨вы́-⟩ → ***впи́тывать***, P ***высáсывать***

сосвáтать (1) *pf.* verheiraten; F verkuppeln (***за*** B *od.* Д mit *j-m*); an den Mann bringen; → ***свáтать***

сосéд *m* (1/*pl.* 4: -и), **~ка** *f* (5; -ок) Nachbar(in *f*); **~ний** (15) Nachbar-, benachbart, (***с*** T an *A*) angrenzend; Neben-; **~ский** (16) Nachbar-, nachbarlich; → **~ство** *n* (9) Nachbarschaft *f* (***по*** Д/***с*** T in *D*/*G*), Nähe *f*

сос|éц *m* (1; -цá); → ***~óк***; **~и́ска** *f* (5; -сок) Würstchen *n*, Wiener Würstchen *n*; **~́ка** *f* (5; -́ок) Schnuller *m*

соск|áбливать (1), ⟨~обли́ть⟩ (14/14*e.*; -óбленный) abschaben, abkratzen

соск|áкивать (1), ⟨~очи́ть⟩ (16) hinabspringen, abspringen; herunterfallen, abgehen; F entschlüpfen (***с*** P *D*); weg sein (***с*** P *j-s*)

соск|áльзывать (1), ⟨~ользнýть⟩ (20) hinunterrutschen, abrutschen, abgleiten; *fig.* verschwinden

соскобли́ть → ***соскáбливать***

соскользнýть → ***соскáльзывать***

соскочи́ть → ***соскáкивать***

соскре|бáть F (1), ⟨~сти́⟩ (25 -б-⟩ abschaben, abkratzen

соскýчи|ться (16) *pf.* sich langweilen *od.* sehnen, Sehnsucht bekommen (***по*** Д/F П, ***о*** П nach *D*); **~лся** (И *j-m*) ist es langweilig geworden; → ***наскýчить***

сослагáтельн|ый: ***~ое наклонéние*** *n* Konjunktiv *m*

сóсла|нный *m* (14) Verbannte(r); **~́ть(ся)** → ***ссылáть(ся)***

сóслеп|а, ~у F wegen s-r *od.* ihrer Kurzsichtigkeit *od.* Blindheit

сослóв|ие *n* (12) Stand *m*; F Zunft *f*; **~ный** (14) Standes-, Stände-; ständisch

сослужи́|вец *m* (1; -вца) Kollege, Arbeitskollege; **~ть** (16) *pf.* *Dienst* leisten

сосн|á *f* (5; *pl. st.*, *G* -́сен) Kiefer, Föhre; **~óвый** (14) Kiefern-; Kien-

соснýть F (20) *pf.* ein Nickerchen machen, schlummern

сосня́к *m* (1*e.*) Kiefernwald

сосó|к *m* (1; -скá) Brustwarze *f*; Zitze *f*; **~чек** *m* (1; -чка) Papille *f*

сосредотóч|ение *n* (12) Konzentrierung; → ***~ивать***; **~енность** *f* (8) Konzentration; → **~енный** (14 *K.*) konzentriert; gesammelt, geballt; gespannt; tief, abgrundtief; → **~ивать** (1), ⟨~ить⟩ (16) konzentrieren (***на*** П auf *A*), versammeln; richten, fixieren; *Mil.*, *Tech.* zusammenziehen, zusammenfassen; **-ся** sich vertiefen (***на*** П in *A*); (***в*** П in sich) gehen; *Gedanken* sammeln (***с*** T *A*)

состáв *m* (1) Zusammensetzung *f*; Bestand; Struktur; Personal *n*; Gremium *n*; *fig.* Körper; *Thea.*, *Sp.* Besetzung *f*, *Sp.* Aufstellung *f*; *Mil.* Korps *n*, Stab; Stärke *f*; *Mar.* Besatzung *f*; *Esb.* Zug, Garnitur *f*; Material *n*; *Chem.* Lösung *f*, Gemisch *n*, Satz; ~ ***слов*** Wortschatz; ***в ~е*** bestehend aus (P *D*); (+ P) -köpfig; ***в пóлном ~е*** vollzählig; ***в ~*** (P) in (*A*); ***входи́ть в ~*** e-n Bestandteil bilden; (P *D*) angehören; **~и́тель** *m* (4) Herausgeber; Verfasser; *Esb.* Rangierer; **~лéние** *n* (12) Aufstellung *f*, Zusammenstellung *f*; Aufnahme *f*; → **~ля́ть** (28), ⟨~ить⟩ (14) zusammenstellen (***в*** B in *D*; zu *D*), zusammensetzen; bilden; mischen; abfassen, verfassen; herausgeben; bestehen (B aus *D*); *Plan* aufstellen; *Brief* aufsetzen; *Protokoll* aufnehmen; *Inventur* machen; *Begriff* (***себé*** sich) machen (***о*** П von *D*); *Summe* ausmachen; *Mühe* kosten; *Vermögen* (***себé*** sich) zulegen; *Gesellschaft* leisten; **-ся** sich ansammeln *od.* herausbilden, entstehen, zustande kommen; **~нóй** (14) Bestand-; *Gr.* zusammengesetzt

состоя́|ние *n* (12) Zustand *m*; Lage *f*; Verfassung *f*; Befinden; † Stand *m*; ***в ~нии*** imstande; → **~тельность** *f* (8) Vermögensverhältnisse *n/pl.*; Vermögen *n*; Wohlstand *m*; → **~тельный** (14; -лен, -льна) vermögend, wohlhabend; begründet, stichhaltig; **~ть** (-óю, -óишь) bestehen; (T *N*) Mitglied

(**в** П G) sein; stehen (**на** in *D*); angehören (**при** П *D*); *Amt* bekleiden (**в** П *A*); **~ть в дру́жбе** befreundet sein; **~ть на слу́жбе** angestellt *od.* tätig sein; **-ся** *pf.* stattfinden
сострада́|ние *n* (12) Mitleid, Mitgefühl (**к** Д mit *D*); **с ~нием** → **~тельный** (14; -лен, -льна) mitleidig, mitfühlend; **~ть** (1) Mitleid haben (Д mit *j-m*)
состри|га́ть (1), ⟨**~́чь**⟩ (26 -г/ж-; **~́женный**) abschneiden, abscheren
состри́ть F (13*e.*) *pf.* e-n Witz machen
состр|ога́ть, ~уга́ть (1) *pf.* abhobeln
состро́ить F (13) *pf. Fratze* schneiden; *Gesicht* ziehen
состяза́|ние *n* (12) Wettstreit *m*; *Sp.* Wettkampf *m*; → **соревнова́ние**; → **~ться** (1) wetteifern; *Sp.* teilnehmen (**в** П an *D*); zu überbieten suchen (**с** Т/**в** П *j-n* an *D*)
сосу́д *m* (1) Gefäß *n*, Behälter
сосу́лька *f* (5; -лек) Eiszapfen *m*
сосу́н(о́к) *m* (1*e.*; -нка́) Säugling
сосуществова́|ние *n* (12) Koexistenz *f*; **~ть** (1) koexistieren
сосу́щий → **соса́ть**
сотворе́ние *n* (12) Erschaffung *f*
со́т|енный F (14) Hundertrubel-; **~ник** *m* (1) *ehm.* Kosakenoberleutnant; **~ня** *f* (6; -ен) Hundert *n* (Т *pl.* zu *D*); F Hunderter *m*; hundert; *hist.* Hundertschaft; Kosakenschwadron
сотова́рищ *m* (1; -ей) Kollege; Mitschüler, Schulkamerad
со́товый (14) Waben-; Honig-
сотру́дни|к *m* (1), **~ца** *f* (5) Mitarbeiter(in *f*); Beamte(r), Angestellte(r); **мла́дший нау́чный ~к** wissenschaftlicher Assistent; **ста́рший нау́чный ~к** wissenschaftlicher Oberassistent; **~чать** (1) zusammenarbeiten, mitarbeiten (**в** П an *D*); **~чество** *n* (9) Zusammenarbeit *f*, Mitarbeit *f*; Partnerschaft *f*
сотряс|а́ть (1), ⟨**~ти́**⟩ (25 -с-) erbeben lassen; schütteln; erschüttern; **-ся** erbeben (Т an *D*), beben; **~е́ние** *n* (12) Erschütterung *f*
со́т|ы *m/pl.* (1) Wabe(n *pl.*) *f*; **в ~ах** → **~овый**
со́тый (14) hundertste(r); → **пя́тый**
соу|мы́шленник *m* (1) → **~ча́стник**
со́ус *m* (1) Soße *f*, Tunke *f*; **~ник** *m* (1) Sauciere *f*, Soßengießer
соуча́ст|вовать (7) mitbeteiligt sein, mitwirken (**в** П an *D*); **~ие** *n* (12) Mitbeteiligung *f*, Mitwirkung *f*; **~ник** [-sn-] *m* (1) Mitbeteiligte(r), Mittäter; Teilhaber; Mitarbeiter
соучени́|к *m* (1*e.*), **~ца** *f* (5) Mitschüler(in *f*)
софа́ *f* (5) Sofa *n*; Diwan *m*
софи́стика *f* (5) Sophisterei, Sophistik
соха́ *f* (5; *pl. st.*) Hakenpflug *m*
со́хн|уть (21) **1.** ⟨вы́-⟩ trocknen, *pf.* austrocknen; P abmagern, dahinsiechen, siechen; schmachten; **2.** ⟨вы́-, за-⟩ vertrocknen, eintrocknen; **3.** ausdorren; trocken werden; **~ет во рту** (**у** P *j-m*) klebt die Zunge am Gaumen
сохран|е́ние *n* (12) Erhaltung *f*; → **~я́ть**; → **хране́ние**; **~́ность** *f* (8) Unversehrtheit; → **це́лость**; → **~́ный** (14; -́ен, -́на) erhalten; heil, unversehrt, intakt; **~я́ть** (28), ⟨**~и́ть**⟩ (13*e.*) erhalten, aufrechterhalten; beibehalten, bewahren; aufbewahren, verwahren, aufheben; **~я́ть за собо́й ...** sich ... vorbehalten; **-ся** erhalten *od.* haften bleiben; übrigbleiben
соцве́тие *n* (12) Blütenstand *m*
социал|-демократи́ческий (16) sozialdemokratisch; **~исти́ческий** (16) sozialistisch; **~́ьный** (14) sozial, Sozial-; **~́ьно опа́сен** gemeingefährlich
социо́лог *m* (1) Soziologe; **~и́ческий** (16) soziologisch; **~́ия** *f* (7) Soziologie
соцстра́х *m* (1) Sozialversicherung *f*
соче́льник *m* (1) Heiligabend (**в** В an)
сочета́|емость *f* (8) Kombinierbarkeit; *Ling.* Valenz; **~ние** *n* (12) Verbindung *f*; Kombination *f*; **~ть** (1) verbinden, vereinigen; kombinieren; paaren; **-ся** gepaart sein, einhergehen; zueinander passen; † *Ehe* eingehen
сочин|е́ние *n* (12) Werk; Abhandlung *f*, Schrift *f*; Opus; Schulaufsatz *m*; *Gr.* Beiordnung *f*, Parataxe *f*; Verbindung *f*; **~и́тель** *m* (4) F Fabulant; † Verfasser; Komponist; **~и́тельный** (14) *Gr.* beiordnend, parataktisch; **~я́ть** (28), ⟨**~и́ть**⟩ (13*e.*) verfassen, schreiben; dichten; komponieren; F erdichten, erfinden; fabulieren; P machen
сочи́ться (16*e.*) sickern, rinnen; *fig.*

strömen; **~ *крóвью*** bluten
сочленéние *n* (12) Gelenk
сóчный (14; -чен, -чнá) saftig; Saft-; *Farbe*: satt; *Lippen*: voll; *Stimme*: klangvoll, voll; *Stil*: farbig; *Wort*: kernig; *Humor*: herzhaft
сочýвств|енный (14 *K.*) mitfühlend, teilnahmsvoll; wohlwollend, verständnisvoll; **~ие** *n* (12) Mitgefühl (***к*** Д mit *D*), Anteilnahme *f*; Verständnis (für *A*), Sympathie(n *pl.*) *f*; Gegenliebe *f*; **~овать** (7) Anteil nehmen (Д an *D*), mitfühlen; wohlwollend gegenüberstehen; sympathisieren (Д mit *D*); **~ующий** *m* (17) Sympathisant
сóшка *f* (5; -шек) Stütze; ***мéлкая ~*** F kleiner Mann *m*; kein großes Licht *n*
союз *m* (1) Bund, Bündnis *n*, Allianz *f*; Union *f*; Verband; *Gr.* Konjunktion *f*, Bindewort *n*; **~ник** *m* (1) Verbündete(r), Alliierte(r); Bundesgenosse; **~нический** (16) Bündnis-; → **~ный** (14) verbündet, alliiert; Bundes-; Unions-; *Gr.* konjunktional
сóя *f* (6) Sojabohne; F Sojasoße
спа|д *m* (1) Abfall; Rückgang; Rückfall; Rückschlag; Rezession *f*; **~дáть** (1), ⟨**~сть**⟩ (25; *Prät. st.*) hinunterfallen, fallen, abfallen; zurückgehen, abnehmen; nachlassen
спазм *m* (1), **~а** *f* (5) Krampf *m*
спá|ивать (1) **1.** ⟨**~ять**⟩ (28) zusammenlöten; *fig.* zusammenschweißen, verbinden; **2.** → ***спои́ть***; **~йка** *f* (5; -ек) Lötung; Lötstelle; *fig.* Zusammenhalt *m*; *Med.* Verwachsung
спá|льный (14) Schlaf-; **~льня** *f* (6; -лен) Schlafzimmer *n*; **~ньё** F *n* (10) Schlafen, Schlaf *m*
спáренный (14) Zwillings-; Doppel-
спáржа *f* (5) Spargel *m*
спáри|вать (1), ⟨**~ть**⟩ (13) zwei ... zusammenspannen; paaren
спартáн|ец *m* (1; -ца) Spartaner; **~ский** (16) spartanisch
спас *m* (1; -а/-у) P → **~éние**; ♀ → ***♀и́тель***; F Erlöserikone *f*; **~áтель** *m* (4) Rettungsschwimmer; Rettungsschiff *n*; *pl.* Rettungsmannschaft(en *pl.*) *f*; → ***~и́тель***; **~áтельный** (14) Rettungs-, Bergungs-; **~áть** (1), ⟨**~ти́**⟩ (25 -с-; -ý; -, -лá) retten (***от*** Р vor *D*); bergen, in Sicherheit bringen; schützen; erlösen; *Gesicht* wahren; **-ся**, ⟨**~сь**⟩ mit dem Leben davonkommen; erlöst werden; **~éние** *n* (12) Rettung *f* (***от*** Р vor *D*); Bergung *f*; Entrinnen; Erlösung *f*; ***~éния нет*** F unheimlich; (Д *j-d*) kann sich nicht erwehren (***от*** Р *G*)
спаси́бо danke; ***~ вам*** ich danke Ihnen (***за*** В, ***на*** П für *A*); F *Su. n* Dank *m*, Dankeschön; ***большóе ~***! vielen *od.* besten Dank!; **~** (Д) dank; Gott sei Dank; ein Glück; ***~ и на том ~*** F → ***хлеб*** F
спаси́тель *m* (4) Retter; *Rel.* ♀ Erlöser, Heiland
спасти́(сь) → ***спасáть(ся)***
спасть → ***спадáть***
спать (сплю, спишь; спалá) schlafen; schlafen gehen; schlummern; ***~ и ви́деть*** F *fig.* (В von *et.*) träumen; **-ся** F: ***не спи́тся*** (Д *j-d*) kann nicht schlafen *od.* einschlafen; ***спи́тся*** man schläft, es schläft sich
спá|янность *f* (8) Zusammenhalt *m*; → **~янный** (14*K.*) geschlossen; *vgl.* ***~ять*** → ***~ивать***
спе|вáться (1), ⟨**~ться**⟩ (спою́сь, -ёшься) sich einsingen; F ins gleiche Horn tuten; **~вка** *f* (5; -вок) Chorprobe
спе|кáться (1), ⟨**~чься**⟩ (26) *Tech.* zusammenbacken; sintern; *Blut*: gerinnen; ***~кáющийся*** *Tech.* Back-
спектáкль *m* (4) Vorstellung *f* (***на*** П in *D*), Aufführung *f*; Spiel *n*; P Schauspiel *n*
спектр *m* (1) Spektrum *n*; **~áльный** (14) Spektral-
спекул|и́ровать (7) schieben, spekulieren; Geschäfte machen; **~я́нт** *m* (1) Schieber, Schwarzhändler; **~я́нтский** (16) Schwarzhandels-, Schwarz-; **~яти́вный** (14; -вен, -вна) Schwarz-; spekulativ; **~я́ция** *f* (7) Schiebung, Spekulation
спéл|ость *f* (8) Reife; **~ый** (14; -, -á) reif
спервá F zuerst, erst, zunächst, anfangs
спéреди **1.** *Adv.* von vorn; vorn; Vorder- (→ ***сбóку***); **2.** *Prp.* (Р) vor (*D*)
спер|éть → ***спирáть*** *u.* ***перéть***; **~тый** F (14*K.*) stickig, dumpf
спес|и́вость *f* (8) Hochmut *m*; **~и́вый** (14 *K.*) hochmütig; arrogant; **~ь** *f* (8)

С

Dünkel *m*, Hoffart; → ***~ивость***
спеть (8), ⟨по-⟩ reifen, reif werden
спéться → ***спевáться***
спех F *m* (1; -а/-у) Eile *f*; ***что за ~?*** wozu die Eile?; ***не к ~у*** *et.* hat Zeit *od.* keine Eile
спец P *m* (1*e.*) Fachmann, Meister (*a.* ***на*** В in *D*); **~иализи́роваться** (7) *im*(*pf.*) sich spezialisieren (***по*** Д, ***в*** П, ***на*** П auf *A*); ***~иализи́рованный*** Fach-; **~иали́ст** *m* (1) Fachmann; Facharzt (***по*** Д für *A*); **~иáльность** *f* (8) Fach *n*, Beruf *m* (***по*** Д in *D*); Fachrichtung; **~иáльный** (14; -лен, -льна) Spezial-, Sonder-; speziell; Fach-; *Adv.* eigens, extra; F einzig; **~ии** *f*/*pl.* (7) Spezereien, Gewürze *n*/*pl.*; † → ***снáдобье***
специ́фи|ка *f* (5) Spezifische(s) *n*, Besonderheiten *f*/*pl.*; **~кáция** *f* (7) Spezifizierung; Stückliste, Aufstellung; technische Daten *pl.*; **~ческий** (16) spezifisch, besonder
спец|кóр *m* (1) Sonderkorrespondent, Sonderberichterstatter; **~кýрс** *m* (1) Vorlesung *f*, Spezialvorlesung *f* (***по*** Д über *A*; ***на*** В in *A*); **~óвка** F *f* (5; -вок), **~одéжда** *f* (5) Berufskleidung, Arbeitskleidung; **~переселéнец** *m* (1; -нца) Zwangsumsiedler; **~хрáн** F *m* (1) Giftschrank
спечь(ся) → ***печь, спекáться***
спéши|вать (1), ⟨**~ть**[1]⟩ (16) zum Absitzen zwingen; **-ся** absitzen
спеш|и́ть[2] (16*e.*) **1.** ⟨по-⟩ sich beeilen; **2.** eilen (***на*** В zu *D*); in Eile sein, es eilig haben; *Uhr*: vorgehen (***на*** В *A*); ***не ~á*** gemächlich, in aller Ruhe; **~ка** F *f* (5) Eile, Hast, Hetze, Hetzerei; **~ность** *f* (8) Dringlichkeit; → **~ный** (14; -ен, -на) eilig, dringend; eilend; eilfertig, überhastet; (*o.K.*) Eil-
спи|вáться F (1), ⟨**~ться**⟩ (сопьюсь, -ьёшься; → ***пить***) zum Säufer werden; ***~ться с крýгу*** P im Suff enden
спид *m* (1) Aids *n*
спидóметр *m* (1) Tachometer *n*
спи́кер *m* (1) Parlamentspräsident
спи́ли|вать (1), ⟨**~ть**⟩ (13) absägen
спин|á *f* (5; -у; зá, нá ~у; *pl. st.*) Rükken *m* (***за*** T/***у*** P hinter *j-s D*), Buckel *m*; ***за егó ~óй был(о)*** . . . er hatte . . . hinter sich; ***выезжáть на ~é*** (P) F *fig.* auf *j-m* reiten; *j-n* für seine Zwecke ausnützen; → ***заклáдывать, разгибáть***; **~ка** *f* (5; -ок) Lehne, Rückenlehne; Rückenteil *n*; **~нóй** (14) Rükken-, Rück-; **~номозговóй** (14) Rückenmarks-
спирáль *f* (8) Spirale; **~ный** (14) Spiral-; spiralförmig
спирáть P (1), ⟨сперéть⟩ (сопрý, -рёшь; спёр; спёртый) zusammenpressen; abschnüren; *Atem* verschlagen; ***дыхáние спёрло*** (***у*** P *j-m*) verschlug es den Atem; → ***перéть 2***
спири́т *m* (1) Spiritist; **~и́ческий** (16) spiritistisch
спирт *m* (1; -а/-у; в -е/в -ý; *pl. e.*) Spiritus; Geist, Alkohol; **~нóй** (14) geistig, alkoholisch; Spiritus-; *Su. n* F Schnaps *m*, Spirituosen *pl.*; **~óвка** *f* (5; -вок) Spirituskocher *m*; Spirituslampe; **~овóй** (14) Spiritus-; alkoholisch
спи́с|ок *m* (1; -ка) Liste *f* (***в*** П *a.* auf *D*), Verzeichnis *n*; Abschrift *f*; **~ывать** (1), ⟨**~áть**⟩ (3) abschreiben (***у*** P von *j-m*); *Fin.* abbuchen, buchen, ausbuchen; abmalen (***с*** P nach *D*), zeichnen; *Mar.* abmustern; **-ся** sich brieflich in Verbindung setzen *od.* verabreden
спи|тóй F (14) verdünnt; ***~тóй чай*** *m* zweiter Aufguß; **~ться** → ***~вáться***
спи́х|ивать (1), ⟨**~нýть**⟩ (20) F hinabstoßen; zusammenstoßen; abwälzen; abstoßen; P abschieben, abservieren
спи́ца *f* (5) Stricknadel (***на*** П mit *D*); Speiche; Radspeiche; ***послéдняя ~ в колесни́це*** *Spr.* das fünfte Rad am Wagen
спич *m* (1; -ей) Tischrede *f*
спи́ч|ечный (14) Streichholz-; **~ка** *f* (5; -ек) Streichholz *n*, Zündholz *n*; ***как ~ка*** F spindeldürr
сплав *m* (1) **1.** Legierung *f*; **2.** Flößerei *f*; → **~лять** (28), ⟨**~ить**⟩ (14) **1.** legieren; *fig.* → ***сплáчивать***; **2.** abflößen; P abschieben; losschlagen (Д an *j-n*); → ***спи́хивать***; **~нóй** (14) Flöß-; flößbar; **~щик** *m* (1) Flößer
спл|áчивать (1), ⟨**~оти́ть**⟩ (15*e.*) zusammenschließen; zusammenfügen; *fig.* zusammenschweißen; scharen
сплe|тáть (1), ⟨**~сти́**⟩ (25 -т-) zusammenflechten; verschlingen, verflech-

С

ten; **~тéние** *n* (12) Verknüpfung *f*; Geflecht

сплéтн|ик *m* (1), **~ица** *f* (5) Klatschmaul *n*, Klatschtante *f*; **~ичать** (1) klatschen, tratschen; **~я** *f* (6; -тен) *mst pl.* Klatsch *m*, Tratsch *m*

сплечá mit voller Wucht; F ohne Überlegung; ***рубúть ~*** F mit der Tür ins Haus fallen

сплотúть → ***сплáчивать***

сплоховáть F (7) *pf.* e-n Schnitzer machen, danebenhauen

сплочéн|ие *n* (12) Zusammenschluß *m*; → **∻ность** *f* (8) Geschlossenheit; **∻ный** (14*K.*) festgefügt, geschlossen

сплош|нóй (14) dicht, kompakt; lückenlos; massiv; einzig; durchgängig, völlig; F lauter; reinst, komplett; **~ь** völlig, zur Gänze; ausnahmslos; → ***~нóй***; ***~ь да рядом*** F auf Schritt u. Tritt

сплутовáть F (7) *pf.* mal mogeln

сплы|ть F (23) *pf.* stromab treiben *od.* fahren; überlaufen; ***было да ∻ло*** F *et.* ist futsch

сплю́нуть (20) *pf.* spucken; F ausspucken

сплю|щивать (1), ⟨**~щить**⟩ (16), F ⟨**~снуть**⟩ (20) plattdrücken; abplatten; **-ся** plattgedrückt *od.* platt werden *od.* sein

сподвúжник *m* (1) → ***сорáтник***

сподóбиться † (14) *pf.* → ***удостóиться***

сподрýчник P *m* (1) Gehilfe

спозарáн|ку F, **~ок** F frühmorgens

спойть F (13/13*e.*) *pf.* betrunken *od.* zum Trinker (zu Trinkern) machen

спокóй|ный (14; -óен, -на) ruhig, still; gelassen; friedlich; sanft; schlicht; F bequem; *Adv.* in Ruhe; ***~но***! Ruhe!, ruhig Blut!; ***~ной нóчи***! gute Nacht!; ***бýдьте ~ны***! seien Sie unbesorgt!; **~ствие** *n* (12) Ruhe *f*, Stille *f*; Frieden *m*; Gelassenheit *f*

спокóн P → ***испокóн, úздавна***

спол|áскивать F (1), ⟨**~оснýть**⟩ (20) ein wenig spülen *od.* ausspülen; sprengen, besprengen

сполз|áть (1), ⟨**~тú**⟩ (24) hinabkriechen, hinunterkriechen, F hinunterklettern; abrutschen, wegrutschen, abgleiten; **-ся**, ⟨**-сь**⟩ zusammenkriechen

сполнá vollständig; richtig

сполоснýть → ***сполáскивать***

спонтáнный (14; -áнен, -нна) spontan

спор *m* (1; ∻а/∻у) Streit, Wortwechsel, Auseinandersetzung *f*; Disput, Diskussion *f*; Streitigkeit *f* (*a. Jur.*); ***∻у нет*** F kein Zweifel, unbestritten; F → ***парú***

спорадúческий (16) sporadisch

спóрить (13), ⟨по-⟩ streiten, sich streiten; diskutieren; hadern; ankämpfen (***c*** T gegen *A*); prozessieren; *fig.* wetteifern; F wetten

спóрúться F (13/13*e.*) vorangehen, gut vorankommen; (***y*** P *j-m*) flott von der Hand gehen

спóрный (14; -рен, -рна) strittig; umstritten; (*o.K.*) Streit-

спóровый (14) *Bot.* Sporen-

спорóть (17) *pf.* abtrennen

спорт|úвный (14; -вен, -вна) sportlich; (*o.K.*) Sport-, Turn-; ***из ~úвного интерéса*** F zum Spaß; **~смéн** *m* (1), **~смéнка** *f* (5; -нок) Sportler(in *f*)

спорхнýть (20) *pf.* herabflattern

спóрщик F *m* (1) Streitlustige(r)

спóр|ый P (14; -, -á) flott; gemessen, angemessen; ausgiebig, ergiebig; vorteilhaft; geschickt

спóсоб *m* (1) Art *f*, Weise *f* (T auf *A*); Verfahren *n*, Methode *f*; Weg, Mittel *n*; Anweisung *f* (P zu *D*)

спосóб|ность *f* (8) Fähigkeit; Kapazität, Leistung; *Hdl.* Kraft; *pl. fig.* Vermögen *n*; Begabung (***к*** Д für *A*); **~ный** (14; -ен, -на) fähig (*a.* ***на*** В zu *D*); begabt (***к*** Д für *A*); ***~ен*** *j-d* kann *od.* vermag

спосóбствовать (7) beitragen (Д zu *D*), förderlich sein, Vorschub leisten; verhelfen

спот|ыкáться (1), ⟨**~кнýться**⟩ (20) stolpern (***o*** В über *A*); F stocken (***на*** П bei *D*); straucheln; *impf.* sich dahinschleppen

спохвáт|ываться F (1), ⟨**~úться**⟩ (15) sich plötzlich besinnen *od.* e-s anderen besinnen; plötzlich einfallen (И *j-m*)

спрáва von rechts; rechts; *Sp.* Vorhand-

справедлúв|ость *f* (8) Gerechtigkeit; Richtigkeit; Berechtigung; ***по ~ости***

C

von Rechts wegen, billigerweise; ***на́до отда́ть ~ость*** man muß es *j-m* lassen; **~ый** (14 *K.*) gerecht (***к*** Д *a.* gegen *A*); berechtigt; billig; richtig; begründet; *Adv.* recht; mit *od.* zu Recht

спра́в|ка *f* (5; -ок) Auskunft; Erkundigung; Bescheinigung; Zeugnis *n*; → ***~ля́ться***; **~ля́ть** (28), ⟨~ить⟩ (14) feiern, begehen; *Messe* lesen; P tun, richten; beschaffen; **-ся 1.** sich erkundigen (***о*** П nach *D*, über *A*), nachfragen (nach), nachschlagen (***о*** П/***по*** Д *od.* ***в*** П *et.* in *D*), nachsehen (***с*** T in *D*); *Uhr* vergleichen; **2.** fertig werden, zurechtkommen; *et.* bewältigen, bezwingen; schaffen, meistern; Herr werden (*G*); **~очник** *m* (10) Nachschlagewerk *n*; Handbuch *n*; Katalog; *fig.* F Lexikon *n*; **~очный** (14) Auskunfts-; Nachschlage-; ***~очное бюро́*** *n* Auskunft *f*

спр|а́шивать (1), ⟨~оси́ть⟩ (15) fragen (B, ***у*** P/B, ***о*** П *j-n* nach *D*, über *A*); bitten (P, B um *A*); verlangen (B *a.* nach *j-m*), zu sprechen wünschen; zur Rechenschaft ziehen (***с*** P *j-n*); F abfragen (***у*** P/B); ***~о́сят*** (***с*** P/***за*** B *j-d*) wird *et.* zu verantworten haben; **-ся** F um Erlaubnis bitten (B, ***у*** B *j-n*); geradestehen müssen (***с*** P *j-d*); ***~а́шивается*** fragt sich, es fragt sich; das frage ich dich *od.* Sie; wird gefragt

спринцева́ть (7 -у́-) *pf. Med.* spülen

спрова́|живать F (1), ⟨~дить⟩ (15) abschieben, hinauskomplimentieren

спр|ос *m* (1; -а/-у) Nachfrage *f* (***на*** B nach *D*); Bedarf (an *D*); F Verantwortung *f*; ***без ~о́са*** F ohne Erlaubnis; ***~ де́нег не сто́ит*** *Spr.* Fragen kostet nichts; **~оси́ть(ся)**; → ***~а́шивать(ся)***

спросо́н|ок, ~ья F noch halb im Schlaf

спроста́ F arglos; unumwunden; so einfach; einfach so

спрут *m* (1) Krake *f*

спры́г|ивать (1), ⟨~нуть⟩ (20) hinabspringen, hinunterspringen, abspringen

спры́с|кивать F (1), ⟨~нуть⟩ (20) besprengen; *fig.* begießen

спря|га́ть (1), ⟨про-⟩ konjugieren; **~же́ние** *n* (12) Konjugation *f*

спу́г|ивать (1), ⟨~ну́ть⟩ (20) aufscheuchen, verscheuchen, aufschrecken

спуд: ***под ~ом*** verborgen; ***скрыва́ть свой тала́нт под ~ом*** sein Licht unter den Scheffel stellen; ***извле́чь из-под ~а*** der Vergessenheit entreißen

спус|к *m* (1) Abstieg; Abhang, Böschung *f*; Lauf; *Waffe*: Abzug; *Fot.* Auslöser; ***не дава́ть ~ку*** F nichts durchgehen lassen; → **~ка́ть** (1), ⟨~ти́ть⟩ (15) hinunterlassen, herunterlassen; *Luft*, *Wasser* ablassen (*a.* B aus *D*); *Reifen*, *Preis*: nachlassen; *Hund* loslassen; *Mar.* (***на́ воду***) vom Stapel laufen lassen; *Masche*: fallen, F *et.* durchgehen lassen; *Tech.* absenken; *Hahn* abdrücken; *Pfeil* abschießen; (***по кана́ту***) abseilen; *Fahne* einziehen, einholen; *Boot* ausbringen, aussetzen; *Fot.* auslösen; *Hunde* hetzen; F *Anordnungen* weitergeben; hinunterwerfen (***с*** P *A*); P durchbringen, verjubeln; *Ware* losschlagen; *Gewicht* herunterkriegen; ***~ка́ть жир*** F abnehmen; *impf.* ***не ~кать глаз*** (***с*** P *j-n*) unverwandt ansehen; → ***рука́в***; **-ся** hinuntergehen, hinuntersteigen; hinunterfahren, hinunterkommen (***с*** P, ***по*** Д *A*); herabsinken, herabrutschen; herabhängen; *Flgw.* niedergehen, landen (***на*** B auf *D*); F leise *od.* dumpfer werden; **~кно́й** (14) Abfluß-; **~ково́й** (14) Abzugs-; Auslöse-; **~тя́** (B) nach (*D*), später

спу́т|анный (14 *K.*) wirr, zerzaust, F verfitzt; → ***~ывать***; ***~ать(ся)*** → ***~ывать(ся)***

спу́тни|к *m* (1) Reisegefährte, Weggefährte, Wegbegleiter; Lebensgefährte; Nachbar; Satellit, Trabant; Sputnik; **~ца** *f* (5) Gefährtin; → ***~к***

спу́т|ывать(ся) (1) → ***пу́тать(ся)***; ***~ывать*** F aus dem Konzept bringen; *Pferd*, *fig.* fesseln; → ***сцепля́ться***

спья́н|а, ~у F im Suff

спя́тить P (15) *pf.*: ***~, ~ с ума́*** übergeschnappt sein, e-n Vogel haben

спя́|чка *f* (5) Winterschlaf *m*; F Schläfrigkeit; Lethargie; **~щий** (17) schlafend; ***2щая краса́вица*** *f* Dornröschen *n*

сраб|а́тывать, ⟨~о́тать⟩ (1) funktionieren; *Tech.*, *Psych.* ansprechen; F arbeiten *v/t*; **-ся** sich abnutzen, verschleißen; gut zusammenarbeiten *od.* zusammenarbeiten können, sich aufeinander einarbeiten; **~о́танность** *f*

(8) Verschleiß *m*; gut funktionierende Zusammenarbeit

сравн|е́ние *n* (12) Vergleich *m* (***по*** Д, ***в*** П/***с*** T im/zu *D*; ***для*** P zum); ... ***~е́ния*** *Gr.* Steigerungs-; ***вне ~е́ния*** nicht zu vergleichen; → ***идти́***; **~ивать** (1) **1.** ⟨**~и́ть**⟩ (13*e.*) vergleichen; **-ся** sich messen, es aufnehmen; gleichkommen (***с*** T *D*); **2.** ⟨**~я́ть**⟩ (28) gleichstellen; ***~я́ть счёт*** *Sp.* den Ausgleich erzielen; **3.** ⟨сровня́ть⟩ (28) einebnen; ***сровня́ть с землёй*** dem Erdboden gleichmachen; **~и́тельный** (14) vergleichend, komparatistisch; *Gr.* komparativ, Vergleichs-; → ***сте́пень***; (-лен, -льна) verhältnismäßig, relativ; *Adv.* verglichen, im Vergleich

сра|жа́ть (1), ⟨**~зи́ть**⟩ (15*e.*) niederstrecken, niederwerfen; *fig.* niederschmettern; ereilen; bezwingen; **-ся** sich schlagen, kämpfen; *Sp.* messen (***в*** B in *D*); *pf.* ein Spiel machen; F sich anlegen; **~же́ние** *n* (12) Schlacht *f* (***под*** T bei); F Wortgefecht

сра́зу auf einmal; sogleich, sofort; gleich; → ***ра́зом***

срам F *m* (1; -а/-у) Schande *f*; *Anat.* Scham *f*; **~и́ть** F (14*e.*), ⟨о-⟩ Schande machen (B *j-m*); blamieren; P beschimpfen; **~ни́к** P *m* (1*e.*) Schamlose(r); **~но́й** (14) schamlos; **~ота́** P *f* (5) → **~**

сра|ста́ться (1), ⟨**~сти́сь**⟩ (25; -стёт-ся; сро́сся, -сла́сь) zusammenwachsen; verwachsen; heilen; *fig.* sich verquicken; **~сти́ть** → ***~щивать***

срать V (сру, срёшь) V scheißen

сра|ще́ние *n* (12) Verwachsung *f*; → **~щивать** (1), ⟨**~сти́ть**⟩ (15*e.*) zusammenwachsen lassen; zusammenfügen; *Tech.* fest verbinden; *fig.* verschmelzen; fusionieren

сре́бреник *m* (1) *bibl.*, *fig.* Silberling

сред|а́ *f* **1.** (5; *pl. st.*) Umwelt, Umgebung, Milieu *n*; Kreis(e *pl.*) *n*; Boden *m*; *Phys.* Medium *n*; **2.** (5; -у; *pl. st.*) Mittwoch *m* (***в*** B am); → ***вто́рник***; **~и́** (P) mitten (in *od.* auf *D*), inmitten; unter (*D*); **~иземномо́рский** (16) Mittelmeer-, mediterran; ***~не*** → ***~ний***

средне|азиа́тский (16) mittelasiatisch; **~веко́вый** (14) mittelalterlich; **~веко́вье** *n* (10) Mittelalter; **~годово́й** (14) Jahresdurchschnitts-; **~европе́йский** (16) mitteleuropäisch; **~ме́сячный** (14) Monatsdurchschnitts-; **~су́точный** (14) Tagesdurchschnitts-

сре́д|ний (15) mittlere(r); Mittel-, Durchschnitts-; zentral; halbhoch; *Mil.* mittelschwer; *Mar.* Zwischen-; Oberschul-; F mäßig, mittelmäßig; ***~ний род*** *m Gr.* Neutrum *n*; → ***зало́г***; ***~няя шко́ла*** *f* Zehnklassenschule *f*; *Su. n* Mittel, Durchschnitt *m*; **~осте́ние** *n* (12) Mittelfell; *fig.* Scheidewand *f*; **~ото́чие** *n* (12) Mittelpunkt *m*

сре́дств|о *n* (9) Mittel (***от*** P gegen *A*); ***без ~*** unbemittelt; ***не по ~ам*** über die Verhältnisse; ***со ~ами*** bemittelt; ***~а*** *pl.* ***к жи́зни*** *od.* ***к существова́нию*** Lebensunterhalt *m*; ***~а*** *pl.* ***ма́ссовой коммуника́ции*** Massenmedien *n/pl.*

срез *m* (1) Schnitt, Schnittstelle *f* (***на*** П an *D*); → **~а́ть**, **~ывать** (1), ⟨**~ать**⟩ (3) abschneiden; wegreißen; tödlich treffen; F kürzen; über den Mund fahren (B *j-m*); → ***ре́зать 4***; **~анный** (14*K.*) *Kinn*: fliehend; **-ся** F durchfallen, durchfliegen; scheitern (***на*** П an *D*)

срисо́в|ывать (1), ⟨**~а́ть**⟩ (7) abzeichnen, nachzeichnen (***с*** P nach *D*)

сровня́ть → ***сра́внивать 3***

срод|ни́ F verwandt (Д *a.* mit *D*); → **~ный** (14; -ен, -на) verwandt; eigen; **~ство́** *n* (9) Verwandtschaft *f*, Affinität *f*; **~у** P nie im Leben

сро|к *m* (1; -а/-у) Frist *f* (***в*** B in *D*, innerhalb *G*; P *a.* für *A*), Termin; Zeit *f* (***в*** B zu *D*), Zeitspanne *f*; Lebensdauer *f*; Strafmaß *n*; ***в ~к*** fristgemäß, termingerecht; ***без ~ка*** unbefristet; ***на ~к*** befristet; mit e-r Frist von ...; ***на како́й ~к***? für wie lange?; ***~ком до*** ... gültig bis ...; ***дай ~к***! F laß mir Zeit!; **~чный** (14; -чен, -чна) eilig, dringend, dringlich; Sofort-; Schnell-; Termin-; befristet

сруб *m* (1) Balkengefüge *f*, Zimmerwerk *n*; Blockhaus *n*; *Brunnen*: Kasten; → **~а́ть** (1), ⟨**~и́ть**⟩ (14) abhauen, abhacken; fällen, abholzen

сры|в *m* (1) Vereitelung *f*; → **~ва́ть** (1) **1.** ⟨сорва́ть⟩ (сорву́, -вёшь; → ***рвать***) abreißen, herunterreißen (***с*** P

С

j-m); losreißen, fortreißen; → ***рвать 3***; *Gewinde* überdrehen; *Stimme*: versagen (B *N*); *fig.* vereiteln, zum Scheitern bringen; *Streik* brechen; sprengen (*a. Bank*), platzen lassen; F aufschürfen; entlocken (**с** P *D*); *Kuß* stehlen; *Zorn* auslassen (***на*** П an *j-m*); **-ся** abstürzen;abgleiten, abrutschen; *Lawine*: niedergehen; auffliegen; einsetzen, losbrechen; *Stimme*: sich überschlagen; ***-ся с языка́*** (**у** P *j-m*) entschlüpfen, entfahren; F fehlschlagen, schiefgehen, platzen; scheitern; durchfliegen; sich gehen lassen; losstürzen; abhauen; → ***цель***; **2.** ⟨~ть⟩ (22) abtragen; schleifen

ря́ду P hintereinander

сса́|дина *f* (5) Abschürfung, Schramme; **~живать** (1), ⟨~ди́ть⟩ (15) **1.** abschürfen, schrammen; **2.** absetzen; herunterholen; aussteigen *od.* an Land gehen lassen; vom ... helfen; (**с** P *Esb.* aus/*Mar.* von *D*) weisen; → ***выса́живать***

ссо́р|а *f* (5) Streit *m*, Streitigkeit, Zank *m*, Zwist *m*; ***в ~е*** verzankt, zerstritten; **~ить** (13), ⟨по-⟩ entzweien, verfeinden; **-ся** sich zanken, streiten; verzankt sein

ссо́хнуться → ***ссыха́ться***

ссу́|да *f* (5) Darlehen *n*, Kredit *m* (**в** B auf); Anleihe; **~дный** (14) Darlehens-, Kredit-; Leih-; **~жа́ть** (1), ⟨~ди́ть⟩ (15) leihen (*a.* B/T *j-m et.*)

ссыл|а́ть (1), ⟨сосла́ть⟩ (сошлю́, -лёшь; со́сланный) verbannen; **-ся** sich berufen *od.* beziehen; verweisen, (**на** B *A*) anführen; vorschützen; ***~а́ясь на*** (B) mit Bezug auf (*A*); **ˇ~ка** *f* (5; ˇ-ок) Verbannung; Exil *n*; Bezugnahme, Berufung (**с** T unter); Verweis *m*; Zitierung (**на** B *G*); **ˇ~ьный** *m* (14) Verbannte(r)

ссып|а́ть (1), ⟨~ать⟩ (2) zusammenschütten, aufschütten; herabschütten; einspeichern; **~но́й** (14): ***~но́й пункт*** *m* Annahmestelle *f*, Ablieferungsstelle *f*

ссыха́ться (1), ⟨ссо́хнуться⟩ (21) austrocknen; steif werden; schrumpfen, zusammenschrumpfen

стабил|иза́тор *m* (1) *Flgw.* Höhenflosse *f*; Flügel; **~иза́ция** *f* (7) Stabilisierung; **~из(и́р)ова́ть** (7) *im*(*pf.*) stabilisieren, festigen; **ˇ~ьность** *f* (8) Stabilität; **ˇ~ьный** (14; ˇ-ен, ˇ-ьна) stabil, fest; Fest-

ста́вень *m* (4; -вня) Fensterladen

ста́в|ить (14), ⟨по-⟩ stellen, hinstellen, aufstellen (**в** B als *A*; in *D*; **на** B *a.* zur); *Fuß, Segel, Denkmal, Karte, Komma, Unterschrift, Stempel*; *Kenntnis, Ziel*: setzen; *Blutegel* ansetzen; *Flicken* aufsetzen (*a. fig.*); *Geld, Mil.* (F **на** B bei, in *D*) einsetzen; *Leisten* spannen; *Minen* legen; *Fmw.* (***себе́*** sich) *Anschluß* legen lassen; *Kfz.* abstellen, parken (**в** B in *D*); errichten; anbringen; *Essen* auftragen; *Platte* auflegen; *Problem* aufwerfen; *Thea.* aufführen; inszenieren; verfilmen (B/**по** Д *A*); *Note* geben; *Gang, fig. Beine, Gefahr, Verlegenheit*: bringen; *Lage*: versetzen; *Knie*: zwingen; *Enge*: treiben; *Gefahr*: (**под** B *D*) aussetzen; *Fleck, Umschlag, Punkt, Versuch* machen; (T, **в** B zur) *Bedingung*, (**перед** T/B *od.* Д/**за** B sich zur) *Aufgabe, Regel*, (Д/**в** B *j-m* zum) *Vorwurf* machen; *Schuld* zuweisen (**в** B/B *A*/an *D*); (Д/**в** B sich als) *Verdienst* anrechnen; organisieren; F einteilen (**на** B zu *D*); einquartieren (*a.* **на** B); spendieren; ***~ить термо́метр*** Fieber messen; ***~ить подкла́дку*** *Text.* füttern; ***~ить подмётку*** besohlen; ***~ить высоко́*** hochachten, hochschätzen, schätzen; ***~ить ни во что*** F geringschätzen; → ***грош***, ***вид***; **~ка** *f* (5; -ок) Einsatz *m*; Satz *m*, Rate; *Fin.* Fuß *m*; *fig.* Zielrichtung; *Mil.* Hauptquartier *n*; Oberkommando *n*; ***де́лать ~ку*** s-e Hoffnung setzen; ***~ка би́та*** *j-s* Spiel ist verloren; **~ленник** *m* (1) Protegé, Schützling; Helfershelfer; **ˇ~ня** *f* (5; -ен) → ***~ень***

стадио́н *m* (1) Stadion *n* (**на** П in *D*)

ста́дия *f* (7) Stadium *n*, Phase

ста́д|ный (14) Herden-; **~о** *n* (9; *pl. e.*) Herde *f*; Schwarm *m*; Vieh

стаж *m* (1; ˇ-ей) Dienstalter *n*; Berufsjahre *n/pl.*; Zeit *f*, Dauer *f*; Probezeit *f*; Praktikum *n*; **~ёр** *m* (1) Praktikant; Anwärter; Austauschwissenschaftler; **~иро́вать(ся)** (7) s-n Praktikum machen; → **~иро́вка** *f* (5; -вок) Praktikum *n* (**на** П in *D*), Lehrgang *m*; Probezeit; Studienaufenthalt *m*, Forschungsaufenthalt *m* (**на** П während *G*)

С

ста́|ивать (1), ⟨**~ять**⟩ (27) abtauen
ста́йер *m* (1) Langstreckler; Steher
стака́н *m* (1) Glas *n* (***за*** T/P bei *D*/*N*); *Tech.* Hülse *f*, Büchse *f*; **~чик** *m* (1) Gläschen *n*
сталакти́товый (14) Tropfstein-
стале|ва́р *m* (1) Stahlgießer, Stahlwerker; **~лите́йный** (14) Stahl-; **~лите́йщик** *m* (1) → ***~ва́р***; **~прока́тный** (14) Stahl- u. Walz-
ста́лкивать (1), ⟨**столкну́ть**⟩ (20) hinabstoßen, beiseite stoßen, beiseite rücken; zusammenstoßen; zusammenführen; konfrontieren; F stürzen; ***~ лба́ми*** *fig.* F gegeneinander ausspielen; **-ся** zusammenstoßen, zusammenprallen, zusammentreffen, treffen (***с*** T *a.* auf *A*); kollidieren; konfrontiert werden
ста́ло быть F also, folglich
сталь *f* (8) Stahl *m*; **~но́й** (14) Stahl-, stählern; stahlhart; stahlfarben
стаме́ска *f* (5; -сок) Stemmeisen *n*
стан *m* (1) Gestalt *f*, Figur *f*; *Tech.* Straße *f*, Werk *n*; Bank *f*; Stützpunkt; Lager *n*; Höhle *f*
станда́рт *m* (1) Standard, Norm *f* (***на*** B für *A*); Schablone *f*; **~иза́ция** *f* (7) Standardisierung; **~из(и́р)ова́ть** (7) *im*(*pf.*) standardisieren; **~ный** (14; -ен, -на) standardisiert; schablonenhaft; (*o.K.*) Standard-, Typen-
стани́на *f* (5) *Tech.* Rahmen *m*, Gestell *n*, Gerüst *n*
стани́ца *f* (5) Kosakendorf *n*
станко́|вый (14) Tafel-; *Mil.* schwer; *Tech.* → **~строе́ние** *n* (12) Werkzeugmaschinenbau *m*; **~строи́тельный** (14) Werkzeugmaschinen-
ста|нови́ться (14), ⟨**~ть**⟩ (ˊну, ˊнешь) **1.** werden (T *N*; ***для*** P/T *j-m* zu *D*); *Opfer*: fallen (P/T *D* zum); **2.** sich stellen *od.* hinstellen *od.* aufstellen; aufstehen; *Mil.* antreten; Stellung(en) beziehen, *Lager* aufschlagen (T *A*); stehenbleiben, anhalten, halten; *Fluß*: zufrieren; sich einquartieren (*a.* ***на*** B); (***на*** B vor) *Anker* gehen; *Haltung* einnehmen (***в*** B *A*); *Partei* ergreifen (***на*** B *A*); *Pose*: sich werfen; *Haare fig.* (***у*** P *j-m* ...) stehen; sich erheben (***в*** B/***с*** T auf *A*/*G*), eintreten; geraten; ***~ть на́ ноги*** sich erheben; wieder auf die Beine kommen; auf eigenen Füßen stehen; ***~ть на́ голову*** Kopfstand machen; ***~ть на́ руки*** Handstand machen; F *pf.* kosten (Д *j-n*), zu stehen kommen; ***во что бы то ни ˊ~ло*** koste es was es wolle, um jeden Preis; → ***стать***[1]; → ***о́чередь***; **~новле́ние** *n* (12) Werden; Werdegang *m*; Entstehung *f*, Herausbildung *f*
стано́к *m* (1; -нка́) Werkzeugmaschine *f*; Bank *f*; *Typ.* Presse *f*; *Text.* Stuhl; Gestell *n*; Stand, Box *f*; *Mil.* Lafette *f*
станци|о́нный (14) Bahnhofs-, Stations-, Bahn-; Warte-; *ehm.* Post-; **ˊ~я** *f* (7) Station; Haltestelle (***на*** П an *D*); Bahnhof *m* (***на*** B zum); *Fmw.* Amt *n*, Zentrale; *Met.* Warte; *Raumf.* Sonde; *Esb.* Punkt *m*; *El.* Werk *n*; *Kfz.* Stelle; *Boote*: Verleih *m*; *ehm.* (*Post*): Halterei
ста́птывать (1), ⟨**стопта́ть**⟩ (3) abtragen; schieftreten; F niedertreten
стара́|ние *n* (12) Bemühung *f*, Anstrengung *f*; Mühe *f*, Fleiß *m*; Eifer *m*; **~тель** *m* (4) Goldsucher; **~тельность** *f* (8) Sorgfalt; → ***~ние***; **~тельный** (14; -лен, -льна) fleißig; eifrig; beflissen, bemüht; **~ться** (1), ⟨**по-**⟩ sich bemühen, sich Mühe geben; bestrebt sein
стар|е́йшина *m* (5) Älteste(r); Senior; **~е́ть** (8) **1.** ⟨**по-**⟩ alt *od.* älter werden; altern; **2.** ⟨**у-**⟩ veralten; **ˊ~ец** *m* (1; ˊ-ца) Greis; alter Mönch, Einsiedler; geistlicher Mentor; **~и́к** *m* (1*e.*) alter Mann, Alte(r), Greis; **~ика́шка** F *m* (5; -шек) → ***~ичо́к***; **~ико́вский** (16) des Alten, wie bei e-m Alten; Großvater-; → ***ˊ~ческий***; **~ина́** (5) **1.** *f* alte Zeit (***в*** B in *D*); gute alte Zeit; Alte(s), Altväterliche(s) *n*; Antiquität; ***тряхну́ть ~ино́й*** F Altes auffrischen; → ***~и́нка***; **2.** F *m* Alterchen *n*; alter Junge; **~и́нка** F *f* (5) → ***~ина́***; Altvätersitte; Altväterkram *m*; ***по ~и́нке*** auf alte Art; s-n gewohnten Trott; **~и́нный** (14; -и́нен, -нна) sehr alt, uralt; altertümlich; altväterlich, altmodisch; antik; **ˊ~ить** (13), ⟨**со-**⟩ alt machen; **-ся**; alt werden; **~ичо́к** *m* (1; -чка́) altes Männlein *n*, Alterchen *n*
старо|ве́р *m* (1) Altgläubige(r); **~ве́р(че)ский** (16) Altgläubigen-; **~да́вний** (15) → ***стари́нный***; **ˊ~е** *n* (14) Alte(s); ***кто ˊ~е помя́нет, тому́ глаз***

С

вон *Spr.* Schwamm drüber; **~жи́л** *m* (1) Alteingesessene(r); **~завéтный** (14; -тен, -тна) alttestamentlich; → **~мóдный** (14; -ден, -дна) altmodisch, altväterisch; **~обрáзный** (14; -зен, -зна) ältlich, ältlich aussehend; **~обря́дец** *m* (1; -дца) → **~вéр**; **~режи́мный** (14; -мен, -мна) wie beim alten Regime, des alten Regimes; **~свéтский** (16) altväterlich, urväterlich; **~славя́нский** (16) altkirchenslawisch; **~́ста** *m* (5) Älteste(r); Sprecher; *ehm.* Dorfschulze; **~́сть** *f* (8) Alter *n* (**от** P durch *A*), Lebensabend *m*; ***на ~́сти лет*** auf *j-s* alte Tage; ***от ~́сти*** vor Altersschwäche; ***по ~́сти*** aus Altersgründen; ***~́сть не рáдость*** *Spr.* Alter ist ein schweres Malter

старт *m* (1) Start (**на** B an *A*); Startzeichen *n*; Startplatz; ***на ~!*** *Sp.* auf die Plätze!; **~ёр** *m* (1) *Tech.* Anlasser; **~овáть** (7) *im(pf.)* starten; **~́овый** (14) Start-

старý|ха *f* (5) alte Frau, Alte, Greisin; ***и на ~ху бывáет прорýха*** *Spr.* → ***сединá***; **~шечий** (18) altweiberlich, großmütterlich, urgroßmütterlich; **~шка** *f* (5; -шек) altes Mütterchen *n*; → ***~ха***

стáрческий (16) altersbedingt; altersschwach; greisenhaft, senil; Alters-

стáрш|е → ***стáрый*** *u.* ***молóже***; **~еклáссник** *m* (1) Schüler der Oberstufe; **~екýрсник** *m* (1) Student im Hauptstudium; **~ий** (17) älter; ältest; höher, ober; Ober-; Chef-, Senior-; *Su.* Vorgesetzte(r); (*a.* **по** Д) Ranghöhere(r); Dienstälteste(r); **~инá** *m* (5; *pl. st.* ́-) *Mil.* Hauptfeldwebel; *Mar.* Maat; *ehm.* Älteste(r), Obmann; Kosakenoberstleutnant; **~инствó** *n* (9) Alter, Altersfolge *f*, Rangfolge *f*, Anciennität *f*

стáр|ый (14; -, -á, ́-о) alt; Alt-; altbekannt; altbewährt; altbacken; F zu alt; → ***~инá***, ***~и́нный***; ***стиль***; ***~ый друг лýчше нóвых двух*** *Spr.* alte Freundschaft währt ewig; **~ьё** F *n* (10) alte Sachen *f/pl.*, Trödel *m*; alter Kram *m*, Plunder *m*; **~ьёвщик** *m* (1) Trödler, Altwarenhändler

стá|скивать (1), ⟨**~щи́ть**⟩ (16) herunterziehen; wegziehen; zusammenziehen; *pf.* F schleppen, holen; klauen, stibitzen

стáти|ка *f* (5) Statik; **~́ст** *m* (1) Komparse; **~́стик** *m* (1) Statistiker; **~́стика** *f* (5) Statistik; **~сти́ческий** (16) statistisch

стáтный (14; -тен, ́-тнá) stattlich, wohlgebaut, wohlgeformt

статýт *m* (1) Satzung *f*, Statut *n*

стату|э́тка *f* (5; -ток) Statuette; **~́я** *f* (6; ́-й) Statue, Standbild *n*

ста|ть¹ (́-ну, ́-нешь) *pf.* **1.** → ***~нови́ться***; **2.** beginnen; werden; ***не ~л*** + *Inf.*: *Prät.* nicht *od.* ließ *et.* sein; ***и не ~́ну*** + *Inf.*: *Präs.* gar nicht erst; **3.** geschehen, passieren; ***~́ло*** (P *N*) ist, sind *od.* war(en) vorhanden; ***не ~́ло*** (*N*) ist, sind *od.* war(en) nicht mehr da *od.* gestorben; † → ***хвати́ть 2***; **-ся** F → ***~ть 3***; werden (**с** T aus *j-m*); los sein; ***мóжет ~́ться*** F kann sein, es kann sein

стат|ь² *f* (8) Gestalt, Figur; ***под ~ь*** F im Einklang (Д mit *D*); ebenbürtig

статья́ *f* (6; -тéй) Artikel *m*; Aufsatz *m*, Beitrag *m*; *Fin.* Posten *m*; *Jur.* Paragraph *m*; P Strafe; → ***осóбь²***

стационáр *m* (1) Krankenhaus *n*; **~ный** (14) stationär; ortsfest

стачáть → ***стáчивать 1***

стáчечн|ик *m* (1) Streikende(r), Ausständige(r); **~ый** (14) Streik-

стáч|ивать (1) **1.** ⟨**~áть**⟩ zusammennähen, zusammensteppen; **2.** ⟨сточи́ть⟩ (16) abschleifen, abwetzen

стáчк|а *f* (5; -чек) Streik *m*, Ausstand *m*; P Komplott *n*; ***быть в ~е*** P unter e-r Decke stecken

стащи́ть → ***стáскивать***

стá|я *f* (6; -й) Schwarm *m*, Zug *m*; Rudel *n*, Meute; Schar

стáять → ***стáивать***

ствол *m* (1*e.*) *Bot.* Stamm; *Arch.* Schaft; *Bgb.* Schacht; *Anat.* Strang; *Waffe*: Lauf; Rohr *n*; *Feder*: Kiel

створóжиться *n* (16) *pf.* gerinnen

ствóр|ка *f* (5; -ок) Flügel *m* (**в** B/P → ***двуствóрчатый***); **~чатый** (14) Flügel-

стеари́новый (14) Stearin-

стéбель *m* (4; -бля; *ab Gpl. a. e.*) Stiel, Stengel; Schaft; Halm

стё|ганый (14) gesteppt, Stepp-; **~гáть** (1; -ганный) **1.** ⟨вы-, про-⟩

С

steppen; **2.** *einm.* ⟨ⁿгну́ть⟩ (20; -гнутый), P ⟨ⁿгану́ть⟩ peitschen; *pf.* e-n kräftigen Peitschenhieb versetzen (B *j-m*); **~жка** *f* (5; -жек) Steppen *n*; Steppnaht; P Pfad *m*; **ⁿжо́к** *m* (1; ⁿжка́) Stich; **ⁿзя́** *f* (6) Weg *m*, Pfad *m*

сте|ка́ть (1), ⟨**~чь**⟩ (26) abfließen, ablaufen; **-ся** zusammenfließen; *fig.* zusammenströmen, sich ansammeln

стек|ло́ *n* (9; *pl. st.* ⁼, *G* ⁼ол) Glas; *Fenster*: Scheibe *f*; *koll.* Glaswaren *f/pl.*; *pl.* Glasscherben *f/pl.*, Glassplitter *m/pl.*; ***по ~лу́*** Glas-; **~лова́ренный** (14) Glasschmelz-; **~лови́дный** (14; -ден, -дна) glasig; glasartig; (*o.K.*) Glas-; **~ловолокно́** *n* (9) Glasfaser *f*; **~лоду́в** *m* (1) Glasbläser; **~лоочисти́тель** *m* (4) Scheibenwischer; **~лоплави́льный** (14) Glasschmelz-; **~лоре́з** *m* (1) Glasschneider; **ⁿлышко** *n* (9; *pl.* ⁼ки, ⁼шек) Glasstückchen; ***как ⁿлышко*** F blitzblank; stocknüchtern; rein, lupenrein; **~ля́нный** (14) Glas-, gläsern; glasklar; glasig; **~ля́рус** *m* (1) *koll.* Glasperlen *f/pl.*; **~о́льный** (14) Glas-; Glaser-; **~о́льщик** *m* (1) Glaser; F Glasarbeiter

стели́ть(ся), ⟨по-⟩ → ***стла́ть(ся)***

стелла́ж *m* (1*e.*; -е́й) Gestell *n*; Ständer; Regal *n* (***на*** П in *D*)

сте́льк|а *f* (5; -лек) Brandsohle, Einlegesohle; ***в ~у*** P stock-

сте́льная *f* (14) trächtig (*Kuh*)

стен|а́ *f* (5; ⁼у; *pl. st.*) Wand (***на*** П an *D*; И/***в*** В *N*/an *D*; F ***в*** П *pl.* in *j-s D*); Mauer, Wall *m*; *fig.* geschlossene Reihe(n *pl.*; T in *D*); ***~о́й*** wie ein Mann; ***как за ка́менной ~о́й*** in völliger Sicherheit; ***как горо́х об ⁿ~у*** F gegen die Wand; ***хоть на́ ~у лезь*** F das ist zum an den Wänden hochgehen; **~газе́та** *f* (5) Wandzeitung

стенд [stɛ-] *m* (1) Stand; Schaukasten (***на*** П in *D*); Schautafel *f*

сте́н|ка *f* (5; -ок) Wand; → ***~а́***; ***к ~ке*** F an die Wand; **~но́й** (14) Wand-

стеногра́|мма *f* (5) Stenogramm *n*; **~фи́ровать** (7), ⟨за-⟩ stenographieren; **~фи́ст** *m* (1) **~фи́стка** *f* (5; -ток) Stenograph(in *f*); **~фи́ческий** (16) stenographisch; **~фия** *f* (7) Stenographie, Kurzschrift

сте́нопись *f* (8) Wandmalerei

степе́н|ность *f* (8) Würde; → **~ный** (14; -ен, -на) würdevoll, maßvoll; P gesetzt, solide

сте́пен|ь *f* (8; *ab Gpl. e.*) Grad *m*, Stufe; Maß *n*; Klasse; *Math.* Potenz; † Rang *m*; ***положи́тельная ~ь*** *Gr.* Positiv *m*; ***сравни́тельная ~ь*** *Gr.* Komparativ *m*; ***превосхо́дная ~ь*** *Gr.* Superlativ *m*; ***в вы́сшей ~и*** äußerst, überaus, F völlig; ***в не́которой ~и*** gewissermaßen; ***в ра́вной ~и*** gleichermaßen; ***до како́й ~и*** wie sehr; ***до после́дней ~и*** aufs äußerste; ***до тако́й ~и*** dermaßen; ***ни в како́й ~и*** nicht im geringsten

степ|но́й (14) Steppen-; **~ня́к** *m* (1*e.*) Steppenbewohner; Steppenpferd *n*; **~ь** *f* (8/8*e.*; в -и́; *Npl. st.*, *ab G e.*) Steppe

сте́рв|а P *f* (5) Aas *n*, Luder *n*, Miststück *n*; **~я́тник** *m* (1) Aasgeier

стерео|кино́ *n* (*unv.*) Raumbildkino; **~скопи́ческий** (16) Raumbild-, Raum-; **~ти́пный** (14; -пен, -пна) stereotyp; *Typ.* fotomechanisch; *fig.* abgedroschen; **~труба́** *f* (5; *pl. st.*) Scherenfernrohr *n*; **~фони́ческий** (16) Stereo-

стере́ть(ся) → ***стира́ть(ся)***

стере́чь (26 -г/ж-) hüten, bewachen; behüten, bewahren; achten (B auf *A*), aufpassen; lauern, (B *j-m*) auflauern

сте́рж|ень *m* (4; -ня; *ab Gpl. a. e.*) Kiel, Stiel; *Tech.* Schaft, Stab, Stange *f*; Zapfen; Pinne *f*; *fig.* Kern, Kernstück *n*; **~нево́й** (14) Kern-; → ***~ень***

стерил|иза́ция *f* (7) Sterilisierung; **~изова́ть** (7) *im*(*pf.*) sterilisieren; ***~изо́ванный*** → **ⁿьный** (14; ⁼ен, ⁼ьна) steril, keimfrei; unfruchtbar

сте́рлядь *f* (8; *ab Gpl. e.*) Sterlet *m*

стерп|е́ть (10) *pf.* aushalten, ertragen, erdulden; hinnehmen; an sich halten, sich beherrschen *od.* beherrschen können; **-ся** F sich aneinander *od.* daran gewöhnen; ***ⁿится – слю́бится*** *Spr.* Geduld bringt Huld

стёртый (14) abgenutzt, abgegriffen; verwischt, unleserlich

стесн|е́ние *n* (12) Beengung *f*, Einengung *f*; → **~я́ть** *u.* **~ённый**; ***без ~е́ния*** ungezwungen; rücksichtslos; ***без ~е́ний!*** ohne Umstände!); **~ённый** (14*K.*) beengt, bedrängt; befangen;

С

beklommen; verlegen; ***~ённый в деньга́х*** in Geldverlegenheit; **~и́тельный** (14; -лен, -льна) beengend, einengend; schüchtern; **~я́ть** (28), ⟨**~и́ть**⟩ (13*e.*) beengen, einengen; zusammendrängen; einschränken; verlegen *od.* befangen machen; beklemmen, einschnüren; lästig werden; ***~ён*** knapp (***в*** П an *D*); **-ся** sich eng scharen *od.* drängen; stocken; *impf.* sich genieren (P vor *j-m*) *od.*, *pf.* ⟨по-⟩, nicht trauen; ***не -ся*** ungezwungen sein, sich wie zu Hause fühlen; keine Rücksicht nehmen (***с*** T auf *j-n*); nicht wählerisch (***в*** П *pl.* in s-n *D*) sein; keinen Mangel haben (an *D*); ***не ~я́ясь*** ungeniert; ganz offen

стеч|е́ние *n* (12) Zusammenfluß *m*; *fig.* Zusammentreffen; Andrang *m*; ***по ~е́нию обстоя́тельств*** es traf sich so . . .; **~ь(ся)** → ***стека́ть(ся)***

сти́брить Р (13) *pf.* stibitzen

стил|иза́ция *f* (7) Stilisierung; **~изова́ть** (7) *im(pf.)* stilisieren; **~и́стика** *f* (5) Stilistik, Stilkunde, Stillehre; **~исти́ческий** (16) stilistisch, Stil-; **~ь** *m* (4) Stil, Stilart *f* (T *A*, in *D*), Diktion *f*; ***по но́вому ~ю*** nach dem Gregorianischen Kalender; ***по ста́рому ~ю*** nach dem Julianischen Kalender; **~ьный** (14; -ен, -ьна) stilecht, stilvoll; → **~я́га** F *m*/*f* (5) Halbstarke(r), Stenz

сти́мул *m* (1) Stimulus, Anreiz, Ansporn, Antrieb; **~и́рование** *n* (12) Stimulierung *f*; → **~и́ровать** (7) *im(pf.)* stimulieren; ankurbeln

стипе́ндия *f* (7) Stipendium *n*

стир|а́льный (14) Wasch-; **~а́ть** (1) **1.** ⟨стере́ть⟩ (12; сотру́, -рёшь; стёр) abwischen (***с*** P *A*); ausradieren, wegradieren; wegwischen, verwischen (*a. fig.*); zerreiben (***в*** B zu); aufreiben, wundreiben; *Aufnahme* löschen; ***стере́ть с лица́ земли́*** dem Erdboden gleichmachen; ausrotten; **-ся** verwischt *od.* abgegriffen sein; (***из*** P dem) *Gedächtnis* entfallen; sich abnutzen; **2.** ⟨вы́-⟩ waschen, Wäsche waschen; **-ся** sich waschen lassen; **~ка** *f* (5) Wäsche; ***. . . для ~ки*** Wasch-

сти́с|кивать (1), ⟨**~нуть**⟩ (20) zusammenpressen; zusammenschnüren; *Zähne* zusammenbeißen; → ***сжима́ть***

стих *m* (1*e.*) Vers, Verszeile *f* (T *pl.* in *D*); *pl.* Gedicht(e *pl.*) *n*, Lyrik *f*; Text *m*; F ***~ нашёл*** (***на*** B *j-d*) hat(te) e-n Rappel

стих|а́ть (1), ⟨**~нуть**⟩ (21) still werden; verstummen; aufhören; sich legen *od.* beruhigen; nachlassen

стихи́|йность *f* (8) Elementargewalt; → **~йный** (14; -ен, -йна) elementar; spontan; eigengesetzlich; (*o.K.*) Elementar-; Natur-, Ur-; **~я** *f* (7) Element *n*, Elementargewalt; Naturkraft, Naturgewalt(en *pl.*); Urinstinkt(e *pl.*) *m*

сти́хнуть → ***стиха́ть***

стихо|ве́дение *n* (12) Verslehre *f*; **~во́й** (14) Vers-; **~плёт** F *m* (1) Reimschmied; **~сложе́ние** *n* (12) Versbau *m*, Versifikation *f*; Dichtkunst *f*; **~творе́ние** *n* (12) Gedicht; **~тво́рец** † *m* (1; -рца) Dichter; **~тво́рный** (14) Vers-, Gedicht-; dichterisch; **~тво́р(че)ство** † *n* (9) Dichtkunst *f*

стишо́к *m* (1; -шка́) Verslein *n*

стлать [*a.* sł-] (стелю́, -лешь; -стланный) **1.** ⟨по-⟩ ausbreiten (***на*** B auf *D*), legen; decken; *Bett* machen; **2.** ⟨на-⟩ verlegen, legen; **-ся** liegen, daliegen, sich hinziehen *od.* dahinziehen, sich ausdehnen; ranken, sich ranken

сто (35) hundert; ***на все ~*** P prima

стог *m* (1; *a.* в -у́; *pl. e.*, *N* -а́) Schober

сто́и|мость *f* (8) Wert *m* (T/***в*** B im/von); Preis *m*, Kosten *pl.*; **~ть** (13) kosten (Д *j-n*), zu stehen kommen; wert sein; sich lohnen; ***~т то́лько*** man (Д *j-d*) braucht nur . . .; ***ничего́ не ~т*** *j-m* macht es nichts aus . . ., ist es ein leichtes . . .; ***чего́ ~т*** F ist sehr groß; ***не ~т!*** keine Ursache!; ***не ~т того́*** es lohnt nicht; ***ло́маного гроша́*** *od.* ***вы́еденного яйца́ не ~т*** F *et.* ist keinen roten Heller *od.* Pfifferling wert; ***игра́ не ~т свеч*** *od.* ***овчи́нка вы́делки не ~т*** *Spr.* die Sache lohnt die Mühe nicht

сто́й|бище *n* (11) Nomadensiedlung *f*; **~ка** *f* (5; -óек) Ladentisch *m*; Schanktisch *m*, Theke; Ständer *m*; Stehkragen *m*; Stütze; Stange, Mast *m*, Pfosten *m*; *Mil.*, *Sp.* Habtachtstellung; Haltung (***на*** П in *D*); Stand *m*; *Jagd:* Anstand *m*; ***де́лать ~ку*** *Sp.* stehen

сто́йк|ий (16; -óек, -á) standhaft; fest;

С

widerstandsfähig; *Phys.*, *Chem.* stabil, beständig, standfest; *Gas*: seßhaft; **~ость** *f* (8) Standhaftigkeit; → **~ий**; Widerstandskraft
сто́йло *n* (9) Stand *m*, Box *f*; Verschlag *m*
стоймя́ F aufrecht; stehend
сток *m* (1) Abfluß; Rinne *f*
стокра́т, **~ный** (14) hundertfach
стол *m* (1*e.*) Tisch (***за*** B an *A*, zu; ***за*** T an *D*, bei; ***из-за*** P von *D*; ***по́*** Д auf *A*); Tafel *f*; Kost *f*; Essen *n*; Büro *n*; Amt *n*; Abteilung *f*; *hist.* Thron
столб *m* (1*e.*) Pfosten; Pfahl; Stange *f*; Pfeiler; Säule *f*; Wirbel; Stein; ***~о́м*** säulenartig; → ***~ня́к***; **~е́ц** *m* (1; -ца́) Spalte *f* (***на*** П in *D*), Rubrik *f*; Reihe *f* (T *pl.* in *D*); *Typ.* Kolonne *f*; **~ик** *m* (1) kleine Säule *f*; → ~; Häufchen *n*; *Bot.* Griffel; → ***~е́ц***; ***~иком*** untereinander; **~ня́к** *m* (1*e.*) Starrkrampf; F Erstarrung *f*; F ***~ня́к нашёл*** (***на*** B *j-d*) erstarrte zur Salzsäule; **~ово́й** (14) Haupt-; † Post-; aus altem Geschlecht
столе́т|ие *n* (12) Jahrhundert; hundertster Jahrestag *m*; ***~ие со дня рожде́ния*** hundertste(r) Geburtstag *m*; Hundertjahrfeier *f*; **~ний** (15) hundertjährig; **~ник** *m* (1) Aloe *f*
сто́лик *m* (1) Tischchen *n*, Tisch
столи́|ца *f* (5) Hauptstadt; Metropole; **~чный** (14) hauptstädtisch; der Hauptstadt, aus der Hauptstadt
столкн|ове́ние *n* (12) Zusammenstoß *m*, Zusammenprall *m*; Aufprall *m*; Kollision *f*; Konflikt *m*; Scharmützel; **~у́ть(ся)** → ***ста́лкивать(ся)***
столкова́ться F (7) *pf.* sich einig werden
столо́в|аться (1) in Kost sein; **~ая** *f* (14) Eßzimmer *n*, Speisezimmer *n*; Kantine *f*; Gaststätte; Mensa; Speisesaal *m*; ***ку́хня-~ая*** Eßküche, Wohnküche; **~ый** (14) Tisch-, Tafel-; Eß-, Speise-; Suppen-
столп *m* (1*e.*) Säule *f*, Stütze *f*
столп|и́ться (14*e.*) *pf.* sich zusammendrängen, sich drängen *od.* aufstauen; **~отворе́ние** *n* (12) → ***вавило́нский***; F wirres Durcheinander, Tohuwabohu
столь so; **~ко** (32) soviel; so; so viel; ***~ко же*** ebensoviel; ***~ко-то*** so und so viel(e); ***ещё ~ко же*** noch einmal soviel
столя́р *m* (1*e.*) Tischler, Schreiner; **~ничать** F (1) tischlern, schreinern; **~ный** (14) Tischler-, Schreiner-
стон *m* (1) *a. pl.* Stöhnen *n*; → **~а́ть** (-у́, -ешь) stöhnen, ächzen; *fig.* schmachten; F klagen, wehklagen
стоп|а́ *f* **1.** (5) Fuß *m*; *pl.* Schritte *m/pl.*; ***идти́ по ~а́м*** in *j-s* Fußstapfen treten; **2.** (5; *pl. st.*) Versfuß *m*; Stoß *m*, Stapel *m*; Ries *n*; **~ка** *f* (5; -ок) kleiner Stoß *m*, Häufchen *n*; Gläschen *n*, Schnapsglas *n*
стоп-кра́н *m* (1) *Esb.* Notbremse *f*
сто́пор *m* (1) Sperre *f*; Rast *f*; *Mar.* Stopper; **~ить** (13), ⟨за-⟩ stoppen
стопроце́нтный (14; -тен, -тна) hundertprozentig; vollzählig, vollständig
стопта́ть → ***ста́птывать***
сторгова́ться F (7) *pf.* sich einigen; handelseins werden *od.* sein
сторицею hundertfach, hundertfältig
сто́рож *m* (1; *pl. e.*: -а́, -е́й) Wächter; Wärter; Hüter; → **~ево́й** (14) Wach(t)-; Wärter-; Küstenschutz-; *Mil.* Vor-; **~и́ть** (16*e.*) bewachen; hüten, (B auf *A*) aufpassen; verfolgen; lauern, (B *j-m*) auflauern; **~ка** *f* (5; -ек) Wärterhäuschen *n*
сторон|а́ *f* (5; -у; *pl.* -ы, -, -а́м) Seite (***в*** B zur; ***в*** B *pl.* nach *D*; ***по*** Д, B auf *D*; ***на*** П *a.* auf *Dpl.*); Richtung; *Math.* Schenkel *m*; *Jur.* Partei; *fig.* Aspekt *m*; Punkt *m*; Zug *m*; F Gegend, Land *n* (***на*** П in *D*); ***~о́й*** seitlich vorbei; auf Umwegen; unter der Hand; → ***в ~у*** gegen (P *A*) zu, zu (*D*) hin; seitwärts, beiseite; seitlich ab-; vom Weg *od.* Thema …; ***в ~е́*** abseits, fern-, beiseite-; ***из ~ы́ в ~у*** *od.* ***со ~ы́ на́ ~у*** von e-r Seite auf die andere; ***на́ ~у***, ***на ~е́*** F außer Haus, weg; → ***~о́й***; ***по э́ту*** *od.* ***сю ~у*** diesseits; ***по ту ~у*** jenseits; ***по пра́вую ~у*** rechter Hand; ***по ~а́м*** seitlich; um sich …; ***… с ва́шей ~ы́*** … von Ihnen; ***с мое́й ~ы́*** meinerseits; ***с одно́й ~ы́*** einerseits; ***с обе́их ~, по о́бе ~ы*** beiderseits; ***с той ~ы́*** von außen; ***с э́той ~ы́*** was das betrifft; ***ни с то́й ни с друго́й ~ы́*** von keiner Seite; ***со ~ы́*** (P) von auswärts *od.* außerhalb; seitens; ***со ~ы́ отца́*** väterlicherseits; ***со всех ~*** *fig.* allseits; ***моё де́ло ~а́*** F ich habe damit nichts zu schaffen; ***на***

С

все четыре ~ы F in alle vier Winde; **~иться** (13/13*e.*), ⟨по-⟩ beiseite treten, Platz machen; meiden (P *j-n*), *j-m* aus dem Weg gehen; ***~ись***! Platz da!; **~ний** → ***посторонний***; **~ник** *m* (1) Anhänger

сторублёв|ка F *f* (5; -ок) Hunderter *m*; **~ый** (14) Hundertrubel-

стосковаться F (7) *pf.* Sehnsucht *od.* Heimweh bekommen (***по*** П nach *j-m*)

стотысячный (14) hunterttausendste(r)

сточить → ***стачивать 2***

сточный (14) Abfluß-; Ab-; Rinn-

стоя|ние *n* (12) Stehen; Stand *m*, Stillstand *m*; **~нка** *f* (5; -нок) Halt *m*, Haltestelle; Parkplatz *m*, Standplatz *m*; Ankerplatz *m*; Standort *m*; Standquartier *n*; Lager *n*; Parken *n*; **~ть** (стою, -ишь) stehen, dastehen; stillstehen; *fig.* einstehen; (***к*** Д *j-m*) nahestehen; stehenbleiben; halten; *Tech.* ausfallen; *Ort*, *Preis*, *Mil.* liegen; *Schmerz*: stecken; *Geruch*: hängen; *Wetter*: herrschen; *Zeit*, *Reihe*, *Macht*: sein; *Rel.* besuchen, (B *D*) beiwohnen; *Wache* halten (***на*** П *A*); *Mil.* eingesetzt *od.* einquartiert sein; kämpfen; *fig.* eintreten, sich einsetzen; bestehen (***на*** П auf *A*), beharren, (an *D*) festhalten; *Frage*: sich erheben; *Kopf*: gehen (***в*** П durch *A*); (***за*** Т *A*) *Rücken* stärken; (***у*** P/***над*** T *j-m auf D*) *Seele*: knien; F ruhen; ***~ть лагерем*** lagern; ~ im Stehen; ***стой***! halt!; **-ся** → ***лежаться***; **~чий** (17) Steh-, stehend; aufrecht; **~щий** F (17*K.*) lohnend; s-n Geld wert

страв|ливать (1), **~лять** (28), ⟨~ить⟩ (14) aufeinander hetzen; → ***травить***[1]

страд|а *f* (5; *pl. st.*) Erntezeit (***в*** B in *D*); Hochsaison; Hochbetrieb *m*; höchster Einsatz *m*; **~алец** *m* (1; -льца) Leidende(r), Dulder; **~альческий** (16) Leidens-, Dulder-; leidvoll, leidgeprüft; gequält; **~ание** *n* (12) Leiden, Qual *f*; **~ательный** (14) passiv; *Gr.* → ***залог***; **~ать** (1) **1.** leiden (T an *D*; ***от*** P unter *D*, durch *A*); mitleiden (***за*** B mit *j-m*); (T) -krank sein; F sich sehnen, schmachten (***по*** П nach *D*); hapern (И mit *D*); **2.** ⟨по-⟩ leiden (***от*** P, ***из-за*** P unter *D*), leiden müssen, Leiden auf sich nehmen; Schaden nehmen; **~ный** (14) Ernte-; → ***~а***

страж *m* (1; -ей) Wächter, Hüter; **~а** *f* (5) Wache; Haft, Gewahrsam *m* (***под*** B in *A*), Arrest *m*; *fig.* Wacht

стран|а *f* (5; *pl. st.*) Land *n*; Gegend; ***~а света*** Himmelsrichtung; ***~ы-участницы*** *f*/*pl.* Teilnehmerländer *n*/*pl.*; **~ица** *f* (5) Seite; Spalte (***на*** П *pl.* in *D*); ***по ~ицам печати*** Blick *m* in die Presse; **~ник** *m* (1) Wanderer; Pilger; **~нический** (16) Wander-, unstet

странн|ость *f* (8) das *od.* et. Seltsame(s); *pl.* Schrullen; → **~ый** (14; -анен, -а) seltsam, sonderbar, merkwürdig, eigenartig, F komisch; wunderlich, schrullig; ***~ое дело*** F seltsam; ***~о*** (Д *j-n*) wundert

страновед|ение *n* (12) Landeskunde *f*; **~ческий** (16) landeskundlich

странств|(ован)ие *n* (12) Wanderung *f*; Reise *f*; F Irrfahrt *f*; **~овать** (7) reisen, umherreisen, herumkommen; wandern; F herumirren; † pilgern; ***~ующий*** fahrend; Wander-

страст|ишка *f* (5; -шек) Vorliebe, Faible *n* (***к*** Д für *A*); **~ной** [-sn-] (14) Kar-; **~ный** [-sn-] (14; -ен, -на) leidenschaftlich; passioniert; glühend, feurig; **~отерпец** *m* (1; -пца) Märtyrer; **~ь** *f* (8; *ab Gpl. e.*) Leidenschaft; Hingabe; Vorliebe (***к*** Д für *A*); Sucht; Passion, Hobby *n*; P Schrecken *m*; **~и** *pl. Rel.* Leiden *n*/*pl.*, Passion *f*; *präd.* ***~ь как*** F schrecklich, furchtbar; ***до ~и*** F → ***~ь сколько*** F unheimlich viel(e); ***~и-мордасти*** *pl.* F → ***страшилище***

стратег *m* (1) Stratege; **~ический** (16) strategisch; **~ия** *f* (7) Strategie

страто|стат *m* (1) Stratosphärenballon; **~сфера** *f* (5) Stratosphäre

страус *m* (1) *Zool.* Strauß; **~овый** (14) Straußen-; *Pol.* Vogel-Strauß-

страх *m* (1; -а/-у) Angst *f* (P; ***от*** P vor *D*); Furcht *f*; Risiko *n*, Gefahr *f*; ***под ~ом смертной казни*** bei Todesstrafe; ***со ~ом и трепетом*** mit Zittern u. Zagen; ***у ~а глаза велики*** *Spr.* Furcht hat tausend Augen; F *präd.* → ***страсть*** F; **~касса** *f* (5) Versicherung (***в*** П bei *D*)

страхов|ание *n* (12) Versicherung *f* (*a.* ***от*** P gegen *A*); **~атель** *m* (4) Versicherte(r); **~ать** (7), ⟨за-⟩ versichern

С

(**от** P gegen *A*); *impf.* absichern, sichern; bewahren (**от** P vor *D*); ***застрахóван*** versichert, sicher; **-ся** sich versichern *od.* versichern lassen; *fig.* sich rückversichern; **ˆка** *f* (5; -ок) → ***˜áние***; F Versicherungsprämie; Versicherungsbeitrag *m*; Absicherung, Sicherung (***для*** P zur); **˜óй** (14) Versicherungs-; **ˆочный** (14) Sicherheits-; **ˆщик** F *m* (1) Versicherer

страш|úлище (11) **1.** *n* † Ungetüm, Ungeheuer; **2.** F *m* Schrecken, Schreckgespenst *n*; **˜úть** (16*e.*) schrecken, Angst machen; ängstigen; **-ся** sich fürchten (P vor *D*); **ˆный** (14; -ен, -нá) furchtbar, schrecklich, fürchterlich; furchterregend, entsetzlich; F unheimlich, riesig, Mords-; (*o.K.*) Schauer-; ***2ный*** *Rel.* Jüngst; ***ˆно*** (Д *j-d*) fürchtet sich *od.* hat Angst; ***ˆно подýмать*** nicht auszudenken; ***ничегó ˆного*** halb so schlimm

стращáть F (1) bange machen, drohen, einschüchtern *od.* einschüchtern wollen

стрéжень *m* (4; -жня) Hauptwasser *n*

стрекозá *f* (5; *pl. st.* -) Libelle, Wasserjungfer; F → ***вертýшка***

стрéкот *m* (1) Zirpen *n*; → **˜áть** (3) zirpen; klappern; knattern; tuckern; F schwatzen, schnattern (*a. fig.*)

стрел|á *f* (5; *pl. st.*) Pfeil *m*; *Tech.* Ausleger *m*; → ***ˆка***; ***˜óй*** pfeilschnell; schnurgerade; **˜éц** *m* (1; -ьцá) *hist.* Strelitze; **ˆка** *f* (5; -ок) Zeiger *m*; Nadel; Zünglein *n*; Landzunge; *Esb.* Weiche; *Hinweis*: Pfeil *m*; *Bot.* Schaft *m*; F Trieb *m*; **˜кóвый** (14) Schieß-; Schützen-; **˜овúдный** (14; -ден, -дна) pfeilförmig; **˜óк** *m* (1; -кá) Schütze; **˜олúст** *m* (1) Pfeilkraut *n*; **ˆочник** *m* (1) Weichensteller, Weichenwärter; **˜ьбá** *f* (5; *pl. st.*) Schießen *n*; Schießerei; Feuer *n* (***из*** P, ***по*** Д *pl. Zssg*); **ˆьбище** *n* (11) Schießplatz *m*; **ˆьчатый** (14) Spitzbogen-; pfeilförmig; **ˆяный** F (14) geschossen; kampferfahren; *fig.* erfahren; ***ˆяный воробéй*** *m* geriebener Kunde, alter Hase; → ***ворóна***; **˜ять** (28), *einm.* ⟨˜ьнýть⟩ (20) schießen (***в*** B, ***по*** Д auf *A*; ***из*** P mit *D*), feuern, (*A*) abfeuern; laut knistern, knattern, knallen; F schnorren; *pf.* huschen; ***˜ять глазáми*** F äugeln; F ***˜яет в ýхе*** (***у*** P *j-d*) hat Ohrenreißen; → ***глазóк*** F; → ***вы́стрелить***; **-ся** F sich erschießen *od.* † duellieren

стрем|глáв jäh, jählings, Hals über Kopf, überstürzt; **˜úтельность** *f* (8) Ungestüm *n*; Rasanz; → **˜úтельный** (14; -лен, -льна) ungestüm, heftig; rasant, wild, reißend; behende, lebhaft; **˜úться** (14*e.*) streben (***к*** Д nach *D*), trachten; anstreben (*A*), zustreben (*D*); bestrebt sein; wollen (***в***, ***на*** B *a.* zu *D*); eilen; strömen; **˜лéние** *n* (12) Streben, Bestreben; Bestrebung *f*; Trachten; Wille *m*; **˜нúна** *f* (5) reißende Strömung (***на*** П in *D*)

стрéмя *n* (13; -н) Steigbügel *m*; **ˆнка** *f* (5; -нок) Malerleiter, Stehleiter

стренóживать (1) → ***тренóжить***

стрéссовый F (14) Streß-, F stressig

стриж *m* (1*e.*; -éй) Uferschwalbe *f*

стрú|женый (14) kurz geschnitten; kurz geschoren; mit kurzem Haar; **˜жка** *f* (5; -жек) Schneiden *n*; Schur; Haarschnitt *m*; → **˜чь** (26 -г/ж-; *Prät. st.*) **1.** *Haare* schneiden; *Bäume* beschneiden; *Rasen* mähen; *Haar* kurz tragen; **2.** ⟨о-, F об-⟩ scheren; (B *j-m*) die Haare schneiden; **-ся** sich die Haare schneiden lassen; *Haar*, (***под*** B *Zssg*) *Frisur*, *Schnitt* tragen

строгá|льный (14) Hobel-; **˜ть** (1) hobeln; → ***вы́строгать***

стрóг|ий (16; -, -á) streng (*a.* ***с*** T zu *j-m*); strikt, genau; *Verweis*: scharf; *Schönheit*: herb; *Züge*: hart; → ***говорúть***, ***секрéт***; ***˜о-нáстрого*** F strengstens; **˜ость** *f* (8) Strenge, Schärfe, Härte; *pl.* F strenge Maßnahmen

строевóй (14) Bau-; *Mil.* Front-; Truppen-; Exerzier-; Kampf-

строéние *n* (12) Bau *m*, Aufbau *m*; Struktur *f*; Gebäude

строúтель *m* (4) Erbauer; Baumeister (*a. fig.*); Bauingenieur; Bauarbeiter; **˜ный** (14) Bau-; für Bauwesen; **˜ство** *n* (9) Bau *m*, Aufbau *m*; Bauwesen; Baustelle *f*; Bauunternehmen

стрóить¹ (13) **1.** ⟨по-, вы-⟩ bauen, erbauen, errichten; *Mil.* antreten lassen (***в*** B in *D*); aufstellen; **2.** ⟨по-⟩ bauen, aufbauen; konstruieren; organisieren; machen; *Plan*, *Hypothese* aufstellen; *Mutmaßung* anstellen; *Programm*

C

zusammenstellen; *Schlüsse* ziehen; *Pläne* schmieden; F *Fratzen* schneiden; → ***глазóк***; ~ ***из себя́ дуракá*** F sich dumm stellen; **-ся** bauen; *impf.* im Bau sein; *Mil.* antreten; ***стрóйся***! *Mil.* antreten! angetreten!; **~²** → ***утрáивать***
строй *m* **1.** (3; в -ю́; *pl. e.*: -и́, -ёв) Reihe(n *pl.*) *f*; Front *f*, Glied, Reih u. Glied *n*, angetretene Truppe *f*; *Mar.* Formation *f*; *Flgw.* Verband; Gefecht *n*; *Tech.* Betrieb, Dienst; → **2.** (3; *pl. e.*) *Pol.* Ordnung *f*; Bau, Aufbau, Struktur *f*; Art *f*, Weise *f*; **3.** (3) *Mus.* Tonart *f*; Stimmung *f*; *fig.* Harmonie *f*; **~ка** *f* (5; -óек) Bau *m*; Bauvorhaben *n*; Baustelle *f*; Bauobjekt *n*; **~материáлы** *m/pl.* (1) Baumaterial *n*, Baustoffe; **~ность** *f* (8) Harmonie; → **~ный** (14; -óен, -нá) schlank; wohlgebaut; wohlgeordnet; wohlklingend; ebenmäßig, harmonisch; geschlossen, ausgewogen; eingespielt, gut eingespielt, tadellos
строкá *f* (5; *Npl. st.*) Zeile
стропи́ло *n* (9) Dachsparren *m*
стропти́вый (14 *K.*) widerspenstig, störrisch
строфá *f* (5; *pl. a. st.*, *N st.*) Strophe
строч|и́ть (16*e.*/16; -енный) **1.** ⟨про-, вы́-⟩ steppen, *pf.* durchsteppen; F nähen; **2.** ⟨на-⟩ F hastig schreiben, hinwerfen; fabrizieren; **3.** ⟨про-⟩ F rattern; *impf.* F drauflosschnattern; trippeln
стрóч|ка *f* (5; -ек) Steppnaht; Zeile; **~нóй** (14) **1.** Stepp-; **2.** klein, Klein-
стру|г *m* (1) Hobel; **~гáть** (1) hobeln; **~жка** *f* (5; -жек) Hobelspan *m*
стру|и́ться (13*e.*) rinnen, rieseln; strömen; triefen; *Rauch*: aufsteigen; **~йка** *f* (5; -ек) Rinnsal *n*; kleiner Strahl *m*; kleine Rauchfahne
структу́р|а *f* (5) Struktur, Bau *m*, Gefüge *n*; Beschaffenheit; **~áльный** (14) struktural; → **~ный** (14) strukturell; Struktur-
струн|á *f* (5; *pl. st.*) Saite; ***в ~é*** F streng; → **~ка** F: ***в ~ку*** stramm; F ***ходи́ть по ~ке*** (***у*** P, ***перед*** T *j-m*) auf den leisesten Wink gehorchen; **~ный** (14) Saiten-; Streich-
струп *m* (1; *pl.* -ья, -ьев) Schorf; Grind
стру́|сить (15), **~хну́ть** F (20) *pf.* Angst bekommen, es mit der Angst zu tun bekommen
струч|кóвый (14) Hülsen-; *Pfeffer*: spanisch; **~óк** *m* (1; -кá) Schote *f*, Hülse *f*
стру|я́ *f* (6; *pl. st.*: -и, -й) Strahl *m*; Strom *m*; Rinnsal *n*; *pl.* Fluten
стря́п|ать F (1), ⟨со-⟩ kochen, zubereiten; arrangieren, herrichten; fabrizieren; zusammenschmieren; **~ня́** F *f* (6) Zubereiten *n*; Speise; Machwerk(e *pl.*) *n*, Schund *m*; **~у́ха** P *f* (5) Köchin; **~чий** *m* (17) *ehm.* Advokat
стрясти́сь F (25 -с-) *pf.* passieren (***с*** T *j-m*), zustoßen; los sein
стря́х|ивать (1), ⟨~ну́ть⟩ (20) abschütteln; ***~ну́ть с себя́*** verscheuchen; F ausschütteln
студени́стый (14 *K.*) gallertartig
студéн|т *m* (1), **~тка** *f* (5; -ток) Student(in *f*); ***~т-мéдик*** *m* Medizinstudent; **~ческий** (16) Studenten-, studentisch; **~чество** *n* (9) Studentenschaft *f*; Studien *f/pl.*; Studienzeit *f*
студ|ёный P (14 *K.*) eiskalt; **~ень** *m* (4; -ня) Sülze *f* (***из*** P *Zssg*); Gallert *n*; **~и́ть** (15), ⟨о-⟩ abkühlen; → ***холоди́ть***
сту́дия *f* (7) Studio *n* (***на*** П in *D*); Atelier *n*; *Thea.* Schule
сту́жа F *f* (5) eisige Kälte, Frost *m*
сту|к *m* (1) Klopfen *n*; → ***~чáть***; Aufschlag; Schläge *m/pl.*; ***без ~ка*** ohne anzuklopfen; ***~к***! poch!; F → ***~чáть***; **~кать** (1), *einm.* ⟨~кнуть⟩ (20) schlagen, zuschlagen, aufschlagen, stoßen (***по*** Д auf *D*); F *pf.* → ***испóлниться, наступи́ть, удáрить***; P erwischen; erlegen; **-ся** stoßen (***о*** B gegen *A*), anstoßen; zusammenstoßen; → ***~чáть(ся)***; **~кáч** P *m* (1*e.*; -éй) Denunziant, Spitzel; **~котня́** F *f* (6) Gepolter *n*, Geklapper *n*; → ***~к***
стул *m* (1; *pl.* -ья, -ьев) Stuhl; *Med.* Stuhlgang; **~ьчик** *m* (1) Stühlchen *n*
сту́па *f* (5) Mörser *m*; → ***толóчь***
ступ|áть (1), ⟨~и́ть⟩ (14) treten, (***в, на*** B) betreten; F auftreten; *impf.* schreiten, ausschreiten; ***тяжелó ~áть*** stapfen; ***~áй***! geh!; komm!; ***~áй скорée***! mach schnell!; **~éнчатый** (14 *K.*) gestuft, abgestuft; stufenförmig; (*o. K.*) Stufen-; **~éнь** *f* **1.** (8) Stufe; **2.** (8; *ab Gpl.e.*) *fig.* Stufe, Etappe; Klasse;

С

~е́нька *f* (5; -нек) Stufe; Sprosse; **~и́ца** *f* (5) Radnabe; **~ка** *f* (5; -ок) *dim. v.* → **~а**; **~ня́** *f* (6; -не́й) Fuß *m*; Fußsohle *f*

сту|ча́ть (4*e*.), *einm.* ⟨**~кнуть**⟩ (20) klopfen, anklopfen, pochen (**в** В an *A*, *D*); klappern; rattern; knattern; schlagen (**по** Д auf *A*); hämmern (**в** П *N*); **-ся** F anstoßen; anklopfen (**к** Д bei *j-m*)

стушёв|ываться (1), ⟨**~а́ться**⟩ (6 -у́-) sich verwischen; verblassen (**перед** Т gegenüber *D*), in den Schatten treten; F verduften; → **тушева́ться**

стыд *m* (1*e*.) Scham *f* (**от**, **со** Р vor *D*); F Schande *f*, Schimpf; **~ и срам**! Schmach u. Schande!; **~и́ть** (15*e*.) beschämen; F → **позо́рить**; **-ся** sich schämen (Р/**за** В vor *j-m G*, wegen *G*); sich genieren; **~ли́вый** (14 *K*.) schamhaft; schüchtern; verschämt; Anstands-; **~но** es ist e-e Schande; **~но** (Д *j-d*) schämt sich; **как тебе́ не ~но**? schämst du dich denn gar nicht?; **~но тебе́**! du solltest dich was schämen!; **~ный** F (14; -ен, -на) schändlich; beschämend (Д für *j-n*)

стык *m* (1) *Tech.* Fuge *f*, Stoß (**на** П an *D*); *Mil.* Naht *f*; Scheide *f*, Scheidelinie *f*, Grenze *f*; *fig.* Wende *f* (um *A*); **~ова́ть** (7), ⟨со-⟩ *Tech.* zusammenkoppeln; *Raumf.* ankoppeln; **~о́вка** *f* (5; -вок) Kopplungsmanöver *n*, Andocken *n*

сты́(ну)ть (21/20) **1.** ⟨о-⟩ kalt werden; abkühlen; **2.** ⟨за-⟩ F erstarren; gefrieren; *impf.* strammstehen; *fig. Blut*: gerinnen (**от** Р vor *D*)

сты́чка *f* (5; -чек) Zusammenstoß *m*, Scharmützel *n*; *fig.* Wortwechsel *m*

стяг *m* (1) Banner *n*, Fahne *f*

стя́|гивать (1), ⟨**~ну́ть**⟩ (19) zusammenziehen; zusammenschnüren, einschnüren; zusammenfügen; herunterziehen; F klauen; P abknöpfen (**с** Р *D*)

стяжа́т|ель *m* (4) Raffer; → **~ельство** *n* (9) Habsucht *f*, Gewinnsucht *f*, Raffgier *f*; **~ь** (1) *pf.* erwerben; *fig.* erlangen, ernten

стяну́ть → **стя́гивать**

суббо́т|а *f* (5) Sonnabend *m*, Samstag *m* (**в** В am; → **вто́рник**); **~ний** (15) Samstag(s)-; **~ник** *m* (1) unbezahlter Arbeitseinsatz (*SU*); → **воскре́сник**

суб|ордина́ция *f* (7) Unterordnung; **~подря́дчик** *m* (1) Zulieferer; **~сиди́ровать** (7) *im*(*pf*.) subventionieren; finanziell unterstützen; **~си́дия** *f* (7) Subvention; Beihilfe, Zuschuß *m*; **~ста́нция** *f* (7) Substanz; **~ститу́т** *m* (1) Ersatz; **~ти́льный** F (4; -лен, -льна) zart, subtil; **~ти́тр** *m* (1) Untertitel; **~тро́пики** *pl.* (1) Subtropen; **~тропи́ческий** (16) subtropisch

субъе́кт *m* (1) Subjekt *n*; **~и́вность** *f* (8) Subjektivität; **~и́вный** (14; -вен, -вна) subjektiv; unsachlich, einseitig

сувени́р *m* (1) Souvenir *n*, Andenken *n*

суверен|ите́т *m* (1) Souveränität *f*; Oberhoheit *f*; **~ный** (14; -ен, -на) souverän; (*o. K.*) Hoheits-

сугли́нок *m* (1; -нка) Lehmboden

сугро́б *m* (1) Schneewehe *f*, Schneehaufen

сугу́б|ый (14 *K*.) äußerst, höchst; tiefst; *Adv.* ausgesprochen; zutiefst

суд *m* (1*e*.) Gericht *n* (**в** П bei, zu; *a.* **к** Д, **под** Т vor); Gerichtsverhandlung *f* (**на** П in *D*; **над** Т gegen *j-n*); Gerichtshof; Gerichtsgebäude *n*; Recht *n*; Urteil *n* (**на** В *D*); Anklage *f* (**под** Т unter); → **Линч**; **~о́м** gerichtlich, auf gerichtlichem Wege; **без ~а́** auf der Stelle; **встать, ~ идёт**! Achtung, das Hohe Gericht!; **на нет и ~а́ нет** *Spr.* wo nichts ist, hat der Kaiser sein Recht verloren

суда́к *m* (1*e*.) Zander

суда́р|ыня *f* (6) *ehm.* gnädige Frau; **~ь** *m* (4) *ehm.* gnädiger Herr

суда́чить P (16) klatschen, tratschen

суд|е́бный (14) Gerichts-, gerichtlich; Justiz-; Beweis-; **~е́йский** (16) *Jur.* Richter-; *Sp.* Schiedsrichter-; **~и́мость** *f* (8) Vorstrafe(n *pl.*); **~и́ть** (15; -я́) Gericht halten, zu Gericht sitzen (В über *j-n*); richten; vor Gericht stellen; urteilen, beurteilen; schließen (**по** Д/**о** П von *D*/auf *A*); *Sp.* als Schiedsrichter leiten; F verurteilen; **~я** (**по** Д *D* nach) zu urteilen; (*D*) zufolge; **суждено́** bestimmt, beschieden; **~и́ли** (В *N*) → **-ся** vor Gericht stehen; vorbestraft sein; prozessieren

су́д|но *n* **1.** (9; *pl.* -а́, -о́в) Schiff; Fahrzeug; **2.** (9; -ен) Nachtgeschirr; Schieber *m*; **~ове́рфь** *f* (8) Schiffswerft; **~овладе́лец** *m* (1; -льца) Schiffseigner; Reeder; **~овожде́ние** *n* (12) Navigation *f*; Navigationslehre *f*, Nautik *f*; **~ово́й** (14) Schiffs-

суд|о́к *m* (1; -ка́) Menage *f*, Gewürzständer; *pl.* Essenträger; **~омо́йка** *f* (5; -о́ек) Geschirrspülerin, Tellerwäscherin

судопроизво́дство *n* (9) Gerichtsverfahren; Prozeßordnung *f*

судоремо́нтный (14) Schiffsreparatur-

су́доро|га *f* (5) Krampf *m*; **~жный** (14; -жен, -жна) krampfhaft; verkrampft; (*o. K.*) Krampf-

судо|строе́ние *n* (12) Schiff(s)bau *m*; **~строи́тельный** (14) Schiff(s)bau-; **~хо́дный** (14; -ден, -дна) schiffbar; **~хо́дство** *n* (9) Schiffahrt *f*

судьба́ *f* (5; *pl. st.*, *G* -деб) Schicksal *n*; Los *n*; *pl.* Geschicke *n/pl.*; *präd.* → ***суждено́***; ***каки́ми ~ми?*** F wo kommst du her?

судья́ *m* (6; *pl. st.*, *G* -де́й) *Jur.* Richter (*a. fig.*); *Sp.* Schiedsrichter, Kampfrichter; *fig.* Kritiker

суеве́р|ие *n* (12) Aberglaube *m*; **~ный** (14; -ен, -на) abergläubisch

сует|а́ *f* (5) Hast, Hektik, Trubel *m*, Geschäftigkeit; Tretmühle; Eitelkeit; **~и́ться** (15*e.*) hasten, hin u. her laufen; geschäftig sein; fummeln; → ***вози́ться***; **~ли́вый** (14 *K.*) allzu geschäftig; hektisch, ruhelos; **~ный** † (14; -ен, -на) eitel, nichtig; → ***~ли́вый***; **~ня́** F *f* (6) → ***~а́***

су|жа́ть, **~живать** (1), 〈**~зить**〉 (15) verengen, einengen, enger *od.* zu eng machen; *fig.* einschränken; **-ся** enger *od.* kleiner werden

сужде́н|ие *n* (12) Urteil; Entscheidung *f* (***на*** B zu *D*); **~о́** → ***суди́ть***

су|же́ние *n* (12) Verengung; → ***~жа́ть***; **~живать(ся)**, **~зить(ся)** → ***~жа́ть(ся)***

сук *m* (1*e.*; на -у́; *pl. a.* су́чья, -чьев) Ast; Astloch *n*; ***руби́ть ~, на кото́ром сиди́шь*** den Ast absägen, auf dem man sitzt

су́к|а *f* (5) Hündin; P Miststück *n*; **~ин** (19): ***~ин сын*** *m* P Saukerl *m*; ***~ины де́ти*** *pl.* Strolche *m/pl.*

сукно́ *n* (9; *pl. st.*, *G* -он) Tuch; ***класть под ~*** auf die lange Bank schieben; ***лежа́ть под ~м*** in der Schublade schmoren; **~ва́льный** (14) Tuchwalk-

сукова́тый (14 *K.*) ästig, knorrig

суко́н|ка *f* (5; -ок) Tuchlappen *m*, Wollappen *m*; **~ный** (14) Tuch-, tuchen; *fig.* hölzern; **~щик** *m* (1) Tuchweber

су́кровица *f* (5) Blutwasser *n*

сулема́ *f* (5) *Chem.* Sublimat *n*

сули́ть (13*e.*), 〈по-〉 verheißen; P versprechen

султа́н *m* (1) Sultan; Federbusch

сум|а́ † *f* (5) Tasche; Beutel *m*; Sack *m*; ***с ~о́й*** betteln; ***пусти́ть с ~о́й*** an den Bettelstab bringen; ***~а́ перемётная*** F Wendehals *m*; → ***~ка***

сумасбро́д *m* (1) Tollkopf; **~ничать** F (1) Tollheiten begehen; **~ный** (14; -ен, -на) närrisch, wahnwitzig; töricht; **~ство** *n* (9) Torheit *f*, Narretei *f*; Wahnwitz *m*

сумасше́|дший [-ʃʃ-] (17) wahnsinnig, verrückt; irre, wahnwitzig; Wahnsinns-; F Irren-; *Su. m* Verrückte(r); Tobsüchtige(r); **~ствие** *n* (12) Wahnsinn *m*, Irrsinn *m*; Verrücktheit *f*; Wahn *m*; Raserei *f*; ***до ~ствия*** F → ***~дший***

сумато́ха *f* (5) Getümmel *n*; Wirrwar *m*, Tohuwabohu *n*; → ***суета́***

сумбу́р *m* (1) Durcheinander *n*, Verwirrung *f*, Chaos *n*; → ***сумато́ха***; **~ный** (14; -ен, -на) verworren, konfus, chaotisch

су́мер|ечный (14; -чен, -чна) dämm(e)rig, Dämmer-; fahl, fade; **~ки** *pl.* (5; -ек) Dämmerung *f*; Halbdunkel *n*

суме́ть (8) *pf.* es fertigbringen, (*a.* ~ ***сде́лать***) schaffen, zu … wissen; → ***уме́ть***

су́мка *f* (5; -мок) Tasche; *Anat.*, *Zool.* Beutel *m*; → ***су́мочка***

су́мм|а *f* (5) Summe, Betrag *m* (***на*** B/***в*** B im/von); Gesamtheit; Gesamtmenge; **~а́рный** (14; -рен, -рна) Gesamt-; summarisch; **~и́ровать** (7) *im-(pf.)* summieren, zusammenrechnen; *fig.* zusammenfassen; → ***вбира́ть***

су́мочка *f* (5; -чек) Handtasche

су́мра|к *m* (1) Dämmerung *f*, Halbdunkel *n*; **~чный** (14; -чен, -чна) dämm(e)rig; trübe, dunkel; *fig.* finster; trist

су́мчатые *pl.* (14) Beuteltiere *n/pl.*

С

сум|я́тица F *f* (5) → ***~ато́ха***, ***~бу́р***
сунду́к *m* (1*e*.) Truhe *f*; Koffer
су́нуть(ся) → ***сова́ть(ся)***
суп *m* (1; ⁻а/⁻у; *a*. в -у́; *pl*. *e*.) Suppe *f*
суперобло́жка *f* (5; -жек) Schutzumschlag *m*
су́п|ник *m* (1), **~ница** *f* (5) Suppenschüssel *f*; **~ово́й** (14) Suppen-
супоро́с(н)ая *f* (14) trächtig (*Sau*)
супоста́т *m* (1) P Schurke; † → ***не́друг***
супру́|г *m* (1), **~га** *f* (5) Gemahl(in *f*), Gatte(-tin *f*), Ehemann *m*, Ehefrau *f*; *pl*. Eheleute; **~жеский** (16) Ehe-, ehelich; **~жество** *n* (9) Ehe *f*; Ehestand *m*
сургу́ч *m* (1*e*.) Siegellack
сурди́нк|а *f* (5; -нок) *Mus*. Dämpfer *m* (***под*** В mit *D*); ***под ~у*** F heimlich
сурдоперево́д *m* (1) Gebärdensprache *f*
суре́пица *f* (5) Rübsame(n) *m*
су́рик *m* (1) Mennige *f*
суро́в|ость *f* (8) Härte; Strenge; → **~ый** (14 *K*.) hart, rauh; streng; barsch; *Zwirn*: roh; *Leinen*: Roh-, ungebleicht; *Blick*: finster; *Lehre*: bitter
суро́к *m* (1; -рка́) Murmeltier *n*
сурьм|а́ *f* (5) Antimon *n*, Antimonium *n*; **~и́ть** (14*e*.), ⟨на-⟩ schwärzen
суса́льный (14) Blatt-, Rausch-, Flitter-
су́слик *m* (1) Zieselmaus *f*
су́сло *n* (9) Most *m*; Würze *f*
суста́в *m* (1) Gelenk *n*; **~но́й** (14) Gelenk-
сутенёр *m* (1) Zuhälter
су́тки *pl*. (5; -ток) Tag u. Nacht, vierundzwanzig Stunden; Tag *m*; ***кру́глые ~*** rund um die Uhr
су́толока *f* (5) Gedränge *n*, Gewühl *n*
су́точный (14) Tages-; eintägig, vierundzwanzigstündig; *pl*. *Su*. Tagegelder *n*/*pl*.
суту́л|иться (13), ⟨с-⟩ den Rücken krümmen; **~ова́тый** (14 *K*.) mit leicht gekrümmtem Rücken; → **~ый** (14*K*.) gekrümmt, gebeugt; → ***~ова́тый***
сут|ь[1] *f* (8) Wesen *n*; Kern *m*, Grund *m*; ***по ~и, по ~и де́ла*** im Grunde *od*. im Grunde genommen, eigentlich; **~ь**[2] → ***быть***
сутя́|га F *m*/*f* (5), **~жник** F *m* (1) Querulant; **~жничать** F (1) prozessieren; **~жнический** F (16) prozeßsüchtig
суфлёр *m* (1) Souffleuse *f*, Souffleur; **~ский** (16) Souffleur-
су́ффикс *m* (1) Suffix *n*, Nachsilbe *f*; **~а́ция** *f* (7) Suffigierung
сух|а́рь *m* (4*e*.) Zwieback; Keks; *pl*. Brösel; F trockner Peter; **~ова́тый** (14 *K*.) kühl, zugeknöpft; **~ове́й** *m* (3) heißer Trockenwind; **~ожи́лие** *n* (12) Sehne *f*; **~о́й** (14; -, -а́) trocken; dürr; regenlos; F hager; *fig*. gefühllos, hart, steif; (*o*. *K*.) Trocken-; Dörr-; → ***~ова́тый***; *Sp*. zu-Null-; *hist*. Antialkohol-; Land-; ***вы́йти ~и́м из воды́*** F mit heiler Haut davonkommen; **~омя́тка** F *f* (5) Trockenkost; **~опа́рый** F (14 *K*.) hager; **~опу́тный** (14) Land-; **~ору́кий** F (16 *K*.) mit steifem Arm; **~ость** *f* (8) Trockenheit; **~офру́кты** *pl*. (1) Dörrobst *n*; **~оцве́т** *m* (1) Strohblume *f*; **~оща́вый** (14 *K*.) hager, sehnig
сучи́ть (16/16*e*.), ⟨с-⟩ zwirnen; drillen; winden; F zappeln
суч|кова́тый (14 *K*.) ästig, knorrig; **~о́к** *m* (1; -ка́) kleiner Ast; → ***сук***
су́ш|а *f* (5) Festland *n*; ***на ~е и на мо́ре*** zu Wasser u. zu Lande; **~е́ние** *n* (12) Trocknen; Dörren; **~ёный** (14) getrocknet, Dörr-, Back-; **~и́лка** *f* (5; -лок) Trockner *m*; Trockenraum *m*; Darre; **~и́льный** (14) Trocken-; **~и́ть** (16), ⟨вы-⟩ trocknen, *pf*. austrocknen, dörren, *pf*. ausdörren; abtrocknen; *impf*. auszehren, verzehren; verhärten; **-ся** trocknen; **~ка** *f* (5; -ек) → ***~е́ние***; Kringel, Brezel; **~ь** F *f* (8) Trockenheit, Dürre; Dürrholz *n*; *fig*. trockenes Zeug *n*
суще́ств|енный (14 *K*.) wesentlich; **~и́тельное** *n* (14) Substantiv, Hauptwort; **~о́** *n* (9) Wesen; Kern *m*; Geschöpf; ***по ~у́*** zur Sache; sachlich; im wesentlichen, im Grunde; **~ова́ние** *n* (12) Existenz *f*, Dasein; → **~ова́ть** (7) bestehen, existieren; sein, dasein, vorhanden sein, leben (T, ***на*** В von *D*); ***~у́ет*** *od*. ***~у́ют*** es gibt
су́щ|ий (17) F rein, reinst, wahr, echt; † seiend; **~ность** *f* (8) Wesen *n*, Wesentliche(s) *n*
сфе́р|а *f* (5) Sphäre, Bereich *m*, (***в*** П auf *D*) Gebiet *n*; Kreis *m*; *Math*. Kugel; *fig*. Element *n*; **~и́ческий** (16), **~и́чный** (14; -чен, -чна) sphärisch, kugelförmig, Kugel-

С

схва́т|ка *f* (5; -ок) Zusammenstoß *m*, Gefecht *n*, Kampf *m*, Gemenge *n*; *Sp.* Wettkampf *m*; F Wortgefecht *n*; *pl.* Wehen; **~ывать** (1), ⟨**~и́ть**⟩ (15) pakken, fassen (**за** B an *D*), ergreifen; umfassen; verbinden; *Lit.* zeichnen, *Züge* treffen; F erwischen, sich holen; anfallen, überfallen; einschnüren; *fig.* erfassen; **-ся** greifen (**за** B nach *D*); sich festhalten (an *D*); sich fassen *od. fig.* greifen (an *A*); klammern; aneinandergeraten; *fig.* sich anlegen; F es aufnehmen

схе́ма *f* (5) Schema *n*; Plan *m*; Skizze; *El.* Schaltbild *n*; Schaltung; *fig.* Gerippe *n*; Konzept *n*; → **~ти́ческий** (16), **~ти́чный** (14; -чен, -чна) schematisch

схи́мник *m* (1) Asket

схитри́ть (13*e.*) *pf.* mogeln

схлы́нуть (20) *pf.* zurückfluten; wegströmen; sich legen; sich verlaufen

сход *m* (1) Hinabsteigen *n*; Abstieg; → **~ка**; **~и́ть** (15) **1.** ⟨**сойти́**⟩ (-йду́, -дёшь; сошёл, -шла́; соше́дший; сойдя́) hinabsteigen, herabsteigen (**с** P *a. A*); aussteigen (**с** P aus *D*); hinuntergehen, hinabgehen; (**на** B an *A*) *Land*: gehen; herunterkommen, herabkommen; abweichen; *Weg* verlassen; *Stapel*: laufen; *Stuhl*: sich erheben; springen; verschwinden; gehalten werden; F leicht davonkommen (Д *N*), *j-m* so durchgehen; gut abgehen *od.* laufen; (**в** П *pl.* als *Nsg.*) was taugen; *impf.* zusammenlaufen; *Gegensätze*: sich anziehen; *pf. fig.* steigen; ***сойти́ на нет*** zunichte gemacht werden; ***сойти́ с рук*** F glücklich davonkommen; ***сойдёт*** es wird schon gehen *od.* F hinhauen; ***~и́ть с ума́*** den Verstand verlieren, verrückt werden *od.* F (**о, по** П, **по** Д nach *j-m*) sein; ***с ума́ сойти́!*** F zum Wahnsinnigwerden!; → ***рельс, срыва́ться***; **-ся**, ⟨**-сь**⟩ zusammenkommen, sich versammeln; aufeinandertreffen, aufeinander zu treten; zusammenpassen (T *pl.* in *D*); sich anfreunden; sich einigen *od.* vereinigen; übereinstimmen (**в, на** П *a.* über *A*), gleich sein; *Gürtel*: zugehen; F sich liieren; P gehen, gut gehen; **2. ~и́ть** *pf.* gehen, hingehen; holen (**за** T *A*); sein, gewesen sein; vorbeischauen (**к** Д bei *D*); e-n Gang machen; **~ка** *f* (5; -ок) Zusammenkunft (**на** B zu *D*); *hist.* Versammlung (**на** П in *D*); **~ни** *f/pl.* (6; -ней) Laufplanke *f*, Landungssteg *m*

схо́|дный (14; -ден, -дна́) ähnlich (**с** T *D*); F annehmbar, günstig (**по** Д zu *D*); **~дство** *n* (9) Ähnlichkeit *f*; Analogie *f*; **~жий** P (17 *K.*) → **~дный**

сцара́п|ывать, ⟨**~ать**⟩ (1) abkratzen

сцать V (сцу, сцишь) V pissen, pinkeln

сце́|живать (1), ⟨**~ди́ть**⟩ (15) abgießen; durchseihen

сце́н|а *f* (5) Bühne; Auftritt *m*; Episode; F Szene; **~а́рий** *m* (3; -и) Drehbuch *n*; **~и́ческий** (16) Bühnen-, szenisch; **~и́чный** (14; -чен, -чна) bühnengerecht, bühnenwirksam

сце́п|ка *f* (5; -ок) Kupplung *f*; **~ле́ние** *n* (12); → **~ка**; *Phys.* Kohäsion; → **~ля́ть** (28), ⟨**~и́ть**⟩ (14) kuppeln; verhaken, verketten; **-ся** ineinandergreifen; verschränken; F aneinandergeraten, sich in die Haare geraten; **~щик** *m* (1) Rangierer

счаст|ли́вец [ʃʃtʃɪs]-] *m* (1; -вца), **~ли́вчик** F *m* (1) Glückspilz; **~ли́вый** (14; -ли́в, -а) glücklich; (*o. K.*) Glücks-; ***~ли́вого пути́!*** gute Reise *od.* Fahrt!; ***~ли́во!*** F mach's gut!; ***~ли́во остава́ться!*** leb wohl!, leben Sie wohl!; **~ье** ['ʃtʃæ-] *n* (10) Glück; Fortuna *f*; ***к ~ью, на ~ье, по ~ью*** zum Glück, glücklicherweise; ***твоё ~ье, что ...*** du kannst von Glück reden, daß ...

счесть → ***счита́ть 2, 3***

счёт [ʃtʃ-] *m* **1.** (1; -а/-у; *a.* на ~у́; *pl. e.*, *N* ~а́) Zählen *n*; Rechnen *n*; Konto *n*; Buch *n* (**на** П über *A*); Rechnung *f* (**за** B/P auf *j-s od.* für *A*); Kosten *pl.*; *Sp.* Ergebnis *n*, Endstand; Hinsicht (**на** B in *D*); ***~у нет*** F zahllos; ***в ~*** a conto; ***идти́ в ~*** zählen; ***не в ~*** zählt *od.* zählen nicht; *fig.* ***на ~*** (P auf *j-n*) gemünzt, gilt *j-m*; ***на ~у́*** F zählt, wird berechnet; ***на ... ~у́*** ... angeschrieben; auf *j-s* Konto kommen; ***относи́ть за ~*** (P *j-m*) anrechnen, auf *j-s* Rechnung setzen; ***сбро́сить со ~а*** *od.* ***~о́в*** streichen, nicht mehr in Betracht ziehen; ***како́й ~?*** *Sp.* wie steht es?; **2.** (*pl.* ~ы) Rechnungen *f/pl.*; gegenseitige Forderungen *f/pl.*; ***поко́нчить ~ы***

Schluß machen; ***свести́ ˈ~ы*** abrechnen; ***теря́ть ~*** (Д *N*) ist *od.* sind nicht mehr zu zählen; **ˈ~ный** (14) Rechen-; Zähl-; Buchführungs-, Buch-; **~ово́д** *m* (1) Rechnungsführer; **~ово́дство** *n* (9) Buchführung *f*, Rechnungsführung *f*; **~чик** *m* (1) Zähler; Messer; *Fot.* Bildzählwerk *n*; **ˈ~ы** *pl.* (1) Rechenbrett *n*

счисле́ни|е [ʃʃtʃ-] *n* (12) Berechnung *f*, Rechnung *f*; System *n*; ... ***~я*** Rechen-

счи́стить → ***счища́ть***

счита́лка [ʃʃtʃ-] F *f* (5; -лок) Abzählreim *m*

счита́|ть [ʃʃtʃ-] (1) **1.** ⟨со-⟩ zählen; rechnen, ausrechnen; **2.** ⟨со-, по-, счесть⟩ (сочту́, -тёшь; счёл, сочла́; сочтя́; сочтённый: -ена́) zählen, zusammenzählen; **3.** ⟨счесть, по-⟩ halten (T für *A*), betrachten (als *A*); meinen; anrechnen; *pf.* ausrechnen; ***не счесть*** unermeßlich viele; **4.** ⟨по-⟩ F berechnen; **5.** rechnen, mitrechnen (***в*** П, ***по*** Д in *D*); *jeden* Pfennig umdrehen; ***~я*** gerechnet, mitgerechnet; ***~й*** P wohl; ***ˈ~нный*** wenig; ***сочтены́*** gezählt; **-ся 1.** ⟨по-⟩ Rücksicht nehmen (***с*** T auf *A*), achten; hören; ***не ~ясь*** ohne Rücksicht; **2.** ⟨со-, сче́сться⟩ gegenseitig aufrechnen; sich vergleichen (T nach *D*) *od.* einigen; F miteinander abrechnen, verrechnen; **3.** gelten (T als *A*); zählen; ***~ется*** es heißt; → ***исчисля́ться***, F ***чи́слиться***

счи́т|ывать [ʃʃtʃ-], ⟨~а́ть⟩ (1) kollationieren

счи|ща́ть [ʃʃtʃ-] (1), ⟨ˈ~стить⟩ (15) abwischen; abschälen; wegräumen

сшиб|а́ть [ʃʃi-] (1), ⟨~и́ть⟩ (-у́, -ёшь; -, -ла) umstoßen; ***~а́ть с ног*** umrennen

сши|ва́ть [ʃʃi-] (1), ⟨~ть⟩ (сошью́, -ёшь; → ***бить***) zusammennähen, zusammenheften

съе|да́ть (1), ⟨~сть⟩ (съем, -ешь; → ***есть***[1]) aufessen; auffressen; verzehren; verschlingen; → ***есть***[1] ***2, 3***; F umbringen; P einstecken; **~до́бный** (14; -бен, -бна) eßbar; (*o. K.*) F Eß-

съёжи|ваться (1), ⟨~ться⟩ (16) zusammenschrumpfen, sich zusammenziehen *od.* einrollen

съе|зд *m* (1) Kongreß; *Pol.* Tag; Eintreffen *n*, Ankunft *f*; † Zusammenkunft *f*; Abfahrt *f*; → ***спуск***; **ˈ~здить** (15) *pf.* hinfahren; → ***сходи́ть 2***; P hauen (***по*** Д, ***в*** B in *A*); **~зжа́ть** [-ʒʒ-] (1), ⟨ˈ~хать⟩ (ˈ-ду, ˈ-дешь) hinunterfahren; hinuntergleiten, hinunterrutschen; abrutschen; verrutschen; abbiegen, einbiegen; F ausziehen (***с*** P aus *D*); † abreisen; F übergehen; P heruntergehen; **-ся** zusammenkommen, zusammentreffen; sich einfinden (***в*** B in *D*); anreisen

съём|ка *f* (5; -ок) Aufnahme; Dreharbeiten *f*/*pl.* (***на*** П bei *D*); **~ный** (14) abnehmbar; *Agr.* reif; **~очный** (14) Aufnahme-; Dreh-; **~щик** *m* (1) Mieter, Pächter

съе|стно́й [-sn-] (14) Eß-, Speise-; *Su. n* Essen, Eßbare(s); **~сть** → ***~да́ть***

съе́хать(ся) → ***съезжа́ть(ся)***

сы́воротка *f* (5; -ток) Molke; Heilserum *n*; Impfstoff *m*

сы́гра|нность *f* (8) *Sp.* gutes Zusammenspiel, *Thea.* gutes Ensemblespiel *n*; **~нный** (14 *K.*) gut aufeinander eingespielt; **~ть** (1) *pf.* → ***игра́ть***; **-ся** → ***~нный***

сы́змал(ьств)а P von klein auf

сы́знова F von neuem, aufs neue

сын *m* (1; *pl.* -овья́, -ве́й, -вья́м; *fig.* -ы́, -о́в) Sohn; *fig.* Kind *n*; **~и́шка** F *m* (5; -шек) Söhnchen *n*; **~о́вний** (15) Sohnes-; **~о́к** F *m* (1; -ка́) → ***~и́шка***; mein Sohn, junger Mann

сып|ать (2) schütten, streuen; austeilen; verschwenden; überschütten (*a.* ***на*** B *A*); F *Geld*: um sich werfen (T mit), *Witze* fortlaufend reißen; knattern; schnattern; trillern; P flitzen; abhauen; eindreschen; **-ся** sich verschütten; herabrieseln, herabfallen; niederprasseln; sprühen; *fig.* hageln (И *A*); **~но́й** (14) *Med.* Fleck-; **~у́чий** (17 *K.*) pulv(e)rig; bröck(e)lig; (*o. K.*) Streu-; Flug-; Schütt-; ***ме́ры*** *f*/*pl.* ***~у́чих тел*** Hohlmaße *n*/*pl.*; **~ь** *f* (8) Ausschlag *m*

сыр *m* (1; ˈ-а/ˈ-у; *a.* в -у́; *pl. e.*) Käse; ***как ~ в ма́сле ката́ться*** F wie die Made im Speck sitzen; **~-бо́р** F: ***~-бо́р загоре́лся*** (***из-за*** P wegen *G*) ist das ganze Theater entstanden; **~е́ть** (8), ⟨от-⟩ feucht werden; **~е́ц** *m* (1; -ца́): ... ***-~е́ц*** Roh-; **ˈ~ник** *m* (1) Quarkkeulchen *n*; **ˈ~ный** (14) Käse-; **~ова́р** *m* (1) Käser; **~ова́рня** *f* (6; -рен) Käserei;

~ова́тый (14 *K.*) etwas feucht; halbgar
сыро́ежка *f* (5; -жек) Täubling *m*
сыр|о́й (14; -, -á) feucht; naß; roh, nicht gar; schlecht durchgebacken; F dick; (*o. K.*) Roh-; Frisch-; **~о́к** *m* (1; -кá) Käseecke *f*; Käse; **~омя́тный** (14) weißgegerbt; **~́ость** *f* (8) Feuchtigkeit
сырьё *n* (10) Rohstoff(e *pl.*) *m*, Rohmaterial; Rohprodukt(e *pl.*); **~во́й** (14) Rohstoff-
сыска́ть F (3) *pf.* auffinden; → ***ого́нь***
сы́т|ный (14; -ен, -нá) sättigend; nahrhaft, gehaltvoll; opulent, reichlich; **~ый** (14; -, -á) satt; F wohlgenährt; → ***~ный***; **~ ...** F es ... satt haben
сыч *m* (1*e*.; -éй) Kauz; P Knacker **~о́м** F mürrisch; einsam
сы́щик *m* (1) Detektiv; Kriminalpolizist
сюда́ hierher, her; ... her; ***... и ~ ...***, mal so
сюже́т *m* (1) Sujet *n* (***на*** B über *A*); Stoff; F Gegenstand; **~ный** (14) Sujet-; handlungsreich; sujethaft
сюрпри́з *m* (1) Überraschung *f*
сюрту́к *m* (1*e*.) Gehrock
сюсю́кать F (1) lispeln; in kindlichem *od.* naivem Ton umgehen
сяк F → ***так***; **~ой** F → ***тако́й***

Т

таба́|к *m* (1*e*.; -á/-ý) Tabak; P → ***дрянь***; **~ке́рка** *f* (5; -рок) Tabaksdose; **~ково́д** *m* (1) Tabakpflanzer; **~ково́дство** *n* (9) Tabakbau *m*; **~чник** P *m* (1) Tabakraucher; Tabakschnupfer; **~чный** (14) Tabak(s)-; tabakfarben
та́бель *m* (4) Liste *f*, Tabelle *f*; Kontrolltafel *f*; Kontrollmarke *f*; Zwischenzeugnis *n*; **~ный** (14) Kontroll-; **~щик** *m* (1) Kontrolleur
табле́тка (5; -ток) Tablette
табли́|ца *f* (5) Tabelle, Tafel; Liste; *Rdf.* Bild *n*; ***~ца умноже́ния*** Einmaleins *n*; **~чка** *f* (5; -чек) *dim. v.* ***~ца***; Schild *n*
табло́ *n* (*unv.*) Tafel *f*, Anzeigetafel *f*
та́бор *m* (1) Zigeunerlager *n*, Lager *n*
табу́н *m* (1*e*.) Herde *f*; Schwarm; F Haufen; **~щик** *m* (1) Pferdehirt
табуре́т *m* (1), **~ка** *f* (5; -ок) Hocker *m*, Schemel *m*
тавро́ *n* (9; *Npl. st.*) Brandmal, Stempel *m*; **~вый** (14) Stempel-; T-förmig
таджи́|к *m* (1), **~чка** *f* (5; -чек) Tadschike(-kin *f*); **~кский** (16) tadschikisch
таёжный (14) Taiga-
таз *m* (1; в -ý; *pl. e.*) Becken *n* (*a. Anat.*); Waschbecken *n*; Schüssel *f*; **~обе́дренный** (14) Hüft-; **~́овый** (14) Becken-
та́инств|енность *f* (8) Geheimnisvolle(s) *n*; **~енный** (14*K*.) geheim; geheimnisvoll; heimlich; (*o. K.*) Zauber-; **~́о** *n* (9) Sakrament; Mysterium
таи́ть (13*e*.), ⟨у-⟩ verheimlichen (***от*** P vor *D*), verhehlen, verbergen; *Haß* hegen; (*a.* ***в себе́*** in sich) bergen; **-ся** sich verstecken (***от*** P vor *D*); stecken, liegen, verborgen liegen *od. pf.* bleiben
тайга́ *f* (5) Taiga, Urwald *m*
тайко́м heimlich, insgeheim; ***~ от*** (P) hinter *j-s* Rücken
тайм *m* (1) *Sp.* Halbzeit *f*, Durchgang
та́йн|а *f* (5) Geheimnis *n* (***от*** P vor *j-m*); ***в ~е*** geheim-; **~и́к** *m* (1*e*.) Versteck *n*, Schlupfwinkel; Geheimfach *n*; toter Briefkasten; *pl. fig.* die verborgensten Winkel; Innerste(s) *n*; **~опись** *f* (8) Geheimschrift; **~ый** (14) geheim, Geheim-; heimlich, verborgen
так so; derart, dermaßen; dann; nun; also; ja, freilich; denn; wahr, wahrlich; recht; einfach, einfach so; F nichts weiter; was *od.* und was für ein(e) ...!; ***~ же*** ebenso; ***~ ли?, так ли э́то?*** stimmt das?; ***~ нет же!*** F aber nein!; ***не ~ ли***? nicht wahr?; ***тут что-то не ~*** hier stimmt etwas nicht; ***~-то и ~-то*** F so u. so; ***~-то*** *od.* ***~-то оно́***

Т

~ … F stimmt *od.* das stimmt schon …; **~-таки** tatsächlich; **~-таки и** doch tatsächlich; **~ себе́** F soso, so lala, mäßig; **~ и …** F nur so, immerzu; **~ и есть** F tatsächlich; **не ~ что́бы** F nicht eben …; **~ и не** (+ Prät.) … schließlich doch nicht …; **~ я и** (+ *Prät.*) … ich es doch; **~ и знай!** merk dir das!; **и ~** ohnedies, ohnehin; **(и) ~ и сяк** F mal so, mal so; **~ и ~** dies u. jenes; **~-сяк** F vielleicht; **не ~** F noch ganz anders; **~ то́чно**! *Mil.* jawohl!; **~ вот** also; **~-то** F so ist's (also); **~ его́!** F gib's ihm! **за ~** P umsonst; → **быть, ина́че, как, на́до, сказа́ть; так как, так что**

такела́ж *m* (1; -ей) Takelwerk *n*

та́кже auch; gleichfalls, ebenfalls; **а ~** sowie; **~ не** ebensowenig

таки F doch, dennoch; **-~** recht; **опя́ть-~** wiederum, hinwiederum

та́к как weil, da

тако́в *m*, **~á** *f*, **~ó** *n*, **~ы́** *pl.* so; so *od.* solch ein; gleich; → **тако́й**; **и был ~** F und weg war er; **~о́й** (14) solch, solcher, derselbe; **~ский** P (16) so, so einer, solch, solcher; **не на ~ского напа́л** P *j-d* läßt sich nicht für dumm verkaufen

так|о́й (16) solcher, ein solcher, so *od.* solch ein *od.* einer; so, ebenso; **~о́й же** ein ebensolcher; **~о́й-то** der u. der, soundso; **~о́е** *n* etwas, so etwas; F denn; **кто ~о́й**? wer ist das *od.* das eigentlich? **кто вы ~о́й?** wer sind Sie?; **что ~о́е?** was gibt's?, was ist hier los?; was denn?; **что э́то ~о́е?** was ist das?; **ну и что же ~о́го**? und wenn schon?; **~о́й-сяко́й** F du …, du …; diese(r) …, diese(r)

та́кса *f* (5) **1.** Taxe, Tarif *m* (**на** В für *A*); **2.** Dachshund *m*, Dackel *m*; **~́ция** *f* (7) Taxierung; Schätzung, Abschätzung

такс|и́ *n* (*unv.*) Taxi, Taxe *f* (**на** П mit *D*); **~иро́вка** *f* (5) → **~а́ция**; **~и́ст** *m* (1) Taxifahrer; **~о́метр** *m* (1) Taxameter

такт *m* (1) Takt (*a. Tech., fig.*; **в** В im); **~́ик** *m* (1) Taktiker; **~́ика** *f* (5) Taktik; **~и́ческий** (16) taktisch; **~и́чность** *f* (8) Taktgefühl *n*; **~и́чный** (14; -чен, -чна) taktvoll, feinfühlig

так что so daß; also; → **что́бы**

тала́нт *m* (1) Talent *n*, Begabung *f* (**к** Д für *A*); *fig.* Pfund *n*, sein Pfund *n*; **~ливый** (14*K.*) talentiert, begabt

талды́чить P (16) herunterleiern, abspulen; daherquasseln

та́лия *f* (7) Taille (**в** В auf *A*)

тало́н *m* (1) Talon; Coupon; Bon, Gutschein, Schein (**на** В für *A*); Abschnitt, Karte *f*

та́лый (14) tauend, matschig; Schmelz-

тальни́к *m* (1*e.*) Purpurweide *f*

там dort, da; F dann; das Weitere *n*; sagen wir; was weiß ich; **~ же** ebenda, am gleichen Ort; **~́-то** da u. da; **(и) ~ и сям** F hie u. da; **как тебя́ ~** F wie du auch heißen magst; **каки́е-то ~ …** F lumpige …

тамада́ *m* (5; *o. Gpl.*) Tischmeister

та́мбур *m* (1) *Arch.* Windfang; *Esb.* geschlossene Plattform *f*; Tamburierstickerei *f*; **~и́н** *m* (1) Schellentrommel *f*; **~ный** (14) *Text.* Ketten-

тамо́ж|енник *m* (1) Zollbeamte(r); **~енный** (14) Zoll-; **~ня** *f* (6; -ен) Zollamt *n*

та́мошний F (15) dortig, von dort

та́нец *m* (1; -нца) Tanz; *pl.* Tanzen *n*

танк *m* (1) Panzer; Tank; **~́ер** *m* (1) Tankschiff *n*; **~е́тка** *f* (5; -ток) Kleinkampfwagen *m*; **~и́ст** *m* (1) Panzersoldat; **~́овый** (14) Panzer-

танц|ева́льный (14) Tanz-; **~ева́ть** (7), ⟨с-⟩ tanzen; *Pferd*: tänzeln; *Insekten*: herumschwirren; zittern; **~о́вщик** *m* (1), **~о́вщица** *f* (5) Ballettänzer(in *f*); **~о́р** *m* (1), **~о́рка** *f* (5; -рок) Tänzer(in *f*); **~у́лька** P *f* (5; -лек) Tanzfete

тапёр *m* (1) Klavierspieler

та́п|ки F, **~очки** *f/pl.* (5; -ок/-чек) Schuhe *m/pl.*, Turnschuhe *m/pl.*

та́ра *f* (5) Verpackung, Leergut *n*

тараба́нить P (13) hämmern; rattern

тараба́р|ский F (16) verworren; → **кита́йский** *fig.*; **~щина** F *f* (5) Kauderwelsch *n*, Quatsch *m*

тарака́|н *m* (1) *Zool.* Schabe *f*; **~ний** (18) Schaben-; wie bei e-r Schabe; **~шка** F *f* (5; -шек) Käferchen *n*

тара́н *m* (1) *hist.* Mauerbrecher, Sturmbock; *Mar.* Rammsporn; *Flgw.* Rammen *n*; **~ить** (13), ⟨про-⟩ rammen; durchbrechen; **~ный** (14) Ramm-; Stoß-; *Anat.* Sprung-

тарантáс *m* (1) *Art* Reisewagen

тара́нтул *m* (1) Tarantel *f*

Т

тарата́йка F *f* (5; -а́ек) zweirädriger Wagen *m*; Karre
тарато́р|ить F (13) plappern, schnattern; **~ка** F *m/f* (5; -ок) Plappermaul *n*
тарахте́ть F (11) rattern; klappern; plappern
тара́щить P (16), ⟨вы́-⟩ *Augen* aufreißen *od.* weit aufreißen, glotzen; (**на** B *j-n*) anstarren
таре́лк|а *f* (5; -лок) Teller *m*; *pl. fig.* Untertassen; ***не в своей ~е*** F *j-d* ist nicht gut aufgelegt *od.* fühlt sich nicht wohl in seiner Haut
тари́фный (14) Tarif-; nach Tarif
та́ртар *m* (1) Tartarus, Unterwelt *f*; **~ары́** F *pl.* (*unv.*): ***провали́ться в ~ары́*** F zur Hölle fahren
тарти́нка *f* (5; -нок) bestrichene Brotschnitte; belegtes Brötchen *n*
та́ры-ба́ры P *pl.* (*unv.*) Schwatz *m*, Geschwätz *n*; *präd. j-d* schwatzt
таска́ть (1) **1.** schleppen, schleifen; ziehen (***за́*** B an *D*); F klauen; herumschleppen, mit sich herumschleppen; **2.** ⟨от-⟩ F zerren (***за́*** B an *D*); *fig. Kastanien* holen; **-ся** F herumlatschen; sich herumschleppen *od.* herumtreiben, herumlungern; (***за*** T *j-m*) nachlaufen; es treiben
тасова́ть (7), ⟨с-, пере-⟩ mischen
тата́р|ин *m* (1; *pl.* -ы, -), **~ка** *f* (5; -ок) Tatar(in *f*); **~ник** *m* (1) Kratzdistel *f*; **~ский** (16) tatarisch; **~щина** *f* (5) *hist.* Tatarenherrschaft
татуи́р|овать (7) *im(pf.)*, ⟨вы́-⟩ tätowieren; **~о́вка** *f* (5; -вок) Tätowierung
тафт|а́ *f* (5) Taft *m*; **~яно́й** (14) Taft-
тахта́ *f* (5) Ottomane
тача́нка *f* (5; -нок) leichter Wagen *m*
тача́ть (1), ⟨вы́-⟩ nähen, zusammennähen, steppen
та́чка *f* (5; -чек) Schubkarren *m*
тащи́ть (16), ⟨вы́-⟩ schleppen, ziehen; mitschleppen; herausziehen; F bringen; herbeischleppen; mühsam ausziehen; **-ся** schleifen; F sich schleppen; trotten; losziehen
та́я|ние *n* (12) Tauen; → **~ть** (27), ⟨рас-⟩ tauen, auftauen, schmelzen; zergehen; *fig.* F vergehen (***от*** P vor *D*); sich verzehren; dahinsiechen, schwinden; entschwinden; verhallen; schrumpfen, zusammenschmelzen
тварь *f* (8) † Geschöpf *n*, Kreatur; P Wicht *m*, Luder *n*
тверд|е́ть (8), ⟨за-⟩ hart werden; sich verhärten; **~и́ть** (15*e.*) **1.** ständig wiederholen *od.* behaupten; **2.** ⟨вы́-, за-⟩ F auswendig lernen, büffeln; **~ока́менный** (14; -енен, -нна) steinhart; felsenfest; **~оло́бый** F (14*K.*) stur, engstirnig; **'~ость** *f* (8) Härte, Festigkeit; **'~ый** (14; '~, -а́) fest, Fest-; hart, Hart-; steif, starr; stark; standhaft; sattelfest; *Gedächtnis*: gut; *Jur.* ungetrübt (***в*** П bei *D*); ***'~о стоя́ть на своём*** auf et. beharren; **~ы́ня** *f* (6) Festung; Bollwerk *n*; → **~ь** *f* (8) Feste
тво|й *m*, **~я́** *f*, **~ё** *n*, **~и́** *pl.* (24) dein(e); der (die, das) deine *od.* deinige; ***~ё*** *n* Dein, das Deine; → ***мой, ваш***
твор|е́ние *n* (12) Schöpfung *f*, Werk; *pl.* Schaffen *n*; **~е́ц** *m* (1; -ца́) Schöpfer; Urheber; **~и́ло** *n* (9) Kalktrog *m*, Mörtelkasten *m*; **~и́тельный** (14): ***~и́тельный паде́ж*** *m* Instrumental; **~и́ть** (13*e.*) **1.** ⟨со-⟩ schaffen, erschaffen; gestalten; tun, machen, wirken; † verrichten; *Gericht* halten (***над*** T über *A*); **2.** ⟨рас-⟩ F *Kalk* anrühren; **-ся** F geschehen, passieren
тво́ро́|г *m* (1*e.*/1; -а́/-у́) Quark; **~жить** (16), ⟨с-⟩ gerinnen lassen, verkäsen; **~жник** → ***сы́рник***; **~жный** (14) Quark-, quarkig
тво́рчес|кий (16) schöpferisch, Schaffens-; künstlerisch, gestalterisch; **~тво** *n* (9) Schaffen; Werk, Oeuvre
т. е. d. h. (→ ***то́ есть***)
теа́тр *m* (1) Theater *n* (***в*** П *a.* an *D*); *Thea.* Haus *n*; Bühne *f*; Drama *n*, Dramenschaffen *n*; *Med.* † Saal; ***~ вое́нных де́йствий*** Kriegsschauplatz; *Rdf.* ***~ у микрофо́на*** Hörspiel *n*; **~а́л** *m* (1) Theaterfreund; **~ализова́ть** (7) *im(pf.)* dramatisieren, für die Bühne bearbeiten; **~а́льность** *f* (8) Bühnenkunst; → **~а́льный** (14; -лен, -льна) theatralisch (*a. fig.*); (*o. K.*) Theater-, Bühnen-; Schauspiel-, Spiel-; **~а́льщина** F *f* (5) dramaturgische Pseudokunst; **~ове́д** *m* (1) Theaterwissenschaftler; **~ове́дение** *n* (12) Theaterwissenschaft *f*
те́зис ['tɛ-] *m* (1) These *f*; Lehrsatz
тёзка *m/f* (5; -зок) Namensvetter *m*, Namensschwester *f*

Т

тёк P: ***дать ~у*** Reißaus nehmen
текст *m* (1) Text; Wortlaut; Formel *f*
тексти́ль *m* (4) *koll.* Textilien *f/pl.*; **~ный** (14) Textil-; Stoff-; **~щик** *m* (1) Textilarbeiter
текст|о́вка F *f* (5; -вок) Bildunterschrift; **~ово́й** (14) Text-; **~ологи́ческий** (16) textkritisch; **~уа́льный** (14; -лен, -льна) wortgetreu; (*o. K.*) Text-; **~у́ра** *f* (5) Textur; Maserung
теку́|честь *f* (8) Fluktuation; **~чий** (17*K.*) flüssig; fließend; fluktuierend, wechselhaft; **~чка** F *f* (5) Alltagskram *m*; **~щий** (17) laufend; dieser; gegenwärtig, aktuell; Routine-; *Pol.* Tages-; ***~щий счёт*** *m* Kontokorrent *n*; Girokonto *n*; ***~щие дела́*** *n/pl.* Verschiedenes *n*
теле|ба́шня *f* (6; -шен) Fernsehturm *m*; **~веща́ние** *n* (12) Fernsehfunk *m*; **~ви́дение** *n* (12) Fernsehen (***по*** Д, ***на*** П im); **~визио́нный** (14) Fernseh-; Bild-, Bildfunk-; **~ви́зор** *m* (1) Fernsehgerät *n*; ***по ~ви́зору*** im Fernsehen; ***смотре́ть ~ви́зор*** fernsehen; **~ви́зорный** (14) Fernseh-; Bild-
теле́га *f* (5) Fuhrwerk *n*; Leiterwagen *m*, Wagen *m* (***в*** П *fig.* am)
телегра́мма *f* (5) Telegramm *n*
телегра́ф *m* (1) Telegraf, Telegrafenamt *n*; ***по ~у*** telegrafisch; **~и́ровать** (7) *im*(*pf.*) telegrafieren; **~ный** (14) Telegrafen-, telegrafisch; Telegramm-(*Stil*: T im); Nachrichten-
теле́жка *f* (5; -жек) kleiner Wagen *m*; Karren *m*; *Esb.* Fahrgestell *n*; *Tech.* Laufkatze
теле|зри́тель *m* (4) Fernsehzuschauer, Fernsehteilnehmer; **~ка́мера** *f* (5) Fernsehkamera
тел|ёнок *m* (2) Kalb *n*; F Waschlappen; ***куда́ Мака́р ~я́т не гоня́л*** *Spr.* wo der Pfeffer wächst
теле|переда́ча *f* (5) Fernsehsendung; **~постано́вка** *f* (5; -вок) Fernsehinszenierung; **~приёмник** *m* (1) → ***телеви́зор***; **~пье́са** *f* (5) Fernsehspiel *n*
телеса́ F *pl.* (9) Leibesfülle *f*
телесериа́л *m* (1) Fernsehserie
теле́сный (14; -сен, -сна) körperlich, physisch; fleischlich, fleischfarben; (*o. K.*) Körper-, Leibes-; Prügel-
теле|спекта́кль *m* (4) → ***телепье́са***; **~ста́нция** *f* (7) Fernsehsender *m*, Fernsehanstalt; **~сту́дия** *f* (7) Fernsehstudio *n*; **~та́йп** *m* (1) Fernschreiber; **~управле́ние** *n* (12) Fernsteuerung *f*, Fernbedienung *f*; **~фа́кс** *m* (1) Telefax *n*; **~фи́льм** *m* (1) Fernsehfilm
телефо́н *m* (1) Telefon *n* (***по*** Д über, durch *A*), Fernsprecher; Anschluß, Leitung *f*; Apparat (***у*** P am); F Rufnummer *f*; Strippe *f* (***на*** П an *D*); → ***автома́т*** F; ***по ~у*** telefonisch, Telefon-; ***вас к ~у*** Sie werden am Telefon verlangt; ***говори́ть по ~у*** → **~и́ровать** (7) *im*(*pf.*), ⟨про-⟩ telefonieren, (Д *A*) anrufen; **~ный** (14) Fernsprech-, Telefon-; telefonisch, fernmündlich; **~огра́мма** *f* (5) Fernspruch *m*
теле́ц *m* (1; -ьца) *fig.* Kalb *n*
теле|це́нтр *m* (1) Fernsehzentrale *f*; **~экра́н** *m* (1) Bildschirm; **~экраниза́ция** *f* (7) Fernsehinszenierung
тел|и́ться (13), ⟨о-⟩ kalben; **~ка** *f* (5; ~ок) Färse, Kalbe
те́л|о *n* (9; *pl. e.*) Körper *m*, Leib *m* (***на*** П am; T an *D*); Rumpf *m*; Leichnam *m*; *Bot.* Stamm *m*; *Mil.* Lauf *m*; P Fleisch; **~ом** physisch; ***в ~е*** P beleibt; **~огре́йка** *f* (5; -е́ек) ärmellose Jacke; Wattejacke; **~одвиже́ние** *n* (12) Körperbewegung *f*; **~осложе́ние** *n* (12) Körperbau *m*, Statur *f*; **~охрани́тель** *m* (4) Leibwächter; **~ьный** (14) Fleisch-; Leib-; **~ьник** F *m* (1), **~ьня́шка** F *f* (5; -шек) Matrosenhemd *n*; **~ьце** *n* (11; *pl. e.*, *G* -е́ц) kleiner *od.* schmächtiger Körper *m*; *Blut*: Körperchen
теля́|тина *f* (5) Kalbfleisch *n*; P Rindvieh *n*; **~тник** *m* (1) Kälberstall; **~чий** (18) Kalb(s)-; aus Kalbsleder; einfältig; ***~чий восто́рг*** *m* F kindische Begeisterung *f*; ***~чьи не́жности*** *f/pl.* F unpassende Zärtelei *f*
тем umso; → ***чем, бо́лее***; ***~ не ме́нее*** dessenungeachtet, nichtsdestoweniger; ***~ па́че*** → ***бо́лее***; ***~ са́мым*** damit, dadurch
те́ма *f* (5) Thema *n* (***на*** В zu *D*, über *A*); **~тика** *f* (5) Thematik; **~ти́ческий** (16) Themen-, thematisch
тембр [tɛ-] *m* (1) Timbre *n*; Klangfarbe *f*; ***. . . ~а*** *Rdf.* Klang-
теменно́й (14) Scheitel-
те́мень F *f* (8) Finsternis

Т

темля́к *m* (1*e*.) Degenband *n*; Portepee *n*; Troddel *f*
темн|е́ть (8) **1.** ⟨по-⟩ dunkler werden; sich verfinstern; **2.** ⟨с-⟩ dunkel werden; **3.** sich dunkel abheben; ***в глаза́х ~е́ет*** (***у*** P *j-m*) wird schwarz vor den Augen; **-ся** F → ***темне́ть 2, 3***; **~и́ть** (13*e*.) abdunkeln; **~и́ца** † *f* (5) Kerker *m*; Verlies *n*
темно́ es ist dunkel; → ***тёмный, глаз*** F; **~воло́сый** (14*K*.) dunkelhaarig; **~гла́зый** (14*K*.) dunkeläugig; **'~-зелёный** (14) dunkelgrün; **~ко́жий** (17*K*.) dunkelhäutig; **~ли́цый** (14*K*.) mit dunklem *od*. gebräuntem Gesicht; **'~-ру́сый** (14*K*.) dunkelblond; **'~-си́ний** (15) dunkelblau, tiefblau
темнот|а́ *f* (5) Dunkelheit, Finsternis; *fig*. Unklarheit; F Unwissenheit, Ignoranz; ***в ~е́*** im Dunkeln; *fig*. im dunkeln; ***до ~ы́*** bis zum Einbruch der Dunkelheit
тём|ный (14; -ен, -на́) dunkel, finster (*a. fig*.); unklar, ungewiß; unwissend, ungebildet; undurchsichtig, zwielichtig; lichtscheu; *Med*. schwarz; *fig*. Schand-; ***~ным -~но*** stockdunkel; ***~на́ вода́ во о́блацех*** *Spr*. dunkel ist der Rede Sinn
темп [*a*. tɛ-] *m* (1) *a. pl*. Tempo *n* (T in *D*); Rate *f*; ***в ~е*** F temporeich
темпера́мент *m* (1) Temperament *n*; **~ный** (14; -ен, -на) temperamentvoll
температу́р|а *f* (5) Temperatur; F Fieber *n*; **~ить** F (13) fiebern; **~ка** F *f* (5) leichtes Fieber *n*; **~ный** (14) Temperatur-, Fieber-
те́мперный [tɛ-] (14) Tempera-
темь F *f* (8) → ***темнота́***
те́мя *n* (13) *Anat*. Scheitel *m*
тенденци|о́зность [tɛndɛ-] *f* (8) Tendenzcharakter *m*; → **~о́зный** (14; -зен, -зна) tendenziös, Tendenz-; **~я** *f* (7) Tendenz; Neigung, Bestrebung
тенево́й (14) Schatten-, schattig
тенёта *pl*. (9) Netz *n*; P Spinnweben *f*/*pl*.
тени́стый (14*K*.) schattig, schattenreich; schattenspendend
те́ннис ['tɛ-] *m* (1) Tennis *n*; **~и́ст** *m* (1), **~и́стка** *f* (5; -ток) Tennisspieler(in *f*); **~ка** *f* (5; -ок) Polohemd *n*; **~ный** (14) Tennis-
те́нор *m* (1; *pl. a. e*., *N* -а́) Tenor, Tenorstimme *f*; → ***бас***
тент [tɛ-] *m* (1) Sonnendach *n*, Sonnensegel *n*
тен|ь *f* (8; в -и́; *ab Gpl. a. e*.) Schatten *m* (*a. fig*.; *a*. ***под*** T im); *fig*. Spur, Hauch *m*; ***кита́йские ~и*** *pl*. Schattenspiel *n*; F ***оста́лась одна́ ~ь*** (***от*** P *j-d*) ist nur noch ein Schatten seiner selbst
теор|е́ма *f* (5) Theorem *n*, Lehrsatz *m*; **~етизи́ровать** (7) theoretisieren; **~е́тик** *m* (1) Theoretiker; **~ети́ческий** (16) theoretisch; **~ети́чный** (14; -чен, -чна) rein theoretisch, abstrakt; **~ия** *f* (7) Theorie, Lehre; *Math*. Rechnung
тепе́р|ешний F (15) jetzig, heutig; **~ь** jetzt, nun, heute, heutzutage; dann
тёпл|енький (16) lauwarm; F *fig*. taufrisch; **~еть** (8), ⟨по-⟩ warm *od*. wärmer werden, sich erwärmen; **'~иться** (13) glimmen; schimmern; **~и́ца** *f* (5) Treibhaus *n*, Gewächshaus *n*; **~и́чный** (14) Treibhaus- (*a. fig*.); **~о́ 1.** *n* (9) Wärme *f*; *fig*. Warmherzigkeit *f*; ***в ~е́*** warm-; im Warmen; → ***гра́дус***; **2.** *Adv*. → ***тёплый***; **~ова́тый** (14*K*.) lau, lauwarm
тепло|во́з *m* (1) Diesellokomotive *f*; **~во́й** (14) Wärme-; Hitz-; **~ёмкость** *f* (8) Wärmekapazität; **~защи́та** *f* (5) Wärmeschutz *m*, Wärmedämmung; **~кро́вные** *pl*. (14) Warmblüter *m*/*pl*.; **~ме́р** *m* (1) Wärmemesser; **~обме́н** *m* (1) Wärmeaustausch *m*; **~прово́дный** (14) wärmeleitend; **~снабже́ние** *n* (12) Wärmeversorgung *f*; **~сто́йкий** (16; -о́ек, -йка) wärmebeständig
тепло|та́ *f* (5) Wärme (*a. fig*.); → **~ 1**
тепло|те́хника *f* (5) Wärmetechnik; **~усто́йчивый** (14*K*.) wärmebeständig; **~фика́ция** *f* (7) Fernheizung; **~хо́д** *m* (1) Motorschiff *n*; **~центра́ль** *f* (8) Fernheizwerk *n*; **~электроцентра́ль** *f* (8) Fernheizkraftwerk *n*
теплу́шка F *f* (5; -шек) heizbarer Güterwagen *m*; warmer Aufenthaltsraum *m*
тёпл|ый (14; -пел, -á) warm (*a. fig*.), Warm-; *Wetter*: mild; *fig*. warmherzig, herzlich; **~о́** es ist (Д *j-m*) warm; **~ынь** F *f* (8) große Wärme
терап|е́вт *m* (1) Therapeut; **~евти́че-**

Т

ский (16) therapeutisch; **~и́я** *f* (7) Therapie; Krankenbehandlung
тереби́ть (14*e*.) **1.** zupfen, zerren (В, ***за*** В an *D*); F keine Ruhe geben, zusetzen (В *j-m*); **2.** ⟨вы-⟩ *Flachs*, *Hanf* ernten, raufen
те́рем *m* (1; *a*. в -у́; *pl*. *e*., *N* -á) *hist*. Turmhaus *n*; Gemach *n*; Kemenate *f*
тере́ть (12) **1.** reiben; sich reiben; wundreiben, scheuern; wischen; **2.** ⟨рас-⟩ zerreiben, zerstoßen; **-ся** sich reiben (***о*** В an *D*)
терза́|ние *n* (12) Qual *f*; **~ть** (1) zerreißen, zerfleischen; *fig*. quälen, peinigen
тёрка *f* (5; -рок) Reibe, Reibeisen *n*
те́рмин *m* (1) Terminus, Fachausdruck; **~оло́гия** *f* (7) Terminologie
терм|и́ческий (16) thermisch, Wärme-; **~оизоля́ция** *f* (7) Wärmedämmung; **~о́метр** *m* (1) Thermometer *n*; **~о́с** ['tɛ-] *m* (1) Thermosflasche *f*; **~оя́дерный** (14) thermonuklear, Kern-
тёрн *m* (1) → ***терно́вник***; **~и́стый** (14*K*.) dornig; *fig*. dornenreich; **~о́вник** *m* (1) Schlehe *f*, Schlehdorn; **~о́вый** (14) Dornen-, Schlehen-
терп|ели́вость *f* (8) Langmut, Geduld; **~ели́вый** (14*K*.) geduldig, langmütig; **~е́ние** *n* (12) Geduld *f*; Fassung *f*; Ausdauer *f*; ***~е́ние и труд всё перетру́т*** *Spr*. mit Geduld u. Spucke fängt man e-e Mucke; **~е́ть** (10) **1.** ertragen, aushalten; *Not* leiden; dulden; sich gefallen lassen; F sich gedulden; **не ~е́ть** nicht ausstehen; **2.** ⟨по-⟩ erleiden, hinnehmen; erleiden *od*. hinnehmen müssen; ***бума́га всё ~ит*** Papier ist geduldig; ***вре́мя ~ит*** das hat Zeit; → ***вре́мя***; **-ся** geduldet *od*. ertragen werden; aushalten; ***не ~ится*** (Д *j-d*) kann es kaum erwarten; *j-n* drängt es . . .; **~и́мость** *f* (8) Toleranz; → **~и́мый** (14*K*.) tolerant, duldsam (***к*** Д gegen *A*); erträglich; F leidlich
те́рпкий (16; -пок, -пка́) herb
терра́|рий [-tɛ-] *m* (3; -и) Terrarium *n*; **-са** [tɪ-] *f* (5) Terrasse; Veranda; ***~сами*** terassenförmig
территор|иа́льный (14) territorial; Hoheits-; Gebiets-; **~ия** *f* (7) Territorium *n*, Gebiet *n*
терро́р *m* (1) Terror; Terrorherrschaft *f*; **~из(и́р)ова́ть** (7) *im*(*pf*.) terrorisieren; F in die Zange nehmen; **~и́ст(и́че)ский** (16) terroristisch
тёртый (14) gerieben (*a*. *fig*. F)
теря́ть (28), ⟨по-⟩ verlieren, einbüßen (В *a*. an *D*; ***на*** П, ***в*** П bei *D*); *Weg*: abkommen (В vom); *fig*. sinken; *Jur*. treten (*Kraft*: В außer); ***~ сон*** nicht *od*. nicht mehr schlafen können; **-ся** verlorengehen; verschwinden; schwinden, *Gedächtnis*: nachlassen; den Kopf verlieren; verlegen werden; sich ergehen; ***потеря́ться*** sich verirren
тёс *m* (1) *koll*. dünne Bretter *n*/*pl*.; **~а́к** *m* (1*e*.) Stutzsäbel; Axt *f*; **~а́ть** (3), ⟨о-, об-⟩ behauen, zuhauen; → ***кол***
тесёмка *f* (5; -мок) Schnürband *n*, Bändel *m*; F → ***тесьма́***
тесн|и́на *f* (5) Engpaß *m*, Hohlweg *m*; **~и́ть** (13*e*.) **1.** ⟨по-⟩ bedrängen, zurückdrängen; *impf*. drängen, drängeln; drücken; **2.** ⟨с-⟩ beklemmen, einschnüren; **-ся 1.** sich zusammendrängen; **2.** ⟨с-⟩ eng beisammenstehen; beengt wohnen *od*. arbeiten; → ***потесни́ться***; **~ова́тый** F (14*K*.) ziemlich eng; **~ота́** *f* (5) Enge; Platzmangel *m*; Gedränge *n*; ***в ~оте́*** beengt; ***в ~оте́, да не в оби́де*** *Spr*. eng, aber gemütlich; **~ый** (14; -сен, -á) eng; dicht, gedrängt; intim, innig; F zu eng; † schwierig; *Adv*. beengt; ***мир те́сен*** die Welt ist klein *od*. ein Dorf
тесо́вый (14) Bretter-
те́сто *n* (9) Teig *m*; Brei *m*, Masse *f*; *fig*. Schlag *m* (***из*** Р *G*); **~меси́лка** *f* (5; -лок) Knetmaschine; **~обра́зный** (14; -зен, -зна) teigig, breiig
тесть *m* (4) Schwiegervater
тесьма́ *f* (5) Band *n*, Borte
тётенька → ***тётушка***
те́тер|ев *m* (1; *pl*. *e*., *N* -á) Birkhahn; **~ка** *f* (5; -ок) Birkhuhn *n*; **~я** *f* (6): ***глуха́я ~я*** F tauber Michel *m*; → ***со́ня***
тетива́ *f* (5) Sehne; Leine
тёт|ин F (19) der Tante; **~ка** *f* (5; -ок) Tante; P Frau, Weib *n*
тетра́д|ка F *f* (5; -ок), **~ь** *f* (8) Heft *n*, Schreibheft *n*; **~ь** Stoß *m*
тёт|ушка *f* (5; -шек) Tantchen *n*; **~я** *f* (5; -ей) Tante; P Frau
те́фтели *pl*. (6; -ей) Fleischklöße *m*/*pl*.
техми́нимум *m* (1) technische Grundkenntnisse *f*/*pl*.

Т

те́хни|к *m* (1) Techniker; **~а** *f* (5) Technik; Gerät *n*; *Mil.* Material *n*; **~ка безопа́сности** Arbeitsschutz *m*; **~кум** *m* (1) Fachschule *f*; Ingenieurschule *f*; **∴ческий** (16) technisch; Fach-; **∴чка** F *f* (5; -чек) Putzfrau; Pannendienst *m*; **∴чный** (14; -чен, -чна) perfekt, Klasse-
техно́лог *m* (1) Technologe; **инжене́р-~** Verfahrensingenieur, Fertigungsingenieur; **~ги́ческий** (16) technologisch; Arbeitsablauf-, Arbeits-; **~́ия** *f* (7) Technologie
тех|осмо́тр *m* (1) Inspektion *f*; **~ре́д** *m* (1) technischer Redakteur
теч|е́ние *n* (12) Fluß *m*; Lauf *m*, Verlauf *m* (**в** B im; **с** T/P im/*G*); Strömung *f* (**по** Д mit *D*), Strom *m* (*a. fig.*); → **вниз; в ~е́ние** (P) während, innerhalb; **с ~е́нием вре́мени** mit der Zeit; **∴ка** *f* (5) Brunst; **~ь¹** (26) fließen, rinnen; strömen; rieseln; ziehen; laufen; gehen; verlaufen; vergehen, verrinnen; leck sein; **пот ~ёт** (**с** P *j-m*) rinnt der Schweiß von der Stirn; **~ь²** *f* (8) Leck *n*; **дать ~ь** leck werden
те́ш|ить (16) trösten; schmeicheln (B *D*); *fig.* sich wiegen (T in *D*); F ergötzen, amüsieren; **-ся** sich erfreuen (T an *D*); F sich vergnügen *od.* † lustig machen; **ми́лые браня́тся – то́лько ~атся** *Spr.* was sich liebt, das neckt sich; **чем бы дитя́ ни ~илось, лишь бы не пла́кало** *Spr.* laßt ihm doch das Vergnügen
тёща *f* (5) Schwiegermutter
тибе́т|ец *m* (1; -ца), **-ка** *f* (5; -ок) Tibeter(in *f*); **~ский** (16) tibetisch
тигр *m* (1) Tiger; **~ёнок** *m* (2) Tigerjunge(s) *n*; **~и́ный** (14) Tiger-; **~и́ца** *f* (5) Tigerin; **~о́вый** (14) Tiger-; getigert
тик *m* (1) Zwillich, Drillich; *Med.* Tic(k); *Bot.* Teakbaum
ти́кать (1) ticken
ти́ковый (14) Zwillich-; Teak-
ти́льда *f* (5) Tilde
ти́н|а *f* (5) Schlamm *m*; Algen *f/pl.*; *fig.* Sumpf *m*; **~истый** (14*K.*) schlammig, schlamm-; verschlammt
тип *m* (1) Typ, Typus; Art *f*; *Mar.* Klasse *f*; F Kerl, Typ; **~а́ж** *m* (1*e.*; -ей) Typenreihe *f*; Typ(en *pl.*); **~иза́ция** *f* (7) Typisierung; **~и́ческий** (16) typisch; **~и́чность** *f* (8) das Typische *n*; **~и́чный** (14; -чен, -чна) typisch; F regelrecht; **~ово́й** (14) Typen-, Muster-, Rahmen-
типогра́ф|ия *f* (7) Druckerei; **~ский** (16) typographisch; Druck-; Drukker-; Druckerei-
типу́н *m* (1) Pips; **~ тебе́ на язы́к**! F hüte deine böse Zunge!
тир *m* (1) Schießstand; Schießbude *f*
тира́да *f* (5) Tirade, Wortschwall *m*
тира́ж *m* (1*e.*; -ей) Ziehung *f*; Auflage *f* (T in *D*); **вы́йти в ~** gezogen werden; *fig.* ausgedient haben
тира́н *m* (1) Tyrann (*a. fig.*); **~ить** (13) tyrannisieren; **~и́ческий** (16) tyrannisch; grausam; **~и́я** *f* (7) Tyrannei *f*; **~ство** *n* (9) → **~и́я**; Grausamkeit *f*; **~ствовать** F (7) tyrannisch herrschen
тире́ [-'rɛ] *n* (*unv.*) Gedankenstrich *m*
тиро́л|ец *m* (1; -ьца), **~ька** *f* (5; -ек) Tiroler(in *f*); **~ьский** (16) Tiroler(-)
тис *m* (1) Eibe *f*, Taxus
ти́с|кать (1) **1.** ⟨~нуть⟩ drucken, abdrucken, abziehen; aufdrücken; **2.** F *einm.* ⟨~нуть, с~нуть⟩ drücken, pressen; zusammendrücken, zusammenpressen; knutschen, abknutschen; P stopfen; **-ся** F sich drängen *od.* vordrängen *od.* durchdrängen; **~ки́** *pl.* (1*e.*) Schraubstock *m*, Zwinge *f*; Presse *f*; *Mil.*, *fig.* Zange *f*; *fig.* eiserne Umklammerung *f*; Klemme *f*; **~не́ние** *n* (12) Prägung *f*; † Druck *m*, Abdruck *m*; **~нёный** (14) geprägt; bedruckt; **~ни́ть** (13*e.*) prägen; bedrucken
тита́н *m* (1) Titan; *fig.* Riese; Wasserboiler; **~истый** (14) titanhaltig; **~и́ческий** (16) titanisch, titanenhaft; gewaltig, großartig; **~овый** (14) Titan-
ти́тло *n* (9) Abkürzungszeichen
титр *m* (1) *Chem.* Titer; *Film:* Zwischentitel; → **субти́тр**
ти́тул *m* (1) Titel; Titelblatt *n*; **~ова́ть** (7) *im(pf.)* titulieren; **~ьный** (14) Titel-; **~я́рный** (14) *ehm.* Titular-
ти́тька P *f* (5; -тек) Titte
тиф *m* (1) Typhus; **~о́зный** (14) Typhus-; *Su. m* Typhuskranke(r)
ти́х|ий (16; -, -а́) leise; still, ruhig; sanft, friedlich; langsam; flau; (*o. K.*) Ruhe-; **~o!** Ruhe!; **~ий у́жас!** F unheimlich!; unheimlich viel!; **~нуть** (21), ⟨за-, у-⟩ verstummen; **~омо́лком** F

im stillen, heimlich; **~óнько** F ganz leise; klammheimlich; **~óня** F *m/f* (6; *a.* -ей) Stille(r *m*); Duckmäuser *m*; **~океáнский** (16) pazifisch; Pazifik-; **~ходный** (14; -ден, -дна) langsam, langsam laufend; **~óхонький** F (16; -нек, -нька) mäuschenstill

тиш|е leiser; → ***тихий***; **~е**! Ruhe!; ***~е воды́, ниже травы́*** *Spr.* ganz still; ***~е éдешь, дáльше бýдешь*** *Spr.* Eile mit Weile; **~инá** *f* (5) Stille, Ruhe; Frieden *m*; **~кóм** F → ***тихóнько***; **~ь** *f* (8; в -й) → ***~инá***; Windstille; ***в ~и́*** an e-m ruhigen Ort; ***~ь да гладь*** Ruhe u. Eintracht, Idyll *n*

ткá|невый (14) Gewebe-, Stoff-; **~ный** (14) gewebt; Web-; **~нь** *f* (8) Gewebe *n*; Stoff *m*; *fig.* Text *m*; Kontext *m*; Komponente *f*; *pl.* Textilien; **~ньё** *n* (10) Weben; Webmuster; **~ть** (тку, ткёшь; -лá; -нный: -нá) **1.** ⟨со-⟩ (сó~нный: -нá) weben; **2.** wirken, durchwirken; **~цкий** (16) Web-; Weber-; ***~цко-прядильный*** Textil-; **~ч** *m* (1*e.*; -éй) Weber; **~чество** *n* (9) Weberei *f*; **~чи́ха** *f* (5) Weberin

ткнýть(ся) → ***ты́кать(ся)***

тлен *m* (1) Moder; *präd.* vergänglich; **~ие** *n* (12) Verwesung *f*, Vermodern; Fäulnis *f*; Glimmen; **~ный** (14; -ен, -на) vergänglich

тлет|вóрный (14; -рен, -рна) verderblich, unheilvoll; Fäulnis-; **~ь** (8) faulen, modern, vermodern, verwesen; glimmen, schwelen

тля *f* (6; тлей) Blattlaus; P Null

тмин *m* (1; -а/-у) Kümmel

то 1. *Pron. n* → ***тот***; ***не ~*** et. anderes *od.* Falsches; ***это не ~*** das ist es nicht; ***~ да сё*** dies u. jenes; **2.** *Part.* . . ., so *od.* dann; **3.** *Kj.* **и ~** und dazu *od.* dazu noch; **~ . . ., ~** bald . . ., bald *od.* mal . . ., mal; **не ~** *od.* **~ ли . . ., не ~** *od.* **~ ли** halb . . . halb; entweder . . . oder . . .; sei es . . ., sei es; ***а ~*** oder aber; ***а то и*** oder aber gar; ***не ~*** F sonst, oder; ***не ~ что*** nicht gerade *od.* so sehr, nicht nur; geschweige denn; ***не то чтобы*** nicht, daß (+*Konj.*); ***и ~, да и ~*** u. selbst *od.* auch da *od.* das; ***~ бишь*** † → ***тó есть***; **4.** *Part.* -~ doch, denn, mal; eben, gerade, schon; **~-~** darum, deshalb also; da . . . erst *od.* schon; F na eben! ***~-~ и онó***! F das ist es ja eben!; ***~-~ и ~-~*** das u. das; → ***дéло, знать***

товáр *m* (1) Ware *f*, Artikel; Leder *n*; *pl.* Güter *n/pl.*; Bedarf *m*; ***показáть ~ лицóм*** *et.* von der besten Seite zeigen

товáрищ *m* (1; -ей) Genosse, Genossin *f*; Kollege, Kollegin *f*; Kamerad(in *f*); Freund; Gefährte; Gesellschafter; ***~ по университéту*** Kommilitone; ***пéший кóнному не ~*** *Spr.* Ungleich trennt die Freundschaft; **~еский** (16) kameradschaftlich, freundschaftlich, kollegial; Kamerad-; Freundschafts-; **~ество** *n* (9) Kameradschaft *f*, Freundschaft *f*; Kollegialität *f*; *koll.* Kameraden *m/pl.*; Genossenschaft *f*

товáр|ка P *f* (5; -ок) Freundin; → **~ищ**

товáр|ность *f* (8) Marktanteil *m*; **~ный** (14) Waren-; *Esb.* Güter-; Handels-; **~овéд** *m* (1) Warenfachmann; **~овéдение** *n* (12) Warenkunde *f*; **~обмéн** *m* (1) Warenaustausch; **~оборóт** *m* (1) Warenumsatz; **~о-пассажи́рский** (16) *Esb.* gemischt; **~опроизводи́тель** *m* (4) Warenproduzent

тогдá damals; dann, da, darauf, daraufhin; **~ же** zur selben Zeit; → ***то 4***; ***~ как*** während, wogegen, wohingegen; obwohl; **~шний** F (15) damalig

тогó → ***тот***; P hm, ä-ä; **~** *od.* ***не ~*** *j-d* hat e-n Knacks; ***не ~*** mies; da stimmt was nicht *od.* klappt nicht

тó есть das heißt; F na ja; ***~ как?*** wie das?; ***~ как это?*** wieso denn?

тож(д)éств|енность *f* (8) Gleichheit; Übereinstimmung; → **~енный** (14*K.*) identisch (*a.* Д mit *D*), gleichbedeutend; übereinstimmend; **~о** *n* (9) Identität *f*; → ***~енность***

тóже auch, ebenfalls; **~** *od.* ***~ мне . . .!*** du bist mir ein . . .!; **~** das, u. ein(e) . . .?; na-na!

ток *m* **1.** (1; -а/-у) Strömen *n*; **2.** (1) Strömung *f*; Zug; *El.* Strom; **3.** (1; на -ý; *Npl. a.* -á, *ab G e.*) Tenne *f*, Dreschplatz; **4.** (1; на -ý; *pl. e.*, *N* -á) Balz *f*, Balzplatz *f*

токáр|ный (14) Dreh-; Drechsel-; Drechsler-; ***~ный цех*** *m* Dreherei *f*; **~ь** *m* (4; *pl. a.* F *e.*, *N* -я́) Dreher; Drechsler

токовáть (7) balzen

токо|приёмник *m* (1) Stromabnehmer; **~проводя́щий** (17) stromleitend

токси́ческий (16) toxisch, giftig
то́левый (1) aus Dachpappe
толк[1] *m* **1.** F (1; -а/-у) Sinn; Nutzen; *mst pl.* Gerede *n* (→ ***предме́т***), Gerüchte *n/pl.*; *fig.* Staub; → ***~ова́ние***; ***бе́з ~у*** sinnlos, nutzlos; ***никако́го ~у*** nichts Gescheites *n*; ***с ~ом*** mit Sinn u. Verstand; ***что ~у?, како́й ~ в э́том?*** was soll *od.* bringt das?, was hat das für e-n Sinn?; ***взять в ~*** kapieren; ***знать ~*** Bescheid wissen (***в*** П über *A*), sich auskennen *od.* (auf *A*) verstehen; **2.** (1) Richtung *f*, Schattierung *f*; Sekte *f*; Lehre *f*, Lehrmeinung *f*
толк[2] F → ***толка́ть***; **~а́ние** *n* (12) Stoßen (*a. Sp.*); → **~а́ть** (1), *einm.* ⟨**~ну́ть**⟩, P ⟨**~ану́ть**⟩ (20) stoßen; anstoßen, F schubsen, puffen; schieben; *fig.* antreiben, vorantreiben, vorwärts drängen; anstiften, anstacheln (***на*** В zu *D*); *pf.* e-n Stoß versetzen, F e-n Schubser geben; **-ся** stoßen; anstoßen; sich abstoßen; F sich drängeln; abklappern (***в*** В *A*), anklopfen (bei *D*); ***-ся во все две́ри*** von Pontius zu Pilatus laufen; → ***стуча́ться, толо́чься*** F; **~а́ч** *m* (1*e.*; -е́й) Schubschiff *n*; Schiebelokomotive *f*; Stampfer; F *fig.* Zugpferd *n*, Macher; **~а́чество** *n* (9) Aktionismus *m*
толко|ва́ние *n* (12) Auslegung *f*, Deutung *f*, Interpretation *f*; Erklärung *f*; **~ва́тель** *m* (4) Deuter; Interpret; **~ва́ть** (7), ⟨ис-⟩ auslegen, deuten, interpretieren; *impf.* F erklären, klarmachen, klarzumachen versuchen; sprechen, reden, sich unterhalten; **~вый** (14*K.*) erklärend; F gescheit, verständig → **~м** F vernünftig; verständlich; zusammenhängend; im Ernst; eindeutig
толк|отня́ F *f* (6) Gedränge *n*; Unrast; **~у́чий** (17): ***~у́чий ры́нок*** *m* → **~у́чка** P *f* (5; -чек) Trödelmarkt *m*; → ***толкотня́***
толма́ч † *m* (1*e.*; -е́й) Dolmetscher
толокно́ *n* (9) Hafermehl
тол|о́чь (26; -ку́; -о́к, -кла́; -чённый: -чена́), ⟨рас-, ис-⟩ zerstoßen, zerstampfen; ***~о́чь во́ду в сту́пе*** *Spr.* Wasser mit e-m Sieb schöpfen; **-ся** P *impf.* sich drängeln *od.* herumdrücken, sich herumtreiben; herumstehen; schwirren, herumschwirren; → ***топта́ться***
толп|а́ *f* (5; *pl. st.*) Menschenmenge, Schar, Menschenhaufen *m* (T *a. pl.* in *D*); Gedränge *n*, Masse, Volk *n*; ***~ами*** scharenweise; **~и́ться** (14*e.*) sich drängen *od.* zusammendrängen, sich scharen; *fig.* schwirren
толст|е́нный P (14) mordsdick; **~енький** P (16; -е́нек, -нька) klein u. dick, dicklich; **~е́ть** (8), ⟨по-⟩ dick *od.* dikker werden; **~и́ть** F (15*e.*) dick machen
толсто|брю́хий P (16*K.*) dickbäuchig; **~ва́тый** F (14*K.*) ziemlich dick; **~вец** *m* (1; -вца) Tolstoianer; **~вка** *f* (5; -вок) Hemdbluse (mit Gürtel); **~за́дый** P (14*K.*) mit dickem Hintern; **~ко́жий** (17*K.*) dickhäutig, dickfellig; **~пу́зый** P (14*K.*) → ***~брю́хий***; **~су́м** P *m* (1) Geldsack
толсту́|ха F *f* (5) Dicke; **~шка** F *f* (5; -шек) Dickchen *n*, Dickerchen *n*
то́лст|ый (14; -, -а́) dick; stark, beleibt; (*o. K.*) Dick-; Schmer-; Literatur- (*Zeitschrift*); F tief
толстя́к F *m* (1*e.*) Dicke(r)
толчёный (14) zerstoßen
толчея́ F *f* (6) Gedränge *n*; F Hin u. Her *n*, Hektik; *Mar.* Schlagwelle; *Tech.* Stampfmühle
толч|о́к *m* (1; -ка́) Stoß (T *pl.* in *D*); *Sp.* Stoßen *n*; Abstoß; *fig.* Anstoß, Antrieb; *pl.* Pochen *n*; P → ***толку́чка***; ***~ка́ми*** stoßweise; ***одни́м ~ко́м*** mit e-m Ruck
то́лщ|а *f* (5) Schicht; Masse; → **~ина́** *f* (5) Dicke, Stärke; Mächtigkeit; → ***длина́***
толь *m* (4) Dachpappe *f*
то́лько nur, bloß, allein; erst; kaum (→ ***едва́, чуть; как, лишь***); sobald; aber; ***~, ~ что*** soeben, eben erst; ***~ бы*** (+ *Prät.*) wenn nur (+ *Konj.*); ***~ и*** (**. . . что**) immer nur; ***е́сли ~*** wenn irgend . . .; ***кто ~ не*** wer nicht alles; ***где ~ не*** wo nicht überall; ***да и ~*** (***~?***) weiter nichts (?); ***~-~*** F gerade eben *od.* noch; ***~ что не*** F beinahe; bloß *od.* noch nicht; → ***ви́деть, всего́, поду́мать***
том *m* (1; *pl. e.*, *N* -а́) Band
тома́т *m* (1) Tomate *f*; Tomatenmark *n*; **~ный, ~овый** (14) Tomaten-
то́мик *m* (1) Bändchen *n*
томи́т|ельность *f* (8) Qual; **~ельный**

(14; -лен, -льна) quälend, qualvoll; drückend, bedrückend; ermattend, matt; tödlich; **~ь** (14*e*.) plagen, quälen; ermüden, langweilen; auf die Folter spannen; schmachten lassen; gefangenhalten; *Kochk*. dämpfen; *Tech*. tempern; *Tabak* fermentieren; **-ся** schmachten; geplagt werden; vergehen (T vor *D*); sich sehnen (***по*** Д, ***о*** П nach *D*); *Kochk*. schmoren *v/i*
томле́н|ие *n* (12) Schmachten, Qual *f*; Sehnsucht *f*; → ***томи́ть(ся)***; **~ый** (14) geschmort, gedämpft; *Tech*. Brenn-
то́мн|ость *f* (8) Schmachten *n*; **~ый** (14; -мен, -á) schmachtend
тон *m* (1; *pl. a. e., N* -á) Ton (T in *D*) Laut; Klang; *pl.* **~ы** *Med*. Töne; ***в ~*** Ton in Ton (Д zu *D*); in gleichem Ton; ***не в ~*** falsch; ***под ~*** passend (Д zu *D*); → **~а́льность** *f* (8) Tonart, Tonlage, Tonalität; Grundton *m*
то́ненький (16; -енек, -нька) recht dünn
тонзилли́т *m* (1) Mandelentzündung *f*
то́нк|ий (16; -нок, -á) dünn; fein, zart; schlank; *Sinne*: scharf; *fig*. subtil; scharfsinnig; F schlau, spitzfindig; → ***бе́стия***; (*o. K.*) *Anat*. Dünn-; ***~ий намёк*** *m* ***на то́лстые обстоя́тельства*** F das ist erst der Anfang, das dicke Ende kommt noch (→ ***цвето́чки***); ***где ~о, там и рвётся*** *Spr*. allzu straff gespannt, zerspringt der Bogen; **~око́жий** (17*K*.) dünnhäutig; **~оногий** (16*K*.) dünnbeinig; **~ость** *f* (8) Dünne; → **~ий**; Finesse; *pl*. Einzelheiten; ***до ~ости*** aufs genaueste; ***до ~остей*** bis ins kleinste Detail
то́нна *f* (5) Tonne; **~ж** *m* (1) Tonnengehalt, Tonnage *f*; Ladefähigkeit *f*
тонне́ль → ***тунне́ль***
то́нный F (14; -а) aufgeblasen
тоново́й (14) getönt
тону́ть (19), ⟨у-, F по-⟩ sinken, versinken, untergehen; ertrinken
тонча́ть F (1), ⟨по-⟩ dünn *od*. dünner werden
то́ня *f* (6; -ей) Fischerei; Fischzug *m*
топ, ~-то́п tapp, tapp!; F → **~ать** (1), *einm*. ⟨**~нуть**⟩ (20) stampfen, *pf*. aufstampfen, trampeln; P laufen
топ|и́ть (14) **1.** ⟨вы́-, ис-, рас-⟩ heizen, einheizen, beheizen, feuern; **2.** ⟨рас-⟩ schmelzen, auslassen, zerlassen; *impf*. dämpfen; **3.** ⟨по-, у-⟩ versenken; ertränken; überschwemmen; F zugrunde richten; **-ся** *impf*. brennen; geheizt werden; schmelzen; F ins Wasser gehen; **~ка** *f* (5; -ок) Heizen *n*, Heizung; Feuerung; **~кий** (16; -ок, -ка́) sumpfig, morastig; **~лёный** (14) geschmolzen; → ***~и́ть 2***; **~ливный** (14) Brennstoff-; **~ливо** *n* (9) Heizmaterial; Kraftstoff *m*, Treibstoff *m*; ***жи́дкое ~ливо*** Heizöl
топографи́ческий (16) topographisch
то́поль *m* (1; *pl. e., N* -я́) Pappel *f*
топо́р *m* (1*e*.) Beil *n*, Axt *f*; ***хоть ~ ве́шай*** F *Luft*: zum Schneiden; **~и́ще** *n* (11) Beilstiel *m*; **~ный** (14; -ен, -на) grob; ungehobelt, ungeschlacht
топо́рщить F (16), ⟨вс-⟩ sträuben, plustern, aufplustern; **-ся** steif abstehen; sich spreizen; → ***торча́ть***
то́пот *m* (1) Getrappel *n*; → **~а́ть** P (3) trappeln; stampfen, aufstampfen
топта́ть (3) **1.** ⟨по-⟩ niedertreten, zertreten, zerstampfen; F Tapfen machen; **2.** P ⟨с-⟩ austreten, schieftreten; **3.** F gehen, reiten; *fig*. → ***зата́птывать***; **-ся**: ***-ся на ме́сте*** F von e-m Fuß auf den anderen *od*. (*a. fig*.) auf der Stelle treten; F → ***вози́ться, толо́чься***
топча́н *m* (1) Liege *f*, Liegebett *n*
топы́рить P (13) **1.** ⟨рас-⟩ spreizen; **2.** → ***топо́рщить(ся)***
топь *f* (8) Morast *m*, Moor *n*; *pl*. Sumpfland *n*
то́рб|а *f* (5) Futtersack *n*; P → ***сума́***; ***как дура́к с пи́саной ~ой но́сится*** F *j-d* macht viel Wesen
торг *m* (1; на -у́; *pl. e*.) Handel; Geschäft *n*; Schacher; † Markt; *pl*. Versteigerung *f*, Auktion *f*; **~а́ш** F *m* (1*e*.; -е́й) Krämer; *fig*. Krämerseele *f*; **~а́шество** *n* F (9) Krämergeist *m*
торгов|а́ть (7) handeln, Handel treiben (T mit *D*); verkaufen; offen haben; schachern; **2.** ⟨с-⟩ feilschen (B um *A*); **-ся** ⟨с-⟩ handeln, feilschen (***из-за*** P, ***за*** B um *A*); **~ец** *m* (1; -ца), **~ка** *f* (5; -ок) Händler(in *f*); Marktfrau *f*; **~ля** *f* (6) Handel *m* (T mit *D*); Verkauf *m*; **~о-промы́шленный** (14) Industrie- u. Handels-; **~ый** (14) Han-

dels-; Verkaufs-; Einkaufs-; kaufmännisch; Markt-, Waren-
торгпре́д *m* (1) Handelsvertreter; **~ство** *n* (9) Handelsvertretung *f*
торе́ц *m* (1; -рца́) Kopfende *n*, Stirnseite *f*; Pflasterklotz; Holzpflaster *n*
торже́ств|енный (14*K*.) feierlich, festlich; (*o. K.*) Fest-, Feier-; Parade-; **~о́** *n* (9) *a. pl.* Feier *f*; Fest, Festlichkeit *f*; Triumph *m*; ***с ~о́м*** triumphierend; **~ова́ть** (7) triumphieren (***над*** Т über *A*); jubeln, bejubeln, feiern; **~у́ющий** (17) triumphierend
тори́ть (13*e*.), ⟨про-⟩ *Weg* austreten
торма́шк|и F: ***вверх ~ами*** kopfüber; → ***вверх*** (***дном, нога́ми***)
тормо|же́ние *n* (12) Bremsen, Bremsung *f*; Hemmung *f*; **~з** *m* **1.** (1; *pl. e.*, *N* -а́) Bremse *f*; ***на ~за́х*** mit angezogenen Bremsen; **2.** (1) *fig.* Hemmschuh; **~зи́ть** (15*e*.), ⟨за-⟩ bremsen, abbremsen; hemmen, behindern; **~зно́й** (14) Brems-; Hemm-
тормоши́ть F (16*e*.) → ***тереби́ть***; **-ся** → ***вози́ться, копоши́ться***
то́рный (14; -рен, -рна) gebahnt, geebnet; ausgetreten
торова́тый P (14*K*.) → ***ще́дрый***
тороп|и́ть (14) **1.** ⟨по-⟩ antreiben, zur Eile antreiben, drängen; **2.** beschleunigen; **-ся** eilen, sich beeilen, es eilig haben; *pf.* übereilen (***с*** Т *et.*); ***не -ся*** sich Zeit lassen, (***с*** Т *et.*) nicht überstürzen; ***не ~я́сь*** gemächlich; in Ruhe; ***куда́ вы ~́итесь***? wohin so eilig?; **~и́вость** *f* (8) Hast; **~ли́вый** (14*K*.) eilig, hastig; eilfertig, überstürzt; **~ы́га** F *m*/*f* (5) Eilige(r)
торо́|с *m* (1; *pl.* F *a.e.*, *N* -а́) Packeis *n*, Eisblock; **~си́стый** (14*K*.) voll Packeis; **~си́ться** (15*e*.) sich aufeinandertürmen
торпе́д|а *f* (5) Torpedo *m*; **~и́ровать** (7) *im*(*pf.*) torpedieren (*a. fig.*); **~ный** (14) *Mar.* Schnell-
торс *m* (1) Rumpf; Torso
торт *m* (1) Torte *f*
торф|одобы́ча *f* (5) Torfgewinnung; **~оразрабо́тка** *f* (5; -ток) → ***~одобы́ча***; *pl.* Torfbruch *m*; **~я́ник** *m* (1) Torfarbeiter; **~яни́стый** (14*K*.) torfhaltig; **~яно́й** (14) Torf-
торцо́вый (14) Stirn-; Holz-; Steck-
торч|а́ть (4*e*.) hervorragen, herausragen; emporragen; hervorstehen, abstehen; stecken; F herumstehen, herumlungern; versauern; **~ко́м** F, **~мя́** P aufrecht, nach oben; abstehend, steif abstehend
торше́р *m* (1) Stehlampe *f*
тоск|а́ *f* (5) Wehmut, Schwermut; Gram *m*, Trauer; Langeweile; Sehnsucht (***по*** П, Д nach *D*); F *präd.* → ***~ли́вый***; ***~а́ по ро́дине*** Heimweh *n*; **~ли́вый** (14*K*.) wehmütig, schwermütig; beklemmend, bang; todlangweilig trist; ***~ли́во*** (Д j-m) ist traurig zumute; **~ова́ть** (7) sich grämen (***о*** П um, über *A*), bedrückt sein; sich sehnen (***по*** Д, ***о*** П nach *D*); P wehtun; ***~ова́ть по до́му*** Heimweh haben; ***~у́ющий*** sehnsüchtig
тост *m* (1) Toast, Trinkspruch
тот *m*, та *f*, то *n*, те *pl.* (28) jener, jene, jenes, jene; der, die, das, die; derjenige, diejenige, dasjenige, diejenigen; andere(r); vorig; nächst; der eine ... *od.* richtige; diese(r); erstere(r); → ***~ же*** derselbe; eben der; ***не ~*** der falsche; ***~ и друго́й*** dieser u. jener; → ***друго́й***; ***те́-то*** die u. die; ***с тем что́бы*** um zu, damit; ***и того́ лу́чше*** ganz gut; ***тому́ наза́д*** vor; F ***не до того́*** (Д j-d) kommt nicht dazu *od.* hat anderes zu tun; ***и то сказа́ть*** tatsächlich; → ***то, тем, э́тот, до, ни, же***
тотал|иза́тор *m* (1) Toto *n*; **~ита́рный** (14; -рен, -рна) totalitär; **~ьный** (14; -ен, -ьна) total
то́-то F eben; deshalb; also; aber; das nenne ich ...; ***то́-то и оно́*** *od.* ***есть*** F das ist es ja eben *od.* eben gerade
то́тчас sogleich, gleich, auf der Stelle
точ|е́ние *n* (12) Schleifen; → ***~и́ть***; **~ёный** (14) geschliffen; wie gemeißelt *od.* aus Stein gemeißelt; **~ечный** (14) Punkt-; **~и́лка** F *f* (5; -лок) Spitzer *m*; **~и́ло** *n* (9) Schleifstein *m*; **~и́льный** (14) Schleif-, Wetz-; Streich-; **~и́льщик** *m* (1) Schleifer; **~и́ть** (16) **1.** ⟨на-⟩ schleifen, schärfen; spitzen; feilen; **2.** ⟨вы-⟩ drechseln; drehen; **3.** ⟨ис-⟩ fressen, nagen (В an *D*), *pf.* zerfressen, zernagen; aushöhlen; **4.** *fig.* zehren (В an *D*); F herummäkeln (В an *D*); ***~и́ть зу́бы*** Groll hegen (***на*** В gegen *A*); ***~и́ть меч*** zum Krieg rüsten; ***~и́ть нож*** Übles im Schilde führen;

Т

вода́ ка́мень ∼ит *Spr.* steter Tropfen höhlt den Stein; **-ся** † sickern

то́чк|а¹ *f* (5; -чек) Punkt *m* (***с*** P von *D*); Stelle, Stellung; Nest *n*; F Schluß, aus (Д mit *D*), Punktum; ***в ∼ах*** gepunktet; ***∼а с запято́й*** Semikolon *n*, Strichpunkt *m*; ***∼а зре́ния*** Standpunkt *m* (***с*** P von *D*; ***на*** В zu *D*); ***в ∼у*** ins Schwarze; ***ста́вить ∼у на*** *od.* ***над*** „и" das Tüpfelchen aufs i setzen; ***сдви́нуть с мёртвой ∼и*** in Gang *od.* wieder in Gang bringen; ***ста́вить ∼у*** *fig.* e-n Punkt machen; ***дойти́ до ∼и*** F am Ende s-r Kräfte *od.* am Ende sein; → ***точь***; **2. ∼а²** *f* (5) Schleifen *n*

то́чн|о 1. *Adv.* → ***∼ый***; F wirklich, tatsächlich; **2.** *Kj.* gleichsam, wie; als ob, wie wenn; **3.** *Part.* ***∼о, так ∼о!*** P ja, jawohl; → ***бу́дто***; ***∼ée*** genauer gesagt; **∼ость** *f* (8) Genauigkeit (***с*** Т/***до*** P bis zu *D*/von . . .); ***в ∼ости*** → ***∼ый*** (14; -чен, -á) genau, exakt; präzise; pünktlich; (*o. K.*) Fein-; Präzisions-

точь-в-то́чь F ganz genau, haargenau

тошн|и́ть (∼и́т), ⟨с-⟩: ***∼и́т*** (В *j-m*) ist übel; F ***∼и́т*** (В ***от*** P *j-n*) widert *od.* F kotzt *et.* an; F ***стошни́ло*** (В *j-d*) mußte sich übergeben; **∼о** F es ist widerlich; ***∼о*** (Д) → ***∼и́т***; ***∼о смотре́ть*** F es ist nicht mitanzusehen; **∼отá** *f* (5) Übelkeit, Brechreiz *m*; *fig.* Ekel *m*, Abscheu *m*; **∼отво́рный** (14; -рен, -рна), **∼ый** F (14; -шен, -á) ekelerregend, ekelhaft, widerlich; fade; *Langeweile*: tödlich; *präd.* zuwider

тощ|а́ть F (1) **1.** ⟨о-⟩ abmagern, abnehmen; **2.** ⟨по-⟩ sich leeren, dünner werden; **∼ий** (17; -, -á) mager, abgemagert, hager, dünn; kärglich, schlaff; F *Magen*: nüchtern; Mager-

тпру! brr!, halt!; ***ни ∼ ни ну*** P weder hü noch hott

трав|á *f* (5; *pl. st.*) Gras *n* (***на*** П *a.* im); Kraut *n*; ***худа́я ∼á из по́ля вон*** *Spr.* Unkraut muß man mit der Wurzel ausreißen; → ***быльё***; **∼и́нка** *f* (5; -нок) Grashalm *m*; **∼и́ть¹** (14) **1.** ⟨по-, с-⟩ abweiden lassen; **2.** ⟨с-⟩ P füttern, verfüttern; verpulvern

трави́ть² (14) **1.** ⟨за-⟩ hetzen (*a. fig.*; В gegen *A*); *pf.* abhetzen, zu Tode hetzen; **2.** ⟨о-⟩ vergiften; **3.** ⟨вы-, на-⟩ ätzen; **4.** beizen; abbrennen; vertilgen, ausrotten; Gift legen (В *pl. Zssg*)

трави́ть³ (14), ⟨с-⟩ *Mar.* fieren, nachlassen, ablassen; → ***тошни́ть***; F Seemannsgarn spinnen

тра́в|ка *f* (5) frisches Gras *n*; → ***∼и́ть² 3, 4*** u. ***∼и́ть³***; **∼ле́ние** *n* (12) Ätzen, Ätzung *f*; **∼ля** *f* (6; -лей) Hatz, Hetzjagd; *fig.* Hetze, Kesseltreiben *n* (P gegen *A*)

тра́вм|а *f* (5) Verletzung; Unfall *m*; Trauma *n*; Schock *m*; **∼ати́ческий** (16) traumatisch **∼и́ровать** (7) *im(pf.) verletzen*; *fig.* e-n Schock auslösen

трав|ни́к *m* (1*e.*) Kräuterschnaps; Kräuterbuch *n*; **∼опо́льный** (14) Grasanbau-; Futteranbau-; **∼оя́дный** (14) grasfressend; **∼яни́стый** (14*K.*) grasbewachsen; grasig, grasartig; F fade; **∼яно́й** (14) Gras-; Kraut-; Kräuter-; *Zool.* Blatt-; grasgrün

траг|еди́йный (14) Tragödien-; **∼е́дия** *f* (7) Tragödie; **∼и́зм** *m* (1) Tragik *f*, das Tragische *n*; **∼ик** *m* (1) Tragöde, Tragiker; **∼и́ческий** (16) tragisch; ***∼и́ческая актри́са*** *f* Tragödin; **∼и́чность** *f* (8) Tragik; **∼и́чный** (14; -чен, -чна) tragisch

традици|о́нный (14; -о́нен, -нна) traditionell, überliefert; gewohnheitsmäßig, üblich; **∼я** *f* (7) Tradition, Überlieferung; Brauch *m*, Usus *m*; Regel; ***по ∼ и*** traditionsgemäß

траекто́рия *f* (7) Flugbahn

тракт *m* (1) Trakt *m*; † Straße *f*

тракти́р † *m* (1) Wirtshaus *n*, Schenke *f*; **∼щик** † *m* (1) Gastwirt, Schankwirt

трактов|а́ть (7) betrachten; deuten, auslegen; auffassen; † handeln (***о*** П von *D*), behandeln (*A*); verhandeln; **∼ка** *f* (5; -ок) Behandlung; → ***∼а́ть***

тра́ктор *m* (1; *pl. a. e., N* -á) Traktor; Schlepper; **∼и́ст** *m* (1) Traktorfahrer; **∼ный** (14) Traktor(en)-; Schlepp(er)-; **∼остро́ительный** (14) Traktoren-

трал *m* (1) Schleppnetz *n*; *Hydr.* Bagger; *Mil.* Räumgerät *n*; **∼ить** (13) **1.** mit dem Schleppnetz fischen; **2.** ⟨про-⟩ *Minen* räumen; **∼ьщик** *m* (1) Trawler; Minensuchboot *n*

трамбов|а́ть (7), ⟨у-⟩ stampfen, feststampfen; **∼ка** *f* (5; -ок) Stampfen *n*, Rammen *n*; Ramme

трамва́й *m* (3) Straßenbahn *f* (→ ***по́езд***); Boot *n*; **∼ный** (14) Straßenbahn-; **∼щик** *m* (1) Straßenbahner

трампли́н *m* (1) Sprungbrett *n*; Sprungschanze *f*; Trampolin *n*
транжи́р F *m* (1) Verschwender; **~ить** F (13), ⟨рас-⟩ verschwenden, vergeuden; **~ство** F *n* (9) Verschwendung *f*
транзи́стор *m* (1) Transistorradio *n*
транзи́т *m* (1): ***~ом*** im Transit; als Transitgut; **~ник** F *m* (1) Transitreisende(r); **~ный** (14) Transit-, Durchreise-, Durchgangs-
трансл|и́ровать (7) *im*(*pf*.) *Rdf*. übertragen, senden; **~я́ция** *f* (7) *Rdf*. Übertragung, Sendung
транспара́нт *m* (1) Transparent *n*, Spruchband *n*; Linienblatt *n*
тра́нспорт *m* (1) Transport, Beförderung *f*; Transportmittel *n*/*pl*., Verkehrsmittel *n*/*pl*.; Transportwesen *n*, Verkehrswesen *n* (***на*** П im); *Mar*. Transportschiff *n*; Schiffahrt *f*; Sendung *f*; **~а́бельный** (14; -лен, -льна) transportfähig; **~ёр** *m* (1) Förderband *n*, Fließband *n*; → ***броне-~ёр***; **~и́р** *m* (1) Winkelmesser; **~и́ровать** (7) *im*(*pf*.) befördern; **~иро́вка** *f* (5) Transportieren; *n* → **~**; **~ник** *m* (1) Transportarbeiter; F Transportflugzeug *n*; **~ный** (14) Transport-, Verkehrs-; Förder-
трансформ|а́тор *m* (1) *El*. Umspanner, Transformator, Trafo; *Fmw*. Übertrager; **~и́ровать** (7) *im*(*pf*.) transformieren, umspannen; umwandeln
транше́|йный (14) Graben-; **~я** *f* (6; -й) Graben *m*; *Mil*. Laufgraben *m*, Schützengraben *m*
трап *m* (1) Gangway *f*, Schiffstreppe *f*
тра́пе́з|а *f* (5) Tafel (→ ***стол***); Mahl *n*; **~ная** *f* (14) Refektorium *n*
трапе́ция *f* (7) Trapez *n*
тра́сс|а *f* (5) Trasse, Strecke, Route, Weg *m*; *Sp*. Bahn; **~и́рующий** (17) Leuchtspur-
тра́т|а *f* (5) Verbrauch *m*, Aufwand *m*; **~ить** (15), ⟨по-, ис-⟩ ausgeben, verbrauchen, aufwenden (***на*** В für *A*); vergeuden; *fig*. *Worte* verlieren; **-ся** sich verausgaben, Geld aufwenden
тра́ур *m* (1) Trauer *f* (***по*** Д um *A*); Flor; ***быть в ~е*** Trauer haben; **~ный** (14) Trauer-; traurig, trist; Gedenk-
трафаре́т *m* (1) Schablone *f* (*a*. *fig*.); *fig*. Schema *n*, Schematismus; **~ный** (14; -ен, -на) klischeehaft, schematisch; (*o*. *K*.) Schablonen-
трах krach!; *präd*. F → **~ать** F (1), *einm*. ⟨**~**нуть⟩ (20) krachen, knallen (*v*/*i* **-ся**); hauen, zerhauen; P sausen
трахе́я *f* (6) Luftröhre
тра́хнуть(ся) → ***тра́хать*(*ся*)**
тре́б|а *f* (5) Opferung; *Rel*. Amtshandlung; **~ник** *m* (1) Ritual *n*
тре́бова|ние *n* (12) Forderung *f*, Verlangen (***по*** Д auf *A*); Bedarfsmeldung *f*, Bestellzettel *m* (***на*** В für *A*); *a*. *pl*. Bedarf (***на*** В an *D*); *mst pl*. Anforderungen *f*/*pl*.; Bedürfnisse, Erfordernisse; Ansprüche *m*/*pl* (***к*** Д an *A*), Belange *m*/*pl*.; **. . . *по ~нию*** Bedarfs-; **~тельность** *f* (8) hohe Ansprüche *m*/*pl*. (***к*** Д an *A*); **~тельный** (14; -лен, -льна) anspruchsvoll, streng (***к*** Д gegen *A*); fordernd; dringend; hartnäkkig; **~ть** (7), ⟨по-⟩ (Р, В) verlangen, fordern (*A*); bedürfen (*G*), brauchen, erfordern; kommen lassen; *Jur*. laden (***в*** В vor); **-ся** nötig *od*. erforderlich sein (***на*** В für *A*); gesucht *od*. verlangt werden; ***тре́буется*** (Д/И *j-d*) benötigt (*A*); ***что и ~лось доказа́ть*** was zu beweisen war
требуха́ *f* (5) Innereien *pl*., Eingeweide *pl*.
трево́|га *f* (5) Unruhe, Besorgnis (***за*** В um *A*); Aufregung; Alarm *m*; **~жить** (16) **1.** ⟨вс-⟩ beunruhigen; **2.** in Unruhe versetzen, alarmieren; keine Ruhe lassen; stören; **3.** ⟨по-⟩ anrühren, berühren; **-ся**, ⟨вс-⟩ sich aufregen; besorgt sein (***за*** В um *A*); **~жность** *f* (8) Unruhe, Erregung; **~жный** (14; -жен, -жна) beunruhigt, unruhig; alarmierend, beunruhigend; besorgniserregend; P leicht aufgeregt; (*o*. *K*.) Alarm-
треволне́ние *n* (12) Aufregung *f*
тре́зв|енник *m* (1) Abstinenzler; **~е́ть** (8) ⟨о-⟩ nüchtern werden
трезво́н *m* (1; -а/-у) Glockengeläut *n*; Gezwitscher *n*; F Geklatsche *n*; Spektakel *n*; ***~ в уша́х*** Ohrensausen *n*; **~ить** (13) alle Glocken läuten; laut *od*. oft klingeln *od*. anrufen; F ausposaunen
тре́звость *f* (8) Nüchternheit; Abstinenz; ***~ ума́*** nüchterner Verstand *m*
трезву́чие *n* (12) Dreiklang *m*

тре́зв|ый (14; -, -á) nüchtern, besonnen; *Kopf*: klar; F abstinent, enthaltsam; ***что у ~ого на уме́, то у пья́ного на языке́*** *Spr.* was der Nüchterne denkt, redet der Volle
трезу́бец *m* (1; -бца) Dreizack
трек *m* (1) Radrennbahn *f*
треклятый P (14) gottverdammt
трель *f* (8) Triller(n *n*) *m*; *pl.* Trillern *n*
трельяж *m* (1; -ей) Gitterwerk *n*; dreiteiliger Spiegel
трен *m* (1) Schleppe *f*
трен|ажёр *m* (1) Trainer, Trainergerät *n*; Simulator; **~ер** *m* (1) Trainer
тре́нзель *m* (4; *pl. a. e.*, *N* -я́) Trense *f*
тре́ние *n* (12) Reiben, Reibung *f*; *pl.* Reibereien *f/pl.*, Differenzen *f/pl.*
трениров|а́ть (7), ⟨на-⟩ trainieren (**-ся** *v/i*; **в** П *A*); **-ся** üben, sich üben; **~ка** *f* (5; -ок); Training *n* (***по*** Д im); Übung (P *Zssg*); **~очный** (14) Trainings-; Übungs-
трено́|га *f* (5) Fußkoppel; → ***~жник***; **~жить** (16), ⟨с-⟩ koppeln, fesseln; **~жник** *m* (1) Dreifuß
тре́нькать F (1) klimpern; bimmeln
трепа́к *m* (1*e.*) Trepak (*Volkstanz*)
трепа́|ло *n* (9) Flachsschwinge *f*, Hanfschwinge *f*; **~льный** (14) Schlag-; **~льщик** *m* (1) Schwinger; **~ть** (2) **1.** ⟨рас-⟩ *Hanf*, *Flachs* brechen, schwingen; **2.** ⟨от-⟩ F ziehen, zerren (***за*** В *pl.* an *D*); **3.** zausen, zupfen; tätscheln (***по*** Д *A*); *fig.* strapazieren; **4.** ⟨ис-⟩ F abtragen, abnutzen; **5.** F schütteln; rütteln, *pf.* durchrütteln; herleiern; → ***чеса́ть***; P (*a.* **-ся**) quasseln; **-ся** flattern; P sich herumtreiben; **~ч** P *m* (1*e.*; -е́й) Quatschkopf; Angeber
тре́пет *m* (1) Beben *n*, Zittern *n*; **~а́ть** (3 -т/щ-) zittern (*a. fig.* ***за*** В um *A*), beben (***от*** Р vor *D*); flattern; zappeln, zucken; flackern; stark pochen, F bibbern; **~ный** (14; -ен, -на) zitternd; → ***~а́ть***; aufgeregt; bang; scheu, furchtsam
трёп|ка *f* (5; -ок) Schwingen *n*; F Rüffel *m*; Haue; Verschleiß *m*; **~ли́вый** P (14*K.*) angeberisch; **~отня́** P *f* (6) Gequassel *n*
трепыха́ть(ся) F (1) → ***трепета́ть***; sich erregen
треск *m* (1) Knacken *n*, Krachen *n*; → ***треща́ть***; F Trara *n*, Tamtam *n*; ***с ~ом*** F mit Pauken u. Trompeten, hochkant
треска́ *f* (5) Kabeljau *m*, Dorsch *m*; ***вя́леная ~*** Stockfisch *m*, Klippfisch *m*
тре́скать P (1), ⟨с-⟩ futtern; saufen
тре́с|каться (1), ⟨по-⟩ platzen, aufplatzen, bersten, Risse bekommen; → ***~нуть***
треско́вый (14) Dorsch-
трес|котня́ F *f* (6) Geknatter *n*, Geklapper *n*; F Geplapper *n*; **~ку́чий** F (17*K.*) krachend; → ***~к***; *Frost*: klirrend; *fig.* hochtrabend, schwülstig; **~нутый** (14*K.*) gesprungen; brüchig; **~нуть** (20) *pf.* krachen, knallen; knakken; e-n Riß bekommen; F zusammenkrachen; → ***~каться***; P hauen; ***хоть ~ни*** P auch wenn sich *j-d* auf den Kopf stellt; → ***пры́скать***
трест *m* (1) Trust
трет|е́йский (16) Schieds-, Schlichtungs-; **~ий** (18) dritte(r); *Stock*: zweite(r); → ***пя́тый***; unbeteiligt; *su. Jur.* Dritte(r); *fig.* *n* et. Dritte(s); ***~ьего дня*** vorgestern
трети́ровать (7) geringschätzen, geringschätzig *od.* schlecht behandeln
трет|и́чный (14) Tertiär-; **~ь** *f* (8; *ab Gpl. e.*) Drittel *n*; **~е** *n* (18) Nachtisch (***на*** В als)
третье|кла́ссник *m* (1) Schüler der dritten Klasse; **~кла́ссный** (14) dritter Klasse; F drittklassig; **~ку́рсник** *m* (1) Student im dritten Studienjahr (*5./6. Semester*); **~разря́дный** (14) dritter Kategorie; → **~со́ртный** (14; -тен, -тна) dritter Wahl; F drittklassig, minderwertig; **~степе́нный** (14; -е́нен, -нна) drittrangig; unbedeutend
треуго́л|ка *f* (5; -ок) Dreispitz *m* (***в*** П mit); **~ьник** *m* (1) Dreieck *n*; *Mus.* Triangel; **~ьный** (14) dreieckig
тре́ф|о́вый (14) Kreuz-, Treff-; **~ы** *pl.* (5) Treff *n*, Kreuz *n*
трёх|а́ктный (14) dreiaktig; **~годи́чный, ~годова́лый** (14) dreijährig; **~голо́с(н)ый** (14) dreistimmig; **~гра́нник** *m* (1) Dreifach *n*; **~гра́нный** (14) dreikantig; **~дне́вный** (14) dreitägig, Dreitages-; **~зна́чный** (14) dreistellig; **~колёсный** (14) dreiräd(e)rig, Dreirad-; **~комнатный** (14) Dreizimmer-; **~кра́тный** (14) dreifach; **~ле́тие** *n* (12) drei Jahre *pl.*;

dritte(r) Jahrestag *m*; **~летний** (15) dreijährig, Dreijahres-; **~мерный** (14) dreidimensional; **~местный** [-sn-] (14) dreisitzig; **~месячный** (14) dreimonatig, Dreimonats-; **~недельный** (14) dreiwöchig; **~польный** (14) Dreifelder-; **~сложный** (14) dreisilbig; **~сменный** (14) Dreischichten-
трёхсот|ый (14) dreihundertste(r); **~летие, ~летний** → ***двухсотлетие, двухсотлетний***
трёх|стопный (14) dreifüßig, dreihebig; **~сторонний** (15) dreiseitig; **~томный** (14) dreibändig; **~тонка** F *f* (5; -нок) Dreitonner *m*; **~тысячный** (14) dreitausendste(r); → ***тысячный*** **~фазный** (14) Dreiphasen-; *El.* Dreh-; **~цветный** (14) dreifarbig, Dreifarben; **~часовой** (14) dreistündig; → ***восьмичасовой***; Dreiuhr-; **~членный** (14) dreigliedrig; **~ъязычный** (14; -чен, -чна) dreisprachig **~этажный** (14) dreistöckig
трёшка P *f* (5; -шек) Dreirubelschein *m*
трещ|ать (4*e*.) krachen, knacken, knarren; rasseln, prasseln; knistern; zirpen; aus den Fugen gehen; zusammenbrechen, zusammenzubrechen drohen; F plappern; *Schädel*: brummen (**у** P *j-m*); *Frost*: → ***трескучий***; **~ина** *f* (5) Riß *m*, Sprung *m*; Spalte, Ritze; Kluft; **~отка** *f* (5; -ток) Klapper, Rassel; *Tech.* Ratsche; F Plappermaul *n*
три (34) drei; *Note*: → ***тройка***; **~ада** *f* (5) Trias, Triade
трибуна *f* (5) Tribüne, Podest *n*; **~л** *m* (1) Tribunal *n*, Gericht *n* (***под*** B vor *A*), Gerichtshof
тривиальн|ость *f* (8) Trivialität; **~ый** (14; -лен, -a) trivial, banal
триде|вятый (14): ***~вятое царство*** *n Folkl.* fernes Land; **~вять**: ***за ~вять земель*** hinter den Bergen, am Ende der Welt; **~сятый** (14) → ***~вятый***
тридцат|илетие → ***двадцатилетие***; **~илетний** (15) dreißigjährig; **~ый** (14) dreißigste(r); → ***пятый, двадцатый***; **~ь** (35*e*.) dreißig; ***за ~ь*** (Д *j-d*) ist in den Dreißigern
Три|единство *n* (9) Dreieinigkeit *f*; *Thea.* 2 die drei Einheiten *f/pl.*; **´2жды** dreimal, dreifach
тризна *f* (5) Totenfeier; Leichenschmaus *m*
трико *n* (*unv.*) Wirkstoff *m*; Trikot; Schlüpfer *m*; **~таж** *m* (1) Strickstoff; *koll.* Trikotagen *f/pl.*, Wirkwaren *f/pl.*; **~тажный** (14) Wirk-; Trikot-
три|листник [-sn-] *m* (1) Dreiblatt *n*; Kleeblatt *n*; **~логия** *f* (7) Trilogie
тринадцат|ый (14) dreizehnte(r); → ***пятый***; **~ь** (35) dreizehn
триодь *f* (8) Meßkanon *m*
триста (36) dreihundert
тритон *m* (1) Molch, Wassermolch
триумф *m* (1) Triumph (***с*** T im); **~альный** (14) triumphal, Triumph-, Sieges-
тришкин (19): ***~ кафтан*** *m* F ein altes Loch mit e-m neuen gestopft
трогательн|ость *f* (8) Ergriffenheit; → **~ый** (14; -лен, -a) rührend, ergreifend
тро|гать (1), 〈~нуть〉 (20) berühren, anfassen (B/***за*** B an *D*; T mit *D*); erfassen; stören; huschen (B über *A*); *fig.* rühren, bewegen; *Pferde* anspornen; F anziehen, anfahren; leicht befallen; → ***~нутый***; ***не ~гать*** nicht anrühren, F in Ruhe *od. fig.* kalt lassen; ***~гай!*** F los!, hü!; **-ся** sich in Bewegung setzen *od.* (***в*** B *Reise*: auf *A*) machen, aufbrechen; *fig.* gerührt sein; *pf.* F überschnappen, e-n Knacks *od.* Stich haben; ***лёд ~нулся*** der Eisgang hat begonnen; *fig.* das Eis ist gebrochen
трое (37) drei; → ***двое***; **~борье** *n* (10) Dreikampf *m*; **~кратный** (14) dreimalig; *Adv.* dreimal; **~чник** F *m* (1) mäßiger Schüler
тро|ить (13*e*.) **1.** 〈c-〉 dritteln; dreimal pflügen; **2.** † verdreifachen; → ***двоиться***; **´2ица** *f* (5) Dreieinigkeit; Pfingsten *n* (***на*** B zu); F **~ица** Kleeblatt *n*; ***Бог любит ´2ицу*** *Spr.* aller guten Dinge sind drei; **´2ицын** (19): ***´2ицын день*** *m* Pfingstsonntag; **~йка** *f* (5; -ек) Drei (*a. Schulnote* „befriedigend"); Dreigespann *n*, Troika (***на*** П mit *D*); dreiteiliger Anzug *m*; F Dreiergruppe; Dreierausschuß *m*; F → ***восьмёрка***; **~йник** *m* (1*e*.) T-Stück *n*; **~йничный** (14): ***~йничный нерв*** *m* Trigeminus; **~йной** (14) dreifach; *Math.* Drei-; **~йня** *f* (6; -ен) Drillinge *m/pl.*; **~йственный** (14; -енен, -нна) dreifach; Drei-,

T

Dreier-; **~ича́тый** (14) dreiteilig
тролле́йбус *m* (1) Oberleitungsbus
тромб *m* (1) Thrombus; Windhose *f*; **~о́з** *m* (1) Thrombose *f*; **~о́н** *m* (1) Posaune *f*; **~они́ст** *m* (1) Posaunist
трон *m* (1) Thron; **~ный** (14) Thron-
тро́нут|ый (14) F bekloppt; P mit e-m Stich, säuerlich; **~ь(ся)** → ***тро́гать(ся)***
тропа́ *f* (5; *pl. st.*) Pfad *m*, Fußweg *m*
тро́пик *m* (1) Wendekreis; *pl.* Tropen
тропи́нка *f* (5; -нок) Pfad *m*
тропи́ческий (16) tropisch; Tropen-
трос *m* (1) Tau *n*, Seil *n*
трост|и́нка *f* (5; -нок) dünnes Rohr *n od.* Schilfrohr *n*; **~ни́к** [-sn-] *m* (1*e.*) Schilf *n*, Rohr *n*; **~нико́вый** [-sn-] (14) Rohr-, Schilf-; **~очка** *f* (5; -чек) Rohrstöckchen *n*; → **~ь** *f* (8; *ab Gpl. e.*) Rohrstock *m*, Spazierstock *m*; Stab *m*
тротуа́р *m* (1) Gehsteig, Bürgersteig
трофе́й *m* (3) Trophäe *f*; *pl. a.* Beute *f*; **~ный** (14) Beute-, erbeutet
троюродн|ый (14): ***~ый брат*** *m* Vetter zweiten Grades; ***~ая сестра́*** *f* Kusine zweiten Grades
троя́кий (16*K.*) dreierlei; → ***двоя́ко***
троя́нский (16) trojanisch
труб|а́ *f* (5; *pl. st.*) Rohr *n*, Röhre; Schornstein *m*, Schlot *m*; Trompete; *Orgel*: Pfeife; *Anat.* Tuba; *JSpr.* Rute; P → ***капу́т***; **~о́й** F aufrecht, senkrecht; trichterförmig; ***вы́лететь в ~у́*** F Pleite machen; **~а́ч** *m* (1*e.*; -е́й) Trompeter, Hornist; **~и́ть** (14*e.*) **1.** blasen (*a.* ***в*** В *A*), trompeten, tuten; röhren; P schuften; **2.** ⟨про-⟩ blasen (В *A*, zu *D*); F ausposaunen (***о*** П *A*), an die große Glocke hängen; **~ка** *f* (5; -ок) Rohr *n*, Röhre; Röhrchen *n*; *Fmw.* Hörer *m*; Tabakspfeife; Schlauch *m*; Rolle; Zünder *m*; F Hörrohr *n*; **~ный** (14) Röhren-; Trompeten- (→ ***~а́***); **~опрово́д** *m* (1) Rohrleitung *f*; **~опрока́тный** (14) Rohrwalz-; **~очи́ст** *m* (1) Schornsteinfeger, Kaminkehrer; **~очка** *f* (5; -чек) Röhrchen *n*; Pfeifchen *n*; **~очный** (14) Rohr-, Röhren-; Pfeifen-; Zünder-; **~чатый** (14) röhrenförmig; → ***~очный***
труд *m* (1*e.*) Arbeit *f*; Schaffen *n*; Mühe *f*; Werk *n*, Schrift *f*; ***лю́ди*** *pl.* ***~а́*** Werktätige *m/pl.*, Schaffende *m/pl.*; ***свои́м ~о́м*** von s-r Hände Arbeit; ***без ~а́ не вы́нешь и ры́бки из пруда́*** *Spr.* ohne Fleiß kein Preis; **~и́ться** (15) arbeiten (***над*** T an *D*); F sich bemühen
трудно|ва́тый F (14*K.*) ziemlich schwer; **~воспиту́емый** (14*K.*) schwererziehbar; **~досту́пный** (14; -пен, -пна) schwer zugänglich; **~произноси́мый** (14*K.*) schwer auszusprechen; **~проходи́мый** (14*K.*) schwer passierbar
тру́д|ность *f* (8) Schwierigkeit; F Mühe; **~ный** (14; -ен, -на́) schwer, schwierig; mühsam, hart; drückend; F Schwer-, schlimm; ***~но*** (Д *j-m*) fällt es schwer . . ., *j-d* kann es kaum . . .; **~ово́й** (14) Arbeits-, Werk-; werktätig, erwerbstätig, schaffend; arbeitsreich; verdient; Dienst-, Produktions-
трудо|де́нь *m* (4; -дня́) Arbeitseinheit *f* (*SU*); **~ёмкий** (16; -мок, -мка) arbeitsintensiv; **~ёмкость** *f* (8) Arbeitsaufwand *m*; **~люби́вый** (14*K.*) arbeitsam, fleißig; **~лю́бие** *n* (12) Arbeitsfreude *f*, Fleiß *m*; **~спосо́бный** (14; -бен, -бна) erwerbsfähig, arbeitsfähig
трудя́щийся (17) werktätig; *Su. m* Werktätige(r); † arbeitsam
тру́жени|к *m* (1) arbeitsamer Mensch; Werktätige(r), Schaffende(r); **~ческий** (16) arbeitsreich, mühevoll
труни́ть (13*e.*), ⟨под-⟩ spötteln, sich lustig machen (***над*** T über *A*), *j-n* aufziehen
труп *m* (1) Leiche *f*, Leichnam; **~ный** (14) Leichen-
тру́ппа *f* (5) Truppe
трус *m* (1) Feigling; ***~а пра́здновать*** F sich feige benehmen; **~ики** *pl.* →**~ы́**; **~ить¹** (15) Angst haben, sich fürchten; **~и́ть²** (15*e.*) F im Trott gehen *od.* fahren, laufen; P schütteln; **~и́ха** F *f* (5) Memme; **~ли́вый** (14*K.*) ängstlich, feige; **~ость** *f* (8) Feigheit; **~ца́** F *f* (5): ***~цо́й*** im leichteren Trab
трусы́ *pl.* (1) Turnhose *f*, Badehose *f*
трут *m* (1) Zunder
тру́тень *m* (1; -тня) *Zool.*, *fig.* Drohne *f*; F Schmarotzer
трух|а́ *f* (5) Mulm *m*; Spreu; **~ля́вый** (14*K.*) morsch, mulmig
трущо́ба *f* (5) Dickicht *n*; Elendsquar-

tier *n*; *pl.* Elendsviertel *n* (*pl.*), Slums; → ***глушь***
трын-трава́ P egal, schnuppe, Wurst
трюк *m* (1) Trick, Kniff; → ***фо́кус***
трюм *m* (1) Schiffsraum, Laderaum
трю́фель *m* (4; *pl. a. e., N* -я́) Trüffel *f*
тряп|и́ца F *f* (5) → ***̃ка***; **~и́чник** *m* (1) Lumpensammler, Lumpenhändler; **~и́чный** (14) Lumpen-; Stoff-; Flekken-; **̃ка** *f* (5; -ок) Lappen *m*, Lumpen *m*; *pl.* F Fetzen *m/pl.*; *fig.* Waschlappen *m*; **~ьё** *n* (10) *koll.* Lumpen *m/pl.*, Fetzen *m/pl.*
тряси́на *f* (5) Sumpf *m*, Moor *n*
тря́с|ка *f* (5) Schütteln *n*, Rütteln *n*; **~кий** (16; -ок, -ка) wack(e)lig, klapp(e)rig; holp(e)rig; **~огу́зка** *f* (5; -зок) Bachstelze; **~ти́** (24 -с-) **1.** ⟨по-⟩, *einm.* ⟨тряхну́ть⟩ (20) schütteln (T *A*); rütteln; stoßen (***в*** П *N*); frösteln; *Heu* wenden; **2.** ⟨вы́-⟩ ausschütteln; **-сь** *impf.* beben, schlottern (***от*** P vor *D*); sich schütteln (vor); holpern; F zittern (***за*** B um *A*); wie s-n Augapfel hüten (***над*** T *A*) ***~сь над ка́ждой копе́йкой*** F jeden Pfennig umdrehen
тряхну́ть → ***трясти́***; F *Geld*: um sich werfen (T mit); ***~ стариной*** F et. wie in der Jugend tun
тсс pst!, still!
туале́т *m* (1) Toilette *f*; Frisiertisch; **~ный** (14) Toiletten-
туберкулёз *m* (1) Tuberkulose *f*, Tbc *f*; **~ный** (14) tuberkulös; tuberkulosekrank; Tuberkel-, Tuberkulose-; *Su. m* Lungenkranke(r)
туг|о́й (14; -, -á) straff, stramm; prall; steif; streng; schwerfällig (***на*** B bei *D*); zäh; F hart; ***~о́й на́ ухо*** → ***~оу́хий***; *Adv.* (*a.* F) schwer; übel, schlimm; ***с деньга́ми ̃о*** (***у*** P *j-d*) ist knapp bei Kasse; **~опла́вкий** (14; -вок, -вка) strengflüssig; schwer schmelzbar; **~оу́хий** (16*K.*) schwerhörig
туда́ dorthin, dahin, hin; ***~ же*** ebendahin; ***и*** *od.* ***то ~*** . . . mal so . . .; ***ни ~ ни сюда́*** F *et.* kommt nicht vom Fleck; → ***сюда́, обра́тно***; **~-сюда́** F hin u. her; einigermaßen; geht *od.* ging (es) gerade noch; *j-d* wollte es *j-m* ausreden
тужи́ть P (16) traurig sein
ту́житься F (16) → ***нату́житься***
тужу́рка *f* (5; -рок) Jacke, Joppe
туз *m* (1*e.*) As *n*; F hohes Tier *n*, Bonze; Star; *pl.* Honoratioren *pl.*; P → ***despite тума́к***
тузе́м|ец *m* (1; -ца) Eingeborene(r); **~ный** (14) eingeboren, einheimisch
тузи́ть P (15*e.*) hauen, prügeln
тук|-тук poch-poch!; ~ F → **̃ать** P → ***стуча́ть***
ту́ловище *n* (11) Rumpf *m*
тулу́п *m* (1) Schlafpelz
тулья́ *f* (6; -ле́й) Hutboden *m*
тума́к P (1*e.*; *Asg. a.* -á) Faustschlag
тума́н *m* (1; -а/-у) Nebel; Schleier (*a. fig.*); ***~ в глаза́х*** (***у*** P *j-d* ist) wie benebelt; ***то́чно в ~ е*** wie durch e-n Nebelschleier; ***напусти́ть ~у*** F blauen Dunst vormachen; **~ить** (14), ⟨за-, о-⟩ verhüllen, verschleiern (*a. fig.*); trüben; *fig.* benebeln; **-ся** sich in Nebel hüllen, in Dunst eingehüllt *od.* getrübt sein; **~ность** *f* (8) Nebel *m*; Nebelfleck *m*; **~ный** (14; -ен, -на) neb(e)lig, Nebel-; umnebelt; schleierhaft, verschwommen; getrübt, betrübt
ту́мб|а *f* (5) Bordstein *m*, Prellstein *m*; Sockel *m*, Fuß *m*; Schränkchen *n*; F Tolpatsch *m*; ***афи́шная ~а*** Litfaßsäule; **~очка** *f* (5; -чек) Nachttisch *m*
тунгу́с *m* (1) Tunguse; → ***эве́нк***
туне́ц *m* (1; -нцá) Thunfisch
тунея́д|ец *m* (1; -ца) Nichtstuer, Müßiggänger; Schmarotzer; **~ство** *n* (9) Müßiggang *m*; Schmarotzertum; **~ствовать** nichts tun; nassauern
туни́с|ец *m* (1; -ца), **~ка** *f* (5; -ок) Tunesier(in *f*) **~ский** (16) tunesisch
тунне́ль [-'nɛl] *m* (4) Tunnel; Unterführung *f*
туп|е́ть (8), ⟨о-⟩ abstumpfen; F stumpf werden; **~и́к** *m* (1*e.*) Sackgasse *f* (*a. fig.*); Abstellgleis *n* (***в*** П auf *D*); *fig.* arge Verlegenheit *f*, Enge *f*; **~и́ть** (14), ⟨за-⟩ stumpf machen; **-ся** stumpf werden; **~и́ца** F *m/f* (5) stumpfsinniger Mensch *m*, Schwachkopf *m*; **~оголо́вый** F (14*K.*) borniert, stumpfsinnig; **~о́й** (14; -, -á) stumpf (*a. fig.*); → ***оу́мный*** dumpf; † schwach; Sack-; **~оно́сый** (14*K.*) stumpfnasig; **̃ость** *f* (8) Stumpfheit; → ***~оу́мие***; **~оуго́льный** (14) stumpfwinklig; **~оу́мие** *n* (12) Stumpfsinn *m*; **~оу́мный** (14; -мен, -мна) stumpfsinnig
тур *m* (1) Tour *f*; Runde *f*; Gang; Etap-

Т

pe *f*, Phase *f*; *Zool.* Auerochs; *hist.* Schanzkorb
тура́ F *f* (5) *Schach*: Turm *m*
турба́за *f* (5) → ***туристский***
турб|и́на *f* (5) Turbine; **~и́нный** (14) Turbinen-; **~овинтово́й** (14) Turboprop-
туре́цкий (16) türkisch
тури́|зм *m* (1) Fremdenverkehr, Tourismus; **~стка** *f* (5; -ток) Touristin; **~стский** (16) touristisch, Touristen-; ***~стский ла́герь*** *m* Touristenherberge *f*; Camping *n*, Zeltplatz
туркме́н *m* (1), **~ка** *f* (5; -ок) Turkmene(-nin *f*); **~ский** (16) turkmenisch
турне́ [-'nɛ] *n* (*unv.*) Tournee *f*, Gastspielreise *f*; Rundreise *f*
турне́пс [-'nɛ-] *m* (1) Runkelrübe *f*
турни́к *m* (1*e.*) Reck *n*
турнике́т *m* (1) Drehkreuz *n*
турни́р *m* (1) Turnier *n* (***на*** П in *D*)
турну́ть P (20) *pf.* rauswerfen, jagen
ту́рок *m* (1; -рка) Türke
туру́сы P: ***разводи́ть ~ на колёсах*** Phrasen *f*/*pl.* dreschen
турча́нка *f* (5; -нок) Türkin
ту́ск|лый (14; -л, -ла́) matt, trübe; *fig.* glanzlos, farblos; **~не́ть** (8), ⟨по-⟩ matt *od.* trübe werden; anlaufen; erlöschen; *fig.* verblassen
тусо́вка F *f* (5; -вок) Szene, Jugendszene; Party, Fete
тут¹ hier; da, dann; das; ***а ~*** dazu, dabei; dennoch; ***~ же*** sogleich; ***~ как ~*** F gleich zur Stelle; ***не ~-то бы́ло*** F denkste!, i wo!, weit gefehlt!; ***да и всё ~*** F und damit basta; → ***где, како́й***
тут² *m* (1) Maulbeerbaum
ту́фля *f* (6; -фель) Schuh *m*; ***дома́шняя ~*** Pantoffel *m*
туфта́ P *f* (5) → ***показу́ха***
ту́х|лый (14; -л, -ла́) faulig, faul, verdorben; **~ля́тина** F *f* (5) faules Zeug *n*; fauler Geruch *m*; **~нуть** (21/20) **1.** ⟨про-⟩ faulen, verfaulen, verderben; **2.** ⟨по-⟩ erlöschen; ausgehen
ту́ч|а *f* (5) Wolke; Masse, Unmenge; ***~а ~ей*** F ganz finster; **~ево́й** (14) Wolken-
тучн|е́ть (8), ⟨по-⟩ fett werden; → **~̀ый** (14; -чен, -а́) fett, fettleibig, beleibt, wohlbeleibt; saftig, fruchtbar
ту́ша *f* (5) ausgeweidetes Tier *n*; Tierkörper *m*; F Dickwanst *m*; Körperfülle
тушев|а́ть (6 -у́-), ⟨за-⟩ tuschen, übertuschen, schattieren; *fig.* vertuschen, verwischen; **-ся**, ⟨с-⟩ F in Verlegenheit geraten; sich genieren (***перед*** T gegenüber *D*); → ***стушёвываться***; **~̀ка** *f* (5) Tuschen *n*, Schattierung
туш|е́ние *n* (12) Löschen; → ***~и́ть***; **~ёнка** F *f* (5) Büchsenfleisch *n*; **~ёный** (14) gedünstet, Schmor-; **~и́ть** (16) **1.** ⟨за-, по-⟩ löschen, auslöschen; *fig.* unterdrücken; beilegen; **2.** ⟨с-⟩ dämpfen, schmoren, dünsten
тушка́нчик *m* (1) Springmaus *f*
тушь *f* (8) Tusche; ***~̀ю*** Tusch-
тща́тельн|ость *f* (8) Sorgfalt; **~ый** (14; -лен, -а) sorgfältig; gründlich
тщеду́ш|ие *n* (12) Schwäche; → **~ный** (14; -ен, -на) schwächlich, kränklich
тщесла́в|ие *n* (12) Eitelkeit *f*; → ***~ный***; **~иться** † (14) eitel sein; → ***кичи́ться***; **~ный** (14; -ен, -на) eitel; ehrgeizig; † prahlerisch
тще́тн|о umsonst, vergebens; → **~ый** (14; -тен, -а) vergeblich, nutzlos
тщи́ться (16) sich bemühen
ты (21) du; man; ***на ~*** per du; auf du u. du; ***мы с ним на ~*** wir duzen uns; F ***тебе́*** nun also; weißt du; ***я тебе́*** (+ *pf. Präs.*)! F ich werde dir (+ *Su. A*) schon lehren!; **~̀кать¹** P (1) duzen
ты́кать² (1), ⟨ткнуть⟩ hineinstecken, stoßen; zeigen (***в*** B auf *A*); schieben; entgegenhalten (T *A*); *Nase*: reiben (***в*** B unter *A*); **-ся** eindringen; stoßen, sich stoßen (***в*** B an, gegen *A*); die Schnauze *od.* Schnauzen stecken; herumirren, herumlaufen
ты́кв|а *f* (5) Kürbis *m*; **~енный** (14) Kürbis-; *Su. pl.* Kürbisgewächse *n*/*pl.*
тыл *m* (1; -̀а/-̀у; в -у́; *pl. e.*) Rücken; Hinterland *n*; *Mil.* Etappe *f*; **~ово́й** (14) rückwärtig; Etappen-; *Mil.* Nach-; → **~̀ьный** (14) Rück-; ***~̀ьная часть*** *f* ***руки́*** Handrücken *m*
тын *m* (1) Pfahlzaun, Staketenzaun
ты́сяч|а *f* (5; *a.* -ью) tausend, Tausend *n*; F Unmenge, Masse; ***... и ~и*** aber Tausende; ***в ~у раз*** F tausendmal; ***на ~у*** pro mille; ***~ами*** zu Tausenden; in die Tausende; ***~у извине́ний***! ich bitte tausendmal um Verzeihung!; **~екра́тный** (14) tausendfach; **~еле́тие** *n* (12) Jahrtausend, Millenium;

Tausendjahrfeier *f*; **~еле́тний** (15) tausendjährig; **~ели́стник** [-sn-] *m* (1) Schafgarbe *f*; **~ный** (14) tausendste(r); tausendfach; tausendköpfig; *Su. f* Tausendstel *n*
тычи́нка *f* (5; -нок) *Bio.* Staubfaden *m*
тьма *f* (5) Finsternis, Dunkelheit, Dunkel *n*; *fig.* Unwissenheit, Rückständigkeit; F Unmenge; ***~-тьму́щая*** P riesige Menge
тьфу pfui!; ***~ ты про́пасть***! pfui Teufel!, zum Teufel!; verdammt noch mal!
тюбете́йка *f* (5; -е́ек) buntes Käppchen *n*
тю́бик *m* (1) Tube *f*
тюк *m* (1) Packen, Ballen
тю́левый (14) Tüll-
тюле́н|ий (18) Robben-; **~ь** *m* (4) Robbe *f*, Seehund; F Tolpatsch
тю́лька *f* (5; -лек) Sardelle
тюльпа́н *m* (1) Tulpe *f*
тюрба́н *m* (1) Turban
тюре́м|ный (14) Gefängnis-; Gefangenen-; **~щик** *m* (1) Gefängniswärter; *fig.* Kerkermeister
тю́рк|и *pl.* (1; *G* -ов *u.* -рок) Turkvölker *n*/*pl.*; **~ский** (16) Turk-
тюрьма́ *f* (5; *pl. st.*, *G* -рем) Gefängnis *n*, Kerker *m*
тю́ря *f* (6) kalte Brotsuppe; P Tölpel *m*
тю́тельк|а F: ***~а в ~у*** aufs Haar genau, haargenau
тю-тю́ F futsch!, weg!; da-da
тюфя́к *m* (1*e.*) Strohsack, Matratze *f*; P Schlappschwanz, Sack
тя́вк|ать (1), *einm.* ⟨**~нуть**⟩ (20) kläffen
тя́г|а *f* (5) Zug *m*, Zugkraft; Zugstange; Zugseil *n*; Schub *m*, Schubleistung; *Esb.* Fahrbetrieb *m*; *JSpr.* Jagd; *fig.* Drang *m*, Hang *m*; † Last; **~а́ться** F (1) **1.** ⟨по-⟩ sich messen, es aufnehmen; **2.** † prozessieren; **~а́ч** *m* (1*e.*; -ей) Schlepper, Zugmaschine *f*; **~ло** *n* (9; -ол) **1.** *hist.* Abgaben *f*/*pl.*; Fron *f*, Fronacker *m*; **2.** *koll.* ***живо́е ~ло*** Zugvieh; **~ловый** (14) Fron-; Zug-; **~овый** (14) Zug-
тя́го|стный [-sn-] (14; -тен, -тна) beschwerlich, bedrückend; peinlich, unangenehm; **~сть** *f* (8) Last; ***быть в ~сть*** *j-m* zur Last fallen; **~та́** *f* (5; *pl. st.* -) Beschwernis, Belastung; † Abgabe; Last; **~те́ние** *n* (12) Schwerkraft *f*, Gravitation *f*; Anziehungskraft *f*; Drang *m*, Hang *m*; Last *f*; **~те́ть** (8) tendieren; *Phys.* gravitieren; sich hingezogen fühlen; e-n Hang *od.* e-e Neigung haben; lasten; herrschen, dominieren; **~ти́ть** (15*e.*) beschweren, belasten; lästig sein (В *D*), zur Last fallen; bedrücken, lasten (В auf *D*); **-ся:** ***~ти́тся*** (И/Т *j-m* ist *et.* lästig
тягу́чий (17*K.*) dickflüssig, zähflüssig; dehnbar; langgezogen; ermüdend, fade
тя́жба † *f* (5) Prozeß *m*, Rechtsstreit *m*
тяжел|е́ть (8), ⟨о-, по-⟩ schwer *od. fig.* schwerfällig werden; **~и́ть** (13*e.*), ⟨о-⟩ schwer *od.* schwerer machen; **~о́** → **~ый**; ***~о́*** (Д) es fällt *j-m* schwer *od.* schmerzt *j-n*; **~оатле́т** *m* (1) Schwerathlet; **~ова́тый** F (14*K.*) ziemlich schwer; **~ове́с** *m* (1) Schwergewichtler; **~ове́сный** (14; -сен, -сна) schwer, schwergewichtig; → **~ый**; **~ово́з** *m* (1) Lastpferd *n*; **~огрузный** (14) Schwergut-; **~оду́м** F *m* (1) begriffsstutziger Mensch; **~ый** (14; ~, -а́, -о́) schwer; schwerfällig; hart; schwerwiegend, ernst; schwierig, mühevoll; beschwerlich, bedrückend; beklemmend; finster; dunkel, stickig; P schwanger; (*o.K.*) Schwer-; F ***~ая рука́*** (***у*** P), ***~ на руку*** (И *j-d*) hat e-e harte Faust *od. fig.* keine glückliche Hand; ***~ый ум*** schwer von Begriff; ***с ~ым се́рдцем*** schweren Herzens
тя́ж|есть *f* (8) Schwere; Gewicht *n*; schwere Last *od.* Bürde; Wucht; Schwierigkeit; Beklemmung; ***центр*** *m* ***~ести*** Schwerpunkt; **~кий** (16; -ек, -ка́) sehr schwer *od.* schwierig; schwerfällig; → ***~ёлый***
тян|у́ть (19) **1.** ziehen (***за*** В an *D*); schleppen; anziehen; sich hingezogen fühlen (В *N*); F Lust haben zu ...; herbeiwehen (Т *A*); fliegen; *hist.* tragen; F *Dienst* versehen; hochziehen, mitziehen; abpressen (***с*** Р *j-m*); lasten (В auf *D*); zu eng sein; schwer sein; es schaffen; klauen; **2.** ⟨про-⟩ strecken, recken; ziehen (*a. Tech.*); verlegen; hinziehen, zögern; dehnen, gedehnt sprechen *od.* singen; schlecht auskommen; **3.** ⟨вы́-⟩ ausziehen, ausdehnen; herausziehen, einziehen; heraussaugen, einsaugen; F schlürfen, saufen; **4.**

Т

⟨по-⟩ F mitziehen, mitschleppen; **5.** ⟨вы́-, по-⟩ F wiegen, es bringen (auf *A*); **˜ет ко сну** *j-n* schläfert; **-ся 1.** ⟨про-⟩ sich hinziehen *od.* erstrecken; **2.** ⟨по-⟩ sich strecken; **3.** ⟨вы́-⟩ F strammstehen; **4.** die Hand ausstrecken (**к** Д nach *D*); sich recken *od.* strecken; streben, neigen; nacheifern (**за** Т *j-m*); mitzukommen versuchen, *pf.* mitkommen; nachziehen, nachschleppen; sich schleppen; † streiten; **˜у́чка** F *f* (5; -чек) weiches Sahnebonbon *n*

тяп P → **˜ать** P (1), *einm.* ⟨˜нуть⟩ (20) hauen, hacken; erwischen; klauen; e-n heben; **˜ка** *f* (5; -ок) Hackmesser *n*; **˜-ля́п** P ruck-zuck, schlampig

тя́т|ька P *m* (5; -ек), **˜я** P *m* (6) Vati

У

у (P) an, neben (*D*; *A*), bei (*D*); von (*D*); **˜ меня́, ˜ меня́ есть** *od.* **был** (И) ich habe *od.* hatte (*A*); → **нет**; **˜ меня́** F mein; mir; F; **но́жка** *f* **˜ стола́** Tischbein *n*

убав|ле́ние *n* (12) Verminderung; → **˜ля́ть** (28), ⟨**˜**и́ть⟩ (14) vermindern, verringern; verkürzen; herabsetzen; enger machen; F sich jünger machen (В um *A*); verlangsamen; streichen; F (*a.* **˜и́ть в ве́се**) → **-ся** abnehmen

убаю́кивать (1) → **баю́кать**

убе|га́ть (1), ⟨**˜**жа́ть⟩ (4; -гу́, -жи́шь, -гу́т) weglaufen, fortlaufen, davonlaufen; dahinlaufen, dahinziehen; fliehen, entfliehen; sich ausdehnen; F *Milch*: überlaufen

убе|ди́тельность *f* (8) Überzeugungskraft; **˜ди́тельный** (14; -лен, -льна) überzeugend, einleuchtend; triftig, schlüssig; (*o. K.*) eindringlich, dringend; **˜жа́ть** → **˜га́ть**; **˜жда́ть** (1), ⟨**˜**ди́ть⟩ (15*e.*; *o. 1. Pers. sg.*; ˜ждённый) überzeugen, überreden, *impf.* zu überzeugen *od.* überreden suchen (**в** П von *od.* zu *D*); *impf. j-m* zureden, weismachen; **-ся** sich vergewissern (**в** П *G*, über *A*); **˜жде́ние** *n* (12) Zureden, Überreden; Überzeugung *f* (**в** П von *D*); *pl.* Gesinnung *f*; **˜ждённость** *f* (8) tiefe Überzeugung, Zuversicht → **˜ждённый** (14*K.*) überzeugt (**в** П von *D*); prinzipienfest

убе́жище *n* (11) Zuflucht *f*; Zufluchtsort *m*; Asyl, Schutz *m*; Schutzkeller *m*, Bunker *m*; *Mil.* Unterstand *m*

убере|га́ть (1), ⟨**˜**чь⟩ (26 -г/ж-) bewahren (**от** P vor *D*), retten; **-ся** entgehen (**от** P *D*)

уби|ва́ть (1), ⟨**˜**ть⟩ (убью́, убьёшь; → **бить**) töten, totschlagen, erschlagen, umbringen; morden, ermorden; *fig.* zunichte machen; niederschmettern; *Karte* stechen; F vergeuden (**на** В für *A*); *Zeit* totschlagen; F **˜ло** (В Т) *j-d* wurde (von *D*) getötet *od.* erschlagen; **как ˜тый** *fig.* wie ein Murmeltier; **-ся** F tödlich verunglücken, umkommen; P sich stoßen *od.* verletzen; *impf.* F sich grämen *od.* kaputtmachen; **˜йственный** (14*K.*) tödlich (*a. fig.*); *fig.* mörderisch, vernichtend; F scheußlich, fürchterlich; **˜йство** *n* (9) Ermordung *f*, Mord *m* (P an *D*); **˜йца** *m*/*f* (5) Mörder(in *f*)

уб|ира́ть (1), ⟨**˜**ра́ть⟩ (-беру́, -рёшь; → **брать**) wegräumen, abräumen, aufräumen; wegtun, F wegschaffen; *Tisch* abdecken (**со** P *A*); *Bett* machen; einrichten, schmücken; unterbringen (**в** В in *D*); herausnehmen; ernten, abernten, einbringen; *Segel* einziehen, einholen; F beseitigen; enger machen; P wegputzen, herausputzen; **-ся** F sich davonmachen, abhauen; fertig werden; Platz haben

уби́ть(ся) → **убива́ть(ся)**

ублаж|а́ть F (1), ⟨**˜**и́ть⟩ (16*e.*) umschmeicheln, verwöhnen *od.* genügend verwöhnen

ублюдок P *m* (1; -дка) Mischling; Bastard
убо́|гий (16*K.*) ärmlich; kärglich, dürftig, armselig; verkrüppelt; *fig.* stupide; *Su. m* Krüppel; armer Schlucker; **~гость** *f* (8), **~жество** *n* (9) Ärmlichkeit *f*; → **~гий**
убо́|ина P *f* (5) frisches Fleisch *n*; → ***ту́ша***; **~й** *m* (3) Schlachten *n*, Schlachtung *f*; *fig.* Schlachtbank *f* (***на*** B zu *D*); ***на ~й кормить*** F wie e-e Gans vollstopfen; **~йный** (14) Schlacht-, Mast-
убо́р *m* (1): ***головной ~*** Kopfbedekkung *f*; ~ † Gewand *n*; Putz, Schmuck
убо́ристый (14*K.*) eng, engbeschrieben, engbedruckt, gedrängt
убо́рка *f* (5) Reinemachen, Aufräumen *n*, Räumen *n*; Einbringung, Ernte
убо́рная *f* (14) Toilette (***в*** П auf *D*), Klosett *n*; *Thea.* Garderobe; † Ankleidezimmer *n*
убо́рочный (14) Ernte-
убо́рщица *f* (5) Putzfrau, Reinemachefrau
убра́|нство *n* (9) Ausstattung *f*; Ausschmückung *f*; Schmuck *m*; Gewand; **~ть(ся)** → ***убира́ть(ся)***
убы|ва́ние *n* (12) Abnahme *f*; → **~ва́ть** (1), ⟨**~́ть**⟩ (убу́ду, -дешь; -л, -ла́) abnehmen, nachlassen; zurückgehen, fallen; ausscheiden, ausfallen; *Urlaub*: gehen; P schaden (***от*** P/B *N*/*j-m*); **~́ль** *f* (8) Abnahme, Rückgang *m*, Schwund *m*; Verlust *m*; ***пойти́ на ~́ль*** *Wasser*: fallen
убыстр|я́ть, ⟨**~и́ть**⟩ (13*e.*) → ***ускоря́ть***
убы́т|ок *m* (1; -ка/-ку) Verlust (***в*** B mit *D*), *a. pl.* Schaden (Д/***в*** B zu *j-s N*); **~очность** *f* (8) mangelnde Rentabilität; **~очный** (14; -чен, -чна) unrentabel, verlustbringend; (*o. K.*) Verlust-; **~ь** → ***убыва́ть***
уваж|а́емый (14) sehr geehrte(r) . . .!; *Su. m* Verehrte(r); geachtet; → **~а́ть** (1) achten, ehren, schätzen, respektieren, (B auf *A*) Rücksicht nehmen; P mögen; **~е́ние** *n* (12) Achtung *f* (***к*** Д vor *D*), Respekt *m*; Respektierung *f*; Rücksicht *f* (auf *A*); ***с ~е́нием*** hochachtungsvoll; **~и́тельный** (14; -лен, -льна) triftig, stichhaltig; respektvoll; ***по ~и́тельной причи́не*** entschuldigt; **~́ить** F (16) *pf.* berücksichtigen; geachtet werden, Ehre erweisen (B *j-m*); P e-n Gefallen tun (B *j-m*)
у́вален F *m* (4; -льня) Tolpatsch
увари́ться F (13) *pf.* einkochen; gar sein
уведом|и́тельный (14): ***~и́тельное письмо́*** *n* schriftliche Benachrichtigung *f*; **~ле́ние** *n* (12) Benachrichtigung *f*; Bescheid *m*; Meldung *f*; **~ля́ть** (28), ⟨**~́ить**⟩ (14) benachrichtigen, in Kenntnis setzen (***о*** П von *D*); melden
увезти́ → ***увози́ть***
увекове́ч|ение *n* (12) Verewigung *f*; **~ивать** (1), ⟨**~ить**⟩ (16) verewigen
увелич|е́ние *n* (12) Erhöhung; → **~́ивать** (1), ⟨**~ить**⟩ (16) erhöhen, steigern; vergrößern; vermehren; verstärken; erweitern; **-ся** zunehmen, wachsen, anwachsen; **~и́тельный** (14) Vergrößerungs- (*a. Ling.*); *Ling.* augmentativ
уве́нч|ивать (1) → ***венча́ть 1***; vollenden; **-ся** → ***венча́ться***; gekrönt sein (T von *D*)
увер|е́ние *n* (12) Versicherung *f* (***в*** П *G*); → **~я́ть**; **~́енность** *f* (8) Gewißheit (***в*** П *Zssg*); Zuversicht (in *A*); Vertrauen *n* (auf *A*); ***~́енность в себе́*** Selbstvertrauen *n*; → **~́енный** (14*K.*) sicher (***в*** П *G*), fest; gewiß (G), überzeugt (von *D*); zuversichtlich; ***бу́дьте ~́ены*** F seien Sie versichert; bestimmt; **~́ить(ся)** → ***~я́ть(ся)***
уверну́ться → ***увёртываться***
уве́ровать (7) *pf.* fest glauben (***в*** B an *D*)
увёр|тка *f* (5; -ток) Ausflucht, Ausrede, Mätzchen *n*; **~тливый** F (14*K.*) gewandt, fix; beweglich; pfiffig, aalglatt; **~тываться** (1), ⟨**~нуться**⟩ (20) ausweichen (***от*** P *D*); F sich hüllen; → ***уви́ливать***
увер|я́ть (28), ⟨**~́ить**⟩ (13) versichern (***в*** П *G*; B *j-m*, daß . . .); *impf.* beteuern (B *j-m*); → ***убежда́ть(ся)***
увесел|е́ние *n* (12) Belustigung *f*, Vergnügung *f*, Amüsement; **~и́тельный** (14) Vergnügungs-; **~я́ть** (28) belustigen, amüsieren, erheitern
уве́систый F (14*K.*) sehr schwer; wuchtig
увести́ → ***уводи́ть***
уве́ч|ить (16) → ***изуве́чивать***; **~ный** † (14; -ен, -на) verkrüppelt; *Su. m*

Krüppel; **~ье** *n* (10; -чий) Körperverletzung *f*, Verstümmelung *f*

уве́ш|ивать, ⟨**~ать**⟩ (1) behängen, vollhängen

увещ(ев)а́|ние *n* (12) Ermahnung; → **~ть** (1) ermahnen; belehren

уви|ва́ть (1), ⟨**~́ть**⟩ (увью, -ьёшь; → ***вить***); F → ***обвива́ть***; **-ся** F *impf.* scharwenzeln; den Hof machen (***около*** P *j-m*); sich herumdrücken

увида́ть, уви́деть(ся) → ***вида́ть, ви́деть(ся)***

уви́л|ивать F (1), ⟨**~ьну́ть**⟩ (20) ausweichen (***от*** P *D*); sich drücken, kneifen (vor *D*)

уви́ть(ся) → ***увива́ть(ся)***

увлажн|е́ние *n* (12) Befeuchtung *f*; **~я́ть** (28), ⟨**~и́ть**⟩ (13*e.*) feucht machen, befeuchten; **-ся** feucht werden

увле|ка́тельный (14; -лен, -льна) sehr interessant, spannend, hinreißend; **~ка́ть** (1), ⟨**~́чь**⟩ (26) fortziehen, mitziehen, mitschleppen; mitreißen, hinreißen; begeistern (T *a.* für *A*); verliebt machen; **-ся** sich hinreißen lassen *od.* begeistern (T für *A*); Zuneigung empfinden *od. pf.* fassen (für *A*), verliebt sein, sich verlieben (in *A*); ***~ка́ющийся*** → ***влю́бчивый***; **~че́ние** *n* (12) *a. pl.* Begeisterung *f*, Leidenschaft *f* (T für *A*); **~чённость** *f* (8) Begeisterung, Begeisterungsfähigkeit; **~чённый** (14*K.*) begeistert, hingerissen

уво́д *m* (1) Wegführen *n*; *Tech.* Verlaufen *n*; → **~и́ть** (15), ⟨**увести́**⟩ (25) wegführen, abführen; entführen, mit sich nehmen; stehlen; F ausspannen (***у*** P *j-m*)

уво́з *m* (1) Wegbringen *n*; → **~и́ть** (15), ⟨**увезти́**⟩ (25) wegfahren, wegbringen, wegschaffen, abtransportieren; mitnehmen; entführen

увол|а́кивать (1), ⟨**~о́чь**⟩ (26) F wegschleppen, fortschleppen; P → ***уводи́ть***

увол|ьне́ние *n* (12) Entlassung *f* (***с*** P aus *D*); → ***~ьня́ть***; **~ьни́тельный** (14) Entlassungs-; Urlaubs-; **~ьня́ть** (28), ⟨**~́ить**⟩ (13) entlassen (***с*** P aus *D*); versetzen; beurlauben; ersparen (B/***от*** P *j-m et.*), verschonen (*j-n* mit *D*); **-ся** s-e Stelle aufgeben, (***с*** P *A*) *Dienst* quittieren; sich versetzen *od.* beurlauben lassen; freinehmen; *impf.* kündigen (*Zeitpunkt*: ***с*** P zum)

увы́ ach!, o weh!; leider

увя|да́ние *n* (12) Verwelken; → **~да́ть** (1), ⟨**~́нуть**⟩ (20) welken, verwelken (*a. fig.*); *fig.* verblühen; erschlaffen; **~́дший** (17) verwelkt, welk; schlaff

увяз|а́ть¹ (1), ⟨**~́нуть**⟩ (21) einsinken, steckenbleiben; *fig.* hängenbleiben, sich verheddern

увя́з|ка *f* (5) Verschnüren *n*; → **~ывать** F (1), ⟨**~а́ть²**⟩ (3) zusammenschnüren, verschnüren, einpacken; zusammenbinden; in Einklang bringen, (***с*** T) aufeinander abstimmen; **-ся** F hinterherlaufen (***за*** T *j-m*) ; sich hängen (***с*** T an *j-n*)

увя́нуть → ***увяда́ть***

уга́д|ывать, ⟨**~ать**⟩ (1) raten, erraten; erkennen; durchschauen; richtig tippen; P → ***угоди́ть***; ***~а́л***! ich hab's!

уга́р *m* (1) Kohlendunst; Kohlengas *n*; Gasvergiftung *f*; *Tech.* Abbrand; *Text.* Abfall; *fig.* Rausch, Taumel; **~ный** (14) Gas-, dunstig; *fig.* rauschhaft; ***~ный газ*** *m* Kohlenoxyd *n*

угас|а́ние *n* (12) Erlöschen; → **~а́ть** (1) → ***га́снуть 1, 2, 3***

угле|во́д *m* (1) Kohlehydrat *n*; **~водоро́д** *m* (1) Kohlenwasserstoff; **~добы́ча** *f* (5) Kohlenförderung; **~жо́г** *m* (1) Köhler; **~кислота́** *f* (5) Kohlensäure; **~ки́слый** (14) kohlensauer; ***~ки́слый газ*** *m* Kohlendioxyd *n*; **~ро́д** *m* (1) Kohlenstoff; **~ро́дистый** (14) Kohlenstoff-

угло|ва́тый (14*K.*) eckig, kantig; linkisch, plump; **~во́й** (14) Eck-; *Tech.* Winkel-; **~ме́р** *m* (1) Winkelmesser; **~ме́рный** (14) Winkelmeß-

углуб|ле́ние *n* (12) Vertiefung *f*; Senke *f*; **~лённый** (14*K.*) vertieft; gründlich, eingehend; **~ля́ть** (28), ⟨**~и́ть**⟩ (14*e.*) vertiefen; tiefer machen; versenken; **-ся** tiefer werden *od.* eindringen; ***-ся в себя́*** in sich gehen

угляде́ть P (11) *pf.* ausmachen; aufpassen, aufpassen können (***за*** T auf *A*)

угна́ть(ся) → ***угоня́ть(ся)***

угнет|а́тель *m* (4) Unterdrücker; → **~а́ть** (1) unterdrücken; bedrücken, quälen; **~а́ющий** (17) bedrückend, deprimierend; **~е́ние** *n* (12) Unterdrückung *f*; Bedrückung *f*; → **~ён-**

ность *f* (8) Niedergeschlagenheit; **~ённый** (14*K*.) unterdrückt; bedrückt, deprimiert; ***~ённое состоя́ние*** *n* Zustand *m* der Depression *f*

угов|а́ривать (1), ⟨**~ори́ть**⟩ (13*e*.) überreden, *impf.* zu überreden suchen; *impf.* (B) *j-m* zureden, auf *j-n* einreden; *pf.* F beruhigen; **-ся** F sich verabreden *od.* verständigen; **~о́р** *m* (1; -a/-y) *mst pl.* Zureden *n*, Überredung *f*; F Abmachung *f*; Bedingung *f* (**с** T unter *D*); ***~о́р доро́же де́нег*** *Spr.* Vorrede spart Nachrede

уго́|да: ***в ~ду*** zuliebe, zu Gefallen; **~дливость** *f* (8) Liebedienerei; → **~дливый** (14*K*.) dienstfertig; allzu gefällig, liebedienerisch; **~дник** *m* (1) *Rel.* Gerechte(r); F Liebediener; → ***ухажёр***; **~дничать** F (1) liebedienern, katzbuckeln; **~дничество** *n* (9) → ***~дливость***; **~дно** beliebt, recht, recht ist; → ***~дный***; ***кто*** *od.* ***како́й ~дно*** jeder beliebige; sonstwer; ***что*** *od.* ***где ~дно*** was *od.* wo man will *od.* Sie wollen; sonstwas *od.* sonstwo; ***как вам ~дно*** wie Sie wünschen; ***что вам ~дно?*** was wünschen Sie?; ***не ~дно ли вам***? möchten Sie nicht *od.* vielleicht?; → ***ни, душа́***; **~дный** (14; -ден, -дна) gefällig, angenehm; † passend; **~дье** *n* (10; -дий) Land, Ländereі *f*, Grund *m*, Stück; Schlag *m*; **~жда́ть** (1), ⟨**~ди́ть**⟩ (15*e*.) gefällig sein, es recht machen (*a.* **на** B *j-m*); *impf.* sich lieb Kind machen (bei *j-m*); *pf.* F geraten; stoßen; treffen; erwischen (Д/**в** B *j-n* an *D*); P es schaffen; **~жде́ние** *n* (12) Gefälligkeit(en *pl.*) *f*, Diensteifer *m*

у́г|ол *m* (1; -ла́; в -лу́) Ecke *f* (**на** П an *D*; ***за́*** B um *A*; ***за*** T um *A*); Winkel (*Math.* ***в ~ле́***); Schlafstelle *f*, Bleibe *f*; Heim *n*, Nest *n*; Krähwinkel; ***кра́сный*** *od.* ***пере́дний ~ол*** † Ehrenplatz (mit Ikone, Ikonen); ***из-за ~ла́*** meuchlings; Meuchel-

уголо́в|ник F *m* (1) Kriminelle(r); **~ный** (14) kriminell, Kriminal-; Straf-, strafrechtlich; *Su.* † F → ***~ник***; **~щина** P *f* (5) Straftat, Kriminalfall *m*; Kriminelle *pl.*

уголо́к *m* (1; -лка́) Eckchen *n*; Winkel, Fleckchen *n*, Fleck; Ecke *f*

у́голь *m* **1.** (4/4*e*.; у́гля/-я́) Kohle *f*; ***бе́лый ~*** Wasserkraft *f* (**на** П mit *D*); **2.** (1; у́гля; *ab Gpl. e.*; P -я, -ьев) Holzkohle *f*, Stück *n* Holzkohle; Zeichenkohle *f*; ***как на ~ях*** *fig.* wie auf glühenden Kohlen

уго́льн|ик *m* (1) Zeichenwinkel; *Tech.* Winkel, Winkeleisen *n*; **~ый**[1] † (14) → ***углово́й***

у́голь|ный[2] (14) Kohle(n)-; Gruben-; **~щик** *m* (1) F Bergarbeiter; Kohlenhändler; † Köhler

угомо́н F: ***нет ~у*** (**на** B *j-d*) gibt keine Ruhe; **~и́ть** F (13*e*.) *pf.* beruhigen, besänftigen; **-ся** sich austoben; Ruhe geben; sich legen

уго́н *m* (1) F Diebstahl; *Flgw.* Entführung *f*; P Verschleppung *f*; → **~я́ть** (28), ⟨угна́ть⟩ (-ю, -ишь → ***гнать***) wegtreiben, forttreiben; wegbringen, wegschaffen; F stehlen; *Flugzeug* entführen; P verschleppen; † *pf.* davonjagen; **-ся** *pf.* F einholen (**за** T *A*); → ***гна́ться***

угора́зди|ть F (15) *pf.*: ***чёрт ~л*** → ***дёргать*** F; **~ло** (B *j-d*) hatte das Pech . . .; ***как э́то ~ло*** (B) . . .? wie zum Kuckuck ist *j-d* auf die Idee *od.* Schnapsidee verfallen . . .?; ***~ло же*** (B) . . . mußte *od.* warum mußte *j-d* ausgerechnet . . .

угор|а́ть (1), ⟨**~е́ть**⟩ (9) e-e Kohlengasvergiftung bekommen; *pf.* P aus dem Häuschen geraten, nicht ganz bei Trost sein; **~е́лый** F (14) närrisch, verrückt; *Su. m* Besessene(r)

у́горь *m* (4*e*.; угря́) Aal; Mitesser

угости́ть → ***угоща́ть***

угото́вить † (14) *pf.* bereiten

уго|ща́ть (1), ⟨**~сти́ть**⟩ (15*e*.) bewirten; anbieten (T *et.*), spendieren; aufwarten; F verpassen; **-ся** zusprechen (T *D*), es sich schmecken lassen; ***~ща́йтесь***! greifen Sie zu!; **~ще́ние** *n* (12) Bewirtung *f*; Speise *f* u. Trank *m*

угрева́тый (14*K*.) pick(e)lig

угро́бить P (14) *pf.* kaltmachen, ins Grab bringen; verplempern

угро|жа́емый F (14*K*.) bedrohlich; gefährdet; **~жа́ть** (1) (Д) drohen, *j-n* bedrohen; **~жа́ющий** (17) drohend; bedrohlich; **~за** *f* (5) Drohung, Androhung, Bedrohung; Gefahr (***под*** T in *D*); ***под ~зой*** bedroht; ***под ~зой наказа́ния*** bei Strafe

угро́зыск *m* (1) Kriminalpolizei *f*
угро́хать P (1) *pf.* auf den Kopf hauen
угрызе́н|ие *n* (12): **~ия** *pl.* **со́вести** Gewissensbisse *m/pl.*
угрю́м|ость *f* (8) mürrisches Wesen *n*; → **~ый** (14*K.*) griesgrämig, verdrießlich, mürrisch; düster, finster
уд F *m* (1) → **удовлетвори́тельный**
уда́в *m* (1) Riesenschlange *f*, Boa *f*
уда|ва́ться (5; -ётся), ⟨**~́ться**⟩ (-́стся; → **дать**; -́лся, -ла́сь, -́ло́сь) gelingen, glücken; gut geraten; *pf.* F geraten (**в** B nach *D*); **не ~́ться** mißlingen
удав|и́ть(ся) → **дави́ть(ся) 5** (**2**); **~ле́ние** *n* (12) Erwürgen, Erdrosseln; **~́ленник** P *m* (1) Erhängte(r)
удал|е́ние *n* (12) Entfernen, Entfernung *f*; *Med.* Extraktion *f*; *Sp.* Verweis *m* (**с** P *Zssg*); → **~я́ть**; **~ённый** (14*K.*) entlegen
удале́ц F *m* (1; -льца́) Draufgänger, Mordskerl
удали́ть(ся) → **удаля́ть(ся)**
удал|о́й F (14; -́, -а́) verwegen, draufgängerisch; keck, forsch, flott; **~́ь** *f* (8), **~ьство́** F *n* (9) Verwegenheit *f*, Draufgängertum; Schmiß *m*, Schwung *m*
удал|я́ть (28), ⟨**~и́ть**⟩ (13*e.*) entfernen; beseitigen; *Zahn* ziehen; entheben (**от** P *G*); **-ся** sich zurückziehen; abweichen (**от** P)
уда́р *m* (1) Schlag (*a. Med.*), Hieb, Stoß; Aufprall; *Med.* Stich; *Sp.* Ball; *Mil.* Vorstoß, Angriff; Schuß; **в ~е** in Form *od.* F Fahrt; gut aufgelegt; **под ~, под ~ом** in Gefahr; **~е́ние** *n* (12) Betonung *f*, Akzent *m*; *fig.* Nachdruck *m*; **де́лать ~е́ние** (**на** П *et.*) betonen, hervorheben; **~ник** *m* (1) Bestarbeiter, Stoßarbeiter (*SU*); Aktivist (*SU*); Schlagzeuger; *Tech.* Schlagbolzen; **~ный** (14) Stoß-; Schlag-; *Mil.* Angriffs-; Druck-; Aktivisten-; Schwerpunkt-; vordringlich; *Ling.* → **~я́емый** (14*K.*) betont; **~я́ть** (28), ⟨**~ить**⟩ (13) schlagen (**по, по́** Д auf *A*; *Gesicht*: in *A*), *pf.* e-n Schlag *od.* Hieb versetzen; einschlagen; aufschlagen, prallen; losschlagen; *Fuß*: treten; *Hände*: klatschen; *Frost*: jäh einsetzen; *Mil.* jäh angreifen (**в, на** B *A*); F dringen, eindringen; F erfassen (**по** Д *A*); *fig.* treffen; ertönen; (**в** B zu *D*) steigen; F schießen (**в** B *pl.*) los-; P betonen; **~ил гром** es donnerte; **~и́ло** (B *j-d*) wurde vom (**в** B von *D*) geschüttelt *od.* war (in *D*) gebadet; → **бить, грязь, рука́, штык**; **-ся** stoßen, sich stoßen (**о** B an, gegen *A*); schlagen, aufschlagen, prallen (**о** B auf *A*); *fig.* F verfallen; sich ergehen (**в** B in *D*); ausbrechen; P los-; → **би́ться**
уда́|ться → **~ва́ться**; **~ча** *f* (5) Glück *n*, Erfolg *m*; gutes Gelingen *n*; **~чли́вый** (14*K.*): **~чли́в** *j-d* hat immer Glück; → **~чный**; **~чник** F *m* (1) Glückspilz; **~чный** (14; -чен, -чна) gelungen; glücklich, erfolgreich; gut
удв|а́ивать (1), ⟨**~о́ить**⟩ (13) verdoppeln; *fig.* verstärken, erhöhen; **~ое́ние** *n* (12) Verdoppelung *f*
уде́л *m* (1) Los *n*, Schicksal *n*; *ehm.* Landbesitz; Anteil; *hist.* Teilfürstentum *n*; **~ьный** spezifisch; *hist.* der Teilfürstentümer; **~ьный вес** *m fig.* Anteil; Bedeutung *f*; **~я́ть** (28), ⟨**~и́ть**⟩ (13) zuteilen, abtreten; schenken, widmen
у́держ F: **без ~у** hemmungslos; **нет ~у** (Д, **на** B *j-d*) ist nicht zu halten; **не знать ~у** keine Grenzen kennen; **~а́ние** *n* (12) Abzug *m* (**из** P *Zssg*); → **~́ивать** (1), ⟨**~а́ть**⟩ (4) festhalten, halten; abhalten, zurückhalten (**за, за́** B an *D*); zurückbehalten, einbehalten; bewahren, behaupten; unterdrücken; **-ся**: sich aufrecht halten *od.* halten können; anhalten; aushalten; übrigbleiben, erhalten bleiben; an sich halten; (**от** P *et.*) unterdrücken, unterdrücken können; sich verkneifen, sich (*G*) enthalten; **не -ся, что́бы не** (+ *Inf.*) nicht widerstehen können (+ *Inf.*)
удесятер|я́ть (28), ⟨**~и́ть**⟩ (13*e.*) verzehnfachen; *fig.* vervielfachen
удешев|ле́ние *n* (12) Verbilligung *f*; **~ля́ть** (28), ⟨**~и́ть**⟩ (14*e.*) verbilligen
удив|и́тельный (14; -лен, -льна) wunderbar, erstaunlich; bewundernswert; **не ~и́тельно** es ist kein Wunder; **что ~и́тельного**? ist es verwunderlich?; **в э́том нет ничего́ ~и́тельного** das ist nichts Besonderes; **~ле́ние** *n* (12) Staunen, Erstaunen, Verwunderung *f*; Überraschung *f* (**на** B/Д zu *D*/*G*); **~ля́ть** (28), ⟨**~и́ть**⟩

(14*e*.) in Erstaunen versetzen; wundern; **-ся** staunen (Д über *A*)
удилá *pl*. (9) Gebiß *n*, Kandare *f*; ***закусить ~*** *Pferde*: durchgehen; *fig*. F außer Rand u. Band geraten
удúл|ище *n* (11) Angelrute *f*; **~ьный** (14) Angel-; **~ьщик** *m* (1) Angler
уд|ирáть F (1), ⟨**~рáть**⟩ (-ерý, -рёшь; → ***драть***) davonlaufen, ausreißen, abhauen
удúть (15) angeln; → ***ловúть***
удлин|éние *n* (12) Längung; → **~ úть** (28), ⟨**~úть**⟩ (13*e*.) längen, länger machen; verlängern; ***~ённый*** länglich; **-ся** länger werden
удмýрт *m* (1), **~ка** *f* (5; -ок) Udmurte(-tin *f*); **~ский** (16) udmurtisch
удóб|но es paßt, ist recht *od*. angenehm, schickt sich; → ***~ный***; **~ность** *f* (8) → ***~ство***; **~ный** (14; -ен, -на) bequem; geeignet, passend; günstig; angebracht, schicklich; ***быть ~ным*** zustatten kommen; **~оварúмый** (14*K*.) leichtverdaulich; F annehmbar; **~оисполнúмый** (14*K*.) leicht ausführbar; **~опонятный** (14; -тен, -тна) leichtverständlich; **~опроизносúмый** (14*K*.) leicht aussprechbar; **~очитáемый** (14*K*.) gut leserlich *od*. lesbar
удобр|éние *n* (12) Düngung *f*; Dünger *m*, Düngemittel; **~ять** (28), ⟨**~ить**⟩ (13) düngen
удóбство *n* (9) Bequemlichkeit *f*; *a. pl.* Komfort *m*
удовлетвор|éние *n* (12) Befriedigung *f*; Genugtuung *f*, Zufriedenheit *f*; **~ённый** (14*K*.) zufrieden, befriedigt; erfüllt; **~úтельный** (14; -лен, -льна) befriedigend, zufriedenstellend; *Su. n Note* „genügend" (***на*** B mit); **~ять** (28), ⟨**~úть**⟩ (13*e*.) befriedigen, zufriedenstellen; (*D*) Genüge tun, nachkommen; erfüllen, gewähren; genügen, gerecht werden; versorgen; † entschädigen; Genugtuung leisten; **-ся** sich zufriedengeben *od*. begnügen
удовóльствие *n* (12) Vergnügen (***в*** П, ***от*** P an *et*.); Vergnügung *f*; Freude *f*, Spaß *m*
удóд *m* (1) Wiedehopf
удóй *m* (3) Milchertrag; Melken *n*
удорож|áние *n* (12) Verteuerung *f*; **~áть** (1), ⟨**~úть**⟩ (16*e*.) verteuern
удост|áивать (1), ⟨**~óить**⟩ (13) würdigen, für würdig erachten; auszeichnen (P mit *D*), *Titel* verleihen; **-ся** würdig sein; ausgezeichnet werden (P mit *D*); für würdig erachtet werden
удостовер|éние *n* (12) Bestätigung *f*; Bescheinigung *f*; Beglaubigung *f*; Ausweis *m*; Zeugnis; **~ять** (28), ⟨**~ить**⟩ [-'ʏe-] (13) bestätigen; beglaubigen; bescheinigen ***~ять свою личность*** sich ausweisen; **-ся** sich vergewissern (***в*** П von *D*)
удостóить(ся) → ***удостáивать(ся)***
удосýжи|ваться F (1), ⟨**~ться**⟩ (16) dazukommen; Zeit finden, sich die Zeit nehmen
удочер|ять (28), ⟨**~úть**⟩ (13*e*.) *pf*. adoptieren
ýдоч|ка *f* (5; -ек) Angel; F ***поймáл на ~ку*** (И/В *j-m*) ist *j-d* auf den Leim gegangen; F ***попáлся на ~ку*** (И/Д *j-d*) ist *j-m* auf den Leim gegangen → ***закúдывать, смáтывать***
удрáть → ***удирáть***
удружúть F (16*e*.) *pf*. e-n (*iron*. schönen) Freundschaftsdienst erweisen
удруч|áть (1), ⟨**~úть**⟩ (16*e*.) niederdrücken, deprimieren; **~ённый** (14 *K*.) deprimiert, niedergeschlagen; gedrückt
удуш|áть (1) → ***душúть 1***; **~éние** *n* (12) Erwürgen; **~ливый** (14*K*.) erstickend, stickig; (*o. K*.) drückend, bedrückend; Stick-; **~ье** *n* (10) Atemnot *f*; Erstickung *f*
уедин|éние *n* (12) Abgeschiedenheit *f*, Einsamkeit *f* (***в*** П →) **~ённый** (14*K*.) zurückgezogen; abgeschieden, einsam; **~ять** (28), ⟨**~úть**⟩ (13*e*.) absondern; **-ся** sich zurückziehen *od*. von allem zurückziehen
уéзд *m* (1) *ehm*. Kreis, Landkreis; **~ный** [-zn-] (14) Kreis-
уе|зжáть [-ʒʒ-] (1), ⟨**~хать**⟩ (-ду, -дешь) abfahren, wegfahren, abreisen; verreisen; F ***далекó не ~дешь*** (***на*** П mit *D*) kommt man nicht weit; **~зженный** [-ʒʒ-] (14*K*.) festgefahren
уж[1] *m* (1*e*.; -éй) Natter *f*; ***ползтú ~óм*** scharwenzeln; **~**[2] **1.** *Adv*. → **~é**; **2.** *Part*. doch; etwa; wirklich
ужáленный (14): ***как ~*** F wie von der Tarantel gestochen; → ***жáлить***
ýжас *m* (1) Schrecken, Entsetzen *n*,

У

Grauen *n* (**от** P vor, von *D*); Entsetzlichkeit *f*; *a. pl.* Horror; *präd.* F (*a.* **како́й ~** *od.* **~ как**) schrecklich, furchtbar; **в ~е** F entsetzt; **до ~а** F entsetzlich; **~ что тако́е** F einfach entsetzlich; → **ти́хий**; **~а́ть** (1), ⟨**~ну́ть**⟩ (20) erschrecken; **-ся** entsetzt sein (Д über *A*); **~а́ющий** (17) → **~́ный** (14; -ен, -на) schrecklich, entsetzlich, furchtbar; F fürchterlich; Mords-

уже́[1] schon, bereits; schon seit . . .; allein; **~ не** nicht *od.* kein . . . mehr; **~**[2] *Komp. v.* → **у́зкий**; **~ ли, ~ ль** † → **неуже́ли**

уже́ние *n* (12) Angeln

ужи|ва́ться (1), ⟨**~́ться**⟩ (-ву́сь, -вёшься; → **жить**) sich einleben *od.* eingewöhnen; sich vertragen *od.* auskommen, gut auskommen; nebeneinander bestehen; **~́вчивый** (14*K.*) verträglich, umgänglich

ужи́мка *f* (5; -мок) *mst pl.* Grimasse; Gebärde

у́жин *m* (1) Abendessen *n*, Abendbrot *n* (**на** В zu *D*; **за** Т bei *D*); → **зва́ный**; **~ать** (1), ⟨по-⟩ zu Abend essen; soupieren

ужи́ться → **ужива́ться**

ужо́ P nachher; warte!, warte nur!

узакон|е́ние *n* (12) Legitimierung *f*; † Gesetz; **~́ивать** (1), ⟨**~ить**⟩ (13) legitimieren, gesetzlich regeln

узбе́|к *m* (1), **~чка** *f* (5; -чек) Usbeke (-kin *f*); **~кский** (16) usbekisch

узд|а́ *f* (5; *pl. st.*), **~е́чка** *f* (5; -чек) Zaum *m*, Zügel *m*; *Anat.* Band, Bändchen *n*; **~цы́: под ~цы́** beim Zaum

у́зел *m* (1*e.*; узла́) Knoten; Knotenpunkt; Bündel *n*; Zentrale *f*, Zentrum *n*; *Fmw.* Amt *n*; Leitstelle *f*; *Tech.* Bauteil *n*, Baugruppe *f*; Anlagen *f/pl.* (*Bad*, *WC*); *fig.* Netz *n*; **~о́к** *m* (1*e.* -ка́) kleines Bündel *n*; *Med.* Knötchen *n*; Knoten

у́з|кий (16; -ок, -ка́, -́ко) schmal; eng; zu eng, knapp; *fig.* beschränkt; **~кое ме́сто** *n* Engpaß *m*

узко|гру́дый (14*K.*) schmalbrüstig; **~коле́йка** F *f* (5; -е́ек) Schmalspurbahn, Kleinbahn; **~коле́йный** (14) Schmalspur-; **~ло́бый** (14*K.*) engstirnig; **~плёночный** (14) Schmal-, Schmalfilm-; **~пле́чий** (17*K.*) schmalschult(e)rig

узлов|а́тый (14*K.*) knotig; knorrig; **~о́й** (14) Knoten-; *fig.* Haupt-, Kern-, Schwerpunkt-

узна|ва́ть (5), ⟨**~́ть**⟩ (1) erfahren; wiedererkennen (**по** Д an *D*); sich erkundigen (В nach *D*); kennenlernen; *pf.* sehen

у́зник *m* (1) Gefangene(r)

узо́р *m* (1) Muster *n*; Ornament *n*; Design *n*, Zeichnung *f*; *Eis*: Blume *f*; **~ный** (14), **~чатый** (14*K.*) gemustert

у́зость *f* (8) Enge; → **у́зкий**

узурпа́ция *f* (7) Usurpierung

у́зы *pl.* (5) Bande; † Fesseln

у́йма F *f* (5) Unmenge, Masse

уйти́ → **уходи́ть**

ука́з *m* (1) Erlaß, Verordnung *f*, F Anordnung *f*; Befehl; P **не ~** (И/Д *N*) hat *j-m* nichts zu befehlen; **~а́ние** *n* (12) Hinweis *m*, Angabe *f* (**с** Т unter *D*); Weisung *f*, Anweisung *f*; Anleitung *f*; **~анный** (14*K.*) genannt, angegeben; festgesetzt; **~а́тель** *m* (4) Anzeiger; Wegweiser; Register *n*, Verzeichnis *n*; Nachweis; Messer; *Esb.* Kursbuch *n*; **~а́тельный** (14) Hinweis-; *Gr.* hinweisend, Demonstrativ-; *Anat.* Zeige-; **~ка** *f* (5 ; -ок) Zeigestock *m*; F Anleitung; Weisung (**по** Д auf *A*); **жить по чужо́й ~ке** F sich am Gängelband führen lassen; **~чик** F [-ʃtʃ-] *m* (1) Lehrmeister; **не ~чик** (И/Д *N*) hat *j-m* nichts vorzuschreiben; **~ывать** (1), ⟨**~а́ть**⟩ (3) zeigen; anweisen; hinweisen, verweisen; angeben, nennen; festlegen; *Tür* weisen (**на** В *A*)

ука́т|ывать (1) **1.** ⟨**~а́ть**⟩ (1) glattwalzen; P fertigmachen; expedieren; **2.** ⟨**~и́ть**⟩ (15) wegrollen (*v/i* **-ся**); F davonrollen, abschwirren (*a.* **-ся**); P abhauen; **~ка** *f* (5) Ebnen *n*

ука́ч|ивать, ⟨**~а́ть**⟩ (1) einwiegen, in den Schlaf wiegen; **~а́ло** (В *j-d*) wurde seekrank

укипе́ть F (10*e.*) *pf.* einkochen

укла́д *m* (1) Ordnung *f*, System *n*; Weise *f*, Haltung *f*; Form *f*; **~ка** *f* (5) Einpacken *n*; Legen *n*, Verlegen *n*; Einlegen *n*; → **~ывать**; **~чик** *m* (1) Packer; Stapler; Leger; **~ывать** (1), ⟨**уложи́ть**⟩ (16) legen; schlafen legen, *Bett*: bringen (**в** В zu), stecken (ins); packen, einpacken; einräumen; verlegen; auslegen; einlegen; bedecken;

У

stapeln, lagern; F umlegen; unterbringen (**в** B in, auf *D*); *Frist*: schaffen (**в** B innerhalb *G*); **-ся** Platz finden, hineingehen, hineinpassen (**в** П in *A*); F *Frist* einhalten (**в** B *A*), *Zeit*: auskommen (mit *D*); *Bewußtsein*: kommen (**в** П zu); F packen; ***не ~ывается в голове́*** (P) *et.* will *j-m* nicht in den Schädel; → ***уле́чься***

укло́н *m* (1) Gefälle *n*, Steigung *f*; Abhang; *fig.* Neigung *f*; Schwerpunktbildung *f*; ***под~*** bergab; → **~е́ние** *n* (12) Abweichung *f*; → ***~я́ться***; **~чивый** (14*K*.) ausweichend; **~я́ться** (28), ⟨**~и́ться**⟩ (13) ausweichen (***от*** P *D*); abweichen; abschweifen; *Fin.* hinterziehen (***от*** P/P *A*)

уклю́чина *f* (5) Dolle

укоко́шить P (16) *pf.* umlegen, killen

уко́л *m* (1) Stich, Einstich; Spritze *f*, Injektion *f*; *fig.* Nadelstich, Stichelei *f*; **~о́ть** → ***коло́ть 2***; sich stechen (B in *A*); treffen, verletzen

укомплекто́вывать (1) → ***комплектова́ть***

уко́р *m* (1) Vorwurf, Tadel

укор|а́чивать (1), ⟨**~оти́ть**⟩ (15*e*.) kürzen, abkürzen, verkürzen; P → ***укроща́ть***; **-ся** kürzer werden

укорен|е́ние *n* (12) Verwurzelung *f*; → **~я́ть** (28), ⟨**~и́ть**⟩ (13*e*.) einwurzeln lassen; verankern; **-ся** Wurzeln schlagen; sich einbürgern; *pf.* verankert *od.* fest verankert sein

укор|и́зна *f* (5) → **~**; **~и́зненный** (14*K*.) vorwurfsvoll; **~оти́ть(ся)** → ***~а́чивать(ся)***; **~я́ть** (28), ⟨**~и́ть**⟩ (13*e*.) vorwerfen (B/**в** П *j-m et.*); *impf.* Vorwürfe machen

уко́с *m* (1) Heuernte *f*, Ernte *f*

укра́дкой F heimlich, verstohlen

украи́н|ец *m* (1; -ца), **~ка** *f* (5; -ок) Ukrainer(in *f*); **~ский** (16) ukrainisch

укра|ша́ть (1), ⟨**~́сить**⟩ (15) schmücken, ausschmücken, verzieren; verschöne(r)n; ***~́сить фла́гами*** beflaggen; **-ся** zieren (И/Т *A*/*N*); **~ше́ние** *n* (12) Ausschmückung *f*, Verzierung *f*, Verschön(er)ung *f*; Zierde *f*; *mst pl.* Schmuck *m*, Schmucksachen *pl.*

укреп|ле́ние *n* (12) Festigung *f*, Befestigung *f*; *Mil.* Kopf *m*; **~лённый** (14*K*.) befestigt; **~ля́ть** (28), ⟨**~и́ть**⟩ (14*e*.) befestigen, festigen; stärken, bestärken, kräftigen; **-ся** erstarken; sich verschanzen; **~ля́ющий** (17) kräftigend; Stärkungs-

укро́мный (14; -мен, -мна) abgelegen, einsam, still

укро́п *m* (1; -а/-у) Dill

укро|ти́тель *m* (4) Bändiger, Dompteur; Beschwörer; **~ща́ть** (1), ⟨**~ти́ть**⟩ (15*e*.; -т/щ-) bändigen, zähmen; *fig.* besänftigen; F kleinkriegen; **~ще́ние** *n* (12) Bändigung *f*, Zähmung *f*

укрупн|е́ние *n* (12) Vergrößerung *f*; → **~я́ть** (28), ⟨**~и́ть**⟩ (13*e*.) vergrößern; erweitern; zusammenlegen

укры|ва́тель *m* (4) Hehler; **~ва́тельство** *n* (9) Hehlerei; → **~ва́ть** (1), ⟨**~́ть**⟩ (22) bedecken, zudecken; verhüllen; verbergen, verhehlen; **-ся** in Deckung gehen; entgehen (***от*** P *D*), verborgen bleiben; **~́тие** *n* (12) Schutz *m*, Deckung *f*; Unterstand *m*, Bunker *m*

у́ксус *m* (1; -а/-у) Essig; **~ница** *f* (5) Essigflasche; **~ный** (14) Essig-

уку́поривать → ***заку́поривать***

уку́с *m* (1) Biß; Bißwunde *f*; Stich; **~и́ть** → ***куса́ть***

уку́т|ывать, ⟨**~ать**⟩ (1) einhüllen, einwickeln; verpacken (T in *D*)

ул|а́вливать (1), ⟨**~ови́ть**⟩ (14) wahrnehmen, auffangen; erfassen; F abpassen

ула́|живать (1), ⟨**~дить**⟩ (15) regeln, in Ordnung bringen; beilegen, aus der Welt schaffen; **-ся** in Ordnung kommen, sich geben

ул|а́мывать F, ⟨**~ома́ть**⟩ (1) überreden, F breitschlagen; → ***убежда́ть***

ула́нский (16) Ulanen-

у́лей *m* (3; у́лья) Bienenstock

улепёт|ывать P (1), ⟨**~ну́ть**⟩ (20) abhauen, türmen

улет|а́ть (1), ⟨**~е́ть**⟩ (11) wegfliegen, fortfliegen, davonfliegen; abfliegen; verfliegen, verrinnen; entschwinden; **~у́чиваться** (1), ⟨**~у́читься**⟩ (16) sich verflüchtigen; F verschwinden, verduften

ул|е́чься (-я́гусь, -́жешься; → ***лечь***) *pf.* sich legen *od.* hinlegen, sich niederlegen; sich ablagern; *fig.* nachlassen; ***~е́чься спать*** schlafen gehen; → ***умеща́ться***

улизну́ть P (20) *pf.* entwischen, sich

У

davonmachen, sich aus dem Staube machen
ули́ка *f* (5) Beweis *m*, Beweisstück *n*
ули́тка *f* (5; -ток) Schnecke
у́лиц|а *f* (5) Straße (***на*** П *a.* in *D*); ***на ~е*** F draußen; arbeitslos; obdachlos; ***зелёная ~а*** grüne Welle
улич|а́ть (1), ⟨**~и́ть**⟩ (16*e*.) überführen (***в*** П *G*), ertappen (bei *D*); aufdecken; (***во*** *sg.*) *Lügen* strafen; **~е́ние** *n* (12) Überführung *f*
у́личный (14) Straßen-; *fig*. trivial
ул|о́в *m* (1) Fang, Fischfang; **~и́мый** (14*K*.) wahrnehmbar, hörbar, erkennbar; **~и́ть** → ***ула́вливать***; **~ка** *f* (5; -ок) Kniff *m*, Schlich *m*, Finte
улож|е́ние *n* (12) *hist*. Kodex *m*; Gesetzbuch; Gesetzsammlung *f*; **~и́ть-(ся)** → ***укла́дывать(ся)***
улома́ть → ***ула́мывать***
улуч|а́ть F (1), ⟨**~и́ть**⟩ (16*e*.) abpassen; ergreifen; *Zeit* finden, erübrigen; sich ... Zeit nehmen
улучш|а́ть (1), ⟨**~́ить**⟩ (16) verbessern; **-ся** sich bessern; **~е́ние** *n* (12) Verbesserung *f*, Besserung *f*
улыб|а́ться (1), ⟨**~ну́ться**⟩ (20) lächeln (Д über *A*); *j-m* zulächeln, (В *j-n*) anlächeln; *Glück*: hold sein; F zusagen; *pf.* F durch die Lappen gehen; verschwinden; **~́ка** *f* (5; -ок) Lächeln *n*; ***с ~́кой*** lächelnd
ультимат|и́вный (14; -вен, -вна) ultimativ; **~ум** *m* (1) Ultimatum *n*
ультра|зву́к *m* (1) Ultraschall; **~звуково́й** *m* (1/14) Ultraschall-; **~коро́ткий** (16) Ultrakurz-; **~коротковолно́вый** (14) Ultrakurzwellen-, UKW-; **~мари́новый** (14) ultramarinblau; **~фиоле́товый** (14) ultraviolett
улюлю́канье *n* (10) Treiberruf *m*; F spottendes Gejohle
ум *m* (1*e*.) Verstand (**в** П bei *D*; → ***здра́вый***); Geist, Kopf, Sinn (***на*** П im); Vernunft *f* (→ ***смысл***); *pl*. Gemüter *n*/*pl*.; *Sinn*: kommen (***на*** В in *A*); ***на ~е́*** im Sinn; ***в ~е ...?*** F ... wohl nicht ganz bei Trost?; ***в своём ~е́*** F *j-d* hat s-e fünf Sinne beisammen; ***не в своём ~е*** *j-d* ist nicht richtig im Kopf *od.* übergeschnappt; ***себе́ на ~е́*** F *j-d* hat es faustdick hinter den Ohren; ***не его́ ~а́ де́ло*** F *et.* ist für ihn zu hoch; *et.* geht ihn nichts an; F ***быть без ~а́*** (***от*** P von *D*) ganz hin sein; F ***и в ~е́ не́ было*** (***у*** P *j-m*) ist *et.* nicht einmal im Traum eingefallen; ***не сходи́ с ~а́!*** F spiel nicht verrückt!; ***с ~а сойти́!*** F Wahnsinn!; ***что на ~е́, то и на языке́*** (***у*** P *j-d*) trägt das Herz auf der Zunge; ***~ хорошо́, а два лу́чше*** *Spr.* vier Augen sehen mehr als zwei; → ***бра́ться, вон, выжива́ть, прилага́ть, ра́зум, раски́дывать, своди́ть, сходить***
умал|е́ние *n* (12) Verminderung *f*; → ***~я́ть***; **~и́ть** → ***~я́ть***
умалишённы|й (14) geisteskrank; ***дом*** *m* ***для ~х*** Irrenanstalt *f*
ума́лчива|ние *n* (12) Verschweigen; **~ть** (1), ⟨**умолча́ть**⟩ (4*e*.) verschweigen (***о*** П *et.*); sich ausschweigen, et. für sich behalten, mit Stillschweigen übergehen
умал|я́ть (28), ⟨**~и́ть**⟩ (13*e*.) herabsetzen, schmälern; † vermindern
ума́|сливать (1), ⟨**~слить**⟩ (13) einsalben, einölen; F Honig ums Maul schmieren (В *D*); **~ща́ть** (1), ⟨**~сти́ть**⟩ (15*e*.) einsalben, einfetten
ума́яться P (27) *pf*. erschöpft *od.* F kaputt sein, ganz erledigt sein
уме́|лец *m* (1; -льца) Könner, Meister; **~лый** (14*K*.) geschickt, gekonnt; kundig, sachkundig; kunstfertig; **~ние** *n* (12) Fähigkeit *f*, Fertigkeit *f*, Können
уменьш|а́емое *n* (14) Minuend *m*; **~а́ть** (1) ⟨**~́ить**⟩ (16) verkleinern, verringern, vermindern; **-ся** abnehmen, nachlassen, zurückgehen; schrumpfen; **~е́ние** *n* (12) Verminderung *f*, Abnahme *f*, Rückgang; → ***~а́ть(ся)***; **~и́тельный** (14) *Ling*. Verkleinerungs-, Diminutiv-
уме́ренн|ость *f* (8) Maß *n*, Maßvolle(s) *n*; → **~ый** (14*K*.) gemäßigt, mäßig; maßvoll, enthaltsam
умер|е́ть → ***умира́ть***; **~́ить** → ***~я́ть***; **~́ший** *m* (17) Verstorbene(r); **~щвле́ние** *n* (12) Abtötung *f*; → **~щвля́ть** (28), ⟨**~тви́ть**⟩ (14*e*.; -т/щ-) abtöten; † töten
умер|я́ть (28), ⟨**~́ить**⟩ (13) mäßigen; dämpfen; mildern
умести́ть(ся) → ***умеща́ть(ся)***
уме́стный [-sn-] (14; -тен, -тна) angebracht, am Platz

уме́|ть (8) können, verstehen, vermögen; → ***суме́ть***; **~ючи** P mit Köpfchen
уме|ща́ть (1), ⟨**~сти́ть**⟩ (15*e.*) unterbringen; Platz finden (B für *A*); plazieren; **-ся** Platz finden, hineingehen
умил|е́ние *n* (12) Rührung *f* (**с** T *a.* vor *D*); **~ённый** (14*K.*) gerührt; → ***~я́ть***; **~и́тельный** (14; -лен, -льна) rührend, ergreifend; süß; **~остивить** † (14) *pf.* begütigen; **-ся** † sich erbarmen; **~ьный** (14; -ен, -ьна) gefällig, einschmeichelnd; † lieblich, anrührend, zuckersüß; **~я́ть** (28), ⟨**~и́ть**⟩ (13*e.*) rühren, bewegen; **-ся** in Rührung geraten, gerührt sein
ум|ина́ть (1), ⟨**~я́ть**⟩ (-ну́, -нёшь; → ***мять***) F kneten, durchkneten; feststampfen; P verputzen; **-ся** F weich werden; fest *od.* kompakt zusammengepreßt werden
умира́|ние *n* (12) Sterben; → **~ть** (1), ⟨**умере́ть**⟩ (12; у́мер, -рла́; -рший) sterben (***от, с*** P an, vor *D*); *Hitze*: vergehen; absterben; *impf.* im Sterben liegen; ***~ть со́ смеху*** F sich totlachen; **~ющий** (17) sterbend, absterbend; *Su. m* Sterbende(r)
умиротвор|е́ние *n* (12) Befriedung; Versöhnung *f*; **~ённость** *f* (8) vollkommene Ruhe; **~ённый** (14*K.*) besänftigt; ruhig; **~я́ть** (28), ⟨**~и́ть**⟩ (13*e.*) befrieden, besänftigen; **-ся** sich versöhnen; sich beruhigen
умн|е́ть (8), ⟨**по-**⟩ klüger, vernünftig *od.* vernünftiger werden; **~ник** F *m* (1), **~ица** F *m*/*f* (5) kluger Kopf *m*, *präd.* sehr gescheit; kluges Kind *n*; ***~ник*** Schlaumeier, Superkluge(r); **~ичать** F (1) klug reden, den Klugen spielen
умнож|а́ть (1), ⟨**~ить**⟩ (16) vermehren, mehren; vergrößern, verstärken, stärken; erweitern; *Math.* multiplizieren (***на*** B mit), malnehmen; **-ся** zunehmen; **~е́ние** *n* (12) Vermehrung *f*; → ***~а́ть***(***ся***); *Math.* Multiplikation *f*; ***знак*** *m* ***~е́ния*** Malzeichen *n*
у́м|ный (14; -ён, -на́, -о́) klug, gescheit; verständig, vernünftig; **~озаключе́ние** *n* (12) Schlußfolgerung *f*, Schluß *m*, Denkschluß *m*; **~озре́ние** *n* (12) Spekulation *f*; **~озри́тельный** (14; -лен, -льна) spekulativ; **~оиступле́ние** *n* (12) Geistesverwirrung *f*
умоли́ть (13) *pf.* überreden; umstimmen; → ***умоля́ть***
у́молк F: ***без ~у*** ununterbrochen; **~а́ть** (1), ⟨**~нуть**⟩ (21) verstummen
умоло́т *m* (1) Ausdrusch
умолча́|ние *n*, **~ть** → ***ума́лчивание***
умоля́|ть (28) anflehen, beschwören (T bei *D*); **~ющий** (17) flehend, flehentlich; → ***умоли́ть***
умо|настрое́ние *n* (12) Geisteshaltung *f*; **~помеша́тельство** *n* (9) Geistesverwirrung *f*; **~помраче́ние** *n* (12) † Geistestrübung *f*; *präd.* F zum Verrücktwerden; ***до ~помраче́ния*** F unheimlich; bis zum Gehtnichtmehr; → **~помрачи́тельный** F (14; -лен, -льна) unheimlich, phantastisch, Wahnsinns-
умо́р|а F zum Totlachen; **~и́тельный** F (14; -лен, -льна) urkomisch, drollig
умори́ть F (13*e.*) *pf.* umbringen; fertigmachen; ermüden; zum Totlachen bringen; → ***мори́ть 2***; **-ся** erschöpft *od.* kaputt sein
у́мств|енный (14) geistig, Geistes-; P gescheit; **~ование** *n* (12) Klügelei *f*; **~овать** (7) klügeln; † nachsinnen
умудр|ённость *f* (8) Lebenserfahrung, Lebensklugheit; **~я́ть** (28), ⟨**~и́ть**⟩ (13*e.*) weise *od.* klug machen; ***~ённый о́пытом*** lebenserfahren, lebensklug; **-ся** weise werden; F es fertigbringen (+*Inf.*)
умча́ть (4) *pf.* → ***мча́ть***(***ся***)
умы|ва́льная *f* (14) Waschraum *m*; **~ва́льник** *m* (1) Waschbecken *n*; **~ва́льный** (14) Wasch-; **~ва́ние** *n* (12) Waschen (***для*** P zum); **~ва́ть** (1), ⟨**~ть**⟩ (22) waschen, sich waschen; ***~ть ру́ки*** *fig.* s-e Hände in Unschuld waschen
умык|а́ние *n* (12) Brautraub *m*; **~а́ть** (1), ⟨**~ну́ть**⟩ (20) rauben, entführen; P klauen
у́мыс|ел *m* (1; -ла) böse Absicht *f*, Vorsatz; ***с ~лом*** vorsätzlich
умы́ть → ***умыва́ть***
умы́шленный (14*K.*) vorsätzlich
умя́ть(ся) → ***умина́ть***(***ся***)
унаво́живать (1) → ***наво́зить***
унести́(сь) → ***уноси́ть***(***ся***)
универ|ма́г *m* (1) Kaufhaus *n*, Warenhaus *n*; **~са́л** *m* (1) vielseitiger Facharbeiter

beiter; F Kombiwagen; **~са́льность** *f* (8) Universalität; **~са́льный** (14; -лен, -льна) universal, universell; (*o. K.*) Universal-; Mehrzweck-; *Kfz.* Kombi-; *Tech.* Einheits-; Alles-; **~са́м** *m* (1) Supermarkt

университе́т *m* (1) Universität *f* (***в*** П *a.* an *D*); ***вече́рний ~, наро́дный ~, ~ культу́ры*** Volkshochschule *f*; ***Моско́вский ~*** Universität Moskau; **~ский** (16) Universitäts-, universitär; akademisch

уни|жа́ть (1), ⟨**~́зить**⟩ (15) erniedrigen, demütigen; herabsetzen; **~же́ние** *n* (12) Erniedrigung *f*; **~́женный¹** (14) gedemütigt; **~жённый²** † (14) erniedrigt; **~за́ть** → ***~́зывать***; **~зи́тельность** *f* (8) Erniedrigende(s) *n*; → **~зи́тельный** (14; -лен, -льна) demütigend, erniedrigend

уни́з|ывать (1), ⟨**~а́ть**⟩ (3) besetzen

уника́льный (14; -лен, -льна) einzigartig, einmalig

ун|има́ть (1) ⟨**~я́ть**⟩ (уйму́, -мёшь; -ла́; -я́тый: -та́) beruhigen, beschwichtigen; *Tränen* zurückhalten; *Blut* stillen; F zu halten sein; **-ся** Ruhe geben, aufhören; sich legen; F sich zufriedengeben

унисо́н *m* (1) Unisono *n*; ***в ~*** unisono, einstimmig; F im Einklang

уни|та́з *m* (1) Klosettschüssel *f*; **~фика́ция** *f* (7) Vereinheitlichung; Standardisierung

уничиж|е́ние † *n* (12) Erniedrigung *f*, Geringschätzung *f*; **~и́тельный** (14; -лен, -льна) † abschätzig; (*o. K.*) *Ling.* pejorativ

уничтож|а́ть (1), ⟨**~ить**⟩ (16) vernichten, vertilgen; beseitigen; aufheben, abschaffen; zunichte machen; zutiefst verletzen; **~а́ющий** (17) vernichtend; **~е́ние** *n* (12) Vernichtung *f*; Beseitigung *f*; → ***~а́ть***

ун|оси́ть (15), ⟨**~ести́**⟩ (25 -с-; -ёс) wegtragen, forttragen, wegbringen, fortschaffen; (*a.* ***с собо́й***) mitnehmen; wegtreiben, abtreiben; dahinraffen; F mitgehen lassen; ***е́ле ~ёс но́ги*** F *j-d* konnte gerade noch entwischen; **-ся**, ⟨-сь⟩ davoneilen, davonjagen, davonbrausen; schweifen, schweben; sich fortreißen lassen; enteilen, verfliegen

у́нтер P *m* (1) *ehm.* Unteroffizier

уны|ва́ть (1), † ⟨**~́ть**⟩ (*nur Prät.*) den Mut verlieren, verzagen; ***не ~ва́й!*** nur Mut!, Kopf hoch!; **~́лый** (14*K.*) verzagt, mutlos; trostlos, trist; **~́ние** (12) Verzagtheit *f*; → ***~́лый***; Trübsal *f*; ***в ~́нии*** verzagt; ***впасть в ~́ние*** → ***~ва́ть***

уня́ть(ся) → ***унима́ть(ся)***

упа́д: ***до ~у*** F bis zum Umfallen *od.* zur völligen Erschöpfung; ***смея́ться до ~у*** F sich halbtotlachen *od.* kaputtlachen; **~а́ть** → ***па́дать***; **~ок** *f* (1; -ка) Verfall, Niedergang; Rückgang; ***~ок ду́ха*** Mutlosigkeit *f*; **~очнический** (16) dekadent; **~очничество** *n* (9) Dekadenz *f*, Verfall; **~очный** (14) Verfalls-, Niedergangs-, Depressions-; dekadent

упако́в|ка *f* (5) Verpacken *n*, Verpakkung; **~очный** (14) Pack-, Verpakkungs-; **~щик** *m* (1) Packer; **~ывать** (1), ⟨**~а́ть**⟩ (7) verpacken, einpacken

упа́сть → ***па́дать***

упе|ка́ть (1), ⟨**~́чь**⟩ (26) F durchbakken; P verfrachten; stecken

упере́ть(ся) → ***упира́ть(ся)***

упе́чь → ***упека́ть***

упи|ва́ться (1), ⟨**~́ться**⟩ (упью́сь, -пьёшься; → ***пить***; ~́ло́сь) sich berauschen (T an *D*); P sich besaufen

уп|ира́ть (1), ⟨**~ере́ть**⟩ (12) stemmen (***в*** В *a.* gegen *A*), stützen (auf *A*); P betonen (***на*** В *A*); *pf.* P klauen; **-ся** F stoßen (***в*** В an, auf *A*); sich sträuben; sich versteifen

упи́с|ывать F (1), ⟨**~а́ть**⟩ (3) vollschreiben; hineinkriegen, unterbringen; schriftlich niederlegen; P verputzen; **-ся** F Platz finden

упи́танный (14*K.*) wohlgenährt

упи́ться → ***упива́ться***

упла́|та *f* (5) Bezahlung, Zahlung; Begleichung; → **~чивать** (1) → ***плати́ть 1***; einzahlen; entrichten; *Rechnung* begleichen (***по*** Д *A*)

упле|та́ть P (1), ⟨**~сти́**⟩ (25 -т-) hinunterschlingen, verputzen

уплотн|е́ние *n* (12) Verdichtung *f*; → → **~я́ть** (28), ⟨**~и́ть**⟩ (13*e.*) verdichten, abdichten, dichten; intensiver nutzen, ausfüllen; *Fristen* verkürzen; F *Wohnraum* stärker belegen; (В bei *j-m*) Leute zwangseinquartieren (*SU*); **-ся** *Med.* sich verhärten; F sich im Wohnraum einschränken

уплы|ва́ть (1), ⟨**~ть**⟩ (23) fortschwimmen, wegschwimmen, davonschwimmen; davonrudern, davonsegeln, fortfahren; entschwinden; F futsch sein
упова́|ние *n* (12) Vertrauen; → **~ть** (1) hoffen *od.* zuversichtlich hoffen, vertrauen, bauen
уподоб|ле́ние *n* (12) Vergleich *m*, Vergleichung *f*; *Ling.* Assimilation *f*; → **~ля́ть** (28), ⟨**~ить**⟩ (14) vergleichen, gleichsetzen; *Ling.* angleichen, assimilieren; **-ся** ähnlich werden, gleichen
упо|е́ние *n* (12) Berauschung *f*; Rausch *m*, Taumel *m*; (**в** П, **с** Т) → **~ённый** (14*K*., *f* -ена́) berauscht, verzückt, freudetrunken; **~и́тельный** (14; -лен, -льна) berauschend, entzückend
упоко́й: ***за ~ души́*** für *j-s* Seelenheil
уполз|а́ть (1), ⟨**~ти́**⟩ (24) fortkriechen, wegkriechen, davonkriechen
уполномо́ч|енный *m* (14) Bevollmächtigte(r) (***по*** Д *Zssg*); Beauftragte(r); **~ивать** (1), ⟨**~ить**⟩ (16) ermächtigen, bevollmächtigen, beauftragen (***на*** В zu *D*)
упом|ина́ние *n* (12) Erwähnung *f* (***о*** П *G*); **~ина́ть** (1), ⟨**~яну́ть**⟩ (19) erwähnen (***о*** П *A*), nennen; **~я́нутый** (14*K*.) erwähnt
упо́р *m* (1) Stütze *f*, Stützen *n*, Abstützen *n*; Anschlag; *Esb.* Prellbock; *Gewehr*: Auflage *f*; ***с ~а*** aufgelegt; ***де́лать ~*** Nachdruck legen; ***в ~*** aus nächster Nähe; unmittelbar; geradeheraus, ins Gesicht; → **~ный** (14; -ен, -на) beharrlich, hartnäckig; halsstarrig; unverwandt; † zäh; (*o. K.*) *Tech.* Sperr-; Druck-; **~ство** *n* (9) Hartnäkkigkeit *f*, Beharrlichkeit *f*; Starrsinn *m*; Heftigkeit *f*; **~ствовать** (7) beharren (***в*** П auf *A*), hartnäckig bestehen; sich versteifen
упорхну́ть (20) *pf.* davonflattern; F entschweben, entschwinden
упоря́доч|ение *n* (12) Regelung *f*; → **~енный** (14) geregelt, geordnet; **~ивать** (1), ⟨**~ить**⟩ (16) regeln, ordnen, in Ordnung bringen
употреб|и́тельный (14; -лен, -льна) gebräuchlich, geläufig; **~ле́ние** *n* (12) Gebrauch *m*; Verwendung *f*, Anwendung *f*; ***в большо́м ~ле́нии*** viel verwendet; **~ля́ть** (28), ⟨**~и́ть**⟩ (14*e*.) gebrauchen, (*a.* ***~и́ть в де́ло***) verwenden, anwenden; benutzen; *Zeit* brauchen; *Kräfte* aufbieten; ***~ля́ть во зло́*** mißbrauchen; *impf. Medizin* einnehmen; P trinken; verspeisen
упра́в|а *f* (5) † → ***пра́вда, ~ле́ние***; F ***найти́ ~у*** (***на*** В *j-m*) beikommen; ***нет ~ы*** *j-m* ist nicht beizukommen; **~дела́ми** *m* (*unv.*) Geschäftsführer; **~до́м** *m* (1) Hausverwalter; **~и́тель** † *m* (4) Verwalter; **~ле́ние** *n* (12) Verwaltung *f*, Leitung *f* (T *G*); *Tech.* Lenkung *f*, Steuerung *f*, Kontrolle *f*; *Gr.* Rektion *f*; **~ля́емый** (14*K*.) gelenkt, ferngelenkt, gesteuert; *Gr.* regiert; **~ля́ть** (28) verwalten, leiten; (*a. Gr.*) regieren (T *A*); *Tech.* führen, lenken, steuern; **-ся**, ⟨**~иться**⟩ F fertig werden, zurechtkommen; **~ля́ющий** (17) leitend; *Gr.* regierend; *Su. m* Verwalter; → ***~дела́ми***
упражн|е́ние *n* (12) Übung *f*; → **~я́ть** (28) trainieren, üben; **-ся** sich üben, (*A*) üben, trainieren
упраздн|е́ние [-zn-] *n* (12) Abschaffung; → **~я́ть** (28), ⟨**~и́ть**⟩ (13*e*.) abschaffen, aufheben, auflösen; **-ся** wegfallen
упр|а́шивать (1) inständig bitten, mit Bitten bestürmen; → ***~оси́ть***
упрёк *m* (1) Vorwurf (***в*** П wegen *G*); Tadel; ***не в ~*** (Д) ohne (*A*) kritisieren zu wollen; ***бро́сить ~*** (Д) → **≈а́ть** (1), ⟨**≈ну́ть**⟩ (20) vorwerfen (В/***в*** П *j-m et.*) zum Vorwurf machen; Vorwürfe *od. pf.* e-n Vorwurf machen
упр|оси́ть (15) *pf.* dazu bewegen *od.* durch Bitten dazu bringen (. . .), überreden; → ***~а́шивать***
упрости́ть(ся) → ***упроща́ть(ся)***
упро́ч|ение *n* (12) Festigung *f*; **~ивать** (1), ⟨**~ить**⟩ (16) festigen; sichern (*a.* ***за*** T *D*); → ***закрепля́ть***
упро|ща́ть (1), ⟨**~сти́ть**⟩ (15*e*.) vereinfachen; simplifizieren; **-ся** einfacher werden
упру́г|ий (16*K*.) elastisch, federnd; biegsam; prall; **~ость** *f* (8) Elastizität, Spannkraft; Geschmeidigkeit
упря́ж|ка *f* (5; -ек) Gespann *n*; ***в ~ке*** vor den Wagen gespannt; **~но́й** (14) Zug-, Wagen-; Schlitten-; **≈ь** *f* (8) *Pferde*: Geschirr *n*
упря́м|ец F *m* (1; -ца) Starrkopf, Dick-

У

kopf; **~иться** (14) sich widersetzen, F bocken; **~ство** *n* (9) Eigensinn *m*, Starrsinn *m*; Hartnäckigkeit *f*; **~ый** (14*K*.) eigensinnig, starrsinnig, stur; bockig, widerspenstig; hartnäckig; ***фа́кты ~ая вещь*** Tatsachen lassen sich nicht leugnen
упря́т|ывать F (1), ⟨**~ать**⟩ (3) sorgfältig verstecken; stecken, sperren
упу|ска́ть (1), ⟨**~сти́ть**⟩ (15) loslassen; entkommen *od.* sich entgehen lassen; verpassen, verlieren; ***~сти́ть из ви́ду*** außer acht lassen; ***не ~ска́ть из ви́ду*** nicht aus den Augen lassen; **~ще́ние** *n* (12) Versäumnis, Unterlassung *f*; Versehen
упы́рь *m* (4*e*.) Vampir
ура́ hurra!; *Su. n* Hurra; ***на ~*** im Sturmangriff; F begeistert; ruck, zuck
уравн|е́ние *n* (12) Gleichstellung *f*; *Math.* Gleichung *f*; **~ивать** (1) **1.** ⟨**~я́ть**⟩ (28) gleichmachen; gleichstellen; ausgleichen; **-ся** gleich werden **2.** ⟨**уровня́ть**⟩ (28) ebnen, nivellieren; **~и́ловка** F *f* (5) Gleichmacherei; **-ся** glatt werden; **~и́тельный** (14) Ausgleich(s)-
уравнове́|шенность *f* (8) Gleichgewicht *n*; → **~шенный** (14*K*.) ausgeglichen; → **~шивать** (1), ⟨**~сить**⟩ (15) ausgleichen, ins Gleichgewicht bringen; *Tech.* auswuchten
уравня́ть(ся) → ***ура́внивать(ся)***
урага́н *m* (1) Orkan, Wirbelsturm; ***~ом*** blitzschnell; **~ный** (14) orkanartig, stürmisch; *Mil.* Trommel-
уразум|ева́ть (1), ⟨**~е́ть**⟩ (8) begreifen
ура́льский (16) Ural-
ура́новый (14) Uran-
урва́ть → ***урыва́ть***
урегули́рова|ние *n* (12) Regelung *f*; → **~ть** (7) *pf.* regeln; beilegen
урез|а́ть, ~ывать (1), ⟨**~ать**⟩ (3) beschneiden, einschränken, schmälern; kappen, kürzen
урезо́ни|вать F (1), ⟨**~ть**⟩ (13) zur Vernunft bringen, überreden
уре́зывать → ***уреза́ть***
у́рка P *m* (5; у́рок) Ganove
у́рна *f* (5) Urne; Abfallkorb *m*
у́ров|ень *m* (1; -ня) Niveau *n*, Ebene *f*; Stand; Pegel; *Mar.* Spiegel; Grad, Stufe *f*, Standard; Wasserwaage *f*, Libelle *f*; Höhe *f* (***в*** B/***с*** T auf *D*/*G*); **~ня́ть(ся)** → ***ура́внивать(ся) 2***
уро́д *m* (1) Mißgeburt *f*; Scheusal *n*
уроди́|ть (15*e*.; -ждённый) *pf.* tragen, hervorbringen; kommen; **-ся** gedeihen; gut stehen; P geraten (***в*** B nach *j-m*); ***~лся*** es gab *od.* gibt; → ***роди́ться***
уро́д|ливость *f* (8) Abnormität; → **~ливый** (14*K*.) mißgestaltet, unförmig; häßlich, scheußlich; → **~овать** (7), ⟨**из-**⟩ verunstalten, verstümmeln, verkrüppeln; verschandeln; entstellen; verderben; → ***изуро́дованный***; **~ство** *n* (9) Mißbildung *f*; → ***~ливость***
урожа́й *m* (3) Ernte *f*; → **~ность** *f* (8) Ernteertrag *m*; → **~ный** (14) fruchtbar, ergiebig; ertragreich; ***~ный год*** *m* gutes Erntejahr *n*
урож|дённая *f* (14) geborene; **~е́нец** *m* (1; -нца) gebürtig, stammt (P aus *D*)
уро́к *m* (1) Unterrichtsstunde *f*, Stunde *f* (***на*** П in *D*), *a. pl.* Unterricht; Hausaufgabe *f*; Lektion *f* (*a. fig.*); *fig.* Lehre *f*; ***~ ру́сского языка́*** Russischstunde *f*
уро́н *m* (1) Verlust(e *pl.*); Abbruch; **~и́ть** → ***роня́ть***; P ruinieren
уро́чище *n* (11) natürliche Grenze *f*, Scheide *f*; Waldstück
уро́чный (14) festgesetzt, festgelegt; vereinbart; Unterrichts-; † Termin-
уругва́|ец *m* (1; -йца), **~йка** *f* (5; -ек) Uruguayer(in *f*); **~йский** (16) uruguayisch
урча́|ние *n* (12) Knurren; → **~ть** (4*e*.), ⟨**про-**⟩ knurren; schnurren
ур|ыва́ть P (1), ⟨**~ва́ть**⟩ (-ву́, -вёшь; → ***рвать***) losreißen; abzwacken, sich unter den Nagel reißen; → ***выкра́ивать***; **~ы́вками** F bruchstückweise
уря́дник *m* (1) *ehm.* Landpolizist; Kosakenunteroffizier
ус *m* (1; *pl. e.*) *mst pl.* Schnurrbart; *Zool.* Bart; Bein *n*; → ***~ик***; ***мы са́ми с ~а́ми*** F wir sind auch nicht ohne *od.* von gestern; → ***дуть, мота́ть***
уса́д|ебный (14) Guts-, Gutsherren-; **~и́ть** → ***уса́живать***; **~ьба** *f* (5; -еб) Gut *n* (***в*** П auf *D*), Gutshof *m*; Gutshaus *n*; Bauernhof *m*; Gehöft *n*; Hofland *n*
уса́|живать (1), ⟨**~ди́ть**⟩ (15) setzen, (***в*** B in *D*) Platz nehmen lassen; unter-

bringen; → ***засаживать***; bepflanzen; bewachsen; bebauen; **-ся**, 〈**усесться**〉 (усядусь, -дешься; → ***сесть***〉 sich setzen, (***на*** В, П auf *D*) Platz nehmen, (***по*** Д *A*) *Plätze* einnehmen; P → ***осесть***

уса|тый (14*K*.) schnurrbärtig; **~ч** F *m* (1*e*.; -чей) Schnurrbärtige(r)

усв|аивать (1), 〈**~оить**〉 (13) sich aneignen, annehmen, übernehmen; sich einprägen, erlernen; verdauen; assimilieren; † beibringen; **~оение** *n* (12) Aneignung *f*; → ***~аивать***; **~ояемый** (14*K*.) leicht faßlich *od*. verdaulich

усе|ивать (1), 〈**~ять**〉 (27) besäen, übersäen; **-ся** übersät *od*. voll sein (T von *D*)

усерд|ие *n* (12) Eifer *m* (***к*** Д für *A*); † Inbrunst *f*; **~ный** (14; -ен, -на) eifrig, beflissen; † inbrünstig, inständig; **~ствовать** (7) sich eifrig bemühen *od*. mächtig anstrengen

усесться → ***усаживаться***

усечённый (14) abgehauen; abgekürzt; *Math*. abgestumpft; *Gr*. apokopiert

усеять(ся) → ***усеивать(ся)***

усид|еть (11*e*.) *pf*. sitzen bleiben *od*. bleiben können; F sich halten; P viel . . . verputzen *od*. kippen; ***он не ~ел*** es hielt ihn nicht; **~чивость** *f* (8) Ausdauer; F Sitzfleisch *n*; **~чивый** (14*K*.) ausdauernd; † seßhaft

усик *m* (1) *mst pl*. Schnurrbärtchen *n*; *Zool*. Fühler; Bartfaden; *Bot*. Ranke *f*; Granne *f*

усил|ение *n* (12) Verstärkung *f*; **~енный** (14*K*.) verstärkt; intensiv; inständig; kräftig; **~ивать** (1), 〈**~ить**〉 (13) verstärken; steigern, erhöhen; **-ся** stärker werden, zunehmen; sich verschlimmern, um sich greifen; **~ие** *n* (12) Anstrengung *f*, Bemühung *f*; Kraft *f*; **~итель** *m* (4) Verstärker

ускак|ивать (1), 〈**~ать**〉 (3) davonsprengen, davongaloppieren; weghüpfen; F entschwirren

ускольз|ать (1), 〈**~нуть**〉 (20) entgleiten; F entwischen (***от*** P *D*); sich davonstehlen *od*. entziehen; *fig*. entgehen; entschwinden; F durch die Lappen gehen

ускор|ение *n* (12) Beschleunigung *f*; **~енный** (14*K*.) beschleunigt; (*o. K*.) Schnell-; **~итель** *m* (4) Beschleuniger; **~ять** (28), 〈**~ить**〉 (13) beschleunigen, *Schritt* zulegen; **-ся** schneller werden; früher eintreten

успавливаться → ***условливаться***

усла|да † *f* (5) Genuß *m*, Freude (***на*** В zu *D*); **~ждать** (1), 〈**~дить**〉 (15*e*.; -ждённый) erquicken; † versüßen

услать → ***усылать***

усле|живать (1), 〈**~дить**〉 (15*e*.) verfolgen (***за*** T *A*); beobachten, bemerken; *pf*. nicht verpassen; gut *od*. genug aufpassen

услов|ие *n* (12) Bedingung *f* (***при*** П, ***с*** T unter *D*; ***на*** П *pl*. zu *D*), Voraussetzung *f*; Vorbehalt *m*; Bestimmung *f*, Klausel *f*; Prämisse *f*; Abmachung *f*, Vereinbarung *f*; † Vertrag *m*; *pl*. Verhältnisse (***в*** П unter *D*); ***по ~ию*** verabredungsgemäß; ***при ~ии*** vorbehaltlich (P *D*); **~ленный** (14*K*.) vereinbart, verabredet; **~ливаться** (1), 〈**~иться**〉 (14*K*.) vereinbaren, verabreden (***о*** П *et*.); **~ность** *f* (8) Konvention; → **~ный** (14; -ен, -на) bedingt; konventionell; relativ; fiktiv; vereinbart; (*o. K*.) Deck-; Bezugs-; *Gr*. Konditional-, Bedingungs-; ***~ные знаки*** *m/pl*. Zeichenerklärung *f*

усложн|ение *n* (12) Komplizierung *f*; **~ённость** *f* (8) Komplexität; **~ённый** (14*K*.) komplex, kompliziert; → **~ять** (28), 〈**~ить**〉 (13*e*.) komplizieren; erschweren; **-ся** kompliziert *od*. komplizierter werden

услу|га *f* (5) Dienst *m*; Gefallen *m*, Gefälligkeit; *pl*. Handreichungen; Dienstleistungen, Einrichtungen; † Bedienung *f*; **~живать** † (1) dienen; **~жить** (16) *pf*. e-n Dienst *od*. Dienste erweisen; **~жливость** *f* (8) Dienstfertigkeit; **~жливый** (14*K*.) dienstfertig, gefällig; ***~жливый дурак опаснее врага*** *Spr*. blinder Eifer schadet nur

услыхать, услышать → ***слыхать, слышать***

усм|атривать (1), 〈**~отреть**〉 (9) erkennen; auslegen (***в*** П/В *et*. als *A*); F erblicken, bemerken; achtgeben (***за*** T auf *A*)

усме|хаться (1), 〈**~хнуться**〉 (20) schmunzeln, grinsen; **~шка** *f* (5; -шек) spöttisches *od*. mißtrauisches Lächeln *n*, Grinsen *n*

усмир|е́ние *n* (12) Bändigung *f*; → **~я́ть** (28), ⟨**~и́ть**⟩ (13*e*.) bändigen, zähmen, besänftigen; befrieden; † niederwerfen
усмотре́|ние *n* (12) Ermessen (***на*** В *D*, in *A*), Gutdünken; **~ть** → ***усма́тривать***
усна|ща́ть F (1), ⟨**~сти́ть**⟩ (15*e*.) reichlich versehen, verzieren
усну́ть (20) *pf*. einschlafen; eingehen; **~ *ве́чным сном*** entschlafen, sterben
усо́бица *f* (5) *hist*. Zwietracht, Fehde
усоверше́нствова|ние *n* (12) Vervollkommnung *f*; Fortbildung *f*; Verbesserung *f*; **~нный** (14) verbessert, modernisiert; → ***соверше́нствовать***
усо́ве|щивать F (1), ⟨**~стить**⟩ (15) ins Gewissen reden (В *j-m*); e-s Besseren belehren; **-ся** → ***со́веститься***
усомни́|ться (13*e*.) *pf*. → ***сомнева́ться*** irre werden (***в*** П an *D*); **~лся** (И *j-m*) kamen Zweifel
усо́пший † *m* (16) Verstorbene(r)
усо́хнуть → ***усыха́ть***
успе|ва́емость *f* (8) Leistungsstand *m*, Leistung(en *pl*.); **~ва́ть** (1), ⟨**~́ть**⟩ (8) zurechtkommen (***на*** В zu *D*), erreichen; es schaffen, noch Zeit haben; dazukommen; *impf*. mitkommen, gute Leistungen aufweisen (***по*** Д in, in *D*); ***не*** *od*. ***пло́хо ~ва́ть*** mangelhafte Leistungen haben; ***не ~́л . . ., как . . .*** kaum hatte . . ., da . . .; ***~́ть*** (+*Inf*.) rechtzeitig (+*Inf*.), . . . zu können; . . . bereits (+*Prät*.); ***~́ется***! F das hat noch Zeit!; **~ва́ющий** (17) gut, stark (***по*** Д in, in *D*); fortgeschritten
Успе́ние *n* (12) Mariä Himmelfahrt *f*
успе́|ть → ***~ва́ть***; **~х** *m* (1) Erfolg; Fortschritt; Leistung *f*; ***как ва́ши ~хи?*** wie geht's, wie steht's?, wie stehen die Aktien?; → **~шность** *f* (8) Gelingen *n*, Erfolg *m*; **~шный** (14; -шен, -шна) erfolgreich; gedeihlich
успок|а́ивать (1), ⟨**~о́ить**⟩ (13) beruhigen, beschwichtigen; lindern; *Zweifel* zerstreuen; **-ся** nachlassen, sich legen; F sich zufriedengeben (**на** П mit *D*); **~а́ивающий** (17) → ***~о́ительный***; **~ое́ние** *n* (12) Beruhigung *f* (***для*** Р zur); Ruhe *f*; **~о́ительный** (14; -лен, -льна) beruhigend; sedativ
уста́ *pl*. (9) *poet*. Mund *m* (***на*** П in *D*; ***из*** Р/***в*** В von/zu); Lippen *f*/*pl*.; *fig*. Quelle *f*; ***ва́шими бы ~ми да мёд пить***! *Spr*. Ihre Worte in Gottes Ohr!
уста́в *m* (1) Statut *n*, Satzung *f*; Charta *f*; Dienstordnung *f*, Vorschrift(en *pl*.) *f*
уста|ва́ть (5), ⟨**~́ть**⟩ (-́ну, -́нешь) müde werden, ermüden; (***от*** Р *G*) überdrüssig werden; ***~́ть жить*** lebensmüde sein; ***не ~ва́я*** ohne Unterlaß
устав|ля́ть (28), ⟨**~́ить**⟩ (14) aufstellen; F vollstellen; *Blick* unverwandt richten; **-ся** F Platz finden; starren, (***на*** В *A*) anstarren; P fixiert werden
уста́вный (14) Satzungs-; vorschriftsmäßig; *hist*. Gerichts-
уст|а́ивать (1), ⟨**~оя́ть**⟩ (-ою́, -ои́шь) das Gleichgewicht halten, sich halten; standhalten, widerstehen (*a*. *fig*.; ***про́тив, от*** Р *D*); bestehen bleiben; **-ся** abstehen; *Wasser*: klar werden; *Milch*: rahmen; F sich stabilisieren; ***~оя́вшийся*** festgefügt
уста́л|ость *f* (8) Ermüdung; Müdigkeit; **~ый** (14*K*.) müde, ermüdet; erschöpft, matt; **~́ь** P *f* (8) → ***~ость; без ~́и*** unermüdlich, ohne Rast u. Ruh
устан|а́вливать (1), ⟨**~ови́ть**⟩ (14) aufstellen; errichten; einrichten; einstellen; herstellen; aufnehmen; festlegen; feststellen; etablieren; ***~о́влено*** es steht fest; **-ся** sich herausbilden *od*. einbürgern; sich festigen; eintreten, einkehren; beständig sein; anhalten; **~о́вка** *f* (5; -вок) Aufstellung, (*a*. *fig*.) Einstellung; Einrichtung, Anlage; Zielsetzung; Richtlinie; **~овле́ние** *n* (12) Errichtung *f*; Herstellung *f*; Festsetzung; Feststellung *f*; **~о́вочный** (14) Einstell-; Montage-; richtungweisend
устаре|ва́ть (1), ⟨**~ть**⟩ (8) veralten, überholt sein; † → ***старе́ть 1***; **~́лый** (14*K*.) veraltet, überholt; † gealtert
уста́ть → ***устава́ть***
устере́чь F (26 -г/ж-) *pf*. gut aufpassen (В auf *A*); ***не ~*** entwischen lassen
уст|ила́ть (1), F ⟨**~ели́ть**⟩, ⟨**~ла́ть**⟩ [*a*. -sł-] (-елю́, -е́лешь; -́ланный) bedekken, auslegen
у́стный [-sn-] (14; *K*. *f* -на, *n* -но) mündlich; ***~ счёт*** *m* Kopfrechnen *n*
усто́|й *m* (3) Stütze *f*, Pfeiler; *fig*. *mst* *pl*. Grundpfeiler, Grundsätze; **~йчивость** *f* (8) Stabilität; → **~йчивый** (14*K*.) standfest, fest, stabil; beständig; **~я́ть(ся)** → ***уста́ивать***(***ся***)

устр|áивать (1), ⟨**~óить**⟩ (13) einrichten, herrichten; regeln, ordnen, sichern, sicherstellen; versorgen, (**в** B in *D*) unterbringen, (**на** B *A*) *Arbeit* verschaffen; veranstalten, organisieren; anlegen, veranlagen; gut passen, recht sein (B *j-m*); zufriedenstellen; begrüßen (B mit *D*); F bereitstellen; *Rat* halten; *Pause* einlegen; *Tee* geben; *Streich* spielen; *Skandal* machen; **-ся** sich geben, in Ordnung kommen, F klappen; unterkommen; zurechtkommen; e-e Stelle bekommen; sich anheuern lassen (**на** B auf *D*)
устран|éние *n* (12) Beseitigung *f*; → **~я́ть** (28), ⟨**~и́ть**⟩ (13*e*.) beseitigen, beheben, entfernen; entlassen, (**от** P *G*) *Amt*: entheben; **-ся** sich zurückziehen
устраш|áть (1), ⟨**~и́ть**⟩ (16*e*.) in Angst versetzen; abschrecken; **-ся** Angst bekommen; abgeschreckt werden; **~áющий** (17) furchterregend; **~éние** *n* (12) Abschreckung *f* (**на** B zur)
устрем|лéние *n* (12) Richten, Ausrichten; *mst pl.* Bestrebungen *f/pl.*; **~лённость** *f* (8) Hang *m*; Zielrichtung; **~ля́ть** (28), ⟨**~и́ть**⟩ (14*e*.) richten, lenken; **-ся** sich stürzen; dahineilen; strömen; emporragen; streben
ýстрица *f* (5) Auster
устро|и́тель *m* (4) Veranstalter, Organisator; *Sp.* Ausrichter; **~ить** → ***устрáивать***; **~йство** *n* (9) Einrichtung *f*, Vorrichtung *f*; Veranstaltung *f*; Konstruktion *f*; Aufbau *m*, Struktur *f*
устýп *m* (1) Absatz; Terrasse *f*
уступ|áть (1), ⟨**~и́ть**⟩ (14) abtreten, überlassen; einräumen, aufgeben, nachgeben; nachstehen; *Weg* freigeben; *fig. Platz* machen; F abgeben; nachlassen; **~и́тельный** (14) konzessiv; *Gr.* Konzessiv-, Einräumungs-; **~ка** *f* (5; -ок) Abtretung, Überlassung; Zugeständnis *n*, Konzession; F Nachlaß *m*; **~чивый** (14*K*.) nachgiebig
устыди́ть (15*e*.) *pf.* beschämen; **-ся** sich schämen
ýстье *n* (10; -ьев) Mündung *f*; Öffnung *f*; Loch *n*
усугуб|ля́ть (28), ⟨**~и́ть**⟩ (14*e*./14) vergrößern; verstärken; verschärfen
усы́ → ***ус***
ус|ылáть (1), ⟨**~лáть**⟩ (ушлю́, -лёшь; -ланный) wegschicken, fortschicken; hinausschicken; F entfernen
усынов|лéние *n* (12) Adoption *f*; **~ля́ть** (28), ⟨**~и́ть**⟩ (14*e*.) adoptieren
усыпáльница *f* (5) Gruft
усыпáть (1), ⟨**~**⟩ (2) bestreuen, bedekken; übersäen, überschütten
усып|и́тельный (14; -лен, -льна) einschläfernd; (*o. K.*) Schlaf-; **~лéние** *n* (12) Einschläferung *f*; † Schlaf *m*; **~ля́ть** (28), ⟨**~и́ть**⟩ (14*e*.) einschläfern, einlullen; betäuben; **~ля́ющий** (17) → ***~и́тельный***
ус|ыхáть (1), ⟨**~óхнуть**⟩ (21) eintrocknen; F vertrocknen; schrumpfen
утá|ивать (1) → ***таи́ть***; unterschlagen; **~и́ться** F (13*e*.) *pf.* verborgen bleiben (**от** P *D*); **~йка** F *f* (5; -ек) Verheimlichung; Unterschlagung
ут|áптывать (1), ⟨**~оптáть**⟩ (3) festtreten, feststampfen
утá|скивать (1), ⟨**~щи́ть**⟩ (16) wegschleppen, wegschleifen; fortreißen; F mitnehmen, mitschleppen; klauen
ýтварь *f* (8) Gerät *n*, Gerätschaften *pl.*
утвер|ди́тельный (14; -лен, -льна) bejahend; zustimmend; *Adv.* mit Ja; **~ждáть** (1), ⟨**~ди́ть**⟩ (15*e*.) befestigen; bekräftigen, bestärken; sanktionieren, genehmigen; *Gesetz* verabschieden, erlassen; beglaubigen; etablieren; ernennen (**в** П/P zum); *impf.* behaupten; bezeugen; **-ся** fest Fuß fassen; sich einbürgern, Einzug halten; sich bestärkt fühlen; *Ruf*: anhängen (**за** T *j-m*); **~ждéние** *n* (12) Bestätigung *f* (**на** B zur), Genehmigung *f*; Festigung *f*; Behauptung *f*; → ***~ждáть***
уте|кáть (1), ⟨**~чь**⟩ (26) auslaufen, ausströmen; F dahingehen; P abhauen; → ***водá***
утёнок *m* (2) Entlein *n*, Entenküken *n*
утепл|я́ть (28), ⟨**~и́ть**⟩ (13*e*.) abdichten, winterfest machen; auslegen
утерéть → ***утирáть***
утерпéть F (10) *pf.* → ***удéрживаться***
утéря *f* (6) Verlust *m*; **~ть** → ***теря́ть***
утёс *m* (1) Felsen; Klippe *f*; **~истый** (14*K*.) felsig, klippenreich
утéха F *f* (5) Spaß *m* (**для** P zu *D*), Vergnügen *n*; Trost *m*
утéч|ка *f* (5) Ausfließen *n*, Abfließen *n*;

Verlust *m*; *Hdl.* Flucht; **~ь** → ***уте-ка́ть***
утеш|а́ть (1), ⟨**~́ить**⟩ (16) trösten; F e-e Freude machen; **-ся** sich beruhigen; **~е́ние** *n* (12) Trost *m*; Trösten, Tröstung *f*; F die reinste Freude *f*; **~и́тель** *m* (4) Tröster; **~и́тельный** (14; -лен, -льна) tröstlich, erfreulich
утили|за́ция *f* (7) Nutzung, Verwertung; **~зи́ровать** (7) *im*(*pf.*) nutzen, nutzbar machen, verwerten; **~та́рность** *f* (8) Nützlichkeit; **~та́рный** (14; -рен, -рна) utilitär, utilitaristisch
ути́ль *m* (4), **~сырьё** *n* (10) Altstoff(e *pl.*) *m*, Altmaterial *n*, verwertbare Abfälle *m*/*pl.*
ути́ный (14) Enten-
ут|ира́ть (1), ⟨**~ере́ть**⟩ (12) abwischen, wegwischen; sich . . . wischen; abtrocknen; F *fig.* ***~ере́ть нос*** (Д *j-n*) ausstechen
утих|а́ть (1) → ***ти́хнуть***; nachlassen, sich legen; sich beruhigen; **~оми́рить** F (13) *pf.* beschwichtigen, besänftigen; **-ся** sich beruhigen; sich legen
у́тка *f* (5; у́ток) Ente (*a. Med.*, F *fig.*)
уткну́ть(ся) → ***утыка́ть(ся)***
у́тлый (14*K.*) nicht stabil, F mick(e)rig; armselig, schäbig
уто́к *m* (1; утка́) Schuß, Einschlag
утол|е́ние *n* (12) Stillen; Linderung *f*; → **~и́ть** → ***~я́ть***
утол|ща́ть (1), ⟨**~сти́ть**⟩ (15*e.*) dicker machen; **~ще́ние** *n* (12) Verdickung *f*, Anschwellung *f*, Schwellung *f*
утол|я́ть (28), ⟨**~и́ть**⟩ (13) stillen; lindern
утом|и́тельный (14; -лен, -льна) ermüdend, anstrengend; eintönig; **~ле́ние** *n* (12) Ermüdung *f*, Müdigkeit *f*; **~лённый** (14*K.*) müde; erschöpft; → **~ля́ть** (28), ⟨**~и́ть**⟩ (14*e.*) ermüden; (В *j-m*) arg zusetzen; überanstrengen; **-ся** müde werden
утонч|а́ть (1), ⟨**~и́ть**⟩ (16*e.*) dünner machen; verjüngen; verfeinern; **~ённый** (14*K.*) verfeinert, raffiniert; fein, erlesen
утоп|а́ть (1) → ***тону́ть***; *Tränen*: zerfließen; *Überfluß*: schwelgen; *Grün*: umgeben sein (***в*** П von *D*); **~а́ющий** *m* (17) Ertrinkende(r); **~и́ть** → ***топи́ть 3***
утопи́|ческий (16), **~чный** (14; -чен, -чна) utopisch; **~́я** *f* (7) Utopie
уто́пленник *m* (1) Ertrunkenene(r); F ***везёт как ~у*** (Д *j-d*) ist ein Unglücksrabe
утопта́ть → ***ута́птывать***
уточн|е́ние *n* (12) Präzisierung *f*; → **~я́ть** (28), ⟨**~и́ть**⟩ (13*e.*) präzisieren; aktualisieren; genauer eruieren
утр|а́ивать (1), ⟨**~о́ить**⟩ (13) verdreifachen
утрамбо́вывать (1) → ***трамбова́ть***
утра́|та *f* (5) Verlust *m*; **~чивать** (1), ⟨**~тить**⟩ (15) verlieren, einbüßen; → ***теря́ть***; **-ся** verlorengehen (***у*** Р *j-m*)
у́тренни|й (15) morgendlich, Morgen-, Früh-; Vormittags-; **~к** *m* (1) Vormittagsvorstellung *f* (***на*** П in *D*); Matinee *f*; Morgenfrost
утри́ров|ать (7) *im*(*pf.*) übertreiben, überspitzen, überzeichnen; **~́ка** *f* (5) Übertreibung
у́тр|о *n* (9; с, до, от -á, к -ý; по -áм) Morgen *m* (→ ***ве́чер, день***); Vormittag *m*; *Uhrzeit*: . . . ***~á*** . . . morgens, früh; vormittags; → ***~ом***
утро́б|а *f* (5) Mutterleib *m*, Schoß *m*; F † Innerste(s) *n*; P Vielfraß *m*; **~ный** (14) im Mutterleib; Leibes-; vorgeburtlich; dumpf
утро|е́ние *n* (12) Verdreifachung *f*; **~́ить** → ***утра́ивать***
у́тром → am Morgen, morgens, in der Frühe
утру|жда́ть (1), † ⟨**~ди́ть**⟩ (15*e.*; -ждённый) bemühen, belästigen
утряс|а́ть (1), ⟨**~ти́**⟩ (25 -с-) zusammenschütteln, rütteln; F klarkriegen
утучни́ть † (13*e.*) *pf.* mästen; düngen
утыка́ть (1) **1.** ⟨**~́**⟩ F (1) vollstecken, vollspicken; P zustopfen; **2.** F ⟨уткну́ть⟩ (20) hineinstecken, stecken; stemmen; starren (В mit *D*), anstarren (***в*** В *j-n*); **-ся** stecken (Т/***в*** В *A* in *A*); sich vertiefen; stoßen
утю́|г *m* (1*e.*) Bügeleisen *n*; **~жить** (16), **1.** ⟨вы-⟩ bügeln; F *impf.* glätten; **2.** P ⟨от-⟩ hauen ; **~жка** *f* (5) Bügeln *n* (***в*** В zum)
утя́|гивать (1), ⟨**~ну́ть**⟩ (19) F fortschleppen, mitschleppen, mitreißen; P klauen
утяжели́ть (13*e.*) *pf.* beschweren
утя́тина *f* (5) Entenfleisch *n*
уф, ух uff!; ***ух*** oh!, ei!

уха́ *f* (5) Fischsuppe; ***Демья́нова ~*** aufdringliche Bewirtung; Nötigung
уха́б *m* (1) Schlagloch *n*; **~истый** F (14*K*.) holp(e)rig, hump(e)lig
ухаж|ёр P *m* (1) Schürzenjäger, Verehrer; **~ивание** *n* (12) Pflege *f* (***за*** T *G*, *Zssg*); Umwerben; → **~ивать** (1) pflegen, versorgen, hegen (***за*** T *A*); *j-m* den Hof machen; *j-n* hofieren
у́хар|ский F (16), **~ство** F *n* (9), **~ь** F *m* (4) → ***удало́й, удальство́, удале́ц***
у́х|ать (1), ⟨**~нуть**⟩ (20) F schreien, rufen; P krachen; hinplumpsen, hineinplumpsen, hineinplumpsen lassen; futsch sein; verplempern
ухва́т *m* (1) Topfgabel *f*; Ofengabel *f*; **~ка** F *f* (5; -ок) Handgriff *m*; Geschick *n*; Art, Manier; **~ывать** (1), ⟨**~и́ть**⟩ (15) ergreifen, packen (***за, за́*** B an *D*); schnappen; F an sich reißen; kapieren; **-ся** greifen (***за*** B nach *D*), sich festhalten (an *D*); F sich stürzen (***за*** B auf *A*) *od.* klammern (an *D*)
ухи|тря́ться F (28), ⟨**~три́ться**⟩ (13*e*.) es fertigbringen (+ *Inf.*); **~щре́ние** *n* (12) List *f*, Kniff *m*, Trick *m*; **~щрённый** (14*K*.) raffiniert; **~щря́ться** (28) Kniffe anwenden; → ***~тря́ться, лука́вить***
ухло́п|ывать P, ⟨**~ать**⟩ (1) erwischen, umlegen; verplempern, vertun
ухмыл|я́ться F (28), ⟨**~ьну́ться**⟩ (20) schmunzeln; grinsen
у́хнуть → ***у́хать***
у́хо *n* (9; ***за́*** B/T; *pl.* у́ши, уше́й) Ohr (***на́*** B ins; ***по́*** B *pl.* F bis über *Apl.*); Ohrenklappe *f*; Henkel *m*, Griff *m*; Öse *f*; ***в одно́ ~о впуска́ет ...*** F zu e-m Ohr herein ...; ***дать по́ ~у*** F *j-m* e-e Ohrfeige verpassen; ***не вида́ть как свои́х уше́й*** F nie zu sehen bekommen; ***и ~ом не ведёт*** F *j-d* schert sich nicht darum; F ***за уша́ми трещи́т*** (***у*** P *j-d*) ißt mit Heißhunger; ***ни ~а ни ры́ла*** P rein gar nichts; → ***глаз, край, пропуска́ть, туго́й***; **~вёртка** *f* (5; -ток) Ohrwurm *m*
ухо́д *m* (1) Weggang; Abgang; Abfahrt *f*; Pflege *f*; Wartung *f*; → **~и́ть¹** (15), ⟨**уйти́**⟩ (уйду́, -дёшь; → ***найти́***) weggehen, fortgehen, abgehen; abfahren; ablegen; abfliegen; abziehen; *Mar.* stechen; abweichen; ausweichen (***от*** P *D*); entgehen, sich entziehen; entkommen, entrinnen; sich entfernen; verschwinden; verlassen (***от, из*** P *A*), *Stelle* (bei, in *D*) aufgeben; *Dienst* quittieren; überwechseln; eilen, (***от*** P *j-m*) vorauseilen *od.* voraus sein, vorankommen; es ... bringen; erschöpft sein; in sich gekehrt sein; vorbei *od.* dahin sein, vergehen; *Abschied* nehmen (***в*** B *A*); *Bühne*: abtreten; sich zurückziehen; *Leben*: scheiden; sterben; *Zeit*, *Mühe* kosten (***на*** B *N*), verbraucht *od.* benötigt werden, F draufgehen (für *A*); einsinken, versinken; versickern; *fig.* sich vertiefen; *Boden* verlieren; F *Milch*: überlaufen; ***не уйти́*** F nicht davonrennen; ***уйти́ ни с чем*** unverrichteterdinge abziehen; **~и́ть²** P (15) *pf.* kaputtmachen; töten, abtöten; pflegen; **-ся** sich müde laufen *od.* abarbeiten; sich beruhigen
ухудш|а́ть (1), ⟨**~ить**⟩ (16) verschlechtern, verschlimmern; **-ся** schlechter werden; **~е́ние** *n* (12) Verschlechterung *f*
уцеле́ть (8) *pf.* heil *od.* intakt *od.* unversehrt bleiben; übrigbleiben; am Leben bleiben
уцени́ть (13*e*.) *pf. Preis* reduzieren
уцеп|ля́ться (28), ⟨**~и́ться**⟩ (14) sich festklammern, festhaken (***за*** B an *D*)
уча́ст|вовать (7) teilnehmen, sich beteiligen (***в*** П an *D*); mitwirken, mitarbeiten; ***~вующий*** → ***~ник***; **~ие** *n* (12) Teilnahme *f*, Beteiligung *f*, Mitwirkung *f* (***при*** П unter), Anteil *m* (***в*** П an *D*); Teilnahme *f*; Anteilnahme *f*, Mitgefühl (***к*** Д für *A*); ***принима́ть ~ие*** teilnehmen; **~и́ть(ся)** → ***учаща́ть(ся)***; **~ливый** [-ʂʲ-] (14*K*.) teilnahmsvoll (***к*** Д gegen *A*), mitfühlend; **~ник** [-ʂŋ-] *m* (1) Teilnehmer, Teilhaber; Beteiligte(r) (P an *D*), Mitwirkende(r); Spieler
уча́сток *m* (1; -тка) Grundstück *n*; Parzelle *f*; Abschnitt, Bereich (***на*** П in *D*); *Esb.* Streckenabschnitt; Feld *n*; Revier *n*, Bezirk; *Arch.* Stelle *f*; *Pol.* Lokal *n*
у́часть *f* (8) Los *n*, Schicksal *n*
уча|ща́ть (1), ⟨**~сти́ть**⟩ (15*e*.) häufiger machen; oft *od.* öfter wiederholen; beschleunigen; **-ся** sich häufen; **~щённый** (14) beschleunigt
уч|а́щийся *m* (17) Schüler; Student,

Studierende(r); **~ёба** *f* (5) Lernen *n* (**за** T beim); Studium *n*; Lehre; **~ёбник** *m* (1) Lehrbuch *n*, Schulbuch *n*; **~ёбный** (14) Lehr-, Schul-, Unterrichts-; Studien-; Lern-; Probe-; **~éние** *n* (12) → **~ёба**; Unterricht *m*; Schule *f*; Übung *f*; Lehre *f* (**o** П von *D*); *pl. Mil.* Manöver (**на** П in *D*); ***~éнье свет, а неучéнье тьма*** *Spr.* Wissen ist Macht; ***без ~éния нет умéния*** *Spr.* → ***повторéние***; **~енúк** *m* (1*e.*) **~енúца** *f* (5) Schüler(in *f*); Lehrling *m*; *fig.*, *Rel.* Jünger *m*; **~енúческий** (16) Schul-, Schüler-; Lehr-, Lehrlings-; schülerhaft; **~ёность** *f* (8) Gelehrsamkeit; **~ёный** (14) gelehrt; wissenschaftlich; akademisch; gelernt; abgerichtet; F gewitzigt; *Su. m* Gelehrte(r), Wissenschaftler

учё|сть → ***учúтывать***; **~т** *m* (1) Erfassung *f*; Inventur *f* (**на** B wegen *G*); Berücksichtigung *f* (**с** T unter), Rücksicht *f* (P auf *A*); *Fin.* Diskontierung *f*; Rechnung *f*; Rechnungsführung *f*, Rechnungswesen *n*; ***вестú ~т*** Buch führen (P über *A*); ***на ~те*** erfaßt; ***взять на ~т*** eintragen, anmelden; ***снять с ~та*** abmelden; ***стать на ~т*** sich anmelden; **~тный** (14) Erfassungs-; → **~т**; Melde-; Anwesenheits-; statistisch

учúлище *n* (11) Schule *f*, Lehranstalt

учинúть (28) → ***чинúть 2***; feiern; anstellen; unterziehen (Д/В *j-n D*)

учúтель *m* **1.** (4; *pl.e.*, *N* -я́) Lehrer; **2.** (4) Lehrmeister; **~ница** *f* (5) Lehrerin; **~ская** *f* (16) Lehrerzimmer *n*; **~ский** (16) Lehrer-; lehrerhaft, lehrhaft; **~ство** *n* (9) Lehrerberuf *m*; Lehrerschaft *f*; *fig.* Lehrhaftigkeit *f*; **~ствовать** (7) Lehrer sein, als Lehrer *od.* Lehrerin tätig sein; *fig.* belehren

уч|úтыва|ть (1), ⟨~éсть⟩ (25; -тý, -тёшь; → ***прочéсть***) erfassen, aufnehmen; berücksichtigen; einkalkulieren; *Fin.* diskontieren; ***не ~éсть*** übergehen; ***~úтывая*** in Anbetracht (B *G*), mit Rücksicht (auf *A*)

учúть (16) **1.** ⟨на-, об-⟩ lehren (В/Д *j-n et.*), beibringen (*j-m*); *impf.* unterrichten (*j-n* in *D*), unterweisen, ausbilden; **2.** ⟨вы́-⟩ lernen, *pf. a.* erlernen; studieren, einstudieren; lernen *od.* ausbilden lassen; **-ся** ⟨вы́-, на-, об-⟩ lernen (Д *et.*; **на** П *pl.* aus *D*), studieren; **-ся** (**в** П *A*) *Klasse*, (**на** П *pl.*) *Kurse* besuchen; e-e Lehre machen (**на** B *Zssg*); **-ся** *pf.* ***на гóрьком óпыте*** Lehrgeld zahlen

учре|дúтель *m* (4) Gründer, Stifter; **~дúтельный** (14) Gründungs-, konstituierend; verfassunggebend; **~ждáть** (1), ⟨~дúть⟩ (15*e.*; -ждённый) gründen; stiften; einführen; **~ждéние** *n* (12) Gründung *f*; → ***~ждáть***; Institution *f*, Einrichtung *f*, Anstalt *f*; Amt

учтúвый (14*K.*) höflich, artig

учýять F (27) *pf.* wittern, spüren

ушá|нка *f* (5; -нок) Mütze mit Ohrenklappen; **~стый** F (14*K.*) langohrig

ушáт *m* (1) Zuber, Kübel

ýши → ***ýхо***

ушúб *m* (1) Stoß, Aufprall; Prellung *f*; **~áть** (1), ⟨~úть⟩ (-ý, -ёшь; -, -ла; -ленный) sich stoßen (B an *D*), verletzen, prellen; *fig.* niederschmettern

уши|вáть (1), ⟨~ть⟩ (ушью́, -ьёшь; → ***бить***) enger machen; abnähen

уш|кó¹ *n* (9; *pl.* -кú, -кóв) Öse *f*; Öhr; Strippe *f*; Henkel *m*; **~кó²** *n* (9; *pl.* -ки, -ек) Öhrchen; ***~ки на макýшке*** (**у** P *j-d*) spitzt die Ohren; **~нúк** F *m* (1*e.*) Ohrenarzt; **~нóй** (14) Ohr-, Ohren-

ущéл|истый (14*K.*) zerklüftet; **~ье** *n* (10; -ий) Schlucht *f*, Kluft *f*

ущем|лéние *n* (12) Einklemmung *f*; Schmälerung *f*; → **~лять** (28), ⟨~úть⟩ (14*e.*) einklemmen, quetschen; *fig.* verletzen; beeinträchtigen, schmälern

ущéрб *m* (1) Verlust, Einbuße *f*; Schaden, Nachteil (**в** В/Д zum/*G*; gegen *A*, → ***здрáвый, ум***); Abnahme *f*; ***на ~е*** → ***~ный***; **~лённый** (14*K.*) *fig.* gekränkt, verletzt; → **~ный** (14; -ен, -на) abnehmend; nachlassend; *fig.* nicht ganz normal

ущипнýть → ***щипáть 1***

ую́т *m* (1) Gemütlichkeit *f*; → **~ный** (14; -ен, -на) gemütlich, behaglich; wohnlich, anheimelnd; *Adv.* wohl

уязв|úмый (14*K.*) verwundbar, verletzlich; *fig.* empfindlich, wund; anfechtbar; **~лять** (28), ⟨~úть⟩ (14*e.*) verletzen, kränken

уясн|éние *n* (12) Klärung *f*; **~ять** (28), ⟨~úть⟩ (13*e.*) (*a.* ***себé***) sich klarmachen *od.* klarwerden (B über *et.*); † erklären; **-ся** klarwerden, geklärt sein

Ф

фа *n* (*unv.*) *Mus.* F
фа́бри|ка *f* (5) Fabrik (***на*** П in *D*), Werk *n*; **~ка-ку́хня** (5/6) Großküche; ***тка́цкая ~ка*** Weberei; **~ка́т** *m* (1) Fabrikat *n*, Erzeugnis *n*; **~ка́ция** *f* (7) 7zz Fabrikation; *fig.* Fabrizierung; **~кова́ть** (7) **1.** ⟨с-⟩ F fabrizieren, erfinden; **2.** † herstellen; **~́чный** (14) Fabrik(s)-; maschinell, fabrikmäßig; † *Su. m* Fabrikarbeiter
фа́була *f* (5) Fabel
фаво́р † *m* (1) Gunst *f*; F ***быть в ~е*** (***у*** P) in *j-s* Gunst stehen, bei *j-m* gut angeschrieben sein; **~и́т** *m* (1), **~и́тка** (5; -ток) Günstling *m*, (*a. Sp.*) Favorit(in *f*); **~ити́зм** *m* (1) Günstlingswirtschaft *f*
фаго́т *m* (1) Fagott *n*; **~и́ст** *m* (1) Fagottbläser
фа́за *f* (5) Phase, Stadium *n*
фаза́ний (18) Fasanen-
фа́з|ис *m* (1) → **~а**; **~ный, ~овый** (14) Phasen-
фа́кел *m* (1) Fackel *f*; **~ьный** (14) Fackel-; **~ьщик** *m* (1) Fackelträger
факс *m* (1) Fax *n*
факт *m* (1) Tatsache *f*, Faktum *n*, *pl.* Fakten; F Sache *f*; wahr; **~**! P klar!, klarer Fall!; **~и́ческий** (16) tatsächlich, wirklich, faktisch; Tatsachen-; **~и́чный** (14; -чен, -чна) faktografisch, auf Tatsachen beruhend; **~́ор** *m* (1) Faktor, Moment *n*; **~о́рия** *f* (7) Faktorei; **~у́ра** *f* (5) Machart, Technik; Beschaffenheit, Eigenart; Warenrechnung, Faktur(a)
факульт|ати́вный (14; -вен, -вна) fakultativ, Wahl-; **~е́т** *m* (1) Fakultät *f* (***на*** П an *D*)
фа́лда *f* (5) Rockschoß *m*
фальсифи|ка́т *m* (1) Fälschung *f*; **~ка́тор** *m* (1) Fälscher; **~ка́ция** *f* (7) Fälschung; **~ци́ровать** (7) *im*(*pf.*) verfälschen, fälschen
фальста́рт *m* (1) *Sp.* Fehlstart
фальц *m* (1) Falz; Naht *f*, Fuge *f*; **~ева́льный** (14) Falz-; **~ева́ть** (6 -у́-), ⟨с-⟩ falzen
фальце́т *m* (1) Falsett *n*, Kopfstimme *f*
фальцо́в|ка *f* (5) Falzen; **~щик** *m* (1) Falzer
фальш|и́вить (14), ⟨с-⟩ unaufrichtig sein, heucheln; falsch singen *od.* spielen; *impf.* unregelmäßig arbeiten; **~и́вка** F *f* (5; -вок) Fälschung; **~ивомоне́тчик** *m* (1) Falschmünzer; **~и́вость** → **~ь**; **~и́вый** (14 *K.*) falsch; gefälscht; geheuchelt, heuchlerisch, unaufrichtig; (*o.K.*) Falsch-; Schein-, Pseudo-; **~ь** *f* (8) Falschheit; Heuchelei, Unaufrichtigkeit; Fälschung, Betrug *m*; *Mus.* Unreinheit
фами́л|ия *f* (7) Zuname *m*, Familienname *m*, Name *m* (***по*** Д mit *D*); Geschlecht *n*, Familie; ***как ва́ша ~ия***? wie heißen Sie?, wie ist Ihr Name?; **~ьный** (14) Familien-; **~ья́рничать** F (1) e-n familiären Ton anschlagen (***с*** T *j-m* gegenüber); → **~ья́рность** *f* (8) plumpe Vertraulichkeit; → **~ья́рный** (14; -рен, -рна) familiär, vertraulich; ungeniert, plump
фана́ти|к *m* (1) Fanatiker; **~́ческий** (16) fanatisch; **~́чность** *f* (8) Fanatismus *m*; **~́чный** (14; -чен, -чна) → ***~́ческий***
фане́р|а *f* (5) Furnierholz *n*, Furnier *n*; Sperrholz *n*; **~ный** (14) Furnier-, Sperrholz-; **~ова́ть** (7) *im*(*pf.*) furnieren
фант *m* (1) Pfand *n*; ***в ~́ы*** Pfänder-
фанта|зёр *m* (1) Phantast; **~зёрство** *n* (9) Phantasterei *f*; **~зировать** (7) phantasieren; *Mus.* improvisieren F frei erfinden; **~́зия** *f* (7) Phantasie, Einbildungskraft; Trugbild *n*, Hirngespinst *n*; *Mus.* Fantasie; F Laune, Grille; tolle Idee; **~смаго́рия** *f* (7) Phantasmagorie, Truggebilde *n*; wunderliche Dinge *n/pl.*; **~́стика** *f* (5) Phantastische(s) *n*; phantastische Werke *n/pl.*, phantastische Literatur; Phantasterei(en *pl.*); ***нау́чная ~́стика*** Science-fiction; **~сти́ческий** (16)

phantastisch, phantasievoll; utopisch; wunderlich; **~сти́чность** *f* (8) → ***~стика***; **~сти́чный** (14; -чен, -чна) → ***~сти́ческий***

фанфа́ра *f* (5) Fanfare; Fanfarenstoß *m*

фанфаро́н F *m* (1) Angeber; **~ить** F (13) angeben; **~ство** F *n* (9) Angeberei *f*

фа́ра *f* (5) *Kfz.* Scheinwerfer *m*

фарао́н *m* (1) Pharao; P Polyp

фарва́тер [-tɛr] *m* (1) Fahrwasser *n*; ***плыть в ~е*** (P) in *j-s* Fahrwasser segeln

фаринги́т *m* (1) Rachenentzündung *f*

фарисе́й *m* (3) Pharisäer; → **~ский** (16) pharisäisch; heuchlerisch, scheinheilig; **~ство** *n* (9) *fig.* Heuchelei *f*

фармазо́н P † *m* (1) Freimaurer; *fig.* Freidenker, Freigeist

фарма|коло́гия *f* (7) Pharmakologie; **~ци́я** *f* (7) Pharmazie, Pharmazeutik, Arzneimittelkunde

фарс *m* (1) Farce *f*, Posse *f*

фарт P *m* (1; -а/-у) Glück, F Schwein; **~и́ть** P (15*e*.), ⟨по-, под-⟩ ergehen, (Д *N*) Glück haben; **~о́вый** P (14) glücklich, erfolgreich; flott, keß; mutwillig

фа́ртук *m* (1) Schürze *f*; Spritzleder *n*

фарцо́вщик P *m* (1) Schieber

фарфо́р *m* (1) Porzellan *n*; **~овый** (14) Porzellan-

фарш *m* (1) Hackfleisch *n*, Gehacktes *n*; Farce *f*, Füllung *f*; **~иро́ванный** (14) gefüllt; **~ирова́ть** (7), ⟨за-⟩ füllen

фас *m* (1) Vorderansicht *f*, Vorderseite *f*; ***в~***, ***~ом*** en face, von vorn; → **~а́д** *m* (1) Fassade *f*, Front *f*; Aufriß; **~а́дный** (14) Fassaden-, Stirn-; **~е́тка** *f* (5; -ток) Facette

фасов|а́ть (7), ⟨рас-⟩ abpacken, abfüllen; **~ка** *f* (5) Abpacken *n*

фасо́ль *f* (8) *koll.* Bohnen *f/pl.*

фасо́н *m* (1) Fasson *f*, Machart *f* (***на*** В nach *D*); Schnitt; F Art *f*, Manier *f*; P → ***форс***; **~истый** (14 *K.*) F schnörk(e)lig; P schick; herausgeputzt; **~ный** (14) Fasson-, Form-, Profil-; → ***~истый***

фат *m* (1) Geck, Laffe

фата́ *f* (5) Schleier *m*

фата́льный (14; -лен, -льна) schicksalhaft, fatal; resigniert

фатов|а́тый F (14 *K.*), **~ско́й** (14) gekkenhaft; **~ство́** *n* (9) Aufgeblasenheit *f*

фаустпатро́н *m* (1) Panzerfaust *f*

фаши́ст|вующий (17) faschistoid; **~ский** (16) faschistisch

фая́нс *m* (1) Steingut *n*; Fayence *f*; **~овый** (14) Steingut-

февра́ль *m* (4*e*.) Februar; → ***май***; **~ский** (16) Februar-

федера́|льный (14) Bundes-; föderal; **~ти́вный** (14) Bundes-; föderativ; → *Abk.* ***ФРГ, РФ***; **~ция** *f* (7) Föderation, Bund *m*

феери́|ческий (16) feenhaft, märchenhaft, zauberhaft; Feen-; **~я** *f* (7) Feerie, Märchenspiel *n*; *fig.* märchenhaftes Schauspiel *n*

фейерве́рк *m* (1) Feuerwerk *n*

фельд|ма́ршал *m* (1) Feldmarschall; **~фе́бель** *m* (4) Feldwebel; **~шер** *m* (1; *pl. a. e.*, *N* -á), **~шери́ца** *f* (5) Arzthelfer(in *f*); **~ъе́герь** *m* (4) *Mil.*, *Adm.* Kurier, Eilbote

фельето́н *m* (1) Glosse *f*, Feuilleton *n*; ***стихотво́рный ~*** Spottgedicht *n*; **~и́ст** *m* (1) Verfasser von Glossen; **~ный** (14) satirisch, humoristisch

фемини́стка *f* (5; -ток) Feministin *n*

фен *m* (1) Haartrockner

фено́мен *m* (1) Phänomen *n*; **~а́льный** (14; -лен, -льна) phänomenal

фе́н|я *f* (6) Rotwelsch *n*; ***до ~и*** P schnuppe

феода́л *m* (1) Feudalherr; **~ьный** (14) feudal, Feudal-

ферзь *m* (4*e*.) *Schach*: Dame *f*

фе́рм|а *f* (5) Farm; *Arch.* Träger *m*; **~ер** *m* (1) Farmer; **~ерский** (16) Farm-; Farmer-

ферроспла́в *m* (1) Eisenlegierung *f*

ферт P *m* (1) Laffe, Lackaffe; ***~ом*** stutzerhaft; → ***подбоче́ниться***

фе́ска *f* (5; -сок) Fes *m*

фестива́ль *m* (4) Festival *n*, Festspiele *pl.* (***на*** В zu *D*; ***на*** П *a.* bei *D*)

фесто́н *m* (1) Zacke; *Arch.* Feston *n*

фети́ш *m* (1/1*e*; -е́й) Fetisch

фетр *m* (1) Filz; **~овый** (14) Filz-

фефёла P *f* (5) dicke Schlampe

фехтова́|льный (14) Fecht-; **~льщик** *m* (1), **~льщица** *f* (5) Fechter(in *f*); **~ние** *n* (12) Fechten; **~ть** (7) fechten

фешене́бельный (14; -лен, -льна) elegant, modisch, schick
фе́я *f* (6; фей) Fee
фи pfui!
фиа́лка *f* (5; -лок) Veilchen *n*
фи́бра *f* (5) Fiber, Faser
фи́г|а *f* (5) Feige; Feigenbaum *m*; P → ***ку́киш, чёрт***; **~ли-ми́гли** F *pl.* (8) Tricks *m/pl.*, Finten *f/pl.*, Mätzchen *pl.*; **~ля́р** *m* (1) † Gaukler; F Possenreißer; **~ля́рничать** F (1) Possen reißen; **~ля́рство** F *n* (9) Possenreißerei *f*; **~овый** (14) Feigen-
фигу́р|а *f* (5) Figur, Gestalt (T in *D*); Person; *KSp.* Bild *n*; F *Typ m*; † Form; **~а́льный** (14; -лен, -льна) bildlich, figürlich, übertragen; **~и́ровать** (7) figurieren, erscheinen, auftreten; **~и́ст** *m* (1), **~и́стка** *f* (5; -ток) Eiskunstläufer(in *f*); **~ный** (14) Figuren-; Gebild-; *Math.* geschweift; ***~ое ката́ние** n **на конька́х*** Eiskunstlauf *m*
фи́жмы *pl.* (5) Reifrock *m*
фи́зи|к *m* (1) Physiker; **~ка** *f* (5) Physik; P Visage; **~о́лог** *m* (1) Physiologe; **~ологи́ческий** (16) physiologisch; **~оло́гия** *f* (7) Physiologie; **~оно́мия** *f* (7) Physiognomie; *fig.* → ***о́блик***; **~́ческий** (16) physikalisch, Physik-, Physiko-; physisch, körperlich, Körper-, Natural-; Eigen-
физкульту́р|а *f* (5) Körperkultur, Sport *m*; Turnen *n*; **~ник** *m* (1), **~ница** *f* (5) Sportler(in *f*); Turner(in *f*); **~ный** (14) Sport-, Sportler-; Turn-
фикс|а́ж *m* (1; -ей) Fixierbad *n*; **~атуа́р** *m* (1) Haarpomade *f*; **~а́ция** *f* (7) Fixierung; **~и́ровать** (7) *im*(*pf.*), ⟨за-⟩ fixieren; festhalten; festlegen; festmachen
фикти́вн|ость *f* (8) Fiktivität; → **~ый** (14; -вен, -а) fiktiv; fingiert
фи́кус *m* (1) Gummibaum
филантро́п *m* (1) Menschenfreund; **~и́ческий** (16) philanthropisch; **~ия** *f* (7) Philanthropie
филармони́|ческий (16) philharmonisch; **~́я** *f* (7) Philharmonie
филатели́|ст *m* (1) Briefmarkensammler; **~сти́ческий** (16) Briefmarken-; **~я** *f* (7) Philatelie
филиа́л *m* (1) Filiale *f*, Zweigstelle *f*; **~ьный** (14) Filial-, Zweig-
филигра́н|ный (14; -ен, -на) *fig.* filigranartig, ziseliert; (*o.K.*) Filigran-; **~ь** *f* (8) Filigran *n*; Filigranpapier *n*; Wasserzeichen *n*
фи́лин *m* (1) Uhu
фили́стерс|кий (16) philiströs, spießbürgerlich; **~тво** *n* (9) Philistertum, Spießbürgertum, Spießertum
фило́лог *m* (1) Philologe; **~и́ческий** (16) philologisch; **~́ия** *f* (7) Philologie
фило́н P *m* (1) Faulpelz, Tagedieb
фило́соф *m* (1) Philosoph; **~и́ческий** † → ***~́ский***; **~́ия** *f* (7) Philosophie; **~́ский** (16) philosophisch; F tiefsinnig; ***~́ский ка́мень*** *m* Stein der Weisen; **~́ствование** *n* (12) Philosophieren; F Reflexion *f*, Klügelei *f*; **~́ствовать** (7) philosophieren; F klug reden
фильм *m* (1) Film; **~оско́п** *m* (1) Bildwerfer; **~оте́ка** *f* (5) Filmothek
фильтр *m* (1) Filter; **~а́ция** *f* (7) Filtrierung, Filterung; **~ова́льный** (14) Filter-, Filtrier-; **~ова́ть** (7), ⟨про-⟩ filtrieren, filtern; **~о́вка** *f* (5) → ***~а́ция***; **~́овый** (14) Filter-
фимиа́м *m* (1) Weihrauch; *fig.* Beweihräucherung *f*; ***кури́ть ~*** (Д *j-n*) beweihräuchern
фина́л *m* (1) Finale *n*, Abschluß, Schluß; *Sp.* Endspiel *n*, Endkampf; Schlußstück *n*, Schlußszene *f*; **~ьный** (14) Schluß-, End-, Final-
финанс|и́рование *n* (12) Finanzierung *f*; **~и́ровать** (7) *im*(*pf.*) finanzieren; **~и́ст** *m* (1) Finanzmann, Finanzfachmann, Finanzier; **~́овый** (14) Finanz-, Geld-; F finanziell; Rechnungs-; **~́ы** *pl.* (1) Finanzen
финга́л P *m* (1) *fig.* Veilchen *n*
фи́ник *m* (1) Dattel *f*; **~и́ец** *m* (1; -ийца) Phönizier; **~и́йский** (16) phönizisch; **~овый** (14) Dattel-
фининспе́ктор *m* (1) Finanzbeamter
фини́фть *f* (8) Email *n*, Schmelz *m*
фи́ниш *m* (1; -ей) Endspurt, Endkampf; Ziel *n* (**к** Д in *A*); **~и́ровать** (7) *im*(*pf.*) ins *od.* durchs Ziel kommen *od.* gehen; zum Endspurt ansetzen
фи́н|ка *f* (5; -нок) Finnin; F finnischer Dolch *m*; **~н** *m* (1) Finne; **~ский** (16) finnisch
финт *m* (1) *Sp.*, P Finte *f*; **~и́ть** F (15*e.*) Finten *od.* Fisimatenten machen; scharwenzeln (***перед*** T um *A*); auf

Amüsements aus sein; ***как ни ~и́*** F wie du's drehst u. wendest; → ***крути́ть***; **~ифлю́шка** *f* (5; -шек) F *mst pl.* Nippsache(n *pl.*), Kinkerlitzchen *pl.*; P Puppe; Flittchen *n*

фиоле́товый (14*K.*) violett

фи́рм|а *f* (5) Firma; Produktionsvereinigung, Handelsvereinigung (*SU*); P modische Kleidung; † Name *m*, Namenszug *m*; ***под ~ой*** unter der Flagge *od.* dem Deckmantel; **~енный** (14) Firmen-; Industrie-; Marken-

фисгармо́ния *f* (7) Harmonium *n*

фиска́л F *m* (1) Petzer, Zuträger; **~ить** F (13) petzen, anschwärzen; **~ьство** F *n* (9) Ohrenbläserei *f*

фиста́шк|а *f* (5; -шек) Pistazie; Pistazienbaum *m*; **~овый** (14) Pistazien-; zartgrün

фи́стула[1] *f* (5) *Med.* Fistel

фистула́[2] *f* (5) Fistel, Fistelstimme

фити́ль *m* (4*e.*) Docht; Lunte *f*, Zündschnur *f*; P Anschnauzer

фитю́лька F *f* (5; -лек) Sächelchen *n*; halbe Portion

фи́фа P *f* (5) Püppchen *n*, Puppe

фи́шка *f* (5; -шек) Spielmarke

фла|г *m* (1) Fahne *f*, Flagge *f*; → ***фи́рма***; **ˆгман** *m* (1) Flaggschiff *n*; **~гшто́к** *m* (1) Fahnenmast, Fahnenstange *f*; **ˆжный** (14) Flaggen-; **~жо́к** *m* (1; -жка́) Fähnchen *n*; Flagge *f*; *JSpr.* Lappen

флако́н *m* (1) Fläschchen *n*

флама́нд|ец *m* (1; -ца) Flame, **~ка** *f* (5; -ок) Flämin; **~ский** (16) flämisch

фланг *m* (1) Flanke *f*, Flügel (***на*** П, ***с*** P an *D*); **ˆовый** (14) Flanken-; *Su. m* Flügelmann

флане́левый (14) Flanell-

фла́нец *m* (1; -нца) Flansch

фланки́ровать (7) *im*(*pf.*) flankieren

флегмати́чный (14; -чен, -чна) phlegmatisch, lässig, träge; gleichmütig

фле́йт|а *f* (5) Flöte; **~и́ст** *m* (1) Flötenspieler

фле́к|сия *f* (7) Flexion, Beugung; **~ти́вный** (14) Flexions-; flektierend

флёр *m* (1) Flor; *fig.* † Schleier

фли́гель *m* (4; *pl. a. e.*, *N* -я́) *Arch.* Flügel, Seitenflügel, Seitengebäude *n*

флирт *m* (1) Flirt; **~ова́ть** (7) flirten

флома́стер *m* (1) Filzstift

флот *m* (1; *pl. a. e.*) Flotte *f*; ***морско́й ~*** Marine *f*; **~и́лия** *f* (7) Flotille; **ˆский** (16) Flotten-; Marine-; *Su. m* Seemann, Matrose

флюг|а́рка *f* (5; -рок) Fähnchen *n*; Rauchkappe; F → **ˆер** *m* **1.** (1; *pl. e.*, *N* -а́) Wetterfahne *f*, Wetterhahn; **2.** † (1) wetterwendischer Mensch

флюи́ды *m/pl.* (1) Fluidum *n*

флюс *m* **1.** (1) *Med.* Zahngeschwür *n*; **2.** (1; *pl. e.*) *Tech.* Flußmittel *n*

фля́|га *f* (5), **~жка** *f* (5; -жек) Reiseflasche; Feldflasche; Kanne

фо́кус *m* (1) **1.** Fokus, (*a. fig.*) Brennpunkt; *Med.* Herd; **2.** Kunststück *n*, Trick, Hokuspokus; F Streich; Laune *f*, Schrulle *f*; Witz, springender Punkt; → ***секре́т***; ***в то́м-то и ~*** F da liegt der Hase im Pfeffer; **~ник** *m* (1) Zauberkünstler; Faxenmacher; F Schlitzohr *n*, geriebener Kunde; **~ничать** F (1) Hokuspokus *od.* Faxen machen; Tricks anwenden; F launisch sein, sich zieren; **~ничество** *n* (9) Zauberkunst *f*; Taschenspielerei *f*; **~ный** (14) Brenn-; Kunststück-

фольга́ *f* (5) Folie

фолькло́р *m* (1) Folklore *f*; F Volkskunde *f*; **~и́ст** *m* (1) Volkskundler; **~и́стика** *f* (5) Volkskunde; **~исти́ческий** (16) volkskundlich; **~ный** (14) Folklore-, folkloristisch

фон *m* (1) Grund, Hintergrund (***по*** Д auf *D*; ***на*** П *a.* vor, von *D*); Kulisse *f*

фона́р|ик *m* (1) kleine Laterne *f*, Lämpchen *n*; Taschenlampe *f*; ***цветно́й ~ик*** Lampion *m*; **~ный** (14) Laternen-; **~щик** † *m* (1) Laternenanzünder; **~ь** *m* (4*e.*) Laterne *f*; Lampe *f*, Leuchte *f*, Licht *n*; *Arch.* Erker; P blauer Fleck, blaues Auge *n*

фонд *m* (1) Fonds; Bestand, Reserve *f*; Fundus; *pl.* Effekten, Wertpapiere *f/pl.*; **ˆовый** (14) Fonds-, Effekten-

фоне́|ма [ˈ-nɛ-] *f* (5) Phonem *n*; **~тика** *f* (5) Phonetik, Lautlehre; **~ти́ст** *m* (1) Phonetiker; **~ти́ческий** (16) phonetisch, Laut-

фоно|логи́ческий (16) phonologisch; **~ло́гия** *f* (7) Phonologie; **~те́ка** *f* (5) Phonothek

фонта́н *m* (1) Springbrunnen, Fontäne *f*; Ausbruch; Wasserentnahmestelle *f*; F *fig.* Schwall; et. Besondere(s); ***бить ~ом*** hervorsprudeln; überschäumen

Ф

фóр|а F *f* (5) Vorgabe; **~вард** *m* (1) *Sp.* Stürmer; **~дек** [-dɛk] *m* (1) Verdeck *n*
фордыбáчить(ся) P (16) bocken, störrisch sein, verrückt spielen
форéйтор *m* (1) Vorreiter
форéль *f* (8) Forelle *f*
фóрм|а *f* (5) Form (**по** Д in *D*); Uniform, Dienstkleidung; Formular *n*, Formblatt *n*; ***во всей ~е*** P wie *j-d* leibt u. lebt; **~алúстика** F *f* (5) Formalismus *m*; **~áльность** *f* (8) Formalität, Formsache; *pl.* → ***~алúстика***; **~áльный** (14; -лен, -льна) formal, formell; formalistisch; **~áт** *m* (1) Format *n*; **~енный** (14) Uniform-, Dienst-; Schul-; F regelrecht, komplett; † formgemäß, nach der Form, in aller Form; ***~енная одéжда*** *f* Uniform
формиров|áние *n* (12) Bildung *f*; → ***~áть*** (7), ⟨с-⟩ formen, formieren, bilden; aufstellen; zusammenstellen; *fig.* prägen; **~́ка** *f* (5) Zusammenstellung; → ***~áть***
формов|áть (7), ⟨от-, с-⟩ formen, modellieren; **~́ка** *f* (5; -вок) Formen *n*; Formung; → ***~áть***; F Form; **~óй** (14) Form-; *Brot*: Kasten-; **~́очный** (14) Form-; Formerei-; **~́щик** *m* (1) Former, Modellierer
формо|изменéние *n* (12) → ***флéксия***; **~образовáние** *n* (12) Formbildung *f*
фóрмул|а *f* (5) Formel; **~úрование** *n* (12) Formulierung *f*; **~úровать** (7) *im(pf.)*, ⟨с-⟩ formulieren; **~ирóвка** *f* (5; -вок) Formulierung; Fassung; Formel; **~я́р** *m* (1) Formular *n*, Formblatt *n*, Vordruck; Leserkarte *f*; Dienstliste *f*
форпóст *m* (1) Vorposten
форс P *m* (1; -а/-у) Angeberei *f*, Hochnäsigkeit *f*; ***для ~́у*** zum Auftrumpfen
форсúрова|ние *n* (12) Forcieren; → **~ть** (7) *im(pf.)* forcieren, ankurbeln, beschleunigen; steigern; *Mil.* vorstoßen (В über *A*); ***~нный*** Eil-, Gewalt-
форсú|стый P (14 *K.*) wichtigtuerisch, angeberisch; elegant; **~ть** P (15*e.*) angeben, sich wichtig machen
форс-мажóр *m* (1) höhere Gewalt *f*
форсýн P *m* (1*e.*) Angeber, Geck
форсýнка *f* (5; -нок) Düse; Zerstäuber *m*
фóртель F *m* (4) Streich, Trick
фортепиáн|ный [-tɛ-] (14) Klavier-; **~о** *n* (*unv.*) Klavier
фортифик|ациóнный (14) Befestigungs-; **~áция** *f* (7) Befestigungskunst; Befestigungsanlage
фóрточка *f* (5; -чек) Klappfenster *n*
форшмáк *m* (1) Auflauf aus gehacktem Fleisch *od.* Hering
фосф|áтный, **~áтовый** (14) Phosphat-; **~́óристый** (14); **~ори́ческий** (16) phosphorig, phosphorhaltig; → **~́орный** (14) Phosphor-
фóто F *n* (*unv.*) Foto; **~аппарáт** *m* (1) Kamera *f*; **~вспы́шка** *f* (5; -шек) Blitzlicht *n*; **~гени́чный** (14; -чен, -чна) fotogen; **~́граф** *m* (1) Fotograf; **~графи́ровать** (7), ⟨с-⟩ fotografieren, aufnehmen, F knipsen; **-ся** sich fotografieren lassen; **~графи́ческий** (16) fotografisch, Foto-, Lichtbild-, Licht-; **~грáфия** *f* (7) Fotografie; Fotografieren *n*; Aufnahme, Lichtbild *n*, Foto *n*; Fotograf *m* (**в** В zum; **в** П beim); **~кáрточка** F *f* (5; -чек) Lichtbild *n*, Paßbild *n*; **~кóпия** *f* (7) Fotokopie; **~корреспондéнт** *m* (1) Bildberichterstatter; **~лаборатóрия** *f* (7) Fotolabor *n*; **~люби́тель** *m* (4) Amateurfotograf
фотó|метр *m* (1) Lichtmesser; **~передáтчик** *m* (1) Bildsender; **~приёмник** *m* (1) Bildempfänger; **~радиогрáмма** *f* (5) Funkbild *n*; **~развéдка** *f* (5; -док) Bildaufklärung; **~репортáж** *m* (1; -ей) Bildbericht; **~ружьё** *n* (10): ***охóта*** *f* ***с ~ружьём*** Fotosafari; **~сни́мок** *m* (1; -мка) Aufnahme *f*, Foto *n*; **~съёмка** *f* (5; -мок) Lichtbildaufnahme; **~тéка** *f* (5) Fotothek; **~телегрáмма** *f* (5) Bildtelegramm *n*; **~телегрáф** *m* (1) Bildtelegraf, Bildfunk; **~ти́пия** *f* (7) Lichtbilddruck *m*; **~элемéнт** *m* (1) Fotozelle *f*
фóфан P (1) Tölpel, Hohlkopf
фрагмéнт *m* (1) Fragment *n*, Bruchstück *n*; Ausschnitt (P aus *D*); **~áрный** (14; -рен, -рна) fragmentarisch, bruchstückhaft
фрáер P *m* (1; *pl. e.*, *N* -á) Fatzke
фрáз|а *f* (5) Satz *m*; Phrase; Redensart, Wendung; *pl.* leeres Geschwätz *n*; **~еологи́ческий** (16) phraseologisch; **~еолóгия** *f* (7) Phraseologie *f*; **~ёр** *m* (1) Phrasendrescher; **~ёрство**

n (9) Phrasendrescherei *f*, leeres Geschwätz; **~овый** (14) Satz-
фраки́йский (16) thrakisch
фракци|оне́р *m* (1) Fraktionsmitglied *n*; **~о́нность** *f* (8) Fraktionsgeist *m*; **~о́нный** (14) Fraktions-; **~я** *f* (7) Fraktion; † Partei
франк *m* (1) Franc; Franken
фра́нки *m/pl.* (1) *hist.* Franken
фра́нко franko, frei, ab
франко́нец *m* (1; -нца) Franke
франт *m* (1) Stutzer, Geck; **~и́ть** F (15*e*.) sich herausputzen, Staat machen; **~и́ха** F *f* (5) Modepuppe; **~ова́тый** F (14 *K*.) putzsüchtig; → **~овско́й** (16) stutzerhaft, geckenhaft; schmuck, elegant; **~овство́** *n* (9) Putzsucht *f*; Geckenhaftigkeit *f*; Eleganz *f*
францу́|женка *f* (5; -нок) Französin *f*; **~з** *m* (1) Franzose; **~зский** (16) französisch
фрахт *m* (1) Fracht *f*; Frachtkosten *pl*.; **~ова́ть** (7), ⟨за-⟩ befrachten, chartern; **~о́вый** (14) Fracht-
фра́чный (14) Frack-
фрега́т *m* (1) Fregatte *f*
фрез|а́ *f* (5; *pl. st.*) *Tech.* Fräser *m*, Fräse; **~ерный**, **~ерова́льный** (14) Fräs-, Fräser-; **~ерова́ть** (7), ⟨от-⟩ fräsen; **~ерова́льный** (14) Fräs-; **~еро́вщик** *m* (1) Fräser
фрейди́зм *m* (1) Freudsche Lehre *f*
фре́йлина [-'frɛ-] *f* (5) Hoffräulein *n*
френч *m* (1; -ей) Feldrock, Militärrock
фре́ск|а *f* (5; -сок) Fresko *n*; Freskomalerei *f*; **~овый** (14) Fresko-, Fresken-
фриво́льн|ость *f* (8) Frivolität; **~ый** (14; -лен, -а) frivol, leichtfertig
фриги́йский (16) phrygisch
фрикаде́ль(ка) [-'dɛ-] *f* (5; -лек) Frikadelle, Fleischklößchen *n*
фрикати́вный (14) Reibe-, frikativ
фриц P *m* (1) *verä.* Deutsche(r)
фронт *m* (1; *pl. e.*) Front *f* (***на*** П an *D*; Т auf, in *D*); ***на два ~а*** Zweifronten-; ***постро́ить во ~*** antreten lassen; ***стать во ~*** antreten, strammstehen; **~а́льный** (14; -лен, -льна) frontal-, Frontal; **~испи́с** *m* (1) Frontispiz *n*, Titelbild *n*; **~и́т** *m* (1) Stirnhöhlenentzündung *f*; **~ови́к** *m* (1*e*.) Frontsoldat, Frontkämpfer; **~ово́й** (14) Front-; **~о́н** *m* (1) Giebel

фрукт *m* (1) Frucht *f*; *pl.* Obst *n*; P sauberes Früchtchen *n*; **~о́вый** (14) Obst-, Frucht-; **~о́за** *f* (5) Fruchtzukker *m*
фря P *m/f* (6) *verä.* feine Dame *f*; Person *f*
фтор *m* (1) Fluor *n*; **~истый** (14) Fluor-
фу pfui!; uff!; ***~-ты*** *od.* ***~-ты ну́-ты*** F sapperlot!; Donnerlittchen!
фуга́нок *m* (1; -нка) Rauhbank *f*
фуга́с *m* (1) Sprengmine *f*, Flattermine *f*; **~ный** (14) Spreng-
фугова́ть (7) fugen; abrichten
фуже́р *m* (1) Weinglas *n*, Sektglas *n*
фу́к|ать F (1), *einm.* ⟨**~нуть**⟩ (20) schnauben; pusten; *Stein*: blasen (*Damespiel*); P rausschmeißen
фунда́мент *m* (1) Fundament *n*; *fig.* Grundlage *f*, Grundstein; **~а́льный** (14; -лен, -льна) fundamental; gründlich; F opulent, reichlich; (*o.K.*) Grundlagen-; Zentral-; **~ный** (14) Fundament-
фуникулёр *m* (1) Drahtseilbahn *f* (***на*** П mit *D*)
функци|она́льный (14; -лен, -льна) funktional, funktionell; **~они́ровать** (7) funktionieren; fungieren; **~я** *f* (7) Funktion; Aufgabe
фунт *m* (1) Pfund *n* (= *0,41 kg*); *Fin.* Pfund *n*; ***вот так ~***! F da haben wir die Bescherung!; → ***изю́м***; **~ик** F *m* (1) Tüte *f*
фу́ра † *f* (5) Fuhrwerk *n*
фура́ж *m* (1*e*.) Futter *n*, Futtermittel *n*; **~и́р** † *m* (1) Furagier
фура́жка *f* (5; -жек) Schirmmütze
фура́жный (14) Futter-
фурго́н *m* (1) Planwagen; Kastenwagen
фурниту́ра *f* (5) Zubehör *n*
фуро́р *m* (1) Furore *f*; Raserei *f*
фуру́нкул *m* (1) Furunkel; **~ёз** *m* (1) Furunkulose *f*
фут *m* (1) Fuß (= *30,48 cm*)
футбо́л *m* (1) Fußballspiel *n*, Fußball; **~и́ст** *m* (1) Fußballspieler; **~ить** P (13) Fußball spielen (B mit *D A*); *fig.* hin- u. herschieben; **~ка** *f* (5; -лок) Trikot *n*, Sporthemd *n*; **~ьный** (14) Fußball-; Fuß-
футеро́вка [-tɛ-] *f* (5) Auskleidung
футля́р *m* (1) Futteral *n*; Etui *n*; Hülle

f, Gehäuse *n*; Tasche *f*; ***челове́к*** *m* ***в ~е*** spießiger, verknöcherter Mensch
футурист|и́ческий, ~́ский (16) futuristisch
футшто́к *m* (1) Pegellatte *f*
фуфа́йка *f* (5; -а́ек) Strickjacke; P wattierte Jacke
фуфло́ P *n* (9) Windhund(e *pl.*) *m*
фуфу́ P: ***на ~*** husch, husch; futsch
фуфы́риться P (13) angeben
фы́рк|ать (1), *einm.* ⟨~нуть⟩ (20) schnauben; schnaufen; fauchen; F (***на*** B *A*) anfauchen; F prusten, losprusten, losplatzen
фюзеля́ж *m* (1; -ей) Rumpf
фюйть, фьють F futsch!, weg!

Х

хавро́нья F *f* (6; -ний) Sau, Wutz
ха́живать → ***ходи́ть***
хаза́рский (16) chasarisch
хай P *m* (3) Krach, Skandal
хайло́ P *n* (9; *pl. st.*) Maul, Fresse *f*
ха́ки *n* (*unv.*) Khakiuniform *f*
ха́ла *f* (5) Zopfbrot *n*, Zopf *m*
хала́т *m* (1) Schlafrock, Morgenrock; Kittel; Mantel; Kittelschürze *f*; **~ный** (14; -ен, -на) nachlässig, fahrlässig, schlampig
ха́лда́ P *f* (5) ordinäres Weibsstück *n*
халту́р|а F *f* (5) Pfusch *m*, Pfuscharbeit; Stümperei, Murks *m*; Nebenerwerb *m*; **~ить** F (13) schwarzarbeiten, pfuschen, schludern, stümpern; dazuverdienen; **~ный** F (14; -ен, -на) schlud(e)rig, stümperhaft; (*o.K.*) Neben-; **~щик** F *m* (1) Pfuscher, Stümper, Murkser
халу́па F *f* (5) Kate
халя́ва P *m*/*f* (5) → ***неря́ха, мя́мла***
хам F *m* (1) Flegel, Rüpel; † Knecht
хамелео́н *m* (1) Chamäleon *n*; *fig.* Wendehals, Wetterfahne *f*
хам|и́ть F (14*e.*) sich flegelhaft benehmen (Д gegen *A*, gegenüber *D*); **~ова́тый** F (14*K.*) unverfroren; **~са́** *f* (5) → ***анчо́ус***; **~́ский** F (16) flegelhaft, rüpelhaft, ordinär; † Knechts-; **~́ство** F *n* (9) Unverschämtheit *f*, Flegelei *f*; † Roheit *f*; **~ьё** P *n* (10) Bagage *f*, Gesindel
хана́ P *f* (*unv.*) → ***капу́т***
хандр|а́ *f* (5) Schwermut, Trübsinn *m*; **~и́ть** (13*e.*) Trübsal blasen, Grillen fangen
ханж|а́ *m*/*f* (5; -е́й) Scheinheilige(r), Frömmler(in *f*); **~́еский** (16) scheinheilig, frömmelnd, bigott; **~́ество́** *n* (9) Scheinheiligkeit *f*, Frömmelei *f*; **~и́ть** F (16*e.*) frömmeln
ха́нство *n* (9) Khanat, Chanat
ха́нты *m*/*f* (*unv.*) Chante(-tin *f*)
ха́о|с¹ *m* (1) Chaos *n*; **~́²** *m* (1) Wirrwarr, totales Durcheinander *n*; **~ти́ческий** (16) chaotisch, verworren, wüst; **~ти́чность** *f* (8) chaotischer Zustand *m*; **~ти́чный** (14; -чен, -чна) → **~ти́ческий**
хап P schnapp!; → **~́ать** P (1), *einm.* ⟨~́нуть⟩ (20) schnappen, packen (***за*** B an *D*); einheimsen; **~у́га** P *m*/*f* (5) Raffer *m*; bestechlicher Mensch *m*
хара́ктер *m* (1) Charakter (***с*** T von *D*), Wesen *n*; Eigenart *f*, Art *f*, Beschaffenheit *f*, Form(en *pl.*) *f*; **~изова́ть** (7) *im*(*pf.*), ⟨о-⟩ charakterisieren, kennzeichnen; beurteilen; **-ся** gekennzeichnet sein, im Zeichen (T *G*, von *D*) stehen; **~и́стика** *f* (5) Charakterisierung, Charakteristik; Beurteilung; *Tech.* Kennlinie; *Math.* Kennziffer; **~́ный¹** (14; -́ен, -́на) charakteristisch, kennzeichnend, bezeichnend; typisch; charaktervoll, ausdrucksvoll; (*o.K.*) Charakter-, Ausdrucks-; **~ный²** P (14; -ен, -на) charakterfest, willensstark; aufbrausend
ха́рк|ать F (1), *einm.* ⟨~нуть⟩ (20) spucken (T *A*), speien
ха́ртия *f* (7) Charta, Urkunde
харч|е́вня † *f* (6; -вен) Garküche; **~ево́й** P (14) Kost-; **~и́** P *pl.* (1; *G*

-е́й) Kost *f*, Beköstigung *f* (***на*** П mit *D*)
ха́ря P *f* (6) Fresse, Visage; Kerl *m*
ха́та *f* (5) Bauernhaus *n*; Hütte, F Bude; ***моя́ ~ с кра́ю*** F mein Name ist Hase
ха-ха́(-ха́) haha(ha)!
ха́халь P *m* (4) Verehrer, Liebhaber
ха́ханьки F *pl.* (5; -нек) Späßchen *n/pl.*
ха́ять P (27), ⟨о-⟩ herziehen (B über *A*), et. auszusetzen haben (an *D*)
хвал|а́ *f* (5) Lob *n*; Lobpreisung; ***~а́*** (Д)! es lebe . . .!; Heil (*j-m*) . . .!; ***воздава́ть ~у́*** preisen (Д *A*); **~е́бный** (14; -бен, -бна) lobend; hymnisch; (*o.K*) Lob-, Lobes-; **~ёный** (14) *iron.* vielgepriesen; **~и́ть** (13), ⟨по-⟩ loben (***за*** B für *A*, wegen *G*); **-ся** sich rühmen, prahlen
хва́ст|ать (1), ⟨по-⟩, **-ся** prahlen, protzen, sich brüsten (***перед*** T gegenüber *D*); F angeben; **~ли́вость** *f* (8) Prahlsucht, Angeberei; **~ли́вый** (14*K*.) prahlerisch, angeberisch; **~овство́** *n* (9) Prahlerei *f*, Angeberei *f*; **~у́н** F *m* (1*e*.), **~у́нья** F *f* (6; -ний) Prahlhans *m*, Prahler(in *f*), Angeber(in *f*)
хват F *m* (1) toller Hecht; **~а́ть** (1) **1.** ⟨с~и́ть⟩ (15) packen, fassen (***за, за́*** B an *D*), greifen, schnappen (nach *D*); ergreifen, fangen; F anbeißen; streifen; verpaßt bekommen; **2.** ⟨~и́ть⟩ (15) reichen, ausreichen; P erwischen; *pf*. F durchmachen; loslegen; herausplatzen; plötzlich einsetzen *od.* auftreten; P kippen, runterkippen, runterschlucken; hauen; treffen, *Schlag*: rühren; anstimmen; abdampfen; ***~а́ет*** (Д/P *j-d*) hat genug (*A*); ***не ~а́ет*** (Д/P *j-m*) fehlt *od.* fehlen (*N*); ***не ~а́ло ду́ху*** (***у*** P *j-d*) hatte nicht den Mut; ***э́того ещё не ~а́ло***! F das fehlte gerade noch!; F ***~ит*** (***с*** P *j-d*) hat genug *od.* genug davon, es reicht *od.* genügt; F ***~ит*** (P/***на*** B bei *j-m*) langt's zu *et. od. j-d* ist fähig; ***куда́ ~и́л***! F wo denkst du hin!; ***~и́ть че́рез край*** F zu weit gehen, es zu weit treiben; ***~и́ть ли́шнего*** F zu tief ins Glas schauen; → ***звезда́***; **-ся** → ***~а́ть 1***; sich klammern *od.* festhalten (***за, за́*** B an *D*); greifen (zu *D*), sich stürzen (auf *A*); F anpacken (*A*); *pf*. F sich plötzlich besinnen; (P *A*) plötzlich vermissen *od.* die Abwesenheit bemerken; P krachen; **~ка** *f* (5; -ок) Griff *m*; Biß *m*; Auftreten *n*; Geschick *n*, Geschicklichkeit; **~кий** F (16, -ок, -ка́) geschickt zupackend; schlau; **~ь** F → ***хвати́ть(ся)*** *u.* ***хлоп***
хво́йный (14) Nadel-
хвора́ть F (1) krank sein, kränkeln
хво́рост *m* (1; -а/-у) Reisig *n*; Krausgebäck; **~и́на** *f* (5) Gerte, Rute
хво́р|ость P → **~ь**; **~ый** P (14; -, -а́) kränklich; **~ь** P *f* (8) Krankheit, Unwohlsein *n*
хвост *m* (1*e*.) Schwanz, Schweif; Schnörkel; Ende *n* (***в*** П an *D*); F Schlange *f* (→ ***о́чередь***); *pl.* Rückstände; Unerledigte(s) *n*; ***под ~ ко́шке*** F *et.* ist für die Katz; ***верте́ть ~о́м*** F → ***юли́ть***; ***виля́ть ~о́м*** F *fig.* scharwenzeln; ***держа́ть ~ трубо́й*** P die Ohren steifhalten; ***плести́сь в ~е́*** F hinterhertrotten; ***на ~е́*** F auf den Fersen; ***в ~ и в гри́ву*** P nach Strich u. Faden; **~а́тый** (14*K*.) geschwänzt; mit langem Schwanz; **~ик** *m* (1) Schwänzchen *n*; ***. . . с ~иком*** F etwas über . . .; **~и́ст** P *m* (1) Nachzügler, Nachholer; **~ово́й** (14) Schwanz-, Heck-; Schluß-
хво́я *f* (6) *koll.* Nadeln *f/pl.*; Nadelzweige *m/pl.*
херуви́м *m* (1) Cherub; **~ский** (16) engelhaft
хиба́ра F *f* (5) Häuschen *n*, Kate
хи́жина *f* (5) Hütte, Kate
хил|е́ть F (8), ⟨за-⟩ abbauen; **~ый** (14; -, -а́) schwächlich, kränklich, siech; **~я́к** P *m* (1*e*.) Schwächling
химе́р|а *f* (5) Schimäre; Trugbild *n*, Hirngespinst *n*
хи́ми|к *m* (1) Chemiker; **~ка́ты** *m/pl.* (1) Chemikalien *f/pl.*; **~ческий** (16) chemisch; Chemie-, der *od.* für Chemie; *Mil.* Giftgas-; *Stift*: Tinten-; *Tinte*: violett; *Welle*: Kalt-; **~я** *f* (7) Chemie
хи́на F *f* (5) Chinin *n*
хи́нди *m* (*unv.*) Hindi
хи́нный (14) China-, Chinarinden-
хире́ть F (8), ⟨за-⟩ dahinsiechen, vermickern; verkümmern, verfallen
хирурги́|ческий (16) chirurgisch; **~я** *f* (7) Chirurgie
хитр|е́ц *m* (1*e*.) Schlaukopf, Schlau-

meier; **~ецá** F, **~и́нка** F: ***с ~ецо́й*** *od.* ***~и́нкой*** verschmitzt; **~и́ть** (13*e*.), ⟨с-⟩ sich verstellen, Winkelzüge machen; F geschickt *od.* trickreich vorgehen; sich drehen u. wenden; **~осплете́ние** *n* (12) Verschnörkelung *f*; Gewirr; Spitzfindigkeit *f*; **~ость** *f* (8) List; → **~ый**; ***не велика́ ~ость*** F das ist kein Kunststück; **~оу́мие** *n* (12) Findigkeit *f*, Spitzfindigkeit *f*; **~оу́мный** (14; -мен, -мна) findig, spitzfindig, raffiniert; einfallsreich, listenreich; kunstvoll; → **~ый** (14; -тёр, -á, -ó) listig, schlau, bauernschlau; hinterlistig; verschmitzt, pfiffig; F knifflig, kompliziert; → ***~оу́мный***; → ***голь***; **~ю́га** F *m/f* (5) großer Schlaukopf

хи́х|аньки F *pl.* (5; -нек) → **~и́канье** F *n* (10) Gekicher → **~и́кать** F (1), *einm* ⟨~и́кнуть⟩ (20) kichern

хищ|е́ние *n* (12) Raub *m*; Diebstahl *m*; Unterschlagung *f*; **~ник** *m* (1) Raubtier *n*, Raubvogel; *fig.* Räuber; † Dieb; **~ничать** (1) räubern, rauben; **~нический** (16) räuberisch, Raub-; Räuber-; **~ничество** *n* (9) Raub *m*, Räuberei *f*; **~ность** *f* (8) Räuberische(s) *n*; → **~ный** (14; -ен, -на) räuberisch, reißend; raubgierig; (*o.K.*) Raub-

хлад|(е́ть) *poet.* → ***хо́лод(е́ть)***; **~нокро́вие** *n* (12) Kaltblütigkeit *f*; ruhig Blut; **~нокро́вный** (14; -вен, -вна) kaltblütig; gelassen, gleichmütig; **~ный** *poet.* → ***холо́дный***; **~оте́хника** *f* (5) Kältetechnik

хлам F *m* (1), **~ьё** P *n* (10) Kram *m*, Plunder *m*, Gerümpel *n*, Gelumpe *n*

хлеб *m* (1) Brot *n*; Laib; *pl.* Teig; *koll.* Getreide *n*, Korn *n*; ***~ с ма́слом*** Butterbrot *n*; **2.** (1; *pl. e.*, *N* -á) *a. pl.* Getreide *n*, Korn *n*; *pl.* F Speise(n *pl.*) *f*, Unterhalt *m*; ***жить на ~а́х*** in Kost sein; das Gnadenbrot essen; ***и то ~*** F auch dafür muß man dankbar sein; ***~ да соль***! P guten Appetit!; → ***~-со́ль***; **~а́ть** (1), *einm.* ⟨~ну́ть⟩ (20) F schlürfen; P löffeln, essen; *pf.* F trinken; tief einatmen; erfahren, erdulden; ***~ну́ть го́ря*** F viel durchmachen; → ***хвати́ть***; **~ец** *m* (1; -ца) kleines Brot *n*, Brötchen *n*; **~ница** *f* (5) Brotkorb *m*; **~ный** (14) Brot-; Korn-, Getreide-; Brotfrucht-; kornreich; einträglich

хлебо|бу́лочный (14) Back-; **~заво́д** *m* (1) Brotfabrik *f*; **~загото́вки** *pl.* (5; -вок) Getreidebeschaffung *f*; **~па́шество** *n* (9) Ackerbau *m*; **~па́шец** *m* (1; -шца) Landmann; **~пека́рный** (14) Back-; **~пека́рня** *f* (6; -рен) Bäckerei; **~поста́вки** *f/pl.* (5; -вок) Getreideablieferung *f*; **~проду́кты** *m/pl.* (1) Backwaren *f/pl.*; **~ре́зка** *f* (5; -зок) Brotschneidemaschine; **~ро́б** *m* (1) Ackerbauer; **~ро́дный** (14; -ден, -дна) kornreich, fruchtbar

хлебосо́л *m* (1) gastfreundlicher Mensch; **~ьный** (14; -ен, -ьна) gastfreundlich, gastfrei; **~ьство** *n* (9) Gastfreundschaft *f*, Gastlichkeit *f*

хлеботорго́в|ец *m* (1; -ца) Kornhändler, Getreidehändler; **~ля** *f* (6) Kornhandel *m*, Getreidehandel *m*

хлебоубо́рка *f* (5) Getreideernte

хлеб-со́ль F *f* (1/8) Bewirtung; Gastfreundschaft; ***води́ть ~*** P verkehren

хлев *m* (1; *a.* в -ý; *pl. e.*, *N* -á) Stall, Viehstall; F Saustall

хлёст F *m* (1) Peitschen *n*, Knallen *n*

хлестако́вщина F *f* (5) hemmungslose Aufschneiderei

хлест|а́ть (3), *einm.* ⟨~ну́ть⟩ [-sn-] (20) peitschen, schlagen; klatschen; strömen, sprudeln; F knallen; P verschütten; saufen; **~кий** (16; -ок, -кá) peitschend; schneidend; F scharf, treffsicher; knallig; klatschend; P schneidig

хли́пкий P (16; -пок, -пкá) klapp(e)rig; schwächlich; kränklich; breiig

хлоп klatsch!; schwupp!; piff, paff!; F → **~ать** (1), *einm.* ⟨~нуть⟩ schlagen, zuschlagen, zuklappen (*a.* T *A*); knallen; klatschen, klapsen; *Schulter*: klopfen (***по*** Д auf *A*); *Motor*: tukkern; *pf.* P umlegen; treffen; kippen; *Ohren*: schlackern; ***~ать глаза́ми*** F dumm dreinschauen; **-ся** F plumpsen, hinplumpsen, hinknallen

хло́пец P *m* (1; -пца) Bursche, Junge; *pl.* Jungs

хлопко|во́д *m* (1) Baumwollzüchter; **~во́дство** *n* (9) Baumwollanbau *m*; **~вый** (14) Baumwoll-, Baumwollsamen-; **~ро́б** *m* (1) → **~во́д**; **~убо́рочный** (14) Baumwollpflück-

хло́пнуть(ся) → ***хло́пать(ся)***

хло́пок[1] *m* (1; -пка) Baumwolle *f*

Х

хлопо́к² *m* (1; -пка́) Klaps; Knall; *mst pl.* Händeklatschen *n*
хлопот|а́ть (3) geschäftig sein, sich zu schaffen machen, herumhantieren; sich bemühen (**о** П um *A*), sich einsetzen, ein gutes Wort einlegen (**за** В für *A*); † sich kümmern; **~ли́вый** (14*K.*) geschäftig; hektisch, ruhelos; mühevoll; **~ный** F (14; -ен, -на) → **~ли́вый**; **~ня́** F *f* (6) Geschäftigkeit; → **возня́**; **~у́н** F *m* (1*e.*), **~у́нья** F *f* (6; -ний) geschäftiger *od.* umtriebiger Mensch *m*; **~ы** *pl.* (5; *G* -) Mühen *f/pl.*, Sorgen *f/pl.*, Bemühungen *f/pl.*, Scherereí(en *pl.*) *f*; F **мно́го ~** (**у** P *j-d*) hat s-e liebe Not; F **~ по́лон рот** (**у** P *j-d*) hat alle Hände voll zu tun *od.* weiß nicht, wo ihm der Kopf steht
хлопу́шка *f* (5; -шек) Fliegenklappe; Knallbonbon *n*, Knallkörper *m*; *Tech.* Klappe
хлопча́т|ка F *f* (5) Baumwollgewebe *n*; **~ник** *m* (1) Baumwollstaude *f*; **~о-бума́жный** (14) Baumwoll-; **~ый** (14) flockig; **~ая бума́га** *f* † Watte
хло́пья *pl.* (10; -ьев) Flocken *f/pl.* (T in *D*)
хлор *m* (1) Chlor *n*; **~и́ровать** (7) chloren, chlorieren; **~истый** (14) chlorhaltig; **~ный** (14) Chlor-
хлы́ну|ть (20) *pf.* hervorströmen, sich ergießen; überfluten (**в** В *A*); eindecken (**к** Д/И *N*/mit *D*), überhäufen; **~л дождь** strömender Regen setzte ein
хлы|ст *m* (1*e.*) Gerte *f*; Reitpeitsche *f*; Baumschaft, Baumstamm; Selbstgeißler (*Sekte*); → **~щ** F *m* (1*e.*; -ще́й) Laffe, Lackaffe, Schnösel
хлю́п|ать (1), *einm.* ⟨**~нуть**⟩ (20) F glucksen; P patschen; schnaufen; schluchzen; **-ся** P plauzen; **~ик** P *m* (1) Jammerlappen; **~кий** P (16; -ок, -ка́) dickflüssig, schlammig, glucksend; wack(e)lig; schwächlich
хляб|ь *f* (8) F Schlamm *m*; Schmutz *m*; † Schlund; **разве́рзлись ~и небе́сные** F der Himmel öffnete seine Schleusen
хля́стик *m* (1) Rückengürtel
хмел|ево́дство *n* (9) Hopfenbau *m*; **~ево́й** (14) Hopfen-; **~ёк** F: **под ~ько́м** beschwipst; **~е́ть** (8), ⟨о-, за-⟩ e-n Rausch bekommen; **~и́ть** (13*e.*), ⟨о-⟩ berauschen; **~ь** *m* **1.** (4; -я/-ю) Hopfen; **2.** (4; во -ю́) Rausch (**во** П, **под** T → **~ёк**); **~ьно́й** (14; -ён, -ьна́) berauscht, betrunken; trunken, von Betrunkenen; berauschend; *Su. n* Alkohol *m*
хму́р|ить (13), ⟨на-⟩ *Stirn* runzeln; *Brauen* zusammenziehen; *Gesicht* → **-ся** finster dreinschauen *od.* (**на** В *A*) anschauen; sich eintrüben, trübe sein; † verärgert sein (**на** В über *A*); **~ый** (14*K.*) finster, finster dreinschauend, düster; trübe; *Brauen*: zusammengezogen
хмы́к|ать F (1), *einm.* ⟨**~нуть**⟩ (20) sich räuspern, ‚hm' sagen
хны P: **хоть бы ~** keinen Mucker; piepegal
хны́кать F (3/1) flennen; jammern
хо́бот *m* (1) Rüssel; Schwengel; *Mil. Lafette*: Schwanz; **~о́к** *m* (1; -ка́) Saugrüssel
ход *m* (1; -а/-у; *a.* в -у́; *pl. a. e.*) Gang (T, **на** П in *D*; *fig. A*), Gehen *n* (**на** П im, beim); Lauf, Verlauf (**по** Д/P je nach *D*/*G*); Fahrt *f* (**на** П, **в** П/P während *G*); Eingang; Zug (*a. fig.*; T *Zssg*), *fig.* Schachzug; Sprung; Bewegung *f*; †, *Rel.* Prozession *f*; *Tech.* Hub; Antrieb (**на** П mit *D*), Fahrwerk *n*; *Mil.* Graben; *KSp.* Ausspielen *n* (T *G*); P Sohle *f* (**на** П mit *D*); **в ~у́** im Gebrauch, gebräuchlich; **в большо́м ~у́** sehr gefragt; **на ~у́, с ~у** im Fluge, flugs; **на всём ~у́** in voller Fahrt; in vollem Betrieb; **дать ~** (Д *et.*) ins Rollen bringen; F Gas geben; F **не дава́ть ~у** (Д *j-n*) blockieren, nicht vorwärtskommen lassen; **пойти́ в ~** guten Absatz *od.* große Verbreitung finden; **пуска́ть в ~** einsetzen, Gebrauch machen (В von *D*); **свои́м ~ом** mit eigener Kraft; . . . s-n Gang; **ваш ~, ~ за ва́ми** Sie sind am Zug; **все ~ы и вы́ходы** alle Schliche; → **~ьба́**; → **конь, по́лный, чёрный**
хода́тай *m* (3) F Fürsprecher; † Sachwalter, Anwalt; **~ство** *n* (9) Fürsprache *f*, Fürbitte *f*; Befürwortung *f*; Bemühungen *f/pl.*; Gesuch, Bittgesuch, Antrag *m*; **~ствовать** (7; *Prät. a. pf.*) sich verwenden *od.* einsetzen (**перед** T bei *D*); sich bemühen, ansuchen (**о** П um *A*)
хо́дики *pl.* (1) Gewichtsuhr *f*

ход|и́ть (15) **1.** auf u. ab *od.* hin u. her gehen (***по*** Д in, auf *D*); laufen (***на*** П *Sp. A*); herumlaufen, umlaufen; fahren, verkehren; ziehen; besuchen (***в, на*** В *A*); sich bewegen *od.* verbreiten (***по*** Д in *D*); sich rasch hin u. her bewegen; (*a.* ***~и́ть по рука́м*** *od.* ***из рук в ру́ки***) kursieren, kreisen; grassieren; tanzen; *Kleidung* tragen (***в*** П *A*); *Sonne*: stehen; (***за*** Т *j-n*) pflegen, hegen, beaufsichtigen, (auf *A*) aufpassen; *fig.* ***далеко ~и́ть*** (***за*** Т *et.*) lange suchen; ***~и́ть*** (***по*** Д)... Betreten *n*(*G*)...; F wackeln; *Geld*: in Umlauf sein; *Angriff* unternehmen; P (***в*** П *pl.* als *N*) beschäftigt sein; † P gehandelt werden, kosten; ***~и́ть вокру́г да о́коло*** F wie die Katze um den heißen Brei schleichen; → ***рука́***; F → ***~у́н***; **2.** ⟨с-⟩ ziehen, e-n Zug machen (Д → ***~: ваш ~***); *KSp.* ausspielen (***с*** Р, Т *A*); F *Notdurft* verrichten (***за*** Т *A*); → ***сходи́ть 2***

хо́д|кий F (16; -ок, -ка́) gängig; leicht gängig, flott; auf den Beinen; gebräuchlich; ***~ово́й*** (14) Lauf-, Fahr-, Gang-; Zug-, Leit-; Geh-; Verkehrs-; Wander-; fahrbereit; beweglich; *Mar.* Berg-; F → ***~кий***; landläufig; P flott; ***~о́к*** *m* (1*e.*) Fußgänger; Geher; † Fürsprecher, Abgesandter; F Besucher (***в, на*** В, ***к*** Д von *D*, *G*); P flotter Kerl; *präd.* flott; ***хоро́ший ~о́к*** gut zu Fuß; ***~у́ли*** *f/pl.* (6; *a.* -лей) Stelzen; ***~у́льный*** (14; -лен, -льна) gestelzt, geschraubt, gekünstelt; ***~у́н*** F (1*e.*) → ***~о́к***; ***~уно́м ходи́ть*** F beben, wakkeln; Kopf stehen; ***~ьба́*** *f* (5) Gehen *n*, Wandern *n*; ... ***~ьбы́*** ... zu Fuß; ***~я́чий*** (17) gängig; wandernd; F wandelnd; gehfähig, nicht bettlägerig, beweglich; *fig.* Binsen-; ein Ausbund von ...; ***~я́чая доброде́тель*** *f* Tugendbold *m*

хожде́ни|е *n* (12) Gehen, Gang *m*; † Reise *f*, Pilgerreise *f* (***по*** Д durch *A*); ***~е под паруса́ми*** Segeln; ***име́ть ~е*** in Gebrauch sein; ***~ по му́кам*** Leidensweg *m*; ***по о́бразу пе́шего ~я*** F auf Schusters Rappen

хозрасчёт [-ʃtʃ-] *m* (1) Eigenbewirtschaftung *f*; Kostenrechnungssystem *m*; ***~ный*** (14) wirtschaftlich eigenständig

хозя́|ин *m* (1; *pl.* -ева, -ев), ***~йка*** *f* (5; -ек) Hauswirt(in *f*), Hausherr(in *f*), Wirt(in *f*), Herr(in *f*); → ***домохозя́йка***; Besitzer(in *f*), Eigner; Familienoberhaupt *n*; Arbeitgeber; Chef(in *f*); † Bauer; P Mann (Frau *f*); ***~ева*** *pl.* ***по́ля*** *Sp.* Heimmannschaft *f*; *präd.* ***хоро́ший ~ин*** *j-d* wirtschaftet gut; ***~йничать*** (1) die Wirtschaft *od.* den Haushalt führen *od.* besorgen, wirtschaften, haushalten; rücksichtslos schalten u. walten; F herumfuhrwerken; ***~йский*** (16) des Wirts; → ***~ин***; Besitzer-; → ***~йственный***; ***де́ло ~йское*** *n* F tu, was du willst; ***~йственник*** *m* (1) Wirtschaftsfunktionär; F Wirtschaftler; ***~йственный*** (14*K.*) wirtschaftlich, ökonomisch; haushälterisch, sparsam; umsichtig; gebieterisch; (*o.K.*) Wirtschafts-; Haushalt(s)-; Einkaufs-; Wasch-; ***~йство*** *n* (9) Wirtschaft *f*; Haushalt *m*; Haushaltung *f*; Inventar; *Agr.* Betrieb *m*, Hof *m*; Wirtschaftsführung *f*; Haushaltsführung *f*; ***~йствование*** *n* (12) → ***~йство***; ***~йствовать*** (7) wirtschaften; den Haushalt führen; ***~йчик*** F *m* (1) Kleinunternehmer; ***~юшка*** F *f* (5; -шек) Frau Wirtin

хокке|и́ст *m* (1) Hockeyspieler; ***~́й*** *m* (3) Hockey *n*; ***~́й на льду*** Eishockey *n*; ***~́йный*** (14) Hockey-

хо́лёный (14) gepflegt, gestriegelt

холе́р|а *f* (5) Cholera; P Miststück *n*; ***~ный*** (14) Cholera-; *Su. m* Cholerakranke(r)

хо́лить (13) hätscheln, hegen, pflegen

хо́лк|а *f* (5; -лок) Widerrist *m*; Mähne; ***намя́ть ~у*** P den Kopf waschen

холл *m* (1) Halle *f*; Diele *f*

холм *m* (1*e.*) Hügel; ***~́ик*** *m* (1) kleine Anhöhe *f*; ***~и́стый*** (14*K.*) hügelig, Hügel-

хо́лод *m* (1; -а/-у; *a.* на -у́; *pl. e.*, *N* -а́) *a. pl.* Kälte *f* (***на*** П in *D*; ***от*** Р vor); Kalte(s) *n*; Frösteln *n*; ***~ать*** (1), ⟨по-⟩ kalt *od.* kälter werden, sich abkühlen; ***~е́ть*** (8), ⟨по-⟩ → ***~а́ть***; erkalten, erstarren; ***~е́ц*** *m* (1; -ца́) Sülze *f*; ***~и́льник*** *m* (1) Kühlschrank; Kühlraum; Kühlhaus *n*; ***ваго́н-~и́льник*** *Esb.* Kühlwagen; ***~и́льный*** (14) Kühl-, Kälte-, Gefrier-; ***~и́ть*** (15*e.*) kühl schmecken; *fig.* erstarren lassen, beklemmen; F auskühlen; ***~и́ще*** F *n* (10)

X

Mordskälte *f*; **~нéть** F → **~éть**; **~но** → **~ный**; **~новáтый** F (14*K*.) kühl, frisch; **~нокáтаный** (14) kaltgewalzt; **~нокрóвные** *pl*. (14) Kaltblüter; **~ность** *f* (8) Kälte; **~ный** (14; -ен, -нá) kalt; *Waffe*: blank; *Kleidung*: leicht; *fig*. kühl, gleichgültig (**к** Д gegen *A*, gegenüber *D*); kaltschnäuzig; (*o.K.*) Kalt-; Wasser-; *Su. n* kalte Speise *f* (**на** В als); → ***заливнóе***; † *f* Arrestzelle; ***~но*** es (Д *j-m*) ist kalt; ***ни жáрко, ни ~но*** (Д/**от** Р *j-n*) läßt *et*. kalt; **~óк** F *m* (1; -кá) Kühle *f*, Frische *f*; kühler Luftzug; schattige *od*. kühle Stelle *f*; leichtes Frösteln *n*; *fig*. Kälte *f*, Gleichgültigkeit *f*; Abkühlung *f*; **~остóйкий** (16; -óек, -йка) kältebeständig

холóп *m* (1) *hist*. Knecht; † Leibeigene(r); *fig*. Helfershelfer, Spießgeselle; **~ий** † (18), **~ский** † (16) knechtisch; Knecht(s)-; **~ство** *n* (9) *hist*. Knechtschaft *f*; Knechte *m/pl*.; *fig*. Knechtssinn *m*, Kriecherei *f*

холо|сти́ть (15*e*.), ⟨о-, вы́-⟩ kastrieren, verschneiden; **~стóй** (16; -ст) ledig; blind; kastriert; ungedeckt; † unbewohnt; (*o.K.*) Junggesellen-; *Tech*. Leer-; Blind-; Platz-; **~стя́к** *m* (1*e*.) Junggeselle; ***стáрый ~стя́к*** Hagestolz; **~стя́цкий** F (16) Junggesellen-; **~щéние** *n* (12) Kastrieren; **~щёный** (14*K*.) kastriert, verschnitten

холст *m* (1*e*.), **~и́на** *f* (5) Leinwand *f* Leinen *n*; Gemälde *n*; **~и́нка** *f* (5; -нок) kleines Stück *n* Leinwand; leichtes Leinengewebe *n*, Baumwollgewebe *n*; **~и́нный, ~янóй** (14) Leinen-

холу́й *m* (3*e*.) Lakai, Kriecher; **~ский** (16) Lakaien-, lakaienhaft; **~ство** *n* (9) Kriecherei *f*

холщóвый (14) Leinen-

хóл|я Р: ***живёт в ~е*** *j-d* wird gehegt u. gepflegt

хому́т *m* (1*e*.) Kummet *n*; *Tech*. Bügel, Band *n*, Schelle *f*; F Joch *n*; ***надéть себé ~ на шéю*** F sich e-e Last aufbürden; **~ик** *m* (1) Visierschieber

хомя́к *m* (1*e*.) Hamster

хор *m* (1; *pl. e*.) Chor (T im); → ***~ы***

хорвáт *m* (1), **~ка** *f* (5; -ок) Kroate(-tin *f*); **~ский** (16) kroatisch

хорéй *m* (3) Trochäus

хорёк *m* (1; -рькá) Iltis

хореогрáфия *f* (7) Choreographie

хор|и́ст *m*, **~и́стка** *f* (5; -ток) Chorsänger(in *f*); **~мéйстер** *m* (1) Chorleiter; **~овóд** *m* (1) Reigen; **~овóдиться** Р (15) sich abgeben; **~овóдный** (14) Reigen-; **~овóй** (14) Chor-; † Gemeinschafts-; ***~овáя декламáция*** *f* Sprechchor *m*; **~ом** im Chor; *fig*. gemeinsam, unisono

хорóм|ина † *f* (5) Holzhaus *n*; **~ы** † *pl*. (5) Gemächer *n/pl*.; Herrenhaus *n*, Haus *n*; F feudale Wohnung *f*

хорони́ть (13) **1.** ⟨по-, за-, F с-⟩ beerdigen, begraben; **2.** Р ⟨с-⟩ verstecken, verbergen; behüten (**от** Р vor *D*)

хорохóриться Р (13) → ***храбри́ться***

хорóш|енький (16) hübsch, niedlich; F nett, sauber; *Su. n* F Gutes; ***~енькое . . .*** F von wegen . . .!; ***~енького понемнóжку*** F nicht zuviel des Guten; **~éнько** F ordentlich, gehörig, richtig; → **~ий**; **~éть** (8), ⟨по-⟩ schön, hübsch *od*. schöner, hübscher werden; **~ий** (17; -, -á, -ó; *Komp*. лу́чше; *Sup*. лу́чший) gut; *präd*. (*a*. **~**, ***~á собóй***) hübsch; F ordentlich; sauber; *Su. m* Liebste(r); *Adv*. gut, schön; paßt; *Su. n Note* „gut" (**на** В mit); ***что ~его***? was gibt's?, was gibt's Neues?; ***что тут ~его***? was finden Sie daran gut?; ***. . . ~*** *j-d* steht sich gut (mit *D*); ***ты тóже ~***! F du bist gut *od*. mir einer!; ***мне ~ó*** ich fühle mich wohl *od*. gut; ***вам ~ó говори́ть*** Sie haben gut reden; ***ты ~ó сдéлаешь, éсли придёшь*** du tätest gut daran zu kommen; ***~ó, ~ó***! schon gut!; ***вот ~ó***! wie schön!; ***~ó***!, ***~ó же!*** F na warte!; ***всё ~ó, что ~ó кончáется*** *Spr*. Ende gut, alles gut

хору́гвь *f* (8) Kirchenfahne; *hist*. Kriegsbanner *n*

хору́нжий † *m* (17) Kosakenleutnant

хóры *pl*. (1) Empore *f*

хорькóвый (14) Iltis-

хо|тéние F *n* (12) Wollen; → **~тéть** (-чу́, -чешь, -чет, -ти́м, -ти́те, -тя́т) (Р, В) wollen, wünschen, mögen; im Begriff sein; ***скóлько ~чешь*** F jede Menge; ***~чешь не ~чешь*** wohl oder übel; ***~тéл бы*** → **-ся**: (Д) ***~чется*** *j-d* möchte *od*. würde gern, hat Lust . . .; ***~чет***, (Д) ***~чется есть*** *od*. ***пить*** *j-d* hat Hunger *od*. Durst

хоть selbst, sogar; meinetwegen; F wenigstens, auch nur; etwa; **~ бы** doch wenigstens, wenn auch nur; **~ и** auch wenn; → **хотя́**; **~ . . .**, **~ . . .** ob . . ., ob . . ., *j-m* ist es gleich; entweder . . . oder. . .; **~ вы́жми** F tropfnaß; **. . . ~ заре́жь** *od* **убе́й** . . . F u. wenn du mich totschlägst; dringendst; **~ умри́** F u. wenn du dich auf den Kopf stellst; → **нос** P; **~ кто** F jeder beliebige; **~ что** F alles, alles Mögliche; **~ где** *od.* **куда́** F überall *od.* überallhin; **~ куда́** F tipp topp, prima; **~ бы ско́лько** P ein klein bißchen; **вот ~** (И) F nimm mal (*A*); **~ бы и так** selbst wenn es so wäre; F **~ бы что** (Д *j-m*) macht es gar nichts aus; **~ бы** (+ *Prät.*) wenn doch (+ *Konj.*) *od.* wenn doch . . . könnte

хотя́ obwohl, obgleich; → **хоть**; **~ бы** selbst, und wenn

хох|ла́тый (14*K.*) mit Schopf *od.* Haube; F zottig; (*o.K.*) Schopf-, Hauben-; **~ла́цкий** P (16) *verä.* ukrainisch; **~литься** (13), ⟨на-⟩ sich *od.* das Gefieder aufplustern; **~ма́ч** P *m* (1*e.*; -е́й) Witzbold; **~о́л** *m* (1; -ла́) Schopf, Tolle *f*; Haube *f*; P *verä.* Ukrainer

хо́хот *m* (1), **~а́ние** *n* (12) Gelächter *n*, lautes Lachen *n*; **~а́ть** (3) laut, schallend lachen; **~у́н** F *m* (1*e.*), **~у́нья** F *f* (6; -ний) Lacher(in *f*), lachlustige Person *f*

храбр|е́ть F (8) mutig *od.* mutiger werden; **~е́ц** *m* (1*e.*) kühner Mann, Tapfere(r); **~и́ться** F (13*e.*) sich Mut machen; **~ость** *f* (8) Tapferkeit; Mut *m*; **~ый** (14; -, -а́) tapfer, kühn, mutig; **не из ~ых** *j-d* ist kein Held; **пасть сме́ртью ~ых** den Heldentod sterben

храм *m* (1) Tempel; Kirche *f*; Kathedrale *f*; **~ина** † *f* (5) Haus *n*; Gemach *n*; **~ово́й** (14) Tempel-; Kirchen-; Patronats-

хран|е́ние *n* (12) Verwahrung *f* (**на** В in, zur), Aufbewahrung *f*; **~и́лище** *n* (11) Aufbewahrungsort *m*; Behälter *m*; Lager *m*, Magazin; Speicher *m*; Sammlung *f*; **~и́тель** *m* (4) Hüter; Bewahrer; † Beschützer; Kustos, Konservator; **~и́ть** (13*e.*), ⟨со-⟩ aufbewahren, aufheben, verwahren; bewahren, wahren; hüten, behüten, beschützen; halten, **~и́ть в та́йне** geheimhalten; lagern; speichern; **-ся** in Verwahrung sein, sich befinden

храп *m* (1) Schnarchen *n*; *Anat.* Scheidewand *f*; → **~е́ть** (10*e.*) schnarchen; schnauben; F fest schlafen

храпов|и́к *m* (1*e.*) Sperrad *n*, Klinkenrad *n*; **~о́й** (14) Sperr-

храпови́цк|ий F: **задава́ть ~ого** → **храпе́ть** F

хребе́т *m* (1; -бта́) Rückgrat *n*, Wirbelsäule *f*; Kamm; Grat, *Berg*: Rücken; Gebirge *n*

хрен *m* (1; -а/-у) Meerrettich; P Knakker; **ни ~а́** P → **чёрт** P; **~ ре́дьки не сла́ще** *Spr.* das ist gehupft wie gesprungen; **~о́вый** (14) P mies

хрестомати́|йный (14) anthologisch; **~я** *f* (7) Chrestomathie

хрип *m* (1) Krächzen *n*, heiseres Geräusch *n*; Röcheln *n*; *pl.* Rasseln *n*, Geräusch *n*; **~е́ть** (10*e.*) krächzen, mit heiserer *od.* rauher Stimme reden *od.* singen; röcheln; **~лый** (14; -л, -ла́) heiser, belegt; **~нуть** (21), ⟨о-⟩ heiser werden *od.* sein; **~ота́** *f* (5) Heiserkeit; **до ~оты́** heiser

христ|ара́дничать P (1) betteln; **~иани́н** *m* (1; *pl.* -а́не, -а́н), **~иа́нка** *f* (5; -нок) Christ(in *f*); **~иа́нский** (16) christlich; **~иа́нство** *n* (9) Christentum, Christenheit *f*; **2о́в** (19) Christi; **2о́в день** *m* Ostersonntag; **2о́с** *m* (1; 2а́) Christus; → **Бог** u. **па́зуха**; **~о́соваться** (7), ⟨по-⟩ sich dreimal küssen (*am Osterfest*)

хром *m* (1) Chrom *n*; Chromleder *n*

хромати́ческий (16) chromatisch

хром|а́ть (1) hinken, lahmen (**на** В auf *D*); → **нога́**; F nachhinken (**по** Д in *D*); **~е́ть** F (8), ⟨о-⟩ lahm werden

хром|и́ровать (7) *im(pf.)* verchromen; **~истый** (14) Chrom-, chromhaltig; **~овый** (14) Chrom-

хром|о́й (14; -, -а́) lahm, hinkend; F zu kurz; *Su. m* Lahme(r); **~оно́гий** F (16*K.*) hinkend; **~оно́жка** F *m*/*f* (5; -жек) Hinkebein *n*

хромота́ *f* (5) Hinken *n*

хро́ни|к F (1) chronisch Kranke(r); **~а** *f* (5) Chronik; Tagesbericht *m*, Notizen *f*/*pl.*; Tagesschau, Wochenschau; **~ка́льный** (14) chronikalisch; Tages; Dokumentar-; **~кёр** *m* (1) Lokalreporter; **~ческий** (16) chronisch

хроно|логи́ческий (16) chronologisch; Zeit-; **~ло́гия** *f* (7) Chronolo-

gie, Zeitfolge; **~метр** *m* (1) Chronometer *n*; Zeitmesser; **~метра́ж** *m* (1; -ей) Zeitmessung *f*, Zeitnahme *f*
хру́пкий (16; -пок, -пка́) brüchig, zerbrechlich, spröde; zart, gebrechlich; schwächlich
хру́ст *m* (1) Knirschen *n*; → **~е́ть**
хруста́л|ик *m* (1) *Anat*. Augenlinse *f*; F *dim. v.* **~ь** *m* (4*e*.) Kristallglas *n*, Kristall *n*; **~ьный** (14) Kristall-, kristallen
хруст|е́ть (11), *einm.* ⟨**~нуть**⟩ [-sn-] (20) knirschen (***на*** П zwischen *D*); knacken; **~я́щий** Knäcke-; **~кий** (16; -ок, -ка́) knirschend; knackig; resch
хрущ *m* (1*e*.; -е́й) Maikäfer
хрыч P *m* (1*e*.; -е́й) Knacker; **~о́вка** P *f* (5; -вок) Vettel
хрю́к|анье *n* (10) Grunzen; **~ать** (1), *einm.* ⟨~нуть⟩ (20) grunzen
хрящ *m* (1*e*.; -е́й) Knorpel; **~ева́тый** (14*K*.), **~ево́й** (14) knorp(e)lig
ху́де|нький (16) schmächtig; **~ть** (8), ⟨по-⟩ abmagern, abnehmen
ху́д|о¹ F *n* (9) Böse(s), Übel; ***нет ~а без добра́*** *Spr.* jedes Unglück hat was Gutes; **~о²** → ***~о́й 2***
худоба́ *f* (5) Magerkeit, Hagerkeit
худо́жеств|енность *f* (8) künstlerische Gestaltung; → **~енный** (14*K*.) künstlerisch, kunstvoll; schön, schöngeistig, belletristisch; (*o.K.*) Kunst-; Künstler-; Spiel-; **~о** *n* (9) † bildende Kunst *f*; F Streich *m*
худо́жни|к *m* (1), **~ца** *f* (5) Künstler(in *f*); Maler(in *f*), Kunstmaler(in *f*); Könner(in *f*), Meister(in *f*); ***~к-декора́тор*** Bühnenbildner(in *f*); ***~к-костюме́р*** *m* Kostümbildner(in *f*); **~ческий** (16) künstlerisch, Künstler-
худ|о́й (14; -, -а́) **1.** mager, hager, dürr; F löch(e)rig; † nieder; **2.** F (ху́же; ~ший) schlecht, schlimm, übel; → ***плохо́й***; ***на ~о́й коне́ц*** F schlimmstenfalls; ***не говоря́ ~о́го сло́ва*** ohne ein Wort zu verlieren; ***~о́й мир лу́чше до́брой ссо́ры*** *Spr.* ein magerer Vergleich ist besser als ein fetter Prozeß; **~осо́чие** *n* (12) Kräfteverfall *m*, Kachexie *f*; **~осо́чный** (14; -чен, -чна) abgezehrt, kachektisch; kränklich, siech; **~оща́вый** (14*K*.) hager, dürr; **~ший** (17) schlechtest, schlimmst; → ***~о́й 2** u.* ***плохо́й***; → ***ху́же***
ху́же (→ ***худо́й 2** u.* ***плохо́й***) schlechter, schlimmer; → ***лу́чше, не́куда***
ху|й V *m* (3; на -ю́; *pl. e.*) Penis, V Schwanz
хула́ *f* (5) Schelte, Schmähung(en *pl.*)
хулига́н *m* (1) Rowdy; **~ить** F (13), **~ничать** P (1) randalieren; **~ский** (16) Rowdy-, rabaukenhaft; **~ство** *n* (9) Rowdytum; grober Unfug *m*; **~ьё** F *n* (10) *koll.* Rowdys *m*/*pl.*
хули́т|ель *m* (4) Schmäher; **~ь** (13*e*.) schmähen, scharf tadeln
хурма́ *f* (5) Dattelpflaume
ху́тор *m* (1; *pl. e.*, *N* -а́) Vorwerk *n*, Weiler (***на*** П in *D*); Einzelhof, Gehöft *n*

Ц

цап F → **~ать** P (1) **1.** *einm.* ⟨~нуть⟩ schnappen (***за*** В nach *D*); streifen, sich festhalten; **2.** ⟨с-⟩ greifen, fassen (В nach *D*), anfassen; *pf.* ergreifen; klauen; **-ся 1.** sich klammern *od.* festhalten (***за*** В an *D*); **2.** ⟨по-⟩ sich in die Haare geraten
ца́пля *f* (6; -ель) Reiher *m*
ца́п|ну́ть, ~-цара́п F → ***ца́пать***
цара́п|анье *n* (10) Kratzen; Gekritzel; → **~ать** (1) **1.** ⟨о-, по-⟩, *einm.* ⟨~нуть⟩ kratzen; zerkratzen; F verletzen; **2.** F ⟨на-⟩ kritzeln, hinkritzeln; ritzen; **-ся** kratzen; nagen; P sich hakeln; kraxeln; **~ина** *f* (5) Kratzer *m*, Kratzwunde, Schramme
царе́|вич *m* (1; -чей), Zarensohn; *Folk.* Prinz; **~вна** *f* (5; -вен) Zarentochter *f*; *Folk.* Prinzessin *f*; **~дво́рец** *m* (1; -рца) *ehm.* Höfling; **~к** *m* (1;

-рька́) *dim. v.* **царь**; Duodezfürst; **~убийство** *n* (9) Zarenmord *m*; Königsmord *m*; **~убийца** *m*/*f* (5) Zarenmörder(in *f*); Königsmörder(in *f*)

цари́|ть (13*e.*) herrschen; **~ца** *f* (5) Zarin, Kaiserin; *fig.*, *Folk.* Königin

ца́р|ский (16) Zaren-; zaristisch; kaiserlich; *fig.* königlich; *Chem.* Königs-; *Rel.* heilig, Haupt-; *hist.* Krönungs-; **~ственный** (14*K.*) Zaren-, kaiserlich; (*K.*) *fig.* majestätisch, würdevoll; **~ство** *n* (9) Zarenreich, Kaiserreich; *fig.* Reich; † Thron *m*; ***~ство ему́ небе́сное!*** Gott hab ihn selig!; → **~ствование** *n* (12) Regierung *f*; Regierungszeit *f* (**в** B zu *D*, während *G*); Herrschaft *f* (unter *D*); **~ствовать** (7) regieren, (*a. fig.*) herrschen; **~ь** *m* (4*e.*) Zar (**при** П unter); Kaiser; *fig.*, *Folk.* König; *Rel.* **Ձь** Vater; ***при ~е́ Горо́хе*** F Anno Tobak; ***без ~я́ в голове́*** F beschränkt, bekloppt

ца́ц|а F *f* (5) Spielzeug *n*; Puppe; Zieraffe *m*, Zierpuppe; Pinkel *m*, Zimtziege; **~каться** P (1) sich abgeben

цвести́ (25 -т-) blühen (*a. fig.*); gedeihen, in Blüte *od.* voller Blüte stehen; strotzen; (T von), strahlen; F → ***плесневе́ть***

цвет *m* **1.** (1; *pl. e.*, *N* -á) Farbe *f*, Färbung *f*; *fig.* Licht *n*; ***в кра́сный ~*** rot (*anstreichen*); **2.** (1; -а/-у; *a.* в -ý) *koll.* Blüte *f* (*a. fig.*); *fig.* Creme *f*, Elite *f*; **~ы́** *pl.* → ***~о́к***; ***во ~е лет*** in den besten Jahren; **~а́стый** F (14*e.*) mit Blumenmuster; farbenfroh; **~е́ние** *n* (12) Blühen; Blüte(n *pl.*) *f*; **~ень** P *m* (4; -ня) → ***пыльца́***; **~ик** *m* (1) Blütchen *n*; → ***~о́чек***; **~и́стый** (14 *K.*) blumenreich, blumenübersät; farbenreich, farbenprächtig; *fig.* blumig; → ***~а́стый***; **~ко́вый** (14) Blüten-; **~ни́к** *m* (1*e.*) Blumengarten; Blumenbeet *n*; **~но́й** (14) bunt, farbig; Farb-; Bunt-; *Bot.* Blumen-; *Min.* Nichteisen-

цвето|во́д *m* (1) Blumenzüchter; **~во́дство** *n* (9) Blumenzucht *f*; Gärtnerei *f*; **~во́й** (14) Farb-, Farben-; **~к** *m* (1; -тка́; *pl. mst* цветы́) Blume *f*; Blüte *f*, Blütenkätzchen *n*; **~ло́же** *n* (11) Blütenboden *m*; **~оно́жка** *f* (5; -жек) Blütenstengel *m*; **~чек** *m* (1; -чка) Blümchen *n*; ***э́то то́лько ~чки, а я́годки бу́дут впереди́*** *Spr.* das ist erst der Anfang, das dicke Ende kommt noch; **~чница** *f* (5) Blumenhändlerin, Blumenmädchen *n*; **~чный** (14) Blumen-; Blüten-

цвет|у́щий (17) blühend (*a. fig.*); *fig.* frisch, gesund; Blumen-; **~ы́** → ***~о́к***

цвири́к|ать F (1), *einm.* ⟨**~нуть**⟩ (20) zirpen

цевни́ца *f* (5) Schalmei

цеди́|лка F *f* (5; -лок) Seiher *m*; **~ть** (15) **1.** ⟨про-⟩ durchseihen; F herauspressen; **2.** ⟨вы́-⟩ zapfen, abzapfen; F schürfen; **-ся** quellen

це́зий *m* (3; -и) Cäsium *n*

целе́бный (14; -бен, -бна) Heil-; heilsam, heilkräftig

целе|во́й (14) Ziel-; zweckgebunden; speziell; → **~напра́вленный** (14 *K.*) zielgerichtet; **~сообра́зный** (14; -зен, -зна) zweckmäßig, zweckentsprechend; **~устремлённый** (14 *K.*) zielbewußt, zielstrebig, zielgerichtet

целико́м im ganzen, als Ganzes; voll, vollständig, völlig, ganz, gänzlich; mit Leib u. Seele

цели́н|а *f* (5) Neuland *n* (**на** B ins), jungfräulicher Boden *m*; **~ник** *m* (1) Neulandsiedler; **~ный** (14) Neu-, Neuland-

цел|и́тельный (14; -лен, -льна); →***~е́бный***; **~и́ть¹** † (13*e.*) heilen

це́лить² (13) zielen (**в** B auf *A*, nach *D*), anlegen; *fig.* abzielen (auf *A*); → ***ме́тить 2***; **-ся**, ⟨на-, при-⟩ → **~²**

це́лка P *f* (5; -лок) Jungfrau

целко́вый P *m* (14) Rubel

целова́|ние *n* (12) Küssen; Kuß *m*; **~ть** (7), ⟨по-⟩ küssen (**в** B auf *A*); **-ся** sich küssen (*a.* И/**с** T *N u. N*)

цело|дне́вный (14) ganztägig, Ganztags-; **~е** *n* (14) Ganze(s); *Math.* ganze Zahl *f*; ***в ~м*** im ganzen; ***в о́бщем и ~м*** im großen u. ganzen; **~му́дренный** (14*K.*) keusch; **~му́дрие** *n* (12) Keuschheit *f*; **~стность** [-sn-] *f* (8) Ganzheit, Ganzheitlichkeit; Integrität; **~стный** [-sn-] (14; -тен, -тна) ganz, ganzheitlich; einheitlich; unversehrt; → ***це́льный***; **~сть** *f* (8) Ganzheit; Vollständigkeit; → ***це́лый***; ***в ~сти и сохра́нности*** heil u. ganz, völlig unversehrt

це́л|ый (14; -, -á) ganz; heil, unver-

Ц

sehrt, unverletzt; F richtig; → **~ое**

цел|ь *f* (8) Ziel *n*; Zweck (**с** Т zu *D*), Absicht (in *D*); ***в ~ях*** zwecks, zum Zweck; ***в ... ~ях*** für ... Zwecke; ***имéть ~ью*** zum Ziel haben, bezwecken; ***бить в ~ь*** das Ziel treffen; ***бить мíмо ~и*** ... verfehlen

цéльн|ость *f* (8) Integrität; → **~ый** (14; -лен, -á) aus e-m Stück, massiv; jungfräulich; gediegen, geschlossen; ganz; rein; Voll-; P → ***цéлый***

Цéльсий *m* (3; -и) Celsius (**по** Д *N*)

цемент|íровать (7) *im*(*pf.*), ⟨за-, *fig.* с-⟩ zementieren; **~ный** (14) Zement-

цен|á *f* (5; ~у; *pl. st.*) Preis *m* (***на, за*** В für *A*; ***по*** Д, Т/***в*** В zu *D*/von *D*), Preislage (***по*** Д in *D*); Wert *m*; ***~óю*** (P) unter Einsatz (*G*), durch (*A*), nach (*D*); ***любóй ~óй*** um jeden Preis; ***~ы́ нет*** (Д *N*) ist nicht mit Geld zu bezahlen, unbezahlbar; ***знать ~у*** (Д j-s) Wert *od. et.* zu schätzen *od.* richtig einzuschätzen wissen; ***знать себé ~у*** sich s-s Werts bewußt sein; ***быть в ~é*** F hoch im Preis(e) stehen

ценз *m* (1) Zensus; *Alter*: Grenze *f*; *Bildung*: Grad

цензýр|а *f* (5) Zensur; **~ный** (14) Zensur-, der Zensur; salonfähig, anständig

ценíт|ель *m* (4) Kenner; **~ь** (13; -нённый: -енá), ⟨о-⟩ schätzen (***в*** В auf *A*); werten, bewerten, F taxieren; *fig.* einschätzen, würdigen; ***высокó ~ь*** hochschätzen *od.* → **-ся** im Kurs stehen; ***-ся на вес зóлота*** Goldes wert sein

цéнн|ик *m* (1) Preisliste *f*; **~остный** [-sn-] (14): ***в ~остном выражéнии*** wertmäßig; **~ость** *f* (8) Wert *m*, Wertgegenstand *m*; Wertsache *f*; **~ый** (14; цéнен, ~á) wertvoll, kostbar; geschätzt, hochgeschätzt; (*o.K.*) Wert-

ценообразовáние *n* (12) Preisbildung *f*

цéнтнер *m* (1) Doppelzentner (*100 kg*)

центр *m* (1) Zentrum *n*, Mittelpunkt, Mittel *n*; Mitte *f*, Kern; Zentrale *f*; *Rdf.* Anstalt *f*, Sender; Hauptstadt *f*; *fig.* Brennpunkt

централ|изáция *f* (7) Zentralisierung; **~изóванный** (14) → **~ьный** *u.* **~изовáть** (7) *im*(*pf.*) zentralisieren; **~ьный** (14; -ен, -ьна) zentral; hauptstädtisch; (*o.K.*) Zentral-; Mittel-; Haupt-; *Math.* Zentri-

центр|íровать (7) *im*(*pf.*) zentrieren; **~ифýга** *f* (5) Zentrifuge, Schleuder; **~обéжный** (14) Zentrifugal-, Flieh-, Fliehkraft-, Schleuder-; **~овóй** (14) Mittel-; **~остремíтельный** (14) Zentripetal-

цеп *m* (1*e.*) Dreschflegel

цепенéть (8), ⟨о-⟩ erstarren (***от*** P vor *D*), steif werden

цéп|кий (16; -ок, ~кá) griffest; fest, festhaftend; zäh; (*o.K.*) Greif-; → ***вя́зкий***; **~кость** *f* (8) fester Griff *m*; Zähigkeit; **~ля́ться** (28) sich anhaken *od.* anklammern *od.* festhalten, hängenbleiben (***за*** В an *D*); stolpern (über *A*); P herummäkeln (*a.* ***к*** Д)

цеп|нóй (14) Ketten-; **~óчка** *f* (5; -чек) kleine Kette, Kettchen *n*; Kette; Sperrkette; Reihe; **~ь** *f* (8; *a.* с -и́; на -и́; *ab Gpl. e.*) Kette (***на, нá*** В; ***на*** П an *A*, *D*; Т in *D*); *Mil.* Linie; *El.* Kreis; ***как с ~и́ сорвáлся*** F *j-d* ist außer Rand u. Band *od.* gebärdet sich wie toll

церемон|иáл *m* (1) Zeremoniell *n*; **~иáльный** (14) zeremoniell, förmlich; Parade-; **~иться** F (13) ⟨по-⟩ viel Umstände *od.* Federlesens machen, sich zieren *od.* genieren; **~ия** *f* (7) Zeremonie, Zeremoniell *n*; Umstände *m/pl.*, Förmlichkeiten *pl.*; **~ный** (14; ~ен, ~на) förmlich, steif, zeremoniös

церк|вýшка *f* (5; -шек), **~óвка** *f* (5; ~вок) Kirchlein *n*; **~óвник** *m* (1) Klerikale(r); † Kirchendiener; **~овнославя́нский** (16) kirchenslawisch; **~óвный** (14) kirchlich; Kirchen-; sakral; geistlich; **~овь** *f* (8; ~ви; ~овью; *pl.* ~ви, -вéй, -вáм) Kirche

цесарéвич *m* (1; -ей) *ehm.* Thronfolger

цесáрка *f* (5; -рок) Perlhuhn *n*

цех *m* **1.** (1; *a.* в -ý; *pl.* F *a. e.*, *N* -á) Abteilung *f*, Halle *f*; Werkstatt *f*; Werk *n*; → ***литéйный, токáрный***; **2.** (1) *hist.* Zunft *f*, Innung *f*; **~овóй** (14) Werk-, Abteilungs-; Zunft-, Innungs-; *fig.* Berufs-; **~овщи́на** *f* (5) Zunftgeist *m*

циáн|истый, ~овый (14) Zyan-

цивилиз|áторский (16) zivilisato-

Ц

risch; **~а́ция** *f* (7) Zivilisation; **~о́ванный** (14*K*.) zivilisiert, gesittet; **~ова́ть** (7) *im*(*pf*.) zivilisieren
цига́рка F *f* (5; -рок) selbstgedrehte Zigarette; Zigarillo *m*
циду́лька F *f* (5; -лек) Schrieb *m*
цикл *m* (1) Zyklus; Kreislauf; Reihe *f*; *Tech*. Spiel *n*
циклame̍н *m* (1) Alpenveilchen *n*
цикли|за́ция *f* (7) Zyklisierung; **~́ческий** (16), **~́чный** (14; -́чен, -́чна) zyklisch
цикло́н *m* (1) Tiefdruckgebiet *n*, Tief *n*; Zyklon, Wirbelsturm
цико́рий *m* (3; -я/-ю; -и) Zichorie *f*
цили́ндр *m* (1) Zylinder (*a. Tech.*), Zylinderhut; **~и́ческий** (16) zylindrisch; **~овый** (14) Zylinder-
цимба́лы *pl.* (5) Zimbel *f*
цинг|а́ *f* (5) Skorbut *m*; **~о́тный** (14) Skorbut-; *Su. m* Skorbutkranke(r)
ци́ни|к *m* (1) Zyniker, **~́ческий** (16) zynisch; **~́чность** *f* (8) Zynismus *m*; **~́чный** (14; -́чен, -́чна) zynisch
цинк *m* (1) Zink *n*; **~ова́ть** (7), ⟨о-⟩ verzinken; **~́овый** (14) Zink-
цино́вка *f* (5; -вок) Bastmatte, Strohmatte, Binsenmatte
цирк *m* (1) Zirkus; **~а́ч** F *m* (1*e*.; -е́й) Zirkusartist; **~ово́й** (14) Zirkus-
циркул|и́ровать (7) zirkulieren, in Umlauf sein; F pendeln; **~́ь** *m* (4) Zirkel; **~́ьный** (14) Zirkel-; Kreis-; **~я́р** *m* (1) Rundschreiben *n*, † Zirkular *n*; **~я́рный** (14) Rund-; *Tech*. Kreis-; **~я́ция** *f* (7) Zirkulation, Umlauf *m*, Kreislauf *m*
цирю́льник † *m* (1) Barbier
цисте́рна *f* (5) Zisterne, Behälter *m*; Tank *m*; Tankwagen *m*
цитаде́ль [-'dɛl̩] *f* (8) Zitadelle, Feste; *fig*. Bollwerk *n*, Hochburg
цит|а́та *f* (5) Zitat *n*; **~а́тный** (14) Zitat-, Zitaten-, Zitier-; **~и́ровать** (7), ⟨про-⟩ zitieren, anführen
ци́тра *f* (5) Zither
ци́трусовые *pl.* (14) Zitrusfrüchte *f*/*pl.*
циф|ербла́т *m* (1) Zifferblatt *n*; **~́ра** *f* (5) Ziffer, Zahl; **~рово́й** (14) Ziffern-, Zahlen-; numerisch; Digital-
цо́к|анье *n* (10) Trappeln; → **~ать** (1), *einm.* ⟨**~**нуть⟩ (20) trappeln, klappern; schlagen; schnalzen
цо́коль *m* (4) Sockel; *El*. Fassung *f*
цо́к|от *m* (1) → ***~анье***; **~отáть** (3) → ***~ать***; P schnattern; **~оту́ха** P *f* (5) Schnattergans
цу́гом in e-m Doppelgespann *od*. Dreifachgespann; F in langer Reihe
цука́т *m* (1) kandierte Früchte *f*/*pl.*
цыга́н, † **~ин** *m* (1; *pl.* -е, -; † -ы, -ов), **~ка** *f* (5; -ок) Zigeuner(in *f*); **~ский** (16) Zigeuner-, zigeunerhaft
цы́к|ать P (1), *einm.* ⟨**~**нуть⟩ (20) anfahren, anschnauzen (***на*** B *A*)
цы́пки F *pl.* (5; -пок) kleine Risse *m*/*pl.*
цыпл|ёнок *m* (2) Küken *n*; ***~я́т по о́сени счита́ют*** *Spr*. man soll den Tag nicht vor dem Abend loben
цы́почк|и: ***на ~ах*** auf Zehenspitzen
цып-цы́п putt!, putt!
цыц! P still!, kusch!

Ч

чаба́н *m* (1*e*.) Schafhirt
ча́вкать → ***чмо́кать, хлю́пать***
чад *m* (1; -́а/-́у; в -у́) Dunst, Qualm; *fig*. Rausch; **~и́ть** (15*e*.) qualmen, dunsten; **~́ный** (14; -́ен, -́на) qualmend, qualmig, dunstig; *fig*.benebelt, berauscht; berauschend
ча́д|о † *n* (9) Kind; Sohn *m*, mein Sohn *m*; *fig*. Sproß *m*; ***с ~ами и домоча́дцами*** mit Kind u. Kegel; **~олюби́вый** † (14*K*.) kinderliebend
чадра́ *f* (5) Schleier *m*
чаё|вник F *m* (1) Teeliebhaber; **~вничать** F (1) Tee trinken; **~̈во́дство** *n* (9) Teeanbau *m*; **~̈вы́е** F *pl.* (14) Trinkgeld *n*; **~к** F *m* (1; -чайку́) Tee, ein gutes Glas Tee; **~̈пи́тие** *n* (12) Teetrinken

чай¹ *m* (3; ча́я/-ю) Tee; Teetrinken *n* (***за*** T bei *D*); *pl.* (чаи́, -ёв) Teesorten *f/pl.*; ***на ~*** Trinkgeld *n*; ***ча́шка f ча́ю*** e-e Tasse Tee; ***~ да са́хар***! P wohl bekomm's!
чай² P wohl, wahrscheinlich; doch
ча́йка *f* (5; ча́ек) Möwe
ча́й|ная *f* (14) Teestube; **~ник** *m* (1) Teekanne *f*, Teekessel; **~ница** *f* (5) Teebüchse, Teedose; **~ный** (14) Tee-; **~хана́** *f* (5) Teestube
ча́лка *f* (5; -лок) Anlegetau *n*
чалма́ *f* (5) Turban *m*
ча́лый (14) graugefleckt
чан *m* (1; *a.* в -у́; *pl. e.*) Kübel, Bottich, Zuber
ча́р|а † *f* (5) Becher *m*; **~ка** *f* (5; -ок) Weinglas *n*, Schnapsglas *n*, Glas *n*, Gläschen *n*
чарова́ть (7), ⟨о-, за-⟩ bezaubern
чаро́де́й *m* (3) Zauberer; **~ка** *f* (5; -е́ек) Zauberin; **~ский** (16) Zauber-, zauberhaft; **~ство** *n* (9) Zauberei *f*, Hexerei *f*
чар|у́ющий (17) bezaubernd; **́~ы** *pl.* (5) Reiz(e *pl.*) *m*, Zauber(ei *f* †) *m*
час *m* (1; ́-а/́-у; *2, 3, 4* -а́; *a.* в -у́; *pl.* e.) Stunde *f* (***в*** B in *D*; zu *D*; ***на*** B für *A*, um *A*; ***через*** B in *D*); Uhr (***в*** *A* um); Zeit *f*; **час** (***два ~а́, пять ~о́в***) ein (zwei, fünf) Uhr; → ***у́тро, день, ве́чер, ночь***; ***в … ~а́, ~о́в*** im Laufe von … Stunden; ***через ~*** e-e Stunde danach; ***пя́тый ~*** es ist nach vier; ***в пя́том ~у́*** nach vier, zwischen vier u. fünf; ***~а́ми*** stundenlang; ***по ~а́м*** stundenweise; ***стоя́ть на ~а́х*** Wache stehen; ***~ от ~у, с ́~у на ~*** von Stunde zu Stunde; ***~ от ~у не ле́гче***! F das wird ja immer besser!; ***всему́ свой ~*** alles braucht seine Zeit; → ***~ы́, кото́рый, вре́мя, пора́, до́брый, ро́вный***; **́~ик** *m* (1) Stündchen *n*
часо́вня *f* (6; -вен) Kapelle
часо|во́й (14) **1.** einstündig; Stunden-; Zeit-; Einuhr-; **2.** Uhr-, Uhren-; **3.** *Su. m* Wachposten, Posten; Schildwache *f*, Wache *f*; **~вщи́к** *m* (1*e.*) Uhrmacher; **́~к** *m* (1; -ска́) → ***ча́сик***; **́~м** P manchmal; etwa; übrigens; zufällig; **~сло́в** *m* (1) Gebetbuch n
част|е́нько F recht oft; **~и́ть** (15*e.*) F schnell schlagen; stark regnen; loslegen, überhastet schießen; P oft besuchen *od.* vorbeischauen
части́|ца *f* (5) Teilchen *n*, (*a. Gr.*) Partikel (*Phys. n*); **~чный** (14; -чен, -чна) teilweise, partiell; Teil-; ***~чно безрабо́тный m*** Kurzarbeiter
ча́стн|ик [-sn-] F *m* (1) Privatunternehmer, Privathändler; **~овладе́льческий, ~осо́бственнический** (16) privat; **~ое** *n* (14) Quotient *m*; **~ость** *f* (8) Besondere(s) *n*; *mst pl.* Einzelheit, Detail *n*; ***в ~ости*** insbesondere; **~ый** (14) einzeln, besonder, speziell; Einzel-, Sonder-, Spezial-; privat, Privat-; ***~ым о́бразом*** privat
ча́сто oft, öfter(s); → ***ча́стый***
частоко́л *m* (1) Pfahlzaun
частот|а́ (5; *pl. st.* ́-ы) Häufigkeit; *Rdf.* Frequenz; → ***ча́стый***; **́~ный** (14) Häufigkeits-; Frequenz-; **~оме́р** *m* (1) Frequenzmesser
часту́шка *f* (5; -шек) Scherzlied *n*
ча́ст|ый (14; -, -а́; ча́ще) häufig, oftmalig; dicht; fein, engmaschig; schnell; (*o. K.*) *Puls:* beschleunigt; *Tränen*: reichlich; Schnell-; Staub-
част|ь *f* (8; *ab Gpl. e.*) Teil *m* (***на*** B *pl.* in *A*; ***по*** Д *pl.* in *D*); *Tech.* Teil *n*; Abteilung (*a. Mil.*); *Mil.* Einheit, Verband *m*; Stück *n*; *Mus.* Satz *m*; Wehr; Anteil *m*; F Fach *n*, Beruf *m*, Bereich *m* (***по*** Д in *D*); Stelle; † Polizeirevier *n* (***в*** B auf *A*); Los *n*; ***тре́тья ~ь*** Drittel *n*; ***~ь ре́чи*** *Gr.* Wortart; ***бо́льшая ~ь*** die meisten; → ***бо́льший***; ***рвать на ́~и*** F stark einspannen; **́~ью** zum Teil, teilweise
час|ы́ *pl.* (1) Uhr *f*; ***на ~а́х …*** die Uhr zeigt …
ча́х|лый (14*K.*) verkümmert; kränklich, siech; spärlich; **~нуть** (21/20), ⟨за-⟩ verkümmern; dahinsiechen; F vergehen (***от*** P vor *D*); **~о́тка** † *f* (5) Schwindsucht (***от*** P, ***в*** П an *D*); F *Fin.* Ebbe; **~о́точный** (14) † schwindsüchtig; F → ***~лый***; *Su. m* Schwindsüchtige(r)
ча́ш|а *f* (5) Schale; Becher *m*, (*a. fig.*) Kelch *m*; *fig.* Maß *n*; ***на ~у весо́в*** in die Waagschale; ***дом - по́лная ~а*** (***у*** P *j-d*) lebt im Überfluß; **~ечка** *f* (5; -чек) Täßchen *n*, Schälchen *n*; *Bot.* Kelch *m*; F → **~ка** *f* (5; -ек) Tasse, Schale; Waagschale; *Anat.* Scheibe; *Degen*: Korb *m*

ча́ща *f* (5) Dickicht *n*
ча́ще → ***ча́сто***; → ***весь***
ча́я|ние *n* (12) Erwartung *f*, Hoffnung *f*; ***па́че ~ния*** wider Erwarten, unverhofft; **~ть** P (27) annehmen; (P) erwarten, (auf *A*) hoffen; F ***души́ не ~ть*** (***в*** П an *j-m*) e-n Narren gefressen haben
чва́н|иться F (13) sich brüsten, angeben; **~ли́вый** F (14*K*.), F **~ный** (14; -ен, -на) hochmütig, hochnäsig, angeberisch; **~ство** *n* (9) Angeberei *f*; → ***~ный***
чебуре́к *m* (1) *Art* Pastete (*mit Hammelfleischfarce*)
чего́ [-'vɔ] F wozu?; weshalb?; P was?; → ***что***
чей *m*, чья *f*, чьё *n*, чьи *pl*. (26) **1.** wessen; ***~ э́то дом***? wessen Haus ist das?; **2.** dessen, deren; → ***ни***; ***чья взяла́***? wer hat gesiegt?; F → **~-либо**, **-нибудь**, **-то** (26) jemandes, irgend jemandes; irgendein
чек *m* (1) Scheck; Kassenzettel, Bon
Чека́ F *f* (*unv.*) *hist*. politische Polizei
чека́н *m* (1) Prägestock; Prägung *f*; Steinmeißel; **~ить** (13) **1.** ⟨вы́-, от-⟩ prägen, schlagen; ziselieren; **2.** ⟨от-⟩ hervorheben; ***~ить шаг*** zackig marschieren; **3.** ⟨рас-⟩ verstemmen; **4.** ⟨про-⟩ stutzen; **~ка** *f* (5) Prägung; → ***~ить***; **~ный** (14) Präge-; geprägt; ziseliert; gemessen; **~щик** *m* (1) Münzpräger; Ziseleur
чеки́ст *m* (1) Mitarbeiter der → ***Чека́***
че́ковый (14) Scheck-
чёлка *f* (5; -лок) Stirnhaar *n*; Pony *m*
чёлн *m* (1*e*.) Kahn; Nachen; **~о́к** *m* (1*e*.) Kahn; Web(er)schiffchen *n*; ***косми́ческий ~о́к*** Raumfähre *f*
чел|о́ †, *poet*. *n* (9; *pl. st*. ~а) Stirn *f*; † ***бить ~о́м*** (Д sich vor *j-m*) tief verneigen; *j-n* untertänigst bitten; *j-m* vielmals danken; **~оби́тная** *f* (14) *hist*. Bittschrift
челове́к *m* (1; *pl*. → ***лю́ди***; *scherz*. -и, -, -ам); Mensch; Mann; Persönlichkeit *f*; jemand, einer; *ehm*. Diener; Kellner; ***нас бы́ло пять ~*** wir waren fünf *od*. fünf Mann, Personen; ***из трёх ~*** dreiköpfig; ***свой ~*** *j-d* gehört zu uns, ist kein Fremder; **~о-де́нь** *m* (4; -дня́) Tagewerk *n*
человекол|юби́вый (14*K*.) menschenfreundlich, human; **~ю́бие** *n* (12) Menschenliebe *f*
человеконенави́стни|к [-sn-] *m* (1) Menschenhasser; **~ческий** (16) menschenfeindlich; **~чество** *n* (9) Menschenhaß *m*
человеко|обра́зный (14; -зен, -зна) menschenähnlich; (*o. K.*) Menschen-
челове́ч|ек *m* (1; -ка) Menschlein *n*; Männlein *n*; **~еский** (16) menschlich; Menschen-; **~ество** *n* (9) Menschheit *f*; **~ий** F (18) → **~ный** (14; -ен, -на) menschlich, human
челюст|но́й [-sn-] (14) Kiefer-; **~ь** *f* (8) Kiefer *m*; Gebiß *n*; *Tech*. Greifer *m*
че́лядь *f* (8) † Gesinde *n* (*fig. verä.*)
чем als, denn; F statt, anstatt . . .; ***~ . . ., тем . . .*** je . . ., desto . . .; → ***что***; ***чу́ть***
чемери́ца *f* (5) Nieswurz *m*
чемода́н *m* (1) Koffer; ***на ~ах*** auf den gepackten Koffern; **~чик** *m* (1): ***~чик -диплома́т*** Diplomatenkoffer; **~ный** (14) Koffer-; ***~ное настрое́ние*** *n* F Reisefieber
чемпио́н *m* (1) Meister (***по*** Д *a*. im); ***~ ми́ра по ша́хматам*** Schachweltmeister; **~а́т** *m* (1) Meisterschaft *f* (***по*** Д in *D od. Zssg*); **~ка** *f* (5; -ок) Meisterin; **~ский** (16) Meister-
чепе́ [-'pɛ] F *n* (*unv.*) besonderes Vorkommnis
чепе́ц *m* (1; -пца́) Haube *f*
чепра́к *m* (1*e*.) Schabracke *f*, Satteldecke *f*; Kernstück *n*
чепух|а́ F *f* (5) Unsinn *m*, Blödsinn *m*, Quatsch *m*; **~о́вый** F (14) nichtssagend, nichtig; quatschig
че́пчик *m* (1) Häubchen *n*, Haube *f*
черв|еобра́зный (14; -зен, -зна) wurmartig, wurmförmig; **~и** *pl*. (8; *ab G e*.) Herz *n*, Coeur *n*; **~и́веть** (8), ⟨за-, о-⟩ wurmstichig werden; **~и́вый** (14*K*.) wurmstichig, wurmig, madig
черво́н|ец *m* (1; -ца) *ehm*. Goldmünze *f*; Dukaten; Zehnrubelschein; F zehn Rubel; **~ый** (14) Dukaten-; Herz-, Coeur-; → ***а́лый***
червото́ч|ина *f* (5) Wurmstich *m*, Wurmfraß *m*; **~ный** (14) wurmstichig
че́рвы *pl*. (5) → ***че́рви***
черв|ь *m* (4*e*.; *Npl. st*.) Wurm; Raupe *f*; **~я́к** *m* (1*e*.) Wurm; *Tech*. Schnecke *f*; **~я́чный** (14) *Tech*. Schnecken-;

~ячо́к *m* (1; -чка́) Würmchen *n*; ***замори́ть ~ячка́*** F den schlimmsten Hunger stillen
черда́|к *m* (1*e*.) Dachboden; **~чный** (14) Boden-, Dach-
черёд *m* (1*e*.; в ~у́) Reihe *f*, Reihenfolge *f*; Zeit *f*; *präd*. F *dran*; ***ваш ~*** Sie sind an der Reihe; ***свои́м ~о́м*** s-n Gang; **~а́** *f* (5) Zug *m*, Kette (T in *D*); P → ~; **~ова́ние** *n* (12) Wechsel *m*, Alternation *f*; **~ова́ть** (7) abwechseln, abwechselnd einsetzen *od*. gebrauchen ; **-ся** sich ablösen, alternieren, aufeinanderfolgen
че́рез (B) durch; über; *Zeit*, *Entfernung*: in, nach; ... darauf *od*. danach, später; mit (*D*), mittels, mit Hilfe (*G*); alle ...; ***~ день*** jeden zweiten Tag; → ***пень***
черёмуха *f* (5) Faulbaum *m*, Faulbeerstrauch *m*; Faulbeere(n *pl*.); *fig*. F Süßholz *n*
черено́к *m* (1; -нка́) Griff, Stiel; Pfropfreis *n*
че́реп *m* (1; *pl*. *e*., *N* -а́) Schädel
черепа́|ха *f* (5) Schildkröte; Schildpatt *n*; **~ховый** (14), **~ший** (18) Schildkröten-; ***~шьим ша́гом*** *fig*. im Schneckentempo
черепи́|ца *f* (5) (*a*. *koll*.) Dachziegel (*a*. *pl*.) *m*; **~чный** (14) Ziegel-
черепно́й (14) Schädel-; Hirn-
черепо́к *m* (1; -пка́) Scherbe *f*
чересчу́р [-ʃtʃ-] F zu, viel zu, über die Maßen; ***э́то уж ~!*** das geht zu weit!
чере́шн|евый (14) Süßkirschen-; **~я** *f* (6; -шен) Kirsche, Süßkirsche; Süßkirschenbaum *m*
черк|а́ть, ~ать F (1), *einm*. ⟨**~ну́ть**⟩ (20) ausstreichen, durchstreichen; *pf*. *a*. e-n Strich ziehen; streifen, kratzen; schnell hinschreiben
черке́|с *m* (1) Tscherkesse; **~ска** *f* (5; -сок) Tscherkessenrock *m*; **~сский** (16) tscherkessisch; **~шенка** *f* (5; -нок) Tscherkessin
черкну́ть → ***черка́ть***
черне́|ние *n* (12) Schwärzen; → ***черни́ть***; **~ный** (14) geschwärzt; **~ть** (8) **1.** (*a*. **-ся**) sich schwarz abzeichnen *od*. abheben; **2.** ⟨по-⟩ schwarz werden; **~ц** † *m* (1*e*.) Mönch
черни́|ка *f* (5) *koll*. Heidelbeere(n *pl*.); **~ла** *pl*. (9) Tinte *f*; **~льница** *f* (5) Tintenfaß *n*; **~льный** (14) Tinten-; Kopier-; Schreib-; *Bot*. Gall-; *fig*. schwarz; † Schreiber-; **~ть** (13*e*.) **1.** ⟨вы́-, за-⟩ schwärzen; **2.** ⟨о-⟩ anschwärzen, schlechtmachen; **~ца** † *f* (5) Nonne; **~чный** (14) Heidelbeer-
чёрно-бе́лый (14) Schwarzweiß-
че́рно|боро́дый (14*K*.) schwarzbärtig; **~бро́вый** (14*K*.) mit schwarzen Augenbrauen; **~-бу́рый** (14*K*.) schwarzbraun; *Zool*. Silber-; **~бы́льник** *m* (1) Beifuß; **~ви́к** *m* (1*e*.) Entwurf, Konzept *n*; Rohfassung *f*; Kladde *f*; **~во́й** (14) im Entwurf, Roh-; F Vor-; Hilfs-; Schmier-; **~воло́сый** (14*K*.) schwarzhaarig; **~гла́зый** (14*K*.) schwarzäugig
черного́р|ец *m* (1; -ца), **~ка** *f* (5; -ок) Montenegriner(in *f*); **~ский** (16) montenegrinisch
черно|гри́вый (14*K*.) schwarzmähnig; **~зём** *m* (1) Schwarzerde *f*; **~зёмный** (14) Schwarz-; Schwarzerde-; **~кни́жник** *m* (1) *hist*. Schwarzkünstler, Magier; **~ко́жий** (17*K*.) schwarzhäutig; *Su*. *m* Schwarze(r); **~ку́дрый** (14*K*.) schwarzlockig; **~ле́сье** *n* (10) Laubwald *m*; **~ма́зый** F (14*K*.) dunkelhäutig; **~мо́рский** (16) Schwarzmeer-; **~о́кий** (16*K*.) *poet*. → **~гла́зый**; **~рабо́чий** *m* (17) ungelernter Arbeiter, Hilfsarbeiter; **~ри́зец** † *m* (1; -зца) Mönch; **~сли́в** *m* (1) *koll*. gedörrte *od*. Backpflaumen *f*/*pl*.; **~сморо́динный** (14) der *od*. aus schwarzen Johannisbeeren; **~со́тенец** *m* (1; -нца) *hist*. Schwarzhunderte(r); **~со́тенный** (14) *fig*. erzreaktionär; → ***чёрный***; **~та́** *f* (5) Schwarz *n*, Schwärze; Dunkel *n*, Dunkelheit
чёрн|ый (14; чёрен, ~а́, ~о́) schwarz; finster, unheilvoll; *Arbeit*: schwer, grob, schmutzig; roh; gewöhnlich; gemein; schnöde; (*o*. *K*.) Schwarz-; *Arch*. Küchen-, (*a*. *fig*.) Hinter-; *Bot*. Laub-; Eben-; *Min*. Eisen-; Kloster-; † Schimpf-; → ***курно́й***; *Su*. *m* Teufel; ***на*** *od*. ***про ~ый день*** F für den Notfall, auf die hohe Kante; ***в ~ом те́ле*** kurz, streng; ***в ~ом све́те*** schwarz; ***~ым по бе́лому*** schwarz auf weiß; ***~ым-~о́*** kohlrabenschwarz; **~ь** *f* (8) Niello *n*; † Pöbel *m*, Mob *m*; →

Ч

≈**ота́**; ≈**я́вый** F (14*K.*) dunkelhaarig
черп|а́к *m* (1*e.*), **~а́лка** F *f* (5; -лок) Schöpfkelle *f*; Baggereimer *m*; **~а́ть** (1), *einm.* ⟨~ну́ть⟩ (20) schöpfen (*a. fig.*); *fig.* entlehnen; baggern
черств|е́ть (8), ⟨за-, *fig. a.*; о-⟩ hart *od.* hartherzig werden; **~и́ть** (14*e.*), ⟨о-⟩ hartherzig machen; **′≈ость** *f* (8) Härte; **′≈ый** (14; ≈, ≈а́) hart, altbakken; *fig.* hart, hartherzig, gefühllos; steif
чёрт *m* (1; *pl.* ≈и, ≈е́й) Teufel; ***~ возьми́*** F *od.* P ***побери́*** *od.* ***подери́***! hol's der Teufel!; ***~ тебя́ возьми́***! F hol dich der Teufel!; ***ну тебя́*** *od.* ***пошёл к ~у***! P geh zum Teufel!; ***~ его́ зна́ет***! F weiß der Teufel!; was weiß ich!; ***э́то ~ зна́ет что***! F das ist ja allerhand!; ***~ с ним***! F meinetwegen!, soll er sich zum Teufel scheren!; → ***Бог***; ***всё пошло́*** *od.* ***полете́ло к ~у*** F alles ist zum Teufel *od.* im Eimer; ***сам ~ не разберёт*** *od.* ***но́гу сло́мит*** F kein Teufel kennt sich da aus *od.* wird klug daraus; ***что за ~***! F Teufel, Teufel!; ***оди́н ~*** F schnurzegal; ***ни оди́н ~*** F kein Schwein; ***к ~у***! F Himmel noch mal!; ***ни к ~у*** P ganz mies; ***како́го ~а*** F → ***кой***; ***до ~а*** P total; massenhaft; ***~ом*** F keck, schneidig; ***~а с два***! P so siehst du aus!, denkste!; ***что за ~***! F Teufel noch mal!; ***ему́ сам ~ не брат*** F dem kann kein Teufel et. anhaben; ***у ~а на кули́чках*** F wo sich die Füchse gute Nacht sagen; ***не так стра́шен ~, как его́ малю́ют*** *Spr.* nichts wird so heiß gegessen, wie es gekocht wird; ***ни≈а́*** P kein bißchen, nicht die Bohne; ***ни к ~у*** P zum Teufel, hin; → ***дёргать, что, шути́ть***
черт|а́ *f* (5) Strich *m*, Linie; Grenze, Grenzlinie; Marke, Markierung; Gebiet *n*, Bereich *m*; Weichbild *n*; Zug *m*, Merkmal *n*; **~ёж** *m* (1*e.*; ≈е́й) Zeichnung *f*; **~ёжник** m (1) technischer Zeichner; **~ёжный** (14) Reiß-, Zeichen-; *Su. f* Zeichensaal *m*
черт|ёнок F *m* (2; *pl.* -теня́та) kleiner Teufel; Schlingel; *fig.* ***~еня́та в глаза́х*** (***у*** P *j-m*) sieht der Schalk aus den Augen; **′≈ик** F *m* (1) → ***~ёнок***; ***до ′≈иков*** → ***зелёный*** F; massenhaft; äußerst, zu Tode
черти́ть (15), ⟨на-⟩ zeichnen, entwerfen; Striche ziehen; durchfurchen
чёрт|ов (19) Teufels-; P *fig.* Hunde-, fürchterlich; → ≈***о́вский***; F Riesen-; ***~а дю́жина*** *f* dreizehn; ***~а ку́кла*** *f* → ≈***о́вка*** P *f* (5; -ок) Teufelin, Teufelsweib *n*; ≈**о́вский** (16) P teuflisch; F verflixt, verteufelt, verflucht schwer; F ≈***о́вски везёт*** (Д *j-d*) hat e-n Mordsdusel; ≈**овщи́на** F *f* (5) Teufelei, Teufelskram *m*; Teufelsspuk *m*
черто́г † *m* (1) Prunkgemach *n*; *poet.* Palast
чертополо́х *m* (1) Distel *f*
чёрточка *f* (5; -чек) Strichlein *n*, Strich *m*; Bindestrich *m* (***через*** В mit); *fig.* unauffälliger Zug *m*
чертых|а́ться F (1), *einm.* ⟨~ну́ться⟩ (20) fluchen
черче́ние *n* (12) technisches Zeichnen
чеса́|лка *f* (5; -лок) Wollkamm *m*, Kardätsche; Hechel; **~льный** (14) Kamm-, Hechel-; **~льщик** *m* (1) Kämmer; Hechler; **~ние** *n* (12) Kämmen; → **~ть** (3) **1.** ⟨вы́-, рас- [-ʃʲtʃʲ-]⟩ kämmen (*Haar*: F ⟨при-⟩), hecheln; **2.** kratzen; P loslegen, loswetzen, abhauen; reinhauen; ***~ть язы́к, ~о́м*** *od.* ***зу́бы*** F tratschen; ***~ть в заты́лке*** F sich am Kopf kratzen; **-ся** jucken (***у*** P *j-m*); F *fig.* ***ру́ки че́шутся*** (**у** P *j-m*) juckt es in den Fingern; F ***язы́к че́шется*** *j-m* brennt et. auf der Zunge
чесно́|к *m* (1*e.*) Knoblauch; **~ко́вый, ~чный** (14) Knoblauch-
чесо́т|ка *f* (5) Krätze; **~очный** (14) krätzig, Krätz-
че́ст|вование *n* (12) Ehrung *f*; **~вовать** (7) ehren, feiern; † in Ehren halten; titulieren; **~и́ть** (15*e.*) † → ***~вовать***; P beschimpfen; **~но́й** [-sn-] (14) † ehrwürdig, ehrenwert; Ehren-; heilig; ***вся ~на́я компа́ния*** *f* F die ganze Sippschaft; → ***всенаро́дно***; ***мать ~на́я***! F Donnerwetter!; nein, sowas!
че́стн|ый [-sn-] (14; -тен, -а́) ehrlich, redlich, rechtschaffen; (*o. K.*) Ehren-; ***держа́ться на ~ом сло́ве*** F an e-m Faden hängen
честолю́б|ец *m* (1; -ца) Ehrgeizling; **~ивый** (14*K.*) ehrgeizig, ambitioniert; **~ие** *n* (12) Ehrgeiz *m*, Ambition *f*
чест|ь *f* (8; *a.* в -и́) Ehre (***в*** В zu *D pl.*; ***с*** Т, ***по*** Д in *pl.*); Ehrung; Hochachtung; Stolz *m*; ≈***и*** von Ehren, Ehren-;

с~ью ehrenvoll; ***много ~и*** F zuviel der Ehre; ***кляну́сь ~ью*** bei meiner Ehre; ***отда́ть ~ь*** *Mil.* grüßen, salutieren; ***~ь ~ью*** F wie sich's gehört; ***~ь и ме́сто***! F bitte auf den Ehrenplatz!; ***пора́*** *od.* ***на́до и честь знать***! F jetzt ist's aber genug!; es wird Zeit zu gehen

чесуча́ *f* (5) Schantungseide

чёт F *m* (1) gerade Zahl *f*; → ***нечётный***

чета́ *f* (5) Paar *n* (T † in *pl.*), Ehepaar *n*; ***не ~*** F kein Vergleich (Д mit *D*), besser *od.* viel besser (als *j-d*)

четве́р|г *m* (1*e.*) Donnerstag (***в*** B am; → ***вто́рник***); ***по́сле до́ждичка в ~г*** *Spr.* am Sankt-Nimmerleins-Tag; **~е́ньки**: ***на ~е́ньках*** auf allen vieren; **~ка** *f* (5; -рок) Vier (*a. Schulnote* „gut"); F → ***восьмёрка***; ***~кой*** vierspännig; → ***~ня́***; **~но́й** F (14) vierfach; **~ня́** F *f* (6; -не́й) Vierspänner *m*, Viergespann *n*; **~о** (37) vier; → ***дво́е***; **~окла́ссник** *m* (1) Schüler der vierten Klasse; **~оку́рсник** *m* (1) Student im vierten Studienjahr (*7./8. Semester*); **~оно́гий** (16) vierfüßig; *Su. n* Vierfüßler *m*, Vierbeiner *m*; **~ости́шие** *n* (12) Vierzeiler *m*

четверт|а́к P *m* (1*e.*) Viertelrubel; **~и́нка** F *f* (5; -нок) Viertel *n*; **~и́чный** (14) Quartär-; **~ка** † *f* (5; -ок) Viertel *n*; Viertelpfund *n*; Quartformat *n*; **~но́й** (14) Viertel-; Vierteljahres-; *Su. f* † 25-Rubelschein *m*; **~ова́ть** (7) *im(pf.)* *hist.* vierteilen; **~у́шка** F *f* (5; -шек) Viertel *n*; **~ый** (14) vierte(r); *Stock*: dritte(r); → ***пя́тый***; *Su. f* Viertel *n*; *Typ.* → **~ь** *f* (8; *ab Gpl. e.*) Viertel *n*; Vierteljahr *n*; *Mus.* Viertelnote; ***~ь листа́*** *Typ.* Quart *n*; ***~ь пя́того*** Viertel nach vier; ***без ~и пять*** Viertel vor fünf

чётки *pl.* (5; -ток) Rosenkranz *m*

чётк|ий (16; -ток, -á) deutlich, klar; leserlich, gut leserlich; scharf; straff, fest, sicher; präzise, exakt; **~ость** *f* (8) Klarheit, Schärfe; → ***~ий***

чётный (14) gerade

четы́ре (34) vier; *Note*: → ***четвёрка***; **~жды** viermal, vierfach; **~ста** (36) vierhundert

четырёх|годи́чный (14) vierjährig, Vierjahres-; **~голо́с(н)ый** (14) vierstimmig; **~гра́нник** *m* (1) Vierflach *n*; **~гра́нный** (14) vierflächig, vierkantig; **~дне́вный** (14) viertägig, Viertages-; **~кла́ссный** (14) vierklassig, Vierklassen-; **~кра́сочный** (14) Vierfarben-; **~кра́тный** (14) viermalig; vierfach; vierfach vergrößert; **~ле́тний** (15) vierjährig; **~ме́стный** [-sn-] (14) viersitzig; **~ме́сячный** (14) viermonatig, Viermonats-; **~мото́рный** (14) viermotorig

четырёх|по́льный (14) Vierfelder-; **~сло́жный** (14) viersilbig; **~сотле́тие, ~сотле́тний** → ***двухсотле́тие, двухсотле́тний***; **~со́тый** (14) vierhundertste(r); **~сто́пный** (14) vierfüßig, vierhebig; **~сторо́нний** (16) vierseitig; Vierer-; **~та́ктный** (14) Viertakt-; **~ты́сячный** (14) viertausendste(r); → ***ты́сячный***; **~уго́льник** *m* (1) Viereck *n*; **~уго́льный** (14) viereckig; **~цве́тный** (14) vierfarbig, Vierfarben-; **~часово́й** (14) vierstündig; Vieruhr-; → ***восьмичасово́й***; **~эта́жный** (14) vierstöckig

четы́рнадцат|ый (14) vierzente(r); → ***пя́тый***; **~ь** (35) vierzehn

чех *m* (1) Tscheche

чехарда́ *f* (5) Bockspringen *n*

чех|о́л *m* (1; -ла́) Überzug, Schoner; Futteral *n*, Haube *f*; Kappe *f*; Unterkleid *n*; ***на ~ле́*** (***из*** P -) gefüttert

чечеви́|ца *f* (5) *koll.* Linse(n *pl.*); **~чный** (14) Linsen-

чече́н|ец *m* (1; -ца), **~ка** *f* (5 ; -ок) Tschetschene(-nin *f*); **~ский** (16) tschetschenisch

чечётка *f* (5; *Gpl.* -ток) Hänfling *m*; *Art* Steptanz *m*; F Plappertasche

че́ш|ка *f* (5; -ек) Tschechin; **~ский** (16) tschechisch

чешу́|йка *f* (5; -ек) Schuppe; **~йчатый** (14*K.*) schuppig, geschuppt; **~я́** *f* (6) *koll.* Schuppen *f/pl.*

чи́бис *m* (1) Kiebitz

чиж *m* (1*e.*; -е́й), **~ик** *m* (1) Zeisig

чик F schnipp!, ritsch!; → **~ать** (1), *einm.* ⟨**~нуть**⟩ (20) F zuhauen; abschnippeln; P umlegen

чик-чири́к tirili

чили́|ец *m* (1; -йца), **~йка** *f* (5; -ек) Chilene(-nin *f*); **~йский** (16) chilenisch; Chile-

чили́кать F → ***чири́кать***

чин *m* (1; *pl. e.*) Rang, Dienstgrad;

Würde *f*; Beamte(r), Angehörige(r); Brauch; F Stellung *f*, Funktion *f*; † → ***обря́д***; ***в ~а́х*** in Amt u. Würden; **~ ~ом** F wie es sich gehört; ***без ~о́в*** † F ohne Umstände; ***~ ~а почита́й*** *Spr.* Ehre, wem Ehre gebührt

чина́ра *f* (5) Platane

чин|и́ть 1. (13) 1. ⟨по-, F за-⟩ ausbessern, reparieren; flicken; stopfen; 2. ⟨о-⟩ spitzen, anspitzen; **2.** (13*e.*) ⟨у-⟩ tun, machen; unternehmen; anwenden; begehen; zufügen; *Gericht* halten, abhalten (***над*** T über *j-n*); *Hindernisse* in den Weg legen; *Störungen*: aussetzen (B *D*); **~ка** F → ***очи́нка, почи́нка***

чи́нный (14; -нен, -нна́) wohlgesittet, gesetzt, würdevoll

чино́вн|ик *m* (1) Beamte(r); *fig.* Bürokrat; **~ический** (16) Beamten-; bürokratisch; **~ичество** *n* (9) Beamtenschaft *f*; Beamtenmentalität *f*; **~ичий** (18), **~ый** † (14) Beamten-; hochrangig

чино|почита́ние † *n* (12) Subordination *f*; **~произво́дство** † *n* (9) Beförderung *f*

чину́ша F *m* (5) Beamtenseele *f*

чи́рей F *m* (3; -рья) Furunkel *m*, *n*

чири́к|анье *n* (10) Gezwitscher; → **~ать** (1), *einm.* ⟨~нуть⟩ (20) zwitschern, tirilieren

чи́рк|ать (1), *einm.* ⟨~нуть⟩ (20) anstreichen, anreißen, anzünden (T/***о*** B, ***по*** Д an *D*); F → ***черка́ть***

чиро́к *m* (1; -рка́) Kriekente *f*

чи́сл|енность *f* (8) Zahl, Anzahl; *Mil.* Stärke (T/***в*** B . . . stark); **~енный** (14) zahlenmäßig, numerisch, quantitativ; *Mil.* → ***ли́чный***; **~и́тель** *m* (4) *Math.* Zähler; **~и́тельное** *n* (14) Zahlwort, Numerale; **~ить** (13) zählen (***в*** П *pl.* zu *D*); führen (T als); **-ся** geführt *od.* aufgeführt werden; verzeichnet sein, gelten (***в*** П als *j-d*); (***в, на*** П) aufweisen; (***за*** T *j-m*) gehören; auf dem Kerbholz haben; ***-ся больны́м*** krank geschrieben sein; **~о́** *n* (9; *pl. st.*; -сел) Zahl *f* (T/***в*** B . . . an *D*); Datum (→ ***за́дний***); *Gr.* Numerus *m*; *Tech.* Verhältnis; ***без ~а́*** zahllos; ***в ~о́*** unter (P *A*); ***быть в ~е́*** gehören (P zu *D*); ***в том ~е́*** darunter; ***из ~а́*** von (*D*); ***к ~у́*** zu (P *D*); ***нет ~а́*** (Д) es sind unzählige . . .; ***како́е сего́дня ~о́?*** welches Datum *od.* den wievielten haben wir heute?; ***како́го ~а́?*** am wievielten?; ***в пе́рвых*** (***сре́дних, после́дних***) ***~ах ма́я*** Anfang (um die Mitte, gegen Ende) Mai; **~ово́й** (14) Zahlen-; → ***~енный***

чист|и́лище *n* (11) Fegefeuer; **~ильщик** *m* (1) Reiniger, Putzer; **~ить** (15) **1.** ⟨вы-⟩ putzen; reinigen, säubern; bürsten, striegeln; scheuern; *Müllgrube* leeren; **2.** ⟨о-⟩ schälen, pellen, putzen; *Fisch* abschuppen; P ausnehmen; hauen; **~ка** *f* (5; -ток) Putzen *n*; → **~ить**; Säuberung (*a. Pol.*), Reinigung; **~ови́к** F *m* (1*e.*) Reinschrift *f*; **~ово́й** (14) Reinschrift-; *Tech.* Fein-; **~ога́н** P *m* (1) Bargeld *n* (***на*** B gegen bar; T in bar); Gewinn; **~окро́вный** (14; -вен, -вна) reinrassig, Vollblut-; F von echtem Schrot u. Korn; **~описа́ние** *n* (12) Schönschreiben, Schönschrift *f*

чистопло́тный (14; -тен, -тна) reinlich, sauber; anständig, rechtschaffen

чисто|плю́й F *m* (3) Reinlichkeitsapostel; Anstandswauwau; feiner Pinkel; → ***белору́чка***; **~поро́дный** (14; -ден, -дна) reinrassig; **~про́бный** (14; -бен, -бна) lauter, rein; *fig.* von reinstem Wasser

чистосерде́ч|ие *n* (12) Offenherzigkeit *f*; → **~ный** (14; -ен, -на) offenherzig; aufrichtig; treuherzig

чист|ота́ *f* (5) Reinheit, Sauberkeit; → **~ый** (14; -, -а́) rein, reinst, sauber; sorgfältig; unbenutzt, frisch; unbeschrieben, unbespielt; reinlich; lauter, lauterst; *Met.* klar; reinrassig; *Fläche, Himmel*: frei, *Feld*: weit; *Haut*: glatt; unschuldig; (*o. K.*) Rein-, Netto-; *Min.* Fein-; *Gold, Zufall*: pur; *Geld, Münze*: bar (T *pl.* in); *Stube*: gut; *Leute*: besser; *Arch.* Haupt-; *Rel.* Grün-; † schuldenfrei; frei; *Adv.* P allein; total, ganz *od.* wie wenn; ***~о-на́- ~о*** blitzsauber; **~ю́ля** F *m*/*f* (6) → ***~оплю́й***

чита́|емость *f* (8) Verbreitung, Beliebtheit; **~льный** (14) Lese-; **~льня** *f* (6; -лен) Lesesaal *m*; Leseraum *m*; **~тель** *m* (4), **~тельница** *f* (5) Leser(in *f*); **~тельский** (16) Lese(r)-; Benutzer-; **~ть**, ⟨про-⟩ (1), ⟨проче́сть⟩ (25; -чту́, -тёшь; -чёл, -чла́,

-ло́; -чтённый: -на́; *Advp. Prät.* -чтя́) lesen, vorlesen, nachlesen, *pf.* durchlesen, (***по*** Д, ***с*** Р von *D*) ablesen; *Gedicht* vortragen; *Vorlesung* halten; F *Moral* predigen; *Lektion* erteilen; ***~ть по склада́м*** *od.* ***слога́м*** buchstabieren; ***~й*** *fig.* sprich; **-ся**: ***не ~лось*** *j-m* war nicht nach Lesen zumute *od. j-d* hatte keine Lust zu lesen; (***в*** П) ***~лась*** (И; in *D*) konnte man *et.* erraten

чи́тка F *f* (5; -ток) Lesen; Vorlesen *n*; *Thea.* Leseprobe

чих F hatschi!; → ***~а́ть***; ***~а́нье*** *n* (10) Niesen; ***на вся́кое ~а́нье не наздра́вствуешься*** *Spr.* man kann es nie allen recht machen; **~а́тельный** (14) Nies-; **~а́ть** (1) **1.** *einm.* ⟨~ну́ть⟩ (20) niesen; F schnaufen; **2.** ⟨на-⟩ P *fig.* pfeifen; → ***наплева́ть*** P

чихи́рь *m* (4*e.*) junger Rotwein

чихну́ть → ***чиха́ть 1***

член *m* (1) Glied *n* (*a. Gr.*); Mitglied *n*; Angehörige(r), Teilnehmer; *Gr.* Artikel; *pl.* Gliedmaße; ... ***в ~ы*** Kandidat; **~е́ние** *n* (12) Gliederung *f*, Aufgliederung *f* (***на*** В in *A*); **~ик** *m* (1) *Zool.* Abschnitt, Glied *n*; **~истоно́гие** *pl.* (16) Gliederfüßler; **~и́ть** (13*e.*), ⟨рас-⟩ gliedern, aufgliedern, zergliedern (***на*** В in *A*); **~оврееди́тельство** *n* (9) Selbstverstümmelung *f*; Körperverletzung *f*; **~ораздéльный** (14; -лен, -льна) artikuliert; deutlich, klar; **~ский** (16) Mitglieds-, Mitglieder-; **~ство** *n* (9) Mitgliedschaft *f*

чмок F schmatz!; → ***~ать***; **~анье** *n* (10) F Schmatzen; **~ать** F (1), *einm.* ⟨~нуть⟩ (20) schmatzen; F abschmatzen, *pf.* e-n Schmatz geben; → ***хлю́пать***

чо́к|аться (1), *einm.* ⟨~нуться⟩ (20) anstoßen; *pf.* P überschnappen

чо́порн|ость *f* (8) Prüderie; → **~ый** (14; -рен, -а) prüde, spröde, zimperlich; steif

чорт → ***чёрт***

чо́хом P alles zusammen; → ***о́птом***

чрев|а́тый (14*K.*) † schwanger; *fig.* drohend, verheißend, schwanger, F reich (Т an *D*, *Zssg*); ***~а́тый после́дствиями*** folgenschwer; **~о** *n* (9) *Anat.* †, *scherz.*, *fig.* Bauch *m*; † Leib *m*; **~овеща́ние** *n* (12) Bauchreden; Wahrsagerei *f*; **~овеща́тель** *m* (4) Bauchredner; **~осече́ние** *n* (12) Kaiserschnitt *m*; **~оуго́дие** *n* (12) Völlerei *f*; **~уго́дник** *m* (1) Vielfraß; **~оуго́дничать** (1) dem Bauch fröhnen

чреда́ † → ***череда́***

чрез † → ***чéрез***; **~вычáйный** (14; -áен, -йна) außergewöhnlich, außerordentlich; *Adv.*, ***до ~вычáйности*** äußerst; (*o. K.*) Sonder-; Ausnahme-, Not-; **~мéрный** (14; -рен, -рна) übermäßig, maßlos; *Adv.*, ***до ~мéрности*** allzu

чре́сла † *pl.* (9) Lenden

чтé|ние *n* (12) Lesen, Lektüre *f*; *Pol.* Lesung *f*; Abhaltung *f*; Vortragen, Vortrag *m*; *pl.* Tagung *f*, Symposium; ***кни́га f для ~ния*** Lesebuch *n*; **~ц** *m* (1*e.*) Vorleser; Rezitator, Vortragskünstler

чти́во F *n* (9) Unterhaltungslektüre *f*

чтить (15; чту, чтишь) ehren, verehren, achten, hochachten, schätzen; ***~ па́мять*** *j-s* in Ehren gedenken

чти́ца *f* (5) Vorleserin; → ***чтец***

что [ʃtɔ] (23) **1.** *Pron.* was; der, die, das, *pl.* die; welcher, welche, welches, *pl.* welche; F was, warum, weshalb, wozu; etwas, irgend etwas; was ... alles; nun, sag(en Sie) mal; P wieviel(e); ***~***? was gibt's?; ***~ за*** F was für ein; ***~ до*** (P) was (*A*) betrifft; ***~ ли*** etwa, vielleicht; ***~ ли***? oder nicht?, oder?; ***а ~***? na und?; ***а он что***? und was meint er dazu?; ***~ ж*** F na ja; ***ну и ~*** (***же***)!, ***~ из*** *od.* ***с того́***? was ist denn dabei?, was macht es schon?; ***да ~ вы***! was Sie nicht sagen!; wo denken Sie hin!; ***ну ~ вы***! aber ich bitte Sie!; ***~*** (И)? F wie geht's (*D*)?, was macht (*N*)?; wie steht's mit (*D*)?; ***~ ты***! nein, wirklich?; ***~ с тобо́й***? was fehlt dir?; ***~ так***? F wieso denn *od* denn nicht?; ***~ по́льзы*** *od.* ***ну́жды*** (Д/***в*** П) was nützt *j-m* (*N*) *od.* wozu braucht *j-d* (*A*)?; ***знать, ~ к чему́*** s-e Sache verstehen; ***при чём я тут***? F was habe ich damit zu tun?; was kann ich dafür?; ***что*** *od.* ***чего́ там*** F von mir aus, meinetwegen; ***чего́ то́лько нет***! F was gibt es da nicht alles!; ***до чего́ ...***! wie ...!; wie *od.* so weit ...!; ***с чего́ он э́то взял***? wo hat er das her?; wie kommt er darauf?; → ***дух, за, не́чего, ни, оста-***

Ч

ва́ться, си́ла, тако́й, толк, хоть, чего́, чёрт; **2.** *Kj.* daß; P gleichwie; wenn, sobald; **~ ... ~** ob ... ob, ob ... oder

что́б|ы [ʃt-], **~** (+ *Prät. od. Inf.*) daß, zu (+ *Inf.*); ***~ы, для того́*** *od.* ***с тем ~ы*** damit, um ... zu (+ *Inf.*); → ***вме́сто***; **...,** ***~(ы)*** **......**, *j-d* möge, möchte *od.* soll(e) ...; ***~(ы)*** **...**! daß mir ..., *od. j-d* soll ...!; *j-d* soll ...?; ***не то ~(ы) ..., а ...*** nicht eben ..., sondern ...

что́|-либо, ~-нибудь (23) irgend etwas, etwas; **~-то 1.** *Pron.* (23) etwas; **2.** *Adv.* F etwas, ein bißchen; irgendwie; *j-m* scheint, ...; ***~-то не ...*** nicht so recht *od.* ... können

чу da!, horch!; P hört man

чуб *m* (1; *pl. e.*) Schopf, Tolle *f*

чуба́рый (14 *K.*) gesprenkelt, gefleckt

чуба́(с)тый F (14*K.*) mit Schopf *od.* großem Schopf

чубу́к *m* (1*e.*) Pfeifenrohr *n*; lange Tabakspfeife *f*

чува́ш *m* (1/1*e.*; -е́й), **~ка** *f* (5; -ек) Tschuwasche(-schin *f*); **~ский** (16) tschuwaschisch

чу́вств|енный (14*K.*) sinnlich; (*o.K.*) Sinnes-; **~и́тельность** *f* (8) Sensibilität; → **~и́тельный** (14; -лен, -льна) empfindlich (***к*** Д gegen *A*), sensibel; empfindsam, sentimental; spürbar; † inniglich; **~о** *n* (9) Gefühl, Empfindung *f*; Sinn *m* (P für *A*); *pl.* Besinnung *f*; ***без ~*** besinnungslos; ***о́рганы*** *m/pl.* **~** Sinnesorgane *n/pl.*; ***~о ло́ктя*** Tuchfühlung *f*; → ***жа́лость***; **~ование** *n* (12) Fühlen; † → ***~о***; **~овать** (7), ⟨по-⟩ (***себя́*** sich) fühlen, empfinden (***к*** Д für *A*), spüren; erfassen, Sinn (für *A*) haben; ***дава́ть ~овать*** spüren lassen (Д *j-n*); ***дава́ть себя́ ~овать*** → **-ся** sich bemerkbar machen, zu spüren sein; ***начина́ть -ся*** spürbar werden; ***~овалось*** man spürte *od.* ahnte

чугу́н *m* (1*e.*) Gußeisen *n*, Roheisen *n*; Rohguß; gußeiserner Topf; **~ка** *f* (5; -ок) F gußeiserner Ofen *m*; P † Eisenbahn; **~ный** (14) gußeisern; *fig.* bleiern, bleischwer; **~оли́тейный** (14): ***~оли́тейный заво́д*** *m* Eisengießerei *f*

чуда́|к *m* (1*e.*) Sonderling, Kauz; ***~к-челове́к*** F komischer Kerl; **~кова́тый** F (14*K.*) wunderlich, schrullig, kauzig; **~чество** *n* (9) Schrulligkeit *f*; Narretei *f*; **~чествовать** F (7) Ulk treiben; **~чить** F (16) → ***чуди́ть***; **~чка** *f* (5; -чек) schrullige Person

чуд|е́сник *m* (1) F Zauberer; † Possenreißer; **~е́сный** (14; -сен, -сна) wunderbar, wunderschön, wundervoll; Wunder-; wundertätig; **~и́ть** F (15*e.*; *o. 1. Pers. sg.*) sich sonderbar benehmen, kauzig sein; herumalbern; **~иться** F (15), ⟨по-, при-⟩ scheinen, vorkommen; **~но¹** → **~ный**; **~но́²** → **~но́й** F (14; -ён, -на́, -но́) sonderbar, wunderlich, komisch; **~ный** (14; -ен, -на) → ***~е́сный***; F (*o. K.*) fabelhaft; **~о** *n* **1.** (9; *pl.* -еса́) Wunder; Wunderding, Wunderwerk; *präd.* ***~о*** *od.* ***~ как хорошо́***! F wunderschön!; ***~ом*** wie durch ein Wunder; ***~еса́***! F man staunt u. wundert sich!; **2.** (9) → **~о́вище** *n* (11) Ungeheuer; Wundertier; Scheusal; **~о́вищный** (14; -щен, -щна) ungeheuer, ungeheuerlich, unheimlich

чудо|де́й F *m* (3) → ***~тво́рец***; **~де́йственный** (14 *K.*) → ***~тво́рный***; **~тво́рец** *m* (1; -рца) Wundertäter; **~тво́рный** (14; -рен, -рна) wundertätig; Wunder wirkend; (*o. K.*) Wunder-; *Rel.* Gnaden-; **~-ю́до** *n* (9) *Folk.* Ungeheuer

чуж|а́к *m* (1*e.*) Fremder, Fremdling; Außenseiter; **~би́на** *f* (5) Fremde (***на*** П in *D*); **~да́ться** (1) (P) meiden, *j-m* aus dem Wege gehen; scheuen, sich (*D*) fernhalten; **~дый** (14; -д, -да́) fremd; fern, frei (P von *D*); ***~до*** liegt *j-m* fern; **~езе́мный** † (14) fremdländisch, ausländisch; **~еро́дный** (14; -ден, -дна) artfremd; **~ея́дный** (14; -ден, -дна) parasitär; **~о́й** (16) fremd; *Name*: falsch; ***~и́е края́*** *m/pl.* Fremde *f*; ***с ~и́х слов*** vom Hörensagen; ***~и́ми рука́ми жар загреба́ть*** *Spr.* sich die Kastanien aus dem Feuer holen lassen

чук|о́тский (16) Tschuktschen-; **~ча** *m* (5; -чей), **~ча́нка** *f* (5; -нок) Tschuktsche(-in *f*)

чула́н *m* (1) Abstellkammer *f*, Rumpelkammer *f*

чуло́|к *m* (1; -лка́; -к) Strumpf; **~чник** *m* (1) Strumpfwirker; **~чный** (14) Strumpf-, Strumpfwaren-

чума́ *f* (5) Pest; P Miststück *n*; → ***чёрт***

чума́зый (14*K*.) F schmierig, dreckig; *Su. m* † Prolet *m*; Kulak
чума́к *m* (1*e*.) *ehm*. Frachtfuhrmann
чуми́чка P *m*/*f* (5; -чек) Schmierfink *m*
чум|но́й (14) Pest-; *Su. m* Pestkranker; P → **~ово́й** P (14) verrückt, übergeschnappt
чур F halt!; es gilt ...! **~ *меня́***! nicht anrühren!; **~** ...!, **~ *не*** ...! aber ja nicht *od*. nichts ..., daß du *od*. du mir ...!; **~а́ться** F (1) → ***чужда́ться***
чур|ба́н *m* (1) Klotz, Holzklotz (*a. fig*. F); *fig*. F Tölpel; **~ка** *f* (5; -ок) Klötzchen *n*
чу́тк|ий (16; -ток, -а́) hellhörig; fein, feinfühlig; *Gehör*: scharf; *Hund*: wachsam; *Schlaf*: leicht, leise; *fig*. empfänglich (***к*** Д, ***на*** В für *A*); zartfühlend, verständnisvoll
чу́т|очка F, **~очку** F ein bißchen; ***ни ~очки*** kein bißchen; **~очный** [-ʃn-] F (14) winzig; **~ь 1.** *Adv*. kaum; **~ь-~ь** F ein ganz klein wenig; ***~ь-~ь не счита́ется*** *Spr*. beinahe bringt keine Mücke um; **2.** *Kj*.: ***~ь, ~ь то́лько*** sobald; kaum; → ***едва́ 2***; ***~ь не, ~ли не*** fast, beinahe, → ***едва́ 1***; ***~ь что*** F bei dem geringsten Anlaß
чутьё *n* (10) Spürsinn *m*, Witterung *f*; Gespür, Gefühl, Instinkt *m* (***к*** Д für *A*)
чухо́нский † (16) estnisch; finnisch
чу́чело *n* (9) Balg *m*; Vogelscheuche *f* (*a. fig*. P); Strohmann *m*; ***~ медве́дя*** ausgestopfter Bär *m*; P → ***шут***
чу́шка *f* (5; -шек) *Tech*. Barren *m*; F Ferkel *n*, Schwein *n*; P Rüssel *m*
чушь F *f* (8) Blödsinn *m*, Quatsch *m*
чу́ять (27), ⟨по-⟩ wittern; F spüren; P ahnen
чьё *n*, **чьи** *pl*., **чья** *f* → ***чей***

Ш

ша́баш¹ *m* (1) Sabbat
шаба́ш² 1. *m* (1*e*.; -е́й) † P Feierabend; Pause *f*; **2.** *Part*. P basta!, Sense!; *Mar*. halt!; → **капу́т**; **~ить** P (16), ⟨по-⟩ Feierabend *od*. Pause machen; **~ка** P *f* (5; -ек) Schwarzarbeit; **~ник** P *m* (1) Schwarzarbeiter; **~ничать** P (1) schwarzarbeiten
шабло́н *m* (1) Schablone *f*; Modell *n*, Muster *n*; Klischee *n*; → ***штамп***; **~ный** (14; -ен, -на) schablonenhaft, banal, banausisch; (*o. K*.) Schablonen-
ша́вка F *f* (5; -вок) Köter *m*
шаг *m* (1; -а/-у; *2, 3, 4* -а́; в -у́; *pl. e*.) Schritt (T *a*. in *D*; И/***за*** T *N* für *N*), Tritt; Gang, Tempo *n*; *Tech*. Steigung *f*; Teilung *f*; ***в двух ~а́х, оди́н ~ ...*** e-n Katzensprung; ***на ка́ждом ~у́*** auf Schritt u. Tritt; ***ни на ~*** *od*. ***оди́н ~*** keinen Fußbreit *od*. Schritt (***от*** P von *j-s* Seite); **~а́ть** (1), *einm*. ⟨~ну́ть⟩ (20) schreiten, ausschreiten, *pf*. e-n Schritt tun; treten, steigen; *fig*. Fortschritte *m*/*pl*. *od*. ***далеко́ ~а́ть*** große Fortschritte machen; **~и́стика** *f* (5) *Mil*. Drill *m*; **~ом** im Schritt, Schritt; schrittweise; *Mil*. im Gleichschritt ...!; **~оме́р** *m* (1) Schrittzähler
шагре́н|евый (14) Chagrin-; **~ь** *f* (8) Chagrinleder *n*, Narbenleder *n*
шажко́м F in kleinen Schritten
ша́йба *f* (5) Scheibe (*a. Sp*.); Puck *m*
ша́йка *f* (5; ша́ек) Bande; Kübel *m*
шайта́н P *m* (1) Satan, Teufel
шала́ва P *f* (5) Nutte, Hure
шала́нда *f* (5) Prahm *m*; flaches Fischerboot *n*
шала́ш *m* (1*e*.; -е́й) Hütte *f*, Laubhütte *f*; **~овка** P *f* (5; -вок) Herumtreiberin, Flittchen *n*
шал|е́ть F (8), ⟨о-⟩ überschnappen (***от*** P vor *D*); **~и́ть** (13*e*.) unartig *od*. ausgelassen sein; F herumalbern; Mukken haben, verrückt spielen; zu wünschen übrig lassen; *Pferd*: bocken; † Unfug machen; ***не ~и́***! sei brav!; ***~и́шь***! F das hätte noch gefehlt!; so siehst du aus!; **~овли́вый** (14*K*.) mutwillig, ausgelassen; übermütig;

neckisch; **~опа́й** P *m* (3) Taugenichts, Windbeutel; **~ость** *f* (8) Streich *m*; *pl.* F Schabernack *m*; † Umtriebe *m/pl.*; **~у́н** *m* (1e.), **~у́нья** *f* (6; -ий) Schelm(in), Wildfang; F Windbeutel; † Räuber
шалфе́й *m* (3) Salbei *m*, *f*
шаль *f* (8) Schal *m*; Umschlagtuch *n*
шальн|о́й F (14) wirr, irre, übergeschnappt; wahnwitzig; Toll-; *Kugel*: verirrt; *Geld*: geschenkt
ша́мать P (1) futtern, mampfen
ша́мкать F (1) mummeln, nuscheln
шампа́нское *n* (14) Sekt *m*, Champagner *m*
шампу́нь *m* (4) Shampoo *n*
шанс *m* (1) Chance *f*, Aussicht *f*; Möglichkeit *f*, Gelegenheit *f*; † Fall
шансоне́тка *f* (5; -ток) Chansonette
шанта́ж *m* (1e.; -е́й) Erpressung *f*; **~и́ровать** (7) erpressen; **~и́ст** *m* (1), **~и́стка** *f* (5; -ток) Erpresser(in *f*); **~и́стский** (16) erpresserisch
шантрапа́ P *m/f* (5) Pack *n*, Gesindel *n*
ша́п|ка *f* (5; -пок) Mütze (**в** П mit *D*); Kappe; Kopfbedeckung; *Zeitung*: Kopf *m*; *Film*: Vorspann *m*; *fig.* Haube; ***дать по ~ке*** P rausschmeißen; ***получи́ть по ~ке*** eins auf den Deckel kriegen; ***~ками закида́ть*** F mit dem kleinen Finger erledigen; ***по Се́ньке и ~ка*** *Spr.* jedem nach s-m Verdienst; **~очка** *f* (5; -чек) Mützchen *n*; ***Кра́сная 2очка*** Rotkäppchen *n*; **~очник** *m* (1) Mützenmacher; **~очный** (14) Mützen-; *fig.* flüchtig; ***име́ть ~очное*** [-ʃn-] ***знако́мство*** auf dem Grußfuß stehen; ***к ~очному*** [-ʃn-] ***разбо́ру*** F kurz vor Torschluß
шар *m* (1; *2, 3, 4* -á; *pl. e.*) Kugel *f*; Ball; Ballon; P Glotzaugen *n/pl.*; ***как ~*** kugelrund; ***хоть ~о́м покати́*** F wie leergefegt; ***зали́ть ~ы́*** P sich vollaufen lassen
шараба́н *m* (1) Kremser; Einspänner
шара́да *f* (5) Silbenrätsel *n*
шара́х|ать P (1), *einm.* ⟨~нуть⟩ (20) hauen, knallen, *pf.* eins knallen; **-ся** F jäh zurückweichen *od.* weichen; sich stürzen; P knallen
шара́шк|а P *f* (5; -шек) Verein *m*, Laden *m*; **~ин** P (19): ***~ина конто́ра*** *f* Gaunernest *n*; Saftladen *m*
шарж *m* (1; -ей) Karikatur *f*, Überzeichnung *f*; ***впада́ть в ~*** → **~и́ровать** (7) überzeichnen, karikieren
ша́рик *m* (1) Kügelchen *n*, kleine Kugel *f*; F Kugelschreiber; P → ***ви́нтик***; † *Blut*: Körperchen *n*; **~овый** (14) Kugel- (→ ~ F); → **~оподши́пник** *m* (1) Kugellager *n*
ша́рить (13) tasten, suchen; stöbern
ша́рк|анье *n* (10) Kratzfuß *m*; → **~ать** (1), *einm.* ⟨~нуть⟩ (20) scharren; schlappen, schlurfen; latschen; ***~ать ного́й*** e-n Kratzfuß machen; *pf.* → ***шара́хать(ся)***; **~у́н** F *m* (1e.) Geck
шарлата́нство *n* (9) Scharlatanerie *f*
шарма́н|ка *f* (5; -нок) Drehorgel, Leierkasten *m*; ***заводи́ть ~ку*** P die alte Platte auflegen; **~щик** † *m* (1) Leierkastenmann
шарни́р *m* (1) Scharnier *n*, Gelenk *n*; **~ный** (14) Gelenk-; Kipp-
шарова́ры *pl.* (5) Pluderhose *f*
шаров|и́дный (14; -ден, -дна), **~о́й** (14) Kugel-, kugelig, kugelförmig
ша́ровый (14) rauchgrau, Rauch-
шаромы́|га P *m/f* (5), **~жник** P *m* (1) Gauner(in *f*), Spitzbube *m*; **~жничать** P (1) herumgaunern
шаро|обра́зный (14; -зен, -зна) → ***~ви́дный***
шарф *m* (1) Schal; † Schärpe *f*
шасси́ *n* (*unv.*) Fahrgestell, Fahrwerk, Chassis; Gestell, Träger *m*
ша́стать P (1) herumlaufen, hin u. her flitzen
шасть P jäh auftauchen, hereinplatzen (**в** В zu *D*); herfallen (**на** В über *A*)
шат|а́ние *n* (12) Schwanken; → **~а́ть** (1), *einm.* ⟨~ну́ть⟩ (20) hin u. her bewegen, schaukeln; *pf.* ins Wanken bringen; **-ся** wanken, schwanken; taumeln; wackeln; P herumstreichen, herumlungern, sich herumtreiben
шате́н [-'tɛn] *m* (1), **~ка** *f* (5; -нок) Braunhaarige(r); *präd.* ~ *j-d* hat braunes Haar
шатёр *m* (1; -тра́) Zelt *n*; → ***наве́с***
ша́тия P *f* (7) Bande, Pack *n*
ша́т|кий (16; -ок, -ка́) wack(e)lig, wankend, schwankend; lose; unsicher; schwach; wankelmütig; ***ни ~ко ни ва́лко*** F so lala; **~ну́ть(ся)** → ***~а́ть(ся)***
шатро́вый (14) Zelt-; Turm-, Kegel-
шату́н *m* (1e.) Pleuel, Pleuelstange *f*; P Herumtreiber, Vagabund

ша́фер *m* (1; *pl. e.*, *N* -á) Brautführer
шафра́нный (14) Safran-; safrangelb
шах *m* (1) **1.** Schah; **2.** Schach *n*
шахмат|и́ст *m* (1) Schachspieler; **~ный** (14) Schach-; schachbrettartig; **~ы** *pl.* (5) Schach *n* (***в*** B *A*), Schachspiel *n*; Schachfiguren *f*/*pl*.
ша́хт|а *f* (5) Grube, Bergwerk *n* (***на*** П in *D*); Schacht *m*; **~ёр** *m* (1) Bergarbeiter, Grubenarbeiter; **~ный** (14) Gruben-, Schacht-
ша́ш|ечница *f* (5) Damebrett *n*; **~ечный** (14) Dame-; **~и́ст** *m* (1) Damespieler; **~ка** *f* (5; -ек) **1.** Damestein *m*; *pl.* Damespiel *n*; ***в ~ку*** Schachbrett-; **2.** Pflasterklotz *m*; *Mil.* Körper *m*; **3.** Säbel *m*
ша́шни P *pl.* (6; -ней) Intrigen *f*/*pl*.; Techtelmechtel *n*
шваб *m* (1) Schwabe; **~ка** *f* (5; -ок) Schwäbin
шва́бра *f* (5) Schrubber *m*
шва́бский (16) schwäbisch
шваль P *f* (8) Mistkerl *m*; Pack *n*
шварто́в *m* (1) Festmacheleine *f*; **~а́ть** (7), ⟨при-, о-⟩ festmachen (**-ся** *v*/*i*)
швед *m* (1), **~ка** *f* (5; -ок) Schwede (-din *f*); **~ский** (16) schwedisch, Schweden-; *Sp.* Sprossen-; ***~ский стол*** *m* Büfett *n*, Frühstücksbüfett *n*
шве́йный (14) Näh-, Schneider-; Bekleidungs-, Konfektions-
швейца́р *m* (1) Portier, Pförtner; **~ец** *m* (1; -ца), **~ка** *f* (5; -ок) Schweizer(in *f*); **~ский** (16) Schweizer, schweizerisch; *Su. f* Portierloge
швея́ *f* (6; швей) Näherin
швыр|я́ть F (28), *einm.* ⟨**~ну́ть**⟩ (20) schmeißen, schleudern (***в*** B nach *j-m*); *Geld* um sich werfen; F verschlagen
шевел|и́ть (13*e*./13; -ённый: -ена́), *einm.* ⟨**~ьну́ть**⟩ (20) bewegen (*a.* T *A*), regen, rühren; *Heu* wenden; *fig.* anregen, aufrütteln; ***~и́ть мозга́ми*** F den Verstand gebrauchen; → ***бровь***, ***па́лец***; → ***пошеве́ливаться***
шевелю́ра *f* (5) volles Haar *n*, Mähne
шеде́вр [-ˈdɛ-] *m* (1) Meisterwerk *n*
ше́й|ка *f* (5; ше́ек) Hälschen *n*; *Tech.*, *Anat.* Hals *m*; *Zool.* Schwanz *m*; **~ный** (14) Hals-
ше́лест *m* (1) Rauschen *n*; → **~е́ть** (11*e*.) rauschen, rascheln, säuseln
шёлк *m* (1; -а/-у; в ~у́; *pl. e.*, *N* ~а́) Seide *f*; Seidenzwirn; ***~ом*** Seiden-; → **~ови́нка** *f* (5; -нок) Seidenfaden *m*; **~ови́стый** (14 *K.*) seidenartig, seidig, seidenweich; **~ови́ца** *f* (5) Maulbeerbaum *m*; **~ови́чный** (14) Seiden-; **~ово́дство** *n* (9) Seidenzucht *f*, Seidenbau *m*; **~овый** (14) seiden, Seiden-; → ***~ови́стый***; F kirre, zahm; **~опря́д** *m* (1) Seidenspinner; **~опряди́льный** (14): ***~опряди́льная фа́брика*** *f* Seidenspinnerei
шелохн|у́ть *pf.* (20) regen, rühren, leicht bewegen; **-ся**: ***стои́т и не ~ётся*** F *j-d* steht unbeweglich da
шелуди́вый P (14 *K.*) grindig, räudig; mies
шелу|ха́ *f* (5) *koll.* Schale(n *pl.*), Hülse(n *pl.*); **~ше́ние** *n* (12) Aushülsen; Schuppung *f*; **~ши́ть** (16*e*.) aushülsen, schälen; **-ся** sich abschälen; sich schuppen; abblättern
ше́льм|а P *m*/*f* (5) Spitzbube(-bübin *f*); Schelm(in *f*); **~е́ц** P *m* (1*e*.) Filou; → **~а**; **~ова́тый** F (14 *K.*) durchtrieben; schelmisch, **~ова́ть** (7), ⟨о-⟩ *hist.* anprangern, entehren; F heruntermachen; **~овство́** F *n* (9) Durchtriebenheit *f*; Gaunerei *f*
шемя́кин (19): ***~ суд*** *m* käufliches *od.* parteiisches Gericht *n*
шепеля́в|ить (14) lispeln, zischeln; **~ый** (14 *K.*) lispelnd
шёп|от *m* (1) Flüstern *n*; Flüsterton (T im); Säuseln *n*; F Gerücht(e *pl.*) *n*; **~та́ть** (3), ⟨про-⟩, *einm.* ⟨~ну́ть⟩ (20) flüstern, raunen (***на́*** B in *A*); *j-m* zuflüstern, zuraunen; **-ся** miteinander flüstern, tuscheln; **~ту́н** F *m* (1*e*.) Flüsterer; Ohrenbläser
шербе́т *m* (1) Sorbet *n*
шере́нга *f* (5) Glied *n*, Reihe; ***~ми*** gliedweise
шерохова́тый (14 *K.*) uneben, rauh; holp(e)rig
шерст|и́нка *f* (5; -нок) Wollhaar *n*, Wollfaden *m*; **~и́стый** (14 *K.*) wollig, flauschig; **~опряди́льный** (14): ***~опряди́льная фа́брика*** *f* Wollspinnerei; **~ь** *f* (8) Haar *n*, Fell *n*; Wolle; ***по ~и*** mit dem Strich; **~яно́й** (14) wollen, Woll-
терша́в|еть (8), ⟨за-⟩ rauh werden; **~ый** (14 *K.*) rauh; kratzig; F stopp(e)lig; holp(e)rig

ше́ршень *m* (4; -шня) Hornisse *f*
шест *m* (1*e.*) Stange *f*; Stab; ***прыжо́к*** *m* ***с ~о́м*** Stabhochsprung
ше́ств|ие *n* (12) Umzug *m*, Zug *m*, Gang *m*; Prozession *f*; **~овать** (7) ziehen; einherschreiten, stolzieren
шестер|ёнка *f* (5; -нок) → ***~ня́***; **~ка** *f* (5; -ок) Sechs, Sechser *m*; F → ***восьмёрка***; **~но́й** (14) sechsfach; **~ня́** *f* **1.** (6; -ён) Zahnrad *n*; **2.** F (6; -не́й) Sechsspänner *m*; **~о** sechs; → ***двое́***
шести|гра́нный (14) sechskantig; **~десятиле́тие** *n* (12) sechzig Jahre *n/pl.*; sechzigste(r) Jahrestag *m od.* Geburtstag *m*; **~десятиле́тний** (15) sechzigjährig; **~деся́тый** (14) sechzigste(r); → ***пя́тый, двадца́тый***; **~дне́вный** (14) sechstägig, Sechstage-; **~зна́чный** (14) sechsstellig; **~кла́ссник** *m* (1) Schüler der sechsten Klasse; **~кра́тный** (14) sechsfach, sechsmalig; **~ле́тний** (15) sechsjährig; **~ме́сячный** (14) sechsmonatig; Dauer-; **~неде́льный** (14) sechswöchig; **~сотле́тие** → ***двухсотле́тие***; **~со́тый** (14) sechshundertste(r); **~сто́пный** (14) sechsfüßig, sechshebig; **~ты́сячный** (14) sechstausendste(r); → ***ты́сячный***; **~уго́льник** *m* (1) Sechseck *n*; **~уго́льный** (14) sechseckig; **~часово́й** (14) sechsstündig; → ***восьмичасово́й***; **~эта́жный** (14) sechsstöckig
шестна́дцат|иле́тний [-sn-] (15) sechzehnjährig; **~ый** (14) sechzehnte(r); → ***пя́тый***; **~ь** (35) sechzehn
шестови́к *m* (1*e.*) Stabhochspringer
шесто́й (14) sechste(r); → ***пя́тый***
шесто́к *m* (1; -тка́) Herdstelle *f*; Hühnerstange *f*
шесть (35*e.*) sechs; **~деся́т** (35) sechzig; → ***три́дцать***; **~со́т** (36) sechshundert; **~ю** sechsmal
шеф *m* (1) Chef; Betreuer; *hist.* Kommandeur; ***заво́д-~*** Patenbetrieb; **~ство** *n* (9) Patenschaft *f* (***над*** T über *A*); **~ствовать** (7) Chef *od.* Pate sein
ше́|я *f* (6; -й) Hals *m* (***на*** П an *D*; ***на*** B um, an *A*); → ***ве́шаться, ви́снуть***; ***на свою́ ~ю*** F zum eigenen Schaden; F *fig.* ***кре́пкая ~я*** (***у*** P *j-d*) hat e-n breiten Rücken; F ***сиде́ть на ~е*** (***у*** P *j-m*) auf der Tasche liegen; ***дать по ~е*** P e-e runterhauen; ***получи́ть по ~е*** P eins ins Genick kriegen; ***гнать в ~ю*** *od.* ***в три ~и*** P achtkantig rausschmeißen; → ***намы́лить***
ши́бкий P (16; -бок, -бка́) schnell, flott; *Adv.* sehr, arg
ши́ворот F: ***взять за ~*** am Kragen *od.* beim Schlafittchen packen; ***~-навы́ворот*** verkehrt; drunter u. drüber
шик *m* (1; -а/-у) F Schick, Eleganz *f*; feine Art *f*; P tipptopp
ши́канье F *n* (10) Zischen, Gezisch(e)
шика́рный (14; -рен, -рна) F schick, chic; fein, elegant; P prima, toll
ши́к|ать F (1), *einm.* ⟨**~нуть**⟩ (20) (***на*** B *j-n*) anzischen; (Д *j-n*) auszischen
шикова́ть P (7) Staat machen
ши́л|о *n* (9; *pl.* -ья, -ьев) Ahle *f*, Pfriem *m*; ***~а в мешке́ не утаи́шь*** *Spr.* die Sonne bringt es an den Tag; **~охво́стка** *f* (5; -ток) Spießente; P quirliges Frauenzimmer *n*; Flittchen *n*
шимпанзе́ [-ˈzɛ] *m* (*unv.*) Schimpanse
ши́н|а *f* (5) Reifen *m*; *pl.* Bereifung *f*; *Med.* Schiene; ***на ~ах*** bereift; ***наложи́ть ~у*** schienen
шине́ль *f* (8) Mantel *m*
шинкова́ть (7) schneiden, schnitzeln
ши́нный (14) Reifen-; Band-
шино́к † *m* (1; -нка́) Schenke *f*
шип *m* (1*e.*) Dorn, Stachel; Zapfen; Stollen; ***на ~а́х*** Nagel-
шипе́|ние *n* (12) Zischen; → **~ть** (10) zischen; brutzeln; F zischeln, (***на*** B *A*) anfauchen
шипо́вки F *pl.* (5; -вок) Spikes
шипо́вник *m* (1) *koll.* Heckenrose(n *pl.*) *f*; Hagebutten *f/pl.*
шипу́ч|ий (17*K.*) schäumend; F zischend; (*o. K.*) Schaum-; Brause-; **~ка** F *f* (5; -чек) Brauselimonade
шипя́щий (17) zischend; *Ling.* Zisch-
шири|на́ *f* (5) Breite; Weite; → ***длина́***; **~нка** F (5; -нок) Hosenschlitz *m*; **~ть** (13) ausweiten; **-ся** sich weiten *od.* ausweiten; sich verbreiten *od.* ausbreiten; sich mehren; an Boden gewinnen
ши́рма *f* (5) *a. pl.* Wandschirm *m*, spanische Wand; *fig.* Deckmantel *m*
широ́к|ий (16; -, -а́, -о́; *Komp.* ши́ре; *Sup.* широча́йший) breit (*a.* T auf *D*); weit; weitläufig; weitreichend, weitgehend, weit ausholend; großangelegt, groß; großzügig; umfassend; stark; schwungvoll; klangvoll; *Bedarf*: täg-

lich; *Sinn*: weit, weiter; *präd.* F zu breit, zu weit; (*o. K.*) Breit-; Weit-; Massen-; ~ **ко́стью** stämmig; ~ **в плеча́х** breitschult(e)rig; → **нога́**; **~овеща́тельный** (14; -лен, -льна) marktschreierisch; **~огру́дый** (14 *K.*) breitbrüstig; **~оза́дый** (14 *K.*) mit breitem Hinterteil; **~околе́йный** (14) breitspurig, Breitspur-; **~око́стный** [-sn-] (14; -тен, -тна) starkknochig; **~оли́ственный** (14 *K.*) dicht belaubt; (*o. K.*) Laub-; **~оли́ст(н)ый** [-sn-] (14) breitblätt(e)rig; **~оли́цый** (14 *K.*) mit breitem Gesicht; **~оплéчий** (17 *K.*) breitschult(e)rig; **~опо́лый** (14 *K.*) breitkrempig, breitrandig; weitschößig; **~оформа́тный** (14) Breit-; **~оэкра́нный** (14) Breitwand-

широта́ *f* (5; *pl. st.* ·́) *fig.* Breite, Weite, Spannweite, breites Spektrum *n*; Großzügigkeit; *pl.* Breitengrade *m/pl.*; F → **ширина́**

ширпотре́б F *m* (1) *koll.* Gebrauchsgegenstände *m/pl.*, Massenbedarfsartikel *m/pl.*

ширь *f* (8) Weite; F Breite; **во всю ~** in vollem Umfang

шит|ь (шью, шьёшь; → **бить**), ⟨с-⟩ nähen (**на** П mit *D*); sticken (T in *D*); *Schuhe* machen; *Floß* zimmern; *impf.* schneidern *od.* schneidern lassen; **~о-кры́то** F vertuscht; vertuscht sein; *fig.* → **ни́тка**; P → **пришива́ть**; **~ьё** *n* (10) Nähen, Näharbeit *f* (**за** T bei *D*); Sticken, Stickerei(en *pl.*) *f*; → **~ь**

шифонье́рка *f* (5; -рок) Chiffonnière

шифр *m* (1) Chiffre *f*; Signatur *f*; † Namenszug; **~о́ванный** (14 *K.*) verschlüsselt; chiffriert; **~ова́ть** (7), ⟨за-⟩ chiffrieren, verschlüsseln

шиш P *m* (1*e.*; -е́й) → **ку́киш**; Dreck; e-n Dreck; → **ни ~а́** nicht die Bohne

ши́ш|ка *f* (5; -ек) Beule; Knorren *m*; *Bot.* Zapfen *m*; *Tech.* Kern *m*; Karde; F *fig.* großes Tier *n*; **на бе́дного Мака́ра все ~ки ва́лятся** *Spr. j-d* muß als Prügelknabe herhalten *od.* alles ausbaden; **~кова́тый** (14 *K.*) knotig, knorrig; **~кови́дный** (14; -ден, -дна) beulenartig; zapfenförmig; *Anat.* Zirbel-

шкала́ *f* (5; *pl. st.*) Skala; Tabelle

шка́лик F *m* (1) Schnapsgläschen *n*

шкату́лка *f* (5; -лок) Schatulle, Schmuckkästchen *n*; Spieldose

шкаф *m* (1; в -у́; *pl. e.*) Schrank; **~чик** *m* (1) Schränkchen *n*

шквал *m* (1) Bö *f*, Windstoß; *Mil.* Feuerschlag; **~истый** (14*K.*), **~ьный** (14) böig

шква́рки *f/pl.* (5; -рок) Grieben

шкет P *m* (1) Halbstarke(r)

шкив *m* (1; *pl. e.*) *Tech.* Scheibe *f*

шки́пер *m* (1; *pl. a. e.*, *N* -а́) Kapitän; Schiffer

шки́рк|а P: **за ~у** → **ши́ворот**

шко́л|а *f* (5) Schule; *Sp.* Pflicht, Pflichtübungen *f/pl.*; **~а-интерна́т** Internatsschule; **~ить** F (13), ⟨вы́-⟩ schulmeistern, dressieren; **~ьник** *m* (1), **~ьница** *f* (5) Schüler(in *f*); **~ьнический** (16) Schüler-; **~ьничество** *n* (9) Schuljungenstreich(e *pl.*) *m*, Kinderei *f*; **~ьный** (14) Schul-, schulisch; Schüler-; Lehr-; schulpflichtig; **~я́р** † F *m* (1*e.*) Schüler, Pennäler; **~я́рский** (16) schülerhaft, dilettantisch; **~я́рство** *n* (9) Dilettantismus *m*

шку́р|а *f* (5) Fell *n*; Pelz *m*; Balg *m*; F Haut (*a. fig.*); *fig.* Leib *m* (**на** П an *D*); P → **~ник**; P **драть ~у** schinden (**с** P *j-n*); F **спусти́ть ~у** (**с** P *j-m*) das Fell vollhauen *od.* den Pelz waschen; **дели́ть ~у неуби́того медве́дя** *Spr.* das Fell des Bären verkaufen, bevor man ihn erlegt hat; **~ка** *f* (5; -ок) kleines Fell *n*; Schmirgelpapier *n*; F Haut, Schale; **~ник** F *m* (1) Halsabschneider; Blutsauger; käufliches Subjekt *n*; **~ничество** F *n* (9) Halsabschneiderei *f*; Eigennutz *m*; **~ный** F (14) selbstsüchtig; **~одёр** F *m* (1) Schinder

шлагба́ум *m* (1) Schranke *f*

шлак *m* (1) Schlacke *f*

шланг *m* (1) Schlauch

шлейф *m* (1) Schleppe *f*

шлем *m* (1) Helm; Kappe *f*

шлёп F klatsch!; → **~ать**; **~анцы** F *m/pl.* (1; -цев) Pantoffeln, Latschen *f/pl.*; **~ать** (1) **1.** *einm.* ⟨~нуть⟩ (20) klatschen, *pf.* e-n Klaps geben (**по** Д auf *A*); patschen; waten; F schlurfen, latschen; **2.** ⟨от-⟩ schlagen, hauen; **-ся** F hinplumpsen, hineinplumpsen; **~о́к** *m* (1; -пка́) Klaps (**по** Д auf *A*); Klatsch; *pl.* Klatschen *n*

шлея́ *f* (6; -й) Zuggurt *m*; Halsriemen *m*

шлифов|а́льный (14) Schleif-; **~а́ние** *n* (12) Schleifen; **~а́ть** (7), ⟨от-⟩ schleifen; polieren; feilen (*a. fig.*; B an *D*); **~ка** *f* (5) → **~а́ние**; Schliff *m*; Feilen *n* (*a. fig.*); **~щик** *m* (1) Schleifer

шлюз *m* (1) Schleuse *f*; **~ова́ть** (7) schleusen; **~ово́й** (14) Schleusen-

шлю́пка *f* (5; -пок) Boot *n*; Schaluppe

шлю́ха P *f* (5) Nutte, Hure

шля́п|а *f* (5) Hut *m* (**в** П mit *D*); F Schlappschwanz *m*; **в ~е** *j-d* hat den Hut auf; **де́ло в ~е** F die Sache ist geritzt; **~ка** *f* (5; -ок) Hütchen *n*, Damenhut *m*; *Bot.* Hut *m*; Kopf *m*; *Nagel*: Kopf *m*; **~ный** Hut-; **~ник** *m* (1), **~ница** *f* (5) Hutmacher(in *f*)

шля́ться P (28) herumbummeln, sich herumtreiben (**по** Д in *D*; **к** Д bei *D*)

шмат P (1), **~о́к** P *m* (1; -ка́) Stück *n*

шмель *m* (4*e.*) Hummel *f*

шмон P *m* (1) Filzen *n*

шмо́тки P *pl.* (5; -ток) Klamotten *f/pl.*

шмыг F husch!; → **~ать** F (1), *einm.* ⟨**~ну́ть**⟩ (20) huschen, flitzen; gleiten; *impf.* hin u. her huschen; **~ать но́сом** schnauben, schnaufen; → **шныря́ть** P

шни́цель *n* (4; *pl. a. e.*, *N* -ля́) Schnitzel *n*

шнур *m* (1*e.*) Schnur *f* (**на** П an *D*); Litze *f*; Leine *f*; **бикфо́рдов ~** Zeitzündschnur *f*; **~ова́ть** (7), ⟨за-⟩ schnüren, zuschnüren; **~о́вка** *f* (5; -вок) Zuschnüren *n*, Verschnüren *n*; Verschnürung; **~о́к** *m* (1; -ка́) → **~**; Schnürsenkel

шныр|я́ть F (28), *einm.* ⟨**~ну́ть**⟩ (20) hin u. her flitzen; *impf.* herumschnüffeln (**по** Д bei *D*); **~я́ть глаза́ми** P umherspähen

шов *m* (1; шва) Naht *f* (**по** Д in *D*); *Arch.*, *Tech.*, *fig.* F Fuge *f*; **ру́ки по шва́м**! *Mil.* Hände an die Hosennaht!

шовинист|и́ческий, ~ский (16) chauvinistisch

шо́к|овый (14) Schock-; **~и́ровать** (7) *im*(*pf.*) schockieren

шокола́д *m* (1) Schokolade *f*; **~ка** F *f* (5; -ок) Riegel *m od.* Rippe Schokolade; Praline; **~ный** (14) Schokoladen-; schokoladenbraun; **~ная конфе́та** *f* Praline

шо́мпол *m* (1; *pl. e.*, *N* -á) Ladestock

шо́рн|ик *m* (1) Sattler; **~ый** (14) Sattler-; **~ая мастерска́я** *f* Sattlerei

шо́рох *m* (1) Rascheln *n*, leises Geräusch *n*

шо́р|ы *pl.* (5) Scheuklappen *f/pl.* (*a. fig.*); Sielen *f/pl.*, Sielengeschirr *n*; *fig.* Kandare *f* (**в** B, П an *A*, *D*)

шоссе́ [-'sɛ] *n* (*unv.*) Landstraße *f*, Autostraße *f*; *Mil.* Rollbahn *f*; **~йный** (14) Straßen-

шотла́нд|ец *m* (1; -ца), **~ка** [-nk-] *f* (5; -ок) Schotte(-tin *f*); **~ка** Schottenstoff *m*; **~ский** (16) schottisch

шофёр *m* (1; *pl.* P *a. e.*, *N* -ера́) Autofahrer, Kraftfahrer, Fahrer, Chauffeur; **~ить** P (13) fahren (**на** П *A*); als Fahrer arbeiten; **~ский** (16) Fahr-, Fahrer-; Führer-; **~ня́** P (6) *koll. verä.* Fahrer *m/pl.*

шпа́га *f* (5) Degen *m*; **на ~х** Degen-

шпага́т *m* (1) Bindfaden; *Sp.* Spagat

шпажи́ст *m* (1) Degenfechter

шпаклев|а́ть (6), ⟨за-⟩ spachteln, verspachteln; **~ка** *f* (5) Spachteln *n*; Spachtel *m*

шпа́ла *f* (5) *Esb.* Schwelle

шпале́р|ы *f/pl.* (5) Spalier *n*; † Gobelintapete *f* **стоя́ть ~ами** Spalier bilden

шпана́ P *f*; (5) Pack *n*, Gauner *m/pl.*

шпанго́ут *m* (1) *Mar.*, *Flgw.* Spant *n*

шпа́ндырь *m* (4) Knieriemen

шпа́нский (16) †, *Zool.* spanisch

шпарга́лка F *f* (5; -лок) Spickzettel *m*; *fig.* → **ука́зка**

шпа́рить (13), ⟨о-⟩ brühen, verbrühen, F abbrühen; mit kochendem Wasser begießen *od.* vernichten; P → **жа́рить** P

шпенёк *m* (1; -нька́) Stift

шпигова́ть (7), ⟨на-⟩ spicken

шпик[1] *m* (1; -а/-у) Schweinespeck

шпик[2] F *m* (1*e.*) Spitzel

шпиль *m* (4) *Arch.* Spitze *f*, Nadel *f*; *Mar.* Spill *n*; **~ка** *f* (5; -лек) Haarnadel; *Tech.* Stift *m*; F Pfennigabsatz *m* (**на** П *pl.* mit *D*); *pl. fig.* Nadelstiche *m/pl.*

шпингале́т *m* (1) Verschluß, Wirbel; F Bürschchen *n*, Spund

шпион|а́ж *m* (1) Spionage *f*; **~ить** F (13) spionieren, (**за** T *j-m*) nachspionieren; **~ский** (16) Spionage-; **~ство** *n* (9) Spionieren

Ш

шпиц *m* (1) *Zool.* Spitz; † → ***шпиль***
шпо́нка *f* (5; -нок) Dübel *m*; Feder
шпо́р|а *f* (5) Sporn *m*; ***дать ~ы*** → **~ить** (13) die Sporen geben (B *D*)
шприц *m* (1; *pl.* F *a. e.*) Spritze *f*
шпро́ты *f*/*m*/*pl.* (5/1) Sprotten *f*/*pl.*
шпу́лька *f* (5; -лек) Spule
шпунт *m* (1*e.*) Spund; Spitzeisen *n*; **~ова́ть** (7), ⟨за-⟩ spunden
шпыня́ть P (28) stoßen; die Hölle heiß machen (B *j-m*)
шрам *m* (1) Narbe *f*, Schramme *f*
шрифт *m* (1; *pl. a. e.*) Schrift *f* (T in *D*); ***ме́лким ~ом*** kleingedruckt
штаб *m* (1; *pl. a. e.*) *Mil.* Stab
шта́бель *m* (4; *pl. a. e.*, *N* -я́) Stapel (T *pl.* in *D*)
штаб|и́ст F *m* (1) Stabsoffizier; **~-кварти́ра** *f* (5) Stabsquartier *n*, Hauptquartier *n*; **~ни́к** F *m* (1*e.*) → ***~и́ст***; **~но́й** (14) Stabs-; *Su. m* Stabsoffizier
штаке́тник *m* (1) *koll.* Staketen *pl.*, Staketenzaun
штамп *m* (1) Stempel, Briefkopf; *Tech.* Stanze *f*; *fig.* Schablone *f*, Klischee *n* (T *pl.* in *D*); **~ова́льный** (14) Stanz-; **~ова́ние** *n* (12) Stanzen; **~ова́ть** (7) **1.** stempeln; F schablonisieren; **2.** ⟨от-, про-⟩ stanzen; ***~о́ванный*** schablonenhaft, abgedroschen; **~о́вка** *f* (5) → ***~ова́ние***; **~о́вочный** (14) Stanz-; **~о́вщик** *m* (1) Stanzer
шта́нг|а *f* (5) *Tech.* Stange; *Sp.* Scheibenhantel; Torpfosten *m*; Torlatte; **~и́ст** *m* (1) Gewichtheber
штан|и́на F *f* (5) Hosenbein *n*; **~и́шки** *pl.* (5; -шек) kurze Hose *f*; **~ы́** *pl.* (1) Hose *f*
шта́пельный (14) Zellwoll-; Stapel-
штат *m* (1) **1.** Personal *n*, Personalstand; Lehrkörper; *mst pl.* Stellenplan *m*; ***зачи́слить в ~*** fest anstellen; ***состоя́ть*** *od.* ***чи́слиться в ~е*** fest angestellt sein; **2.** Staat
штати́в *m* (1) Gestell *n*; Stativ *n*
шта́тный (14) etatmäßig, festangestellt; hauptamtlich, hauptberuflich; Plan-; Stellen-
шта́тск|ий (16) zivil; *Su. m* Zivilist; ***в ~ом*** in Zivil
штемпел|ева́ть [ʃtɛ-] (6), ⟨за-⟩ stempeln; **~ь** *m* (4; *pl. a. e.*, *N* -я́) Stempel
ште́псель [ˈʃtɛ-] *m* (4; *pl. a. e.*, *N* -ля́) Stecker; **~ный** (14) Steck-
штибле́ты *f*/*pl.* (5) Halbstiefel *m*/*pl.*
штил|ево́й (14) windstill; der Windstille; **~ь** *m* (4) Windstille *f*
што́льня *f* (6; -лен) Stollen *m*
што́п|альный (14) Stopf-; **~анье** *n* (10) Stopfen; **~ать** (1), ⟨за-⟩ stopfen; flicken; **~ка** *f* (5) → ***~анье***; Stopfgarn *n*; ***со ~кой*** gestopft
што́пор *m* (1) Korkenzieher; *Flgw.* Trudeln *n*; ***~ом*** spiralförmig, schraubenförmig; **~ить** (13) trudeln
што́р|а *f* (5) Fenstervorhang *m*; Rollo *n*; **~ка** *f* (5; -ок) *dim. v.* ***~а***
шторм *m* (1) Sturm, Sturmwind; **~ово́й** (14) Sturm-, stürmisch; **~о́вка** *f* (5; -вок) Windjacke; **~тра́п** *m* (1) Sturmleiter *f*
што́рный (14) Vorhang-; Rollo-
штоф *m* (1) gemusterter Dekostoff; † Schnapsflasche *f*, Weinflasche *f*; **~ный** (14) Stoff-; stoffbespannt
штраф *m* (1; -а/-у) Geldstrafe *f*, Buße *f*; **~ба́т** F *m* (1) Strafbataillon *n*; **~но́й** (14) Straf-; gemaßregelt; **~ова́ть** (7), ⟨о-⟩ bestrafen, mit e-r Geldstrafe belegen
штрек *m* (1) *Bgb.* Strecke *f*, Schlag
штри́пка *f* (5; -пок) Strippe, Steg *m*
штрих *m* (1*e.*) Strich; Zug; **~ова́ть** (7), ⟨за-⟩ schraffieren; **~о́вка** *f* (5) Schraffierung
штуди́ровать (7), ⟨про-⟩ studieren, durcharbeiten
шту́ка *f* (5) Stück *n*; Ballen *m*; F Ding *n*, Sache; Kunde *m*, Person; Streich *m*; Kunststück *n*, Kunststückchen *n*; ***вот так ~!*** F e-e schöne Geschichte!; ***в то́м-то и ~!*** F das ist es eben!; da liegt der Hase im Pfeffer!
штукату́р *m* (1) Stuckarbeiter; Putzer; **~ить** (13), ⟨вы́-, о-, от-⟩ verputzen; P e-e Nummer abziehen; **~ка** *f* (5) Verputz *m*, Putz *m*, Stuck *m*; Verputzen *n*; **~ный** (14) Putz-; Stuck-; **~ство** P *n* (9) Angabe *f*, Schau *f*
штукова́ть (7), ⟨за-⟩ kunststopfen
штуко́вина P *f* (5) → ***шту́ка***
штурва́л *m* (1) Steuerrad *n*, Lenkrad *n*; **~ьный** (14) Steuer-; *Su. m* → ***рулево́й***
штурм *m* (1) Sturmangriff, Sturm (T im; И/P *N* auf *A*), Erstürmung *f*
шту́рман *m* (1; *pl.* F *a. e.*, *N* -а́) Steuermann; Navigationsoffizier; Naviga-

tor; **~ский** (16) Navigations-; Steuermanns-; Karten-
штурмов|ать (7) stürmen, (B gegen *A*) anstürmen, anrennen; *fig.* erstürmen, erobern; erobern wollen; **~и́к** *m* (1*e.*) Erdkampfflugzeug *n*, Schlachtflugzeug *n*; SA-Mann; **~̀ка** *f* (5) Tiefangriff *m* (P auf *A*); **~о́й** (14) Sturm-; Stoß-; **~щи́на** *f* (5) hastige Aufholarbeit(en *pl*); → ***авра́л***
шту́ч|ка F *f* (5; -ек) → ***шту́ка*** F; **~ный** (14) Stück-, stückweise; Einzel-
штык *m* (1*e.*) Bajonett *n*; Seitengewehr *n*; *pl.* Mann, Infanteristen; ***встре́тить в ~и́*** *fig.* (B *j-m*) sehr feindselig begegnen; ***идти́ в ~и́*** mit gefälltem Bajonett angreifen; **~ово́й** (14) Bajonett-; → ***рукопа́шный***
шу́б|а *f* (5) Pelzmantel *m*, Pelz *m*; F Wintermantel *m*; Fell *n*, Wolle; *Tech.* Eispelz *m*; F ***~ы не сошьёшь*** (***из*** P von *D*) hat man keinerlei Nutzen; **~ейка** F † *f* (5; -еек) kurzer leichter Pelz *m*, Pelzjacke; **~ёнка** *f* (5; -нок) schäbiger Pelz *m*; **~ка** *f* (5; -ок) → ***~ейка***; **~ный** (14) Pelz-
шу́лер *m* (1; *pl.* F *a. e.*, *N* -á) Falschspieler; F Gauner; **~ский** (16) betrügerisch, Gauner-; **~ство** *n* (9) Falschspielerei *f*; F Gaunerei *f*
шум *m* (1; ̀-а/̀-у) Lärm; Geräusch(e *pl.*) *n*; Rauschen *n*, Brausen *n*; Sausen *n* (***в*** П *Zssg*); *fig.* Aufsehen *n*, Aufheben(s) *n*; Getriebe *n*; F Spektakel *n*; ***~ и гам*** F Heidenlärm; **~е́ть** (10*e.*) lärmen, Lärm machen; rauschen, rascheln; brausen; F poltern, toben, randalieren; sich entrüsten; viel Aufhebens machen; Aufsehen erregen, in aller Munde sein; ***~и́т в уша́х*** (***у*** P *j-d* hat) Ohrensausen; **~и́ха** F *f* (5) Rummel *m*, Tamtam *n*; → ***шум***; **~ли́вый** (14 *K.*) lärmend, polternd; rauschend; laut; **~̀ный** (14; ̀-ен, -на́) geräuschvoll, laut; lärmend, lärmerfüllt; aufsehenerregend, spektakulär; (*o. K.*) Riesen-; Bomben-; *Ling.* Geräusch-; **~ови́к** *m* (1*e.*) Geräuschmacher; Schlagzeuger
шумо́вка *f* (5; -вок) Schaumlöffel *m*
шумо|во́й (14) Geräusch-; Schlag-, Schlagzeug-; **~̀к** F *m* (1; -мка́) leises Rauschen *n od.* Geräusch *n* (***под*** B zu *D*); ***под ~̀к*** F heimlich, unbemerkt
шу́рин *m* (1) Schwager
шурова́ть (7) schüren; P scheuern; den Laden schmeißen
шуру́п *m* (1) Holzschraube *f*
шурша́|ние *n* (12) Rascheln; → **~ть** (4*e.*) rascheln, rauschen; knistern
шу́ры-му́ры P *pl.* (5; *o. G*) Techtelmechtel *n*
шу́стрый F (14*K. u.* -тёр, -тра́) flink, fix, flott; munter, rege, gewandt
шут *m* (1*e.*) Narr; Possenreißer, Hanswurst; ***~ горо́ховый*** F Hansnarr; ***~ его́ зна́ет*** F weiß der Kuckuck!; → ***чёрт***; **~е́йный** P → ***~ли́вый***, ***заба́вный***; **~и́ть** (15), ⟨по-⟩ scherzen, spaßen, Spaß machen; sich lustig machen (***над*** T über *A*); spielen; ***не ~и́ть*** es ernst meinen; ***брось ~и́ть***! mach keine Scherze!; ***~̀ишь!*** F → ***шали́ть*** F; ***~̀ки ~и́ть*** Späße machen; ***чем чёрт не ~̀ит*** F wer weiß, wie's kommt, vielleicht klappt's; → ***~я́***; **~и́ха** *f* (5) Närrin; Schwärmer *m*; **~̀ка** *f* (5; ̀-ок) Scherz *m*, Spaß *m* (***в*** B im, zum); Witz *m*; Streich *m*; Schwank *m*; ***без*** *od.* ***кро́ме ~̀ок*** im Ernst; ***не ~̀ка*** F kein Pappenstiel; ***э́то не ~̀ки*** damit ist nicht zu spaßen; ***~̀ки в сто́рону*** Spaß beiseite; ***не на ~̀ку*** F ernstlich, allen Ernstes; ***~̀ка ли*** F, ***~̀ка сказа́ть*** F das ist keine Kleinigkeit *od.* leicht gesagt; F ***~̀ки пло́хи*** mit *j-m* ist nicht zu spaßen *od.* gut Kirschen essen; **~ли́вый** (14 *K.*) scherzhaft, spaßhaft, spaßig; F zu Scherzen aufgelegt; **~ни́к** *m* (1*e.*) Spaßvogel, Witzbold
шутовс|ко́й (16) Narren-, närrisch; narrenhaft; **~тво́** *n* (9) Narrentum; Narrenpossen *pl.*, Narretei *f*
шу́т|очка *f* (5; -чек) Späßchen *n*; → ***~ка***; **~очный** (14; -чен, -чна) scherzhaft; (*o. K.*) Scherz-; ***не ~очный*** F nicht gerade wenig *od.* gering; ***~очное ли дело́?*** F → ***~ка*** (***ли***); **~я́** im Scherz *od.* Spaß; F spielend, spielend leicht; ***не ~я́*** im Ernst, allen Ernstes
шу́хер P *m* (1): ***стоя́ть на ~е*** Schmiere stehen
шу́шера P *m*/*f* (5) Miststück *n*; Pack *n*
шушу́ка|нье *n* (10) Getuschel; → **~ться** F (1) tuscheln, die Köpfe zusammenstecken
шху́на *f* (5) *Mar.* Schoner *m*
шш, ш-ш pst! leise!

Щ

щаве́л|евый (14) Sauerampfer-; *Chem.* Oxal-; **~ь** *m* (4*e.*) Sauerampfer
щади́ть (15*e.*), ⟨по-⟩ schonen, verschonen; nachsichtig sein (В gegen *A*); nicht verletzen *od.* verletzen wollen; *Mühe*: ***не ~*** keine ... scheuen
щеб|ёнка *f* (5), **~ень** *m* (4; -бня) Schotter *m*, Splitt *m*
щёбет *m* (1), **~а́ние** *n* (12) Gezwitscher; **~а́ть** (3) zwitschern; F plappern; **~у́нья** F *f* (6; -ний) Schnatterliese
щего́л *m* (1; -гла́) Stieglitz
щегол|ева́тый (14 *K.*) → ***~ьско́й***; aufgeputzt; **~и́ха** *f* (5) Modenärrin, Modepuppe; **~ь** *m* (4) Stutzer, Geck; **~ьско́й** (16) elegant, stutzerhaft; schneidig; **~ьство́** *n* (9) Putzsucht *f*, Eleganz *f*; Bravade *f*; → **~я́ть** (28) **1.** sich herausputzen; **2.** F *einm.* ⟨~ьну́ть⟩ Staat machen, stolzieren, einherstolzieren; paradieren, protzen
щедр|о́ты † *f/pl.* (5) Wohltaten; **~ый** (14; -, -á) freigebig, großzügig (***на*** В mit *D*); reichlich, ausgiebig; ***~ой руко́й*** mit vollen Händen; ***~ый на слова́*** wortreich
щек|а́ *f* (5; *Asg.*, *N/Gpl. st.* ⁼) Wange, (*a. Tech.*) Backe; ***уда́рить по ~е́*** (В *j-m*) e-e Ohrfeige geben; ***есть за о́бе ~и́*** F mit vollen Backen kauen; **~а́стый** F (14 *K.*) pausbäckig
щеко́лда *f* (5) Türklinke; Schnapper *m*
щекот|а́ние *n* (12) → ***~ка*** *u.* **~а́ть** (3), ⟨по-⟩ kitzeln (***у*** P *j-m*), prickeln; *Vögel*: schlagen, trillern; **~ка** *f* (5) Kitzeln *n*, Kitzel *m*, Prickeln *n*; ***боя́ться ~ки*** kitz(e)lig sein; **~ли́вость** *f* (8) Bedenklichkeit, das Heikle; **~ли́вый** (14 *K.*) heikel; P kitz(e)lig; **~но**: ***~но*** (Д *j-n*) kitzelt es (Д in *D*); **~ный** (14) kitzelnd, prickelnd
щел|ево́й (14) Schlitz-; *Ling.* frikativ, Reibe-; **~и́стый** F (14 *K.*) rissig
щёлк F klatsch!; knacks!; knips!, knaps!; schnapp!; klick!; schwupp!; → ***~ать***
щёлка *f* (5; -лок) kleine Spalte
щёлк|анье *n* (10) Klatschen, Knallen; → **~ать** (1), *einm.* ⟨~нуть⟩ (20) **1.** *v/i* *Peitsche*: knallen, klatschen; *Zähne*: klappern; *Zunge*: schnalzen; *Finger*: schnippen, knipsen; *Schloß*: schnappen, einschnappen; *Verschluß*: klikken; *Nachtigall*: schlagen; **2.** *v/t Nüsse* knacken, *Kerne* essen; P töten; ***~нуть по́ носу*** *j-m* e-n Nasenstüber geben; **-ся** F prallen, knallen; **~опёр** † *m* (1) Federfuchser; **~у́н** *m* (1*e.*) Springkäfer; F → **~у́нчик** *m* (1) Nußknacker
щёло|к *m* (1) Lauge *f*; **~чно́й** (14) alkalisch, Alkali-; **~чь** *f* (8; *ab Gpl. e.*) Alkali *n*, Lauge
щелчо́к *m* (1; -чка́) Knack(s), Klaps; *pl.* Klappern *n*; Schneller, (*Nase*: ***в*** В, ***по́*** Д) Stüber; F Hieb
щель *f* (8) Spalt *m*, Spalte, Ritze, Schlitz *m* (***в*** В durch *A*); Münzeinwurf *m*; Splittergraben *m*
щеми́т|ь (14*e.*) beklemmen, zuschnüren; wehtun, Schmerzen haben; ***се́рдце ~*** (***у*** P *j-m*) ist es schwer ums Herz
щен|и́ться (13*e.*), ⟨о-⟩ Junge werfen; **~о́к** *m* (1; -ка́; *pl. a.* [2] -я́та) Welpe, Hündchen *n*; P Balg; Grünschnabel
щепа́ *f* (5; *Npl. st.*) → ***ще́пка***
щепети́льн|ость *f* (8) übertriebene Genauigkeit; → **~ый** (14; -лен, -а) peinlich genau, übergenau; übertrieben gewissenhaft, skrupulös; heikel; † kleinlich, kleinkariert; elegant; (*o.K.*) → ***галантере́я***
ще́пк|а *f* (5; -пок) Span *m*; *koll.* Späne *m/pl.*; ***худ как ~а*** spindeldürr; ***в ~и*** F in kleine Stücke
щепо́т|ка *f* (5; -ок), **~ь** *f* (8) Prise
щер|ба́тый (14 *K.*) schartig, schrammig; F pockennarbig; zahnlückig; **~би́на** *f* (5) Scharte, Schramme, Delle; F Pockennarbe; Zahnlücke; **~ить** (13), ⟨о-⟩ fletschen; → ***щети́ниться***; **-ся** die Zähne fletschen; P grinsen
щети́н|а *f* (5) *koll.* Borsten *f/pl.*; F Stop-

peln *f/pl.*; **~истый** (14 *K.*) borstig; stopp(e)lig; **~иться** (13), ⟨о-⟩ sich *od.* F das Fell, die Stacheln sträuben, abstehen; P widerborstig werden; sich ärgern; **~ный** (14) Borsten-

щёт|ка *f* (5; -ок) Bürste (***для*** P *Zssg*); **~очник** *m* (1) Bürstenbinder; **~очный** (14) Bürsten-

щи *pl.* (5; щей) Kohlsuppe *f*

щи́колотк|а *f* (5; -ток) Knöchel *m*; ***по ~у*** knöcheltief

щип|а́нье *n* (10) Zupfen, Zwicken; → **~а́ть** (2) **1.** *einm.* ⟨(у)~ну́ть⟩ (20) kneifen, zwicken; zupfen, *pf.* abzupfen; *pf. fig.* e-n Stich geben (***за*** B in *A*); **2.** ⟨о-, об-⟩ rupfen; **3.** *Frost*: beißen, brennen (B in *D*); *Hanf* raufen; **-ся** → ***~а́ть 1***

щип|ко́вый (14) Zupf-; **~ну́ть** → ***~а́ть***; **~о́к** *m* (1; -ка́) Kniff; **~цы́** *pl.* (1) Zange *f* (***для*** P *Zssg*); Schere *f*; ***~цы́ для оре́хов*** Nußknacker *m*; **~чики** *pl.* (1) kleine Zange *f*, Zwicker *m*

щит *m* (1e.) Schild; Schutzbrett *n*, Schutzblech *n*; *El.* Brett *n*, Tafel *f*; *Zool.* Panzer; **~ови́дный** (14) *Anat.* Schild-; **~о́к** *m* (1; -ка́) kleiner Schild; Blende *f*; *Tech.* Brett *n*; *Sp.* Stutz; *Bot.* Doldentraube *f*

щу́ка *f* (5) Hecht *m*

щуп *m* (1) *Tech.* Fühler, Taster; Sonde *f*; Minensucheisen *n*; **~альце** *n* (11; -лец/-цев) *Zool.* Fühler; Fangarm; **~ать** (1), ⟨по-⟩ befühlen, betasten, *Puls* fühlen; abtasten; mustern; F ausforschen, sondieren

щу́плый F (14; -, -а́) schmächtig; gebrechlich

щур *m* (1) Kernbeißer

щу́рить (13), ⟨со-, при-⟩ zusammenkneifen; **-ся** die Augen zusammenkneifen; blinzeln; (***на*** B *A*) mit zugekniffenen Augen ansehen

щу́ч|ий (18) Hecht-; ***по ~ьему веле́нью*** F wie hergezaubert

Э

э ach!; ach was!, aber!; aber nein!; eh!

эбе́новый (14) Ebenholz-

эбони́т *m* (1) Hartgummi

э́ва P ei!; → ***вот*** *u.* ***э***

эваку|а́ция *f* (7) Evakuierung; → **~и́ровать** (7) *im(pf.)* evakuieren; räumen; abtransportieren

эве́нк *m* (1), **~и́йка** *f* (5; -и́ек) Ewenke(-kin *f*); **~и́йский** (16) ewenkisch

эвкали́птовый (14) Eukalyptus-

эволюци|о́нный (14) Evolutions-; → **~я** *f* (7) Evolution, Entwicklung; *Mil.* Entfaltung; Stellungswechsel *m*; Bewegung

э́ври|ка heureka!; **~стика** *f* (5) Heuristik; **~сти́ческий** (16) heuristisch

эвф|емисти́ческий (16) euphemistisch; **~они́ческий** (16) euphonisch

эге́ [*a.* ɛ'hɛ] aha!

эги́да *f* (5) Ägide, Schutz *m*

эгои́ст|и́ческий (16), **~и́чный** (14; -чен, -чна) egoistisch; **~и́чность** *f* (8) Egoismus *m*; **~ка** *f* (5; -ок) Egoistin

э́дак F, **~ий** F → ***э́так, э́такий***

Эде́м [ɛ'dɛm] *m* (1) der Garten Eden

эзо́повский (16) äsopisch, allegorisch

эй he!, heda!

эк P wie; sieh mal an, da schau her

эквадо́р|ец *m* (1; -ца), **~ка** *f* (5; -ок) Ecuadorianer(in *f*); **~ский** (16) ecuadorianisch

эквивале́нт *m* (1) Äquivalent *n*, Gegenwert; **~ность** *f* (8) Äquivalenz; **~ный** (14; -ен, -на) äquivalent, gleichwertig

экзальти́ро́ванный (14 *K.*) exaltiert, überspannt

экза́мен *m* (1) Examen *n*, Prüfung (***на*** П in *D*; ***по*** Д in *D*, *Zssg*); **~а́тор** *m* (1) Prüfer; **~ацио́нный** (14) Prüfungs-; **~ова́ть** (7), ⟨про-⟩ prüfen, examinieren; **-ся** e-e Prüfung *od.* Prüfungen ablegen, geprüft werden (***по*** Д in *D*);

~ующийся *m* (17) Prüfling, Examenskandidat
экзе́ма [-ˈzɛ-] *f* (5) Ekzem *n*
экземпля́р [-zɛ-] *m* (1) Exemplar *n*; ***в трёх ~ах*** in dreifacher Ausfertigung *f*; ***чистово́й ~*** Reinschrift *f*
экзо́ти|ка *f* Exotik; **~ческий** (16) exotisch
экиво́ки *m/pl.* (1) F Ausflüchte *f/pl.*, Fisimatenten *pl.*; Umschweife; † Zweideutigkeiten *f/pl.*
э́кий F (16 *K.*, *o. m*) so eine, so ein
экип|а́ж *m* (1; -ей) Kutsche *f*, Equipage *f*; Mannschaft *f*, Besatzung *f*, Crew *f*; Abteilung *f*; **~и́ровать** (7) *im(pf.)* ausrüsten, ausstatten; *Esb.* bereitstellen; **~иро́вка** *f* (5) Ausrüstung
эклекти́|зм *m* (1) Eklektizismus; **~к** *m* (1) Eklektiker; **~ка** *f* (5) → ***~зм***; **~ческий** (16), **~чный** (14; -чен, -чна) eklektisch
экло́га *f* (5) Ekloge, Hirtengedicht *n*
э́кой → ***э́кий***
экологи́|ческий (16) ökologisch; Umwelt-; **~я** *f* (7) Ökologie
эконо́м † *m* (1) Verwalter; sparsamer Mensch; → ***~и́ст***; **~ика** *f* (5) Wirtschaft; Wirtschaftsform, Wirtschaftssystem *n*; Ökonomik; **~и́ст** *m* (1) Wirtschaftswissenschaftler; Wirtschaftsfachmann, Wirtschaftler; **~ить** (14), ⟨с-⟩ sparen, einsparen (***на*** П an *D*); **~и́ческий** (16) ökonomisch, wirtschaftlich, Wirtschafts-; Lohn-; → ***~ный*** *u.* **~и́чный** (14; -чен, -чна) wirtschaftlich; **~ия** *f* (7) Einsparung; Sparsamkeit; Ökonomie; † Gutswirtschaft; ***для ~ии*** (P) um *et.* zu sparen; **~ка** † *f* (5; -ок) Haushälterin, Wirtschafterin; **~ничать** F (1) sparsam *od.* geizig sein; **~ный** (14; -ен, -на) sparsam; wirtschaftlich; rentabel
экра́н *m* (1) Leinwand *f*; Bildschirm; Schirmwand *f*, Schirm; *Tech.* Abschirmung *f*; **~иза́ция** *f* (7) Verfilmung; **~изи́ровать** (7) *im(pf.)* verfilmen
экскава́тор *m* (1) Bagger; **~ный** (14) Bagger-; **~щик** *m* (1) Baggerführer
э́кскурс *m* (1) Abschweifung *f*; Blick, Rückblick, Ausblick; **~а́нт** *m* (1) Ausflügler; Exkursionsteilnehmer; **~ио́нный** (14) Ausflugs-, Exkursions-; Touristen-; **~ия** *f* (7) Ausflug *m*, Exkursion; Führung (***по*** Д *Zssg*), Rundfahrt; **~ово́д** *m* (1) Fremdenführer, Reiseleiter
экспанси́|вный (14; -вен, -вна) expansiv; impulsiv; **~они́стский** (16) expansionistisch, Expansions-; **~я** *f* (7) Expansion; Ausbreitung
экспатрии́ровать (7) *im(pf.)* ausbürgern; **-ся** auswandern
экспеди́|тор *m* (1) Expedient; Spediteur; **~цио́нный** (14) Speditions-; Expeditions-; **~ция** *f* (7) Abfertigung, Versand *m*, Versandabteilung; Spedition; Expedition
экспериме́нт *m* (1) Experiment *n*, Versuch; **~а́льный** (14) experimentell, Versuchs-; **~и́ровать** (7) experimentieren
экспе́рт *m* (1) Experte, Sachverständige(r); Gutachter; **~и́за** *f* (5) Expertise, Begutachtung; Untersuchung; F → **~ный** (14) Experten-, Sachverständigen-
эксплуат|а́тор *m* (1) Ausbeuter; **~а́торский** (16) Ausbeuter-; **~ацио́нный** (14) Betriebs-; *Kfz.* Nutzungs-; **~а́ция** *f* (7) Ausbeutung, Ausnutzung, Nutzung; Nutzbarmachung; Betrieb *m*; Verkehr *m*; **~и́ровать** (7) ausbeuten, ausnutzen; nutzbar machen; abbauen; betreiben, in Betrieb nehmen
экспо|зи́ция *f* (7) Exposition, Einführung; Ausstellung; *Foto* Belichtung; **~на́т** *m* (1) Exponat *n*, Ausstellungsstück *n*; **~не́нт** *m* (1) Aussteller; **~ни́ровать** (7) *im(pf.)* ausstellen; belichten; **~но́метр** *m* (1) Belichtungsmesser
э́кспорт *m* (1) Ausfuhr *f*, Export; **~и́ровать** (7) *im(pf.)* ausführen, exportieren; **~ный** (14) Export-, Ausfuhr-
экспре́сс *m* (1) Schnellzug; Schnellschiff *n*; **~и́вный** (14; -вен, -вна) ausdrucksvoll, expressiv; **~ия** *f* (7) Ausdruckskraft
экспро́мт *m* (1) Stegreifgedicht *n*; Improvisation *f*; *Mus.* Impromtu *n*; **~ом** aus dem Stegreif; spontan; ***сыгра́ть ~ом*** *Mus.* improvisieren
экспроприи́ровать (7) *im(pf.)* enteignen, expropriieren
экста́|з *m* (1) Ekstase *f*, Verzückung *f*; **~ти́ческий** (16), **~ти́чный** (14; -чен,

-чна) ekstatisch, verzückt
экстенси́вный [-tɛ-] (14; -вен, -вна) extensiv
экстéрн [-'tɛ-] *m* (1) Externe(r); ***~ом*** extern
экстерриториа́льный (14; -лен, -льна) exterritorial
э́кстр|а extrafein; **~авага́нтный** (14; -тен, -тна) extravagant; **~аордина́рный** (14; -рен, -рна) außergewöhnlich, außerordentlich; **~аполи́ровать** (7) *im(pf.)* extrapolieren; **~еми́стский** (16) extremistisch; **~енный** (14*K*.) außerordentlich; F dringend; (*o. K.*) Not-; Sonder-, Extra-
эксце́нтри|к *m* (1) Exzentriker; *Tech.* Exzenter; Sonderling; **~́ческий** (16), **~́чный** (14; -чен, -чна) exzentrisch, überspannt
эласти́чн|ость *f* (8) Elastizität; Spannkraft; **~ый** (14; -чен, -а) elastisch, geschmeidig; federnd; (*o. K.*) Elastik-
элева́тор *m* (1) Hebewerk *n*, Aufzug; Getreidesilo *m/n*, Getreidespeicher
элега́нтн|ость *f* (8) Eleganz; **~ый** (14; -тен, -а) elegant, modisch schick
элеги́|ст *m* (1) Elegiker; **~ческий** (16) elegisch; wehmütig; **~́я** *f* (7) Elegie; Wehmut, Melancholie
электри|зова́ть (7), ⟨на-⟩ elektrisieren; **~́к** *m* (1) Elektriker; Elektrotechniker; ***инжене́р-~́к*** Elektroingenieur *m*; **~фика́ция** *f* (7) Elektrifizierung; **~́ческий** (16) elektrisch, Elektrizitäts-, Elektro-, Kraft-, Strom-; Licht-; Glüh-; Taschen-; *Zool.* Zitter-; **~́чество** *n* (9) Elektrizität *f*, Strom *m*; **~́чка** F *f* (5; -́чек) Vorortbahn, S-Bahn (***на*** П mit *D*)
электро|бри́тва *f* (5) Elektrorasierer; **~во́з** *m* (1) elektrische Lokomotive, Elektrolok *f*; **~гре́лка** *m* (5; -лок) Heizkissen *n*; **~́д** *m* (1) Elektrode *f*; **~дви́гатель** *m* (4) Elektromotor; **~дви́жущий** (17) elektromotorisch; **~динами́ческий** (16) elektrodynamisch; **~́дный** (14) Elektroden-; **~ка́р** *m* (1) Elektrokarren; **~кардиогра́мма** *f* (5) EKG *n*; **~кипяти́льник** *m* (1) Tauchsieder; **~ла́мповый** (14) Glühlampen-; **~лече́ние** *n* (12) Elektrotherapie *f*; **~́лиз** *m* (1) Elektrolyse *f*; **~літи́ческий** (16) elektrolytisch; **~магни́тный** (14) elektromagnetisch; **~монтёр** *m* (1) Elektromonteur; **~мото́р** *m* (1) → ***~дви́гатель***
электро́н|ика *f* (5) Elektronik; **~нo-вычисли́тельный** (14) Elektronenrechen-; → ***вычисли́тельный***; **~нo-лучево́й** (14) Elektronenstrahl-, Bild-; **~ный** (14) Elektronen-, elektronisch
электро|обору́дование *n* (12) elektrische Ausrüstung *f*, Elektrik *f*; **~переда́ча** *f* (5): ***ли́ния f ~переда́чи*** Überlandleitung; **~пе́чь** *f* (8; *ab Gpl. e.*) Elektroofen *m*; **~пила́** *f* (5; *pl. st.* -и́-) Elektrosäge; **~плита́** *f* (5; *pl. st.* -и́-) Elektroherd *m*; **~пли́тка** *f* (5; -ток) elektrische Kochplatte; **~прибо́р** *m* (1) Elektrogerät *n*; **~приво́д** *m* (1) elektrischer Antrieb; **~про́вод** *m* (1; *pl. e., N* -á) Stromleitung *f*, Lichtleitung *f*; **~сва́рка** *f* (5) elektrisches Schweißen *n*; **~сва́рщик** *m* (1) Elektroschweißer; **~се́ть** *f* (8) Stromnetz *n*; **~снабже́ние** *n* (12) Stromversorgung *f*; **~ста́нция** *f* (7) Kraftwerk *n*, Elektrizitätswerk *n*; **~терапи́я** *f* (7) → ***~лече́ние***
электроте́хн|ик *m* (1) Elektrotechniker; **~ика** *f* (5) Elektrotechnik; **~и́ческий** (16) elektrotechnisch
электро|установка *f* (5; -вок) elektrische Anlage; **~утю́г** *m* (1*e.*) elektrisches Bügeleisen; **~хими́ческий** (16) elektrochemisch; **~эне́ргия** *f* (7) elektrische Energie, Strom *m*
элеме́нт *m* (1) Element *n*; Grundstoff; Bestandteil; *Tech.* Teil *n*; *El.* Zelle *f*; F Subjekt *n*; *pl.* Grundlagen *f/pl.*; **~а́рность** *f* (8) Elementare(s) *n*; **~а́рный** (14; -рен, -рна) elementar; grundlegend; primitiv; (*o. K.*) Elementar-; Anfangs-; Grund-
эликси́р *m* (1) Elixier *n*, Heiltrank
эли́т|а *f* (5) Elite, Auslese; **~а́рный** (14) elitär; **~ный** (14) → ***отбо́рный***
э́ллин *m* (1) Hellene, Grieche; **~ский** (16) hellenisch, altgriechisch
э́ллинг *m* (1) Helling *f*; (*a. Flgw.*) Halle *f*
э́ллип|с *m* (1) *Math.* Ellipse *f*; **~сис** *m* (1) *Ling.* Ellipse *f*; **~ти́ческий** (16) elliptisch
эма́л|евый (14) Email-; → **~иро́ванный** (14) emailliert; Email-; **~ирова́ть** (7) emaillieren; **~иро́вочный**

(14) Email-; Emaillier-; **~ь** *f* (8) Email(le) *n*; Schmelz *m*; *pl.* Emailarbeiten *f/pl.*
эмансип|а́ция *f* (7) Emanzipierung; **~и́ровать** (7) *im(pf.)* emanzipieren
эмбрио|логи́ческий (16) embryologisch; **~ло́гия** *f* (7) Embryologie; **~́н** *m* (1) Embryo; **~на́льный** (14) Embryonal-, Keim-
эмигр|а́нтка *f* (5; -ток) Emigrantin; **~а́нтский** (16) Emigranten-; **~аци-о́нный** (14) Emigrations-; **~а́ция** *f* (7) Emigration; Emigranten *m/pl.*; **~и́ровать** (7) *im(pf.)* emigrieren, auswandern
эмисси|о́нный (14) Emissions-, Noten-; **~́я** *f* (7) Ausgabe
э́мка F *f* (5; э́мок) Pkw *m* (Marke „M")
эмоци|она́льность *f* (8) Emotionalität; **~она́льный** (14; -лен, -льна) emotional, gefühlsbetont; (*o. K.*) Gefühls-; **~́я** *f* (7) Emotion, Gefühlsregung
эмпире́и *m/pl.* (3; -ре́й) *fig.* höhere Regionen *f/pl.*
эмпи́ри|к *m* (1) Empiriker; **~́ческий** (16) empirisch, erfahrungsgemäß
эмфа́|за *f* (5) Emphase, Nachdruck *m*; **~ти́ческий** (16) eindringlich
энерге́т|ик *m* (1) Energiewirtschaftler; **~ика** *f* (5) Energiewirtschaft; **~и́ческий** (16) Energie-, energetisch
энерг|и́чность *f* (8) Tatkraft; **~и́чный** (14; -чен, -чна) energisch, tatkräftig; F derb; **~́ия** *f* (7) Energie, Tatkraft; **~осисте́ма** *f* (5) Verbundsystem *n*
э́н|ный (14) x-beliebig; **~ский** (16) ...er
энтери́т [-tɛ-] *m* (1) Darmkatarrh
энтомоло́гия *f* (7) Insektenkunde
энтузиа́|зм *m* (1) Enthusiasmus, Begeisterung *f*, Elan; **~сти́ческий** (16) enthusiastisch, begeistert; **~стка** *f* (5; -ток) Enthusiastin
энцефали́т *m* (1) Gehirnentzündung *f*
энциклоп|еди́ст *m* (1) Polyhistor, Universalgelehrte(r); **~еди́ческий** (16) enzyklopädisch; Konversations-; umfassend, vielseitig; **~е́дия** *f* (7) Enzyklopädie, Lexikon *n*
эо́лов (19): ***~а а́рфа*** *f* Äolsharfe
эпати́ровать (7) *im(pf.)* schockieren
эпиго́н *m* (1) Epigone; **~ский** (16) Epigonen-; **~ство** *n* (9) Epigonentum
эпи|гра́мма *f* (5) Epigramm *n*; **~́граф** *m* (1) *Lit.* Motto *n*; *hist.* Epigraph *n*; **~демиоло́гия** *f* (7) Seuchenlehre; **~деми́ческий** (16) epidemisch; **~де́мия** *f* (7) Epidemie, Seuche
эпизо́д *m* (1) Episode *f*; **~и́ческий** (16) episodisch; gelegentlich; Neben-; **~и́чность** *f* (8) Episodenhafte(s) *n*
э́пик *m* (1) Epiker; **~а** *f* (5) Epik
эпикуре́|ец *m* (1; -йца) Epikureer; Genußmensch; **~йский** (16) epikureisch, genießerisch
эпиле́п|сия *f* (7) Epilepsie, Fallsucht; **~тик** *m* (1) Epileptiker; **~ти́ческий** (16) epileptisch
эпи|ло́г *m* (1) Nachspiel *n*, Epilog; Nachwort *n*; **~столя́рный** (14) Epistolar-, Brief-; **~та́фия** *f* (7) Epitaph *n*; **~́тет** *m* (1) Epitheton *n*, Beiwort *n*; **~це́нтр** *m* (1) Epizentrum *n*
эпи́ч|еский (16) episch; **~ность** *f* (8) Epische(s) *n*; **~ный** (14; -ен, -на) episch, erzählend
эполе́т *m* (1) Achselstück *n*
эпо|пе́я *f* (6; -пе́й) Epopöe; → **~́с** *m* (1) Epos *n*
эпо́ха *f* (5) Epoche (***в*** B in *D*); → ***э́ра***; **~́льный** (14; -лен, -льна) epochal, epochemachend
э́р|а *f* (5) Ära, Zeitalter *n* (***в*** B in *D*); Zeitrechnung; ***до на́шей ~ы*** vor Christus; ***на́шей ~ы*** nach Christus
эро́т|ика *f* (5) Erotik; **~и́ческий** (16), **~и́чный** (14; -чен, -чна) erotisch, sinnlich, sexuell; † Liebes-
эруди́|рованный (14*K.*) umfassend gebildet, gelehrt; **~т** *m* (1) Gelehrte(r), Fachmann; **~ция** *f* (7) umfassende Bildung, Gelehrsamkeit
эсе́р [ɛ'sɛr] † *m* (1) Sozialrevolutionär
эска́др|а *f* (5) Geschwader *n*; **~енный** (14) Geschwader-; → ***эсми́нец***; **~и́лья** *f* (6; -лий) *Flgw.* Staffel; **~о́н** *m* (1) Schwadron *f*
эскала́тор *m* (1) Rolltreppe *f*
эски́з *m* (1) Skizze *f*; Entwurf; **~ный** (14; -ен, -на) skizzenhaft; (*o. K.*) Skizzen-; Vor-
эскимо́ *n* (*unv.*) Eis *n* am Stiel
эскимо́с *m* (1) Eskimo; **~ка** *f* (5; -ок) Eskimofrau *f*; **~ский** (16) eskimoisch
эско́рт *m* (1) Eskorte *f*, Geleit *n*; **~и́ро-**

Э

вать (7) *im*(*pf.*) eskortieren, geleiten
эсми́нец *m* (1; -нца) *Mar.* Zerstörer
эспаньо́лка *f* (5; -лок) Spitzbart *m*
эссе́ [-'sɛ] *n* (*unv.*) Essay *m*
эссе́нция *f* (7) Essenz
эстака́да *f* (5) Hochstraße, Hochgleis *n*; Gerüstbrücke
эстафе́т|а *f* (5) Stafette, Staffel; Wechselstab *m*; **~ный** (14) Stafetten-; Staffel-
эстет|и́зм [-tɛ-] *m* (1) Ästhetizismus; **~ика** *f* (5) Ästhetik; **~и́ческий** (16), **~и́чный** (14; -чен, -чна) ästhetisch; **~ский** (16) Ästheten-; ästhetizistisch; **~ство** *n* (9) Ästhetentum; **~ствовать** (7) ästhetisieren
эсто́н|ец *m* (1; -ца), **~ка** *f* (5; -ок) Este(-tin *f*); **~ский** (16) estnisch
эстра́д|а *f* (5) Bühne, Podium *n*; Kleinkunstbühne, Varietébühne; **~ный** (14) Unterhaltungs-; Varieté-
эсэ́совец *m* (1; -вца) SS-Mann
эта́ж *m* (1*e.*; -е́й) Stock, Stockwerk *n*, Etage *f* (***на*** П in *D*); ***~о́м вы́ше*** e-e Etage höher; ***в три ~а́*** dreistöckig; **~е́рка** *f* (5; -рок) Regal *n*, Gestell *n*
э́так F so; so etwa; **~ий** F (16) so ein; *pl.* solche
этало́н *m* (1) Eichmaß *n*, Normal *n*; *fig.* Muster *n*; **~ный** (14) Normal-
эта́п *m* (1) Etappe *f* (*a. Sp.*); *Sp.* Teilstrecke *f*; † Sträflingstransport (***по*** Д, T per); *Mil.* † Etappenort (***на*** П an *D*); *fig.* Abschnitt, Stufe *f*, Entwicklungsstufe *f*; **~ный** (14) Etappen-; *fig.* markant; ***~ным поря́дком*** per Etappe; → ***конво́й***
э́тика *f* (5) Ethik
этике́т *m* (1) Etikette *f*; Umgangsformen *f*/*pl.*
этике́тка *f* (5; -ток) Etikett *n*; Preisschild *n*
эти́ловый (14) Äthyl-
этимол|оги́ческий (16) etymologisch; **~о́гия** *f* (7) Etymologie
эти́ч|еский (16), **~ный** (14; -ен, -на) ethisch, sittlich
этн|и́ческий (16) ethnisch, Volks-; **~ографи́ческий** (16) ethnographisch; Völkerkunde-; **~огра́фия** *f* (7) Ethnographie
э́т|о **1.** *Part.* denn, doch, bloß; da; **2.** *Pron.* → **~от** *m*, **~а** *f*, **~о** *n*, **~и** *pl.* (27) dieser, diese, dieses, diese; *su.* letztere(r); ***~о*** das, dies, dieses; so etwas; ***Ɛо он . . .*** Hat er doch . . .; → ***же***
этру́с|к *m* (1) Etrusker; **~кский** (16) etruskisch
этю́д *m* (1) Studie *f*; *Mus.* Etüde *f*
эфеме́рный (14; -рен, -рна) ephemer, kurzlebig; illusionär
эфе́с *m* (1) Degengriff
эфио́п *m* (1), **~ка** *f* (5; -ок) Äthiopier(in *f*); **~ский** (16) äthiopisch
эфи́р *m* (1) Äther; ***выходи́ть в ~*** *Rdf.* senden; gesendet werden; ***в прямо́м ~е*** live; **~ный** (14; -ен, -на) ätherisch; *fig.* zart, duftig; (*o. K.*) Äther-
эффе́кт *m* (1) Effekt, Wirkung *f*; Wert; **~и́вность** *f* (8) Effektivität; → **~и́вный** (14; -вен, -вна) effektiv, wirksam; leistungsfähig, effizient; **~ный** (14; -ен, -на) effektvoll, wirkungsvoll; eindrucksvoll
эх F, **~ма́** P ach!, oh!; ei!
э-хе-хе́ F ach ja!
э́хо *n* (9) Echo, Widerhall *m*
эшафо́т *m* (1) Schafott *n*
эшело́н *m* (1) *Mil.* Staffel *f* (T in *D*); *Esb.* Transport (***с*** T *Zssg*) **~и́рование** *n* (12) Staffelung *f* (***в*** B *Zssg*); **~и́ровать** (7) *im*(*pf.*) staffeln, gliedern

Ю

юбиле́й *m* (3) Jubiläum *n* (***на*** B zu *D*); Jubiläumsfeier *f*; Gedenkfeier *f*; **~ный** (14) Jubiläums-
ю́б|ка *f* (5; -ок) Rock *m*; *fig.* F Weiberrock *m*; ***держа́ться за ~ку*** F am Rockzipfel hängen; **~очка** *f* (5; -чек) kurzes Röckchen *n*; **~очник** P *m* (1) Schürzenjäger

Ю

ювели́рный (14) Juwelier-; Schmuck-
юг *m* (1) Süden (***на*** П im; → ***восто́к***); ***на ~*** (P) nach Süd-; **~о-восто́к** *m* (1) Südosten (→ ***юг***); **~о-восто́чный** (14) Südost-, südöstlich; **~о-за́пад** *m* (1) Südwesten (→ ***юг***); **~о-за́падный** (14) Südwest-, südwestlich
югосла́в † *m* (1), **~ка** *f* (5; -ок) Jugoslawe(-win *f*); **~ский** † (16) jugoslawisch
юдо́ль † *f* (8) Jammertal *n*
юж|а́нин *m* (1; *pl.* -а́не, -а́н), **~а́нка** *f* (5; -нок) Südländer(in *f*); **~ный** (14) Süd-, südlich; südländisch; → ***восто́чный***
юл|а́ *f* (5) Kreisel *m*; F Quirl *m*; **~и́ть** F (13*e.*) kreisen, kreiseln; wirbeln; *fig.* herumschwänzeln (***перед*** T um *A*); Winkelzüge machen
ю́мор *m* (1) Humor; **~е́ска** *f* (5) Humoreske; **~и́ст** *m* (1) Humorist; humorvoller Mensch; **~и́стика** *f* (5) humoristische Literatur; F etwas Komisches *n*; **~исти́ческий** (16), **~исти́чный** (14; -чен, -чна) humoristisch, humorvoll
ю́н|га *m* (5) Schiffsjunge; **~е́ц** *m* (1; -ца́) Jüngling; **~керский** (16) Junker-; **~на́т** *m* (1) junger Naturforscher
ю́но|сть *f* (8) Jugend, frühe Jugend; Jugendlichkeit; **~ша** *m* (5; -шей) Jüngling, junger Mann; **~шеский** (16) jugendlich, Jugend-, Jünglings-; **~шество** *n* (9) Jugend *f*
ю́н|ый (16; -, -а́) jung, jugendlich; Jugend-, Jung-; ***с ~ых лет*** von jung auf
юпи́тер *m* (1) Jupiterlampe *f*
юр F *m* (1): ***на ~у́*** auf windiger Höhe; an belebter Stelle
юри|ди́ческий (16) juristisch, Rechts-; rechtlich; Juristen-; **~сди́кция** *f* (7) Rechtsprechung; Gerichtsbarkeit; **~ско́нсульт** *m* (1) Rechtsberater; Justitiar; **~спруде́нция** *f* (7) Rechtswissenschaft; **~́ст** *m* (1) Rechtskundige(r); ***студе́нт-~́ст*** Jurastudent
юр|к F husch!; → ***~кну́ть***; **~́кий** (16; -ок, -ка́) flink, fix; F flott, pfiffig; **~кну́ть** (20) *pf.* huschen, schlüpfen; → ***мелька́ть***
юро́д|ивый F (14) wunderlich, närrisch, übergeschnappt; *Su. m* Narr in Christo; → **~ство** *n* (9) Gottesnarrentum; Narretei *f*, Narrheit *f*; **~ствовать** (7) als Gottesnarr auftreten; den Narren machen, sich närrisch gebärden
ю́рта *f* (5) Jurte, Filzzelt *n*
юстиро́вка *f* (5) Justierung
юсти́ция *f* (7) Justiz, Rechtspflege
ют *m* (1) Achterdeck *n*
юти́ться (15*e.*) nisten, hausen; sich einnisten; dicht aufeinandersitzen
юфть *f* (8) Juchten *m*, *n*

Я

я (20) ich; *su. n* (*unv.*) Ich; ***по мне*** nach meiner Meinung; ***~ вас***! F euch werd' ich's zeigen!; ***уж э́ти мне . . .!*** F oh, diese . . .!; ***~ не ~, и ло́шадь не моя́*** *Spr.* mein Name ist Hase, ich weiß von nichts
я́бед|а 1. F *f* (5) Zuträgerei; † Anzeige; Schikane; **2.** F *m* (5) → **~ник** F *m* (1) Zuträger, Ohrenbläser; † Winkeladvokat, Rechtsverdreher; **~ничать** F (1) verpetzen, anschwärzen (***на*** В/Д *j-n* bei *D*); **~ничество** *n* (9) F Zuträgerei *f*; Ohrenbläserei *f*; † Rechtsverdrehung(en *pl.*) *f*
я́бло|ко *n* (9; *Npl.* -ки) Apfel *m*; *Pferd*: ***се́рый в ~ках*** Apfelschimmel *m*; ***~ку не́где упа́сть*** F proppenvoll; **~невый** (14) Apfel-, Apfelbaum-; **~ня** *f* (6) Apfelbaum *m*; ***~ко от ~ни недалеко́ па́дает*** *Spr.* der Apfel fällt nicht weit vom Stamm; → **~чко** *n* (9; *pl.* -чки, -чек) kleiner Apfel *m*, Äpfelchen (*a. Matrosentanzlied*); ***попа́сть в ~ко*** F ins Schwarze treffen (*a. fig.*); **~чный** (14) Apfel-
ява́н|ец *m* (1; -ца), **~ка** *f* (5; -ок) Javaner(in *f*); **~ский** (16) javanisch
я́в|ка *f* (5; -ок) Erscheinen *n*; *Mil.* Ge-

stellung; Treff *m*; † Meldung; **~ле́ние** *n* (12) Erscheinung *f*, Phänomen; Erscheinen, Auftreten; *Thea.* Auftritt *m*, Szene *f*; **~ля́ть** (28), ⟨**~и́ть**⟩ (14) zeigen, erweisen; ***~ля́ть (собо́й, из себя́)*** darstellen, sein; **-ся** erscheinen (***в, на*** B in, auf *D*; ***в*** B *Jur.* vor), sich einfinden *od.* einstellen, sich melden; *Gedanke*: (***у*** P *j-m*) kommen; auftauchen, aufkommen (***у*** P in *D*); sich bieten *od.* erweisen; sein; **~ный** (14; -ен, -на) offensichtlich, augenscheinlich, evident, eindeutig; *Feind*: erklärt

я́вор *m* (1) Bergahorn

я́вочны|й (14) Treff-, Anlauf-; ***~м поря́дком*** auf eigene Faust, eigenmächtig

я́вств|енный (14*K.*) deutlich, klar; **~овать** (7) hervorgehen

явь *f* (8) Wirklichkeit

ягн|ёнок *m* (2) Lamm *n*; **~и́ться** (13*e.*), ⟨о-, объ-⟩ lammen; **~я́тник** *m* (1) Lämmergeier; **~я́чий** (18) Lamm(s)-

я́года *f* (5) Beere; → ***ви́нный***; *präd.* P zum Anbeißen; ***одного́ по́ля ~*** F vom gleichen Schlag

я́годица *f* (5) Gesäß *n*; Hinterbacke

я́год|ка *f* (5; -ок) *dim. v.* **~а**; P Herzchen *n*; → ***цвето́чек***; **~ник** *m* (1) Beerenstrauch *m*; Beerenobstgarten *m*; Beerenplatz; F Beerensammler; Beerenhändler; **~ный** (14) Beeren-

яд *m* (1; -а/-у) Gift (*a. fig.*); *fig.* Galle; Bosheit *f*

я́дер|ный (14) Kern-, Nuklear-, Atom-; Kernwaffen-; **~щик** F (1) Kernforscher, Kerntechniker

ядо|ви́тый (14*K.*) Gift-, giftig; *fig.* gallig, boshaft; verderblich; F beißend; **~химика́ты** *m/pl.* (1) Pflanzenschutzmittel *n/pl.*

ядрёный F (14*K.*) kernig, kräftig; stramm, drall; erfrischend, erquikkend; herzhaft, scharf; markig, derb

ядро́ *n* (9; *pl. st.*; я́дер): Kern *m* (*a. fig.*); *Sp.*, *Mil.* Kugel *f*; **~вый** (14) Kern-

я́зв|а *f* (5) Geschwür *n* (*a. fig.*); *fig.* Übel *n*, Plage, Geißel; *Med.* Brand *m*; † Wunde; F Lästermaul *n*; **~енник** *m* (1) F Magengeschwürkranke(r); *Bot.* Wundklee; **~енный** (14) geschwürig, Geschwür-

язви́т|ельный (14; -лен, -льна) scharfzüngig; höhnisch, beißend, sarkastisch; **~ь** (14*e.*) höhnen, verhöhnen; spotten, sticheln; † verletzen; stechen

язы́к *m* (1*e.*) Zunge *f* (*a. fig.*; ***на*** B mit *D*); Sprache *f* (***на*** П in *D*; *A*); Klöppel; † Gefangene(r); *pl.* (*a. st.*) Völkerschaften *f/pl.*, Völker *n/pl.*; ***~ без косте́й*** (***у*** P) *j-d* hat e-e lose Zunge; ***де́рзок на ~*** *j-d* hat ein freches Mundwerk; ***остёр на ~*** *j-d* hat e-e scharfe Zunge; ***кто тебя́ за ~ тяну́л?*** F kannst *od.* konntest du nicht den Schnabel halten?; ***~ до Ки́ева доведёт*** *Spr.* mit Fragen kommt man durch die Welt; → ***зуб, верте́ться, повора́чиваться, подве́шивать, прогла́тывать, срыва́ться, ум, чеса́ть(ся)***; **~ ~а́стый** F (14*K.*) scharfzüngig; züngelnd

языкове́д *m* (1) Sprachwissenschaftler, Linguist; **~ение** → ***языкозна́ние***; **~ческий** (16) sprachwissenschaftlich, linguistisch

языко|во́й (14) Sprach-, sprachlich; **~́вый** (14) Zungen-; **~зна́ние** *n* (12) Sprachwissenschaft *f*, Linguistik *f*; **~тво́рческий** (16) sprachschöpferisch

язы́ч|еский (16) heidnisch, Heiden-; **~ество** *n* (9) Heidentum; **~ник** *m* (1), **~ница** *f* (5) Heide(-din *f*)

язы́ч|ный (14) Zungen-; **~о́к** *m* (1; -ка́) Zünglein *n*; *Anat.* Zäpfchen *n*; *Tech.* Riegel; *Mus.* Zunge *f*; *Schuh*: Lasche *f*

яи́ч|ко *n* (9; *pl.* -ки, -ек) kleines Ei; *Anat.* Hode; **~ник** *m* (1) Eierstock; **~ница** [*a.* -ʃn-] *f* (5) Eierspeise, Omelett *n*; **~ный** (14) Ei-, Eier-; eidottergelb

яйце|ви́дный (14; -ден, -дна) eiförmig, eirund; **~во́д** *m* (1) Eileiter; **~во́й** (14) Ei-; **~кле́тка** *f* (5; -ток) Eizelle; **~но́ский** (16; -сок, -ска) eierlegend

яйцо́ *n* (9; *pl. st.*; яи́ц) Ei; → ***сто́ить***

я́кобы angeblich, vermeintlich; daß angeblich; **~** (+*Ind.*) . . . soll *od.* sollen (+ *Inf.*)

я́кор|ный (14) Anker-; **~ь** *m* (4; *pl. e.*, *N* -я́) Anker; ***стоя́ть на ~е*** ankern

яку́т *m* (1), **~ка** *f* (5; -ок) Jakute(-tin *f*);

~ский (16) jakutisch
якша́ться P (1) verkehren, sich abgeben
я́лик *m* (1) Jolle *f*
я́ловый (14) gelt, unfruchtbar; ohne Rogen; Rind-, Rindleder-
я́ма *f* (5) Grube; F Loch *n*; Bunker *m*; Senke
ямб *m* (1) Jambus
я́м|ка *f* (5; -ок), **~очка** *f* (5; -чек) *dim. v.* **~а**; Grübchen *n*
ям|ско́й (14) *ehm.* Postkutschen-; Kutscher-; **~щи́к** *m* (1*e.*) *ehm.* Postkutscher; Fuhrmann
янва́р|ский (16) Januar-; **~ь** *m* (4*e.*) Januar; → ***май***
янта́р|ный (14) Bernstein-; bernsteingelb; **~ь** *m* (1*e.*) Bernstein
япо́н|ец *m* (1; -ца), **~ка** *f* (5; -ок) Japaner(in *f*); **~ский** (16) japanisch
яр *m* (1; на -у́) Steilhang, Steilufer *n* (***на*** П an *D*); tiefe Schlucht *f*
ярём † *m* (1) Joch *n*; **~ный** (14) †, *Anat.* Joch-
яри́ться P (13*e.*) in Rage geraten *od.* sein; sich ereifern; toben
я́рка *f* (5; -рок) junges Schaf *n*
я́р|кий (16; -ок, -ка́) grell, hell; farbenfroh, leuchtend; ausgeprägt, markant; lebhaft; kraß, scharf; eindrucksvoll, überzeugend; **~ко-кра́сный** (14; -сен, -сна́) hochrot; **~кость** *f* (8) Helligkeit; Leuchtkraft; Schärfe, Prägnanz; → ***~кий***
ярлы́|к *m* (1*e.*), **~чо́к** *m* (1*e.*; -чка́) Etikett *n*, Zettel; Anhänger; Preisschild *n*, Preisschildchen *n*
я́рмар|ка *f* (5; -ок) Jahrmarkt *m*, Messe; **~очный** (14) Jahrmarkts-, Messe-
ярмо́ *n* (9; *pl. st.*; *a.* -а́м) Joch (*a. fig.*)
яров|иза́ция *f* (7) Vernalisierung; **~о́й** (14) Sommer-; Frühjahrs-; *Su. pl.* Sommersaat *f*; Sommergetreide *n*
я́рост|ный [-sn-] (14; -ен, -на) wütend, grimmig; wild, heftig, stürmisch; verbissen; → **я́рый**; **~ь** *f* (8) Wut, Raserei (***от*** P vor *D*); → ***~ный***; Wucht, Vehemenz
я́рус *m* (1) Geschoß *n*; Schicht *f*; *Geol.* Stufe *f*; *Thea.* Rang
яры́га *m* (5) *hist.* Diener; Knecht
я́рый **1.** (14*K.*) → ***я́ростный***; **2.** (14) leidenschaftlich
ярь-медя́нка *f* (8/5) Grünspan *m*
я́сельный (14) Krippen-
я́сен|евый (14) Eschen-; **~ь** *m* (4) Esche *f*
я́сли *pl.* (4) Futterkrippe *f*; Kinderkrippe *f*
ясне́ть (8) **1.** hell *od.* heller, klar *od.* klarer werden; **2.** ⟨про-⟩ sich aufheitern
ясновúд|ение *n* (12) Hellsehen; **~ец** *m* (1; -ца), **~ица** *f* (5) Hellseher(in *f*); **~ящий** (17) hellseherisch; *Su. m* → ***~ец***
я́сн|ый (14; я́сен, -а́) klar; hell, heiter; rein; deutlich; *Adv.* bündig; ***~о как день*** sonnenklar
я́ства † *n/pl.* (9) Speisen *f/pl.*
я́стреб *m* (1; *pl. a. e., N* -а́) Habicht; → ***перепеля́тник***; **~и́ный** (14) Habichts-; habichtsartig; **~о́к** F *m* (1; -ка́) junger Habicht.; *Flgw. hist.* Jäger
ять P: ***на*** ~ prima; aus dem Effeff
я́хонт † *m* (1) Rubin; Saphir
я́хт|а *f* (5) Jacht; **~-клу́б** *m* (1) Jachtklub; **~сме́н** *m* (1) Jachtsegler
яче́|истый (14*K.*) zellenartig, wabenartig; porös; **~йка** *f* (5; -ек) Zelle; Masche; *Mil.* Schützenloch *n*
яч|ме́нный (14) Gersten-; **~ме́нь** *m* (4*e.*) Gerste *f*; *Med.* Gerstenkorn *n*; **~невый** 814) Gersten-
я́шма *f* (5) Jaspis *m*
я́щер *m* (1) Echse *f*, Saurier; Schuppentier *n*; **~ица** *f* (5) Eidechse
я́щик *m* (1) Kasten, Kiste *f*; Schubfach *n*, Lade *f*; *Fmw.* Fach *n*; *Mil.* Munitionswagen; *Flgw.* Box *f*; F Glotze *f*; → ***почто́вый, откла́дывать***
я́щур *m* (1) Maul- u. Klauenseuche *f*

Zahlwörter — Числительные

Grundzahlen — Количественные

0 ноль *m*, нуль *m* null
1 оди́н *m*, одна́ *f*, одно́ *n* eins
2 два *m*/*n*, две *f* zwei
3 три drei
4 четы́ре vier
5 пять fünf
6 шесть sechs
7 семь sieben
8 во́семь acht
9 де́вять neun
10 де́сять zehn
11 оди́ннадцать elf
12 двена́дцать zwölf
13 трина́дцать dreizehn
14 четы́рнадцать vierzehn
15 пятна́дцать fünfzehn
16 шестна́дцать sechzehn
17 семна́дцать siebzehn
18 восемна́дцать achtzehn
19 девятна́дцать neunzehn
20 два́дцать zwanzig
21 два́дцать оди́н einundzwanzig
22 два́дцать два zweiundzwanzig
23 два́дцать три dreiundzwanzig
30 три́дцать dreißig
31 три́дцать оди́н einunddreißig
40 со́рок vierzig
41 со́рок оди́н einundvierzig
50 пятьдеся́т fünfzig
51 пятьдеся́т оди́н einundfünfzig
60 шестьдеся́т sechzig
61 шестьдеся́т оди́н einundsechzig
70 се́мьдесят siebzig
71 се́мьдесят оди́н einundsiebzig
80 во́семьдесят achtzig
81 во́семьдесят оди́н einundachtzig
90 девяно́сто neunzig
91 девяно́сто оди́н einundneunzig
100 сто (ein)hundert
101 сто оди́н hunderteins
200 две́сти zweihundert
300 три́ста dreihundert
572 пятьсо́т се́мьдесят два fünfhundertzweiundsiebzig
1000 (одна́) ты́сяча (ein)tausend
1999 ты́сяча девятьсо́т девяно́сто де́вять (ein)tausendneunhundertneunundneunzig (neunzehnhundertneunundneunzig)
2000 две ты́сячи zweitausend
1 000 000 (оди́н) миллио́н eine Million
2 000 000 два миллио́на zwei Millionen
1 000 000 000 (оди́н) миллиа́рд eine Milliarde

Ordnungszahlen — Порядковые

1. пе́рвый erste
2. второ́й zweite
3. тре́тий dritte
4. четвёртый vierte
5. пя́тый fünfte
6. шесто́й sechste
7. седьмо́й sieb(en)te
8. восьмо́й achte
9. девя́тый neunte
10. деся́тый zehnte
11. оди́ннадцатый elfte
12. двена́дцатый zwölfte
13. трина́дцатый dreizehnte
14. четы́рнадцатый vierzehnte
15. пятна́дцатый fünfzehnte
16. шестна́дцатый sechzehnte
17. семна́дцатый siebzehnte
18. восемна́дцатый achtzehnte
19. девятна́дцатый neunzehnte
20. двадца́тый zwanzigste
21. два́дцать пе́рвый einundzwanzigste
22. два́дцать второ́й zweiundzwanzigste
23. два́дцать тре́тий dreiundzwanzigste
30. тридца́тый dreißigste
31. три́дцать пе́рвый einunddreißigste
40. сороково́й vierzigste

41. со́рок пе́рвый einundvierzigste
50. пятидеся́тый fünfzigste
51. пятьдеся́т пе́рвый einundfünfzigste
60. шестидеся́тый sechzigste
61. шестьдеся́т пе́рвый einundsechzigste
70. семидеся́тый siebzigste
71. се́мьдесят пе́рвый einundsiebzigste
80. восьмидеся́тый achtzigste
81. во́семьдесят пе́рвый einundachtzigste
90. девяно́стый neunzigste
91. девяно́сто пе́рвый einundneunzigste
100. со́тый (ein)hundertste
101. сто пе́рвый hundert(und)erste
200. двухсо́тый zweihundertste
300. трёхсо́тый dreihundertste
572. пятьсо́т се́мьдесят второ́й fünfhundertzweiundsiebzigste
1000. ты́сячный (ein)tausendste
1999. ты́сяча девятьсо́т девяно́сто девя́тый tausendneunhundertneunundneunzigste
2000. двухты́сячный zweitausendste
100 000. стоты́сячный hunderttausendste
1 000 000. миллио́нный millionste

Brüche — Дроби

$^1/_{1000}$ одна́ ты́сячная *f* ein Tausendstel *n*
$^1/_{100}$ одна́ со́тая *f* ein Hundertstel *n*
$^1/_{10}$ одна́ деся́тая *f* ein Zehntel *n*
$^1/_4$ одна́ четвёртая *f oder* (одна́) че́тверть *f* ein Viertel *n*
$^1/_3$ одна́ тре́тья *f oder* (одна́) треть *f* ein Drittel *n*
$^1/_2$ полови́на *f* (ein)halb
$1^1/_2$ полтора́ anderthalb, eineinhalb
$2^1/_2$ два с полови́ной zweieinhalb
$^2/_3$ две тре́ти zwei Drittel
$^3/_4$ три че́тверти drei Viertel
$^1/_5$ одна́ пя́тая *f* ein Fünftel *n*
$^1/_6$ одна́ шестя́я *f* ein Sechstel *n*
0,5 ноль це́лых, пять деся́тых null Komma fünf
3,8 три це́лых, во́семь деся́тых drei Komma acht

Zahladverbien — Количественные наречия

в(о)… = …ens: во-пе́рвых erstens, во-вторы́х zweitens, в-тре́тьих drittens, в-четвёртых viertens usw.

Vervielfältigungszahlwörter — Множительные числительные

aufzählend: (оди́н) раз einmal, дба, три, четы́ре ра́за zwei-, drei-, viermal, *aber* пять, шесть *usw.* раз fünf-, sechsmal (im Deutschen Zusammenschreibung).

Beim **Multiplizieren** gibt es für 2–20 und 30 besondere Formen der Zahladverbien: два́жды, три́жды, четы́режды, пя́тью, ше́стью *usw.*, два́дцатью, три́дцатью (im Deutschen Getrenntschreibung: 3 × 3 три́жды три drei mal drei).

Sammelzahlwörter — Собирательные числительные

2 дво́е, **3** тро́е, **4** че́тверо, **5** пя́теро, **6** ше́стеро, **7** се́меро, **8** во́сьмеро, **9** де́вятеро, **10** де́сятеро

в… = …жды; вдво́е = (в) два ра́за *oder* два́жды zweimal

в…м = zu …: вдвоём zu zweit, zu zweien, втроём zu dritt, zu dreien, вчетверо́м zu viert, zu vieren, впятеро́м zu fünft, zu fünfen *usw.*

Russische Abkürzungen
Русские сокращения

авт. ***автóбус*** Autobus
акад. ***академик*** Akademiemitglied
АН ***Акадéмия наýк*** Akademie der Wissenschaften
АО 1. ***акционéрное óбщество*** AG, Aktiengesellschaft; **2.** ***автонóмная óбласть*** autonomes Gebiet
АССР ***автонóмная совéтская социалисти́ческая респýблика*** *hist.* Autonome Sozialistische Sowjetrepublik
АТС ***автомати́ческая телефóнная стáнция*** Fernsprechamt
АЭС ***áтомная электростáнция*** Atomkraftwerk

Б. *bei Eigennamen* ***Большóй*** Groß-
б. ***бы́вший*** ehem., ehemalig, frühere(r)
б-ка ***библиотéка*** Bibliothek
БСЭ ***Большáя совéтская энциклопéдия*** *hist.* Große Sowjetenzyklopädie
БТР ***бронетранспортёр*** Schützenpanzer

В ***востóк*** O, Osten
В. *bei Eigennamen* ***Вéрхний*** Ober-
в. ***век*** Jahrhundert
вв. ***векá*** Jahrhunderte
ВВС ***воéнно-воздýшные си́лы*** Luftwaffe
вкл. 1. ***включи́тельно*** einschließlich; **2.** ***включи́ть*** einschalten
ВМФ ***воéнно-морскóй флот*** (Kriegs-)Marine
вост. ***востóчный*** östlich, Ost-
ВС ***Вооружённые Си́лы*** Streitkräfte
в ср. ***в срéднем*** durchschnittlich, im Durchschnitt
в т. ч. ***в том числé*** darunter, davon
ВЦ ***вычисли́тельный центр*** Rechenzentrum
ВЧ ***высóкая частотá*** Hochfrequenz
выкл. ***вы́ключить*** ausschalten

г ***грамм*** g, Gramm
г. 1. ***год*** Jahr; **2.** ***горá*** Berg; **3.** ***гóрод*** Stadt; **4.** ***господи́н*** Herr
га ***гектáр*** ha, Hektar
ГАИ ***госудáрственная автомоби́льная инспéкция*** Verkehrspolizei
гг. 1. ***гóды*** Jahre; **2.** ***городá*** Städte; **3.** ***господá*** Herren
г-жа ***госпожá*** Frau
ГК 1. ***Граждáнский кóдекс*** Zivilgesetzbuch; **2.** *in Zusammensetzungen* ***Госудáрственный комитéт*** Staatskomitee
гл. 1. ***главá*** Kapitel; **2.** ***глáвный*** Haupt- *in Zusammensetzungen*
глав- *in Zusammensetzungen* ***глáвный*** Haupt-
г-н ***господи́н*** Herr (*Anrede*)
Гос- *in Zusammensetzungen* ***госудáрственный*** Staats-, staatlich
гр. ***граждани́н, граждáнка*** Bürger, Bürgerin
ГУМ ***Госудáрственный универсáльный магази́н*** Staatliches Warenhaus
ГЭС ***гидроэлектри́ческая стáнция*** Wasserkraftwerk

ДВ ***дли́нные вóлны*** LW, Langwelle(n)
деп. ***депутáт*** Deputierter
дер. ***дерéвня*** Dorf
дир. ***дирéктор*** Dir., Direktor
доц. ***доцéнт*** Doz., Dozent
д-р ***дóктор*** Dr., Doktor

ЕС ***Европéйский Сою́з*** EU, Europäische Union
ж. д. ***желéзная дорóга*** Eisenbahn
ж.-д. ***железнодорóжный*** Eisenbahn-

З ***зáпад*** W, Westen
ЗАГС, загс ***отдéл зáписи áктов граждáнского состоя́ния*** Standesamt
зап. ***зáпадный*** westlich, West-
з-д ***завóд*** Werk, Fabrik

и др. ***и други́е*** u. a., und andere
илл. ***иллюстрáция*** Abb., Illustration
им. ***и́мени*** namens
ин-т ***институ́т*** Institut
и пр., и проч. ***и прóчее*** *od.* ***прóчие*** u. a. (m.), und anderes mehr, und andere
и т. д. ***и так дáлее*** usw., und so weiter

и т. п. ***и тому́ подо́бное*** u. dgl., u. ä., und dergleichen mehr, und ähnliches

к. ***копе́йка*** Kopeke
КБ 1. ***комме́рческий банк*** Handelsbank; **2.** ***констру́кторское бюро́*** Konstruktionsbüro
КВ ***коро́ткие во́лны*** KW, Kurzwelle(n)
кв. 1. ***квадра́тный*** Quadrat-; **2.** ***кварти́ра*** Wohnung
кг ***килогра́мм*** kg, Kilogramm
КГБ ***Комите́т госуда́рственной безопа́сности*** *hist.* KGB, Komitee für Staatssicherheit
км ***киломе́тр*** km, Kilometer
км/ч, км/ч., км/час ***киломе́тров в час*** km/h, Kilometer pro Stunde
кн. 1. ***кни́га*** Buch; **2.** ***князь*** Fürst
КНДР ***Коре́йская Наро́дно-Демократи́ческая Респу́блика*** Demokratische Volksrepublik Korea, Nordkorea
КНР ***Кита́йская Наро́дная Респу́блика*** VR China, Volksrepublik China
КПД, кпд ***коэффицие́нт поле́зного де́йствия*** Wirkungsgrad
куб. ***куби́ческий*** Kubik-

л ***литр*** l, Liter
л. с. ***лошади́ная си́ла*** PS, Pferdestärke

м ***метр*** m, Meter
М. ***Ма́лый*** Klein-
м. 1. ***мину́та*** min, Minute; **2.** ***мо́ре*** Meer
МВД ***Министе́рство вну́тренних дел*** Innenministerium
МВФ ***Междунаро́дный валю́тный фонд*** Internationaler Währungsfonds
МГУ ***Моско́вский госуда́рственный университе́т*** Staatliche Universität Moskau
мед. ***медици́нский*** medizinisch
мес. ***ме́сяц*** Monat
МИД ***Министе́рство иностра́нных дел*** Außenministerium
мин. ***мину́та*** Minute
мл. ***мла́дший*** der Jüngere; Unter-
мм ***миллиме́тр*** mm, Millimeter
МО ***Министе́рство оборо́ны*** Verteidigungsministerium
Мос- *in Zusammensetzungen* ***Моско́вский*** Moskauer
м.пр. ***между про́чим*** u.a., unter anderem
МПС ***Министе́рство путе́й сообще́ния*** Verkehrsministerium
МХАТ ***Моско́вский худо́жественный академи́ческий теа́тр*** Moskauer akademisches Künstlertheater
м-ц ***ме́сяц*** Monat

Н. 1. ***Ни́жний*** Unter-, Nieder-; **2.** ***Но́вый*** Neu
напр. ***наприме́р*** z. B., zum Beispiel
нач. ***нача́льник*** Leiter, Chef
НИИ ***нау́чно-иссле́довательский институ́т*** Forschungsinstitut
НЛО ***неопо́знанный лета́ющий объе́кт*** UFO, unbekanntes Flugobjekt
н. ст. ***но́вого сти́ля*** neue Zeitrechnung, (Gregorianischer Kalender)
н. э. ***на́шей э́ры*** unserer Zeitrechnung, nach Christi Geburt
НЧ ***ни́зкая частота́*** NF, Niederfrequenz
НЭП, нэп ***но́вая экономи́ческая поли́тика*** *hist.* Neue Ökonomische Politik

о. ***о́стров*** Insel
обл. ***о́бласть*** Gebiet
о-ва ***острова́*** Inseln
о-во ***о́бщество*** Ges., Gesellschaft
оз. ***о́зеро*** See
ООН ***Организа́ция Объединённых На́ций*** UNO, Organisation der Vereinten Nationen
О.О.О. ***о́бщество с ограни́ченной отве́тственностью*** GmbH, Gesellschaft mit beschränkter Haftung
отд. ***отде́л, отделе́ние*** Abteilung

п. 1. ***пара́граф*** Paragraph; **2.** ***пункт*** Pkt., Punkt
пер. ***переу́лок*** Gasse
пл. ***пло́щадь*** Platz
п-ов ***полуо́стров*** Halbinsel
пос. ***посёлок*** Siedlung
пр. 1. ***прое́зд*** Durchfahrt; **2.** ***проспе́кт*** Prospekt
прим. ***примеча́ние*** Anm., Anmerkung
пром. ***промы́шленный*** industriell, Industrie-

просп. ***проспе́кт*** Prospekt
проф. ***профе́ссор*** Prof., Professor
п/я ***почто́вый я́щик*** Pf., Postfach

р. 1. ***река́*** Fluß; **2.** ***ру́бль*** Rbl., Rubel
РАН ***Росси́йская Акаде́мия нау́к*** Russische Akademie der Wissenschaften
РИА ***Росси́йское информацио́нное аге́нтство*** Russische Nachrichtenagentur
рис. ***рису́нок*** Abb., Abbildung, Zeichnung
р-н ***райо́н*** Bezirk
рт. ст. ***рту́тного столба́*** Quecksilbersäule
руб. ***рубль*** Rbl., Rubel
РФ ***Росси́йская Федера́ция*** Russische Föderation
РПЦ ***Ру́сская Правосла́вная Це́рковь*** Russisch-Orthodoxe Kirche

С. ***се́вер*** N, Norden
с. 1. ***секу́нда*** Sekunde; **2.** ***село́*** Dorf; **3.** ***страни́ца*** Seite
СА ***Сове́тская А́рмия*** *hist.* Sowjetarmee
сб. ***сбо́рник*** Sammelband, Sammlung
СВ ***сре́дние во́лны*** MW, Mittelwellen
Св. ***Свято́й*** hl., heilig
с.-в. ***се́веро-восто́чный*** nordöstlich, Nordost-
СВЧ ***сверхвысо́кие частоты*** UHF, Ultrahochfrequenz(en), Mikrowelle(n)
с. г. ***сего́ го́да*** d. J., dieses Jahres
с.-д. ***социа́л-демократи́ческий*** sozialdemokratisch
сев. ***се́верный*** nördlich, Nord-
сек. ***секу́нда*** Sekunde
с.-з. ***се́веро-за́падный*** nordwestlich, Nordwest-
СКВ ***свобо́дно конверти́руемая валю́та*** frei konvertierbare Währung
след. ***сле́дующий*** folgende(r)
СМ ***Сове́т Мини́стров*** Ministerrat
см ***сантиме́тр*** cm, Zentimeter
см. ***смотри́*** s., siehe
СНГ ***Содру́жество Незави́симых Госуда́рств*** GUS, Gemeinschaft Unabhängiger Staaten
СП ***совме́стное предприя́тие*** Joint-venture, Gemeinschaftsunternehmen
ср. 1. ***сравни́*** vgl., vergleiche; **2.** ***сре́дний*** Mittel-, mittlere(r)
СРВ ***Социалисти́ческая Респу́блика Вьетна́м*** SRV, Sozialistische Republik Vietnam
СССР ***Сою́з Сове́тских Социалисти́ческих Респу́блик*** *hist.* Union der Sozialistischen Sowjetrepubliken
ст. 1. ***стани́ца*** Staniza, Kosakensiedlung; **2.** ***ста́нция*** Bahnhof; **3.** ***ста́рший*** der Ältere, Ober-; **4.** ***статья́*** Artikel
стр. ***страни́ца*** S., Seite
ст. ст. ***ста́рого сти́ля*** alter Zeitrechnung, (Julianischer Kalender)
США ***Соединённые Шта́ты Аме́рики*** USA, Vereinigte Staaten (von Amerika)
с.-х. ***сельскохозя́йственный*** landwirtschaftlich, Landwirtschafts-

т ***то́нна*** t, Tonne
т. 1. ***това́рищ*** Gen., Genosse, Genossin; **2.** ***том*** Bd., Band; **3.** ***ты́сяча*** Tsd., Tausend
табл. ***табли́ца*** Tabelle
т-во ***това́рищество*** Gesellschaft; Genossenschaft
т. г. ***теку́щего го́да*** dieses *od.* des laufenden Jahres
т. е. ***то́ есть*** d. h., das heißt
тел. ***телефо́н*** Tel., Telefon
т. н., т. наз. ***так называ́емый*** sog., sogenannte(r)
ТОО, Т.О.О. ***това́рищество с ограни́ченной отве́тственностью*** GmbH, Gesellschaft mit beschränkter Haftung
тролл. ***тролле́йбус*** Obus
тт. 1. ***това́рищи*** Genossen; **2.** ***тома́*** Bde., Bände
тыс. ***ты́сяча*** Tsd., Tausend
ТЭС ***теплова́я электроста́нция*** Wärmekraftwerk

УК ***уголо́вный ко́декс*** Strafgesetzbuch
УКВ ***ультракоро́ткие во́лны*** UKW, Ultrakurzwelle(n)
ул. ***у́лица*** Straße
ун-т ***университе́т*** Universität
УПК ***уголо́вно-процессуа́льный ко́декс*** Strafprozeßordnung

физ. **1.** ***физи́ческий*** physikalisch; Physik-; **2.** ***физкульту́рный*** sportlich, Sport-, Turn-

ФРГ ***Федерати́вная Респу́блика Герма́ния*** Bundesrepublik Deutschland

ф-т ***факульте́т*** Fak., Fakultät

хим. ***хи́мия*** Chemie; ***хими́ческий*** chemisch, Chemie-

худ. ***худо́жник*** Künstler, Maler, ***худо́жественный*** künstlerisch

ЦАР ***Центральноафрика́нская респу́блика*** Zentralafrikanische Republik

ЦБ ***Центра́льный банк*** Zentralbank

ЦК ***Центра́льный комите́т*** Zentralkomitee

ЦСКА ***Центра́льный спорти́вный клуб а́рмии*** Zentraler Armeesportklub

ЦПКиО ***Центра́льный парк культу́ры и о́тдыха*** Zentralpark für Kultur und Erholung

ЦУМ ***Центра́льный универса́льный магази́н*** Zentrales Warenhaus

ч. **1.** ***час*** Std., Stunde; **2.** ***часть*** Tl., Teil; **3.** ***челове́к*** Mann, Mensch; **4.** ***число́*** Zahl; Datum

чел. ***челове́к*** Mann, Mensch

чл. ***член*** Mitglied

чл.-корр. ***член-корреспонде́нт*** korrespondierendes Mitglied

ЧП ***чрезвыча́йное происше́ствие*** außergewöhnliches Vorkommnis; Notfall

шт. ***шту́ка*** St., Stück

ЭВМ ***электро́нная вычисли́тельная маши́на*** (Elektronen-)Rechner, Computer

ЭКГ ***электрокардиогра́мма*** EKG, Elektrokardiogramm

Ю ***юг*** S, Süden

ЮАР ***Ю́жно-Африка́нская Респу́блика*** Südafrikanische Republik

ю.-в. ***юго-восто́чный*** südöstlich, Südost-

юж. ***ю́жный*** südlich, Süd-

ю.-з. ***юго-за́падный*** südwestlich, Südwest

Geographische Namen
Географические названия

Абха́зия *f* Abchasien *n*
Австра́лия *f* Australien *n*
А́встрия *f* Österreich *n*
Адриати́ческое мо́ре *n* Adria(tisches Meer *n*) *f*
Азербайджа́н *m* Aserbaidschan *n*
А́зия *f* Asien *n*
Азо́вское мо́ре *n* Asowsches Meer
Алба́ния *f* Albanien *n*
Алжи́р *m* Algerien *n*, Algier *n*
Алта́й(ские го́ры *pl.*) *m* Altai(gebirge *n*) *m*
А́льпы *pl.* Alpen *pl.*
Аля́ска *f* Alaska *n*
Амазо́нка *f* Amazonas *m*
Аме́рика *f* Amerika *n*
А́нглия *f* England *n*
Анго́ла *f* Angola *n*
Антаркти́да *f* Antarktika
Анта́рктика *f* Antarktis
Ара́вия *f*, ***Арави́йский полуо́стров*** *m* Arabien *n*, Arabische Halbinsel *f*
Ара́льское мо́ре *n* Aralsee *m*
Аргенти́на *f* Argentinien *n*
А́рктика *f* Arktis
Арме́ния *f* Armenien *n*
Атланти́ческий океа́н *m* Atlantischer Ozean, Atlantik
Афганиста́н *m* Afghanistan *n*
Афи́ны *pl.* Athen *n*
А́фрика *f* Afrika *n*

Бава́рия *f* Bayern *n*
Баден-Вю́ртемберг *m* Baden-Württemberg *n*
Байка́л *m* Baikal(see)
Балка́ны *pl.* Balkan(gebirge *n*) *m*
Балти́йское мо́ре *n* Ostsee *f*
Бангладе́ш *m* Bangladesch *n*
Ба́ренцево мо́ре *n* Barentssee *f*
Башкортоста́н *m* Baschkirostan *n*, Baschkirien *n*
Белару́сь *f* Weißrußland *n*, Belorußland *n*
Бе́льгия *f* Belgien *n*
Бенилю́кс *m* Benelux(staaten *pl.*) *f*
Бе́рег Слоно́вой ко́сти *m* Elfenbeinküste *f*
Бе́рингов проли́в *m* Beringstraße *f*
Бе́рингово мо́ре *n* Beringmeer
Бессара́бия *f* Bessarabien *n*
Би́рма *f* Birma *n*, Burma *n*
Бли́жний Восто́к *m* Naher Osten, Nahost
Бо́денское о́зеро *n* Bodensee *m*
Болга́рия *f* Bulgarien *n*
Боли́вия *f* Bolivien *n*
Бо́сния *f* Bosnien *n*
Босфо́р *m* Bosporus
Ботни́ческий зали́в *m* Bottnischer Meerbusen
Брази́лия *f* Brasilien *n*
Бра́нденбург *m* Brandenburg *n*
Брюссе́ль *m* Brüssel *n*
Буря́тия *f* Burjatien *n*

Вавило́н *m* Babylon *n*
Великобрита́ния *f* Großbritannien *n*
Ве́на *f* Wien *n*
Ве́нгрия *f* Ungarn *n*
Венесуэ́ла *f* Venezuela *n*
Византи́я *f* Byzanz *n*
Вифлее́м *m* Bethlehem *n*
Вьетна́м *m* Vietnam *n*

Гава́йи, ***Гава́йские острова́*** *pl.* Hawaii(-Inseln *pl.*) *n*
Гаи́ти *n unv.* Haiti *n*
Гайа́на *f* Guyana *n*
Гали́ция *f* Galizien *n*
Га́на *f* Ghana *n*
Гватема́ла *f* Guatemala *n*
Гвине́я *f* Guinea *n*
Герма́ния *f* Deutschland *n*
Герцегови́на *f* Herzegowina
Ге́ссен *m* Hessen *n*
Голла́ндия *f* Holland *n*
Гондура́с *m* Honduras *n*
Гонко́нг *m* Hongkong *n*
Гренла́ндия *f* Grönland *n*
Гре́ция *f* Griechenland *n*
Гру́зия *f* Georgien *n*

Дагеста́н *m* Dagestan *n*
Далма́ция *f* Dalmatien *n*
Да́льний Восто́к *m* Ferner Osten, Fernost
Да́ния *f* Dänemark *n*
Доминика́нская Респу́блика *f* Dominikanische Republik

Донба́сс *m* Donezbecken *n*
Дуна́й *m* Donau *f*

Евра́зия *f* Eurasien *n*
Евро́па *f* Europa *n*
Еги́пет *m* Ägypten *n*

Жене́ва *f* Genf *n*

Заи́р *m* Zaire *n*
Закавка́зье *n* Transkaukasien
За́мбия *f* Sambia *n*
Зимба́бве *n* Simbabwe *n*

Иерусали́м *m* Jerusalem *n*
Изра́иль *m* Israel *n*
Инди́йский океа́н *m* Indischer Ozean
И́ндия *f* Indien *n*
Индоне́зия *f* Indonesien *n*
Иорда́ния *f* Jordanien *n*
Ира́к *m* Irak
Ира́н *m* Iran
Ирла́ндия *f* Irland *n*
Исла́ндия *f* Island *n*
Испа́ния *f* Spanien *n*
Ита́лия *f* Italien *n*

Йе́мен *m* Jemen

Кавка́з(ские го́ры *pl.*) *m* Kaukasus(gebirge *n*)
Казахста́н *m* Kasachstan *n*
Каи́р *m* Kairo *n*
Калмы́кия *f* Kalmükien *n*
Камбо́джа *f* Kambodscha *n*
Камеру́н *m* Kamerun *n*
Камча́тка *f* Kamtschatka *n*
Кана́да *f* Kanada *n*
Каре́лия *f* Karelien *n*
Кари́нтия *f* Kärnten *n*
Каспи́йское мо́ре *n* Kaspisches Meer
Ке́ния *f* Kenia *n*
Кипр *m* Zypern *n*
Кита́й *m* China *n*
Колу́мбия *f* Kolumbien *n*
Ко́льский полуо́стров *m* Halbinsel Kola *f*
Коре́я *f* Korea *n*
Ко́ста-Ри́ка *f* Costa Rica *n*
Крым *m* Krim *f*
Ку́ба *f* Kuba *n*
Куве́йт *m* Kuwait *n*
Кури́льские острова́ *pl.* Kurilen

Кыргызста́н *m* Kyrgysstan *n*, Kirgisien *n*

Ла́дожское о́зеро *n* Ladogasee *m*
Лао́с *m* Laos *n*
Ла́твия *f* Lettland *n*
Лати́нская Аме́рика *f* Lateinamerika *n*
Либе́рия *f* Liberia *n*
Лива́н *m* Libanon
Ли́вия *f* Libyen *n*
Литва́ *f* Litauen *n*
Ли́хтенштейн *m* Liechtenstein *n*
Лотари́нгия *f* Lothringen *n*
Люксембу́рг *m* Luxemburg *n*

Маври́кий *m* Mauritius *n*
Маврита́ния *f* Mauretanien *n*
Мадагаска́р *m* Madagaskar *n*
Македо́ния *f* Makedonien *n*
Мала́йзия *f* Malaysia *n*
Ма́лая 'Азия *f* Kleinasien *n*
Мальди́вские острова́ *pl.* Malediven *pl.*
Маньчжу́рия *f* Mandschurei *f*
Маро́кко *n unv.* Marokko *n*
Ме́кленбург - Пере́дняя Помера́ния *f* Mecklenburg-Vorpommern *n*
Ме́ксика *f* Mexiko (*Land*) *n*
Ме́хико *n unv.* Mexiko (*Stadt*) *n*
Мозамби́к *m* Mosambik *n*
Молдо́ва *f* Moldau(republik), Moldawien *n*
Монго́лия *f* Mongolei
Мордви́ния *f* Mordwinien *n*
Москва́ *f* Moskau *n*
Мьянма́ *f* Myanmar (Birma) *n*

Наго́рный Караба́х *m* Berg-Karabach *n*
Нами́бия *f* Namibia *n*
Нева́ *f* Newa
Не́ман (*Fluß*) *m* Memel *f*
Непа́л *m* Nepal *n*
Ниге́рия *f* Nigeria *n*
Нидерла́нды *pl.* Niederlande
Ни́жняя Саксо́ния *f* Niedersachsen *n*
Никара́гуа *f unv.* Nicaragua *n*
Но́вая Зела́ндия *f* Neuseeland *n*
Норве́гия *f* Norwegen *n*
Нью-Йо́рк *m* New York *n*

Обь *f* Ob *m*
Океа́ния *f* Ozeanien *n*

Оне́жское о́зеро *n* Onegasee *m*
Осе́тия *f* Ossetien *n*
Охо́тское мо́ре *n* Ochotskisches Meer

Пакиста́н *m* Pakistan *n*
Палести́на *f* Palästina *n*
Пана́ма́ *f* Panama *n*
Па́пуа-Но́вая Гвине́я *f* Papua-Neuguinea *n*
Парагва́й *m* Paraguay *n*
Пари́ж *m* Paris *n*
Пеки́н *m* Peking *n*
Перси́дский зали́в *m* Persischer Golf
Пирене́йский полуо́стров *m* Iberische Halbinsel *f*
Полине́зия *f* Polynesien *n*
По́льша *f* Polen *n*
Португа́лия *f* Portugal *n*
Пра́га *f* Prag *n*
Приба́лтика *f* Baltikum *n*

Рейн *m* Rhein
Ре́йнланд-Пфальц *m* Rheinland-Pfalz *n*
Рим *m* Rom *n*
Росси́я *f* Rußland *n*
Румы́ния *f* Rumänien *n*

Саа́р *m* Saarland *n*
Саксо́ния *f* Sachsen *n*
Саксо́ния-'Ангальт *f* Sachsen-Anhalt *n*
Сальвадо́р *m* El Salvador *n*
Санкт-Петербу́рг *m* Sankt-Petersburg *n*
Сау́довская Ара́вия *f* Saudi-Arabien *n*
Саха́, *Респу́блика* ~ *f* Republik Sacha (Jakutien *n*)
Саха́ра *f* Sahara
Се́верный Ледови́тый океа́н *m* Nordpolarmeer *n*
Се́верный Рейн-Вестфа́лия *f* Nordrhein-Westfalen *n*
Сейше́льские Острова́ *pl.* Seychellen *pl.*
Сенега́л *m* Senegal
Се́рбия *f* Serbien *n*
Сиби́рь *f* Sibirien *n*
Сингапу́р *m* Singapur *n*
Си́рия *f* Syrien *n*
Скандина́вия *f* Skandinavien *n*
Слова́кия *f* Slowakei
Слове́ния *f* Slowenien *n*
Соединённые Шта́ты Аме́рики *pl.* Vereinigte Staaten von Amerika
Сома́ли́ *n unv.* Somalia
Средизе́мное мо́ре *n* Mittelmeer
Сре́дний Восто́к *m* Mittlerer Osten
Сре́дняя 'Азия *f* Mittelasien *n*
Стамбу́л *m* Istanbul *n*

Таджикиста́н *m* Tadschikistan *n*
Тайва́нь *m* Taiwan *n*
Таила́нд *m* Thailand *n*
Танза́ния *f* Tansania *n*
Татарста́н *m* Tatarstan *n*
Ти́хий океа́н *m* Pazifik, Stiller *od.* Pazifischer Ozean
Туни́с *m* Tunesien *n*
Туркмениста́н *m* Turkmenistan *n*
Ту́рция *f* Türkei
Тюри́нгия *f* Thüringen *n*

Удму́ртия *f* Udmurtien *n*
Узбекиста́н *m* Usbekistan *n*
Украи́на *f* Ukraine
Уругва́й *m* Uruguay *n*

Филиппи́ны *pl.* Philippinen
Финля́ндия *f* Finnland *n*
Фи́нский зали́в *m* Finnischer Meerbusen
Фра́нция *f* Frankreich *n*

Хорва́тия *f* Kroatien *n*

Цейло́н *m* Ceylon *n*
Центра́льная Евро́па *f* Mitteleuropa *n*

Чад *m* Tschad *m* (*See*); Tschad *n* (*Land*)
Черного́рия *f* Montenegro *n*
Чёрное мо́ре *n* Schwarzes Meer
Че́хия *f* Tschechien *n*
Чече́но-Ингуше́тия *f* Republik der Tschetschenen und Inguschen
Чи́ли *n unv.* Chile
Чува́шия *f* Tschuwaschien *n*
Чудско́е о́зеро *n* Peipussee *m*
Чуко́тский полуо́стров *m*, **Чуко́тка** *f* Tschuktschenhalbinsel *f*

Швейца́рия *f* Schweiz
Шве́ция *f* Schweden *n*

Шле́звиг-Го́льштейн *m* Schleswig-Holstein *n*
Шри-Ла́нка *f* Sri Lanka *n*
Шти́рия *f* Steiermark

Эге́йское мо́ре *n* Ägäis *f*
Эквадо́р *m* Ecuador *n*
Эльза́с *m* Elsaß *n*
Эсто́ния *f* Estland *n*
Эфио́пия *f* Äthiopien *n*

Ю́жный (Ледови́тый) океа́н *m* Südpolarmeer *n*

Яку́тия *f* Jakutien *n*; → ***Саха́***
Яма́йка *f* Jamaika *n*
Япо́ния *f* Japan *n*

Russische Vornamen — Русские имена

Auf die halbfett gegebene „offizielle" bzw. Grundform folgen die wichtigsten Varianten des umgangssprachlichen bzw. familiären Gebrauchs

Авдо́тья, Ду́ня
А́да, Да́ша
Алекса́ндр, Са́ша, Шу́ра
Алекса́ндра, Са́ша, Шу́ра
Алексе́й, Алёша
Али́са, А́ля
А́лла, А́ля, А́ллочка
Анаста́сий, Наста́с
Анастаси́я, А́ся, Наста́сья
Анато́лий, То́ля
Андре́й, Андрю́ша
А́нна, А́ня, Аню́та
Анто́н, То́ня, То́ша
Антони́на, То́ня, То́ся
Ариа́дна, А́да
Арка́дий, Арка́ша
Арсе́ний, Се́ня
Арте́мий, Артём
Афана́сий, Афо́ня

Бе́лла
Богда́н
Бори́с, Бо́ря

Вади́м, Ва́дя, Ди́ма
Валенти́н, Ва́ля
Валенти́на, Ва́ля
Вале́рий, Вале́ра
Вале́рия, Ва́ля
Варва́ра, Ва́ря
Васи́лий, Ва́ся
Венеди́кт, Ве́ня
Вениами́н, Ве́ня
Ве́ра, Ве́рочка
Верони́ка, Ве́ра, Ни́ка
Вике́нтий, Ви́ка
Ви́ктор, Ви́тя
Викто́рия, Ви́ка
Вита́лий, Ви́тя
Влади́мир, Воло́дя, Во́ва
Владисла́в, Сла́ва
Все́волод, Во́ва
Вячесла́в, Сла́ва

Гаврии́л, Га́ня
Гали́на, Га́ля
Генна́дий, Ге́ня
Гео́ргий, Жо́ра
Гера́сим, Ге́ра
Ге́рман, Ге́ра
Глафи́ра, Гла́ша
Глеб
Григо́рий, Гри́ша

Даии́л, Даня
Да́рья, Да́ша
Дени́с
Дми́трий, Ми́тя, Ди́ма

Е́ва
Евге́ний, Же́ня, Ге́ня
Евге́ния, Же́ня, Ге́ня
Евдоки́я, Ду́ня, Ду́ся
Евпра́ксия, Пара́ша
Его́р, Жо́ра
Екатери́на, Ка́тя, Катю́ша
Еле́на, Ле́на, Лёля
Елизаве́та, Ли́за, Ли́ля
Ефи́м, Фи́ма
Ефре́м
Ефроси́ния, Фро́ся

Жа́нна

Заха́р
Зинаи́да, Зи́на
Зино́вий
Зо́я, Зо́ся

Ива́н, Ва́ня
Игна́тий, Игна́т
И́горь, Игорёк, Го́ря
И́да, Ду́ся
Изо́льда, И́за
Илья́, Ильюша
И́нна, И́на
Ири́на, И́ра

Казими́р, Ка́зя
Карп, Карпу́ша
Ки́ра
Кири́лл, Кирю́ша
Кла́вдия, Кла́ва
Климе́нт
Кондра́тий, Ко́ня
Константи́н, Ко́стя
Ксе́ния, Ксе́ня
Кузьма́, Ку́зя

Лари́са, Ла́ра
Лев, Лёва
Лео́нтий, Ле́ня
Леони́д, Лёня
Ли́дия, Ли́да
Лука́, Луко́ня
Любо́вь, Лю́ба
Людми́ла, Лю́да

Ма́йя, Ма́я
Мака́р, Мака́ша
Макси́м, Си́ма
Маргари́та, Ри́та
Мари́на, Ма́ша
Мари́я, Ма́ша, Мару́ся
Марк
Марты́н
Ма́рфа, Марфу́ша
Матве́й, Мо́тя
Михаи́л, Ми́ша
Мстисла́в, Сла́ва

Наде́жда, На́дя
Наста́сья, На́стя
Ната́лия, Ната́ша, На́та
Не́лли, Не́ля
Ники́та, Ни́ка
Никола́й, Ко́ля
Ни́на, Ни́ночка

Оле́г, Лёша
О́льга, О́ля, Лю́ся
О́сип, О́ся

Па́вел, Па́влик, Па́ша
Пелаге́я, По́ля
Пётр, Пе́тя, Петру́ша
Поли́на, По́ля
Праско́вья, Про́ня, Пара́ша
Проко́п, Про́ша
Про́хор, Про́ня, Про́ша

Раи́са, Ра́я
Родио́н, Ро́дя
Рома́н, Ро́ма
Ростисла́в, Сла́ва

Са́вва, Са́ввушка
Светла́на, Све́та
Святосла́в, Сла́ва
Семён, Се́ня
Серафи́ма, Си́ма
Серге́й, Серёжа
Со́фья, Со́ня
Станисла́в, Сла́ва
Степа́н, Стёпа

Тама́ра, Ма́ра
Татья́на, Та́ня
Тимофе́й, Тимо́ша
Ти́хон, Ти́ша
Трофи́м, Тро́ня

Фёдор, Фе́дя
Федо́т, Фе́дя
Фёкла, Фе́ня
Фили́пп, Фи́ля
Фома́, Фо́мка

Харито́н, Хо́ря

Юлиа́на, Ю́ля
Ю́лия, Ю́ля
Ю́рий, Ю́ра

Я́ков, Я́ша
Яросла́в, Сла́ва

Konjugations- und Deklinationsmuster

Парадигмы спряжения и склонения

Bei der Konjugation und Deklination ist folgende Rechtschreibregel zu beachten:

Nach г, к, х, ж, ч, ш, щ	steht nie ы, ю, я,	sondern **и, у, а**;
nach ц	steht nie и, ю, я,	sondern **ы, у, а**;
nach ж, ч, ш, щ, ц	steht nie unbetontes о,	sondern **е**.

Fremdwörter sind von dieser Regel ausgenommen.

A. Konjugation

Man unterscheidet bei fast allen Verben den imperfektiven (*impf.*) und den perfektiven Aspekt (*pf.*). Der perfektive Aspekt ist in den Mustern in spitzen Klammern angegeben, z. B.:

⟨про⟩чита́ть = чита́ть *impf.*, прочита́ть *pf.*

Personalendungen des Präsens und perfektiven Futurs:

1. Konjugation:	-ю (-у)	-ешь	-ет	-ем	-ете	-ют (-ут)
2. Konjugation:	-ю (-у)	-ишь	-ит	-им	-ите	-ят (-ат)
Reflexiv:						
1. Konjugation:	-юсь (-усь)	-ешься	-ется	-емся	-етесь	-ются (-утся)
2. Konjugation:	-юсь (-усь)	-ишься	-ится	-имся	-итесь	-ятся (-атся)

Endungen der anderen Verbformen:

Imp.	-й(те)	-и(те)	-ь(те)	
reflexiv	-йся (-йтесь)	-ись (-итесь)	-ься (-ьтесь)	
	m	*f*	*n*	*pl.*
Ptp.Präs.Akt.	-щий(ся)	-щая(ся)	-щее(ся)	-щие(ся)
Advp.Präs.	-я(сь)	-а(сь)	[*seltener*: -ючи (-учи)]	
Ptp.Präs.Pass.	-мый	-мая	-мое	-мые
Kurzform	-м	-ма	-мо	-мы
Prät.	-л	-ла	-ло	-ли
	-лся	-лась	-лось	-лись
Ptp.Prät.Akt.	-вший(ся)	-вшая(ся)	-вшее(ся)	-вшие(ся)
Advp.Prät.	-в(ши)	-вши(сь)		
Ptp.Präs.Pass.	-нный	-нная	-нное	-нные
	-тый	-тая	-тое	-тые
Kurzform	-н	-на	-но	-ны
	-т	-та	-то	-ты

Betonung:

a) Wenn die Endsilbe des Infinitivs nicht betont ist, tritt kein Akzentwechsel ein; d. h. die Betonung bleibt in allen Formen auf der im Infinitiv akzentuierten Silbe, z. B.: пла́кать. Die Formen von пла́кать entsprechen dem Muster [3], nicht aber die Betonung, die immer auf пла́- bleibt. Der Imperativ solcher Verben wird, wenn ihr Stamm auf nur einen Konsonanten endet, abweichend von den Mustern mit Endbetonung, auf **-ь(те)** gebildet, z. B.: пла́кать – пла́чь(те), уда́рить – уда́рь(те); er wird auf **-и(те)** gebildet, wenn der Stamm auf zwei und mehr Konsonanten endet, z. B.: по́мнить – по́мни(те). Bei Verben, deren Stamm auf einen Vokal endet, wird der Imperativ auf **-й(те)** gebildet, z. B.: успоко́ить – успоко́й(те).

b) Verben auf betontes -áть ziehen in den Formen des Ptp.Prät.Pass. den Akzent in der Regel um eine Silbe zurück, z. B.: сказáть – скáзанный (*K*.: скáзан, -а, -о, -ы); bei denen auf -éть, -и́ть richtet sich die Betonung im Ptp.Prät.Pass. gewöhnlich nach der Akzentbewegung im Präsens, z. B.: просмотрéть, просмотрю́, просмóтришь – просмóтренный (*K*.: просмóтрен, -а, -о, -ы); реши́ть, решу́, реши́шь – решённый (*K*.: решён, -енá, -ó, -ы́; es liegt hier stets Endbetonung vor).

Konsonantenwechsel

In den folgenden Verbparadigmen [3], [11], [15] wechseln die Konsonanten

г, д, з > ж (= -г/ж- usw.)
к, г > ч
с, х > ш
ск, ст; т > щ.

Bei den Verben der 1. Konjugation (s. o.) geht der Stamm in allen Präsensformen (und dem davon abgeleiteten Ptp.Prät.Akt.) auf den jeweiligen Zischlaut aus, bei denen der 2. Konjugation nur in der 1. Person Singular sowie in der Regel auch im Ptp.Prät.Pass. (Abweichungen sind bei den betreffenden Stichwörtern vermerkt.)

Die nachstehenden Verbmuster sind nach folgenden grammatischen Kategorien in senkrechter Anordnung gegliedert: (*a*) Präsens; (*b*) Futur; (*c*) Imperativ; (*d*) Partizip Präsens Aktiv; (*e*) Partizip Präsens Passiv; (*f*) Adverbialpartizip Präsens; (*g*) Präteritum; (*h*) Partizip Präteritum Aktiv; (*i*) Partizip Präteritum Passiv; (*j*) Adverbialpartizip Präteritum.

Verben auf **-ать**

1	⟨про⟩**читáть**
(*a*), ⟨(*b*)⟩	⟨про⟩читáю, -áешь, -áют
(*c*)	⟨про⟩читáй(те)!
(*d*)	читáющий
(*e*)	читáемый
(*f*)	читáя
(*g*)	⟨про⟩читáл, -а, -о, -и
(*h*)	⟨про⟩читáвший
(*i*)	прочи́танный
(*j*)	прочитáв

2	⟨по⟩**трепáть**
	(mit л nach б, в, м, п, ф)
(*a*), ⟨(*b*)⟩	[по]треплю́, -éплешь, -éплют
(*c*)	[по]трепли́(те)!
(*d*)	трéплющий
(*e*)	–
(*f*)	трепля́
(*g*)	⟨по⟩трепáл, -а, -о, -и
(*h*)	⟨по⟩трепáвший
(*i*)	⟨по⟩трёпанный
(*j*)	потрепáв

3	⟨об⟩**глодáть**
	(mit Konsonantenwechsel, s. o.; bei Endbetonung -ё-)
(*a*), ⟨(*b*)⟩	⟨об⟩гложу́, -óжешь, -óжут
(*c*)	⟨об⟩гложи́(те)!
(*d*)	глóжущий
(*e*)	–
(*f*)	гложá
(*g*)	⟨об⟩глодáл, -а, -о, -и
(*h*)	⟨об⟩глодáвший
(*i*)	обглóданный
(*j*)	обглодáв

4	⟨по⟩**держáть**
	(mit Stamm auf Zischlaut)
(*a*), ⟨(*b*)⟩	⟨по⟩держу́, -éржишь, -éржат
(*c*)	⟨по⟩держи́(те)!
(*d*)	держáщий
(*e*)	–
(*f*)	держá
(*g*)	⟨по⟩держáл, -а, -о, -и
(*h*)	⟨по⟩держáвший
(*i*)	подéржанный
(*j*)	подержáв

Verben auf **-авать**

5	**давáть**
	(bei Stammbetonung -е-)
(*a*)	даю́, даёшь, дају́т
(*c*)	давáй(те)!

(*d*)	даю́щий
(*e*)	дава́емый
(*f*)	дава́я
(*g*)	дава́л, -а, -о, -и
(*h*)	дава́вший
(*i*)	–
(*j*)	–

Verben auf **-евать**

(bei Endbetonung -ё-)

6	⟨на⟩**малева́ть**
(*a*), ⟨(*b*)⟩	⟨на⟩малю́ю, -ю́ешь, -ю́ют
(*c*)	⟨на⟩малю́й(те)!
(*d*)	малю́ющий
(*e*)	малю́емый
(*f*)	малю́я
(*g*)	⟨на⟩малева́л, -а, -о, -и
(*h*)	⟨на⟩малева́вший
(*i*)	намалёванный
(*j*)	намалева́в

Verben auf **-овать**

7	⟨на⟩**рисова́ть**
(*a*), ⟨(*b*)⟩	⟨на⟩рису́ю, -у́ешь, -у́ют
(*c*)	⟨на⟩рису́й(те)!
(*d*)	рису́ющий
(*e*)	рису́емый
(*f*)	рису́я
(*g*)	⟨на⟩рисова́л, -а, -о, -и
(*h*)	⟨на⟩рисова́вший
(*i*)	нарисо́ванный
(*j*)	нарисова́в

Verben auf **-еть**

8	⟨по⟩**жале́ть**
(*a*), ⟨(*b*)⟩	⟨по⟩жале́ю, -е́ешь, -е́ют
(*c*)	⟨по⟩жале́й(те)!
(*d*)	жале́ющий
(*e*)	жале́емый
(*f*)	жале́я
(*g*)	⟨по⟩жале́л, -а, -о, -и
(*h*)	⟨по⟩жале́вший
(*i*)	...ённый (*z. B.*: одолённый)
(*j*)	пожале́в

9	⟨по⟩**смотре́ть**
(*a*), ⟨(*b*)⟩	⟨по⟩смотрю́, -о́тришь, -о́трят
(*c*)	⟨по⟩смотри́(те)!
(*d*)	смо́трящий
(*e*)	–
(*f*)	смотря́
(*g*)	⟨по⟩смотре́л, -а, -о, -и
(*h*)	⟨по⟩смотре́вший
(*i*)	...о́тренный (*z. B.*: просмо́тренный)
(*j*)	посмотре́в

10	⟨по⟩**терпе́ть**
	(mit л nach б, в, м, п, ф)
(*a*), ⟨(*b*)⟩	⟨по⟩терплю́, -е́рпишь, -е́рпят
(*c*)	⟨по⟩терпи́(те)!
(*d*)	терпя́щий
(*e*)	терпи́мый
(*f*)	терпя́
(*g*)	⟨по⟩терпе́л, -а, -о, -и
(*h*)	⟨по⟩терпе́вший
(*i*)	...енный (*z. B.* претёрпенный)
(*j*)	потерпе́в

11	⟨по⟩**верте́ть**
	(mit Konsonantenwechsel, s. o.)
(*a*), ⟨(*b*)⟩	⟨по⟩верчу́, -е́ртишь, -е́ртят
(*c*)	⟨по⟩верти́(те)!
(*d*)	ве́ртящий
(*e*)	–
(*f*)	вертя́
(*g*)	⟨по⟩верте́л, -а, -о, -и
(*h*)	⟨по⟩верте́вший
(*i*)	пове́рченный
(*j*)	поверте́в

Verben auf **-ереть**

12	⟨по⟩**тере́ть**
	(bei Stammbetonung -е-)
(*a*), ⟨(*b*)⟩	⟨по⟩тру́, -трёшь, -тру́т
(*c*)	⟨по⟩три́(те)!
(*d*)	тру́щий
(*e*)	–
(*f*)	–
(*g*)	⟨по⟩тёр, -ла, -ло, -ли
(*h*)	⟨по⟩тёрший
(*i*)	потёртый
(*j*)	потере́в

Verben auf **-ить**

13	⟨по⟩**кури́ть**
(*a*), ⟨(*b*)⟩	⟨по⟩курю́, -у́ришь, -у́рят
(*c*)	⟨по⟩кури́(те)!
(*d*)	куря́щий

(*e*) –
(*f*) куря́
(*g*) ⟨по⟩кури́л, -а, -о, -и
(*h*) ⟨по⟩кури́вший
(*i*) ...ку́ренный (*z. B.*: наку́ренный)
(*j*) покури́в

14 ⟨по⟩**люби́ть**
(mit л nach б, в, м, п, ф)
(*a*), ⟨(*b*)⟩ ⟨по⟩люблю́, -ю́бишь, -ю́бят
(*c*) ⟨по⟩люби́(те)!
(*d*) лю́бящий
(*e*) люби́мый
(*f*) любя́
(*g*) ⟨по⟩люби́л, -а, -о, -и
(*h*) ⟨по⟩люби́вший
(*i*) ...ю́бленный (*z. B.*: возлю́бленный)
(*j*) полюби́в

15 ⟨по⟩**носи́ть**
(mit Konsonantenwechsel, s. o.)
(*a*), ⟨(*b*)⟩ ⟨по⟩ношу́, -о́сишь, -о́сят
(*c*) ⟨по⟩носи́(те)!
(*d*) но́сящий
(*e*) носи́мый
(*f*) нося́
(*g*) ⟨по⟩носи́л, -а, -о, -и
(*h*) ⟨по⟩носи́вший
(*i*) поно́шенный
(*j*) поноси́в

16 ⟨на⟩**кроши́ть**
(mit Stamm auf Zischlaut)
(*a*), ⟨(*b*)⟩ ⟨на⟩крошу́, -о́шишь, -о́шат
(*c*) ⟨на⟩кроши́(те)!
(*d*) кроша́щий
(*e*) кроши́мый
(*f*) кроша́
(*g*) ⟨на⟩кроши́л, -а, -о, -и
(*h*) ⟨на⟩кроши́вший
(*i*) накро́шенный
(*j*) накроши́в

Verben auf **-оть**

17 ⟨за⟩**коло́ть**
(*a*), ⟨(*b*)⟩ ⟨за⟩колю́, -о́лешь, -о́лют
(*c*) ⟨за⟩коли́(те)!
(*d*) ко́лющий
(*e*) –
(*f*) –
(*g*) ⟨за⟩коло́л, -а, -о, -и
(*h*) ⟨за⟩коло́вший
(*i*) зако́лотый
(*j*) заколо́в

Verben auf **-уть**

18 ⟨по⟩**ду́ть**
(*a*), ⟨(*b*)⟩ ⟨по⟩ду́ю, -у́ешь, -у́ют
(*c*) ⟨по⟩ду́й(те)!
(*d*) ду́ющий
(*e*) –
(*f*) ду́я
(*g*) ⟨по⟩ду́л, -а, -о, -и
(*h*) ⟨по⟩ду́вший
(*i*) ...ду́тый (*z. B.*: разду́тый)
(*j*) поду́в

19 ⟨по⟩**тяну́ть**
(*a*), ⟨(*b*)⟩ ⟨по⟩тяну́, -я́нешь, -я́нут
(*c*) ⟨по⟩тяни́(те)!
(*d*) тя́нущий
(*e*) –
(*f*) –
(*g*) ⟨по⟩тяну́л, -а, -о, -и
(*h*) ⟨по⟩тяну́вший
(*i*) потя́нутый
(*j*) потяну́в

20 ⟨со⟩**гну́ть**
(mit Stammbetonung -е-)
(*a*), ⟨(*b*)⟩ ⟨со⟩гну́, -нёшь, -ну́т
(*c*) ⟨со⟩гни́(те)!
(*d*) гну́щий
(*e*) –
(*f*) –
(*g*) ⟨со⟩гну́л, -а, -о, -и
(*h*) ⟨со⟩гну́вший
(*i*) со́гнутый
(*j*) согну́в

21 ⟨за⟩**мёрзнуть**
(bei Endbetonung -ё-)
(*a*), ⟨(*b*)⟩ ⟨за⟩мёрзну, -нешь, -нут
(*c*) ⟨за⟩мёрзни(те)!
(*d*) мёрзнущий
(*e*) –
(*f*) –
(*g*) ⟨за⟩мёрз, -зла, -о, -и
(*h*) ⟨за⟩мёрзший
(*i*) ...нутый (*z. B.*: воздви́гнутый)
(*j*) замёрзши

Verben auf **-ыть**

22 ⟨по⟩**кры́ть**
(*a*), ⟨(*b*)⟩ ⟨по⟩кро́ю, -о́ешь, -о́ют
(*c*) ⟨по⟩кро́й(те)!
(*d*) кро́ющий
(*e*) –
(*f*) кро́я
(*g*) ⟨по⟩кры́л, -а, -о, -и
(*h*) ⟨по⟩кры́вший
(*i*) ⟨по⟩кры́тый
(*j*) покры́в

23 ⟨по⟩**плы́ть**
(bei Stammbetonung -е-)
(*a*), ⟨(*b*)⟩ ⟨по⟩плыву́, -вёшь, -ву́т
(*c*) ⟨по⟩плыви́(те)!
(*d*) плыву́щий
(*e*) –
(*f*) плывя́
(*g*) ⟨по⟩плы́л, -á, -о, -и
(*h*) ⟨по⟩плы́вший
(*i*) ...плы́тый (*z. B.*: проплы́тый)
(*j*) поплы́в

Verben auf **-зти́, -зть**

24 ⟨по⟩**везти́**
(bei Stammbetonung -е-)
(*a*), ⟨(*b*)⟩ ⟨по⟩везу́, -зёшь, -зу́т
(*c*) ⟨по⟩вези́(те)!
(*d*) везу́щий
(*e*) везо́мый
(*f*) везя́
(*g*) ⟨по⟩вёз, -везла́, -о́, -и́
(*h*) ⟨по⟩вёзший
(*i*) повезённый
(*j*) повезя́

Verben auf **-сти́, -сть**

25 ⟨по⟩**вести́**
(bei Stammbetonung -е-)
(*a*), ⟨(*b*)⟩ ⟨по⟩веду́, -дёшь, -ду́т
(*c*) ⟨по⟩веди́(те)!
(*d*) веду́щий
(*e*) ведо́мый
(*f*) ведя́
(*g*) ⟨по⟩вёл, -вела́, -о́, -и́
(*h*) ⟨по⟩ве́дший
(*i*) поведённый
(*j*) поведя́

Verben auf **-чь**

26 ⟨по⟩**влечь**
(bei Stammbetonung -е-)
(*a*), ⟨(*b*)⟩ ⟨по⟩влеку́, -ечёшь, -еку́т
(*c*) ⟨по⟩влеки́(те)!
(*d*) влеку́щий
(*e*) влеко́мый
(*f*) –
(*g*) ⟨по⟩влёк, -екла́, -о́, -и́
(*h*) ⟨по⟩влёкший
(*i*) ...влечённый (*z. B.*: увлечённый)
(*j*) повлёкши

Verben auf **-ять**

27 ⟨рас⟩**та́ять**
(*a*), ⟨(*b*)⟩ ⟨рас⟩та́ю, -а́ешь, -а́ют
(*c*) ⟨рас⟩та́й(те)!
(*d*) та́ющий
(*e*) –
(*f*) та́я
(*g*) ⟨рас⟩та́ял, -а, -о, -и
(*h*) ⟨рас⟩та́явший
(*i*) ...а́янный (*z. B.*: обла́янный)
(*j*) раста́яв

28 ⟨по⟩**теря́ть**
(*a*), ⟨(*b*)⟩ ⟨по⟩теря́ю, -я́ешь, -я́ют
(*c*) ⟨по⟩теря́й(те)!
(*d*) теря́ющий
(*e*) теря́емый
(*f*) теря́я
(*g*) ⟨по⟩теря́л, -а, -о, -и
(*h*) ⟨по⟩теря́вший
(*i*) поте́рянный
(*j*) потеря́в

B. Deklination

Substantive

a) Reihenfolge der Kasus waagerecht: Nominativ, Genitiv, Dativ, Akkusativ, Instrumental und Präpositiv im Singular und Plural (darunter). Bezeichnet das Substantiv ein Lebewesen, so ist beim männlichen Geschlecht der Akkusativ im

Singular und Plural, beim weiblichen und sächlichen aber nur im Plural, gleich dem Genitiv. Nach dieser Regel richten sich auch Adjektiv, Pronomen und einige Zahlwörter.

b) Abweichungen sind im Wörterverzeichnis vermerkt.

Maskulina:		*N*	*G*	*D*	*A*	*I*	*P*
1	ви́д	**-**	-а	-у	-	-ом	-е
		-ы	-ов	-ам	-ы	-ами	-ах
2	реб	**-ёнок**	-ёнка	-ёнку	-ёнка	-ёнком	-ёнке
		-я́та	-я́т	-я́там	-я́т	-я́тами	-я́тах
3	слу́ча	**-й**	-я	-ю	-й	-ем	-е
		-и	-ев	-ям	-и	-ями	-ях

Die Substantive auf -ий haben im Präpositiv Singular die Endung -и.

4	про́фил	**-ь**	-я	-ю	-ь	-ем	-е
		-и	-ей	-ям	-и	-ями	-ях
Feminina:							
5	рабо́т	**-а**	-ы	-е	-у	-ой	-е
		-ы	-	-ам	-ы	-ами	-ах
6	неде́л	**-я**	-и	-е	-ю	-ей	-е
		-и	-ь	-ям	-и	-ями	-ях
7	а́рм**и**	**-я**	-и	-и	-ю	-ей	-и
		-и	-й	-ям	-и	-ями	-ях
8	тетра́д	**-ь**	-и	-и	-ь	-ью	-и
		-и	-ей	-ям	-и	-ями	-ях
Neutra:							
9	блю́д	**-о**	-а	-у	-о	-ом	-е
		-а	-	-ам	-а	-ами	-ах
10	по́л	**-е**	-я	-ю	-е	-ем	-е
		-я́	-е́й	-я́м	-я́	-я́ми	-я́х

Die Substantive auf -ье haben im Genitiv Plural die Endung -ий. Sie wechseln nicht die Betonung.

11	учи́ли**щ**	**-е**	-а	-у	-е	-ем	-е
		-а	-	-ам	-а	-ами	-ах
12	жела́н**и**	**-е**	-я	-ю	-е	-ем	-и
		-я	-й	-ям	-я	-ями	-ях
13	вре́**м**	**-я**	-ени	-ени	-я	-енем	-ени
		-ена́	-ён	-ена́м	-ена́	-ена́ми	-ена́х

Adjektive
(auch Ordnungszahlen usw.)

Merke:

a) Die Adjektive auf **-ский** haben keine Kurzformen.
b) Die Adjektive auf **-нный** mit dem Ton auf der drittletzten Silbe haben in der männlichen Kurzform nur ein **-н**, z. B.:
естéственный: -вен, -венна, -венно, -венны.
c) Abweichungen sind im Wörterverzeichnis vermerkt.

		m	*f*	*n*	*pl.*	
14	бéл	**-ый(-óй)**	**-ая**	**-ое**	**-ые**	Langform
		-ого	-ой	-ого	-ых	
		-ому	-ой	-ому	-ым	
		-ый	-ую	-ое	-ые	
		-ым	-ой	-ым	-ыми	
		-ом	-ой	-ом	-ых	
		-	-á	-о (*a.* -ó)	-ы (*a.* -ы́)	Kurzform
15	си́н	**-ий**	**-яя**	**-ее**	**-ие**	Langform
		-его	-ей	-его	-их	
		-ему	-ей	-ему	-им	
		-ий	-юю	-ее	-ие	
		-им	-ей	-им	-ими	
		-ем	-ей	-ем	-их	
		-(ь)	-я́	-е	-и	Kurzform
16	стрóг	**-ий**	**-ая**	**-ое**	**-ие**	Langform
		-ого	-ой	-ого	-их	
		-ому	-ой	-ому	-им	
		-ий	-ую	-ое	-ие	
		-им	-ой	-им	-ими	
		-ом	-ой	-ом	-их	
		-	-á	-о	-и (*a.* -и́)	Kurzform
17	тóщ	**-ий**	**-ая**	**-ее**	**-ие**	Langform
		-его	-ей	-его	-их	
		-ему	-ей	-ему	-им	
		-ий	-ую	-ее	-ие	
		-им	-ей	-им	-ими	
		-ем	-ей	-ем	-их	
		-	-а	-е (-ó)	-и	Kurzform
18	олéн	**-ий**	**-ья**	**-ье**	**-ьи**	
		-ьего	-ьей	-ьего	-ьих	
		-ьему	-ьей	-ьему	-ьим	
		-ий	-ью	-ье	-ьи	
		-ьим	-ьей	-ьим	-ьими	
		-ьем	-ьей	-ьем	-ьих	
19	дя́дин	**-**	**-а**	**-о**	**-ы**	
		-а	-ой	-а	-ых	
		-у	-ой	-у	-ым	
		-	-у	-о	-ы	
		-ым	-ой	-ым	-ыми	
		-ом[1]	-ой	-ом	-ых	

[1]) Männliche Familiennamen auf -ов, -ев, -ин, -ын haben е.

Pronomen

20	**я**	меня́	мне	меня́	мной (мно́ю)	мне
	мы	нас	нам	нас	на́ми	нас
21	**ты**	тебя́	тебе́	тебя́	тобо́й (тобо́ю)	тебе́
	вы	вас	вам	вас	ва́ми	вас
22	**он**	его́	ему́	его́	им	нём
	она́	её	ей	её	е́ю (ей)	ней
	оно́	его́	ему́	его́	им	нём
	они́	их	им	их	и́ми	них

Nach Präpositionen wird **н** vor die betreffende Form gesetzt, z. B.: для **н**его́. Der Präpositiv wird immer mit einer Präposition gebraucht.

23	**кто**	кого́	кому́	кого́	кем	ком
	что	чего́	чему́	что	чем	чём

Bei Zusammensetzungen mit ни, не trennt die Präposition diese Verbindung, z. B.: ничто́: ни от чего́, ни к чему́.

24	**мой**	моего́	моему́	мой	мои́м	моём
	моя́	мое́й	мое́й	мою́	мое́й	мое́й
	моё	моего́	моему́	моё	мои́м	моём
	мои́	мои́х	мои́м	мои́	мои́ми	мои́х
25	**наш**	на́шего	на́шему	наш	на́шим	на́шем
	на́ша	на́шей	на́шей	на́шу	на́шей	на́шей
	на́ше	на́шего	на́шему	на́ше	на́шим	на́шем
	на́ши	на́ших	на́шим	на́ши	на́шими	на́ших
26	**чей**	чьего́	чьему́	чей	чьим	чьём
	чья	чьей	чьей	чью	чьей	чьей
	чьё	чьего́	чьему́	чьё	чьим	чьём
	чьи	чьих	чьим	чьи	чьи́ми	чьих
27	**э́тот**	э́того	э́тому	э́тот	э́тим	э́том
	э́та	э́той	э́той	э́ту	э́той	э́той
	э́то	э́того	э́тому	э́то	э́тим	э́том
	э́ти	э́тих	э́тим	э́ти	э́тими	э́тих
28	**тот**	того́	тому́	тот	тем	том
	та	той	той	ту	той	той
	то	того́	тому́	то	тем	том
	те	тех	тем	те	те́ми	тех
29	**сей**	сего́	сему́	сей	сим	сём
	сия́	сей	сей	сию́	сей	сей
	сие́	сего́	сему́	сие́	сим	сём
	сии́	сих	сим	сии́	си́ми	сих
30	**сам**	самого́	самому́	самого́	сами́м	само́м
	сама́	само́й	само́й	саму́, самоё	само́й	само́й
	само́	самого́	самому́	само́	сами́м	само́м
	са́ми	сами́х	сами́м	сами́х	сами́ми	сами́х
31	**весь**	всего́	всему́	весь	всем	всём
	вся	всей	всей	всю	всей	всей
	всё	всего́	всему́	всё	всем	всём
	все	всех	всем	все	все́ми	всех
32	**не́сколько**	не́скольких	не́скольким	не́сколько	не́сколькими	не́скольких

Zahlwörter

33	**оди́н**	одного́	одному́	оди́н	одни́м	одно́м
	одна́	одно́й	одно́й	одну́	одно́й	одно́й
	одно́	одного́	одному́	одно́	одни́м	одно́м
	одни́	одни́х	одни́м	одни́	одни́ми	одни́х

34	**два**	**две**	**три**	**четы́ре**
	двух	двух	трёх	четырёх
	двум	двум	трём	четырём
	два	две	три	четы́ре
	двумя́	двумя́	тремя́	четырьмя́
	двух	двух	трёх	четырёх
35	**пять**	**пятна́дцать**	**пятьдеся́т**	**сто** **со́рок**
	пяти́	пятна́дцати	пяти́десяти	ста сорока́
	пяти́	пятна́дцати	пяти́десяти	ста сорока́
	пять	пятна́дцать	пятьдеся́т	сто со́рок
	пятью́	пятна́дцатью	пятью́десятью	ста сорока́
	пяти́	пятна́дцати	пяти́десяти	ста сорока́
36	**две́сти**	**три́ста**	**четы́реста**	**пятьсо́т**
	двухсо́т	трёхсо́т	четырёхсо́т	пятисо́т
	двумста́м	трёмста́м	четырёмста́м	пятиста́м
	две́сти	три́ста	четы́реста	пятьсо́т
	двумяста́ми	тремяста́ми	четырьмяста́ми	пятьюста́ми
	двухста́х	трёхста́х	четырёхста́х	пятиста́х
37	**о́ба**	**о́бе**	**дво́е**	**че́тверо**
	обо́их	обе́их	двои́х	четверы́х
	обо́им	обе́им	двои́м	четверы́м
	о́ба	о́бе	дво́е	че́тверо
	обо́ими	обе́ими	двои́ми	четверы́ми
	обо́их	обе́их	двои́х	четверы́х

Stichwörter in halbfetter Schrift; bei Verben steht die zugehörige Form des vollendeten Aspekts in Spitzklammern	**вбра́сывать** (1), ⟨**вбро́сить**⟩ (15) einwerfen
Vom vollendeten (perfektiven) Verb wird auf das zugehörige unvollendete (imperfektive) verwiesen	**вбить** → ***вбива́ть***
Hinweis auf stilistische Ebene	**анони́м|ка** F *f* (5; -ок) anonymer Brief *m*; **~ный** (14; -ен, -на) anonym, ungenannt
Angaben zur Rektion	**воззр|е́ние** *n* (12) Ansicht *f* (***на*** B über *A*); **~и́ться** F (13*e*.) *pf*. (***на*** B *j-n*) unverwandt ansehen
Anwendungsbeispiele in kursiver Schrift	**аншла́г** *m* (1) *Thea*. Aushang „Ausverkauft"; Schlagzeile(*n pl*.) *f*; ***с ~ом*** vor ausverkauftem Hause **анютин** (19): ***~ы гла́зки*** *m/pl*. Stiefmütterchen *n/pl*.
Genusangabe bei der deutschen Übersetzung *nur* bei Abweichung vom russischen Stichwort	**безобра́з|ие** *n* (12) Häßlichkeit *f*; Unfug *m*; ***~ие!*** F Schweinerei! *f*; **~ить** (15), ⟨o-⟩ verunstalten; P *impf*. → **~ничать** F (1) sich flegelhaft benehmen, Unfug treiben
Verweis auf Deklinationsmuster für Substantive und Adjektive im Anhang	**безрабо́т|ица** *f* (5) Arbeitslosigkeit; **~ный** (14) arbeitslos; *Su*. Arbeitslose(r)
Männliche und weibliche Kurzformen der Adjektive	**безо|ру́жный** (14; -жен, -жна) unbewaffnet, wehrlos; **~основа́тельный** (14; -лен, -льна) unbegründet; **~остано́вочный** (14; -чен, -чна) ununterbrochen; Durchgangs-
Verweis auf Konjugationsmuster im Anhang; unregelmäßige Formen zusätzlich in Klammern	**вби|ва́ть** (1) ⟨~ть⟩ (вобью́, -бьёшь; вбе́й(те)!; ́-тый) einschlagen, einrammen; F *fig*. einhämmern; setzen
Hinweise auf Sachgebiete erleichtern die korrekte Übersetzung	**ввод** *m* (1) Einführung *f*; ~ ***в де́йствие*** *od*. ***эксплуата́цию*** Inbetriebnahme *f*; *Mar*. Eindocken *n*; *Tech*. Anschluß; *Comp*. Eingabe *f*; **~и́ть** (15), ⟨**ввести́**⟩ (25) hereinführen, hineinführen; einführen (*a. fig*.); *fig*. führen; ausrufen, verhängen; *Tech*. nehmen; *Fin*. verursachen (***в*** B *A*)